Carmen Thiele

Regeln und Verfahren der Entscheidungsfindung innerhalb von Staaten und Staatenverbindungen

Staats- und kommunalrechtliche
sowie europa- und völkerrechtliche
Untersuchungen

PD Dr. Carmen Thiele
Juristische Fakultät
Europa-Universität Viadrina Frankfurt (Oder)
Große Scharrnstraße 59
15230 Frankfurt (Oder)
thiele@euv-frankfurt-o.de

Gedruckt mit Unterstützung des Förderungs- und Beihilfefonds Wissenschaft der VG WORT

ISBN 978-3-540-78994-9   e-ISBN 978-3-540-78995-6

DOI 10.1007/978-3-540-78995-6

Bibliografische Information der Deutschen Nationalbibliothek
Die Deutsche Nationalbibliothek verzeichnet diese Publikation in der Deutschen Nationalbibliografie; detaillierte bibliografische Daten sind im Internet über http://dnb.d-nb.de abrufbar.

© 2008 Springer-Verlag Berlin Heidelberg

Dieses Werk ist urheberrechtlich geschützt. Die dadurch begründeten Rechte, insbesondere die der Übersetzung, des Nachdrucks, des Vortrags, der Entnahme von Abbildungen und Tabellen, der Funksendung, der Mikroverfilmung oder der Vervielfältigung auf anderen Wegen und der Speicherung in Datenverarbeitungsanlagen, bleiben, auch bei nur auszugsweiser Verwertung, vorbehalten. Eine Vervielfältigung dieses Werkes oder von Teilen dieses Werkes ist auch im Einzelfall nur in den Grenzen der gesetzlichen Bestimmungen des Urheberrechtsgesetzes der Bundesrepublik Deutschland vom 9. September 1965 in der jeweils geltenden Fassung zulässig. Sie ist grundsätzlich vergütungspflichtig. Zuwiderhandlungen unterliegen den Strafbestimmungen des Urheberrechtsgesetzes.

Die Wiedergabe von Gebrauchsnamen, Handelsnamen, Warenbezeichnungen usw. in diesem Werk berechtigt auch ohne besondere Kennzeichnung nicht zu der Annahme, dass solche Namen im Sinne der Warenzeichen- und Markenschutz-Gesetzgebung als frei zu betrachten wären und daher von jedermann benutzt werden dürften.

Herstellung: le-tex publishing services oHG, Leipzig
Einbandgestaltung: WMXDesign GmbH, Heidelberg

Gedruckt auf säurefreiem Papier

9 8 7 6 5 4 3 2 1

springer.de

*„Procedural details are seldom dramatic and sometimes dull,
yet no lawyer ignores their importance."*

Phillip C. Jessup (Judge, International Court of Justice, 1961-70),
Silence gives Consent, in: GJICL, 3 (1973) 1, S. 46.

Vorwort

Entscheidungen von Kollegialorganen bedürfen verbindlicher Regeln und Verfahren im Prozess der politischen Entscheidungsfindung innerhalb von Staaten und Staatenverbindungen, die die Bedingungen für das rechtlich formale Zustandekommen gültiger Beschlüsse bestimmen. Da die Auswahl der Regeln und Verfahren die Entscheidung als Ergebnis nicht selten beeinflusst, bedarf es einer methodischen und prinzipienbezogenen Analyse sowie theoretischen Systematisierung zweckgerichteter Kombinationen von Regeln und Verfahren für ihre Anwendung in der Praxis.

Das Ziel der Untersuchung besteht in der Erarbeitung einer auf empirischen Befund basierenden prinzipiellen Typisierung und Systematik von Organisationsrechtsnormen in Form von Regeln und Verfahren unter Anwendung einer einheitlichen Terminologie sowie funktioneller Kombinationen von Regeln und Verfahren zur Optimierung des Entscheidungsprozesses von Kollegialorganen unter Beachtung fundamentaler Organisations- und Rechtsprinzipien sowie relevanter politik- und wirtschaftswissenschaftlicher Prinzipien und Theorien.

Die Arbeit wurde im Sommersemester 2007 von der Juristischen Fakultät der Europa-Universität Viadrina Frankfurt (Oder) als Habilitationsschrift angenommen. Spätere Rechtsentwicklungen wie der EU-Reformvertrag von Lissabon konnten noch punktuell eingearbeitet werden.

Mein besonderer Dank gebührt Herrn Prof. Gerard C. Rowe für die Idee zu dieser Arbeit, die konstruktiven Diskussionen, die großzügig gewährten zeitlichen Freiräume sowie die Erstellung des Erstgutachtens. Herrn Prof. Dr. Wolff Heintschel von Heinegg bin ich für die vielfältigen Anregungen, die besondere Unterstützung sowie die Erstattung des Zweitgutachtens herzlich verbunden.

Mein Dank gilt weiterhin allen denjenigen, die mich in dieser Zeit tatkräftig unterstützt haben, insbesondere Frau Malina Gizdow sowie Frau Antje Schnelle und Frau Martina Seidlitz für die redaktionelle Bearbeitung.

Die Veröffentlichung durch den Springer-Verlag wurde ermöglicht durch die finanzielle Unterstützung des Förderungs- und Beihilfefonds Wissenschaft der VG Wort, für die ich mich hiermit ausdrücklich bedanken möchte.

Frankfurt (Oder), Juli 2008   Carmen Thiele

Inhaltsverzeichnis

Einleitung 1
A. Gegenstand der Untersuchung 2
B. Ziel der Untersuchung 4
C. Methodische Ansätze 5
D. Politik- und wirtschaftswissenschaftliche Ansätze 6
E. Begriffsklärung 11
    I. Staatenverbindung 12
    II. Entscheidung 14
F. Gang der Untersuchung 17

**Kapitel I Historischer Überblick über die Entwicklung
von Entscheidungsregeln und -verfahren** 21
A. Historische Entwicklung von Entscheidungsregeln 21
    I. Entscheidungsregeln in der Antike 21
        1. Entscheidungsregeln in der athenischen Demokratie 24
            a) Regeln für Personalentscheidungen 25
            b) Regeln für Sachentscheidungen 27
        2. Entscheidungsregeln in der römischen Republik 30
            a) Entscheidungsregeln für den Senat 30
            b) Entscheidungsregeln für die Comitien 31
    II. Entscheidungsregeln im Mittelalter 33
        1. Regeln für Personalentscheidungen 33
            a) Kanonisches Recht und Einstimmigkeitsregel 33
            b) Durchsetzung der Mehrheitsregel 35
        2. Regeln für Sachentscheidungen 37
    III. Entscheidungsregeln in der Neuzeit 39
        1. Rückkehr zur Einstimmigkeit – das liberum veto in Polen 39
        2. Naturrecht und Mehrheitsregel 40
        3. Entscheidungsregeln in Staatenverbindungen 43
            a) Einstimmigkeitsregel 43
            b) Mehrheitsregel 46
B. Historische Entwicklung von Entscheidungsverfahren 48
    I. Die Entscheidungsverfahren in der Antike 48
    II. Die Entwicklung der Entscheidungsverfahren im Mittelalter
        und in der Neuzeit 49
        1. Die Eventualabstimmung im anglo-amerikanischen Recht 49

    2. Die Reihenfolgeabstimmung im kontinentaleuropäischen Recht 50
    3. Das Wahlverfahren und die prinzipielle Abstimmung im
       schweizerischen Recht 52
C. Zusammenfassung 53

Kapitel II Organisations- und Rechtsprinzipien für
Kollegialentscheidungen 57
A. Das Kollegialprinzip 58
    I. Begriff und historischer Exkurs 58
    II. Das Kollegialprinzip als Organisationsprinzip 59
    III. Implikationen des Kollegialprinzips für Kollegialentscheidungen 63
B. Das Demokratieprinzip 65
    I. Begriff und historischer Exkurs 65
    II. Demokratie als Rechtsprinzip 68
       1. Normativer Gehalt 68
       2. Volksvertretung und Wahlen 79
       3. Mehrheitsentscheidung versus Minderheitenschutz 82
    III. Implikationen des Demokratieprinzips für Kollegialentscheidungen 84
C. Das Rechtsstaatsprinzip 85
    I. Begriffsentstehung und Normsetzung 85
    II. Rechtsstaatsprinzip und demokratischer Entscheidungsprozess 89
    III. Implikationen des Rechtsstaatsprinzips für Kollegialentscheidungen 91
D. Der Schutz der Menschenwürde 93
    I. Der Schutz der Menschenwürde durch Achtung der Grund-
       und Menschenrechte 93
    II. Politische Mitwirkungsrechte 96
    III. Implikationen der Achtung der Grund- und Menschenrechte
       für Kollegialentscheidungen 99
E. Das Souveränitätsprinzip 101
    I. Begriff und historischer Exkurs 101
    II. Das Prinzip der Volkssouveränität 103
    III. Das Prinzip der Staatssouveränität 106
       1. Innere Souveränität 107
       2. Äußere Souveränität 107
    IV. Implikationen des Souveränitätsprinzips für Kollegialentscheidungen .. 108
F. Das Gleichheitsprinzip 109
    I. Begriff und historischer Exkurs 109
    II. Rechtsgleichheit als Prinzip 110
    III. Demokratische Gleichheit als Rechtsprinzip 113
    IV. Implikationen des Gleichheitsprinzips für Kollegialentscheidungen 114
G. Das Bundesstaatsprinzip 116
    I. Bundesstaat oder Föderalismus 116
    II. Bundesstaat als Rechtsprinzip 118
    III. Bundesstaatsprinzip und Subsidiaritätsprinzip 123
    IV. Implikationen des Bundesstaatsprinzips für Kollegialentscheidungen ... 126
H. Zusammenfassung der Geltung von Organisations- und Rechtsprinzipien 127

Kapitel III Kollegiale Entscheidungsorgane **131**
A. Begriff des Organs..131
B. Entscheidungsorgane in Abhängigkeit von der Anzahl der Mitglieder..........132
    I. Individuale Entscheidungsorgane 132
    II. Kollegiale Entscheidungsorgane..135
C. Wesensmerkmale von Kollegialorganen 137
    I. Plurale Mitgliedschaft..137
    II. Gleichstellung der Mitglieder 139
    III. Organisation der Mitglieder zu einer rechtlichen Einheit 140
    IV. Beschlussfassungskompetenz 141
    V. Beratung und Abstimmung 141
D. Klassifizierung von Kollegialorganen 142
    I. Organstellung..143
    II. Kompetenz..144
    III. Funktion...145
    IV. Befugnisse der Mitglieder..148
    V. Weisungsfreiheit oder Weisungsgebundenheit der Mitglieder 148
        1. Weisungsfreiheit der Mitglieder..149
        2. Weisungsgebundenheit der Mitglieder.....................................150
    VI. Anzahl der Mitglieder 152
E. Besetzungsmechanismen kollegialer Entscheidungsorgane......................153
    I. Wahl..153
    II. Ernennung..154
F. Zusammenfassung..155

Kapitel IV Sitzverteilungsregeln **157**
A. Die Sitzverteilung in Abhängigkeit von der Mitgliederzahl.......................158
    I. Die Sitzverteilung auf der Grundlage der unbegrenzten
       Mitgliederzahl..158
        1. Die Regel der gleichen Anzahl von Sitzen.................................158
        2. Die Regel der unterschiedlichen Anzahl von Sitzen 162
           a) Plurale Mitgliedschaft 162
           b) Multiple Anzahl von Sitzen pro Mitglied: Die Regel der
              Sitzverteilung nach demografischen Kriterien.............................164
              aa) Sitzverteilung in ausgewählten Kollegialorganen 164
              bb) Sitzverteilung im Europäischen Parlament.........................168
    II. Die Sitzverteilung auf der Grundlage der begrenzten Mitgliederzahl.....173
        1. Die Sitzverteilung nach Kriterien...173
           a) Die Regel der Sitzverteilung nach geografischen Kriterien 173
              aa) Sitzverteilung im UN-Sicherheitsrat 174
              bb) Sitzverteilung im Wirtschafts- und Sozialrat der UNO 181
           b) Die Regel der Sitzverteilung nach politischen Kriterien................183
              aa) Sitzverteilung in Verfassungsausschüssen 183
              bb) Sitzverteilung im UN-Sicherheitsrat.................................189
           c) Die Regel der Sitzverteilung nach wirtschaftlichen/finanziellen
              Kriterien 191

    aa) Sitzverteilung in Kollegialorganen internationaler
     Finanzorganisationen 192
    bb) Sitzverteilung in anderen ausgewählten Kollegialorganen 197
  d) Zusammenfassung... 199
 2. Die Sitzverteilung nach der Rotation 200
B. Die Sitzverteilung nach dem Losverfahren... 203
 I. Anwendungsfälle des Losverfahrens 203
 II. Formen des Losverfahrens.. 204
 III. Legitimation des Losverfahrens.. 205
C. Der Ausschluss von der Sitzverteilung durch Sperrklauseln 208
 I. Zweck von Sperrklauseln und ihre Anwendung 208
 II. Vereinbarkeit von Sperrklauseln mit dem Gleichheitsprinzip 213
D. Klassifizierung der Sitzverteilungsregeln... 217

Kapitel V Stimmenverteilungsregeln... 221
A. Die Stimmenverteilung nach der Regel der gleichen Anzahl von Stimmen... 221
B. Die Stimmenverteilung nach der Regel der unterschiedlichen Anzahl
 von Stimmen: die Stimmengewichtung 224
 I. Die Stimmengewichtung nach Ein-Kriterium-Regeln 226
  1. Die Stimmengewichtung nach demografischen Kriterien.................. 226
   a) Stimmengewichtung im Bundesrat... 226
    aa) Stimmenverteilung 226
    bb) Stimmabgabe 235
   b) Stimmengewichtung im Rat der Europäischen Gemeinschaften
    bzw. Europäischen Union 239
   c) Modell der Stimmengewichtung für die
    UN-Generalversammlung 243
  2. Die Stimmengewichtung nach finanziellen Kriterien 246
   a) Stimmengewichtung in Kollegialorganen internationaler
    Finanzorganisationen 248
   b) Stimmengewichtung in anderen ausgewählten
    Kollegialorganen von Staatenverbindungen 250
  3. Die Stimmengewichtung nach wirtschaftlichen Kriterien 251
 II. Die Stimmengewichtung nach Mehr-Kriterien-Regeln 254
 III. Zusammenfassung 256
C. Die Stimmenverteilung nach der Rotation.. 259
D. Kombination von Sitz- und Stimmenverteilungsregeln................................ 262
E. Formelles versus materielles Gleichheitsprinzip 264

Kapitel VI Abstimmungsregeln... 269
A. Einstimmigkeitsregel... 269
 I. Einstimmigkeit als Begriff... 269
 II. Einstimmige Beschlussfassung bei Anwendung der Mehrheitsregel...... 270
 III. Einstimmigkeit als Abstimmungsregel 272
  1. Einstimmigkeitsregel im Rat der Europäischen Gemeinschaften
   bzw. Europäischen Union.. 274

2. Einstimmigkeitsregel in Kollegialorganen anderer
   Staatenverbindungen 276
IV. Lockerungen der Einstimmigkeitsregel 277
   1. Lockerung durch Stimmenthaltung, Nichtteilnahme an
      Abstimmungen oder Abwesenheit... 278
   2. Lockerung durch Verminderung des Quorums 280
   3. Lockerung durch Abstimmung per Mehrheitsregel 281
B. Konsensregel... 283
   I. Konsens als Begriff... 283
   II. Konsens als Entscheidungsregel 285
      1. Informelle Anwendung der Konsensregel....................................... 286
      2. Formelle Anwendung der Konsensregel... 290
         a) Konsensregel in Kollegialorganen von Staatenverbindungen........ 290
         b) Konsensregel auf internationalen Konferenzen............................ 293
   III. Lockerungen der Konsensregel.. 296
   IV. Vergleich der Konsensregel mit Abstimmungsregeln..................... 298
C. Mehrheitsregeln 301
   I. Mehrheit als Begriff.. 301
   II. Quantitative Abstufungen der Mehrheitsregel 304
      1. Relative Mehrheit... 304
      2. Einfache Mehrheit.. 305
         a) Begriff der einfachen Mehrheit 305
         b) Einfache Mehrheitsregel in deutschen und ausländischen
            Verfassungsorganen 306
         c) Einfache Mehrheitsregel im Europäischen Parlament.................... 309
         d) Einfache Mehrheitsregel in ausgewählten Kollegialorganen
            von Staatenverbindungen... 311
      3. Absolute Mehrheit.. 314
         a) Begriff der absoluten Mehrheit.. 314
         b) Absolute Mehrheitsregel in deutschen und ausländischen
            Verfassungsorganen 315
         c) Absolute Mehrheitsregel in Kollegialorganen der
            Europäischen Gemeinschaften bzw. Europäischen Union............. 318
      4. Qualifizierte Mehrheit.. 321
         a) Begriff der qualifizierten Mehrheit... 322
         b) Arten der qualifizierten Mehrheit 323
         c) Einfache qualifizierte Mehrheitsregel... 324
            aa) Einfache qualifizierte Mehrheitsregel in deutschen
               und ausländischen Verfassungsorganen 324
            bb) Einfache qualifizierte Mehrheitsregel in ausgewählten
               Kollegialorganen von Staatenverbindungen........................... 324
         d) Absolute qualifizierte Mehrheitsregel 327
            aa) Absolute qualifizierte Mehrheitsregel in deutschen und
               ausländischen Verfassungsorganen... 327
            bb) Absolute qualifizierte Mehrheitsregel im Rat der
               Europäischen Gemeinschaften bzw. Europäischen Union 328

cc) Absolute qualifizierte Mehrheitsregel in ausgewählten
Kollegialorganen anderer Staatenverbindungen 332
III. Bezugsgrößen zur Berechnung von Mehrheiten 334
1. Abstimmungsmehrheit 334
2. Anwesenheitsmehrheit 335
3. Mitgliedermehrheit 336
4. Vergleich der Bezugsgrößen 337
IV. Stimmengleichheit als Ergebnis der Anwendung einer Mehrheitsregel . 339
1. Stimmengleichheit als Ablehnung des Antrages 340
2. Entscheidungsfindung trotz Stimmengleichheit 341
a) Stichentscheid 342
aa) Stichentscheid bei Stimmabgabe durch den Vorsitzenden 342
bb) Stichentscheid bei Nichtabgabe der Stimme durch
den Vorsitzenden 343
b) Losentscheid 344
c) Wiederholung der Abstimmung 345
V. Voraussetzungen der Mehrheitsregel 345
VI. Rechtfertigung der Mehrheitsregel 347
VII. Grenzen der Mehrheitsregel 350
D. Veto als Verhinderung der Beschlussfassung 352
I. Begriff des Vetos und historischer Exkurs 352
II. Arten von Veto 353
1. Echtes Veto 354
a) Verhinderung von Beschlüssen anderer Kollegialorgane 354
b) Verhinderung von Beschlüssen innerhalb eines Kollegialorgans .. 356
2. Unechtes Veto 358
3. Doppel-Veto 359
4. Verstecktes Veto 360
5. Inoffizielles Veto 360
6. Proxy-Veto 361
E. Allgemeine Grundsätze bei der Auswahl der Abstimmungsregel 362

Kapitel VII Kollektive Entscheidungsregeln 367
A. Arrows Unmöglichkeitstheorem 368
B. Regeln des paarweisen Vergleiches 370
I. Regel der Mehrheit der Paarvergleiche 370
II. Copeland-Regel 371
III. Die Condorcet-Alternative 371
C. Präferenzordnungsregeln 372
I. Borda-Regel 372
II. Nanson-Regel 373
III. Hare-Regel 374
D. Mehrstimmigkeitsregeln 375
I. Zustimmungsregel (Approval-Voting) 375
II. Double Vote-Regel 375

E. Zusammenfassung 376
F. Vergleich der Abstimmungsregeln 377

Kapitel VIII Beschlussfähigkeitsregelungen 383
A. Begriff der Beschlussfähigkeit 384
B. Beschlussfähigkeit und Beschlussfassung 386
C. Entwicklung von Beschlussfähigkeitsregelungen 387
D. Bestimmung der Höhe der Beschlussfähigkeitsziffer 390
    I. Festlegung von Beschlussfähigkeitsziffern 392
        1. Anwesenheit der Mehrheit der Mitglieder 392
           a) Regelung in deutschen und ausländischen Verfassungsorganen 392
           b) Regelung in Kollegialorganen ausgewählter
              Staatenverbindungen 396
        2. Anwesenheit der Hälfte der Mitglieder 397
        3. Qualifizierte Mehrheit der Mitglieder 398
        4. Geringe Beschlussfähigkeitsziffern 399
        5. Zusammenfassung 400
    II. Verzicht auf Beschlussfähigkeitsziffern 401
E. Bezugsgröße der Beschlussfähigkeit 403
F. Beschlussfähigkeit durch Vermutung 404
G. Feststellung der Beschlussfähigkeit von Amts wegen 406
H. Hilfsbeschlussfähigkeit 408
I. Beschlussfähigkeit bei schriftlichen Abstimmungen 410
    I. Beschlussfähigkeit bei Umlaufverfahren der Bundesregierung 410
    II. Beschlussfähigkeit bei Zurücknahme von bereits abgegebenen
        Stimmen in Kollegialorganen von Weltbank und IMF 413
J. Rechtsfolgen bei Beschlussunfähigkeit 414
K. Kombination von Beschlussfähigkeitsregelungen mit Abstimmungsregeln .. 415

Kapitel IX Abstimmungsverhalten 417
A. Stimmrecht oder Stimmpflicht 417
    I. Stimmrecht gewählter Volksvertreter 417
        1. Freiheit des repräsentativen Mandats 418
        2. Repräsentations- und Gewissensregel 420
        3. Abstimmungsfreiheit versus Fraktionszwang 422
        4. Schutz des Stimmrechts der Volksvertreter 424
    II. Stimmpflicht ernannter Staatenvertreter 425
    III. Entzug des Stimmrechts als Sanktionsmaßnahme 426
        1. Entzug des Stimmrechts von Volksvertretern 427
        2. Entzug des Stimmrechts von Staaten 431
           a) Entzug des Stimmrechts wegen schwerwiegender Verletzung
              von Vertragsgrundsätzen 431
           b) Entzug des Stimmrechts wegen Verletzung finanzieller
              Verpflichtungen 433

B. Stimmenthaltung 436
    I. Begriffsbestimmung 436
    II. Verbot der Stimmenthaltung 439
    III. Regelungen über die Stimmenthaltung 443
    IV. Vermeidung einer Stimmenthaltung im Bundesrat 445
        1. Mainzer Bundesratsklausel 445
        2. Einführung eines Stimmenthaltungsverbots 447
        3. Änderung der Abstimmungsregel 447
    V. Auswirkungen der Stimmenthaltung auf die Beschlussfähigkeit
        und die Abstimmungsregeln 448
    VI. Folgen der Stimmenthaltung für die Verbindlichkeit der Beschlüsse
        in Abhängigkeit von der Abstimmungsregel 450
C. Nichtteilnahme an der Abstimmung 450
    I. Nichtteilnahme an der Abstimmung wegen Befangenheit 451
        1. Freiwillige Nichtteilnahme an der Abstimmung
            wegen Befangenheit 451
        2. Verbot der Teilnahme an der Abstimmung wegen Befangenheit
            von Gemeinderatsmitgliedern 454
    II. Abgrenzung der Nichtteilnahme an der Abstimmung
        von der Stimmenthaltung 459
D. Abwesenheit 461
    I. Regelungen über die Abwesenheit 463
        1. Forderung einer Anwesenheitspflicht 463
        2. Verzicht einer Anwesenheitspflicht 465
    II. Auswirkungen der Abwesenheit auf die Beschlussfähigkeit
        und die Abstimmungsregeln 466
    III. Abstimmen durch Proxy 468
    IV. Pairing 470
    V. Die Problematik der Abwesenheit bei schriftlicher Abstimmung 473
    VI. Abgrenzung der Abwesenheit von der Nichtteilnahme
        an der Abstimmung 475
E. Abgabe einer ungültigen Stimme 475
F. Bloc voting 476
G. Vergleich der Abstimmungsverhalten 478

Kapitel X Abstimmungsarten 481
A. Offene versus geheime Abstimmung 482
    I. Offene Abstimmung 483
    II. Geheime Abstimmung 489
B. Allgemeine Abstimmungsarten 492
    I. Einfache Abstimmung 492
        1. Handzeichen 493
        2. Aufstehen oder Sitzenbleiben 494
    II. Namentliche Abstimmung 495
        1. Namensaufruf 497
        2. Stimmkarten 498

3. Elektronische Abstimmung..500
     III. Abstimmung durch Zählung (Hammelsprung) 501
C. Vereinfachte Abstimmungsarten 505
     I. Abstimmung durch Zuruf..505
     II. Stillschweigende Zustimmung...506
     III. Schriftliche Abstimmung...506
D. Probeabstimmung..509
E. Berichtigung der Stimmabgabe..510
F. Wiederholung der Abstimmung...512
G. Vergleich der Abstimmungsarten...518

Kapitel XI Abstimmungsverfahren 521
A. Reihenfolgeabstimmung...522
     I. Reihenfolge nach materiellen Kriterien 525
            1. Vorrang von weitergehenden Anträgen..................................525
            2. Vorrang von nächstliegenden Anträgen.................................530
     II. Reihenfolge nach formalen Kriterien..531
            1. Vorrang von Änderungsanträgen..531
            2. Reihenfolge nach temporalen Kriterien 532
     III. Reihenfolge nach mathematischen Kriterien 533
     IV. Reihenfolge nach Festlegung 533
            1. Festlegung durch den Vorsitzenden 533
            2. Festlegung durch Beschluss 535
     V. Reihenfolge nach politischen Kriterien..536
     VI. Bewertung der Reihenfolgeabstimmung...536
B. Eventualabstimmung 538
C. Wahlverfahren 540
D. En-bloc-Abstimmung 542
E. Prinzipielle Abstimmung 544
F. Vergleich der Abstimmungsverfahren 545

**Kapitel XII Vorgaben von Prinzipien für Entscheidungsregeln
auf Ebenen der Rechtsordnungen..549**
A. Staatsrechtliche Ebene...550
     I. Vorgaben für Sitzverteilungsregeln 550
            1. Bundestag...551
            2. Bundesrat 552
            3. Verfassungsausschüsse 555
     II. Vorgaben für Stimmenverteilungsregeln 557
     III. Vorgaben für Abstimmungsregeln..558
     IV. Vorgaben für weitere Entscheidungsregeln 561
B. Kommunalrechtliche Ebene...563
     I. Vorgaben für Sitzverteilungsregeln 564
            1. Gemeinderat...564
            2. Ausschüsse...566
     II. Vorgaben für Stimmenverteilungsregeln 567

III. Vorgaben für Abstimmungsregeln 569
IV. Vorgaben für Beschlussfähigkeitsregeln 571
C. Europarechtliche Ebene 572
    I. Vorgaben für Sitzverteilungsregeln 573
       1. Rat 574
       2. Kommission 574
       3. Europäisches Parlament 577
    II. Vorgaben für Stimmenverteilungsregeln 579
    III. Vorgaben für Abstimmungsregeln 581
    IV. Vorgaben für Beschlussfähigkeitsregeln 584
D. Völkerrechtliche Ebene 585
    I. Vorgaben für Sitzverteilungsregeln 586
       1. Generalversammlung 586
       2. Sicherheitsrat 587
    II. Vorgaben für Stimmenverteilungsregeln 589
    III. Vorgaben für Abstimmungsregeln 589
    IV. Vorgaben für Beschlussfähigkeitsregeln 591

Schlussfolgerungen **597**

Literaturverzeichnis **607**

Sachregister **659**

Abkürzungsverzeichnis

AbgG	Abgeordnetengesetz
Abl./ABl.	Amtsblatt
AdR	Ausschuss der Regionen
AEU	[Vertrag über die] Arbeitsweise der Europäischen Union
AktG	Aktiengesetz
Amtsbl.	Amtsblatt
AJIL	American Journal of International Law
AöR	Archiv des öffentlichen Rechts
AMRK	Amerikanische Menschenrechtskonvention
APSR	American Political Science Review
APuZ	Aus Politik und Zeitgeschichte
ARWP	Archiv für Rechts- und Wirtschaftsphilosophie
ASIL	American Society of International Law
ASIL Proc.	American Society of International Law, Proceedings
ASMZ	Allgemeine Schweizerische Militärzeitschrift
AU	Afrikanische Union
AuAS	Ausländer- und Asylrecht
AVR	Archiv des Völkerrechts
BayVBl.	Bayerisches Verwaltungsblatt
BB	Brandenburg
BE	Berlin
BGBl.	Bundesgesetzblatt
BGH	Bundesgerichtshof
BIP	Bruttoinlandsprodukt
BR	Bundesrat
BReg.	Bundesregierung
BT	Bundestag
Bull.	Bulletin
BVerfG	Bundesverfassungsgericht
BVerfGE	Bundesverfassungsgerichtsentscheidung
BVerwG	Bundesverwaltungsgericht
BVerwGE	Bundesverwaltungsgerichtsentscheidung
BW	Baden-Württemberg
BWG	Bundeswahlgesetz
BY	Freistaat Bayern
BYIL	The British Year Book of International Law

CAT	Convention against Torture and Other Cruel, Inhuman or Degrading Treatment or Punishment (Übereinkommen gegen Folter und andere grausame, unmenschliche oder erniedrigende Behandlung oder Strafe)
CD	Conference on Disarmament (Abrüstungskonferenz)
CEDAW	Convention on the Elimination of All Forms of Discrimination against Women (Übereinkommen zur Beseitigung jeder Form von Diskriminierung der Frau)
CERD	International Convention on the Elimination of All Forms of Racial Discrimination (Internationales Übereinkommen zur Beseitigung jeder Form von Rassendiskriminierung)
CFC	Common Fund for Commodities (Gemeinsamer Fonds für Rohstoffe)
CIC	Codex Iuris Canonici
COPUOS	Committee on the Peaceful Uses of Outer Space (Ausschuss für die friedliche Nutzung des Weltraums)
COREU	CORrspondance EUropénne
COTIF	Convention Concerning International Carriage by Rail (Übereinkommen über den internationalen Eisenbahnverkehr)
CRC	Convention on the Rights of the Child (Übereinkommen über die Rechte des Kindes)
CSCE	Conference on Security and Cooperation in Europe (KSZE)
CTBT	Comprehensive Nuclear-Test-Ban Treaty (Kernwaffenteststopp-Vertrag)
DGO	Deutsche Gemeindeordnung
DGV	Deutsche Gesellschaft für Völkerrecht
DIHT	Deutscher Industrie- und Handelskammertag
DO CE	Diario Oficial de las Comunidades Europeas
DÖV	Die Öffentliche Verwaltung
Drs.	Drucksache
DÜ-SRÜ	Übereinkommen zur Durchführung des Teiles XI des SRÜ
DVBl.	Deutsches Verwaltungsblatt
EAG	Europäische Atomgemeinschaft
ECOSOC	Economic and Social Council (Wirtschafts- und Sozialrat)
EEA	Einheitliche Europäische Akte
EFTA	European Free Trade Association (Europäische Freihandelsassoziation)
EG	Europäische Gemeinschaft
EGKS	Europäische Gemeinschaft für Kohle und Stahl
EGMR	Europäischer Gerichtshof für Menschenrechte
EGV	Vertrag über die Europäische Gemeinschaft
EMRK	Konvention zum Schutze der Menschenrechte und Grundfreiheiten (Europäische Menschenrechtskonvention)
EP	European Parliament (Europäisches Parlament)

EPIL	Encyclopedia of Public International Law
ERPL/REDP	European Review of Public Law/Revue Européenne de Droit Public
ESA	European Space Agency
ESZB	Europäisches System der Zentralbanken
ETS	European Treaty Series
EU	Europäische Union
EuGH	Europäischer Gerichtshof
EuGRZ	Europäische Grundrechte-Zeitschrift
EuR	Europarecht
Eurocontrol	Europäische Organisation zur Sicherung der Luftfahrt
EUV	Vertrag über die Europäische Union
EuWG	Europawahlgesetz
EuZ	Zeitschrift für Europarecht
EUZBLG	Gesetz über die Zusammenarbeit von Bund und Ländern in Angelegenheiten der Europäischen Union
EuZW	Europäische Zeitschrift für Wirtschaftsrecht
EWG	Europäische Wirtschaftsgemeinschaft
EWS	Europäisches Wirtschafts- und Steuerrecht
EZB	Europäische Zentralbank
FAO	Food and Agriculture Organization of the UN (Ernährungs- und Landwirtschaftsorganisation der Vereinten Nationen)
FAZ	Frankfurter Allgemeine Zeitung
FG	Festgabe
FOMC	Federal Open Market Committee
FordLaw IntLJ	Fordham International Law Journal
FIT	Frankfurter Institut für Transformationsstudien
FS	Festschrift
GAB MFI	gesamte aggregierte Bilanz der monetären Finanzinstitute
GAOR	General Assembly Official Records
GASP	Gemeinsame Außen- und Sicherheitspolitik
GATT	General Agreement on Tariffs and Trade (Allgemeines Zoll- und Handelsabkommen)
GBl.	Gesetzblatt
GemO	Gemeindeordnung
GG	Grundgesetz
GGO	Gemeinsame Geschäftsordnung
GJICL	Georgia Journal of International and Comparative Law
GKWG	Gemeinde- und Kreiswahlgesetz
GLKrWG	Gemeinde- und Landkreiswahlgesetz
GmbHG	GmbH-Gesetz
GMBl.	Gemeinsames Ministerialblatt
GO	Gemeindeordnung

GO	Geschäftsordnung
GRCh	Charta der Grundrechte der Europäischen Union
GRUR Int.	Gewerblicher Rechtsschutz und Urheberrecht Internationaler Teil
GV	Generalversammlung
GV.	Gesetz- und Verordnungsblatt
GVBl.	Gesetz- und Verordnungsblatt
GVOBl.	Gesetz- und Verordnungsblatt
GYIL	German Yearbook of International Law
HarvILJ	Harvard International Law Journal
HarvLR	Harvard Law Review
HB	Freie Hansestadt Bremen
HdbStR	Handbuch des Staatsrechts
HE	Hessen
HGO	Hessische Gemeindeordnung
HH	Freie und Hansestadt Hamburg
HRC	Human Rights Committee (Menschenrechtsausschuss)
HRLJ	Human Rights Law Journal
IAEA	International Atomic Energy Agency (Internationale Atomenergie-Organisation)
IBRD	International Bank for Reconstruction and Development (Internationale Bank für Wiederaufbau und Entwicklung - Weltbank)
ICAO	International Civil Aviation Organization (Internationale Zivilluftfahrt-Organisation)
ICCPR	International Covenant on Civil and Political Rights (IPbpR)
ICESCR	International Covenant on Economic, Social and Cultural Rights (IPwskR)
ICJ	International Court of Justice (Internationaler Gerichtshof)
ICLQ	International and Comparative Law Quarterly
ICTY	International Criminal Tribunal for the Former Yugoslavia
IDA	International Development Association (Internationale Entwicklungsorganisation)
IEA	International Energy Agency (Internationale Energie-Agentur)
IFAD	International Fund for Agricultural Development (Internationaler Fonds für landwirtschaftliche Entwicklung)
IFC	International Finance Corporation (Internationale Finanz-Corporation)
IGH	Internationaler Gerichtshof
ILC	International Law Commission (Völkerrechtskommission)
ILO	International Labour Organization (Internationale Arbeitsorganisation)
ILM	International Legal Materials
IMF	International Monetary Fund (IWF)

IMO	International Maritime Organization (Internationale Seeschifffahrts-Organisation)
INMARSAT	International Maritime Satellite Organization (Internationale Seefunksatelliten-Organisation)
IPbpR	Internationaler Pakt über bürgerliche und politische Rechte
IPwskR	Internationaler Pakt über wirtschaftliche, soziale und kulturelle Rechte
ISA	International Seabed Authority (Internationale Meeresbodenbehörde)
ITU	International Telecommunication Union (Internationale Fernmeldeunion)
ItYIL	The Italian Yearbook of International law
IWC	International Whaling Comission (Internationale Walfangkommission)
IWF	Internationaler Währungsfonds
JA	Juristische Arbeitsblätter
JCMS	Journal of Common Market Studies
JIR	Jahrbuch für internationales Recht
JO CE	Journal officiel des Communautés européennes
JöR	Jahrbuch des öffentlichen Rechts
JuS	Juristische Schulung
JZ	Juristenzeitung
KOM	Kommission
KritV	Kritische Vierteljahresschrift für Gesetzgebung und Rechtswissenschaft
KrO	Kreisordnung
KSVG	Kommunalselbstverwaltungsgesetz
KSZE	Konferenz über Sicherheit und Zusammenarbeit in Europa
KV	Kommunalverfassung
KO	Kreisordnung
KomWG	Gesetz über die Kommunalwahlen
KWahlG	Kommunalwahlgesetz
KWG	Kommunalwahlgesetz
LKO	Landkreisordnung
LKV	Landes- und Kommunalverwaltung
LNTS	League of Nations Treaty Series
LReg.	Landesregierung
LSA	Land Sachsen-Anhalt
LT	Landtag
LV	Landesverfassung
LVerfG	Landesverfassungsgericht
LWahlG	Landeswahlgesetz
LWG	Landeswahlgesetz

MIGA	Multilateral Investment Guarantee Agency (Multilaterale Investitions-Garantie-Agentur)
MIÖG	Mitteilungen des Instituts für österreichische Geschichtsforschung
MPIfG	Max-Planck-Institut für Gesellschaftsforschung
MV	Mecklenburg-Vorpommern
NATO	North Atlantic Treaty Organization (Nordatlantikvertrags-Organisation)
NGO	Niedersächsische Gemeindeordnung
NGO	Non-governmental Organization (Nichtregierungsorganisation)
NI	Niedersachsen
NILR	Netherlands International Law Review
NJW	Neue Juristische Wochenschrift
NLO	Niedersächsische Landkreisordnung
NordÖR	Zeitschrift für öffentliches Recht in Norddeutschland
NR	Nationalrat
NRW	Nordrhein-Westfalen
NV	Nationalversammlung
NVwZ	Neue Zeitschrift für Verwaltungsrecht
NVwZ-RR	NVwZ-Rechtsprechungs-Report Verwaltungsrecht
NW	Nordrhein-Westfalen
NZBen	Nationale Zentralbanken
OAS	Organization of American States (Organisation Amerikanischer Staaten)
OECD	Organization for Economic Co-operation and Development (Organisation für Wirtschaftliche Zusammenarbeit und Entwicklung)
OJ EC	Official Journal of the European Communities
ONUC	Opération des Nations Unies au Congo (Operation der VN in Kongo)
OPEC	Organization of the Petroleum Exporting Countries (Organisation Erdöl exportierender Länder)
OSCE	Organization on Security and Cooperation in Europe (OSZE)
OSZE	Organisation über Sicherheit und Zusammenarbeit in Europa
OVG	Oberverwaltungsgericht
ÖZP	Österreichische Zeitschrift für Politikwissenschaft
PA	Parlamentary Assembly
ParlG	Parlamentsgesetz
PCIJ	Permanent Court of International Justice (StIGH)
PJZS	Polizeiliche und justizielle Zusammenarbeit in Strafsachen
PV	Parlamentarische Versammlung
PYIL	The Polish Yearbook of International law

RdC	Recueil des Cours. Collected Courses of the Hague Academy of International Law
RDI	Revue de droit international, de sciences diplomatiques et politiques
RDirI	Rivista di Diritto Internazionale
RES	Resolution
Rev.Roum. Sci.Sociales – Sciences Juridiques	Revue Roumaine des Sciences Sociales, Série de Sciences Juridiques
RGBl.	Reichsgesetzblatt
RGW	Rat für Gegenseitige Wirtschaftshilfe
RP	Rheinland-Pfalz
Rs.	Rechtssache
RT	Reichstag
RuP	Recht und Politik
SächsGemO	Gemeindeordnung für den Freistaat Sachsen
SächsLKrO	Landkreisordnung für den Freistaat Sachsen
SCOR	Security Council Official Records
SchwJIR	Schweizerisches Jahrbuch für Internationales Recht
SGB	Sozialgesetzbuch
SH	Schleswig-Holstein
SKV	Staats- und Kommunalverwaltung
SL	Saarland
Slg.	Sammlung
SN	Freistaat Sachsen
SR	Sicherheitsrat
SRÜ	Seerechtsübereinkommen der Vereinten Nationen
SSQ	Social Science Quarterly
ST	Sachsen-Anhalt
StGB	Strafgesetzbuch
StGH	Staatsgerichtshof
StIGH	Ständiger Internationaler Gerichtshof
SWP	Stiftung Wissenschaft und Politik
SZR	Sonderziehungsrechte
TH	Freistaat Thüringen
ThürKO	Thüringer Kommunalordnung
UdSSR	Union der Sozialistischen Sowjetrepubliken
UGLJ	University of Ghana Law Journal
UN	United Nations (VN)
UNCIO	United Nations Conference on International Organization

UNCITRAL	UN Commission on International Trade Law (Kommission der Vereinten Nationen für internationales Handelsrecht)
UNCLOS	United Nations Convention on the Law of the Sea (SRÜ)
UNCLOT	United Nations Conference on the Law of Treaties
UNCTAD	UN Conference on Trade and Development (Konferenz der Vereinten Nationen für Handel und Entwicklung)
UNEF	United Nations Emergency Force (Noteinsatztruppe der VN)
UNESCO	UN Educational, Scientific and Cultural Organization (Organisation der Vereinten Nationen für Erziehung, Wissenschaft und Kultur)
UNIDO	UN Industrial Development Organization (Organisation der Vereinten Nationen für industrielle Entwicklung)
UNO	United Nations Organization (Organisation der Vereinten Nationen)
UNTS	United Nations Treaty Series
UNYB	Yearbook of the United Nations
UPU	Universal Postal Union (Weltpostverein)
USA	United States of America
VBl.	Verwaltungsblatt
VBS	Völkerbundssatzung
VerfGH	Verfassungsgerichtshof
VerfGHE	Verfassungsgerichtshofentscheidung
VerfO	Verfahrensordnung
VermA	Vermittlungsausschuss
VerwArch	Verwaltungsarchiv
VG	Verwaltungsgericht
VGH	Verwaltungsgerichtshof
VN	Vereinte Nationen
vol.	volume
VR	Verwaltungsrundschau
VRÜ	Verfassung und Recht in Übersee
VVDStRL	Veröffentlichungen der Vereinigung der Deutschen Staatsrechtslehrer
VVE	Vertrag über eine Verfassung für Europa
VwVfG	Verwaltungsverfahrensgesetz
WahlG	Wahlgesetz
WahlPrG	Wahlprüfungsgesetz
WD	Wirtschaftsdienst
WEU	Westeuropäische Union
WGO-MfOR	Die wichtigsten Gesetzgebungsakte in den Ländern Ost- und Südosteuropas – Monatshefte für Osteuropäisches Recht
WHO	World Health Organization (Weltgesundheitsorganisation)

WIPO	World Intellectual Property Organization (Weltorganisation für geistiges Eigentum)
WM	Wertpapiermitteilungen
WMO	World Meteorological Organization (Weltorganisation für Meteorologie)
WP	Wahlperiode
WPV	Weltpostverein
WTO	World Trade Organization (Welthandelsorganisation)
WTO-DSU	WTO Dispute Settlement Understanding (Vereinbarung über Regeln und Verfahren zur Beilegung von Streitigkeiten)
WVK	Wiener Übereinkommen über das Recht der Verträge
YBILC	Yearbook of the International Law Commission
YLJ	The Yale Law Journal
ZaöRV	Zeitschrift für ausländisches öffentliches Recht
ZEuS	Zeitschrift für europarechtliche Studien
ZfP	Zeitschrift für Politik
ZG	Zeitschrift für Gesetzgebung
Zges. StW.	Zeitschrift für die gesamte Staatswissenschaft
ZP	Zusatzprotokoll
ZParl	Zeitschrift für Parlamentsfragen
ZPO	Zivilprozessordnung
ZRG	Zeitschrift der Savigny-Stiftung für Rechtsgeschichte
ZRP	Zeitschrift für Rechtspolitik

Einleitung

Menschliches Handeln in einer Gesellschaft ist von vielfältigen Interessen und Wertvorstellungen geprägt, die mittels politischer Institutionen kanalisiert werden. Aus dem menschlichen Zusammenleben innerhalb eines Staates oder auch zwischen Staaten mit unzähligen unterschiedlichen Interessen und Wertvorstellungen folgt die Notwendigkeit von Mechanismen zur Konfliktvermeidung bzw. Konfliktbeilegung und damit die Unentbehrlichkeit von verbindlichen Regelungen und Entscheidungen. Der Regelungsbedarf innerhalb einer Gesellschaft steigt mit zunehmender Komplexität, Ressourcenknappheit und Arbeitsteilung. Mit Hilfe der Politik, die Inbegriff für das Streben nach Macht und Herrschaft ist, wird das geregelte menschliche Zusammenleben gesichert und geordnet. Dazu bedarf es politischer wie auch rechtlicher Entscheidungen.[1] Während die Politik das menschliche Handeln darstellt, „[...] das auf die Herstellung und Durchsetzung allgemein verbindlicher Regelungen und Entscheidungen [...] in und zwischen Gruppen von Menschen abzielt"[2], schafft das Recht die normative verbindliche Ordnung. „Politik ist ein Prozeß, an dessen Ende immer eine Entscheidung steht; auch eine bewußte Nichtentscheidung ist in diesem Sinne eine Entscheidung."[3] Das Recht ist ein Mittel für die Politik zur Erreichung verbindlicher Kollegialentscheidungen.[4] Damit ist die Interdependenz von Politik und Recht vorgezeichnet.

Um tragfähige Kollegialentscheidungen durch legitimierte und funktionsfähige Organe effektiv treffen zu können, bedarf es eines institutionellen Rahmens mit vorgegebenen Regeln und Verfahren, die die Entscheidungsfreiheit begrenzen. Giering spricht zutreffend von Institutionen und Entscheidungsverfahren, die das Herzstück eines politischen Systems sind.[5] Zu den zentralen Fragen der modernen Politikwissenschaft gehört aus heutiger Sicht die rechtswissenschaftlich nicht minder relevante Frage: „Wie werden welche politischen Entscheidungen von

---

[1] Vgl. Norbert Horn, Einführung in die Rechtswissenschaft und Rechtsphilosophie, 4. Auflage, Heidelberg 2007, Rdnr. 4, S. 4 f.
[2] Werner J. Patzelt, Einführung in die Politikwissenschaft, 5. Auflage, Passau 2003, S. 23.
[3] Karl-Josef Bertges, Mehrheitsprinzip. Strukturelement unserer Demokratie, Köln 1986, S. 3.
[4] Vgl. Gerd Roellecke, Verlagerung der Politik in die Interpretationskompetenz (-willkür) der Gerichte?, in: Karl Heinrich Friauf/Friedhelm Hilterhaus (Hrsg.), Deutschland, Köln 1994, S. 49.
[5] Vgl. Claus Giering, Mutige Einschnitte und verzagte Kompromisse, in: Claus Giering (Hrsg.), Der EU-Reformkonvent, Gütersloh/München 2003, S. 49.

wem gefällt?"[6] Die vorliegende Arbeit ist ein Versuch, auf diese mehrteilige Frage Antworten systematisch zusammenzustellen und eigene zu geben.

A. Gegenstand der Untersuchung

Gegenstand der Untersuchung sind Regeln und Verfahren der Entscheidungsfindung im öffentlichen Recht von Staaten und Staatenverbindungen. Im Laufe der gesellschaftlichen Geschichte haben sich eine Vielzahl von Entscheidungsregeln und -verfahren auf unterschiedlichen Gebieten und Ebenen herausgebildet, die wie es zunächst scheint, unkoordiniert nebeneinander stehen. Die vielfältigen Fragen in Zusammenhang mit der Auswahl von Entscheidungsregeln und - verfahren waren bisher vorwiegend Gegenstand von Erörterungen der Politik- und Wirtschaftswissenschaften, weniger aber der Rechtswissenschaft. Soweit sie in der Rechtswissenschaft überhaupt Erwähnung gefunden haben, beschränken sich Literatur und Rechtsprechung auf knappe und i.d.R. nur isolierte und punktuelle Bemerkungen. Ein Blick in die einschlägigen Werke zum Staats-, Kommunal-, Europa- und Völkerrecht zeigt, dass es bislang, ungeachtet der unstrittigen Bedeutung von Entscheidungsregeln und -verfahren, weder eine umfassende Bearbeitung in einem dieser Rechtsgebiete, noch eine rechtsgebietsübergreifende Untersuchung für bzw. gegen eine konkrete Auswahl oder eine bestimmte Zusammensetzung von Entscheidungsregeln und -verfahren gibt. Eine der grundlegenden Arbeiten zur englischen Theorie des parlamentarischen Handelns und Verfahrens wurde 1791 von Bentham geschrieben und 1843 durch Bowring veröffentlicht mit dem Titel „An Essay on Political Tactics".[7] In den USA gelten die „Robert's Rules of Order"[8] von 1876 als das fundamentale Werk für Entscheidungsorgane. Einige grundlegende rechtswissenschaftliche deutsche Arbeiten sind speziell dem Mehrheitsprinzip gewidmet, wie die Schriften von Scheuner[9], Heun[10] oder Kemmler.[11] Eine alle relevanten Entscheidungsregeln und -verfahren umfassende und vor allem rechts- und staatsübergreifende, systematisierende und aktuelle Arbeit fehlt jedoch.

Die Vielfalt und faktische Bedeutung von Entscheidungsregeln und -verfahren quer durch die verschiedenen Rechtsgebiete, ob innerstaatlicher oder internationaler, gebietet eine Analyse ihrer Entstehung, Darstellung, Erklärung, Begründung und Rechtfertigung ihrer aktuellen und konkreten Ausgestaltung sowie An-

---

[6] Karl-Rudolf Korte, Das politische System der Bundesrepublik Deutschland, in: Manfred Mols/Hans-Joachim Lauth/Christian Wagner (Hrsg.), Politikwissenschaft, 5. Auflage, Paderborn/München/Wien/Zürich 2006, S. 69.

[7] Jeremy Bentham, An Essay on Political Tactics, in: John Bowring, The Works of Jeremy Bentham, vol. II, Bristol 1995 (1843), S. 299 ff.

[8] Henry M. Robert, Robert's Rules of Order, 10. Auflage, Cambridge 2000 (1876).

[9] Ulrich Scheuner, Das Mehrheitsprinzip in der Demokratie, Opladen 1973.

[10] Werner Heun, Das Mehrheitsprinzip in der Demokratie, Berlin 1983.

[11] Klaus Kemmler, Die Abstimmungsmethode des deutschen Bundestages, Tübingen 1969.

wendung. Im Sinne dieses Forschungsinteresses bedarf es einer analytischen Darstellung unterschiedlicher Entscheidungsregeln und -verfahren, einer Herausstellung der Unterschiede in ihrem Wesen und Zweck sowie ihrer Anwendung in der Praxis.

In die Untersuchung sind verschiedene Organisations- und Rechtsprinzipien einzubeziehen, die eine Begründung für die Auswahl bzw. gegen die Auswahl bestimmter Entscheidungsregeln und gegebenenfalls deren Anwendung in einem konkreten Kontext geben können. Eine zentrale Stellung nimmt hierbei das Demokratieprinzip mit dem Mehrheitsprinzip ein. Aber auch andere Prinzipien wie das Rechtsstaatsprinzip, das Gleichheitsprinzip oder das Souveränitätsprinzip spielen eine nicht zu unterschätzende Rolle bei der Erklärung und Wahl bestimmter Entscheidungsregeln und -verfahren sowie beim Verständnis ihrer Rolle in Politik und Staat bzw. Staatenverbindung.

Die umfassende Systematisierung bestehender Regeln und Verfahren auf der Suche nach Entscheidungen ist von besonderer praxisrelevanter Bedeutung für eventuelle Neugestaltungen bzw. Reformen von Institutionen, hervorgerufen durch Änderungen von Sachlagen bzw. Rahmenbedingungen oder Zielsetzungen, wie beispielsweise eine Verschiebung politischer oder wirtschaftlicher Interessen innerhalb eines Staates bzw. zwischen Staaten. Gerade die Föderalismusdebatte in Deutschland, die institutionellen sowie verfassungsrechtlichen Fragen der europäischen Integration, insbesondere im Hinblick auf die EU-Erweiterung oder die schon längst fällige Reform der UNO, entfachen die Diskussionen über Sitz- und Stimmenverteilungsfragen sowie Abstimmungsregeln neu. Rechtsgelehrte haben schon früher dazu aufgerufen: „[...] Grundsatzfragen rechtzeitig und regelmäßig „neu" auf „Vorrat" zu erörtern, um nicht von politischen Entwicklungen unvorbereitet überrollt zu werden. Dies könnte wohl kaum zutreffender als mit den Worten „Verfassungslehre als „wissenschaftliche Vorratspolitik"!"[12] ausgedrückt werden. Hierunter lassen sich auch Verfahrensfragen wie Entscheidungsregeln und -verfahren subsumieren.

Die zu untersuchenden Fragen werden auf den Ebenen des deutschen Staats- und Kommunalrechts sowie des Europa- und Völkerrechts behandelt. Dabei ist schon wegen der unterschiedlichen Beschaffenheit der Kollegialorgane entsprechend ihren Zielen und Zwecken, sowie der konkreten Auswahl bestimmter Regeln und Verfahren zur Entscheidungsfindung nicht immer eine gleichgewichtete Behandlung der Fragen auf allen Ebenen möglich.

---

[12] Peter Häberle, Das Mehrheitsprinzip als Strukturelement der freiheitlich-demokratischen Grundordnung, in: JZ, 32 (1977) 8, S. 241. Vgl. hierzu auch Peter Dreist, Der Bundestag zwischen „Vorratsbeschluß" und Rückholrecht, in: KritV, 87 (2004) 1, S. 79 ff.

B. Ziel der Untersuchung

Das Ziel der Arbeit besteht darin, eine bislang fehlende grundlegende Typisierung und Systematik von Regeln und Verfahren im Prozess der politischen Entscheidungsfindung innerhalb von Staaten und Staatenverbindungen jeweils unter Hinzuziehung einer kritischen Würdigung dieser Regeln und Verfahren entsprechend ihres rechtlichen (staats- und kommunalrechtlichen sowie europa- und völkerrechtlichen) Rahmens, ihrer Geschichte, ihrer Funktionen, ihres Zweckes und ihrer Ziele sowie ihrer Anwendung zu erarbeiten. Sodann sollen mit Hilfe der theoretischen Systematisierung zweckdienliche Kombinationen von Regeln und Verfahren für ihre Anwendung in der Praxis entwickelt bzw. untersucht und beleuchtet werden. Die Herausarbeitung der Vor- und Nachteile von miteinander kombinierbarer Regeln und Verfahren zur Entscheidungsfindung für bestimmte Ziele und Zwecke im nationalen und internationalen öffentlichen Recht soll Möglichkeiten und Varianten aufzeigen, die eine Auswahl zur Anwendung im Sinne der Optimierung des Entscheidungsprozesses vereinfachen helfen.

Des weiteren ist zu prüfen, ob und in welchem Umfang die Auswahl der Regeln und Verfahren die Entscheidung als Ergebnis beeinflusst und wenn ja, welche Regeln und Verfahren für welche Entscheidungen bzw. unter welchen Bedingungen anzuwenden sind oder eventuell sogar ausgeschlossen werden sollten. Die Ordnung des bisher unübersichtlichen Materials zur Entscheidungsfindung mittels einer Systematisierung von Regeln und Verfahren in problemnahe und institutionalbezogene Konstellationen soll es ermöglichen, den Entscheidungsprozess limitieren und führen zu können.[13] In der Rechtswissenschaft gilt die Systematik als unerlässlich für die Ordnung und Übersicht des Rechts, die sowohl seiner theoretischen Erschließung und Fortbildung als auch seiner praktischen Anwendung dienen.[14] Die zentrale gesellschaftliche, politische und rechtliche Bedeutung der Entscheidungsregeln und -verfahren, die Gegenstand dieser Arbeit sind, macht es unerlässlich, diese – wie andere Regelungskomplexe auch – zu systematisieren bzw. systematisch und prinzipienbezogen zu untersuchen. Dieser bislang nicht unternommene Versuch soll hier vorgenommen werden.

Die im Vorfeld von Entscheidungen festgelegten bzw. festzulegenden Regeln und Verfahren bestimmen die formelle Rechtmäßigkeit des Zustandekommens der Entscheidungen, die wiederum ausschlaggebend für ihre Geltung und Legitimität sind. Da Regeln und Verfahren der Entscheidungsfindung im öffentlichen Recht von Staaten und Staatenverbindungen Gegenstand der Arbeit sind, konzentriert sich das Erkenntnisinteresse auf den Prozess des Zustandekommens von Entscheidungen in Form von Beschlüssen und nicht auf die Beschlüsse als inhaltliche Ergebnisse. Das Einhalten von Rahmenbedingungen, wie Regeln und Verfahren, für das Zustandekommen von Entscheidungen ist nicht minder bedeutend als die Bewertung des inhaltlichen Ergebnisses der Entscheidungen.

Neben politischen Entscheidungen werden auch Rechtsnormen, wie in innerstaatlichen, europa- und völkerrechtlichen Rechtsakten, mit Hilfe von Beschlüssen

---

[13] Vgl. Niklas Luhmann, Das Recht der Gesellschaft, Frankfurt am Main 2002, S. 9.
[14] Vgl. Norbert Horn (Fn. 1), Rdnr. 53, S. 36.

angenommen. Während vorwiegend die Rechtsnormen selbst, d.h. ihr Inhalt und die Methoden seiner Ermittlung, wie Rechtsinterpretation oder -anwendung, Gegenstand rechtswissenschaftlicher, speziell rechtsdogmatischer Untersuchungen sind, befasst sich diese Arbeit mit der vorgelagerten Frage ihrer Entstehung, die insoweit der Rechtserzeugung zuzuordnen ist.

Da die Anwendung der Regeln und Verfahren zur Willensbildungs- und Entscheidungsfindung nicht ausschließlich auf das Zustandekommen von Rechtsakten beschränkt ist, sondern auch Sachentscheidungen in Form von politischen Beschlüssen kollegialer Entscheidungsorgane einschließt, wird von dieser Arbeit ein Erkenntnisgewinn sowohl für die Rechtswissenschaft als auch für die Politikwissenschaft erhofft.

C. Methodische Ansätze

Für die Bearbeitung des Themas werden verschiedene methodische Ansätze herangezogen. Die Untersuchung von Regeln und Verfahren zur Entscheidungsfindung erfolgt mit Hilfe der rechtsanalytischen Methode. Dabei sollen diese auf der Grundlage von sowohl Rechtsakten (wie innerstaatlichen deutschen und ausgewählten ausländischen, europa- und völkerrechtlichen) sowie Geschäftsordnungen bzw. Satzungen als auch gewohnheitsrechtlichen Normen unter Einbeziehung von Lehrmeinungen und relevanter Rechtsprechung analysiert werden. Sodann sind diese Rechtsnormen in ihrer Anwendung in verschiedenen Rechtsgebieten zwecks eines empirischen Befundes zu untersuchen, was einen Rechtsvergleich gebietet, wobei hier allerdings keine umfassende rechtsvergleichende Betrachtung angestrebt werden kann. Während mit Hilfe der Empirie Regeln und Verfahren des Entscheidungsprozesses analysiert und geeignete Lösungen versucht werden anzubieten, sind diese mit Hilfe der Rechtsdogmatik, die eine Systematisierung des Rechts voraussetzt, zu bewerten.[15] Dabei kommt der Rechtsdogmatik die Aufgabe zu, normative Entscheidungskriterien zur Verfügung zu stellen, die eine Entscheidung erst ermöglichen. Mit zunehmender Komplexität gesellschaftlicher Prozesse wächst auch der Bedarf an Entscheidungen, die eine Rationalisierung des Entscheidungsprozesses als eine auch der Rechtsdogmatik immanenten Funktion erfordern.[16] Um dieser Anforderung gerecht zu werden, muss die Wissenschaft eine Optimierung der Entscheidungsregeln und -verfahren anstreben, die rechtsdogmatisch und empirisch zu analysieren sind und nach allgemein anerkannten Rechtsprinzipien begründet werden müssen. Dieser Versuch soll hier unternommen werden.

Da die rechtliche Ausgestaltung der Entscheidungsfindung maßgeblich vom politischen Willensbildungs- und Entscheidungsprozess bestimmt wird, ist ein interdisziplinärer Ansatz nahe liegend. Unter Berücksichtigung der gegenseitigen

---

[15] Vgl. Christian Starck, Empirie in der Rechtsdogmatik, in: JZ, 27 (1972) 20, S. 609; Jan Harenburg, Die Rechtsdogmatik zwischen Wissenschaft und Praxis, Stuttgart 1986, S. 364 ff.
[16] Vgl. Jan Harenburg (Fn. 15), S. 42.

Wechselwirkung von Recht und Politik soll auch gezeigt werden, wie das Recht seinerseits in bestimmter Hinsicht, nämlich in Bezug auf Entscheidungsregeln, die konkrete Ausgestaltung der Politik beeinflussen und damit einen Rahmen für die Politik schafft oder schaffen kann. Zur Auswahl stehende Entscheidungsmöglichkeiten sind an Bedingungen bzw. Voraussetzungen gebunden, die erfüllt sein müssen, damit der mit der Entscheidung beabsichtigte Zweck erreicht wird. Diese Bedingungen können rechtlicher, politischer, wirtschaftlicher oder anderer Art sein und sollen hier als Entscheidungsmaßstäbe dienen.

Ein Ansatz zur rationalen Aufarbeitung komplexer Entscheidungsprozesse liegt darin, einzelne Regeln und Verfahren herauszuheben und auf ihre Wirksamkeit innerhalb des Gesamtgeschehens zu untersuchen. Dabei soll es zu keiner Überbewertung einzelner analytisch herausgehobener Faktoren bzw. Prinzipien kommen, sondern zu einer Gesamtbetrachtung der vielfältigen Determinanten, die den Entscheidungsprozess bestimmen, bzw. der vielfältigen Zielsetzungen der Regeln und Verfahren im politischen Prozess, in ihrer wechselseitigen Abhängigkeit. Mit der typisierenden Methode soll der Versuch unternommen werden, bestimmte Merkmale aus der Vielfalt des Konkreten herauszuarbeiten. Die auf die Lehre Webers vom Idealtypus zurückgehende strukturanalytische Methode erscheint – jedenfalls zum Teil – geeignet dafür zu sein, aus den komplexen Entscheidungsprozessen charakteristische Merkmale zu „Ideal"-regeln bzw. -verfahren zusammenzufassen und bestehende Verfahren an ihnen zu messen.[17]

Entscheidungsregeln und -verfahren finden ihre Anwendung in konkreten Organen. Eine umfassende Studie über alle diese Organe und ihre Abstimmungsregeln und -verfahren kann und soll nicht geleistet werden, zumal viele von ihnen auf gleiche Abstimmungsmechanismen zurückgreifen. Es ist deshalb nicht nur notwendig, sondern auch gerechtfertigt, die Anzahl der Organe, dessen Abstimmungsregeln und -verfahren untersucht werden, zu begrenzen. Dazu werden vornehmlich die wichtigen Entscheidungsorgane aus dem deutschen Staats- und Kommunalrecht und teilweise vergleichend mit Verfassungsorganen ausländischer Staaten, regionaler europäischer Organisationen und des UN-Systems herangezogen. Die Wahl fiel dabei auf Entscheidungsorgane, sowohl politischer als auch wirtschaftlicher und finanzieller Institutionen, wobei gerichtliche Organe ausgespart bleiben.

D. Politik- und wirtschaftswissenschaftliche Ansätze

In dieser Arbeit soll sich zwar primär mit rechtlichen Fragen (und Prinzipien) bezüglich von Entscheidungen kollegialer Organe auseinandergesetzt werden, dennoch kann der Einfluss anderer gesellschaftswissenschaftlicher Bereiche, insbesondere der Politikwissenschaft, die auch als Integrationswissenschaft verstanden wird, und der Wirtschaftswissenschaft nicht ausgeblendet werden. Dieser ist punk-

---

[17] Vgl. Reinhold Zippelius, Allgemeine Staatslehre, 15. Auflage, München 2007, § 2, S. 9 f.

tuell und je nach Bedeutung für den Entscheidungsprozess in die Untersuchungen mit einzubeziehen, so dass der interdisziplinäre Charakter der Arbeit zum Tragen kommen soll. Eine eingehende interdisziplinäre Betrachtung würde jedoch den Rahmen dieser Arbeit sprengen.

Als Einzeldefinitionen für Politik stehen: „Politik ist Entscheidungsbildung auf öffentlichem Weg. [...] Politik ist die Gesamtheit jener Prozesse, die zur Herstellung von Akzeptanz für staatliche Entscheidungen dienen."[18] Danach bildet das Zustandekommen von Entscheidungen einen Schwerpunkt der Politikwissenschaft. Aufgrund des steigenden Regelungsbedarfes der Gesellschaft mit einer zunehmenden Komplexität versucht die Politik dem Bedarf an Regelungen und Entscheidungen nachzukommen. Das analytische Interesse der eingangs gegebenen Definition von Politik als menschliches Handeln, mit dem Ziel der Herstellung und Durchsetzung verbindlicher Regelungen und Entscheidungen, ist auf alle Begleiterscheinungen des „Setzens und Durchsetzens von Regeln" gerichtet.[19] Das Forschungsinteresse dieser Arbeit bezieht sich primär auf das „Setzen von Regeln", d.h. die Herstellung von Entscheidungen.

Während die Schnittpunkte von Rechts- und Politikwissenschaften, wie hier, mitunter eng beieinander liegen, wie auch die Demokratietheorie oder die politischen Akteure (Staat, Volk, Regierung, Parlament usw.) zeigen, scheinen sie bei Rechtswissenschaft und Wirtschaftswissenschaft weiter auseinander zu liegen.[20] Um der Bedeutung und dem Einfluss wirtschaftswissenschaftlicher Prinzipien und Theorien auf die Politik- und Rechtswissenschaft zu entsprechen, soll nachfolgend auf

- Prinzipien wie Effizienz und Effektivität,
- die Theorie der rationalen Wahl bzw. Entscheidung,
- die Spieltheorie sowie
- die Konstitutionenökonomik

insoweit eingegangen werden, wie es für ein besseres Verständnis der Arbeit für notwendig erachtet wird.

Die wissenschaftliche Analyse politischen Handelns wird verbunden mit Begriffen wie Effizienz und Effektivität. Dabei wird unter Effizienz das Verhältnis zwischen eingesetzten Mitteln und dem angestrebten Zweck, d.h. das Verhältnis zwischen Aufwand (Zeit und Kosten) und Leistung (Nutzen)[21] bzw. die bestmögliche Relation von Wirtschaftlichkeit und Leistungsfähigkeit eines Systems ge-

---

[18] Werner J. Patzelt (Fn. 2), S. 22.
[19] Vgl. ebenda, S. 27.
[20] Die meisten Missverständnisse treten immer noch zwischen Juristen und Ökonomen als zwischen Juristen und Politologen auf. Zur Zusammenarbeit von Rechtswissenschaft und Ökonomie vgl. Christian Kirchner, Ökonomische Analyse des Rechts, in: Heinz-Dieter Assmann/Christian Kirchner/Erich Schanze (Hrsg.), Ökonomische Analyse des Rechts, Tübingen 1993, S. 62 ff.; Richard A. Posner, Recht und Ökonomie, ebenda, S. 79 ff.
[21] Zur Effizienz in der Rechtswissenschaft vgl. Horst Eidenmüller, Effizienz als Rechtsprinzip, 2. Auflage, Tübingen 1998, S. 79 ff., 393 ff.

messen an dem Zeit-Kosten-Nutzen-Verhältnis verstanden. Eine Effizienzsteigerung kann erreicht werden durch eine Leistungsmaximierung bei gleich bleibendem Aufwand oder eine Aufwandsminimierung bei gleich bleibender Leistung oder im Maximalfall eine positive Korrelation beider Kriterien.[22] Effektivität bedeutet Wirksamkeit und bezeichnet den Zielerreichungsgrad, d.h. das Verhältnis zwischen einer Ist-Leistung und einer Soll-Leistung.[23] Diese Unterscheidung wird in der politischen Sprache nicht immer durchgehend vorgenommen. Effektivitätskriterien betreffen aber u.a. Fragen der Mitgliedschaft hinsichtlich einer Interessenvertretung bzw. Repräsentation in Entscheidungsorganen (Sitzverteilung), Entscheidungsregeln und -verfahren oder die Beteiligung der Mitglieder an der Entscheidungsfindung durch Anwesenheit. Effizienzkriterien beziehen sich eher auf organisationstechnische Fragen, wie Rationalisierung von Entscheidungsverfahren.[24] Die Effektivitätskriterien, wie Mittel zur Ausübung von Macht, beschreiben politische Faktoren, die zwar mittelbar auf das Rechtssystem wirken, selbst aber nicht Inhalt von Rechtsnormen und somit nicht rechtserheblich im eigentlichen Sinne sind.[25] In der politikwissenschaftlichen Diskussion werden Fragen nach der Effizienz und Effektivität der öffentlichen Verwaltung sowie des Staates als „rationaler Anstalt" weiterhin zunehmend mit Legitimationsfragen in Verbindung gebracht, vor allem dort, wo es um Partizipation bzw. Mitwirkungsrechte sowie Handeln aufgrund von Entscheidungen geht.[26] Für die nachfolgenden Theorien sind Effektivität und Effizienz von grundlegender Bedeutung.

Nach der Theorie der rationalen Entscheidung (engl.: *rational choice theory*) wählen die Akteure auf der Grundlage bestimmter Präferenzen zwischen verschiedenen Alternativen[27] im Sinne von Wahlmöglichkeiten, wobei ihnen ein nutzenmaximierendes (oder kostenminimierendes, d.h. rationales) Verhalten inhärent ist. Die Akteure wählen unabhängig von anderen diejenige Alternative, d.h. Entscheidungsmöglichkeit aus, die ihren Interessen bei gegebenen Präferenzen am besten entspricht. Dabei bewerten sie die zur Auswahl stehenden Alternativen (A – B – C) nach Vor- und Nachteilen, (sachlichen) Kosten und Nutzen. Rationa-

---

[22] Vgl. Hans-Jürgen Hett, Die Öffentlichkeit der Parlamentsverhandlungen, das Grundrecht der Informationsfreiheit und Informationspflichten der Exekutive, Frankfurt am Main/Bern/New York/Paris 1987, S. 23.

[23] Vgl. Klaus Dicke, Effizienz und Effektivität internationaler Organisationen, Berlin 1994, S. 40; Heike Krieger, Das Effektivitätsprinzip im Völkerrecht, Berlin 2000, S. 33 f.

[24] Vgl. Klaus Dicke (Fn. 23), S. 307 ff.

[25] Vgl. Heike Krieger (Fn. 23), S. 34.

[26] Vgl. Klaus Dicke (Fn. 23), S. 30, 40 f.

[27] In der Entscheidungstheorie wird der Begriff ‚Alternative' nicht im Sinne von zwei Möglichkeiten (einer einzigen Möglichkeit zusätzlich zur gegebenen) verwendet, sondern im Sinne von zwei oder mehreren wählbaren Möglichkeiten. Vgl. Helmut Laux, Entscheidungstheorie, 7. Auflage, Berlin/Heidelberg/New York 2007, S. 4 f. Podlech spricht von Alternativenmenge. Vgl. Adalbert Podlech, Wertentscheidungen und Konsens, in: Günther Jakobs (Hrsg.), Rechtsgeltung und Konsens, Berlin 1976, S. 11.

lität (lat.: *rationalitas* - Denkvermögen)[28] schließt ein, dass die Akteure ihre Präferenzen in einer bestimmten Reihenfolge (Präferenzordnung: z.B. B – A – C) ordnen. Dabei können beispielsweise auch zwei Alternativen (z.B. A und C) gleich bewertet werden und damit auf derselben Stufe einer Rangfolge stehen.[29] Die Theorie der rationalen Entscheidung lässt sich sowohl auf politische als auch auf rechtliche Entscheidungen anwenden, beispielsweise hinsichtlich des Föderalismus (z.B. Verringerung der Anzahl der Bundesländer) oder der Wahlsysteme.

Die Entscheidungstheorie ist Gegenstand einer interdisziplinären Forschungsrichtung, „[...] die sich auf formalisierte, prinzipiell in ein Kalkül transformierbare Konzepte rationaler Entscheidungen beschränkt."[30] Mit Hilfe der Entscheidungstheorie soll dem Entscheidungsträger nicht dogmatisch vorgeschrieben werden, wie er entscheiden soll, sondern ihm geholfen werden, eine Entscheidung entsprechend eigener Zielvorstellungen zu treffen.[31] Die Entscheidungstheorie umfasst formelle Regeln und Strategien für das Entscheiden und stellt Verfahren zur Herbeiführung von rationalen und praktikablen Entscheidungen zur Verfügung. Dabei ist die Effizienz der Mittel zur Erreichung des Zweckes ein wichtiges Kriterium für die Bewertung der Richtigkeit der ausgewählten Regeln und Verfahren zur Entscheidungsfindung. So wird die repräsentative Demokratie der direkten vielfach vorgezogen, nicht nur, weil vom Volk gewählte Vertreter sachkundiger entscheiden könnten, sondern weil das Aufwand-Nutzen-Verhältnis bei der repräsentativen Demokratie weitaus besser ausfällt als bei der direkten Demokratie. Als formelles Verfahren der Entscheidungsfindung soll die Entscheidungstheorie die Akteure befähigen, die Alternativen und ihre Folgen zu erfassen und zu bewerten, um bestimmte Alternativen auszuschließen und sich möglichst für eine zu entscheiden.[32]

Mit der Analyse von strategischen Entscheidungssituationen beschäftigt sich die von Neumann und Morgenstern[33] begründete Spieltheorie (engl.: *game theory*). Dabei werden Situationen untersucht, in denen

a) das Ergebnis von den Entscheidungen mehrerer Akteure (Entscheidungsträger) abhängt,
b) jeder Akteur sich dieser Interdependenz bewusst ist,
c) jeder Akteur davon ausgeht, dass die anderen sich ebenfalls dieser Interdependenz bewusst sind und
d) jeder Akteur bei seinen Entscheidungen die vorherigen Eigenschaften a) - c) berücksichtigt.

---

[28] Der Begriff Rationalität wird hier zur Rechtfertigung bestimmter subjektiver normativer Standpunkte verwendet.
[29] Vgl. Anne van Aaken, „Rational Choice" in der Rechtswissenschaft, Baden-Baden 2003, S. 73 ff.
[30] Ebenda, S. 288.
[31] Vgl. Helmut Laux (Fn. 27), S. 3.
[32] Vgl. Anne van Aaken (Fn. 29), S. 288 f.
[33] John von Neumann/Oskar Morgenstern, The Theory of Games and Economic Behavior, (1944), Düsseldorf 2001.

Somit sind Interessenkonflikte charakteristisch für strategische Entscheidungssituationen, die auch als Spielsituationen bezeichnet werden können, bei denen die Spieler nach bestimmten Regeln ihre Entscheidungen treffen.[34] Die Spieltheorie als ein Teilgebiet der Wirtschaftswissenschaft beschäftigt sich mit der Analyse von Handlungsstrategien der Akteure in Systemen mit vorgegebenen Regeln, untersucht vorhergesagtes und tatsächliches Verhalten der Akteure in Spielen und leitet optimale Strategien her. So lässt sich die Marktwirtschaft als ein „Spiel" ansehen, in dem die Firmen als „Spieler" mit dem Ziel teilnehmen, den höchstmöglichen Gewinn zu erreichen.[35] Am wohl deutlichsten lässt sich eine Spielsituation mit Hilfe des so genannten Gefangenendilemmas (*prisoner's dilemma*) zeigen[36], das zeigt, wie individuell rationale Entscheidungen zu kollektiv suboptimalen Ergebnissen führen können.[37] Neben zahlreichen ökonomischen Entscheidungssituationen, die von den Eigenschaften des Gefangenendilemmas gekennzeichnet sind[38], lässt sich das Gefangenendilemma auf vielfache Sachverhalte in Politik und Recht übertragen. Wenn die Staaten eine friedliche Nutzung der Kernenergie vereinbaren, einige Staaten sich aber heimlich mit atomaren Waffen aufrüsten wollen, so verletzen diese nicht nur völkerrechtliche Verpflichtungen, sondern sind infolge hoher Kosten für die Aufrüstung und zu erwartender wirtschaftlicher Sanktionen durch die internationale Staatengemeinschaft wirtschaftlich schlechter gestellt als die die Verpflichtungen einhaltenden Staaten. Dass es sich hierbei nicht nur um ein hypothetisches Beispiel handelt, zeigen die Beispiele Nordkorea und Iran sehr anschaulich.[39]

---

[34] Vgl. Manfred J. Holler/Gerhard Illing, Einführung in die Spieltheorie, 6. Auflage, Berlin/Heidelberg/New York 2006, S. 1.

[35] Begriff Spieltheorie, in: Brockhaus Enzyklopädie, Band 25, 21. Auflage, Leipzig 2006, S. 762 f.

[36] „Zwei in Einzelhaft genommene Tatverdächtige werden vom Staatsanwalt wegen Fehlens ausreichender Beweise vor zwei Alternativen gestellt: das Verbrechen gestehen oder nicht gestehen. a) Wenn beide nicht gestehen, dann werden sie wegen minderer Delikte angeklagt und bekommen geringe Strafen. b) Wenn beide gestehen, werden sie angeklagt ohne Beantragung der Höchststrafe. c) Gesteht einer, jedoch der andere nicht, so wird ersterer nach kurzer Zeit freigelassen, während der andere die Höchststrafe erhält." Die Spieler in diesem nicht-kooperativen Spiel werden ihre Präferenzen nach dem Nutzen (kürzere Zeit im Gefängnis) ordnen und sich für eine Alternative entscheiden. Als rationale Entscheidung ist ihnen ein Geständnis zu empfehlen. Vgl. R. Duncan Luce/ Howard Raiffa, Games and decisions, New York 1957, S. 1 ff.; Steven J. Brams, Game theory and politics, New York 1975, S. 94 ff.; Manfred J. Holler/Gerhard Illing (Fn. 34), S. 2 ff.

[37] Begriff Gefangenendilemma, in: Brockhaus Enzyklopädie, Band 10, 21. Auflage, Leipzig 2006, S. 318 f.

[38] Vgl. Manfred J. Holler/Gerhard Illing (Fn. 34), S. 7.

[39] Das Gefangenendilemma der amerikanischen Zigarettenindustrie ist 1971 durch das Gesetz zum Werbeverbot für Zigaretten im Fernsehen gelöst worden. Infolge des Gesetzes wurden die stetig steigenden Werbekosten für Zigaretten mehrerer konkurrierender Firmen, die sich gegenseitig zu übertreffen suchten, obsolet. Online Enzyklopädie (Fn. 37).

Die normativ orientierte Konstitutionenökonomik bzw. Verfassungsökonomik als Bestandteil der Neuen Institutionenökonomik[40] ist ein Forschungszweig, der maßgeblich von Hayek[41], Buchanan und Tullock[42] sowie Olson[43] bestimmt wurde. Auf der Grundlage einer positiven Analyse des Verhaltens politischer Akteure untersuchten sie Möglichkeiten zur Veränderung der Restriktionen von Politikern, so dass diese tatsächlich als Agenten der Wähler im Sinne des Allgemeinwohls agieren. Die Konstitutionenökonomik wendet den ökonomischen Verhaltensansatz auf Verfassungs- und Verfahrensregeln politischer Entscheidungsprozesse an. Dabei fallen der ökonomische und der juristische Verfassungsbegriff nicht zusammen. Der ökonomische Verfassungsbegriff beinhaltet alle für das Zustandekommen politischer Ergebnisse konstitutiven institutionellen Regeln. Die (positive) Konstitutionenökonomik erforscht sowohl reale Verfassungsprozesse als auch die Determinierung von Ergebnissen durch bestimmte Verfahrensregeln. Die (normative) Konstitutionenökonomik gibt verfassungspolitische Handlungsempfehlungen für die Entscheidungsträger.[44]

Wegen der Bedeutung und des Einflusses wirtschaftswissenschaftlicher Prinzipien und Theorien auf die Politik- und Rechtswissenschaft werden in die Untersuchungen ausgewählte wirtschaftswissenschaftliche Entscheidungsregeln einbezogen. Aufgrund dieser vorgezeichneten Interdependenz wäre eine von den Politik- und Wirtschaftswissenschaften völlig losgelöste Bearbeitung des gewählten Themas eine kaum vertretbare Einengung, die den zu regulierenden komplexen gesellschaftlichen Prozessen nicht gerecht werden würde. Sowohl die Politik- und Wirtschaftswissenschaften als auch die Rechtswissenschaft gehen einer gemeinsamen wissenschaftlichen Fragestellung nach: wie sind Entscheidungen von wem nach welchen Regeln und Verfahren zu treffen. Die Nutzung politik- und wirtschaftswissenschaftlicher Ansätze und Teilaspekte für diese rechtswissenschaftliche Arbeit soll nicht nur ihren Erkenntniswert erhöhen, sondern lässt auch Impulse für die beiden Nachbarwissenschaften erwarten.

E. Begriffsklärung

Bevor mit den Untersuchungen bezüglich der Regeln und Verfahren zur Entscheidungsfindung innerhalb von Staaten und Staatenverbindungen begonnen werden kann, sollen nachfolgend zwei Begriffe erläutert werden, die für das Verständnis des Gegenstandes der Untersuchung eine zentrale Rolle einnehmen: Staatenver-

---

[40] Die Neue Institutionenökonomik beschäftigt sich mit der Entstehung, der Veränderung und der Analyse der Wirkungen (positiv) und des Designs (normativ) von Institutionen. Unter Ökonomik wird die wissenschaftliche bzw. theoretische Auseinandersetzung mit dem Wirtschaften der Menschen verstanden. Vgl. Mathias Erlei/Martin Leschke/Dirk Sauerland, Neue Institutionenökonomik, 2. Auflage, Stuttgart 2007, S. 40 f.
[41] Friedrich August von Hayek, The Constitution of Liberty, London 1960.
[42] James M. Buchanan/Gordon Tullock, The Calculus of Consent, Michigan 1965.
[43] Mancur Olson, The Logic of Collective Action, Harvard 1965.
[44] Vgl. Jörg Adolf, Reform der EU-Entscheidungsverfahren, in: WD, 79 (1999) 9, S. 571.

bindung und Entscheidung. Andere Begriffe, die einer Definition oder Erläuterung bedürfen, werden punktuell im Laufe der Arbeit erklärt.

I. Staatenverbindung

Die „Staatenverbindung" ist kein völkerrechtlich klar definierter Begriff.[45] An die Stelle der fehlenden Dogmatik tritt die Empirie. Als Staatenverbindung im weiteren Sinne werden völkerrechtliche Verträge verstanden, durch welche sich die Staaten zu einem gemeinsamen Handeln verpflichten. Um Staatenverbindungen im engeren Sinne handelt es sich, wenn Staaten sich mit dem Ziel organisieren, bestimmte Entscheidungsbefugnisse festzulegen und zu kombinieren.[46]

Zurückgeführt wird der Begriff der Staatenverbindung auf die Lehre von den Staatenverbindungen von Georg Jellinek.[47] Seine auf dem Kriterium der Staatsgewalt beruhende Unterscheidung der Staatenverbindungen geht ebenfalls von einem engeren und einem weiteren Sinn aus. Zu Staatenverbindungen im engeren Sinne sind „dauernde rechtliche Vereinigungen von Staaten politischer Natur"[48] zu zählen. Hingegen werden unter Staatenverbindungen im weiteren Sinne „alle nicht ganz punktuellen Beziehungen zwischen Staaten"[49] verstanden, wie insbesondere Bündnisse oder Allianzen, in denen die Staaten sich vorübergehend zu militärischen Zwecken zusammenschließen, Verwaltungsunionen zur gemeinsamen Bewältigung bestimmter Aufgaben sowie auch völkerrechtliche Verträge, in denen zwei oder mehrere Staaten für eine bestimmte oder unbestimmte Zeit und ohne institutionelle Strukturen gegenseitige Rechte und Pflichten vereinbaren.[50]

Die Staatenverbindungen im engeren Sinne unterscheidet Jellinek weiterhin in völkerrechtliche und staatsrechtliche.[51] Während erstere auf Vereinbarungen bzw. Verträgen beruhen und ihr Handeln aus dem Willen der ihr angehörenden Einzelstaaten ableiten, verfügen staatsrechtliche Staatenverbindungen über eine eigenständige Hoheitsgewalt, welcher sie die grundlegenden Regeln über ihre Organe und Verfahren entnehmen.[52]

Von den fünf von Jellinek unterschiedenen Typen[53] von Staatenverbindungen sind der Staatenbund als völkerrechtliche und der Bundesstaat als staatsrechtliche Staatenverbindung die bedeutendsten. Als Staatenbund definiert Jellinek eine „[...] dauernde, auf Vereinbarung beruhende Verbindung unabhängiger Staaten zum Zweck des Schutzes des Bundesgebietes nach außen und innerer Friedensbewah-

---

[45] Vgl. Torsten Stein/Christian von Buttlar, Völkerrecht, 11. Auflage, Köln/Berlin/München 2005, Rdnr. 291, S. 102.
[46] Vgl. Karl Doehring, Völkerrecht, 2. Auflage, Heidelberg 2004, Rdnr. 126, S. 58 f.
[47] Vgl. Georg Jellinek, Die Lehre von den Staatenverbindungen, Goldbach 1996 (1882).
[48] Georg Jellinek, Allgemeine Staatslehre, 3. Auflage, Darmstadt 1959, S. 741.
[49] Roman Herzog, Allgemeine Staatslehre, Frankfurt am Main 1971, S. 397.
[50] Vgl. ebenda, S. 397.
[51] Vgl. Georg Jellinek (Fn. 48), S. 743 ff.
[52] Vgl. Roman Herzog (Fn. 49), S. 398.
[53] Protektorat, Staatenstaat, Realunion, Staatenbund und Bundesstaat. Vgl. Georg Jellinek (Fn. 48), S. 745 ff.

rung zwischen den verbündeten Staaten, wozu auch die Verfolgung anderer Zwecke verabredet werden kann."[54] Der Bundesstaat ist nach Jellinek „[...] ein aus einer Mehrheit von Staaten gebildeter souveräner Staat, dessen Staatsgewalt aus seinen zu staatlicher Einheit verbundenen Gliedstaaten hervorgeht."[55]

Diese positivistische Lehre von den Staatenverbindungen, wie sie von Jellinek entwickelt wurde, wird heute vor allem wegen ihres einseitigen Differenzierungskriteriums (Staatsgewalt) und des staatenverbindenden Zweckes (gemeinsame äußere Verteidigung) zu Recht kritisiert.[56] Um den Ausformungen der Staatenpraxis gerecht zu werden, so Herzog, müssen die Staatenverbindungen unter mehreren gleichgewichtigen Gesichtspunkten betrachtet werden.[57] Auch werden die Grenzen zwischen dem (älteren) Staatenbund und der (jüngeren) internationalen Organisation als völkerrechtliche Staatenverbindungen zunehmend fließend. So zeigt die Europäische Gemeinschaft bereits Merkmale, die über den klassischen Staatenbund hinausgehen.[58]

Als staatsrechtliche Staatenverbindung wird der Bundesstaat, insbesondere die Bundesrepublik Deutschland auf Bundes-, Landes- und kommunaler Ebene für die Untersuchungen von Entscheidungsregeln und -verfahren herangezogen. Die gegenwärtigen völkerrechtlichen Staatenverbindungen lassen sich allgemein in staatsbündische und supranationale einordnen.[59] Zu ersteren zählen regionale und universelle Regierungsorganisationen[60], wie der Europarat bzw. die OSZE und die UNO, zu den supranationalen die Europäische Gemeinschaft. Mit der Bundesrepublik Deutschland, der Europäischen Gemeinschaft als Bestandteil der Europäischen Union[61], dem Europarat, der OSZE und der UNO[62] sowie ihren jeweils ausgewählten Entscheidungsorganen soll der vornehmliche Rahmen für die Untersuchung von Regeln und Verfahren der Entscheidungsfindung gebildet werden.

---

[54] Georg Jellinek (Fn. 48), S. 762.
[55] Ebenda, S. 769.
[56] Vgl. Alfred Katz, Staatsrecht, 17. Auflage, Heidelberg 2007, Rdnr. 71, S. 29.
[57] Vgl. Roman Herzog (Fn. 49), S. 402 f.
[58] Vgl. Volker Epping, in: Knut Ipsen, Völkerrecht, 5. Auflage, München 2004, § 5, Rdnr. 27, S. 77.
[59] Vgl. Alfred Katz (Fn. 56), Rdnr. 71, S. 29 f.; Ignaz Seidl-Hohenveldern/Torsten Stein, Völkerrecht, 10. Auflage, Köln/Berlin/Bonn/München 2000, Rdnr. 799 ff., S. 160 ff.
[60] Zu internationalen Organisationen vgl. Anthony J.N. Judge, International Institutions, in: Paul Taylor/A.J.R. Groom (eds.), International Organisation, London/New York 1978, S. 28 ff.
[61] Zum Säulenmodell der EU vgl. Matthias Pechstein/Christian Koenig, Die Europäische Union, 3. Auflage, Tübingen 2000, Rdnr. 99, S. 54.; Andreas Haratsch/Christian Koenig/Matthias Pechstein, Europarecht, 5. Auflage, Tübingen 2006, Rdnr. 72 ff., S. 30 ff.
[62] Die Bundesrepublik Deutschland ist Mitgliedstaat aller dieser völkerrechtlichen Staatenverbindungen.

II. Entscheidung

Bei einer Entscheidung wird aus einer Menge von mindestens zwei Handlungsalternativen eine ausgewählt. Damit bedeutet Entscheidung die Wahl zwischen Alternativen.[63] Dies gilt selbst dann, wenn die Menge der Alternativen nicht größer als eins ist. Dann erfolgt in der Wahl ein Akzeptieren oder ein Verwerfen dieser einen Alternative.[64] Alternativen sind Entscheidungsmöglichkeiten, d.h. was gewählt werden kann[65], beispielsweise Verbote oder Gebote in Rechtsvorschriften.

Jedem bewussten menschlichen Handeln geht eine Entscheidung voraus. Dabei wird aus verschiedenen Möglichkeiten der objektiven Realität eine Option ausgewählt und die Verhaltensweise in einer mehrere Möglichkeiten beinhaltenden Situation bestimmt. Ihren Ausdruck findet dies in einem Beschluss, einem Gesetz oder einem Vertrag. Die Handlungen, die auf die Entscheidung zurückzuführen sind, verfolgen den Zweck, die gegebene Situation zu verändern.[66] Damit sind Entscheidungen unerlässlich für Weiterentwicklungen. Eine bewusste Nichtentscheidung ist ebenfalls eine Entscheidung, womit allerdings der *status quo* beibehalten wird.

Entscheidungen werden notwendig durch das Aufeinandertreffen von unterschiedlichen Interessen und Wertvorstellungen mehrerer Personen, die zu Konflikten führen können und es diese zu verhindern oder zu lösen gilt. Aufgrund zunehmender Dezentralisierung von Organisationen treffen Individuen in bestimmten Situationen selbst Entscheidungen, die entweder Auswirkungen auf sie selbst oder auch auf andere haben. Entscheidungen können selbst getroffen werden, wie beispielsweise in einer direkten Demokratie oder durch Volksvertreter, wie in einer repräsentativen Demokratie.

In Abhängigkeit von der Anzahl der Beteiligten werden individuale (Einzelentscheidungen) und Kollegialentscheidungen unterschieden. Kollegialentscheidungen sind Entscheidungen, bei denen im Gegensatz zum individualen (monokratischen) Entscheidungsmodus, der nur die Wertvorstellung bzw. die Macht einer Einzelperson zum Ausdruck bringt, die Wertvorstellungen und die Machtstellung aller Gruppenmitglieder berücksichtigt, auf die sich die Entscheidung, die für diese Gruppe zu treffen ist, bezieht. Entscheidungen kollegialer Organe in Form von Beschlüssen werden neben Empfehlungen bzw. Gutachten den sich nach außen richtenden so genannten Kollegialakten zugeordnet.[67] Der Untersuchungsgegenstand dieser Arbeit soll sich auf Kollegialentscheidungen beschränken.

---

[63] Vgl. Walter Krebs, Kontrolle in staatlichen Entscheidungsprozessen, Heidelberg 1984, S. 32.
[64] Vgl. Martin Irle, Voraussetzungen und Strukturen der Entscheidung, in: Ruprecht Kurzrock (Hrsg.), Systemtheorie, Berlin 1972, S. 170.
[65] Vgl. Amartya K. Sen, Collective Choice and Social Welfare, San Francisco/Cambridge/London/Amsterdam 1970, S. 14 ff.
[66] Begriff Entscheidung, in: Brockhaus Enzyklopädie, Band 8, 21. Auflage, Leipzig 2006, S. 142.
[67] Vgl. Prodromos Dagtoglou, Kollegialorgane und Kollegialakte der Verwaltung, Stuttgart 1960, S. 83, 89 f.

Entscheidungen werden über einen bestimmten Gegenstand von Subjekten unter bestimmten Bedingungen nach bestimmten Regeln mit Hilfe vorher festgelegter Verfahren mit dem Ziel getroffen, ein Ergebnis zu einem bestimmten Sachverhalt zu erreichen. Gegenstand von Entscheidungen können Sachen (Sachentscheidungen) und Personen (Personalentscheidungen) sein.[68] Verfahrensentscheidungen sind gewöhnlich Sach- und Personalentscheidungen vorgeschaltet. Kollegialentscheidungen ergehen in der Regel mit Hilfe von Abstimmungen bei Sachentscheidungen bzw. Wahlen bei Personalentscheidungen.[69] Dabei gehen Abstimmungen gewöhnlich auf Entscheidungsfragen zurück, auf die mit Ja oder Nein, gegebenenfalls mit Enthaltung zu antworten ist, Wahlen auf Bestimmungsfragen, wo prinzipiell mehr als zwei Antworten möglich sind.

Der Unterschied zwischen Abstimmung und Wahl liegt vorrangig in der Form, wie diese erfolgt und nicht zwangsläufig in der Art der zutreffenden Entscheidung. Dies hat Schneider unter Verweis auf die Anwendung des Art. 63 Abs. 1 GG bezüglich der Wahl des Bundeskanzlers und der Feststellung Walter Jellineks, wonach die Wahl des Bundeskanzlers keine gewöhnliche Wahl sei, sondern die Abstimmung über einen Wahlvorschlag, anschaulich begründet.[70] Bei der Wahl Adenauers am 15. September 1949, wo mit Ja oder Nein abzustimmen war, stellte Bundestagspräsident Köhler ausdrücklich die Frage an die Abgeordneten, ob die drei mit „Adenauer" statt mit „Ja" abgegebenen Stimmzettel als Ja-Stimmen anzusehen wären, was der Bundestag bestätigte. Nur mit Hilfe dieser drei Stimmen hatte Adenauer die erforderliche absolute Mehrheit erreicht.[71]

Dieses konkrete Beispiel aus der deutschen Verfassungsgeschichte belegt, dass die Grenzen zwischen Wahl bei Personalentscheidungen und Abstimmung bei Sachentscheidungen durchaus fließend sein können. Daraus ergibt sich die Frage, ob Regeln und Verfahren für Wahlen auch auf Abstimmungen übertragbar sind. Bei affirmativer Beantwortung ist mit Hilfe einer Aufarbeitung ihrer Vor- und Nachteile zu prüfen, welche Regeln und Verfahren für bestimmte Sachentscheidungen geeignet sind.

Zu den wesentlichen Bestimmungsgrößen von Kollegialentscheidungen, die die nachfolgenden Untersuchungen maßgeblich beeinflussen, gehören[72]:

---

[68] Vgl. Jeremy Bentham (Fn. 7), S. 367.
[69] Zum Unterschied von Wahlen und Abstimmungen vgl. Klaas Engelken, Demokratische Legitimation bei Plebisziten auf staatlicher und kommunaler Ebene, in: DÖV, 53 (2000) 21, S. 885 f.; ders., Der Bürgerentscheid im Rahmen des Verfassungsrechts, in: DÖV, 55 (2002) 23, S. 978 ff.
[70] Vgl. Walter Jellinek, Kabinettsfrage und Gesetzgebungsnotstand nach dem Bonner Grundgesetz, in: DÖV, 2 (1949) 20, S. 382.
[71] Die gesetzliche Mitgliederzahl des 1. BT betrug 402 Abgeordnete (ohne Berliner Abgeordnete). 202 Abgeordnete stimmten mit Ja, 142 mit Nein, 44 enthielten sich der Stimme bei 1 ungültigen Stimme. Stenographische Berichte BT, Band 1, I. WP 1949, S. 13 f. Vgl. Karl Georg Schneider, Die Abstimmung unter besonderer Berücksichtigung der verschiedenen Mehrheitsbegriffe, Heidelberg 1951, S. 10.
[72] Vgl. Walter Bossert/Frank Stehling, Theorie kollektiver Entscheidungen, Berlin/Heidelberg/New York 1990, S. 233; Bernd Schauenberg, Entscheidungsregeln, kollektive, in:

- die Größe des Organs,
- die Mitgliedschaft und Besetzung des Organs durch Wahl oder Ernennung,
- die Zusammensetzung des Organs, d.h. die Anzahl von Sitzen der Mitglieder des Organs bzw. der Ausschluss von der Sitzverteilung,
- das Mandat der an der Entscheidung beteiligten Mitglieder des Organs,
- die Einberufung einer Sitzung zwecks Entscheidungsfindung mit Bereitstellung von Informationen hinsichtlich des Entscheidungsgegenstandes und der zur Entscheidung stehenden Alternativen,
- die Ermittlung der Wertvorstellungen bzw. Präferenzen der Mitglieder bezüglich der zur Auswahl stehenden Alternativen durch Diskussion,
- die Beschlussfähigkeit als Voraussetzung der Beschlussfassung,
- die Anzahl von Stimmen der Mitglieder des Organs,
- die Wahrnehmung des Stimmrechts oder der Entzug des Stimmrechts,
- die Auswahl der Abstimmungsregeln und -verfahren sowie
- die Durchführung der Abstimmung, die der Stellungnahme des Organs zur gemeinsamen Entscheidungsbildung über Vorschläge oder Anträge einzelner Mitglieder oder Gruppen dient.

Nach der Terminologie der Entscheidungstheorie handelt es sich bei dem Abstimmungsverfahren um eine bestimmte Sozialwahlfunktion, nämlich um einen rationalen Mechanismus, mit dessen Hilfe aus individuellen Wertsystemen ein kollektives Wertsystem gebildet werden soll. Mit dem Beginn der Abstimmung ist der individuelle Entscheidungsbereich durch vorgelegte Alternativen umschrieben. Aus Einzelbewertungen ergeben sich schließlich Kollegialentscheidungen.[73] Dabei wird aus einer Alternativenmenge eine Alternative – die Entscheidung – ausgewählt. Die durch diese Entscheidung hergestellte Ordnung wird als Präferenzordnung über die Alternativenmenge bezeichnet.[74] Angestrebt wird eine rationale Entscheidung, die die Bedingungen der Transitivität[75], der Asymmetrie[76] und der Konnektivität[77] erfüllen muss.[78]

Präferenzordnungen, die durch rationale Entscheidungen hergestellt worden sind, werden konsistente Präferenzordnungen genannt. Wie schon Condorcet[79]

Erich Frese (Hrsg.), Handwörterbuch der Organisation, 3. Auflage, Stuttgart 1992, S. 566.
[73] Vgl. Klaus Kemmler (Fn. 11), S. 180.
[74] So spricht Adalbert Podlech von Grundrechten als Vorzugsregeln bzw. Präferenzordnungen. Vgl. Adalbert Podlech (Fn. 27), S. 13.
[75] A, B und C = Alternativen. Wenn A B vorzuziehen ist, und B C, dann wird auch A C vorzuziehen sein.
[76] Wenn A B vorzuziehen ist, dann wird B A nie vorzuziehen sein.
[77] Wird A oder B vorzuziehen sein oder werden sie gleich bewertet.
[78] Vgl. Kenneth J. Arrow, Social Choice and Individual Values, New York/London 1951, S. 17 ff.; Adalbert Podlech (Fn. 27), S. 13 f.
[79] Marie Jean Antoine Nicolas de Caritat Marquis de Condorcet, Essai sur l'application de l'analyse à la probabilité des décisions rendues à la pluralité des voix, Paris 1785, S. LXI ff.

feststellen musste, garantieren Abstimmungen nicht zwangsläufig ein erwünschtes konsistentes Ergebnis. Arrow gab den Beweis, dass es kein allgemein gültiges Verfahren zur Herstellung nicht diktierter bzw. nicht oktroyierter sozialer Präferenzordnungen gibt.[80] Danach erfordern Regeln zur sozialen Gestaltung der Gesellschaft stets der politischen Entscheidung.[81] In der Arbeit soll geprüft werden, ob die von Condorcet, Arrow und anderen Wirtschaftswissenschaftlern entwickelten Regeln zur Entscheidungsfindung auf rechtswissenschaftliche Sachverhalte Anwendung finden können.

Der Begriff der Entscheidung umfasst zum einen den Vorgang des Entscheidens nach einem vorher festgelegten Verfahren mit bestimmten Regeln und zum anderen sein Ergebnis[82], wobei sich in der Arbeit lediglich auf die umrahmenden oder bestimmenden Regeln und Verfahren und nicht die Analyse ihrer Ergebnisse konzentriert werden soll. Der hier gewählte Untersuchungsgegenstand bezieht sich auf Entscheidungsregeln und -verfahren vornehmlich bei Sachentscheidungen von Kollegialorganen im öffentlichen Recht innerhalb von Staaten und Staatenverbindungen, wobei, wie oben angedeutet, das Zustandekommen von gerichtlichen Entscheidungen außen vor bleiben soll.

F. Gang der Untersuchung

Dem Gang der Untersuchung liegt die Erkenntnis zugrunde, dass Entscheidungen feststehender Regeln und Verfahren bedürfen, um Konflikte zu vermeiden bzw. zu lösen. Da die Kenntnis der historischen Entwicklung des Rechts maßgeblich zum Verständnis des gegenwärtigen und zur Gestaltung des zukünftigen Rechts beiträgt, wird im ersten Kapitel ein historischer Überblick über die Entwicklung von Entscheidungsregeln und -verfahren von der Antike über das Mittelalter bis hin zur Neuzeit gegeben. Die Rechtsgeschichte kann allerdings nur auf schriftliche Überlieferungen zurückgreifen, so dass bei fehlenden historischen Dokumenten die Erkenntnismöglichkeiten stark eingeschränkt sind.[83] Dies führt mitunter sowohl zu einer zeitlich als auch räumlich unterschiedlich gewichteten Betrachtung. Aus dem historischen Überblick wird sich zeigen, ob Kollegialentscheidungen einer rechtlichen Rahmengebung bedürfen und ob rechtliche Bestimmungen über Entscheidungsregeln und -verfahren auch über die Geschichte hinaus erforderlich sind.

Um über einen Maßstab zur Untersuchung der verschiedenen Entscheidungsregeln und -verfahren in unterschiedlichen Rechtsgebieten verfügen zu können, werden im zweiten Kapitel ausgewählte Organisations- und Rechtsprinzipen auf ihren Bezug zu diesen Regeln und Verfahren erörtert. Dabei sollen die Prinzipien nur insoweit behandelt werden, wie es für das Aufzeigen der für den Willensbildungs- und Entscheidungsprozess in Kollegialorganen bedeutsamen Aspek-

---

[80] Vgl. Kenneth J. Arrow (Fn. 78), S. 17 ff.
[81] Vgl. Adalbert Podlech (Fn. 27), S. 14 ff.
[82] Vgl. Walter Krebs (Fn. 63), S. 29.
[83] Vgl. Norbert Horn (Fn. 1), Rdnr. 63, S. 44.

te erforderlich ist, so dass lediglich auf die entscheidungsbezogene Relevanz der ausgewählten Prinzipien einzugehen sein wird.

Um sich der Untersuchung der eigentlichen Entscheidungsregeln zu nähern, bedarf es im dritten Kapitel einer Klärung des Begriffes Entscheidungsträger und damit des Begriffes des kollegialen Entscheidungsorgans unter Abgrenzung von individualen Entscheidungsorganen. Es ist kritisch zu hinterfragen, ob die in der Literatur angeführten Wesensmerkmale allen Kollegialorganen immanent sind und demzufolge verallgemeinert werden können, insbesondere die Gleichstellung der Mitglieder. Die für den weiteren Gang der Untersuchung ausgewählten Organe auf staats- und kommunalrechtlicher sowie europa- und völkerrechtlicher Ebene werden nachfolgend in die vorzunehmende Klassifizierung von Kollegialorganen eingeordnet. Angesichts der Organvielfalt konzentriert sich die Auswahl in der Regel auf die für den politischen Entscheidungsprozess wichtigen Organe auf den unterschiedlichen Ebenen. Im Laufe weiterer Untersuchungen werden sowohl Verallgemeinerungen als auch Besonderheiten einzelner Organe herausgestellt, die die konkrete Auswahl für eine zu prüfende Sachfrage begründen.

Nachdem der Entscheidungsträger bestimmt ist, ist im vierten Kapitel der Frage nach seiner Zusammensetzung nachzugehen. Mit der Sitzverteilung kollegialer Organe wird bestimmt, wer die Entscheidungen trifft. Hierbei sind Organe mit allgemeiner Mitgliedschaft, wie plenare Organe und mit begrenzter Mitgliedschaft, wie nicht plenare Organe voneinander zu unterscheiden. Unter Zugrundelegung verschiedener ausgewählter Kriterien für die jeweiligen Organe soll ein Vorschlag für eine Klassifizierung von Sitzverteilungsregeln erarbeitet werden.

Da für die Beschlussfassung nicht allein die Frage „wer wie viele Sitze innehat" entscheidend ist, sondern zusätzlich die Frage „wer über wie viele Stimmen verfügt", werden im fünften Kapitel Stimmenverteilungsregeln, vor allem auf der Grundlage des auch für Sitzverteilungsregeln relevanten Gleichheitsprinzips, analysiert. Zum Zwecke der zu leistenden Systematisierung wird kapitelübergreifend an Beispielen ausgewählter Kollegialorgane herauszuarbeiten sein, wie verschiedene Sitz- und Stimmenverteilungsregeln miteinander in Verbindung gesetzt werden können und welche Verknüpfungen sich für welche Organe als geeignet erweisen.

Ausgehend von der Notwendigkeit einer Abstimmungsregel für Beschlussfassungen kollegialer Organe, werden im sechsten Kapitel die Einstimmigkeits-, Konsens- und Mehrheitsregeln hinsichtlich ihrer Anwendung in verschiedenen Kollegialorganen untersucht. Wegen ihrer praktischen Relevanz sind insbesondere die quantitativen Abstufungen der Mehrheitsregel gegeneinander abzugrenzen. Es wird zu prüfen sein, welche Auswirkungen die verschiedenen Bezugsgrößen, wie Anwesende, Abstimmende oder Mitglieder zur Berechnung von Mehrheiten haben. Auch wenn das Zustandekommen von Entscheidungen Gegenstand der Untersuchung ist, darf das Problem der Verhinderung von Entscheidungen durch Veto nicht ausgespart werden. Hierbei sind die verschiedenen Vetoarten herauszuarbeiten. Abschließend ist in diesem Kapitel der Frage nachzugehen, ob die Sitz- und Stimmenverteilungsregeln Einfluss auf die Auswahl einer bestimmten Abstimmungsregel nehmen und wenn ja, welche Abstimmungsregeln sich mit welchen Sitz- und Stimmenverteilungsregeln verbinden lassen.

Da sich die vorstehenden Abstimmungsregeln in Fällen, in denen die Zahl der zur Auswahl stehenden Entscheidungsmöglichkeiten mindestens drei und die der Mitglieder mindestens zwei beträgt als wenig praktikabel erweisen, wird im siebten Kapitel die Anwendung von in der Wirtschaftswissenschaft entwickelten so genannten kollektiven Entscheidungsregeln an ausgewählten Beispielen aus der Rechtswissenschaft auf Praktikabilität geprüft. Dabei sind die Vor- und Nachteile der miteinander zu vergleichenden Regeln herauszustellen. Sodann ist eine Analyse darüber vorzunehmen, ob und gegebenenfalls welche Auswirkungen die Wahl der Regel auf das Ergebnis der Beschlussfassung hat.

Die Frage, wie viele Mitglieder eines Kollegialorgans für eine formell rechtswirksame Beschlussfassung anwesend sein müssen, d.h. die Frage nach der Beschlussfähigkeit bzw. dem Quorum, ist Gegenstand der Untersuchung im achten Kapitel. Damit die der Beschlussfassung vorgeschaltete Beschlussfähigkeit nicht obsolet wird, ist hier das Verhältnis von Abstimmungs- und Beschlussfähigkeitsregeln unter Beachtung des Repräsentationsprinzips zu prüfen bzw. zu bestimmen.

Die Auswirkungen des Abstimmungsverhaltens der Mitglieder kollegialer Entscheidungsorgane wie Stimmenthaltung, Nichtteilnahme an der Abstimmung, Abwesenheit oder Abgabe einer ungültigen Stimme auf die Beschlussfähigkeit und das Abstimmungsergebnis unter Zugrundelegung der Abstimmungsregeln werden im neunten Kapitel zu untersuchen sein. Da das Abstimmungsverhalten das Stimmrecht voraussetzt, muss zunächst hinterfragt werden, ob neben dem bestehenden Stimmrecht auch eine generelle Stimmpflicht für die Mitglieder kollegialer Entscheidungsorgane besteht und ob bzw. unter welchen Bedingungen der Entzug des Stimmrechts als Sanktionsmaßnahme in Kollegialorganen zulässig ist.

Die Untersuchung wendet sich dann dem für die Beschlussfassung notwendigen Akt der Abstimmung zu, der mit Hilfe verschiedener, im zehnten Kapitel zu untersuchenden Abstimmungsarten durchgeführt wird. Ausgehend von den unterschiedlichen Implikationen der Abstimmungsarten für die Beschlussfassung bedarf es der Prüfung, welche Abstimmungsarten mit welchen Abstimmungsregeln für welche Beschlüsse verknüpft werden können.

Im elften Kapitel sind die Abstimmungsverfahren, d.h. wie eine Entscheidung getroffen wird, miteinander zu vergleichen sowie ihre Vor- und Nachteile herauszuarbeiten. Insbesondere gilt hier zu untersuchen, ob sich die Auswahl eines Abstimmungsverfahrens auf das Ergebnis der Beschlussfassung auswirkt. Letztendlich sollen zum Zwecke der Systematisierung die Abstimmungsverfahren auf ihre Kombinierbarkeit mit den vorstehenden Abstimmungsarten geprüft werden.

Abschließend soll im zwölften Kapitel eine zusammenfassende Analyse fundamentaler Entscheidungsregeln und -verfahren in Form eines ergebnisorientierten und systemgerecht geordneten Überblicks über die wichtigsten Regeln und Verfahren im Staats- und Kommunalrecht sowie Europa- und Völkerrecht gegeben werden. Auf der Grundlage der im zweiten Kapitel zur Maßstabsbildung herangezogenen Organisations- und Rechtsprinzipien wird die Frage untersucht, auf welchen Ebenen der Rechtsordnungen, welche Regeln und Verfahren durch verfassungsrechtliche bzw. völkerrechtliche Prinzipien vorgegeben sind, und ob bzw.

gegebenenfalls aus welchen der Prinzipien eine konkrete Entscheidungsregel für bestimmte kollegiale Entscheidungsorgane abzuleiten ist.

Als Ergebnis der gewonnenen Erkenntnisse soll dem Leser ein Werk im Bereich des institutionellen Rechts in die Hand gegeben werden, das die wichtigsten Entscheidungsregeln und -verfahren im öffentlichen Recht von Staaten und Staatenverbindungen systematisiert und somit eine optimale Entscheidungsfindung ermöglicht.

Kapitel I
Historischer Überblick über die Entwicklung von Entscheidungsregeln und -verfahren

A. Historische Entwicklung von Entscheidungsregeln

Da die Gegenwart nicht gestaltet und die Zukunft nicht vorbereitet werden kann, ohne die Geschichte zu kennen, wird der Untersuchung von Entscheidungsregeln und -verfahren nachfolgender historischer Überblick vorangestellt, der lediglich zum besseren Verständnis der Arbeit beitragen soll.

Wie die Völker in früheren Zeiten Entscheidungen in ihrem politischen Zusammenleben getroffen haben sollen, wissen wir heute durch Auswertungen archäologischer Funde, antiker Überlieferungen sowie neuzeitlicher historischer Forschungsarbeiten. Dennoch wird unserem Anspruch auf lückenloses Wissen nicht Genüge getan. Da diese Arbeit teilweise weitflächig bestehende weiße Flecken nicht einfärben kann, basieren nachstehende Ausführungen, die sich wegen ihrer Bedeutung für das spätere Recht im Wesentlichen auf den europäischen Raum beschränken, auf dem Kenntnisstand moderner Forschungen.

Obwohl die Arbeit sich auf Sachentscheidungen beschränken soll, muss bei der Frage nach dem Entstehen und der Entwicklung von Entscheidungsregeln auch auf Personalentscheidungen eingegangen werden, weil ihr Ursprung sowohl in Personal- als auch in Sachentscheidungen zu suchen und eine Trennung oftmals kaum möglich ist. Nachfolgend werden Entscheidungsregeln in verschiedenen historischen Epochen aufgezeigt, insoweit sie uns bekannt sind. Dabei kann nicht auf alle für Entscheidungsregeln relevanten Aspekte eingegangen werden, weil sie uns entweder nicht überliefert wurden oder noch keine Anwendung fanden.

I. Entscheidungsregeln in der Antike

Die Grundsteine für Entscheidungsregeln, die größtenteils auch heute noch im politischen Willensbildungs- und Entscheidungsprozess kollegialer Organe Anwendung finden, wurden maßgeblich in der Antike (lat.: *antiquus* - alt, altertümlich), der Epoche des Altertums im Mittelmeerraum von 800 v. Chr. bis 500 n. Chr., gelegt.

Im Prozess der Willensbildung und Entscheidungsfindung kann im selteneren Idealfall von einer Willensübereinstimmung ausgegangen werden, eher treffen konträre Interessen der Beteiligten aufeinander. Entscheidungen bedürfen in der

Regel einer vorherigen Abstimmung. Als Abstimmungsregeln gingen hauptsächlich die Einstimmigkeit, oft auch als Konsens bezeichnet, und die Mehrheit in die Geschichte der gesellschaftlichen Willensbildung und Entscheidungsfindung ein.

Die Einstimmigkeitsregel ist eine der ältesten Regeln, die ihren Ursprung noch in der vorgeschichtlichen Zeit hat, wo Häuptlingsräte ihre Beschlüsse bezüglich der Lebensformen der Stämme als Gesamtverband einstimmig trafen.[1] Bei der Beschlussfassung wurde die Minderheit durch Schreien und Gewalt „überwunden".[2] Das Aufeinandertreffen von unterschiedlichen zum Teil auch gegensätzlichen Interessen vereitelte oft schon damals, wie auch heute noch, das Zustandekommen von Beschlüssen und damit die Handlungsfähigkeit von kollegialen Entscheidungsorganen. Die dadurch begründete Verhinderung der effektiven Bildung eines Gesamtwillens führte zu Herrschaftsformen von Einzelnen, wie der absoluten Monarchie, in der der Monarch dem Anspruch nach die alleinige Staatsgewalt innehat.[3]

Als Konsens ist die freiwillige Zustimmung des Volkes zu einer bestimmten Herrschaftsordnung verstanden worden, ohne damit eine Entscheidungsregel gemeint zu haben. Der Konsensbegriff wurde in der Antike durch Cicero (106 - 43 v. Chr.) geprägt, der das Gemeinwesen als Sache des Volkes (*res populi*) bezeichnete, das das Recht (*iuris consensus*) übereinstimmend anerkannte.[4]

Die Mehrheitsregel hat sich als Kompromiss und Annäherung an die Einstimmigkeitsregel erst allmählich und stufenweise entwickelt. Anwendung fand sie in oligarchischen und aristokratischen Staatsformen, aber vor allem in der antiken Demokratie, nicht jedoch in der absoluten Monarchie oder antiken Tyrannis.[5] Auch wenn die Griechen die Mehrheitsregel nicht erfunden haben sollen, so ist in der athenischen Demokratie die Mehrheitsregel als Prinzip zur Herbeiführung von Entscheidungen in einer einmalig gebliebenen, umfassenden und systematischen Weise zum Prinzip entwickelt worden, um den Gesamtwillen einer Gruppe bzw. Gemeinschaft zu ermitteln.[6] An der allgemeinen Anerkennung des Mehrheitsprinzips in der Antike sowohl in Staaten als auch in Staatenbünden konnte auch die Kritik, die besonders von Platon (428 - 348 v. Chr.) kam, nichts ändern. Platon, der Demokratie mit „Regierung der Menge" gleichsetzte[7], lehnte die Mehrheits-

---

[1] Vgl. Erwin Brocke, Einstimmigkeit, Mehrheitsprinzip und schiedsrichterliche Entscheidung als Mittel der Willensbildung, Marburg/Lahn 1948, S. 4.

[2] Vgl. Max Kopp, Die Geltung des Mehrheitsprinzips in eidgenössischen Angelegenheiten vom 13. Jahrhundert bis 1848 in seiner Bedeutung für die alte Eidgenossenschaft, Winterthur 1959, S. 4.

[3] Vgl. Heinrich Höpker, Grundlagen, Entwicklung und Problematik des Mehrheitsprinzips und seine Stellung in der Demokratie, Köln 1957, S. 64 f.

[4] Vgl. Marcus Tullius Cicero, De re publica Vom Gemeinwesen (Übers./Hrsg. Karl Büchner), Stuttgart 1979, Buch I, 25, 32, S. 130, 144; vgl. dazu Hans Vorländer, Verfassung und Konsens, Berlin 1981, S. 165.

[5] Vgl. Ulrich Scheuner, Das Mehrheitsprinzip in der Demokratie, Opladen 1973, S. 13 f.

[6] Vgl. J.A.O. Larsen, The Origin of the Counting of Votes, in: Classical Philology, 44 (1949), S. 164 ff.

[7] Vgl. Platon, Politikos, 291d-292a, Peter Staudacher (Bearb.), 6. Band, 2. Auflage, Darmstadt 1990, S. 515.

entscheidung ab, weil sie zur Herrschaft der Unkundigen führe.[8] Aristoteles (384 - 322 v. Chr.) erkannte hingegen den Zusammenhang zwischen Freiheit und Gleichheit mit dem Mehrheitsprinzip.[9] Der Vorzug der Mehrheitsentscheidung lag für ihn darin, dass die Mehrheit in der Beschlussfassung richtiger Entscheidungen einzelnen Weisen überlegen sei.[10] Berühmt geworden ist die Metapher von Aristoteles, dass „[...] die größere Menge Wasser weniger leicht in ihrer Qualität verdorben werden kann [...]."[11] Der Beschluss der Mehrheit habe absolute Gültigkeit.[12] Neben den Volksversammlungen in den Stadtstaaten hatte das Mehrheitsprinzip auch Eingang in die griechischen Staatenbünde gefunden. Die Gliedstaaten des lakedaimonischen Bundes verpflichteten sich sogar durch Eid zur rechtlichen Anerkennung von Mehrheitsbeschlüssen.[13]

Die erste verbürgte Mehrheitsentscheidung soll nach Heun unter Verweis auf Herodot (ca. 485 - 425 v. Chr.) die Entscheidung darüber gewesen sein, ob die Athener die Perser bei Marathon angreifen sollten.[14] Nach Herodot, der von Cicero als Vater der Geschichtsschreibung bezeichnet wurde, stimmten fünf Strategen dafür und fünf dagegen, wobei die Stimme von Kallimachos für den Angriff entschied. Die Mehrheitsentscheidung der Heerführer kam nur deshalb zustande, weil wegen Stimmengleichheit die ausschlaggebende Stimme des Polemarchen herangezogen wurde.[15] Auf diese Art der Entscheidungsfindung trotz Stimmengleichheit - den Stichentscheid - wird, wie im sechsten Kapitel zu zeigen sein wird, heute noch zurückgegriffen.

Entscheidungen in Form von Wahlen und Abstimmungen haben ihre uns bekannten entstehungsgeschichtlichen Wurzeln maßgeblich in der athenischen Demokratie (ca. 500 - 330 v. Chr.) und der römischen Republik (ca. 500 - 30 v. Chr.). Für ihre Durchführung wurden „komplexe prozedurale Techniken und institutionelle Mechanismen" geschaffen, die für spätere Theorien und Praktiken im politischen Willensbildungs- und Entscheidungsprozess von grundlegender Bedeutung geworden sind.[16]

---

8   Vgl. Platon, Politeia, 488a-e, 565a, Dietrich Kurz (Bearb.), 4. Band, 2. Auflage, Darmstadt 1990, S. 481 f., 705; Jochen Bleicken, Die athenische Demokratie, 4. Auflage, Paderborn/München/Wien/Zürich 1995, S. 191.
9   Vgl. Aristoteles, Politik, Buch IV, 1291 b, Eckart Schütrumpf (Übersetzt und eingeleitet), Berlin 1996, S. 20.
10 Vgl. Aristoteles, Politik, Buch III, 1281 a-1282 a, Eckart Schütrumpf (Übersetzt und erläutert), Berlin 1991, S. 65 ff.; Werner Heun, Das Mehrheitsprinzip in der Demokratie, Berlin 1983, S. 46.
11 Vgl. Aristoteles, Politik, Buch III, 1286 (Fn. 10), S. 80.
12 Vgl. Aristoteles, Politik, Buch VI, 1317 b (Fn. 9), S. 93.
13 Vgl. Georg Busolt, Griechische Staatskunde, Band 2, 3. Auflage, München 1926, S. 1330 ff.
14 Am 12.09.490 v. Chr. begann die Schlacht von Marathon, die mit einem Sieg der Athener über die persischen Eroberer endete.
15 Vgl. Werner Heun (Fn. 10), Fn. 41, S. 45.
16 Vgl. Hubertus Buchstein, Öffentliche und geheime Stimmabgabe, Baden-Baden 2000, S. 42 f., 46.

1. Entscheidungsregeln in der athenischen Demokratie

Die athenische Demokratie ging als eine echte politische Alternative zur absoluten Monarchie hervor. Nach den Überlieferungen Homers (8. Jahrhundert v. Chr.)[17] in seinen Epen Ilias und Odyssee gab es in den griechischen *polis* noch keine Wahlen und Abstimmungen. In den alten Heeresversammlungen oder Gremien der Könige, die nicht entscheiden, sondern nur beraten konnten, fand die Willensbekundung zunächst in Form der ursprünglichen Akklamation – Beifall für Zustimmung oder Murren für Ablehnung – statt. Das Abstimmungsergebnis richtete sich vornehmlich nach der Lautstärke. Die Lautstärke konnte aber eher als Maßstab für die Intensität des Willens als für die Anzahl der Abstimmenden dienen, so dass im Laufe der Zeit letzteres als Maßstab herangezogen wurde.[18]

Die ersten formellen Abstimmungen werden zu Zeiten des Königtums und der Aristokratie im 6. Jahrhundert v. Chr. der ältesten politischen Körperschaft in Athen – dem aristokratischen Rat (*areopag*) – zugeordnet.[19] Eine bedeutende Entwicklung erfuhren Wahlen und Abstimmungen in der athenischen Volksversammlung (*ekklesia*: die Herausgerufene)[20] als oberstes Organ der Volkssouveränität[21], in der wichtige Entscheidungen durch Abstimmung aller Athener mit Bürgerrechten getroffen wurden. Das gleiche Rede- und Antragsrecht (*isegorie*) aller Mitglieder der *ekklesia* stellte ein wesentliches Element der Volkssouveränität dar.[22]

Die athenische Volksherrschaft schloss allerdings nur männliche freie Bürger ein, die mindestens 18 Jahre alt waren. Trotz des von Aristoteles anerkannten Zusammenhangs zwischen Freiheit und Gleichheit mit dem Mehrheitsprinzip blieben Frauen, Sklaven und Metöken[23] vom politischen Willensbildungs- und Entscheidungsprozess ausgeschlossen. Die in der Regel ca. 6.000 teilnehmenden Mitglie-

---

[17] Der griechische Dichter Homer gilt heute noch als Hauptinformationsquelle für das antike Griechenland. Seine Werke werden allerdings auf 700 v. Chr. oder später datiert, d.h. einige Jahrhunderte danach. Vgl. Eastland Stuart Staveley, Greek and Roman Voting and Elections, New York 1972, S. 15.
[18] Vgl. Egon Flaig, Die spartanische Abstimmung nach der Lautstärke, in: Historia, 42 (1993) 2, S. 144.
[19] Vgl. Eastland Stuart Staveley (Fn. 17), S. 15 ff.; Hubertus Buchstein (Fn. 16), S. 45.
[20] *Ekklesia* war der Name der Volksversammlung in Athen und seit dem 5. Jahrhundert v. Chr. galt er fast allgemein. Sie bedeutete die Versammlung der *ekkletoi*, der „Herausgerufenen", d.h. ursprünglich derer, die durch den Heroldsruf aus ihren Häusern gerufen wurden, um sich auf der *agora* oder anderen Plätzen zu versammeln. Die *ekklesia* entschied über Krieg und Frieden, Staatsverträge und Bündnisse, Gesetzgebung und Rechtsprechung, Erteilung von Bürgerrecht, Verbannung, Wahl der Beamten, Bewilligung von Steuern. Vgl. Victor Ehrenberg, Der Staat der Griechen, Zürich/Stuttgart 1965, S. 67 ff.
[21] Vgl. Wolfgang Kunkel/Martin Schermaier, Römische Rechtsgeschichte, 14. Auflage, Köln/Weimar/Wien 2005, S. 10.
[22] Vgl. Hubertus Buchstein (Fn. 16), S. 49.
[23] Metöken waren freie ansässige Fremde, die durch Zahlung einer Kopfsteuer das Recht des Wohnsitzes, des Rechtsschutzes sowie der freien Ausübung von Handel und Gewerbe erwarben.

der trafen Personal- und Sachentscheidungen für das ganze Volk von etwa 60.000 Athenern.[24]

a) Regeln für Personalentscheidungen

In der athenischen Demokratie, in der nach Aristoteles alle Bürger über alle Angelegenheiten entschieden, ist zwischen Wahlamt und Losamt unterschieden worden.[25] Die innerhalb der *ekklesia* zu vergebenen Wahlämter, wie die zehn militärischen Strategen, denen das Heer und die Flotte unterstanden, und ca. hundert Finanzbeamte, der Schreiber und Archivar des Rates der fünfhundert (*boule*)[26] sowie die Vertreter Athens in anderen Städten u.a. wurden auf jährlich stattfindenden Wahlversammlungen besetzt. Abgestimmt wurde wie bei Sachentscheidungen durch Handzeichen (*cheirotonia: cheir* bedeutet Hand, *ténein* strecken). Die Mehrheit der Stimmen entschied.[27]

Die Besetzung der Mehrzahl der Beamtenstellen (ca. 600 - 700) erfolgte in der athenischen Demokratie jedoch durch das Los. Nach Aristoteles hätten sogar alle Ämter Losämter sein sollen mit Ausnahme derjenigen, für die spezielle Kenntnisse erforderlich waren.[28] Grundsätzlich konnten alle Bürger Athens ungeachtet ihrer Herkunft, ihres Vermögens, ihrer Fähigkeiten und Kenntnisse Beamte werden und damit aktiv politisch mitwirken. Beamtenstellen waren in der Regel auf kurze Dauer, ein Jahr, ausgerichtet und auf konkrete Aufgabenbereiche begrenzt.[29]

Seinen Ursprung hat das Losverfahren wegen der dem Los zugesprochenen Rolle als göttliches Zeichen in Ämtern des sakralen Bereiches.[30] Mit der Entwicklung der Demokratie ist es auf weltliche Ämter ausgedehnt worden. Kleisthenes (ca. 570 - 507 v. Chr.)[31] ließ auch die Mitglieder des neuen demokratischen Rates der Fünfhundert auf diese Weise bestimmen.[32]

Das Losverfahren entwickelte sich in der athenischen Demokratie von einem einfachen bis hin zu einem technisch ausgefeilten Vorgang.[33] Die Kandidaten ver-

---

24 Vgl. Eastland Stuart Staveley (Fn. 17), S. 78 f.
25 Vgl. Aristoteles, Politik, Buch IV, 1298 a (Fn. 9), S. 37.
26 Der Rat war aus je fünfzig Angehörigen der zehn Phylen zusammengesetzt. Jede Phyle bestand aus drei landschaftlich verschiedenen Bezirken, den Trittyen. Jeder Trittys war eine Anzahl von Demen mit ungefähr gleicher Bevölkerungszahl zugewiesen, so dass die fünfhundert Ratsmitglieder alle Wohngebiete im Verhältnis zur Bevölkerungsdichte repräsentierten. Vgl. Jochen Bleicken (Fn. 8), S. 226.
27 Vgl. Hubertus Buchstein (Fn. 16), S. 52, 67.
28 Vgl. Aristoteles, Politik, Buch VI, 1317 b (Fn. 9), S. 93.
29 Vgl. Hubertus Buchstein (Fn. 16), S. 64.
30 Auch in anderen Kulturen wurden Lose zur Ermittlung des göttlichen Willens eingesetzt. Publius Cornelius Tacitus (ca. 55-ca. 117 n. Chr.) berichtet in Germania über die Anwendung des Losverfahrens durch germanische Stämme. Als Los dienten ihnen Holzstäbchen auf einem weißen Tuch. Vgl. Tacitus, Germania, Josef Lindauer (Hrsg.), München 1967/68, 10, S. 17.
31 Zu Kleisthenes vgl. Tuttu Tarkiainen, Die athenische Demokratie, München 1972, S. 91 ff.
32 Vgl. Jochen Bleicken (Fn. 8), S. 617 ff.
33 Zum Losverfahren vgl. Eastland Stuart Staveley (Fn. 17), S. 61 ff.

sammelten sich im Zentrum der Stadt, an der *agora*, und zogen, getrennt nach lokalen Bezirken, aus einem Gefäß ein Los in Form einer Bohne. Die Anzahl der weißen und schwarzen Bohnen entsprach der Anzahl der Kandidaten, die Anzahl der weißen Bohnen der Anzahl der zu besetzenden Amtsstellen. Wer eine weiße Bohne gezogen hatte, bekam ein Amt.[34] Das Bohnenlosverfahren war nicht nur sehr anfällig gegen Manipulationen, sondern auch gerade für große Gremien wie beispielsweise die *boule* sehr langwierig und unübersichtlich. Zur effizienteren Durchführung des Losverfahrens wurden zu Beginn des 4. Jahrhunderts Losmaschinen (*kleroterien*) eingeführt und weiterentwickelt. Diese ermöglichten die Auslosung von mehreren Hundert Amtsstellen innerhalb weniger Minuten. Dazu wurden die Bürger der *ekklesia* zu Gruppen zusammengefasst und durchgelost.[35]

In der Antike soll das Losverfahren in Verbindung mit der Demokratie sogar als Ersatz für die Wahl angesehen worden sein. Die These von der Gleichsetzung von Demokratie und Losverfahren wird hauptsächlich auf Aristoteles „Politik" zurückgeführt.[36] Für die Athener war das Losverfahren fest mit der Demokratie verbunden, während die Wahl als oligarchische Form gegenübergestellt wurde.[37] Das Losverfahren als Zugang zu öffentlichen Ämtern in der Polis ist als ein konstituierendes Merkmal der Demokratie bezeichnet worden. Schon Herodot hat in seiner Analyse der demokratischen Staatsform das Losverfahren zu den Fundamenten der Demokratie gezählt.[38] Platon[39] und Aristoteles[40] maßen dieser Bestellungsform eine größere Bedeutung für die Demokratie zu als der Rotation der Ämter. Das Losverfahren ermögliche eine breite Streuung der öffentlichen Ämter und somit die politische Gleichheit aller Bürger.[41] Es sollte als Garant dafür gelten, dass alle Ämter allen Bürgern zugänglich waren. Dass das Losverfahren mit der athenischen Demokratie jedoch nicht gleichgesetzt werden kann, ist bereits nachgewiesen worden.[42]

Neben der Demokratie fand und findet heute noch das Losverfahren auch in anderen Staatsformen Anwendung. Das Losverfahren mit seinem Zufallsprinzip konnte zwar eine Machtkonzentrierung in den Händen einer Gruppe von wenigen Vermögens- und Einflussreichen verhindern, diesem Ziel diente auch der *ostra-*

---

[34] Vor Übernahme des Amtes wurden die ausgelosten Beamten bzw. Mitglieder der *Boule* einer Eignungsprüfung (*Dokimasia*) unterzogen. Vgl. Hubertus Buchstein (Fn. 16), S. 66 f.
[35] Vgl. P.J. Rhodes, A Commentary on the Aristotelian Athenaion Politea, 63-66, Oxford 1993, S. 704 ff.; Eastland Stuart Staveley (Fn. 17), S. 62 ff.; Jochen Bleicken (Fn. 8), S. 618.
[36] Vgl. hierzu kritisch Hubertus Buchstein (Fn. 16), S. 121 ff.
[37] Vgl. Jochen Bleicken (Fn. 8), S. 618 f.
[38] Vgl. ebenda, S. 619.
[39] Vgl. Platon, Politeia, 557 a (Fn. 8), S. 679; Platon, Nomoi, 757 b, Klaus Schöpsdau (Bearbeitet), 8. Band, 1. Teil, 2. Auflage, Darmstadt 1990, S. 357 f.
[40] Vgl. Aristoteles, Politik, Buch VI, 1317 b (Fn. 9), S. 93.
[41] Vgl. Jochen Bleicken (Fn. 8), S. 619.
[42] Vgl. Hubertus Buchstein (Fn. 16), S. 100 f., 123.

kismos[43] als Entscheidung über den Aufenthalt bzw. die Verbannung politisch zu einflussreicher Bürger; wichtige Wahlämter wie die Finanzverwaltung und militärische Ämter bedurften aber weiterhin der Fachkompetenz und wurden deshalb auch nie durch Losämter ersetzt.

b) Regeln für Sachentscheidungen

Wichtige Sachentscheidungen, wie Gesetze, sind von der *ekklesia* durch Beschlüsse (*psephisma*) getroffen worden.[44] Als Legislative hat die *ekklesia* Vorbeschlüsse (*probuleuma*) der *boule*, neben der Volksversammlung eines der wichtigsten Organe der athenischen Demokratie nach Abschaffung der Tyrannis, zur Abstimmung gestellt. Jedem Bürger Athens stand außerdem ein Initiativrecht für eine Antragstellung zu, der allerdings vor seiner Abstimmung in der *ekklesia* dem Rat zwecks Behandlung und Stellungnahme zugeleitet werden musste.

Die Abstimmung erfolgte mit Hilfe der Abgabe der Ja- und Nein-Stimmen. Stimmenthaltungen waren nicht vorgesehen, zumindest wohl aber nicht gezählt, da die historischen Überlieferungen nur Angaben über die Anzahl der Ja- bzw. Nein-Stimmen enthalten.[45] Gesetze wurden unter Anwendung der einfachen Mehrheitsregel angenommen. Endgültig stimmten die Mitglieder der *ekklesia* offen durch Handzeichen (*cheirotonia*) ab.[46] Unter Berufung auf Aristoteles sind auf einer regulären *ekklesia* mit einer durchschnittlichen Anwesenheitszahl der Mitglieder von ca. 6.000 wenigstens neun Tagesordnungspunkte verhandelt worden.[47] Weil, wie aus den Überlieferungen bekannt ist, die *ekklesia* in der Regel nur einige Stunden dauerte und eine exakte Auszählung wohl mindestens 15 Minuten erforderte, wobei über jeden Tagungsordnungspunkt wegen möglicher Änderungsvorschläge mehrere Abstimmungen erfolgen konnten, hat Buchstein wie schon Hansen im Gegensatz zu anderen Auffassungen[48] geschlussfolgert, die Stimmen seien nicht exakt ausgezählt worden.[49] Vielmehr wurden die erhobenen Arme bzw. Hände von neun für diese Tätigkeit ausgelosten Bürgern (*prohedroi*) geschätzt. Wenn kein eindeutiges Abstimmungsergebnis vorlag, hätten nach Hansen die *prohedroi* unter sich abgestimmt, wobei die Mehrheit entschieden haben soll. Wenn eine solche nicht vorgelegen hat, konnte die Abstimmung wiederholt werden. Da-

---

[43] *Ostrakismos* (griechisch) bedeutet „Scherbengericht" einer eigens zu diesem Zweck einberufenen Volksversammlung im antiken Athen. Auf das *ostrakon* (griech.: Scherbe, Tonscherbe) wurde der Name desjenigen geschrieben, den man als Gefahr für die Demokratie oder das Gemeinwesen empfand. Vgl. Tuttu Tarkiainen (Fn. 31), S. 110 ff.
[44] Vgl. Victor Ehrenberg (Fn. 20), S. 69.
[45] Vgl. Mogens Herman Hansen, How Did the Athenian *Ecclesia* Vote?, in: Greek, Roman and Byzantine Studies, 18 (1977), S. 124.
[46] Vgl. ebenda.
[47] Nach Aristoteles standen jeweils drei religiöse, drei Herolde und Gesandte betreffende (außenpolitische) und drei profane (innenpolitische) Tagesordnungspunkte zur Abstimmung. Vgl. Aristoteles, Staat der Athener, 43.6, Mortimer Chambers (Übersetzt und erläutert), Berlin 1990, S. 48.
[48] Vgl. Eastland Stuart Staveley (Fn. 17), S. 86.
[49] Vgl. Mogens Herman Hansen (Fn. 45), S. 128 f.; Hubertus Buchstein (Fn. 16), S. 49 ff.

für, so Hansen, wurden vermutlich so genannte Stimmsteinchen (*psephoi*) eingesetzt.[50] Diese sollten jedoch nicht dem Zweck einer geheimen Abstimmung dienen, wie wiederholt angenommen wurde[51], sondern vielmehr die Mehrheitsverhältnisse ermitteln helfen.[52] In der *ekklesia* kann bei Entscheidungen über Gesetzentwürfe vielmehr von einer offenen Abstimmung als Grundform demokratischer Willensbildungs- und Entscheidungsfindung ausgegangen werden.[53]

Die *ekklesia* entschied weiterhin über den bereits oben erwähnten *ostrakismos*, die Aufhebung von Strafen (*adeia*) sowie die Zuerkennung des athenischen Bürgerrechts. Im Gegensatz zu Abstimmungen im Gesetzgebungsverfahren zeichneten sich die personenbezogenen Entscheidungsverfahren durch zwei Besonderheiten aus. Für die Gültigkeit der Beschlüsse mussten mindestens 6.000 Athener anwesend sein.[54] Buchstein stellt offensichtlich auf die Zahl der Abstimmenden als Bezugsgröße ab, wenn er sagt: „Es konnte nur dann die Verbannung [...] verfügt werden, wenn sich mindestens 6.000 Athener an der Abstimmung beteiligten."[55] Dass es sich hierbei aber um die Anwesenden handeln musste, folgt schon aus seiner in diesem Zusammenhang geäußerten Aussage, wonach „[...] Nichtbeteiligung [...] sich wie die Beteiligung auf das Quorum auswirkte."[56] Demnach wurde das Beschlussfassungsquorum sowohl aus der Zahl der Bürger gebildet, die sich an der Abstimmung beteiligten als auch derjenigen, die sich nicht beteiligten, also der Anwesenden. Wenn die erforderliche Anzahl von Stimmen abgegeben wurde, entschied die relative Mehrheit. Die zweite Besonderheit betraf die Abstimmungsart. Die Abstimmung erfolgte nicht durch Handzeichen, sondern mit Hilfsmitteln, wie Stimmsteinchen oder Tonscherben.[57]

Das wahrscheinlich von Kleisthenes eingeführte Scherbengericht (*ostrakismos*)[58] sollte nach Aristoteles das politische Gleichgewicht in der Demokratie erhalten.[59] Einen wirksamen Schutz der Demokratie konnte diese Einrichtung jedoch nicht bewirken.[60] Den Bürgern Athens oblag es auf Beschluss der *ekklesia* einzelne Mitbürger, die ihrer Ansicht nach zu viel Macht in ihren Händen konzentrierten, für zehn Jahre unter Gewährung ihres persönlichen Vermögens und ihres Ansehens in die Verbannung zu schicken. Das Verfahren des *ostrakismos* setzte sich aus zwei Abstimmungen in jeweils unterschiedlichen Versammlungen zusammen.

---

[50] Vgl. Mogens Herman Hansen (Fn. 45), S. 137.
[51] Vgl. Victor Ehrenberg (Fn. 20), S. 69; Jochen Bleicken (Fn. 8), S. 202.
[52] Vgl. Mogens Herman Hansen (Fn. 45), S. 131.
[53] Vgl. Hubertus Buchstein (Fn. 16), S. 51, 62.
[54] Vgl. Eastland Stuart Staveley (Fn. 17), S. 90; Jochen Bleicken (Fn. 8), S. 191.
[55] Hubertus Buchstein (Fn. 16), S. 54.
[56] Ebenda, S. 54.
[57] Vgl. ebenda, S. 53 f.
[58] Da es sich bei der *ekklesia* um eine Volksversammlung und nicht um ein Gericht handelte und beim *ostrakismos* lediglich abgestimmt wurde, ist die deutsche Bezeichnung „Scherbengericht" nicht ganz glücklich. Der erste *ostrakismos* ist 487/86 und der letzte 417 bezeugt. Es sollen ca. elftausend stattgefunden haben. Vgl. Angela Pabst, Die athenische Demokratie, München 2003, S. 42 f.
[59] Vgl. Aristoteles, Politik, Buch III, 1284 a 18 (Fn. 10), S. 74.
[60] Vgl. Victor Ehrenberg (Fn. 20), S. 72.

Zunächst bedurfte es eines Beschlusses der *ekklesia* mit Hilfe der *cheirotonia*, ob im Jahr ein *ostrakismos* durchgeführt werden sollte. Erst bei Bejahung konnte in einer späteren Versammlung über die Verbannung eines bestimmten Mitbürgers abgestimmt werden.

Für die Ermittlung der erforderlichen Mehrheit für einen entsprechenden Beschluss bedurfte es einer Vorgehensweise, die eindeutige Ergebnisse gewährleistete. Nach der Kleisthenes zugeschriebenen Methode hatte jedes Mitglied der *ekklesia*, das sich an dem *ostrakismos* beteiligen wollte, den Namen des zu Verbannenden in eine Tonscherbe einzuritzen und abzugeben. Stimmenthaltungen waren nicht möglich. Mitglieder der *ekklesia* konnten sich lediglich an der Abstimmung nicht beteiligen. Die in einen großen Holzbehälter eingeworfenen und später ausgezählten Tonscherben ermöglichten ein exaktes Abstimmungsergebnis.[61] Für den Nachweis, dass es sich hierbei um eine offene Abstimmung gehandelt haben soll, wird auf die berühmte von Plutarch überlieferte Geschichte verwiesen, wonach ein des Schreibens unkundiger Bürger seinen ihm unbekannten Sitznachbarn auf der *ekklesia* bat, den Namen Aristides in seine Tonscherbe zu ritzen. Der Gebetene war kein anderer als Aristides selbst. Als dieser nachfragte, ob Aristides ihm etwas getan hätte, verneint dieser. Aristides kam der Bitte dennoch nach.[62]

Das eigens für den *ostrakismos* vorgesehene Verfahren fand auch Anwendung auf zwei für die betroffenen Bürger positive Entscheidungen: die Aufhebung von Strafen, die das Geschworenengericht verhängt hatte, sowie die Zuerkennung des athenischen Bürgerrechts. Anstelle von Tonscherben dienten hier Stimmsteinchen der Ermittlung exakter Abstimmungsergebnisse. Wie beim *ostrakismos* bestand auch das Verfahren der Zuerkennung des athenischen Bürgerrechts aus zwei Abstimmungen. Zunächst wurde wie bei regulären Sachentscheidungen unter Anwendung der Mehrheitsregel über ein Einbürgerungsbegehren mit Hilfe der *cheirotonia* abgestimmt. Aber erst die zweite Abstimmung als *psephophoria* entschied endgültig über die Einbürgerung. Die Verwendung von Hilfsmitteln bei der Abstimmung soll auf die Anwendung des Mehrheitsprinzips sowie Forderungen von Beschlussfähigkeitsregelungen im Entscheidungsprozess zurückzuführen sein. Während zuvor bei Einstimmigkeits- oder Konsensentscheidungen die Abstimmung durch Zuruf oder Handzeichen erfolgen konnte, erleichterten Zählhilfen die Ermittlung von Mehrheiten. So sollen feste Gegenstände, wie Stimmsteinchen oder auch Muscheln, als Merk- und Zählhilfe den Versammlungsleitern kleinerer Gremien gedient haben, um nicht das Votum der befragten Mitglieder zu vergessen. Erst später in größeren Gremien sind den Abstimmenden selbst entsprechende Hilfsmittel in die Hand gegeben worden.[63]

---

[61] Vgl. Hubertus Buchstein (Fn. 16), S. 54.
[62] Vgl. Charles W. Eliot (ed.), Plutarch's Lives, Aristides, New York 1965, S. 85; Hubertus Buchstein (Fn. 16), S. 55. Auch Staveley geht davon aus, dass eine Geheimhaltung der Stimmen kaum gewährleistet werden konnte, obwohl er von der Geheimhaltung als Ziel spricht. Vgl. Eastland Stuart Staveley (Fn. 17), S. 93.
[63] Vgl. Hubertus Buchstein (Fn. 16), S. 56 f.

2. Entscheidungsregeln in der römischen Republik

Während in der athenischen Demokratie die Volkssouveränität herrschte, regierte in der römischen Republik praktisch die Oligarchie. Im Unterschied zur athenischen Demokratie gab es in der römischen Republik, deren offizielle Bezeichnung *S.P.Q.R. (Senatus Populusque Romanus,* dt.: Senat und Volk von Rom) lautete, zwar gleich drei Volksversammlungen, die standen aber hinsichtlich der politischen Bedeutung für den Willens- und Entscheidungsprozess hinter dem Senat. Nachfolgende Ausführungen konzentrieren sich auf Regeln für Sachentscheidungen in den politischen Organen Senat und Volksversammlungen (*Comitien*).

a) Entscheidungsregeln für den Senat

Was für Athen die eine Volksversammlung (*ekklesia*) war, stellten für Rom jedoch nicht die Volksversammlungen[64], sondern der Senat (Ältestenrat) dar, der sich aus Angehörigen der adligen Familien, der Patrizier, zusammensetzte.[65] Die Zahl seiner Mitglieder belief sich auf 100 und erhöhte sich im 3. Jahrhundert zunächst auf 200 und später auf 300. Während der Königszeit (753 - 510 v. Ch.) war der Senat beratendes Organ des Königs, nach seiner Vertreibung avancierte er zum institutionellen Machtzentrum der römischen Republik bis zur Kaiserzeit (31 v. Chr. - 476 n. Chr.). Die Mitglieder des Senats wurden alle fünf Jahre vom Zensor, der auf Vorschlag des Senats von einer Volksversammlung gewählt wurde, bestellt. Nur Römer, die bereits ein hohes Magistratamt ausgeübt hatten, konnten Senator werden. Damit war ein weiteres wesentliches Kriterium für die privilegierte Mitgliedschaft im Senat festgelegt.

Entscheidungen wurden im Senat nicht in offener Debatte, sondern in einem durchkonstruierten Umfrageverfahren getroffen. Die Senatoren sind zu einem von einem Magistrat[66] formulierten Antrag nach einer ihrer Rangordnung entsprechenden Reihenfolge befragt worden. Hier spiegelte sich die hierarchische Ordnung der römischen Republik in der Entscheidungsstruktur und ihres wichtigsten politischen Organs wider. Nicht alle Senatoren kamen zu Wort. Ausschlaggebend für die Entscheidung waren die Beiträge der ersten ranghöchsten Senatoren, die damit innerhalb des Senats eine privilegierte Stellung innehatten. Die sich an das Um-

---

[64] Schon die äußere Form der Durchführung der römischen *Comitien* unterschied sich wesentlich von der der athenischen *ekklesia*. Während die Athener in einem theaterförmigen Halbrund saßen und von oben auf die Versammlungsleitung herabschauten, mussten die Römer diszipliniert unten stehen und zur Versammlungsleitung heraufschauen. „Im Versammlungsdesign Athens waren die Bürger die Subjekte der politischen Versammlung. In der römischen Republik waren sie Objekte, eine Staffage für Akklamationen." Hubertus Buchstein (Fn. 16), S. 82. Vgl. auch Egon Flaig, War die römische Volksversammlung ein Entscheidungsorgan?, in: Reinhard Blänkner/Bernhard Jussen (Hrsg.), Institutionen und Ereignis, Göttingen 1998, S. 52 ff.
[65] Vgl. Wolfgang Kunkel/ Martin Schermaier (Fn. 21), S. 25 f.
[66] Zum Magistrat vgl. Wolfgang Kunkel/Roland Wittmann, Die Magistratur, in: Wolfgang Kunkel (Hrsg.), Staatsordnung und Staatspraxis der Römischen Republik, Handbuch der Altertumswissenschaft, 3. Teil, 2. Band, 2. Abschnitt, München 1995, S. 4 ff.

frageverfahren anschließende Abstimmung erfolgte nicht wie in Athen durch Handzeichen, sondern, wie Buchstein es nennt, durch Füße (*pedarii*) unter Bezug auf den im Deutschen bekannten „Hammelsprung", eine später näher zu behandelnde Abstimmungsart.[67] Dabei schritten die Senatoren zu einer von zwei Seiten des Raumes, der für Zustimmung, wo der Antragsteller saß, oder der für Ablehnung. Der Unterschied beim Hammelsprung liegt im Verlassen des Raumes durch die Mitglieder des Entscheidungsorgans, die dann entsprechend ihres Abstimmungsverhaltens durch verschiedene Türen wieder eintreten. Da ein Verlassen des Raumes für die Senatoren in der römischen Republik jedoch nicht vorgesehen war, sollte besser von einem Platzwechsel gesprochen werden.[68]

Nach der offenen Abstimmung verkündete der Vorsitzende nach Abschätzung der beiden Abstimmungsgruppen und Vorliegen der Mehrheit das Abstimmungsergebnis.[69] Das Mehrheitsprinzip und der Grundsatz, wonach der Wille der Mehrheit mit dem der Gesamtheit gleichzusetzen sei, fand Eingang in die römische Rechtslehre und übte einen weit reichenden Einfluss auf die spätere Rechtsentwicklung aus.[70] Aus dem römischen Recht stammen die bekannten Äußerungen Ulpians (um 200): „*Refertur ad uniuersos, quod publice fit per maiorem partem.*"[71] und Scaevolas (um 200): „*Quod maior pars curiae effecit, pro eo habetur, ac si omnes egerint.*"[72]

b) Entscheidungsregeln für die Comitien

Die als Volksversammlungen durchgeführten *Comitien* der Bürger Roms, *comitia curiata* (gentil nach 30 Kurien gegliedert), *comitia tributa* (territorial nach 35 Tribus gegliedert) und *comitia centuriata*[73] (timokratisch in sieben Vermögensklassen mit 193 *Centurien* untergliedert)[74] verfügten im Gegensatz zur athenischen *ekklesia* über keinen wirklichen politischen Einfluss. Ein Antrags- oder Rederecht für die römischen Bürger gab es beispielsweise auf der bedeutenderen der drei Volks-

---

67 Vgl. Hubertus Buchstein (Fn. 16), S. 73 ff. (75).
68 So auch Eastland Stuart Staveley (Fn. 17), S. 227 f.; Ulrich Scheuner (Fn. 5), S. 20.
69 Vgl. Hubertus Buchstein (Fn. 16), S. 76.
70 Vgl. Ulrich Scheuner (Fn. 5), S. 21.
71 „Was öffentlich von der Mehrheit vorgenommen wird, gilt für die Gesamtheit." Ulpianus, De diversis regulis iuris antiqui (libro septuagesimo sexto ad edictum), in: Theodor Mommsen (Hrsg.), Digesta Iustiniani Augusti, vol. 2, Berolini 1870, L 17, 160, S. 966.
72 „Was die Mehrheit im Rat vollzieht, wird so angesehen, als ob es alle getan hätten." Scaeuola, Ad municipalem et de incolis (libro primo quaestionum), ebenda, L 1, 19, S. 904.
73 Diese Volksversammlung verdankt ihren Namen den militärischen Hundertschaften (*centuriae*), nach denen sie organisiert war. Vgl. Jochen Bleicken, Geschichte der römischen Republik, 5. Auflage, München 1999, S. 23.
74 Die 193 *Centurien* (Abstimmungsgruppen) bestanden aus der höchsten Vermögensklasse, den Reitern (18 *Centurien*); den Schwerbewaffneten, die sich in fünf Untergruppen (*classis*) unterteilten (80, 20, 20, 20, 30) und 5 *Centurien* für Handwerker (2), Spielleuten (2) und den besitzlosen Römern (*proletarii*) (1). Vgl. ebenda, S. 23.

versammlungen, der *comitia centuriata,* nicht. Die Abstimmungen in den *Comitien* unterlagen den Regeln des römischen Klassenwahlrechts, die den oberen fünf Prozent in der Hierarchie der römischen Bürger die Mehrheit der Stimmen auf den Volksversammlungen garantierten.

Bis zum 2. Jahrhundert wurde die *lex curiata* noch durch Akklamation von der *comitia curiata* angenommen. Auf der *comitia tributa* und *comitia centuriata* sind Wahlen und Abstimmungen in der Zeit von ca. 450 bis 139 auf annähernd gleiche Weise durchgeführt worden.[75] Die Abstimmungen erfolgten in der *comitio,* der zweiten Phase der Versammlungen nach der Vorbereitungsphase, der *contio.* Die Abstimmungen wurden durch den vorsitzenden Magistrat mit der formellen Fragestellung an die Abstimmenden gefolgt vom Ruf des Herolds eingeleitet. Mit der Stimmabgabe begannen die *centuria praerogativa,* die nach einem Losverfahren bestimmt wurde, vor allen anderen Stimmkörpern.[76] So ist auf der *comitia tributa* die erste *centuria praerogativa* aus den 35 Tribus gelost worden. Dafür wurde für jeden Tribus ein Los in Form eines Holzballes mit seinem aufgemalten Namen in eine Urne geworfen und ein Losball von zwei *custodes* herausgeschüttelt. Es wurde erwartet, dass dem Votum der *centuria praerogativa* sich die anderen Abstimmungsgruppen anschließen würden.

Für jeden Stimmkörper benannte der Versammlungsleiter *rogatores,* die die Bürger nach ihrem Votum fragten.[77] Dazu betraten die Mitglieder eines Stimmkörpers einen eingezäunten Raum (Gehege) auf dem Versammlungsplatz. Beim Verlassen des Raumes gaben die Bürger ihre Stimme (Ja oder Nein) den *rogatores* kund. Die abgegebenen Stimmen wurden von den *rogatores* als Punkte in zwei Spalten einer Tabelle auf mit Wachs bezogenen Holztafeln (*tabellae ceratae*) eingetragen. Lag eine Mehrheit der Stimmkörper für die Annahme des Vorschlags vor, so war die Abstimmung beendet. Niedere Klassen brauchten oftmals ihre Stimme nicht mehr abgeben.[78] Auf dieses Tabellenverfahren auf Holztafeln gehen auch spätere schriftliche und geheime Abstimmungen zurück (*leges tabellariae*), bei denen die Abstimmenden ein „U" (*uti rogas*: wie Du gefragt hast oder ja) für eine Zustimmung und ein „A" (*antiquo*: ich belasse es bei dem, wie es ist oder nein) für eine Ablehnung in ihre Holztafeln ritzten.[79]

In der *comitia tributa* und der *centuriata* ist jeder der 35 Tribus bzw. 193 *Centurien* eine Abstimmungseinheit zugesprochen worden (eine *centurie* gleich eine Stimme). Eine formelle Gleichheit, wie in der athenischen *ekklesia,* lag hier jedoch nicht vor. Von den nach Vermögensklassen in Anlehnung an die Heeresversammlung untergliederten 193 *Centurien* umfassten die der beiden höchsten Vermögensklassen mit 98 *Centurien* 13.800 römische Bürger, die der unteren Klassen mit 95 *Centurien* hingegen 215.000. Die Abstimmungseinheiten waren nach der Anzahl ihrer Mitglieder sehr unterschiedlich zusammengesetzt, so dass die absolu-

---

[75] Vgl. Hubertus Buchstein (Fn. 16), S. 76 ff.
[76] Vgl. Eastland Stuart Staveley (Fn. 17), S. 152 ff.
[77] Vgl. ebenda, S. 158.
[78] Vgl. Hubertus Buchstein (Fn. 16), S. 82 ff.
[79] Vgl. Eastland Stuart Staveley (Fn. 17), S. 160; Hubertus Buchstein (Fn. 16), S. 85.

te Mehrheit für die obersten Klassen garantiert war.[80] Bei Vorliegen der Mehrheit der Stimmen in 18 von 35 Tribus bzw. 97 von 193 *Centurien* war die absolute Mehrheit bereits erreicht, ohne dass es einer einzigen weiteren Stimme aus den noch verbleibenden 17 Tribus bzw. 96 *Centurien* bedurfte.[81] Durch diese Form der Sitzverteilung wurden den Angehörigen der obersten Klassen *de facto* mehr Stimmen zugestanden.

II. Entscheidungsregeln im Mittelalter

Im Mittelalter (4. bis ca. 15. Jahrhundert) nahmen Personalentscheidungen durch Wahlen und Sachentscheidungen durch Abstimmungen nicht annähernd den Stellenwert in der Gesellschaft und im Recht ein wie in der Antike. Dieser Bedeutungsverlust ist vornehmlich auf die politische Staats- und Regierungsform der Monarchie mit der Herrschaft einer Einzelperson als beste und gottgewollte Ordnung zurückzuführen. Die Wahl der Könige des christlichen Mittelalters ist nicht als individuelle Willensäußerung erfolgt, „[...] sondern als ein Akt der Erkenntnis einer sich offenbarenden göttlichen Wahrheit."[82] Während der Alleinherrschaft des Monarchen hatten Akte politischer Willensbildung in der Regel nur formalen Charakter.

1. Regeln für Personalentscheidungen

a) Kanonisches Recht und Einstimmigkeitsregel

Im kanonischen Recht[83] galt für Personalentscheidungen bis zum 12. Jahrhundert und teilweise auch länger die Einstimmigkeitsregel (*unanimitas*). Dabei erfolgte eine einhellige Festlegung auf einen einzigen Kandidaten als förmlicher Ausdruck des Gesamtwillens der Wähler. Das damals religiösen Überzeugungen entspringende Einstimmigkeitsprinzip herrschte so lange vor, „[...] wie die Legitimierung der Macht nicht auf weltliche Delegation, sondern auf göttliche Herrschaftsübertragung zurückgeführt wurde."[84] Damit war die Wahl „[...] ein Akt der Erkenntnis einer sich offenbarenden, objektiv gegebenen Wahrheit."[85] Uneinigkeit in der Kirche führe zu Spaltungen und diese wiederum zum Unglauben.

---

[80] Vgl. Hubertus Buchstein (Fn. 16), S. 80.
[81] Vgl. Eastland Stuart Staveley (Fn. 17), S. 179.
[82] Hubertus Buchstein (Fn. 16), S. 184.
[83] Zum kanonischen Recht vgl. Willibald M. Plöchl, Geschichte des Kirchenrechts, Band I, III. Buch, Wien/München 1953, S. 273 ff.; Horst Dreier, Kanonistik und Konfessionalisierung, in: JZ, 57 (2002) 1, S. 2.
[84] Werner Maleczek, Abstimmungsarten, in: Reinhard Schneider/Harald Zimmermann (Hrsg.), Wahlen und Wählen im Mittelalter, Sigmaringen 1990, S. 81.
[85] Heinrich Mitteis, Die deutsche Königswahl, 2. Auflage, Brünn/München/Wien 1944, S. 24.

Der Grundgedanke, wonach die Wähler nur ein Werkzeug Gottes seien und Gott allein den Kandidaten mit seinen Befugnissen ausstatte, lässt sich für das Früh- und Hochmittelalter in verschiedenen Ausdrucksformen nachweisen.[86] So ordnet die Präambel der *Ordinatio Imperii* von 817 die Einhelligkeit bei der „Wahl" Lothars I. (fränkischer König) in Aachen zum Mitkaiser dem Willen Gottes zu.[87] Die Wahl Adalberts zum ersten Erzbischof von Magdeburg bezeichnete Otto I. (936 - 973) in einer Urkunde als eine Wahl, in der der Willen Gottes zum Ausdruck gekommen sei.[88] Die Einhelligkeit wurde sowohl bei den Bischofs- als auch bei den Papstwahlen im Frühmittelalter bis ins 12. Jahrhundert betont.[89]

Der große Einfluss des kanonischen Rechts mit seiner Idealvorstellung von der Einstimmigkeit erstreckte sich auch auf weltliche Wahlen. Anschaulichstes Beispiel hierfür sind die deutschen Königswahlen, insbesondere vor 1198[90], bei denen die Einstimmigkeit als formalrechtliches Kriterium gefordert wurde.[91] Bei den Wahlen[92] musste zunächst die Einstimmigkeit der versammelten Stammeshäupter und der zustimmenden Volksmenge, dann die Einstimmigkeit („*electio per*

---

[86] Vgl. Werner Maleczek, Abstimmungsarten, in: Reinhard Schneider/Harald Zimmermann (Hrsg.) (Fn. 84), S. 81 f.

[87] Vgl. Walter Schlesinger, Karlingische Königswahlen, in: Beiträge zur deutschen Verfassungsgeschichte des Mittelalters, Band I, Göttingen 1963, S. 99.

[88] Die Wahl setzte sich aus drei Komponenten zusammen: „Die Wahl ist eine Wahl des Königs, der sich alle fügen, die Wahl ist eine Wahl des „Volkes", die einstimmig sein muß, und die Wahl ist eine Wahl Gottes." August Nitschke, Die Einstimmigkeit der Wahlen im Reiche Ottos des Großen, in: MIÖG, 70 (1962), S. 33. Dass die Wahl eine Wahl des Königs war, beruhte auf der Lehre von der gottähnlichen Stellung des Königs. Ebenda, S. 36.

[89] Zur Papstwahl vgl. Paul Hinschius, System des katholischen Kirchenrechts mit besonderer Rücksicht auf Deutschland, Berlin 1869, Band I, § 28, S. 262 ff.; Nikolaus Gussone, Thron und Inthronisation des Papstes von den Anfängen bis zum 12. Jahrhundert, Bonn 1978, S. 239 ff.

[90] 1198 kam es zu einer verhängnisvollen einstimmigen Doppelwahl von zwei Parteien, die sich untereinander nicht einigen konnten. Vgl. Heinrich Höpker (Fn. 3), S. 28 f.

[91] Vgl. Werner Maleczek, Abstimmungsarten, in: Reinhard Schneider/Harald Zimmermann (Hrsg.) (Fn. 84), S. 86.

[92] Die deutschen Königswahlen (*electio*) wurden mehrstufig durchgeführt. Zuerst erfolgte die Designation durch den früheren König oder informelle Gespräche über mögliche Kandidaten. Auf der anschließenden Wahlversammlung legten sich die Wähler auf einen bestimmten Kandidaten fest. Nach Huldigung, Treueid und Handgang akklamierten die Wähler. Der Krönung folgte der Umritt, bei dem bisher Abseitsstehende ihre Zustimmung zum neugewählten König durch Akklamation ausdrücken konnten. Vgl. Heinrich Mitteis (Fn. 85), S. 47 ff. Da die Wahl nur ein Teil eines Gesamtvorganges, der Königserhebung, darstelle, könne von Königswahl eigentlich nicht gesprochen werden. Vgl. ebenda, S. 17; Ulrich Reuling, Zur Entwicklung der Wahlformen bei den hochmittelalterlichen Königserhebungen im Reich, in: Reinhard Schneider/Harald Zimmermann (Hrsg.) (Fn. 84), S. 227.

unum")⁹³ der Fürsten und nachdem die Kurfürsten aus Vorwählern zu alleinigen Wählern wurden, die Einstimmigkeit der Kurfürsten vorliegen.

Da die Wähler dem Willen Gottes nicht zuwiderhandeln durften, waren Minderheiten mit Gegenvorschlägen verpflichtet, der Mehrheit zu folgen. Eine rechtliche Verpflichtung, sich dem Beschluss der Mehrheit zu beugen, bestand indes nicht.⁹⁴ Die Minderheit, die sich nicht freiwillig fügte bzw. der Mehrheit folgte, wurde durch Gewalt, im äußersten Fall auch durch Waffengewalt, dazu gezwungen. Mit der erzwungenen Folgepflicht konnte nach außen die Einstimmigkeit gewahrt bleiben.⁹⁵ Durch den Anschluss der Minderheit an die Mehrheit sollte ein einheitlicher Gesamtwille zustande kommen.⁹⁶ Mitteis sieht in dem schon von Gierke postulierten Prinzip der Folgepflicht („Die Minderheit soll der Mehrheit folgen")⁹⁷ ein verdecktes Mehrheitsprinzip.⁹⁸ Nach ihm gestaltete sich der Übergang vom Einstimmigkeits- zum Mehrheitsprinzip als ein Wechsel vom verdeckten zum offenen Mehrheitsprinzip.⁹⁹ Tatsächlich handelte es sich bei der geforderten Einstimmigkeit bei den Wahlen um eine rechtliche Fiktion.

b) Durchsetzung der Mehrheitsregel

Seit dem 12. Jahrhundert erlebte das Abendland eine Renaissance des römischen Rechts mit seiner Fiktion von der Gleichsetzung des Mehrheitswillens mit dem Gesamtwillen. In der Anerkennung des „Majoritätsprinzips" sieht von Gierke eine Verwandlung des tatsächlichen Zwanges, wie er beim Einstimmigkeitsprinzip angewendet wurde, in einen Rechtszwang. Das Gesetz legalisiere nunmehr den Anspruch des Mehrheitswillens auf Geltung, dem sich die Minderheit auf friedlichem Wege zu fügen habe und so den Gesamtwillen herstelle.¹⁰⁰

Die fiktive Gleichsetzung der Mehrheit mit der Gesamtheit ging auf die Korporationstheorie (Verbandslehre)¹⁰¹ zurück, die eng mit der kanonistischen Lehre

---

[93] Vgl. Bruno Wunderlich, Die neueren Ansichten über die deutsche Königswahl und den Ursprung des Kurfürstenkollegiums, Vaduz 1965 (1913), S. 52; Horst Dreier, Das Majoritätsprinzip im demokratischen Verfassungsstaat, in: ZParl, 17 (1986) 1, S. 96.

[94] Vgl. Ulrich Reuling, Die Kur in Deutschland und Frankreich, Göttingen 1979, S. 51.

[95] Vgl. Otto von Gierke, Über die Geschichte des Majoritätsprinzipes, in: Schmollers Jahrbuch für Gesetzgebung, Verwaltung und Volkswirtschaft im Deutschen Reiche, 39 (1915) 2, S. 9 ff.

[96] Vgl. Otto von Gierke, Das deutsche Genossenschaftsrecht, 2. Band, Darmstadt 1954, S. 480 ff.

[97] Otto von Gierke (Fn. 95), S. 15.

[98] Nach Reuling konnte bei der Wahl Konrads II. „[...] die als rechtsnotwendig erachtete Einstimmigkeit der Wahl formal nicht durch das Prinzip der Folgepflicht, sondern nur durch das Fernbleiben der Dissidenten von der Kur gewahrt werden [...]." Ulrich Reuling (Fn. 94), S. 51.

[99] Vgl. Heinrich Mitteis (Fn. 85), S. 209 f.

[100] Vgl. Otto von Gierke (Fn. 96), S. 480; Wolodymyr Starosolskyj, Das Majoritätsprinzip, Wien/Leipzig 1916, S. 107 ff.

[101] „Die Korporationstheorie ist in ihrem Ursprunge italienisch, in ihrem Fortgange europäisch." Otto von Gierke (Fn. 96), S. 3.

verbunden war.[102] Danach ist für die Anerkennung der Mehrheit ein bereits geformter sozialer Körper vorauszusetzen.[103] Während das ältere Kirchenrecht von der Einstimmigkeit beherrscht war, übernahmen die Kanonisten nunmehr das Mehrheitsprinzip aus dem römischen Recht. Dieses fand mit dem 1179 erlassenen „Licet de vitanda" des dritten Lateranum auch Eingang in die Papstwahlen, wo allerdings eine Zweidrittelmehrheit der wählenden Kardinäle (numerus duplo maior) gefordert wurde.[104] Zu oft hatte sich gezeigt, dass eine einstimmige Wahl nur selten zustande kam.[105]

Bei der Forderung nach einer Zweidrittelmehrheit setzte sich die kanonistische Auffassung durch, wonach ein mindestens doppeltes Übergewicht der Stimmenanzahl eine Gewähr für die Vernünftigkeit bzw. Richtigkeit der Mehrheitsentscheidung darstelle.[106] Nach dem kanonischen Recht stellen zwei Drittel einer Korporation dem dritten Drittel gegenüber das Ganze dar, so dass das eine Drittel zu vernachlässigen sei.[107] Es bestehe nach Elsener kein Zweifel, dass diese berühmte Papstwahlordnung „[...] die Geister des Abendlandes mächtig anregte [...]" und die Einführung des Mehrheitsprinzips auch in die deutsche Königswahl beeinflusste.[108]

Mit dem Rechtswahlgesetz „Licet iuris"[109] von 1338 drang das Mehrheitsprinzip in das deutsche Königswahlrecht vor. Die Goldene Bulle Kaiser Karls IV. von 1356[110], eine der wichtigsten Verfassungsurkunden des Römisch-Deutschen Reiches, forderte die „electio per unum" nicht mehr, die Mehrheitswahl ist als genügend erachtet worden.[111] Damit erlosch auch die Folgepflicht der Minderheit gegenüber der Mehrheit.[112] Unter Anwendung des Mehrheitsprinzips musste sich die Minderheit nicht mehr der Auffassung der Mehrheit zwangsweise unterwerfen, um eine fingierte Einstimmigkeit herbeizuführen. Durch die Einführung des Mehrheitsprinzips veränderte sich der Charakter der Wahlen von einem „Akt der göttlichen Offenbarung" zu einem Akt der „freien individuellen Entscheidung".

---

[102] „[...] an dem Ausbau dieser Theorie hauptsächlich drei mit einander innig verflochtene wissenschaftliche Mächte gearbeitet haben: die romanistische Jurisprudenz, die kanonistische Jurisprudenz und die ... Staats- und Rechtsphilosophie." Otto von Gierke (Fn. 96), S. 4.

[103] Vgl. Ulrich Scheuner (Fn. 5), S. 21 f.

[104] Vgl. Bernhard Schimmelpfennig, Papst- und Bischofswahlen seit dem 12. Jahrhundert, in: Reinhard Schneider/Harald Zimmermann (Hrsg.) (Fn. 84), S. 187 f.

[105] Vgl. Ferdinand Elsener, Zur Geschichte des Majoritätsprinzips, in: ZRG Kanonistische Abteilung, 73 (1956), S. 87.

[106] Vgl. Otto von Gierke (Fn. 95), S. 19.

[107] Vgl. Otto von Gierke (Fn. 96), S. 321.

[108] Ferdinand Elsener (Fn. 105), S. 87 f.

[109] Abgedruckt in: Karl Zeumer, Quellensammlung zur Geschichte der Deutschen Reichsverfassung in Mittelalter und Neuzeit, 1. Teil, 2. Auflage, Tübingen 1913, Nr. 142, S. 184.

[110] Abgedruckt in: Karl Zeumer, ebenda, Nr. 148, S. 192 ff. Vgl. Arno Buschmann, Kaiser und Reich, 1. Teil, 2. Auflage, Baden-Baden 1994, S. 104 ff.

[111] Vgl. Martin Lenz, Konsens und Dissens. Deutsche Königswahl (1273-1349) und zeitgenössische Geschichtsschreibung, Göttingen 2002, S. 42.

[112] Vgl. Heinrich Mitteis (Fn. 85), S. 217 f.

Bei Wahlen im weltlichen Bereich erlangte die Anwendung des aus der Antike bekannten Losverfahrens neben den ebenfalls nicht neuen Abstimmungsformen, wie das Einwerfen von Kugeln, Bohnen, Medaillen oder Münzen in Urnen, das Aufstehen bzw. Sitzenbleiben oder der so genannte Platzwechsel innerhalb des Saales, zur Ermittlung der Mehrheit immer größere Bedeutung. In Kommunen war ein Verfahren verbreitet, wonach in eine Urne so viele Zettel, wie Ratsmitglieder anwesend waren, gelegt wurden. Auf einigen von ihnen standen zu besetzende städtische Ämter, die anderen Zettel blieben unbeschriftet. Die durch einen Unbeteiligten gezogenen Zettel wurden den der Reihe nach aufgerufenen Ratsmitgliedern gegeben. Die Ratsmitglieder, die einen Zettel mit der Aufschrift eines städtischen Amtes erhielten, mussten nach bestem Wissen und Gewissen einen Amtsträger benennen. In der Kirche sind, im Gegensatz zum weltlichen Bereich, Entscheidungen mit Hilfe eines Losverfahrens seit 1223 ausdrücklich verboten worden.[113]

2. Regeln für Sachentscheidungen

Wie bei Personalentscheidungen durch Wahlen lässt sich auch bei Sachentscheidungen durch Abstimmungen im Mittelalter ein allmählicher Rückgang der Einstimmigkeitsregel zugunsten der Mehrheitsregel nachweisen.

Nachdem es in der altgermanischen Volksversammlung (*Thing*) noch keine Abstimmungen gab – die Willensbekundung erfolgte hier durch Akklamation – (Zusammenschlagen der Waffen und Beifallsruf als Annahme eines Vorschlages und Murren oder missbilligender Zuruf als Verwerfung)[114], ist in den fränkischen und deutschen Reichstagen des Mittelalters für Beschlussfassungen zunächst Einigung gefordert worden. Dies zog wie bei Wahlen die Unterwerfung der sich Ausschließenden unter die Mehrheit und den Zwang sich der Übermacht zu beugen nach sich.[115] In Volksversammlungen bis ins 13. Jahrhundert, die als Vorläufer echter parlamentarischer Repräsentation angesehen werden können[116], galt die Einstimmigkeit als formelles Prinzip. „Denn der Gedanke der Zustimmung [...], die Idee des consent (*consensus*) impliziert den Gedanken der concordia, damit aber die Einstimmigkeit, der Einhelligkeit."[117]

Seit dem Ende des 13. Jahrhunderts findet das Mehrheitsprinzip nunmehr ebenfalls für Sachentscheidungen Anerkennung.[118] In deutschen ständischen Versammlungen, Landgemeinden, Städten, Gilden, Zünften und föderativen Verbänden wie im „lombardischen" Bund, in der niederdeutschen Hanse, im Schwäbischen Städ-

---

[113] Vgl. Werner Maleczek, Abstimmungsarten, in: Reinhard Schneider/Harald Zimmermann (Hrsg.) (Fn. 84), S. 129 f.
[114] Vgl. Tacitus (Fn. 30), 11, S. 19; Otto von Gierke (Fn. 95), S. 9.
[115] Vgl. Otto von Gierke (Fn. 95), S. 11.
[116] Vgl. Hans Albrecht Schwarz-Liebermann von Wahlendorf, Mehrheitsentscheid und Stimmenwägung, Tübingen 1953, S. 51.
[117] Ebenda.
[118] Vgl. Erwin Brocke (Fn. 1), S. 8.

tebund oder in der Schweizerischen Eidgenossenschaft[119] vollzog sich allmählich der Wechsel von der Einstimmigkeits- zur Mehrheitsregel.[120] Im 14. Jahrhundert begann die Durchführung der Beratungen und Abstimmungen im Reichstag getrennt nach drei unterschiedlich zusammengesetzten Kollegien bzw. Kurien, die der Kurfürsten (8), der Fürsten und des übrigen höheren Adels (ca. 200 geistliche und weltliche Würdenträger) sowie der Städte (ca. 50 Reichsstädte).

Innerhalb der Kurie der Fürsten beispielsweise galt das Prinzip der formellen Gleichheit der Stimmen nicht. Mitgliedern im Fürstenrang stand eine volle Stimme (Virilstimme), den nicht gefürsteten Mitgliedern hingegen nur die eine mit ihresgleichen gemeinsam zu führenden Stimme (Kuriatstimme).[121] Mehrheitsentscheidungen innerhalb einer Kurie ließen sich leichter erreichen.[122] Die Abstimmung in Kurien des Reichstages erinnert an die Abstimmung in den römischen *Centurien*. Im Willensbildungs- und Entscheidungsprozess zwischen den Kurien hatte die Stimme der jeweils ranghöheren Kurie größeren Einfluss. Nach der Beschlussfassung einer Vorlage des Kaisers (*Proposition*) durch die Kurie der Kurfürsten wurde diese an die Kurie der Fürsten weitergeleitet. Bei Übereinstimmung des Abstimmungsergebnisses in den beiden Kurien konnte die Sache der Kurie der Städte vorgelegt werden. Bei Nichtübereinstimmung der Beschlussfassungen von Kurfürsten und Fürsten waren diese Kurien nicht bereit, der Kurie der Städte die entscheidende Stimme zu überlassen. Vielmehr oblag es dem Kaiser, die Städte zum Nachgeben zu bewegen. Erst bei Übereinstimmung aller drei Kurien im so genannten „Reichsgutachten" (*consultum imperii*) und folgender Zustimmung durch den Kaiser (*sanctio*) konnte der „Reichsschluss" (*conclusum imperii*), das Gesetz, zustande kommen.[123]

Die Beeinflussung des weltlichen Rechts durch das kanonische Recht hat dem Mehrheitsprinzip eine gewisse verfassungsrechtliche Bedeutung zugesprochen. Als eine der ältesten Quellen des englischen Rechts, die die Anwendung des Mehrheitsprinzips auf staatsrechtlichem Gebiet bezeugen, gilt die so genannte *Articuli Baronum* von 1215.[124] Darin wurde festgelegt, dass der aus fünfundzwanzig Baronen bestehende Ausschuss zur Sicherung des Friedens und der Freiheiten

---

[119] Vgl. Paul Cron, Die Geschäftsordnung der Schweiz. Bundesversammlung, Freiburg in der Schweiz 1946, S. 57.
[120] Vgl. Otto von Gierke (Fn. 95), S. 11 ff.; Max Kopp (Fn. 2), S. 7.
[121] In der zweiten Kurie der Fürsten gab es auf der weltlichen Bank 60 fürstliche Virilstimmen und vier Kuriatstimmen (von ca. 100 Grafen und Herren). Die geistliche Bank der Kurie zählte ca. 30 Virilstimmen und zwei Kuriatstimmen (von ca. 40 geistlichen Kleinterritorien). Die dritte Kurie der Städte untergliederte sich in eine rheinische und eine schwäbische Bank. Vgl. Dietmar Willoweit, Deutsche Verfassungsgeschichte, 5. Auflage, München 2005, § 24, S. 223.
[122] Vgl. Heinrich Höpker (Fn. 3), S. 35.
[123] Vgl. Dietmar Willoweit (Fn. 121), § 24, S. 224.
[124] § 49: „In allem aber, was diesen fünfundzwanzig Baronen zur Durchführung übertragen ist, soll, wenn zufällig dieselben fünfundzwanzig zugegen und unter sich in irgendeiner Sache uneins sind, oder wenn einige von ihnen geladen sind, aber nicht kommen wollen oder können, für beschlossen und bestimmt gelten, was die Mehrheit der [Anwesenden] anordnet oder vorschreibt, so als ob alle fünfundzwanzig zugestimmt hätten; [...]"

zwischen dem König und dem Königreich seine Beschlüsse mehrheitlich fasst.[125] Diese Urkunde bildete die Grundlage für die *Magna Charta* von 1215, die ebenfalls auf dem Mehrheitsprinzip zur Beschlussfassung beruht.[126] Die nach dem kanonischen Recht geforderte Zweidrittelmehrheit oder Dreiviertelmehrheit ist auch vielfach auf besonders wichtige Beschlüsse, insbesondere Verfassungsänderungen angewendet worden.[127]

Die kanonistische Lehre verrechtlichte die bereits bekannte Stimmenwägung. Die Stimmen sollten nicht nur gezählt, sondern in Abhängigkeit von bestimmten Kriterien, wie dem Ansehen (*auctoritas*), den geistigen und sittlichen Eigenschaften (*ratio et pietas*) und der Lauterkeit der Motive (*bonus zelus et aequitas*) der Stimmenden gewogen werden. Hierin sieht von Gierke nicht zu Unrecht eine Beugung des „Majoritätsprinzips" unter das hierarchische Autoritätsprinzip.[128]

Neben der erforderlichen Mehrheit hat die kanonistische Lehre auch die Frage der geforderten Beschlussfähigkeit begründet. Bei einer ordnungsgemäß einberufenen Versammlung genügte die Anwesenheit einer noch so geringen Anzahl von Mitgliedern, da sich die Nichtanwesenden selbst ausgeschlossen hätten. Fälle, in denen die Beschlussfähigkeit von der Anwesenheit einer bestimmten Anzahl von Mitgliedern abhing, waren als begründete Ausnahmen anzusehen.[129]

III. Entscheidungsregeln in der Neuzeit

In der Neuzeit (Ende des 15. Jahrhunderts bis heute) sind mit der sich über Jahrhunderte erstreckenden Entstehung des modernen demokratischen Staates und der Bildung von Staatenverbindungen bereits bestehende Entscheidungsregeln vervollkommnet sowie neue entwickelt worden. Die ihnen zukommende Bedeutung geht weit über die in der Antike hinaus.

1. Rückkehr zur Einstimmigkeit – das liberum veto in Polen

Während Mehrheitsentscheidungen sich bereits im späten Mittelalter im Verfassungsrecht der meisten europäischen Staaten weitgehend durchgesetzt hatten, gab es einen Staat unter ihnen, der sich im 17. Jahrhundert vom Mehrheitsprinzip ab- und zur Einstimmigkeit zurückgekehrt war – Polen. Um das polnische *liberum veto* („freies Veto") und die Geschichte der slawischen Einstellung zum Mehrheits-

---

[125] Vgl. Josef Redlich, Recht und Technik des Englischen Parlamentarismus, Leipzig 1905, S. 537 f.
[126] (61) para. 5: "In the event of disagreement among the twenty-five barons on any matter referred to them for decision, the verdict of the majority present shall have the same validity as a unanimous verdict of the whole twenty-five, whether these were all present or some of those summoned were unwilling or unable to appear." G.R.C. Davis, Magna Carta, revised edition, British Library 1989.
[127] Vgl. Otto von Gierke (Fn. 96), Fn. 15, S. 481; ders. (Fn. 95), S. 19.
[128] Vgl. Otto von Gierke (Fn. 95), S. 18.
[129] Vgl. ebenda, S. 19.

prinzip hat sich insbesondere der Krakauer Gelehrte Konopczyński verdient gemacht.[130]

Das am 8./9. März 1652 erstmals angewendete *liberum veto* gestand jedem Abgeordneten des Sejm (Reichstages) das Recht zu, gegen jeden Beschluss des Parlaments ein Veto einzulegen und damit mit einer einzigen Stimme ein eingebrachtes Gesetz zu blockieren. Es war kein Zurückbesinnen auf alte Verfassungsgrundsätze, sondern Ausdruck des Partikularismus einheimischer Magnaten, die den Interessen des ausländischen Adels zugute kamen, mit der Folge, dass keine Beschlüsse mehr getroffen werden konnten. Die Praxis des „Zerreißens" der Reichstage entwickelte sich zum adligen Gewohnheitsrecht.[131] Seit 1652 wurden 53 Reichstage „gesprengt", von 1736 bis 1763 konnte kein einziger Reichstagsbeschluss gefasst werden. Die parlamentarische Gesetzgebung kam völlig zum Erliegen. Neben den Regierungen Russlands und Frankreichs war es vor allem die Preußens, die den polnischen Reichstag wiederholt zu sprengen suchte, was ihr zwischen 1698 und 1763 auch fast in jeder Reichstagssitzung wegen der Mitwirkung der polnischen Magnaten gelang.[132]

Im Jahr 1764 wurde das *liberum veto* faktisch abgeschafft. Die Wiedergewinnung der Handlungs- und Beschlussfähigkeit durch die Einführung des Mehrheitsprinzips in die Verfassung vom 3. Mai 1791[133], die als erste kodifizierte Verfassung Europas[134] und nach der amerikanischen von 1787 als zweite moderne Verfassung der Welt in die Geschichte einging, konnte die Auflösung des polnischen Staates allerdings nicht mehr verhindern.[135]

2. Naturrecht und Mehrheitsregel

In der Neuzeit war es besonders die naturrechtliche Lehre, die maßgeblich den Entscheidungsprozess und die Mehrheitsregel beeinflusste. Bei Grotius (1583 -

---

[130] 1918 erschien die Schrift von Konopczyński zum polnischen liberum veto in polnischer Sprache, die 1930 erweitert in französischer Sprache veröffentlicht wurde. Zum *liberum veto* vgl. Ladislas Konopczyński, Le liberum veto, Étude sur le développement du principe majoritaire, Paris 1930, S. 153 ff.; Hans Roos, Ständewesen und parlamentarische Verfassung in Polen (1505-1772), in: Dietrich Gerhard (Hrsg.), Ständische Vertretungen in Europa im 17. und 18. Jahrhundert, 2. Auflage, Göttingen 1974, S. 363 ff.

[131] Die polnische Adelsgesellschaft stellte im Verhältnis zu ausländischen Adelsgesellschaften „[...] die numerisch stärkste Trägerschicht einer ständischen Verfassung im neuzeitlichen Europa" dar. Hans Roos, Ständewesen und parlamentarische Verfassung in Polen (1505-1772), in: Dietrich Gerhard (Hrsg.) (Fn. 130), S. 313.

[132] Vgl. Hans Roos, Polen von 1668 bis 1795, in: Theodor Schieder (Hrsg.), Handbuch der europäischen Geschichte, Band 4, Stuttgart 1968, S. 737.

[133] Nach Art. VI Abs. 3 Verfassung wurden Gesetze und Reichstagsbeschlüsse mit Stimmenmehrheit angenommen. Diese Verfassung wurde durch Beschluss des polnischen Reichstages am 29.11.1792 aufgehoben.

[134] Vgl. Jörg K. Hoensch, Geschichte Polens, 3. Auflage, Stuttgart 1998, S. 167.

[135] Vgl. Johannes Masing, Die Polnische Verfassung von 1791, in: JZ, 57 (2002) 9, S. 428 ff.

1645), der auch als „Vater des Völkerrechts" bezeichnet wird[136], lässt sich erstmals die Begründung nachweisen, wonach die Geltung der Stimmenmehrheit auf einstimmiger Vereinbarung im ursprünglichen Gesellschaftsvertrag beruhe.[137] Damit lege der einstimmig beschlossene Gesellschaftsvertrag das Mehrheitsprinzip als Entscheidungsregel fest. Mit dem Vordringen der Lehre vom Herrschafts- und Gesellschaftsvertrag durch Hobbes (1588 - 1679)[138] und Locke (1632 - 1704)[139] wurde das Mehrheitsprinzip mit diesem in Verbindung gesetzt. Wegen der realen Unmöglichkeit eines einstimmigen Beschlusses folgt für Locke als einzige Möglichkeit der Mehrheitsbeschluss mit Bindungswirkung *contra omnes*.[140] Der Gesellschaftsvertrag werde durch den Konsens von Individuen konstituiert, die Gemeinschaftsordnung durch den vertragsstiftenden Grundkonsens begründet.[141] Locke sieht die Mehrheitsregel als Verfahrensprinzip im gesellschaftlichen Entscheidungsverfahren für politische Handlungen der Gemeinschaft oder mit den Worten Vorländers: „Das Mehrheitsprinzip ist bei Locke das *prozedurale Formprinzip des (vertrags-)konstituierenden Konsenses zur Bildung prozessualen Konsenses*."[142] Das Mehrheitsprinzip bilde einen konstitutiven Bestandteil der Vertragsschließung – des Grundkonsenses. Weitere Bestandteile seien materialinhaltliche Sachprinzipien, die bei Locke im Gegensatz zu Hobbes auf naturrechtliche[143], individuelle Freiheitspositionen zurückgehen.[144] In Lockes Sozialvertragslehre erfolgt eine Unterscheidung zwischen Grund- und Einzelkonsens. Grundkonsens wird ein Konsens über grundlegende politische Entscheidungen genannt, wofür es nach Locke der Zustimmung aller Mitglieder der Gesellschaft bedarf. Als Einzelkonsens wird ein Konsens bezeichnet, der sich prozessual aus einer Entscheidungsbildung ergibt. Dieser kann nach Locke über die Mehrheit der Mitglieder der Gesellschaft bzw. einer Versammlung erreicht werden.[145]

---

[136] Vgl. Knut Ipsen, in: Knut Ipsen, Völkerrecht, 5. Auflage, München 2004, § 2, Rdnr. 28, S. 27.
[137] Vgl. Hugonis Grotii, De Jure Belli ac Pacis Libri Tres, Editio nova, vol. 1, 1646, liber II, caput V, § XVII, in: James Brown Scott (ed.), The Classics of International Law, Buffalo/New York 1995, S. 155; Otto von Gierke (Fn. 95), S. 23.
[138] Vgl. Herfried Münkler, Thomas Hobbes, Frankfurt am Main/New York 1993, S. 126; Wolfgang Kersting, Vertrag, Souveränität, Repräsentation, in: Thomas Hobbes, Leviathan, Wolfgang Kersting (Hrsg.), Berlin 1996, S. 214.
[139] Vgl. John Locke, Zwei Abhandlungen über die Regierung, Walter Euchner (Hrsg.), II, 8. Kapitel, § 96 f., S. 260 f.
[140] Vgl. Ebenda, § 98, 261; vgl. dazu Hans Vorländer (Fn. 4), S. 169.
[141] Vgl. John Locke (Fn. 140), § 96, 124; Hans Vorländer (Fn. 4), S. 170; Willmoore Kendall, John Locke and the Majority-Rule, Urbana 1965, S. 116.
[142] Hans Vorländer (Fn. 4), S. 172.
[143] Nach Nozick habe Locke „[...] nicht im Entferntesten eine befriedigende Erklärung des Status und der Grundlagen des Gesetzes der Natur in seinem *Second Treatise* [ge]liefert." Robert Nozick, Anarchie Staat Utopia, München 1974, S. 24.
[144] Vgl. Hans Vorländer (Fn. 4), S. 181.
[145] Vgl. ebenda, S. 181; Podlech spricht von „Basiskonsens" und „Einzelkonsens", vgl. Adalbert Podlech, Wertentscheidungen und Konsens, in: Günther Jakobs (Hrsg.), Rechtsgeltung und Konsens, Berlin 1976, S. 24.

Während Locke den Konsens als die Formung eines politischen Willens immer prozessual versteht, hergestellt durch das unterschiedlichen Interessen adäquate Mehrheitsprinzip, ist für Rousseau (1712 - 1778) Konsens die Übereinstimmung aller, indem er auf den ideell vorausgesetzten Gemeinwillen „*volonté générale*" zurückgreift. Konsens als Ergebnis der Entscheidungsbildung bedeutet für ihn Einstimmigkeit.[146] Deshalb beruhe auch der Gesellschaftsvertrag auf dem Einstimmigkeitsprinzip.[147] Auf der Grundlage der Naturrechtslehre beanspruchte das Einstimmigkeitsprinzip weiterhin einen hohen Stellenwert. Fichte (1762 - 1814) lehnt sogar die rechtliche Geltung des Mehrheitsprinzips grundsätzlich ab, indem er Einstimmigkeit in der Abstimmung über die Beschlussfassung des Grundgesetzes verlangt.[148]

Mit der Überwindung der naturrechtlichen Gesellschaftslehre im 19. Jahrhundert erkannte das positive Recht das Mehrheitsprinzip eindeutig an. Die Proklamation des Dritten Standes zur verfassungsgebenden Nationalversammlung 1789 in Frankreich verhalf der Mehrheitsregel zur allgemeinen Anerkennung in Europa. In Deutschland gilt das Mehrheitsprinzip seit der Deutschen Bundes-Akte vom 8. Juni 1815 (Art. VII Abs. 1 und 2)[149] als Grundprinzip jeder Verfassung.[150]

Nach der Zeit der Weimarer Republik, in den Jahren 1933 bis 1942, ist im Deutschen Reichstag unter dem Einparteienregime der Nationalsozialisten entgegen verfassungsrechtlicher Bestimmungen wieder weg vom Mehrheitsprinzip und hin zum Einstimmigkeitsprinzip in Form von Akklamation übergegangen worden.[151]

---

[146] Vgl. Hans Vorländer (Fn. 4), S. 185 f.
[147] Vgl. Jean-Jacques Rousseau, Vom Gesellschaftsvertrag oder Grundsätze des Staatsrechts, 4. Buch, 2. Kapitel „Von den Abstimmungen", Hans Brockard (Übers./ Hrsg.), Stuttgart 1977 (1762), S. 115.
[148] Vgl. Johann Gottlieb Fichte, Grundlage des Naturrechts nach Principien der Wissenschaftslehre, in: Johann Gottlieb Fichte (Hrsg.), Fichtes Werke, 3. Band, Berlin 1965, S. 178 ff.
[149] Quellen zum Staatsrecht der Neuzeit, Band 1, Tübingen 1949, S. 22 ff. Vgl. Erwin Brocke (Fn. 1), S. 48 ff.
[150] Vgl. Heinrich Höpker (Fn. 3), S. 55. Nach § 98 Abs. 1 Frankfurter Reichsverfassung vom 28.03.1849 ist einfache Stimmenmehrheit für Beschlüsse der beiden Häuser des Reichstages (Staatenhaus und Volkshaus) erforderlich gewesen. Art. 80 Satz 2 Preußische Verfassung vom 31.01.1850 regelte die absolute Stimmenmehrheit für Beschlüsse beider Kammern. Art. 28 Satz 1 Verfassung des Norddeutschen Bundes vom 16.04.1867 und Art. 28 Abs. 1 Satz 1 Bismarcksche Reichsverfassung vom 16.04.1871 sahen absolute Stimmenmehrheit für Beschlüsse des Reichstages vor. Art. 32 Abs. 1 Satz 1 Weimarer Verfassung vom 11.08.1919 forderte für Beschlüsse des Reichstages einfache Stimmenmehrheit.
[151] Vgl. Hans-Josef Vonderbeck, Die parlamentarische Beschlußfähigkeit, in: Hans-Achim Roll (Hrsg.), FG für Werner Blischke, Berlin 1982, S. 207.

3. Entscheidungsregeln in Staatenverbindungen

Auf zwischenstaatlicher Ebene bedingt die Souveränität der Staaten unabhängig von ihrer Größe oder sonstigen Kriterien, dass sie ihre Handlungen und Unterlassungen ihrem freien Willen entsprechend gestalten und dass eine Beschränkung ihres Willens nur mit ihrer Zustimmung erfolgen kann.

a) Einstimmigkeitsregel

Aus dem Prinzip der „uneingeschränkten einzelstaatlichen Souveränität" und dem absoluten Gleichheitsprinzip[152] folgte für die Beschlussfassung von Staatenverbindungen zunächst Zustimmung aller beteiligten Staaten[153], d.h. Einstimmigkeit. Nach dieser im Positivismus begründeten Doktrin wird jegliches Recht auf einen menschlichen Willensakt versucht zurückzuführen, wobei die Staaten nur an das Völkerrecht gebunden sind, dem sie ausdrücklich zugestimmt haben.[154] Die Einstimmigkeitsregel erlaubt es aber auch einem einzigen Staat, unabhängig von seiner Größe oder Bedeutung, einen Beschluss mit seinem Veto zu verhindern.[155] Der Schluss, dass die Prinzipien der staatlichen Souveränität und der Gleichheit nur die Einstimmigkeitsregel begründen würden, wäre dennoch verfehlt, wie weiter unten zu zeigen sein wird.

Obwohl die Mehrheitsregel in die Deutsche Bundesakte von 1815 Aufnahme fand, verbietet die Bundesakte dem Deutschen Bund als völkerrechtlicher Vereinigung souveräner Einzelstaaten in Art. VII Abs. 4 die Beschlussfassung über wichtige Entscheidungen, wie Änderungen der Grundgesetze, Angelegenheiten bezüglich organischer Bundeseinrichtungen, „jura singulorum" oder Religionsangelegenheiten mit Stimmenmehrheit zu fassen, obwohl die Stimmen der Einzelstaaten nicht gleich verteilt, sondern gewogen wurden (Art. VI Abs. 1 Deutsche Bundesakte). Das Verbot der Mehrheitsregel begründet die Anwendung der Einstimmigkeitsregel, die keine ausdrückliche Erwähnung in der Bestimmung findet.

Beginnend mit dem Wiener Kongress von 1814 - 1815 galt die Einstimmigkeit als Grundregel für politische Konferenzen[156] und die meisten auf ihnen beschlossenen völkerrechtlichen Verträge. Da es sich im 19. Jahrhundert aufgrund der begrenzten Anzahl von Teilnehmerstaaten zunächst noch um keine universellen Konferenzen handelte, war eine einstimmige Beschlussfassung möglich. Auch auf den beiden Haager Friedenskonferenzen von 1899 und 1907 wurde Einstimmig-

---

[152] Vgl. Wilfried Schaumann, Die Gleichheit der Staaten, Wien 1957, S. 38 ff.
[153] Die Staaten haben erst mit der Aufklärung im Konstitutionalismus des 19. Jahrhunderts mit dem Wechsel von der Fürstensouveränität zur Volkssouveränität Rechtspersönlichkeit erlangt. Vgl. Knut Ipsen, in: Knut Ipsen (Fn. 136), § 2, Rdnr. 19, S. 23.
[154] Vgl. Matthias Brinkmann, Majoritätsprinzip und Einstimmigkeit in den Vereinten Nationen, Frankfurt am Main 1978, S. 6.
[155] Vgl. Helmut Schläfereit, Rechtsetzung durch internationale Organisationen, Kiel 1952, S. 15.
[156] Vgl. Alfred Verdroß, Stimmeneinhelligkeit, Stimmenverhältnis, in: Karl Strupp (Hrsg.), Wörterbuch des Völkerrechts und der Diplomatie, 2. Band, Berlin/Leipzig 1925, S. 681.

keit für in die Schlussakten aufgenommene Beschlüsse vorgesehen. Eine Abschwächung erfuhr dieser Grundsatz auf der Konferenz von 1907, die teilweise Beschlüsse mit Stimmenmehrheit fasste. Dies ist darauf zurückzuführen, dass es sich bei der Zweiten Haager Friedenskonferenz erstmals um eine Vertragskonferenz mit universeller Teilnahme (fünfundvierzig Staaten) handelte und Einstimmigkeit in fundamentalen Fragen kaum erzielbar war.[157] Gleichwohl wurden die Staaten, die gegen die Mehrheit stimmten, aufgefordert, der Aufnahme der durch Mehrheitsentscheid angenommenen Beschlüsse in die Schlussakte zuzustimmen. In diesem Zusammenhang wird auch von „Quasieinstimmigkeit" bzw. „Quasiunanimität" gesprochen.[158] Die Einstimmigkeitsregel hatte jedenfalls „einen Sprung bekommen".[159]

Eine Durchbrechung erfuhr die Einstimmigkeitsregel bereits auf der Genfer Konferenz von 1868 zur Änderung der Konvention zur Verbesserung des Loses der Verwundeten und Kranken der Heere im Felde vom 22. August 1864. Auch hier reichten zunächst Mehrheitsentscheidungen über konkrete Fragen. Eine endgültige Annahme der Änderungsvorschläge erforderte dann allerdings wieder Einstimmigkeit.[160] Auf der Pariser Friedenskonferenz von 1919 wurde die Einstimmigkeit in Bezug auf Staaten, die berechtigt waren, Entscheidungen zu treffen, beibehalten.[161]

Die meisten der gegen Ende des 19. Jahrhunderts gegründeten internationalen Organisationen forderten generell oder wenigstens für wichtige Angelegenheiten weiterhin Einstimmigkeit. Die Einstimmigkeitsregel war maßgeblich im Völkerbund[162] und wird allgemein als Hauptmangel im System der Beschlussfassung gesehen.[163] Art. 5 Abs. 1 VBS[164] legte fest, dass Beschlüsse in der Versammlung und im Rat grundsätzlich einstimmig von den anwesenden Mitgliedern gefasst werden mussten, wenn in der Satzung nichts anderes bestimmt war. Die Einstimmigkeit konnte sogar bei Änderungen der Satzung, für die die Ratifikation der Ratsmitglieder und der Mehrheit der Mitglieder der Versammlung erforderlich war (Art.

---

[157] Vgl. Malte Schmans, Einstimmigkeitsprinzip, Mehrheitsprinzip und Konsensverfahren auf Vertragskonferenzen zur universellen völkerrechtlichen Rechtsetzung, Göttingen 1984, S. 8 ff.

[158] Vgl. Alfred H. Fried, Die zweite Haager Konferenz, Leipzig 1908, S. 163; Erwin Brocke (Fn. 1), S. 50; Helmut Schläfereit (Fn. 155), S. 15. Zur rechtlichen Bewertung vgl. Malte Schmans (Fn. 157), S. 10 f.

[159] Alfred H. Fried (Fn. 158), S. 163.

[160] Vgl. Cromwell A. Riches, Majority Rule in International Organization, Baltimore 1940, S. 17 f.

[161] Vgl. D. W. Bowett, The Law of International Institutions, 4. Auflage, London 1982, S. 402.

[162] Zu den *travaux préparatoires* der VBS bezüglich der Einstimmigkeitsregel vgl. Cromwell A. Riches, The Unanimity Rule and the League of Nations, Baltimore 1933, S. 1 ff.

[163] Vgl. N.A. Uschakow, Das Prinzip der Einstimmigkeit der Großmächte in der Organisation der Vereinten Nationen, Berlin 1958, S. 20.

[164] VBS vom 28.06.1919, in: RGBl. 1919, 717. Hans Wehberg, Die Völkerbundsatzung, 3. Auflage, Berlin 1929, S. 50.

26 Abs. 1 VBS), „künstlich hergestellt" werden.[165] Nach Art. 26 Abs. 2 VBS war die Mitgliedschaft von Staaten, die sich diesem Beschluss nicht fügten, nämlich beendet. Einige Bestimmungen der Völkerbundsatzung forderten zunächst einen Mehrheitsbeschluss der Bundesversammlung, dem dann ein einstimmiger Beschluss des Völkerbundrates folgen musste (Art. 4 Abs. 2, Art. 6 Abs. 2, Art. 26 Abs. 1), worin die Vorrangstellung des Rates gegenüber der Versammlung zum Ausdruck gebracht wurde.[166] Mit der Einstimmigkeitsregel als Mittel zur Willens- und Entscheidungsbildung wollten die Großmächte verhindern, dass sie von der Mehrheit anderer Mitgliedstaaten überstimmt werden konnten.[167]

Eine Durchbrechung des Einstimmigkeitsprinzips war dennoch vorgesehen. Innerhalb der Organe des Völkerbundes stand Stimmenthaltung einem einstimmigen Beschluss nicht entgegen, noch war die Anwesenheit aller Mitglieder erforderlich[168], mit Ausnahme von Art. 16 Abs. 4 VBS für den Fall des Ausschlusses eines Mitgliedes durch den Rat wegen Verletzung von Verpflichtungen aus der Satzung. Die Völkerbundversammlung legte den Begriff „Beschluss" bzw. „Wünsche" oder „Empfehlungen" eng aus. Danach fielen Empfehlungen und andere Vorschläge nicht unter diesen Begriff. Demzufolge galt für diese auch nicht die Einstimmigkeitsregel. Nach Art. 19 Abs. 5 GO Versammlung und Art. 9 Abs. 3 GO Rat entsprach eine Stimmenthaltung einer Nichtanwesenheit, so dass Stimmenthaltungen das Einstimmigkeitserfordernis nicht verhindern konnten.[169] Bei Streitschlichtungen wurden die Stimmen der streitenden Parteien nicht mitgezählt (Art. 15 Abs. 6, 7 und 10 VBS).[170]

Eine Rechtfertigung erfuhr die Einstimmigkeitsregel des Völkerbundes in der Rechtsprechung. Der Ständige Internationale Gerichtshof qualifizierte in seinem Rechtsgutachten über die Auslegung des Vertrages von Lausanne vom 24. Juli 1923, der in Art. 3 Abs. 2 dem Völkerbundrat die Frage über die Grenze zwischen der Türkei und dem Irak im Falle einer fehlenden zweiseitigen Vereinbarung innerhalb einer neunmonatigen Frist zuwies, das Einstimmigkeitsprinzip als in Übereinstimmung mit der unveränderten Tradition diplomatischer Konferenzen stehend. Der Gerichtshof führte in Bezug auf die Frage, ob der Rat seinen Beschluss einstimmig oder unter Anwendung der Mehrheitsregel treffen muss, aus: „In a body constituted in this way, whose mission is to deal with any matter 'within the sphere of action of the League or affecting the peace of the world', ob-

---

[165] Vgl. Hans Albert Wirth, Das Einstimmigkeitsprinzip im Völkerbund, Würzburg 1931, S. 16.
[166] Vgl. ebenda, S. 16; Cromwell A. Riches (Fn. 162), S. 188.
[167] Vgl. Hans Albert Wirth (Fn. 165), S. 9; Erwin Brocke (Fn. 1), S. 53.
[168] Vgl. Cromwell A. Riches (Fn. 162), S. 42.
[169] Vgl. Bruno Simma/Stefan Brunner/Hans-Peter Kaul, in: Bruno Simma (ed.), The Charter of the United Nations, Band I, 2. Auflage, München 2002, Art. 27, Rdnr. 1, S. 480.
[170] Vgl. Hans Wehberg (Fn. 164), S. 50; Hans Albert Wirth (Fn. 165), S. 18 ff.; Cromwell A. Riches (Fn. 160), S. 37 ff.; Joaquín Garde Castillo, De la regla de la unanimidad al derecho de veto en la organización internacional, in: Revista de la Facultad de Derecho de la Universidad de Madrid, 4 (1949), S. 120 f.

servance of the rule of unanimity is naturally and even necessarily indicated."[171] Nach Auffassung des Gerichtshofes handele es sich hierbei um eine Tradition „[...] in accordance with the unvarying tradition of all diplomatic meetings or conferences".[172] Zu Recht verweist indes Garde Castillo auf die unterschiedlichen Bedingungen der diplomatischen Treffen vor 1914 und derjenigen innerhalb des Völkerbundes. Während es sich bei ersteren mehr oder weniger um gelegentliche (*ad hoc*) Treffen ohne Intention der Gründung von gemeinsamen Organen einer Staatenverbindung handelte, verkörperte der Völkerbund eine internationale Organisation mit permanenten Organen, die regelmäßig zusammenkamen. Es sei vielmehr das im bisherigen Verständnis der Staaten fest verwurzelte Prinzip der unbeschränkten staatlichen Souveränität gewesen, das die Einstimmigkeitsregel im Völkerbund nicht zur Disposition stellen ließ.[173]

b) Mehrheitsregel

Die Prinzipien der staatlichen Souveränität und der Gleichheit stehen der Mehrheitsregel nicht zwangsläufig entgegen. Wie Schwarz-Liebermann von Wahlendorf auf das Gleichheitsprinzip Bezug nehmend beizupflichten ist, können bei Anwendung des Mehrheitsprinzips alle Staaten gleich sein, „[...] indem alle gleichmäßig der Gefahr ausgesetzt sind, in einer Abstimmung majorisiert zu werden."[174] Zwischenstaatliche Regelungen setzen bestimmte gemeinsame Interessen voraus und bedürfen einzelner Zugeständnisse in Form von Kompromissbereitschaft, die auf einem Ausgleich gegensätzlicher einzelstaatlicher Interessen beruht.[175] Erst eine freiwillige Souveränitätsbeschränkung[176] konnte den Weg zum Prinzip des Mehrheitsentscheides vorbereiten.[177] Bis ins 19. Jahrhundert war allerdings von einer tatsächlichen souveränen Gleichheit der Staaten noch nicht auszugehen. Während die zunächst fünf, später sechs europäischen Großmächte als das „Europäische Konzert" ihre Interessen international durchsetzten, fehlte es den anderen Staaten fast völlig an Mitbestimmung und Mitentscheidung, selbst bei den sie direkt verpflichtenden Verträgen.[178]

Die ersten Anfänge der Einführung der Mehrheitsregel auf zwischenstaatlicher Ebene gehen auf den 1874 gegründeten Weltpostverein zurück.[179] Zwar wurde

---

[171] PCIJ, Series B, No. 12 (1925), S. 29. Vgl. Julius Stone, The Rule of Unanimity; The Practice of the Council and Assembly of the League of Nations, in: BYIL, 14 (1933), S. 18 ff.
[172] PCIJ, Series B, No. 12 (1925), S. 29.
[173] Vgl. Joaquín Garde Castillo (Fn. 170), S. 118.
[174] Hans Albrecht Schwarz-Liebermann von Wahlendorf (Fn. 116), S. 24.
[175] Vgl. Wilfried Schaumann (Fn. 152), S. 123.
[176] Zur freiwilligen Beschränkung der staatlichen Souveränität und zur Kritik an einer angeblich fehlenden Beschränkung bei Übernahme völkerrechtlicher Verpflichtungen vgl. Helmut Schläfereit (Fn. 155), S. 21 f.
[177] Vgl. Matthias Brinkmann (Fn. 154), S. 6.
[178] Vgl. Wilfried Schaumann (Fn. 152), S. 126 f.
[179] Vgl. Johannes Jürgen Majewski, Verbindlichkeit und Grenzen von Mehrheitsentscheiden in Staat und Völkerrechtsgemeinschaft, Marburg 1959, S. 53.

seine *Constitution* (Satzung) noch einstimmig mit einer Stimmenthaltung Frankreichs angenommen[180], auf seinen Konferenzen sind aber schon Beschlüsse mit Stimmenmehrheit zustande gekommen.[181] Einen wesentlichen Grund für die Anwendung der Mehrheitsregel sieht Riches wohl zu Recht in der Tatsche, dass im Weltpostverein vor allem nationale Postbeamte der Mitgliedstaaten und nicht Diplomaten oder Juristen des auswärtigen Dienstes tätig waren.[182] Mit zunehmender universeller Teilnahme an Staatenkonferenzen, wie an denen des Weltpostvereins, erwiesen sich Einstimmigkeitsentscheidungen in wichtigen Fragen kaum mehr praktikabel, so dass Mehrheitsentscheidungen erforderlich wurden.[183]

Trotz Vorherrschens des Einstimmigkeitsprinzips, auch in der Zeit zwischen den Weltkriegen, bewegte sich die durch den Friedensvertrag von Versailles als ständige Einrichtung des Völkerbundes 1919 gegründete Internationale Arbeitsorganisation als erste Staatenverbindung weg von der Einstimmigkeit hin zum Mehrheitsprinzip.[184] In der Hauptversammlung der ILO ist die Zweidrittelmehrheit als Abstimmungsregel eingeführt worden.[185]

Einen wichtigen Beitrag zur Durchsetzung der Mehrheitsregel leistete insbesondere die Erste Haager Konferenz zur Kodifikation des internationalen Rechts von 1930. Nach den Verfahrensregeln der Konferenz sollten Ausschüsse Entwürfe für Deklarationen und Verträge erarbeiten und darüber abstimmen (Regeln VI, XV).[186] Als Abstimmungsregel wurde die Mehrheitsregel als ausreichend erachtet. Die Einstimmigkeit bei der Entscheidungsfindung blieb nur in Bezug auf den Ausschussvorsitzenden bestehen, der einen bereits mit Mehrheitsbeschluss verabschiedeten Entwurf zu erneuter Beratung zurückweisen konnte, wenn er der Meinung war, dass noch aufgrund bestimmter Änderungen Einstimmigkeit erreicht werden könnte (Regel XIX).[187] Waren auch die inhaltlichen Ergebnisse der Konferenz allgemein enttäuschend, so ist die Abkehr von der Einstimmigkeitsregel und die Anwendung der Mehrheitsregel als ein „geglückter Präzedenzfall für zukünftige Kodifikationskonferenzen" angesehen worden.[188]

---

[180] Vgl. Cromwell A. Riches (Fn. 160), S. 65.
[181] Vgl. Erwin Brocke (Fn. 1), S. 51.
[182] Vgl. Cromwell A. Riches (Fn. 160), S. 64.
[183] Vgl. Malte Schmans (Fn. 157), S. 8 f.
[184] Vgl. Rüdiger Wolfrum, in: Bruno Simma (ed.) (Fn. 169), Art. 18, Rdnr. 2, S. 354.
[185] Vgl. Malte Schmans (Fn. 157), Fn. 44, S. 15.
[186] Verfahrensregeln der Ersten Haager Konferenz zur Kodifizierung des internationalen Rechts vom 13.03. bis 12.04.1930, in: Doc. C. 190 (1) M. 93. 1929. V.; abgedruckt in: AJIL, 24 (1930), Supplement, S. 74 ff.
[187] Vgl. Malte Schmans (Fn. 157), S. 16 ff.
[188] Vgl. ebenda, S. 21.

B. Historische Entwicklung von Entscheidungsverfahren

Die Geschichte der Entscheidungs- bzw. Abstimmungsverfahren ist eng mit derjenigen der Entscheidungs- bzw. Abstimmungsregeln, insbesondere der Mehrheitsregel, verbunden. Während letztere den materiellen Grundsatz der kollektiven Willensbildung darstellt, ist ersteres die konkrete Organisationsform oder der technische Aspekt der Mehrheitsregel. Mit der Entwicklung der Mehrheitsregel von einer empirischen Form zu einem allgemein anerkannten Prinzip der Willensbildung haben sich aus zufälligen Techniken planmäßige Abstimmungsverfahren herausgebildet.[189] Abstimmungsverfahren, die im elften Kapitel eingehend untersucht werden, bestimmen wie ein oder mehrere Vorschläge zu einer Abstimmung gebracht werden, Abstimmungsregeln wie über sie abgestimmt wird.

Die Ursprünge der Entscheidungs- bzw. Abstimmungsverfahren liegen wie bereits gezeigt in der Antike. Im Mittelalter und insbesondere in der Neuzeit haben die Verfahren eine unterschiedliche Entwicklung im anglo-amerikanischen einerseits und kontinentalen, insbesondere französischen Recht, andererseits erfahren.

I. Die Entscheidungsverfahren in der Antike

Demokratische Institutionen, wie die Volksversammlungen in Athen, hatten Entscheidungen über verschiedene Angelegenheiten zu treffen, wie Wahl bzw. Bestellung von Beamten oder Beschlussfassung auf dem Gebiet der Rechtsetzung. Bei Personalentscheidungen ist vor der Wahl die Liste aller Kandidaten der *ekklesia* verlesen worden. Nach sukzessivem Aufruf der Kandidaten und einer sich jeweils anschließenden Personaldiskussion wurden die Stimmen für den aufgerufenen Kandidaten bzw. gegen ihn gesammelt. Die Kandidaten, die die Mehrheit der Stimmen erhielten, waren gewählt. Durch dieses Verfahren sahen sich die Wähler zu strategischem Wahlverhalten gezwungen.[190]

Bei Sachentscheidungen fasste der Rat (*boule*), dem das Initiativrecht zur Vorlage einer bestimmten Sache zur Beschlussfassung zustand, vorerst einen Vorbeschluss (*probuleuma*), der entweder einen formulierten Antrag an die Versammlung enthielt oder die Sache nur formell einbrachte. Enthielt der Vorbeschluss der *boule* einen fertigen Antrag, wurde in der *ekklesia* zunächst in einer Vorabstimmung (*procheirotonia*) über dessen Annahme entschieden.[191] Bei Vorliegen von nur einem Antrag, erfolgte die Abstimmung durch Aufruf zuerst der Ja-Stimmen und dann der Nein-Stimmen. Bei Vorliegen mehrerer Anträge zu demselben Thema ist über alle Anträge nacheinander, mit dem Hauptantrag beginnend, abgestimmt worden.[192] Dabei musste die Mehrheit für jeden einzelnen Antrag ermittelt

---

[189] Vgl. Klaus Kemmler, Die Abstimmungsmethode des Deutschen Bundestages, Tübingen 1969, S. 28.
[190] Vgl. Hubertus Buchstein (Fn. 16), S. 52, 67.
[191] Vgl. Jochen Bleicken (Fn. 8), S. 198.
[192] Vgl. Mogens Herman Hansen (Fn. 45), S. 128.

werden (*diacheirotonia*).[193] Auf den Beratungen verfügten alle teilnehmenden Bürger über das Recht, zur Sache das Wort zu ergreifen und einen Antrag zu stellen.[194] Ein Antrag konnte als Änderungsantrag oder als selbständiger Antrag formuliert sein. Damit bestand die große Wahrscheinlichkeit, dass nach Abschluss der Beratungen mehrere Abänderungs- oder auch Gegenvorschläge zur Abstimmung gestellt wurden.

Bei der erst am Anfang stehenden Entwicklung der Verfahren, vor allem bei relativ schwierigen Abstimmungen, hatten sich zwei heraus kristallisiert: die Abstimmung über verschiedene Anträge bzw. Alternativen nacheinander und die gleichzeitige Abstimmung. Beim Gesetzgebungsverfahren (*nomothesie*) ist über die Alternativen nacheinander abgestimmt worden. Zunächst stand das bestehende Gesetz zur Abstimmung. Bei seiner Ablehnung wurde über den Antrag eines neuen Gesetzes abgestimmt. Beim *ostrakismos* oder einem Rechtsstreit zwischen zwei oder mehreren Parteien über das Recht auf eine Sache oder Verpflichtung aus einer Sache (*diadikasia*) fand hingegen die gleichzeitige Abstimmung statt. Damit hatten sich für verschiedene Vorgänge empirisch ganz bestimmte Abstimmungsverfahren entwickelt. Eine allgemeingültige Anwendung konkreter Abstimmungsverfahren ist für diese Zeit noch nicht nachweisbar.[195]

Dem römischen Recht waren diese beiden Abstimmungsverfahren ebenfalls bekannt. Das Verfahren, in dem über alle Anträge gleichzeitig abgestimmt wurde, setzte sich als gebräuchliches im römischen Senat durch. Beim zweiten Verfahren erfolgte die Abstimmung über die verschiedenen Anträge nacheinander in einer vorher festgelegten Reihenfolge. So hatte sich die Reihenfolgeabstimmung entwickelt. Regeln für die Festlegung der Reihenfolge waren noch nicht bekannt, so dass sie im Ermessen oder in der Willkür des Vorsitzenden lag.[196]

II. Die Entwicklung der Entscheidungsverfahren im Mittelalter und in der Neuzeit

Bezüglich der Entscheidungsverfahren stammen die weitaus wichtigeren Erkenntnisse aus der Neuzeit. Aus dem Mittelalter als so genannte „Zwischenepoche" sind relativ wenige Überlieferungen bekannt.

1. Die Eventualabstimmung im anglo-amerikanischen Recht

Das älteste Beschlussverfahren stammt aus England, das über das älteste Parlament verfügt. Nach englischem Recht basierte das Entscheidungsverfahren im Mittelalter wesentlich auf dem formalrechtlichen Charakter des Parlaments als ei-

---

[193] Vgl. Hubertus Buchstein (Fn. 16), S. 49.
[194] Vgl. Georg Busolt, Griechische Staatskunde, Band 1, 3. Auflage, München 1921, S. 453.
[195] Vgl. Klaus Kemmler (Fn. 189), S. 28 ff.
[196] Vgl. ebenda, S. 42 ff.

nes Gerichtshofes.¹⁹⁷ Grundlage des Verfahrens bildete ein von der Regierung oder aus der Mitte des Parlaments eingebrachter Vorschlag bzw. Antrag (*motion*). Diesem Antrag konnten Abänderungsanträge (*amendments*), die sich dem Inhalt nach auf den Antrag beziehen mussten und die sich nur auf Auslassung, Ersetzung oder Hinzufügung von Worten im Hauptantrag beziehen durften, gegenübergestellt werden. Im englischen Verfahren war der Änderungsantrag Bestandteil des Hauptantrages. Ein formell selbständiger Änderungsantrag war ihm fremd. Dabei kamen sowohl Antrag als auch Änderungsantrag in ein und demselben Beschlussverfahren zur Erledigung. Abgestimmt wurde zuerst über den akzessorischen Änderungsantrag und dann über den Hauptantrag. Unabhängig davon, ob der Änderungsantrag bejaht oder verneint wurde, war über den Hauptantrag abzustimmen.¹⁹⁸ Die Reihenfolge für die Änderungsanträge war gleichsam formalistisch geregelt. Es wurde Linie für Linie und Satz für Satz, wie die Änderungen erfolgen sollten, behandelt. Wo zuerst eine Änderung auftrat, hatte diese Vorrang.¹⁹⁹

Zu jedem Änderungsantrag konnten Unteränderungsanträge gestellt werden. In diesem Fall wurde der Änderungsantrag als Hauptantrag behandelt und die gleichen Regeln über die Reihenfolge der Abstimmung angewendet: zuerst die Unteränderungsanträge, dann der Änderungsantrag.²⁰⁰ Da es im englischen Verfahren darum ging, ob eine Alternative gegenüber einer anderen siegen oder verlieren soll, sprach Heckscher von einer Eliminationsmethode.²⁰¹ Durch die Eliminierung einer von zwei Alternativen erscheint die ihr gegenüberstehende Alternative vorläufig, eventuell angenommen.²⁰² Damit hat sich im englischen Parlamentsrecht die Eventualabstimmung entwickelt und durchgesetzt.

Die englische Verfahrensweise ist in das amerikanische und australische Parlamentsrecht übernommen und weiterentwickelt worden.²⁰³ Prinzipien der Beschlussfassung aus dem historischen englischen Parlamentsverfahren reichen bis in die Gegenwart hinein.

2. Die Reihenfolgeabstimmung im kontinentaleuropäischen Recht

Das Parlamentsrecht der meisten kontinentaleuropäischen Staaten gründet sich auf das in Frankreich aus dem englischen Recht hervorgegangene Entscheidungsverfahren der Reihenfolgeabstimmung in der Zeit vom 18. bis 19. Jahrhundert. Das französische Verfahren geht maßgeblich auf das Werk Benthams (1748 - 1832) „*An Essay on Political Tactics*"²⁰⁴ während der französischen Revolution zu-

---

[197] Vgl. Julius Hatschek, Englisches Staatsrecht mit Berücksichtigung der für Schottland und Irland geltenden Sonderheiten, I. Band, Tübingen 1905, § 48, S. 233 ff.
[198] Vgl. Josef Redlich (Fn. 125), S. 499 ff.; Adolf Tecklenburg, Die parlamentarische Beschlussfassung, in: JöR, 8 (1914), S. 75 ff.
[199] Vgl. Julius Hatschek (Fn. 197), § 81, S. 450; Adolf Tecklenburg (Fn. 198), S. 77.
[200] Vgl. Adolf Tecklenburg (Fn. 198), S. 77.
[201] Vgl. Alb. Heckscher, Afstemningslære, Kopenhagen 1892, S. 56 ff.
[202] Vgl. Adolf Tecklenburg (Fn. 198), S. 80.
[203] Vgl. Klaus Kemmler (Fn. 189), S. 53 ff.
[204] Jeremy Bentham, An Essay on Political Tactics, in: John Bowring, The Works of Jeremy Bentham, Band II, Bristol 1995, S. 299 ff.

rück.[205] Sich an dem anglo-amerikanischen Entscheidungsverfahren orientierend, begann Bentham mit der Ausarbeitung einer Verfahrensordnung für die *Constituante*, die in ihrem Entwurf auf Veranlassung Mirabeaus[206] von Romilly[207] weiter bearbeitet wurde.[208] Nach Kemmlers Ansicht ist aufgrund eines Missverständnisses zwischen den beiden Autoren letztendlich ein neues Entscheidungsverfahren entstanden. Wegen Fehlens eines Hinweises auf den akzessorischen Charakter der Änderungsanträge bei Bentham habe Romilly diese als selbständige Gegenanträge formuliert. Während nach dem englischen Verfahren wegen der unvollständigen Formulierung der Änderungsvorschläge in jedem Fall über den Hauptantrag abgestimmt werden musste, konnte im französischen Verfahren die Abstimmung über den Hauptantrag entfallen, wenn ein selbständiger Gegenvorschlag angenommen wurde.

Auch im französischen Verfahren erfolgte die Abstimmung zuerst über Änderungs- bzw. Gegenanträge und danach über den Hauptantrag. Weil oftmals mehrere Gegenvorschläge zur Abstimmung standen, musste eine Regelung über die Reihenfolge getroffen werden. Es setzte sich die Regelung durch, wonach über den Antrag, der sich am weitesten vom Hauptantrag entfernt, zuerst abgestimmt wurde.[209] Die Frage nach der Reihenfolge trat in diesem Verfahren in den Vordergrund. Die Annahme eines selbständigen Antrages schloss jede weitere Abstimmung aus, selbst wenn über verbliebene Anträge noch nicht abgestimmt wurde. Da ungewiss blieb, wie entschieden worden wäre, wenn ein nicht zur Abstimmung gelangter Antrag in der Reihenfolge dem angenommenen Antrag vorgezogen würde, erhielt dieses Verfahren die Bezeichnung Reihenfolgeabstimmung.[210] Dieses Verfahren wurde von den anderen kontinental-europäischen Staaten, mit Ausnahme der Schweiz, übernommen.

Nach dem Vorbild der französischen Geschäftsordnung wurde die spätere Geschäftsordnung in Belgien zu Beginn des 19. Jahrhunderts ausgearbeitet, die als Vorbild für Preußen galt, nach dem sich wiederum der Norddeutsche Bund richtete.[211] In der Zeit des süddeutschen Frühkonstitutionalismus (1814 - 1848) haben sich die Geschäftsordnungen deutscher Parlamente stark an der französischen Verfahrensweise orientiert. Lediglich die Geschäftsordnung des Preußischen Staatsrates von 1826 wich davon ab und lehnte sich mehr an die englische Verfahrensregelung an, ohne diese zu kopieren. So ist in der Beschlussfassung des Preußischen Staatsrates nicht zwischen Haupt- und Änderungsanträgen unterschieden worden. Vorschriften zur Regelung der Reihenfolge der zur Abstimmung bestimmten An-

---

[205] Vgl. Julius Hatschek (Fn. 197), § 78, S. 432 ff.; Adolf Trendelenburg, Ueber die Methode bei Abstimmungen, Berlin 1850, S. 10; Klaus Kemmler (Fn. 189), S. 59.
[206] Mirabeau (09.03.1749 - 02.04.1791) wurde am 30.01.1791 zum Präsidenten der Nationalversammlung gewählt.
[207] Bentham soll es als lästig empfunden haben, seine Notizen zu publikationsreifen Abhandlungen auszuarbeiten, deshalb überließ er dies Freunden und Schülern. So Adolf Tecklenburg (Fn. 198), S. 77.
[208] Vgl. ebenda, S. 77 ff.
[209] Vgl. Adolf Trendelenburg (Fn. 205), S. 33 f.; Klaus Kemmler (Fn. 189), S. 62 f.
[210] Vgl. Adolf Tecklenburg (Fn. 198), S. 81.
[211] Vgl. ebenda, S. 82.

träge fehlten, so dass die Bestimmung der Reihenfolge dem Präsidenten oblag. Die Geschäftsordnung der Frankfurter Nationalversammlung von 1848 übernahm in § 40 die Vorschrift, wonach die Reihenfolge der Fragen vom Präsidenten bestimmt wird. Unternommenen Versuchen ein selbständiges deutsches Beschlussverfahren zu schaffen, das weder das englische noch das französische Entscheidungsverfahren übernimmt, war kein Erfolg beschieden. In der Praxis deutscher Parlamente hatte sich schließlich das französische Verfahren durchgesetzt. Die von Mohl maßgeblich ausgearbeitete Geschäftsordnung der Frankfurter Nationalversammlung, die sich an Benthams Regelungen über die Beschlussfassung orientierte, wirkte als Vorbild für spätere deutsche Verfahrensordnungen, wie die Geschäftsordnung des Preußischen Abgeordnetenhauses von 1849 und die späterer deutscher Parlamente.[212]

Nach diesen Verfahrensregeln wurde über Anträge nacheinander einzeln abgestimmt, Änderungsanträge gingen dem Hauptantrag vor. Die Reihenfolge der Änderungsanträge bestimmte sich nach der Regel, wonach diejenigen Änderungsanträge, die sich am weitesten vom Hauptantrag entfernten, zuerst zur Abstimmung gelangten. Bei Annahme eines Antrages galten die eventuell noch nicht abgelehnten Anträge als erledigt.[213]

3. Das Wahlverfahren und die prinzipielle Abstimmung im schweizerischen Recht

Die Schweiz beschritt in Bezug auf Abstimmungsverfahren einen sich von den anderen europäischen Verfahren unterscheidenden Weg. Im Parlamentsrecht der Schweiz hat sich für Abstimmungen über mehrere Anträge, die vom Vorsitzenden als Hauptanträge eingestuft wurden, noch ein anderes Abstimmungsverfahren – das Wahlverfahren – herausgebildet, die später so genannte koordinierte Abstimmung, die vom Nationalrat, Ständerat sowie den kantonalen Parlamenten übernommen wurde. Maßgeblichen Anteil an der Ausarbeitung dieses Verfahrens kommt dem Schweizer Dumont zu. Dieser hatte das Werk Benthams und die Bearbeitung Romillys seiner Veröffentlichung *„Tactique des Assemblées Politiques Délibérantes"* von 1816 zugrunde gelegt und eine Anpassung der englischen Vorschriften vorgenommen. Er arbeitete eine dem englischen Verfahren vollkommen fremde Regel aus, die Wahlmethode. Hierbei wurden miteinander konkurrierende, formell gleichstehende Anträge gleichzeitig zur Abstimmung gebracht, wobei jeder Abstimmende sich für eine Alternative aussprechen musste. Nach jedem Stimmgang schied diejenige Alternative aus, die die geringsten Stimmen aufweisen konnte und damit als abgelehnt galt. In Kontinentaleuropa ist jedoch die parlamentarische Beschlussfassung nicht der Bearbeitung des Benthamschen Werkes durch Dumont, sondern der Bearbeitung durch Romilly gefolgt.[214]

---

[212] Vgl. § 55 Abs. 10 lit. d GO für das Haus der Abgeordneten vom 16.05.1876, in: A. Plate, Die Geschäftsordnung des Preußischen Abgeordnetenhauses, 2. Auflage, Berlin 1904, S. 173.
[213] Vgl. Klaus Kemmler (Fn. 189), S. 71 ff.
[214] Vgl. Adolf Tecklenburg (Fn. 198), S. 77 ff.

Beim Wahlverfahren wurde bei Vorliegen mehrerer Hauptanträge und Änderungsanträge zu diesen unter Verwendung der Eventualabstimmung zunächst über die endgültige Form der jeweiligen Hauptanträge abgestimmt. Danach sind die veränderten Hauptanträge gegenseitig mit Hilfe des koordinierten Verfahrens zur Abstimmung gebracht worden. Die Kombinierung dieser beiden Abstimmungsverfahren unterschied sich maßgeblich von den bisher bekannten.[215] Der Zweck dieses Abstimmungsverfahrens war, einen Streit über die Reihenfolge der zur Abstimmung stehenden Anträge zu vermeiden.[216]

Vom englischen und französischen Entscheidungsverfahren unabhängig hat sich die so genannte prinzipielle Abstimmung in kantonalen Parlamenten (von Schwyz und St. Gallen) und Eidgenossenschaften der Schweiz am Anfang des 19. Jahrhunderts entwickelt, die auch in Bayern und Österreich (GO Abgeordnetenhaus des Reichsrates vom 2. März 1875) Anwendung fand. In Bezug auf die Reihenfolge der Fragen wurde nach § 88 des bayerischen „Edikts über die Geschäftsordnung für die Kammer der Abgeordneten" vom 28. Februar 1825[217] so verfahren, dass nach der Annahme einer Frage die anderen wegfielen bzw. nach der Ablehnung einer Frage zur nächsten übergegangen wurde. Bei Gesetzesvorschlägen oder Anträgen ist zuerst über den ursprünglichen Antrag und bei ihrer Nichtannahme über die Änderungsvorschläge nach der Reihe der Paragraphen bzw. Abschnitte des Gesetzes oder Antrages abgestimmt worden.[218]

Nach dem Verfahren der prinzipiellen Abstimmung ließ der Präsident zunächst über Hauptanträge oder prinzipielle Fragen abstimmen und nur für den Fall, dass diese abgelehnt wurden, kamen die Änderungsanträge und danach Unteränderungsanträge zu einzelnen Punkten des Hauptantrages zur Abstimmung. Damit wählte dieses Verfahren (Hauptantrag vor Änderungsantrag) den zum englischen Verfahren (Änderungsantrag vor Hauptantrag) entgegengesetzten Weg.[219]

C. Zusammenfassung

Die athenische Demokratie stellt eine ergiebige Quelle dar, aus der bis heute vielfältige Erkenntnisse für den politischen Willensbildungs- und Entscheidungsprozess geschöpft werden können. Sie hat den Grundstein für Entscheidungsregeln gelegt, die in späteren Epochen übernommen und weiterentwickelt wurden. Als wichtigste Entscheidungsregel galt für die Athener die Mehrheitsregel, die sie in

---

[215] Vgl. ebenda, S. 83 ff.; Klaus Kemmler (Fn. 189), S. 69 f.
[216] Vgl. Adolf Tecklenburg (Fn. 198), S. 85.
[217] § 88 GO: „Bei Gesetzesvorschlägen und Anträgen wird die erste Frage auf die vollständige Annahme des Gesetzes oder Antrages [...] gestellt, und wenn diese verneint werden sollte; so ist alsdann über jede vorgeschlagene einzelne Modifikation nach der Reihe der §§ oder Abschnitte des Gesetzes oder Antrages die besondere Frage zu stellen." Abgedruckt, in: Karl Heinrich Ludwig Pölitz, Die europäischen Verfassungen, I. Band, 2. Auflage, Leipzig 1832, S. 194.
[218] Vgl. Adolf Tecklenburg (Fn. 198), S. 85.
[219] Vgl. ebenda, S. 85 f., 97.

einer umfangreichen und systematischen Weise entwickelt haben. Die am Entscheidungsprozess Beteiligten mussten mit Ja oder Nein abstimmen. Stimmenthaltungen waren unzulässig. Zwar sind heute kollegiale Entscheidungsorgane in einer Größe von mehr als 6.000 Mitgliedern kaum mehr vorstellbar, Abstimmungsverhalten, Abstimmungsarten sowie Beschlussfähigkeitsregelungen haben hier aber ihre geistigen Wurzeln. Wegen des Verstoßes gegen die repräsentative Demokratie und das Gleichheitsprinzip ist die Ausgrenzung großer Bevölkerungsgruppen von der Sitzverteilung in den Kollegialorganen und damit vom Entscheidungsprozess der athenischen Demokratie kritikwürdig.

Wie in Athen ist auch in der römischen Republik vorwiegend nach der Mehrheitsregel entschieden worden, die als Teil der römischen Rechtslehre weit reichende Auswirkungen auf die spätere Rechtsentwicklung ausüben sollte. Ein wesentlicher Unterschied in den Abstimmungen von Athen und Rom lag jedoch darin begründet, dass in Athen Individuen abstimmten, in Rom dagegen künstliche soziale Abstimmungseinheiten.[220] Während in Athen die Abstimmung nach der Regel „ein Bürger – eine Stimme" erfolgte[221], sind in der Abstimmung in Rom die Anfänge für die Regel der unterschiedlichen Anzahl von Mitgliedern und damit Sitzen bzw. die Stimmengewichtung gelegt worden.

Dem germanischen Recht wiederum blieb der Grundsatz einer Mehrheitsentscheidung zunächst fremd. Für die Germanen war die Einstimmigkeit in der Willensbildung von entscheidender Bedeutung. Ein Beschluss bedurfte eines einhelligen Gesamtaktes, zu dem die Minderheit durch die so genannte germanische „Folgepflicht" gezwungen wurde. Der Beschluss basierte demnach nicht auf der freiwilligen Willensbekundung einer Minderheit, so dass die geforderte Einstimmigkeit zur Fiktion wurde. Erst gegen Ende des Mittelalters hat sich die Mehrheitsentscheidung gegen die Einstimmigkeitsentscheidung durchsetzen können, „[...] das einer höheren Kulturstufe angehörige gelehrte Juristenrecht der römischen Welt" gegen „[...] das primitivere, einer älteren Kulturschicht zugehörige Volksrecht germanischer Prägung".[222] In Staatenverbindungen vollzog sich dieser Prozess sogar erst spät in der Neuzeit. Mit der Durchsetzung der Mehrheitsregel zur Herbeiführung von Entscheidungen gilt der Wille der Mehrheit „[...] als Ausdruck des Gemeinwillens und bestimmt das Ergebnis einer Wahl oder Abstimmung."[223]

Die kanonistische Lehre verrechtlichte die bereits aus dem römischen Recht bekannte Stimmengewichtung. Als Grundlage dienten subjektive Kriterien, wie das Ansehen, die geistigen und sittlichen Eigenschaften sowie die Lauterkeit der Motive der Abstimmenden. Neben der erforderlichen Mehrheit zur Beschlussfassung hat die kanonistische Lehre auch die Frage der Beschlussfähigkeit mitbegründet.

Mit der Überwindung der Naturrechtslehre im 19. Jahrhundert fand die Mehrheitsregel endgültig Eingang in das positive Recht. Die Einstimmigkeitsregel er-

---

[220] Vgl. Eastland Stuart Staveley (Fn. 17), S. 121, 135.
[221] Vgl. Mogens Herman Hansen (Fn. 45), S. 127
[222] Ferdinand Elsener (Fn. 105), S. 101.
[223] Max Kopp (Fn. 2), S. 11.

wies sich vor allem dann als unpraktikabel, wenn eine Vielzahl von Mitgliedern am Entscheidungsprozess beteiligt war. Um einer Verhinderung der Beschlussfassung vorzubeugen, sind Lockerungen durch Stimmenthaltungen eingeführt worden, auf die heute noch zurückgegriffen wird. Die Mehrheitsregel erlitt in der Neuzeit gleichwohl mehrmals einen herben Rückschlag, im 17. Jahrhundert in Polen und Anfang des 20. Jahrhunderts in Deutschland. Beide Staaten zerbrachen letztendlich daran. Bei der Frage nach den Entscheidungsregeln geht es aber nicht um ein entweder oder, sondern durchaus um ein Nebeneinanderbestehen verschiedener Regeln in Abhängigkeit von der Art der zu fassenden Beschlüsse.

Durch diesen geschichtlichen Exkurs sind neben den Abstimmungsregeln (Einstimmigkeit oder Mehrheit) Fragen der Sitzverteilung (wer entscheidet), Stimmenverteilung (wie viele Stimmen haben die Beteiligten), Beschlussfähigkeit (wie viele müssen für eine Beschlussfassung anwesend sein), Abstimmungsverhalten (wie wird abgestimmt z.B. Stimmenthaltung) und Abstimmungsarten (womit wird abgestimmt z.B. offen durch Handzeichen) in ihren Anfängen gezeigt worden, die in nachfolgenden Kapiteln in ihrer heutigen Entwicklung einer eingehenden Untersuchung unterzogen werden.

Bei den Entscheidungs- bzw. Abstimmungsverfahren haben sich schon in der Antike zwei Verfahren herauskristallisiert: die aufeinander folgende Abstimmung über verschiedene Anträge bzw. Alternativen und die gleichzeitige Abstimmung. Regeln für die Festlegung der Reihenfolge hinsichtlich des ersten Verfahrens waren noch nicht bekannt, außer dass sie im Ermessen des Vorsitzenden lag. Beide Abstimmungsverfahren haben ihre Spuren von der Antike bis in die Gegenwart hinterlassen.

Auch nach der aus dem Mittelalter bis in die Neuzeit reichenden englischen Eventualabstimmung wurde nach der Reihenfolge abgestimmt: zuerst über den Änderungsantrag und dann über den Hauptantrag, unabhängig von einer vorherigen Annahme des Änderungsantrages. Im kontinentaleuropäischen (französischen) Recht hat sich schließlich die Reihenfolgeabstimmung fest etabliert. Nach diesem Verfahren erfolgte die Abstimmung ebenfalls zuerst über Änderungs- bzw. Gegenanträge und danach über den Hauptantrag. Weil aber oftmals mehrere Änderungs- bzw. Gegenvorschläge zur Abstimmung gestellt wurden, musste eine Regelung über die Reihenfolge getroffen werden. So entstand die heute noch geltende Regel, wonach zuerst über den Antrag abzustimmen ist, der sich am weitesten vom Hauptantrag entfernt.[224] Die Annahme eines selbständigen Antrages schloss im Gegensatz zum englischen Verfahren jede weitere Abstimmung aus.

Besondere Wege sind in den Entscheidungsverfahren der Schweiz gegangen worden. Nach dem schweizerischen Verfahren der prinzipiellen Abstimmung ist die Reihenfolge der zur Abstimmung stehenden Anträge – Hauptantrag vor Änderungsantrag – entgegengesetzt zum englischen Verfahren – Änderungsantrag vor Hauptantrag – festgelegt worden.

Entgegen der vorherigen Verfahren, in denen die Anträge nacheinander zur Abstimmung gestellt wurden, griff die schweizerische Wahlmethode auf die gleichzeitige Abstimmung zurück. Hierbei ist über miteinander konkurrierende Anträge

---

[224] Vgl. Adolf Trendelenburg (Fn. 205), S. 33 f.; Klaus Kemmler (Fn. 189), S. 62 f.

gleichzeitig abgestimmt worden. Nach jedem Stimmgang schied derjenige Antrag, der die geringsten Stimmen auf sich vereinigen konnte, aus und galt als abgelehnt. Dieses Verfahren vermied jeglichen Streit über die Reihenfolge der zur Abstimmung stehenden Anträge.

Bevor zu einer Untersuchung der gegenwärtigen Abstimmungsregeln und -verfahren übergegangen werden kann, bedarf es zunächst einer Klärung der Frage, welche Organisations- und Rechtsprinzipien für den Entscheidungsprozess relevant sind.

Kapitel II
Organisations- und Rechtsprinzipien für Kollegialentscheidungen

In diesem Kapitel werden Organisations- und Rechtsprinzipien auf ihren Bezug zu Entscheidungsregeln und -verfahren zur Herbeiführung von Kollegialentscheidungen im öffentlichen Recht von Staaten und Staatenverbindungen untersucht. Das Wort Prinzip (lat.: *principium*) bezeichnet wörtlich einen „Anfang" und weist damit auf den Ursprung von etwas. Unter Prinzipien werden Aussagen verstanden, die eine bestimmte Allgemeingültigkeit beinhalten.[1] Organisationsprinzipien enthalten Aussagen über die Organisation aus institutioneller Sicht, Rechtsprinzipien über das Recht. Bei der Darstellung der Prinzipien mit Hilfe ausgewählter Beispiele auf innerstaatlicher und zwischenstaatlicher Ebene richtet sich das Erkenntnisinteresse auf ihre im weiteren Verlauf der Arbeit näher zu analysierenden Implikationen für den Willensbildungs- und Entscheidungsprozess. Mit den dem öffentlichen Recht von Staaten und Staatenverbindungen gemeinsamen Prinzipien soll der Maßstab gesetzt werden, an dem sich Entscheidungsregeln und -verfahren messen lassen.

Für Kollegialentscheidungen, die von Mitgliedern eines Kollegialorgans getroffen werden, ist zunächst das Kollegialprinzip als Organisationsprinzip von Bedeutung, auf das im dritten Kapitel in Bezug auf Kollegialorgane weiter eingegangen wird. Nachfolgend werden die Demokratie, die Rechtsstaatlichkeit, der Schutz der Menschenwürde und die daraus fließende Achtung der Grund- und Menschenrechte, die Souveränität, die Gleichheit sowie die Bundesstaatlichkeit als für die Arbeit grundlegende Rechtsprinzipien, insbesondere ihre Implikationen für Kollegialentscheidungen behandelt.

---

[1] Vgl. José Llompart, Die Geschichtlichkeit der Rechtsprinzipien, Frankfurt am Main 1976, S. 4 f.

A. Das Kollegialprinzip

I. Begriff und historischer Exkurs

Das Kollegialprinzip oder, wie es auch genannt wird, Kollegialitätsprinzip ist ein (internes) horizontales Organisations- und Zuständigkeitsprinzip von Organen[2], nach dem die Kompetenzen einem Kollegium und nicht wie beim monokratischen Prinzip einer Person zustehen.[3] Das lateinische Wort *collegium* bezeichnet eine Gemeinschaft bzw. Vereinigung von Personen, eine Personenmehrheit, zu einem gemeinsamen, dauernden Zweck.[4] Das Kollegialprinzip wird als auf der Gleichberechtigung der Mitglieder bei der Mitwirkung an der Entscheidungsfindung beruhendes Prinzip bezeichnet, worauf im nächsten Kapitel näher eingegangen werden soll. Es impliziert, dass die Entscheidungen nicht nur gemeinsam beraten und entschieden werden, sondern auch, dass alle Mitglieder gemeinsam die Verantwortung für getroffene Entscheidungen übernehmen.[5]

Ein kurzer Rückblick in die Geschichte zeigt, dass es schon in der Antike Kollegialorganisationsformen gab. Hierzu zählen sowohl die *ekklesia* als auch die *boule* in der athenischen Demokratie. Und obwohl in Rom während der Königszeit zahlreiche Entscheidungen von Individualorganen getroffen wurden, ist später auch zu Kollegialentscheidungen z.B. im Senat übergegangen worden. Im Mittelalter setzte sich die Bevorzugung kollegialer Organisationsformen weiter fort. In Deutschland wurde selbst in der Zeit des Absolutismus dem Kollegialsystem Vorrang eingeräumt. Mit dem die deutsche Verfassungstheorie und -wirklichkeit ein Jahrhundert (1819 - 1918) lang beherrschenden monarchischen Prinzip ist dann das Kollegialprinzip vom monokratischen Prinzip zunächst zurückgedrängt worden, welches seinen unrühmlichen Höhepunkt in der Zeit des Nationalsozialismus im so genannten „Führerprinzip" fand.[6]

In der Entstehungszeit des modernen Staates hat nach Weber das Kollegialprinzip einen wesentlichen Beitrag zur Entwicklung der legalen Herrschaftsform geleistet.[7] Obwohl die Demokratie mit dem Kollegialprinzip zweifellos sich am besten verwirklichen lässt, besteht keine notwendige Korrelation zwischen beiden.[8] „Kollegialität ist durchaus nichts spezifisch „Demokratisches"."[9] Auch autokrati-

---

[2] Zum Kollegialprinzip als Organisationsprinzip vgl. Kurt Eichenberger, Organisatorische Probleme des Kollegialsystems, Basel/Frankfurt am Main 1980, S. 434 ff.
[3] Vgl. Walter Weidenkaff, Monokratisches Prinzip, in: Klaus Weber (Hrsg.), Creifelds Rechtswörterbuch, 19. Auflage, München 2007, S. 795 f.
[4] Vgl. Winfried Aymans, Kollegium und kollegialer Akt im kanonischen Recht, München 1969, S. 3 f.
[5] Vgl. Klaus Schubert/Martina Klein, Das Politiklexikon, 2. Auflage, Bonn 2001, S. 154.
[6] Vgl. Prodromos Dagtoglou, Kollegialorgane und Kollegialakte der Verwaltung, Stuttgart 1960, S. 15 ff.
[7] Vgl. Max Weber, Staatssoziologie, Johannes Winckelmann (Hrsg.), Berlin 1956, S. 101.
[8] Vgl. Prodromos Dagtoglou (Fn. 6), S. 20.
[9] Max Weber, Wirtschaft und Gesellschaft, Johannes Winckelmann (Hrsg.), 1. Halbband, 5. Auflage, Tübingen 1976, S. 162.

sche Staatsformen bedienen sich des Kollegialprinzips und umgekehrt demokratische des monokratischen Prinzips, wie Geschichte und Gegenwart zahllos zu berichten wissen.[10]

II. Das Kollegialprinzip als Organisationsprinzip

Das Kollegialprinzip als maßgebliches Formprinzip im Organisationsrecht beansprucht seine Geltung, selbst wenn es nicht immer eine verfassungsrechtliche oder geschäftsordnungsmäßige Verankerung erfährt. So ist es unstrittig, dass das Kollegialprinzip sowohl nach *deutschem Bundes-* als auch nach *Landesverfassungsrecht* zu den wesentlichen Prinzipien des Parlamentsrechts zählt, ohne Nachweis einer entsprechenden verfassungsrechtlichen Normierung. Die Geltung des Kollegialprinzips im deutschen Parlamentsrecht leitet Schröder indirekt aus der auf den Wahlen beruhenden kollegialen Struktur der Volksvertretung (Art. 38 Abs. 1 GG), der kollegiale Befugnisse voraussetzenden Geschäftsordnungsautonomie (Art. 40 Abs. 1 Satz 2 GG), den kollegialen Ausschüssen (Art. 42 ff. GG) sowie der auf eine kollegiale Zusammensetzung hinweisenden Bezeichnung der Parlamente als Bundes- (Art. 38 ff. GG) bzw. Landtag ab.[11] Eine nicht minder wichtige Bestimmung, aus der das Kollegialprinzip für den Bundestag fließt, ist die Regelung über die Beschlussfassung nach Art. 42 Abs. 2 Satz 1 GG. Selbst wenn die Mehrheitsentscheidung kein Wesensmerkmal des Kollegialprinzips sein muss, wie Schröder zutreffend anführt[12], so impliziert sie doch eine kollegiale Zusammensetzung des Entscheidungsorgans.

Im deutschen Kommunalrecht findet sich das Kollegialprinzip vor allem in den Volksvertretungen wieder, die je nach Bundesland eine unterschiedliche Bezeichnung haben können.[13] Die allgemein auch als Gemeinderäte bezeichneten Haupt-

---

[10] Vgl. Prodromos Dagtoglou (Fn. 6), S. 19 ff.
[11] Vgl. Meinhard Schröder, Grundlagen und Anwendungsbereich des Parlamentsrechts, Baden-Baden 1979, S. 304. Zum BT als kollegiales Organ vgl. auch Heinhard Steiger, Organisatorische Grundlagen des parlamentarischen Regierungssystems, Berlin 1973, S. 50.
[12] Vgl. Meinhard Schröder (Fn. 11), S. 157. Schon Kelsen vertrat die Ansicht, dass für Kollegialorgane auch Einstimmigkeit vorgeschrieben sein kann. Hans Kelsen, Allgemeine Staatslehre, Berlin 1925, S. 282. Von einem charakteristischen Merkmal, das aber nicht unbedingt bei jedem Kollegialorgan gilt, spricht Prodromos Dagtoglou (Fn. 6), S. 32.
[13] Gemeindevertretung: § 32 Abs. 2 GO BB, in: GVBl. 2001 I, 154; 2006 I, 74, 86; § 9 Abs. 1 HGO, in: GVBl. 2005 I, 142; 2007, 757; § 22 Abs. 1 GO MV, KV MV, in: GVOBl. 2004, 205; 2006, 539, 546; § 27 GO SH, in: GVOBl. 2003, 57; 2007, 452; Gemeinderat: § 24 Abs. 1 GemO BW, in: GVBl. 2000, 582; 2006, 20; Art. 30 Abs. 1 GO BY, in: GVBl. 1998, 797 ff.; 2007, 271; § 28 Abs. 1 GemO RP, in: GVBl. 1994, 153; 2006, 57; § 29 Abs. 1 KSVG, in: Amtsbl. 1997, 682; 2007, 1766; § 27 Abs. 1 SächsGemO, in: GVBl. 2003, 55; 2007, 478; § 35 GO LSA, in: GVBl. LSA 1993, 568; 2007, 352; § 22 Abs. 1 ThürKO, in: GVBl. 2003, 41; 2005, 455; Rat: § 31 Abs. 1 NGO, in: GVBl. 2006, 473; 2006, 575, 579; § 40 Abs. 2 GO NRW, in: GV. NRW. 1994, 666 ff.; 2005, 498; in Städten: Stadtverordnetenversammlung, Stadtvertretung oder Stadtrat.

organe der Gemeinden[14] stellen zwar die gewählte Repräsentation der Bürgerschaft dar, sie lassen sich jedoch nicht mit Parlamenten gleichstellen, da sie Teil der Exekutive sind.[15] Gleichwohl findet im Rahmen der Verwaltungstätigkeit und des Art. 28 GG politische Willensbildung statt, die lokal begrenzt ist.[16]

Von den deutschen Verfassungsorganen ist es die aus Bundeskanzler und Bundesministern zusammengesetzte Bundesregierung (Art. 62 GG), für die das Kollegialprinzip als kollegiales Kabinettsprinzip verfassungsrechtlich in Art. 65 Satz 3 und 4 GG festgeschrieben ist.[17] Es gehört neben dem (monokratischen) Kanzlerprinzip mit seiner Richtlinienkompetenz (Art. 65 Satz 1 GG) und (monokratischen) Ressortprinzip (Art. 65 Satz 2 GG) zu den drei Arbeitsprinzipien der Bundesregierung[18], die den Umfang und die Arbeitsteilung in dem aus gleichberechtigten Mitgliedern bestehenden Kollegium regeln. Gerade wegen seiner verfassungsrechtlichen Regelung und seines Verhältnisses zu weiteren Rechtsprinzipien soll hier das Kollegialprinzip am Beispiel der Bundesregierung erörtert werden.

Die Kompetenzen der Bundesregierung sind in der Verfassung und in ihrer Geschäftsordnung geregelt.[19] Als Kollegialorgan[20] kann nur diese Gesetzesvorlagen in den Bundestag einbringen.[21] Nach dem Kollegialprinzip sind der Bundesregierung wichtige Angelegenheiten von allgemeiner politischer, wirtschaftlicher, sozialer, finanzieller und kultureller Bedeutung zur Beratung und Beschlussfassung mittels Abstimmung zu unterbreiten (§ 15 GOBReg.)[22], was zu Lasten der Ressortverantwortlichkeit der Minister erfolgt.[23] Die Mehrheitsbeschlüsse der Bundesregierung stehen über den Entscheidungen der einzelnen Minister, die an ersteren

---

[14] Vgl. Alfons Gern, Deutsches Kommunalrecht, 3. Auflage, Baden-Baden 2003, Rdnr. 313, S. 209.

[15] BVerfGE 21, 54 (62 f.); 65, 283 (289). Begriffe und Regeln des Parlamentsrechts sind deshalb nur in Ausnahmefällen auf sie übertragbar. Vgl. Meinhard Schröder (Fn. 11), S. 27 ff.; Yvonne Ott, Der Parlamentscharakter der Gemeindevertretung, Baden-Baden 1994, S. 86 ff.; Eberhard Schmidt-Aßmann/Hans Christian Röhl, Kommunalrecht, in: Eberhard Schmidt-Aßmann (Hrsg.), Besonderes Verwaltungsrecht, 13. Auflage, Berlin 2005, Rdnr. 59, S. 49.

[16] Vgl. Michael Glage, Mitwirkungsverbote in den Gemeindeordnungen, Göttingen 1995, S. 63.

[17] Zur Geschichte des Kollegialprinzips und seiner Anwendung in der Regierung vgl. Paul Beinhofer, Das Kollegialitätsprinzip im Bereich der Regierung, München 1981, S. 11 ff.

[18] Zum Verhältnis der drei Prinzipien vgl. Helmut Karehnke, Richtlinienkompetenz des Bundeskanzlers, Ressortprinzip und Kabinettsgrundsatz, in: DVBl., 89 (1974) 3, S. 101 ff.; Martin Oldiges, Die Bundesregierung als Kollegium, Hamburg 1983, S. 44 ff.

[19] Zu den im Grundgesetz normierten Kollegialkompetenzen vgl. Paul Beinhofer (Fn. 17), S. 45 ff.

[20] Zur BReg. als Kollegialorgan vgl. BVerfGE 11, 77 (85); 26, 338 (395); 91, 148 (166). Christoph Degenhart, Staatsrecht I, 23. Auflage, Heidelberg 2007, Rdnr. 675, S. 257.

[21] Zur Beteiligung der BReg. als Kollegialorgan an der Bundesgesetzgebung vgl. Paul Beinhofer (Fn. 17), S. 45 ff.; Martin Oldiges (Fn. 18), S. 154 ff.

[22] Die BReg. beschließt gem. Art. 65 Satz 4 GG eine Geschäftsordnung, die vom Bundespräsidenten genehmigt wird. GOBReg. vom 11.05.1951, in: GMBl. 137; 2002, 848.

[23] Vgl. Christoph Degenhart (Fn. 20), Rdnr. 692, S. 266.

gebunden sind.[24] Bei Meinungsverschiedenheiten im Kabinett ist der Kanzler „Erster unter Gleichen", d.h. bei Meinungsverschiedenheiten schlichtet er. Wie die Bundesminister ist auch die Bundesregierung an die Richtlinien der Politik des Bundeskanzlers gebunden. Damit steht das Kollegialprinzip im Rangverhältnis über dem Ressortprinzip, aber unter dem Kanzlerprinzip.[25]

Innerhalb der *Europäischen Gemeinschaften* geht das Kollegialprinzip auf Art. 17 des am 8. April 1965 unterzeichneten Vertrages zur Einsetzung eines gemeinsamen Rates und einer gemeinsamen Kommission der Europäischen Gemeinschaften (Fusionsvertrag)[26] zurück, nunmehr Art. 219 EG.[27] Die GO EG-Kommission[28], die ihre vertragliche Grundlage in Art. 218 Abs. 2 EG hat, stellt in Art. 1 ausdrücklich auf das Kollegialitätsprinzip ab. Wie der Europäische Gerichtshof ausführt, beruht das Kollegialprinzip der Kommission[29] „[...] auf der Gleichheit der Mitglieder bei der Teilnahme an der Entscheidungsfindung und setzt voraus, dass die Entscheidungen gemeinsam beraten werden und daß alle Mitglieder des Kollegiums für sämtliche erlassenen Entscheidungen politisch gemeinsam verantwortlich sind."[30] Der Präsident und die übrigen Mitglieder der Kommission stellen sich gem. Art. 214 Abs. 2 UAbs. 2 EG als Kollegium einem Zustimmungsvotum des Europäischen Parlaments. Deshalb hatte der designierte Kommissionspräsident José Manuel Durão Barroso am 27. Oktober 2004 seinen Vorschlag für die Besetzung der Kommission angesichts der sich abzeichnenden Niederlage im

---

[24] Vgl. Hans-Bernhard Brockmeyer, in: Bruno Schmidt-Bleibtreu/Franz Klein (Hrsg.), Kommentar zum Grundgesetz, 10. Auflage, München 2004, Art. 65, Rdnr. 6, S. 1237 f.

[25] Zur Rangfolge der drei Prinzipien vgl. Helmut Karehnke (Fn. 18), S. 107 ff.; Paul Beinhofer (Fn. 17), S. 34 f.

[26] ABl. EG Nr. L 152 vom 13.07.1967, S. 2; BGBl. 1965 II, 1454. Art. 17 Fusionsvertrag: „Die Beschlüsse der Kommission werden mit der Mehrheit der in Artikel 10 bestimmten Anzahl ihrer Mitglieder gefasst. Die Kommission kann nur dann wirksam tagen, wenn die in ihrer Geschäftsordnung festgesetzte Anzahl von Mitgliedern anwesend ist."

[27] Zur Zitierweise der Bestimmungen der EU-, EG-, EGKS- und EAG-Verträge durch den Gerichtshof und das Gericht vgl. http://curia.europa.eu/de/content/juris/index_infos.htm (07.01.2008).

[28] Die Kommission gibt sich nach Art. 218 Abs. 2 EG eine Geschäftsordnung. GO vom 29.11.2000, in: ABl. EG Nr. L 308 vom 08.12.2000, S. 26; ABl. EU Nr. L 32 vom 06.02.2007, S. 144.

[29] Zwar ist am 17.11.1993 die Verwendung der Bezeichnung „Europäische Kommission" beschlossen worden, bei juristischen Texten soll jedoch die Bezeichnung „Kommission der Europäischen Gemeinschaften" als „die juristisch richtige Bezeichnung" bestehen bleiben. Rudolf Streinz, Europarecht, 7. Auflage, Heidelberg 2005, Rdnr. 268, S. 96. Zum „einheitlichen institutionellen Rahmen" gem. Art. 3 Abs. 1 EU vgl. Cordula Stumpf, in: Jürgen Schwarze (Hrsg.), EU-Kommentar, Baden-Baden 2000, Art. 3 EUV, Rdnr. 5 f., S. 64; Rudolf Geiger, EUV/EGV, 4. Auflage, München 2004, Art. 3 EUV, Rdnr. 9, S. 22.

[30] EuGH, Rs. 5/85, 23.09.1986, Slg. 1986, 2585, Rdnr. 30 (AKZO Chemie/Kommission); Rs. C-137/92 P, 15.06.1994, Slg. 1994, I-2555, 3. Leitsatz (Kommission/BASF). Zum Kollegialprinzip weiterhin EuGH, Rs. C-137/92 P, 15.06.1994, Slg. 1994, I-2555, Rdnr. 62 (Kommission/BASF); Rs. C-191/95, 29.09.1998, Slg. 1998, II-5449, 1. Leitsatz, Rdnr. 33 (Kommission/Bundesrepublik Deutschland); Rs. C-272/97, 22.04.1999, Slg. 1999, I-2175, Rdnr. 19 (Kommission/Bundesrepublik Deutschland).

Europäischen Parlament in letzter Sekunde zurückgezogen und erst nach einigen Änderungen im zweiten Anlauf am 18. November 2004 die Zustimmung für die Kommission erhalten.[31] Das Parlament kann nach Art. 201 Abs. 2 EG auch nur der Kommission als Einheit und nicht einzelnen Mitgliedern das Vertrauen entziehen. So ist nach Vorwürfen des Missmanagements und der Vetternwirtschaft am 16. März 1999 die Santer-Kommission geschlossen zurückgetreten, obwohl die Vorwürfe nur zwei Kommissare betrafen.[32]

Durch die Vertragsänderung von Amsterdam vom 2. Oktober 1997[33] wurde die politische Funktion des Kommissionspräsidenten gestärkt. Nach Art. 219 Abs. 1 EGV übte die Kommission ihre Tätigkeit unter der politischen Führung ihres Präsidenten aus, so dass sich dessen Kompetenzen einer Richtlinienkompetenz (Kanzlerprinzip) wie bei einem Regierungschef annähern. Noch fehlte es an einem echten Ressortprinzip, schon wegen der fehlenden individuellen Verantwortlichkeit der Kommissionsmitglieder für ihre Ressorts.[34] Im Vertrag von Nizza vom 26. Februar 2001[35] hat die politische Führungstätigkeit des Präsidenten keine Übernahme in Art. 219 EG gefunden. Im nicht in Kraft getretenen Vertrag über eine Verfassung für Europa vom 29. Oktober 2004[36] wird in Art. I-27 Abs. 3 UAbs. 1 lit. a die Kompetenz des Präsidenten zur Festlegung der Leitlinien der in Art. I-26 Abs. 8 Satz 1 VVE explizit als Kollegium bezeichneten Kommission geregelt. Diese Formulierungen hat der in Lissabon unterzeichnete Vertrag zur Änderung des Vertrages über die Europäische Union vom 13. Dezember 2007[37] in Art. 17 Abs. 6 UAbs. 1 lit. a und Abs. 8 Satz 1 übernommen. Damit ist ein europäisches Pendant zur Arbeitsweise der deutschen Bundesregierung auf der Grundlage der drei Prinzipien geschaffen worden.

---

[31] Mit 449 Ja- zu 149 Nein-Stimmen bei 82 Stimmenthaltungen von 680 gültigen Stimmen. Vgl. Christian Wernicke, Umgebildete EU-Kommission ins Amt gewählt, in: Süddeutsche Zeitung vom 19.11.2004, S. 6.
[32] Bullentin EU 3-1999, Kommission (2/11).
[33] ABl. EG Nr. C 340 vom 10.11.1997, S. 173; BGBl. 1998 II, 387/454.
[34] Vgl. Thomas Groß, Das Kollegialprinzip in der Verwaltungsorganisation, Tübingen 1999, S. 333; Matthias Ruffert, in: Christian Calliess/Matthias Ruffert (Hrsg.), Kommentar EUV/EGV, 3. Auflage, München 2007, Art. 219, Rdnr. 1, S. 1937.
[35] ABl. EG Nr. C 80 vom 10.03.2001, S. 1; BGBl. 2002 II, 1666.
[36] ABl. EU Nr. C 310 vom 16.12.2004, S. 1. Dass es sich hierbei nicht um eine Verfassung im staatsrechtlichen Sinne handeln sollte, sondern um einen völkerrechtlichen Vertrag, kommt durch die Doppelbezeichnung "Verfassungsvertrag" zum Ausdruck. Vgl. Tobias Jaag, Verfassungsvertrag für die Europäische Union, in: EuZ, 5 (2003) 5, S. 110.
[37] ABl. EU Nr. C 306 vom 17.12.2007, S. 1. Zum In-Kraft-Treten bedarf es der Ratifikation aller EU-Mitgliedstaaten. Da der Verfassungsvertrag wegen fehlender Ratifikationen nicht in Kraft getreten ist, soll der Vertrag von Lissabon zur Änderung des Vertrags über die Europäische Union und des Vertrags zur Gründung der Europäischen Gemeinschaft (sogenannter Reformvertrag) diesen ersetzen. Nach dessen In-Kraft-Treten wird die EU auf zwei Verträgen beruhen: dem Vertrag über die Europäische Union und dem Vertrag zur Gründung der Europäischen Gemeinschaft, der in Vertrag über die Arbeitsweise der Europäischen Union umbenannt wird.

Die Elemente des Kollegialprinzips lassen sich auch im *Völkerrecht* bei internationalen Organisationen nachweisen. So basieren die Vereinten Nationen als universelle Organisation[38] auf dem Grundsatz der souveränen Gleichheit ihrer Mitglieder[39] (Art. 2 Ziff. 1 UN-Charta)[40], die sich die internationale Zusammenarbeit (Art. 1 Ziff. 3 UN-Charta) als Ziel gesetzt haben. Den nach Art. 2 Ziff. 5 UN-Charta zu treffenden Maßnahmen werden Beratungen und Abstimmungen in den Organen des kollektiven Sicherheitssystems gemäß den entsprechenden Bestimmungen der Charta und der Geschäftsordnungen vorangestellt. Dabei sind die unterschiedlichen Interessen und Traditionen der verschiedenen Mitgliedstaaten zu beachten. Es ist insbesondere der Sicherheitsrat, der innerhalb der Vereinten Nationen Kollektivmaßnahmen zur Wahrung des Weltfriedens und der internationalen Sicherheit trifft, wobei das noch zu besprechende Abstimmungsverfahren nach Art. 27 Abs. 3 UN-Charta als Schwäche eines effektiven Einsatzes von Maßnahmen zu werten ist.[41]

Wie aus vorstehenden Ausführungen ersichtlich wird, gilt das Kollegialprinzip in zahlreichen Kollegialorganen, auf die im dritten Kapitel noch weiter eingegangen wird.

III. Implikationen des Kollegialprinzips für Kollegialentscheidungen

Entscheidungen kollegialer Organe können nicht in einem rechtsleeren Raum getroffen werden. Sie bedürfen vielmehr eines rechtlichen Rahmens, der mit Hilfe von Organisations- und Rechtsprinzipien, die vielfach einer Interdependenz unterliegen, abgesteckt wird.

Das Kollegialprinzip begründet horizontale Organisationsstrukturen, die auf der Notwendigkeit einer Entscheidungsfindung durch Information, Beratung und Abstimmung beruhen. Dabei ist die prozedurale Rationalität des Kollegialprinzips durch die Identität der an der Beratung und Abstimmung (Beschlussfassung)[42] beteiligten Mitglieder eines Organs gekennzeichnet. Dies hat zur Folge, dass erstens die Entscheidung einen hohen Grad an Akzeptanz durch die Mitverantwortung der Beteiligten erlangt, zweitens eine sachgerechte Entscheidung durch Beratung der Mitglieder erreicht werden kann, drittens ein Ausgleich zwischen divergierenden politischen Interessen durch Kompromissbildung gegeben ist und viertens die Wahrscheinlichkeit einer korrekten Umsetzung bzw. Rechtsanwendung durch die

---

[38] Zur UNO als internationale Organisation und nicht als „Superstaat" vgl. Reparation for Injuries Suffered in the Service of the United Nations (1948-1949), Advisory Opinion of 11 April 1949, in: ICJ Reports 1949, S. 174 (179).
[39] Zur Gleichheit der Staaten und Mitbestimmung in der Völkergemeinschaft vgl. Wilfried Schaumann, Die Gleichheit der Staaten, Wien 1957, S. 120 ff.
[40] UNCIO XV, 335, abgedruckt in: UNYB, 23 (1969), S. 953 ff.; BGBl. 1973 II, 430.
[41] Vgl. Horst Fischer, in: Knut Ipsen, Völkerrecht, 3. Auflage, München 1990, § 58, Rdnr. 5, S. 905. In der 4. und 5. Auflage ist diese Feststellung nicht mehr zu finden. Eine Änderung des Abstimmungsverfahrens ist in der Zwischenzeit jedoch nicht erfolgt.
[42] Groß unterscheidet zwischen drei Phasen des Kollegialverfahrens: Sachverhaltsermittlung, Bewertung und Beschlussfassung. Thomas Groß (Fn. 34), S. 204 ff.

kollegiale Zusammensetzung der Organe erhöht und damit Korruption vorgebeugt wird.[43]

Für die Beschlussfassung eines Kollegialorgans impliziert das Kollegialprinzip nach Auffassung des Bundesverfassungsgerichts[44] neben hinreichender Information, die den gleichberechtigten Mitgliedern des Kollegiums die Tragweite des beabsichtigten Beschlusses und seine Begründung bekannt geben, die Mitwirkung einer ausreichend großen Anzahl von Mitgliedern an der Entscheidung, die durch ein Anwesenheitsquorum erreicht wird (Beschlussfähigkeit), sowie eine Abstimmungsregel für die Beschlussfassung (Mehrheit von Stimmen).[45] Wenn auch nicht unbedingt immer die Anwesenheit aller Mitglieder des Kollegialorgans vorausgesetzt werden muss, so müssen sie doch, wie das Bundesverfassungsgericht ausführt, „[...] von der anstehenden Entscheidung und ihrem Gegenstand in Kenntnis gesetzt werden und Gelegenheit erhalten, an der Entscheidung mitzuwirken (Information)."[46] Die Beteiligung an der Entscheidung sollte so hoch sein, „[...] daß noch von einem Handeln des Kollegiums gesprochen werden kann (Quorum)."[47] Die Beteiligten müssen in einer festgelegten Stimmenanzahl (Mehrheit) die Entscheidung befürworten. Nach dieser Rechtsprechung gelten als Wesensmerkmale des Kollegialprinzips Information, Beschlussfähigkeit und Mehrheit.[48] Fraglich ist, ob es sich hierbei auch um allgemeingültige Elemente für alle Kollegialentscheidungen handelt.

Zur Information, als erstes Wesensmerkmal des Kollegialprinzips, bedarf es einer ordnungsgemäßen Ladung der Mitglieder zur nächsten Sitzung und einer Übersendung der Tagesordnung gemäß eventuell bestehender besonderer Form- und Fristvorschriften (§ 21 GOBReg.; Art. 5, 6 GO EG-Kommission; Regel 7 ff. GO UN-SR[49])[50], damit die Mitglieder sich entsprechend vorbereiten und falls keine Anwesenheitspflicht besteht, je nach Interesse, ihre Teilnahme oder Nichtteilnahme und damit die Mitwirkung oder Nichtmitwirkung an der Entscheidung festlegen können. Eine Beratung über Punkte, die nicht auf der Tagesordnung stehen, oder eine Nichtberatung über einen Punkt, der auf der Tagesordnung steht, kann gemäß entsprechender Bestimmungen in der Geschäftsordnung, in der Regel nach Beschluss, möglich sein (Art. 6 Abs. 6 GO EG-Kommission). Neben den mündlichen Verfahren können als Alternative zur Beschlussfassung auch schriftliche Verfahren (so genannte Umlaufverfahren) in den Geschäftsordnungen (§ 20 Abs. 2 GOBReg., Art. 12 GO EG-Kommission) vorgesehen sein, auf die später näher einzugehen sein wird.

---

[43] Vgl. ebenda, S. 204 f.
[44] BVerfGE 91, 148 (166).
[45] Vgl. Christoph Degenhart (Fn. 20), Rdnr. 696, S. 268.
[46] BVerfGE 91, 148 (166).
[47] Ebenda.
[48] Vgl. Volker Epping, Die Willensbildung von Kollegialorganen, in: DÖV, 48 (1995) 17, S. 720; Thomas Groß (Fn. 34), S. 285 ff.
[49] Der Sicherheitsrat gibt sich nach Art. 30 UN-Charta eine Geschäftsordnung. Vorläufige GOSR (Dezember 1982), in: UN Doc. S/96/Rev.7.
[50] Zur Einberufung der Sitzung der Gemeinderäte nach den entsprechenden Gemeindeordnungen vgl. Alfons Gern (Fn. 14), Rdnr. 445 ff., S. 296 ff.

Die Forderung des zweiten Wesensmerkmals des Kollegialprinzips, der Beschlussfähigkeit, soll gewährleisten, dass das Handeln dem Organ zurechenbar ist und verhindern, dass eine anwesende Minderheit in Abwesenheit der Mehrheit der Mitglieder des Kollegialorgans wichtige Entscheidungen treffen kann. Im Laufe der weiteren Untersuchungen wird zu prüfen sein, ob Beschlussfähigkeitsregelungen unentbehrlich sind.

Kollegialakte sollten mindestens mit der Mehrheit der Stimmen (drittes Wesensmerkmal) getroffen werden, damit die Mehrheit der Mitglieder des Kollegialorgans sich mit ihr identifizieren und sie auch umsetzen kann. Es wird zu erörtern sein, was unter der Mehrheit zu verstehen ist und welche Abstufungen die Mehrheit annehmen kann. Weiterhin ist die Frage zu stellen, ob andere Abstimmungsregeln als die Mehrheit, wie z.B. die Einstimmigkeit, dem Kollegialprinzip widersprechen würden.

B. Das Demokratieprinzip

I. Begriff und historischer Exkurs

Der Begriff Demokratie hat bekanntlich seinen Ursprung im Griechischen. „*Demos*" bedeutet Volk, „*kratein*" herrschen, folglich ist Demokratie „Herrschaft des Volkes" bzw. „Volksherrschaft". Das aus dem 5. Jahrhundert v. Chr. stammende Wort Demokratie geht auf die Entwicklung Athens zu einer neuartigen politischen Ordnung zurück.[51] Die Grundprinzipien der athenischen Demokratie, in der die der Demos herrschte[52], bildeten das Allgemeininteresse, die Freiheit und Gleichheit, d.h. politische Gleichberechtigung statt Exklusivität in Aristokratie und Tyrannis, Mehrheit statt Minderheit und daraus folgend die Garantie der Richtigkeit (Gerechtigkeit) der staatlichen Entscheidungen.[53] Es ist das bleibende Vermächtnis von Platon[54] und Aristoteles[55], diese Staats- und Regierungsform trotz Ableh-

---

[51] Vgl. Jochen Bleicken, Die athenische Demokratie, 4. Auflage, Paderborn/München/Wien/Zürich 1995, S. 67 f.

[52] Wie bereits in Kapitel I hingewiesen, bestand die athenische Volksherrschaft allerdings nur aus männlichen freien Bürgern, die mindestens 18 Jahre alt waren.

[53] Vgl. Aristoteles, Band 9, Politik, Teil 3, Buch VI, Ernst Grumach (Hrsg.), Berlin 1996, 1317 b; Albert Bleckmann, Vom Sinn und Zweck des Demokratieprinzips, Berlin 1998, S. 11 ff.

[54] Platon, der die Theorie des Verfassungskreislaufs entwickelte, zählte die Demokratie zu den verfehlten Grundtypen der Verfassung, dennoch sei der Übergang zur Demokratie gesetzmäßig. Vgl. Platon, Politeia, Dietrich Kurz (Bearb.), 4. Band, 2. Auflage, Darmstadt 1990, 544 b ff., S. 641 ff., 555 c, S. 675; Platon, Ausgewählt und interpretiert von Klaus Roth, in: Peter Massing/Gotthard Breit (Hrsg.), Demokratie-Theorien, 2. Auflage, Schwalbach/Ts. 2002, S. 34.

[55] Aristoteles empfahl eine Mischverfassung, die Elemente aus den guten und schlechten (darunter Demokratie) Regierungsformen enthalten solle, weil „reine" Formen die Gefahr der Enttarnung" in sich bergen. Vgl. Aristoteles, Ausgewählt und interpretiert von Klaus Roth, in: Peter Massing/Gotthard Breit (Hrsg.) (Fn. 54), S. 43 f.

nens entwickelt zu haben, auch wenn sie sich mit der heutigen Demokratie kaum vergleichen lässt. Die athenische Demokratie war eine unmittelbare oder direkte, in der alle Bürger sich am politischen Willensbildungs- und Entscheidungsprozess der *ekklesia* beteiligen sowie ein Amt bekleiden konnten. Dennoch ist die Demokratie im antiken Athen nicht unumstritten, schon wegen des restriktiven Begriffes Bürger, der Frauen, Sklaven und Metöken ausschloss, wegen des fehlenden allgemeinen Wahlrechts und des *ostrakismus*, von dem häufig und nicht immer zum Wohle Athens Gebrauch gemacht wurde.

Verglichen mit der athenischen Demokratie blieb die der Römer zu Zeiten der Republik mit ihrem oligarchischen Regime unterentwickelt zurück. Bürgerliche Selbstverwaltung durch Partizipation der unteren Volksschichten war nicht gewollt. Cicero, der ebenfalls kein Anhänger der Demokratie war, gelang es schließlich, die griechische Lehre für die römische Republik zu adaptieren. Der Theorie der Mischverfassung mit den Prinzipien von Freiheit, Verfassungsbeständigkeit und Richtigkeit staatlicher Entscheidungen folgend[56], die zuvor schon von Polybios (um 201 v. Chr. - um 120 v. Chr.) als beste denkbare Ordnung gesehen wurde, sollte jeder Bürger nach Maßgabe seiner Würde Anteil an Regierungsgewalt haben. Danach verkörpern die Konsuln das monarchische, der Senat das aristokratische und die Volksversammlungen das demokratische Prinzip.[57]

Im von der Monarchie bestimmten Mittelalter übernimmt Marsilius von Padua (um 1275 - 1342/43) die Verfassungslehre von Aristoteles und überlässt es den Bürgern, ob sie die Monarchie, Aristokratie oder Politie wählen. Nach ihm sei es entscheidend, dass die Regierung nicht zur Tyrannis, Oligarchie oder Demokratie entarte. Das Recht zur Gesetzgebung liege beim Volk, das Recht selbst entspringe der jeweiligen Macht des Herrschers, der seine Legitimität vom Volk herleite. Dabei schloss der Volksbegriff nicht die Gesamtheit aller Individuen ein, sondern die mittelalterlichen Stände. Marsilius geht von der Richtigkeit der durch die Mehrheit gefassten Beschlüsse aus, die damit auch eine Garantie der Befolgung geben.[58] Der beste Gesetzgeber sei „[...] die Gesamtheit der Bürger oder deren Mehrheit, die die Gesamtheit vertritt."[59]

Während in Europa die Demokratie im Mittelalter wenig Entwicklung erfuhr, kam es in der Neuzeit wieder zu einer tief greifenden Weiterentwicklung. Das von Locke begründete Gewaltenteilungsprinzip als ein wichtiges Element der Demokratie ist von Montesquieu (1689 - 1755) mit dem heutigen, modernen Inhalt weiterentwickelt worden, wonach die drei Funktionen je einer eigenen Staatsgewalt anvertraut werden müssen. Im *Contract social* begründete Rousseau seine Theorie des (direkten) Demokratieprinzips, wonach dieses die Richtigkeit staatlicher Ent-

---

[56] Vgl. Albert Bleckmann (Fn. 53), S. 20 ff.
[57] Marcus Tullius Cicero, De re publica, Karl Büchner (Übers./Hrsg.), Stuttgart 1995, 1. Buch, Rdnr. 26-29, S. 133 ff.; Cicero, Ausgewählt und interpretiert von Klaus Roth, in: Peter Massing/Gotthard Breit (Hrsg.) (Fn. 54), S. 48 ff.
[58] Vgl. Marsilius von Padua, Der Verteidiger des Friedens, Walter Kunzmann (Übersetzung), Horst Kusch (Bearbeitung), Heinz Rausch (Auswahl und Nachwort), Stuttgart 1971, I. Teil, Kapitel XII, § 6, S. 56; Albert Bleckmann (Fn. 53), S. 27 f.
[59] Marsilius von Padua (Fn. 58), § 5, S. 54. Vgl. Marsilius von Padua, Ausgewählt und interpretiert von Klaus Roth, in: Peter Massing/Gotthard Breit (Hrsg.) (Fn. 54), S. 80 f.

scheidungen aufgrund der Übereinstimmung der durch eine Mehrheit gefassten Entscheidung mit dem Gemeinwohl garantiere.[60] Dennoch blieben Rousseau Zweifel an der vollen Verwirklichung der Demokratie. „Wenn man das Wort in der ganzen Strenge seiner Bedeutung nimmt, so hat es noch nie eine wahre Demokratie gegeben und wird es auch nie geben."[61] Seine Ablehnung galt aber nicht dieser Regierungsform, sondern der Unvollkommenheit der Menschen, denn er führte weiter aus: „Gäbe es ein Volk von Göttern, so würde es sich demokratisch regieren. Eine so vollkommene Regierung paßt für Menschen nicht."[62]

Im modernen Demokratiebegriff spiegeln sich Selbstregierung und Selbstentscheidung bzw. Selbstbestimmung des Volkes wider. Kelsen bezeichnet die Demokratie als „Herrschaft des Volkes über das Volk".[63] Im politischen Bewusstsein unserer Zeit entwickelte sich die Demokratie „[...] zur universell akzeptierten und insofern allein legitimen politischen Verfassungsform".[64]

Eine allgemein anerkannte Legaldefinition des Demokratieprinzips existiert bekanntermaßen nicht. In der Literatur wird vielmehr von der Unmöglichkeit der Bestimmung eines allgemein umfassenden Demokratiebegriffes ausgegangen.[65] Daraus ergeben sich die unterschiedlichen politischen wie rechtlichen Auffassungen und Begriffsauslegungen. Unstrittig ist die Demokratie eine Staatsform, in der vom Volk legitimierte Organe die institutionell organisierte Herrschaft wahrnehmen und in der alle Angehörigen des Volkes auf der Grundlage der Gleichheit am politischen Willensbildungs- und Entscheidungsprozess teilhaben.[66] Demokratie lässt sich auch als ein verfahrensrechtliches Formprinzip bezeichnen, auf dessen Grundlage Entscheidungen getroffen werden.[67]

Demokratie ist zum Synonym der „guten" Staatsform im aristotelischen Sinne geworden[68] und avancierte zu einem Idealbegriff. Weil in unserer Zeit die meisten Regierungssysteme als Demokratien gelten möchten, schmücken sich nicht wenige mit diesem Begriff. Die Zahl wirklich demokratischer Staaten wird mit ca. 65% angegeben.[69] Erst die „[...] konkrete Ausformung der Demokratie durch die Ver-

---

[60] Vgl. Albert Bleckmann (Fn. 53), S. 44 f.
[61] Jean-Jacques Rousseau, Der Gesellschaftsvertrag, 3. Buch, 4. Kapitel „Die Demokratie", Leipzig 1978, S. 97.
[62] Ebenda, S. 98.
[63] Hans Kelsen, Vom Wesen und Wert der Demokratie, 2. Auflage, Tübingen 1981, S. 14.
[64] Ulrich Matz, Einleitung, in: Ulrich Matz (Hrsg.), Grundprobleme der Demokratie, Darmstadt 1973, S. 1.
[65] Vgl. Georg Jochum, Materielle Anforderungen an das Entscheidungsverfahren in der Demokratie, Berlin 1997, S. 23 f.
[66] Vgl. Klaus Stern, Das Staatsrecht der Bundesrepublik Deutschland, Band I, 2. Auflage, München 1984, § 18 I 5, S. 595 f.
[67] Vgl. Christian Hillgruber, Die Herrschaft der Mehrheit, in: AöR, 127 (2002), S. 467.
[68] Vgl. Klaus Stern (Fn. 66), § 18 I 2, S. 588. Dabei weist Stern auf die aristotelische Bezeichnung Politie hin.
[69] Vgl. Freedom House, Democracy's Century: A Survey of Global Political Change in the 20th Century, Press Release, 07.12.1999, in: http://www.freedomhouse.org/reports/century.html (16.02.2005); Hans Vorländer, Demokratie, Bonn 2003, S. 6.

fassung"⁷⁰ eines Staates gibt Aufschluss über ihren wahren Charakter. Um eine „echte Demokratie" von einer „Schein-Demokratie" unterscheiden zu können, muss das Vorliegen der wesentlichen Merkmale einer Demokratie geprüft werden. Hierzu zählen insbesondere das Prinzip der Volkssouveränität, das Wahlprinzip, das Mehrparteiensystem, die demokratische Legitimation der Staatsorgane, die Herrschaft auf Zeit, das Mehrheitsprinzip und der Minderheitenschutz sowie die Achtung politischer Grundrechte, wie insbesondere die Kommunikationsgrundrechte.⁷¹

Nachfolgend wird das Demokratieprinzip, das sich teilweise mit anderen Rechtsprinzipien überschneidet⁷², nur hinsichtlich der für Entscheidungsregeln und -verfahren relevanten Elemente beleuchtet. Ausgehend von seinem normativen Gehalt in den verschiedenen zu betrachtenden Rechtsgebieten werden kollegiale Entscheidungsorgane (wer) sowie das Mehrheitsprinzip als formelle Entscheidungsregel (wie) herangezogen.

II. Demokratie als Rechtsprinzip

1. Normativer Gehalt

Da sich der Bedeutungsgehalt der Demokratie als freiheitssichernde Herrschaftsform wegen eines fehlenden allgemein gültigen Demokratiebegriffes nicht abstrakt erschließen lässt, muss sich eine rechtliche Würdigung an seinem konkreten normativen Gehalt orientieren.

Für die *Bundesrepublik Deutschland* ist die verfassungsrechtliche Entscheidung für die demokratische Staatsform in Art. 20 Abs. 1 GG fest verankert, die in Art. 28 Abs. 1 Satz 1 GG auch auf die Länder und Kommunen⁷³ ausgedehnt wird. Der Kernsatz der Demokratie „das Volk ist Träger und Inhaber der Staatsgewalt" beinhaltet die Proklamation eines politischen Ordnungsprinzips⁷⁴ und findet sich in Art. 20 Abs. 2 Satz 1 GG wieder. In der Rechtsprechung des Bundesverfassungsgerichts ist hinsichtlich des Demokratieprinzips zunächst zum Individuum und seiner Selbstbestimmung Bezug genommen worden⁷⁵, später zum Volk der Bun-

---

[70] Konrad Hesse, Grundzüge des Verfassungsrechts der Bundesrepublik Deutschland, 20. Auflage, Heidelberg 1999, Rdnr. 127, S. 58.
[71] Vgl. Hartmut Maurer, Staatsrecht I, 5. Auflage, München 2007, Rdnr. 13, S. 177 f.; Alfred Katz, Staatsrecht, 17. Auflage, Heidelberg 2007, Rdnr. 147 ff., S. 77 ff.; Michael Antoni, in: Dieter Hömig (Hrsg.), Grundgesetz für die Bundesrepublik Deutschland. Kommentar, 8. Auflage, Baden-Baden 2007, Art. 20, Rdnr. 3, S. 234 f.
[72] Vgl. Bodo Pieroth, in: Hans Jarass/Bodo Pieroth, Grundgesetz für die Bundesrepublik Deutschland. Kommentar, 8. Auflage, München 2006, Art. 20, Rdnr. 2, S. 447.
[73] Gem. Art. 28 Abs. 1 Satz 2 GG muss das Volk auch in Kreisen und Gemeinden eine Vertretung haben, die aus allgemeinen, unmittelbaren, freien, gleichen und geheimen Wahlen hervorgegangen ist. BVerfGE 47, 253 (272); 52, 95 (112).
[74] Vgl. Ernst-Wolfgang Böckenförde, in: Josef Isensee/Paul Kirchhof (Hrsg.), HdbStR, Band II, 3. Auflage, Heidelberg 2004, § 24, Rdnr. 10, S. 435.
[75] „Das ermöglicht und erfordert aber, daß jedes Glied der Gemeinschaft freier Mitgestalter bei den Gemeinschaftsentscheidungen ist. Freiheit der Mitbestimmung ist nur mög-

desrepublik Deutschland als ein zur Einheit verbundenes Kollektiv bzw. als politische Schicksalsgemeinschaft[76] und jüngst wieder zum Individuum und nicht mehr zum Kollektiv.[77] Mit der Rückbesinnung auf das Individuum und seine Selbstbestimmung als Grundlage des Demokratieverständnisses weist das Bundesverfassungsgericht folgerichtig auf die für die Demokratie bedeutenden Kommunikationsgrundrechte, wie die Meinungs-, Informations- und Versammlungsfreiheit, hin.[78]

Während die Trägerschaft der Staatsgewalt dem Volk obliegt, bleibt die Ausübung der Staatsgewalt nach Art. 20 Abs. 2 Satz 2 GG besonderen Organen der Gesetzgebung, der vollziehenden Gewalt und der Rechtsprechung vorbehalten.[79] Die unmittelbare politische Willensbildung wird in Wahlen für Personalentscheidungen und Abstimmungen für Sachentscheidungen vollzogen (Art. 20 Abs. 2 Satz 2).[80] Da im Grundgesetz für die repräsentative Demokratie[81] optiert wurde[82],

---

lich, wenn die Gemeinschaftsentscheidungen - praktisch Mehrheitsentscheidungen - inhaltlich jedem das größtmögliche Maß an Freiheit lassen, [...] ." BVerfGE 5, 85 (197). „Und nur wenn die Mehrheit aus einem freien, offenen, regelmäßig zu erneuernden Meinungsbildungsprozeß und Willensbildungsprozeß, an dem grundsätzlich alle wahlmündigen Bürger zu gleichen Rechten teilhaben können, hervorgegangen ist, wenn sie bei ihren Entscheidungen das - je und je zu bestimmende - Gemeinwohl im Auge hat, [...], kann die Entscheidung der Mehrheit bei Ausübung von Staatsgewalt als Wille der Gesamtheit gelten und nach der Idee der freien Selbstbestimmung aller Bürger Verpflichtungskraft für alle entfalten." BVerfGE 44, 125 (142). Für die kommunale Ebene BVerfGE 33, 125 (159).

[76] BVerfGE 83, 37 (50 ff.); 83, 60 (74 f.); 93, 37 (67).

[77] „Sowohl das Demokratieprinzip [...] als auch die funktionale Selbstverwaltung [...] verwirklichen die sie verbindende Idee des sich selbst bestimmenden Menschen in einer freiheitlichen Ordnung." BVerfGE 107, 59 (92).

[78] BVerfGE 69, 315 (345 ff.). „Zentral ist für das Demokratieverständnis also der sich selbst bestimmende Mensch und nicht (mehr) die Zugehörigkeit zu einem Kollektiv." Alexander Hanebeck, Bundesverfassungsgericht und Demokratieprinzip, in: DÖV, 57 (2004) 21, S. 908.

[79] Vgl. Georg Wegge, Zur normativen Bedeutung des Demokratieprinzips nach Art. 79 Abs. 3 GG, Baden-Baden 1996, S. 104.

[80] Vgl. Christoph Gusy, Das Mehrheitsprinzip im demokratischen Staat, in: AöR, 22 (1981) 106/3, S. 331.

[81] „*Repräsentation* bedeutet [...] „die rechtlich autorisierte Ausübung von Herrschaftsfunktionen durch verfassungsmäßig bestellte, im Namen des Volkes, jedoch ohne dessen bindenden Auftrag handelnde Organe eines Staates oder sonstigen Trägers öffentlicher Gewalt, die ihre Autorität mittelbar oder unmittelbar vom Volk ableiten und mit dem Anspruch legitimieren, dem Gesamtinteresse des Volkes zu dienen (Gemeinwohl) und dergestalt dessen wahren Willen zu vollziehen" (Fraenkel)." Alfred Katz (Fn. 71), Rdnr. 142, S. 74. Zur Repräsentation vgl. Manfred Hättich, Zur Theorie der Repräsentation, in: Heinz Rausch (Hrsg.), Zur Theorie und Geschichte der Repräsentation und Repräsentativverfassung, Darmstadt 1968, S. 498 ff. Zur repräsentativen Demokratie vgl. Ulrich Scheuner, Das repräsentative Prinzip in der modernen Demokratie, ebenda, S. 386 ff. Zum Repräsentationsprinzip vgl. Meinhard Schröder (Fn. 11), S. 103 ff.

können die einzelnen Staatsbürger die Staatsgewalt nicht direkt ausüben und demzufolge nicht unmittelbar am Entscheidungsprozess teilnehmen, sondern nur über gewählte Vertreter.[83] Die Volksvertreter entscheiden anstelle des Volkes. Ihre Entscheidungen werden dem Volk politisch und rechtlich zugerechnet.[84]

Mit Ausnahme einer Neugliederung des Bundesgebietes gem. Art. 29 und Art. 118 GG findet auf Bundesebene und im Gegensatz zu Verfassungen der Bundesländer keine unmittelbare Beteiligung des Volkes an der Staatswillensbildung statt.[85] Im Rahmen ihrer Verfassungsautonomie haben die Länder in stärkerem Maße Elemente der unmittelbaren Demokratie verwirklicht[86], woran sie das bundesstaatliche Homogenitätsgebot des Art. 28 Abs. 1 GG[87] nicht hindert.[88] Die repräsentative Demokratie wird in Art. 28 Abs. 1 Satz 4 GG für Kommunen durch die grundsätzliche Zulassung eines Elements der unmittelbaren Demokratie ergänzt, indem auch Gemeindeversammlungen als Selbstverwaltungsorgane zulässig sind.[89] Die Demokratie als Modell der Entscheidungsfindung hat demnach zumindest auf Bundesebene nur mittelbar mit Volksherrschaft zu tun.[90]

Der normative Gehalt des Grundgesetzes erschöpft sich bezüglich des Demokratieprinzips nicht in Verfahrensregeln für den politischen Willensbildungs- und Entscheidungsprozess. Wegen der Unantastbarkeit des Demokratieprinzips gem. Art. 79 Abs. 3 GG kann sich die Demokratie nicht im demokratischen Verfahren

---

[82] So wird vom „prononciert antiplebiszitären" Charakter des Grundgesetzes gesprochen. Peter M. Huber, Die Vorgaben des Grundgesetzes für kommunale Bürgerbegehren und Bürgerentscheide, in: AöR, 126 (2001), S. 183.

[83] Zur deutschen Diskussion und direkten Demokratie in Westeuropa einschließlich EU-Referenden vgl. Wolfgang Luthardt, Direkte Demokratie, Baden-Baden 1994, S. 41 ff.; Silvano Möckli, Direkte Demokratie, Bern/Stuttgart/Wien 1994, S. 94 ff.; Gunther Jürgens, Direkte Demokratie in den Bundesländern, Stuttgart/München/Hannover/Berlin/Weimar 1993, S. 263 ff.; Stefan Przygode, Die deutsche Rechtsprechung zur unmittelbaren Demokratie, Baden-Baden 1995, S. 38 ff.; Hans-Peter Hufschlag, Einfügung plebiszitärer Komponenten in das Grundgesetz?, Baden-Baden 1999, S. 37 ff.

[84] Vgl. Sven Hölscheidt, Das Recht der Parlamentsfraktionen, Rheinbreitbach 2001, S. 73.

[85] BVerfGE 8, 104.

[86] Zur Entstehung der direkten Demokratie in den Bundesländern vgl. Otmar Jung, Grundgesetz und Volksentscheid, Opladen 1994, S. 35 ff. Zur direkten Demokratie in den Bundesländern vgl. Gunther Jürgens (Fn. 83), S. 49 ff.; Otmar Jung, Direkte Demokratie nach Schweizer Art in Deutschland verfassungswidrig?, in: KritV, 84 (2001) 1, S. 24 ff.

[87] Zum Homogenitätsgebot vgl. Horst Dreier, in: Horst Dreier (Hrsg.), Grundgesetz. Kommentar, Band II, 2. Auflage, Tübingen 2006, Art. 28, Rdnr. 58 ff., S. 627 f.

[88] BVerfGE 60, 175 (208). Vgl. Christoph Degenhart (Fn. 20), Rdnr. 103, S. 42.

[89] Vgl. Yvonne Ott (Fn. 15), S. 92 ff.; Alfons Gern (Fn. 14), Rdnr. 54, S. 68. Zur unmittelbaren Demokratie in der Gemeindeverfassung vgl. Jörg-Detlef Kühne, Zur Typologie und verfassungsrechtlichen Einordnung von Volksabstimmungen, in: Jörg-Detlef Kühne/Friedrich Meissner (Hrsg.), Züge unmittelbarer Demokratie in der Gemeindeverfassung, Göttingen 1977, S. 17 ff.; Peter M. Huber (Fn. 82), S. 165 ff.

[90] Vgl. Hans Köchler, Demokratie und Neue Weltordnung, Innsbruck 1992, S. 24.

selbst aufheben (so genannte Ewigkeitsgarantie).[91] Diese Regelung geht über die Verfassungsschutzfunktion, die in der für Verfassungsänderungen vorgeschriebenen qualifizierten Mehrheit gem. Art. 79 Abs. 2 GG besteht, hinaus. Auch durch einstimmigen Beschluss von Bundestag und Bundesrat ist die Demokratie nicht abschaffbar.[92] Damit gehört das Demokratieprinzip zum Kernbestand der Verfassung („Elementarverfassung").[93] Die so genannte Ewigkeitsgarantie in Art. 79 Abs. 3 GG schließt ebenfalls aus, ein verfassungsänderndes Gesetz, das den veränderungsfesten Kern des Grundgesetzes antasten würde, mit Hilfe eines Volksentscheides zu legitimieren.[94] Im Rechtsvergleich mit ausländischen Staaten ist eine absolute Barriere gegen Änderungen von Verfassungsnormen eher selten.[95] Lediglich die Verfassung der USA[96] und die auf dem Dayton Agreement von 1995 basierende Verfassung Bosnien-Herzegowinas[97] sehen ebenfalls entsprechende Bestimmungen vor.

Dennoch ist die Ewigkeitsgarantie in der Literatur nicht unumstritten.[98] Sie wurde von den Vätern des deutschen Verfassungsrechts vor über fünfzig Jahren geschaffen und bindet heute und zukünftig das Parlament.[99] Jellinek spricht von der „Unmöglichkeit einer Unabänderlichkeitsklausel".[100] Tomuschat bezeichnet die verfassungsrechtliche Ewigkeitsgarantie sogar als Geburtsfehler, der den histo-

---

[91] BVerfGE 94, 12 (34). Vgl. Jörg Lücke/Michael Sachs, in: Michael Sachs (Hrsg.), Grundgesetz. Kommentar, 4. Auflage, München 2007, Art. 79, Rdnr. 9, S. 1564; Karl-E. Hain, in: Christian Starck (Hrsg.), Kommentar zum Grundgesetz, Band 2, 5. Auflage, München 2005, Art. 79 Abs. 3, Rdnr. 76, S. 2219 f.

[92] Vgl. Friedrich Karl Fromme, Der Demokratiebegriff des Deutschen Verfassungsrechtgebers, in: DÖV, 23 (1970) 15/16, S. 518, 524.

[93] Bei der Auslegung des Art. 79 Abs. 3 GG durch das BVerfG im Abhörurteil (BVerfGE 30, 1 (24 ff.) wurde Art. 20 GG restriktiv interpretiert, d.h. die Elementarverfassung abgeschwächt. Vgl. Walter Maier, Staats- und Verfassungsrecht, 3. Auflage, Achim 1993, Fn. 14, S. 57; Ingo von Münch, Staatsrecht I, 6. Auflage, Stuttgart/Berlin/Köln 2000, Rdnr. 95, S. 38.

[94] BVerfGE 89, 155 (180). Vgl. Rüdiger Sannwald, in: Bruno Schmidt-Bleibtreu/Franz Klein (Hrsg.) (Fn. 24), Art. 79, Rdnr. 34, S. 1491.

[95] Vgl. Bjørn Erik Rasch, Rigidity in Constitutional Amendment Procedures, in: Eivind Smith (ed.), The Constitution as an Instrument of Change, Stockholm 2003, S. 114 ff.

[96] Art. V Verfassung USA: "[…] no state, without its Consent, shall be deprived of its equal Suffrage in the Senate."

[97] Art. X Abs. 2 Verfassung Bosnien-Herzegowina: Human Rights and Fundamental Freedoms: "No amendment to this Constitution may eliminate or diminish any of the rights and freedoms referred to in Article II of this Constitution or alter the present paragraph."

[98] Vgl. hierzu Karl-E. Hain, in: Christian Starck (Hrsg.) (Fn. 91), Art. 79 Abs. 3, Rdnr. 33 f., S. 2193.

[99] Vgl. Claus Arndt, Sondervotum zum Schlußbericht der Enquete-Kommission Verfassungsreform, in: BT-Drs. 7/5924 vom 09.12.1976, S. 85 ff.

[100] „Da sich der Staat in ewiger Entwicklung befindet, darf die Verfassung ihre eigene Änderung nicht [...] unmöglich machen. [...] Schon die Revolution ist der schlagendste Beweis für die Unmöglichkeit der Unabänderlichkeitsklausel." Walter Jellinek, Grenzen der Verfassungsgesetzgebung, Berlin 1931, S. 23.

rischen Willen auf zukünftige Generationen aufzwingt.[101] Theoretisch möglich wäre, dass das deutsche Volk in Wahrnehmung seines politischen Selbstbestimmungsrechts auf eine der in Art. 20 GG niedergelegten Grundlagen der staatlichen Ordnung – Republik, Demokratie, Sozialstaat, Rechtsstaat, Bundesstaat – verzichten könnte. Unter Rückgriff auf eine Metapher, das deutsche Verfassungsrecht mit einer Brücke und die fünf Grundlagen staatlicher Ordnung mit den Pfeilern der Brücke vergleichend, tritt von Münch den Beweis dafür an, dass auch eine andere Verfassung mit nur vier Grundlagen beispielsweise ohne die des „Bundesstaates" denkbar wäre.[102] Unstrittig hierbei ist die Demokratie als Staatsform der Bundesrepublik Deutschland.

Verfassungsänderungsfest ist das Demokratieprinzip[103], nicht aber dessen einzelne Ausgestaltung.[104] Art. 146 GG, *lex specialis* zu Art. 79 Abs. 3 GG, erlaubt zwar eine Verfassungsneugebung, aber auch nur dann, wenn das Verfahren einer Verfassungsschöpfung durch ein verfassungsänderndes Gesetz nach Art. 79 GG geregelt wurde. Damit ist ein Unterlaufen des Verfassungskerns in Art. 79 Abs. 3 GG ebenfalls ausgeschlossen.[105]

Das Demokratieprinzip stellt nach Art. 23 Abs. 1 GG eine Voraussetzung für die Mitwirkung der Bundesrepublik Deutschland in der EU dar.[106] Aus dem „Europa-Artikel" der deutschen Verfassung lässt sich außerdem ein Gebot zur Transposition des Demokratieprinzips auf die europarechtliche Ebene entnehmen.[107]

Innerhalb der *Europäischen Gemeinschaften* und *Europäischen Union* geht der Grundsatz der Demokratie auf zwei Quellen zurück: zum einen auf die Gründungs- bzw. Änderungsverträge mit ihren zunächst demokratischen Ansatzpunkten und schließlich dem ausdrücklichen Bekenntnis, dass die Union auf dem De-

---

[101] Vgl. Christian Tomuschat, Verfassungsgewohnheitsrecht?, Heidelberg 1972, S. 109.
[102] Vgl. Ingo von Münch (Fn. 93), Rdnr. 87, 89, S. 35 f.
[103] So das BVerfG in seinem Maastricht-Urteil, in: BVerfGE 89, 155 (182). Vgl. Hans-Joachim Cremer, Das Demokratieprinzip auf nationaler und europäischer Ebene im Lichte des Maastricht-Urteils des Bundesverfassungsgerichts, in: EuR, 30 (1995) 1/2, S. 34.
[104] Vgl. Ralf Röger, Der neue Artikel 28 Absatz 1 Satz 3 GG, in: VR, 39 (1993) 4-5, S. 139.
[105] Vgl. Rüdiger Sannwald, in: Bruno Schmidt-Bleibtreu/Franz Klein (Hrsg.) (Fn. 24), Art. 79, Rdnr. 65 f., S. 1498 f.; Georg Wegge (Fn. 79), S. 73 ff. Eine neue Verfassung kann mit Hilfe einer Revolution entstehen. Die erfolgreiche Revolution würde dann zu einer Neuschöpfung führen, „[...] die sich nicht als ein aus dem alten Recht abgeleiteter und von diesem legitimierter Rechtsakt darstellt, sondern als Rechtsbruch." Adolf Laufs, Einführung zu Das Ermächtigungsgesetz, Berlin 2003, S. V. So ist es mit der Revolution von 1933 geschehen, als das Ermächtigungsgesetz die Weimarer Verfassung zerbrach. Vgl. ebenda, S. 1 ff.
[106] Das BVerfG nimmt in seinem Maastricht-Urteil Bezug auf den erforderlichen Ausbau der demokratischen Grundlagen der Union und die Demokratie in den Mitgliedstaaten. BVerfGE 89, 155 (213). Zur Dokumentation des Verfahrens vgl. Ingo Winkelmann (Hrsg.), Das Maastricht-Urteil des Bundesverfassungsgerichts vom 12. Oktober 1993, Berlin 1994, S. 77 ff.
[107] Vgl. Hans-Joachim Cremer (Fn. 103), S. 42.

mokratieprinzip basiert (Art. 6 Abs. 1 EU)[108] bzw. dass die Demokratie zu den Werten der EU zählt (Art. I-2 Satz 1 VVE[109]; Art. 2 Satz 1 EU Lissabon) und zum anderen auf die allgemeinen Rechtsgrundsätze, beruhend auf den Verfassungen der Mitgliedstaaten, die bei der Verankerung der Demokratie als „Verfassungsgrundsatz" im Europarecht von ausschlaggebender Bedeutung sind.[110]

Der Europäische Gerichtshof hat das Demokratieprinzip als allgemeinen Rechtsgrundsatz auf der Ebene des Primärrechts für die Gemeinschaft festgeschrieben und seit dem Maastrichter Vertrag über die Europäische Union vom 7. Februar 1992[111] als ein grundlegendes Gestaltungselement interpretiert (Art. 6 Abs. 1 EUV).[112] Die Demokratie als ureigenes Verfassungsprinzip aller Mitgliedstaaten der Union ist als ein tragendes „Verfassungsprinzip"[113] der Gemeinschaft

---

[108] Zum unionsspezifischen Demokratiebegriff vgl. Bengt Beutler, in: Hans von der Groeben/Jürgen Schwarze (Hrsg.), Kommentar zum Vertrag über die Europäische Union und zur Gründung der Europäischen Gemeinschaft, Band 1, 6. Auflage, Baden-Baden 2003, Art. 6 EU, Rdnr. 30, S. 82 f.

[109] Zu den Werten der Union vgl. Christian Calliess, in: Christian Calliess/Matthias Ruffert (Hrsg.), Verfassung der Europäischen Union, München 2006, Art. I-2, Rdnr. 21 ff., S. 36 ff.; Wolff Heintschel von Heinegg, in: Christoph Vedder/Wolff Heintschel von Heinegg (Hrsg.), Europäischer Verfassungsvertrag, Baden-Baden 2007, Art. I-2, Rdnr. 1 ff., S. 47 ff.

[110] Vgl. Manfred Zuleeg, Demokratie in der Europäischen Gemeinschaft, in: JZ, 48 (1993) 22, S. 1070.

[111] ABl. EG Nr. C 191 vom 29.07.1992, S. 1; BGBl. 1992 II, 1253.

[112] EuGH Rs. 138/79, 29.10.1980, Slg. 1980, 3333, Rdnr. 33 (Roquettes Frères/Rat); Rs. 139/79, 29.10.1980, Slg. 1980, 3393, Rdnr. 34 (Maizena/Rat); Rs. C-300/89, 11.06.1991, Slg. 1991, I 2867, Rdnr. 20 (Kommission/Rat); RS. C-21/94, 05.07.1995, Slg. 1995, I-1827, Rdnr. 17 (Parlament/Rat); Rs. 392/95, 10.06.1997, Slg. 1997, I-3213, Rdnr. 14 (Parlament/Rat); Rs. C-353/99 P., 06.12.2001, Slg. 2001, I-9565, Rdnr. 3, 82 (Rat/Hautala).

[113] Während die Frage nach einer Verfassung für die EU von der Europarechtslehre bislang überwiegend bejaht worden ist, steht ihr die Staatsrechtslehre hingegen skeptisch gegenüber. Zur Verfassungsdiskussion der EU vgl. Peter Häberle, der von einem gemeineuropäischen *ius constitutionale, ius commune Europaeum, ius publicum europaeum* spricht. Peter Häberle, Gemeineuropäisches Verfassungsrecht, in: EuGRZ, 18 (1991) 12/13, S. 261 ff. (263). Maria Luisa Fernández Esteban warnt davor, das Konzept der Verfassung für einen Nationalstaat direkt auf die sich davon unterscheidenden EGen anzuwenden. Vgl. Maria Luisa Fernández Esteban, The Rule of Law in the European Constitution, The Hague/London/Boston 1999, S. 7 ff. (35). In seiner berühmt gewordenen Humboldt-Rede am 12. Mai 2000 begründete Außenminister Joschka Fischer als Privatperson die Notwendigkeit eines „Verfassungsvertrages". Vgl. hierzu Ingolf Pernice, Kompetenzabgrenzung im Europäischen Verfassungsverbund, in: JZ, 55 (2000) 18, S. 867. Jürgen Schwarze, Europäische Verfassungsperspektiven nach Nizza, in: NJW, 55 (2002) 14, S. 997 f. Wegen Fehlens eines „Verfassungsbedarfs" bevorzugen hingegen nachfolgende Autoren die Bezeichnung „Grundstatut der EU". Matthias Pechstein/Christian Koenig, Die Europäische Union, 3. Auflage, Tübingen 2000, Rdnr. 560 ff., S. 283 ff. (Rdnr. 593, S. 305). Vgl. auch Jean-Claude Piris, Hat die Europäische Union eine Verfassung? Braucht sie eine?, in: EuR, 35 (2000) 3, S. 311 ff. Mit der Ausarbeitung eines Verfassungsvertrages durch den Verfassungskonvent beschreitet die EU nunmehr den Weg zu einer eigenen „Verfassung". Vgl. auch Eckhard Pache, Eine

und der Union zu verstehen[114], ohne dass jedoch ihr Inhalt normativ näher bestimmt wäre.[115] Den in Art. 6 Abs. 1 EU genannten Grundsätzen kommt eine besondere Stellung durch ihre Erhebung in Art. 7 und Art. 49 EU zu einer Ermöglichung von Sanktionen bei Verstößen von Mitgliedstaaten gegen den Vertrag bzw. ausdrücklichen Aufnahmebedingung in die Union zu. Der Verfassungsvertrag für Europa bzw. der Reformvertrag von Lissabon definieren das demokratische Fundament der Union, das auf folgenden Grundsätzen aufbaut: dem Grundsatz der demokratischen Gleichheit (Art. I-45 VVE; Art. 9 Satz 1 EU Lissabon), der repräsentativen Demokratie (Art. I-46 VVE; Art. 10 EU Lissabon) und der partizipativen Demokratie (Art. I-47 VVE; Art. 11 EU Lissabon).[116] Das Demokratieprinzip gehört mithin zum „[...] europäischen zwingenden Recht, das einen höheren Rang als die übrigen Bestimmungen des Primärrechts beansprucht und sowohl die Mitgliedstaaten als auch die EG selbst bindet".[117]

Die Demokratieprobleme der EU, die auch als so genanntes Demokratiedefizit bezeichnet werden, sind umfangreich in der Literatur erörtert[118], weshalb im Hinblick auf den Untersuchungsgegenstand der Arbeit nur exkursorisch darauf eingegangen werden soll. Die modernen Demokratietheorien und die Staatenpraxis verfügen über das auf den nationalen Staat fixierte dogmatische Modell des demokratischen Verfassungsstaates, das es gilt auf europäischer Ebene anzupassen und weiterzuentwickeln, damit es auch für die EU als Maßstab und Organisationsform dient.[119] Hauptkritikpunkte betreffen die Fragen der Volkssouveränität, der demokratischen Legitimation und der Gewaltenteilung, auf die weiter unten eingegan-

---

Verfassung für Europa, in: EuR, 37 (2002) 6, S. 767 ff.; Thomas Schmitz, Das europäische Volk und seine Rolle bei einer Verfassungsgebung in der Europäischen Union, in: EuR, 38 (2003) 2, S. 217 ff.; Jürgen Schwarze, Ein pragmatischer Verfassungsentwurf, in: EuR, 38 (2003) 4, S. 535 ff.; Thomas von Danwitz, Grundfragen einer Verfassungsbindung der Europäischen Union, in: JZ, 58 (2003) 23, S. 1125 ff.

[114] Vgl. Georg Ress, Über die Notwendigkeit der parlamentarischen Legitimierung der Rechtsetzung der Europäischen Gemeinschaften, in: Wilfried Fiedler/Georg Ress (Hrsg.), Verfassungsrecht und Völkerrecht, Gedächtnisschrift für Karl Geck, Köln/Berlin/Bonn/München 1989, S. 642.

[115] Vgl. Matthias Pechstein/Christian Koenig (Fn. 113), Rdnr. 420, S. 216.

[116] Zur partizipativen Demokratie vgl. Matthias Ruffert, in: Christian Calliess/Matthias Ruffert (Hrsg.) (Fn. 109), Art. I-47, Rdnr. 2 ff., S. 555 f.; Hans-Peter Folz, in: Christoph Vedder/Wolff Heintschel von Heinegg (Hrsg.) (Fn. 109), Art. I-47, Rdnr. 1 ff., S. 220 f.

[117] Albert Bleckmann, Das europäische Demokratieprinzip, in: JZ, 56 (2001) 2, S. 54.

[118] Vgl. Winfried Kluth, Die demokratische Legitimation der Europäischen Union, Berlin 1995, S. 44 ff.; Rudolf Hrbek, Der Vertrag von Maastricht und das Demokratie-Defizit der Europäischen Union auf dem Weg zu stärkerer demokratischer Legitimation?, in: Albrecht Randelzhofer/Rupert Scholz/Dieter Wilke (Hrsg.), Gedächtnisschrift für Eberhard Grabitz, München 1995, S. 171 ff.; Stefan Oeter, Souveränität und Demokratie als Probleme in der „Verfassungsentwicklung" der Europäischen Union, in: ZaöRV, 55 (1995) 2, Fn. 6, S. 661; Alexander Grunauer, Demokratie und Legitimation, Zürich 2002, S. 10, 77 ff.; Vivien A. Schmidt, The European Union, Wien 2003, S.1 ff.; Olaf Griebenow, Demokratie- und Rechtsstaatsdefizite in Europa, Hamburg 2004, S. 50 ff.

[119] Vgl. Winfried Kluth (Fn. 118), S. 33.

gen wird. Eine wichtige Entfaltung findet das Demokratieprinzip in Art. 189 Abs. 1 EG mit seiner Regelung zum Europäischen Parlament, das aus Vertretern der Völker der in der Gemeinschaft zusammengeschlossenen Staaten besteht. Der Verfassungsvertrag bzw. der Reformvertrag von Lissabon nehmen hinsichtlich der Zusammensetzung des Parlaments keinen Bezug mehr zu den Völkern, sondern direkt zu den Unionsbürgern (Art. I-20 Abs. 2 UAbs. 1 Satz 1 VVE[120]; Art. 14 Abs. 2 UAbs. 1 Satz 1 EU Lissabon). Zwar basiert das Gemeinschaftsrecht auf der primären Rechtsetzungskompetenz des aus Regierungsvertretern (Exekutive) bestehenden Rates, in vielen Bereichen geschieht dies aber inzwischen unter abgestufter Beteiligung des Europäischen Parlaments im Rahmen des Mitentscheidungsverfahrens[121], des Anhörungsverfahrens[122] oder des Zustimmungsverfahrens.[123]

Gestaltet sich eine Transposition der Demokratie von der nationalen auf die supranationale (europarechtliche) Ebene als z.T. noch nicht vollständig erreicht, so erst recht nicht auf die *völkerrechtliche Ebene*.[124] Internationale regionale Organisationen, wie der Europarat[125], die KSZE/OSZE[126] und die OAS[127], haben die Demokratie in ihren Satzungen bzw. Dokumenten als Ziel bzw. Organisationsprinzip ihrer Mitgliedstaaten aufgenommen[128] und zu einer Voraussetzung für eine Mitgliedschaft mit Sanktionsmöglichkeiten bei Verstößen erhoben. Auf universeller Ebene, in der Charta der Vereinten Nationen, fehlt hingegen jeglicher Bezug zur Demokratie. Sie ist weder als Strukturprinzip ihrer Mitgliedstaaten, noch innerhalb der Organisation normativ gefordert.

---

[120] Vgl. Winfried Kluth, in: Christian Calliess/Matthias Ruffert (Hrsg.) (Fn. 109), Art. I-20, Rdnr. 4 f., S. 304; Volker Epping, in: Christoph Vedder/Wolff Heintschel von Heinegg (Hrsg.) (Fn. 109), Art. I-20, Rdnr. 4, S. 120.

[121] Beim Mitentscheidungsverfahren (Art. 251 EG) teilt das EP die Legislativgewalt mit dem Rat. Nach dem Verfassungsvertrag für Europa bzw. dem Reformvertrag von Lissabon wird dieses Verfahren das „ordentliche Gesetzgebungsverfahren" (Art. III-396 VVE; Art. 294 AEU Lissabon) sein.

[122] Beim Anhörungsverfahren gibt das EP nur eine Stellungnahme an den Rat ab. Nach dem Verfassungsvertrag für Europa bzw. dem Reformvertrag von Lissabon wird dieses Verfahren Teil der besonderen Gesetzgebungsverfahren.

[123] Beim Zustimmungsverfahren muss der Rat bei besonders wichtigen Beschlüssen die Zustimmung des EP einholen. Zur Vereinfachung der Gesetzgebungsverfahren sehen der Verfassungsvertrag für Europa bzw. der Reformvertrag von Lissabon vor, dass das Zustimmungsverfahren Teil der besonderen Gesetzgebungsverfahren wird.

[124] Vgl. J.H.H. Weiler, The Geology of International Law, in: ZaöRV, 64 (2004) 3, S. 552.

[125] Präambel Satzung Europarat vom 05.05.1949, in: ETS No. 1; BGBl. 1950, 263.

[126] Charta von Paris für ein neues Europa, in: Bull. BReg. Nr. 137 vom 24.11.1990, S. 1409. Auf dem Treffen der Staats- und Regierungschefs der Teilnehmerstaaten der KSZE am 05. und 06.12.1994 in Budapest wurde beschlossen, dass die KSZE künftig den Namen OSZE tragen wird. Budapester Dokument in: Bull. BReg. Nr. 120 vom 23.12.1994, Ziff. 3, S. 1097.

[127] Präambel, Art. 2 lit. b, Art. 3 lit. d, f OAS-Charta vom 30.04.1948, in: UNTS, vol. 119, p. 3.

[128] Zum Recht auf Demokratie in regionalen Organisationen vgl. Jude I. Ibegbu, Right to Democracy in International Law, New York 2003, S. 176 ff.

Im Gegensatz zu den genannten regionalen Staatenverbindungen ist für eine Mitgliedschaft in der UNO die Staats- und Regierungsform nicht entscheidend. Nach Art. 4 Abs. 1 UN-Charta muss ein Mitglied der Vereinten Nationen ein friedliebender Staat sowie fähig und willens sein, die Verpflichtungen aus der Charta zu erfüllen.[129] Friedliebend ist aber nicht gleichbedeutend mit demokratisch, obwohl kein Zweifel daran besteht, dass die Demokratie eine der wichtigsten Voraussetzungen für den Frieden und die Achtung vor den Menschenrechten darstellt. Wegen der engen Verbindung zwischen dem Menschenrechtsschutz und dem Demokratieprinzip ist die demokratische Gestaltung der Staatsorganisation in menschenrechtlichen Dokumenten und Verträgen aufgenommen worden.[130] Eine Entwicklung des Demokratieprinzips zu einer universellen Norm mit internationalen Standards lässt sich spätestens seit den neunziger Jahren beobachten.[131]

Wenn das Demokratieprinzip für die Mitgliedstaaten einiger internationaler (regionaler) Organisationen gelten soll, so impliziert dies noch keine Geltung für die Organisation selbst sowie ihre Organe.[132] Während beispielsweise auf europäischer Ebene der Europarat[133] und die OSZE[134] zumindest jeweils über parlamentarische Organe als eine Vertretung der Völker der jeweiligen Mitgliedstaaten verfügen, fehlt ein solches Organ in der UNO völlig. Wenn nun die UNO auf internationaler Ebene selbst nicht demokratisch verfasst ist[135] und auf nationaler Ebene innerstaatliche Demokratie politisch gefordert würde, bestünde für letztere die Gefahr der Zerstörung, so zutreffend der ehemalige UN-Generalsekretär Bout-

---

[129] Conditions of Admission of a State to Membership in the United Nations (Article 4 of the Charter), Advisory Opinion of 28 May 1948, in: ICJ Reports 1948, S. 57 (65).

[130] Art. 1, 21, 22 Abs. 2, 25 IPbpR vom 16.12.1966, in: UNTS, vol. 999, p. 171; BGBl. 1973 II, 1533. Präambel EMRK vom 04.11.1950, in: ETS No. 5; BGBl. 1952 II, 685, 953; BGBl. 2002 II, 1054. Art. 3 1. ZP EMRK vom 20.03.1952, in: ETS No. 9; BGBl. 1956 II, 1879. KSZE Kopenhagener Dokument über die Menschliche Dimension vom 29.06.1990, in: Bull. BReg. Nr. 88 vom 04.07.1990, S. 757. Präambel, Art. 15, 16, 22, 23, 29, 32 AMRK vom 22.11.1969, in: UNTS, vol. 1144, p. 123.

[131] Vgl. Thomas M. Franck, The Emerging Right to Democratic Governance, in: AJIL, 86 (1992) 1, S. 46, 90 f.; ders., Fairness in International Law and Institutions, Oxford 1995, S. 137 ff. Zur Demokratie als Völkerrechtsnorm vgl. Juliane Kokott, Souveräne Gleichheit und Demokratie im Völkerrecht, in: ZaöRV, 64 (2004) 3, S. 525 ff. Zu einer kritischen Betrachtungsweise vgl. Susan Marks, International law, democracy and the end of history, in: Gregory H. Fox/Brad R. Roth (eds.), Democratic Governance and International Law, Cambridge 2000, S. 532 ff.

[132] Vgl. James Crawford, Democracy in International Law, Cambridge 1994, S. 8 ff.; Vgl. Stefan Kadelbach/Thomas Kleinlein, Überstaatliches Verfassungsrecht, in: AöR, 44 (2006) 3, S. 244.

[133] Parlamentarische (Beratende) Versammlung (Art. 10 Satzung Europarat).

[134] Parlamentarische Versammlung (Konferenz von Madrid 1991, Entschließung über die Schaffung der Parlamentarischen Versammlung der KSZE vom 03.04.1991, deutsche Übersetzung in: Theodor Schweisfurth/Karin Oellers-Frahm (Hrsg.), Dokumente der KSZE, München 1993, Dok. 21a, S. 480 ff.).

[135] Vgl. Hans-Joachim Heintze, Völkerrecht und demokratische Staatsordnung, in: VRÜ, 29 (1996) 1, S. 13.

ros Boutros-Ghali.[136] In seiner Agenda für den Frieden weist er auf die Notwendigkeit demokratischer Strukturen innerhalb der UNO hin: „Demokratie innerhalb der Völkerfamilie bedeutet die Anwendung demokratischer Grundsätze innerhalb der Weltorganisation selbst."[137]

Für eine Demokratisierung der UNO gibt es zahlreiche Vorschläge, die u.a. die Errichtung einer zweiten bzw. Parlamentarischen Versammlung[138], die Zuerkennung eines Teilnahmestatus (nicht bloß Beobachterstatus) für Nichtregierungsorganisationen oder die Einbeziehung mindestens eines parlamentarischen Vertreters bzw. eines Vertreters einer Nichtregierungsorganisation in die Staatendelegation der UN-Generalversammlung beinhalten.[139] Vor allem mit der Errichtung einer Parlamentarischen Versammlung, die vom Europäischen Parlament in der „Entschließung des Europäischen Parlaments zur Reform der Vereinten Nationen" vom 9. Juni 2005[140] sowie vom Deutschen Bundestag im Beschluss „Für eine parlamentarische Mitwirkung im System der Vereinten Nationen" vom 16. Juni 2005[141] unterstützt werden, könnte eine (gewählte) Vertretung der Völker der Mitgliedstaaten die bisherige alleinige Vertretung durch ihre (demokratisch legitimierten) Regierungsvertreter (demokratischer Staaten) vervollständigen. Die gewählten Vertretungen ließen sich durch Repräsentanten gesellschaftlicher Gruppen der Mitgliedstaaten im Hinblick auf eine Entwicklung gesellschaftlicher Legitimationsstrukturen ergänzen, wie dies auch aus den deutschen Kommunalverfassungen bekannt ist. Eine Parlamentarische Versammlung könnte nach Vorschlag des Unterausschusses der Vereinten Nationen im Auswärtigen Ausschuss des Bundestages als Nebenorgan der Generalversammlung gem. Art. 22 UN-Charta eingesetzt werden.[142] Dies hätte zwar den Vorteil, dass es dazu keiner Änderung

---

[136] Boutros Boutros-Ghali in einem Interview, „Die UN müssen demokratischer werden", in: VN, 53 (2005) 3, S. 89.

[137] Boutros Boutros-Ghali, Agenda für den Frieden, in: UN-Doc. A/47/277-S/24111 (17.06.1992), deutsche Übersetzung abgedruckt in: Europa-Archiv (1992), D 672.

[138] Vgl. hierzu die Vorschläge mit Sitzverteilung, die zum ersten Mal 1982 veröffentlicht wurden, von Jeffrey J. Segall, A UN Second Assembly, in: Frank Barnaby (ed.), Building a More Democratic United Nations, London 1991, S. 93 ff. Zur „Assembly of the Peoples of the United Nations", das sich aus Parlamentsdelegierten zusammensetzen soll vgl. Johannes Varwick, Die Reform der Vereinten Nationen, in: APuZ, B 43 (2004), S. 39 f.

[139] Vgl. die Vorschläge der CAMDUN Konferenzen, in: Frank Barnaby (ed.) (Fn. 138), S. 9 ff.; Jeffrey J. Segall, Towards Democratic World Governance Trough the UN, ebenda, S. 34.

[140] „Das Europäische Parlament [...] ruft zur Errichtung einer Parlamentarischen Versammlung der Vereinten Nationen (UNPA) innerhalb der Strukturen der UNO auf, die das demokratische Profil und den internen demokratischen Prozess dieser Organisation stärken und es der „Welt-Zivilgesellschaft" gestatten würde, unmittelbar an den Entscheidungsprozessen teilzuhaben; [...]." Dok. Nr. B6-0328/2005, para. 36, S. 10. Die Entschließung basiert auf dem Entschließungsantrag des EP vom 30.05.2005.

[141] Der Beschluss folgte dem Antrag der Koalitionsfraktionen SPD und BÜNDNIS 90/DIE GRÜNEN. BT-Drs. 15/5690 vom 15.06.2005, S. 3.

[142] Vgl. Christoph Zöpel, Die Vereinten Nationen und die Parlamente (II), in: VN, 53 (2005) 4, S. 146.

der UN-Charta nach Art. 108 UN-Charta bedürfte, die Parlamentarische Versammlung (als Vorstufe eines Legislativorgans) würde aber ihre Kompetenzen von der Generalversammlung (als Exekutivorgan) ableiten.[143]

Mit der Errichtung einer Parlamentarischen Versammlung der UNO würde der deutsche Terminus Völkerrecht als Recht der Staaten ein Stück mehr „Rechte der Völker"[144] beinhalten. Als nichtstaatliche Akteure in einem demokratischen zivilgesellschaftlichen Willensbildungsprozess auf völkerrechtlicher Ebene nehmen bereits Nichtregierungsorganisationen teil, die Erfolge in der Einwirkung auf eine Völkerrechtsfortbildung aufweisen können.[145] Eine Anerkennung haben sie durch die formelle Zubilligung eines Beobachterstatus im Rahmen internationaler Organisationen[146] und Konferenzen, insbesondere im Bereich des Umweltvölkerrechts[147], erfahren.[148] Dies kann durchaus als ein Schritt in Richtung Demokratisierung angesehen werden.

Die Forderung nach Demokratisierung der UNO darf aber auch nicht losgelöst von einer innerstaatlichen Demokratisierung ihrer Mitgliedstaaten betrachtet werden. Es ist gerade die fehlende Rückführbarkeit der Herrschaftsgewalt auf den Volkswillen in nicht demokratischen Staaten von Staatenverbindungen, die keine Demokratie für ihre Mitgliedschaft fordern, wie die Vereinten Nationen, die die Demokratisierung der Staatenverbindung an sich in Frage stellen lässt. Eine Forderung nach innerstaatlicher Demokratie würde letztendlich eine notwendige Chartaänderung in Art. 2 UN-Charta bezüglich der Grundsätze sowie Art. 4 Abs. 1 UN-Charta hinsichtlich der Voraussetzungen für eine Mitgliedschaft nach sich ziehen müssen. Derzeit dürfte eine entsprechende Chartaänderung gem. Art. 108 UN-Charta wohl aber politisch an China als ständiges Mitglied des UN-Sicherheitsrates scheitern, selbst wenn eine Zweidrittelmehrheit der Mitglieder der Generalversammlung zustande käme.[149]

---

[143] Zu den Nebenorganen der UN-Hauptorgane vgl. Volker Epping, in: Knut Ipsen, Völkerrecht, 5. Auflage, München 2004, § 32, Rdnr. 51, S. 485.

[144] Ein Recht der Völker ist das Selbstbestimmungsrecht der Völker.

[145] Zur weiteren Stärkung der Rolle von NGOs innerhalb der UNO vgl. Boutros Boutros-Ghali (Fn. 136), S. 89. Nach Art. 4 UN-Charta können aber nur Staaten UN-Mitglieder werden. Der ECOSOC kann gem. Art. 71 UN-Charta Abmachungen mit NGOs treffen.

[146] Der ECOSOC hat auf der Grundlage von Art. 71 UN-Charta NGOs Konsultativ- und Beobachterstatus eingeräumt. ECOSOC Res. 1296/XLIV vom 23.05.1968, modifiziert durch ECOSOC Res. 1993/80 vom 30.07.1993. Vgl. Georg Dahm/Jost Delbrück/Rüdiger Wolfrum, Völkerrecht, Band I/2, 2. Auflage, Berlin 2002, S. 238 f.

[147] Vgl. Jens Martens, NGOs in the UN System, Bonn 1992, S. 10 ff.; Brun-Otto Bryde, Grenzüberschreitende Umweltverantwortung und ökologische Leistungsfähigkeit der Demokratie, in: Klaus Lange (Hrsg.), Gesamtverantwortung statt Verantwortungsparzellierung im Umweltrecht, Baden-Baden 1997, S. 83 f.; Heintschel von Heinegg, in: Knut Ipsen (Fn. 143), § 14, Rdnr. 9, S. 977.

[148] Vgl. Brun-Otto Bryde, Konstitutionalisierung des Völkerrechts und Internationalisierung des Verfassungsrechts, in: Der Staat, 42 (2003), 1/4 S. 65.

[149] Die Zweidrittelmehrheit der Mitglieder der Generalversammlung beträgt 128 (bei 192 Mitgliedstaaten). Da die Zahl wirklich demokratischer Staaten bei ca. 125 (65%) liegt, könnte das Erreichen der Zweidrittelmehrheit bereits fraglich sein.

Der Demokratie als Strukturprinzip zwischenstaatlicher Organisation als sekundären Völkerrechtssubjekten stehen derzeit völkerrechtliche Prinzipien, wie die souveräne Staatengleichheit und das Interventionsverbot ebenso gegenüber, wie Abstimmungsverfahren beispielsweise im Rahmen des UN-Sicherheitsrates mit dem Vetorecht für die ständigen Mitglieder oder die Sanktionspolitik der Vereinten Nationen. Dennoch wird seit Jahrzehnten die Notwendigkeit von Reformen unter Einschluss der Demokratisierung zwischenstaatlicher Beziehungen mit zunehmender Intensität diskutiert und gefordert.[150]

2. Volksvertretung und Wahlen

Die politische Willensbildung des Volkes ist nur wirksam in den verfassungs- bzw. vertragsmäßigen Institutionen und Verfahren der parlamentarischen Repräsentation, deren maßgebende Rechtseinrichtungen die parlamentarische Volksvertretung als kollegial zusammengesetztes Willensbildungs- und Entscheidungsorgan und die Wahlen sind.[151] Die Volksvertretung als „Spiegelbild" des Volkes bedarf der regelmäßigen Legitimation. Ihr Entscheidungsprozess wird von den Prinzipien der Diskussion, der Öffentlichkeit und der Rechenschaftspflicht bestimmt.[152]

Nach dem *Grundgesetz* muss das Volk in Bund, Ländern, Kreisen und Gemeinden eine Volksvertretung (Parlament) haben, die aus allgemeinen, unmittelbaren, freien, gleichen und geheimen Wahlen hervorgegangen ist (Art. 20 Abs. 2 Satz 2, 28 Abs. 1, 38 Abs. 1 Satz 1 GG). Dies findet einen Ausdruck für die Länder in den Länderverfassungen[153] und für die Kommunen in den Länder-[154] und/oder Kommunalverfassungen.[155]

---

[150] Vgl. Hans Köchler (Fn. 90), S. 13 ff.; ders., Democracy and the International Rule of Law, Wien/New York 1995, S. 37 ff.; ders., The United Nations and International Democracy, Vienna 1997, S. 17 ff.; Bardo Fassbender, UN Security Council Reform and the Right of Veto, The Hague/London/Boston 1998, S. 301 ff.

[151] Vgl. Peter Badura, in: Josef Isensee/Paul Kirchhof (Hrsg.) (Fn. 74), § 25, Rdnr. 2, S. 498.

[152] Vgl. Alfred Katz (Fn. 71), Rdnr. 142, S. 74.

[153] Art. 27 Abs. 1 i.V.m. Art. 26 Abs. 4 LV BW, in: GBl. 1953, 173; 2000, 449; Art. 13 Abs. 2 i.V.m. Art. 14 Abs. 1 LV BY, in: GVBl. 1946, 991; 2003, 817 (hier fehlt das Attribut „frei"); Art. 55 Abs. 1 i.V.m. Art. 22 Abs. 3 LV BB, in: GVBl. 1992 I, 298; 2004, 254; Art. 75 Abs. 1 LV HB, in: Brem. GBl. 1947, 251; 2006, 271; Art. 38 i.V.m. Art. 39 Abs. 1 LV BE, in: GVBl. 1995, 779; 2006, 710 (hier fehlt ebenfalls das Attribut „frei"); Art. 7 Abs. 1 i.V.m. Art. 6 Abs. 2 LV HH, in: HmbBl. 1952 I, 100-a; HmbGVBl. 2006, 517; Art. 75 Abs. i.V.m. Art. 77 LV HE, in: GVBl. 1946, 229; 2002, 628; Art. 20 Abs. 1 und 2 LV MV, in: GVOBl. M-V 1993, 372; 2007, 371; Art. 7 i.V.m. Art. 8 Abs. 1 LV NI, in: Nds. GVBl. 1993, 107; 2006, 58; Art. 30 Abs. 1 i.V.m. Art. 31 Abs. 1 LV NW, in: GV. NW. 1950, 127/GS; 2004, 360; Art. 79 Abs. 1 i.V.m. Art. 76 Abs. 1 LV RP, in: VOBl. 1947, 209; GVBl. 2005, 495; Art. 75 Abs. 1 i.V.m. Art. 63 Abs. 1 LV SL, in: Amtsbl. 1947, 1077; 2007, 1798; Art. 39 Abs. 1 i.V.m. Art. 4 Abs. 1 LV SN, in: SächsGVBl. 1992, 243; Art. 41 Abs. 1 i.V.m. Art. 42 LV ST, in: GVBl. LSA 1992, 600; 2005, 44; Art. 10 Abs. 1 i.V.m. Art. 3 Abs. 1 LV SH, in:

Dem Grundsatz der Periodizität der politischen Wahlen entsprechend, sind diese in regelmäßigen, im Voraus bestimmten Abständen durchzuführen. Das Parlament als Legislative ist das einzige unmittelbar vom Volk gewählte Verfassungsorgan, dem ein unentziehbarer Kernbestand an Befassungs-, Entscheidungs- und Regelungsvollmachten zugewiesen ist.[156] Zwar obliegt dem Parlament kein Entscheidungsmonopol in allen grundlegenden Angelegenheiten[157], es ist aber für wesentliche Fragen zuständig, die einer Regelung durch Rechtsnormen bedürfen.[158] Dies ergibt sich maßgeblich aus der vom Bundesverfassungsgericht entwickelten Wesentlichkeitstheorie.[159]

Die Volksvertretung (Deutscher Bundestag bzw. Landtage) als oberstes Organ der politischen Willensbildung setzt sich aus vom Volk gemäß den verfassungsrechtlich geregelten Wahlrechtsgrundsätzen (Art. 38 Abs. 1 GG) gewählten Abgeordneten zusammen. Diese wiederum gehören politischen Parteien eines offenen Mehrparteiensystems[160] an. Die Parteien, die keine Staatsorgane sind, sondern im gesellschaftlich-politischen Bereich wurzeln[161], wirken nach Art. 21 Abs. 1 Satz 1 GG an der politischen Willensbildung des Volkes mit[162], indem sie Einfluss auf die Entscheidungen der staatlichen Verfassungsorgane nehmen.[163] Die Willensbildung des Volkes falle mit der Bildung des Staatswillens nach Art. 20 Abs. 2 GG nur dann zusammen, wenn das Volk als Verfassungsorgan die Staatsgewalt selbst durch Wahlen und Abstimmungen ausübe (Art. 20 Abs. 2 Satz 2 GG), so das Bundesverfassungsgericht.[164]

GVOBl. 1990, 391; 2007, 338; Art. 48 Abs. 1 i.V.m. Art. 46 Abs. 1 LV TH, in: GVBl. 1993, 625; 2004, 745.

[154] Art. 72 Abs. 1 LV BW, Art. 12 Abs. 1 LV BY, Art. 3 Abs. 2 und 3 LV MV, Art. 57 Abs. 2 LV NI, Art. 50 LV RP, Art. 86 Abs. 1 LV SN, Art. 89 Abs. 1 LV ST, Art. 95 LV TH.

[155] § 24 Abs. 1 i.V.m. § 26 Abs. 1 GO BW, Art. 30 Abs. 1 GO BY, § 32 Abs. 2 i.V.m. § 33 GO BB, § 42 HGO, § 22 Abs. 1 i.V.m. § 23 Abs. 1 GO MV, § 31 Abs. 1 i.V.m. § 33 Abs. 1 NGO, § 40 i.V.m. § 42 Abs. 1 GO NRW, § 29 Abs. 1 GemO RP, § 32 Abs. 1 KSVG, § 27 Abs. 1 i.V.m. § 30 Abs. 1 SächsGemO, § 44 Abs. 1 i.V.m. § 37 Abs. 1 GO LSA, § 31 Abs. 1 GO SH, § 23 Abs. 2 ThürKO. Zum Kommunalverfassungsrecht vgl. Rolf Stober, Kommunalrecht in der Bundesrepublik Deutschland, 3. Auflage, Stuttgart/Berlin/Köln 1996, § 2 III 1, S. 14.

[156] Vgl. Peter Badura, in: Josef Isensee/Paul Kirchhof (Hrsg.) (Fn. 74), § 25, Rdnr. 4, S. 500.

[157] BVerfGE 49, 89 (124 ff.).

[158] Vgl. Hermann Avenarius, Die Rechtsordnung der Bundesrepublik Deutschland, 3. Auflage, Bonn 2002, S. 18.

[159] BVerfGE 45, 400 (417 f.). Zur Wesentlichkeitstheorie vgl. Helmuth Schulze-Fielitz, in: Horst Dreier (Hrsg.) (Fn. 87), Art. 20 (R), Rdnr. 113 ff., S. 230 ff.

[160] BVerfGE 20, 56 (111).

[161] Ebenda (101); BVerfGE 73, 40 (49).

[162] Dies zeigt sich u.a. in ihrer Arbeit in parlamentarischen Ausschüssen. Vgl. Bodo Pieroth, in: Hans Jarass/Bodo Pieroth (Fn. 72), Art. 21, Rdnr. 11, S. 501.

[163] Vgl. Peter Silberkuhl, in: Dieter Hömig (Hrsg.) (Fn. 71), Art. 21, Rdnr. 7, S. 249.

[164] BVerfGE 8, 104 (113); 20, 56 (98).

Die Volksvertretung auf kommunaler Ebene stellt die aus Wahlen hervorgegangenen Gemeinderäte dar. Hieraus ergeben sich für Organisation und Entscheidungsverfahren einige Übereinstimmungen mit den Parlamenten. Als Organe der vollziehenden Gewalt können sie aber nur punktuell an den für Parlamente geltenden Regeln gemessen werden.[165]

Die Volksvertretung innerhalb der *Europäischen Gemeinschaften* und *Europäischen Union* ist das Europäische Parlament, das sich bis 1979 aus abgesandten Mitgliedern der nationalen Parlamente zusammensetzte. Gemäß dem Beschluss und Akt zur Einführung allgemeiner unmittelbarer Wahlen der Abgeordneten des Europäischen Parlaments vom 20. September 1976[166] i.V.m. nationalen Wahlgesetzen werden die Vertreter der Völker der in der Gemeinschaft zusammengeschlossenen Staaten nunmehr direkt von den als stimmberechtigte Wähler registrierten EU-Bürgern gewählt. Damit ist eine wichtige Voraussetzung für die Widerspiegelung des demokratischen Willens der fast 500 Millionen Menschen zählenden EU im Parlament geschaffen worden. Auf das in Art. 190 Abs. 4 UAbs. 1 EG vorgesehene einheitliche Verfahren für allgemeine unmittelbare Wahlen in allen Mitgliedstaaten konnte bisher noch keine Einigkeit erzielt werden[167], was weiterhin eine fehlende Gleichheit der Wahl impliziert.[168] Die Rechtsgrundlage für ein einheitliches Verfahren der Wahlen in allen Mitgliedstaaten ist in Artikel III-330 VVE bzw. Art. 223 AEU Lissabon niedergelegt, wonach der Rat die erforderlichen Bestimmungen für ein einheitliches Wahlverfahren nach gemeinsamen Grundsätzen erlässt. Die Organisation der Mitglieder des Europäischen Parlaments erfolgt in europaweiten politischen Fraktionen, zu denen alle wichtigen politischen Parteien aus den Mitgliedstaaten (Art. 191 EG) zusammengefasst sind.

Neben den Regierungsvertretern der Mitgliedstaaten in internationalen Organisationen sollen Vertretern ihrer respektiven Völker die Möglichkeit zu einer Mitbestimmung gewährt werden. Das älteste zwischenstaatliche Parlament mit einer pluralistischen Zusammensetzung demokratisch gewählter Parlamentsmitglieder, das auf einem völkerrechtlichen Vertrag basiert, ist die Parlamentarische (Beratende) Versammlung des 1949 gegründeten Europarates. Sie besteht aus Vertretern jedes Mitgliedstaates, die von dessen Parlamenten aus seiner Mitte gewählt oder nach einem vom Parlament bestimmten Verfahren aus seiner Mitte ernannt werden (Art. 25 a Satzung Europarat).

Die OSZE ist diesem Beispiel der parlamentarischen Mitwirkung Anfang der neunziger Jahre gefolgt. Die grundlegenden Bestimmungen einer Parlamentarischen Versammlung der KSZE sind in der Erklärung von Madrid vom 3. April 1991 festgelegt worden.[169] Die Parlamentarische Versammlung der OSZE[170] setzt

---

[165] Vgl. Meinhard Schröder, in: Norbert Achterberg/Günter Püttner/Thomas Würtenberger (Hrsg.), Besonderes Verwaltungsrecht, Band II, 2. Auflage, Heidelberg 2000, Kapitel 5, Rdnr. 68, S. 27.
[166] ABl. EG Nr. L 278 vom 08.10.1976, S. 5; BGBl. 1977 II, 733/734; ABl. EG Nr. L 283 vom 21.10.2002, S 1; BGBl. 2003 II, 810; 2004 II, 520.
[167] Zu Art. 190 Abs. 4 EG (ex-Art. 138) vgl. Christofer Lenz, Ein einheitliches Verfahren für die Wahl des Europäischen Parlaments, Baden-Baden 1995, S. 121 ff.
[168] Vgl. Rudolf Streinz (Fn. 29), Rdnr. 353, 355, S. 122 f.
[169] BT-Drs. 12/3091 vom 27.07.1992, Anlagen 1 und 2, S. 10.

sich gem. Art. 1 Abs. 1 GOPV[171] wie die des Europarates aus Parlamentariern der Teilnehmerstaaten zusammen. Da eine direkte Wahl, wie nunmehr für das Europäische Parlament geregelt, nicht vorgesehen ist, geht die Wahl der Parlamentarier ausschließlich auf nationale Wahlrechtsregelungen zurück.

Im Gegensatz zu diesen europäischen Organisationen verfügen, wie bereits ausgeführt, die Vereinten Nationen neben Organen der Exekutiven (Generalversammlung, Sicherheitsrat, Wirtschafts- und Sozialrat) noch über kein Parlament. Nach Überlegungen der EU könnten selbst Sonderorganisationen und Spezialorgane der UNO mit parlamentarischen Gremien ausgestattet werden.[172]

Volksvertretungen bestehen auf nationaler (kommunal- und staatsrechtlicher) sowie supranationaler Ebene (EU) und in einigen internationalen regionalen (europäischen) Organisationen. Dieser aufsteigenden Reihenfolge nach Rechtsgebieten stehen die Prinzipien der gleichen und unmittelbaren Wahlen der Parlamentarier umgekehrt proportional, d.h. abnehmend gegenüber. Für die weiteren Untersuchungen ist die Ausstattung der gewählten Volksvertretung mit parlamentarischen Entscheidungsrechten maßgeblich.

3. Mehrheitsentscheidung versus Minderheitenschutz

Der Grundgedanke der Demokratie spiegelt sich in der vorherrschenden Stellung des Mehrheitsprinzips für Wahlen der parlamentarischen Volksvertretung und für die Beschlussfassung der Volksvertretung wider.[173] In einer pluralistischen Gesellschaft bedarf es einer Regel, nach der eine Entscheidung als verbindlich anerkannt wird, wenn sich keine Einigung erzielen lässt. Diese Regel ist das Mehrheitsprinzip. Das Mehrheitsprinzip als formelle Entscheidungsregel vermittelt den quantitativ größten Grad an Legitimität der Entscheidung.[174] Die Mitwirkung an der Entscheidungsfindung obliegt zwar dem ganzen Volk, die Entscheidung unter Anwendung des Mehrheitsprinzips wird aber nicht vom gesamten Volk getroffen, sondern von der Mehrheit.[175] Daraus, so Stern, dürfe aber nicht der Schluss gezogen werden, die Demokratie als „Herrschaft der Mehrheit"[176] zu definieren.[177]

---

[170] Zur Parlamentarischen Versammlung der OSZE vgl. Walter Kemp/Michal Olejarnik/Victor-Yves Ghebali/Andrei Androsov/Keith Jinks (eds.), OSCE Handbook, 3. Auflage, Wien 2002, S. 138 ff.

[171] GOPV vom 18.11.2006, in: SEC.ROP.06 G.

[172] Ein Vorschlag der EU sieht vor, parlamentarische Gremien zu schaffen, die sich aus den Vorsitzenden der parlamentarischen Ausschüsse der nationalen und regionalen Parlamente zusammensetzen. Vgl. Entschließung der EU zu den Herausforderungen einer Weltordnungspolitik und zur Reform der UNO, in: ABl. EG Nr. C 177 vom 23.03.1999, S. 60 (63).

[173] Vgl. Peter Badura, in: Josef Isensee/Paul Kirchhof (Hrsg.) (Fn. 74), § 25, Rdnr. 31, S. 517.

[174] Vgl. Klaus Stern (Fn. 66), § 18 II 5, S. 611 f.

[175] Vgl. Hermann Avenarius (Fn. 158), S. 19.

[176] So Roman Herzog, in: Theodor Maunz/Günter Dürig (Hrsg.), Grundgesetz. Kommentar, Band III, München 2006, Art. 20, Rdnr. 14, S. 36.

[177] Vgl. Klaus Stern (Fn. 66), § 18 II 5, S. 611.

Schon Kägi hat auf die Gefahr der Gleichsetzung von Mehrheit und Gesamtheit hingewiesen.[178]

In seiner Rechtsprechung hat das Bundesverfassungsgericht wiederholt bestätigt, dass das Mehrheitsprinzip zu den fundamentalen Prinzipien der Demokratie zählt.[179] Damit ist das Mehrheitsprinzip zwar mit dem Demokratieprinzip verknüpft, liegt diesem aber nicht zugrunde. Der Nachweis, dass die Entstehung des demokratischen Staates von anderen Gegebenheiten als dem Mehrheitsprinzip bestimmt wurde, ist von Scheuner erbracht worden.[180] Das Mehrheitsprinzip gilt auch nicht nur in demokratischen Herrschaftssystemen von Staaten und Staatenverbindungen. Es ist nicht „[...] die durchgängig vorgesehene Form der Entscheidungsgewinnung noch ist es absolut gesetzt; es ist nur eine Methode der Entscheidungsfindung angesichts des Umstandes, dass Einstimmigkeit unrealistisch und ein Losentscheid, [...], ein noch schlechteres Extrem wäre."[181] Dabei hat das Mehrheitsprinzip als Entscheidungsregel verschiedene quantitative Abstufungen.

Im Gegensatz zu anderen politischen Herrschaftsformen geht die Demokratie nicht von permanenten Mehrheiten aus. Sie eröffnet die Möglichkeit für (politische) Minderheiten, selbst einmal Mehrheit zu werden. Der Schutz der Minderheiten gilt als wichtige Grenze für die Mehrheitsregel. Dieser wird durch unverzichtbare Kontrollnormen, wie insbesondere Grund- bzw. Menschenrechte, gewährleistet. Für den Ausgleich des Spannungsverhältnisses zwischen notwendigem Regelungsbedarf der Mehrheit und dem Schutz der im Entscheidungsprozess unterliegenden Minderheit dient das Verhältnismäßigkeitsprinzip[182], wonach die Mehrheitsentscheidung als Mittel einen legitimen Zweck erfüllen muss und nicht mehr als notwendig in die Rechte der Minderheit eingreifen darf. Die Mehrheitsentscheidung muss demnach geeignet, erforderlich und angemessen sein.[183]

Für weitere ausführliche Untersuchungen der Mehrheitsregeln und ihrer Anwendung wird auf das sechste Kapitel verwiesen.

---

[178] Vgl. Werner Kägi, Die Verfassung als rechtliche Grundordnung des Staates, Darmstadt 1971, S. 153.
[179] BVerfGE 1, 299 (315); 5, 85 (231 f.); 29, 154 (165).
[180] Vgl. Ulrich Scheuner, Das Mehrheitsprinzip in der Demokratie, Opladen 1973, S. 35 ff.; ders., Der Mehrheitsentscheid im Rahmen der demokratischen Grundordnung, in: Ulrich Häfelin/Walter Haller/Dietrich Schindler (Hrsg.), FS für Werner Kägi, Zürich 1979, S. 301 ff.
[181] Klaus Stern (Fn. 66), § 18 II 5, S. 611.
[182] Grundlegend zum Grundsatz der Verhältnismäßigkeit vgl. Rupprecht von Krauss, Der Grundsatz der Verhältnismäßigkeit, Hamburg 1955, S. 14 ff.; Peter Lerche, Übermaß und Verfassungsrecht, Köln/Berlin/München/Bonn 1961, S. 19 ff.; Karl-Peter Sommermann, in: Christian Starck (Hrsg.) (Fn. 91), Art. 20 Abs. 3, Rdnr. 309 ff., S. 130 ff. Zum Grundsatz der Verhältnismäßigkeit im Völkerrecht vgl. Michael Krugmann, Der Grundsatz der Verhältnismäßigkeit im Völkerrecht, Berlin 2004, S. 11 ff.
[183] Vgl. Hans Hofmann, in: Bruno Schmidt-Bleibtreu/Franz Klein (Hrsg.) (Fn. 24), Art. 20, Rdnr. 73, S. 687; Olaf Griebenow (Fn. 118), S. 56.

III. Implikationen des Demokratieprinzips für Kollegialentscheidungen

Weil Demokratie eine Form politischer Herrschaft darstellt, schafft sie eine Entscheidungseinheit und ein System relativer Willensvereinheitlichung.[184] Da es aber viele Varianten der Ausgestaltung der Demokratie gibt, lässt sich Demokratie im abstrakten Sinne nicht definieren.[185] Ihre konkrete Ausgestaltung obliegt den jeweiligen Rechtsordnungen. Dies gilt sowohl horizontal (z.B. Staatsrecht von Mitgliedstaaten einer Staatenverbindung), als auch vertikal (Kommunal-, Staats-, Europa-, Völkerrecht). Jede Rechtsordnung bedarf der Interpretation, inwieweit sich die Staats- bzw. Herrschaftsgewalt auf den Volkswillen zurückführen lässt. Dabei wird die Legitimationskette in der Vertikalen (Kommunal-, Staats-, Europa-, Völkerrecht) unweigerlich länger. Dies birgt die Gefahr einer Abnahme der Kongruenz zwischen den Entscheidungsträgern und den Entscheidungsbetroffenen in sich, ein Problem, mit dem sich neben der Rechtswissenschaft insbesondere auch die Politikwissenschaft auseinanderzusetzen hat.[186]

Das Demokratieprinzip gilt heute als eines der wichtigsten Rechtsmaßstäbe für den politischen und rechtlichen Willensbildungs- und Entscheidungsprozess innerhalb von Staaten und mit zunehmender Bedeutung auch von Staatenverbindungen, allen voran die EU als einer Verbindung europäischer demokratischer Staaten. Um dies auch auf völkerrechtlicher, vor allem universeller Ebene[187] zu erreichen, sind weitgehende Reformen in dem Bewusstsein notwendig, dass im Zeitalter der Globalisierung der zu fordernden innerstaatlichen Demokratie die zwischenstaatliche folgen muss. Hinsichtlich der UNO kann zumindest von einer Forderung nach Demokratie und einer Demokratisierung im Werden ausgegangen werden.

Aus dem Demokratieprinzip ergeben sich für den Untersuchungsgegenstand der Arbeit folgende Wesensmerkmale: die Mitwirkung des Volkes am politischen Willensbildungs- und Entscheidungsprozess, gewählte Volksvertretungen bzw. durch das Volk legitimierte Organe sowie Mehrheitsentscheidungen. Bezüglich der Mitwirkung des Volkes am politischen Willensbildungs- und Entscheidungsprozess ist auf die im Rahmen der Achtung der Grund- und Menschenrechte zu behandelnden politischen Mitwirkungsrechte zu verweisen.

Demokratie als politische Ordnungsform staatlicher Herrschaft bestimmt, dass diese vom Volk ausgeht und vom Volk selbst (unmittelbare oder direkte Demo-

---

[184] Vgl. Hermann Heller, Politische Demokratie und soziale Homogenität, in: Ulrich Matz (Hrsg.) (Fn. 64), S. 10.

[185] Vgl. Karl Doehring, Allgemeine Staatslehre, 3. Auflage, Heidelberg 2004, Rdnr. 340, S. 140.

[186] Vgl. Peter Imbusch/Hans-Joachim Lauth, Wirtschaft und Gesellschaft, in: Manfred Mols/Hans-Joachim Lauth/Christian Wagner (Hrsg.), Politikwissenschaft, 5. Auflage, Paderborn/München/Wien/Zürich 2006, S. 273.

[187] Zur Kritik an der Universalität des Völkerrechts vgl. Martti Koskenniemi, International Law in Europa, in: EJIL, 16 (2005) 1, S. 117 ff. Kritisch zur „postmodernen Ironie" Koskenniemis Oliver Gerstenberg, What International Law Should (Not) Become, in: EJIL, 16 (2005) 1, S. 125 ff.; Pierre-Marie Dupuy, Some Reflections on Contemporary International Law and the Appeal to Universal Values, in: EJIL, 16 (2005) 1, S. 131 ff.

kratie) oder seinen gewählten Repräsentanten (mittelbare oder repräsentative Demokratie) ausgeübt wird. Da das Demokratieprinzip die Rückführbarkeit der Entscheidungen von Staats- bzw. Herrschaftsorganen auf den Volkswillen begründet, muss jedes Einsetzen und jede Entscheidung eines entsprechenden Kollegialorgans auf den Volkswillen zurückführbar sein.

Demokratie wird gemeinhin auch als ein „System der Mehrheitsentscheidung"[188] bezeichnet. Mit Hilfe der heute vorwiegend angewendeten repräsentativen Demokratie lässt sich der Volkswille für den politischen Willensbildungs- und Entscheidungsprozess ermitteln. Der Volkswille steht aber nicht für einen einheitlichen Willen, sondern für eine Vielzahl unterschiedlicher Willen. Weil eine Vereinheitlichung des Willens und damit die Erzielung von Einstimmigkeit erfahrungsgemäß kaum zu erreichen ist, bedarf es im Interesse der Befriedung des Willens einer Mehrzahl des Mehrheitsprinzips. Dies sagt aber noch nichts darüber aus, wie groß die Mehrheit sein muss. Dieser Fragestellung wird sich im Verlaufe der Arbeit ausführlich zu widmen sein. Aus dem Mehrheitsprinzip als Entscheidungsregel ergeben sich für die weiteren Untersuchungen die Fragen, ob und inwieweit nur Mehrheitsentscheidungen mit dem Demokratieprinzip kompatibel sind, oder ob auch Entscheidungen mit Hilfe anderer Abstimmungsregeln dem Demokratieprinzip entsprechen bzw. ob das Mehrheitsprinzip ausschließlich nur auf demokratische Herrschaftsformen beschränkt ist.

Die nachfolgenden Rechtsprinzipien stehen mit dem Demokratieprinzip in engem Zusammenhang.

C. Das Rechtsstaatsprinzip

I. Begriffsentstehung und Normsetzung

Bei dem Begriff Rechtsstaat handelt es sich um einen in der deutschen Rechtswissenschaft entstandenen Terminus, der wegen Übersetzungsschwierigkeiten auch unübersetzt Eingang in ausländische Rechtsordnungen fand.[189] Im *Common Law* findet der nicht inhaltsidentische Terminus *rule of law*[190] Anwendung[191], dessen historischer Leitgedanke darin liegt, das Recht als Grundlage und Rahmen herrschaftlicher Machtausübung zur Ausschließung staatlicher Willkür festzuschreiben. Nach dem, sich im Wesentlichen auf das Legalitätsproblem beschränkende[192],

---

[188] Karl Doehring (Fn. 185), Rdnr. 348, S. 143.
[189] Vgl. ebenda, Rdnr. 424, S. 172.
[190] Das Konzept der *rule of law* ist insbesondere von Albert Venn Dicey in seinem Werk „*Law of the Constitution*" (1895) niedergelegt worden. Vgl. auch Karl-Peter Sommermann, in: Christian Starck (Hrsg.) (Fn. 91), Art. 20 Abs. 3, Rdnr. 244 ff., S. 101 ff.
[191] Zum Verhältnis von *rule of law* und Rechtsstaat vgl. Maria Luisa Fernández Esteban (Fn. 113), S. 66 ff.
[192] Zur *rule of law* als Ausdruck des Legalitätsprinzips vgl. Andreas Stein, Der Sicherheitsrat der Vereinten Nationen und die Rule of Law, Baden-Baden 1999, S. 34 f.

Verständnis der *rule of law* ist staatliches Handeln an die bestehende Rechtsordnung gebunden.[193]

Der Begriff „Rechtsstaat" fand erstmals Erwähnung bei dem deutschen Staatswissenschaftler Robert Mohl[194] (1799 - 1875) in seinem Buch „Die deutsche Polizeiwissenschaft nach den Grundsätzen des Rechtsstaats" (1833), in dem dieser als Gegensatzbegriff zum aristokratischen Polizeistaat verwendet wurde. In einem Rechtsstaat ist die öffentliche Gewalt an eine in ihren Grundzügen unabänderliche objektive Rechtsordnung gebunden. Die Begrenzung der Staatsgewalt erschöpfte sich zunächst in der formellen Betrachtung des Rechtsstaates. Als Maßstab der Rechtsbindung der Staatsgewalt galt ausschließlich das positive Recht. Infolge der leidvollen Erfahrungen mit dem Nationalsozialismus[195] entwickelte sich in der Rechtswissenschaft nach 1945 gleichwohl eine materielle Betrachtung des Rechtsstaates, die der Achtung der Grund- bzw. Menschenrechte als Ausdruck des Naturrechts eine maßgebende Einflussnahme zugesteht.[196]

Mit dem Bestreben einer ständigen Perfektionierung des Rechtsstaatsbegriffes geht die Gefahr einher, eine Überladung mit Attributen und Inhalten vorzunehmen, so dass der Rechtsstaat zu einem inhaltsleeren Begriff zu werden droht. Deshalb ist die Rechtswissenschaft auf eine Abgrenzung des Begriffes angewiesen.[197] Zwar lässt sich ein inhaltlich feststehender, allgemeingültiger Begriff des Rechtsstaates[198] nicht geben[199], es lassen sich aber, unter Bezugnahme auf die Rechtsprechung des Bundesverfassungsgerichts[200], einige Kernelemente bestimmen, wie die Gewaltenteilung, die Grund- bzw. Menschenrechte, die Rechtssicherheit, die Unabhängigkeit der Gerichte, die Gesetzmäßigkeit der Verwaltung sowie der Rechtsschutz gegen Akte öffentlicher Gewalt.[201] Der Rechtsstaatsbegriff impliziert im

---

[193] Vgl. T.C. Hartley/J.A.G. Griffith, Government and Law, London 1975, S. 7 ff.
[194] Robert Mohl, seit 1837 Robert von Mohl.
[195] So wurden mit den Nürnberger Gesetzen als formell geltendes Recht massenhafte, schwere Menschenrechtsverletzungen legitimiert.
[196] Zur Begriffsentstehung vgl. Karl Doehring (Fn. 185), Rdnr. 424 ff., S. 172 ff. m.w.N. in Fn. 6. Zum materiellen und formellen Rechtsstaatsbegriff vgl. Wolff Heintschel von Heinegg, Rechtsstaatlichkeit in Deutschland, in: Rainer Hofmann/Joseph Marko/Franz Merli/Ewald Wiederin (Hrsg.), Rechtsstaatlichkeit in Europa, Heidelberg 1996, S. 108 ff.
[197] Vgl. Karl Doehring (Fn. 185), Rdnr. 442, S. 177.
[198] Zur Geschichte und Universalität des Rechtsstaates vgl. F.A. Hayek, The Constitution of Liberty, London 1960, S. 162 ff.; Hasso Hofmann, Geschichtlichkeit und Universalitätsanspruch des Rechtsstaats, in: Der Staat, 34 (1995), S. 1 ff.
[199] Vgl. Hartmut Maurer (Fn. 71), Rdnr. 3, S. 201.
[200] Wichtige Entscheidungen des BVerfG zum Rechtsstaat vgl. Delf Buchwald, Prinzipien des Rechtsstaats, Aachen 1996, S. 407 ff.; Rolf Schmidt, Staatsorganisationsrecht, 7. Auflage, Grasberg bei Bremen 2007, S. 62.
[201] Vgl. Zusammenstellung der Elemente des Rechtsstaates bei Katharina Sobota, Das Prinzip Rechtsstaat, Tübingen 1997, S. 517 ff.; Wolff Heintschel von Heinegg, Rechtsstaatlichkeit in Deutschland, in: Rainer Hofmann/Joseph Marko/Franz Merli/Ewald Wiederin (Hrsg.) (Fn. 196), S. 121 ff.; Christoph Görisch, Die Inhalte des Rechtsstaatsprinzips, in: JuS, (1997), 11, S. 988 ff.; Karl-Peter Sommermann, in: Christian Starck (Hrsg.) (Fn. 91), Art. 20 Abs. 3, Rdnr. 239, S. 99.

Wesentlichen die Voraussehbarkeit, Verlässlichkeit und Berechenbarkeit (Gesetzmäßigkeit bzw. Rechtsbindung, Rückwirkungsverbot, Verhältnismäßigkeit) des Rechts.[202]

Das Rechtsstaatsprinzip[203] gehört zu den tragenden Verfassungsprinzipien im *deutschen Verfassungsrecht*.[204] Der Begriff Rechtsstaat ist in Art. 20 Abs. 2 Satz 2 GG (Gewaltenteilung), Art. 20 Abs. 3 GG (Bindung an die verfassungsmäßige Ordnung bzw. an Recht und Gesetz)[205], Art. 1 Abs. 3 GG (Bindung der drei Staatsgewalten an die Grundrechte) sowie Art. 19 Abs. 4 GG (Rechtsweggarantie) verortet.[206] Im Rahmen des bundesstaatlichen Homogenitätsgrundsatzes gilt das Rechtsstaatsprinzip nach Art. 28 Abs. 1 Satz 1 GG, wo es als einziger Verfassungsartikel ausdrücklich genannt wird, als Strukturprinzip für die Verfassungsordnung der Länder. Damit beansprucht es auch seine Gültigkeit für die Kommunen.[207] Art. 23 Abs. 1 Satz 1 GG zählt das Rechtsstaatsprinzip zusammen mit anderen verfassungsrechtlichen Grundentscheidungen als Voraussetzung für die Mitwirkung der Bundesrepublik in der EU auf.[208]

Analog zum Demokratieprinzip geht auch das Rechtsstaatsprinzip auf der Ebene der *Europäischen Gemeinschaften* und *Europäischen Union* auf zwei Quellen zurück: auf Verträge und allgemeine Rechtsgrundsätze beruhend auf den Verfassungen der Mitgliedstaaten.[209] Der Terminus Rechtsstaat findet Erwähnung im Titel XX des Vertrages über die Europäische Gemeinschaft bezüglich der Entwicklungszusammenarbeit (Art. 177 Abs. 2 EG) sowie in dem durch den Vertrag von Nizza eingefügten Titel XXI über die wirtschaftliche, finanzielle und technische Zusammenarbeit mit Drittländern (Art. 181 a Abs. 1 UAbs. 2 EG). Hiernach stellt die Fortentwicklung und Festigung der Demokratie und des Rechtsstaates das allgemeine Ziel der Gemeinschaftspolitik in diesem Bereich dar. Bezüglich der Geltung der Rechtsstaatlichkeit für die Gemeinschaft selbst, ist auf den Rechtsschutzauftrag in Art. 220 Abs. 1 EG zu verweisen[210], wonach der Europäische Gerichtshof und das Gericht der ersten Instanz im Rahmen ihrer jeweiligen Zuständigkeiten die „Wahrung des Rechts" bei der Auslegung und Anwendung des EG-

---

[202] Vgl. Karl Doehring (Fn. 185), Rdnr. 469, S. 188.
[203] Zur Rechtsstaatsidee in Deutschland vgl. Franz Schneider, Die politische Komponente der Rechtsstaatsidee in Deutschland, in: APuZ, B 40 (1968), S. 1 ff.
[204] BVerfGE 20, 323 (331). Vgl. Philip Kunig, Das Rechtsstaatsprinzip, Tübingen 1986, S. 63 ff.; Hans Jarass, in: Hans Jarass/Bodo Pieroth (Fn. 72), Art. 20, Rdnr. 28, S. 456 f.
[205] BVerfGE 35, 41 (47); 39, 128 (143).
[206] Vgl. Rolf Schmidt (Fn. 200), Rdnr. 160, S. 62 f. Zu den rechtsstaatlichen Einzelgehalten des GG vgl. Michael Sachs, in: Michael Sachs (Hrsg.) (Fn. 91), Art. 20, Rdnr. 77, S. 791 f.
[207] Zum Rechtsstaatsprinzip im Kommunalrecht vgl. Rolf Stober (Fn. 155), § 9, S. 147 ff.
[208] Vgl. Hartmut Maurer (Fn. 71), Rdnr. 1, S. 201.
[209] Zur Rechtsprechung des EuGH: Rs. 294/83, 23.04.1986, Slg. 1986 1339, Rdnr. 23 (Les Verts/Parlament); Rs. C-309/99, 19.02.2002, Slg. 2002 I-1577, Rdnr. 173 (J. C. J. Wouters, J. W. Savelbergh, Price Waterhouse Belastingadviseurs BV/Algemene Raad van de Nederlandse Orde van Advocaten).
[210] Jürgen Schwarze, in: Jürgen Schwarze (Hrsg.) (Fn. 29), Art. 220 EGV, Rdnr. 1, S. 1881.

Vertrages sichern.²¹¹ Zum Demokratiegebot und der Achtung der Menschenrechte und Grundfreiheiten des Maastrichter Vertrages über die Europäische Union (ex-Art. F) ist in die Homogenitätsklausel des Art. 6 Abs. 1 EU nun auch die Rechtsstaatlichkeit festgeschrieben. Darüber hinaus befindet sie sich gemeinsam mit der Demokratie und der Wahrung der Menschenrechte und Grundfreiheiten als Ziel der GASP in Art. 11 Abs. 1 5. Spiegelstrich EU.²¹²

Das Rechtsstaatsprinzip gehört inzwischen zu den gemeinsamen Werten der EU und ist als solcher in Art. I-2 Satz 1 VVE bzw. Art. 2 Satz 1 EU Lissabon aufgenommen. Bei ihrem Handeln auf internationaler Ebene lässt sich die Union gem. Art. III-292 Abs. 1 UAbs. 1 VVE bzw. Art. 21 Abs. 1 UAbs. 1 EU Lissabon von den Grundsätzen leiten, die für ihre eigene Entstehung, Entwicklung und Erweiterung maßgebend waren: Demokratie, Rechtsstaatlichkeit, Menschenrechte und Grundfreiheiten u.a. Die Probleme hinsichtlich der Rechtsstaatlichkeit der EG sind eher in der strukturellen als der materiellen Art zu sehen. Diese gehen auf die innere Organisation der supranationalen Staatengemeinschaft und ihre Mechanismen der Rechtserzeugung und des Rechtsvollzuges zurück. So gibt die im Gemeinschaftsrecht noch nicht vollständig durchgeführte Gewaltenteilung, insbesondere im Verhältnis zwischen Rat, Kommission und Parlament Anlass zu Kritik. Auch besteht durch den Anwendungsvorrang des Gemeinschaftsrechts vor nationalem Recht der Mitgliedstaaten durchaus die Gefahr, dass Entscheidungen oft kaum mehr vorhersehbar und durch die vielgestaltigen Formen vertikaler und horizontaler Verwaltungskooperation Entscheidungszuständigkeiten unübersichtlicher werden.²¹³

So bemängelt die kritische Schule auch am *Völkerrecht*, dass es keine theoretische Begründung einer Art völkerrechtlichen „Rechtsstaatsgrundsatzes" gebe.²¹⁴ Vor allem weil eine, wie im nationalen Recht geforderte, Gewaltenteilung nicht gegeben ist, und die gegenseitigen Kontrollbefugnisse demzufolge auch nicht so ausgeprägt sind, wird die Übertragbarkeit rechtsstaatlicher Grundsätze auf Staatenverbindungen angezweifelt.²¹⁵ Im Völkerrecht sind jedoch durchaus rechtsstaatliche Prinzipien nachweisbar, auch wenn sie teilweise (noch) eine Sonderstellung einnehmen.²¹⁶ Der Begriff Rechtsstaatlichkeit lässt sich zwar ebenso wenig wie der der Demokratie in der UN-Charta finden. Es wird aber in der Präambel, Art. 1 und Art. 55 UN-Charta auf die untrennbare Verbindung von der Wahrung des Friedens zwischen den Völkern und der Herstellung menschenwürdiger Verhältnisse in den einzelnen Staaten verwiesen²¹⁷, worunter Saladin insbesondere

---

[211] Vgl. Maria Luisa Fernández Esteban (Fn. 113), S. 103.
[212] Zur Rechtsstaatlichkeit in der EG vgl. Rainer Hofmann, Rechtsstaatsprinzip und Europäisches Gemeinschaftsrecht, in: Rainer Hofmann/Joseph Marko/Franz Merli/Ewald Wiederin (Hrsg.) (Fn. 196), S. 321 ff.
[213] Vgl. Eberhard Schmidt-Aßmann, in: Josef Isensee/Paul Kirchhof (Hrsg.) (Fn. 74), § 26, Rdnr. 106, S. 607.
[214] Vgl. Knut Ipsen, in: Knut Ipsen (Fn. 143), § 1, Rdnr. 37, S. 14.
[215] Vgl. Andreas Stein (Fn. 192), S. 43.
[216] Vgl. John W. Halderman, The United Nations and the rule of law, New York 1966, S. 1 ff.; Delf Buchwald (Fn. 200), S. 31.
[217] Vgl. John W. Halderman (Fn. 216), S. 11.

auch rechtsstaatliche Verhältnisse subsumiert.[218] Trotz dieser optimistischen Auffassung lässt sich ein bestehendes Defizit nicht absprechen, deren Anerkennung Voraussetzung für eine notwendige Weiterentwicklung rechtsstaatlicher Grundsätze auf zwischenstaatlicher Ebene ist.

Regionale Organisationen, wie der Europarat, fordern von ihren Mitgliedstaaten die Einhaltung des Rechtsstaatsprinzips (Art. 3 Satzung Europarat).[219] Für die Organisation selbst fehlt hingegen eine Bezugnahme auf das Rechtsstaatsprinzip. Eine „Internationalisierung des Rechtsstaats-Schutzes, wenigstens des Schutzes von Menschenrechten, Grundfreiheiten, Verfahrensansprüchen"[220] wird in der Annahme universeller und regionaler menschenrechtlicher Konventionen durch die Staaten gesehen. Diese Entwicklung des Völkerrechts bezeichnet Saladin als „Ausdruck und Anleitung der Konvergenz moderner Staaten zu einem rechtsstaatlich-demokratischen Modell".[221] In Übereinstimmung mit dem Rechtsstaatsprinzip funktionieren bereits internationale Gerichtshöfe, wie der Europäische Gerichtshof für Menschenrechte[222], vor allem nach seiner Reformierung durch das 11. ZP zur EMRK von 1994[223], der Internationale Strafgerichtshof für das ehemalige Jugoslawien[224] ebenso, wie der seit Juli 2002 wirkende Internationale Strafgerichtshof. Auch wenn gerichtliche Organe nicht Gegenstand dieser Arbeit sind, zeigen sie doch, dass Elemente des Rechtsstaatsprinzips, hier die Unabhängigkeit der Gerichte, auch auf zwischenstaatlicher Ebene Anwendung finden.

II. Rechtsstaatsprinzip und demokratischer Entscheidungsprozess

Rechtsstaatlichkeit definiert staatliches bzw. hoheitliches und administratives Handeln im Rahmen einer Rechtsordnung. Sie bedeutet den Bestand und die Gewährleistung der Rechtsordnung als einer Gesamtordnung des Gemeinwesens.[225] Diese Forderung lässt sich auch auf die Ebene der Staatenverbindungen transpo-

---

[218] Vgl. Peter Saladin, Wozu noch Staaten?, Bern 1995, S. 167.
[219] Zum Aufnahmeverfahren Kroatiens in den Europarat unter Forderung des Rechtsstaatsprinzips vgl. Frank Hoffmeister, Kroatiens Beitritt zum Europarat und seine Auswirkung auf die kroatische Verfassungsgerichtsbarkeit, in: EuGRZ, 24 (1997) 5-6, S. 93 ff.
[220] Peter Saladin (Fn. 218), S. 168.
[221] Ebenda, S. 168.
[222] Zum Rechtsstaatsprinzip und EMRK vgl. Ewald Wiederin, Rechtsstaatlichkeit und Europäische Menschenrechtskonvention, in: Rainer Hofmann/Joseph Marko/Franz Merli/Ewald Wiederin (Hrsg.) (Fn. 196), S. 297 ff.
[223] Beate Rudolf bezeichnet die Reformierung als „ermutigendes Zeichen internationaler Rechtsstaatlichkeit". Beate Rudolf, Der Entwurf eines Zusatzprotokolls über die Reform des Kontrollmechanismus der Europäischen Menschenrechtskonvention, in: EuGRZ, 21 (1994) 3-4, S. 58
[224] Die Errichtung des Strafgerichtshofes erfolgte in Übereinstimmung mit der „rule of law", so die Berufungskammer des Strafgerichtshofs Vgl. ICTY, Tadić case, in: HRLJ, 16 (1995) 10-12, para. 45, S. 445; Claus Kreß, Friedenssicherungs- und Konfliktvölkerrecht auf der Schwelle zur Postmoderne, in: EuGRZ 23 (1996) 24, S. 638 ff.; Knut Ipsen, in: Knut Ipsen (Fn. 143), § 42, Rdnr. 34, S. 672 f.
[225] Vgl. Konrad Hesse (Fn. 70), Rdnr. 193 ff., S. 86 f.

nieren. Damit ist die Ausübung staatlicher oder Herrschaftsgewalt in Form von Entscheidungen bzw. deren Vollzug an Recht gebunden.

Das Rechtsstaatsprinzip setzt der demokratischen Willens- und Entscheidungsbildung gleichwohl inhaltliche Grenzen sowie dem Demokratieprinzip eine Schranke. Die in Art. 1 GG (materielle Rechtsstaatlichkeit) und Art. 20 GG (Demokratie-, Rechtsstaats-, Sozialstaats- und Bundesstaatsprinzip) verankerten Grundsätze sind gem. Art. 79 Abs. 3 GG unveränderbar.[226] Auch eine demokratisch getroffene Mehrheitsentscheidung darf diese nicht antasten. Mit den festgelegten Regeln und Verfahren wird die Entscheidungsfreiheit im Rahmen des rechtlich Zulässigen begrenzt. Dies ermöglicht die Überprüfbarkeit der Tätigkeit von Organen anhand rechtlicher Maßstäbe.

Das Rechtsstaatsprinzip ist zweifellos ein grundlegendes Element der Demokratie.[227] Dies wird besonders deutlich in Bezug auf die rechtliche Normierung demokratischer Entscheidungsprozesse. Wegen der Unmöglichkeit, dass alle über alles entscheiden, sind Organe und Verfahren und damit ein rechtlicher Rahmen notwendig. Demokratische Willensermittlung und -bildung hat nach rechtsstaatlichen Verfahren zu erfolgen.[228] Die legitimierte Ausübung der demokratischen Staats- bzw. Herrschaftsgewalt erfordert Mechanismen und Instrumente zur verbindlichen Entscheidungsfindung und Kontrolle in Form von rechtlichen Regeln. Während sich aus dem Demokratieprinzip die Legitimation der Staats- bzw. Herrschaftsgewalt ableitet, begründet sich aus dem Rechtsstaatsprinzip die Rationalität bzw. Funktionalität ihrer Organe. Dabei soll hier unter dem Begriff Rationalität das Verhältnis zwischen dem angestrebten Zweck (Erfüllung bestimmter Aufgaben bzw. Funktionen) und dem zu seiner Erreichung angewendeten Mitteln (Regeln und Verfahren der Entscheidungsfindung) verstanden werden.[229] Der Grad der Rationalität wird von der institutionellen Zuordnung von Aufgaben bzw. Funktionen zu Organen als Organisationseinheiten, deren Zusammensetzung sowie den weiteren Regeln und Verfahren der Entscheidungsfindung bestimmt. Einer die effektive Aufgaben- bzw. Funktionenerfüllung garantierenden Organisation ist rechtsstaatliche Bedeutung beizumessen. Aus dem Rechtsstaatsprinzip leitet sich somit ein Rationalitätsgebot ab.[230]

---

[226] Vgl. Werner J. Patzelt, Einführung in die Politikwissenschaft, 5. Auflage, Passau 2003, S. 271.
[227] Zum Verhältnis von Rechtsstaat und Demokratie vgl. Delf Buchwald (Fn. 200), S. 255 ff.
[228] Vgl. Heinrich Amadeus Wolff, Das Verhältnis von Rechtsstaatsprinzip und Demokratieprinzip, in: Dietrich Murswiek/Ulrich Storost/Heinrich A. Wolff (Hrsg.), FS für Helmut Quaritsch, Berlin 2000, S. 89 f.
[229] Begriff Rationalität, in: Brockhaus Enzyklopädie, Band 22, 21. Auflage, Leipzig 2006, S. 534.
[230] Vgl. Thomas Groß (Fn. 34), S. 199 f.

III. Implikationen des Rechtsstaatsprinzips für Kollegialentscheidungen

Der Begriff der Rechtsstaatlichkeit stellt maßgeblich heraus, dass die typischen Formelemente des Rechts, wie Verfahren, Entscheidungskompetenzen und (gesetzliche) Entscheidungsvorgaben, das staatliche bzw. gesellschaftliche Leben ordnen.[231] Das Rechtsstaatsprinzip ist darauf ausgerichtet, einer unkontrollierten Ausübung von Staats- bzw. Herrschaftsgewalt vorzubeugen. Erst mit der Herstellung und Konsolidierung der politischen Gewalt kann sowohl Ordnung als auch Freiheit verwirklicht werden, die der Sicherung des Rechtsfriedens dienen.[232]

In der Rechtsstaatlichkeit sieht die Politikwissenschaft eine Möglichkeit zur „Bändigung von Staatsmacht". Nur durch die Bindung der Staats- bzw. Herrschaftsgewalt an genaue Rechtsregeln lässt sich der unberechenbaren Willkür begegnen. Die Rechtsgebundenheit staatlichen bzw. herrschaftlichen Handelns als zentrales Element des Rechtsstaatsprinzips verhindert Willkürentscheidungen, d.h. Entscheidungen, die allein nach dem jeweiligen Willen des Machthabers getroffen werden. Rechtsstaatlichkeit drückt demnach die Notwendigkeit aus, durch ein Gegengewicht zur politischen Macht eine Balance herzustellen, in der die Machtausübung auf bestehendem Recht und nicht auf Willkür beruht.[233] Erst dadurch kann die Rechtssicherheit als wesentliches Element des Rechtsstaatsprinzips gewahrt werden. Diese findet ihren Ausdruck vornehmlich in der Klarheit, Bestimmtheit und Beständigkeit staatlicher bzw. hoheitlicher Entscheidungen. Hierbei ist die Entscheidung vornehmlich als Ergebnis, das für die Arbeit nicht weiter von Interesse ist, und weniger ihr Zustandekommen gemeint. Geltendes Recht bedarf ferner der Fortentwicklung zwecks Anpassung an sich ändernde gesellschaftliche Verhältnisse. Um die Art und Weise der Änderung von bestehendem Recht unter Ausschluss von Willkür zu bestimmen, sind klare, vorher feststehende Regeln und Verfahren notwendig.[234] Sowohl Rechtsanwender als auch Rechtserzeuger sind an Recht gebunden. Der Grundsatz der Begrenzung politischer Macht durch Recht ist auf alle Rechtsordnungen übertragbar.

Aus der dem Rechtsstaatsprinzip, speziell dem Gewaltenteilungsprinzip fließenden Trennung unterschiedlicher Staats- bzw. Herrschaftsfunktionen, folgt die Notwendigkeit der Schaffung verschiedener in unterschiedlicher Weise demokratisch legitimierter und sich einander wechselseitig kontrollierender Organe, denen bestimmte Funktionen (legislative, exekutive, judikative) zugeordnet werden (horizontale Gewaltenteilung).[235] Hierzu zählt auch die Inkompatibilität von Ämtern

---

[231] Vgl. Eberhard Schmidt-Aßmann, in: Josef Isensee/Paul Kirchhof (Hrsg.) (Fn. 74), § 26, Rdnr. 18, S. 552.
[232] Vgl. Reinhard Zippelius, Allgemeine Staatslehre, 15. Auflage, München 2007, § 30, S. 230.
[233] Vgl. Andreas Stein (Fn. 192), S. 39.
[234] Vgl. Werner J. Patzelt (Fn. 226), S. 266.
[235] Vgl. Gerard C. Rowe, Servants of the People – Constitutions and States from a Principal-Agent Perspective, in: Stefan Voigt/Hans-Jürgen Wagener (eds.), Constitutions, Markets and Law, Cheltenham/Northampton, MA 2002, S. 292.

(Exekutive) und Mandaten (Legislative)[236], die für die Besetzung kollegialer Organe zu beachten ist. Hinsichtlich der Rechtserzeugung gilt, dass diese durch kompetente Organe erfolgen muss und dass die beschlossenen Normen nur insoweit gelten, wie ihr Inhalt mit dem Willen des Rechtserzeugers übereinstimmt. Erst dadurch wird die Verlässlichkeit und Berechenbarkeit des Rechts zu gewährleisten sein. Die Inhalte des Rechts sind in einem formalen Rechtsstaat frei wählbar, solange die Formen des Rechts und der Rechtsetzung eingehalten werden. Für den weiteren Gang der Untersuchung ist das Stadium des Beschlusses der Rechtsnormen von Interesse, die für ihre verbindliche Wirkung noch der Verkündung bedürfen, um formal Verlässlichkeit zu garantieren.[237]

Neben der horizontalen Gewaltenteilung besteht die vertikale, wonach Zuständigkeiten und Regelungsbefugnisse in einem politischen System auf verschiedenen Ebenen verteilt sind (kommunale Selbstverwaltung der Städte und Gemeinden, Kompetenzen der Bundesländer, Kompetenzen des Bundes, Kompetenzen innerhalb des Systems der EU, Kompetenzen innerhalb des UN-Systems). Dies erfordert eine, in Zusammenhang mit dem Bundesstaatsprinzip, speziell dem Subsidiaritätsprinzip, noch zu betrachtende Kompetenzverteilung, die effiziente Entscheidungen hervorzubringen vermag.

Das kritisierte Nichtvorhandensein bzw. Nichtentsprechen der Gewaltenteilung in zwischenstaatlichen Rechtsordnungen wird allgemein als Grund für die Nichtübertragbarkeit rechtsstaatlicher Grundsätze von der innerstaatlichen auf die zwischenstaatliche Rechtsebene bewertet. Dabei ist selbst im nationalen Recht eine strikte (horizontale) Gewaltenteilung nicht immer gegeben.[238] Allen Rechtsordnungen gemein ist indes die Notwendigkeit der Ausführung verschiedener Funktionen durch entsprechende Organe. Zur Sicherung der Machtkontrolle bedarf es zwischen ihnen der Herstellung eines institutionellen Gleichgewichts, das sich auch mit Hilfe einer Funktionenteilung erreichen lässt.[239] Insoweit soll nachfolgend das Prinzip der Funktionenteilung als abgeschwächtes Prinzip der Gewaltenteilung und rechtsstaatlicher Maßstab herangezogen werden.

---

[236] Zur Inkompatibilität von Exekutivamt und Abgeordnetenmandat vgl. Wolff Heintschel von Heinegg, Rechtsstaatlichkeit in Deutschland, in: Rainer Hofmann/Joseph Marko/Franz Merli/Ewald Wiederin (Hrsg.) (Fn. 197), S. 114.

[237] Vgl. Karl Doehring (Fn. 185), Rdnr. 469, 473, S. 188 f.

[238] Zur Durchbrechung der Gewaltenteilung vgl. BVerfGE 1, 351 (369); Christoph Degenhart (Fn. 20), Rdnr. 265, S. 97.

[239] Zum Prinzip der Funktionentrennung vgl. Andreas Stein (Fn. 192), S. 43 ff.; Karl Doehring (Fn. 185), Rdnr. 393, S. 160.

D. Der Schutz der Menschenwürde

I. Der Schutz der Menschenwürde durch Achtung der Grund- und Menschenrechte

Der Begriff der Menschenwürde bedeutet, dass jeder Mensch aufgrund seiner Existenz zu schützen ist. In einem demokratischen Rechtsstaat bestimmt der Schutz der dem Menschen immanenten Würde die gesamte Rechtsordnung. Dabei konstituiert sich Menschenwürde als oberstes Gut der Verfassung[240] aus der Achtung der Grundrechte. Das Wertsystem der Grundrechte geht von der Menschenwürde aus. Die oftmals als Synonyme verwandten Begriffe Grundrechte und Menschenrechte sind unveräußerliche Rechte des Einzelnen gegenüber der öffentlichen Gewalt (Staat). Der Begriff „Grundrechte" meint in der Substanz Menschenrechte, wobei deren Positivierung in den nationalstaatlichen Verfassungen hervorgehoben wird. Der Terminus Grundrechte findet hier, im Gegensatz zu Menschenrechten, Anwendung auf spezielle Staatsbürgerrechte, die nur Angehörigen eines Staates gewährt werden.[241] Die ideengeschichtlich auf die Aufklärung (Locke, Rousseau und Kant) und historisch vor allem auf die von der Nationalversammlung Frankreichs 1789 als Verfassungsrecht verabschiedete Erklärung der Menschen- und Bürgerrechte zurückgehenden Menschenrechte, darunter insbesondere die politischen, gelten heute als gemeinsamer übergeordneter Maßstab[242] für Willensbildungs- und Entscheidungsverfahren auf innerstaatlicher, supranationaler und völkerrechtlicher Ebene.

Die Grundrechte im ersten Abschnitt des *Grundgesetzes*[243] reihen sich in die verfassungsrechtlichen Wertentscheidungen ein, zu denen u.a. das Demokratieprinzip und das Rechtsstaatsprinzip gehören.[244] „Als Elemente statusbestimmender, statusbegrenzender und statussichernder, den Einzelnen in das Gemeinwesen einfügender objektiver Ordnung konstituieren die Grundrechte Grundlagen der Rechtsordnung des Gemeinwesens."[245] Die in Art. 1 Abs. 1 GG verankerte Garantie der Menschenwürde als „oberstes Konstitutionsprinzip"[246] unterliegt der Unabänderlichkeit des Art. 79 Abs. 3 GG, ebenso wie die weiteren in Art. 1 GG niedergelegten Grundsätze: das Bekenntnis zu den unveräußerlichen Menschenrechten und die Bindung der drei Staatsgewalten an die Grundrechte.[247] Es ist die verfas-

---

[240] Vgl. Rolf Schmidt, Grundrechte, 9. Auflage, Grasberg bei Bremen 2007, Rdnr. 225, S. 98.
[241] Im Grundgesetz werden sogenannte Jedermannsrechte oder Menschenrechte und Deutschen(grund)rechte unterteilt.
[242] Vgl. Thomas Groß, Zwei-Kammer-Parlamente in der Europäischen Union, in: ZaöRV, 63 (2003) 1, S. 49.
[243] Gem. Art. 142 GG bleiben Bestimmungen der Landesverfassungen insoweit in Kraft, als sie in Übereinstimmung mit den Art. 1 bis 18 GG Grundrechte gewährleisten.
[244] Vgl. Hartmut Maurer (Fn. 71), Rdnr. 20, S. 257.
[245] Konrad Hesse (Fn. 70), Rdnr. 290, S. 133.
[246] Hartmut Maurer (Fn. 71), Rdnr. 4, S. 247.
[247] BVerfGE 84, 90 (120 f.); 94, 12 (34).

sungsmäßige Pflicht der staatlichen Gewalt, die Menschenwürde zu achten und zu schützen (Art. 1 Abs. 1 Satz 2 GG).[248] Daraus folgt, dass sich die staatlichen Organe den Schutz der Menschenwürde zur Grundlage ihrer Tätigkeit und ihrer Entscheidungen zu nehmen haben.

Nachdem innerhalb der *Europäischen Gemeinschaften* und *Europäischen Union* die Grund- und Menschenrechte zu den Grundsätzen sowohl der EG/EU als auch der Mitgliedstaaten zählen, gehört die Achtung der Menschenwürde nach dem Verfassungsvertrag für Europa (Art. I-2 Satz 1 VVE)[249], wie auch dem Reformvertrag von Lissabon (Art. 2 Satz 1 EU Lissabon), ausdrücklich zu den Werten der Union. Der Schutz der Menschenwürde ist in Art. II-61 VVE und in Art. 1 GRCh[250] ausdrücklich geregelt. Bislang lassen sich die Grund- und Menschenrechte auf zwei Geltungsquellen zurückführen: die Gründungs- bzw. Änderungsverträge[251] (Art. 6 Abs. 1 und 2 EU) und die sich aus den gemeinsamen Verfassungsüberlieferungen der Mitgliedstaaten ergebenden allgemeinen Rechtsgrundsätze. In Art. 6 Abs. 2 EU wird spezieller Bezug zur Europäischen Menschenrechtskonvention des Europarates genommen, auf die der Europäische Gerichtshof[252] wegen bisherigen Fehlens eines Grundrechtskataloges zur Bestimmung von Reichweite und Schranken konkreter Grundrechte zurückgreift.[253] Mit der Aufnahme der Charta der Grundrechte der Europäischen Union[254] in den Teil II des Verfassungsvertrages für Europa sollte die EU über einen Katalog europäi-

---

[248] Der Schutz der Menschwürde findet auch Erwähnung in anderen Verfassungen europäischer Staaten, wie z.B. in Art. 23 Abs. 1 Verfassung Belgien, § 1 Abs. 2 Grundgesetz Finnland, Art. 2 Abs. 1 Verfassung Griechenland, Art. 41 Abs. 2 Verfassung Italien, Art. 30 Verfassung Polen, Art. 1 Verfassung Portugal, Art. 10 Abs. 1 Verfassung Spanien.

[249] Vgl. Jürgen Schwarze (Fn. 113), S. 560 ff.; Heintschel von Heinegg, in: Christoph Vedder/Wolff Heintschel von Heinegg (Hrsg.) (Fn. 109), Art. I-2, Rdnr. 4, S. 48 f.

[250] ABl. EG Nr. C 364 vom 18.12.2000, S. 1; i.d.F. vom 12.12.2007, in: ABl. EU Nr. C 303 vom 14.12.2007, S. 1.

[251] Die EG-Gründungsverträge enthalten noch keinen den nationalen Verfassungen entsprechenden Grundrechtskatalog, sondern lediglich Grundrechte garantierende Einzelbestimmungen. Vgl. Michael Schweitzer/Waldemar Hummer, Europarecht, 5. Auflage, Neuwied/Kriftel/Berlin 1996, Rdnr. 786 ff., S. 241 f.; Liv Jaeckel, Schutzpflichten im deutschen und europäischen Recht, Baden-Baden 2001, S. 184 ff.

[252] Zur Entwicklung der Rechtsprechung des EuGH: Rs 26/62, 05.02.1963, Slg. 1963 3 (Van Gend en Loos/Administratie der Belastingen); Rs 29/69, 12.11.1969, Slg. 1969 419, Rdnr. 7 (Stauder/Stadt Ulm); Rs 11/70, 17.12.1970, Slg. 1970 1125, Rdnr. 4 (Internationale Handelsgesellschaft mbH/Einfuhr- und Vorratsstelle für Getreide und Futtermittel); Rs 4/73, 14.05.1974, Slg. 1974 491, Rdnr. 13 (Nold KG/Commission); Rs C-274/99 P., 06.03.2001, Slg. 2001 I-1611, Rdnr. 37 f. (Connolly/Commission).

[253] Vgl. Rudolf Geiger (Fn. 29), Art. 6 EUV, Rdnr. 7, S. 30.

[254] Zum Überblick mit kritischen Anmerkungen vgl. Christoph Grabenwarter, Die Charta der Grundrechte für die Europäische Union, in: DVBl., 116 (2001) 1, S. 1 ff.; Christian Calliess, Die Charta der Grundrechte der Europäischen Union, in: EuZW, 12 (2001) 9, S. 261 ff.; Jürgen Meyer, in: Jürgen Meyer (Hrsg.), Kommentar zur Charta der Grundrechte der Europäischen Union, Baden-Baden 2003, Präambel, S. 1 ff.; Noriko Yasue, Drafting the Charter of Fundamental Rights, in: Koji Fukuda/Hiroya Akiba (eds.), European Governance after Nice, London/New York 2003, S. 67 ff.

scher Grundrechte mit Verfassungsrang verfügen. Ungeachtet der bislang fehlenden Rechtsverbindlichkeit[255] „[...] gibt sie doch zumindest als Rechtserkenntnisquelle Aufschluss über die durch die Gemeinschaftsrechtsordnung garantierten Grundrechte."[256] Auch der Europäische Gerichtshof für Menschenrechte des Europarates hat in seiner Rechtsprechung bereits ausdrücklichen Bezug auf Bestimmungen der EU-Charta der Grundrechte genommen[257], was als Ausdruck der zunehmenden Interdependenz der beiden europäischen Menschenrechtsschutzsysteme zu werten ist. In Art. 6 Abs. 2 Satz 1 EU Lissabon ist nunmehr der Beitritt der EU zur EMRK vorgesehen.[258] Die Charta der Grundrechte wird nach Art. 6 Abs. 1 UAbs. 1 EU Lissabon rechtlich in den gleichen Rang gehoben wie der Vertrag über die EU und der Vertrag über die Arbeitsweise der EU.

Im *Völkerrecht* nimmt vor allem die UN-Charta in ihrer Präambel Bezug auf die Menschenwürde. Diese wurde auch in die Präambel einer der bedeutendsten völkerrechtlichen Verträge zum Menschenrechtsschutz, dem Internationalen Pakt über bürgerliche und politische Rechte, übernommen. Auf völkerrechtlicher Ebene haben die Menschenrechte die innere Souveränität der Staaten durchbrochen, so dass die Staaten sich nicht mehr auf ihre inneren Angelegenheiten berufen können.[259] Im Rahmen der UNO[260] und regionaler Organisationen (Europarat[261] und OAS[262]) sind weit reichende Kodifikationen der Menschenrechte mit Mechanismen zu ihrer Durchsetzung in rechtsverbindlichen völkerrechtlichen Verträgen vorgenommen worden. Fundamentale Menschenrechte, wie das Sklavereiverbot, das Verbot der Folter und das Recht auf Leben gegen willkürlichen Entzug ohne Verfahren gehören zu den *ius cogens* Normen des Völkerrechts.[263] Diese fallen

---

[255] „Schließlich sei die Argumentation der Kommission, die Grundrechte-Charta sei rechtlich unverbindlich, irrig, da diese die Grundrechte der Europäischen Union aufnehme und bestätige." EuGH Rs. C-141/02 P, Slg. 2005 I-1283, Rdnr. 65 (Commission/maxmobil).

[256] Schlussanträge der Generalanwältin Juliane Kokott vom 08.09.2005, Rs. C-540/03, Rdnr. 108 m.w.N. (Europäisches Parlament/Rat der EU unterstützt durch Bundesrepublik Deutschland und Kommission der Europäischen Gemeinschaften). Vgl. auch EuGH Rs. C-540/03, Slg. 2006 I-5769, Rdnr 38.

[257] Während Art. 12 EMRK hinsichtlich des Rechts auf Ehe und Familie Bezug nimmt auf „Männer und Frauen", enthält Art. II-69 VVE diese geschlechtsspezifische Unterscheidung nicht. I. v. The United Kingdom - 25680/94 (11.07.2002), paras. 41, 80; Christine Goodwin v. The United Kingdom - 28957/95 (11.07. 2002), paras. 58, 100.

[258] Art. 17 14. ZP EMRK vom 13.05.2004, in: CETS No. 194, das wegen fehlender Ratifizierung durch Russland noch nicht in Kraft getreten ist, regelt den Beitritt der EU zur EMRK.

[259] Vgl. Antonio Cassese, International Law, Oxford 2001, S. 350 f.

[260] Z.B. IPbpR und IPwskR. IPwskR vom 16.12.1966, in: UNTS, vol. 993, p. 3; BGBl. 1973 II, 1569.

[261] EMRK. Zur Berücksichtigung der Gewährleistungen der EMRK und der Entscheidungen des EGMR durch staatliche Organe vgl. BVerfGE 111, 307.

[262] AMRK.

[263] Vgl. Stefan Kadelbach, Zwingendes Völkerrecht, Berlin 1992, S. 257 ff.

mit den so genannten *erga omnes* Verpflichtungen zusammen[264], d.h. Pflichten, die, wie der Internationale Gerichtshof im Barcelona Traction-Fall[265] ausführt, ein Staat gegenüber der gesamten Staatengemeinschaft einhalten muss.[266] Der zunehmenden Bedeutung der Menschenrechte Ausdruck verleihend, hat die UN-Generalversammlung am 15. März 2006 die Errichtung des Menschenrechtsrates (*Human Rights Council*) beschlossen, der die Universalität der Menschenrechte sichern soll.[267]

II. Politische Mitwirkungsrechte

Zu den für die politische Machterlangung bzw. -erhaltung notwendigen politischen bzw. demokratischen Mitwirkungsrechten gehören das Wahlrecht (aktiv und passiv), der Zugang zu den öffentlichen Ämtern, die Teilhabe an den demokratischen Freiheitsrechten – die Kommunikationsgrundrechte (Meinungs-, Versammlungs- und Vereinigungsfreiheit) – sowie, darauf aufbauend, die Gleichheit der politischen Parteien und der Abgeordneten.[268]

In einer repräsentativen Demokratie äußert sich die Volkssouveränität unmittelbar nur in Wahlen zum Parlament, das dadurch demokratisch legitimiert wird. Die weiteren Organe, durch die das Volk die Staatsgewalt ausübt, leiten ihre demokratische Legitimation vom Parlament ab. Das geforderte Niveau der Legitimation hängt von der Bedeutung und Reichweite der zu treffenden Entscheidung ab. Wesentliche Entscheidungen müssen grundsätzlich vom unmittelbar demokratisch legitimierten Parlament getroffen werden. Das Parlament gewährleistet einerseits die Nähe zur Willensbildung des Volkes und andererseits die höhere Rationalität des Entscheidungsverfahrens.[269] Demokratische Legitimation beinhaltet also nicht, dass das Volk auf jede Einzelentscheidung direkten Einfluss ausüben kann.[270]

---

[264] Zu *erga* omnes Verpflichtungen im Völkerrecht vgl. Jochen Abr. Frowein, Die Verpflichtungen erga omnes im Völkerrecht und ihre Durchsetzung, in: Rudolf Bernhardt/Wilhelm Karl Geck/Günther Jaenicke/Helmut Steinberger (Hrsg.), FS für Hermann Mosler, Berlin 1983, S. 241 ff.

[265] Barcelona Traction, Light and Power Company Case [Belgium v. Spain], ICJ Reports 1970, S. 3 (32, Nr. 33).

[266] Vgl. Juliane Kokott, Der Schutz der Menschenrechte im Völkerrecht, in: Hauke Brunkhorst/Wolfgang R. Köhler/Matthias Lutz-Bachmann (Hrsg.), Recht auf Menschenrechte, Frankfurt am Main 1999, S. 182 f.; Matthias Herdegen, Völkerrecht, 6. Auflage, München 2007, Rdnr. 1, S. 258 f.

[267] Der Menschenrechtsrat ersetzt die Menschenrechtskommission. UN Doc. A/RES/60/L.48 (24.02.2006).

[268] Vgl. Gerhard Leibholz, Strukturprobleme der modernen Demokratie, 3. Auflage, Frankfurt am Main 1974, S. 13 f.; Ernst-Wolfgang Böckenförde, in: Josef Isensee/Paul Kirchhof (Hrsg.) (Fn. 74), § 24, Rdnr. 41, S. 457 f.

[269] BVerfGE 40, 237 (249 f.). Vgl. Karl-Peter Sommermann, in: Christian Starck (Hrsg.) (Fn. 91), Art. 20 Abs. 2, Rdnr. 186, S. 77; Bodo Pieroth, in: Hans Jarass/Bodo Pieroth (Fn. 72), Art. 20, Rdnr. 9, S. 449.

[270] Vgl. Thomas Groß (Fn. 34), S. 178.

Um dem Grundsatz der demokratischen Gleichheit zu entsprechen, sind von den in Art. 38 Abs. 1 Satz 1 GG aufgeführten verfassungsrechtlichen Anforderungen vor allem die Allgemeinheit und die Gleichheit der Wahl[271] hervorzuheben.[272] Dieses grundrechtsgleiche Recht betrifft nur die Wahl zum Deutschen Bundestag. Gem. Art. 28 Abs. 1 Satz 2 GG sind aber dieselben Wahlrechtsgrundsätze auch für die Wahlen in den Ländern, Kreisen und Gemeinden maßgeblich.[273] Alle fünf Wahlrechtsgrundsätze sind von der Europäischen Charta der kommunalen Selbstverwaltung[274] in Art. 3 Abs. 2 anerkannt, während die EG-Richtlinie zum kommunalen Wahlrecht in Art. 2 Abs. 1 lit. b lediglich allgemeine und unmittelbare Wahlen regelt.[275] Die fünf Wahlrechtsgrundsätze gelten allgemein weiterhin als ungeschriebenes Verfassungsrecht für alle Wahlen zu Volksvertretungen sowie für politische Abstimmungen, wie beispielsweise Volksentscheide als Formen direkter Demokratie, die in Landesverfassungen[276] geregelt sind.[277]

Während die in Art. I-20 Abs. 3 VVE bzw. Art. 14 Abs. 3 EU Lissabon festgelegten Wahlrechtsgrundsätze allgemein, unmittelbar, frei und geheim[278] für die Wahl des Europäischen Parlaments in ihrer Bedeutung unstrittig sind, problematisiert sich der Wahlrechtsgrundsatz der Gleichheit der Wahl, der sich im Verfassungsvertrag für Europa bzw. im Reformvertrag von Lissabon nicht wieder findet, im Wahlrecht der Bundesrepublik Deutschland an der Aufspaltung in Zählwertgleichheit („ein „Mann" eine Stimme") und Erfolgswertgleichheit (gleiche Berücksichtigung jeder Stimme bei der Umsetzung der Stimmen in die Zuteilung von Parlamentssitzen, d.h. Sitzverteilung). Demokratische, im Sinne von formeller

---

[271] Vgl. Michael Wild, Die Gleichheit der Wahl, Berlin 2003, S. 174 ff.
[272] „Bei Wahlen in anderen Bereichen kann der Grundsatz der formalen Wahlgleichheit gewissen Einschränkungen unterliegen." Hierzu zählen z.B. die Wahlen der Selbstverwaltungsorgane der Hochschule. Wegen ihrer „Qualifikation, Funktion, Verantwortung und Betroffenheit" steht den Hochschullehrern eine besondere Gewichtung ihrer Stimmen zu. BVerfGE 39, 247 (254); 1 BvR 2130/98 vom 12.10.2004, Rdnr. 80.
[273] Die Wahlrechtsgrundsätze werden deklaratorisch in den Gemeindeordnungen als den „Verfassungen" der Gemeinde wiederholt und gelten allgemein ebenfalls für andere Wahlen auf kommunaler Ebene. Vgl. Rolf Stober (Fn. 155), § 8 II 5, S. 134.
[274] Europäische Charta der kommunalen Selbstverwaltung des Europarates vom 15.10.1985, in: ETS No. 122; BGBl. 1987 II, 65.
[275] Richtlinie 94/80/EG des Rates vom 19.12.1994 über die Einzelheiten der Ausübung des aktiven und passiven Wahlrechts bei den Kommunalwahlen für Unionsbürger mit Wohnsitz in einem Mitgliedstaat, dessen Staatsangehörigkeit sie nicht besitzen, in: ABl. EG Nr. L 368 vom 31.12.1994, S. 38.
[276] Art. 74 Abs. 1 LV BY, Art. 63 LV BE, Art. 78 LV BB, Art. 69 LV HB, Art. 48 Abs. LV HH, Art. 124 LV HE, Art. 60 Abs. 3 LV MV, Art. 49 LV NI, Art. 2 LV NW, Art. 76 Abs. 1 LV RP, Art. 63 Abs. 1 LV SL, Art. 70 Abs. 2 LV SN, Art. 81 Abs. 3 LV ST, Art. 42 Abs. 2 LV SH, Art. 45 LV TH. Die Landesverfassung Baden Württemberg regelt die Volksabstimmung in Art. 59.
[277] BVerfGE 13, 54 (91); 28, 220 (224). Vgl. Bodo Pieroth/Bernhard Schlink, Staatsrecht II, 21. Auflage, Heidelberg 2005, Rdnr. 1040, S. 276.
[278] Art. 3 1. ZP zur EMRK regelt nur zwei Wahlrechtsgrundsätze - freie und geheime Wahlen. Nach Art. 25 lit. b IPbpR sind allgemeine, gleiche, geheime und freie Wahlen zu gewährleisten.

Gleichheit, verlangt nach der Regel „ein „Mann" eine Stimme" und lehnt eine unterschiedliche Stimmengewichtung ab. Danach sind Ungleichheiten im Zählwert ausgeschlossen und bedingen Ungleichheiten im Erfolgswert eines zwingenden Grundes.[279] Durchbrechungen der demokratischen Gleichheit, wie bei Sperrklauseln, können nach herrschender Rechtsprechung zwar als eng begrenzte Ausnahme zulässig sein[280], sie bewirken jedoch einen Ausschluss von der Sitzverteilung, worauf im vierten Kapitel näher einzugehen ist.

Als Ausdruck der demokratischen Gleichheit sind die gleichen Beteiligungsrechte der politischen Parteien an den Wahlen und der politischen Meinungsbildung sowie ihr Recht auf Chancengleichheit (Art. 3 Abs. 1 GG) zu werten.[281] Dieses Recht gründet sich auf das demokratische Recht der Bürger auf gleiche Teilhabe an der politischen Willensbildung. Als Mittler des Bürgerwillens ist das Recht auf Chancengleichheit[282] nicht als eine formelle Gleichheit, sondern als eine in Abhängigkeit von der Zahl der Wählerstimmen differenzierende Gleichheit zu sehen.[283]

Aus dem repräsentativen Charakter der unmittelbar durch die Bürger gewählten Volksvertretung (Art. 38 Abs. 1 Satz 1 GG) folgen die gleiche Stellung und Rechte der Abgeordneten[284] nach dem Grundsatz gleicher Teilhabe an den verfassungsrechtlichen Parlamentsfunktionen, wie insbesondere das demokratische Mitwirkungsrecht an den Verhandlungen und Entscheidungen der Volksvertretung.[285] Art. 38 Abs. 1 Satz 1 GG bezeichnet ein grundrechtsgleiches Recht in der gesellschaftlichen Sphäre und bestimmt den *status activus* des Bürgers in öffentlichen Angelegenheiten des Bundes.[286] Abweichungen vom demokratischen Gleichheitsprinzip erfordern zwingende Gründe, wie beim gleichen Erfolgswert der Stimmen oder hinsichtlich unabdingbarer Erfordernisse der Arbeitsfähigkeit der Volksvertretung.[287]

Mit dem Zugang zu den öffentlichen Ämtern (Art. 33 Abs. 2 GG)[288] wird jedem Bürger unter Berücksichtigung bestimmter Kriterien – Eignung, Befähigung und

---

[279] BVerfGE 82, 322 (337). Vgl. Reinhold Zippelius (Fn. 232), § 24, S. 165 f.
[280] Grundsatzurteil zu Sperrklauseln: BVerfGE 1, 208 (256).
[281] BVerfGE 99, 69 (78 f.).
[282] Zur Gleichheit als Chancengleichheit vgl. Michael Kloepfer, Gleichheit als Verfassungsfrage, Berlin 1980, S. 36 ff.
[283] Vgl. Ernst-Wolfgang Böckenförde, in: Josef Isensee/Paul Kirchhof (Hrsg.) (Fn. 74), § 24, Rdnr. 44, S. 459 f.
[284] Zur Gleichheit der Abgeordneten vgl. Klaus Abmeier, Die parlamentarischen Befugnisse des Abgeordneten des Deutschen Bundestages nach dem Grundgesetz, Berlin 1984, S. 219 ff. BVerfGE 40, 296 (318); 94, 351 (369).
[285] Vgl. Dieter Grimm, Parlament und Parteien, in: Hans Peter Schneider/Wolfgang Zeh (Hrsg.), Parlamentsrecht und Parlamentspraxis in der Bundesrepublik Deutschland, Berlin/New York 1989, § 6, Rdnr. 29 ff., S. 210 ff. (Rdnr. 32, S. 212).
[286] BVerfGE 112, 118 (133 f.).
[287] Vgl. BVerfGE 94, 351 (369); 96, 264 (278 f.); Ernst-Wolfgang Böckenförde, in: Josef Isensee/Paul Kirchhof (Hrsg.) (Fn. 74), § 24, Rdnr. 45, S. 460.
[288] Art. 25 lit. c IPbpR.

fachliche Leistung – die Möglichkeit zum Eintritt in den Staatsdienst eröffnet[289] mit der Folge, selbst Entscheidungsträger zu werden.

Für die politische Willensbildung in einer demokratischen Herrschaftsordnung sind die kommunikativen Freiheitsrechte, insbesondere die Meinungs- (Art. 5 Abs. 1 GG)[290], Versammlungs- (Art. 8 Abs. 1 GG) und Vereinigungsfreiheit (Art. 9 Abs. 1 GG), die ihr entsprechendes Pendant auf zwischenstaatlicher Ebene, sowohl im Verfassungsvertrag für Europa bzw. in der Grundrechtecharta[291] als auch in der Europäischen Menschenrechtskonvention[292] bzw. im Internationalen Pakt über bürgerliche und politische Rechte[293] finden, unentbehrlich. Sie ermöglichen maßgeblich die politische Auseinandersetzung unterschiedlicher Interessen, Grundvoraussetzung für den demokratischen Willensbildungs- und Entscheidungsprozess.

III. Implikationen der Achtung der Grund- und Menschenrechte für Kollegialentscheidungen

Die aus der Menschenwürde fließenden Grund- und Menschenrechte üben Einfluss auf das Handeln und damit die Entscheidungen staatlicher Organe aus. Diese stehen vor der Querschnittsaufgabe, menschenrechtliche Aspekte in ihr Handeln einzubeziehen und darauf hinzuwirken, dass die Grund- und Menschenrechte in allen Politikbereichen zum Tragen kommen, sowohl innerstaatlich als auch zwischenstaatlich. Damit ist das Endziel von Sachentscheidungen vorgegeben: Frieden, Sicherheit, gesellschaftliche Entwicklung und Wohlstand. Die Nichtbeachtung von Grund- und Menschenrechten führt erfahrungsgemäß zu Konflikten und Auseinandersetzungen und mündet nicht selten in Gewaltanwendungen zwischen Individuen und Staaten. Ein demokratisch gewähltes Kollegialorgan, wie ein Parlament als Legislative, eine Regierung als Exekutive oder ein Gericht als Judikative (horizontale Gewaltenteilung), ist im Rahmen der jeweils geltenden Rechtsordnung in seiner Entscheidungsfreiheit dahingehend begrenzt, dass es sich bei der Annahme von politischen, rechtlichen bzw. gerichtlichen Entscheidungen am Maßstab der Grund- und Menschenrechte messen lassen muss. Wie die Lehren aus dem Nationalsozialismus zeigen, entbehrt die Staats- bzw. Herrschaftsmacht, die durch ihre Kollegialorgane die Grund- und Menschenrechte in ihren Entscheidungen missachtet, ihrer Existenzberechtigung. Insofern setzt die Achtung der Grund- und Menschenrechte der demokratischen Willens- und Entscheidungsfindung in Kollegialorganen inhaltliche Grenzen. Die Grund- und Menschenrechte beeinflus-

---

[289] Vgl. Rüdiger Sannwald, in: Bruno Schmidt-Bleibtreu/Franz Klein (Hrsg.) (Fn. 24), Art. 33, Rdnr. 17, S. 859.

[290] Das allgemein als Meinungsfreiheit bezeichnete Grundrecht schließt außerdem die Informations- und Pressefreiheit sowie die Freiheit der Rundfunkberichterstattung und Filmberichterstattung ein. Vgl. Bodo Pieroth/Bernhard Schlink (Fn. 277), Rdnr. 547, S. 137.

[291] Art. II-71, II-72 VVE; Art. 11, 12 GRCh.

[292] Art. 10, 11 EMRK.

[293] Art. 19, 21, 22 IPbpR.

sen folglich den Inhalt von Entscheidungen, dieser ist jedoch nicht Gegenstand der Untersuchung. Nicht der materielle Gehalt von Entscheidungen soll am Maßstab der Grund- und Menschenrechte gemessen werden, sondern das formelle Zustandekommen der Entscheidungen.

Maßgebend für den Gang der weiteren Untersuchung sind die politischen bzw. demokratischen Mitwirkungsrechte. Die Achtung der Grund- und Menschenrechte dient der Mitgestaltung und dadurch der Akzeptanz der jeweiligen Herrschaftsordnung. In einem freiheitlichen demokratischen Rechtsstaat ist die politische Mitwirkung als Recht ausgestaltet, das in unterschiedlichen Stufen wahrgenommen werden kann: vom politischen Interesse des Einzelnen durch Inanspruchnahme der Kommunikationsgrundrechte über den Gebrauch des aktiven Wahlrechts bis hin zur Übernahme politischer Ämter infolge der Nutzung des passiven Wahlrechts.[294] In einer repräsentativen Demokratie bestimmen die Bürger in Ausübung des aktiven Wahlrechts ihre Vertreter (Personalentscheidungen), die für sie einen Großteil der politischen Entscheidungen (Sachentscheidungen) treffen. Aus dem passiven Wahlrecht ergibt sich die Wählbarkeit des Einzelnen, der dann als Mitglied (z.B. Abgeordneter) eines Kollegialorgans die Sachentscheidungen mit trifft. Eine Verletzung von Wahlvorschriften kann je nach Schwere mit Hilfe eines Wahlprüfungsverfahrens zur Ungültigkeit einer Personalentscheidung führen und damit Einfluss auf die Zusammensetzung der Organe nehmen.[295] Zur Verhinderung institutioneller Sicherung von einmal erlangter politischer Herrschaft sind Entscheidungsorgane periodisch neu zu besetzen. Insofern wirkt der Einzelne mit seinem Wahlrecht, in Abhängigkeit von dem anzuwendenden Besetzungsmechanismus, auf die später näher zu untersuchende Sitzverteilung in Organen ein.

Die in Wahlen (Personalentscheidungen) und Abstimmungen (Sachentscheidungen) sich widerspiegelnden politischen Meinungen und Interessen der Bürger in Form der öffentlichen Meinung[296] bestimmen den Inhaber politischer Macht. Die Äußerung des Volkswillens erfolgt neben der Stimmabgabe in Wahlen weiterhin in der Bildung der öffentlichen Meinung und in der Teilhabe an der politischen Willensbildung des Volkes. Hierfür ist der „geistige Kampf der Meinungen"[297] im Prozess der Meinungs- und Willensbildung durch die Gewährleistung der Meinungsfreiheit als wichtiges Kommunikationsrecht grundlegende Bedingung einer freiheitlichen demokratischen Staats- bzw. Herrschaftsordnung.[298] In der Bildung der öffentlichen Meinung treffen divergierende, in der Regel durch politische Parteien kanalisierte, politische Interessen und gesellschaftliche Ansichten aufeinander, die miteinander konkurrieren. Aus der Auseinandersetzung zwischen ihnen ergibt sich nicht nur welche, sondern auch wie bestimmte, das Gemeinwesen betreffende Entscheidungen getroffen werden.[299] Meinungs-, In-

---

[294] Vgl. Werner J. Patzelt (Fn. 226), S. 325.
[295] Vgl. § 16 WahlPrG vom 12.03.1951, in: BGBl. 1951 I, 166; 1995 I, 582.
[296] Zum Diskurs über den Begriff „öffentliche Meinung" vgl. Michael Flitsch, Die Funktionalisierung der Kommunikationsgrundrechte, Berlin 1998, 69.
[297] BVerfGE 25, 256 (265).
[298] Vgl. Bodo Pieroth/Bernhard Schlink (Fn. 277), Rdnr. 557, S. 139 f.
[299] Vgl. Michael Flitsch (Fn. 296), 67 f.

formations-, Presse-[300] bzw. Medienfreiheit sowie Versammlungsfreiheit (Meinungsbildung oder -äußerung gemeinsam mit anderen) und Vereinigungsfreiheit (organisierte Willensbildung) sind unabdingbare Voraussetzungen für eine auf breiter Basis stattfindende Volkswillensbildung. Erst in der Ausübung der Staatsgewalt durch die entsprechenden Organe findet der Staatswillensbildungsprozess, d.h. die Bildung des Staatswillens im institutionalisierten Verfahren des staatsorganschaftlichen Bereichs, statt.[301] Die Kommunikationsgrundrechte erfüllen überdies eine für die Demokratie als „Herrschaft auf Zeit" wesentliche Kontrollfunktion bezüglich der staatlichen Organe im Staatswillensbildungsprozess und ihrer Entscheidungen.

Die Gewährleistung der politischen Mitwirkung der Bürger an der öffentlichen Meinungsbildung und der Mitgestaltung an der staatlichen und gesellschaftlichen Ordnung durch den Einfluss auf den Willensbildungsprozess auf den verschiedenen Ebenen sind Grundvoraussetzungen für einen demokratischen Willensbildungs- und Entscheidungsprozess, sowohl auf breiter Basis (Volkswillensbildung) als auch durch legitimierte Organe (Staatswillensbildung). Die vom Volk zu den Staats- und Herrschaftsorganen führende Willensbildung [302] wird durch die kommunikativen Freiheitsrechte als Voraussetzung für die Volkswillensbildung sowie die Wahlen (Personalentscheidungen) als Voraussetzung für den Willensbildungsprozess staatlicher Organe (Staatswillensbildung) materialisiert. Neben der materiell-inhaltlichen Beschränkung wirken die Grund- und Menschenrechte somit auch auf das Zustandekommen von Beschlüssen als Ausdruck und Ergebnis des Willensbildungs- und Entscheidungsprozesses im formellen Sinne.

E. Das Souveränitätsprinzip

I. Begriff und historischer Exkurs

Der Begriff der Souveränität wird auf das Wort Souverän – lat.: „*supremus*" – zurückgeführt und bedeutet „der am höchsten Gestellte". Souveränität ist demnach die Eigenschaft der höchsten Gewalt.[303] Die Souveränität stellt die Frage nach dem

---

[300] Zur freien Presse als „ein Wesenselement des freiheitlichen Staates" und als unentbehrlich für die moderne Demokratie vgl. BVerfGE 20, 162 (174).

[301] Die öffentliche Meinung (Volkswillen) nimmt zwar Einfluss auf die Staatswillensbildung, daraus muss aber nicht notwendig folgen, dass Volkswillen und Staatswillen immer übereinstimmen. Die Organe in einer repräsentativen Demokratie entscheiden nicht selten gegen die öffentliche Meinung und damit für den „besseren" Willen des Volkes. So Walter Schmitt Glaeser, in: Josef Isensee/Paul Kirchhof (Hrsg.), HdbStR, Band II, 2. Auflage, Heidelberg 1998, § 31, Rdnr. 30, S. 63.

[302] Vgl. ebenda, Rdnr. 31, S. 64.

[303] Vgl. X.S. Combothecra, Der Begriff der Souveränität, in: Hanns Kurz (Hrsg.), Volkssouveränität und Staatssouveränität, Darmstadt 1970, S. 1; Ignaz Seidl-Hohenveldern, Souveränität, in: Ignaz Seidl-Hohenveldern (Hrsg.), Lexikon des Rechts – Völkerrecht, 3. Auflage, Neuwied/Kriftel 2001, S. 377.

Verhältnis von Herrschaft und Ordnung. „Für die Herrschaftsordnung ist essentiell charakteristisch das Dasein eines „Herrn", d.h. einer dauernden universalen und wirksamen Entscheidungseinheit."[304] Heller nennt Souverän „[...] jene Entscheidungseinheit, die keiner anderen wirksamen universalen Entscheidungseinheit untergeordnet ist."[305] „Souveränität fragt nach dem Recht, das Recht zu ändern. [...] Souverän ist [...], wer [...] entscheidet, ohne einer weiteren Rechtfertigung zu bedürfen."[306] Mit diesen Worten wird die Bedeutung des Souveränitätsprinzips für den Entscheidungsprozess verdeutlicht.

In Abhängigkeit vom Träger der Souveränität wird zwischen Volks- und Staatssouveränität unterschieden. Hat das Volk die Gewalt inne, so handelt es sich um die Volkssouveränität[307] als ein Grundelement der Demokratie. Hier verkörpert das Volk den „Herrn" als wirksame Entscheidungseinheit, dessen politische Herrschaftsgewalt einer rechtfertigenden Herleitung (Legitimation) bedarf. Im Mittelalter richtete sich das Prinzip vor allem gegen kirchlich-päpstliche Suprematieansprüche.[308] Die Weiterentwicklung des Prinzips der Volkssouveränität in der Neuzeit war durch zwei verschiedene Auffassungen geprägt. Nach der ersten sich an Rousseau orientierenden Auffassung erfolgt der Übergang des Autonomieprinzips von den Einzelnen auf das Volk. Nach der anderen, Locke folgenden Auffassung, bestimmt das Autonomieprinzip die Entstehung politischer Herrschaft und ihren Zweck – der Gewährleistung der natürlichen Rechte des Einzelnen, um somit herrschaftsbegrenzend zu wirken. In der französischen Erklärung der Menschen- und Bürgerrechte von 1789 fanden beide Richtungen ihre Aufnahme, zum einen in der Proklamierung der vollen Souveränität der Nation und zum anderen in den unveräußerlichen Menschenrechten.[309]

In den in Verwirklichung des Selbstbestimmungsrechts der Völker gebildeten Staaten stellen letztere den Souverän und damit das Subjekt der höchsten Entscheidung dar. Der Staat untersteht keiner höheren politischen Entscheidungseinheit.[310] Den Begriff der Souveränität des Staates führte Bodin (1529 - 1596) in die Staats- und Völkerrechtstheorie ein.[311] Nach der durch ihn begründeten Souveränitätslehre[312] bedeutet Souveränität die absolute und zeitlich unbegrenzte Macht ei-

---

[304] Hermann Heller, Die Souveränität, Berlin/Leipzig 1927, S. 37.
[305] Ebenda, S. 43.
[306] Gerd Roellecke, Souveränität, Staatssouveränität, Volkssouveränität, in: Dietrich Murswiek/Ulrich Storost/Heinrich A. Wolff (Hrsg.) (Fn. 228), S. 26.
[307] Zur Volkssouveränität vgl. Stefan Müller, Der Gedanke der Volkssouveränität in den frühen amerikanischen Verfassungen, Köln 2002, S. 5.
[308] Vgl. Peter Graf Kielmansegg, Volkssouveränität, Stuttgart 1977, S. 20 f.; Ernst-Wolfgang Böckenförde, in: Josef Isensee/Paul Kirchhof (Hrsg.) (Fn. 74), § 24, Rdnr. 3, S. 430 f.
[309] Vgl. Ernst-Wolfgang Böckenförde, in: Josef Isensee/Paul Kirchhof (Hrsg.) (Fn. 74), § 24, Rdnr. 3, S. 431.
[310] Vgl. Hermann Heller (Fn. 304), S. 73.
[311] Vgl. Jean Bodin, Über den Staat, Buch I, Stuttgart 1976, 8. Kapitel, Rdnr. 122 ff., S. 19 ff.
[312] Zu Bodins Souveränitätslehre vgl. Helmut Quaritsch, Souveränität, Berlin 1986, S. 46 ff.

nes Staates nach innen und außen. Im Mittelalter waren Gebietsherrschaftsverbände, die alle auf seinem Hoheitsgebiet entscheidenden Organe einer zentralen Entscheidungseinheit unterordnen, noch nicht vorhanden. Erst in der Neuzeit ist der moderne Staat mit einer solchen weit reichenden Entscheidungseinheit ausgestattet worden.[313]

II. Das Prinzip der Volkssouveränität

Weil sich das Demokratieprinzip positivrechtlich auf das Prinzip der Volkssouveränität gründet, setzt es normativ-tatbestandlich auch ein Volk als Legitimationssubjekt voraus. „Volks-„souveränität" bedeutet demnach, dass das Volk „[...] über seine Regierungsform selbst entscheidet": (d)as Volk als *pouvoir constituant*. Darüber hinaus geht vom Volk aber auch innerhalb der gewählten Staatsform „alle Gewalt aus": das Volk als *pouvoir constitué*."[314] Die Volkssouveränität setzt ein Volk als Zurechnungs- und Entscheidungseinheit voraus.[315] Die Errichtung und Organisation der politischen Herrschaftsgewalt muss auf das Volk als alleiniges Legitimationssubjekt, d.h. eine von ihm ausgehende Legitimation und Entscheidung, rückführbar sein.[316] Damit richtet sich das Prinzip der Volkssouveränität primär auf die Trägerschaft der Staatsgewalt als Legitimationsobjekt. Da das Volk die Staatsgewalt nicht immer, eher selten, selbst wahrnehmen kann, wählt es Repräsentanten, die stellvertretend für das Volk entscheiden. Damit verlagert sich das Wesen des Demokratieprinzips von der Identität von Regierenden und Regierten auf die Bestimmung und Legitimation der Repräsentanten.[317]

Auf *Bundesebene* wird das Verfassungsprinzip der Volkssouveränität in Art. 20 Abs. 2 Satz 1 GG als normativer Gehalt der Demokratie proklamiert. Nach herrschender Auffassung[318] und Rechtsprechung[319] ist mit dem Volk das deutsche Volk als Legitimationssubjekt gemeint. Mit Einführung des kommunalen Wahlrechts für EG-Bürger in Art. 28 Abs. 1 Satz 3 GG aufgrund von Art. 19 Abs. 1 EG (Art. I-10 Abs. 2 UAbs. 1 lit. b und Art. II-100 VVE bzw. Art. 20 Abs. 2 UAbs. 1 lit. b AEU Lissabon und Art. 40 GRCh) haben Personen, die die Staatsangehörigkeit eines Mitgliedstaates der EG (EU) besitzen, das aktive und passive Wahlrecht

---

[313] Vgl. Hermann Heller (Fn. 304), S. 43.
[314] Winfried Kluth (Fn. 118), S. 35.
[315] Vgl. Rolf Grawert, Demokratische Regierungssysteme, in: Dietrich Murswiek/Ulrich Storost/Heinrich A. Wolff (Hrsg.) (Fn. 228), S. 100.
[316] Vgl. Georg Wegge (Fn. 79), S. 102; Ernst-Wolfgang Böckenförde, in: Josef Isensee/Paul Kirchhof (Hrsg.) (Fn. 74), § 24, Rdnr. 5, S. 432.
[317] Vgl. Klaus Stern (Fn. 66), § 18 II 4, S. 604.
[318] Vgl. Helmut Quaritsch, in: Josef Isensee/Paul Kirchhof (Hrsg.), HdbStR, Band V, 2. Auflage, Heidelberg 2000, § 120, Rdnr. 93, S. 709; Michael Sachs, in: Michael Sachs (Hrsg.) (Fn. 91), Art. 20, Rdnr. 27a, S. 774; Michael Antoni, in: Dieter Hömig (Hrsg.) (Fn. 71), Art. 20, Rdnr. 8, S. 238; Horst Dreier, in: Horst Dreier (Hrsg.) (Fn. 87), Art. 20 (D), Rdnr. 94, S. 78.
[319] BVerfGE 83, 37 (53); 83, 60 (71); 107, 59 (87).

auf kommunaler Ebene.[320] Da kommunale Selbstverwaltungen, die nach dem Homogenitätsgebot die in Art. 20 GG enthaltenen Grundsätze ebenfalls beachten müssen[321], auch Staatsgewalt ausüben[322], und demokratische Legitimation der Staatsgewalt nach Art. 20 Abs. 2 Satz 1 GG nur vom deutschen Staatsvolk ausgeht, bedurfte es der Grundgesetzänderung hinsichtlich der Aufnahme neuer Legitimationssubjekte.[323] Zwar sieht der neu eingeführte Art. 28 Abs. 1 Satz 3 GG, wie auch Art. 19 Abs. 1 EG, nur eine Wahlbeteilung vor, während Art. 20 Abs. 2 Satz 2 GG als Formen der Ausübung der Staatsgewalt Wahlen und Abstimmungen enthält, doch wenn EG-Bürger als Gemeindevertreter oder sogar Bürgermeister gewählt werden können, dürfte ihre Teilnahme an Abstimmungen ebenso zulässig sein.[324]

Das Volk übt die Staatsgewalt in Wahlen und Abstimmungen sowie durch Staatsorgane der drei Gewalten aus (Art. 20 Abs. 2 Satz 2 GG).[325] Nach Rechtsprechung des Bundesverfassungsgerichts gehört zu dem nach Art. 79 Abs. 3 GG unantastbaren Gehalt des Demokratieprinzips, „[...] daß die Wahrnehmung staatlicher Aufgaben und die Ausübung staatlicher Befugnisse sich auf das Staatsvolk zurückführen lassen und grundsätzlich ihm gegenüber verantwortet werden."[326] Die demokratische Legitimation stellt „[...] das Verbindungsglied, das das Volk mit den die Staatsaufgaben wahrnehmenden Staatsorganen verknüpft" [327], dar. Dabei ist das Volk der Souverän über sich selbst, solange es die oberste Entscheidungsinstanz darstellt.[328] Die Grundentscheidungen für die Prinzipien der Demokratie und der Volkssouveränität gelten nicht nur auf Bundes- und Landesebene, sondern auch in den Gemeinden.[329] Art. 28 Abs. 1 Satz 2 GG gewährleistet die Einheitlichkeit der demokratischen Legitimationsgrundlage für alle Gebietskörperschaften.

---

[320] Hiermit ist neben den Vertragsbestimmungen die Richtlinie 94/80/EG vom 19.12.1994, in: ABl. EG Nr. L 368 vom 31.12.1994, S. 38, geändert in: ABl. EG Nr. L 122 vom 22.05.1996, S. 14 gemeint.
[321] „Dementsprechend ordnet Art. 28 Abs. 1 Satz 2 GG nicht nur den Ländern sondern auch den Gemeinden und Kreisen ein „Volk" als Legitimationssubjekt zu; es ist der eigentliche Träger der Selbstverwaltung und soll demgemäß eine Vertretung haben, die nach denselben Grundsätzen zu wählen ist, wie sie für die Wahlen zum Bundestag und zu den Landesparlamenten gelten. Art. 28 Abs. 1 Satz 2 GG will [...] die Einheitlichkeit der demokratischen Legitimationsgrundlage im Staatsaufbau sicherstellen." BVerfGE 83, 37 (55).
[322] Ebenda (54).
[323] Vgl. Andreas Haratsch/Christian Koenig/Matthias Pechstein, Europarecht, 5. Auflage, Tübingen 2006, Rdnr. 664 ff., S. 273 ff.
[324] Befürwortend Horst Dreier, in: Horst Dreier (Hrsg.) (Fn. 87), Art. 28, Rdnr. 81, S. 641 m.w.N. in Fn. 365.
[325] Vgl. Ernst-Wolfgang Böckenförde, in: Josef Isensee/Paul Kirchhof (Hrsg.) (Fn. 74), § 24, Rdnr. 8, S. 433 f.
[326] BVerfGE 89, 155 (182).
[327] Hartmut Maurer (Fn. 71), Rdnr. 21, S. 181.
[328] Vgl. Gerhard Leibholz (Fn. 268), S. 143.
[329] Vgl. Rolf Stober (Fn. 155), § 8 I 6a, S. 127.

So eindeutig wie auf nationaler Ebene ist die Frage nach dem Subjekt demokratischer Legitimation in den *Europäischen Gemeinschaften* und der *Europäischen Union* indes nicht.[330] Herkömmliche staatsrechtliche Definitionen lassen sich nicht einfach auf die solitäre EU übertragen, wie Hirsch zutreffend bemerkt. „Nicht die Union hat sich in das Prokrustesbett staatsrechtlicher Kategorien zu legen („Staat", „Souveränität"), sondern das Staatsrecht hat europäische Realitäten zu akzeptieren."[331] Oeter spricht von einem unaufgelösten Formelkompromiss zwischen fortbestehender mitgliedstaatlicher Souveränität (Staatensouveränität) und gemeinschaftsbezogener Repräsentation (als Ausdruck der Volkssouveränität) in den Europäischen Gemeinschaften, dessen Gefüge auf zwei Säulen demokratischer Legitimation aufgebaut ist: einer nationalen über die Parlamente und Regierungen der Mitgliedsstaaten und einer gemeinschaftseigenen über das direkt gewählte Europäische Parlament.[332] Wenn auch die Frage nach dem Subjekt demokratischer Legitimation wegen eines bisher nicht existierenden einheitlichen „europäischen Staatsvolkes"[333] in der Literatur umstritten ist[334], so darf wohl Oeter zugestimmt werden, dass das Europäische Parlament die „[...] symbolische Verkörperung eines auf die Gesamtheit der Europäischen Union bezogenen Prinzips der Repräsentation (im Sinne des Gedankens der Volkssouveränität)"[335] ist. Mit einer zunehmenden Konsolidierung der Stellung des Europäischen Parlaments, vor allem als Legislative (Art. I-20 VVE; Art. 14 EU Lissabon), erstarkt auch die von einer gesamteuropäischen Volkssouveränität ausgehende Legitimationskraft. Es ist schließlich die Gesamtheit der Bürger der EU-Mitgliedstaaten, die die Entscheidungen des zu legitimierenden Organs (des Europäischen Parlaments) tragen und verantworten muss.[336] Die Entwicklung von der Repräsentation der Völker zur

---

[330] Vgl. Winfried Kluth (Fn. 118), S. 33 f.; Anne Rummer, Die Europäische Union nach Amsterdam, in: ZEuS, 2 (1999) 2, S. 268 ff.

[331] Günter Hirsch, Nizza, in: NJW, 11 (2001) 37, S. 2678.

[332] Vgl. Stefan Oeter, Föderalismus, in: Armin von Bogdandy (Hrsg.), Europäisches Verfassungsrecht, Berlin/Heidelberg 2003, S. 88.

[333] Vgl. Winfried Kluth (Fn. 118), S. 43 ff.; Matthias Pechstein/Christian Koenig (Fn. 113), Rdnr. 567, S. 287; Albert Bleckmann (Fn. 16), S. 55. Die Einführung der Unionsbürgerschaft in Art. 17 EG fördere die Entwicklung eines europäischen Unionsvolkes bzw. eines Volkes der EU. Vgl. Thomas Schmitz (Fn. 113), S. 219 ff.; Angela Augustin, Das Volk der Europäischen Union, Berlin 2000, S. 393.

[334] Eine demokratische Legitimation der Gemeinschaftsgewalt lasse sich bislang aus den Staatsvölkern der nationalen Parlamente, d.h. den Mitgliedstaaten herleiten. Vgl. hierzu Peter M. Huber, Die Rolle des Demokratieprinzips im europäischen Integrationsprozeß, in: Staatswissenschaften und Staatspraxis, 3 (1992), S. 354. BVerfGE 89, 155 (186). Anders Stefan Oeter (Fn. 332), S. 89. Auf die Vermittlung demokratischer Legitimation durch das Europäische Parlament hat das BVerfG in seinem Maastricht-Urteil hingewiesen. BVerfGE 89, 155 (185 f.).

[335] Stefan Oeter (Fn. 332), S. 90.

[336] Vgl. Thomas Schmitz (Fn. 113), S. 223.

Repräsentation der Unionsbürger spiegelt sich folgerichtig in Art. I-20 Abs. 2 VVE[337] bzw. Art. 14 Abs. 2 EU Lissabon wider.

Auf der Repräsentation basiert auch die *Völkerrechts*subjektivität demokratischer Staaten, wonach der zur Herrschaftsausübung Befugte das Volk vertritt. Der Staat ist die souveräne Rechtsperson, das Volk das Legitimationssubjekt der Staatsgewalt.[338] In der UNO, die über kein Parlament verfügt und wo lediglich in einem der sechs Hauptorgane – der Generalversammlung – alle Mitgliedstaaten gem. Art. 9 Abs. 1 UN-Charta vertreten sind, kann von einer Legitimation bestenfalls durch demokratisch gewählte Regierungen der Mehrzahl ihrer Mitgliedstaaten ausgegangen werden. Auf europäischer Ebene ist zusätzlich eine, wenn auch nicht starke, demokratische Legitimation über die Vertreter der nationalen Parlamente in den Parlamentarischen Versammlungen des Europarates bzw. der OSZE gegeben. Wiederum ist die Volkssouveränität nur auf das jeweilige (Staats-)Volk der gegenwärtig 47 Mitgliedstaaten des Europarates bzw. der 56 Teilnehmerstaaten der OSZE zurückführbar.

III. Das Prinzip der Staatssouveränität

Die Souveränität als Eigenschaft der Staatsgewalt und Grundprinzip des Völkerrechts[339] bedeutet höchste Gewalt nach innen und Unabhängigkeit nach außen, d.h. keine Abhängigkeit von einer anderen staatlichen Rechtsordnung.[340] Nach innen ist die Staatsgewalt durch das Verfassungsrecht (Verfassungsautonomie) und nach außen durch das Völkerrecht gebunden. Aus dem Prinzip der Staatssouveränität folgt die Hoheitsgewalt des Staates, Entscheidungen sowohl nach innen als auch nach außen zu treffen. Dabei stellen innere und äußere Souveränität zwei Seiten eines Ganzen dar. Die innere Souveränität liegt nur vor, wenn auch die äußere gegeben ist, so dass der Staat unabhängig von anderen Staaten Recht setzen und vollziehen kann. Umgekehrt setzt die innere Souveränität, d.h. die Einheit der Entscheidung im Inneren die äußere Souveränität voraus, d.h. die Einheit der Entscheidung nach außen.[341]

---

[337] Vgl. Winfried Kluth, in: Christian Calliess/Matthias Ruffert (Hrsg.) (Fn. 109), Art. I-20, Rdnr. 5, S. 304; Volker Epping, in: Christoph Vedder/Wolff Heintschel von Heinegg (Hrsg.) (Fn. 109), Art. I-20, Rdnr. 4, S. 120.

[338] Vgl. Marcel Kaufmann, Europäische Integration und Demokratieprinzip, Baden-Baden 1997, S. 31.

[339] So schon der StIGH im Karelien-Fall, in: PCIJ, Série B, No. 5, 1923; Art. 2 Ziff. 1 UN-Charta.

[340] Vgl. Volker Epping, in: Knut Ipsen (Fn. 143), § 5, Rdnr. 8, S. 61.

[341] Vgl. Albrecht Randelzhofer, in: Josef Isensee/Paul Kirchhof (Hrsg.), HdbStR, Band I, 2. Auflage, Heidelberg 1998, § 15, Rdnr. 24, S. 700.

E. Das Souveränitätsprinzip   107

1. Innere Souveränität

Unter innerer Souveränität wird die Verfügungsgewalt über die inneren Angelegenheiten verstanden.[342] Die Souveränität der Staatsgewalt ist dadurch gekennzeichnet, dass die Gewalten sich nur im Rahmen der staatlichen Rechtsordnung entfalten können. Aus der Einseitigkeit der Staatsgewalt folgt, dass die Staatsgewalt zur Ausübung ihrer Zuständigkeiten nicht der Zustimmung oder Mitwirkung der Betroffenen bedarf. Im Staatswesen der gewaltenteilenden Demokratie setzt die Einheit der Staatsgewalt nicht voraus, dass die Letztentscheidung bei einem einzigen Staatsorgan liegt.[343] Ein Parlament als Legislative entscheidet zwar über die Annahme eines Gesetzes, dieses kann aber von einem Verfassungsgericht als Judikative für nichtig erklärt werden. Die Ausführung eines geltenden Gesetzes obliegt der Regierung als Exekutive. Auch ihre Handlungen sind durch ein Verfassungsgericht überprüfbar. Das Verfassungsgericht wird allerdings nur auf Antrag tätig und seine Kompetenzen können wiederum durch Gesetz des Parlaments geändert werden. Dies lässt berechtigte Zweifel am Bestehen einer Einheit der Staatsgewaltsausübung aufkommen.[344] Daraus ergibt sich eine unterschiedliche Zuweisung konkreter Zuständigkeiten zu Letztentscheidungen an verschiedene Staatsorgane.

2. Äußere Souveränität

Die äußere Souveränität ist dadurch gekennzeichnet, dass der Staat allein dem Völkerrecht und keiner anderen Autorität untersteht.[345] Mit einer wachsenden zwischenstaatlichen Integration, vor allem auf wirtschaftlichem Gebiet, übertragen die Staaten Teile ihrer Hoheitsrechte an internationale Organisationen, womit sie ihre Souveränität partiellen Einschränkungen unterwerfen.[346]

Die Souveränität als „Möglichkeit der Selbstbeschränkung" stellt für Jellinek die Grundlage völkerrechtlicher Verpflichtungen des Staates dar. Der Staat könne anderen Rechtssubjekten, unter ihnen fremden Staaten, Rechte gewähren, indem er sich zu ihren Gunsten beschränkt.[347] Dabei bleibt in der durch eine hohe Interdependenz gekennzeichneten internationalen Staatengemeinschaft die Souveränität der Staaten als freie Entscheidungsmöglichkeit erhalten. Selbst eine Institutionalisierung dieser Interdependenz durch internationale Organisationen hebt die Staatssouveränität nicht auf. Die sich daraus ergebenden Einschränkungen in der Entscheidungsfreiheit basieren auf freiwillig eingegangenen vertraglichen Verpflichtungen, die jeweils nur bestimmte Aspekte der staatlichen Kompetenz berüh-

---

[342] Vgl. Rolf Schmidt (Fn. 200), Rdnr. 37, S. 14 f.
[343] Vgl. Albrecht Randelzhofer (Fn. 341), § 15, Rdnr. 37 f., S. 705 f.
[344] So Karl Doehring (Fn. 185), Rdnr. 261 f., S. 111.
[345] Vgl. Volker Epping, in: Knut Ipsen (Fn. 143), § 5, Rdnr. 7, S. 61.
[346] Schon in den fünfziger Jahren geht Philip C. Jessup von einer Beschränkung der Souveränität aus: „Unlimited sovereignty is no longer automatically accepted as the most prized possession or even as a desirable attribute of states." Philip C. Jessup, A Modern Law of Nations, New York 1950, S. 1.
[347] Vgl. Georg Jellinek, Die Lehre von den Staatenverbindungen, Goldbach 1996, S. 36.

ren, die Verfassungshoheit aber unberührt lassen. Die Staaten können durch Austritt aus einer internationalen Organisation ihre eingangs übertragenen Kompetenzen wieder zurücknehmen.[348]

Zwar lässt die Ausstattung von internationalen bzw. supranationalen Organisationen mit Hoheitsrechten durch souveräne Mitgliedstaaten erstere immer mehr in die staatlichen Kompetenzbereiche vordringen, solange aber die Mitgliedstaaten weiterhin über die Kompetenz verfügen, ihre übertragene Hoheitsgewalt wieder zurückzugewinnen und selbst auszuführen, bleiben Souveränität und Staatsgewalt bestehen bzw. ist, wie Zippelius es trefflich formuliert, ein „*point of no return*" noch nicht erreicht worden.[349]

Mit der Übertragung staatlicher Hoheitsrechte auf die EG gemäß dem, seinem Charakter nach völkerrechtlichen, primären Gemeinschaftsrecht hat sich die europäische zwischenstaatliche Integration zu einer der fortgeschrittensten entwickelt. Diese könnte insbesondere im Hinblick auf den Verfassungsvertrag für Europa bzw. nunmehr Reformvertrag von Lissabon in der Zukunft ein Stadium erreichen, das eine Umkehr unter Umständen unmöglich macht.[350]

IV. Implikationen des Souveränitätsprinzips für Kollegialentscheidungen

Das Prinzip der Volkssouveränität begründet den Träger und Inhaber der politischen Herrschafts- bzw. Staatsgewalt. Danach bezeichnet Souveränität den Tatbestand, wonach in einem politischen System die Befugnisse zu verbindlichen Entscheidungen monopolisiert sind. Die Organisation dieses Monopols muss so erfolgen, dass die gesamte Entscheidungstätigkeit dieses Systems letztendlich einem Herrschaftsträger zugerechnet werden kann.[351] Die Ausübung der Herrschaftsgewalt erfolgt durch den Herrschaftsträger, das Volk, in Wahlen und Abstimmungen sowie durch besondere demokratisch legitimierte Organe. Hieraus ergeben sich die Mittel und Wege, über die das Volk die Staatsgewalt wahrnimmt.[352] Unerlässlich sind die Rückführbarkeit aller Entscheidungen auf den Willen des Herrschaftsträgers sowie die Verantwortung der Organe für die Entscheidungen gegenüber diesem. Auf diese Fragen soll allerdings in der Arbeit nicht weiter vertiefend eingegangen werden.

Aus der inneren Souveränität folgt, dass die verschiedenen Staatsorgane ihre Entscheidungen innerhalb des Staates im Rahmen der staatlichen Rechtsordnung treffen. Dazu gehört auch die Entscheidung des Staates, seine Entscheidungsfreiheit zugunsten einer Mitgliedschaft in einer Staatenverbindung einzuschränken. Aufgrund der Übertragung von zahlenmäßig zunehmenden Hoheitsrechten durch

---

[348] Vgl. Albrecht Randelzhofer (Fn. 341), § 15, Rdnr. 33, S. 703 f.
[349] Vgl. Reinhold Zippelius (Fn. 232), § 10, S. 55. Vgl. auch Ignaz Seidl-Hohenveldern/ Torsten Stein, Völkerrecht, 10. Auflage, Köln/Berlin/Bonn/München 2000, Rdnr. 639, S. 138.
[350] Vgl. Knut Ipsen, in: Knut Ipsen (Fn. 143), § 2, Rdnr. 67, S. 40.
[351] Vgl. Peter Graf Kielmansegg (Fn. 308), S. 240.
[352] Vgl. Hartmut Maurer (Fn. 71), Rdnr. 20, S. 180 f.

den Staat an internationale und supranationale Organisationen, basierend auf dem Prinzip der Staatssouveränität, speziell der äußeren Souveränität, werden immer mehr Entscheidungen, darunter zunehmend auch im Bereich der inneren Angelegenheiten eines Staates, auf zwischenstaatlicher Ebene getroffen. Dies trifft insbesondere auf die EG zu. Aber auch innerhalb der UNO scheinen nur noch die fünf ständigen Sicherheitsratsmitglieder wegen des nur ihnen zustehenden Vetos[353] wirklich souverän zu sein. Im Unterschied zu den Beschlüssen des EG-Rates beziehen sich die des UN-Sicherheitsrates auf zwischenstaatliche und nicht unmittelbar innere Angelegenheiten.[354] Ausschlaggebend für Kollegialentscheidungen auf zwischenstaatlicher Ebene ist nach der äußeren Souveränität die von anderen Staaten und ihren Rechtsordnungen unabhängige Willens- und Entscheidungsbildung. Aus der zunehmenden Übertragung von Entscheidungen auf supranationale und internationale Organisationen und der damit einhergehenden freiwilligen Einschränkung der Entscheidungsfreiheit der Staaten ergibt sich die Notwendigkeit der Untersuchung von Entscheidungsregeln und -verfahren nicht nur auf innerstaatlicher, sondern eben auch auf zwischenstaatlicher Ebene unter Anwendung des sich aus den in diesem Kapitel aufgeführten Organisations- und Rechtsprinzipien ergebenden Maßstabes.

F. Das Gleichheitsprinzip

I. Begriff und historischer Exkurs

Die Gleichheit (frz.: *égalité*) ist ein verfassungsmäßiges Recht, das nicht die tatsächliche Gleichheit oder Gleichstellung meint, sondern das als Gleichberechtigung bezeichnete Differenzierungs- bzw. Diskriminierungsverbot der Grund- und Menschenrechte. Die Ursprünge des Gleichheitssatzes werden auf Humanismus und Aufklärung zurückgeführt. Die Gleichheit im Sinne von Chancengleichheit war eine der Hauptforderungen der Französischen Revolution. „Wenn es um Gleichheit und Recht geht, ist es in der Tat schwer, die Wahrheit zu finden."[355] Der Gleichheitssatz wird schon seit Aristoteles[356] als Ausdruck der materiellen Gerechtigkeit gesehen.[357] Zu Recht hat Pollak das Gleichheitsprinzip als „das

---

[353] Art. 27 Abs. 3 UN-Charta.
[354] Vgl. Karl Doehring (Fn. 185), Rdnr. 273, S. 116.
[355] Vgl. Aristoteles, Politik, Buch VI, 1318 b, Eckart Schütrumpf (Übersetzt und eingeleitet), Berlin 1996, S. 95.
[356] „So gibt es die Auffassung, Gerechtigkeit bestehe in Gleichheit, und sie besteht tatsächlich in Gleichheit, jedoch nicht für jedermann, sondern (nur) für die Gleichen. Und nach einer gewissen Auffassung ist Ungleichheit gerecht, und sie ist tatsächlich gerecht, aber nicht für alle, sondern (nur) für die Ungleichen." Aristoteles, Politik, Buch III, a 10, Über die Verfassung, Kapitel 8-9, Eckart Schütrumpf (Übersetzt und erläutert), Berlin 1991, S. 63.
[357] Vgl. Albert Bleckmann, in: Bruno Simma (Hrsg.), Charta der Vereinten Nationen, München 1991, Art. 2, Rdnr. 46, S. 49.

Grundprinzip des Rechtes"[358] bezeichnet und damit auch der Gerechtigkeit überhaupt. Gleichheit wird als Gleichheit aller Menschen vor dem Gesetz verstanden.

Während die formelle Gleichheit die „Gleichheit des Menschenantlitzes" in den Vordergrund stellt und faktisch bestehende Unterschiede vernachlässigt, beruht die materielle Gleichheit auf der Erkenntnis der tatsächlichen Ungleichheit der Menschen.[359] Nach dem vom Triepel formulierten Gleichheitssatz[360] muss wesentlich Gleiches gleich und wesentlich Ungleiches entsprechend seiner Ungleichheit ungleich behandelt werden.[361] Daraus ergibt sich die Notwendigkeit, gerechte Anknüpfungs- oder Differenzierungskriterien für eine Gleichsetzung oder Differenzierung durch die gesetzgebende Gewalt bzw. vertragschließenden Staaten im Sinne des klassischen Gerechtigkeitsprinzips festzulegen.[362] Die Bestimmung dieser Kriterien kann nicht allgemein und abstrakt erfolgen, sondern jeweils nur in Abhängigkeit vom konkreten zu regelnden Sachverhalt.[363]

II. Rechtsgleichheit als Prinzip

Der Begriff der Rechtsgleichheit ergibt sich als Bestandteil einer positiven Rechtsordnung, d.h. aus seiner normativen Bedeutung.[364] Der als rechtsstaatliches Prinzip in allen Rechtsbereichen der *Bundesrepublik Deutschland* geltende Gleichheitssatz[365] gilt nicht nur gegenüber dem Bürger, sondern auch im Verhältnis der Hoheitsträger untereinander.[366] Neben dem allgemeinen Gleichheitssatz – der Zentralnorm zur Gleichheit – in Art. 3 Abs. 1 GG haben besondere Gleichheitssätze, wie der Grundsatz der Gleichberechtigung von Mann und Frau in Art. 3 Abs. 2 GG und das Diskriminierungsverbot in Art. 3 Abs. 3 GG, ihre verfassungsrechtliche Normierung gefunden. Zu weiteren Ausprägungen des Gleichheitsprinzips zählen die staatsbürgerliche Gleichheit in Art. 33 Abs. 1 bis 3 GG, die Wahlgleichheit in Art. 38 Abs. 1 GG und Art. 28 Abs. 1 Satz 2 GG[367], das Verbot der

---

[358] Adam Pollak, Ueber Rechtsprinzipien, in: ARWP, 13 (1919/20) 2-3, S. 115.
[359] Vgl. Roman Herzog, Allgemeine Staatslehre, Frankfurt am Main 1971, S. 382.
[360] „[...], daß die einzelnen Rechtssätze alles als gleich zu behandeln haben, was ungleich zu behandeln Willkür bedeuten, d.h. auf dem Mangel einer ernsthaften Erwägung beruhen würde." Heinrich Triepel, Goldbilanzen-Verordnung und Vorzugsaktien, Berlin/Leipzig 1924, S. 30.
[361] Vgl. Kurt Behnke, Die Gleichheit der Länder im deutschen Bundesstaatsrecht, Berlin 1926, S. 18 ff.; Michael Kloepfer (Fn. 282), S. 18. BVerfGE 3, 58 (135).
[362] Zu den Kriterien der unzulässigen Ungleichbehandlung vgl. Beatrice Weber-Dürler, Die Rechtsgleichheit in ihrer Bedeutung für die Rechtsetzung, Bern 1973, S. 145 ff.
[363] Vgl. Konrad Hesse (Fn. 70), Rdnr. 438, S. 189.
[364] Vgl. Beatrice Weber-Dürler (Fn. 362), S. 31.
[365] BVerfGE 38, 228; 41, 13. Vgl. Cornelia Paehlke-Gärtner, in: Dieter C. Umbach/Thomas Clemens (Hrsg.), Grundgesetz. Mitarbeiterkommentar, Band I, Heidelberg 2002, Art. 3, Rdnr. 20, S. 246 f.; Christoph Kannengießer, in: Bruno Schmidt-Bleibtreu/Franz Klein (Hrsg.) (Fn. 24), Art. 3, Rdnr. 7, S. 206 f.
[366] BVerfGE 83, 363 (393).
[367] Nach der Rechtsprechung ist die Gleichheit der Wahl ein Anwendungsfall des allgemeinen Gleichheitssatzes. BVerfGE 1, 208 (242); 34, 81 (94). Zur Wahlgleichheit vgl.

individualgesetzlichen Grundrechtseinschränkung gem. Art. 19 Abs. 1 Satz 2 GG sowie das Verbot von Ausnahmegerichten in Art. 101 Abs. 1 Satz 1 GG.[368] Das gleiche Recht aller Staatsbürger auf Teilhabe an der Staatsgewalt durch Wahlen, Abstimmungen und Zugang zu allen öffentlichen Ämtern (Art. 33 Abs. 1 und 2, Art. 38 GG) wird als Fundamentalsatz der Demokratie bezeichnet.[369]

Indirekt ist das Gleichheitsprinzip ebenfalls in Bestimmungen zu Staatsstrukturprinzipien enthalten, so in Art. 20 Abs. 1 GG für die Bundesrepublik oder Art. 28 Abs. 1 Satz 1 GG für die Länder. Dies hat auch für Kommunen (Gemeinden, Kreise und andere Gemeindeverbände) als Selbstverwaltungseinheiten der Länder zu gelten. Soweit das Gleichheitsprinzip von Regelungen des Art. 20 Abs. 1 GG miterfasst wird, ist es über die „Ewigkeitsklausel" von Art. 79 Abs. 3 GG vor Verfassungsänderungen geschützt. Der Rechtsstaat basiert auf der Gleichheit vor dem Gesetz und im Sinne von Willkürfreiheit[370], die Demokratie auf dem gleichen Wahlrecht und der staatsbürgerlichen Gleichheit, der Sozialstaat auf der sozialen Gleichheit und der Bundesstaat auf der grundsätzlichen Gleichberechtigung seiner Glieder. Damit ist der Gleichheitssatz als ein fundamentales Prinzip im deutschen Verfassungsrecht verankert.[371]

Eine Verletzung des Gleichheitssatzes[372] liegt nach Rechtsprechung des Bundesverfassungsgerichts[373] dann vor, wenn kein sachlicher Grund und keine Verhältnismäßigkeit als Rechtfertigung für eine differenzierende Regelung vorliegen.[374] Neben diesen zwei Bindungsgraden des Gesetzgebers durch die Werte-

---

Georg Genssler, Das D'Hondtsche und andere Sitzverteilungsverfahren aus mathematischer und verfassungsrechtlicher Sicht, Nürnberg 1984, S. 65 ff.

[368] Vgl. Christian Starck, Die Anwendung des Gleichheitssatzes, in: Christoph Link (Hrsg.), Der Gleichheitssatz im modernen Verfassungsstaat, Baden-Baden 1982, S. 62.

[369] Vgl. Reinhold Zippelius, Der Gleichheitssatz, in: VVDStRL, 47 (1989), S. 8.

[370] Zum Begriff der Willkür vgl. Beatrice Weber-Dürler (Fn. 362), S. 167 ff.

[371] Vgl. Michael Kloepfer (Fn. 282), S. 20 f.

[372] Vgl. Schema der Gleichheitsprüfung bei Adalbert Podlech, Gehalt und Funktionen des allgemeinen verfassungsrechtlichen Gleichheitssatzes, Berlin 1971, S. 96 ff.

[373] Die Willkürformel „Der Gleichheitssatz ist verletzt, wenn sich ein vernünftiger, sich aus der Natur der Sache ergebender oder sonstwie sachlich einleuchtender Grund für die gesetzliche Differenzierung oder Gleichbehandlung nicht finden läßt, kurzum, wenn die Bestimmung als willkürlich bezeichnet werden muß." in: BVerfGE 1, 14 (52) ist durch die „neue Formel" ersetzt worden. Danach ist der Gleichheitssatz verletzt, „[...] wenn eine Gruppe von Normadressaten im Vergleich zu anderen Normadressaten anders behandelt wird, obwohl zwischen beiden Gruppen keine Unterschiede von solcher Art und von solchem Gewicht bestehen, daß sie die ungleiche Behandlung rechtfertigen könnten [...].", in: BVerfGE 55, 72 (88). Vgl. Michael Kloepfer (Fn. 282), S. 31 ff.; Rainald Maaß, Die neuere Rechtsprechung des BVerfG zum allgemeinen Gleichheitssatz, in: NVwZ, 7 (1988) 1, S. 14 ff.; Konrad Hesse, Der allgemeine Gleichheitssatz in der neueren Rechtsprechung des Bundesverfassungsgerichts zur Rechtsetzungsgleichheit, in: Peter Badura/Rupert Scholz (Hrsg.), FS für Peter Lerche, München 1993, S. 121 ff.; Michael Kallina, Willkürverbot und Neue Formel, Tübingen 2001, S. 73 ff.

[374] Vgl. Stefan Huster, Gleichheit und Verhältnismäßigkeit, in: JZ, 49 (1994) 11, S. 541 ff.; Hartmut Maurer (Fn. 71), Rdnr. 11 f., S. 251 f.; Christoph Brüning, Gleichheitsrechtliche Verhältnismäßigkeit, in: JZ, 56 (2001) 13, S. 669 ff.

ordnung des Grundgesetzes bestehen weiterhin das relative Differenzierungsverbot, das eine Differenzierung nur auf der Grundlage eines Optimierungsgebotes bzw. einer Erforderlichkeit erlaubt, sowie das absolute Differenzierungsverbot, das wie in Art. 3 Abs. 3 GG keine Differenzierung zulässt.[375]

Die *Europäischen Gemeinschaften* und *Europäische Union* gründen auf dem (völkerrechtlichen) Prinzip der Gleichheit aller Mitgliedstaaten.[376] Das zu den Strukturprinzipien des Gemeinschaftsrechts und zu den universellen Werten der Union (Art. I-2 Satz 1 VVE; Art. 2 Satz 1 EU Lissabon) gehörende Gleichheitsprinzip findet Anwendung in den Beziehungen zwischen den Mitgliedstaaten, den Gemeinschaftsorganen, den Mitgliedstaaten und der Gemeinschaft bzw. Union (Art. I-5 Abs. 1 VVE[377]; Art. 4 Abs. 2 EU Lissabon) sowie im Schutz von Individuen.[378] Nach Art. II-80 VVE bzw. Art. 20 GRCh verfügt die EU über eine allgemeine Klausel hinsichtlich der Gleichheit vor dem Gesetz.

Das bisherige primäre Gemeinschaftsrecht kennt spezielle Bestimmungen zum Diskriminierungsverbot in verschiedenen Bereichen.[379] Darunter verkörpert das Diskriminierungsverbot aufgrund der Staatsangehörigkeit die wohl allgemeinste Ausprägung des Gleichheitssatzes.[380] Es wird auch als „Leitmotiv" und sogar „Magna Charta"[381] des Vertrages bezeichnet. Seine Verortung im ersten Teil des Vertrages über die Grundsätze verdeutlicht seine systematische Stellung als Voraussetzung für den Binnenmarkt und die EU. Auf der Gleichbehandlung der Angehörigen der Mitgliedstaaten basieren alle weiteren Vorschriften des Vertrages hinsichtlich der Marktöffnung und der Integration in weiteren Politikbereichen.[382] Aber keines der einzelnen Diskriminierungsverbote bietet einen so weiten Schutz wie der allgemeine Gleichheitssatz. Um die Geltung eines allgemeinen Gleichheitssatzes im Gemeinschaftsrecht zu begründen, muss die Rechtsprechung auf

---

[375] Vgl. Michael Wild (Fn. 271), S. 169 f.

[376] Da es sich bei der EU bislang nicht um eine internationale Organisation im völkerrechtlichen Sinne handelt, sollte eigentlich der Begriff Vertragsstaat dem des im Vertrag verwendeten Mitgliedstaates vorgezogen werden. Vgl. Matthias Pechstein/Christian Koenig (Fn. 113), Rdnr. 85, S. 45 f. Erst nach Art. I-7 VVE bzw. Art. 47 EU Lissabon besitzt die Union Rechtspersönlichkeit.

[377] Zum Achtungsgebot der Gleichheit der Mitgliedstaaten durch die Union vgl. Adelheid Puttler, in: Christian Calliess/Matthias Ruffert (Hrsg.) (Fn. 109), Art. I-5, Rdnr. 7 f., S. 76; Christoph Vedder, in: Christoph Vedder/Wolff Heintschel von Heinegg (Hrsg.) (Fn. 109), Art. I-5, Rdnr. 11 f., S. 62 f.

[378] Vgl. Maria Luisa Fernández Esteban (Fn. 113), S. 165; Astrid Sybille Mohn, Der Gleichheitssatz im Gemeinschaftsrecht, Kehl/Straßburg/Arlington 1990, S. 34 ff.

[379] Art. 12 EG (Diskriminierungsverbot aus Gründen der Staatsangehörigkeit bzw. Gleichbehandlungsgebot zwischen Inländern und EG-Ausländern), Art. 34 Abs. 2 UAbs. 2 EG (Diskriminierungsverbot zwischen Erzeugern und Verbrauchern im Agrarmarkt) oder Art. 141 EG (Gleichheit des Arbeitsentgelts ohne Diskriminierung aufgrund des Geschlechts). Das Diskriminierungsverbot ist die negative Formulierung des Gleichbehandlungsgebotes.

[380] Vgl. Astrid Sybille Mohn (Fn. 378), S. 8.

[381] Hans Peter Ipsen, Europäisches Gemeinschaftsrecht, Tübingen 1972, Rdnr. 3, S. 592.

[382] Vgl. Michael Holoubek, in: Jürgen Schwarze (Hrsg.) (Fn. 29), Art. 12 EGV, Rdnr. 4, S. 328.

das ungeschriebene Vertragsrecht ausweichen.[383] So hat der Europäische Gerichtshof wiederholt auf das Prinzip der Nichtdiskriminierung als einen spezifischen Ausdruck des allgemeinen Gleichheitsgrundsatzes Bezug genommen.[384]

Der Grundsatz der Gleichheit gehört zu den allgemeinen und ältesten Grundsätzen des *Völkerrechts*.[385] Es wird ihm sogar *ius cogens*-Charakter zugesprochen.[386] Ungeachtet der tatsächlichen Unterschiede zwischen den Staaten hinsichtlich ihrer territorialen Größe, Bevölkerungszahl, politischer, wirtschaftlicher oder militärischer Macht stehen allen Staaten[387] gleiche Rechte sowie die Freiheit von fremder Herrschaft zu.[388] Der in Art. 2 Ziff. 1 UN-Charta kodifizierte Grundsatz der souveränen Gleichheit der Staaten verweist auf seine enge Verbindung zum Souveränitätsprinzip.[389] Der Grundsatz der Staatengleichheit geht von einer Gleichheit vor dem Recht aus. Nicht zwingend eingeschlossen ist die Gleichheit im Recht, da nicht alle Staaten im gleichen Umfang Träger von Rechten und Pflichten sind, wie weiter unten ausgeführt wird.[390]

III. Demokratische Gleichheit als Rechtsprinzip

Demokratie und Gleichheit sind auf das Engste miteinander verbunden. Träger und Inhaber der politischen Herrschaftsgewalt sowie Ausgangspunkt für deren Legitimation sind alle Mitglieder des Volkes in gleicher Weise, d.h. mit gleichen politischen Rechten. Demokratische Gleichheit als politische Gleichheit unterscheidet sich von der allgemeinen (Menschen-)Gleichheit durch ihren Anknüpfungspunkt, die Zugehörigkeit zu einer politischen Gemeinschaft wie dem Staatsvolk. Demzufolge ist sie auch nicht identisch mit der allgemeinen Rechtsgleichheit. Die demokratische Gleichheit stellt die Rechtsgleichheit lediglich im Bereich der Teilnahme an der politischen Willensbildung und Herrschaftsausübung in

---

383 Vgl. Astrid Sybille Mohn (Fn. 378), S. 30.
384 EuGH Rs 117/76 und 16/77, 19.10.1977, Slg. 1977 1753, Rdnr. 7 (Ruckdeschel and others/Hauptzollamt Hamburg-St. Annen). Zur weiteren Rechtsprechung bezüglich des Gleichheitsgrundsatzes vgl. Rs C-150/94, 19.11.1998, Slg. 1998 I-7235, Rdnr. 97 (Vereinigtes Königreich/Rat); Rs C-27/00 und C-122/00, 12.03.2002, Slg. 2002 I-2569, Rdnr. 79 (The Queen gegen Secretary of State for the Environment, Transport and the Regions, ex parte Omega Air Ltd (C-27/00) und Omega Air Ltd, Aero Engines Ireland Ltd und Omega Aviation Services Ltd gegen Irish Aviation Authority (C-122/00).
385 Vgl. Wilfried Schaumann (Fn. 38), S. 2 ff.; Bengt Broms, The Doctrine of Equality of States as Applied in International Organizations, Vammala 1959, S. 5 ff.; Ignaz Seidl-Hohenveldern, Gleichheit, in: Ignaz Seidl-Hohenveldern (Hrsg.) (Fn. 303), S. 150.
386 Vgl. Stefan Kadelbach (Fn. 263), S. 224 ff.; Robert Jennings/Arthur Watts, Oppenheim's International Law, vol. I, 9th edition, Essex 1992, § 2, S. 7 f.
387 De Vattel sagte schon 1758: „[...] a small republic is no less a sovereign State than the most powerful kingdom." Zitiert nach: Antonio Cassese (Fn. 259), Fn. 12, S. 90.
388 Vgl. Helmut Quaritsch, Staat und Souveränität, Band 1, Frankfurt am Main 1970, S. 253.
389 Vgl. Volker Epping, in: Knut Ipsen (Fn. 143), § 26, Rdnr. 7, S. 367.
390 Vgl. Albrecht Randelzhofer, in: Bruno Simma (ed.), The Charter of the United Nations, Band I, 2. Auflage, München 2002, Art. 2, Rdnr. 7, S. 65.

Form von verbindlichen Entscheidungen her. Sie ist auf die Erlangung bzw. Erhaltung politischer Macht gerichtet, die in staatlichen Organen und Ämtern ausgeübt wird. Das Gleichheitsprinzip ist dazu berufen, gleiche Chancen politischer Machterlangung zu gewährleisten. Damit erstreckt es sich auf alle Rechte, die eine solche Machterlangung bzw. -erhaltung eröffnen, die politischen Mitwirkungsrechte.[391]

Auf europarechtlicher Ebene ist der Grundsatz der demokratischen Gleichheit in Art. I-45 VVE[392] bzw. Art. 9 Satz 1 EU Lissabon festgeschrieben. Damit werden den europäischen Bürgern keine neuen Rechte verliehen, sondern die sich aus den Verträgen ergebenden Grundsätze bestätigt. Das Recht, sich am demokratischen Leben der Union zu beteiligen, steht allen Bürgern der EU gleich zu (Art. I-46 Abs. 3 VVE[393]; Art. 10 Abs. 3 EU Lissabon).

Auf zwischenstaatlicher Ebene wird als Verwirklichung des Grundsatzes demokratischer Gleichheit mitunter die formelle Gleichheit verstanden, die jedem Staat, unabhängig von seiner Größe, eine formell gleiche Rechtsposition in Staatenverbindungen, beispielsweise bei der Ausübung von Stimm- und Beteiligungsrechten, zubilligt.[394] Dieser Aspekt ist eng verbunden mit der noch zu behandelnden Sitz- und Stimmenverteilung in kollegialen Entscheidungsorganen.

IV. Implikationen des Gleichheitsprinzips für Kollegialentscheidungen

Das Gleichheitsprinzip ist für Kollegialentscheidungen in Zusammenhang mit anderen Rechtsprinzipien, insbesondere dem Demokratieprinzip, speziell dem gleichen Wahlrecht und der staatsbürgerlichen Gleichheit und den daraus folgenden, bereits behandelten, politischen Mitwirkungsrechten sowie in Zusammenhang mit dem noch zu erörternden Bundesstaatsprinzip, speziell der grundsätzlichen Gleichberechtigung seiner Glieder, von besonderer Bedeutung. Das gleiche Recht aller Bürger auf Teilhabe an der Staats- und Herrschaftsgewalt durch Wahlen, Abstimmungen und Zugang zu allen öffentlichen Ämtern ist, wie bereits gezeigt, grundlegend für den demokratischen Willensbildungsprozess.[395] Nach dem formal zu verstehenden Grundsatz der Wahlrechtsgleichheit können alle Bürger ohne Unterschied von Geschlecht, Rasse, Herkunft, Bildung, Vermögen, religiöser oder

---

[391] Vgl. Ernst-Wolfgang Böckenförde, in: Josef Isensee/Paul Kirchhof (Hrsg.) (Fn. 74), § 24, Rdnr. 41 ff., S. 457 ff.

[392] Vgl. Matthias Ruffert, in: Christian Calliess/Matthias Ruffert (Hrsg.) (Fn. 109), Art. I-45, Rdnr. 4, S. 547 f.; Hans-Peter Folz, in: Christoph Vedder/Wolff Heintschel von Heinegg (Hrsg.) (Fn. 109), Art. I-45, Rdnr. 1 f., S. 219.

[393] Vgl. Matthias Ruffert, in: Christian Calliess/Matthias Ruffert (Hrsg.) (Fn. 109), Art. I-46, Rdnr. 3 ff., S. 550 f.; Hans-Peter Folz, in: Christoph Vedder/Wolff Heintschel von Heinegg (Hrsg.) (Fn. 109), Art. I-46, Rdnr. 3, S. 220.

[394] Vgl. Ignaz Seidl-Hohenveldern/Gerhard Loibl, Das Recht der Internationalen Organisationen einschließlich der Supranationalen Gemeinschaften, 7. Auflage, Köln/Berlin/Bonn/München 2000, Rdnr. 1133, S. 150.

[395] Vgl. Reinhold Zippelius (Fn. 232), § 34, S. 269.

politischer Anschauungen an diesem Prozess gleichermaßen, d.h. unter Verbot einer Gewichtung ihrer Stimmen, teilhaben.[396]

Da in einer repräsentativen Demokratie die Sachentscheidungen überwiegend in Organen zur Ausübung der Staats- bzw. Herrschaftsgewalt getroffen werden, stellt sich die Frage nach der Anwendung des Gleichheitsprinzips auf die Sitzverteilung kollegialer Organe. Zwar bestimmt der Gleichheitsgrundsatz den Rechtsstatus beispielsweise der Bundesländer innerhalb der Bundesrepublik, der Mitgliedstaaten innerhalb der EG und der UNO, dennoch ist eine gleiche Sitzverteilung der Mitglieder in wichtigen ihrer Kollegialorgane nicht in jedem Fall gegeben. Spätestens hier ergibt sich eine notwendige Unterscheidung zwischen formeller und materieller Gleichheit der Organmitglieder. Bei Abweichen von der formellen Gleichheit nach der Regel „alle Mitglieder, gleiche Anzahl von Sitzen" wird die Bestimmung der (materiellen) Differenzierungskriterien für eine andersartige Besetzung in Abhängigkeit vom jeweils konkreten zu regelnden Sachverhalt als mögliche Rechtfertigung für das Gleichheitsprinzip ausschlaggebend sein. Dabei ist die Entscheidung für oder gegen die formelle Gleichheitsregel bei der Sitzverteilung maßgeblich politisch vorbestimmt. Des Weiteren ist die Frage nach der Vereinbarkeit von Einschränkungen von der Wahlrechtsgleichheit, wie z.B. bei sich auf die Besetzung kollegialer Organe auswirkenden Sperrklauseln mit dem Gleichheitsprinzip zu stellen.

Zu den Implikationen des Gleichheitsprinzips für die Kollegialentscheidungen beeinflussende Sitzverteilung kommen Auswirkungen auf die nicht minder bedeutende Stimmenverteilung in Abhängigkeit von den möglichen kombinierbaren Anwendungen von Sitz- und Stimmenverteilungen hinzu. Nicht bei allen Entscheidungen kollegialer Organe, so im Bundesrat oder bei qualifizierter Mehrheitsentscheidung im EG-Rat[397], wird von einer gleichen Anzahl von Stimmen der Mitglieder ausgegangen, obwohl die Bundesrepublik[398] und die EG auf dem Gleichheitsgrundsatz ihrer Mitglieder beruhen. In diesen Fällen haben, im Gegensatz zu den Bürgern nach der Wahlrechtsgleichheit, nicht alle stimmberechtigten Mitglieder des Organs bei der Abstimmung die gleiche Macht und damit den gleichen Einfluss auf die Entscheidung. Wie schon bei der Sitzverteilung ist auch bei der Stimmenverteilung eine formelle oder materielle Gleichheit den Entschei-

---

[396] Vgl. Jörn Ipsen, Staatsrecht I, 16. Auflage, München 2004, Rdnr. 159, S. 51; Rolf Schmidt (Fn. 200), Rdnr. 117, S. 43.

[397] Der gem. Art. 203 Abs. 1 EG aus je einem Vertreter jedes Mitgliedstaates auf Ministerebene bestehende Rat wird auch als Ministerrat bezeichnet. Durch Beschluss vom 08.11.1993 hat sich der Rat in „Rat der Europäischen Union" umbenannt. ABl. EG Nr. L 281 vom 16.11.1993, S. 18. Im Sinne einer richtigen Zuordnung der rechtlichen Maßnahmen (auf der Grundlage der jeweiligen Verträge) sollte die terminologische Unterscheidung zwischen „Rat der Europäischen Gemeinschaften" und „Rat der Europäischen Union" beibehalten werden. So Matthias Pechstein/Christian Koenig (Fn. 113), Rdnr. 183, S. 100 f.

[398] Wegen „verfassungsrechtlicher Ungleichheit" der Länder zieht Bauer der „pauschalisierten Ländergleichheit" eine gesonderte Ermittlung der „Gleichheit bzw. Ungleichheit" für die einzelnen bundesstaatlichen Rechtsverhältnisse vor. Hartmut Bauer, in: Horst Dreier (Hrsg.) (Fn. 87), Art. 20 (B), Rdnr. 37, S. 163.

dungsregeln zugrunde zu legen. Daraus ergibt sich die Notwendigkeit, die Entscheidungsregeln im konkreten Sachzusammenhang entweder am formellen oder am materiellen Gleichheitssatz zu messen.

G. Das Bundesstaatsprinzip

I. Bundesstaat oder Föderalismus

Es stellt sich die Frage, ob die beiden oft als Synonyme gebrauchten Begriffe Bundesstaat und Föderalismus unterschieden werden können und müssen. Der Begriff Bundesstaat geht wahrscheinlich auf den unter dem Druck Napoleons am 12. Juli 1806 von sechzehn deutschen Fürsten, die aus dem Verband des Heiligen Römischen Reiches deutscher Nation austraten, geschaffenen Rheinbund (*Confédération du Rhin*) zurück.[399] Der allgemein als ein Willenbildungssystem bezeichnete Bundesstaat ist eine staatsrechtliche Staatenverbindung, bei dem ein Staat im völkerrechtlichen Sinne sich aus Gliedstaaten mit einer gewissen Eigenständigkeit zusammensetzt, die bei der Staatswillensbildung mitwirken. Der Bundesstaat wird auch als eine typische Form des Föderalismus charakterisiert.[400] Föderalismus bezeichnet ganz allgemein ein Prinzip zur politischen Organisation eines Staates (Bundesstaates), der sich aus Gliedstaaten (Länder, Bundesländer, Kantone, Bundesstaaten) zusammensetzt. Das englische *federalism* erfuhr seine Prägung in der Zeit des Bürgerkrieges 1645. Das französische *fédéralisme* ist erstmals bei Montesquieu (1689 - 1755) zu finden.[401]

Für den Versuch einer Unterscheidung beider Begriffe soll zunächst eine wörtliche Begriffsbestimmung vorgenommen werden. Das Wort Föderalismus setzt sich aus *foedus*, der lateinischen Bezeichnung für Bund und dem lateinischen Suffix -ismus, das zur Bezeichnung eines Abstraktums verwendet wird, zusammen.[402] Die Grundwörter (*Determinans*) beider Begriffe sind demnach identisch. Danach wäre eine wörtliche Auslegung wenig ergiebig. Ein sprachlicher Unterschied ergibt sich jedoch hinsichtlich des Bestimmungswortes (*Determinativum*) in Bundesstaat. Während das Wort „Staat" den Begriff „Bundesstaat" determiniert, endet das Wort Föderalismus lediglich auf ein Suffix.[403] Damit ist eine wörtliche Identität beider Begriffe nicht gegeben.

Auch aus rechtsphilosophischer Perspektive ließe sich eine begriffliche Unterscheidung des „(staats)rechtlich geprägten" Bundesstaates und des „politisch be-

---

[399] Mit der Berufung einer ständigen Bundesversammlung nach Frankfurt hatte dieser seinen föderativen Charakter gewahrt. Zum Rheinbund vgl. Birgit Fratzke-Weiß, Europäische und nationale Konzeptionen im Rheinbund, Frankfurt am Main 1997, S. 324 ff.
[400] Vgl. Max Frenkel, Föderalismus und Bundesstaat, Band I, Bern/Frankfurt am Main/Nancy/New York 1984, Rdnr. 252 ff., S. 92 ff.
[401] Vgl. ebenda, Rdnr. 210 ff., S. 80 ff.
[402] Auch das Wort Föderation endet auf ein Suffix.
[403] Ein Suffix (lat.: *suffix* und *suffixus*) ist eine an den Wortstamm (*Morphem*) angehängte Endung (*Affix*).

dingten" Föderalismus vornehmen. Danach schlägt Šarčević folgende abstrakte Begriffsbestimmungen vor. „*Föderalismus*" stellt eine gegensätzliche Position zum Unitarismus dar und bezeichnet folglich eine staatliche oder überstaatliche Ordnungsvorstellung, die sich auf die Gestaltung der gesellschaftlichen Organisation des Staates nach den Prämissen der politischen und rationalen Koordination mehrerer Entscheidungszentren staatlicher Art bezieht. Als *Bundesstaat* wird ein rechtlich organisiertes Staatswesen bezeichnet, das eine gegenüber dem Einheitsstaat und dem Staatenbund mittlere Position einnimmt; er besitzt eigene völkerrechtliche Subjektivität und erschöpft seinen Zweck in der Ermöglichung einer harmonisierten Koexistenz der wenigstens auf zwei staatlichen Ebenen angesiedelten rechtlichen, Staatsqualität konstituierenden Kompetenzen."[404] Danach steht der Bundesstaat in Korrelation zum Einheitsstaat[405] und Staatenbund, der Föderalismus zum Unitarismus.[406]

Dem Grundgesetz hingegen ist eine abstrakte Begriffsbestimmung des (verfassungsrechtlichen) Bundesstaates und des (politischen Organisationsprinzips) Föderalismus sowie eine dogmatische Unterscheidung zwischen beiden nicht zu entnehmen. Der Begriff Bundesstaat kommt in Art. 20 Abs. 1 GG explizit vor und ist in der Bezeichnung Bundesrepublik Deutschland (Art. 20 Abs. 1 GG u.a.) implizit enthalten. Das Grundgesetz lässt den Begriff Föderalismus hingegen vermissen. Lediglich in Art. 23 Abs. 1 GG findet sich das Adjektiv föderativ bezüglich der Grundsätze der EU, womit auf das Modell der föderalen Entscheidungsfindung innerhalb der Union Bezug genommen wird.[407]

Das Bundesverfassungsgericht verwendet den Begriff des Föderalismus hinsichtlich des Bundesstaatsbegriffes.[408] Letztendlich ist der Rechtsprechung die Verwendung beider Begriffe in einer synonymen Bedeutung zu entnehmen.[409] Nach Auffassung des Gerichts weist der Bundesstaatsbegriff auf das Verhältnis von Bund und Ländern[410], wobei sowohl der Gesamtstaat als auch die Gliedstaaten Staatsqualität besitzen.[411] Der Föderalismus wird in Zusammenhang mit dem bundesfreundlichen Verhalten im Willensbildungs- und Entscheidungsprozess gebracht.[412]

Der staatsrechtliche Bundesstaats- und Föderalismusbegriff lässt sich zusammenfassend definieren als eine Staatseinheit von Bundesstaat und Gliedstaaten mit

---

[404] Edin Šarčević, Das Bundesstaatsprinzip, Tübingen 2000, S. 19.
[405] Zur von der Neuen Institutionenökonomik deklarierten Überlegenheit des Bundesstaatsmodells gegenüber Formen zentralistischer Organisation vgl. Stefan Oeter, Integration und Subsidiarität im deutschen Bundesstaatsrecht, Tübingen 1998, S. 558 f.
[406] Vgl. Edin Šarčević (Fn. 404), S. 19.
[407] Vgl. ebenda, S. 9.
[408] Zur Judikatur des BVerfG vgl. Matthias Jestaedt, in: Josef Isensee/Paul Kirchhof (Hrsg.) (Fn. 74), § 29, Rdnr. 16 ff., S. 798 ff.
[409] BVerfGE 1, 14 (50); 1, 299 (315). Vgl. Edin Šarčević (Fn. 404), S. 11 ff.
[410] BVerfGE 41, 291 (308); 72, 330 (387).
[411] BVerfGE 13, 54 (77 ff.); 36, 342 (360 ff.).
[412] „Der im Bundesstaat geltende verfassungsrechtliche Grundsatz des Föderalismus enthält deshalb die Rechtspflicht des Bundes und aller seiner Glieder zu „bundesfreundlichem Verhalten"; [...]." BVerfGE 1, 299 (315).

einer doppelten Staatsqualität von Bundesstaat und Gliedstaaten sowie dem Nebeneinanderbestehen von Verfassungen des Bundesstaates und der Gliedstaaten.[413] Dabei ist grundsätzlich von einer Gleichberechtigung der Gliedstaaten[414] unabhängig von ihrer wirtschaftlichen, territorialen oder bevölkerungsrelevanten Kriterien auszugehen.[415] Bestehende Einschränkungen der formellen Gleichheit zugunsten der materiellen[416] betreffen die Organisation der Mitwirkung am Willensbildungs- und Entscheidungsprozess des Bundes wie die weiter unten zu erörternde unterschiedliche Sitz- und Stimmenverteilung der Länder im Bundesrat.

Für nachfolgende Untersuchungen ist der föderale Entscheidungsprozess maßgeblich, so dass von einer synonymen Bedeutung beider Begriffe ausgegangen werden kann.

II. Bundesstaat als Rechtsprinzip

Im Gegensatz zu den Prinzipien von Demokratie und Rechtsstaat ist das Bundesstaatsprinzip keine „unverzichtbare Regelausstattung moderner westlicher Verfassungsstaatlichkeit"[417], so dass es hierzu andere legitime Alternativen gibt.[418] In *Deutschland* ist die föderale Ordnung das Ergebnis eines historischen Prozesses (Verfassungsgeschichte), der sich vom Heiligen Römischen Reich über den Deutschen Bund und die Weimarer Republik bis hin zur (vereinten) Bundesrepublik[419] zieht. Die verfassungsrechtliche Entscheidung für den Bundesstaat ist in Art. 20 Abs. 1 GG (Verfassungsdogmatik) enthalten.[420] Das Bundesstaatsprinzip kommt außerdem in der Präambel sowie weiteren Artikeln (u.a. Art. 23, 28, 30, 70, 83 GG) zum Ausdruck.[421] Einen von der Verfassung vorgegebenen Begriff des Bundesstaatsprinzips sowie eine nach der Verfassung notwendige Anzahl von Glied-

---

[413] Vgl. Edin Šarčević (Fn. 404), S. 18.
[414] Zum Grundsatz der Gleichheit der Gliedstaaten vgl. Kurt Behnke (Fn. 361), S. 23 ff.
[415] „Aus dem Bundesstaatsprinzip und dem allgemeinen Gleichheitssatz folgt insoweit ein föderatives Gleichbehandlungsgebot für den Bund im Verhältnis zu den Ländern." BVerfGE 72, 330 (404). Vgl. Max Frenkel (Fn. 400), Rdnr. 269, S. 97 f.
[416] Pleyer verwendet die Attribute „absolut" und „relativ". Vgl. Marcus C.F. Pleyer, Föderative Gleichheit, Berlin 2005, S. 50.
[417] Matthias Jestaedt, in: Josef Isensee/Paul Kirchhof (Hrsg.) (Fn. 74), § 29, Rdnr. 1, S. 786.
[418] Vgl. Ingo von Münch (Fn. 93), Rdnr. 87, 89, S. 35 f.
[419] Zum föderalen System nach der deutschen Einheit vgl. Hartmut Klatt, Deutsche Einheit und bundesstaatliche Ordnung, in: VerwArch, 82 (1991), S. 430 ff.
[420] Zur Bundesstaatsidee in Deutschland, vgl. Ernst Deuerlein, Föderalismus (II), in: APuZ, B 5 (1968), S. 3 ff.; Otto Kimminich, in: Josef Isensee/Paul Kirchhof (Hrsg.) (Fn. 341), § 26, Rdnr. 25 ff., S. 1129 ff. Zur Rechtfertigung des Bundesstaatsprinzips im GG vgl. Matthias Jestaedt, in: Josef Isensee/Paul Kirchhof (Hrsg.) (Fn. 74), § 29, Rdnr. 1 ff., S. 786 ff.
[421] Zu den Empfehlungen des Verfassungskonvents von Herrenchiemsee vgl. Ernst Deuerlein, Föderalismus (IV), in: APuZ, B 34-35 (1971), S. 46 ff.

staaten gibt es indes nicht.[422] Deshalb ist auf seine Ausformung durch die Verfassung zurückzugreifen (Verfassungstheorie).[423] Zum Kernbestand des Bundesstaatsprinzips werden allgemein unter Rückgriff auf die Rechtsprechung des Bundesverfassungsgerichts[424] die Staatlichkeit des Gesamtstaates (des Bundes) und der Gliedstaaten (der Länder), die Kompetenzverteilung zwischen Bund und Ländern (Art. 30 GG), die Bundestreue, das Homogenitätsprinzip (Art. 28 Abs. 1 GG), gegenseitige Einwirkungsrechte, der Vorrang des Bundesrechts vor Landesrecht (Art. 31 GG) und die Mitwirkung der Länder bei der Bundeswillensbildung (Art. 50 GG) gezählt.[425]

Die Mitwirkung der Gliedstaaten an der Willensbildung des Bundes, die durch ein föderales Organ erfolgt, kann unterschiedlich ausgeprägt sein. Danach lassen sich folgende Grundtypen unterscheiden:

- das Senatsprinzip, nach dem die Mitglieder des föderalen Organs unmittelbar durch das Volk gewählt werden, wie in den USA (Zusatzartikel 17 Verfassung);
- das mittelbare Repräsentationsprinzip, wonach die Mitglieder des föderalen Organs durch die Volksvertretungen der Gliedstaaten gewählt werden, wie in Österreich (Art. 35 Abs. 1 Bundes-Verfassungsgesetz);
- das Ratsprinzip, wonach die Mitglieder des föderalen Organs durch die Landesregierungen bestimmt werden, wie in der Bundesrepublik (Art. 51 Abs. 1 GG)[426];
- das Ernennungsprinzip, wonach die Mitglieder des föderalen Organs vom Staatsoberhaupt auf Zeit ernannt werden, wie in Kanada (Art. 24 Verfassung).[427]

Eine der wichtigsten Entscheidungen für einen Bundesstaat stellt die Verteilung staatlicher Aufgaben bzw. Kompetenzen zwischen Gesamtstaat und Gliedstaaten dar.[428] Die Kompetenzaufteilung kann unterschiedlichen, in den Verfassungen festgelegten Grundsätzen folgen.[429] Neben den staatsrechtlichen (Entscheidungs-)

---

[422] Vgl. Edin Šarčević (Fn. 404), S. 59 ff.; Karl-E. Hain, in: Christian Starck (Hrsg.) (Fn. 91), Art. 79 Abs. 3, Rdnr. 131 f., S. 2251 f.
[423] Zur Bundesstaatstheorie unter dem Grundgesetz vgl. Stefan Oeter (Fn. 405), S. 377 ff.
[424] BVerfGE 1, 299 (315); 11, 77 (88); 13, 54 (75); 36, 342 (360 f.).
[425] Vgl. Klaus Stern (Fn. 66), § 19 III 2, S. 667 ff.; Alfred Katz (Fn. 71), Rdnr. 242, S. 126.
[426] Zum Senatsprinzip als „diskussionswürdige" Alternative zum Ratsprinzip aufgrund klarer bundesstaatlicher Aufgabenteilung bedingt durch die Aufgabe von Doppelfunktionen der BR-Mitglieder auf Bundes- und Landesebene vgl. Julia Schmidt, Strukturelle Alternativen der Ausgestaltung des Bundesrates, in: DÖV, 59 (2006) 9, S. 384 f.
[427] Vgl. Klaus Stern, Das Staatsrecht der Bundesrepublik Deutschland, Band II, München 1980, § 27 I 1, S. 112.
[428] Das Verhältnis zwischen Gliedstaaten und dem Bund wird staatsrechtlich und nicht völkerrechtlich geregelt. Vgl. Albert Bleckmann, Völkerrecht im Bundesstaat?, in: SchwJIR, 29 (1973), S. 9 ff.
[429] Vgl. Klaus Stern (Fn. 66), § 19 III 3, S. 670; Walter Rudolf, Bundesstaat und Völkerrecht, in: AVR, 27 (1989) 1, S. 1 ff.

Kompetenzen kann den Gliedstaaten auch partielle Völkerrechtssubjektivität in auswärtigen Angelegenheiten, wie Abschluss völkerrechtlicher Verträge oder Mitgliedschaft in internationalen Organisationen gemäß der Bundesverfassung, zuerkannt werden.[430] „Die [...] Kompetenzaufteilung ist eine wichtige Ausformung des bundesstaatlichen Prinzips im Grundgesetz und zugleich ein Element zusätzlicher funktionaler Gewaltenteilung."[431] Nach der Grundsatzregelung in Art. 30 GG liegen die Ausübung staatlicher Befugnisse und die Erfüllung staatlicher Aufgaben bei den Ländern, soweit das Grundgesetz keine andere Regelung trifft oder zulässt. Danach darf der Bund nur tätig werden, wenn eine entsprechende Zuständigkeitsregelung besteht.[432] Allerdings steht dem Bund die Kompetenz-Kompetenz zu, da er durch Änderung des Grundgesetzes in den Grenzen des Art. 79 Abs. 3 GG eine Verschiebung der Zuständigkeiten zwischen Bund und Ländern vornehmen kann.[433]

Das Grundgesetz hat für ein in der „Vertikale gebietskörperschaftlich gegliedertes Ganzes" optiert: Bund, Länder, Kreise und Gemeinden.[434] Die ein „Stück Bundesstaat verkörpernden Kommunen" besitzen im Gegensatz zum Bund und den Ländern keine Staatsqualität.[435] Nach dem Bundesstaatsprinzip muss die verfassungsmäßige Ordnung in den Ländern und damit in den Gemeinden den Grundsätzen des demokratischen Rechtsstaates entsprechen (Art. 28 Abs. 1 Satz 1 GG). Der Homogenitätsgrundsatz kann jedoch weder Konformität noch Uniformität bedeuten. Der Bund garantiert zwar die kommunale Selbstverwaltung (Art. 28 Abs. 2 Satz 1 GG)[436], diese wird aber durch die Länder ausgestaltet.[437]

Auf der Ebene der *Europäischen Gemeinschaften* und *Europäischen Union* wird den Kommunen mit dem als beratendes Kollegialorgan konzipierten Ausschuss der Regionen gem. Art. 263 EG (I-32 Abs. 2 VVE; Art. 300 Abs. 3 AEU Lissabon), der aus Vertretern der regionalen und lokalen Gebietskörperschaften besteht, Einfluss bei der Entscheidungsfindung zugestanden.[438] Aufgrund einer bislang fehlenden einheitlichen föderalen Struktur in der EU bleibt es den Mitgliedstaaten weitgehend überlassen, wen sie in das Gremium entsenden. In Deutschland haben die Länder nach zähem Streit den Kommunen einige der gewichteten Sitze (24 für Deutschland) überlassen, so dass diese als elementarer Be-

---

[430] Vgl. Stefan Oeter, Selbstbestimmungsrecht und Bundesstaat, in: Hans-Joachim Heintze (Hrsg.), Selbstbestimmungsrecht der Völker, Bonn 1997, S. 75.
[431] BVerfGE 55, 274 (318).
[432] Vgl. Hartmut Maurer (Fn. 71), Rdnr. 21, S. 292 f.
[433] Vgl. Klaus Stern (Fn. 66), § 19 III 3, S. 673. BVerfGE 13, 54 (78 f.).
[434] Vgl. Klaus Stern (Fn. 66), § 19 III 1, S. 666.
[435] Vgl. Rolf Stober (Fn. 155), § 6 I, S. 46.
[436] Zum normativen Inhalt der kommunalen Selbstverwaltung vgl. Horst Dreier, in: Horst Dreier (Hrsg.) (Fn. 87), Art. 28, Rdnr. 85 ff., S. 644 ff.
[437] So haben sich im Ergebnis auch verschiedene Gemeindeverfassungssysteme herausgebildet. Vgl. Rolf Stober (Fn. 155), § 6 I, S. 46. BVerfGE 22, 180 (204 f.).
[438] Vgl. Hans-Wolfgang Arndt, Europarecht, 8. Auflage, Heidelberg 2006, S. 127 f; Oliver Suhr, in: Christian Calliess/Matthias Ruffert (Hrsg.) (Fn. 109), Art. I-32, Rdnr. 18, S. 380; Volker Epping, in: Christoph Vedder/Wolff Heintschel von Heinegg (Hrsg.) (Fn. 109), Art. I-32, Rdnr. 3, S. 161 f.

standteil und vierte Ebene der EG am europäischen Integrationsprozess teilnehmen.[439]

Föderale Organisationsmodelle sollen das Zusammenleben unterschiedlicher Gruppen unter ihrer Beteiligung an der Entscheidungsfindung in einem bestimmten Gebiet ermöglichen.[440] Föderalismus verfolgt das Ziel, Einheit mit Vielfältigkeit zu verbinden.[441] Die Bedeutung des Bundesstaatsprinzips besteht nach Hesse im komplementären Element der demokratischen und rechtsstaatlichen Ordnung. Der bundesstaatliche Aufbau ermöglicht sachnahe und eigenverantwortliche demokratische Entscheidungen, eine vor allem regionale Minderheiten schützende Wirkung und sogar eine Übernahme staatlicher Verantwortung regionaler Mehrheiten als Regierungspartei eines Landes. Er vervollständigt auch die Ordnung des sozialen Rechtsstaates durch die ihm eigenen gewaltenteilenden Wirkungen. Den komplexen Anforderungen im modernen Gemeinwesen entspricht ein dezentrales politisches System mit autonomen politischen Entscheidungseinheiten auf nationaler, regionaler und lokaler Ebene eher als ein zentralisiertes. Der dezentrale Aufbau begründet eine den Bundesstaat kennzeichnende vertikale Gewaltenteilung, durch die die horizontale Gewaltenteilung zwischen Legislative, Exekutive und Judikative ergänzt wird. Allerdings übt eine wachsende europäische Integration einen wesentlichen Einfluss auf die bundesstaatliche Ordnung aus, mit dem Ergebnis, dass die Länder einen Teil ihrer Eigenstaatlichkeit wieder abgeben.[442]

Im Gegensatz zum Gesamtstaat in der Bundesrepublik verfügt die *Europäische Gemeinschaft* bzw. *Europäische Union* (noch) nicht über die Kompetenz, neue Kompetenzen zu begründen.[443] Die Kompetenz-Kompetenz verbleibt bei den Mitgliedstaaten[444], ein wesentliches Element des Bundesstaates – die Staatsqualität von Bund und Gliedstaaten – ist nicht erfüllt. Die bezüglich der Rechtsnatur der EU bestehende Ansicht, es handele sich um einen Bundesstaat oder zumindest bundesstaatsähnlichen Charakter, wird schon wegen der fehlenden Staatseigenschaft und „Kompetenz-Kompetenz" allgemein abgelehnt.[445] Nach Art. 23 Abs. 1 Satz 1 GG ist die Bundesrepublik verpflichtet, auf die Verwirklichung föderativer Grundsätze in der EU hinzuwirken. Daraus erwächst allerdings keine Ver-

---

[439] Vgl. Rudolf Streinz (Fn. 29), Rdnr. 176, S. 68.
[440] Zur Entwicklung föderativer Ordnungen vgl. Ernst Deuerlein, Föderalismus (I), in: APuZ, B 1 (1968), S. 7 ff.46 ff.
[441] Vgl. Michael Bothe, Föderalismus, in: Tilman Evers (Hrsg.), Chancen des Föderalismus in Deutschland und Europa, Baden-Baden 1994, S. 25.
[442] Vgl. Konrad Hesse (Fn. 70), Rdnr. 223 ff., S. 100 ff.
[443] Das Prinzip der begrenzten Einzelermächtigung ist in Art. 5 Abs. 1 EG und Art. 5 EU geregelt. Nach Art. I-18 Abs. 1 VVE bzw. Art. 352 Abs. 1 AEU Lissabon (sogenannte Flexibilitätsklausel) kann der (Minister-)rat einstimmig auf Vorschlag der Kommission und nach Zustimmung des Europäischen Parlaments geeignete Maßnahmen beschließen, wenn in der Verfassung bzw. in den Verträgen die erforderlichen Befugnisse nicht vorgesehen sind.
[444] Vgl. Rudolf Streinz (Fn. 29), Rdnr. 132, S. 51.
[445] Vgl. Michael Schweitzer/Waldemar Hummer (Fn. 251), Rdnr. 84; Matthias Pechstein/Christian Koenig (Fn. 113), Rdnr. 56 ff., S. 28 ff.

pflichtung für die Union selbst.⁴⁴⁶ Sowohl die Verträge über die EG als auch die EU sind bezüglich der Ermittlung eines gegenwärtigen rechtlichen Bundesstaatsprinzips nicht ergiebig.⁴⁴⁷ Das Modell der supranationalen Bundesstaatlichkeit nimmt vorrangig Bezug auf bundesstaatliche Strukturprinzipien. Dabei wird zu Recht auf die Gemeinsamkeiten zwischen der EG und einem Bundesstaat als föderale Herrschaftsordnungen mit den verschiedenen Entscheidungszentren und -ebenen verwiesen.⁴⁴⁸ Die Gründerväter der Europäischen Gemeinschaften folgten zwar der Vision eines europäischen Bundesstaates. Adenauer und Churchill sprachen sogar von den „Vereinigten Staaten von Europa".⁴⁴⁹ Heute wird aber eher die Idee eines Föderalismus freier Staaten im Sinne Kants⁴⁵⁰ verfolgt.⁴⁵¹

Die fehlende Staatlichkeit der EU hat das Bundesverfassungsgericht in seinem Maastricht-Urteil bekräftigt und als ein „Staatenverbund"⁴⁵² ohne eigene Staatlichkeit qualifiziert. Dieser Neologismus⁴⁵³ nähert sich mehr dem (völkerrechtlichen) Staatenbund⁴⁵⁴ als dem (staatsrechtlichen) Bundesstaat an.⁴⁵⁵ Die Dichotomie von (völkerrechtlichem) Vertrag und (staatsrechtlicher) Verfassung wurde für die EU mit dem Begriff des Verfassungsvertrages erfolglos versucht aufzulösen. Hierin sollte sich die enge institutionelle Verknüpfung der weiterhin eigenständigen Mitgliedstaaten widerspiegeln.⁴⁵⁶ Dennoch weist die EU als ein System geteilter Herrschaft bundesstaatliche bzw. föderale Elemente auf⁴⁵⁷, wie

---

⁴⁴⁶ Vgl. Bernhard Brockmeyer, in: Bruno Schmidt-Bleibtreu/Franz Klein (Hrsg.) (Fn. 24), Art. 23, Rdnr. 6, S. 747.
⁴⁴⁷ Vgl. Edin Šarčević (Fn. 404), S. 129.
⁴⁴⁸ Vgl. Marcel Kaufmann (Fn. 338), S. 151 f.
⁴⁴⁹ Vgl. Konrad Adenauer, Erinnerungen, 1945-1953, Stuttgart 1965, S. 210 f.; Winston Churchill, Für ein vereintes Europa unter deutscher und französischer Führung, in: Hagen Schulze/Ina Ulrike Paul (Hrsg.), Europäische Geschichte, München 1994, S. 398 ff.
⁴⁵⁰ Vgl. Immanuel Kant, Zum ewigen Frieden, Stuttgart 1958 (1795), 2. Abschnitt, S. 30 ff.
⁴⁵¹ Vgl. Eckhard Pache (Fn. 113), S. 767.
⁴⁵² BVerfGE 89, 155 (188).
⁴⁵³ Diese Wort-Neuschöpfung geht auf Paul Kirchhof zurück. Vgl. Bruno Kahl, Europäische Union, in: Der Staat, 33 (1994), S. 241 ff.
⁴⁵⁴ Zur geschichtlichen Idee Europas als Staatenbund in Kritik zum Plan Lorimers vgl. Johann Caspar Bluntschli, Die Organisation des europäischen Staatsvereines, Darmstadt 1878, S. 27 ff.
⁴⁵⁵ Der entscheidende Gegensatz der beiden Staatenverbindungen liege in der Formel: „der Staatenbund verhalte sich zum Bundesstaat wie das Rechtsverhältnis zu dem Rechtssubjekt", d.h. der Staatenbund (als völkerrechtliche Staatenverbindung) ist eine Verbindung von Staaten, ohne selbst Staat zu sein, während der Bundesstaat (als staatsrechtliche Staatenverbindung) Einzelstaaten zu einer staatlichen Einheit zusammenfasst. Vgl. Kurt Behnke (Fn. 361), S. 24.
⁴⁵⁶ Vgl. Christoph Schönberger, Die Europäische Union als Bund, in: AöR, 129 (2004), m.w.N. in Fn. 120, S. 112 f.
⁴⁵⁷ Vgl. Bernd Martenczuk, Die differenzierte Integration und die föderale Struktur der Europäischen Union, in: EuR, 35 (2000) 3, S. 355 f.; Manfred Zuleeg, Die föderativen Grundsätze der Europäischen Union, in: NJW, 53 (2000) 39, S. 2846 ff.

das institutionelle System, die Rechtsordnung und die Kompetenzverteilung.[458] Wegen fehlender Gewaltmittel und polyzentrischer Organisationsverfassung geht die Entwicklung nicht in Richtung eines staatlichen Föderalismus, d.h. eines Bundesstaates, sondern einer supranationalen Föderation oder eines Bundes.[459] Die Union als einheitliches Gemeinwesen mit Territorium und Bürgern könnte die europäischen Integrationsbewegungen vereinigen, die kollektive Ordnung garantieren und die Verflechtung Europas regeln.[460] Ein mehrstufiger Föderalismus mit sachnahen Entscheidungszentren ermöglicht eine den Bedürfnissen und Notwendigkeiten der Beteiligten auf den unterschiedlichen Handlungsebenen (Kommunen/lokale Selbstverwaltungen, Länder/Gliedstaaten/Regionen[461], Gesamtstaaten/Mitgliedstaaten, EU) adäquatere Entscheidungsfindung. So wollen Laufer und Fischer die Schaffung föderaler Strukturen für Europa im Sinne von „Mitwirkungsföderalismus" verstanden wissen.[462]

Im Unterschied zur staatsrechtlichen Verbindung – Bundesstaat – sind *internationale Organisationen* als sekundäre Völkerrechtssubjekte völkerrechtliche Verbindungen, die von den Mitgliedstaaten beherrscht werden.[463] Diese behalten als originäre Völkerrechtssubjekte ihre volle Staatsqualität. Eine Übertragung von Kompetenzen auf die „fünfte Ebene" im föderalen Sinne erfolgt ebenfalls nicht. Gelingt ein Nachweis föderaler Elemente für die EU, kann dieser in internationalen Organisationen nicht erbracht werden.

III. Bundesstaatsprinzip und Subsidiaritätsprinzip

Nach dem Bundesstaatsprinzip bestehen die Staatlichkeit des Gesamtstaates (Bundesrepublik) und die der Gliedstaaten (Bundesländer) nebeneinander. Daraus folgt eine Aufteilung der Staatsgewalt (Legislative, Exekutive, Judikative) zwischen zwei verschiedenen staatlichen Ebenen. Diese vertikale Gewaltenteilung erfordert eine Bestimmung der jeweiligen Kompetenzen (ausschließliche, konkurrierende) nach Aufgabengebieten (Art. 30, 70 ff. GG).[464] Das Bundesstaatsprinzip bestimmt insofern die Organisation bzw. Struktur des Willensbildungsprozesses sowie das „Nebeneinander und Miteinander" der Rechtssubjekte.

---

[458] Vgl. José Martín y Pérez de Nanclares, The Federal Elements of the European Union, in: ZEuS, 4 (2001) 4, S. 602 ff. Zum Vergleich der Kompetenzverteilung in Bundesstaaten und der EU vgl. Heinz Laufer/Thomas Fischer, Föderalismus als Strukturprinzip für die Europäische Union, Gütersloh 1996, S. 43.

[459] Vgl. Christoph Schönberger (Fn. 456), S. 118 f.

[460] Vgl. Armin von Bogdandy, Supranationaler Föderalismus als Wirklichkeit und Idee einer neuen Herrschaftsform, Baden-Baden 1999, S. 9 f., 61 ff.

[461] Auf der Ebene der EG soll mit dem AdR regionalen Belangen bei der Entscheidungsfindung mehr Einfluß gegeben werden. Vgl. Hans-Wolfgang Arndt (Fn. 438), S. 127. Zum AdR vgl. Thomas Wiedmann, Der Ausschuß der Regionen nach dem Vertrag von Amsterdam, in: EuR, 34 (1999) 1, S. 49 ff.

[462] Vgl. Heinz Laufer/Thomas Fischer (Fn. 458), S. 160.

[463] Vgl. Walter Rudolf (Fn. 429), S. 3.

[464] Vgl. Jörn Ipsen (Fn. 396), Rdnr. 528 f., S. 148.

Nach dem Subsidiaritätsprinzip[465] soll die größere Einheit (obere Ebene) erst tätig werden, wenn die kleinere (untere Ebene) nicht leistungsfähig ist.[466] Damit verweist das Subsidiaritätsprinzip auf die Zuordnung von Aufgaben innerhalb dieser Struktur zur Willensbildung von „unten" nach „oben" (Zuständigkeitsprärogative) nach Maßgabe ihrer Leistungsfähigkeit.[467] Aus der Verlagerung der Entscheidungen auf die niedrigste mögliche Ebene folgt, dass die unteren Einheiten für Entscheidungen zuständig sind, soweit sie diese selbständig treffen können. Gleichzeitig sollen bei Überforderung die unteren Einheiten von der oberen, übergeordneten unterstützt (lat.: *„subsidiär"* - unterstützend) werden.[468] So sollen Entscheidungen, die eine untere Ebene betreffen, beispielsweise eine Gemeinde, auch von ihr getroffen werden, solange sie diese Aufgabe eigenständig bewältigen kann. Gleiches ist für Gliedstaaten im Verhältnis zum Gesamtstaat gültig. Zwar lässt sich das Subsidiaritätsprinzip in einem Bundesstaat gut verwirklichen, es hat einen solchen aber nicht unbedingt zur Voraussetzung.

Trotz Option für den Bundesstaat und dementsprechender Anwendung des Subsidiaritätsprinzips in der Bundesrepublik Deutschland (Ebenen: Bund, Länder, Kommunen) hat das Subsidiaritätsprinzip im Grundgesetz nur hinsichtlich der EU in Art. 23 Abs. 1 Satz 1 GG eine Aufnahme gefunden.[469] Damit die Bundesrepublik an der Fortentwicklung der EU mitwirken kann, muss der Grundsatz der Subsidiarität innerhalb der EU verwirklicht sein. Nach herrschender Auffassung ist das hier verankerte Subsidiaritätsprinzip im Sinne von Art. 5 Abs. 2 EG zu verstehen. Mit dem Vertrag von Maastricht ist das Subsidiaritätsprinzip[470] im allgemeinen Teil der Gründungsverträge der EG und EU verankert worden. Nähere Bestimmungen hierzu sind im Protokoll Nr. 21 zum Vertrag von Amsterdam zur Gründung der Europäischen Gemeinschaft über die Anwendung der Grundsätze der Subsidiarität und der Verhältnismäßigkeit geregelt.[471] Protokolle sind Nebenurkunden des EG-Vertrages i.S.d. Art. 2 WVK[472] und gem. Art. 311 EG Bestandteil des Vertrages. Damit teilen sie dessen Rechtscharakter und haben die

---

[465] Das Subsidiaritätsprinzip entstammt der katholischen Soziallehre, verbunden mit den Namen von Aristoteles und Thomas von Aquin. Begriff Subsidiaritätsprinzip, in: Brockhaus Enzyklopädie, Band 26, 21. Auflage, Leipzig 2006, S. 556.
[466] Vgl. Christoph Degenhart (Fn. 20), Rdnr. 468, S. 168.
[467] Zum Begriff des Subsidiaritätsprinzips ausführlich Christian Calliess, Subsidiaritäts- und Solidaritätsprinzip in der Europäischen Union, 2. Auflage, Baden-Baden 1999, S. 25 ff. Vgl. auch Andreas Haratsch/Christian Koenig/Matthias Pechstein (Fn. 323), Rdnr. 174, S. 75.
[468] Vgl. Max Frenkel (Fn. 400), Rdnr. 232 ff., S. 86 ff.
[469] Vgl. Josef Isensee, Subsidiaritätsprinzip und Verfassungsrecht, 2. Auflage, Berlin 2001, S. 370 ff.
[470] Das Subsidiaritätsprinzip ist bereits mit der EEA vom 28.02.1986 (ABl. EG Nr. L 169 vom 1987, S. 1; BGBl. 1986 II, 1104) für die Umweltpolitik der EG eingeführt worden.
[471] Vgl. hierzu Protokoll über den Vertrag von Lissabon über die Anwendung der Grundsätze der Subsidiarität und der Verhältnismäßigkeit.
[472] WVK vom 23.05.1969, in: UNTS, vol. 1155, p. 331; BGBl. 1985 II, 927.

Qualität von Primärrecht.[473] Die notwendige weitere Behandlung der Frage, der dem Subsidiaritätsprinzip entsprechenden Abgrenzung der Zuständigkeiten zwischen der EU und den Mitgliedstaaten, ist Inhalt der Erklärung Nr. 23 der Regierungskonferenz von Nizza (Ziff. 5). Erklärungen sind im Gegensatz zu Protokollen keine Bestandteile des Vertrages und demzufolge rechtlich nicht verbindlich. Sie kommen lediglich als Auslegungshilfe nach Art. 31 Abs. 2 WVK in Betracht.[474]

Nach dem Subsidiaritätsprinzip in Art. 5 Abs. 2 EG (Art. I-11 Abs. 3 VVE[475]; Art. 5 Abs. 3 EU Lissabon) wird die EG (EU) in den Bereichen, die nicht in ihre ausschließliche Zuständigkeit fallen nur insoweit tätig, als die Ziele der zu treffenden Maßnahmen auf der Ebene der Mitgliedstaaten (auf zentraler, regionaler oder lokaler Ebene) nicht ausreichend erreicht werden können und daher besser durch Maßnahmen der Gemeinschaft (Union) erreicht werden.[476] Es wird folglich bestimmt, ob die Gemeinschaft (Union) tätig werden soll. Das Subsidiaritätsprinzip bestimmt die Grenze zwischen noch genügender Aufgabenerfüllung durch die untere Ebene und einer vorteilhafteren Aufgabenerfüllung durch die obere Ebene.[477] Das als Kompetenzausübungsregel ausgelegte Subsidiaritätsprinzip schützt vor der Übertragung nicht notwendiger Hoheitsrechte an die EG (EU), wehrt die Gefahr einer Zentralisierung auf europäischer Ebene ab und fördert bürgernahe und offene Entscheidungen (Art. 1 Abs. 2 EU).[478]

Wie die Kompetenzausübung erfolgt, wird mit dem in Art. 5 Abs. 3 EG (Art. I-11 Abs. 4 VVE[479]; Art. 5 Abs. 4 EU Lissabon) geregelten Verhältnismäßigkeitsprinzip[480] bestimmt.[481] Nach dieser Kompetenzausübungsregel dürfen die Maßnahmen der EG (EU) nicht über das für die Erreichung der Ziele des Vertrages erforderliche Maß hinausgehen. Für beide Prinzipien gilt das Protokoll über die Anwendung der Grundsätze der Subsidiarität und der Verhältnismäßigkeit.

---

[473] Vgl. Albrecht Weber, in: Hans von der Groeben/Jürgen Schwarze (Hrsg.), Kommentar zum Vertrag über die Europäische Union und zur Gründung der Europäischen Gemeinschaft, Band 4, 6. Auflage, Baden-Baden 2004, Art. 311 EG, Rdnr. 1 f., S. 1787.

[474] Vgl. Ulrich Becker, in: Jürgen Schwarze (Hrsg.) (Fn. 29), Art. 311 EGV, Rdnr. 8 f., S. 2426.

[475] Zum Subsidiaritätsprinzip vgl. Christian Calliess, in: Christian Calliess/Matthias Ruffert (Hrsg.) (Fn. 109), Art. I-11, Rdnr. 21 ff., S. 200 f.; Christoph Vedder, in: Christoph Vedder/Wolff Heintschel von Heinegg (Hrsg.) (Fn. 109), Art. I-11, Rdnr. 11 ff., S. 88 ff.

[476] Vgl. Christian Calliess (Fn. 467), S. 65 ff.

[477] Vgl. Matthias Pechstein/Christian Koenig (Fn. 113), Rdnr. 160, S. 87.

[478] Zum Subsidiaritätsprinzip als Kompetenzausübungsregel und nicht Kompetenzverteilungsregel vgl. ebenda, Rdnr. 159, S. 86 f.

[479] Zum Verhältnismäßigkeitsprinzip vgl. Christian Calliess, in: Christian Calliess/ Matthias Ruffert (Hrsg.) (Fn. 109), Art. I-11, Rdnr. 38 ff., S. 207 ff.; Christoph Vedder, in: Christoph Vedder/Wolff Heintschel von Heinegg (Hrsg.) (Fn. 109), Art. I-11, Rdnr. 23 ff., S. 92 f.

[480] Vgl. Günter Hirsch, Das Verhältnismäßigkeitsprinzip im Gemeinschaftsrecht, Bonn 1997, S. 8 ff.

[481] Vgl. Matthias Pechstein/Christian Koenig (Fn. 113), Rdnr. 159, S. 86; Andreas Haratsch/Christian Koenig/Matthias Pechstein (Fn. 323), Rdnr. 183 ff., S. 78 f.

Das Subsidiaritätsprinzip beinhaltet nach allgemeiner Auffassung auch die Ebene der kommunalen Selbstverwaltung, obwohl Art. 5 Abs. 2 EG nur zwischen der Ebene der Mitgliedstaaten und der Gemeinschaftsebene unterscheidet.[482] Diese Auffassung findet nunmehr ihre Bestätigung in Art. I-11 Abs. 3 UAbs. 1 VVE bzw. Art. 5 Abs. 3 UAbs. 1 EU Lissabon, wonach auch die regionale oder lokale Ebene explizit mit einbezogen wird.

IV. Implikationen des Bundesstaatsprinzips für Kollegialentscheidungen

Das Bundesstaats- bzw. Föderalismusprinzip bestimmt die Organisation des demokratischen Willensbildungs- und Entscheidungsprozesses in einem „System kompetenzgeteilter Staatlichkeit".[483] Aus diesem Prinzip ergeben sich für eine Bundesstaatstheorie die Fragen nach der Verortung der Staatlichkeit, des Sitzes der Souveränität und des mehrgliedrigen Staatsaufbaus.[484] Für den Gegenstand der Arbeit ist vor allem die dritte Frage weiter zu verfolgen, nämlich die Entscheidungsfindung durch Organe, die verschiedenen Ebenen angehören.[485] Hierbei ist auf die Kompetenzverteilung zwischen der oberen Ebene (Bund) und der unteren (Bundesländer), im Sinne von wer hat die Kompetenz für welche Entscheidungen, zu verweisen. Die aus dem Bundesstaatsprinzip fließende Dezentralisierungswirkung aufgrund der vertikalen Gewaltenteilung ermöglicht, dass Entscheidungen sach- und bürgernah getroffen werden. Auf diese Weise ist eine, vor allem die Wirtschaftswissenschaft interessierende, optimale Nutzung vorhandener Ressourcen und eine besonders durch die Politikwissenschaft angestrebte Mehrung des Gemeinwohls erreichbar. Die damit einhergehende Sachnähe zu den zu regelnden Gegenständen wirkt sich zweifellos positiv auf den, hier nicht weiter zu verfolgenden, Inhalt der Entscheidung als Ergebnis aus.

Die Doppelung (Bundesstaat) oder Vermehrfachung (EU) der Ebenen zur demokratischen Willensbildungs- und Entscheidungsfindung bewirkt, dass politische Mehrheiten und Minderheiten auf den verschiedenen Entscheidungsebenen nicht unbedingt übereinstimmen müssen. Daraus ergeben sich Unterschiede in der Zusammensetzung kollegialer Organe. Wiederum ist im Interesse einer Einheitsbildung in einem föderalen System eine Kooperation zwischen den Entscheidungsträgern auf den verschiedenen Ebenen erforderlich, die auch mit einer Politikverflechtung einhergeht.[486] Die Formen des kooperativen Föderalismus sind vielfältig. Sie reichen von informellen Kontakten zwischen Amtsträgern verschiede-

---

[482] BT-Drs. 12/3338 vom 02.10.1992, S. 6; BT-Drs. 12/3896 vom 01.12.1992, S. 17. Vgl. Bernhard Brockmeyer, in: Bruno Schmidt-Bleibtreu/Franz Klein (Hrsg.) (Fn. 24), Art. 23, Rdnr. 11, S. 750.
[483] Matthias Jestaedt, in: Josef Isensee/Paul Kirchhof (Hrsg.) (Fn. 74), § 29, Rdnr. 9, S. 793.
[484] Vgl. ebenda, Rdnr. 10, S. 794.
[485] Zum Bundesstaat als Mehrebenensystem vgl. Stefan Oeter (Fn. 405), S. 559 ff.
[486] Vgl. Matthias Jestaedt, in: Josef Isensee/Paul Kirchhof (Hrsg.) (Fn. 74), § 29, Rdnr. 12, S. 796.

ner Länder, die der Klärung und Abstimmung bei der Vorbereitung konkreter Maßnahmen und Entscheidungen dienen, über Konferenzen, wie die Konferenz der Regierungschefs von Bund und Ländern (§ 31 GOBReg.), bis zu vertraglichen Regelungen und gemeinsamen Einrichtungen.[487] Von erkenntnisbringender Relevanz ist die Frage, ob die Entscheidungsregeln oder -verfahren aufgrund der Verteilung der Kompetenzen auf mehrere Ebenen auf diesen gleichermaßen angewendet und somit verallgemeinert werden können, oder ob bestimmte Regeln nur auf einer bestimmten Ebene Anwendung finden.

Die in einer föderalen Herrschaftsordnung mit mehreren Entscheidungsebenen zu gewährleistende Mitwirkung der unteren Ebene bei der Willensbildung auf der oberen erfordert eine Vertretung ersterer auf der letzterer, wie der Bundesländer im Bundesrat als Organ des Bundes oder der Mitgliedstaaten im Rat der Europäischen Gemeinschaften. Hieraus ergibt sich die notwendige Schaffung kollegialer Organe, die einer Zusammensetzung (Sitzverteilung) und einer Zuweisung von Stimmen (Stimmenverteilung) bedürfen.

Aus dem bundesstaatlichen bzw. föderativen Gleichbehandlungsgrundsatz folgt eine Gleichheit der Länder in ihrem Status als Gliedstaaten.[488] Im Hinblick auf eine bundesstaatliche Funktionsfähigkeit bedeutet dies aber nicht, dass die Verteilung der Sitze und Stimmen in dem Vertretungsorgan der Länder auf oberer Ebene nach der formellen Gleichheit zu erfolgen hat. So wie es verschiedene Grundtypen für föderale Organe gibt, bestehen verschiedene Regeln für die Sitz- und Stimmenverteilung in diesen Organen. Diese gilt es nachfolgend zu erörtern und in eine Systematik einzuordnen.

H. Zusammenfassung der Geltung von Organisations- und Rechtsprinzipien

Mit vorstehender Betrachtung von Organisations- und Rechtsprinzipien ist der Nachweis ihrer zumindest grundlegenden Geltung in verschiedenen Rechtsgebieten, im deutschen Staats- und Kommunalrecht sowie im Europa- und Völkerrecht, erfolgt. Das Kollegialprinzip als Organisationsprinzip kollegialer Organe indiziert die horizontale Form der Entscheidungsfindung, die in allen Rechtsgebieten nachgewiesen werden konnte. In den im folgenden Kapitel zu erörternden kollegialen Entscheidungsorganen werden Beschlüsse von mehreren Mitgliedern gemeinsam und nicht von einer Person allein gefasst. Der Prozess der Entscheidungsfindung in Kollegialorganen erfordert besondere verbindliche Verfahrensregeln, die die Bedingungen für das formale Zustandekommen gültiger Entscheidungen in Form von Beschlüssen bestimmen. Da diese Regeln der Entscheidungsfindung innerhalb kollegialer Organe bisher nur geringe Aufmerksamkeit erhalten haben[489], werden sie den weiteren Gang der Untersuchungen bestimmen.

---

[487] Vgl. Hartmut Maurer (Fn. 71), Rdnr. 57 ff., S. 307 ff.
[488] BVerfGE 1, 299 (315).
[489] Vgl. Thomas Groß (Fn. 34), S. 281.

Weil Entscheidungsregeln und -verfahren nicht in einem rechtsleeren Raum geschaffen werden können, sind vorstehend die Vorgaben der einschlägigen Rechtsprinzipien für Kollegialentscheidungen zusammengefasst worden. Hier sind es vor allem die Prinzipien der Demokratie, der Schutz der Menschenwürde und die daraus folgende Achtung der Grund- und Menschenrechte sowie der Rechtsstaatlichkeit, die als Grundsätze im deutschen Staats- und Kommunalrecht sowie Europarecht[490] allgemeine Gültigkeit beanspruchen und als Maßstab für Entscheidungsregeln und -verfahren dienen. Selbst in der völkerrechtlichen Rahmenordnung lassen sich zunehmend Ansätze eines internationalen *ordre public*, der durch Demokratie, Menschenrechte und Rechtsstaatlichkeit gekennzeichnet ist, als einer völkerrechtlichen Minimalordnung beobachten, die eine weitere Korrektur des rechtlichen Zuweisungsgehalts staatlicher Souveränität bedingen.[491] Allerdings hängt die Transposition dieser Rechtsprinzipien auf die universelle Ebene (UNO) von der Bereitschaft zahlreicher Staaten ab, diese auch in ihrem innerstaatlichen Recht zu verwirklichen. Da dies derzeit noch eine Idealvorstellung ist und auch die Absicht von einer Eins zu Eins Umsetzung innerstaatlicher Rechtsprinzipien auf die zwischenstaatliche Ebene an einer Idealvorstellung grenzt, bleibt die Dichotomie zwischen Idealem und Realem auf universeller Ebene jedenfalls wohl noch weiter bestehen.[492]

Während das Prinzip der Volkssouveränität mit der Forderung nach einer Zurechnungs- und Entscheidungseinheit, dem Volk, im deutschen Staats- und Kommunalrecht verfassungsrechtlich gilt und demzufolge auch als Maßstab für Entscheidungsregeln und -verfahren heranzuziehen ist, ist seine Geltung innerhalb der EU wegen eines bislang fehlenden einheitlichen „europäischen Staatsvolkes" noch strittig. Unstrittig ist dagegen das Nichtexistieren einer Entscheidungseinheit, wie eines „Weltvolkes" auf universeller Ebene (UNO), so dass von zumindest einer eingeschränkten Geltung der Volkssouveränität ausgegangen werden muss. Damit eignet sich das Prinzip der Volkssouveränität nur begrenzt als Maßstab im politischen und rechtlichen Entscheidungsprozess innerhalb von (universellen) Staatenverbindungen. Allen Rechtsgebieten gemein ist indes die auf der Staatssouveränität basierende Entscheidungsfreiheit der Staaten nach innen und außen.

Als einen weiteren Maßstab für Entscheidungsregeln und -verfahren gilt das innerhalb von Staaten und Staatenverbindungen verfassungs- oder vertragsrechtlich geltende Gleichheitsprinzip. Hier kommt es insbesondere auf die Zusammensetzung der Organe mit den durch ihre Mitglieder vertretenen divergierenden Interessen und die zu regelnden Sachverhalte an, ob die formelle oder materielle

---

[490] Vgl. Hans-Wolfgang Arndt (Fn. 438), S. 93.
[491] Vgl. Jost Delbrück, Menschenrechte im Schnittpunkt zwischen universalem Schutzanspruch und staatlicher Souveränität, in: Johannes Schwartländer (Hrsg.), Menschrechte und Demokratie, Kehl am Rhein/Strassburg 1981, S. 11 ff.; Stephan Hobe/Otto Kimminich, Einführung in das Völkerrecht, 8. Auflage, Tübingen/Basel 2004, S. 60; Jost Delbrück, Opening Address, in: Jost Delbrück (ed.), International Law of Cooperation and State Sovereignty, Berlin 2002, S. 13; Christoph Schreuer, State Sovereignty and the Duty of States in Cooperate, ebenda, S. 163 ff.
[492] Vgl. Athena Debbie Efraim, Sovereign (In)equality in International Organizations, The Hague/Boston/London 2000, S. 376.

H. Zusammenfassung der Geltung von Organisations- und Rechtsprinzipien 129

Gleichheit als Maßstab zugrunde zu legen ist. Das Bundesstaats- bzw. Föderalismusprinzip wiederum beansprucht verfassungsrechtliche Geltung in der Bundesrepublik und zahlreichen anderen Staaten, es gibt zu ihm jedoch andere innerstaatliche Alternativen. Im Gegensatz zum Bundesstaat mit mindestens zwei Entscheidungsebenen hat ein zentralistischer Staat nur eine politische Entscheidungsebene, die zentral alle Angelegenheiten des Staates bestimmt oder diese lokalen Behörden überträgt. Spätestens aber im europäischen Integrationsprozess innerhalb der EU ist auf das föderale Prinzip mit dem Subsidiaritätsprinzip als Maßstab im politischen Entscheidungsprozess zurückzukommen. Aus diesen Prinzipien ergeben sich die Anzahl der Entscheidungsebenen und die Zuständigkeiten der verschiedenen Ebenen für Entscheidungen über Sachgegenstände, die durch die Festlegung der Kompetenzbereiche bestimmt werden (wer entscheidet was bzw. worüber auf welcher Ebene). Damit ist der Entscheidungsprozess in seiner vertikalen Ausrichtung vorgegeben. Auf universeller Ebene (UNO) lassen sich föderale Strukturen nicht nachweisen. Dennoch soll für den weiteren Gang der Untersuchung von einer weiteren Entscheidungsebene ausgegangen werden, der sich die Staaten nach dem Prinzip der Staatssouveränität freiwillig unterziehen können.

Aus vorstehenden Ausführungen über die Organisations- und Rechtsprinzipien und ihre Implikationen für Kollegialentscheidungen lässt sich der Umfang ihrer formenden Kraft für Entscheidungsregeln und -verfahren ableiten. Selbst wenn einigen Rechtsprinzipien nur eine eingeschränkte Geltung bescheinigt werden kann, rechtfertigt das Ergebnis dieser Untersuchung den Gang nachfolgender Analyse von Entscheidungsregeln und -verfahren auf der Grundlage dieser als Maßstab herangezogenen Prinzipien im konkreten Sachzusammenhang. Werden mehrere Prinzipien gleichzeitig als Maßstab herangezogen, stellt sich die Frage nach ihrem Verhältnis zueinander. Der Rang einzelner Rechtsprinzipien wird entweder durch die Verfassung für Staaten oder völkerrechtliche Verträge (i.d.R. Gründungsverträge) für Staatenverbindungen bestimmt. Dabei ist zu berücksichtigen, dass die rechtlichen Grundordnungen naturgemäß nicht Anspruch auf Vollständigkeit erheben, die Regelung von Einzelaspekten mitunter durch inhaltliche Weiten und Unbestimmtheiten gekennzeichnet ist und einzelne Prinzipien miteinander kollidieren können. Dabei geht es nicht um die alternative Wahl zwischen kollidierenden Prinzpen zulasten eines der Prinzipien, sondern um die Herstellung eines angemessenen (verhältnismäßigen) Ausgleiches und damit um die Herstellung einer Optimierung dieser Prinzipien, die mithin zur Aufgabe rechtlicher Grundordnungen gehört.[493]

---

[493] Vgl. Klaus Stern (Fn. 66), § 4 III 8, S. 131 ff.; Michael Glage (Fn. 16), S. 91 f.

Kapitel III
Kollegiale Entscheidungsorgane

Für die Beantwortung der Frage, wer die Entscheidungen in Staaten und Staatenverbindungen trifft, bedarf es zunächst einer Bezugnahme auf ihre Organe, insbesondere der kollegialen. Durch Organe nehmen die Staaten und Staatenverbindungen ihre Funktionen wahr, die als Ganzes den Staat bzw. die Staatenverbindung verkörpern.[1] Die Besetzung der Organe kann entweder durch eine oder durch mehrere Personen bzw. Mitglieder erfolgen.[2] In Abhängigkeit von der Anzahl der Beteiligten am Prozess der Entscheidungsfindung lassen sich monistische bzw. monokratische für Individualentscheidungen und kollegiale Entscheidungsorgane für Kollegialentscheidungen unterscheiden. Aus der Verschiedenartigkeit der organschaftlichen Willensbildung folgt auch einer der wichtigsten Strukturunterschiede der Organe.[3] Obgleich die in dieser Arbeit behandelten Entscheidungsregeln und -verfahren kollegiale Entscheidungsorgane betreffen, die auf dem im zweiten Kapitel erörterten Kollegialprinzip beruhen, soll zunächst kurz auf individuale Entscheidungsorgane eingegangen werden. Bei Individualorganen entscheidet im Unterschied zu Kollegialorganen der Wille eines Einzelnen, so dass es der in dieser Arbeit behandelten Entscheidungsregeln und -verfahren nicht bedarf. Die der Abgrenzung dienende Unterscheidung zwischen Individual- und Kollegialorganen ist von besonderer Relevanz für die Fälle, in denen Kollegialorgane aus Individualorganen zusammengesetzt sind.

A. Begriff des Organs

Der in zahlreichen Rechtsvorschriften[4] positiv-rechtlich verwendete Organbegriff soll hier nur insoweit behandelt werden, wie es für das Verständnis der nachfolgenden Klassifizierung von Organen notwendig erscheint. Nach herrschender Organtheorie ist unter Organ im juristischen Sinne „[...] ein durch organisierende

---

[1] „Der Staat kann nur durch das Medium von Organen walten: denkt man die Organe hinweg, so ist auch die Vorstellung des Staates selbst verschwunden." Georg Jellinek, System der subjektiven öffentlichen Rechte, 2. Auflage, Tübingen 1919, S. 225.

[2] Vgl. Prodromos Dagtoglou, Kollegialorgane und Kollegialakte der Verwaltung, Stuttgart 1960, S. 13.

[3] Vgl. Hans J. Wolff, in: Hans J. Wolff/Otto Bachof, Verwaltungsrecht II, 4. Auflage, München 1976, § 75 I 1, S. 71.

[4] Z.B. Art. 20 Abs. 2 Satz 2 GG; Art. 189-248 EG; Art. 7 UN-Charta.

Rechtssätze gebildetes, selbständiges institutionelles Subjekt von transitorischen Zuständigkeiten zur funktionsteiligen Wahrnehmung von Aufgaben einer (teil-) rechtsfähigen Organisation"[5] zu verstehen. Die Wahrnehmung der im Organ zusammengefassten Zuständigkeiten erfolgt von Organwaltern.[6] Handlungen des Organs sind dem Rechtssubjekt (Zurechnungsendsubjekt) zuzurechnen, für das es handelt. So handelt der Staat wie jeder Personenverband durch seine Organe.[7] „[D]enkt man die Organe weg, so bleibt nicht etwa noch der Staat als Träger seiner Organe, sondern ein juristisches Nichts übrig."[8] Legal definiert wird das Organ auch als organisatorische Funktionseinheit (Person oder Personenmehrheit), die rechtlich für juristische Personen (Organisationen) verbindlich nach außen handelt.[9] Damit besteht der Begriff Organ aus zwei Elementen: einem rechtlichen, die Kompetenz und einem physischen, den oder die Menschen, denen diese Kompetenz übertragen wird.[10] Diesem physischen Element kommt rechtliche Relevanz in Bezug auf den organisatorischen Aufbau des Organs zu. Bei Organen, die aus einem einzigen Organwalter bestehen, handelt es sich um Individualorgane, bei Organen, die aus mehreren Organwaltern zusammengesetzt sind, bei Vorliegen der unten aufgeführten Wesensmerkmale um Kollegialorgane.[11]

B. Entscheidungsorgane in Abhängigkeit von der Anzahl der Mitglieder

I. Individuale Entscheidungsorgane

Individualorgane werden mitunter unterschieden in monistische und monokratische. Bei monistischen Organen werden die Zuständigkeiten von nur einem Organwalter allein wahrgenommen, bei monokratischen hingegen, von einem leitenden Organwalter gemeinsam mit mehreren anderen vertretungsberechtigten, jedoch weisungsabhängigen Organwaltern.[12] Gemein ist diesen Organen, dass

---

[5] Hans J. Wolff (Fn. 3), § 74 I f., S. 48. Vgl. auch Ralf Dreier, Organlehre, in: Hermann Kunst/Roman Herzog/Wilhelm Schneemelcher (Hrsg.), Evangelisches Staatslexikon, 2. Auflage, Stuttgart/Berlin 1966, Sp. 1701.
[6] Vgl. Heinrich Ueberwasser, Das Kollegialprinzip, Basel/Frankfurt am Main 1989, S. 32.
[7] Vgl. Klaus Stern, Das Staatsrecht der Bundesrepublik Deutschland, Band II, München 1980, § 26 I 2, S. 41.
[8] Georg Jellinek, Allgemeine Staatslehre, 3. Auflage, Darmstadt 1959, S. 560.
[9] Zum Begriff Organ vgl. Walter Weidenkaff, Organ, in: Klaus Weber (Hrsg.), Creifelds Rechtswörterbuch, 19. Auflage, München 2007, S. 853 f.
[10] Vgl. Walter Jellinek, Verwaltungsrecht, 3. durchgesehene Auflage, Offenburg 1950, S. 61.
[11] Vgl. Heinrich Ueberwasser (Fn. 6), S. 35. Walter Jellinek spricht in diesem Zusammenhang von „einköpfigen" und „mehrköpfigen" Organen. Walter Jellinek (Fn. 10), S. 61.
[12] Vgl. Ralf Dreier (Fn. 5), Sp. 1703; Hans J. Wolff (Fn. 3), § 75 II a f., S. 71 f.

stets der Wille einer einzelnen Person maßgeblich für Entscheidungen ist.[13] Da sich die vorliegende Arbeit mit kollegialen Organen auseinandersetzt, muss hier nicht weiter auf diese Unterscheidung eingegangen werden und kann der in der Literatur und Rechtsprechung vorherrschenden Einteilung entsprechend der organschaftlichen Willensbildung von monokratischen und kollegialen Organen[14] gefolgt werden.

Als Monokratie wird ein Organisations- und Zuständigkeitsprinzip bezeichnet, bei dem nur eine Person die Führungs- und Entscheidungsgewalt ausübt und die auch die Verantwortung für die getroffenen Entscheidungen trägt.[15] Monokratische (individuale)[16] Entscheidungsorgane finden sich in den durch hierarchische Über- und Unterordnung gekennzeichneten Bürokratien und Verwaltungen.[17] Auch wenn die individuelle Willensentscheidung einer einzigen Person offensichtlich nicht mit der Vorstellung von einer „gerechten" Entscheidungsregel in Einklang zu bringen ist, sollte sie nicht von vornherein ausgeschlossen werden, wie Bossert und Stehling mit einer Metapher am Beispiel eines Orchesters eindrucksvoll zeigen. Die Orchestermitglieder unterwerfen sich in Bezug auf die Interpretation eines Musikstückes ganz den Vorstellungen ihres Dirigenten, weil sie sich oft nicht in der Lage sehen, das beste Zusammenspiel auf eine andere Weise zu erreichen.[18] Somit legen sie die Entscheidungen in die Hände eines Einzelnen.

Ein Charakteristikum dieses Entscheidungsmodus besteht darin, dass sich die „Alleinherrschaft" auf eine bestimmte Menge von Alternativen beschränkt. Entscheidungskompetenzen von Einzelpersonen sind auch in einer Demokratie vorgesehen, weil es bestimmte Situationen geben kann, die keine Kollegialentscheidung ermöglichen bzw. eine Entscheidung unbedingt erfordern.[19] Doch sind die wenigen alleinigen Entscheidungskompetenzen normativ (z.B. Verfassung oder Gesetz bzw. Vertrag) für entsprechende Fälle geregelt. Im auf dem Demokratieprinzip basierenden Grundgesetz findet sich in Art. 65 Satz 1 GG ein monokratischer Entscheidungsmodus mit dem (monokratischen) Kanzlerprinzip und der Richtlinienkompetenz des Bundeskanzlers, die dem (kollegialen) Kabinettsprinzip gegenüberstehen.[20] Die politische Richtlinien- bzw. Leitlinienkompetenz erhält nach

---

[13] Vgl. Michael Schneider, Die Beschlußfähigkeit und Beschlußfassung von Kollegialorganen, Bochum 2000, S. 14.

[14] Vgl. Prodromos Dagtoglou (Fn. 2), S. 13; Helge Sodan, Kollegiale Funktionsträger als Verfassungsproblem, Berlin 1986, S. 16 f.; Michael Schneider (Fn. 13), S. 14.

[15] Vgl. Harro Linke, Die Formen des Kollegialsystems im öffentlichen Recht, Göttingen 1953, S. 1.

[16] Prodromos Dagtoglou (Fn. 2), S. 39 spricht von individualen Organen.

[17] Vgl. Klaus Schubert/Martina Klein, Das Politiklexikon, 2. Auflage, Bonn 2001, S. 193 f.

[18] Bossert und Stehling sprechen hier von einem diktatorischen Entscheidungsmodus, wo eine Person eine Entscheidung für die Gruppe trifft. Vgl. Walter Bossert/Frank Stehling, Theorie kollektiver Entscheidungen, Berlin/Heidelberg/New York 1990, S. 77.

[19] Vgl. Giovanni Sartori, Demokratietheorie, Darmstadt 1992, S. 212.

[20] Die Einzelentscheidungskompetenz des Bundeskanzlers gilt nur für die Richtlinien der Politik, wobei allerdings die Verfassung diesem Entscheidungsspielraum weitere Grenzen setzen bzw. dem Bundeskanzler seine Entscheidungsbefugnis entziehen kann, falls

Art. I-27 Abs. 3 UAbs. 1 VVE bzw. Art. 17 Abs. 6 UAbs. 1 EU Lissabon auch der Präsident der Europäischen Kommission für die Kommission.[21] Als einem monokratischen Organ obliegt dem Bundespräsidenten[22] die Entscheidungskompetenz beispielsweise für den Fall, dass im dritten Wahlgang der Bundeskanzler nicht mit absoluter, sondern nur mit relativer Mehrheit (so genannte einfache Abstimmungsmehrheit) gewählt ist, ob er diesen ernennt oder den Bundestag auflöst (Art. 63 Abs. 4 GG).[23] Monokratische Organe können auch Mitglieder eines Kollegialorgans sein, wie die Minister (monokratische Organe) in der Regierung (Kollegialorgan).[24] Auf kommunaler Ebene[25] ist der Bürgermeister als zweites Hauptorgan der Gemeinde monokratisch organisiert mit Ausnahme nach der Magistratsverfassung[26], die eine kollegiale Organisation vorsieht.[27]

---

seine Entscheidungen durch die Mehrheit der BT-Mitglieder missbilligt wird (konstruktives Misstrauensvotum gem. Art. 67 GG). Zu konstruktiven Misstrauensvoten vgl. Peter Schindler, Datenhandbuch zur Geschichte des Deutschen Bundestages 1949 bis 1999, Band 1, Baden-Baden 1999, S. 1228 ff.; Michael F. Feldkamp/Birgit Ströbel (Mitarbeit), Datenhandbuch zur Geschichte des Deutschen Bundestages 1994 bis 2003, Baden-Baden 2005, S. 326.

[21] Bisher hatte dieser gem. Art. 219 Abs. 1 EG eine sich an die Richtlinienkompetenz annähernde Stellung. Vgl. Matthias Ruffert, in: Christian Calliess/Matthias Ruffert (Hrsg.), Verfassung der Europäischen Union, München 2006, Art. I-27, Rdnr. 9 f., S. 340 f.; Volker Epping, in: Christoph Vedder/Wolff Heintschel von Heinegg (Hrsg.), Europäischer Verfassungsvertrag, Baden-Baden 2007, Art. I-27, Rdnr. 16, S. 146 f.

[22] Vgl. Hans Kelsen, Allgemeine Staatslehre, Berlin 1925, S. 282; Thorsten Ingo Schmidt, Die Geschäftsordnungen der Verfassungsorgane als individuell-abstrakte Regelungen des Innenrechts, in: AöR, 128 (2003) 4, S. 609. Dem entgegen bezeichnet Michael Schneider (Fn. 13), S. 33 den Bundespräsidenten unzutreffend als kollegiales Organ. Dem den Bundespräsidenten bei der Wahrnehmung seiner Aufgaben als Staatsoberhaupt unterstützenden Bundespräsidialamt kommen nur Tätigkeiten der Beratung und Entscheidungsvorbereitung, nicht aber der letzt verbindlichen Entscheidung zu, so dass wesentliche Elemente eines Kollegialorgans fehlen. Einer Geschäftsordnung bedarf es deshalb nicht.

[23] Vgl. Hans-Bernhard Brockmeyer, in: Bruno Schmidt-Bleibtreu/Franz Klein (Hrsg.), Kommentar zum Grundgesetz, 10. Auflage, München 2004, Art. 63, Rdnr. 7, S. 1229.

[24] Vgl. Prodromos Dagtoglou (Fn. 2), S. 39.

[25] Zur Annäherung der monokratischen Verwaltungsform an die kollegiale im Kommunalrecht vgl. Derlien, Hans-Ulrich/Gürtler, Christoph/Holler, Wolfgang/Schreiner, Hermann Josef, Kommunalverfassung und kommunales Entscheidungssystem, Meisenheim am Glan 1976, S. 116.

[26] Zu den verschiedenen Gemeindeverfassungssystemen vgl. Edzard Schmidt-Jortzig, Kommunalrecht, Stuttgart/Berlin/Köln/Mainz 1982, Rdnr. 116 ff., S. 56 ff.; Gerhard Weinmann, Kollegiale Formen kommunaler Verwaltungsführung?, Köln 1993, S. 82 ff.; Rolf Stober, Kommunalrecht in der Bundesrepublik Deutschland, 3. Auflage, Stuttgart/Berlin/Köln 1996, § 4 II, S. 27 ff.; Alfons Gern, Deutsches Kommunalrecht, 3. Auflage, Baden-Baden 2003, Rdnr. 39 ff., S. 53 ff.

[27] Vgl. Eberhard Schmidt-Aßmann/Hans Christian Röhl, Kommunalrecht, in: Eberhard Schmidt-Aßmann (Hrsg.), Besonderes Verwaltungsrecht, 13. Auflage, Berlin 2005, Rdnr. 70, S. 57, Rdnr. 80, S. 61. Zur monokratischen Organisationsform in Brandenburg vgl. Kurt Fritz Hohndorf/Matthias Falk, Kommunalrecht in Brandenburg, in: Ale-

Neben der Anzahl der Personen unterscheiden sich monokratische (individuale) von Kollegialorganen rechtlich vor allem in der Entscheidungsbefugnis. Auch ein monokratisches Organ kann von einer Anzahl von Personen umgeben sein, die Beratungsfunktionen ausüben, nicht aber mitentscheiden.[28]

II. Kollegiale Entscheidungsorgane

Da bereits vielfach auf den Terminus „kollegial" Bezug genommen wurde, ist an dieser Stelle nun eine Begriffsbestimmung des „Kollegialorgans" geboten, das in der Literatur mitunter verschiedene Bezeichnungen erfährt. So zieht Groß angesichts möglicher Abgrenzungsprobleme zwischen Organen und Organteilen bzw. Ämtern die Begriffe „Kollegium" oder „Kollegialgremium" vor.[29] In der Literatur wird allgemein der Begriff „Kollegialorgan" bzw. „kollegiales Organ" verwendet.[30] Die Rechtsprechung greift ebenfalls auf den Begriff Kollegialorgan zurück.[31] Diesem wird auch hier gefolgt. Der Begriff Kollegialorgan gehört dem allgemeinen Organisationsrecht an, das heißt dem Recht, das die Bildung, Änderung und Aufhebung der Organe sowie ihre Stellung in einer Organisation regelt.[32] Er ist nicht einem bestimmten Rechtsgebiet vorbehalten[33], so dass der rechtsgebietsübergreifende Charakter dieser Arbeit gerechtfertigt ist.

Der Begriff des Kollegialorgans[34] wird definiert als „[...] ein Organ, das aus mehreren gleichberechtigt zusammenwirkenden und in einer rechtlichen Einheit organisierten Personen besteht."[35] Das Kollegialorgan wird allgemein auch als ein „[...] institutionalisierter Komplex von Wahrnehmungszuständigkeiten" bezeichnet, der von zu einer rechtlichen Einheit verbundenen gleichberechtigten Personen

---

xander von Brünneck/Franz-Joseph Peine (Hrsg.), Staats- und Verwaltungsrecht für Brandenburg, Baden-Baden 2004, S. 127.

[28] „Das monokratische System ist dadurch gekennzeichnet, daß die Kompetenzen von einem leitenden Amtswalter oder für diesen von mehreren ihm hierarchisch untergeordneten, von ihm koordinierten und weisungsabhängigen Amtsträgern [...] wahrgenommen werden und stets der Wille eines einzelnen entscheidet; [...]." Helge Sodan (Fn. 14), S. 17. Vgl. auch Walter Jellinek (Fn. 10), S. 61; Prodromos Dagtoglou (Fn. 2), S. 39 f.

[29] Vgl. Thomas Groß, Das Kollegialprinzip in der Verwaltungsorganisation, Tübingen 1999, S. 46.

[30] Vgl. Hans Kelsen (Fn. 22), S. 280; Prodromos Dagtoglou (Fn. 2), S. 31; Roman Herzog, Allgemeine Staatslehre, Frankfurt am Main 1971, S. 193; Heinhard Steiger, Organisatorische Grundlagen des parlamentarischen Regierungssystems, Berlin 1973, S. 50; Meinhard Schröder, Grundlagen und Anwendungsbereich des Parlamentsrechts, Baden-Baden 1979, S. 73.

[31] BVerfGE 91, 148 (166).

[32] Vgl. Hans J. Wolff (Fn. 3), § 71 IV a, S. 11.

[33] Vgl. Meinhard Schröder (Fn. 30), S. 77.

[34] Zur Geschichte der Kollegialorgane vgl. Harro Linke (Fn. 15), S. 16 ff.; Jan Eggers, Die Rechtsstellung von Ausschüssen, Beiräten und anderen kollegialen Einrichtungen im Bereich der vollziehenden Gewalt, Clausthal-Zellerfeld 1969, S. 22 ff.

[35] Prodromos Dagtoglou (Fn. 2), S. 44.

wahrgenommen wird, die ihren Willen in Form von Beschlüssen zum Ausdruck bringen.[36] In diesen Definitionen ist das Kriterium der Gleichberechtigung der Mitglieder nicht unstrittig, worauf später näher eingegangen wird. Wesentliche Grundfragen eines Kollegialorgans sind die Willensbildung und -äußerung.[37] Auch kollegiale Organe verfügen über einen Vorsitzenden, der in der Regel aber nur für die Einberufung der Sitzung, Aufstellung der Tagesordnung, Verhandlungsleitung sowie Vertretung des Organs nach außen zuständig ist.[38]

Kollegialorgane lassen sich demnach als Organe bezeichnen, die aus mehreren Personen bestehen. Diese nehmen gemeinsam die dem Organ zugewiesenen Aufgaben und Zuständigkeiten wahr. Innerhalb des Kollegialorgans erfolgt die Willensbildung nach einem festgelegten inneren Organisationsrecht. Unter kollegialen Entscheidungsorganen werden Organe verstanden, die eine Entscheidung in Form von Beschlüssen in der Regel durch Abstimmung annehmen. Diese können sowohl einen empfehlenden als auch einen rechtlich verbindlichen Charakter besitzen. Zu den Vorzügen von Entscheidungen kollegialer Organe gegenüber Entscheidungen monokratischer Organe gehören nach Auffassung des Bundesverfassungsgerichts die Vermehrung der entscheidungserheblichen Gesichtspunkte und Argumente, die erhöhte Berücksichtigung von Entscheidungsfolgen und die gesteigerte wechselseitige Kontrolle.[39] Diese Vorteile wiederum entsprechen einem dem politischen Willensbildungs- und Entscheidungsfindungsprozess immanenten Pluralismus, der die Grundlage des Demokratieprinzips bildet.

Die überwiegende Zahl der Kollegialorgane wird von den Organisationen in ihren Verfassungen – im Grundgesetz für die Bundesrepublik, in den Landesverfassungen für die Bundesländer, in den Gemeindeordnungen für die Kommunen – oder Gründungsverträgen – im EG-Vertrag für die EG, in der UN-Charta für die UNO – gebildet. Darüber hinaus können Organe durch separate Verträge geschaffen werden. Wegen ihrer Herkunft werden sie als Vertragsorgane bezeichnet. Vertragsorgane führen meist Überwachungs- bzw. richterliche Funktionen, mitunter Funktionen der Entscheidungsfindung aus.[40] Zu ersteren Vertragsorganen zählen beispielsweise die UN-Vertragsorgane für die Einhaltung völkerrechtlicher Verträge zum Menschenrechtsschutz[41] sowie der Europäische Gerichtshof für Men-

---

[36] Vgl. Meinhard Schröder (Fn. 30), S. 77.
[37] Vgl. Heinrich Ueberwasser (Fn. 6), S. 35.
[38] Vgl. Ralf Dreier (Fn. 5), Sp. 1704.
[39] BVerfGE 91, 148 (166).
[40] Vgl. Henry G. Schermers/Niels M. Blokker, International Institutional Law, The Hague/London/Boston 1995, § 386 f., S. 272 f.
[41] Ausschuss für Menschenrechte (HRC) nach Art. 28 IPbpR. Ausschuss über wirtschaftliche, soziale und kulturelle Rechte (CESCR) nach ECOSOC Resolution 1985/17 vom 28.05.1985. Ausschuss für die Beseitigung der Rassendiskriminierung (CERD) nach Art. 8 Internationales Übereinkommen zur Beseitigung jeder Form von Rassendiskriminierung vom 07.03.1966, in: UNTS, vol. 660, p. 195; BGBl. 1969 II, 961. Ausschuss gegen Folter (CAT) nach Art. 17 Übereinkommen gegen Folter und andere grausame, unmenschliche oder erniedrigende Behandlung oder Strafe vom 10.12.1984, in: UNTS, vol. 1465, p. 85; BGBl. 1990 II, 246. Ausschuss für die Beseitigung der Diskriminierung der Frau (CEDAW) nach Art. 17 Übereinkommen zur Beseitigung jeder

schenrechte[42], zu letzteren Organe der Internationalen Meeresbodenbehörde (Versammlung und Rat) nach Art. 158 Abs. 1 SRÜ[43] bzw. aufgrund von Abrüstungsverträgen[44] errichtete Organe.[45] Ausgewählte Vertragsorgane werden nur punktuell in die Untersuchungen mit einbezogen.

C. Wesensmerkmale von Kollegialorganen

In der Literatur besteht keine Einigkeit über die Wesensmerkmale von Kollegialorganen. Von verschiedenen Autoren werden unterschiedliche Wesensmerkmale genannt. Nachfolgend sollen die wichtigsten erörtert und auf Verallgemeinerung geprüft werden, wie die Zusammensetzung aus mehreren Mitgliedern (plurale Struktur), ihre Gleichstellung, ihre Organisation zu einer rechtlichen Einheit[46], die Beschlussfassungskompetenz[47] und die einer Beratung folgende Abstimmung.[48]

I. Plurale Mitgliedschaft

Die Anzahl der Mitglieder eines Kollegialorgans hängt entscheidend von seinen Funktionen ab, weshalb sie auch nach der Funktionsfähigkeit ausgerichtet sein sollten. Im deutschen Staatsrecht dient die Funktionsfähigkeit[49] als Hilfsbegriff verfassungsrechtlicher Interpretation zur Hervorhebung normativer Inhalte. Unter dem Begriff der Funktionsfähigkeit wird die Garantie eines Funktionsgrundbestandes eines Organs verstanden, mit einer darüber hinausgehenden Zielvorstellung des völligen Funktionierens. Das über den Grundbestand Hinausgehende steht im Rahmen einer Abwägung zwischen kollidierenden verfassungsrechtlich

---

  Form von Diskriminierung der Frau vom 18.12.1979, in: UNTS, vol. 1249, p. 13; BGBl. 1985 II, 648. Ausschuss für die Rechte des Kindes (CRC) nach Art. 43 Übereinkommen über die Rechte des Kindes vom 20.11.1989, in: UNTS, vol. 1577, p. 3; BGBl. 1992 II, 121.
[42] Art. 19 EMRK.
[43] SRÜ vom 10.12.1982, in: UNTS, vol. 1833, p. 3; BGBl. 1994 II, 1798.
[44] Liste völkerrechtlicher Verträge zur Abrüstung und Waffenkontrolle, in: Jan Kolasa, Disarmament and Arms Control Agreements, Bochum 1995, S. 2 f. Zu den Vertragsorganen ebenda, S. 93 ff.
[45] Am 10.09.1996 ist der noch nicht in Kraft getretene, von der Genfer Abrüstungskonferenz ausgearbeitete, Vertrag über das umfassende Verbot von Nuklearversuchen von der UN-GV angenommen worden. CTBT, in: UN Doc. A/RES/50/245 (17.09.1996). Der Vertrag sieht in Art. II die Bildung einer Organisation vor, die aus der Konferenz und dem Exekutivrat besteht.
[46] Prodromos Dagtoglou (Fn. 2), S. 32 nennt diese drei Elemente.
[47] Thomas Groß (Fn. 29), S. 46 zählt zwei Wesensmerkmale auf: Mehrgliedrigkeit und Beschlusskompetenz.
[48] Michael Schneider (Fn. 13), S. 23 fügt das Erfordernis einer Abstimmung nach Beratung hinzu.
[49] Der Begriff Funktionsfähigkeit ist ausdrücklich in Art. 115g Satz 2 GG enthalten.

relevanten Normen bzw. Gütern zur Disposition, wobei der Grundbestand die Abwägungsgrenze bestimmt.[50]

Eine Festlegung einer allgemeingültigen, exakten Mitgliederzahl für Organe lässt sich offensichtlich nicht geben. Die Frage nach einer Obergrenze ist weitaus offener als die nach einer Untergrenze. Wenngleich die Frage, ob zwei Mitglieder ein Kollegialorgan bilden können, von geringerer praktischer Bedeutung ist, wird ihr von zahlreichen Autoren Aufmerksamkeit zuteil.[51] Während Wolff bereits zwei Personen als ausreichend für ein Kollegialorgan erachtet[52], gelten nach der herrschenden Lehre unter Rückgriff auf das römische Recht nur drei- und mehrgliedrige Organe als Kollegialorgane.[53] Schon nach dem aus dem römischen Recht stammenden Grundsatz „*tres facere existimat 'collegium*"[54] ist bei zwei Mitgliedern noch nicht von einem Kollegium gesprochen worden. So wurden in Rom die beiden dasselbe Amt ausübenden Personen als „*collega*" und nicht als „*collegium*" bezeichnet.[55] Bei zweigliedrigen Organen sind zahlreiche Tätigkeitsprinzipien eines Kollegialorgans, wie bezüglich einer Redeordnung und die meisten Abstimmungsregeln und -verfahren, nicht anwendbar. Auch wären bei zwei gleichberechtigten Personen Mehrheitsentscheidungen grundsätzlich nicht erzielbar, selbst wenn diese kein Wesensmerkmal des Kollegialprinzips sein sollten.[56] Um eine Entscheidung bei zwei Personen mit je einem Sitz und je einer Stimme herbeiführen zu können, bedarf es ihrer Übereinstimmung, d.h. der Einstimmigkeit, oder eines Stichentscheids. Wegen der grundlegenden Unterschiede hinsichtlich der Entscheidungsregeln werden zweigliedrige Organe, die u.a. in der öffentlichen Verwaltung nicht selten zu finden sind[57], nicht unter Kollegialorgane gefasst.

Die Obergrenze der Mitgliederzahl eines Kollegialorgans ergibt sich vorrangig aus Effektivitätserwägungen. Zwar können Kollegialorgane mit großen Mitgliederzahlen beraten und entscheiden, wie schon in der *ekklesia* der athenischen Demokratie, und es lassen sich generell auch die Entscheidungsregeln und -verfahren auf sie anwenden, doch kann die Größe der Organe schnell zu einer Gefährdung ihrer Funktionsfähigkeit führen. Deshalb sollte, in Abhängigkeit von der Funktion

---

[50] Vgl. Peter Lerche, „Funktionsfähigkeit", in: BayVBl., 37 (1991) 17, S. 517 ff.; Michael Glage, Mitwirkungsverbote in den Gemeindeordnungen, Göttingen 1995, S. 84.
[51] Vgl. Prodromos Dagtoglou (Fn. 2), S. 32; Meinhard Schröder (Fn. 30), S. 74; Thomas Groß (Fn. 29), S. 47 f.; Michael Schneider (Fn. 13), S. 17.
[52] Vgl. Hans J. Wolff (Fn. 3), § 75 III a, S. 73. So auch Thorsten Ingo Schmidt, Die Entscheidung trotz Stimmengleichheit, in: JZ, 58 (2003) 3, S. 134.
[53] Vgl. Hans Kelsen (Fn. 22), S. 280, 282; Prodromos Dagtoglou (Fn. 2), S. 32; Jan Eggers (Fn. 34), S. 14; Meinhard Schröder (Fn. 30), S. 74 f.; Thomas Groß (Fn. 29), S. 47; Michael Schneider (Fn. 13), S. 17 ff.
[54] Marcellus, De verborum sicnificatione (libro primo digestorum), in: Theodor Mommsen (Hrsg.), Digesta Iustiniani Augusti, vol. 2, Berolini 1870. L 16, 85, S. 940.
[55] Vgl. Theodor Mommsen, Römisches Staatsrecht, 1. Band, Nachdruck der 3. Auflage, 1887, Basel 1952, Rdnr. 32 ff., S. 33 ff.; Prodromos Dagtoglou (Fn. 2), S. 32.
[56] Vgl. Prodromos Dagtoglou (Fn. 2), S. 32 f.
[57] Z.B. besteht der Vorstand einer Krankenkasse mit bis zu 500.000 Mitgliedern gem. § 35a Abs. 4 Satz 1 SGB IV i.d.F. vom 10.12.2007 (BGBl. 2007 I, 2838) aus höchstens zwei Personen. Weitere Beispiele bei Thomas Groß (Fn. 29), S. 47 f.

des Kollegialorgans, eine angemessene Obergrenze gefunden werden. So gebietet sich beispielsweise für Kollegialorgane mit legislativen Funktionen wegen des Repräsentationsprinzips eine größere Mitgliederzahl und bei Organen mit exekutiven Funktionen aus Leistungsgründen eine kleinere Mitgliederzahl.[58]

II. Gleichstellung der Mitglieder

Hinsichtlich einer Gleichstellung der Mitglieder als Wesensmerkmal eines Kollegialorgans[59] werden in der Literatur inzwischen differenzierte Auffassungen vertreten. Für Dagtoglou bedeutet Gleichstellung der Mitglieder noch, „[...] daß jedes Mitglied eine Stimme besitzt und daß die Stimmen aller Mitglieder gleich sind."[60] Dieser Auffassung schließt sich auch Ueberwasser an. „Als gleichgestellte Mitglieder genießen alle dieselben Rechte und haben alle die gleichen Pflichten. [...] Jedes Mitglied hat eine Stimme."[61] Konsequenterweise hätte diese Auffassung zur Folge, dass Organe mit Stimmengewichtung, wie der Bundesrat[62] oder Organe, in denen einige Mitglieder über ein Stimmrecht verfügen, andere hingegen nicht[63], keine Kollegialorgane wären.

Schröder und in Anlehnung an ihn Groß korrigieren die Ansicht von einer notwendigen Gleichstellung bzw. Gleichberechtigung der Mitglieder, wobei Schröder zwischen den Befugnissen der Mitglieder, wie Antrags- und Rederecht, die von der kollegialen Zusammenwirkung im Kollegialorgan nicht zu trennen sind, und dem Stimmrecht unterscheidet. Weil es Kollegialorgane gebe, in denen der Vorsitzende kein Stimmrecht besitzt oder bei Stimmengleichheit seine Stimme entscheidet, könne im Hinblick auf das Stimmrecht (gleiches Stimmgewicht und Gleichwertigkeit der Stimmen) die Gleichberechtigung der Mitglieder nicht Wesensmerkmal des Kollegialorgans sein. Deshalb solle das Stimmrecht als Befugnis behandelt werden.[64] Bei fehlender Gleichberechtigung müsste nämlich ansonsten die Eigenschaft als Kollegialorgan entfallen. So ist letztendlich Schneider zuzustimmen, dass die volle Gleichberechtigung der Mitglieder, insbesondere hinsichtlich des Stimmrechts, zwar in gewisser Weise kollegialorgantypisch, aber keineswegs notwendiges Definitionsmerkmal eines Kollegialorgans sein muss.[65]

Die Zuordnung des Stimmrechts zur Befugnis schließt aber noch nicht die speziellen Fragen der unterschiedlichen Anzahl von Sitzen und/oder Stimmen der

---

[58] Vgl. Prodromos Dagtoglou (Fn. 2), S. 33.
[59] Vgl. Georg Vorbrugg, Unabhängige Organe der Bundesverwaltung, München 1965, S. 61; Prodromos Dagtoglou (Fn. 2), S. 33 f.
[60] Prodromos Dagtoglou (Fn. 2), S. 33. Vgl. auch Heinrich Ueberwasser (Fn. 6), S. 9.
[61] Heinrich Ueberwasser (Fn. 6), S. 8 f.
[62] Zum BR als Kollegialorgan vgl. Roman Herzog (Fn. 30), S. 250; Thorsten Ingo Schmidt (Fn. 22), S. 609.
[63] In Organen der Hochschule besitzen die Vertreter des nichtwissenschaftlichen Personals in Angelegenheiten von Forschung und Lehre keine Stimme. Vgl. Meinhard Schröder (Fn. 30), S. 76.
[64] Vgl. ebenda, S. 75 f.
[65] Vgl. Michael Schneider (Fn. 13), S. 23.

Mitglieder ein. Die Autoren legen ihrer Argumentation bezüglich eines möglichen fehlenden gleichen Stimmrechts die formelle (demokratische) Gleichheit zugrunde, ohne die materielle zu berücksichtigen. Davon eingeschlossen ist aber noch nicht der erwähnte Fall eines gänzlich fehlenden Stimmrechts von Mitgliedern in Organen. Ein Zweifel daran, dass es sich hierbei dennoch um kollegial zusammengesetzte Organe handelt, besteht nach herrschender Meinung nicht[66], so dass es sich bei der Gleichstellung nicht um ein allgemeingültiges Wesensmerkmal aller Kollegialorgane handeln kann.

III. Organisation der Mitglieder zu einer rechtlichen Einheit

Die Besonderheit des Kollegialorgans, die sie von anderen Formen des Zusammenwirkens einzelner Organwalter unterscheidet, liegt in der Organisation der Mitglieder zu einer rechtlichen Einheit. „Das Kollegium ist begrifflich als Einheit gedacht und die in einem Kollegialorgan zusammengefassten Organwalter müssen durch die Gestaltung ihrer Aufgabenerfüllung *zu einer Einheit werden*."[67] Unter Organisation ist insbesondere die normative Regelung der Zusammensetzung des Kollegialorgans (Sitzverteilung), der Anzahl von Stimmen (Stimmenverteilung), der Stellung des Vorsitzenden, der Ordnung der Beratung und Diskussion (Rederecht), der Beschlussfassung (Abstimmungsregeln), der Beschlussfähigkeit (Beschlussfähigkeitsregeln), der Abstimmungsarten und damit der Mitwirkung seiner Mitglieder zu verstehen.[68] Die entsprechenden Bestimmungen sind entweder in den Geschäftsordnungen der Kollegialorgane als individuell-abstrakte Regelungen des Innenrechts[69] oder bereits in den Verfassungen, Gesetzen bzw. völkerrechtlichen (Gründungs-)Verträgen enthalten. Letztere wiederum können darauf verweisen, dass das Kollegialorgan sich eine Geschäftsordnung gibt.

Die Organisation zu einer rechtlichen Einheit äußert sich aber erst in dem Zusammenwirken der Mitglieder in Ausübung der zugewiesenen Funktionen. Ueberwasser spricht diesbezüglich anschaulich von einer „Wirkungseinheit".[70] Diese verwirklicht sich in der Regel in gemeinsamen Beratungen und Diskussionen, die eine umfassende Information aller Mitglieder voraussetzen. Am Ende des Prozesses der Willensbildungs- und Entscheidungsfindung kommt ein Beschluss durch Abstimmung der entscheidungsbefugten Mitglieder zustande. Die aktive Beteiligung der Mitglieder des Kollegialorgans in der Wirkungseinheit erfolgt demnach maßgeblich durch das Rederecht, das Informationsrecht (Auskunftsrecht inbegriffen) sowie das Stimmrecht.

---

[66] Vgl. Meinhard Schröder (Fn. 30), S. 76.
[67] Heinrich Ueberwasser (Fn. 6), S. 25.
[68] Vgl. Hans Kelsen (Fn. 22), S. 282; Prodromos Dagtoglou (Fn. 2), S. 36 ff.; Heinrich Ueberwasser (Fn. 6), S. 29 f.
[69] Geschäftsordnungen regeln drei Bereiche: Selbstorganisation, Verfahren und Disziplin innerhalb des Kollegialorgans. Zum Geschäftsordnungsrecht von Kollegialorganen (speziell deutschen Verfassungsorganen) vgl. Thorsten Ingo Schmidt (Fn. 22), S. 608 ff. (616).
[70] Heinrich Ueberwasser (Fn. 6), S. 29.

IV. Beschlussfassungskompetenz

Als weiteres notwendiges Merkmal kollegialer Organe gilt seine Institutionalisierung, die sich in der Beschlussfassung widerspiegelt. Neben der positiv-rechtlich zugewiesenen Kompetenz zur Beschlussfassung fordert Groß die Absicht des Kollegialorgans zu einer auf die Beratung folgenden Beschlussfassung, sonst könne es sich nicht um ein Kollegialorgan, sondern nur um eine Besprechung handeln.[71] Ungeachtet der Unterscheidung zwischen Kollegialorganen mit Beschlussfunktion und solchen mit beratender Funktion[72], sollte der Begriff der Entscheidung weit gefasst werden und Empfehlungen sowie ähnliche nicht verbindliche Beschlüsse kollegialer Organe mit einbeziehen.[73] Diese Auffassung entspricht auch der Rechtsprechung des Bundesverfassungsgerichts.[74] Da in vorliegender Arbeit Regeln und Verfahren des Zustandekommens von Entscheidungen kollegialer Organe Gegenstand der Untersuchung sind, wird dieser Auffassung gefolgt und die Beschlussfassungskompetenz als Wesensmerkmal bestimmt.

V. Beratung und Abstimmung

Umstritten ist die Frage, ob sich der Wille der Mitglieder eines Kollegialorgans, der durch einen Beschluss zum Ausdruck gebracht wird, erst nach einer auf Bereitstellung von Informationen folgenden Beratung in der Abstimmung äußert. Bei affirmativer Beantwortung[75] würde nach Schröder ungenügend zwischen den notwendigen Folgerungen aus dem Kollegialprinzip und der Begriffsbestimmung des Kollegialorgans unterschieden. Die Notwendigkeit der vorherigen Beratung als eine Verfahrensfrage berühre jedoch nicht die Eigenschaft als Kollegialorgan.[76] Schneider verweist andererseits zu Recht auf die notwendige Übereinstimmung des Innenrechts eines Kollegialorgans mit einer unmittelbaren oder mittelbaren Legitimation, das Verfahrensrecht inbegriffen, mit dem entsprechenden Organisationsrecht in Form von Rechtsvorschriften wie Verfassung oder Gesetz.[77] Daraus folgt, dass wenn im Organisationsrecht für demokratische Grundsätze optiert wurde, auch das Innenrecht des Kollegialorgans diesen genügen muss. Demokratie wiederum schließt Pluralität von Meinungen und Mehrheitsprinzip ein, die allgemein nach einer Beratung vor der Beschlussfassung durch Abstimmung verlangen. Erst durch ausreichende Bereitstellung von Informationen über den zu entscheidenden Sachverhalt und ausführliche Diskussion der Mitglieder darüber könne das Kollegialorgan zu einer von allen Mitgliedern tragbaren und verbindlichen Entscheidung gelangen. Hierbei handele es sich nicht mehr nur um eine reine Ver-

---

[71] Vgl. Thomas Groß (Fn. 29), S. 48 f.
[72] Vgl. Hans Kelsen (Fn. 22), S. 283.
[73] Vgl. Thomas Groß (Fn. 29), S. 48 f.
[74] BVerfGE 83, 60 (73).
[75] So Harro Linke (Fn. 15), S. 1; Jan Eggers (Fn. 34), Fn. 4, S. 14. Helge Sodan (Fn. 14), S. 17.
[76] Vgl. Meinhard Schröder (Fn. 30), S. 76 f.
[77] Vgl. Michael Schneider (Fn. 13), S. 24.

fahrensfrage, sondern um (höherrangige) rechtliche Vorgaben (z.B. Verfassung oder Gesetz). Eine ansonsten bloße Verfahrensfrage in der Geschäftsordnung wird zu einem definitionseigenen Merkmal für das Kollegialorgan erhoben, wie Schneider zutreffend ausführt.[78] Ueberwasser bezeichnet „[...] die *gemeinsame* Beratung mit dem Idealziel eines Arbeitsergebnisses [...]" als „Herzstück des Kollegialverfahrens".[79]

Eine Ausnahme von der Beratung stellen Umlaufverfahren, von der Abstimmung Konsensentscheidungen dar, die in folgenden Kapiteln näher untersucht werden. Gemein sind allen Kollegialorganen zumindest aber die einer Bereitstellung notwendiger Informationen folgende Willensbildung und die Willensbekundung, so dass diese als Wesensmerkmale der Beratung und Abstimmung vorzuziehen sind.

D. Klassifizierung von Kollegialorganen

Kollegialorgane lassen sich nach verschiedenen Kriterien einteilen, so dass es zahlreiche Klassifizierungsmöglichkeiten gibt. Schon Georg Jellinek war der Auffassung, dass die Ordnung der Vielzahl von bestehenden Organen und ihre Zurückführung auf feste Typen ein „unabweisliches wissenschaftliches Bedürfnis"[80] ist. Eine zwölf Kriterien umfassende Einteilung des Kollegialprinzips (Kollegialitätsprinzips), der auch ohne weiteres eine zwölf Arten von Kollegialorganen umfassende Klassifizierung entsprechen würde, geht auf Max Weber[81] zurück, die wegen ihrer vorwiegend soziologischen Ausrichtung für die weiteren Untersuchungen jedoch nicht maßgebend ist. Aus der Vielzahl von Kriterien sollen nachfolgend ausgewählte rechtliche Kriterien für eine Einteilung von Kollegialorganen des öffentlichen Rechts herangezogen werden[82]: Stellung, Kompetenz, Funktion, Befugnisse der Mitglieder, Weisungsungebundenheit oder Weisungsgebundenheit der Mitglieder sowie Anzahl der Mitglieder. Bei einer Einteilung von Kollegialorganen nach diesen Kriterien kommt es wiederholt zu Überschneidungen.

---

[78] Vgl. ebenda, S. 25.
[79] Heinrich Ueberwasser (Fn. 6), S. 18.
[80] Georg Jellinek (Fn. 8), S. 544.
[81] 1. Kassations-Kollegialität, 2. Leistungs-Kollegialität, 3. Kassations-Kollegialität mit mehreren gleichberechtigten Inhabern von Herrengewalten, 4. Leistungs-Kollegialität mit präeminentem Leiter, 5. Beiordnung einer beratenden Körperschaft zu einem monokratischen Herrn, 6. spezifizierte Kollegialität (Vorbereitung durch Fachmänner, Abstimmung durch alle Beteiligten), 7. spezifizierte Kollegialität (beratende Körperschaft, freie Entschließung durch den Herrn), 8. traditionale Kollegialität von „Aeltesten", 9. Anwendung des Kollegialprinzips auf die höchsten Instanzen (den Herrn selbst), 10. Kompromiss-Kollegialität, 11. Verschmelzungskollegialität, 12. Abstimmungskollegialität gewählter parlamentarischer Repräsentanten. Vgl. Max Weber, Wirtschaft und Gesellschaft, Johannes Winckelmann (Hrsg.), 1. Halbband, 5. Auflage, 1976, S. 159 ff.
[82] Wegen fehlender Relevanz für die weitere Untersuchung werden die Einteilungen nach dem Entstehungsgrund (obligatorische und fakultative) und der Dauer des Bestehens (ständige und *ad hoc*) vernachlässigt. Vgl. hierzu Prodromos Dagtoglou (Fn. 2), S. 50.

I. Organstellung

Nach der Organstellung unterscheiden sich Kollegialorgane in unmittelbare und mittelbare Organe des Staates bzw. der Staatenverbindung.[83] Nach dieser auf Jellinek zurückgehenden Einteilung der Organe zählen zu ersteren solche, deren Organstellung unmittelbar aus der Verfassung bzw. dem Gründungsvertrag fließt, wie Verfassungsorgane bzw. die in Gründungsverträgen von Staatenverbindungen aufgeführten (Haupt-)Organe. Mittelbare Organe hingegen leiten ihre Organstellung aus einem individuell an sie gerichteten Auftrag ab.[84] Daran anknüpfend unterscheidet die neuere, modifizierte Theorie zwischen Verfassungsorganen, sonstigen obersten Staatsorganen[85] und weiteren Staatsorganen. Verfassungsorgane sind nicht nur unmittelbar von der Verfassung konstituierte Organe, ihre Aufgaben müssen sich im Wesentlichen auch aus der Verfassung ergeben.[86]

Zu den kollegialen Verfassungsorganen in Deutschland zählen beispielsweise der Deutsche Bundestag (Art. 38 Abs. 1 GG)[87] als das einzige unmittelbar vom Volk gewählte Staatsorgan auf Bundesebene[88], der Bundesrat (Art. 50 GG)[89], die Bundesregierung (Art. 62 GG)[90], die Bundesversammlung (Art. 54 GG) und der Gemeinsame Ausschuss (Art. 53 a GG).[91] Darunter ist die Bundesregierung ein Beispiel dafür, dass ein Kollegialorgan selbst aus Individualorganen, wie dem Bundeskanzler und den Bundesministern bestehen kann.[92] Letztere leiten innerhalb der vom Bundeskanzler bestimmten Richtlinien ihren Geschäftsbereich (Fachministerien) gem. Art. 65 Satz 2 GG selbständig und unter eigener Verantwortung (Ressortprinzip). Nach Kommunalverfassungsrecht sind die unterschiedliche Bezeichnungen tragenden Volksvertretungen (Gemeindevertretungen, Gemeinderäte, Räte) ebenfalls dieser Gruppe zuzuordnen.

Auf Gemeinschaftsebene müssen vor allem das Europäische Parlament (Art. 189 EG), der Rat (Art. 202 EG) sowie die Kommission (Art. 211 EG) genannt werden (auf Unionsebene: Art. I-19 Abs. 1 UAbs. 2 VVE; Art. 13 Abs. 1 UAbs. 2 EU Lissabon), auf völkerrechtlicher (UN-) Ebene insbesondere die Generalversammlung, der Sicherheitsrat, der Wirtschafts- und Sozialrat (Art. 7 UN-Charta).

---

[83] Vgl. ebenda, S. 49.
[84] Vgl. Georg Jellinek (Fn. 8), S. 544 ff., 557 ff.
[85] Hierzu zählen z.B. die obersten Bundesgerichte, die zwar in Art. 95 GG genannt werden, die im Unterschied zu den Verfassungsorganen ihre Aufgaben im Wesentlichen aber nicht durch die Verfassung erhalten. Vgl. Klaus Stern (Fn. 7), § 26 I 2, S. 42.
[86] Vgl. ebenda, § 26 I 2, S. 42.
[87] Deneke spricht von einem „parlamentarischen Kollektiv". J.F. Volrad Deneke, Das Parlament als Kollektiv, in: Zges. StW., 109 (1953), S. 513.
[88] Vgl. Heinhard Steiger (Fn. 30), S. 50; Florian Edinger, Wahl und Besetzung parlamentarischer Gremien, Berlin 1992, S. 149.
[89] BVerfGE 1, 299 (311); 106, 310 (330).
[90] BVerfGE 11, 77 (85); 26, 338 (395); 91, 148 (166).
[91] Vgl. Hermann Amann, Verfassungsrechtliche Probleme des Gemeinsamen Ausschusses nach Art. 53a Abs. 1 GG, Frankfurt am Main 1971, S. 28 ff. (44); Klaus Stern (Fn. 7), § 26 I 2, S. 42 f.; § 27 II 2, S. 124; § 28 I 4, S. 169; § 29 I 1, S. 179; § 31 I 2, S. 270.
[92] Vgl. Prodromos Dagtoglou (Fn. 2), S. 29.

Unmittelbare Organe können ihrerseits (direkt oder indirekt) untergeordnete Organe bilden, die ihnen gegenüber verantwortlich sind.[93]

II. Kompetenz

Die den drei Gewalten entsprechenden Zuständigkeiten ermöglichen auf staatsrechtlicher Ebene eine Einteilung der Kollegialorgane in legislative, exekutive und judikative.[94] Die Einteilung von Organen nach diesem Kriterium tangiert die für Demokratie und Rechtsstaatlichkeit wichtige Frage der Gewaltenteilung als ein tragendes Organisations-, Struktur- und Funktionsprinzip, das auf die Teilung der Ausübung der Staatsgewalt und deren Verlagerung auf verschiedene Organe im Sinne eines Pluralismus an Entscheidungsträgern gerichtet ist.[95]

Judikative Organe werden in die Untersuchungen nicht mit einbezogen. Zu legislativen Kollegialorganen gehören parlamentarische Organe, auf Bundesebene der Deutsche Bundestag (Art. 38 Abs. 1 GG). Ein typisches exekutives Kollegialorgan ist die Bundesregierung (Bundeskanzler und Bundesminister) „als Spitze der Exekutive"[96], deren rechtliche Grundlagen in den Art. 62 und 69 GG sowie in ihrer Geschäftsordnung liegen.[97]

Bei Staatenverbindungen ist eine Gewaltenteilung so nicht gegeben und damit eine eindeutige Zuordnung zu den entsprechenden Organen oftmals nicht möglich. Eine Gewaltenteilung wie im Grundgesetz ist beispielsweise im EG-Vertrag nicht ausdrücklich geregelt. Da die Legislativaufgaben nicht vom demokratisch legitimierten Europäischen Parlament wahrgenommen werden, sondern primär vom Rat, kann von einer strikten Verwirklichung des Gewaltenteilungsprinzips nach staatsrechtlichem Vorbild trotz zunehmender Beteiligung des Parlaments nicht

---

[93] Vgl. Georg Jellinek (Fn. 8), S. 557.
[94] Vgl. Michael Schneider (Fn. 13), S. 31.
[95] Nach der organisatorischen und funktionellen Gewaltenteilung sind die Funktionen bestimmten Organen zugewiesen. Die personelle Gewaltenteilung soll verhindern, dass die organisatorische Gewaltenteilung durch Besetzung verschiedener Organe mit derselben Person unterwandert wird. Zur Gewaltenteilung vgl. Alfred Katz, Staatsrecht, 17. Auflage, Heidelberg 2007, Rdnr. 177 ff., S. 89 ff.; Hartmut Maurer, Staatsrecht I, 4. Auflage, München 2005, Rdnr. 1, S. 378. So durften z.B. nach der Magistratsverfassung, einer 1808 vom Reformpolitiker Heinrich Friedrich Karl Freiherr vom und zum Stein eingeführten preußischen Städteordnung, die Mitglieder des Magistrats (Exekutive) nicht gleichzeitig in der Gemeindevertretung (Legislative) tätig sein. Bei der echten (heute in Deutschland nicht mehr praktizierten) Magistratsverfassung musste der Magistrat den Beschlüssen der Gemeindevertretung zustimmen. Heute beschränkt sich sein Aufgabengebiet auf die Umsetzung der Beschlüsse (Beschlussfassung und Ausführung der Beschlüsse obliegen getrennten Gremien). Die Magistratsverfassung findet noch Anwendung in Hessen und in Städten Schleswig-Holsteins. Zur Magistratsverfassung vgl. Rolf Stober (Fn. 26), § 4 II 3, S. 30. Zur Magistratsverfassung in Schleswig-Holstein vgl. BVerfGE 38, 258.
[96] Vgl. Christoph Degenhart, Staatsrecht I, 23. Auflage, Heidelberg 2007, Rdnr. 675, S. 257.
[97] Vgl. Helge Sodan (Fn. 14), S. 90.

ausgegangen werden.⁹⁸ Hierzu sei auf die Feststellung des Bundesverfassungsgerichts im Maastricht-Urteil verwiesen: „Auch der Erlaß europäischer Rechtsnormen darf - unbeschadet der Notwendigkeit einer demokratischen Kontrolle der Regierungen - in größerem Umfang bei einem von Vertretern der Regierungen der Mitgliedstaaten, also exekutiv besetzten Organ liegen, als dies im staatlichen Bereich verfassungsrechtlich hinnehmbar wäre."⁹⁹ Zu exekutiven Kollegialorganen gehören u.a. der Rat und die Kommission der Europäischen Gemeinschaften, der UN-Sicherheitsrat¹⁰⁰ sowie die Exekutivorgane der UN-Sonderorganisationen.¹⁰¹ Die Überschneidungen von legislativen und exekutiven Kompetenzen, aufgrund einer nicht dem staatsrechtlichen Vorbild entsprechender Gewaltenteilung als Kernelement des Rechtsstaatsprinzips, können die Wahl der Abstimmungsregeln beeinflussen, worauf später einzugehen sein wird.

III. Funktion

Nach der Funktion lassen sich Kollegialorgane in beschließende bzw. entscheidende mit einem *votum decisivum* und beratende mit einem *votum consultativum* einteilen.¹⁰² „Beraten bedeutet sagen, was gelten könnte oder sollte; entscheiden heißt festlegen, was gilt oder gelten soll."¹⁰³ Als Beratung bezeichnet Althoff die gedankenmäßige Stellungnahme der einzelnen Mitglieder eines Kollegialorgans zu den für die Entscheidung bedeutsamen Fragen sowie die gemeinsame Erörterung dieser Fragen durch alle Mitglieder. Abstimmung, so Althoff weiter, sei die Stimmabgabe der einzelnen Mitglieder eines Kollegialorgans.¹⁰⁴ Mit der Beratung erfolgt demnach die Willensbildung des Kollegialorgans in Form einer Empfehlung, mit der Abstimmung die Entscheidung als Beschluss. Dabei können die Mitglieder eines beratenden Organs zweifellos auch über Empfehlungen abstimmen.

Da bei Auseinanderfallen von Beratung und Entscheidung Ratgeber und Entscheidender bei ein und derselben Sachfrage nicht identisch sein dürfen¹⁰⁵, setzen beratende Kollegialorgane¹⁰⁶ ein entscheidendes Organ voraus. Beratende Kollegialorgane, deren Mitglieder in der Regel über Fachkenntnisse verfügen, dienen der Beratung über wichtige und schwierige Sachfragen und leisten mit ihren Empfeh-

---

⁹⁸ Vgl. Hans-Wolfgang Arndt, Europarecht, 8. Auflage, Heidelberg 2006, S. 57 f.
⁹⁹ BVerfGE 89, 155 (187).
¹⁰⁰ Vgl. Zbigniew M. Klepacki, The Organs of International Organizations, Alphen aan den Rijn/Warszawa 1978, S. 13.
¹⁰¹ Vgl. die Auflistung bei Klaus Hüfner, Die Vereinten Nationen und ihre Sonderorganisationen, Teil 2, Bonn 1992, S. 25.
¹⁰² Vgl. Hans Kelsen (Fn. 22), S. 283; Prodromos Dagtoglou (Fn. 2), S. 53 f.
¹⁰³ Helge Sodan (Fn. 14), S. 124.
¹⁰⁴ Vgl. Willi Althoff, Die Geheimhaltung von Beratung und Abstimmung in ihrer prozessualen Bedeutung, Jena 1930, S. 6.
¹⁰⁵ Es sei denn, es gibt nur ein Organ für den Willensbildungs- und Entscheidungsprozess.
¹⁰⁶ Hierunter fallen keine beratenden Unterausschüsse wegen Fehlens der Organeigenschaft. Vgl. Prodromos Dagtoglou (Fn. 2), S. 56; Helge Sodan (Fn. 14), S. 21 ff.

lungen oder Gutachten einen wichtigen Beitrag für die Beschlussfassung durch entscheidende Organe.[107] Hinsichtlich von Staatsorganen systematisiert Bachof vier verschiedene Fälle der Beratung: Recht zur Einholung eines Rates, Pflicht zur Einholung eines Rates, Recht zur Erteilung eines Rates, Pflicht zur Erteilung eines Rates. Neben den betreffenden Rechten und Pflichten kommen der Beratung selbst nur in den Fällen zwei bis vier eine rechtliche Relevanz zu, da im ersten Fall aus dem Recht zur Einholung eines Rates noch keine Rechtspflicht zur Befolgung des Rates entnommen werden könne. Die rechtliche Bedeutung der Beratung ergebe sich, so Bachof, aus der Forderung durch die Rechtsordnung zur Beachtung des Rates.[108]

Beschließende Kollegialorgane stellen die Parlamente (franz. *parler*: reden) als plenare Organe, wie der Bundestag dar. Seine im Grundgesetz vorgesehenen Ausschüsse[109] (Art. 42 Abs. 3, Art. 43, Art. 46 Abs. 1 Satz 1 GG) sind hingegen zu beratenden Kollegialorganen zu zählen, wenn auch im Hinblick auf letztere die Begriffswahl in der Geschäftsordnung des Deutschen Bundestages[110] nicht ganz eindeutig ist. So spricht § 55 Abs. 4 GOBT von Ausschüssen zur Beratung, die nach Art. 62 Abs. 1 Satz 2 und Art. 64 Abs. 2 Satz 1 GOBT Beschlüsse empfehlen, § 62 Abs. 1 Satz 2 GOBT spricht wiederum von „vorbereitenden Beschlußorganen des Bundestages".[111] Auch die Regelung über die Beschlussfähigkeit in § 67 GOBT könnte auf ein kollegiales Beschlussorgan hinweisen. Die Verwendung des Begriffes Beschluss des Ausschusses in § 60 Abs. 3 GOBT bezieht sich hingegen ausschließlich auf interne geschäftsordnungsmäßige „Beschlüsse", die nicht unter Kollegialentscheidungen fallen.[112] Nach Rechtsprechung des Bundesverfassungsgerichts sind Ausschüsse vom Plenum eingesetzte Organe, damit sie seine Beschlüsse vorbereiten.[113] Der Auffassung von Ausschüssen als beratenden Kollegialorganen wird auch hier gefolgt.

---

[107] Vgl. Prodromos Dagtoglou (Fn. 2), S. 56 f.
[108] Vgl. Otto Bachof, Teilrechtsfähige Verbände des öffentlichen Rechts, in: AöR, 44 n.F. (1958), S. 237.
[109] Deneke bezeichnet parlamentarische Ausschüsse als „Kollektiv im Kollektiv". J.F. Volrad Deneke (Fn. 87), S. 520. Zu parlamentarischen Ausschüssen vgl. R. Peter Dach, Das Ausschußverfahren nach der Geschäftsordnung und in der Praxis, in: Hans-Peter Schneider Wolfgang Zeh (Hrsg.), Parlamentsrecht und Parlamentspraxis in der Bundesrepublik Deutschland, Berlin/New York 1989, § 40, Rdnr. 1 ff., S. 1103 ff.; Ludger-Anselm Versteyl, in: Ingo von Münch/Philip Kunig (Hrsg.), Grundgesetz. Kommentar, Band 2, 5. Auflage, München 2001, Art. 43, Rdnr. 3 ff., S. 771 ff. Zu Gemeinderatsausschüssen vgl. Jörg Berwanger, Besetzung von Gemeinderatsausschüssen, Frankfurt am Main 2001, S. 41 ff.
[110] Der BT gibt sich nach Art. 40 Abs. 1 Satz 2 GG eine Geschäftsordnung. GOBT i.d.F. der Bekanntmachung vom 02.07.1980, in: BGBl. I, 1237; 2006 I, 2210.
[111] So auch das BVerfG. BVerfGE 1, 144 (154).
[112] Michael Schneider (Fn. 13), S. 29, der auf diese Bestimmung hinsichtlich der Frage über beschließende oder beratende Kollegialorgane ebenfalls hinweist, geht auf diese wichtige Unterscheidung nicht ein.
[113] BVerfGE 1, 144 (152); 80 188 (221).

Zu den beschließenden bzw. entscheidenden Kollegialorganen gehören auf Gemeinschaftsebene vor allem der Rat und die Kommission.[114] Zur Unterstützung der Kommission und zur Vorbereitung von Entscheidungen sind nach dem Komitologiebeschluss vom 13. Juli 1987[115], ersetzt durch den Beschluss vom 28. Juni 1999[116], die so genannten Komitologieausschüsse[117] eingerichtet worden.[118] Die Ausschüsse, die sich aus Vertretern der Mitgliedstaaten[119] unter Vorsitz eines Vertreters der Kommission zusammensetzen, beruhen auf Art. 202 3. Spiegelstrich EG, wonach der Rat der Kommission in den von ihm angenommenen Rechtsakten die Befugnisse zur Durchführung der vom Rat erlassenen Vorschriften übertragen kann.[120] In Abhängigkeit von der Vorgehensweise bei Meinungsverschiedenheiten zwischen Kommission und Ausschuss werden verschiedene Ausschusstypen unterschieden: Beratende, Verwaltungs- und Regelungsausschüsse. Ungeachtet ihrer Bedeutung bei der Entscheidungsfindung von z.T. großer politischer Tragweite[121] ist ihnen allen gemein, dass nicht sie, sondern die Kommission die Maßnahme formell erlässt.[122] Als Hilfsorgane stehen ihnen keine Entscheidungsbefugnisse zu.[123]

---

[114] Aufgabe der Kommission ist u.a., zu einem Interessenausgleich beizutragen. „Es entspricht dem Begriff der Gemeinschaft, dass die Mitgliedstaaten im Rahmen der kollektiven Beratungsmechanismen [...] ihre Interessen geltend machen, während es Sache der Kommission ist, durch ihre Maßnahmen etwaige Interessenkonflikte im Hinblick auf das Allgemeininteresse auszugleichen." EuGH, Rs. 57/72, 14.03.1973, Slg. 1973, 321, Rdnr. 17 (Westzucker GmbH/Einfuhr- und Vorratsstelle für Zucker). Um die nationalen Interessen der Mitgliedstaaten und die gemeinsamen Interessen der EG entsprechend zu koordinieren, verfügen diese über ein Organ zur Wahrung der nationalen Interessen der Mitgliedstaaten wie den Rat, ein Organ zur Wahrnehmung gemeinsamer Interessen, wie die Kommission und ein Organ zur Wahrnehmung der Interessen der Bürger der Mitgliedstaaten wie das Europäische Parlament. Diese Klassifizierung der Organe lässt sich auch auf andere Staatenverbindungen übertragen. Vgl. Ignaz Seidl-Hohenverldern/Gerhard Loibl, Das Recht der Internationalen Organisationen einschließlich der Supranationalen Gemeinschaften, 7. Auflage, Köln/Berlin/Bonn/München 2000, Rdnr. 0910 ff., S. 115 ff.
[115] ABl. EG Nr. L 197 vom 18.07.1987, S. 33.
[116] ABl. EG Nr. L 184 vom 17.07.1999, S. 23. Zum 2. Beschluss vgl. Christian Mensching, Der neue Komitologie-Beschluss des Rates, in: EuZW, (2000) 9, S. 268 ff.
[117] Der Begriff Komitologie geht zurück auf Northcote C. Parkinson, Parkinsons Gesetz, Düsseldorf/Stuttgart 1957, S. 46 ff. und bezeichnete damals einen allgemeinen Terminus für die Ausschusslehre.
[118] Zur Komitologie vgl. Annette Elisabeth Töller, Komitologie, Opladen 2002, S. 231 ff.
[119] Art. 6 Abs. 1 Standardgeschäftsordnung: „Die Delegation eines Mitgliedstaats zählt als ein Mitglied des Ausschusses.", in: ABl. EG Nr. C 38 vom 06.02.2001, S. 3.
[120] EuGH, Rs. 188/97, 19.07.1999, Slg. 1999, II-2463, Rdnr. 57 (Rothmans/Kommission).
[121] Z.B. die Bekämpfung von BSE. Vgl. Rudolf Streinz, Europarecht, 7. Auflage, Heidelberg 2005, Rdnr. 524, S. 193.
[122] Vgl. Annette Elisabeth Töller (Fn. 118), S. 282.
[123] EuGH, Rs. 25/70, 17.12.1970, Slg. 1970, 1161, Rdnr. 9 (Einfuhr- und Vorratsstelle für Getreide und Futtermittel/Köster).

Zu beschließenden Kollegialorganen auf völkerrechtlicher Ebene sind beispielsweise die Generalversammlung und der Sicherheitsrat der UNO zu zählen. Bezüglich der Beschlüsse dieser UN-Hauptorgane verwendet die UN-Charta die Begriffe Entscheidung bzw. Beschluss (*decision*) als Oberbegriff für alle Willensakte der Organisation und damit gleichbedeutend mit Entschließung (*resolution*). Danach fallen unter Entscheidung sowohl die für die Mitgliedstaaten rechtlich nicht verbindlichen Empfehlungen (*recommendations*) der Generalversammlung nach Art. 18 Abs. 2 UN-Charta als auch die für die Mitgliedstaaten verbindlichen Beschlüsse des Sicherheitsrates gem. Art. 25 UN-Charta.[124] Zur Vorbereitung der Entscheidungen im Plenum hat die Generalversammlung auf der Grundlage ihrer in Art. 7 Abs. 2 i.V.m. Art. 22 UN-Charta gewährten Organisationsgewalt sechs Hauptausschüsse eingerichtet (Regel 98 GOGV).[125]

IV. Befugnisse der Mitglieder

Die Unterscheidung nach den Befugnissen der Mitglieder eines Kollegialorgans kann in Abhängigkeit von der Stimmberechtigung vorgenommen werden. Danach gibt es Kollegialorgane, deren Mitglieder alle stimmberechtigt sind, und Kollegialorgane, wo dies nicht der Fall ist. Die fehlende Berechtigung zur Teilnahme an der Abstimmung betrifft in einigen Kollegialorganen den Vorsitzenden, der zwar die Beratungen leitet, selbst aber nicht an der Beschlussfassung mit seiner Stimme teilnimmt. In konkreten Fällen wiederum kann dem Vorsitzenden bei Stimmengleichheit der Stichentscheid zugesprochen werden.[126] Diese Fragen werden Gegenstand der Untersuchung im sechsten Kapitel sein. Nach Dagtoglou hat die Unterscheidung zwischen beratenden (nicht stimmberechtigten) und stimmberechtigten Mitgliedern eine erhebliche praktische Bedeutung bei der Berechnung des Quorums und der Mehrheit.[127] Kann dieser Feststellung im Hinblick auf die Mehrheitsberechnung gefolgt werden, trifft dies für die Berechnung des Quorums nicht zu. Mit Verweis auf das achte Kapitel sei hier schon festgestellt, dass das Quorum von den anwesenden Mitgliedern berechnet wird, und dass die Anwesenheit nicht von der Befugnis der Mitglieder eines Kollegialorgans hinsichtlich der Stimmberechtigung abhängig ist.

V. Weisungsfreiheit oder Weisungsgebundenheit der Mitglieder

Weiterhin kann eine Unterteilung in Kollegialorgane vorgenommen werden, deren Mitglieder unabhängig und weisungsfrei sind, und Kollegialorgane, die sich aus abhängigen und weisungsgebundenen Mitgliedern zusammensetzen. Weisungs-

---

[124] Vgl. Ignaz Seidl-Hohenveldern/Gerhard Loibl (Fn. 114), Rdnr. 1549, S. 238.
[125] UN Doc. A/520/Rev.15. Zu den Hauptausschüssen vgl. Volker Epping, in: Knut Ipsen, Völkerrecht, 5. Auflage, München 2004, § 32, Rdnr. 51 f., S. 485 f.
[126] Vgl. Prodromos Dagtoglou (Fn. 2), S. 52.
[127] Vgl. ebenda, S. 53.

freiheit bedeutet die Unabhängigkeit von Weisungen. Unter Weisungen sind Anordnungen einer übergeordneten Stelle in einer hierarchischen Organisationsstruktur zu verstehen, durch die das Mitglied eines kollegialen Entscheidungsorgans unter Verwirklichung des vom Anordnenden geäußerten Willens zu einem bestimmten Verhalten veranlasst werden soll.[128] Dieses bezieht sich in der Regel sowohl auf die Mitarbeit, wie Beratungen, als auch darauf folgende Abstimmungen.

1. Weisungsfreiheit der Mitglieder

Zu Kollegialorganen, die sich aus unabhängigen und weisungsfreien Mitgliedern zusammensetzen, zählen insbesondere gewählte parlamentarische Organe. Die Weisungsfreiheit der Volksvertreter fließt aus der im neunten Kapitel näher einzugehenden Regel von der Freiheit des parlamentarischen Mandats[129], das für die Abgeordneten des Deutschen Bundestages in Art. 38 Abs. 1 Satz 2 GG und für die Mitglieder des Europäischen Parlaments in Art. 2 GOEP[130] niedergelegt ist. Danach sind die Abgeordneten von Staaten und Staatenverbindungen nicht an ein Mandat gebunden[131], sondern nehmen individuell, unabhängig und weisungsungebunden am Willensbildungs- und Entscheidungsprozess teil.[132]

Aus weisungsfreien Mitgliedern besteht ebenfalls die Kommission der Europäischen Gemeinschaften, die in Art. 214 Abs. 2 UAbs. 3 Satz 1 EG ausdrücklich als Kollegium bezeichnet wird. Die Grundsätze der Unabhängigkeit, der zu ernennenden Mitglieder als Gebot sowie die Pflicht der Mitgliedstaaten internationaler Organisation sich jeglicher Beeinflussung zu enthalten, als Weisungsverbot, finden ihre Normierung in Art. 213 Abs. 2 EG. Durch die explizite Nennung der Unabhängigkeit und Weisungsungebundenheit der Kommissare, die Staatsangehörige der Mitgliedstaaten sein müssen (Art. 213 Abs. 1 UAbs. 3 EG), ist die Grenze des Repräsentationsprinzips gesetzt.[133] Diese sollen zudem durch den Verhaltenskodex für Kommissionsmitglieder gesichert werden.[134] Da die Kommission gem. Art. 5 EU ihre Befugnisse auch nach Maßgabe der Bestimmungen des Unionsvertrages im Rahmen der intergouvernementalen Zusammenarbeit der GASP und PJZS ausübt, stellt sich die Frage nach der Weisungsunabhängigkeit der Or-

---

[128] Vgl. Helge Sodan (Fn. 14), S. 153.
[129] Vgl. Ulli F.H. Rühl, Das „freie Mandat", in: Der Staat, 39 (2000) 1, S. 23.
[130] Das Europäische Parlament gibt sich nach Art. 199 Abs. 1 EG eine Geschäftsordnung. GOEP, in: ABl. EU Nr. L 44 vom 15.02.2005, S. 1. Vgl. Rudolf Streinz (Fn. 121), Rdnr. 352, S. 122.
[131] Vgl. Reinhold Zippelius/Thomas Würtenberger, Deutsches Staatsrecht, 31. Auflage, München 2005, S. 339 f.; Ignaz Seidl-Hohenveldern/Gerhard Loibl (Fn. 114), Rdnr. 1223, S. 169.
[132] Vgl. Zbigniew M. Klepacki (Fn. 100), S. 59.
[133] Vgl. Kerstin Jorna, in: Jürgen Schwarze (Hrsg.), EU-Kommentar, Baden-Baden 2000, Art. 213 EGV, Rdnr. 4, S. 1857; Helmut Schmitt von Sydow, in: Hans von der Groeben/Jürgen Schwarze (Hrsg.), Kommentar zum Vertrag über die Europäische Union und zur Gründung der Europäischen Gemeinschaft, Band 4, 6. Auflage, Baden-Baden 2004, Art. 213 EG, Rdnr. 33, S. 1786
[134] Vgl. hierzu Verhaltenskodex für Kommissionsmitglieder, in: SEK(2004) 1487/2.

ganwalter gegenüber den nationalen Regierungen. Zur Vermeidung von Widersprüchen zwischen Entscheidungen der weisungsabhängigen Regierungsvertreter im Rat und der weisungsunabhängigen Mitglieder in der Kommission ist der Kommission im EU-Vertrag keine verbindliche Entscheidungskompetenz hinsichtlich sekundärrechtlicher Maßnahmen in der zweiten und dritten Säule der EU übertragen worden. Zwar wird die Kommission gem. Art. 18 Abs. 4 EU an den Aufgaben der GASP und gem. Art. 36 Abs. 2 EU an denen der PJZS in vollem Umfang beteiligt, ihre Befugnisse sind jedoch nach Art. 22 Abs. 1 EU auf ein Vorschlagsrecht in der GASP und nach Art. 34 Abs. 2 Satz 2 EU auf ein Initiativrecht in der PJZS begrenzt.[135]

Kollegialorgane, die auf Fachwissen wie in rechtlichen, technischen oder militärischen Fragen spezialisiert sind, setzen sich in der Regel aus unabhängigen Experten auf dem jeweiligen Gebiet zusammen. Unabhängigkeit und Prestige der meist hoch angesehenen Persönlichkeiten[136] sind Grundvoraussetzungen für die Tätigkeit in diesen Organen. Dies gilt insbesondere für die hier nicht behandelten gerichtlichen Organe. Organe, die sich aus unabhängigen Experten mit spezifischem Fachwissen zusammensetzen, können sowohl entscheidende als auch beratende kollegiale Organe sein. Individuelle Experten sind insbesondere in organisatorischen Untergliederungen für bestimmte sachliche Aufgabenbereiche tätig.[137] Diese Ausschüsse stellen als kleinere Gremien zur Vorbereitung von Entscheidungen eine wichtige und optimale Struktureinheit im Willensbildungs- und Entscheidungsprozess dar.[138] Ein solches ist beispielsweise die Völkerrechtskommission als subsidiäres Organ der UN-Generalversammlung.[139] Nach 1945 wurden individuelle Experten sogar in Exekutivorganen einiger internationaler Organisationen Staatenvertretern vorgezogen. So sind erst 1947 bzw. 1954 unabhängige Experten im Rat der FAO bzw. Exekutivrat der UNESCO durch Staatenvertreter ersetzt worden.[140]

2. Weisungsgebundenheit der Mitglieder

In Kollegialorganen, die aus weisungsgebundenen Mitgliedern, wie Staatenvertreter oder Beamten bestehen, handeln diese nicht in persönlicher Eigenschaft. Hier-

---

[135] Vgl. Matthias Pechstein/Christian Koenig, Die Europäische Union, 3. Auflage, Tübingen 2000, Rdnr. 188 f., S. 103 f.
[136] Vgl. Henry G. Schermers/Niels M. Blokker (Fn. 40), § 269, S. 190 f.
[137] Vgl. Ignaz Seidl-Hohenveldern/Gerhard Loibl (Fn. 114), Rdnr. 0919 f., S. 119 f.
[138] Bei kleineren Gremien erhöht sich die Mitwirkung seiner Mitglieder. In einem Gremium von 10 Mitgliedern kann ein Mitglied zu einem Zehntel mitwirken, bei einem von 100 nur zu einem Hundertstel. Vgl. Giovanni Sartori (Fn. 19), S. 233, 238.
[139] Gem. Art. 13 Abs. 1 lit. a 2. Alternative UN-Charta gehört die Förderung der Entwicklung des Völkerrechts und seine Kodifizierung zu den Aufgaben der Generalversammlung. Nach Art. 22 UN-Charta kann die Generalversammlung Nebenorgane einsetzen. Als solches wurde 1947 die ILC mit Annahme ihres Statuts geschaffen. UN-Doc. A 174 (II) (21.11.1947).
[140] Vgl. Henry G. Schermers/Niels M. Blokker (Fn. 40), § 267, S. 189.

zu zählt auf bundesdeutscher verfassungsrechtlicher Ebene der Bundesrat[141], dessen Mitglieder von den Landesregierungen bestellt[142] und abberufen werden (Art. 51 Abs. 1 GG). Weil im Bundesrat der Wille des Landes und nicht der des einzelnen Bundesratsmitgliedes zum Ausdruck kommen soll, beschließt die Landesregierung Weisungen für die Stimmabgabe. Die Auffassung von Maurer[143], wonach keine Bindung an Weisungen bestünde, in Art. 53 a Abs. 1 Satz 3 und 77 Abs. 2 Satz 3 GG sei schließlich ausdrücklich die Weisungsfreiheit bestimmt[144], kann nicht überzeugen. Aus dem Umkehrschluss zu diesen verfassungsrechtlichen Bestimmungen für den Gemeinsamen Ausschuss und den Vermittlungsausschuss[145], wonach die vom Bundesrat entsandten Ausschussmitglieder an Weisungen nicht gebunden sind, ist zu folgern, dass die Weisungsgebundenheit im Grundgesetz vorgesehen ist.[146]

Im Unterschied zu anderen Bundesstaaten, in denen entweder direkt gewählte oder aus den Parlamenten der Gliedstaaten gewählte Abgeordnete die Völker der Gliedstaaten vertreten, stellt der Bundesrat eine Vertretung der Landesregierungen dar, die als Kollektiv für ihr Land abstimmen und ihren Landesparlamenten verantwortlich ist (imperatives Mandat)[147], woraus sich die Weisungsgebundenheit ableitet.

Zu dieser Gruppe der Kollegialorgane gehört auf Gemeinschaftsebene der Rat der Europäischen Gemeinschaften, der sich nach Art. 203 Abs. 1 EG aus Vertretern auf Ministerebene zusammensetzt, die für die Regierung des Mitgliedstaates verbindlich zu handeln befugt sind. Aus dieser Bestimmung folgt, dass das Abstimmungsverhalten der Ratsmitglieder der jeweiligen nationalen Regierung verbindlich zuzuschreiben ist. Die Vertretungsbefugnis der Ratsmitglieder und deren

---

[141] Deshalb handelt es sich nach Auffassung des BVerfG auch nicht um eine echte parlamentarische zweite Kammer. BVerfGE 37, 363 (380).

[142] Zur Bestellung von Regierungsmitgliedern durch die Landesregierungen vgl. Konrad Reuter, Praxishandbuch Bundesrat, Heidelberg 1991, Art. 51, Rdnr. 19 f., S. 219.

[143] Maurer geht von einer Unterscheidung zwischen den Ländern als eigentliche Mitglieder und den Landesministern als personelle Mitglieder des BR aus.

[144] Vgl. Hartmut Maurer, Mitgliedschaft und Stimmrecht im Bundesrat, in: Hans-Detlef Horn (Hrsg.), FS für Walter Schmitt Glaeser, Berlin 2003, S. 161, 175.

[145] Die Weisungsunabhängigkeit in den aus BT- und BR-Mitgliedern zusammengesetzten Ausschüssen, in denen nicht primär Interessengegensätze zwischen Bund und Ländern, sondern auch zwischen Regierungsmehrheit und Opposition aufeinandertreffen können, ist Voraussetzung für eine rasche und flexible Entscheidungsfindung. Vgl. Werner Heun, in: Horst Dreier (Hrsg.), Grundgesetz. Kommentar, Band II, 2. Auflage, Tübingen 2006, Art. 53a, Rdnr. 11, S. 1296; Rupert Stettner, ebenda, Art. 77, Rdnr. 19, S. 1747 f.

[146] Zur Weisungsgebundenheit der BR-Mitglieder vgl. Alfred Rührmair, Der Bundesrat zwischen Verfassungsauftrag, Politik und Länderinteressen, Berlin 2001, S. 85 f.; Gerhard Robbers, in: Michael Sachs (Hrsg.), Grundgesetz. Kommentar, 4. Auflage, München 2007, Art. 51, Rdnr. 10, S. 1264 f.; Hartmut Bauer, in: Horst Dreier (Hrsg.) (Fn. 145), Art. 51, Rdnr. 17, S. 1257; Rdnr. 26, S. 1262 f.

[147] Bundesstaatskommission von BT und BR zur Modernisierung der bundesstaatlichen Ordnung, Arthur Benz, Abstimmungsverfahren im Bundesrat, Kommissionsdrucksache 0086 vom 28.10.2004, S. 3.

Weisungsgebundenheit gegenüber ihrer jeweiligen nationalen Regierung bestimmen sich nach nationalem (Verfassungs-)Recht.[148] Aus weisungsgebundenen Mitgliedern bestehen auf völkerrechtlicher Ebene u.a. die Generalversammlung und der Sicherheitsrat der UNO. Das Recht der Mitgliedstaaten der Vereinten Nationen, ihren Vertretern Weisungen in der Generalversammlung bzw. im Sicherheitsrat zu erteilen, fließt aus Art. 9 bzw. Art. 23 UN-Charta. Aus dem Recht der Mitglieder, die Zusammensetzung ihrer Delegation bzw. die Vertreter zu bestimmen, folgt das Recht, ihnen Weisungen für die Mitarbeit und Abstimmung zu geben.[149] Dies gilt auch für weitere Organe internationaler Organisationen, die aus Staatenvertretern zusammengesetzt sind.

VI. Anzahl der Mitglieder

Eine weitere, auch in der Literatur zu findende Einteilungsmöglichkeit, bietet die Anzahl der Mitglieder bzw. die Größe kollegialer Organe.[150] Eine solche Einteilung begrenzt sich nicht nur auf einen rein statistischen Nutzen.[151] Die Anzahl der Mitglieder bzw. die Größe des Kollegialorgans bestimmt maßgeblich die Art und Weise der Beschlussfassung. Je größer das Kollegialorgan, desto erforderlicher erweisen sich kleinere Organe bzw. Gremien, die die Entscheidungen vorbereiten, wie beispielsweise Ausschüsse. In Abhängigkeit von der Anzahl der Mitglieder (unbeschränkte oder beschränkte) können zwei Gruppen von Kollegialorganen unterschieden werden: plenare[152] und nicht plenare.[153] Zu plenaren Organen zählen der Bundestag als parlamentarisches und legislatives Organ, das Europäische Parlament, die UN-Generalversammlung sowie die Plenarorgane der UN-Sonderorganisationen[154], zu nicht plenaren Organen größtenteils Exekutivorgane. In die Gruppe der Organe mit einer beschränkten Mitgliedschaft lassen sich auch zahlreiche Vertragsorgane einordnen, wie beispielsweise die bereits genannten UN-Vertragsorgane für die Einhaltung völkerrechtlicher Verträge zum Menschenrechtsschutz.

---

[148] Vgl. Jan-Peter Hix, in: Jürgen Schwarze (Hrsg.) (Fn. 133), Art. 203 EGV, Rdnr. 9, S. 1792.
[149] Vgl. Siegfried Magiera, in: Bruno Simma (ed.), The Charter of the United Nations, Band I, 2. Auflage, München 2002, Art. 9, Rdnr. 17, S. 251; Henry G. Schermers/Niels M. Blokker (Fn. 40), § 240 f., S. 165 f.
[150] Vgl. Hans J. Wolff (Fn. 3), § 75 III b, S. 74 f.; Heinrich Ueberwasser (Fn. 6), S. 4 ff.; Meinhard Schröder (Fn. 30), S. 328; Michael Schneider (Fn. 13), S. 37. Hinsichtlich internationaler Organisationen vgl. Zbigniew M. Klepacki (Fn. 100), S. 18.
[151] So Michael Schneider (Fn. 13), S. 37.
[152] Plenare Organe als oberste Organe einer Organisation, in dem alle Mitglieder vertreten sind, stellen sich als Mitgliederversammlung dar. Vgl. Heinhard Steiger (Fn. 30), S. 81.
[153] Vgl. Zbigniew M. Klepacki (Fn. 100), S. 18.
[154] Vgl. die Auflistung bei Klaus Hüfner (Fn. 101), S. 25.

E. Besetzungsmechanismen kollegialer Entscheidungsorgane

Mit den Besetzungsmechanismen wird die Zusammensetzung kollegialer Entscheidungsorgane bestimmt und damit wer die Entscheidungen trifft. Dabei ist zu unterscheiden zwischen Subjekten bzw. Akteuren, die in persönlicher Eigenschaft (natürliche Personen wie Abgeordnete) die Entscheidung treffen oder in Vertretung einer juristischen Person des öffentlichen Rechts bzw. Organisation (z.B. Staat, Gebietskörperschaft). Im Grunde sind Personalentscheidungen nicht Gegenstand der Arbeit. Da Sachentscheidungen aber von Personen getroffen werden, sollen nachfolgend die wichtigsten Besetzungsmechanismen kollegialer Organe aufgezeigt werden: die Wahl und die Ernennung.

I. Wahl

Bei einer Wahl erfolgt eine Abstimmung über Personen zwecks Besetzung eines Organs (z.B. Abgeordnete in Volksvertretungen), eines Amtes (z.B. Bürgermeister) bzw. einer Funktion (z.B. Vorsitzender, Präsident). Unterschieden wird zwischen der Wahl in ein Kollegialorgan und der Wahl innerhalb eines Organs sowie zwischen mittelbaren und unmittelbaren Wahlen.

Wahlen in ein Organ stellen die in die Volksvertretungen auf kommunaler (Gemeinderäte), Landes- (Landtage), Bundes- (Bundestag), Gemeinschafts- (Europäisches Parlament) und völkerrechtlicher Ebene (Parlamentarische Versammlungen des Europarates und der OSZE) dar. Während die Wahlen der Volksvertreter auf kommunaler, Landes-, Bundes- und Gemeinschaftsebene direkt durch das Volk erfolgen, werden die Mitglieder der Parlamentarischen Versammlungen des Europarates und der OSZE durch die nationalen Parlamente der Mitgliedstaaten gewählt. Hier wählen direkt gewählte Mitglieder eines Kollegialorgans (der nationalen Parlamente) Mitglieder eines anderen Organs (mittelbar) auf eine nächst höhere Ebene. Bei den Wahlen zu föderalen Organen von Bundesstaaten ist ebenfalls zwischen unmittelbaren (nach dem Senatsprinzip Wahl durch das Volk) und mittelbaren Wahlen (nach dem mittelbaren Repräsentationsprinzip Wahl durch die Volksvertretungen) zu unterscheiden.

Die Wahl findet weiterhin Anwendung zur Besetzung nicht plenarer Organe. Dabei erfolgt die Wahl der Mitglieder des nicht plenaren Organs in der Regel durch das plenare Organ der Organisation. So werden beispielsweise die zehn nichtständigen Mitglieder des UN-Sicherheitsrates von der UN-Generalversammlung gewählt (Art. 23 Abs. 1 Satz 3 UN-Charta).

II. Ernennung

Im Vergleich zur Wahl sind Ernennungen in der Regel weniger zeitaufwendig. Als Ernennung wird die Bestimmung einer Person zur Wahrnehmung einer Mitgliedschaft in einem Kollegialorgan, eines Amtes oder einer Funktion bezeichnet.

Die Besetzung föderaler Organe kann nach dem Ratsprinzip, wonach die Mitglieder des föderalen Organs durch die Regierungen der Gliedstaaten bestimmt werden, wie auf Bundesebene im Bundesrat (Art. 51 Abs. 1 GG) oder nach dem Ernennungsprinzip, wonach die Mitglieder vom Staatsoberhaupt ernannt werden, erfolgen. Auf dem Ratsprinzip basiert auch die Besetzung des Rates (Art. 203 Abs. 1 EG), der als föderales Organ auf Gemeinschaftsebene bezeichnet wird.[155] Voraussetzung für die Ernennung ist in der Regel eine bestimmte Funktion, wie Mitglied der Regierungen der Länder für den Bundesrat oder Vertreter des Mitgliedstaates auf Ministerebene für den Rat.

Komplexer ist das Ernennungsverfahren der Mitglieder der Europäischen Kommission gem. Art. 214 Abs. 2 UAbs. 2 und 3 EG, an dem zwei weitere Organe beteiligt sind. Zunächst benennt der Rat in der Zusammensetzung des Staats- und Regierungschefs mit qualifizierter Mehrheit den Kandidaten, den er zum Präsidenten der Kommission zu ernennen beabsichtigt. Diese Benennung bedarf bereits der Zustimmung des Europäischen Parlaments. Diese vorausgesetzt, benennt der Rat (in einfacher Besetzung) im Einvernehmen mit dem designierten Präsidenten die übrigen Mitglieder gemäß den Vorschlägen der Mitgliedstaaten. Die gesamte Kommission muss sich als Kollegium einem Zustimmungsvotum des Europäischen Parlaments stellen. Nach dessen Zustimmung ernennt der Rat den Präsidenten und die übrigen Mitglieder der Kommission mit qualifizierter Mehrheit. Die Begriffe „qualifizierte Mehrheit" und „Zustimmungsvotum" weisen allerdings zunächst auf eine Abstimmung über Personen, wie sie bei einer Wahl erfolgt, als auf eine Ernennung ohne Abstimmung. Dabei sind die zur Verfügung stehenden Alternativen nur Ja (für die Kommission) und Nein (gegen die Kommission). Dies wiederum ist charakteristisch für Sachentscheidungen und nicht für Personalentscheidungen, bei denen gewöhnlich mehrere Personen zur Wahl stehen. Da tatsächlich über die Kommission abgestimmt wird, handelt es sich bei dem in Art. 214 EG geregelten Verfahren nicht ausschließlich um eine Ernennung.[156]

Die Ernennung von Vertretern der Mitgliedstaaten in Organe internationaler Organisationen erfolgt vorwiegend nach innerstaatlichem Recht sowie in Abhängigkeit von den Funktionen bzw. dem Sachbereich. Während es für einige Organe keine Regelungen darüber gibt, welche Personen den Mitgliedstaat vertreten, sind für andere Organe spezielle Regelungen hinsichtlich der zu ernennenden Vertreter vorgesehen, die entweder der Regierung angehören oder in bestimmten Fachgebieten ausgewiesen sein sollen. Im ersten Fall liegt die Bestimmung der Personen allein bei den Mitgliedstaaten. So enthalten weder die UN-Charta noch die GO der

---

[155] Vgl. Rudolf Geiger, EUV/EGV, 4. Auflage, München 2004, Art. 203 EGV, Rdnr. 1, S. 701.
[156] Vgl. ebenda, Art. 214 EGV, S. 723.

Generalversammlung diesbezügliche Regelungen.[157] Art. 14 Satzung des Europarates bestimmt hingegen, dass die Vertreter im Ministerkomitee die Außenminister sind. Bei seiner Verhinderung kann ein Stellvertreter, möglichst ein Mitglied der Regierung, ernannt werden, der befugt ist, an seiner Stelle zu handeln. Nach Art. 11 WHO-Satzung[158] sollen wiederum Vertreter ernannt werden, die im Gesundheitswesen fachlich qualifiziert sind und vornehmlich die staatliche Gesundheitsverwaltung vertreten.[159]

F. Zusammenfassung

Bevor auf Regeln und Verfahren zur Entscheidungsfindung eingegangen werden kann, musste zunächst bestimmt werden, wer die Entscheidungen trifft und für wen die nachfolgend zu besprechenden Regeln gelten. Die hier untersuchten Entscheidungsträger sind Kollegialorgane, die sich von Individualorganen in der Anzahl der Entscheidungsbefugten unterscheiden.

Die Kriterien und die auf ihnen beruhende Klassifizierung kollegialer Organe haben folgende Implikationen für die weiteren Untersuchungen.

- Nach der Funktion bestimmen sich die der Arbeit zugrunde liegenden beschließenden bzw. entscheidenden und beratenden Kollegialorgane. Diese wiederum werden nach ihrer Organstellung unterschieden.
- Die Kompetenz (legislative, exekutive) und die Anzahl der Mitglieder (plenare und nicht plenare) haben Auswirkungen auf die Sitzverteilung und die Abstimmungsarten.
- Die Befugnisse betreffen die Stimmberechtigung der Mitglieder, d.h. die Zuerkennung des Stimmrechts als Voraussetzung für eine Teilnahme an der Abstimmung sowie das Abstimmungsverhalten.
- Die Weisungsungebundenheit bzw. Weisungsgebundenheit der Mitglieder hat Einfluss auf die Äußerung des Willens im Willensbildungs- und Entscheidungsprozess und damit auf das Abstimmen bzw. Abstimmungsverhalten.

Es wird zu prüfen sein, ob die Anwendung der Abstimmungsregeln und -verfahren von der Zuordnung der Organe in bestimmte Gruppen abhängt oder ob diese unabhängig von ihrer Klassifizierung erfolgt.

Zu den Wesensmerkmalen kollegialer Entscheidungsorgane lassen sich folgende zählen:

---

[157] Vgl. Siegfried Magiera, in: Bruno Simma (ed.) (Fn. 149), Art. 9, Rdnr. 13, S. 251.
[158] WHO-Satzung vom 22.07.1946, in: UNTS, vol. 14, p. 185; BGBl. 1974 II, 43. Die Satzung stellt die maßgebende Urkunde der Sonderorganisation im Sinne von Art. 57 Abs. 1 UN-Charta dar.
[159] Vgl. Henry G. Schermers/Niels M. Blokker (Fn. 40), § 244 f., S. 169 ff.

- die plurale Zusammensetzung (mindestens drei Mitglieder),
- die Organisation zu einer rechtlichen Einheit,
- die Beschlussfassungskompetenz mit einer weiten Auslegung des Entscheidungsbegriffes,
- die Willensbildung und Willensbekundung.

Die Gleichstellung der Mitglieder kann hingegen nicht zu den Wesensmerkmalen von Kollegialorganen gezählt werden. Die Frage der Gleichheit der Mitglieder kollegialer Organe ergibt sich insbesondere bei der Sitz- und Stimmenverteilung, wenn diese nicht nach der Regel „ein Mitglied – gleich ein Sitz bzw. eine Stimme" erfolgt. Diesen Fragen soll in den beiden folgenden Kapiteln nachgegangen werden.

Für den Willensbildungs- und Entscheidungsprozess von besonderer Bedeutung sind die verschiedenen, anschließend zu untersuchenden Arten der Sitzverteilung, die der hier vorgenommenen Klassifizierung kollegialer Organe hinzugefügt werden können.

Kapitel IV
Sitzverteilungsregeln

Die Sitzverteilung (d.h. wer wie viele Sitze in einem Kollegialorgan innehat) übt durch ihre Einwirkung auf die Beschlussfähigkeit als Voraussetzung für das Zustandekommen von Entscheidungen einen maßgeblichen Einfluss auf die Beschlussfassung in Kollegialorganen aus.

Die für die Zusammensetzung der Organe bedeutenden Kriterien sind in den Verfassungen (Kommunal-, Landes-, Bundesverfassungen) und Gründungsverträgen der Staatenverbindungen sowie den entsprechenden Geschäftsordnungen der kollegialen Entscheidungsorgane geregelt. Da eine umfassende und abschließende Betrachtung der Organe von Staaten, Kommunen sowie der vielfältigen völkerrechtlichen Staatenverbindungen nicht zu leisten ist, beschränken sich die Untersuchungen primär auf einige als Beispiel dienende Organe auf staats- und kommunalrechtlicher, regionaler (europäischer) und universeller Ebene mit dem Ziel, die bedeutendsten Arten der Sitzverteilung innerhalb kollegialer Entscheidungsorgane darzustellen, zu analysieren und klassifizieren, wobei sich der Erkenntniswert auf die Klassifizierung konzentrieren wird. Weil die Teilnahme am aktiven Entscheidungsprozess mit allen entsprechenden Rechten und Pflichten nur bei Vollmitgliedschaft möglich ist, werden für die weiteren Betrachtungen andere Mitgliedschaftsformen vernachlässigt.[1]

Die nachfolgend verwendeten Termini Mitglied, Sitz und Stimme sind nicht identisch. Die Mitgliedschaft bezeichnet die Zugehörigkeit zu einem Organ mit bestimmten Rechten und Pflichten und ist Voraussetzung für den Sitz (zur Teilnahme) und die Stimme (zur Abstimmung). Nicht in jedem Kollegialorgan hat immer jedes Mitglied nur einen Sitz und eine Stimme. Auch muss die Anzahl von Sitzen nicht der Anzahl von Stimmen entsprechen. Hieraus ergeben sich weit reichende Fragen für das Organisationsrecht.

Die Zusammensetzung kollegialer Entscheidungsorgane unterscheidet sich in Abhängigkeit von einer unbegrenzten oder begrenzten Mitgliederzahl bzw. von einer allgemeinen oder beschränkten Mitgliedschaft, so dass zwischen zahlenmä-

---

[1] Unterscheidung von Mitgliedern in: Vollmitglied mit allen Rechten, assoziiertes Mitglied mit Recht auf Teilnahme aber ohne Stimmrecht in den Hauptorganen, Teilmitglied mit Recht auf Teilnahme in einigen ausgewählten Aktivitäten. Beobachter sind keine Mitglieder. Henry G. Schermers/Niels M. Blokker, International Institutional Law, The Hague/London/Boston 1995, § 69, S. 47; Ignaz Seidl-Hohenveldern/Gerhard Loibl, Das Recht der Internationalen Organisationen einschließlich der Supranationalen Gemeinschaften, 7. Auflage, Köln/Berlin/Bonn/München 2000, Rdnr. 0513 ff., S. 71 ff.

ßig unbegrenzten und zahlenmäßig begrenzten Organen unterschieden werden kann. Dabei wird eine bestehende Mitgliedschaft in der Organisation vorausgesetzt. Von der Zusammensetzung kollegialer Organe hängt das Maß an Rationalität der Entscheidungsfindung ab.[2]

A. Die Sitzverteilung in Abhängigkeit von der Mitgliederzahl

I. Die Sitzverteilung auf der Grundlage der unbegrenzten Mitgliederzahl

Die Sitzverteilung auf der Grundlage der unbegrenzten Mitgliederzahl oder allgemeinen Mitgliedschaft bedeutet, dass jedes Mitglied mindestens einen Sitz in einem bestimmten kollegialen Entscheidungsorgan innehat. In Abhängigkeit von der Anzahl von Sitzen lassen sich hierbei zwei Regeln unterscheiden. Bei der Sitzverteilung stehen den Mitgliedern entweder eine gleiche Anzahl von Sitzen (paritätische Besetzung) oder eine unterschiedliche Anzahl von Sitzen (nicht paritätische Besetzung) zu.

1. Die Regel der gleichen Anzahl von Sitzen

Die Regel „alle Mitglieder – gleiche Anzahl von Sitzen" bzw. „ein Mitglied – ein Sitz" basiert auf dem Prinzip der formellen Gleichheit aller Mitglieder. Diesem Prinzip folgt die Sitzverteilung im *Bundestag*[3], in den die Abgeordneten in Wahlkreisen als kleinster Einheit des Wahlgebietes gewählt werden. Das Prinzip der Gleichheit der Wahl fordert, dass die in den Wahlkreisen Gewählten annähernd dieselbe Anzahl von Wählern repräsentieren.[4] Dies gilt auch für die Wahlen der Volksvertretungen auf Landes-[5] und kommunaler Ebene.[6] Die Bundesrepublik ist

---

[2] Vgl. Karl-Peter Sommermann, in: Christian Starck (Hrsg.), Kommentar zum Grundgesetz, Band 2, 5. Auflage, München 2005, Art. 20 Abs. 3, Rdnr. 289, S. 121.

[3] Die Länderparlamente folgen ebenfalls diesem Prinzip. Obwohl der BT später entstand als die meisten Länderparlamente wird er aufgrund seiner politisch herausragenden Bedeutung als bundesdeutsches „Leitparlament" bezeichnet. Vgl. Hans Meyer, Die Stellung der Parlamente in der Verfassungsordnung des Grundgesetzes, in: Hans Peter Schneider/Wolfgang Zeh (Hrsg.), Parlamentsrecht und Parlamentspraxis in der Bundesrepublik Deutschland, Berlin/New York 1989, § 4, Rdnr. 1, Fn. 1., S. 117 ff.; Florian Edinger, Wahl und Besetzung parlamentarischer Gremien, Berlin 1992, S. 141.

[4] Zur gleichen Repräsentation der Wahlberechtigten durch die gewählten Vertreter vgl. Dieter Nohlen, Wahlrecht und Parteiensystem, 5. Auflage, Opladen 2007, S. 87 ff.

[5] Für die Wahl des brandenburgischen Landtages vgl. § 15 BbgLWahlG i.d.F. vom 28.01.2004, in: GVBl. I/04, 30.

[6] Vgl. Alexander Saftig, Kommunalwahlrecht in Deutschland, Baden-Baden 1990, S. 60 ff. BayVerfGH, Entscheidung vom 27.10.1993 – Vf. 2- VII – 93, in: NVwZ-RR, 7 (1994) 9, S. 537 ff. Zum kommunalen Wahlrecht in Brandenburg und § 20

A. Die Sitzverteilung in Abhängigkeit von der Mitgliederzahl 159

in Wahlkreise eingeteilt, seit 2002 in 299[7] (vorher in 328). Die bei der Einteilung der Wahlkreise zu beachtenden Grundsätze haben in § 3 Abs. 1 BWG ihre Verankerung gefunden. Hierbei muss die Zahl der Wahlkreise in den einzelnen Ländern dem Bevölkerungsanteil soweit wie möglich entsprechen (§ 3 Abs. 1 Ziff. 2 BWG).[8] Der Bundestag besteht gem. § 1 Abs. 1 BWG seit der 15. Wahlperiode aus 598 Abgeordneten. Überschreitungen, wie beispielsweise durch Überhangmandate oder auch Unterschreitungen[9], sind nach Rechtsprechung des Bundesverfassungsgerichts vertretbar.[10] In den 15. Deutschen Bundestag wurden am 22. September 2002 603 Abgeordnete[11], in den 16. Bundestag am 18. September 2006[12] 614 Abgeordnete gewählt, deren Status sich durch den aus Art. 38 Abs. 1 GG fließenden Grundsatz demokratischer, formeller Gleichheit bestimmt.[13] Daraus leitet sich auch die gleiche Anzahl von Sitzen (einer) pro Abgeordneter ab. Nach dem System der personalisierten Verhältniswahl erfolgt die Wahl der Hälfte der Abgeordneten direkt in den Wahlkreisen durch die Mehrheit der Erststimmen (Direktmandate), die andere Hälfte über von Parteien eingereichte Landeslisten mit den Zweitstimmen.[14]

Für die politischen Parteien gelten ebenfalls die verfassungsmäßigen Rechte der Freiheit (Art. 21 Abs. 1 Satz 2 GG) und Gleichheit im Sinne von Chancengleichheit (Art. 21 Abs. 1 i.V.m. Art. 38 Abs. 1 Satz 1 bzw. Art. 3 Abs. 1 GG).[15] Die Zusammensetzung des sich im Plenum als Organ darstellenden Bundestages[16] wird maßgebend durch die Zweitstimmen bestimmt, so dass sich hier in Übereinstimmung mit dem Demokratieprinzip das politische Kräfteverhältnis der Parteien widerspiegelt und nicht die Regel der gleichen Anzahl von Sitzen pro Partei.

BbgKWahlG vgl. Kurt Fritz Hohndorf/Matthias Falk, Kommunalrecht in Brandenburg, in: Alexander von Brünneck/Franz-Joseph Peine (Hrsg.), Staats- und Verwaltungsrecht für Brandenburg, Baden-Baden 2004, S. 132 f.

[7] § 1 Abs. 2 BWG i.d.F. vom 23.07.1993, in: BGBl. 1993 I, 1288, 1594; 2005 I, 674.

[8] Die Bevölkerungszahl eines Wahlkreises soll vom Durchschnitt nicht um mehr als 15% (zuvor: 25%) abweichen. Bei einer Abweichung von mehr als 25% (vorher: 33 1/3), ist zwingend eine Neuabgrenzung vorzunehmen. § 3 Abs. 1 Ziff. 3 BWG.

[9] Unterschreitungen durch Erschöpfung einer Parteiliste, Erledigung eines Wahlkreismandates oder Parteiverbot. Vgl. Siegfried Magiera, in: Michael Sachs (Hrsg.), Grundgesetz. Kommentar, 4. Auflage, München 2007, Art. 121, Rdnr. 5, S. 2327.

[10] BVerfGE 7, 63 (74 f.); 16, 130 (139 ff.); 79, 169 (171); 95, 335 (358).

[11] Durch den Tod der Inhaberin eines nicht nachzubesetzenden Direktmandates am 17.04.2004 und mit Mandatsverzichts des Inhabers eines ebenfalls nicht nachzubesetzenden Direktmandates verringerte sich die Zahl der Abgeordneten seit dem 01.07.2004 um 2 auf 601 Abgeordnete zu Ungunsten der SDP.

[12] Mit einer Nachwahl am 02.10.2005 im Wahlkreis 160 (Dresden).

[13] BVerfGE 94, 351 (369).

[14] Vgl. Reinhold Zippelius, Allgemeine Staatslehre, 15. Auflage, München 2007, § 24, S. 163 f.

[15] Vgl. Rudolf Streinz, in: Christian Starck (Hrsg.) (Fn. 2), Art. 21 Abs. 1, Rdnr. 119, S. 275 f.; Christoph Degenhart, Staatsrecht I, 23. Auflage, Heidelberg 2007, Rdnr. 82 f., S. 34 f.

[16] Vgl. Heinhard Steiger, Organisatorische Grundlagen des parlamentarischen Regierungssystems, Berlin 1973, S. 81.

160 Kapitel IV Sitzverteilungsregeln

Neben Volksvertretungen folgen in einigen Bundesstaaten auch föderale Organe der Regel der gleichen Anzahl von Sitzen. Im Senat der USA ist beispielsweise gem. Art. I Abschnitt 3 US-amerikanische Verfassung jeder Einzelstaat nach dieser Sitzverteilungsregel mit zwei Mitgliedern im Senat vertreten, ungeachtet der unterschiedlichen Bevölkerungszahl der Staaten.[17] Und auch der schweizerische Ständerat setzt sich nach Art. 150 Abs. 1 und 2 Bundesverfassung der Schweizerischen Eidgenossenschaft aus 46 Abgeordneten der Kantone zusammen, wobei jeder Kanton zwei Abgeordnete, in den geteilten Kantonen jeder Landesteil einen Abgeordneten wählt.[18]

Innerhalb der *Europäischen Gemeinschaften* und *Europäischen Union* folgen der Europäische Rat[19] (Staats- und Regierungschefs sowie Präsident der Kommission[20]: Art. 4 Abs. 2 EU) und der Rat (Ministerrat: Art. 203 Abs. 1 EG) in ihrer Zusammensetzung der Regel der gleichen Anzahl von Sitzen („ein Mitglied – ein Sitz"). Als bedeutendstes Entscheidungsorgan der EG (Art. 202 EG) und nach dem Maastrichter Vertrag auch als wichtigstes Beschlussorgan der EU (Art. 5 EU) setzt sich der Rat gem. Art. 203 Abs. 1 EG aus je einem Vertreter jedes Mitgliedstaates auf Ministerebene zusammen, der befugt ist, für die Regierung des Mitgliedstaates verbindlich zu handeln. Somit besteht der Rat seit dem 1. Mai 2004 aus fünfundzwanzig Mitgliedern, seit dem 1. Januar 2007 aus siebenundzwanzig Mitgliedern.[21] In der Amtszeit der neuen Kommission nach der Osterweiterung findet vom 1. November 2004 auch in der Kommission als einem politisch unabhängigen Organ, das die Interessen der gesamten EU vertritt und wahrt, die Regel der gleichen Anzahl von Sitzen eine, wenn auch nur zeitlich begrenzte Anwen-

---

[17] Vgl. Jörg Annaheim, Die Gliedstaaten im amerikanischen Bundesstaat, Berlin 1992, S. 118 f.

[18] Vgl. Matthias Heger, Deutscher Bundesrat und Schweizer Ständerat, Berlin 1990, S. 77 ff.

[19] Zur Konstruktion des Europäischen Rates als einzigem originären Organ der EU vgl. Cordula Stumpf, in: Jürgen Schwarze (Hrsg.), EU-Kommentar, Baden-Baden 2000, Art. 4 EUV, Rdnr. 1, S. 68.

[20] Der Umfang seiner Mitwirkungsrechte ist umstritten. Obwohl aus dem Vertrag keine Einschränkungen erkennbar sind, wird im Bereich der GASP teilweise keine volle Mitwirkung angenommen bzw. wird ihm ein Anwesenheits- aber kein Stimmrecht zuerkannt. So Matthias Pechstein/Christian Koenig, Die Europäische Union, 3. Auflage, Tübingen 2000, Rdnr. 166 ff., S. 91 f. Für eine gleichberechtigte Mitgliedschaft vgl. Johannes Christian Wichard, in: Christian Calliess/Matthias Ruffert (Hrsg.), Kommentar EUV/EGV, 3. Auflage, München 2007, Art. 4 EUV, Rdnr. 7, S. 48; Cordula Stumpf, in: Jürgen Schwarze (Hrsg.) (Fn. 19), Art. 4 EUV, Rdnr. 12, S. 70 f.

[21] Die Mitgliedstaaten können sich durch Minister der Regierung des Gesamtstaates oder auch eines Bundeslandes oder einer Region vertreten lassen. Nach Art. 23 Abs. 6 GG soll die Wahrnehmung der Rechte vom Bund auf einen vom BR benannten Vertreter der Länder übertragen werden, wenn schwerpunktmäßig ausschließliche Gesetzgebungsbefugnisse der Länder betroffen sind. Näheres regelt Art. 6 EUZBLG vom 12.03.1993, in: BGBl. 1993 I, 313; 2006 I, 2098. Vgl. Jan-Peter Hix, in: Jürgen Schwarze (Hrsg.) (Fn. 19), Art. 203 EGV, Rdnr. 6, S. 1791 f.

A. Die Sitzverteilung in Abhängigkeit von der Mitgliederzahl   161

dung (Art. 4 Abs. 1 Protokoll über die Erweiterung der EU).[22] Nach Art. I-26 Abs. 5 VVE soll ebenfalls die erste in Anwendung der Verfassung zu ernennende Kommission[23] aus je einem Vertreter jedes Mitgliedstaates bestehen. Nunmehr wird in der Kommission, die zwischen dem Zeitpunkt des In-Kraft-Tretens des Reformvertrages von Lissabon und dem 31. Oktober 2014 ernannt wird, je ein Staatsangehöriger jedes Mitgliedstaates vertreten sein (Art. 17 Abs. 4 EU Lissabon).

In *internationalen Organisationen*, deren Organe nach der Regel „alle Mitglieder – gleiche Anzahl von Sitzen" bzw. „ein Mitglied – ein Sitz" zusammengesetzt sind, spiegelt sich das zu den ältesten Rechten zählende völkerrechtliche Prinzip der souveränen Gleichheit der Staaten wider, das seine Kodifizierung in Art. 2 Ziff. 1 UN-Charta gefunden hat.[24] Das wohl bekannteste Beispiel für eine Sitzverteilung auf der Grundlage der unbegrenzten Mitgliederzahl und der Regel „ein Mitgliedstaat – gleiche Anzahl von Sitzen" stellt die Generalversammlung der UNO mit ihrer aus Art. 10 UN-Charta resultierenden quasi Allzuständigkeit dar. Die einmal jährlich zusammentretende Generalversammlung ist das plenare Organ der Vereinten Nationen und das einzige Hauptorgan (Art. 7 Abs. 1 UN-Charta), in dem alle derzeit 192 Mitgliedstaaten vertreten sind (Art. 9 Abs. 1 UN-Charta).[25] Jedes Mitglied darf nach Art. 9 Abs. 2 UN-Charta (Regel 25 GOGV) zwar bis höchstens fünf Staatenvertreter entsenden, hat aber nur eine Stimme (Art. 18 Abs. 1 UN-Charta).[26] Damit steht allen Mitgliedern das Recht auf gleiche Sitzverteilung zu, so dass kein Verstoß gegen die formelle Gleichheit der Mitglieder begründet ist. Diese wird durch den Grundsatz der Stimmengleichheit sowie die Kostenerstattung aus UN-Haushaltsmitteln für die Teilnahme von bis zu fünf Vertretern eines Mitgliedstaates an den Sitzungen der Generalversammlung gewährleistet.[27] Die in der UN-Generalversammlung geltende kombinierte Regel der Sitz- und

---

[22] „Der Kommission gehört ein Staatsangehöriger jedes Mitgliedstaats an." ABl. EG Nr. C 80 vom 10.03.2001, S. 1 (52).
[23] Die Einsetzung der Kommission nach dem Verfassungsvertrag für Europa war ursprünglich für 2009 vorgesehen.
[24] Vgl. Volker Epping, in: Knut Ipsen, Völkerrecht, 5. Auflage, München 2004, § 26, Rdnr. 7, S. 367.
[25] Vgl. Die Mitgliedstaaten der Vereinten Nationen, in: VN, 56 (2008) 1, S. 43.
[26] Schon die Völkerbundversammlung bestand aus Vertretern der Mitgliedstaaten, wobei jedes Mitglied bis zu drei Vertreter entsenden durfte, aber nur über eine Stimme verfügte (Art. 3 Abs. 4 Satzung des Völkerbundes). Vgl. Hans Wehberg, Die Völkerbundsatzung. 3. Auflage, Berlin 1929, S. 39 f.
[27] Vgl. Siegfried Magiera, in: Bruno Simma (ed.), The Charter of the United Nations, Band I, 2. Auflage, München 2002, Art. 9, Rdnr. 11 f., S. 250 f.

Stimmenverteilung findet auch in plenaren Organen[28] von UN-Sonderorganisationen Anwendung.[29]

2. Die Regel der unterschiedlichen Anzahl von Sitzen

Wenn in einem kollegialen Entscheidungsorgan alle Mitglieder vertreten sind, die aber eine unterschiedliche Anzahl von Sitzen innehaben, der auch die Anzahl von Stimmen entspricht, liegt eine Privilegierung bzw. Gewichtung bestimmter Mitglieder in Abhängigkeit vorher festgelegter Kriterien vor[30], auf die unten umfassender eingegangen werden soll. Diese nicht paritätische Besetzung bzw. privilegierte Repräsentation kann verschiedene Formen annehmen.

a) Plurale Mitgliedschaft

Eine extreme Form der privilegierten Repräsentation ist die plurale Mitgliedschaft eines Mitgliedes in einem Kollegialorgan (mehrfache Vertretung). In der Vergangenheit wurde die Zulassung von nicht selbständigen Gebieten, wie Kolonien, als Mitglied internationaler Organisationen als Methode von den Kolonialstaaten genutzt, die Anzahl ihrer Sitze und damit auch Stimmen zu erhöhen, wie beispielsweise in den jeweiligen Organen im Völkerbund[31], im Weltpostverein[32] oder der Internationalen Fernmeldeorganisation.[33]

---

[28] Plenare Organe internationaler Organisationen werden mit verschiedenen Termini bezeichnet: Generalversammlung in der UNO, WIPO, OAS; Ministerkomitee im Europarat; Rat in der EU, NATO, Arabischen Liga, OECD; Versammlung in ICAO, IMO, WHO; Generalkonferenz in: IAEA, UNESCO, UNIDO; Allgemeine Konferenz in ILO; Konferenz in FAO; Kongress in UPU, WMO; Gouverneursrat in IFAD, IBRD, IMF, IDA, IFC.

[29] Z.B. sind in der UNESCO-Generalkonferenz die Mitgliedstaaten gem. Art. IV Abschnitt A Abs. 1 Satz 2 UNESCO-Satzung mit höchstens fünf Delegierten vertreten, wobei jeder Mitgliedstaat nur über eine Stimme verfügt (Art. IV Abschnitt C Abs. 8 lit. a Satzung). UNESCO-Satzung vom 16.11.1945, in: UNTS, vol. 4, p. 275; BGBl. 1971 II, 473. Abgedruckt in: Hans von Mangoldt/Volker Rittberger (Hrsg.), Das System der Vereinten Nationen und seine Vorläufer, Band I/2, München 1995, Dokument 121, S. 506 (513).

[30] Vgl. Quincy Wright, Representation in a World Legislature, in: Common Cause, 3 (1949) 2, S. 72; Rüdiger Wolfrum, Internationale Organisationen, in: Ignaz Seidl-Hohenveldern (Hrsg.), Lexikon des Rechts - Völkerrecht, 3. Auflage, Neuwied/Kriftel 2001, S. 195.

[31] Die Mitgliedschaft der Kolonie Indien im Völkerbund bewirkte ein Mehrstimmenrecht Großbritanniens. Vgl. Wilfried Schaumann, Die Gleichheit der Staaten, Wien 1957, S. 129.

[32] Vgl. Hermann Hillger, Stimmenwägung in internationalen Wirtschaftsorganisationen, Kiel 1957, S. 12 f.

[33] Vgl. Quincy Wright (Fn. 30), S. 73; Wilfried Schaumann (Fn. 31), S. 129.

A. Die Sitzverteilung in Abhängigkeit von der Mitgliederzahl

Unter diese Form der Sitzverteilung fällt weiterhin die Zuerkennung einer Mitgliedschaft für Glieder eines Staates zusätzlich zu der des Bundesstaates. Obwohl nach Art. 3 (ursprüngliche Mitglieder) und Art. 4 (später aufgenommene Mitglieder) UN-Charta nur Staaten Mitglied der UNO werden können, zählten neben der Sowjetunion die Weißrussische Unionsrepublik und die Ukrainische Unionsrepublik[34] bis 1991 zu den 51 Gründungsmitgliedern der UNO und gem. Art. 9 Abs. 1 UN-Charta zu den Mitgliedern der UN-Generalversammlung. Im Unterschied zu später aufgenommenen Mitgliedern mussten die Gründungsmitglieder nicht die in Art. 4 UN-Charta aufgeführten Voraussetzungen erfüllen. Die wegen der fehlenden Staatseigenschaft der beiden Sowjetrepubliken[35] und auch ehemals kolonialer Territorien erwogene Ersetzung des Begriffes Staat durch Nation auf der Gründungskonferenz in San Franzisko blieb konsequenterweise erfolglos.[36] Die Staatseigenschaft sollte für Gründungsmitglieder kein konstitutives Kriterium darstellen, obwohl in Art. 3 UN-Charta explizit von Staaten die Rede ist.[37] Damit hatten die Ukrainische Unionsrepublik und Weißrussische Unionsrepublik je einen Sitz in der Generalversammlung[38], die ehemalige Sowjetunion demzufolge insgesamt drei. Mit ihrem Zerfall sind nunmehr alle fünfzehn ehemaligen Unionsrepubliken als souveräne Staaten Mitglieder der UNO.

---

[34] Die Sowjetunion beanspruchte ursprünglich eine Mitgliedschaft für alle Unionsrepubliken. Der Kompromiss über die Mitgliedschaft der Weißrussischen und Ukrainischen SSR wurde auf der Konferenz von Jalta im Februar 1945 wegen des besonderen Anteils dieser beiden Unionsrepubliken am Sieg über das nationalsozialistische Deutschland beschlossen. Vgl. Bengt Broms, The Doctrine of Equality of States as Applied in International Organizations, Vammala 1959, S. 174 ff.

[35] Nach Art. 18a Verfassung der UdSSR vom 05.12.1936 („Stalin-Verfassung") hatte jede Unionsrepublik das Recht unmittelbare Beziehungen mit auswärtigen Staaten aufzunehmen; nach Art. 80 Verfassung vom 07.10.1977 („Breschnew-Verfassung") in internationalen Organisationen mitzuwirken. Zur dennoch fehlenden völkerrechtlichen Staatsqualität der Unionsrepubliken vgl. Henn-Jüri Uibopuu, Die Völkerrechtssubjektivität der Unionsrepubliken der UdSSR, Wien/New York 1975, S. 55 ff.

[36] Zum Staat als primäres Völkerrechtssubjekt vgl. Volker Epping, in: Knut Ipsen (Fn. 24), § 5, Rdnr. 1, S. 59. Zur partiellen Völkerrechtssubjektivität von Völkern vgl. Hans-Joachim Heintze, ebenda, § 27, Rdnr. 14, S. 398.

[37] Vgl. Ulrich Fastenrath, in: Bruno Simma (ed.) (Fn. 27), Art. 3, Rdnr. 6 ff., S. 174 ff.

[38] Die beiden ehemaligen sowjetischen Unionsrepubliken wurden sogar zu nichtständigen Mitgliedern des Sicherheitsrates gewählt, die Ukrainische SSR für die Zeiträume 1948/49 und 1984/85, die Weißrussische SSR für 1974/75. Liste der nichtständigen Sicherheitsratsmitglieder von 1946 bis 1997, in: Sydney D. Bailey/Sam Daws, The Procedure of the UN Security Council, 3. Auflage, Oxford 1998, S. 148 ff.

b) Multiple Anzahl von Sitzen pro Mitglied: Die Regel der Sitzverteilung nach demografischen Kriterien

Eine andere Form der Regel der unterschiedlichen Anzahl von Sitzen stellt die Zuerkennung mehrerer Sitze pro Mitglied in einem kollegialen Entscheidungsorgan dar. Die Festlegung einer unterschiedlichen Anzahl von Sitzen pro Mitglied erfolgt in Abhängigkeit von verschiedenen Kriterien, vorwiegend demografischen. Unter Demografie (griech.: *démos* - Volk, *graphé* - Schrift, Beschreibung) ist die Bevölkerungswissenschaft zu verstehen, die sich mit dem Leben, Werden und Vergehen menschlicher Bevölkerungen, sowohl mit ihrer Zahl als auch mit ihrer Verteilung im Raum und den Faktoren, wie sozialen, die für Veränderungen verantwortlich sind, befasst.[39] Die Sitzverteilung nach demografischen Kriterien stellt im Wesentlichen auf die Bevölkerungszahl ab. Bei einer entsprechend gewichteten Repräsentation der Mitglieder bleibt die Grundregel, wonach alle Mitglieder in dem kollegialen, zahlenmäßig unbegrenzten Entscheidungsorgan vertreten sind, bestehen. In der Praxis folgen zahlreiche kollegiale Entscheidungsorgane dieser Regel.

aa) Sitzverteilung in ausgewählten Kollegialorganen

Im *Bundesrat*[40] als kollegiales, föderales Verfassungsorgan des Bundes sind alle derzeit sechzehn Bundesländer vertreten, die eine multiple und teilweise unterschiedliche (abgestufte) Anzahl von Sitzen in Abhängigkeit von der Einwohnerzahl innehaben. Diese Regelung geht auf die deutsche Verfassungstradition der Frankfurter Reichsverfassung bzw. Paulskirchen-Verfassung[41], der Verfassung des Norddeutschen Bundes[42], der Bismarckschen Reichsverfassung[43] und der Weimarer Reichsverfassung[44] zurück. Der Bundesrat, in dem die bundesstaatliche Ordnung einen maßgeblichen Teil ihrer Wirksamkeit entfaltet[45], besteht aus „Mitgliedern der Regierungen der Länder" (Art. 51 Abs. 1 Satz 1 GG).[46] Gemäß dem

---

[39] Begriff Demografie, in: Brockhaus Enzyklopädie, Band 6, 21. Auflage, Leipzig 2006, S. 420.
[40] Zur Organisation des BR vgl. Albert Pfitzer, Die Organisation des Bundesrates, in: Bundesrat (Hrsg.), Der Bundesrat als Verfassungsorgan und politische Kraft, Bad Honnef/Darmstadt 1974, S. 173 ff.
[41] § 87 Frankfurter Reichsverfassung bzw. Paulskirchen-Verfassung vom 28.03.1849, in: RGBl. 1849, S. 101 ff.
[42] Art. 7 Verfassung des Norddeutschen Bundes vom 16.04.1867, in: BGBl. des Norddeutschen Bundes 1867, S. 1 ff.
[43] Art. 6 Abs. 2 Verfassung des Deutschen Reichs (Bismarcksche Reichsverfassung) vom 16.04.1871, in: RGBl. 1871, 63 ff.
[44] Art. 63 Abs. 2 Weimarer Reichsverfassung vom 11.08.1919, in: RGBl. 1919, 1383 ff. Vgl. Friedrich Giese, Die Verfassung des Deutschen Reiches, 8. Auflage, Berlin 1931, Art. 63, Rdnr. 5, S. 167.
[45] Vgl. Christoph Degenhart (Fn. 15), Rdnr. 653, S. 246.
[46] Vgl. Klaus Stern, Das Staatsrecht der Bundesrepublik Deutschland, Band II, München 1980, § 27 III 1, S. 134.

A. Die Sitzverteilung in Abhängigkeit von der Mitgliederzahl

Wortlaut dieser verfassungsrechtlichen Bestimmung[47] müssten die Mitglieder der Landesregierungen als Amtswalter auch die Mitglieder des Bundesrates sein[48], die ihrerseits die Bundesratssitze besetzen.[49] Diese Interpretation wird durch die Rechtsprechung des Bundesverfassungsgerichts gestützt.[50] Nach anderer in der Literatur vertretener Auffassung sind die Länder Mitglieder des Bundesrates.[51] Als Vertretungsorgan der Länder sei der Bundesrat selbst nicht handlungsfähig und müsse deshalb durch die Landesregierungen und diese durch die Landesminister im Bundesrat vertreten werden.[52] Die insbesondere auf der systematischen Auslegungsmethode basierende Auffassung, wonach in Regelungen zur Beschlussfassung im Bundestag von „Mitgliedern" des Bundestages (Mehrheit seiner Mitglieder)[53], im Bundesrat dagegen „Stimmen" des Bundesrates (Mehrheit seiner Stimmen)[54] die Rede ist, verweist auf die Unterscheidung zwischen Mitgliedschaft und Stimmrecht. Während der Begriff „Stimme" sich auf die Rechte der Länder in ihrer Mitwirkung bei der Willensbildung beziehe, beinhalte der Begriff „Mitglied" die den Bundesratsmitgliedern *ad personam* zustehenden Rechte.[55] Da es aber ein Stimmrecht ohne Mitgliedschaft nicht gebe, könne von einer Art Doppelmitgliedschaft: institutionelle Mitgliedschaft der Länder und persönliche Mitgliedschaft der Landesminister ausgegangen werden[56], womit sich der bestehende Auffassungsstreit, der für die Sitzverteilung von eher theoretischer Bedeutung ist, wieder relativiert. Letztendlich zählen im Bundesrat nicht die Mitglieder, sondern die

---

[47] In Art. 6 Abs. 1 Reichsverfassung von 1871 hieß es: „Der Bundesrath besteht aus den Vertretern der Mitglieder des Bundes [...].", in Art. 63 Abs. 1 Weimarer Reichsverfassung von 1919: „Die Länder werden im Reichsrat durch Mitglieder ihrer Regierungen vertreten."

[48] Zum Konzept der personalen Mitgliedschaft vgl. Herbert Küpper, Die Mitgliedschaft im Bundesrat, in: Der Staat, 42 (2003) 3, S. 391 ff.

[49] Vgl. Jörn Ipsen, Staatsrecht, 16. Auflage, München 2004, Rdnr. 336, S. 97; Gerhard Robbers, in: Michael Sachs (Hrsg.) (Fn. 9), Art. 51, Rdnr. 1, S. 1263; Stefan Korioth, in: Christian Starck (Hrsg.) (Fn. 2), Art. 51 Abs. 1, Rdnr. 2, S. 1350; Bodo Pieroth, in: Hans Jarass/Bodo Pieroth, Grundgesetz für die Bundesrepublik Deutschland. Kommentar, 8. Auflage, München 2006, Art. 51, Rdnr. 1, S. 680; Hartmut Bauer, in: Horst Dreier (Hrsg.), Grundgesetz. Kommentar, Band II, 2. Auflage, Tübingen 2006, Art. 51, Rdnr. 12, S. 1254.

[50] „Der Bundesrat ist ein kollegiales Verfassungsorgan des Bundes, das aus Mitgliedern der Landesregierungen besteht (vgl. Art. 51 Abs. 1 Satz 1 GG). Er wird nicht aus den Ländern gebildet. Art. 50 GG umschreibt nur die Funktion dieses Bundesverfassungsorgans: [...]." BVerfGE 106, 310 (330).

[51] Vgl. Konrad Reuter, Praxishandbuch Bundesrat, Heidelberg 1991, S. 103 ff.; Hartmut Maurer, Mitgliedschaft und Stimmrecht im Bundesrat, in: Hans-Detlef Horn (Hrsg.), FS für Walter Schmitt Glaeser, Berlin 2003, S. 157 ff.

[52] So Hartmut Maurer (Fn. 51), S. 165.

[53] Art. 67 Abs. 1, 68 Abs. 1 Satz 2, 80a Abs. 3 GG.

[54] Art. 52 Abs. 3 Satz 1, 115d Abs. 2 Satz 3 GG.

[55] Vgl. Hartmut Maurer (Fn. 51), S. 160 f.

[56] So ebenda, S. 165.

Stimmen.[57] Von praktischer Bedeutung ist die Frage nach der Stimmenverteilung und der Stimmabgabe, denen im nächsten Kapitel nachgegangen werden soll. Die Anzahl der Mitglieder, die jedes Land entsenden kann, richtet sich gem. Art. 51 Abs. 3 Satz 1 GG nach der Anzahl der festgesetzten Stimmen.[58] Aus Art. 51 Abs. 2 GG folgt, dass jedes Land mindestens drei Sitze hat[59], Länder mit mehr als zwei Millionen Einwohnern vier Sitze[60], Länder mit mehr als sechs Millionen Einwohnern fünf Sitze[61], Länder mit mehr als sieben Millionen Einwohnern sechs Sitze.[62] Die Sitzverteilung in den entscheidungsvorbereitenden Ausschüssen des Bundesrates[63] folgt indes nicht dieser Regel der Sitzverteilung. Hier sind die Länder durch ein Mitglied, ein anderes Mitglied oder einen Beauftragten der Regierung vertreten (§ 11 Abs. 2 GOBR).[64] Wie im deutschen Bundesrat bildet die Bevölkerungszahl auch Grundlage für die Sitzverteilung im Bundesrat Österreichs.[65] In anderen Bundesstaaten erfolgt die Sitzverteilung in föderalen Organen, wie bereits gezeigt, jedoch nicht nach dieser Regel.

Auf *Gemeinschaftsebene* folgte die Sitzverteilung in der Kommission bis zum 1. November 2004 der Regel von der unbegrenzten Mitgliederzahl und einer unterschiedlichen Anzahl von Sitzen pro Mitglied in Abhängigkeit von der demografischen Situation der Mitgliedstaaten. Gem. Art. 213 Abs. 1 EG bestand die Kommission bis zur Osterweiterung am 1. Mai 2004 aus zwanzig Mitgliedern (Kommissaren), danach aus dreißig. Die fünf bevölkerungsreichsten Mitgliedstaaten Deutschland, Frankreich, Vereinigtes Königreich Großbritannien und Nordirland, Italien und Spanien durften je zwei Mitglieder in die Kommission entsenden, die bevölkerungsschwächeren Staaten jeweils nur eins.[66]

---

[57] Vgl. Dr. Schmidt, in: Parlamentarischer Rat, Verhandlungen des Hauptausschusses, 40. Sitzung vom 14.01.1949, Bonn 1948/49, S. 508.
[58] Vgl. Gerhard Robbers, in: Michael Sachs (Hrsg.) (Fn. 9), Art. 51, Rdnr. 13, S. 1265.
[59] Bremen, Hamburg, Mecklenburg-Vorpommern, Saarland.
[60] Berlin, Brandenburg, Rheinland-Pfalz, Sachsen, Sachsen-Anhalt, Schleswig-Holstein, Thüringen.
[61] Hessen.
[62] Baden-Württemberg, Bayern, Niedersachsen, Nordrhein-Westfalen.
[63] Der BR verfügt über sechzehn Ausschüsse, deren Aufgabenverteilung im Wesentlichen der Zuständigkeitsverteilung der Bundesministerien entspricht.
[64] Der BR gibt sich nach Art. 52 Abs. 3 Satz 2 GG eine Geschäftsordnung. GOBR i.d.F. der Bekanntmachung vom 26.11.1993, in: BGBl. 1993 I, 2007; 2007 I, 1057. Vgl. Konrad Reuter (Fn. 51), § 11, Rdnr. 8, S. 366.
[65] Art. 34 Bundes-Verfassungsgesetz Österreich, abgedruckt in: Hans R. Klecatsky/ Siegbert Morscher (Hrsg.), Die österreichische Bundesverfassung, Wien 1999, S. 97 f. Die Anzahl von Sitzen schwankt zwischen zwölf und drei. Nach Entschließung des Bundespräsidenten von 1993 ergibt sich folgende Sitzverteilung: Niederösterreich 12, Wien und Oberösterreich je 11, Steiermark 10, Tirol und Kärnten je 5, Salzburg 4, Vorarlberg und Burgenland je 3 Mitglieder.
[66] Zusammenfassend zeigt sich eine auf verschiedenen Regeln basierende Sitzverteilung in der Kommission: Bis zum 01.05.2004 zählte die Kommission zwanzig Mitglieder, je zwei aus den bevölkerungsreichsten Mitgliedstaaten und je einen Kommissar aus den übrigen Mitgliedstaaten. Mit dem Beitritt zehn weiterer Staaten am 01.05.2004 erhöhte

A. Die Sitzverteilung in Abhängigkeit von der Mitgliederzahl 167

Die Regel der Sitzverteilung nach demografischen Kriterien mit einer multiplen Anzahl von Sitzen pro Mitglied findet weiterhin Anwendung in zahlenmäßig unbegrenzten Kollegialorganen, wie Parlamenten internationaler Organisationen auf *völkerrechtlicher Ebene*. Hierzu zählen die Parlamentarische Versammlung des Europarates (Art. 26 Satzung Europarat)[67], die Parlamentarische Versammlung der NATO (Anhang I NATO PV Verfahrensregeln)[68] oder die Parlamentarische Versammlung der OSZE.[69]

Wegen seiner besonderen Bedeutung im europäischen Einigungs- und Integrationsprozess auf der Grundlage des Demokratieprinzips soll nachfolgend die Sitzverteilung im Europäischen Parlament nach dem demografischen Kriterium speziell untersucht werden.

---

sich die Zahl der Kommissionsmitglieder auf dreißig (je ein Mitglied pro neuen Mitgliedstaat). Ab 01.11.2004 gibt es nur noch ein Mitglied pro Mitgliedstaat.

[67] Die Anzahl von Sitzen der 47 Mitgliedstaaten ist zwischen 2 und 18 gestaffelt. Andorra, Liechtenstein, Monaco, San Marino: je 2; Island, Estland, Lettland, Luxemburg, Malta, „die ehemalige jugoslawische Republik Mazedonien", Montenegro, Slowenien, Zypern: je 3; Albanien, Armenien, Irland, Litauen: je 4; Bosnien-Herzegowina, Dänemark, Finnland, Georgien, Kroatien, Moldawien, Norwegen, Slowakische Republik: je 5; Aserbaidschan, Bulgarien, Österreich, Schweden, Schweiz: je 6; Belgien, Griechenland, Niederlande, Portugal, Serbien, Tschechische Republik, Ungarn: je 7; Rumänien: 10; Polen, Spanien, Türkei, Ukraine: je 12; Deutschland, Frankreich, Italien, Russische Föderation, Vereinigtes Königreich: je 18. Damit besteht die PV aus 318 Mitgliedern und 318 Stellvertretern.

[68] NATO Parlamentarische Versammlung, Verfahrensregeln i.d.F. vom 28.05.2007, in: 128 GEN 07 E. Die insgesamt 248 Sitze der 26 Mitgliedstaaten werden zwischen 3 und 36 gestaffelt. USA: 36; Frankreich, Deutschland, Italien, Vereinigtes Königreich: je 18; Kanada, Polen, Spanien, Türkei: je 12; Rumänien: 10; Belgien, Tschechische Republik, Griechenland, Ungarn, Niederlande, Portugal: je 7; Bulgarien: 6; Dänemark, Norwegen, Slowakei: je 5; Litauen: 4; Estland, Island, Lettland, Luxemburg, Slowenien: je 3.

[69] Die Sitzverteilung wurde auf der Konferenz von Madrid 1991 in der Entschließung über die Schaffung der Parlamentarischen Versammlung der KSZE vom 03.04.1991 festgelegt, deutsche Übersetzung in: Theodor Schweisfurth/Karin Oellers-Frahm (Hrsg.), Dokumente der KSZE, München 1993, Dok. 21a, S. 480 ff. Gegenwärtige Sitzverteilung: USA: 17; Russische Föderation: 15; Deutschland, Frankreich, Italien, Großbritannien: je 13; Kanada, Spanien: je 10; Ukraine, Belgien, Niederlande, Polen, Schweden, Türkei: je 8; Rumänien: 7; Österreich, Dänemark, Finnland, Griechenland, Ungarn, Irland, Norwegen, Portugal, Tschechische Republik, Schweiz, Belarus, Usbekistan, Kasachstan: je 6; Bulgarien, Luxemburg: je 5; Slowakische Republik, Serbien: je 4; Zypern, Island, Malta, Estland, Lettland, Mazedonien, Litauen, Albanien, Montenegro, Slowenien, Kroatien, Moldawien, Tadschikistan, Turkmenistan, Georgien, Kirgistan, Armenien, Aserbaidschan, Bosnien-Herzegowina: je 3; Liechtenstein, Monaco, San Marino, Andorra: je 2. Damit ist die Verteilung der 320 Sitze unter 56 Mitgliedstaaten entsprechend der Bevölkerungsgröße in elf Stufen unterschiedlich festgesetzt.

bb) Sitzverteilung im Europäischen Parlament

Die Sitzverteilung im Europäischen Parlament als Vertretungsorgan der Völker, der in der Gemeinschaft zusammengeschlossenen Staaten (Art. 189 Abs. 1 EG)[70], gehört zu den wiederholt diskutierten Fragen im europäischen Einigungsprozess. Idealerweise würde die formelle Gleichheit jeder Stimme nach der Regel „ein Bürger – eine Stimme" durch die Bildung gleichgroßer Wahlkreise angestrebt werden. Da dies aber zu einer drastischen Reduzierung der Zahl der Abgeordneten kleiner Staaten führen würde, ist die Anwendung dieser Regel politisch nicht durchsetzbar, so dass eine allgemein akzeptierbare Sitzverteilung gefunden werden musste.[71] Danach sind eine gewisse Proportionalität zwischen den Sitzen im Parlament und der Bevölkerung der Mitgliedstaaten, sowie eine entsprechende Vertretung verschiedener politischer Strömungen aus den bevölkerungsschwächeren Mitgliedstaaten zu beachten. Um die Arbeitsfähigkeit des Parlaments zu gewährleisten, ist als Kompromiss zwischen größtmöglicher Repräsentation und optimaler Funktionsfähigkeit mit dem durch den Amsterdamer Vertrag neu eingeführten Art. 189 Abs. 2 EGV die Höchstzahl der Mitglieder auf 700 festgelegt worden.[72]

Im Hinblick auf eine Erweiterung der EU sind im Vorfeld der Regierungskonferenz von Nizza Änderungen in der Sitzverteilung notwendig geworden. Der vom Europäischen Parlament eingebrachte Vorschlag, die Sitzverteilung grundsätzlich proportional zur Bevölkerungsgröße zu berechnen, dabei den bevölkerungsschwächeren Mitgliedstaaten eine Mindestzahl von Sitzen zuzusichern[73], fand ebenso wenig die notwendige Zustimmung wie der Vorschlag des so genannten „Bottom-up-Ansatzes"[74], bei dem die Anzahl von Sitzen pro Mitgliedstaat so stark gekürzt werden sollte, dass der Beitritt von mehr als zehn Staaten ohne erneute Änderung der Verteilung möglich wäre. Der Vertrag von Nizza[75], der in seiner Gesamtheit hinter den Erwartungen zurückgeblieben ist[76], stellt nicht das Ergebnis mathemati-

---

[70] Zur Sitzverteilung nach den jeweiligen Erweiterungen bis 2004 vgl. Andreas Maurer/Wolfgang Wessels, Das Europäische Parlament nach Amsterdam und Nizza, Baden-Baden 2003, S. 175 ff.; Marcel Haag/Roland Bieber, in: Hans von der Groeben/Jürgen Schwarze (Hrsg.), Kommentar zum Vertrag über die Europäische Union und zur Gründung der Europäischen Gemeinschaft, Band 4, 6. Auflage, Baden-Baden 2004, Art. 190 EG, Rdnr. 24, S. 50 f.

[71] Vgl. Jo Leinen, Die Positionen und Erwartungen des Europäischen Parlaments zur Regierungskonferenz, in: Integration, 23 (2000) 2, S. 73 f.

[72] Vgl. Meinhard Hilf/Eckhard Pache, Der Vertrag von Amsterdam, in: NJW, 51 (1998) 11, S. 710.

[73] Vgl. Jo Leinen (Fn. 71), S. 73 f.

[74] Vgl. Claus Giering, Die Europäische Union vor der Erweiterung, in: ÖZP, 27 (1998) 4, S. 396.

[75] Zu den Vertragsverhandlungen und Ergebnissen vgl. Thomas Wiedmann, Der Vertrag von Nizza, in: EuR, 36 (2001) 2, S. 185 ff.; Norbert K. Riedel, Der Vertrag von Nizza und die institutionelle Reform der Europäischen Union, in: ThürVBl., 11 (2002) 1, S. 1 ff.

[76] Vgl. Hendrik Wassermann, Enttäuschung in Nizza, in: RuP, 37 (2001) 1, S. 36 ff.

A. Die Sitzverteilung in Abhängigkeit von der Mitgliederzahl 169

scher Modelle dar, als vielmehr das politischer Kompromisse.[77] Das Anlegen eines rechtlichen Maßstabes gestaltet sich dadurch umso schwieriger. Der Sitzverteilung nach dem Vertrag von Nizza liegt das Prinzip der degressiven Proportionalität zugrunde, das Bezug auf die Zahl der Staatsvölker und die Bevölkerungszahlen der Mitgliedstaaten nimmt.[78] Im Vertrag ist die Höchstzahl der Parlamentarier auf 732 neu festgelegt worden (Art. 189 Abs. 2 EG). Die Anzahl von Sitzen der bisherigen Mitgliedstaaten wurde von 626 (Art. 190 Abs. 2 EGV) auf 535 (Art. 2 Protokoll über die Erweiterung der Europäischen Union) um 91 Sitze reduziert.[79] Nach der 2. EU-Osterweiterung durch Bulgarien und Rumänien während der Legislaturperiode 2004 - 2009 darf die Gesamtzahl von Sitzen im Parlament vorübergehend 732 überschreiten.[80] Ab der nachfolgenden Legislaturperiode (2009 - 2014) soll die Höchstzahl von 732 Sitzen wieder eingehalten werden, was eine Neufestsetzung der Sitzverteilung erfordert.[81] Nach dem Verfassungsvertrag für Europa bzw. dem Reformvertrag von Lissabon darf nunmehr die Anzahl der Mitglieder 750 nicht überschreiten (Art. I-20 Abs. 2 UAbs. 1 Satz 2 VVE bzw. Art. 14 Abs. 2 UAbs. 1 Satz 2 EU Lissabon).

Durch die neue Festlegung der Sitze im Nizza-Vertrag haben bevölkerungsreiche Staaten, wie das Vereinigte Königreich und Frankreich, je neun Sitze verloren. Damit ist eine entsprechende Angleichung an die proportionale Sitzverteilung Deutschlands erfolgt. Deutschland hat seine 99 Abgeordnetensitze im Parlament sozusagen als Kompromiss für die teilweise als ungerecht empfundene Stimmengewichtung im Rat behalten.[82] Nach dem degressiv-proportionalen System, das eben nicht mathematisch exakt angewendet worden ist, sind sechs Sitze ungeachtet der Bevölkerungszahl als Mindestbasis festgelegt. Jeweils ein zusätzlicher Sitz wird je Tranche von 500.000 Einwohnern bei einer Bevölkerung zwischen 1 und 25 Millionen, je Tranche von 1 Million Einwohnern bei einer Bevölkerung zwischen 25 und 60 Millionen und je Tranche von 2 Millionen bei einer Bevölkerung von über 60 Millionen zugewiesen.[83]

---

[77] Vgl. Armin Hatje, Die institutionelle Reform der Europäischen Union, in: EuR, 36 (2001) 2, S. 151 f.
[78] Vgl. Rolf Grawert, Wie soll Europa organisiert werden?, in: EuR, 38 (2003) 6, S. 980.
[79] Diese Bestimmung ist aufgrund der Erweiterung der Union am 01.05.2004 nicht in Kraft getreten.
[80] Der Beitritt Bulgariens und Rumäniens zur EU ist am 01.01.2007 erfolgt. Nach Erklärung Nr. 20 der Regierungskonferenz von Nizza zur Erweiterung der EU sind 33 Sitze für Rumänien und 17 für Bulgarien, nach der Erklärung Nr. 40 Abs. 1 zu dem Protokoll über die Übergangsbestimmungen für die Organe und Einrichtungen der Union (der Schlussakte des Verfassungsvertrages für Europa) 35 bzw. 18 Sitze vorgesehen worden. Diese Anzahl von Sitzen ist nunmehr auch in Art. 21 Abs. 1 Protokoll über die Bedingungen und Einzelheiten der Aufnahme der Republik Bulgarien und Rumäniens in die Europäische Union festgeschrieben, in: ABl. EU Nr. L 157 vom 21.06.2005, S. 29. Damit erhöht sich die Anzahl der Parlamentssitze auf 785.
[81] Vgl. Andreas Haratsch/Christian Koenig/Matthias Pechstein, Europarecht, 5. Auflage, Tübingen 2006, Rdnr. 247, S. 102.
[82] Vgl. Armin Hatje (Fn. 77), S. 152.
[83] Kommission der EG, Institutionelle Reform für eine erfolgreiche Erweiterung, in: KOM (2000) 34, Fn. 4, S. 7.

Übersicht IV. 1: Sitzverteilung im Europäischen Parlament mit Verhältnis zwischen Anzahl von Sitzen und Bevölkerung bzw. relativem Einfluss sowie Verhältnis zwischen Bevölkerung und Mitglieder gem. Art. 190 Abs. 2 EG[84]

Mitgliedsstaat	Bevölkerung in Millionen[85]	Sitze des EP (Mitglieder) vor Osterweiterung	Sitze/Mill. Einwohner bzw. relativer Einfluss	Sitze des EP (Mitglieder) nach Osterweiterung 2004 bzw. 2007	Sitze/Mill. Einwohner bzw. relativer Einfluss	Bevölkerung/ Mitglieder des EP
Deutschland	82,3	99	1,20	99	1,20	831.313
Frankreich	63,4	87	1,37	78	1,23	812.820
Vereinigtes Königreich	60,8	87	1,43	78	1,28	779.487
Italien	59,1	87	1,47	78	1,32	757.692
Spanien	44,5	64	1,44	54	1,21	824.074
Polen	38,1			54	1,42	705.555
Rumänien	21,6			35	1,62	617.143
Niederlande	16,3	31	1,90	27	1,66	603.704
Griechenland	11,2	25	2,23	24	2,14	466.667
Portugal	10,6	25	2,36	24	2,26	441.667
Belgien	10,6	25	2,36	24	2,26	441.667
Tschech. Republik	10,3			24	2,33	429.167
Ungarn	10,0			24	2,40	416.667
Schweden	9,1	22	2,42	19	2,09	478.947
Österreich	8,3	21	2,53	18	2,17	461.111
Bulgarien	7,7			18	2,34	427.778
Dänemark	5,4	16	2,96	14	2,59	385.714
Slowakei	5,4			14	2,59	385.714
Finnland	5,3	16	3,02	14	2,64	378.571
Irland	4,3	15	3,49	13	3,02	330.769
Litauen	3,4			13	3,82	261.538
Lettland	2,3			9	3,91	255.556
Slowenien	2,0			7	3,50	285.714
Estland	1,3			6	4,62	216.667
Zypern	0,8			6	7,50	133.333
Luxemburg	0,5	6	12,00	6	12,00	83.333
Malta	0,4			5	12,50	80.000
Gesamt	495	626	Ø 2,81	732+35+18 = 785	Ø 3,25	Ø 455.273

---

[84] Vgl. Andreas Maurer, Der Vertrag von Nizza, Köln 2001, S. 7, 13; Adrian Schimpf, Das Demokratiedefizit, in: Spiegel online vom 02.10.2003.
[85] Eurostat Jahrbuch, Europa in Zahlen 2006-07, in: http://epp.eurostat.ec.europa.eu (07.01.2008).

Nach der Festlegung fällt je ein Sitz auf ca. 831.000 Deutsche, 813.000 Franzosen, 779.000 Briten sowie 83.000 Luxemburger und 80.000 Malteser.[86] Nach diesem System der Sitzverteilung erhöhen sich das Verhältnis zwischen Anzahl von Sitzen und Bevölkerung (Millionen Einwohner) und damit der relative Einfluss mit abnehmender Bevölkerungszahl. So entsteht eine Skala, die von 12 für Luxemburg und 1,20 für Deutschland reicht. Damit liegt der relative Einfluss Luxemburgs um 8,75 höher als der Durchschnittswert von 3,25, der relative Einfluss Deutschlands hingegen um 2,05 niedriger. Während ein zehnfacher Unterschied in der Skala mit dem Kriterium der Bevölkerungszahl kaum noch zu rechtfertigen sein dürfte, wird diesbezüglich auf eine zu gewährleistende entsprechende Vertretung der verschiedenen politischen Kräfte aus den bevölkerungsschwächeren Mitgliedstaaten abgestellt. Der in Art. 190 Abs. 2 UAbs. 2 EG geregelte Grundsatz der angemessenen Vertretung der Völker, der der Festsetzung der Zahl der Abgeordneten der Mitgliedstaaten in Art. 190 Abs. 2 UAbs. 1 EG zugrunde liegt, wäre bezüglich künftiger Vertragsänderungen, die nach den in Art. 48 bzw. 49 EU geregelten Verfahren erfolgen müssten, lediglich als eine politische Absichtserklärung zu verstehen, die keine rechtliche Bindungswirkung entfalten kann.[87]

Anders als wie bisher in den Verträgen ist im Verfassungsvertrag für Europa bzw. im Reformvertrag von Lissabon keine detaillierte Festlegung über die Aufteilung der Sitze zwischen den Mitgliedstaaten mehr vorgenommen worden. Stattdessen wird auf die Verteilungsregel zurückgegriffen, wonach die Bürgerinnen und Bürger im Europäischen Parlament degressiv proportional vertreten sind (Artikel I-20 Abs. 2 UAbs. 1 Satz 3 VVE; Art. 14 Abs. 2 UAbs. 1 Satz 3 EU Lissabon). Die Anzahl der Mitglieder des Europäischen Parlaments darf nach Art. I-20 Abs. 2 UAbs. 1 Satz 2 VVE bzw. Art. 14 Abs. 2 UAbs. 1 Satz 2 EU Lissabon 750 nicht überschreiten, mehr als zurzeit in Art. 190 Abs. 2 EG vorgesehen. Jeder Mitgliedstaat soll über mindestens sechs Abgeordnete verfügen (Art. I-20 Abs. 2 UAbs. 1 Satz 3 VVE; Art. 14 Abs. 2 UAbs. 1 Satz 3 EU Lissabon). Erstmals wird mit dem Verfassungsvertrag bzw. dem Reformvertrag von Lissabon auch eine Höchstzahl von sechsundneunzig Sitzen pro Mitgliedstaat festgelegt (Art. I-20 Abs. 2 UAbs. 1 Satz 4 VVE; Art. 14 Abs. 2 UAbs. 1 Satz 4 EU Lissabon).[88] Danach müssten Malta einen Sitz zusätzlich und Deutschland drei Sitze weniger als bisher erhalten mit der Folge, dass sich das Verhältnis zwischen Anzahl von Sitzen und Bevölkerung bzw. der relative Einfluss Maltas im Parlament noch vergrößern, die- bzw. derjenige Deutschlands hingegen weiter verkleinern würde. Mit den neuen Bestimmungen ist eine Regelung von Grundsätzen für die Sitzverteilung erfolgt, die bei einer veränderten Situation, wie bei einer EU-Erweiterung, ohne den Vertrag selbst ändern zu müssen, angewendet werden können.

---

[86] Bevölkerung : EP-Mitglieder = Anzahl der von einem Mitglied vertretenen Bürger.
[87] Vgl. Marcel Haag/Roland Bieber, in: Hans von der Groeben/Jürgen Schwarze (Hrsg.) (Fn. 70), Art. 190 EG, Rdnr. 25 f., S. 51 f.
[88] Rechtzeitig vor den Wahlen zum Europäischen Parlament 2009 soll der Europäische Rat einstimmig auf Vorschlag des Europäischen Parlaments und mit dessen Zustimmung einen Beschluss über die Zusammensetzung des Parlaments erlassen (Art. 1 Abs. 1 Protokoll über die Übergangsbestimmungen für die Organe und Einrichtungen der Union; Art. 14 Abs. 2 UAbs. 2 EU Lissabon).

Die Sitzverteilung im Europäischen Parlament orientiert sich nach Nizza zwar stärker als bisher am Bevölkerungsanteil der Mitgliedstaaten[89], eine strikte proportionale Vertretung der Bevölkerungen, die dem Prinzip der materiellen Gleichheit entsprechen würde, ist bislang jedenfalls noch nicht gegeben. Die Rechtfertigung dafür ist mehr im politischen als im rechtlichen Bereich zu finden. Das Bundesverfassungsgericht hat bereits im Jahre 1995 bezüglich der Disproportionalität der Vertretung der Staatsvölker im Europäischen Parlament keine verfassungsrechtlichen Bedenken geäußert. „Die Europäische Union wird von den Mitgliedstaaten getragen, die als Staaten fortbestehen und für die völkerrechtlich der Grundsatz der formalen Gleichheit der Staaten – unabhängig von der Einwohnerzahl – gilt; zugleich ist die Europäische Union aber als Staatenverbund [...] mehr als die Summe der einzelnen Mitgliedstaaten – dem trägt die Berücksichtigung der unterschiedlichen Einwohnerzahl der Mitgliedstaaten Rechnung."[90] Die Sitzverteilung wird als Ausgleich zwischen dem völkerrechtlichen Prinzip der souveränen Gleichheit der Staaten und dem staatstheoretischen Grundsatz der Gleichheit der Wahl erklärt. Letzterer beruht auf der politischen Gleichheit der Staatsbürger innerhalb eines Staatsvolkes. Das Europäische Parlament repräsentiert aber kein Staatsvolk. Seine Abgeordneten sind gem. Art. 189 Abs. 1 EG „Vertreter der Völker der in der Gemeinschaft zusammengeschlossenen Staaten".[91] Folglich ist ein angemessener Ausgleich zwischen den beiden Grundsätzen in Abhängigkeit vom Integrationsstand herzustellen. Da die Gemeinschaft in ihrem jetzigen Integrationsstand durch die politischen Strömungen aller Mitgliedstaaten vertreten sein muss, wird nach herrschender Auffassung die demokratische Legitimation des Europäischen Parlaments ungeachtet der Ungleichheit in der Sitzverteilung nicht abgestritten.[92] Für eine dem Demokratieprinzip entsprechende angemessene Repräsentanz des Europäischen Parlaments wäre es nach Ansicht einiger Autoren auch möglich, eine Stimmengewichtung bei einer maximalen Anzahl von 700 Sitzen einzuführen. Nach diesem Vorschlag würden den Mitgliedstaaten in Abhängigkeit von ihrer Bevölkerungsgröße unterschiedliche Stimmanteile pro Abgeordneten zustehen.[93] Die Anwendung der Stimmengewichtung müsste eine strikte proportionale Vertretung der Bevölkerungen in der Sitzverteilung voraussetzen. Neben einer derzeit fehlenden politischen Realisierbarkeit dieses Vorschlages[94], würde eine Kombination von Sitzverteilungs- und Stimmenverteilungsquoten nicht nur kompliziert sein, sie wäre auch bei jeder Erweiterung neu anzupassen.

---

[89] Vgl. Thomas Wiedmann (Fn. 75), S. 211.
[90] BVerfG, Beschluss vom 31.05.1995 – 2 BvR 635/95, in: NJW, 48 (1995) 34, S. 2216.
[91] Vgl. Hans Heinrich Rupp, Wahlrechtsgleichheit bei der Verteilung der Sitze im Europäischen Parlament auf die Mitgliedstaaten, in: NJW, 48 (1996) 34, S. 2211; Thomas Schmitz, Chronik der Rechtsprechung des Bundesverfassungsgerichts - 1995 (2), in: ERPL/REDP, 8 (1996), S. 1312.
[92] Vgl. Johann Schoo, in: Jürgen Schwarze (Hrsg.) (Fn. 19), Art. 190 EGV, Rdnr. 15, S. 1739.
[93] Vgl. Matthias Pechstein/Christian Koenig (Fn. 20), Rdnr. 438, S. 225.
[94] So auch ebenda, Rdnr. 438, S. 225.

Um eine entsprechende demokratische Repräsentation der Völker der Mitgliedstaaten im Europäischen Parlament erreichen zu können, muss neben der Schaffung eines einheitlichen Wahlrechts zur Herstellung der Gleichheit der Wahl die sich über die Sitzverteilung widerspiegelnde Repräsentation der Unionsbürger im Parlament angepasst werden. Um die bisher bestehende Ungleichheit in der Sitzverteilung zu reduzieren, sollte eine Sitzverteilung nach dem Grundsatz angestrebt werden, wonach jeder Abgeordnete eine annähernd gleiche Anzahl von Bürgern repräsentiert. Hierbei könnte den kleineren Mitgliedstaaten eine Repräsentationsschutzklausel gewährt werden.

II. Die Sitzverteilung auf der Grundlage der begrenzten Mitgliederzahl

Aus Gründen der Effektivität bei der Entscheidungsfindung sowie der schnelleren Handlungsfähigkeit[95] greifen vor allem größere Organisationen von Staaten und Staatenverbindungen auf nicht plenare Organe zurück[96], in denen nicht alle Mitglieder mit einem Sitz vertreten sind (beschränkte Mitgliedschaft). Die Sitzverteilung in diesen Organen richtet sich nach in der Verfassung bzw. Gründungsverträgen oder Geschäftsordnungen festgelegten objektiven Kriterien bzw. Regeln. Dabei kommt es nicht selten auch zu einer kombinierten Anwendung.

1. Die Sitzverteilung nach Kriterien

a) Die Regel der Sitzverteilung nach geografischen Kriterien

Der Rückgriff auf die Geografie als Kriterium für die Sitzverteilung in kollegialen Entscheidungsorganen findet insbesondere Anwendung bei großen Staatenverbindungen, in denen die einzelnen Staaten unterschiedlichen Regionen angehören. Die Geografie (griech.: *geographia*; *gaia* - Erde; *gráphein* - schreiben, zeichnen) untersucht die Beschaffenheit der Erdoberfläche und deren Auswirkungen auf den Menschen.[97] Für die Sitzverteilung ist insbesondere die politische Geografie mit ihrer Koppelung von Raumeinheiten auf der einen Seite und Ethnizität, Kultur und Religion auf der anderen Seite von Bedeutung. Eine Sitzverteilung nach geografischen Kriterien in Kollegialorganen garantiert eine Vertretung der unterschiedlichen Kulturkreise und Rechtssysteme. Das geografische Kriterium beruht nicht allein auf der räumlichen Nähe, sondern auch auf einem engeren Zusammenschluss von Staaten mit einem gemeinsamen kulturellen Erbe, gleichen politischen Idealen sowie parallelen wirtschaftlichen und sozialen Interessen.[98] Deshalb unterscheiden sich die Meinungen und Interessen sowie das Abstimmungsverhalten

---

[95] Plenare Organe tagen in der Regel in größeren Zeitabständen.
[96] Beratungen von mehr als 12 Mitgliedern gelten in der Regel schon als uneffektiv. Vgl. Henry G. Schermers/Niels M. Blokker (Fn. 1), § 407, S. 286.
[97] Begriff Geografie, in: Brockhaus Enzyklopädie, Band 10, 21. Auflage, Leipzig 2006, S. 494 f.
[98] Vgl. Karl Zemanek, Regionale Abkommen, in: Alfred Verdross, Völkerrecht, 5. Auflage, Wien 1964, S. 542.

von Staaten ein und derselben geografischen Region in internationalen universellen Organisationen oftmals nicht erheblich voneinander.[99] Um eine angemessene geografische Verteilung von Sitzen in nicht plenaren Organen zu erreichen, teilen die universellen Staatenverbindungen ihre Mitgliedstaaten in regionale Gruppen ein, wobei eine bestimmte Anzahl von Sitzen für Mitglieder aus einzelnen Regionen vorbehalten bleibt. Das Erfordernis einer angemessenen geografischen Vertretung ergibt sich bei einigen Organen internationaler universeller Organisationen aus ihrer Funktion, wie beispielsweise bei der Weltorganisation für Meteorologie.[100] Da das Wetter regional bedingt ist, sind die Regionen der WMO geografisch teilweise nach Längen- und Breitengraden eingeteilt. Der Terminus „regional" muss aber nicht strikt im geografischen Sinne verstanden werden. Geografische Vertretung wird auch als Teil einer Interessenvertretung gesehen. Bei der Einordnung von Staaten in eine bestimmte Region werden in der Regel neben geografischen eben auch politische Kriterien beachtet. So erfolgt die Eingruppierung von Staaten einer bestimmten politischen Sphäre, die geografisch nicht weit voneinander liegen, oftmals in eine „politisch-geografische" Region.[101]

aa) Sitzverteilung im UN-Sicherheitsrat

Der UN-Sicherheitsrat gehört neben dem Wirtschafts- und Sozialrat sowie dem Treuhandrat[102] zu den Hauptorganen, in denen nicht alle UN-Mitgliedstaaten vertreten sind. Im Sicherheitsrat ist gem. Art. 23 Abs. 3 UN-Charta jedes Mitglied mit einem Vertreter präsent. Nach Art. 24 Abs. 1 UN-Charta „übertragen [die UN-] Mitglieder dem Sicherheitsrat die Hauptverantwortung für die Wahrung des Weltfriedens und der internationalen Sicherheit und erkennen an, dass der Sicherheitsrat bei der Wahrnehmung der sich aus dieser Verantwortung ergebenden Pflichten in ihrem Namen handelt". Eine Rückkopplung des Sicherheitsrates an alle UN-Mitglieder ist durch die Berichtspflicht an die Generalversammlung nach Art. 24 Abs. 3 UN-Charta gegeben. Der Sicherheitsrat besteht gem. Art. 23 Abs. 1 UN-Charta aus fünfzehn Mitgliedern der Vereinten Nationen, fünf ständigen und zehn nichtständigen.[103]

Die zehn nichtständigen Mitglieder werden von der Generalversammlung unter Beachtung des Beitrages der Mitglieder zur Wahrung des Weltfriedens und der internationalen Sicherheit und zur Verwirklichung der sonstigen Ziele der UNO so-

---

[99] Vgl. Bruce M. Russett, Discovering Voting Groups in the United Nations, in: APSR, 60 (1966) 2, S. 327 ff.

[100] Zur WMO und ihrem organisatorischen Aufbau vgl. Eberhard Ott, Die Weltorganisation für Meteorologie, Berlin 1976, S. 39 ff.

[101] Vgl. Zbigniew M. Klepacki, The Organs of International Organizations, Alphen aan den Rijn/Warszawa 1978, S. 33; Henry G. Schermers/Niels M. Blokker (Fn. 1), § 277, S. 202; Ignaz Seidl-Hohenveldern/Gerhard Loibl (Fn. 1), Rdnr. 1142, S. 152.

[102] Mit der Unabhängigkeit des letzten Treuhandgebietes der VN im Jahre 1994 hat der Treuhandrat seine Tätigkeit einstweilen eingestellt. Vgl. Volker Epping, in: Knut Ipsen (Fn. 24), § 32, Rdnr. 73, S. 493.

[103] Durch die Chartaänderung von 1963, die 1965 in Kraft trat, hat sich die Zahl der nichtständigen Mitglieder des Sicherheitsrates von sechs auf zehn erhöht.

wie einer angemessenen geografischen Verteilung der Sitze gewählt (Art. 23 Abs. 1 UN-Charta). In der Praxis bestimmt sich die Zusammensetzung vorrangig nach letzterem Kriterium bzw. der politischen Gruppenzugehörigkeit. Die geografische Verteilung der nichtständigen Sitze[104] wurde in der Resolution der Generalversammlung 1991 (XVIII) A vom 17. Dezember 1963[105] wie folgt vereinbart[106]: fünf Sitze für die afrikanischen (drei) und asiatischen Staaten (zwei), ein Sitz für die osteuropäischen Staaten, zwei für die lateinamerikanischen Staaten und zwei für die westeuropäischen und anderen Staaten.[107] Nach der Sitzverteilung für die nichtständigen Mitglieder ergibt sich eine Vertretung von 53 afrikanischen Staaten durch drei Sitze, von 53 asiatischen Staaten[108] durch (nur) zwei Sitze, von 33 lateinamerikanischen Staaten durch zwei Sitze, von 26 westeuropäischen Staaten und anderen[109] durch zwei Sitze und von 22 osteuropäischen Staaten[110] durch einen Sitz. Dabei verfügen nur die Gruppen der afrikanischen und lateinamerikanischen Staaten, beide mit einem annähernd vergleichbaren Verhältnis zwischen Anzahl von Sitzen und Staaten und demzufolge einem vergleichbaren relativen Einfluss[111], gegenüber den anderen über keinen ständigen Sitz im Sicherheitsrat. Den größten Einfluss üben die Gruppen der europäischen Staaten mit einem Vielfachen gegenüber den anderen Regionalgruppen aus. Bei einer künftigen Reform sollte dieser unter den Gruppen angeglichen werden.

---

[104] Die geografische Sitzverteilung vor der Chartaänderung von 1963 war: zwei Sitze für Lateinamerika, je ein Sitz für den Mittleren Osten, für Osteuropa, für Westeuropa und für das Commonwealth. Vgl. Sydney D. Bailey/Sam Daws (Fn. 38), S. 143.
[105] UN Doc. A/RES/1919 (XVIII) (17.12.1963), in: UNYB, 17 (1963), S. 87. Vgl. UNYB, 19 (1965), S. 232.
[106] Zur zahlenmäßigen Entwicklung der regionalen Gruppen in der UNO von 1945 bis 1997 vgl. Miguel Marín-Bosch, Votes in the UN General Assembly, The Hague/London/Boston 1998, S. 15.
[107] Ursprünglich gehörten zu den anderen Staaten Australien, Neuseeland, Kanada, Israel und Südafrika.
[108] Ohne China, das einen ständigen Sitz innehat.
[109] Ohne Frankreich und Großbritannien, die je einen ständigen Sitz innehaben. USA ist ohne Gruppenzugehörigkeit.
[110] Inklusive Estland, das ohne Gruppenzugehörigkeit ist.
[111] Anzahl von Sitzen : Anzahl von Staaten pro Regionalgruppe.

Übersicht IV. 2: Gegenwärtige Sitzverteilung im UN-Sicherheitsrat nach Regionalgruppen

Regionalgruppe	Anzahl der Staaten	Ständige Sitze	Sitze/Staaten nach Regionalgruppen bzw. relativer Einfluss nach Verteilung ständiger Sitze	Nichtständige Sitze	Sitze/Staaten nach Regionalgruppen bzw. relativer Einfluss nach Verteilung nichtständiger Sitze	Sitze/Staaten nach Regionalgruppen bzw. relativer Einfluss nach Sitzverteilung insgesamt
Afrikanische Staaten	53	-	-	3	0,06	0,06
Asiatische Staaten	54	1	0,02	2	0,04	0,06
Lateinamerikanische und karibische Staaten	33	-	-	2	0,06	0,06
Westeuropäische und andere Staaten (Australien, Neuseeland, Kanada, Israel)	28 + USA	2+1	0,10	2	0,07	0,17
Osteuropäische Staaten	22 + Estland	1	0,04	1	0,04	0,09
Gesamt	**192**	**5**	**⌀ 0,03**	**10**	**⌀ 0,05**	**⌀ 0,08**

Wenn die Staaten der einzelnen Regionalgruppen sich nicht auf einen Vorschlag bei der Vergabe der ihnen zustehenden Sitze einigen bzw. keiner der Kandidaten die zur Wahl notwendige Zweidrittelmehrheit erreicht, kommt es auch zu Kompromisslösungen, wie das so genannte *term splitting*, das *de facto* der weiter unten zu behandelnden Rotationsregel entspricht. Zwei Staaten derselben Gruppe teilen sich einen Sitz, wobei einer nach einem Jahr ausscheidet und der andere für die Dauer der Amtsperiode, die insgesamt zwei Jahre beträgt, nachrückt.[112] Die 1955 begonnene und später weitergeführte Praxis des *term splitting* ist rechtlich nicht beanstandet worden.[113]

Die Sitzverteilung im Sicherheitsrat nach geografischen Kriterien soll auch bei einer nach sechzig Jahren längst fälligen und viel diskutierten Reform der UNO

---

[112] Vgl. die Aufstellung bei Sydney D. Bailey/Sam Daws (Fn. 38), S. 148 f.
[113] Vgl. Rudolf Geiger, in: Bruno Simma (ed.) (Fn. 27), Art. 23, Rdnr. 20, S. 440.

allgemein und speziell des Sicherheitsrates beibehalten werden. Die von der Hochrangigen Gruppe für Bedrohungen, Herausforderungen und Wandel zur Reform der UNO[114] im Auftrag des Generalsekretärs im Dezember 2004 abgegebenen Reformvorschläge in ihrem Bericht „Eine sichere Welt: Unsere gemeinsame Verantwortung", die Eingang in den Bericht des UN-Generalsekretärs vom 21. März 2005[115] zur Vorbereitung des UNO-Reformgipfels vom 14. - 16. September 2005 gefunden haben, gehen bei der Aufteilung der Sitze in einem zu vergrößernden Sicherheitsrat von vier Großregionen aus: Afrika, Asien und Pazifik, Europa, Amerika.[116] Auf dem UN-Gipfeltreffen zum 60-jährigen Bestehen der Weltorganisationen vom September 2005 konnten sich die Mitgliedstaaten aber nur auf eine Minimalvariante zur Reform der UNO anstatt auf die von UN-Generalsekretär Annan vorgeschlagene große Reform einigen.[117] Die Reformbestrebungen können dennoch, trotz bisherigen Scheiterns[118], als Indiz für die Forderung nach einer verstärkten Partizipation aller Mitgliedstaaten gewertet werden, wenngleich diese auch noch nicht mit einer demokratischen Partizipation gleichgesetzt werden kann.[119]

Die neue zu begrüßende Gruppeneinteilung nach geografischen Kriterien, die eine adäquatere Partizipation aller Mitgliedstaaten nach Regionen ermöglichen würde, differiert von der bisherigen Gruppeneinteilung nach geopolitischen Kriterien (Afrika und Asien, Lateinamerika, Westeuropa und andere Staaten, Osteuropa).[120] Widerstand gegen eine neue Gruppeneinteilung kommt von den osteuropäischen und vor allem lateinamerikanischen Staaten, die dann keine eigenen Gruppen mehr bilden würden[121], was zumindest hinsichtlich der osteuropäischen Staaten sowieso nicht mehr den politischen Veränderungen entspricht. Für die Auswahl der nichtständigen Sicherheitsratsmitglieder würde nur Kanada in die Regionalgruppe Amerika hinzukommen, da die USA einen ständigen Sitz im Sicherheitsrat innehaben.

---

[114] UN Doc. A/59/565 (02.12.2004), para. 3, S. 1. Diese Gruppe namhafter Experten hat den Auftrag, eine Einschätzung der gegenwärtigen Bedrohungen des Weltfriedens und der internationalen Sicherheit vorzunehmen sowie Empfehlungen zur Stärkung der VN abzugeben. Vgl. hierzu Sebastian Graf von Einsiedel, Vision mit Handlungsanweisung, in: VN, 53 (2005) 1, S. 5 ff.

[115] UN Doc. A/59/2005 (21.03.2005), paras. 167 ff., S. 42 f. Vgl. hierzu Bernhard Hofstötter, Einige Anmerkungen zur Reform des Sicherheitsrates der Vereinten Nationen, in: ZaöRV, 66 (2006) 1, S. 147 ff.

[116] UN Doc. A/59/565 (02.12.2004), para. 251, S. 67.

[117] Die Mitgliedstaaten bekundeten jedoch ihre Unterstützung für eine baldige Reform des Sicherheitsrates als wesentlichen Bestandteil einer UN-Reform. UN Doc. A/60/L.1 (15.09.2005), para. 153.

[118] Die USA hatten drei Wochen vor dem Gipfel 750 Streichungen und Änderungsvorschläge eingereicht. Vgl. Andreas Zumach, Streichen und ändern, in: TAZ vom 27.08.2005, S. 4.

[119] Vgl. Bernhard Hofstötter (Fn. 115), S. 147.

[120] Vgl. Die Mitgliedstaaten der Vereinten Nationen nach Regionalgruppen, in: VN, 56 (2008) 1, S. 44.

[121] Vgl. Ulrich Schneckener, Gerangel um den UN-Sicherheitsrat, in: SWP-Aktuell, 6 (Februar 2005), S. 4.

Eine Einteilung in West- und Osteuropa wurde mit dem seit den neunziger Jahren eingetretenen Prozess einer abgestuften gesamteuropäischen Integration zunächst im Europarat spätestens aber mit der EU-Osterweiterung ohnehin obsolet. Das Zusammenlegen von Westeuropa und Osteuropa in eine Gruppe Europa wäre somit nur folgerichtig. Die Zusammensetzung der bisherigen Regionalgruppen bedarf allerdings einer dringenden Anpassung. Der Wechsel Zyperns von der Gruppe Asien zur Gruppe Europa ist schon im Hinblick auf die EU-Mitgliedschaft notwendig geworden.

Weiterhin sollte die bisherige Zuordnung der so genannten „anderen Staaten" zu Westeuropa entsprechend ihrer tatsächlichen geografischen Zugehörigkeit vorgenommen werden: Israel, Australien und Neuseeland zu Asien und Pazifik, Kanada und USA zu Amerika. Nach diesem Vorschlag würden 53 Staaten der Regionalgruppe Afrika, 56 Staaten der Gruppe Asien und Pazifik, 35 Staaten der Gruppe Amerika und 47 Staaten zur Gruppe Europa gehören. Der Reformvorschlag der Hochrangigen Gruppe geht bereits von dieser Gesamtzahl der Staaten in den vier Regionalgruppen aus.[122] Würde diesen vier großen Regionalgruppen zugestimmt werden, könnte unter Beibehaltung der bisherigen Anzahl von zehn nichtständigen Sitzen ihre Verteilung wie folgt aussehen: Afrika und Asien je drei Sitze, Amerika und Europa je zwei Sitze. Dies dürfte in Anbetracht bestehender Reformvorschläge, die von einer Vergrößerung des Sicherheitsrates auf 24 Sitze ausgehen, aber kaum umsetzbar sein.

Die Reformvorschläge sehen für eine Vergrößerung des Sicherheitsrates unter Beibehaltung der bisherigen Zusammensetzung mit den fünf ständigen Sitzen zwei Modelle vor.[123] Nach Modell A soll eine Erweiterung um sechs neue ständige Mitglieder ohne Vetorecht und drei nichtständige Mitglieder erfolgen (15+6+3=24). Nach diesem Modell würde das bisherige Zweiklassenrecht" beibehalten. Modell B sieht keine neuen ständigen Sitze vor, beinhaltet aber die Schaffung einer neuen Kategorie (semiständige Sitze) von acht Sitzen für eine erneuerbare vierjährige Amtszeit sowie einen nichtständigen Sitz für zwei Jahre ohne Wiederwahlmöglichkeit (15+8+1=24). Damit würde ein Dreiklassenrecht eingeführt werden.[124] Während die meisten UN-Mitgliedstaaten sich für eine Erweiterung der ständigen Sitze aussprechen, unter ihnen insbesondere die „Gruppe der Vier" (Brasilien, Deutschland, Indien, Japan)[125], wird Modell B eher von denjenigen Staaten bevorzugt, die keine Chance auf einen ständigen Sitz haben, aber einen beachtlichen Beitrag zu den Vereinten Nationen leisten und ständige Sitze regionaler „Rivalen" verhindern wollen.[126]

Unter Beachtung des geografischen Kriteriums sollen nach Modell A die dreizehn nichtständigen Sitze zwischen den vier Regionalgruppen wie folgt verteilt

---

[122] UN Doc. A/59/565 (02.12.2004), para. 252 f., S. 67 f.
[123] Ebenda, para. 254, S. 68.
[124] Vgl. Gerd Seidel, Reform der UNO, in: RuP, 41 (2005) 2, S. 92 f.
[125] Die „Gruppe der Vier" brachte einen eigenen Resolutionsentwurf ein. UN Doc. A/59/L.64 (06.07.2005). Weitere Reformvorschläge kommen von der Afrikanischen Union sowie der „Uniting for Consensus"-Gruppe (um Italien). Vgl. hierzu Bernhard Hofstötter (Fn. 115), S. 150 ff.
[126] Vgl. Ulrich Schneckener (Fn. 121), S. 5.

werden: je vier für Afrika und Amerika, drei für Asien und Pazifik sowie zwei für Europa. Das unterschiedliche Verhältnis zwischen Anzahl von Sitzen und Staaten bzw. der relative Einfluss würde unter Beibehaltung der bisherigen ständigen Sitze: je einer für Asien und Pazifik sowie Amerika, drei für Europa durch eine Verteilung zusätzlicher ständiger Sitze auf die Regionalgruppen relativiert: je zwei für Afrika sowie Asien und Pazifik, je einer für Amerika und Europa. Nach diesem Modell würden alle vier Regionalgruppen insgesamt über je sechs Sitze im Sicherheitsrat verfügen.

Modell B geht ebenfalls von einer Gesamtzahl von vierundzwanzig Mitgliedern und einer Aufteilung von sechs ständigen, semiständigen und nichtständigen Mitgliedern pro Regionalgruppe aus. Von den elf nichtständigen Sitzen gehen vier an Afrika, je drei an Asien und Pazifik sowie Amerika, einer an Europa. Jeder Regionalgruppe würden zusätzlich je zwei semiständige Sitze zugeordnet, so dass auch nach Modell B alle Gruppen über je sechs Sitze im Sicherheitsrat verfügen würden.

Im Vergleich zur gegenwärtigen Sitzverteilung hat sich das Verhältnis zwischen Anzahl von Sitzen und Staaten bzw. der relative Einfluss zugunsten Amerikas verschoben, was sicher auch auf die veränderte Einteilung der Regionalgruppen zurückzuführen ist. Zwar würde das Verhältnis zwischen Anzahl von Sitzen und Staaten bzw. der jeweilige relative Einfluss der Regionalgruppen in beiden Modellen gleich groß sein, ein Unterschied wäre aber schon allein durch die ungleichen Qualitäten der zugewiesenen Sitze gegeben, auf die unten näher eingegangen werden soll.

Übersicht IV. 3: Sitzverteilung im UN-Sicherheitsrat nach Modell A[127] mit Verhältnis zwischen Anzahl von Sitzen und Staaten bzw. relativem Einfluss der Regionalgruppen

Regionalgruppe	Anzahl der Staaten	Ständige Sitze (gegenwärtig)	Neue ständige Sitze	Sitze/Staaten nach Regionalgruppen bzw. relativer Einfluss nach Verteilung ständiger Sitze	Nichtständige Sitze	Sitze/Staaten nach Regionalgruppen bzw. relativer Einfluss nach Verteilung nicht-ständiger Sitze	Gesamt Sitze	Sitze/Staaten nach Regionalgruppen bzw. relativer Einfluss insgesamt
Afrika	53	0	2	0,04	4	0,08	6	0,11
Asien und Pazifik	56	1	2	0,05	3	0,05	6	0,11
Europa	48	3	1	0,08	2	0,04	6	0,12
Amerika	35	1	1	0,06	4	0,11	6	0,17
Gesamt	192	5	6	∅ 0,06	13	∅ 0,07	24	∅ 0,12

---

[127] UN Doc. A/59/565 (02.12.2004), para. 252, S. 67.

Übersicht IV. 4: Sitzverteilung im UN-Sicherheitsrat nach Modell B[128] mit Verhältnis zwischen Anzahl von Sitzen und Staaten bzw. relativem Einfluss der Regionalgruppen

Regional-gruppe	Anzahl der Staaten	Ständige Sitze (gegenwärtig)	Semi-ständige Sitze	Sitze/ Staaten nach Regionalgruppen bzw. relativer Einfluss nach Verteilung ständiger Sitze	Nicht-ständige Sitze	Sitze/ Staaten nach Regionalgruppen bzw. relativer Einfluss nach Verteilung nichtständiger Sitze	Gesamt Sitze	Sitze/ Staaten nach Regionalgruppen bzw. relativer Einfluss insgesamt
Afrika	53	0	2	0,04	4	0,08	6	0,11
Asien und Pazifik	56	1	2	0,05	3	0,05	6	0,11
Europa	48	3	2	0,10	1	0,02	6	0,12
Amerika	35	1	2	0,09	3	0,09	6	0,17
Gesamt	**192**	**5**	**8**	**⌀ 0,07**	**11**	**⌀ 0,06**	**24**	**⌀ 0,12**

Vorstehende Modelle zeigen, wie mit Hilfe einer Gruppeneinteilung der Staaten nach geografischen Kriterien sowie einer entsprechenden Zuweisung von Sitzen je Gruppe der relative Einfluss der Mitgliedstaaten auf die Entscheidungsfindung innerhalb des Sicherheitsrates gesteuert werden kann. Nach der entsprechenden Umverteilung der Staaten innerhalb der Regionalgruppen bestünde nicht nur eine nachvollziehbare Zuordnung zur jeweiligen geografischen Region, sondern wäre auch ein annähernder Ausgleich in der Repräsentation der betroffenen Staaten der Regionen gegeben. Damit würde die politische Gruppenzugehörigkeit hinter der Zugehörigkeit zu einer Regionalgruppe zurückstehen. Dem geografischen Kriterium käme maßgebliche Bedeutung zu. Bei der Wahl der Mitglieder des Sicherheitsrates soll nach dem Reformvorschlag der Hochrangigen Gruppe denjenigen Staaten einer Regionalgruppe der Vorzug gegeben werden, die entweder zu den drei größten Beitragszahlern zum ordentlichen Haushalt[129], zu den drei größten freiwilligen Beitragszahlern oder zu den drei größten Truppen stellenden Staaten für Friedenssicherungsmissionen der VN gehören.[130] Das Kriterium des geleisteten Beitrages auf finanziellem, militärischem und diplomatischem Gebiet würde danach innerhalb der Regionalgruppen Anwendung finden.

---

[128] Ebenda, para. 253, S. 68.
[129] Beitragsschlüssel für den Haushalt der VN 2007 bis 2009, in: UN Doc. A/61/237 (13.02.2007), para. 6, S. 2 ff.
[130] Vgl. Ulrich Schneckener (Fn. 121), S. 2 f.

bb) Sitzverteilung im Wirtschafts- und Sozialrat der UNO

Wie der Sicherheitsrat folgt auch der Wirtschafts- und Sozialrat der UNO dem Grundsatz der gerechten geografischen Verteilung. Jede der bisher bestehenden fünf geografischen Gruppen der UNO ist mit einer bestimmten Mitgliederzahl im Rat vertreten, wobei jedes Mitglied nach Art. 61 Abs. 4 UN-Charta einen Vertreter im Rat hat. Unter gerecht in diesem Sinne wird eine Verteilung angesehen, wonach die Anzahl von Sitzen einer Gruppe im Rat ungefähr dem Verhältnis ihrer Größe in der Generalversammlung entspricht.[131] In Zeiten schnell wachsender Mitgliederzahlen der UNO wurde eine Anpassung an veränderte Verhältnisse notwendig, in deren Ergebnis die Zahl der Mitglieder zweimal erhöht wurde, um so vor allem den Entwicklungsländern eine stärkere Vertretung gewähren zu können.[132] Der Wirtschafts- und Sozialrat besteht gem. Art. 61 Abs. 1 UN-Charta aus 54 von der Generalversammlung gewählten Mitgliedern.[133] Bestrebungen der Gruppe der 77 in den Jahren 1979 und 1980 den Wirtschafts- und Sozialrat um alle UN-Mitglieder zu erweitern, fand vor allem unter den Industriestaaten keine Zustimmung und wurden somit auch nicht zur Abstimmung gebracht.[134] Da die Rolle des Rates in internationalen Wirtschaftsfragen, insbesondere im Bereich der Finanzen und des Handels seit langem rückläufig ist[135], kommt dieser Frage keine besondere Aufmerksamkeit mehr zu. Die Verteilung der Sitze im Wirtschafts- und Sozialrat richtet sich gem. Resolution der Generalversammlung 2847 (XXVI) vom 20. Dezember 1971[136] für die fünf Gruppen nach geografischen Kriterien. Danach haben die afrikanischen Staaten vierzehn, die asiatischen Staaten elf, die lateinamerikanischen Staaten zehn, die westeuropäischen und anderen Staaten dreizehn, die osteuropäischen Staaten sechs Mitglieder.[137] Dabei ist das Verhältnis zwischen der Anzahl von Sitzen und Staaten bzw. der relative Einfluss der westeuropäischen und anderen Staaten bis zum Zweifachen größer als das anderer regionaler Gruppen.

---

[131] Vgl. Rainer Lagoni/Oliver Landwehr, in: Bruno Simma (ed.), The Charter of the United Nations, Band II, 2. Auflage, München 2002, Art. 61, Rdnr. 6, S. 981 f.
[132] Mit den Chartaänderungen von 1963 wurde die Mitgliederzahl von ursprünglich 18 auf 27 und von 1971 auf 54 erhöht.
[133] Nach Art. 61 Abs. 2 UN-Charta wird jährlich ein Drittel seiner Mitglieder gewählt. Durch die sich infolge der zeitlichen Staffelung überlagernden Amtszeiten sollen die Kontinuität seiner Arbeit gewährleisten. Vgl. Rainer Lagoni/Oliver Landwehr, in: Bruno Simma (ed.) (Fn. 131), Art. 61, Rdnr. 8, S. 982.
[134] Vgl. Rainer Lagoni/Oliver Landwehr, ebenda, Art. 61, Rdnr. 14, S. 984.
[135] Dennoch bietet dieses UN-Hauptorgan ein weltweites Forum zur Koordinierung dieser für die wirtschaftliche und soziale Entwicklung notwendigen Fragen. UN Doc. A/59/565 (02.12.2004), para. 274 f., S. 72.
[136] UN Doc. A/RES/2847 (20.12.1971).
[137] Zur prozentualen regionalen Verteilung der Sitze im ECOSOC vgl. Miguel Marín-Bosch (Fn. 106), S. 18.

Übersicht IV. 5: Sitzverteilung im ECOSOC mit Verhältnis zwischen Anzahl von Sitzen und Staaten bzw. relativem Einfluss der Regionalgruppen

Regionalgruppe	Anzahl der Staaten	Sitze	Sitze/Staaten nach Regionalgruppen bzw. relativer Einfluss
Afrikanische Staaten	53	14	0,26
Asiatische Staaten	54	11	0,20
Lateinamerikanische und karibische Staaten	33	10	0,30
Westeuropäische und andere Staaten (Australien, Neuseeland, Kanada, Israel)	28 + USA	13	0,45
Osteuropäische Staaten	22 + Estland	6	0,26
Gesamt	*192*	*54*	*⌀ 0,28*

Bei Annahme der Reformvorschläge der Hochrangigen Gruppe dürfte auch hier eine Übernahme der vier großen Regionalgruppen zu erhoffen sein[138], so dass eine Umverteilung des Verhältnisses zwischen Anzahl von Sitzen und Staaten bzw. des relativen Einflusses die Folge wäre. Eine ausgewogene Sitzverteilung nach geografischem Kriterium könnte unter Beibehaltung der 54 Sitze wie folgt aussehen.

Übersicht IV. 6: (Eigener) Vorschlag einer Sitzverteilung mit Verhältnis zwischen der Anzahl von Sitzen und Staaten bzw. relativem Einfluss der Regionalgruppen

Regionalgruppe	Anzahl der Staaten	Sitze	Sitze/Staaten nach Regionalgruppen bzw. relativer Einfluss
Afrika	53	15	0,28
Asien und Pazifik	56	16	0,29
Europa	48	13	0,27
Amerika	35	10	0,29
Gesamt	*192*	*54*	*⌀ 0,28*

Die Reformvorschläge der Hochrangigen Gruppe beinhalten jedoch bisher keine Änderungen in der Sitzverteilung des Wirtschafts- und Sozialrates.[139]

Geografische Kriterien bestimmen auch die Sitzverteilung in dem am 15. März 2006 beschlossenen und am 9. Mai 2006 gewählten Menschenrechtsrat als Nebenorgan der UN-Generalversammlung[140] sowie in Exekutivorganen von

---

[138] UN Doc. A/59/565 (02.12.2004), para. 278 lit. b, S. 73. Hier wird Bezug auf die Regionalgruppen genommen.
[139] Ebenda, para. 274 ff., S. 72 f.
[140] Die Generalversammlung kann nach Art. 22 UN-Charta Nebenorgane einsetzen, soweit sie dies zur Wahrnehmung ihrer Aufgaben für erforderlich hält.

zahlreichen UN-Sonderorganisationen.[141] Der aus siebenundvierzig Mitgliedern bestehende Menschenrechtsrat setzt sich aus Vertretern von Regionalgruppen wie folgt zusammen: afrikanische Gruppe: dreizehn, asiatische Gruppe: dreizehn, osteuropäische Gruppe: sechs, lateinamerikanische und karibische Gruppe: acht, westeuropäische und andere Gruppe: sieben.[142] Bedauerlicherweise ist die Generalversammlung in der Einteilung der Regionalgruppen der bisherigen, nicht mehr den realen politischen Verhältnissen entsprechenden Gruppeneinteilung von Sicherheitsrat und Wirtschafts- und Sozialrat gefolgt und nicht dem vorzuziehenden Reformvorschlag der Hochrangigen Gruppe. Dies lässt vermuten, dass sich die vorgeschlagene Einteilung in Regionalgruppen nach geografischen anstelle von geopolitischen Kriterien in nächster Zeit wohl nicht durchsetzen wird.

b) Die Regel der Sitzverteilung nach politischen Kriterien

Als ein weiteres Kriterium für eine Sitzverteilung innerhalb kollegialer Entscheidungsorgane dient die Politik. Als Politik werden zielgerichtete Handlungen und Ordnungen verstanden, die allgemein verbindliche Regeln sozialer Gemeinschaften eines oder mehrerer Staaten bestimmen. Damit bezeichnet Politik auch das Handeln verschiedener Akteure (Staaten, Organisationen, Parteien, Personen) unterschiedlicher Anschauungen mit dem Ziel, allgemein verbindliche Entscheidungen zu treffen.[143] Eine auf politischen Kriterien basierende Sitzverteilung eines Kollegialorgans gewährleistet eine vor allem in der Demokratie erforderliche Pluralität verschiedener politischer Anschauungen und Meinungen für den Willensbildungs- und Entscheidungsprozess.

aa) Sitzverteilung in Verfassungsausschüssen

Zur Vorbereitung von Entscheidungen bilden Kollegialorgane mit einer relativ hohen Mitgliederzahl, wie beispielsweise Parlamente, wegen der Fülle der ihnen zustehenden Aufgaben und des hohen Regelungsbedarfes Ausschüsse, die die Zu-

---

[141] WHO-Exekutivrat (Art. 24 WHO-Satzung), ILO-Verwaltungsrat (Art. 7 ILO-Verfassung vom 09.10.1946, in: UNTS, vol. 15, p. 35; BGBl. 1957 II, 317), ICAO-Rat (Art. 50 lit. b ICAO-Übereinkommen vom 07.12.1944, in: UNTS, vol. 15 p. 295; BGBl. 1956 II, 412), IMO-Rat (Art. 17 lit. c IMO-Übereinkommen vom 06.03.1948, in: UNTS, vol. 289, p. 48; BGBl. 1965 II, 313), UNIDO-Rat (Art. 9 Abs. 1 UNIDO-Satzung vom 08.04.1979, in: UNTS, vol. 1401, p. 3; BGBl. 1985 II, 1217), WMO-Exekutivrat (Art. 13 lit. c ii WMO-Übereinkommen vom 11.10.1947, in: UNTS, vol. 77, p. 143; BGBl. 1970 II, 18), IAEA-Gouverneursrat (Art. VI Abschnitt A Abs. 1 IAEA-Satzung vom 26.10.1956, in: UNTS, vol. 276, p. 3; BGBl. 1958 II, 4). Abgedruckt in: Hans von Mangoldt/Volker Rittberger (Hrsg.) (Fn. 29), Dokumente 116, 117, 128, 129, 130, 131, 133a, 134.
[142] UN Doc. A/RES/60/251 (03.04.2006), para. 7, S. 3.
[143] Begriff Politik, in: Brockhaus Enzyklopädie, Band 21, 21. Auflage, Leipzig 2006, S. 655 f.

sammensetzung des Plenums verkleinernd abbilden sollen.[144] Nach dem Grundgesetz sind folgende Ausschüsse vorgesehen:

- Wahlprüfungsausschuss: Art. 41 GG (und Wahlprüfungsgesetz),
- Untersuchungsausschüsse: Art. 44 GG,
- Ausschuss für die Angelegenheiten der Europäischen Union: Art. 45 GG,
- Ausschuss für Auswärtige Angelegenheiten und Ausschuss für Verteidigung: Art. 45a GG,
- Petitionsausschuss: Art. 45c GG (und Gesetz über die Befugnisse des Petitionsausschusses des Deutschen Bundestages),
- Vermittlungsausschuss: Art. 77 GG (und GO Vermittlungsausschuss),
- Wahlausschuss: Art. 94 Abs. 1 Satz 2 GG (und Gesetz über das Bundesverfassungsgericht),
- Richterwahlausschuss: Art. 95 Abs. 2 GG (und Richterwahlgesetz).

Die Sitzverteilung in den Ausschüssen[145] richtet sich gem. § 12 Satz 1 GOBT nach dem Stärkeverhältnis der Fraktionen.[146] Infolge der Bundesverfassungsgerichtsentscheidung vom 13. Juni 1989 werden fraktionslose Mitglieder des Bundestages[147] durch den Bundestagspräsidenten als beratende Ausschussmitglieder benannt.[148] Da die Geschäftsordnung des Bundestages keine verbindliche Regelung über das Sitzverteilungsverfahren beinhaltet, ist es wiederholt zu Änderungen in der Anwendung verschiedener Verfahren zur Sitzverteilung gekommen.[149] Fand anfangs das d'Hondt'sche Höchstzahlverfahren unter Berücksichtigung der entsprechenden Stärke der Fraktionen Anwendung, gewährte der Bundestag in der 6. Wahlperiode jeder Fraktion ein Grundmandat und verteilte die übrigen Sitze nach d'Hondt. Danach ist der Bundestag zum mathematischen Proportionalverfahren nach Hare/Niemeyer übergegangen. In der 9. bis 13. Wahlperiode erfolgte die Sitzverteilung nach dem vom Bundestag entwickelten St. Laguë/Schepers Verfahren[150], das die kleineren Fraktionen und Gruppen entsprechend berücksichtigt. Danach kehrte der Bundestag wieder zum d'Hondt'schen Verfahren zurück.[151] Für

---

[144] Für die Ausschüsse des BT vgl. BVerfGE 80, 188 (222).
[145] Ausschüsse können dem BT lediglich Beschlüsse empfehlen. Die Beschlussempfehlung muss nach § 66 Abs. 2 Satz 1 GOBT die Begründung sowie die Ansicht der Minderheit enthalten.
[146] Art. 53a Abs. 1 Satz 2 GG regelt die Zusammensetzung des Gemeinsamen Ausschusses entsprechend dem Stärkeverhältnis der Fraktionen.
[147] Der Sonderstatus fraktionsloser Abgeordneter umfasst das Rede- und Antragsrecht, nicht jedoch das Stimmrecht. Vgl. Jörg Kürschner, Die Statusrechte des fraktionslosen Abgeordneten, Berlin 1984, S. 93 ff.; Thomas Schwerin, Der Deutsche Bundestag als Geschäftsordnungsgeber, Berlin 1998, S. 146 ff.
[148] BVerfGE 80, 188 (224 f.). Vgl. die Urteilsanmerkung von Christian Bernzen/Detlef Gottschalk, in: ZParl, 21 (1990) 3, S. 393 ff.
[149] BVerfGE 80, 188 (222).
[150] BT-Drs. 10/5 vom 29.03.1983.
[151] Vgl. Christian Dästner unter Mitarbeit von Josef Hoffmann, Die Geschäftsordnung des Vermittlungsausschusses, Berlin 1995, Rdnr. 7, S. 63 f.

A. Die Sitzverteilung in Abhängigkeit von der Mitgliederzahl

die Sitzverteilung in der 15. Wahlperiode hat der Bundestag unter Rückgriff auf verschiedene Verfahren den Beschluss vom 30. Oktober 2002[152] gefasst. Danach erfolgt die Sitzverteilung nach dem Verfahren der mathematischen Proportion (St. Laguë/Schepers).[153] Führt dies nicht zur Wiedergabe der parlamentarischen Mehrheit, errechnet sich die Verteilung nach d'Hondt. Wenn auch ein Rückgriff auf dieses Verfahren nicht zur Abbildung der parlamentarischen Mehrheit führt, ist das Verfahren St. Laguë/Schepers mit der Maßgabe anzuwenden, dass die zu verteilende Anzahl von Sitzen um einen reduziert und den unberücksichtigten Platz der stärksten Fraktion zuweist.

Dieses Verfahren findet ebenso Anwendung auf die Sitzverteilung hinsichtlich der Bundestagsbank im Vermittlungsausschuss zur Erarbeitung von Kompromisslösungen bei Meinungsverschiedenheiten zwischen Bundestag und Bundesrat in Gesetzgebungsfragen.[154] An diesem Beispiel soll gezeigt werden, welche politische und rechtliche Brisanz Regeln für die Sitzverteilung innewohnen können. Als Verfassungsorgan kommt dem Ausschuss nach Art. 77 Abs. 2 GG zwar ebenfalls keine formelle Entscheidungskompetenz zu, sondern „nur" eine Beratungs- und Vorschlagsfunktion. Die mit der Mehrheit der Stimmen seiner anwesenden Mitglieder gefassten Beschlüsse[155] spielen aber eine bedeutende Rolle im Gesetzgebungsverfahren. Der Vermittlungsausschuss setzt sich nach Art. 77 Abs. 2 Satz 1 GG aus Mitgliedern des Bundestages und des Bundesrates zusammen. Die konkrete, d.h. zahlenmäßige Zusammensetzung überlässt das Grundgesetz (Art. 77 Abs. 2 Satz 2 GG) der Gemeinsamen Geschäftsordnung des Bundestages und des Bundesrates für den Ausschuss nach Artikel 77 GG. Gem. § 1 GO-VermA besteht der ständige Vermittlungsausschuss aus je sechzehn Mitgliedern des Bundestages und Bundesrates. Damit wird die paritätische Zusammensetzung, die ein Gleichgewicht zwischen beiden Verfassungsorganen herstellen soll, nicht in der Verfassung, sondern in der Geschäftsordnung geregelt.[156] Die Besetzung der Bundesratsbank mit je einem Vertreter der sechzehn Bundesländer ist weder in der Verfassung noch in der Geschäftsordnung des Vermittlungsausschusses zwingend vorgegeben. Sie gründet sich aber folgerichtig auf die föderale Verfassungsstruktur der Bundesrepublik[157] und entspricht auch der Staatspraxis.[158]

---

[152] Das BVerfG hatte bereits den Antrag der CDU-CSU-Fraktion auf Erlass einer einstweiligen Anordnung am 03.12.2002 abgelehnt. BVerfGE 106, 253.

[153] Vgl. dazu Olaf Konzak, Systeme zur Berechnung der Stellenanteile der Fraktionen für die Ausschußbesetzung, in: ZParl, 24 (1993) 4, S. 596 ff.

[154] Zu dieser Einrichtung im deutschen Verfassungsleben vgl. Franz Wessel, Der Vermittlungsausschuß nach Artikel 77 des Grundgesetzes, in: AöR, 38 n.F. (1951/52), S. 284. Zu den Vorläufer des Vermittlungsausschusses in der deutschen Verfassungsgeschichte vgl. Ekkehart Hasselsweiler, Der Vermittlungsausschuß, Berlin 1981, S. 2 ff.; Florian Edinger (Fn. 3), S. 231 ff.

[155] § 8 GO-VermA vom 05.05.1951, in: BGBl. 1951 II, 103; 2003 I, 677.

[156] Vgl. Jörg Lücke/Thomas Mann, in: Michael Sachs (Hrsg.) (Fn. 9), Art. 77, Rdnr. 8, S. 1551; Rüdiger Sannwald, in: Bruno Schmidt-Bleibtreu/Franz Klein (Hrsg.), Kommentar zum Grundgesetz, 10. Auflage, München 2004, Art. 77, Rdnr. 17, S. 146.

[157] Vgl. Christian Dästner unter Mitarbeit von Josef Hoffmann (Fn. 151), Rdnr. 3, S. 61 f.

[158] Vgl. Ekkehart Hasselsweiler (Fn. 154), S. 138.

Die Entsendung der Mitglieder des Vermittlungsausschusses richtet sich nach den jeweiligen Geschäftsordnungen der beiden Gesetzgebungskörperschaften (§ 54 Abs. 2 GOBT, § 11 Abs. 3 Satz 1 und 4 GOBR). Bereits im Organstreitverfahren der PDS wegen Nichtberücksichtigung im Vermittlungsausschuss hat das Bundesverfassungsgericht durch Beschluss vom 17. September 1997[159] festgestellt, dass ein bestimmtes Zählverfahren für die Besetzung der Bundestagsbank im Vermittlungsausschuss aus der Verfassung nicht abgeleitet werden könne. Vielmehr sei es Sache des Parlaments, kraft seiner Selbstorganisationsbefugnis dasjenige Verfahren auszuwählen, das es für geeignet halte, die Spiegelbildlichkeit von Parlament und Ausschüssen zu gewährleisten.[160] Nach der Rechtsprechung des Bundesverfassungsgerichts beinhaltet der Grundsatz der Spiegelbildlichkeit, dass jeder Ausschuss des Parlaments das verkleinerte Abbild des Plenums sein und dessen Zusammensetzung in seiner politischen Gewichtung widerspiegeln soll.[161]

Der sich aus der in Art. 38 Abs. 1 GG festgelegten Freiheit und Gleichheit des Abgeordnetenmandats herleitende Grundsatz der Spiegelbildlichkeit ist im Konfliktfall mit dem Prinzip stabiler parlamentarischer Mehrheitsbildung in Einklang zu bringen, so das Bundesverfassungsgericht in seiner Entscheidung im Organstreitverfahren der CDU/CSU-Fraktion vom 8. Dezember 2004.[162] Hier hat das Gericht die Sitzverteilung unter Anwendung des Beschlusses vom 30. Oktober 2002, wonach unter Anwendung einer konkreten Zuteilungsklausel an die SPD ein Sitz außerhalb des Sitzverteilungsverfahrens vergeben wurde (7+1=8)[163], als Verletzung des Grundsatzes der Spiegelbildlichkeit gesehen, die durch die Notwendigkeit der Durchsetzung der Mehrheitsabbildung nur vorläufig gerechtfertigt war.[164] Wenn der Grundsatz der Spiegelbildlichkeit bei einer proportionalitätsgerechten Besetzung der Bundestagsbank im Vermittlungsausschuss mit dem Prinzip der demokratischen Mehrheitsentscheidung in Konflikt gerät, seien beide Grundsätze zu einem schonenden Ausgleich zu bringen. Dabei hat das Bundesverfassungsgericht nicht auf den Vorrang des Grundsatzes der Spiegelbildlichkeit beharrt.[165] Zur Vermeidung eines Verstoßes gegen den verfassungsrechtlichen

---

[159] BVerfGE 96, 264.
[160] Ebenda (274 f.).
[161] BVerfGE 80, 188 (222); 84, 304 (323); 112, 118 (133).
[162] BVerfGE 112, 118 (140). Vgl. auch Rupert Stettner, in: Horst Dreier (Hrsg.) (Fn. 49), Art. 77, Rdnr. 17, S. 1747.
[163] Die Anwendung jedes der drei üblichen Zählverfahren hätte zu einer Verteilung der Sitzanteile von sieben Sitzen für die SPD-Fraktion, sieben Sitzen für die CDU/CSU-Fraktion, ein Sitz für die Fraktion BÜNDNIS 90/DIE GRÜNEN und ein Sitz für die FDP-Fraktion (7:7:1:1) geführt. Das hätte zur Folge gehabt, dass die auf die Fraktionen von SPD und BÜNDNIS 90/DIE GRÜNEN gegründete politische Parlamentsmehrheit auf der Bundestagsbank des Vermittlungsausschusses keine Mehrheit gehabt hätte. BVerfGE 112, 118 (120).
[164] Ebenda (147).
[165] Der Bundestag habe es versäumt, die miteinander kollidierenden Grundsätze (den Grundsatz der Spiegelbildlichkeit und den Grundsatz, dass bei Sachentscheidungen, die die Regierung tragende parlamentarische Mehrheit sich auch in verkleinerten Abbil-

Gleichheitsgrundsatz bei Zulassung eines mehrheitssichernden Korrekturfaktors darf der Grundsatz der Spiegelbildlichkeit aber nicht überproportional verzerrt werden.[166]

Das Bundesverfassungsgericht verpflichtete den Bundestag, einen Beschluss zur Sitzverteilung neu zu fassen.[167] Diesbezüglich bestand die Möglichkeit, dass die SPD einen Sitz an BÜNDNIS 90/DIE GRÜNEN abgeben würde[168], was unter Beachtung des Mehrheitsprinzips dem Gebot der Spiegelbildlichkeit besser entsprochen hätte, oder, dass die Sitzverteilung nach einer neuen abstrakten Verteilungsregel so erhalten geblieben wäre. In beiden Fällen hätte sich allerdings nichts an der Sitzverteilung hinsichtlich der Antragstellerin (CDU/CSU-Fraktion) geändert.

Da das Gericht den Beschluss des Bundestages über die Sitzverteilung nicht aufgehoben und das gewählte Sitzverteilungsverfahren, ungeachtet des Ergebnisses, auch nicht als verfassungswidrig bezeichnet hat[169], bleibt fraglich, welches Verfahren und welche Sitzverteilung nach Auffassung des Bundesverfassungsgerichts schonender seien. Die Sitzverteilung von neun Sitzen für die Koalition und sieben Sitzen für die Opposition garantierte jedenfalls den Erhalt von Mehrheitsentscheidungen gem. § 8 GO-VermA.

Übersicht IV. 7: Sitzverteilung der Bundestagsbank im Vermittlungsausschuss nach der Bundestagswahl von 2002[170]

Fraktion	Gesamtstimmenanteil in %	Sitze im BT	Sitze im VA	Mitglieder/Sitz im VA	Sitzanteil im VA in %
SPD	41,6	251	8	31	50
CDU/CSU	41,1	248	6	41	37,5
BÜNDNIS 90/ DIE GRÜNEN	9,1	55	1	55	6,25
FDP	7,8	47	1	47	6,25
PDS	0,3	2	-	-	0
Gesamt	100	603[171]	9+7=16		100

---

dungen des Bundestages durchsetzen können muss), zu einem schonenden Ausgleich zu bringen. BVerfGE 112, 118 (140, 145). Vgl. hierzu Rupert Stettner, in: Horst Dreier (Hrsg.) (Fn. 49), Art. 77, Rdnr. 17, S. 1747.

[166] So Johannes Masing, in: Christian Starck (Hrsg.) (Fn. 2), Art. 77 Abs. 2, Rdnr. 68, S. 2146. Nach Masing, der die BVerfGE wegen des Korrekturverfahrens kritisiert, „zeugt [die Entscheidung] nicht von einer Sternstunde des Gerichts". Ebenda, Fn. 15.
[167] BVerfGE 112, 118 (147 f.).
[168] So Richterin Lübbe-Wolff in ihrer abweichenden Meinung. Ebenda (161 ff.).
[169] Ebenda (132 f.).
[170] Ebenda (145).
[171] Bei einer Gesamtzahl von 601 Mitgliedern verändert sich der Gesamtstimmenanteil der Fraktionen nur unwesentlich.

Nach der Sitzverteilung in der 15. Legislaturperiode erhielten die SPD: acht Sitze (bei 41,6% am Gesamtstimmenanteil besetzte die SPD auf der Bundestagsbank des Vermittlungsausschusses 50% der Sitze; auf 31 Mitglieder entfiel ein Sitz), die CDU/CSU: sechs Sitze (bei 41,1% Gesamtstimmenanteil verfügte die CDU/CSU über einen Sitzanteil von nur 37,5%; auf 41 Mitglieder entfiel ein Sitz), BÜNDNIS 90/DIE GRÜNEN: ein Sitz (auf 55 Mitglieder entfiel ein Sitz) und die FDP: ein Sitz (auf 47 Mitglieder entfiel ein Sitz).

Mit den Wahlen zum Deutschen Bundestag im September 2005 hat sich die Sitzverteilung der Bundestagsbank im Vermittlungsausschuss wie folgt geändert: CDU/CSU: sechs Sitze, SPD: sechs Sitze, FDP: zwei Sitze, DIE LINKE: ein Sitz, BÜNDNIS 90/DIE GRÜNEN: ein Sitz. Durch die große Koalition von CDU/CSU und SPD sind in der 16. Legislaturperiode die Mehrheitsverhältnisse (zwölf von sechzehn Sitzen) jedenfalls eindeutiger geklärt. Innerhalb der Bundestagsbank hat die Koalition sogar eine Zweidrittelmehrheit inne.

Übersicht IV. 8: Sitzverteilung der Bundestagsbank im Vermittlungsausschuss nach der Bundestagswahl von 2005

Fraktion	Gesamtstimmen-anteil in %	Sitze im BT	Sitze im VA	Mitglieder/Sitz im VA	Sitzanteil im VA in %
CDU/CSU	36,8	226	6	37	37,5
SPD	36,2	222	6	37	37,5
FDP	9,9	61	2	30	12,5
DIE LINKE	8,8	54	1	54	6,25
BÜNDNIS 90/ DIE GRÜNEN	8,3	51	1	51	6,25
Gesamt	100	614	12+4=16		100

Aus dem Prinzip der repräsentativen Demokratie und der Einbeziehung kommunaler Ratsausschüsse in dieses Prinzip über Art. 28 Abs. 1 GG kann die Übertragung der Rechtsprechung des Bundesverfassungsgerichts zur Sitzverteilung im Vermittlungsausschuss sowie in Ausschüssen der Volksvertretung auch auf die kommunale Ebene gefolgert werden.[172]

Vorstehende Ausführungen verdeutlichen, dass ein absolut gerechtes Sitzverteilungsverfahren nach einem Proportionalsystem schwer erreichbar ist. Repräsentation bedeutet immer auch Auswahl, wobei die Interessen der Mehrheit und der Minderheit gegeneinander abzuwägen sind. Wenn eine absolute Gleichbehandlung aller Gruppen sich nicht erreichen lässt, muss die Sitzverteilung zumindest dem

---

[172] Zur Spiegelbildlichkeit kommunaler Ausschüsse vgl. Oliver Schreiber, Zum Gebot der Spiegelbildlichkeit bei der Bildung und Besetzung gemeindlicher Ausschüsse in Bayern, in: BayVBl., 42 (1996) 5, S. 134 ff; BayVBl., 42 (1996) 6, S. 170 ff.; Dirk Matzick, Das Verfahren der geringsten relativen Abweichung, in: LKV, 15 (2005) 6, S. 242 ff.; BayVBl., 42 (1996), 134 ff., 170 ff.; Jörg Geerlings, Die Beachtung des Demokratieprinzips bei der Besetzung kommunaler Ausschüsse, in: DÖV, 58 (2005) 15, S. 644 ff. Zur Rechtsprechung vgl. BVerwGE 119, 305; VG Düsseldorf, Urteil vom 14.12.2001 – 1 K 7978/99; BayVGH, Urteil vom 17.03.2004 – 4 BV 03.1159; VerfGH Sachsen, Beschluss vom 14.03.2005 – Vf. 121-I-04.

politischen Kräfteverhältnis im Parlament und damit dem Willen des Wählers in der repräsentativen Demokratie so weit wie möglich entsprechen.[173] Zur Vermeidung einer Funktionsunfähigkeit ist bei annähernd gleichem Kräfteverhältnis die Kompromissbereitschaft der politischen Gruppen Voraussetzung für das Zustandekommen von Entscheidungen, um so den Wählerauftrag zu erfüllen.

bb) Sitzverteilung im UN-Sicherheitsrat

Nicht minder brisante, weil aktuelle Diskussionen löst die Sitzverteilung im Sicherheitsrat als politisches Organ der UNO mit begrenzter Mitgliederzahl und differenzierter Sitzverteilung nach vornehmlich politischen Kriterien aus. Während fünf von 51 Mitgliedstaaten bei Gründung der UNO, das entspricht einem Anteil von 9,8%, ein ständiger Sitz gem. Art. 23 Abs. 1 Satz 2 UN-Charta zugesprochen wurde, entfielen die nichtständigen Sitze auf die verbleibende Mehrheit von 46 Staaten (90,2%). Aufgrund der stetigen Zunahme der Mitgliedschaft stehen nunmehr die fünf Staaten mit ständigen Sitzen (2,6%) einer überwältigenden Mehrheit von 186 Staaten (97,4%) gegenüber. Die Festlegung der ständigen Sitze für fünf Mitglieder des UN-Sicherheitsrates mit ihrem Vetorecht nach Art. 27 Abs. 3 UN-Charta reflektierte die politische Machtposition der Staaten am Ende des Zweiten Weltkrieges sowie in der damals absehbaren Zukunft.[174] 1945 übernahmen die Siegermächte, die Vereinigten Staaten von Amerika, die Sowjetunion[175] und das Vereinigte Königreich, sowie Frankreich und China[176] die Verantwortung für den Weltfrieden.[177] Die ständige Mitgliedschaft schließt einerseits eine hohe Verantwortung der Staaten bei der Bewahrung bzw. Herstellung des Friedens und der Sicherheit weltweit ein, ermöglicht andererseits eine besondere Vertretung ihres partikulären Willens und ihrer Interessen. Da die Wahrung des Weltfriedens nur unter Beteiligung dieser Mächte aufgrund ihrer besonderen Verantwortung erreichbar erschien, galt die Durchbrechung des Prinzips der souveränen Gleichheit der Mitgliedstaaten gem. Art. 2 Ziff. 1 UN-Charta zu dieser Zeit als gerechtfertigt.[178]

---

[173] Vgl. Ekkehart Hasselsweiler (Fn. 154), S. 141.
[174] Obwohl die Zusammensetzung des Sicherheitsrates an die des Völkerbundrates anknüpft, gibt es wesentliche Unterschiede. Nach Art. 4 Abs. 2 VBS konnte der Völkerbundrat mit Zustimmung der Mehrheit der Bundesversammlung weitere Mitgliedstaaten zu ständigen Ratsmitgliedern bestimmen.
[175] Nach dem Zerfall der Sowjetunion hat die Russische Föderation mit Zustimmung der anderen Mitglieder den Sitz übernommen.
[176] Nach der Gebietsgröße der UN-Mitgliedstaaten belegen Russland den 1., die USA den 3., China den 4., Frankreich den 47. und Großbritannien den 77. Rang; nach der Bevölkerungszahl China den 1., die USA den 3., Russland den 8., Frankreich den 20. und Großbritannien den 21. Rang; nach der Wirtschaftsleistung die USA den 1., China den 4., Großbritannien den 5., Frankreich den 6. und Russland den 14. Rang. Vgl. Die Mitgliedstaaten der Vereinten Nationen (Fn. 25), S. 42 ff.
[177] Vgl. Bardo Fassbender, UN Security Council Reform and the Right of Veto, The Hague/London/Boston 1998, S. 164.
[178] Vgl. Rudolf Geiger, in: Bruno Simma (ed.) (Fn. 27), Art. 23, Rdnr. 8, S. 438.

Nach 60 Jahren spiegelt diese Situation jedoch nicht mehr die Wirklichkeit wider. So werden bei der Teilnahme an Friedensmissionen, wobei zwischen Missionen unter der UN-Führung und Missionen unter UN-Mandat zu unterscheiden ist, inzwischen die ständigen Sicherheitsratsmitglieder von anderen UN-Mitgliedstaaten mit ihrem Friedensbeitrag übertroffen. An Friedensmissionen unter UN-Mandat beteiligt sich z.B. Deutschland mit mehr Truppen (6.500 Soldaten) als die USA (4.100), Frankreich (3.500) oder Großbritannien (2.600).[179] Bei der Bereitstellung von Militär- und Polizeipersonal für Missionen unter UN-Führung (Blauhelmmissionen) belegen die ständigen Sicherheitsratsmitglieder nur den 11. (Frankreich mit 1.944), 13. (China mit 1.824), 38. (Großbritannien mit 362), 42. (USA mit 316) und 43. Platz (Russland mit 293).[180] Sie werden von Staaten wie Indien (mit 9.357 3. Platz) oder Brasilien (mit 1.278 17. Platz) teilweise überholt, die ihrerseits berechtigte Ansprüche auf einen ständigen Sitz erheben.[181]

Da die ständigen Sicherheitsratsmitglieder nicht auf ihre privilegierte Stellung hinsichtlich der Sitzverteilung verzichten werden, geht es politisch vielmehr um eine mögliche, oben bereits besprochene Erweiterung des Sicherheitsrates um andere Staaten, darunter auch Deutschland.[182] Wenn Deutschland einen ständigen Sitz im Sicherheitsrat bekäme, wäre es neben Großbritannien und Frankreich der dritte EU-Mitgliedstaat im Rat mit diesem Status. Die Mitgliedstaaten, die auch Mitglieder des UN-Sicherheitsrates sind, stimmen sich gem. Art. 19 Abs. 2 UAbs. 2 EU ab und setzen sich für die Standpunkte und Interessen der Union ein. Nach dem Verfassungsvertrag für Europa soll der Außenminister der Union (Art. I-28 VVE), nach dem Reformvertrag von Lissabon nunmehr der Hohe Vertreter der Union für die Außen- und Sicherheitspolitik (Art. 18 EU Lissabon) nach Beantragung durch die dort vertretenen Mitgliedstaaten gebeten werden, einen festgelegten Standpunkt der Union zu einem Thema vorzutragen, der auf der Tagesordnung des Sicherheitsrates steht (Art. III-305 Abs. 2 UAbs. 3 VVE; Art. 34 Abs. 2 UAbs. 3 EU Lissabon).

Diese gemeinsame Außenvertretung der EU könnte ein Schritt in die Richtung eines zukünftigen gemeinsamen europäischen ständigen Sitzes im UN-Sicherheitsrat sein. Dagegen spricht allerdings Art. 4 Abs. 1 UN-Charta, wonach nur Staaten Mitglieder der Vereinten Nationen sein können, eine Bedingung, die die EU wohl auch in nächster Zukunft nicht erfüllen wird. Andererseits bliebe die Frage nach einer möglichen Änderung dieser Charta-Bestimmung im Rahmen der ohnehin anstehenden Reformen, worüber bereits laut nachgedacht wird.[183] Für Änderungen der Charta bedarf es nach Art. 108 und 109 Abs. 2 UN-Charta einer Zweidrittelmehrheit der Mitglieder der Generalversammlung und der Ratifizie-

---

[179] Vgl. Ulrich Schneckener (Fn. 121), S. 2 f.
[180] Deutschland belegt mit 1.119 den 19. Platz.
[181] UN Department of Peacekeeping operations (31.12.2007), in: http://www.un.org/Depts/dpko/dpko/contributors/2007/dec07_2.pdf (07.01.2008).
[182] Vgl. Bardo Fassbender (Fn. 177), S. 237 ff. Kritisch zu einem ständigen Sitz Deutschlands im Sicherheitsrat Andreas Zumach, Überflüssig wie ein Kropf, in: VN, 53 (2005) 1, S. 7 f.
[183] So Boutros Boutros-Ghali in einem Interview, „Die UN müssen demokratischer werden", in: VN, 53 (2005) 3, S. 90.

rung durch zwei Drittel der Mitglieder der VN einschließlich aller ständigen Mitglieder des Sicherheitsrates.[184] Damit enthält die UN-Charta, speziell in Art. 27 Abs. 3, fast eine wie aus dem Grundgesetz bekannte so genannte „Ewigkeitsgarantie"[185], die die Reformbestrebungen zwar nicht gänzlich unmöglich machen, aber doch nicht unerheblich erschweren.

c) Die Regel der Sitzverteilung nach wirtschaftlichen/finanziellen Kriterien

Wirtschaftliche Kriterien für eine Sitzverteilung in kollektiven Entscheidungsorganen mit beschränkter Mitgliedschaft finden vor allem in wirtschaftlich/finanziell ausgerichteten Organisationen Anwendung. Der Begriff Wirtschaft, der so viel bedeutet wie „Werte schaffen", umfasst alle Einrichtungen und Handlungen von Menschen mit dem Ziel, die in der Umwelt vorhandenen und die vom Menschen geschaffenen Ressourcen zu nutzen, um die Erhaltung und Sicherheit des Lebens der Menschen zu garantieren und zu fördern sowie ihre materiellen Bedürfnisse zu befriedigen.[186] Dabei ergeben sich schon allein aufgrund vorhandener oder nicht vorhandener natürlicher Ressourcen erhebliche Unterschiede zwischen den Regionen und Staaten. Die Existenz von „reichen" und „armen" Ländern ist nicht nur ein Phänomen auf internationaler Ebene. Auch innerhalb des deutschen Bundesstaates ist die Finanzkraft der einzelnen Länder entsprechend ihrer unterschiedlichen Wirtschaftskraft verschieden. Auf der Grundlage der verfassungsrechtlichen Prinzipien von Bundesstaatlichkeit und Sozialstaatlichkeit (Art. 20 Abs. 1 GG) fordert Art. 107 Abs. 2 Satz 1 GG, „[...] daß die unterschiedliche Finanzkraft der Länder angemessen ausgeglichen wird."[187] Eine Sitzverteilung nach wirtschaftlichen Kriterien findet in Verfassungsorganen der Bundesrepublik Deutschland folgerichtig keine Anwendung. Anders ist dies in universellen Wirtschafts- und Finanzorganisationen, wo eine Sitzverteilung in nicht plenaren Organen auf dem unterschiedlichen wirtschaftlichen und industriellen Entwicklungsstand bzw. dem daraus resultierenden finanziellen Beitrag der Mitglieder für die Organisation basiert.

---

[184] Zu Art. 108 und 109 UN-Charta vgl. Ralph Zacklin, The Amendment of the Constitutive Instruments of the United Nations and Specialized Agencies, Leyden 1968, S. 110 ff.
[185] Vgl. Bruno Simma/Stefan Brunner, in: Bruno Simma (ed.) (Fn. 27), Art. 27, Rdnr. 8, S. 482.
[186] Begriff Wirtschaft in: Brockhaus Enzyklopädie, Band 30, 21. Auflage, Leipzig 2006, S. 174.
[187] Vgl. Hartmut Maurer, Staatsrecht I, 4. Auflage, München 2005, Rdnr. 49, S. 758.

aa) Sitzverteilung in Kollegialorganen internationaler Finanzorganisationen

Anschauliche Beispiele für diese Regel der Sitzverteilung sind insbesondere die Exekutivorgane des Internationalen Währungsfonds und der Internationalen Bank für Wiederaufbau und Entwicklung (zur Weltbankgruppe gehörend), denen eine wesentliche Rolle in der Entscheidungsfindung zukommt.[188] Als Indikator für die Wirtschaft dienen hier Quoten, die die Sitz- und insbesondere Stimmenverteilung maßgeblich bestimmen. Quoten, die sich über Sonderziehungsrechten ausdrücken, sind eine gewisse Geldsumme, die beim Beitritt zu zahlen ist. Die Berechnung der Quoten ist in den Übereinkommen nicht geregelt, so dass auf Formeln mit unterschiedlichen Wirtschaftsvariablen zurückgegriffen wird. Ursprünglich sind die Anteile der Gründungsmitglieder des IMF auf der Grundlage der ersten Quotenformel (Bretton-Woods-Formel von 1944) ermittelt worden, die auf das Volkseinkommen, die Währungsreserven, den Außenhandel und die Variabilität der Exporte als Bestimmungsfaktoren zurückgriff. Im Laufe der Zeit wurden das Quotenberechnungsverfahren und die Variablen mehrfach geändert. Bei den Quotenüberprüfungen werden insgesamt fünf Formeln verwendet, die in einem komplizierten schwer nachvollziehbaren Verknüpfungsverfahren zunächst zu den kalkulierten Quoten und erst mit einigen umfangreichen Korrekturen zu den tatsächlichen Quoten führen.

Deshalb erhielt die 1999 errichtete „*Quota Formula Review Group*" (QFRG) das Mandat, die bisherigen Quotenformeln und ihre Funktionsweise zu überprüfen sowie eine neue Formel zu entwickeln, die die relativen weltwirtschaftlichen Gewichte der Mitgliedstaaten besser beachtet. Dabei sollten auch die Bestimmungsfaktoren einer Untersuchung unterzogen und eventuell zusätzliche Faktoren, wie das Pro-Kopf-Einkommen und die Bevölkerungszahl, in die Formel aufgenommen werden.[189] Im so genannten „Cooper Bericht" hat die Expertengruppe eine neue vereinfachte Formel mit nur zwei wirtschaftlichen Variablen vorgeschlagen: das Bruttoinlandsprodukt als Indikator für die Fähigkeit des Mitgliedstaates einen Beitrag zu den IMF-Ressourcen zu leisten und die Veränderlichkeit laufender Zahlungen (*variability of current receipts*) als Indikator für die potentielle Notwendigkeit finanzieller Hilfe.[190] Der Vorschlag der Gruppe ist kritisch und als nur eine von mehreren Optionen aufgenommen worden. So sei der Bericht u.a. nicht auf

---

[188] Das Exekutivdirektorium des IMF entscheidet über Darlehens- und Garantieanträge der IBRD, über die vom Präsidenten vorgelegten Anträge auf Kredite, Zuschüsse oder Garantien sowie über Maßnahmen der allgemeinen Geschäftstätigkeit, welche die Entwicklung der Bank vorgeben.

[189] Zu den Quotenformeln im IMF vgl. Deutsche Bundesbank, Quoten und Stimmrechtsanteile im IWF, Monatsbericht September 2002, S. 71, in: http://www.bundesbank.de/download/volkswirtschaft/mba/2002/200209mba_iwfquoten.pdf. (07.01.2008); IMF, Quotas – Updated Calculations, in: http://www.imf.org/external/np/fin/2004/eng/082704.pdf (07.01.2008).

[190] Report to the IMF Executive Board of the Quota Formula Review Group, 28.04.2000, para. 87 ff., S. 57 ff.; in: http://www.imf.org/external/np/tre/quota/2000/eng/qfrg/report (07.01.2008).

die Frage der Machtverteilung der Stimmen eingegangen.[191] Die Stimmenverteilung stellt sich eben nicht nur als eine technische, sondern vielmehr politische Frage dar.[192] Es wird allgemein davon ausgegangen, dass es noch einige Zeit dauern wird, bevor konkrete Änderungen implementiert werden können.[193] Einigkeit besteht lediglich in der Notwendigkeit einer einfacheren und transparenteren Formel als die traditionelle.

Eine neue Quotenformel sollte vor allem ermöglichen zu messen, wie stark die Quoten einzelner Mitgliedstaaten von ihrer relativen wirtschaftlichen Größe abweichen.[194] So wird nach wie vor die Höhe der anfänglichen, als Mitgliedsbeiträge dienenden Quoten in Abhängigkeit von der wirtschaftlichen Leistungsfähigkeit des neuen Mitgliedstaates innerhalb der Weltwirtschaft zugeteilt (u.a. Bruttoinlandsprodukt, Leistungsbilanz und offizielle Reserven), d.h. seine Wirtschaft ins Verhältnis zu derjenigen anderer Staaten gesetzt. Nach den Quoten bzw. Kapitalanteilen bemessen sich die Einzahlungsverpflichtungen (Subskriptionen) der Mitgliedstaaten. Die Wirtschaftskraft und der daraus resultierende finanzielle Beitrag für die Organisation stehen in direkt proportionalem Verhältnis zu der Höhe der Quoten. Bei veränderter wirtschaftlicher Lage können die eingangs zugeteilten Quoten erhöht oder verringert werden (Art. III Abschnitt 2 IMF-Übereinkommen).[195]

Das aus 24 Mitgliedern bestehende Exekutivdirektorium des IMF setzt sich aus den Exekutivdirektoren und dem Geschäftsführenden Direktor als Vorsitzenden zusammen. Von den Exekutivdirektoren werden fünf von den fünf Mitgliedstaaten mit den höchsten Quoten (USA: 17,09%; Japan: 6,13%; Deutschland: 5,99%; Frankreich: 4,94%; Vereinigtes Königreich: 4,94%)[196] ernannt, die übrigen fünfzehn von den anderen Mitgliedern gewählt (Art. XII Abschnitt 3 lit. b i, ii IMF-Übereinkommen). Nach diesen Bestimmungen sind insgesamt zwanzig Sitze zu vergeben. Darüber hinaus bestehende Sitze (gegenwärtig vier) gehen auf Vereinbarungen des Verfahrensausschusses für die Wahl der Exekutivdirektoren zurück, die dem Gouverneursrat zur Abstimmung vorgelegt werden. Neben den fünf Staaten, die exklusiv einen Direktor stellen und damit einen Sitz innehaben, kommen *de facto* drei weitere „ständige" hinzu: Saudi-Arabien: 3,21%; China: 3,72% und Russland 2,74%, da in ihren 3 von insgesamt 24 Stimmrechtsgruppen keine anderen Staaten vertreten sind.[197] Die anderen Mitgliedstaaten (insgesamt 185)

---

[191] Vgl. Ariel Buira, A new voting structure for the IMF, Research Paper of G-24, Washington, D.C. 2002, S. 16.
[192] Vgl. Stephany Griffith-Jones/Jenny Kimmis, The reform of global financial governance arrangements, Brighton 2001, S. 21.
[193] Vgl. Thomas Enevoldsen, IMF Quotas, in: Monetary Review, (2000) 4, S. 38.
[194] IWF-Jahresbericht des Exekutivdirektoriums, Washington, D.C. 2004, S. 92.
[195] IMF-Übereinkommen vom 22.07.1944, in: UNTS, vol. 2, p. 39; BGBl. 1952 II, 637. Abgedruckt in: Hans von Mangoldt/Volker Rittberger (Hrsg.) (Fn. 29), Dokument 111, S. 2 (61).
[196] IMF Members' Quotas and Voting Power, and IMF Board of Governors, 04.01.2008, in: http://www.imf.org/external/np/sec/memdir/members.htm (07.01.2008).
[197] Vgl. Natalia Corrales-Díez, Die EU Außenvertretung im Internationalen Währungsfonds, Working Papers 3/2003, Wien 2003, S. 14.

sind in „Stimmrechtsgruppen" zusammengefasst, die zwischen 4 und 24 Staaten umfassen. Die Anzahl der Staaten in einer Stimmrechtsgruppe ist umso größer, je geringer die Gesamtquote ist, die sie gemeinsam bilden. Der Vertreter des Staates mit der höchsten Quote bekleidet den Sitz des Exekutivdirektors. Damit reduziert sich der Einfluss der Entwicklungsländer erheblich.[198] Die Quotenanteile der 160 Entwicklungsländer betragen weniger als 40%, die der 25 Industriestaaten mehr als 60%.

Von der EU sind drei Mitgliedstaaten (Deutschland, Frankreich und Vereinigtes Königreich[199]) unter den fünf zu ernennenden Exekutivdirektoren, die gemeinsam einen Quotenanteil von 15,87% erreichen, der fast so hoch ist wie der Quotenanteil der USA. Aus teilweise historischen Gründen sind die EU-Mitgliedstaaten auf nunmehr zehn z.T. geografisch, wirtschaftlich und kulturell sehr heterogenen Stimmrechtsgruppen[200] verteilt, so dass eine entsprechende Vertretung der Interessen der Union im IMF nur schwer zu koordinieren ist. Hinzu kommt die Einflussnahme auf die Politik des IMF durch die G8-Staaten (USA, Kanada, Deutschland, Großbritannien, Frankreich, Italien, Japan und Russland)[201], ein informelles politisches und wirtschaftliches Gremium der größten Industriestaaten (mit einem Quotenanteil von insgesamt 48,01%), in dem wiederum vier EU-Mitgliedstaaten (mit einem Quotenanteil von insgesamt 19,12%) vertreten sind. Wegen der zerstreuten Repräsentanz im IMF wird als mögliche Form einer EU-Außenvertretung das Modell vom *„single EU chair"* angesehen, wonach die Quoten (und auch Stimmrechte) der EU-Mitgliedstaaten, die insgesamt 32,41% Quotenanteile[202] vereinigen, in einem EU-Sitz verschmelzen sollen.[203] Dieses Modell würde die Kalkulation der neuen EU-Quote unter Beachtung des Intra-EU-Handels, Intra-EU-Dienstleistungs- und Kapitalflusses bedeuten. Diese Variablen könnten zu einer Neuverteilung der Quoten insgesamt und zu einer Senkung der EU-Quote führen. Als Folge würde sich auch der finanzielle Beitrag der EU im IMF verringern.

Wenn dann die EU-Mitgliedstaaten tatsächlich die höchste Quote hätten, bliebe zu fragen, welche Konsequenz dies für den Sitz des IMF haben würde. Nach Art. XIII Abschnitt 1 IMF-Übereinkommen soll der Fonds nämlich seine Zentrale im Hoheitsgebiet des Mitgliedes mit der größten Quote haben. Als Mitglieder gelten nach Art. II Abschnitt 1 und 2 IMF-Übereinkommen Länder im Sinne von Staaten, dessen Kriterien die EU bislang nicht erfüllt.

---

[198] Vgl. David P. Rapkin/Jonathan R. Strand, Reforming the IMF's Weighted Voting System, in: The World Economy, 29 (2006) 3, S. 311.
[199] Das Vereinigte Königreich gehört wie Dänemark und Schweden nicht der sogenannten Eurozone an. Deutschland und Frankreich hätten mit 10,93% immer noch einen hohen Quotenanteil.
[200] Dazu zählen insbesondere folgende Stimmrechtsgruppen: BE, NE, CO, SZ.
[201] Die G7 (noch ohne Russland) ist 1975 gegründet worden.
[202] IMF Members' Quotas and Voting Power (Fn. 111).
[203] Vgl. Natalia Corrales-Díez (Fn. 197), S. 24.

A. Die Sitzverteilung in Abhängigkeit von der Mitgliederzahl 195

Mit der hier skizzierten Außenvertretung könnte die EU jedenfalls einheitlich nach außen auftreten und damit ihre Durchsetzungskraft erhöhen, denn Entscheidungen von internationaler Wichtigkeit und Interessen der EU würden nicht mehr primär auf nationaler Ebene auf der Grundlage eigener Interessen entschieden, sondern auf EU-Ebene auf der Grundlage europäischer Interessen.[204] Schon der EU-Vertrag von Amsterdam (Art. 19 EUV) fordert im Rahmen der GASP mehr Abstimmung und koordiniertes Handeln der EU-Mitgliedstaaten auch in internationalen Organisationen. Eine einheitliche Vertretung bei internationalen Einrichtungen im Finanzbereich ist nunmehr in Art. III-196 Abs. 2 VVE bzw. Art. 138 Abs. 2 AEU Lissabon angesprochen. Danach kann der Rat auf Vorschlag der Kommission und Anhörung der Europäischen Zentralbank[205] Maßnahmen zur Sicherstellung einer solchen Vertretung beschließen.[206] Allerdings wäre eine Regelung zur Aufforderung oder gar Verpflichtung zum Handeln notwendig gewesen.

Nachfolgende Übersicht zeigt noch einmal anschaulich die Zersplitterung der Vertretung der EU-Mitgliedstaaten in IMF-Stimmrechtsgruppen, die Notwendigkeit der Koordinierung der EU-Interessen und damit die Reformbedürftigkeit des IMF-Systems, insbesondere der Einteilung der Staatengruppen.

Wie das Exekutivdirektorium des IMF besteht auch das Direktorium der Internationalen Bank für Wiederaufbau und Entwicklung derzeit aus 24 Mitgliedern, von denen fünf von den fünf Mitgliedern mit den größten Anteilen (USA, Japan, Deutschland, Frankreich, Vereinigtes Königreich) ernannt und die anderen gewählt werden, wozu die Staaten Gruppen bilden (Art. V Abschnitt 4 lit. b i, ii IBRD-Übereinkommen).[207]

---

[204] Vgl. ebenda, S. 24 f.
[205] Der IMF gewährte der EZB am 21.12.1998 einen Beobachterstatus.
[206] Stimmberechtigt sind jedoch nur die Mitglieder des Rates, die die Mitgliedstaaten vertreten, deren Währung der Euro ist (Art. III-196 Abs. 3 UAbs. 1 VVE; Art. 138 Abs. 3 Satz 1 AEU Lissabon).
[207] IBRD-Übereinkommen vom 22.07.1944, in: UNTS, vol. 2, p. 134; BGBl. 1952 II, 664. Abgedruckt in: Hans von Mangoldt/Volker Rittberger (Hrsg.) (Fn. 29), Dokument 112, S. 154 (183).

Übersicht IV. 9: Vertretung der EU-Staaten in IMF-Stimmrechtsgruppen[208] mit IMF-Quotenanteilen[209]

Gruppenidentifikation	EU-Mitgliedstaaten als Mitglieder der Stimmrechtsgruppen	Andere Staaten als Gruppenmitglieder	IMF-Quotenanteile der EU-Mitgliedstaaten insgesamt in %
GR	Deutschland	-	5,99
FF	Frankreich	-	4,94
UK	Vereinigtes Königreich	-	4,94
BE	Belgien, Luxemburg, Österreich, Tschechische Republik, Slowakische Republik, Slowenien, Ungarn	Türkei, Kasachstan, Weißrussland	4,24
NE	Niederlande, Zypern, Bulgarien, Rumänien	Armenien, Bosnien/Herzegowina, Kroatien, Georgien, Israel, Mazedonien, Moldawien, Ukraine	3,20
CE	Spanien	Costa Rica, El Salvador, Guatemala, Honduras, Mexiko, Nicaragua, Venezuela	1,40
IT	Italien, Portugal, Griechenland, Malta	Albanien, San Marino, Timor-Leste	4,08
CO	Irland	Kanada, Antigua/Barbuda, Bahamas, Barbados, Belize, Dominica, Grenada, Jamaika, St. Kitts/Nevis, St. Lucia, St. Vincent/Grenadinen	0,39
NO	Dänemark, Finnland, Schweden, Estland, Lettland, Litauen	Island, Norwegen	2,60
SZ	Polen	Schweiz, Aserbaidschan, Kirgistan, Tadschikistan, Turkmenistan, Usbekistan, Serbien	0,63
Gesamt			∅ **1,20**

---

[208] Die Zusammensetzung der Stimmrechtsgruppen der Weltbank stimmt mit der des IMF überein (mit Ausnahme der Gruppenidentifikation). Stimmrechtsgruppen in: http://www.imf.org/external/np/sec/memdir/eds.htm (07.01.2008). Zu den Stimmrechtsgruppen vgl. Susanne Schmidtchen, Die Beziehung der Schweiz zu den Bretton Woods Institutionen, Zürich 2001, S. 142 ff.

[209] IMF Members' Quotas and Voting Power (Fn. 111).

bb) Sitzverteilung in anderen ausgewählten Kollegialorganen

Nach wirtschaftlichen Kriterien erfolgt ferner die Sitzverteilung in Exekutivorganen einiger anderer UN-Sonderorganisationen, wie im Verwaltungsrat der Internationalen Arbeitsorganisation (Art. 7 Abs. 2 ILO-Verfassung).[210] Das „größte" bzw. „wesentliche" Interesse an der Bereitstellung internationaler Schifffahrtsdienste bzw. am internationalen Handel über See dient als spezielles wirtschaftliches Kriterium bei der Sitzverteilung im Rat der Internationalen Seeschifffahrtsorganisation (Art. 17 IMO-Übereinkommen).[211] Weil sich die Entwicklungsländer in der Vorgängerorganisation, der IMCO, unzureichend repräsentiert sahen, ist diese durch eine Satzungsänderung im Jahre 1975 unter Erweiterung der Aufgaben in die IMO umbenannt worden. Schon 1960 hat der Internationale Gerichtshof mit einem Rechtsgutachten über die Zusammensetzung des Seeschifffahrts-Sicherheitsausschusses der Zwischenstaatlichen Beratenden Maritimen Organisation festgestellt, dass das hier gewählte Kriterium für die Sitzverteilung mit der internationalen Praxis übereinstimmt.[212] Gem. Art. 28 lit. a IMCO-Statut sollten mindestens acht Mitglieder des Seeschifffahrts-Sicherheitsausschusses „Staaten mit dem größten Eigentum an Schiffen" sein. Liberia und Panama, die in der Welt-Tonnageliste an dritter bzw. achter Stelle standen, wurden nicht in den Ausschuss gewählt. Gegen die Auffassung der großen Schifffahrtsnationen erklärte der Internationale Gerichtshof die registrierte Tonnage in einem Staat als einzig maßgebliches objektives Kriterium für die Zusammensetzung des Organs, denn auch für die Festsetzung der Mitgliedsbeiträge innerhalb der IMCO war die registrierte Gesamttonnage entscheidend.[213]

Wie sich die Sitzverteilung bei Veränderung der Situation ändern kann, erfuhr Belgien als Mitglied im Rat der IAEA. Für einen Sitz im Rat ist der Fortschritt in der Technik der Atomenergie einschließlich der Erzeugung von Ausgangsmaterial entscheidend (Art. VI Abschnitt A Abs. 1 IAEA-Satzung).[214] Als Kolonialmacht Kongos - ein Uranerzeuger, befand sich Belgien in einer bevorzugten Position bezüglich einer Wahl in den Rat der IAEA. Mit der Unabhängigkeit des Kongos hat

---

[210] „Of the twenty-eight persons representing governments, ten shall be appointed by the Members of chief industrial importance [...]." Zur ursprünglichen Sitzverteilung nach der originären ILO-Verfassung (Teil XIII Versailler Vertrag) sowie nachfolgenden Entwicklungen vgl. Felice Morgenstern, Legal Problems of International Organizations, Cambridge 1986, S. 64 ff.

[211] IMO-Übereinkommen vom 06.03.1948, in: UNTS, vol. 289, p. 48; BGBl. 1965 II, 313. Abgedruckt in: Hans von Mangoldt/Volker Rittberger (Hrsg.) (Fn. 29), Dokument 130, S. 916 (927).

[212] Constitution of the Maritime Safety Committee of the Inter-Governmental Maritime Consultative Organization, Advisory opinion of 8 June 1960, in: ICJ Reports 1960, S. 150 ff. (169).

[213] Vgl. Heribert Franz Köck/Peter Fischer, Das Recht der Internationalen Organisationen, 3. Auflage, Wien 1997, S. 467.

[214] IAEA-Satzung vom 26.10.1956, in: UNTS, vol. 276, p. 3; BGBl. 1958 II, 4. Abgedruckt in: Hans von Mangoldt/Volker Rittberger (Hrsg.) (Fn. 29), Dokument 134, S. 1208 (1217 f).

Belgien eine veränderte Zusammensetzung des Rates zu seinen Ungunsten akzeptieren müssen, woraufhin 1973 die Satzung geändert wurde.[215]

Nach wirtschaftlichen Kriterien erfolgt auch primär die Sitzverteilung im Rat der Internationalen Meeresbodenbehörde (Art. 161 SRÜ und Abschnitt 3 Abs. 15 Anlage DÜ-SRÜ[216]). Der aus sechsunddreißig Mitgliedern der Behörde bestehende Rat setzt sich aus vier verschiedenen Interessengruppen zusammen: vier Mitgliedstaaten, die während der letzten fünf Jahre, entweder mehr als 2% des Wertes des gesamten Weltverbrauchs der Rohstoffe, die aus den aus dem Gebiet gewinnbaren Mineraliengruppen erzeugt werden, verbraucht oder Nettoeinfuhren von mehr als 2% des Wertes der gesamten Welteinfuhr dieser Rohstoffe vorgenommen haben (Verbraucher- bzw. Importländer) (lit. a); vier aus den acht Mitgliedstaaten, die die umfangreichsten Investitionen zur Vorbereitung und Durchführung von Tätigkeiten im Gebiet vorgenommen haben (Investitionsländer) (lit. b); vier Mitgliedstaaten, die die wichtigsten Nettoexporteure der aus dem Gebiet gewinnbaren Mineraliengruppen sind (Exportländer) (lit. c) sowie sechs Mitgliedstaaten, die Entwicklungsstaaten sind (Entwicklungsländer) (lit. d). Aufgrund der Änderungen der Bestimmung des Art. 161 Abs. 1 lit. a SRÜ durch Abschnitt 3 Abs. 15 lit. a Anlage DÜ-SRÜ[217], die den USA und der Russischen Föderation jeweils Sitze im Rat garantieren, erfolgt quasi eine Zuordnung von ständigen Sitzen für diese Staaten. Dies ergibt sich aus dem Wortlaut der Bestimmungen: „Staat, [...] der [...] bei Inkrafttreten des Seerechtsübereinkommens die größte Wirtschaft aufweist" anstelle von zuvor „der größte Verbraucher" bzw. „Staat der osteuropäischen Region, der [...] die größte Wirtschaft in der Region aufweist" anstelle von zuvor „ein Staat der osteuropäischen (sozialistischen) Region". Im Gegensatz zu anderen internationalen Organisationen wie beispielsweise der Weltbank oder der UNIDO erlaubt vorliegende Bestimmung keine Anpassung aufgrund von Änderungen in der wirtschaftlichen Entwicklung der Mitgliedstaaten. Damit lehnt sich die Regel der Sitzverteilung im Rat der Behörde an die des UN-Sicherheitsrates bezüglich seiner ständigen Sitze an, wobei diese allerdings ausdrücklich namentlich genannt sind.[218]

Mit der Bezugnahme auf die osteuropäische Region (Abschnitt 3 Abs. 15 lit. a Anlage DÜ-SRÜ) wird das wirtschaftliche Kriterium für die Sitzverteilung mit dem geografischen verknüpft. Da sich auch die andere Hälfte der Ratsmitglieder der Internationalen Meeresbodenbehörde nach dem Kriterium der gerechten geografischen Verteilung bestimmt (Abschnitt 3 Abs. 15 lit. e Anlage DÜ-SRÜ), stellt der Rat der Internationalen Meeresbodenbehörde ein Beispiel für eine kombinierte Anwendung von Kriterien der Sitzverteilung dar.

---

[215] Vgl. Henry G. Schermers/Niels M. Blokker (Fn. 1), § 382, S. 207.
[216] DÜ-SRÜ vom 28.07.1994, in: UN Doc. A/48/263 (17.08.1994); BGBl. 1994 II, 2565.
[217] Anlagen gelten als Bestandteil eines völkerrechtlichen Vertrages. Vgl. Wolff Heintschel von Heinegg, in: Knut Ipsen (Fn. 24), § 11, Rdnr. 13, S. 142.
[218] Vgl. Rüdiger Wolfrum, The Decision-Making Process According to Sec. 3 of the Annex to Implementation Agreement, in: ZaöRV, 55 (1995) 1, S. 314.

d) Zusammenfassung

Aus der alten Erfahrung der Verwaltungslehre, wonach ein Organ ab einer gewissen Mitgliederzahl nicht mehr effektiv arbeiten kann[219], ergibt sich die Notwendigkeit zur Schaffung von Organen mit einer begrenzten Mitgliederzahl. Da die Mitgliedschaft in nicht plenaren Organen begrenzt ist, müssen Kriterien zu ihrer Besetzung gefunden werden. Meist wird auf politische, wirtschaftlich/finanzielle oder geografische Kriterien zurückgegriffen, wobei letztere vorrangig Anwendung bei universellen Staatenverbindungen finden.

Eine privilegierte Stellung bei der Sitzverteilung nicht plenarer Organe und damit im Entscheidungsprozess wird einigen wenigen Mitgliedern aufgrund bestimmter Kriterien durch die Zuerkennung ständiger Sitze zuteil. Selbst bei Zugrundelegung wirtschaftlicher/finanzieller Kriterien haben Mitgliedstaaten mit der größten wirtschaftlichen Bedeutung bzw. den höchsten Quoten in den Organisationen oft nicht selten quasi (weil Ernennung oder Wahl) „ständige" Sitze in den Exekutivorganen, wie beispielsweise internationaler Finanzorganisationen inne. Im Gegensatz zum UN-Sicherheitsrat, wo die Inhaberstaaten der ständigen Sitze unter Bezugnahme auf politische Kriterien namentlich genannt sind, wird die Verteilung der Sitze hier an wirtschaftliche Kriterien gekoppelt, so dass je nach wirtschaftlicher Lage Änderungen möglich sein können. Eine Sitzverteilung in kollegialen Entscheidungsorganen, wo eine bestimmte Anzahl von Sitzen nicht namentlich genannter Staaten, sondern einer Gruppe von Staaten nach vorher festgelegten, wie hier wirtschaftlichen, zugeordnet werden, hat allerdings den Vorteil, dass es bei entsprechenden Veränderungen einer Satzungsänderung nicht bedarf.[220] Gemein ist diesen Privilegierungen eine Durchbrechung des (formellen) Gleichheitsprinzips, speziell des Prinzips der souveränen Gleichheit der Staaten, die ihre Rechtfertigung in der besonderen politischen Verantwortung der betroffenen Mitgliedstaaten bzw. in ihrem besonderen wirtschaftlichen/finanziellen Beitrag für die Organisation finden.[221]

Bei einer Sitzverteilung auf der Grundlage der begrenzten Mitgliederzahl in Kollegialorganen stehen sich auf der einen Seite eine notwendige effektive Arbeitsfähigkeit, verbunden mit schneller Handlungsfähigkeit, und auf der anderen Seite ein in der Regel disproportionales Verhältnis zwischen allen Mitgliedern einer Organisation und der begrenzten Mitgliederzahl in entsprechenden Organen gegenüber. Zwischen diesen beiden Komponenten gilt es einen Ausgleich in der Sitzverteilung zu finden. Dieser kann erreicht werden, wenn die Zusammensetzung der Mitglieder nach Interessengruppen in nicht plenaren Organen diejenige des entsprechenden plenaren Organs widerspiegelt. Den steigenden Mitgliederzahlen in Organisationen ist die Anzahl von Sitzen in nicht plenaren Organen meist nicht in gleichem Maße gefolgt. Als markantes Beispiel hierfür soll der Verweis auf das Ansteigen der UN-Mitgliedschaft von ursprünglich 51 auf 192 Staaten und der Mitgliederzahl im UN-Sicherheitsrat von 11 auf 15 Staaten dienen. Das bedeu-

---

[219] Vgl. Ignaz Seidl-Hohenveldern/Gerhard Loibl (Fn. 1), Rdnr. 1142, S. 152.
[220] Vgl. Henry G. Schermers/Niels M. Blokker (Fn. 1), § 382, S. 208.
[221] Vgl. hierzu formelles versus materielles Gleichheitsprinzip bei der Sitzverteilung in Zusammenhang mit der Stimmenverteilung in Kapitel V E.

tet, dass weniger als 8% der Mitgliedstaaten der UNO im Sicherheitsrat vertreten sind und damit über die Wahrung des Weltfriedens und der internationalen Sicherheit entscheiden. Ähnlich ist die zahlenmäßige Situation in anderen Organisationen. Daraus lässt sich schlussfolgern, dass die durchschnittliche Möglichkeit eines jeden Mitgliedes der Organisation, auch Mitglied in einem ihrer nicht plenaren Organe zu werden, erheblich gesunken ist. Hier ist eine Erweiterung der Organe mit zusätzlichen Sitzen unter Beachtung der Gewährleistung ihrer Handlungsfähigkeit geboten. Bei Zugrundelegung des Demokratieprinzips im politischen Willensbildungs- und Entscheidungsprozess muss eine angemessene Vertretung aller Interessengruppen in Abhängigkeit von den Funktionen der Organe bzw. den zu regelnden Sachbereichen Berücksichtigung finden. Nach letzteren hat sich auch die Auswahl der Kriterien zu richten, nach denen die Sitzverteilung und damit die Beteiligung am Entscheidungsprozess bestimmt werden. Um diese zu erhöhen, müssen die Mitglieder in nicht plenaren Organen in bestimmten Zeitabständen neu gewählt bzw. ernannt werden. Der Grad der Beteiligung am Willensbildungs- und Entscheidungsprozess hat direkten Einfluss auf die Effektivität kollegialer Entscheidungsorgane sowie auf die Akzeptanz und Umsetzung getroffener Entscheidungen.

2. Die Sitzverteilung nach der Rotation

In nicht plenaren Organen, wo eben nicht alle Mitglieder einer Organisation vertreten sind, bietet die Rotation eine Form der Sitzverteilung, die eine Mitgliedschaft in bestimmten Zeitabständen gewährt. Rotation (lat. *rotatio*: Drehung) bedeutet vereinbarter turnusmäßiger personeller Wechsel bzw. Wechsel eines Sitzes innerhalb eines Kollegialorgans, nicht nur um Ämterhäufung und etwaigem Machtmissbrauch entgegenzuwirken[222], sondern auch zur Wahrnehmung der Interessen durch verschiedene Mitglieder bzw. Mitgliedergruppen im politischen Willensbildungs- und Entscheidungsprozess. Die im Sinne der Repräsentation und Entscheidungseffizienz wirkende Regel hat den Vorteil, dass die Zahl der Mitglieder des kollegialen Entscheidungsorgans begrenzt ist, jedes Mitglied einer Organisation dennoch in bestimmten Zeitabständen Mitglied des Organs wird und damit direkt am Willensbildungs- und Entscheidungsprozess beteiligt werden kann.

Die Turnus- oder Rotationsregel bei der Sitzverteilung in kollegialen Entscheidungsorganen gilt als ein altes Erbe der aristokratischen Staatsordnung, das sich in einigen Verfassungsentwürfen in der athenischen Demokratie wieder findet. Das Prinzip der vollständigen Abwechslung, das die Idee der Gleichheit verwirklichen sollte, verhinderte ein zu langes Verbleiben auf demselben Posten.[223] Diesem Ziel entsprechen heute periodisch wiederkehrende Wahlen.

Die Rotationsregel in dem athenischen Sinne hat sich die Partei der Grünen im Vorfeld der Bundestagswahlen vom März 1983 zu eigen gemacht, als sie es für grüne Bundestagsabgeordnete politisch beschlossen hat, d. h. einen Wechsel der

---

[222] Begriff Rotationsprinzip, in: Brockhaus Enzyklopädie, Band 23, 21. Auflage, Leipzig 2006, S. 386.
[223] Vgl. Tuttu Tarkiainen, Die athenische Demokratie, München 1972, S. 144.

Abgeordneten nach zwei Jahren (1986 wurde die Rotationsfrist auf vier Jahre verlängert) bzw. ein so genanntes *term splitting*. Mit dem Abgeordnetenaustausch im Bundestag beabsichtigten die Grünen eine Abschwächung der in Art. 38 Abs. 1 GG verankerten Repräsentationsregel, was auf erhebliche verfassungsrechtliche Bedenken stieß. Der von vornherein geplante Verzicht des Mandats durch Rücktritt der Abgeordneten, so dass die auf der Landesliste nächstplazierten nachrücken konnten, ist mit Art. 39 Abs. 1 GG, wonach der Bundestag auf vier Jahre gewählt wird, nicht vereinbar.[224] Durch die bereits bestehende Absicht, das Mandat nicht für die gesamte Legislaturperiode auszuüben, nimmt der Abgeordnete das Mandat quasi nicht an. Trotz Verfassungswidrigkeit der Rotation hat der Deutsche Bundestag die Mandatsverzichte der Abgeordneten der Grünen im Jahre 1985 als wirksam behandelt.[225] Mit der Abschaffung des Mandatsverzichts durch die Grünen ist die Konkordanz von Verfassungstheorie und -wirklichkeit schließlich wiederhergestellt worden. Neben plenaren Organen wie im vorstehenden Fall, findet die Rotationsregel weiterhin Anwendung für die Bestimmung des Vorsitzes von plenaren und nicht plenaren Kollegialorganen.[226] Für den weiteren Gang der Arbeit soll die Rotationsregel jedoch als Wechsel von Sitzen innerhalb von Organen mit begrenzter Mitgliederzahl herangezogen werden.

Die Rotationsregel wird zukünftig die dritte nacheinander angewendete Sitzverteilungsregel innerhalb der *Kommission der Europäischen Gemeinschaften* bzw. *Europäischen Union* sein, nachdem bereits die Regeln der ungleichen und gleichen Anzahl von Sitzen die Sitzverteilung innerhalb des europäischen Kollegialorgans bestimmten. Wenn die Zahl der Mitglieder der Kommission unter der Zahl der Unionsmitgliedstaaten liegen wird, erfolgt die Auswahl der Kommissionsmitglieder nach dem Prinzip der gleichberechtigten Rotation, das auf einer vorher festgelegten Ordnung beruhen wird, deren Einzelheiten vom Rat einstimmig festzulegen sind.[227] Diese Änderung des Art. 213 Abs. 1 EG sollte gem. Art. 4 Abs. 2 Protokoll über die Erweiterung der EU ab dem Amtsantritt der ersten Kommission bereits nach dem Beitritt des 27. EU-Mitgliedstaates gelten.

Der Verfassungsvertrag für Europa bzw. der Reformvertrag von Lissabon sehen umfassende Änderungen für die Kommission vor. Nach Art. I-26 Abs. 6 VVE bzw. Art. 17 Abs. 5 EU Lissabon wird die Einführung der Rotationsregel erst am 1. November 2014[228] erfolgen. Dann soll es eine Kommission in „kleinerer Besetzung" geben. Sie wird aus einer Zahl von Kommissaren bestehen, die zwei Drit-

---

[224] Vgl. Wolfgang Schreiber, Handbuch des Wahlrechts zum Deutschen Bundestag, 7. Auflage, Köln/Berlin/Bonn/München 2002, § 46, Rdnr. 11, S. 611.

[225] Vgl. Gerald Kretschmer, in: Bruno Schmidt-Bleibtreu/Franz Klein (Hrsg.) (Fn. 156), Art. 38, Rdnr. 61, S. 960.

[226] So im BR („Königsteiner Abkommen" vom 30.08.1950), im Rat der EG (Art. 203 Abs. 2 EG), im Ministerkomitee des Europarates (Art. 6 GO Ministerkomitee), im UN-Sicherheitsrat (Regel 18 GOSR).

[227] Vgl. Jürgen Schwarze, Ein pragmatischer Verfassungsentwurf, in: EuR, 38 (2003) 4, S. 550.

[228] Ab Ende der Amtszeit der ersten Kommission (2009-2014), die nach In-Kraft-Treten des Verfassungsvertrages für Europa bzw. nunmehr des Reformvertrages ernannt werden soll.

teln der Zahl der Vertragsstaaten entspricht (bei 27 Vertragsstaaten 18 Kommissare). Allerdings kann der Europäische Rat den einstimmigen Beschluss fassen, die Zahl der Kommissare zu ändern. Im Rahmen dieser Regelung werden die Kommissare nach einem System der gleichberechtigten Rotation zwischen den Vertragsstaaten ausgewählt. Dieses System ist jedoch erst noch durch einen einstimmig zu fassenden Beschluss des Europäischen Rates zu schaffen.[229] Der Verfassungsvertrag für Europa bzw. der Reformvertrag von Lissabon sehen lediglich die Grundsätze des Systems vor: Gleichbehandlung der Mitgliedstaaten bei der Festlegung der Reihenfolge und der Dauer der Amtszeiten ihrer Staatsangehörigen sowie Beachtung demografischer und geografischer Kriterien der Mitgliedstaaten (Art. I-26 Abs. 6 UAbs. 2 VVE; Art. 17 Abs. 5 UAbs. 2 EU Lissabon i.V.m. Art. 244 AEU Lissabon)[230], um eine ausgewogene Zusammensetzung der Kommission zu gewährleisten. Danach könnte jeder Staat in fünf von sieben Fällen bei der Bildung des Kollegialorgans ein Kommissionsmitglied vorschlagen.[231] Wegen fehlender Bestimmungen bezüglich einer konkreten Festlegung der Einzelheiten der Rotationsregel schon im Vertrag von Nizza, vergleicht Hatje nicht ganz zu Unrecht die Kommission unter Verwendung einer Metapher mit einer „[...] Astronautencrew auf dem Weg zum Mond Europa, der nach dem Start mitgeteilt wird, man müsse noch am Antrieb basteln".[232]

Weitere Anwendung findet die Rotationsregel in nicht plenaren Organen universeller Organisationen, wie innerhalb des *UN-Systems*.[233] Im UN-Sicherheitsrat erfolgt die Besetzung der Sitze der nichtständigen Mitglieder gem. Art. 23 Abs. 2 UN-Charta grundsätzlich in einem zweijährigen Turnus für gestaffelte Amtsperioden. Jedes Jahr wählt die Generalversammlung alternierend je fünf nichtständige Mitglieder. Eine unmittelbare Wiederwahl ausscheidender Mitglieder ist nicht zulässig. Dadurch soll eine stärkere Rotation der Staaten einer Gruppe erreicht werden.[234] Eine Staffelung der Amtszeit sieht die UN-Charta auch für den Wirtschafts- und Sozialrat vor. Von den 54 Mitgliedern des Wirtschafts- und Sozialrates werden alljährlich 18 Mitglieder für drei Jahre gewählt. Ein Verbot der unmittelbaren Wiederwahl, wie beim Sicherheitsrat, ausscheidender Mitglieder besteht nicht (Art. 61 Abs. 2 UN-Charta). Diese Regelung ermöglicht einerseits eine Bevorzugung führender bzw. einflussreicher Mitgliedstaaten, indem „ständige" Sitze

---

[229] Vgl. Matthias Ruffert, in: Christian Calliess/Matthias Ruffert (Hrsg.), Verfassung der Europäischen Union, München 2006, Art. I-26, Rdnr. 24, S. 335; Volker Epping, in: Christoph Vedder/Wolff Heintschel von Heinegg (Hrsg.), Europäischer Verfassungsvertrag, Baden-Baden 2007, Art. I-26, Rdnr. 14, S. 142.

[230] Diese Grundsätze sind bereits in Art. 4 Abs. 3 lit. a und b Protokoll über die Erweiterung der EU festgelegt worden.

[231] Kommission der EG, Institutionelle Reform für eine erfolgreiche Erweiterung, in: KOM (2000) 34, S. 13.

[232] Armin Hatje (Fn. 77), S. 150.

[233] So in Exekutivorganen von ICAO (Art. 50 lit. a ICAO-Satzung), UNESCO (Art. V Abschnitt A Abs. 3 UNESCO-Satzung), WHO (Art. 25 WHO-Satzung), ILO (Art. 7 Abs. 5 ILO-Verfassung). Vgl. Henry G. Schermers/Niels M. Blokker (Fn. 1), § 298, S. 217.

[234] Vgl. Ignaz Seidl-Hohenveldern/Gerhard Loibl (Fn. 1), Rdnr. 1158, S. 157.

für solche Mächte sichergestellt werden können[235], wie beispielsweise für die ständigen Mitglieder des Sicherheitsrates[236], und schwächt andererseits eine Rotation auf der Grundlage einer Gleichbehandlung. Bei einer bevorstehenden Reform der UN-Organe sollte deshalb die unmittelbare Wiederwahl abgeschafft werden.

Wenn für die Sitzverteilung auf der Grundlage der begrenzten Mitgliederzahl in nicht plenaren Entscheidungsorganen Gruppen von Staaten nach bestimmten Kriterien in den Satzungen festgelegt sind, rotieren die Staaten in der Regel innerhalb ihrer Gruppen. Wahlen benötigen meist zu viel Zeit. Die Rotation bestimmt die Amtszeit der Mitglieder eines Organs. Diese wird von verschiedenen Faktoren beeinflusst. Für eine effektive Nutzung gesammelter Erfahrungen sowie Kontinuität der Arbeit im Organ spricht eine längere Rotations- bzw. Amtszeit. Bei einer hohen Mitgliederzahl hingegen ermöglichen kürzere Rotations- bzw. Amtszeiten eine größere Beteiligung verschiedener Mitglieder am Entscheidungsprozess. Um dennoch eine gewisse Kontinuität in der Arbeit der Organe zu gewährleisten, können Amtsperioden gestaffelt werden, d.h. bei der ersten Wahl in ein Gremium wird ein Teil der Mitglieder nicht für die volle Amtsperiode gewählt. Bei den weiteren Wahlen wird daher jeweils nur ein Teil der Sitze neu vergeben.[237]

B. Die Sitzverteilung nach dem Losverfahren

Das Losverfahren wird nicht mehr, wie in der athenischen Demokratie, als Ersatz für die Wahl angesehen. Durch das Los werden heute vor allem Personalfragen im Fall von Stimmengleichheit bzw. Pattsituationen bei Wahlen entschieden.

I. Anwendungsfälle des Losverfahrens

Trotz einer immer noch vorhandenen theoretischen Geringschätzung des Losverfahrens findet es zunehmend praktische Wertschätzung.[238] Das Losverfahren findet beispielsweise Anwendung bei der Vergabe von Sitzen in Parlamenten, wenn Stimmengleichheit von zwei oder mehreren gewählten Personen bei der Wahl in den Wahlkreisen bzw. nach Landeslisten vorliegt, wie nach dem Bundeswahlgesetz (§§ 5, 6 Abs. 2 BWG) oder den Landeswahlgesetzen der Bundesländer (z.B. Art. 16, Art. 17 Abs. 2 LWG Berlin[239], § 28 Satz 3 LWG Rheinland-Pfalz[240], § 32

---

[235] Vgl. ebenda, Rdnr. 1146, S. 153.
[236] Vgl. Rainer Lagoni/Oliver Landwehr, in: Bruno Simma (ed.) (Fn. 131), Art. 61, Rdnr. 3, S. 980.
[237] Vgl. Ignaz Seidl-Hohenveldern/Gerhard Loibl (Fn. 1), Rdnr. 1157, S. 157.
[238] Vgl. Prodromos Dagtoglou, Kollegialorgane und Kollegialakte der Verwaltung, Stuttgart 1960, S. 145 f.; Adalbert Erler, in: Adalbert Erler/Ekkehard Kaufmann (Hrsg.), Handwörterbuch zur Deutschen Rechtsgeschichte, Band 3, Berlin 1984, Los, losen, Sp. 41; Otto Depenheuer, Zufall als Rechtsprinzip?, in: JZ, 48 (1993) 4, S. 172.
[239] LWG BE vom 25.09.1987, in: GVBl. 1987, 2370; 2006, 712.
[240] LWahlG RP i.d.F. vom 24.11.2004, in: GVBl 2004, 520; 2006, 35.

Abs. 1 Satz 2 LWG Nordrhein-Westfalen[241]). Das Los entscheidet auch auf kommunaler Ebene bei der Wahl der Gemeindevertretungen im Fall von Stimmengleichheit.[242]

Das Losverfahren bei Stimmengleichheit ist ebenfalls vorgesehen in Geschäftsordnungen kollegialer Organe von Staatenverbindungen mit unbegrenzter Mitgliederzahl im Fall von Personalentscheidungen, wie bei der Weltgesundheitsversammlung[243] oder der Generalkonferenz der UNESCO.[244]

Auch für die Festlegung von Amtszeiten kollegialer Entscheidungsorgane mit begrenzter Mitgliedschaft findet das Verfahren Anwendung. Bei der ersten Wahl nach der Erweiterung der Mitglieder des Wirtschafts- und Sozialrates gem. Art. 61 Abs. 3 UN-Charta ist durch Losverfahren bestimmt worden, welche der Mitglieder eine einjährige, welche eine zweijährige und welche eine dreijährige Amtszeit antreten würden.[245] Nach der Wahl ist diese Vorschrift allerdings obsolet geworden.

Vorstehende Beispiele belegen die verbreitete gesetzliche und geschäftsordnungsmäßige Regelung des Losverfahrens als eine Form der Personalentscheidung und damit der Sitzverteilung in kollegialen Entscheidungsorganen.

II. Formen des Losverfahrens

Die Form bzw. Technik des Losverfahrens kennt unzählige Varianten. Aus der Antike sind Zahlenorakel, Würfelorakel, das Aufschlagen von Buchtexten, Holzstäbchen oder Tonscherben mit Zeichen der Teilnehmer bekannt.[246] Einige bewährte antike Formen des Losverfahrens finden heute noch Anwendung. Die Form des Losverfahrens kann in der entsprechenden Vorschrift über die Durchführung über das Losverfahren mit enthalten sein, wie beispielsweise in Wahlgesetzen, Wahl- oder Geschäftsordnungen, wonach in der Regel das Los durch den Wahlleiter bzw. Vorsitzenden des Entscheidungsorgans zu ziehen ist (§§ 5, 6 Abs. 2 BWG; § 2 Abs. 2 Satz 4 GOBT). Wenn eine entsprechende Vorschrift fehlt, bleibt es den Mitgliedern des kollegialen Entscheidungsorgans überlassen, welche Form des Losverfahrens gewählt werden soll.

---

[241] LWG NW vom 16.08.1993, in: GV. NW. 1993, 516; GV. NRW. 2008, 2.
[242] § 37 Abs. 7 Satz 5 GO BW, § 51 Abs. 3 Satz 7 GO BY, § 48 Abs. 2 Satz 4 GO BB, § 55 Abs. 5 Satz 4 HGO, § 32 Abs. 1 Satz 3 GO MV, § 48 Abs. 2 Satz 4 NGO, § 50 Abs. 2 Satz 6 GO NRW, § 40 Abs. 3 Satz 3 GemO RP, § 46 Abs. 2 Satz 3 KSVG, § 39 Abs. 7 Satz 4 SächsGemO, § 54 Abs. 3 Satz 6 GO LSA, § 40 Abs. 3 Satz 2 GO SH, § 39 Abs. 2 Satz 5 ThürKO.
[243] Regel 81 Satz 2 GO WHO-Versammlung, in: http://www.who.int/governance/en (07.01.2008).
[244] Regel 95 Satz 3 GO UNESCO-Generalkonferenz, in: http://portal.unesco.org/en (07.01.2008).
[245] Vgl. Rainer Lagoni/Oliver Landwehr, in: Bruno Simma (ed.) (Fn. 131), Art. 61, Rdnr. 11, S. 983.
[246] Vgl. Adalbert Erler, in: Adalbert Erler/Ekkehard Kaufmann (Hrsg.) (Fn. 238), Los, losen, Sp. 43 f.

Entscheidend für die Wahl der Form ist die Erfüllung wesentlicher Bedingungen. Das Verfahren muss ordnungsgemäß durchgeführt werden und dabei ein nicht beeinflusstes Zufallsergebnis herbeiführen. Das Losverfahren darf keinen der zur Auswahl stehenden Kandidaten benachteiligen. Die Wahrung der Chancengleichheit muss gegeben sein. Verfahren, die Manipulationen zulassen, sind unzulässig. So hat das Bundesverwaltungsgericht das Streichholzziehen wegen seiner leichten Manipulationsmöglichkeiten zu einer unzulässigen Form des Losentscheides erklärt. Derjenige, der die Streichhölzer hält, könne auf schwer überschaubare Weise das längere oder kürzere Streichholz bewusst auf die eine oder andere Seite nehmen bzw. eines der Streichhölzer etwas länger herausragen lassen oder die Streichhölzer unterschiedlich festhalten. Weiterhin seien Transparenz und Überprüfbarkeit des Verfahrens wichtig.[247] Die Eignung eines Münzwurfes als Losentscheidung bei einer Wahl wegen Stimmengleichheit hat der Verwaltungsgerichtshof München für den Fall bejaht, dass, „[...] die Münze genügend hochgeworfen wurde und durch ihr Auftreffen auf einer harten Unterlage in mehrfache Umdrehung versetzt worden ist".[248]

III. Legitimation des Losverfahrens

Beim Losverfahren stellt sich die Frage nach der Legitimation und der Gerechtigkeit. Diese Frage führt zu einem weitgehend unerforschten Bereich in der modernen Rechtswissenschaft, den Depenheuer in seiner Bonner Antrittsvorlesung am 5. Juni 1992 mit ersten dogmatischen Strukturen erfolgreich versucht hat zu erhellen.[249] Beim Losverfahren wird die Entscheidung dem Zufall überlassen. Der Zufall als Entscheidungs- bzw. Rechtsprinzip ist aber zu Recht nicht unumstritten. So wertet Kelsen die Methode, Personalentscheidungen durch Los zu treffen, schlichtweg als „töricht".[250] Das Recht dem Zufall zu überlassen, erscheint generell sowohl mit dem Gerechtigkeits- als auch Rechtsstaatlichkeitsprinzip schwerlich vereinbar. Diese vermeintliche Inkompatibilität von Recht und Zufall würde aber dem empirischen Befund einer durchaus beachtenswerten Anwendungspraxis des Loses widersprechen.[251]

Die Systematisierung des Loses geht auf Thomas von Aquin im 13. Jahrhundert zurück. Er hat das Los in drei verschiedene Kategorien eingeteilt: das verteilende (*sors divisoria*), das ratsuchende bzw. beratende (*sors consultoria*) und das wahrsagende (*sors divinatoria*).[252] Heute weisen nur noch das verteilende und das ratsuchende Los eine gewisse praktische Bedeutung auf, wobei das ratsuchende nicht selten auch als entscheidendes Los behandelt wird. Letzteres wird meist dann an-

---

[247] BVerwGE 88, 183 (188 f.).
[248] VGH München, Beschluss vom 13.02.1991 – 17 P 90.3560, in: NJW, 44 (1991) 36, S. 2306 f.
[249] Otto Depenheuer (Fn. 238), S. 171 ff.
[250] Hans Kelsen, Die Illusion der Gerechtigkeit, Wien 1985, S. 347.
[251] Vgl. Otto Depenheuer (Fn. 238), S. 171 ff.
[252] Thomas von Aquin, Summa Theologica, Band 5, 6. Auflage, Luxemburg 1870, II/2 q. 95 a. 8, S. 26.

gewendet, wenn eine unauflösbare Pattsituation bzw. Stimmengleichheit bei Wahlen eingetreten ist; das verteilende Los, wenn mehrere gleichberechtigte Anspruchsteller mit einem nur begrenzten Angebot an Gütern oder Ämtern zusammentreffen. Weil das Los ohne Ansehen der Person über einen Sitz entscheidet, ist hiermit ein wichtiges Element der Gerechtigkeit erfüllt.[253] Schon „Justitia", die römische Göttin der Gerechtigkeit und des Rechtswesens, wird meist mit verbundenen Augen dargestellt, die „ohne Ansehen der Person" entscheidet. Ungeachtet ihrer Blindheit ist das Recht nach sorgfältiger Abwägung der Sachlage, sinnbildlich durch die Waage dargestellt, gesprochen worden.

Wenn aber die Abwägung der Sachlage keine Entscheidung ermöglicht, oder wie Depenheuer es nennt, eine prekäre Entscheidungssituation entsteht, findet der Losentscheid seine Legitimation, und der Zufall wird als Rechtsprinzip vernünftig.[254] Die rechtliche Legitimation einer Entscheidung durch Losverfahren ergibt sich letztendlich aus dem Fehlen sachlicher Kriterien bzw. Maßstäbe, das eine Unterscheidung verschiedener zur Auswahl stehender Optionen unmöglich werden lässt. Dem Los als „sach- und wertneutralstes Kriterium" gebührt Vorzug, wenn sachbezogene Kriterien, die eine Differenzierung ermöglichen würden, fehlen.[255] Das Losverfahren soll aber erst dann Anwendung finden, wenn alle zur Verfügung stehenden Entscheidungsmöglichkeiten „gleichwertig" sind, d.h. keine eine höhere Richtigkeitsgewähr als alle anderen hat. Unter dieser Voraussetzung kann von einem gerechten Verfahren zur Herbeiführung einer Entscheidung gesprochen werden. Jede der bestehenden Entscheidungsmöglichkeiten wäre immer einem bloßen Nichtentscheiden vorzuziehen.

Die Entscheidung durch Losverfahren setzt somit die Gleichheit der Entscheidungsmöglichkeiten voraus.[256] Die Auflösung von Pattsituationen bei Wahlen kann demzufolge durch Losverfahren nur dann erfolgen, wenn die Gleichheit der Kandidaten gegeben ist. Für die Wahlen zum Bundestag knüpft das passive Wahlrecht lediglich an die Volljährigkeit (Art. 38 Abs. 2 2. Halbsatz GG) sowie an die Staatsangehörigkeit (Art. 116 Abs. 1 GG) an. Bei Vorliegen dieser Voraussetzungen ist die rechtliche Gleichheit trotz bestehender (faktischer) Unterschiede gegeben. Rechtsgleichheit kann von einem Rechtsstaat durch Rechtsetzung hergestellt werden, indem Differenzierungsmöglichkeiten bewusst ausgeschlossen und rechtliche Voraussetzungen für eine Position bzw. einen Sitz normiert werden.[257] Zur Herbeiführung einer Entscheidung bei Stimmengleichheit in Wahlen zum Bundestag ist in §§ 5 und 6 Abs. 2 Satz 5 BWG das Losverfahren vorgesehen. Die Gleichwertigkeit der Alternativen würde ohne das Losverfahren zur Verhinderung einer Entscheidungsfindung führen, die eine Paralyse der Funktionsfähigkeit des kollegialen Entscheidungsorgans zur Folge hätte. Oft liegt es aber in der Sache der

---

[253] Vgl. Rüdiger Zuck, Politische Sekundärtugenden (III): Die Kunst, das Los zu werfen, in: NJW, 50 (1997) 5, S. 298.
[254] Vgl. Otto Depenheuer (Fn. 238), S. 175 f.
[255] Vgl. Wilfried Berg, Die Verwaltung des Mangels, in: Der Staat, 15 (1976) 1/4, S. 22.
[256] Dies lässt sich anschaulich an der verkehrspolitischen Erstentscheidung für den Links- oder Rechtsverkehr darstellen. Vgl. Otto Depenheuer (Fn. 238), S. 176.
[257] Vgl. ebenda, S. 177

B. Die Sitzverteilung nach dem Losverfahren

Situation selbst, dass auf eine Entscheidung nicht verzichtet werden kann bzw. unmittelbarer Handlungszwang besteht.[258] Dann muss auf ein entscheidungsfähiges Verfahren zurückgegriffen werden können, wie es das Losverfahren darstellt. Dabei kommt es nicht auf den Inhalt des Losentscheides an, als vielmehr auf dessen Funktion zur Herbeiführung einer Entscheidung.

Die Rechtfertigung des Losverfahrens begründet sich aus dem Umstand, dass kein anderes vernünftiges Verfahren zur Verfügung steht, um zu einer zu treffenden Entscheidung zu gelangen.[259] Dies gilt insbesondere für Entscheidungen unter Zeitdruck. Gerade rechtliche Entscheidungen nehmen eine relativ lange Zeit in Anspruch. Nicht umsonst wird Justitia gelegentlich auch auf einer Schildkröte stehend dargestellt, womit symbolisiert werden soll, dass jedes gründliche Verfahren seine Zeit braucht. Je größer die Entscheidungsnotwendigkeit und je geringer die zur Verfügung stehende Zeit für die Entscheidungsfindung sind, umso unabdingbarer kann die Herbeiführung einer Entscheidung zwischen gleichwertigen Alternativen durch das Losverfahren werden. Die Entscheidungsnotwendigkeit steht damit umgekehrt proportional zur Zeit.[260]

Zwar ist die Anwendung des Losverfahrens bei Stimmengleichheit bzw. Pattsituationen nicht unbedingt notwendig, weil hierfür auch andere Formen der Entscheidungsfindung zur Verfügung stehen, wie im sechsten Kapitel zu zeigen sein wird, vernünftig ist es aber zweifellos. Die Anwendung des Losverfahrens ist als *ultima ratio* anzusehen und jedem Nichthandeln vorzuziehen. Ansonsten würde das kollegiale Entscheidungsorgan das Schicksal von Buridans Esel[261] teilen, der hungrig zwischen zwei gleich großen, gleich beschaffenen, in gleichem Abstand befindlichen Heubündeln stehend sich nicht zu entscheiden vermochte, von welchem der Bündel er zuerst fressen solle und verhungerte.[262] Für den Esel wäre es wahrlich besser gewesen, eine Entscheidung durch das Los treffen zu lassen, als keine.

---

[258] Vgl. ebenda, S. 176.
[259] Vgl. Wilfried Berg (Fn. 255), S. 22.
[260] Vgl. Otto Depenheuer (Fn. 238), S. 176.
[261] Vgl. Arnim Regenbogen/Uwe Meyer (Hrsg.), Wörterbuch der philosophischen Begriffe, Hamburg 1998, S. 118 f.
[262] Buridans (1300-1358) erdachtes Beispiel der Willensentscheidung geht auf Ausführungen von Dante und Aristoteles zurück. Dante sagte: „*Intra due ... commendo*: posto fra due cibi, collocati ad uguale distanza e tali da stimolare ugualmente il suo appetito, l'uomo dotato di libero arbitrio morirebbe di fame prima di risolversi a sceglierne uno, [...]." „Zwischen zwei Speisen, gleich entfernt und lockend, Ging hungrig wohl ein freier Mann zugrund', Nicht von der einen noch der andern brockend." Dante Alighieri, La Divina Commedia, Teil 3 Paradiso, IV 1, Ricciardi, Milano 1957. Aristoteles wies auf den sehr stark Hungernden und Dürstenden hin, der „[...] aber gleichmäßig sowohl von Speise als auch von Trank in gleichem Abstande entfernt ist, denn auch dieser muß nothwendig ruhig bleiben [...]." Aristoteles, Ueber das Himmelgebäude, in: Karl Prantl (Hrsg.), ‚Aristoteles' Vier Bücher über das Himmelgebäude und Zwei Bücher über Entstehen und Vergehen, Aalen 1978, II, 13, 296 a, S. 171. Vgl. Arthur Schopenhauer, Ueber den Willen in der Natur, in: Angelika Hübscher (Bearb.), Schriften zur Naturphilosophie und zur Ethik, Band 4, 4. Auflage, Mannheim 1988, Rdnr. 25 ff., S. 58 f.

C. Der Ausschluss von der Sitzverteilung durch Sperrklauseln

Die Zusammensetzung kollegialer Entscheidungsorgane kann durch die Einführung von Mindestquoren bzw. Sperrklauseln erheblich beeinflusst werden. Zu unterscheiden ist zwischen einer faktischen Sperrklausel, bei der durch das Wahlsystem als solchem implizit eine gewisse Mindeststimmenanzahl erforderlich ist, um einen Sitz zu erlangen und einer expliziten Sperrklausel, bei der die Höhe der Sperre im Gesetz geregelt wird. Die Teilnahme an der Mandatsverteilung kann somit vom Erreichen eines bestimmten Prozentsatzes der gültigen abgegebenen Stimmen oder der Stimmenmehrheit in einem (oder mehreren) Wahlkreis(en) von einer expliziten Prozenthürde oder Grundmandatsklausel abhängig gemacht werden.[263] Sperrklauseln für parlamentarische Organe bewirken, dass politische Parteien oder Gruppen, die diese Hürde nicht überwinden, bei der Zusammensetzung des Parlaments keine Berücksichtigung finden. Damit greifen Sperrklauseln direkt in die Sitzverteilung kollegialer Entscheidungsorgane ein.[264]

I. Zweck von Sperrklauseln und ihre Anwendung

Der Zweck von Sperrklauseln besteht in der Abwehr der „staatspolitische[n] Gefahr"[265], die sich aus einer Funktionsunfähigkeit gewählter Volksvertretungen ergibt.[266] Das Verhindern einer Zersplitterung der Sitzverteilung[267] in kollegialen Entscheidungsorganen soll die Bildung stabiler Regierungsmehrheiten ermöglichen, damit die Handlungs- und Entscheidungsfähigkeit parlamentarischer Organe gesichert ist. Folglich sind Sperrklauseln an die Anwendung des Mehrheitsprinzips geknüpft. Die Funktionsfähigkeit ist mit Bezug zu einem Krisenszenario wie dem Gesetzgebungsnotstand in Art. 81 Abs. 1 GG zu sehen und nicht als bloße Optimierungsskala.[268]

Sperrklauseln finden Anwendung in Parlamenten sowohl auf nationaler inländischer (Bundes-, Landes- und kommunaler) und ausländischer Ebene als auch auf EU-Ebene. In Deutschland wurden sie eingeführt nach den Erfahrungen der Wei-

---

[263] Vgl. Martin Fehndrich, Sperrklauseln und Prozenthürde, in: Wahlrechtslexikon online, http://www.wahlrecht.de/lexikon/sperrklausel.html (07.01.2008).
[264] Vgl. Wolfgang Schreiber (Fn. 224), § 6, Rdnr. 17, S. 218 ff.
[265] BVerfGE 1, 208 (248); 47, 198 (227). Murswiek bezeichnet dies nicht zu Unrecht als „leerformelartige" Rechtfertigung. Dietrich Murswiek, Die Verfassungswidrigkeit der 5%-Sperrklausel im Europawahlgesetz, in: JZ, 34 (1979) 2, S. 50.
[266] BVerfGE 1, 208 (247 f.); 4, 31 (40); 6, 84 (92, 93 f.); 51, 222 (236).
[267] Das BVerfG hat in seiner früheren Rechtsprechung als „Splitterparteien", „[D]iejenigen Parteien, welche die in einem bestimmten Wahlgesetz für die Mandatszuteilung aufgestellten *zahlenmäßigen* Voraussetzungen nicht erfüllen," bezeichnet. Einen allgemeingültigen Begriff der „Splitterpartei" gebe es nicht. BVerfGE 4, 31 (40 f.).
[268] Vgl. Walter Pauly, Das Wahlrecht in der neueren Rechtsprechung des Bundesverfassungsgerichts, in: AöR, 123 (1998), S. 254.

marer Republik, in der es nur eine Sperrhürde mit schwacher Wirkung gab, was teilweise zu einer Vertretung einer zweistelligen Anzahl von Parteien im Parlament führte, was wiederum eine Bildung tragfähiger Regierungs-Koalitionen erheblich erschwerte.[269] Das Grundgesetz selbst enthält keine Bestimmung zur Sperrklausel. Während der Parlamentarische Rat eine Sperrklausel wegen des Widerspruchs zur Wahlgleichheit abgelehnt hatte[270] und das Wahlgesetz zum 1. Deutschen Bundestag[271] noch keine Sperrklausel enthielt[272], regelt heute § 6 Abs. 6 Satz 1 BWG ein Mindestquorum von fünf vom Hundert der abgegebenen Zweitstimmen.[273] Eine Durchbrechung dieses Wahlsystems lässt die Ausnahmeregelung des § 6 Abs. 6 Satz 2 BWG für von Parteien nationaler Minderheiten eingereichte Listen zu.[274] Bestehende Ausnahmen von der Regel für Parteien nationaler Minderheiten im Bund und in bestimmten Ländern[275] sollen dem Minderheitenschutz gerecht werden. In seiner früheren Rechtsprechung hat das Bundesverfassungsgericht die Grundmandatsklausel des § 6 Abs. 6 Satz 1 2. Halbsatz BWG noch als eine rechtfertigungsbedürftige Ausnahme von der Sperrklausel verstanden[276]; in der neueren stellt er Sperrklausel und Grundmandatsklausel als „alternative Zugangshürden" nebeneinander.[277]

Im Gegensatz zum Grundgesetz enthalten einige Landesverfassungen[278] Sperrklauselregelungen. Dabei ist zwischen Regelungen, die die Höhe von 5% zwin-

---

[269] Vgl. Ulrich Wenner, Sperrklauseln im Wahlrecht der Bundesrepublik Deutschland, Frankfurt am Main/Bern/New York 1986, S. 5 ff. Zum Weimarer Wahlrecht vgl. Volker Nenstiel, Die Auswirkungen der Weimarer Wahlrechtsentwicklung auf die Rechtsprechung des Bundesverfassungsgerichts, Frankfurt am Main/Berlin/Bern/New York/Paris/Wien 1992, S. 30 ff.

[270] Vgl. Ernst Becht, Die 5%-Klausel im Wahlrecht, Stuttgart/München/Hannover 1990, S. 88 ff.

[271] Gesetz vom 15.06.1949, in: BGBl. I, 21.

[272] Vgl. Ulrich Wenner (Fn. 269), S. 89 ff.

[273] Zur Entstehungsgeschichte der 5%-Sperrklausel vgl. ebenda, S. 63 ff.

[274] Vgl. Ernst Becht (Fn. 270), S. 166 ff.; Angelika Kühn, Privilegierung nationaler Minderheiten im Wahlrecht der Bundesrepublik Deutschland und Schleswig-Holsteins, Frankfurt am Main/Bern/New York/Paris 1991, S. 301 ff.

[275] In Brandenburg ist nach § 3 Abs. 1 BbgLWahlG die sorbische Minderheit von der 5%-Hürde ausgenommen, in Schleswig-Holstein die dänische Minderheit (SSW - Südschleswigscher Wählerverband) nach § 3 Abs. 1 LWahlG (GVOBl. 1991, 442; 2007, S. 271). Allerdings hält das Schleswig-Holsteinische OVG die Befreiung des SSW von der 5%-Hürde nur im Landesteil Schleswig für rechtmäßig. Die Sache wurde dem BVerfG zur Entscheidung (2 BvL 18/02) vorgelegt und am 17.11.2004 als unzulässige Normenkontrollvorlage zurückgewiesen. Mit Beschluss vom 05.01.2005 hat das Schleswig-Holsteinische OVG das Verfahren erneut dem BVerfG zur Entscheidung über die Verfassungsmäßigkeit des § 3 Abs. 1 Satz 2 LWahlG vorgelegt, das die Normenkontrollvorlage wiederum als unzulässig zurückwies. BVerfG, Beschluss vom 14.02.2005 – 2 BvL 1/05.

[276] BVerfGE 4, 31 (40).

[277] BVerfGE 95, 408 (420). Vgl. Walter Pauly (Fn. 268), S. 259.

[278] Art. 28 Abs. 3 Satz 3 LV BW, Art. 14 Abs. 4 LV BY, Art. 39 Abs. 2 LV BE, Art. 75 Abs. 3 LV HB, Art. 75 Abs. 3 Satz 2 LV HE, Art. 8 Abs. 3 LV NI, Art. 80 Abs. 4 Satz 2 LV RP, Art. 49 Abs. 2 LV TH.

gend vorschreiben[279], und Regelungen, die die Gesetzgeber zur Festlegung einer Sperrklausel ermächtigen[280], zu unterscheiden. Während die Bestimmungen über die Sperrklauseln in der Regel immer Bezug auf das gesamte jeweilige Wahlgebiet nehmen, beziehen sich die verfassungsrechtlichen Regelungen Bremens jeweils getrennt auf die Wahlgebiete Bremen und Bremerhaven.[281] Neben bundes- und landesrechtlichen (verfassungs- und einfachgesetzlichen) Regelungen gibt es Sperrklauseln in einigen Bundesländern auch auf Kommunalebene[282]: Saarland[283], Schleswig-Holstein[284], Thüringen[285] in Höhe von je 5% wie auf Bundesebene und Rheinland-Pfalz mit 3,03%.[286] Andere Länder haben hingegen bei Kommunalwahlen darauf verzichtet[287] oder Sperrklauseln abgeschafft[288], wie Baden-Württemberg[289], Bayern[290], Berlin[291], Hessen[292], Mecklenburg-Vorpommern[293], Niedersach-

---

[279] Art. 14 Abs. 4 LV BY, Art. 75 Abs. 3 LV HB, Art. 39 Abs. 2 LV BE, Art. 8 Abs. 3 LV NI, Art. 49 Abs. 2 LV TH.

[280] Art. 28 Abs. 3 Satz 3 LV BW, Art. 75 Abs. 3 Satz 2 LV HE, Art. 80 Abs. 4 Satz 2 LV RP.

[281] Vgl. Ulrich Wenner (Fn. 269), S. 61.

[282] Zur strittigen Frage der Zulässigkeit von Sperrklauseln im Kommunalwahlrecht vgl. Alexander Saftig (Fn. 6), S. 353 ff.; Dirk Ehlers, Sperrklauseln im Wahlrecht, in: Jura, 21 (1999) 12, S. 665 f.

[283] § 41 Abs. 1 KWG SL vom 04.02.2004, in: Amtsbl. 2004, 382; 2006, 474, 530. Zur Sperrklausel bei Kommunalwahlen im Saarland vgl. VerfGH Saarland Urteil vom 02.06.1998 – Lv 4/97.

[284] § 10 Abs. 1 SchlHGKWG vom 19.03.1997, in: GVOBl. 1997, 151; 2007, 452. Zur Verfassungsmäßigkeit der 5%-Sperrklausel vgl. BVerfGE 107, 286; Michael Sachs, Rechtsprechung, in: JuS, 44 (2004) 1, S. 69 ff.

[285] § 22 Abs. 2 ThürKWG vom 16.08.1993, in: GVBl. 1993, 530; 2004, 853.

[286] Absenkung der Sperrklausel 1989 von 5 auf 3%. § 41 Abs. 1 KWG RP vom 31.01.1994, in: GVBl. 1994, 137; 2006, 57.

[287] Zum Verzicht auf Sperrklauseln bei Kommunalwahlen vgl. Hans Michael Heinig/Martin Morlok, Konkurrenz belebt das Geschäft!, in: ZG, 15 (2000), S. 377 ff.

[288] Von einigen Verfassungsgerichten der Länder ist die 5%-Sperrklausel bei Kommunalwahlen für unzulässig bzw. überprüfungspflichtig erklärt worden.

[289] KomWG BW vom 01.09.1983, in: GBl. 1983, 429; 2005, 578.

[290] BayGLKrWG vom 07.11.2006, in: GVBl 2006, 834. Urteil des BayVerfGH vom 18.03.1952, in: VerfGH 5, 66 (76), in: BayGVBl, 13 (1995), S. 155 ff.; Bayer. VerfGH, in: DÖV, 5 (1952), S. 438 ff. (Entscheidung: „Die 10% Klausel des Art. 14 Abs. 4 BV ist gültig, die 5% Klausel des Art. 24 Abs. 4 des bayr. Gemeindewahlgesetzes vom 16.02.1952 ist verfassungswidrig.").

[291] Der Berliner VerfGH hat die in § 22 Abs. 2 BerlWahlG enthaltene 5%-Sperrklausel für Wahlen zu Bezirksverordnetenversammlungen durch Urteil vom 17.03.1997– VerfGH 90/95 für verfassungswidrig erklärt, in: LKV, 8 (1998) 4, S. 142 ff. Die 5%-Klausel für Wahlen zum Abgeordnetenhaus (Länderparlament) ist hingegen durch Beschluss vom 17.03.1997 – VerfGH 82/95, in: LKV, 8 (1998) 4, S. 147 ff. nicht als Verstoß gegen die Prinzipien der Wahlrechtsgleichheit und der Chancengleichheit der politischen Parteien qualifiziert worden.

[292] KWG HE vom 01.04.2005, in: GVBl. 2005 I, 197.

[293] § 37 Abs. 2 Satz 1 KWG MV, in: GVOBl. 1993, 938 enthielt eine 5%-Sperrklausel. Zur Sperrklausel im KWG MV vgl. Urteil LVerfG MV vom 14.12.2000 – LVerfG 4/99

C. Der Ausschluss von der Sitzverteilung durch Sperrklauseln 211

sen[294], Nordrhein-Westfalen[295], Brandenburg[296], Sachsen[297] und Sachsen-Anhalt.[298] Die Stadtstaaten verfügen über keine eigenen Kommunalwahlgesetze; hier amtieren die Landtage auch als Gemeindevertretungen.[299]

In seinem jüngsten Urteil vom 13. Februar 2008 hat das Bundesverfassungsgericht keine hinreichenden Gründe zur Beibehaltung der 5%-Sperrklausel im schleswig-holsteinischen Kommunalwahlgesetz zur Sicherung der Funktionsfähigkeit der Kommunalvertretungen mehr erkennen können.[300] Die Erforderlichkeit der 5%-Sperrklausel für Bundestags- oder Landtagswahlen könne nicht ohne weiteres auf die Erforderlichkeit der Sperrklausel auch für die Kommunalwahlen geschlossen werden. Während bei gesetzgebenden Körperschaften klare Mehrheiten zur Sicherung einer funktionsfähigen Regierung unentbehrlich seien, treffe dies bei vorwiegend Verwaltungstätigkeiten ausübenden Gemeindevertretungen und Kreistagen nicht zu. Dabei stellt das Gericht auf die Kompetenz des Gesetzgebers ab, die Sicherstellung der Funktionsfähigkeit der Volksvertretung mit dem Gebot der Wahlgleichheit und der Chancengleichheit politischer Parteien auszugleichen. Aus den Erfahrungen von anderen Bundesländern ohne 5%-Sperrklausel seien jedenfalls keine schwerwiegenden Störungen der Funktionsfähigkeit der Kommunalvertretungen bekannt.

Das Anwendungsgebiet von Sperrklauseln kann wie in der Bundesrepublik Deutschland bundes- oder landesweit festgesetzt sein oder wie in anderen Staaten auf nationaler bzw. auf Wahlkreisebene. Dabei sind Variierungen in der Höhe je nach Bereich möglich.[301] Die Höhe des Mindestquorums ist im nationalen Parlamentsrecht der Staaten zwischen 0,67% und 10% unterschiedlich festgelegt, wobei die meisten Staaten Sperrklauseln von 5% regeln.[302] Im Demokratisierungsprozess Osteuropas sind gestaffelte Sperrklauseln als Neuerung geschaffen wor-

---

(NordÖR 2001, 64). KWG MV vom 13.10.2003, in: GVOBl. M-V 2003, 458; 2006, 194.

[294] NKWG vom 24.02.2006, in: Nds. GVBl. 2006, 91.
[295] KWahlG NW vom 30.06.1998, in: GV. NW. 1998, 454; GV. NRW. 2007, 374. Der VerfGH NW hat die 5%-Sperrklausel mit den Prinzipien der Wahlrechtsgleichheit und Chancengleichheit der politischen Parteien für unvereinbar erklärt. VerfGH NW, Urteil vom 06.07.1999 – VerfGH 14/98 und 15/98, mit Anmerkung von Hubert Meyer, in: DVBl., 114 (1999) 18, S. 1276 ff.
[296] BbgKWahlG vom 10.10.2001, in: GVBl. 2001 I, 198; 2004, 59, 66.
[297] KomWG SN vom 05.09.2003, in: SächsGVBl. 2003, 428; 2004, 182.
[298] KWG ST vom 22.12.1993, in: GVBl. LSA 1993, 818; 2004, 62.
[299] § 4 Abs. 1 Gesetz über die Wahl zu den Bezirksversammlungen vom 22.07.1986, in: HmbGVBl. 1986, 230; 2006, 519, 521. „Die 5%-Sperrklausel des hamburgischen Bezirkswahlrechts ist verfassungsgemäß." HVerfG, Urteil vom 30.09.1998 – HVerfG 1/98 u.a., in: DÖV, 52 (1999) 7, 3. Leitsatz, S. 296. § 7 Abs. 4 LWG HB vom 23.05.1990, in: Brem. GBl. 1990, 321; 2006, 99.
[300] BVerfG, Urteil vom 13.02.2008 – 2 BvK 1/07.
[301] Vgl. Dieter Nohlen (Fn. 4), S. 111 f.
[302] 0,67%: Niederlande; 1,5%: Israel; 2%: Dänemark, Mexiko; 3%: Bolivien, Griechenland, Japan, Ukraine; 4%: Bulgarien, Österreich, Schweden, Slowenien; 5%: Armenien, Georgien, Deutschland, Marokko, Mosambique, Neuseeland, Polen, Russland, Sierra Leone, Slowakei; 8%: Aserbaidschan; 10%: Türkei. Vgl. ebenda, Tabelle 9, S. 113.

den, die verhindern sollen, dass kleine Parteien die Hürde durch Eingehen von Wahlallianzen bzw. Listenverbindungen nicht überspringen können.[303]

Auch für die Wahl der Abgeordneten des Europäischen Parlaments, die die Sitzverteilung in diesem Entscheidungsorgan bestimmt, gelten nach den national unterschiedlichen Wahlsystemen in einigen EU-Mitgliedstaaten, wie auch in Deutschland[304], Sperrklauseln.[305] Diese nationalen Regelungen gelten solange, bis ein einheitliches Wahlgesetz in Kraft getreten ist. Während das bis dahin in Deutschland geltende Europawahlgesetz mit seiner Sperrklausel vom Bundesverfassungsgericht am Grundgesetz, konkret am allgemeinen Gleichheitssatz des Art. 3 Abs. 1 GG, gemessen und als verfassungskonform befunden wurde[306], soll ein einheitliches europäisches Wahlgesetz gem. Art. 190 Abs. 4 EG „im Einklang mit den allen Mitgliedstaaten gemeinsamen Grundsätzen" stehen. Nach dem Beschluss und Akt zur Einführung allgemeiner unmittelbarer Wahlen der Abgeordneten des Europäischen Parlaments vom 20. September 1976[307] (Art. 3) sowie dem Entwurf des Europäischen Parlaments für ein Wahlverfahren vom 15. Juli 1998[308] (Ziff. 5) können die Mitgliedstaaten eine Mindestschwelle festlegen, die jedoch landesweit nicht mehr als 5% der abgegebenen Stimmen betragen darf. Fraglich ist, ob vor allem auch im Hinblick auf die Erweiterung der EU mehr auf die Funktionsfähigkeit des Europäischen Parlaments als auf die exakte Repräsentation der vielfältigen Meinungen in den Mitgliedstaaten Wert gelegt werden sollte.[309] Da sich die Funktionsfähigkeit des Europäischen Parlaments im Gegensatz zum Bundestag eben noch nicht so sehr auf bedeutende Rechtsetzungs- bzw. Regierungsbildungsbefugnisse bezieht[310] und das Europäische Parlament gem. Art. 198 Abs.

---

[303] Vgl. ebenda, S. 112.
[304] § 2 Abs. 6 EuWG vom 08.03.1994, in: BGBl. 1994 I, 423, 555; 2003 I, 1655; 2004 I, 1738. Im Gegensatz zum BWG kann das Erreichen der 5%-Hürde nicht durch das Erringen von drei Direktmandaten ausgeglichen werden. Vgl. Raimund Bartella/Hans-Josef Dahlen, in: Raimund Bartella/Hans-Josef Dahlen (Hrsg.), Europa-Wahlrecht, Kronach/München/Bonn 1994, 11.00 EuWG, S. 12. Zur Verfassungsmäßigkeit einer 5%-Sperrklausel des (deutschen) Europawahlgesetzes vgl. BVerfGE 5, 222 (233).
[305] Frankreich, Lettland, Litauen, Polen, Slowakei, Tschechische Republik und Ungarn in Höhe von 5%; Österreich und Schweden 4%; Niederlande 3,7%. Vgl. Wilko Zicht, Wahlsysteme in den EU-Mitgliedsstaaten, in: Wahlsysteme im Ausland, http://www.wahlrecht.de/ausland/europa.htm (07.01.2008).
[306] BVerfGE 51, 222. Zur gegensätzlichen Diskussion über eine 5%-Sperrklausel für die Europawahl vgl. Eberhard Grabitz, Europa-Wahlrecht. Gutachten, Berlin 1977, S. 63 ff.; Johann Hahlen, Europawahlgesetz verfassungskonform, in: DÖV, 32 (1979) 8, S. 282 ff.; Dietrich Murswiek (Fn. 265), S. 48 ff.; Albert Bleckmann, Nochmals: Europawahlgesetz verfassungskonform?, in: DÖV, 32 (1979) 13 - 14, S. 503 ff.; Dieter Dörr/Reinhard Thönes, Die Verfassungsmäßigkeit der 5%-Sperrklausel im Europawahlgesetz – BVerfGE 51, 222, in: JuS, 21 (1981) 2, S. 108 ff.; Dirk Ehlers (Fn. 282), S. 662 ff.; Rudolf Streinz, in: Christian Starck (Hrsg.) (Fn. 2), Art. 21 Abs. 1, Rdnr. 135, S. 285 f.
[307] Zuletzt geändert durch Beschluss des Rates vom 25.06.2002 und 23.09.2002.
[308] ABl. EG Nr. C 292 vom 21.09.1998, S. 66.
[309] Vgl. Albert Bleckmann (Fn. 306), S. 505.
[310] Vgl. Ernst Becht (Fn. 270), S. 172.

1 EG grundsätzlich „mit der absoluten Mehrheit der abgegebenen Stimmen" beschließt, ist eine die Funktionsfähigkeit gefährdende Parteien- und Stimmenzersplitterung wohl nicht zu befürchten. Folglich könnte auf Sperrklauseln auch verzichtet werden.

II. Vereinbarkeit von Sperrklauseln mit dem Gleichheitsprinzip

Sperrklauseln, die eine Ausnahme vom Gebot der Erfolgswertgleichheit darstellen, bewirken einen nicht unerheblichen Eingriff in die Wahlrechtsgleichheit, die für die Bundesrepublik Deutschland auf Bundesebene in Art. 38 Abs. 1 Satz 1 GG verfassungsmäßig verbürgt ist und an die gem. Art. 28 Abs. 1 Satz 2 GG die Länder, Kreise und Gemeinden zur Sicherung der Homogenität der verfassungsmäßigen Ordnung rechtlich gebunden sind[311], sowie die Chancengleichheit der Parteien gem. Art. 21 Abs. 1 GG. Die Rechtsprechung des Bundesverfassungsgerichts als auch einiger Landesverfassungsgerichte geht nach Prüfung von Sperrklauselbestimmungen des Bundeswahlgesetzes, der Landeswahlgesetze[312], einiger kommunalen Wahlgesetze und des Europawahlgesetzes allgemein von einer verfassungsrechtlichen Unbedenklichkeit von Prozentklauseln in einer Höhe von bis zu 5% aus. Die Zulässigkeit der Sperrklauseln auf diesen vier Ebenen ist vom Bundesverfassungsgericht in grundlegenden Entscheidungen bestätigt worden.[313] Den vom Gericht im Wesentlichen in den fünfziger Jahren entwickelten Grundsätzen ist die herrschende Lehre weitgehend gefolgt.[314]

Verfassungsrechtlichen Bedenken begegnen hingegen insbesondere eine unzureichende verfassungsrechtliche Ermächtigung zum Einführen von Sperrklauseln sowie der dogmatische Bezug zum allgemeinen Gleichheitssatz.[315] Da Art. 38 Abs. 1 GG weder ein bestimmtes Wahlverfahren noch das Gebot der Erfolgswert-

---

[311] Im Gegensatz zu Art. 38 Abs. 1 Satz 1 GG ist die Bestimmung in Art. 28 Abs. 1 Satz 2 GG nicht als unmittelbar Rechte des einzelnen Wählers begründende Regelung und als spezielle Ausprägung des allgemeinen Gleichheitsgrundrechts formuliert worden, sondern als das bundesrechtliche Verhältnis der Länder zum Bund betreffende Regelung. BVerfGE 1, 208 (236).

[312] In seiner ersten Entscheidung zur Verfassungsmäßigkeit von Sperrklauseln stellte das BVerfG einen Verstoß der 7,5%-Klausel LWahlG SH vom 22.10.1951 gegen den allgemeinen Gleichheitssatz fest. BVerfGE 1, 208 (211). Daraufhin wurde am 05.11.1952 das Quorum von 7,5 v. H. wieder auf das frühere Quorum von 5 v. H. zurückgeführt. Die Neufassung verstoße nicht gegen den Grundsatz der Wahlrechtsgleichheit. BVerfGE 4, 31 (33). Zu beiden Entscheidungen vgl. Angelika Kühn (Fn. 274), S. 113 ff., 199 ff.

[313] BVerfGE 1, 208 (LWahlG SH), BVerfGE 6, 84 (BWG), BVerfGE 6, 104 (KwahlG NW), BVerfGE 51, 222 (EuWG). Vgl. auch das Urteil zur gesamtdeutschen Wahl, in: BVerfGE 82, 322 (348 f.).

[314] Vgl. Ulrich Wenner (Fn. 269), m.w.N. in Fn. 2, S. 137; Hubert Meyer, Kommunales Parteien- und Fraktionenrecht, Baden-Baden 1990, m.w.N. in Fn. 63, S. 206.

[315] Vgl. Michael Antoni, Grundgesetz und Sperrklausel, in: ZParl, 11 (1980), S. 93 ff.; Ulrich Wenner (Fn. 269), S. 241 ff.; Hubert Meyer (Fn. 314), S. 208 ff.; Jörn Ipsen, in: Michael Sachs (Hrsg.) (Fn. 9), Art. 21, Rdnr. 41, S. 855.

gleichheit festlegt, gründete das Bundesverfassungsgericht seine bisherige Rechtsprechung zur Wahlrechtsgleichheit maßgeblich auf die Unterscheidung zwischen Verhältniswahl und Mehrheitswahl als Wahlverfahren[316] sowie zwischen Zählwert- und Erfolgswertgleichheit.[317] In der jüngeren Wahlrechtsjudikatur hat das Bundesverfassungsgericht nunmehr die so genannte „Unterwerfungsthese", wonach sich der Gesetzgeber mit der Systementscheidung zugunsten der Verhältniswahl „dem prinzipiellen Gebot des gleichen Erfolgswertes jeder Wählerstimme"[318] unterwirft, zugunsten der „Auswirkungsthese", nach der sich der verfassungsrechtlich einheitlich vorgesehene Gleichheitsmaßstab in der Mehrheits- und Verhältniswahl jeweils unterschiedlich auswirkt[319], verworfen.[320] Die parteibezogene Erfolgswertgleichheit wird lediglich für die Verhältniswahl verlangt.[321] Für die Mehrheitswahl fordert das Bundesverfassungsgericht Zählwertgleichheit und nunmehr zusätzlich „die gleiche rechtliche Erfolgschance"[322] aus der Betrachtung *ex ante*.[323] Danach muss jeder Wähler bereits vor Wahlbeginn dieselbe Chance haben, eine Partei zu wählen, die die Sperrklausel überwindet. Mit „Erfolgschancengleichheit" ist die gleiche rechtliche Möglichkeit jeder Wählerstimme gemeint, auf das Wahlergebnis so wie jede andere Wählerstimme Einfluss zu nehmen.[324] Pauly spricht in diesem Zusammenhang zutreffend von der Verwandlung einer Möglichkeit in einen Erfolg.[325]

Rechtsprechung[326] und herrschende Meinung in der Literatur[327] sehen in der streng und formal verstandenen Wahlrechtsgleichheit[328] (*lex specialis*) einen besonderen Anwendungsfall des allgemeinen Gleichheitssatzes (*lex generalis*), der als Grundrecht des Einzelnen in Art. 3 Abs. 1 GG[329] garantiert ist.[330] Damit wird ungeachtet des allgemein anerkannten Grundsatzes des Verhältnisses verschie-

---

[316] Kritisch hierzu Christofer Lenz, Die Wahlrechtsgleichheit und das Bundesverfassungsgericht, in: AöR, 121 (1996), S. 339 ff.
[317] Vgl. ebenda, S. 338 f.
[318] BVerfGE 11, 351 (362).
[319] BVerfGE 95, 335 (353).
[320] Vgl. Walter Pauly (Fn. 268), S. 247.
[321] Vgl. Christofer Lenz (Fn. 316), S. 340.
[322] Diesen Terminus hat das BVerfG erst in seiner jüngsten Rechtsprechung zum Wahlrecht aufgenommen. BVerfGE 95, 335 (353); 95 (408) 417.
[323] BVerfGE 95, 335 (353). Vgl. Walter Pauly (Fn. 268), S. 241.
[324] BVerfGE 95, 335 (370).
[325] Vgl. Walter Pauly (Fn. 268), S. 249.
[326] BVerfGE 34, 81 (98).
[327] Vgl. Dietrich Murswiek (Fn. 265), m.w.N. in Fn. 6, S. 48.
[328] BVerfGE 82, 322 (337).
[329] Der Rückgriff auf Art. 3 GG eröffnet u.a. den Weg für eine Verfassungsbeschwerde wegen Verletzung der Wahlrechtsgleichheit bei Landes- und Kommunalwahlen. BVerfGE 3, 383 (390 f.); 6, 121 (129 f.). Vgl. auch Jochen Abr. Frowein, Die Rechtsprechung des Bundesverfassungsgerichts zum Wahlrecht, in: AöR, 99 (1974), S. 81 ff.
[330] BVerfGE 1, 208 (242). Vgl. Ernst Becht (Fn. 270), S. 61.

ner Normen zueinander auf Art. 3 Abs. 1 GG[331] als Rechtsgrundlage für die wahlrechtlichen Sperrklauseln zurückgegriffen. Inzwischen ist das Bundesverfassungsgericht von seiner in der Literatur[332] nicht zu Unrecht kritisierten These abgerückt, wonach „ein Verstoß gegen die Wahlgleichheit auch eine Verletzung des Art. 3 GG" sei.[333] Der Rückgriff des besonderen auf den allgemeinen Gleichheitssatz[334] verweist gleichwohl auf einen übereinstimmenden Gewährleistungsinhalt der Normen im „Sachbereich der Wahlen"[335] sowie auf ein beiden Normen zugrunde liegendes verfassungsrechtliches Prinzip: das Demokratieprinzip in Art. 20 Abs. 1 und 2 GG. Dieses schließt nach ständiger Rechtsprechung des Bundesverfassungsgerichts die „unbedingte Gleichheit aller Staatsbürger bei der Teilnahme an der Staatswillensbildung"[336] ein. Zwar sei in der Verhältniswahl eine Differenzierung des Zählwertes der Stimmen unzulässig, das Gebot der Erfolgswertgleichheit könne hingegen durchbrochen werden.[337] Dafür, so das Bundesverfassungsgericht, sei das Vorliegen eines „zwingenden Grundes" unabdingbar.[338] Diese in späterer Rechtsprechung[339] weiterentwickelte Formel lautet nunmehr: Differenzierungen in diesem Sachbereich bedürfen „stets eines besonderen, rechtfertigenden, zwingenden Grundes".[340]

Das Bundesverfassungsgericht verlangt jedoch nicht, dass sich die Differenzierungen von Verfassung wegen als zwangsläufig oder notwendig darstellen. Es lässt auch Gründe zu, die durch die Verfassung legitimiert und von einem Gewicht sind, das der Wahlrechtsgleichheit entspricht. In diesem Zusammenhang rechtfertigt das Gericht Differenzierungen auch durch „zureichende", „aus der Natur des Sachbereichs der Wahl der Volksvertretung sich ergebende Gründe", wozu insbesondere die Verwirklichung der mit der Parlamentswahl verfolgten Ziele zähle, wie „die Sicherung des Charakters der Wahl als eines Integrationsvorgangs bei der politischen Willensbildung des Volkes" und „die Gewährleistung der Funktionsfähigkeit der zu wählenden Volksvertretung."[341] Hiermit werden die Ziele der Wahl zur Rechtfertigung des Eingriffs herangezogen, die am Demokratieprinzip zu messen sind. Da das Bundesverfassungsgericht unter „egalitärem demokratischen Prinzip" eine Gleichgewichtung der Stimmen aller Staatsbürger unabhängig von zwischen ihnen bestehenden Unterschieden versteht, ist das Abstellen auf per-

---

[331] Das BVerfG zieht auch seine Rechtsprechung zu Art. 3 Abs. 1 GG heran, wonach sich das Maß der zulässigen Differenzierungen nach dem jeweiligen Sachbereich richtet. BVerfGE 60, 123 (134).
[332] Vgl. Jochen Abr. Frowein (Fn. 329), S. 81.
[333] BVerfGE 1, 208 (242).
[334] Kritisch hierzu Ernst Becht (Fn. 270), S. 61.
[335] BVerfGE 6, 84 (91).
[336] BVerfGE 1, 208 (247). Vgl. auch BVerfGE 6, 84 (91); 11, 351 (360); 69, 92 (106); 82, 322 (337); 85, 264 (297); 95, 335 (368).
[337] BVerfGE 1, 208 (247).
[338] Ebenda (249).
[339] BVerfGE 6, 84 (92 ff.); 14, 121 (133); 47, 198 (227).
[340] BVerfGE 69, 92 (106).
[341] BVerfGE 95, 408 (418).

sönliche Eigenschaften der Wähler ausgeschlossen.[342] Im Gegensatz hierzu knüpfen andere Ziele bzw. Zwecke, wie der Ausschluss von Splitterparteien, nicht bereits schon an vor der Wahl bestehende Eigenschaften an. Hiervon kann jeder Wähler und jede politische Partei betroffen sein.[343]

Darüber hinaus fordert das Bundesverfassungsgericht nun in Anlehnung an die Rechtsprechung zu Art. 3 Abs. 1 GG die Verhältnismäßigkeitsprüfung.[344] Differenzierende Regelungen zur Verfolgung ihrer Zwecke müssen geeignet und erforderlich sein, wobei sich ihr erlaubtes Ausmaß auch danach richten soll, „mit welcher Intensität in das - gleiche - Wahlrecht eingegriffen wird".[345] Folglich sind Sperrklauseln am Maßstab des Verhältnismäßigkeitsgrundsatzes auf ihre prinzipielle Eignung und Erforderlichkeit der bestimmten Höhe zur Abwehr der „staatspolitischen Gefahr" zu prüfen.

Nach Auffassung des Bundesverfassungsgerichts kann die Vereinbarkeit einer Sperrklausel mit dem Grundsatz der Gleichheit der Wahl nicht abstrakt beurteilt werden. Bei Vorliegen „besonderer Umstände"[346], die ein Quorum von fünf vom Hundert unzulässig werden lassen, steht es dem Gesetzgeber frei, auf eine Sperrklausel zu verzichten, deren Höhe herabzusetzen oder andere geeignete Maßnahmen zu ergreifen.[347] In den letzten Jahren sind vor allem Sperrklauseln bei Wahlen der kommunalen Volksvertretung wegen der Entwicklung von einer Parteiverfassung hin zu einer Bürgerverfassung fragwürdig geworden.[348] Schon der Bayerische Verfassungsgerichtshof hatte in seinem Urteil von 1952[349] die Sperrklauseln auf kommunaler Ebene wegen Verstoßes gegen das verfassungsmäßige Grundrecht der Allgemeinheit und Gleichheit der Wahl und den Grundsatz der Gleichheit aller vor dem Gesetz aufgehoben. In der Begründung stellte der Gerichtshof darauf ab, dass es einer Bekämpfung von Splitterparteien im Gemeinderat nicht bedarf, weil der Bürgermeister nicht von diesem, sondern direkt vom Volk gewählt werde.[350] Einige Länder sind diesem Beispiel gefolgt.[351] In der Literatur wird in Anlehnung an diese Rechtsprechung die Ansicht vertreten, dass Sperrklauseln dort nicht gerechtfertigt sind, wo Bürgermeister und Landräte von der Bevölkerung direkt gewählt werden. Wo hingegen die Verwaltungsspitze vom Rat gewählt würde, kann eine 5%-Klausel die ordnungsgemäße Verwaltung einer

---

[342] BVerfGE 82, 322 (337).
[343] Vgl. Walter Pauly (Fn. 268), S. 254.
[344] Vgl. ebenda, S. 252.
[345] BVerfGE 95, 408 (418).
[346] Z.B. bei der gesamtdeutschen Wahl. BVerfGE 82, 322 (339).
[347] BVerfGE 1, 208 (259); 6, 84 (95); 6, 104 (118 f.); BVerfGE 82, 322 (339). Vgl. Wolfgang Schreiber (Fn. 224), § 6, Rdnr. 17, S. 219.
[348] Vgl. Kay Waechter, Kommunalrecht, 3. Auflage, Köln/Berlin/Bonn/München 1997, Rdnr. 429, S. 287.
[349] VerfGH 5, 66 (76), in: BayGVBl., 13 (1995), S. 155 ff.
[350] Vgl. Hans Herbert von Arnim, Werden kommunale Wählergemeinschaften im politischen Wettbewerb diskriminiert?, in: DVBl., 114 (1999) 7, S. 420.
[351] Für Verfassungswidrigkeit der 5%-Sperrklausel auf kommunaler Ebene vgl. Hubert Meyer (Fn. 314), S. 213 ff.

kommunalen Gebietskörperschaft eher ermöglichen, so dass ihre Aufnahme in das Wahlrecht eine Rechtfertigung erfährt.[352]

Dass Parteienvielfalt im Parlament nicht mit Funktionsunfähigkeit gleichgesetzt werden muss, beweist ein Blick auf die nach dem nationalen Wahlrecht mit bzw. ohne Sperrklausel zusammengesetzten Parlamente der EU-Mitgliedstaaten. In der Bundesrepublik Deutschland ist das heterogene Vielparteiensystem mit der 2. Bundestagswahl von 1953, mit der auch erstmals die 5%-Klausel auf Bundesebene in Anwendung gebracht wurde, durch eine Parteienkonzentration abgelöst worden. Der 1. Bundestag von 1949 hat noch mit zehn Parteien die grundlegenden Entscheidungen für die Bundesrepublik nach dem 2. Weltkrieg getroffen.[353] Eine Funktionsunfähigkeit kann diesem nicht nachgeredet werden. Umgekehrt haben Staaten mit einem nationalen Wahlsystem ohne Sperrklausel[354] unter Beweis gestellt, dass solide Mehrheiten und damit die Funktionsfähigkeit der Parlamente erreicht werden können.[355] In Portugal ist beispielsweise trotz verfassungsrechtlichem Sperrklauselverbots[356] eine Parteienkonzentration zu verzeichnen gewesen.[357] Eine Funktionsunfähigkeit muss demnach nicht zwangsläufig Folge einer Parteienvielfalt sein und umgekehrt schützt eine Sperrklausel nicht notwendigerweise vor Parteienzersplitterung.[358]

D. Klassifizierung der Sitzverteilungsregeln

Die Sitzverteilung in Kollegialorganen unterscheidet sich in Abhängigkeit von einer unbegrenzten Mitgliederzahl (allgemeine Mitgliedschaft) wie bei plenaren Organen und einer begrenzten Mitgliederzahl (beschränkte Mitgliedschaft) wie bei nicht plenaren Organen.

Bei einer unbegrenzten Mitgliederzahl kann die Sitzverteilung nach der Regel der gleichen Anzahl von Sitzen auf der Grundlage der formellen Gleichheit aller Mitglieder des Kollegialorgans oder nach der Regel der unterschiedlichen Anzahl von Sitzen auf der Grundlage der materiellen Gleichheit erfolgen. Die Prüfung der Vereinbarkeit der Sitzverteilungsregeln mit dem Gleichheitsprinzip erfolgt in Zusammenhang mit den Stimmenverteilungsregeln am Ende des nächsten Kapitels.

Die Regel der gleichen Anzahl von Sitzen gilt auf innerstaatlicher Ebene vor allem für nationale Parlamente. Auf zwischenstaatlicher Ebene entspricht sie dem Prinzip der souveränen Gleichheit der Staaten. Eine unterschiedliche Anzahl von

---

[352] Vgl. Alexander Saftig (Fn. 6), S. 355 f.
[353] Vgl. Ernst Becht (Fn. 270), S. 76.
[354] Großbritannien, Irland, Luxemburg, Portugal.
[355] Vgl. Ernst Becht (Fn. 270), S. 159.
[356] Art. 155 Abs. 2 Verfassung Portugal: „Das Gesetz darf nicht durch Erfordernis eines landesweiten Mindestprozentsatzes von Stimmen die Anrechnung der auf die Stimmen entfallenden Mandate einschränken." Durch Gesetz vom 20.09.1997 wurde Art. 155 Abs. 2 zu Art. 152 Abs. 1.
[357] Vgl. Dieter Nohlen (Fn. 4), S. 113.
[358] Vgl. Ernst Becht (Fn. 270), S. 75 ff., 179 f.

Sitzen eignet sich insbesondere für föderale Organe. Der unterschiedlichen Anzahl von Sitzen, speziell der multiplen Anzahl, müssen für eine zahlenmäßige Bestimmung der Sitze konkrete Kriterien zugrunde gelegt werden. In der Regel wird auf demografische Kriterien zurückgegriffen. Wie die Beispiele des Bundesrates und des Europäischen Parlaments zeigen, ist eine rein mathematische, strikt proportionale Vertretung der Bevölkerungen meist aufgrund politischer Interessen kaum zu verwirklichen. Die Sitzverteilung nach dieser Regel ist solange mit der dem Demokratieprinzip innewohnenden angemessenen Repräsentanz der Bevölkerung der Länder vereinbar, wie eine annähernd ihrer Bevölkerungszahl entsprechende Beteiligung der Völker der Glied- bzw. Mitgliedstaaten am politischen Willensbildungs- und Entscheidungsprozess durch ihre gewählten oder ernannten Vertreter in den entsprechenden Organen gegeben ist. Abweichungen bedürfen einer Rechtfertigung, wie beispielsweise hinsichtlich der überproportionalen Vertretung des luxemburgischen Volkes im Europäischen Parlament, die mit dem besonderen Beitrag Luxemburgs zur EU begründet wird.

Auch die Sitzverteilung in Organen mit begrenzter Mitgliederzahl wird vorwiegend nach bestimmten Kriterien (politischen, wirtschaftlichen/finanziellen oder geografischen) oder nach der Rotationsregel bestimmt. Die Bezugnahme auf einzelne Kriterien hat gezeigt, dass es ein absolut gerechtes Sitzverteilungsverfahren, das sowohl die Eigenarten als auch die Interessen aller Mitglieder gleichermaßen berücksichtigt, nicht gibt. Maßgebend für die Sitzverteilungsregeln ist der Grundsatz der interessengerechten Zusammensetzung.[359] Es wird stets zu einer Abwägung zwischen den verschiedenen Kriterien in Abhängigkeit von der Funktion des kollegialen Entscheidungsorgans kommen. Die Zurückführung auf ein einzelnes Kriterium bei der Sitzverteilung vernachlässigt zwangsläufig andere wichtige Kriterien. Formeln für eine Regel mit mehreren Kriterien zur Bestimmung der Sitzverteilung sind wiederum mathematisch zu kompliziert und müssten bei Veränderungen der Variablen stets neu angepasst werden. Bei Zugrundelegung mehrerer Kriterien würde es außerdem zu Überschneidungen kommen. Bei Verzicht auf ein bestimmtes Kriterium für eine Mitgliedschaft in einem nicht plenaren Organ kann auf die Rotation zurückgegriffen werden, die zudem allen Mitgliedern der Organisation die Teilnahme am Willensbildungs- und Entscheidungsprozess in entsprechenden Kollegialorganen für bestimmte Zeiträume gewährleistet. Wie am Beispiel der Kommission der Europäischen Gemeinschaften ersichtlich wird, kann eine Änderung in der Mitgliedschaft eines Kollegialorgans auch eine Anpassung der Sitzverteilungsregel nach sich ziehen.

Zusammenfassend lässt sich folgendes Schema einer Klassifizierung der Sitzverteilungsregeln in kollegialen Organen geben. Diese lassen sich, wie im nächsten Kapitel zu zeigen sein wird, mit Stimmenverteilungsregeln kombinieren.

---

[359] Vgl. Thomas Groß, Das Kollegialprinzip in der Verwaltungsorganisation, Tübingen 1999, S. 364.

Übersicht IV. 10: Klassifizierung der Sitzverteilungsregeln

unbegrenzte Mitgliederzahl	begrenzte Mitgliederzahl
gleiche Anzahl von Sitzen (Bundestag, EG/EU-Rat/ Kommission[360], UN-GV)	*nach Kriterien* • geografisch (UN-SR, ECOSOC) • politisch (UN-SR) • wirtschaftlich/finanziell (IMF-Exekutivdirektorium)
unterschiedliche Anzahl von Sitzen • plurale Mitgliedschaft • multiple Anzahl von Sitzen nach demografischen Kriterien (Bundesrat, EG/EU-Kommission[361], EP)	*Rotation* (EU-Kommission[362])

---

[360] Ab 01.11.2004.
[361] Bis 31.10.2004.
[362] Art. 4 Abs. 2 Protokoll über die Erweiterung der EU; Art. I-26 Abs. 6 UAbs. 2 VVE; Art. 17 Abs. 5 UAbs. 2 EU Lissabon.

Kapitel V
Stimmenverteilungsregeln

Während sich die Sitzverteilung besonders auf die Beschlussfähigkeit eines kollegialen Entscheidungsorgans als Voraussetzung für das Zustandekommen von Entscheidungen auswirkt, ist die Stimmenverteilung (d.h. wer über wie viele Stimmen verfügt) unter Anwendung konkreter Abstimmungsregeln maßgebend für das Zustandekommen von Entscheidungen.

Die Stimmenverteilung in kollegialen Entscheidungsorganen innerhalb von Staaten und Staatenverbindungen geht auf zwei unterschiedliche Prinzipien zurück, das formelle und das materielle Gleichheitsprinzip. Aus der formellen Gleichheit folgt die Regel der gleichen Anzahl von Stimmen. Eine der wichtigsten Anwendungsformen der materiellen Gleichheit ist die Stimmengewichtung oder -wägung.

A. Die Stimmenverteilung nach der Regel der gleichen Anzahl von Stimmen

Aus dem formellen Gleichheitssatz fließt die Regel der gleichen Anzahl von Stimmen bzw. der numerischen Gleichheit. Der Grundsatz der formellen Gleichheit bewirkt, dass jedes Mitglied eines kollegialen Entscheidungsorgans unabhängig von seinen Eigenschaften, wie Größe, Bedeutung, politische Anschauungen oder sonstige ihm eigenen Faktoren, über eine gleiche Anzahl von Stimmen, in der Regel über eine Stimme, verfügt. Rechtlich wird nicht zwischen der Stimme eines kleinen und eines großen bzw. politisch bedeutenden und unbedeutenden Mitgliedes unterschieden. Die Regel der gleichen Anzahl von Stimmen hat gleiche Mitwirkungs- und vor allem Entscheidungsbefugnisse der Mitglieder eines Kollegialorgans zur Folge.[1]

Diese Regel der Stimmenverteilung findet Anwendung sowohl in kommunalen Organen und nationalen Verfassungsorganen als auch in Kollegialorganen von Staatenverbindungen. So hat im Plenum des *Bundestages* jeder Abgeordnete eine Stimme (wie auch einen Sitz), die an ihn als individuelles Mitglied gebunden ist. Die Statusrechte der Abgeordneten des Bundestages ergeben sich aus dem spezifischen Gleichheitssatz für Abgeordnete in Art. 38 Abs. 1 GG, wonach ihnen glei-

---

[1] Vgl. Rüdiger Wolfrum, in: Bruno Simma (ed.), The Charter of the United Nations, Band I, 2. Auflage, München 2002, Art. 18, Rdnr. 9, S. 355.

che Teilhabe an den verfassungsrechtlichen Parlamentsfunktionen zusteht.[2] Nach Art. 28 Abs. 1 Satz 2 GG gilt dies auch für die Mitglieder der Gemeinderäte.

Die Regel „jedem Gliedstaat – eine Stimme"[3] bzw. „jedem Gliedstaat – die gleiche Anzahl von Stimmen" unabhängig von der Einwohnerzahl, Größe, Wirtschaftskraft oder sonstigen Faktoren, das auf die Einzelstaatlichkeit der Gliedstaaten abstellt, gilt im Gegensatz zur Bundesrepublik Deutschland in einigen Bundesstaaten für das *Vertretungsorgan ihrer Gliedstaaten,* wie beispielsweise in der föderativen Kammer der USA, dem Senat[4] (Art. I Abschnitt 3 Verfassung USA) und im Ständerat der Schweiz (Art. 150 Abs. 2 Bundesverfassung der Schweizerischen Eidgenossenschaft).[5] Nach dem Grundsatz der formellen Gleichheit der Gliedstaaten in Anwendung des Prinzips der Gleichheit der Staaten entsendet jeder Einzelstaat bzw. jeder Kanton zwei Mitglieder in den US-Senat bzw. in den schweizerischen Ständerat (mit Ausnahme der neu entstandenen Kantone, so genannte „Halbkantone" je ein Mitglied).[6] Damit kommt kleineren bevölkerungsschwachen Einzelstaaten, wie Alaska, die gleiche Anzahl von Stimmen zu wie größeren bevölkerungsstarken Staaten, beispielsweise Kalifornien. Die gleichgewichtete Vertretung der Einzelstaaten im US-Senat wird durch Art. V US-Verfassung geschützt, wonach das gleiche Stimmrecht im Senat einem Gliedstaat nicht ohne seine Zustimmung entzogen werden darf. Diese Bestimmung gleicht einer materiellen „Ewigkeitsgarantie".[7] Die Stimmenverteilung nach dem formellen Gleichheitsprinzip wurde nach dem Vorbild des US-amerikanischen Modells von lateinamerikanischen Bundesstaaten, wie Argentinien[8], Brasilien[9] sowie Mexiko[10], und ebenfalls Australien[11] übernommen.

Die Regel der gleichen Anzahl von Stimmen kommt auch den Vertretern der Mitgliedstaaten im *Rat der Europäischen Gemeinschaften* bei Beschlussfassungen

---

[2] Vgl. Dieter Grimm, Parlament und Parteien, in: Hans Peter Schneider/Wolfgang Zeh (Hrsg.), Parlamentsrecht und Parlamentspraxis in der Bundesrepublik Deutschland, Berlin/New York 1989, § 6, Rdnr. 25, S. 209.

[3] Das Prinzip der gleichen Stimmenanzahl ist kein föderatives Erfordernis wie Stern unter Verweis auf die BVerfGE 1, 299 (315) ausführt. Vgl. Klaus Stern, Das Staatsrecht der Bundesrepublik Deutschland, Band II, München 1980, § 27 III 3, S. 139, Fn. 147.

[4] Das Senatsmodell unterscheidet sich vom Bundesratsmodell grundsätzlich in der Zusammensetzung. Während der Senat aus gewählten Mitgliedern besteht, setzt sich der BR aus bestellten Mitgliedern zusammen. Zu diesen und ihren Mischmodellen vgl. BT-Drs. 7/5924 vom 09.12.1976, S. 97 f.; Heinz Laufer/Ursula Münch, Das föderative System der Bundesrepublik Deutschland, Opladen 1998, S. 143 f.

[5] Zur historischen Grundlegung des Gleichheitsprinzips in den USA und der Schweiz vgl. Kurt Behnke, Die Gleichheit der Länder im deutschen Bundesstaatsrecht, Berlin 1926, S. 36 ff.

[6] Vgl. Matthias Heger, Deutscher Bundesrat und Schweizer Ständerat, Berlin 1990, S. 77 ff.

[7] Vgl. Jörg Annaheim, Die Gliedstaaten im amerikanischen Bundesstaat, Berlin 1992, S. 118 f.

[8] Art. 54 Verfassung Argentinien.

[9] Art. 46 Abs. 1 Verfassung Brasilien.

[10] Art. 56 Verfassung Mexiko.

[11] Art. 7 Abs. 3 Verfassung Australien: pro Original State sechs Senatoren.

mit der Mehrheit seiner Mitglieder und Einstimmigkeitsregel (Art. 205 Abs. 1 und 3 EG) zu. Weiterhin findet sie unabhängig von politischen, wirtschaftlichen, militärischen oder anderen Unterschieden der Mitglieder Anwendung in einer Vielzahl von internationalen Organisationen, wie im *UN*-System mit Ausnahme der Finanzorganisationen. In Art. 2 Ziff. 1 UN-Charta ist der Grundsatz der souveränen Gleichheit der UN-Mitgliedstaaten festgeschrieben. Nach dem Grundsatz der Gleichheit im Recht besitzt jeder Staat eine Stimme, falls er nicht einer anderen Regelung zugestimmt hat. Meist findet die Regel der gleichen Stimmenanzahl ihren Ausdruck in der Regel „ein Staat – eine Stimme". Der Einfluss der Staaten auf Entscheidungen ist damit unabhängig von der Größe ihrer Bevölkerungen gleich.[12] Diese Regel liegt den Abstimmungsverfahren in UN-Hauptorganen, wie der Generalversammlung (Art. 18 Abs. 1 UN-Charta) sowie den Räten – Sicherheitsrat (Art. 27 Abs. 1 UN-Charta), Wirtschafts- und Sozialrat (Art. 67 Abs. 1 UN-Charta) und Treuhandrat (Art. 89 Abs. 1 UN-Charta) zugrunde.

Die Regel wurde auch für die Hauptorgane einiger UN-Sonderorganisationen einschließlich der Welthandelsorganisation (sowohl für Ministerkonferenz als auch Allgemeinen Rat, Art. IX: 1 WTO-Übereinkommen)[13] übernommen, so für die Konferenz und den Rat der FAO (Art. III Abs. 4, Art. V Abs. 1 FAO-Satzung), die Generalkonferenz und den Gouverneursrat der IAEA (Art. V Abschnitt C, Art. VI Abschnitt E IAEA-Satzung) sowie den Meteorologischen Weltkongress (Art. 11 lit. a WMO-Übereinkommen) und den Exekutivrat der WMO (Art. 16 lit. a WMO-Übereinkommen).[14] Während vorstehende Satzungen die Regel „ein Staat – eine Stimme" für die genannten Organe in Einzelbestimmungen vorsehen, enthalten andere Satzungen eine gemeinsame Bestimmung mit dieser Regel gleich für mehrere Organe. Für die Hauptorgane der IMO, die Versammlung, den Rat und die vier Ausschüsse ist in Art. 57 lit. a IMO-Übereinkommen geregelt, dass jedes Mitglied dieser Organe eine Stimme hat. In anderen Satzungen wiederum wird die Regel jeweils nur für das plenare Organ festgelegt, wie für die Versammlung der ICAO (Art. 48 lit. b ICAO-Übereinkommen), die Generalkonferenz der UNESCO (Art. IV Abschnitt C Abs. 8 lit. a UNESCO-Satzung) oder die Gesundheitsversammlung der WHO (Art. 59 WHO-Satzung). Hingegen lässt sich die Regel in keiner Bestimmung der UPU-Satzung finden. Einige Geschäftsordnungen genannter Organe übernehmen die Bestimmungen aus den Satzungen und/oder erweitern diese auch auf Ausschüsse und Nebenorgane, wie beispielsweise die Geschäftsordnung der UN-Generalversammlung (Regel 124 GOGV).[15]

Auch die gem. Art. 156 SRÜ errichtete Internationale Meeresbodenbehörde basiert auf dem Prinzip der souveränen Gleichheit ihrer Mitglieder (Art. 157 Abs. 3 SRÜ). In der aus allen Mitgliedern bestehenden Versammlung (Art. 159 Abs. 1

---

[12] Kritisch hierzu Juliane Kokott, Souveräne Gleichheit und Demokratie im Völkerrecht, in: ZaöRV, 64 (2004) 3, S. 528 f.
[13] WTO-Übereinkommen vom 15.04.1994, in: UNTS, vol. 1867, p. 154; BGBl. 1994 II, 1625.
[14] Vgl. Eberhard Ott, Die Weltorganisation für Meteorologie, Berlin 1976, S. 54, 87.
[15] Vgl. Jan Kolasa, „One State – One Vote" Rule in International Universal Organizations, in: PYIL, 6 (1974), S. 215 ff.

und 6 SRÜ) sowie im Rat (Art. 161 Abs. 7 SRÜ) verfügt jedes Mitglied über eine Stimme. Ebenso hat jeder Mitgliedstaat der durch das Internationale Übereinkommen zur Regelung des Walfangs[16] errichteten Wahlfangkommission eine Stimme (Art. 3 Abs. 1 Walfang-Übereinkommen).

Die Regel „ein Staat – eine Stimme" bildet ebenfalls Grundlage für Abstimmungsverfahren in Entscheidungsorganen regionaler Organisationen, im Ministerkomitee des Europarates (Art. 14 Satzung Europarat), in der Parlamentarischen Versammlung der OSZE (Regel 29 Abs. 1 GOPV), der Generalversammlung und den Räten der Organisation der Amerikanischen Staaten (Art. 56, 71 OAS-Charta), der Versammlung der Staats- und Regierungschefs und im Vollzugsrat der Afrikanischen Union (Art. 6 Abs. 1, Art. 10 Abs. 1 AU-Gründungsvertrag)[17] sowie im Rat der Arabischen Liga (Art. III Abs. 1 Pakt der Liga der Arabischen Staaten).[18]

Jedes Mitglied kann aber nur dann eine Stimme haben, wenn es selbst in einem kollegialen Entscheidungsorgan vertreten ist, wie in plenaren Organen bei einer unbegrenzten Mitgliederzahl. Bei Organen mit einer begrenzten Mitgliederzahl verfügen nur diejenigen Mitglieder über eine Stimme, die auch tatsächlich Mitglied dieses Organs sind.[19] Damit ist die Stimmenverteilung in der Regel an die Sitzverteilung gekoppelt.

B. Die Stimmenverteilung nach der Regel der unterschiedlichen Anzahl von Stimmen: die Stimmengewichtung

Die aus dem Gleichheitsprinzip hervorgehende Regel „ein Rechtssubjekt – gleiche Anzahl von Stimmen" ist wegen seiner Kollision mit anderen Prinzipien und Interessen nicht in allen Kollegialorganen und Rechtsgebieten anwendbar bzw. politisch durchsetzbar.[20] Während die Einführung eines unterschiedlichen Stimmengewichtes der Abgeordneten im Plenum sowie in den Ausschüssen des Bundestages gegen den Grundsatz der formalen Gleichbehandlung der Abgeordneten verstoßen würde, kann hingegen die Anwendung der formellen Gleichheit in anderen Entscheidungsorganen von Staaten und Staatenverbindungen zur materiellen Ungleichheit führen, weil sie die unterschiedliche Beschaffenheit und Interessen der Mitglieder unberücksichtigt lässt.

---

[16] Internationales Übereinkommen zur Regelung des Walfangs vom 02.12.1946, in: UNTS, vol. 161, p. 72; BGBl. 1982 II, 558.
[17] AU-Gründungsvertrag vom 11.07.2000, in: UNTS, vol. 2158, p. 33.
[18] Pakt der Liga der Arabischen Staaten vom 22.03.1945, in: UNTS, vol. 70, p. 237.
[19] Vgl. Jan Kolasa (Fn. 15), S. 217.
[20] Z.B. hatten in Großbritannien die Universitätsangehörigen von Oxford und Cambridge noch bis 1948 ein doppeltes Stimmrecht, eines als Universitätsangehörige und eines als Staatsbürger. Vgl. Ekkehart Stein/Götz Frank, Staatsrecht, 20. Auflage, Tübingen 2007, S. 65.

B. Stimmenverteilung nach der Regel der unterschiedlichen Anzahl von Stimmen

Um die materielle Ungleichheit der Mitglieder auszugleichen, wird vor allem die Stimmengewichtung bzw. -wägung angewendet. Nach dieser Regel werden den Mitgliedern eines kollegialen Entscheidungsorgans eine unterschiedliche, meist abgestufte, Stimmenanzahl in Abhängigkeit von verschiedenen vorher festgelegten Kriterien, wie Bevölkerung, Territorium, Handel, industrielle Entwicklung, finanzieller Beitrag etc. zugeteilt. Eine Stimmengewichtung kann verschiedene Formen in Abhängigkeit von der Kombinierung von Sitz- und Stimmenverteilungsregeln der Mitglieder eines kollegialen Entscheidungsorgans annehmen. Eine Form liegt vor bei unterschiedlicher Anzahl von Sitzen und gleicher Anzahl von Stimmen pro Sitz, die andere bei gleicher Anzahl von Sitzen und unterschiedlicher Anzahl von Stimmen pro Sitz.[21] Voraussetzung einer Stimmengewichtung ist die Anwendung einer der Mehrheitsregeln bei Abstimmungen.[22] Solange ein Mitglied einen Beschluss mit der ihm zustehenden Stimme verhindern kann, wie beispielsweise bei der im nächsten Kapitel zu behandelnden Einstimmigkeitsregel oder dem Veto, bleibt die Stimmengewichtung bedeutungslos.[23]

Die Wurzeln der Stimmengewichtung liegen, wie bereits gezeigt, im römischen Recht. Auf zwischenstaatlicher Ebene wurde die Stimmengewichtung 1816 in der Zentralkommission für die Rheinschifffahrt angewendet. Obgleich bei diesem internationalen Verwaltungsorgan grundsätzlich die Regel der gleichen Stimmenanzahl galt, wurde bei der Wahl des „Oberaufsehers", dessen Amt 1868 abgeschafft wurde, nach einem exakten Apportionierungssystem gewählt. Die Stimmenverteilung richtete sich nach der Uferlänge der Anrainerstaaten. Auf der Pariser Friedenskonferenz von 1919 wurden die Stimmen der Großmächte entsprechend ihrer politischen Vormachtstellung nach dem Prinzip „Macht muß mit der Verantwortung im Einklang stehen"[24] fünffach, der mittleren Mächte zwei- bzw. dreifach sowie der kleinen Staaten lediglich einfach gezählt.[25] Wegen des völkerrechtlichen Prinzips der souveränen Gleichheit der Staaten findet diese Form der Stimmengewichtung nach politischen Kriterien keine Anwendung mehr.

Für die Festlegung der Anzahl von Stimmen je Mitglied eines Entscheidungsorgans können verschiedene Regeln herangezogen werden. Dabei wird zwischen Regeln mit nur einem Kriterium und Regeln mit mehreren Kriterien unterschieden.[26]

---

[21] Vgl. Lillian Randolph, The Fundamental Laws of Governmental Organizations, New Haven 1971, S. 42.

[22] Vgl. Hans Albrecht Schwarz-Liebermann von Wahlendorf, Mehrheitsentscheid und Stimmenwägung, Tübingen 1953, S. 16 ff.; Matthias Brinkmann, Majoritätsprinzip und Einstimmigkeit in den Vereinten Nationen, Frankfurt am Main 1978, S. 265.

[23] Vgl. Hermann Hillger, Stimmenwägung in internationalen Wirtschaftsorganisationen, Kiel 1957, S. 20.

[24] Alan de Rusett, Large and Small States in International Organization, in: International Affairs, 30 (1954) 4, S. 469.

[25] Vgl. Henry G. Schermers/Niels M. Blokker, International Institutional Law, The Hague/London/Boston 1995, § 799, S. 522.

[26] Vgl. Liste von Stimmengewichtungsformeln von Hanna Newcombe/James Wert/Alan Newcombe, Comparison of Weighted Voting Formulas for the United Nations, in: World Politics, 23 (1971), S. 455.

I. Die Stimmengewichtung nach Ein-Kriterium-Regeln

Wie die Sitzverteilung, vor allem in Organen mit begrenzter Mitgliederzahl, wie nicht plenaren Organen, richtet sich auch die Stimmengewichtung in Kollegialorganen nach bestimmten Kriterien. Dabei können sowohl diejenigen Mitglieder einen größeren Einfluss auf den Willensbildungs- und Entscheidungsprozess ausüben, die einen oder mehrere Sitze in einem nicht plenaren Organ innehaben, als auch diejenigen, deren Stimme gewichtet wird. Nachfolgend werden demografische, finanzielle und wirtschaftliche Kriterien der Stimmengewichtung zugrunde gelegt.

1. Die Stimmengewichtung nach demografischen Kriterien

Bei der Stimmengewichtung nach demografischen Kriterien wird den einzelnen Mitgliedern von Entscheidungsorganen eine unterschiedliche Anzahl von Stimmen entsprechend ihrer Bevölkerungsgröße zugeteilt. Eine rein arithmetische Formel, nach der die Stimmenanteile mathematisch genau nach der Bezugsgröße Bevölkerung berechnet werden, findet allerdings kaum Anwendung. In der Regel fließen zusätzliche Kriterien, oftmals politische, mit in die „Berechnungen" ein. Wegen des hauptsächlichen Bezugs zur Bevölkerungsgröße wird diese Regel der Stimmenverteilung dennoch unter die Ein-Kriterium-Regeln subsumiert. Beispiele für die Anwendung einer solchen Stimmengewichtung sind der Bundesrat und der Rat der Europäischen Gemeinschaften.

a) Stimmengewichtung im Bundesrat

aa) Stimmenverteilung

Die Stimmenverteilung in einem föderativen Organ tangiert ein zentrales verfassungspolitisches und verfassungsrechtliches Element der bundesstaatlichen Ordnung. Sie bestimmt den Einfluss der Gliedstaaten auf den Prozess der politischen Willensbildung des Bundes. Dabei stehen zwei Alternativen zur Auswahl: gleiche Anzahl von Stimmen nach der formellen Gleichheit[27] oder unterschiedliche Anzahl von Stimmen (Stimmengewichtung) in Abhängigkeit von bestimmten Kriterien nach der materiellen Gleichheit. Bei der Stimmenverteilung in föderativen Organen lässt sich im internationalen Vergleich eine Entwicklung hin zur materiellen Gleichheit beobachten.[28]

In der Bundesrepublik Deutschland ist die verfassungspolitische und verfassungsrechtliche Frage der bundesstaatlichen Ordnung zugunsten einer Stimmen-

---

[27] So vorgeschlagen von Uwe Wagschal/Maximilian Grasl, Die modifizierte Senatslösung, in: ZParl, 35 (2004) 4, S. 747 f.
[28] Vgl. Stefan Korioth, in: Christian Starck (Hrsg.), Kommentar zum Grundgesetz, Band 2, 5. Auflage, München 2005, Art. 51 Abs. 2, Rdnr. 15, S. 1357.

B. Stimmenverteilung nach der Regel der unterschiedlichen Anzahl von Stimmen

gewichtung entschieden worden.[29] Der in den Beziehungen der Bundesländer untereinander und in den Beziehungen des Bundes zu den Ländern geltende Grundsatz der Gleichbehandlung der Länder, der aus der Gleichheit der Länder als Staaten fließt, gilt innerhalb des Bundesrates nicht als striktes Gebot.[30] Daraus leitet sich eine Staffelung der Stimmen der Bundesländer, wie schon im Staatenhaus der Frankfurter Reichsverfassung bzw. Paulskirchen-Verfassung[31], im Bundesrat des Norddeutschen Bundes[32] sowie des Deutschen Reiches[33] als auch im Reichsrat der Weimarer Republik[34] ab.[35]

Die deutsche Verfassungstradition fortsetzend[36], geht das Grundgesetz vom bundesstaatlichen Prinzip der Eigenstaatlichkeit der Gliedstaaten[37] für die Bemessung der Stimmen der Länder im Bundesrat auf der Grundlage der Einwohnerzahlen als objektiven Maßstab aus.[38] Somit verfügen die Länder verfassungsrechtlich nicht über ein gleiches Stimmengewicht. Aus der daraus resultierenden unterschiedlichen Machtverteilung im Bundesrat folgt eine formelle Ungleichheit der Länder. Die formelle Gleichheit der Länder drückt sich indessen in der Teilnahme aller Länder am Willensbildungs- und Entscheidungsprozess des Bundesrates aus.[39] In der Bundesrepublik Deutschland hat sich der Parlamentarische Rat für einen Kompromiss zwischen der dem Bundesstaatsprinzip (Föderalismus) ent-

---

[29] Zur Entstehung der Stimmengewichtung in der deutschen Verfassungsgeschichte vgl. Jürgen Jekewitz, Die Stimmenverteilung im Bundesrat nach dem Einigungsvertrag, in: RuP, 27 (1991) 2, S. 98 ff.

[30] Vgl. Konrad Reuter, Praxishandbuch Bundesrat, Heidelberg 1991, Art. 50 GG, Rdnr. 42, S. 102; Art. 51 GG, Rdnr. 54, S. 232 f.

[31] § 87 Frankfurter Reichsverfassung bzw. Paulskirchen-Verfassung.

[32] Art. 6 Verfassung des Norddeutschen Bundes.

[33] Art. 6 Abs. 1 Verfassung des Deutschen Reichs (Bismarcksche Reichsverfassung).

[34] Art. 61 Abs. 1 Weimarer Reichsverfassung: „Im Reichsrat hat jedes Land mindestens eine Stimme. Bei den größeren Ländern entfällt auf 700 000 Einwohner eine Stimme. Ein Überschuß von mindestens 350 000 Einwohnern wird 700 000 gleichgerechnet. Kein Land darf durch mehr als zwei Fünftel aller Stimmen vertreten sein." Nach der Volkszählung vom 16.06.1925 ergab sich nach dritter Veränderung folgende Stimmenverteilung im Reichsrat: Preußen: 27, Bayern: 11, Sachsen: 7, Württemberg: 4, Baden: 3, Thüringen: 2, Hessen: 2, Hamburg: 2, Mecklenburg-Schwerin: 1, Oldenburg: 1, Braunschweig: 1, Anhalt: 1, Bremen: 1, Lippe: 1, Lübeck: 1, Mecklenburg-Strelitz: 1, Waldeck: 1, Schaumburg-Lippe: 1, Gesamt: 68 Stimmen. Vgl. Fritz Poetzsch-Heffter, Handkommentar der Reichsverfassung vom 11.08.1919, 3. Auflage, Berlin 1928, Art. 61, Rdnr. 5 lit. d, S. 281 f.

[35] Zur verfassungsgeschichtlichen Stimmenverteilung in diesen Entscheidungsorganen vgl. Eckart Busch, Die Stimmenverteilung im Bundesrat, in: ZG, 5 (1990) 4, S. 321 ff.; Matthias Heger (Fn. 6), S. 71 ff.

[36] Vgl. Kurt Behnke (Fn. 5), S. 70 ff.

[37] BVerfGE 34, 216 (231).

[38] Vgl. Roman Herzog, Zusammensetzung und Verfahren des Bundesrates, in: Josef Isensee/Paul Kirchhof (Hrsg.), HdbStR, Band II, 2. Auflage, Heidelberg 1998, § 46, Rdnr. 1, S. 506.

[39] Vgl. Marcus C.F. Pleyer, Föderative Gleichheit, Berlin 2005, S. 161 f.

sprechenden Gleichheit der Länder[40] und der dem Demokratieprinzip entsprechenden angemessenen Repräsentanz der Bevölkerung der Länder (Volkssouveränität) bzw. zwischen der gleichen Stimmenanzahl der Länder und der Zuerkennung einer Stimme für eine bestimmte Einwohnerzahl entschieden.[41] Dieser Kompromiss ist durchaus nicht zwingend. So regelt das Grundgesetz in einigen Bestimmungen eine Gleichbehandlung der Länder in Bundesorganen (Art. 53 a Abs. 1 Satz 3 GG: Vertretung der Länder im Gemeinsamen Ausschuss, Art. 95 Abs. 2 GG: Vertretung der Länder im Richterwahlausschuss).[42]

Da der „demokratische Bundesstaat" (Art. 20 Abs. 1 GG) die Anerkennung der Länder auch in ihrer Eigenstaatlichkeit und Vielfalt voraussetzt, können neben der Bevölkerungszahl auch andere Faktoren, wie historische Erfahrung, politische Zukunft, wirtschaftliche und soziale Entwicklung Berücksichtigung finden, die das Gewicht der Länder maßgeblich mitbestimmen. Die in Art. 51 Abs. 2 GG festgelegte abgestufte Gewichtung der Länder bei der Stimmenverteilung im Bundesrat basiert auf der Einwohnerzahl der Bundesländer. Dabei wird nicht zwischen deutschen und ausländischen Staatsangehörigen unterschieden, da der in Art. 51 Abs. 2 GG verwendete Begriff Einwohner als Bezugsgröße zur Bestimmung der Anzahl von Stimmen nicht mit dem des (deutschen) (Staats-)Volkes gleichzusetzen ist. Die Stimmenanzahl eines Landes spiegelt gerade nicht die gleiche demokratische Repräsentanz der Bürger wider, sondern den relativen Einfluss des Landes im Bundesrat. In die staatliche Gemeinwohlverpflichtung sind alle Einwohner einzubeziehen. Insofern kann die Einwohnerzahl als ein unbedenklicher Maßstab angesehen werden.[43] Die Anzahl von Stimmen richtet sich gemäß der inhaltlichen Ausformungsbestimmung in § 27 GOBR nach den Ergebnissen der amtlichen Bevölkerungsfortschreibung, falls keine Ergebnisse einer amtlichen Volkszählung vorliegen.[44]

Bislang einmalig blieb die Festlegung der Stimmenanzahl des Landes Berlin am 14. Oktober 1977 in Abweichung von § 27 GOBR durch einstimmigen Beschluss gem. § 48 GOBR.[45] Nach dem Ergebnis der amtlichen Bevölkerungsfortschreibung war die Einwohnerzahl des Landes Berlin unter die Zweimillionengrenze gesunken, so dass es eine Stimme hätte verlieren müssen. Bis zur nächsten Volkszählung war nunmehr nicht die amtliche Bevölkerungsfortschreibung, sondern die Bevölkerungszählung vom 27. Mai 1970 genommen worden, so dass Berlin seine vier Stimmen behalten konnte. Somit können neben materiell-

---

[40] Zum Prinzip der gleichmäßigen Vertretung vgl. Hans Kelsen, Allgemeine Staatslehre, Berlin 1925, S. 217 f.

[41] BT-Drs. 7/5924 vom 09.12.1976, S. 99 f. Vgl. Klaus von Beyme, Die Funktionen des Bundesrates, in: Bundesrat (Hrsg.), Der Bundesrat als Verfassungsorgan und politische Kraft, Bad Honnef/Darmstadt 1974, S. 370; Carsten Deecke, Verfassungsrechtliche Anforderungen an die Stimmenverteilung im Bundesrat, Berlin 1998, S. 29 ff.

[42] Vgl. Michael Sachs, Das parlamentarische Regierungssystem und der Bundesrat, VVDStRL, 58 (1999), S. 53.

[43] Vgl. ebenda, S. 54.

[44] Zum verfassungsrechtlichen Einwohnerbegriff und zur Ermittlung der Einwohnerzahl vgl. Carsten Deecke (Fn. 41), S. 38 ff.

[45] Stenographischer Bericht BR, 450. Sitzung vom 14.10.1977, S. 283.

B. Stimmenverteilung nach der Regel der unterschiedlichen Anzahl von Stimmen

rechtlichen Bestimmungen auch verfahrensrechtliche die Stimmenverteilung im Bundesrat beeinflussen, die wiederum maßgeblich für seine Willensbildung und Abstimmungsergebnisse sind.[46]

Dafür, dass die Stimmenverteilung im Bundesrat nach der Regel der unterschiedlichen Anzahl von Stimmen der Bundesländer[47] jedoch nicht einer arithmetisch exakten Repräsentation entspricht[48], hat sich der ihr zugrunde liegende Art. 51 Abs. 2 GG lange Zeit in einem „Dornröschenschlaf" befunden.[49] Die unlängst von Maurer vertretene, auf der These von der Ländermitgliedschaft im Bundesrat basierende Auffassung, wonach jedes Land nur eine Stimme hat, die mehrfach gezählt wird[50], ändert nichts an der unterschiedlichen Gewichtung der Stimmen der Länder, da hier den Stimmen ein unterschiedlicher Wert zugeordnet wird. Für die „quantitative Stimmendifferenzierung", wie Stern sie bezeichnet, gebe es keine logische oder staatstheoretisch exakte Begründung, sie sei gleichwohl „maßvoll" und „antihegemoniell". Sie stelle einen „Mittelweg zwischen Gleichheit und Bevölkerungsarithmetik"[51] dar. „Jedes Land hat mindestens drei Stimmen, Länder mit mehr als zwei Millionen Einwohnern haben vier, Länder mit mehr als sechs Millionen Einwohnern fünf, Länder mit mehr als sieben Millionen Einwohnern sechs Stimmen."[52] Diese Staffelung erfuhr auch keine Modifikation bei den Änderungen der Stimmenverteilung von 1952[53] und 1957.[54]

---

[46] Vgl. Carsten Deecke (Fn. 41), S. 20.
[47] So auch Pleyer, der von einer unterschiedlich großen Zahl an gleichwertigen Stimmen ausgeht. Vgl. Marcus C.F. Pleyer (Fn. 39), S. 161.
[48] BT-Drs. 7/5924 vom 09.12.1976, S. 99 f. Vgl. Konrad Reuter (Fn. 30), Art. 51 GG, Rdnr. 55, S. 233 f.
[49] Vgl. Carsten Deecke (Fn. 41), S. 17.
[50] Vgl. Hartmut Maurer, Mitgliedschaft und Stimmrecht im Bundesrat, in: Hans-Detlef Horn (Hrsg.), FS für Walter Schmitt Glaeser, Berlin 2003, S. 164.
[51] Klaus Stern (Fn. 3), § 27 III 3, S. 141.
[52] Bremen, Hamburg, Mecklenburg-Vorpommern, Saarland: je drei Stimmen; Berlin, Brandenburg, Rheinland-Pfalz, Sachsen, Sachsen-Anhalt, Schleswig-Holstein, Thüringen: je vier Stimmen; Hessen: fünf Stimmen; Baden-Württemberg, Bayern, Niedersachsen, Nordrhein-Westfalen: je sechs Stimmen. Der Stimmenzuwachs Hessens von vier auf fünf im Jahre 1996 stellt die erste Veränderung der Stimmenverteilung des BR dar, die auf ein Überschreiten der in Art. 51 Abs. 2 GG angegebenen Einwohnerzahlen zurückzuführen ist. Vgl. Carsten Deecke (Fn. 41), S. 18 ff.
[53] Aus Baden, Württemberg-Baden und Württemberg-Hohenzollern entstand das Bundesland Baden-Württemberg.
[54] Beitritt des Saarlandes zum Geltungsbereich des Grundgesetzes.

Dennoch war die Stimmenstaffelung im Bundesrat nicht unumstritten. Vor allem die Landesregierung von Nordrhein-Westfalen forderte wegen der großen Bevölkerungszahl ihres Landes ein größeres Stimmengewicht.[55] Die daraufhin ins Leben gerufene Enquête-Kommission bestätigte aber in ihrem Schlussbericht vom 9. Dezember 1976 das bestehende Bundesratsmodell.[56] Eine Neuregelung sei nur dann geboten, wenn es zu erheblichen Veränderungen in der Einwohnerzahl und der Grenzziehung gekommen wäre. Erst mit der deutschen Wiedervereinigung erfuhr die ursprüngliche Stimmenverteilung von drei bis fünf Stimmen[57] eine Aufstockung um eine Stufe.[58] Der Vorschlag Bayerns mit Unterstützung Baden-Württembergs[59] und der Vorschlag Nordrhein-Westfalens[60] bezüglich einer Änderung der Stimmenstaffelung infolge der deutschen Wiedervereinigung fanden keine verfassungsrechtliche Berücksichtigung. Mit der Neuregelung sollten die vier größten Länder, die nunmehr sechs Stimmen innehaben, ihren stärkeren Einfluss im Bundesrat erhalten.[61] Dies betrifft insbesondere die Sperrminorität von einem Drittel der Stimmen gegen Verfassungsänderungen gem. Art. 79 Abs. 2 GG.[62] Die vier Bundesländer repräsentieren ungefähr 49 Millionen der insgesamt ca. 82 Millionen Deutschen. Andererseits wird durch die Begrenzung auf maximal sechs Stimmen pro Land eine Majorisierung durch ein oder zwei größere Länder im

---

[55] Vgl. Peter Schindler, Der Bundesrat in parteipolitischer Auseinandersetzung, in: ZParl, 3 (1972), S. 149.

[56] BT-Drs. 7/5924 vom 09.12.1976, S. 100.

[57] Damit sollte ein Gleichgewicht zwischen a) den süd-, mittel- und norddeutschen Ländern, b) den „großen" und den „kleinen" Ländern, c) den überwiegend katholischen und den überwiegend evangelischen Ländern sowie d) den armen Ländern mit niedrigem Steueraufkommen und den reichen Ländern hergestellt werden. Vgl. Edgar Hein, Stimmenverteilung im Bundesrat, in: Die demokratische Gemeinde, (1972), S. 105.

[58] Vgl. hierzu den vom BR eingebrachten Gesetzentwurf mit einer unveränderten Mindestzahl von drei Stimmen, bei 2-3 Mio. Einwohnern vier Stimmen, bei 3-5 Mio. Einwohnern fünf Stimmen, bei 5-7 Mio. Einwohnern sechs Stimmen, bei 7-12 Mio. Einwohnern sieben Stimmen, bei über 12 Mio. Einwohnern acht Stimmen, in: BR-Drs. 551/90, S. 1 ff. Zu den Hintergründen der Verfassungsänderung von 1990 vgl. Stefan Korioth, in: Christian Starck (Hrsg.) (Fn. 28), Art. 51 Abs. 2, Rdnr. 18 f., S. 1359 f.

[59] BR-Drs. 551/90. Vgl. Hartmut Klatt, Deutsche Einheit und bundesstaatliche Ordnung, in: VerwArch, 82 (1991), S. 437.

[60] BR-Drs. 557/90.

[61] Zur Änderung der Stimmenverteilung in Art. 51 Abs. 2 GG in Verbindung mit der deutschen Vereinigung vgl. Eckart Busch (Fn. 35), S. 308 ff.

[62] Mit der Aufstockung der Stimmen im BR von 68 auf 69 durch den Stimmenzuwachs Hessens 1996 haben die neuen Bundesländer zusammen mit Berlin nunmehr die Sperrminorität gegen Verfassungsänderungen verloren. Vgl. Carsten Deecke (Fn. 41), S. 33.

B. Stimmenverteilung nach der Regel der unterschiedlichen Anzahl von Stimmen

Bundesrat verhindert.[63] Durch das abgestufte Stimmengewicht sollen die Interessen sowohl der größeren als auch der kleineren Länder entsprechend ihrer Einwohnerzahl Berücksichtigung finden.[64] Seither hat sich die Stimmenverteilung 1996 aufgrund der Überschreitung der in Art. 51 Abs. 2 GG festgesetzten Bevölkerungsgrenze durch Hessen verändert. Erstmals in der Geschichte des Grundgesetzes konnte sich die flexible Regelung zur Stimmenstaffelung in der Praxis bewähren.[65]

Die nachfolgenden Übersichten zeigen die aktuelle Stimmenstaffelung im Vergleich mit den Vorschlägen Bayerns und Nordrhein-Westfalens von 1990 sowie die entsprechenden Stimmenverteilungen.

Übersicht V. 1: Stimmenstaffelung nach Art. 51 Abs. 2 GG sowie Vorschlägen Bayerns und Nordrhein-Westfalens

Bevölkerungsgröße in Millionen nach Art. 51 Abs. 2 GG	Anzahl von Stimmen nach Art. 51 Abs. 2 GG	Bevölkerungsgröße in Millionen nach Vorschlag Bayerns	Anzahl von Stimmen nach Vorschlag Bayerns	Bevölkerungsgröße in Millionen nach Vorschlag NRW	Anzahl von Stimmen nach Vorschlag NRW
	mindestens 3		mindestens 3		mindestens 3
< 2	4	2-3	4	< 2	4
< 6	5	3-5	5	< 6	5
< 7	6	5-7	6	< 7	6
		< 7	7	< 10	7
				< 15	8

---

[63] Vgl. Heinz Laufer, Der Bundesrat, Bonn 1972, S. 10.
[64] Zur Zusammensetzung des BR von 1949 bis 1990 vgl. Konrad Reuter (Fn. 30), § 27 GO, Rdnr. 7, S. 497 ff.
[65] Vgl. Carsten Deecke (Fn. 41), S. 33 f.

Übersicht V. 2: Stimmenverteilung der Bundesländer im Bundesrat[66] gem. Art. 51 Abs. 2 GG sowie nach Vorschlägen Bayerns[67] und Nordrhein-Westfalens[68] für eine neue Stimmenverteilung

Bundesland	Bevölkerung (in Millionen)	Stimmen nach Art. 51 Abs. 2 GG	Stimmen/Mill. Einwohner bzw. relativer Einfluss	Vorschlag Bayerns für Neuverteilung der Stimmen	Stimmen/Mill. Einwohner bzw. relativer Einfluss nach Vorschlag Bayerns	Vorschlag NRW für Neuverteilung der Stimmen	Stimmen/Mill. Einwohner bzw. relativer Einfluss nach Vorschlag NRW
Nordrhein-Westfalen	18,029	6	0,33	7	0,39	8	0,44
Bayern	12,493	6	0,48	7	0.56	7	0,56
Baden-Württemberg	10,739	6	0,56	7	0,65	6	0,56
Niedersachsen	7,983	6	0,75	7	0,88	6	0,75
Hessen	6,075	5	0,82	6	0,99	5	0,82
Sachsen	4,250	4	0,94	5	1,18	4	0,94
Rheinland-Pfalz	4,053	4	0,99	5	1,23	4	0,99
Berlin	3,404	4	1,18	5	1,47	4	1,18
Schleswig-Holstein	2,834	4	1,41	4	1,41	4	1,41
Brandenburg	2,548	4	1,57	4	1,57	4	1,57
Sachsen-Anhalt	2,442	4	1,64	4	1,64	4	1,64
Thüringen	2,311	4	1,73	4	1,73	4	1,73
Hamburg	1,754	3	1,71	3	1,71	3	1,71
Mecklenburg-Vorpommern	1,694	3	1,77	3	1,77	3	1,77
Saarland	1,043	3	2,88	3	2,88	3	2,88
Bremen	664	3	4,52	3	4,52	3	4,52
Gesamt	82.316	69	Ø 1,45	77	Ø 1,48	72	Ø 1,47

---

[66] Statistische Ämter des Bundes und der Länder. Stand 31.12.2006, in: http://www.statistik-portal.de (07.01.2008).
[67] Da die Bevölkerung Mecklenburg-Vorpommerns mit 2,1 Millionen Einwohnern angegeben wurde, würden dem Bundesland vier Stimmen zustehen. BR-Drs. 551/90, S. 6.
[68] Hessen hätten mit unter sechs Millionen Einwohnern vier Stimmen zugestanden. BR-Drs. 557/90, S. 6.

B. Stimmenverteilung nach der Regel der unterschiedlichen Anzahl von Stimmen

Die um eine Stufe nach dem Vorschlag Bayerns bzw. um zwei Stufen nach dem Vorschlag Nordrhein-Westfalens erhöhte Stimmenstaffelung ergibt einen gleichen Durchschnittswert des Stimmenanteils. Beide Vorschläge haben einseitig die Stimmenstaffelung nach oben erweitert, nicht jedoch nach unten. Der Regelungsbedarf hätte eben nur in Bezug auf die großen Länder bestanden, d.h. so genannte „alte" Bundesländer, nicht jedoch auf die kleinen und mittleren.[69] Die nicht angenommenen Vorschläge hätten es demzufolge auch kaum vermocht, einen besseren Ausgleich als bisher zwischen der dem Bundesstaatsprinzip entsprechenden Gleichheit der Länder und der im Demokratieprinzip gründenden angemessenen Repräsentation der Landesbevölkerungen zu erreichen.

Da die Stimmenverteilung im Bundesrat eben nicht auf einer strikten Proportionalität der Bevölkerungsgröße basiert, variiert das Verhältnis zwischen Anzahl von Stimmen und Bevölkerung (Millionen Einwohner) bzw. der relative Einfluss der Bevölkerungen der Bundesländer, vertreten durch die Landesregierungen, nach den geltenden Verfassungsbestimmungen erheblich. Selbst wenn zusätzliche Kriterien (historische, politische, wirtschaftliche, soziale) für die bestehende Stimmenverteilung zugrunde genommen würden, ist eine Überrepräsentation Bremens (4,52) und eine entsprechende Unterrepräsentation Nordrhein-Westfalens (0,33) nur schwer zu rechtfertigen. Im Rahmen einer Föderalismusreform ist deshalb die Überarbeitung der Stimmenverteilung anzuregen. Nachfolgender eigener Vorschlag würde den Stimmenanteil der Länder im Bundesrat nach ihren Bevölkerungsanteilen entsprechend anpassen. Dabei wäre eine Staffelung der Bevölkerungsgrößen in mehrere Gruppen sowohl nach oben als auch nach unten zugrunde zu legen und eine weiter gestaffelte Anzahl von Stimmen diesen zuzuordnen.

Übersicht V. 3: Stimmenverteilungsschlüssel nach Art. 51 Abs. 2 GG und eigenem Vorschlag

Bevölkerungsgröße in Millionen nach Art. 51 Abs. 2 GG	Anzahl von Stimmen nach Art. 51 Abs. 2 GG	Bevölkerungsgröße in Millionen nach eigenem Vorschlag	Anzahl von Stimmen nach eigenem Vorschlag
	mindestens 3	> 3	2
< 2	4	> 6	3
< 6	5	> 9	4
< 7	6	> 12	5
		> 15	6
		< 15	7

Daraus ergibt sich folgende Stimmenverteilung:

---

[69] Ebenda, S. 5 f.

Übersicht V. 4: Stimmenverteilung der Bundesländer im Bundesrat gem. Art. 51 Abs. 2 GG mit eigenem Vorschlag für eine neue Stimmenverteilung

Bundesland	Bevölkerung (in Millionen)	Stimmen nach Art. 51 Abs. 2 GG	Bevölkerung/ Mitglieder	Stimmen/ Mill. Einwohner bzw. relativer Einfluss	Vorschlag für Neuverteilung der Stimmen	Stimmen/ Mill. Einwohner bzw. relativer Einfluss nach Vorschlag
Nordrhein-Westfalen	18,029	6	3.004.833	0,33	7	0,39
Bayern	12,493	6	2.082.166	0,48	6	0,48
Baden-Württemberg	10,739	6	1.789.833	0,56	5	0,46
Niedersachsen	7,983	6	1.330.500	0,75	4	0,50
Hessen	6,075	5	1.215.000	0,82	4	0,66
Sachsen	4,250	4	1.062.500	0,94	3	0,71
Rheinland-Pfalz	4,053	4	1.013.250	0,99	3	0,74
Berlin	3,404	4	851.000	1,18	2	0,59
Schleswig-Holstein	2,834	4	708.500	1,41	2	0,71
Brandenburg	2,548	4	637.000	1,57	2	0,78
Sachsen-Anhalt	2,442	4	610.500	1,63	2	0,82
Thüringen	2,311	4	577.750	1,73	2	0,86
Hamburg	1,754	3	584.667	1,71	2	1,14
Mecklenburg-Vorpommern	1,694	3	564.667	1,77	2	1,18
Saarland	1,043	3	347.667	2,88	2	1,92
Bremen	664	3	221.333	4,52	2	3,01
Gesamt	**82,316**	**69**	**Ø 1.037.572,8**	**Ø 1,45**	**50**	**Ø 0,93**

Nach diesem Vorschlag werden sechs anstelle von vier Gruppen nach Bevölkerungsgrößen gebildet und die Anzahl von Stimmen um jeweils eins verringert auf zwei bzw. erhöht auf sieben. Damit kann die Differenz des Verhältnisses zwischen Anzahl von Stimmen und Bevölkerung der Länder (Millionen Einwohner) von bisher 4,19 (4,52 – 0,33) auf 2,62 (3,01 – 0,39) reduziert werden. Die Gesamtstimmenanzahl im Bundesrat würde von gegenwärtig 69 auf 50 fallen. Eine wesentliche Veränderung eines möglichen Abstimmungsergebnisses bei Anwendung der Abstimmungsregel der absoluten Mehrheit unter Einteilung der Länder in größere und kleinere ergibt sich indes nicht. Bei beiden Modellen erreichen die Stimmen der kleineren Länder die absolute Mehrheit, die der größeren nicht.[70] Die

---

[70] Kleinere Länder nach Art. 51 Abs. 2 GG: Länder mit drei und vier Stimmen (insgesamt 40 Stimmen); nach eigenem Vorschlag: Länder mit zwei, drei und vier Stimmen (insgesamt 32 Stimmen). Größere Länder nach Art. 51 Abs. 2 GG: Länder mit fünf und sechs Stimmen (insgesamt 29 Stimmen); nach eigenem Vorschlag: Länder mit fünf, sechs und sieben Stimmen (insgesamt 18 Stimmen).

Sperrminorität der größeren Länder gegen Verfassungsänderungen würde ebenfalls beibehalten. Das vorgeschlagene Modell könnte letztendlich aber nachweislich einen besseren Ausgleich zwischen dem Bundesstaatsprinzip mit der Gleichheit der Länder und dem Demokratieprinzip mit der Repräsentation der Bevölkerung der Länder erreichen als das bisherige.

Art. 51 Abs. 2 GG ist weiterhin Grundlage für die nach Art. 52 Abs. 3a GG gebildete Europakammer, dem zweiten wichtigen Beschlussgremium.[71] Da gem. § 45 b Abs. 2 GOBR jedes Land nur ein Mitglied oder stellvertretendes Mitglied des Bundesrates in die Europakammer entsenden darf, gibt das jeweilige Mitglied entsprechend des von ihm vertretenen Landes die Stimme gebündelt ab (§ 45 h Abs. 1 GOBR). Für die Beschlüsse des Plenums vorbereitenden Ausschüsse gilt Art. 51 Abs. 2 GG hingegen nicht. In den Ausschüssen hat jedes Land gem. § 42 Abs. 2 GOBR je nur eine Stimme. Wegen der häufigen Divergenzen zwischen Ausschussentscheidungen und Plenarbeschlüssen ist allerdings schon angeregt worden, die Stimmenstaffelung der Länder in den Ausschüssen wie nach Art. 51 Abs. 2 GG im Plenum nach der materiellen Gleichheit zu übernehmen.[72] Eine Beibehaltung der Stimmenverteilung in den Ausschüssen des Bundesrates nach der formellen Gleichheit der Bundesländer rechtfertigt sich gleichwohl aus deren beratenden Aufgaben und rechtlich nicht verbindlichen Beschlüssen.[73]

bb) Stimmabgabe

Das Modell der Stimmenverteilung im Bundesrat nach demografischen Kriterien schließt ein, dass die zugeteilten Stimmen eines Landes nur einheitlich und nur durch anwesende Mitglieder oder deren Vertreter abgegeben werden können (Art. 51 Abs. 3 Satz 2 GG).[74] Dies folgt aus dem imperativen Mandat der Mitglieder des Bundesrates.[75] Die verfassungsrechtlichen Bestimmungen regeln demzufolge nicht nur wie viele Stimmen den Mitgliedern des kollegialen Entscheidungsorgans zustehen, sondern auch wie diese abzugeben sind, nämlich einheitlich. Eine Sonderstellung hatten im Reichsrat der Weimarer Republik noch die preußischen Provinzialbevollmächtigten inne, denen aufgrund des § 8 Abs. 2 preußisches Gesetz vom 3. Juni 1921 ein freies Stimmrecht zustand. Dies ermöglichte

---

[71] Vgl. Heinrich de Wall, in: Karl Heinrich Friauf/Wolfram Höfling (Hrsg.), Berliner Kommentar zum Grundgesetz, Band 2, Berlin 2006, Art. 52, Rdnr. 29, S. 11.
[72] So Heinz Laufer, Reform des Bundesrates?, in: Bundesrat (Hrsg.) (Fn. 41), S. 418; ders., Das föderative System der Bundesrepublik Deutschland, 6. Auflage, München 1991, S. 229 f.; Gerrit Mulert, Der Bundesrat im Lichte der Föderalismusreform, in: DÖV, 60 (2007) 1, S. 26.
[73] Vgl. Stefan Korioth, in: Christian Starck (Hrsg.) (Fn. 28), Art. 52, Rdnr. 29, S. 1381.
[74] Zum Gebot der ländereinheitlichen Stimmabgabe vgl. Konrad Reuter (Fn. 30), Art. 51 GG, Rdnr. 60 ff., S. 236 f.; Reinhold Zippelius/Thomas Würtenberger, Deutsches Staatsrecht, 31. Auflage, München 2005, S. 354; Heinrich de Wall (Fn. 71), Art. 51, Rdnr. 26, S. 12.
[75] Vgl. Klaus Stern (Fn. 3), § 27 III 2, S. 136; Herbert Küpper, Die Mitgliedschaft im Bundesrat, in: Der Staat, 42 (2003) 3, S. 397; Stefan Korioth, in: Christian Starck (Hrsg.) (Fn. 28), Art. 51 Abs. 3, Rdnr. 23, S. 1362.

ihnen auch untereinander verschieden und anders als die preußischen Landesbevollmächtigten abzustimmen. Die Einheitlichkeit in der Stimmabgabe im Reichsrat war für Preußen als einziges deutsches Land nicht garantiert gewesen.[76]

Damit die Stimmabgabe im Bundesrat einheitlich erfolgt, legen die Verfassungen einiger Länder eine vorherige Beschließung der Landesregierung zwecks Stimmabgabe im Bundesrat fest.[77] Eine uneinheitliche Stimmabgabe trat erstmalig am 19. Dezember 1949 auf der 10. Sitzung des Bundesrates auf, als das Bundesland Nordrhein-Westfalen durch zwei seiner Landesminister bei der Abstimmung über eine Anordnung uneinheitlich votiert hatte. Der damalige Bundesratspräsident Arnold war seinerzeit zugleich Ministerpräsident von Nordrhein-Westfalen, dessen „Stimmführerschaft" nicht widersprochen wurde.[78] Diese „Panne" konnte durch eine Klarstellung des Ministerpräsidenten behoben werden. In der Lehre fehlte eine Einigung über die Folgen einer widersprüchlichen Stimmabgabe. Nach Ansicht einiger Autoren kommt es maßgeblich auf die Stimme des Ministerpräsidenten bzw. Kabinettsvorsitzenden an[79], nach der herrschenden Meinung sind alle uneinheitlich abgegebenen Stimmen des Landes ungültig.[80] Außerdem ist umstritten gewesen, ob und inwiefern der Bundesratspräsident nachfragen darf, um eine einheitliche Stimmabgabe zu erreichen.

Zum zweiten Mal in der Geschichte der deutschen Verfassungspraxis hat sich das theoretische Problem der uneinheitlichen Stimmabgabe auf der 774. Sitzung des Bundesrates am 22. März 2002[81], auf der zwei Landesminister und Bundesratsmitglieder des Landes Brandenburg uneinheitlich über das Zuwanderungsge-

---

[76] Vgl. Friedrich Giese, Die Verfassung des Deutschen Reiches, 8. Auflage, Berlin 1931, Art. 63, Rdnr. 4 f., S. 166 f.; Marcus C.F. Pleyer (Fn. 39), S. 114.

[77] Art. 49 Abs. 2 LV BW, Art. 37 Abs. 2 Ziff. 2 LV NI, Art. 64 Abs. 1 LV SN, Art. 68 Abs. 3 Ziff. 2 LV ST, Art. 76 Abs. 2 Satz 1 LV TH.

[78] Bei der Abstimmung über einen Abänderungsantrag zu der Regierungsvorlage bezüglich einer Anordnung über die Neuregelung der Mineralölpreise stimmten für Nordrhein-Westfalen Halbfell mit Ja und Dr. Weitz unter Berufung auf eine Festlegung im Kabinett mit Nein ab. Daraufhin schlug Dr. Müller (Württemberg-Hohenzollern) vor: „[...], daß der Herr Ministerpräsident von Nordrhein-Westfalen die Stimme abgibt." Arnold stimmte schließlich mit Ja. BR, Sitzungsbericht, 10. Sitzung vom 19.12.1949, S. 23 f. Vgl. Roland Fritz/Karl-Heinz Hohm, „Szenen einer Abstimmung", in: AuAS, 11 (2002), S. 15.

[79] Vgl. Klaus Stern (Fn. 3), § 27 III 2, S. 136 f.; Dieter Blumenwitz, in: Rudolf Dolzer/Klaus Vogel (Hrsg.), Bonner Kommentar zum Grundgesetz, Band 6, Heidelberg (Stand 1987), Art. 51, Rdnr. 29, S. 24.

[80] Vgl. Wolf-Rüdiger Schenke, Die verfassungswidrige Bundesratsabstimmung, in: NJW, 56 (2002) 18, S. 1320 f.; Hartmut Maurer (Fn. 50), S. 177; Gerhard Robbers, in: Michael Sachs (Hrsg.), Grundgesetz. Kommentar, 4. Auflage, München 2007, Art. 51, Rdnr. 15, S. 1265 f.; Stefan Korioth, in: Christian Starck (Hrsg.) (Fn. 28), Art. 51 Abs. 3, Rdnr. 21, S. 1361; Bodo Pieroth, in: Hans Jarass/Bodo Pieroth, Grundgesetz für die Bundesrepublik Deutschland. Kommentar, 8. Auflage, München 2006, Art. 51, Rdnr. 6, S. 681.

[81] Stenographischer Bericht BR, 774. Sitzung vom 22.03.2002, in: BR-Drs. 157/02, S. 131 ff., Abstimmung S. 171 ff.

setz abstimmten, in ein praktisches und prozessuales transponiert.[82] Die Rechtsauffassungen zu dieser Frage polarisieren sich einerseits auf ein eigenständiges Stimmrecht jedes Bundesratsmitgliedes[83] und andererseits auf die „Stimmführerschaft" des Ministerpräsidenten[84] mit unterschiedlichen Rechtsfolgen auch innerhalb dieser Auffassungen. Die nachträglich abgegebene Stimme des Ministerpräsidenten des Landes Brandenburg als so genannter „Stimmführer" könne die uneinheitliche Stimmabgabe der beiden Bundesratsmitglieder seines Landes nicht mehr heilen, weil die Nachfrage des Bundesratspräsidenten nicht im Einklang mit der „verfassungsrechtlich gebotenen Form des Abstimmungsverfahren" – des Aufrufs nach Ländern – stände. Hiergegen wenden die Richterinnen Osterloh und Lübbe-Wolff in ihrer abweichenden Meinung nicht zu Unrecht ein, dass wenn das Grundgesetz eine einheitliche Stimmabgabe verlange, könne es dem Bundesratspräsidenten nicht verwehrt sein, auf ein einheitliches Stimmverhalten hinzuwirken, solange dadurch kein unzulässiger Druck ausgeübt oder das Abstimmungsverhalten in der Sache beeinflusst würde.[85] Ein einheitlicher Landeswille sei jedoch nicht erkennbar gewesen, über den Dissens hätte von vornherein Klarheit bestanden, so das durch sechs Bundesländer angerufene Bundesverfassungsgericht.[86] Weiter führt das Gericht aus, dass die durch das Grundgesetz anerkannte „Praxis der landesautonom bestimmten Stimmführer" nur solange verfassungskonform sei, wie kein anderes Bundesratsmitglied desselben Landes der abgegebenen Stimme durch den Stimmführer widerspreche.[87] Die Rückfrage an den Ministerpräsidenten könne auch nicht damit gerechtfertigt werden, dass dieser nach der Landesverfassung die Richtlinien der Politik bestimmt und demzufolge gegenüber den anderen Bundesratsmitgliedern seines Landes eine herausgehobene Stel-

---

[82] Vgl. Kerstin Odendahl, Das Erfordernis der einheitlichen Stimmabgabe im Bundesrat, in: JuS, 42 (2002) 11, S. 1051 ff.; Joachim Lang, Das Urteil des Bundesverfassungsgerichts zum Zuwanderungsgesetz, in: ZParl, 34 (2003) 3, S. 596 ff.
[83] Vgl. Wolf-Rüdiger Schenke (Fn. 80), S. 1318 ff.; Claus-Peter Bienert, Zur Frage unterschiedlichen Abstimmungsverhaltens der Mitglieder der Regierung eines Bundeslandes bei der Abstimmung im Bundesrat, in: ThürVBl., 11 (2002) 5, S. 108 ff.; Florian Becker, Die uneinheitliche Stimmangabe im Bundesrat, in: NVwZ, 21 (2002) 5, S. 569 ff.; Jörn Ipsen, Gespaltenes Votum bei Abstimmungen im Bundesrat, in: DVBl. 117 (2002) 10, S. 653 ff.; Rolf Gröschner, Das Zuwanderungsgesetz im Bundesrat, in: JZ, 57 (2002) 13, S. 621 ff.; Thilo Tetzlaff, Die Bedeutung des Landesverfassungsrechts bei der Beurteilung der Abstimmung über das Zuwanderungsgesetz im Bundesrat, in: DÖV, 56 (2003) 17, S. 693 ff.
[84] Vgl. Carsten F. Soerensen, Die verfassungsgemäße Bundesratsabstimmung zum Zuwanderungsgesetz, in: NJW, 55 (2002) 24, S. XII ff.; Roland Fritz/Karl-Heinz Hohm (Fn. 78), S. 11 ff.; Dieter Dörr/Heinrich Wilms, Verfassungsmäßigkeit der Abstimmung über das Zuwanderungsgesetz?, in: ZRP, 35 (2002) 6, S. 265 ff.; Jürgen Jekewitz, Der Streit über das Zuwanderungsgesetz, in: RuP, 38 (2002) 1, S. 83 ff.; Hans Meyer, Abstimmungsstreit im Bundesrat, in: Hans Meyer (Hrsg.), Abstimmungskonflikt im Bundesrat im Spiegel der Staatsrechtslehre, Baden-Baden 2003, S. 146 ff.; Gerrit Mulert (Fn. 72), S. 29.
[85] BVerfGE 106, 310 (347).
[86] Ebenda (331 ff.).
[87] Ebenda (330 f.).

lung innehat. Rangverhältnisse des Landesverfassungsrechts spielen auf der Bundesebene keine Rolle. Damit erteilt das Gericht in Übereinstimmung mit der herrschenden Meinung in der Literatur der Ansicht, im Zweifel sei auf den Ministerpräsidenten als „geborenen Stimmführer" abzustellen, eine Absage.[88]

Des Weiteren tritt das Gericht der Auslegung entgegen, wonach der Art. 51 Abs. 3 Satz 2 GG die Bundesratsmitglieder des Landes rechtlich zu einer einheitlichen Stimmabgabe verpflichte.[89] Die Bestimmung verbiete es lediglich, einen gespaltenen Landeswillen im Abstimmungsergebnis des Bundesrates durch Aufteilung der Stimmen des Landes zu berücksichtigen. Eine uneinheitliche Stimmabgabe sei also ungültig, aber nicht verfassungswidrig.[90] Die Stimmen Brandenburgs durften nicht mitgezählt werden. Das Gericht verkündete in seinem Urteil vom 18. Dezember 2002 folglich die Unvereinbarkeit des Zuwanderungsgesetzes mit Art. 78 GG und damit seine Nichtigkeit.[91] Der Rechtsstreit über das Abstimmungsergebnis zum Zuwanderungsgesetz ist, wie Schmitz zutreffend formuliert, ein anschauliches Beispiel dafür, wie „[...] farblose Verfahrensvorschriften des Staatsorganisationsrechts zu interessanten Fällen führen können, die eine breite Öffentlichkeit ansprechen."[92]

Eine Änderung diesbezüglicher Verfahrensvorschriften ist in Zusammenhang mit der Föderalismusreform in der 15. Legislaturperiode durch die Bundesstaatskommission von Bundestag und Bundesrat zur Modernisierung der bundesstaatlichen Ordnung[93] angeregt worden. Danach wurde erwogen, die Pflicht zur einheitlichen Stimmabgabe eines Bundeslandes abzuschaffen. Eine Abschaffung der einheitlichen Stimmabgabe durch Verfassungsänderung würde auch eine Aufhebung der Weisungsgebundenheit der Bundesratsmitglieder bedingen.[94] Gleichzeitig müsse eine Regel für die Sitzverteilung in den einzelnen Ländern festgelegt werden, die das Gewicht der Koalitionsparteien in den Landesregierungen widerspie-

---

[88] Ebenda (334).
[89] Eine Pflicht zur einheitlichen Stimmabgabe schlägt Jekewitz vor. Vgl. Jürgen Jekewitz, Deutscher Föderalismus, in: RuP, 40 (2004) 2, S. 97.
[90] BVerfGE 106, 310 (335). Vgl. Stefan Korioth, in: Christian Starck (Hrsg.) (Fn. 28), Art. 51 Abs. 3, Rdnr. 21, S. 1361.
[91] BVerfGE 106, 310 (329).
[92] Thomas Schmitz, Constitutional Jurisprudence Federal Republic of Germany, in: ERPL/REDP, 15 (2003) 4, S. 1428 ff.
[93] BT und BR hatten am 16./17.10.2003 jeweils den Beschluss gefasst, eine Kommission von BT und BR zur Modernisierung der bundesstaatlichen Ordnung einzusetzen. Die Kommission hat sich nicht auf gemeinsame Vorschläge, insbesondere hinsichtlich der Zuständigkeiten in der Bildungspolitik, verständigen können und ihre Arbeiten am 17.12.2004 beendet. Die Föderalismusreform fand schließlich Eingang in den Koalitionsvertrag zwischen CDU, CSU und SPD vom 11.11.2005 (S. 109 f. und Anlage 2), wobei der Schwerpunkt auf die Reform der Gesetzgebungskompetenzen zwischen Bund und Ländern gelegt wurde. Koalitionsvertrag, in: http://www.bundesregierung.de/Content/DE/__Anlagen/koalitionsvertrag,property=publicationFile.pdf (07.01.2008). Der Gesetzentwurf Föderalismusbegleitgesetz (BT-Drs. 16/814 vom 07.03.2006) enthält keine Reformvorschläge zur Stimmabgabe oder Stimmenverteilung.
[94] Vgl. Stefan Korioth, in: Christian Starck (Hrsg.) (Fn. 28), Art. 51 Abs. 3, Rdnr. 21, S. 1361.

gele. Damit können zwar die parteipolitischen Mehrheitsverhältnisse der Länder im Bundesrat besser abgebildet werden, kleinere Koalitionsparteien würden hingegen in eine Minderheitsposition gedrängt werden. Selbst wenn diese sich ohnehin schon in einer Minderheitsposition befinden sollten, entspreche diese Regel jedenfalls nicht dem Bundesratsmodell, das die Gebietskörperschaft Land und nicht die Wählerschaft repräsentiere. Eine Rechtfertigung der Abschaffung der Pflicht zur einheitlichen Stimmabgabe und damit der Einführung des freien Mandats auf der Grundlage des Demokratieprinzips wäre nur dann gegeben, wenn die Bundesratsmitglieder von den Landesparlamenten oder direkt von den Wählern gewählt würden.[95] Da dies nicht der Fall und eine nach außen einheitliche Vertretung der Länder durch ihre Regierungen geboten ist, kann diesem Vorschlag nicht gefolgt werden.

b) Stimmengewichtung im Rat der Europäischen Gemeinschaften bzw. Europäischen Union

Obwohl die Sitzverteilung im Ministerrat der Europäischen Gemeinschaften der Regel der gleichen Anzahl von Sitzen je Mitgliedstaat folgt (Art. 203 Abs. 1 EG), orientiert sich die Stimmenverteilung bei Abstimmungen mit qualifizierter Mehrheit in diesem bedeutenden kollegialen Entscheidungsorgan (Art. 205 Abs. 2 EG), wie im Bundesrat, vornehmlich an den Bevölkerungsanteilen der Mitgliedstaaten. Wie im Bundesrat können auch hier die Ratsmitglieder ihre Stimmen nur als Block abgeben, d.h. Stimmensplitterung eines Staates ist nicht möglich. Während der Bundesrat sich der Kombination der Regeln der unterschiedlichen Anzahl von Sitzen und unterschiedlichen Anzahl von Stimmen zuordnen lässt, stellt der Rat bei qualifiziertem Mehrheitserfordernis ein Beispiel der Kombination der Regeln der gleichen Anzahl von Sitzen und unterschiedlichen Anzahl von Stimmen dar. Auch beim Rat gestaltet sich die Stimmenverteilung nicht direkt proportional zur Bevölkerung, sondern degressiv proportional. Im Gegensatz zur Mathematik[96] ist die Politik eben keine exakte Wissenschaft, wie Wiedmann passend bemerkt. „Rechnungen, die im mathematischen Sinne unlogisch erscheinen, können politisch dennoch aufgehen."[97] Fraglich ist aber, ob sie auch juristisch aufgehen, d.h. ob sie einen entsprechenden Ausgleich zwischen dem völkerrechtlichen Prinzip der souveränen Gleichheit der Staaten und der dem Demokratieprinzip entspre-

---

[95] Bundesstaatskommission von BT und BR zur Modernisierung der bundesstaatlichen Ordnung, Arthur Benz, Abstimmungsverfahren im Bundesrat, Kommissionsdrucksache 0086 vom 28.10.2004, S. 2 f. Vgl. Gerrit Mulert, Die Funktion zweiter Kammern in Bundesstaaten, Baden-Baden 2006, S. 281 f.

[96] Zur Analyse der Stimmenverteilung auf der Grundlage des Banzaf-Indexes vgl. Mika Wildgrén, Voting rule reforms in the EU Council, in: The Research Institute of the Finish Economy (ed.), Discussion Paper No. 483, Helsinki 1994, S. 8 ff.; Annick Laruelle/Mika Wildgrén, It the allocation of voting power among the EU states fair?, in: Centre for Economic Policy Research (ed.), Discussion Paper No. 1402, London 1996, S. 8 ff.

[97] Thomas Wiedmann, Der Vertrag von Nizza, in: EuR, 36 (2001) 2, S. 203.

chenden angemessenen Repräsentation der Bevölkerung der Staaten schaffen können.

Nachfolgend wird die Stimmenverteilung im Rat vor und nach dem 1. November 2004 in Zusammenhang mit der EU-Osterweiterung vergleichend dargestellt.[98]

Übersicht V. 5: Stimmenverteilung im Rat gem. Art. 205 Abs. 2 EG

Mitgliedstaat	Bevölkerung in Millionen[99]	Bevölkerungsanteil in %	Stimmen vor 01.05.2004	Stimmen bis 31.10.2004	Stimmen/ Mill. Einwohner bzw. relativer Einfluss	Stimmen ab 01.11.2004 bzw. 01.01.2007	Stimmen/ Mill. Einwohner bzw. relativer Einfluss
Deutschland	82,3	16,63	10	10	0,12	29	0,35
Frankreich	63,4	12,81	10	10	0,16	29	0,46
Vereinigtes Königreich	60,8	12,28	10	10	0,16	29	0,48
Italien	59,1	11,94	10	10	0,17	29	0,49
Spanien	44,5	8,99	8	8	0,18	27	0,61
Polen	38,1	7,70		8	0,21	27	0,71
Rumänien	21,6	4,36				14	0,65
Niederlande	16,3	3,29	5	5	0,31	13	0,80
Griechenland	11,2	2,26	5	5	0,45	12	1,07
Portugal	10,6	2,14	5	5	0,47	12	1,13
Belgien	10,6	2,14	5	5	0,47	12	1,13
Tschechische Republik	10,3	2,08		5	0,48	12	1,16
Ungarn	10,0	2,02		5	0,50	12	1,20
Schweden	9,1	1,84	4	4	0,44	10	1,10
Österreich	8,3	1,68	4	4	0,48	10	1,20
Bulgarien	7,7	1,55				10	1,30
Dänemark	5,4	1,09	3	3	0,55	7	1,30
Slowakei	5,4	1,09		3	0,55	7	1,30
Finnland	5,3	1,07	3	3	0,57	7	1,32
Irland	4,3	0,87	3	3	0,70	7	1,63

---

[98] Nach Erklärung Nr. 20 der Regierungskonferenz von Nizza zur Erweiterung der EU erhalten Bulgarien nach ihrem Beitritt am 01.01.2007 zehn Stimmen, Rumänien vierzehn Stimmen. Art. 22 Abs. 1 Protokoll über die Bedingungen und Einzelheiten der Aufnahme der Republik Bulgarien und Rumäniens in die Europäische Union hat die jeweilige Anzahl von Stimmen gem. der Erklärung Nr. 40 Abs. 2 zum Protokoll über die Übergangsbestimmungen für die Organe und Einrichtungen der Union (der Schlussakte VVE) übernommen. Damit erhöht sich die Anzahl von Stimmen auf 345. Eine qualifizierte Mehrheit verlangt demnach 255 Stimmen. Die Anzahl der gewichteten Stimmen entspricht auch der Regelung in Art. 3 Abs. 3 Protokoll über die Übergangsbestimmungen zum Reformvertrag von Lissabon.

[99] Eurostat Jahrbuch, Europa in Zahlen 2006-07.

B. Stimmenverteilung nach der Regel der unterschiedlichen Anzahl von Stimmen 241

Litauen	3,4	0,69		3	0,88	7	2,06
Lettland	2,3	0,46		3	1,30	4	1,74
Slowenien	2,0	0,40		3	1,50	4	2,00
Estland	1,3	0,26		3	2,31	4	3,08
Zypern	0,8	0,16		2	2,50	4	5,00
Luxemburg	0,5	0,10	2	2	4,00	4	8,00
Malta	0,4	0,08		2	5,00	3	7,50
Gesamt	495	100	87	124	⌀ 0,98	321+14+10 =345	⌀ 1,81

Nach Art. 205 Abs. 2 EG kamen Luxemburg mit ca. 500.000 Einwohnern als dem bevölkerungsschwächsten Mitgliedstaat zwei Stimmen zu, Deutschland mit einer über hundertfünfzigfachen größeren Bevölkerung von 82 Millionen und damit bevölkerungsstärksten Land aber nur zehn Stimmen, also nur die fünffache Stimmenanzahl. Auch betragen die Bevölkerungszahlen der mittleren Staaten wie Belgien, Griechenland, der Niederlande und Portugal mit jeweils fünf Stimmen nicht die Hälfte der Einwohnerzahlen der großen Staaten Deutschland, Frankreich, Italien und das Vereinigte Königreich, denen je zehn Stimmen zustanden.[100] Aus dieser Stimmengewichtung ergab sich eine Unterrepräsentation großer Mitgliedstaaten im Vergleich zu kleinen und bevölkerungsarmen Ländern, wenn der Rat mit qualifizierter Mehrheit entschied.[101] Das durchaus gewollte Missverhältnis sollte die kleineren Staaten vor der Dominanz der großen schützen. Da der Rat als Kollegialorgan die staatliche Souveränität der Mitgliedstaaten betreffende Entscheidungen trifft, ist mehr auf den Staat als auf die Bevölkerung abgestellt worden.[102] Bei der Erweiterung um zunächst zehn, dann zwölf, weitere meist kleinere Staaten unter Beibehaltung dieser Stimmenverteilung wäre es jedoch möglich, dass eine Gruppe kleinerer Staaten einen Mehrheitsbeschluss blockieren (Sperrminorität) könnte, obwohl sie nur ca. 11% der Bevölkerung repräsentieren, drei große Mitgliedstaaten mit über 30% der Bevölkerung jedoch nicht.[103] Deshalb wurde die Stimmenverteilung im Rat durch den Vertrag von Nizza neu festgelegt (Art. 3 Protokoll über die Erweiterung der Europäischen Union).[104] Diese Regelungen änderten mit Wirkung vom 1. Januar 2005 die einschlägigen Vorschriften der Gründungsverträge (Art. 205 EGV und Art. 118 EAGV).

---

[100] Vgl. Armin Hatje, Die institutionelle Reform der Europäischen Union, in: EuR, 36 (2001) 2, S. 156.
[101] Vgl. Axel Moberg, The Voting System in the Council of the European Union, in: Scandinavian Political Studies, 21 (1998) 4, S. 351 ff.; Deutscher Industrie- und Handelstag (Hrsg.), Europa 2000 plus, DIHT-Positionspapier zur Regierungskonferenz 2000 und zur Erweiterung der Europäischen Union, April 2000, S. 11.
[102] Vgl. Thierry Feltgen, Veränderte Machtverteilung im Ministerrat nach der EU-Erweiterung, in: WD, 78 (1998) 6, S. 372.
[103] Vgl. Armin Hatje (Fn. 100), S. 156. f
[104] Vgl. Jörg Monar, Die qualifizierte Mehrheitsentscheidung im Vertrag von Nizza, in: Stefan Griller/Waldemar Hummer (Hrsg.), Die EU nach Nizza, Wien/New York 2002, S. 51 ff.; Koji Fukuda, Institutional reform and European governance, in: Koji Fukuda/Hiroya Akiba (eds.), European Governance after Nice, London/New York 2003, S. 52 ff.

Geleitet von der Idee einer Neugewichtung unter stärkerer Berücksichtigung der Bevölkerungszahlen standen hierfür verschiedene mathematische Modelle zur Verfügung[105], die letztendlich durch einen machtpolitischen Kompromiss ersetzt wurden. Von einer in direktem Zusammenhang mit der Bevölkerungsstärke stehenden Stimmengewichtung bis zu einem System der doppelten Mehrheit (Mehrheit der Mitgliedstaaten: Mitgliedermehrheit und Mehrheit der Bevölkerung: Bevölkerungsmehrheit) ist schließlich folgende Regelung zustande gekommen: eine neue Stimmengewichtung durch eine Erhöhung der Stimmenanzahl für alle Mitgliedstaaten bei einer gleichzeitig erfolgenden stärkeren Anhebung der Stimmenanzahl für die bevölkerungsstärksten Mitgliedstaaten. Ein proportionales Modell, bei dem Deutschland entsprechend seiner Bevölkerung Stimmen erhalten hätte, stieß auf Widerstand vor allem bei Frankreich, das einer Vormachtstellung Deutschlands nie zugestimmt hätte. Das Konzept einer doppelten Mehrheit[106], wo eine Mehrheit der Stimmen der Mitgliedstaaten und eine Mehrheit der Bevölkerung erforderlich sind, begünstigt die großen Mitgliedstaaten mehr, was Ablehnung bei den kleineren hervorrief.[107]

Nach dem Vertrag von Nizza wurde eine Verknüpfung beider Modelle beschlossen, wonach die Stimmenanzahl der großen Mitgliedstaaten Deutschland, Frankreich, Italien und Vereinigtes Königreich von zehn auf neunundzwanzig, d.h. um das 2,9fache und damit proportional stärker erhöht wurde als bei den kleineren Mitgliedstaaten, die Stimmen um das 2 - 2,6fache dazubekommen haben. Dabei hat der Bevölkerungsunterschied zwischen Deutschland und den nächst größeren Staaten Frankreich, Italien und Vereinigtes Königreich um ca. mehr als 22 Millionen Einwohner keinen Niederschlag gefunden. Lediglich durch eine Prüfung, ob der Beschluss des Rates auch von 62% der Gesamtbevölkerung getragen wird, findet die Bevölkerungszahl Deutschlands Beachtung (Art. 205 Abs. 4 EG).[108] Den größten Zuwachs können die auf der Regierungskonferenz wegen der relativen Gewichtsverschiebung Widerstand leistenden Staaten, Spa-

---

[105] Zu seinen Vorschlägen und dessen Folgen eines proportionalen Modells (Proportionalität der Stimmen zum Anteil an der Gesamtbevölkerung der Union), eines Modells mit einfacher Kappung (Proportionalität zur Stimmenzuteilung bis zu einer festgesetzten Grenze unter Kappung der darüber hinausgehenden Bevölkerungsgrößen) und eines Stufenmodells (Staffelung mehrerer Stimmrelationen) vgl. Josef Janning, Politische und institutionelle Konsequenzen der Erweiterung, in: Werner Weidenfeld (Hrsg.), Reform der Europäischen Union, Gütersloh 1995, S. 276 ff.

[106] Zur doppelten Mehrheit und ihrem Einfluss auf die Machtverteilung vgl. Thierry Feltgen (Fn. 102), S. 375 f. Feltgen hat unter Anwendung eines spieltheoretischen Modells der Machtindizes nach Shapley-Shubik nachgewiesen, dass mit zunehmender Forderung von Bevölkerungsmehrheiten die Abstimmungsmacht der bevölkerungsstarken Mitgliedstaaten zunimmt, die der bevölkerungsschwachen Staaten hingegen abnimmt.

[107] Vgl. Armin Hatje (Fn. 100), S. 157.

[108] 74% der EU-Bevölkerung leben in sechs großen Staaten mit ca. 40 Mio. Einwohnern und mehr, 19% in acht mittelgroßen Staaten mit 8-16 Mio. Einwohnern; die restlichen 7% verteilen sich auf elf kleine Staaten mit 5 Mio. Einwohnern bzw. weniger. Annex IIa Änderungen der GO EG-Rat vom 11.10.2004, in: ABl. EU Nr. L 319 vom 20.10.2004, S. 15. Vgl. Jürgen Schwarze, Ein pragmatischer Verfassungsentwurf, in: EuR, 38 (2003) 4, S. 551.

nien und Polen, von jeweils acht auf siebenundzwanzig Stimmen, d.h. um das 3,4fache verzeichnen. Damit verfügen sie über nur zwei Stimmen weniger als die vier anderen großen Staaten, obwohl beide mehr als 50% weniger Einwohner als das bevölkerungsstärkste Land, Deutschland, haben.[109] Wenn die Spannbreite der Stimmengewichtung vorher zwischen zwei und zehn lag, ist sie nun von drei auf neunundzwanzig erweitert worden.[110] Nach dem Beitritt von Malta liegt die kleinste Stimmenanzahl bei drei. Obwohl Malta und Luxemburg annähernd gleiche Bevölkerungszahlen haben, wurde Luxemburg wegen seines Beitrages zur EU eine Stimme mehr zugestanden. Damit ist das demografische Kriterium um einen politischen Bonus erweitert worden. In dem Europa der 25 Staaten repräsentieren die sechs größten 75% der Bevölkerung mit 53% der Stimmen, in dem Europa der 27 Staaten 70% der Bevölkerung mit nur noch 49% der Stimmen. Betrug die Differenz im Verhältnis zwischen Anzahl von Stimmen und Bevölkerung (Millionen Einwohner) bzw. relativer Einfluss der EU-Mitgliedstaaten bei Beschlussfassungen mit qualifizierter Mehrheit im Rat bis 31. Oktober 2004 3,88 (4,00 für Luxemburg und 0,12 für Deutschland), ist sie danach angewachsen auf 7,65 (8,00 für Luxemburg und 0,35 für Deutschland). Demzufolge kann bezüglich der Stimmenverteilung im Rat nach dem Vertrag von Nizza nur von einem politischen Kompromiss und nicht von in Abhängigkeit von der Bevölkerungsgröße auf mathematischen Regeln gründenden Bestimmungen gesprochen werden.[111]

Weil ein entsprechender Ausgleich zwischen dem völkerrechtlichen Prinzip der souveränen Gleichheit der Staaten und der dem Demokratieprinzip entsprechenden angemessenen Repräsentanz der Bevölkerung der Staaten kaum erreicht wurde, sehen der Verfassungsvertrag für Europa (Art. I-25 VVE)[112] bzw. der Reformvertrag von Lissabon (Art. 16 Abs. 4 EU Lissabon i.V.m. Art. 238 Abs. 2 AEU Lissabon) vor, die Stimmengewichtung im Rat aufzuheben und durch eine neue Definition der qualifizierten Mehrheit zu ersetzen.

c) Modell der Stimmengewichtung für die UN-Generalversammlung

In universellen internationalen politischen Organisationen hat sich eine entsprechende Stimmengewichtung wegen des Prinzips der staatlichen Souveränität bisher nicht durchsetzen können.[113] Vorschläge[114], darunter des Deutschen Reiches[115],

---

[109] Vgl. Claus Giering, Die institutionellen Konsequenzen der EU-Erweiterung, in: Die Osterweiterung der EU, (2004) 1, S. 10.
[110] Vgl. Thomas Wiedmann (Fn. 97), S. 205.
[111] Vgl. Hendrik Wassermann, Enttäuschung in Nizza, in: RuP, 37 (2001) 1, S. 40 f.
[112] Vgl. Johannes Christian Wichard, in: Christian Calliess/Matthias Ruffert (Hrsg.), Verfassung der Europäischen Union, München 2006, Art. I-25, Rdnr. 3, S. 324; Volker Epping, in: Christoph Vedder/Wolff Heintschel von Heinegg (Hrsg.), Europäischer Verfassungsvertrag, Baden-Baden 2007, Art. I-25, Rdnr. 2, S. 136.
[113] Vgl. Hermann Hillger (Fn. 23), S. 136 ff.
[114] Einer der ersten Vorschläge kam vor dem Ersten Weltkrieg von Lorimer. Vgl. Matthias Brinkmann (Fn. 22), S. 20.

zur Einführung der Stimmengewichtung in Entscheidungsorganen des Völkerbundes nach Bevölkerungsanteilen fanden keine Berücksichtigung.[116] Auch bezüglich der Hauptorgane der UNO blieben ähnliche Vorstöße, wie von Clark und Sohn sowie anderen[117], wegen ihrer zum Teil komplexen Regeln bzw. arbiträren Modelle erfolglos.[118] Nach dem Vorschlag von Clark und Sohn hätten die vier bevölkerungsreichsten Staaten je dreißig Vertreter bzw. Stimmen in der UN-Generalversammlung, die nächsten acht je fünfzehn Stimmen, die nächsten zwanzig Staaten je sechs Stimmen, die nächsten dreißig Staaten je vier Stimmen, die nächsten vierunddreißig Staaten je zwei Stimmen, die bevölkerungsschwächsten Staaten je eine Stimme. Die Aufteilung der Sitze sollte „aufgrund des Ergebnisses einer Weltzählung" erfolgen.[119] Nach dem Anfang der sechziger Jahre entwickelten Modell würde sich die Anzahl von Stimmen der Mitgliedstaaten aufgrund veränderter Bevölkerungszahlen stetig ändern.[120] Nach den aktuellen Bevölkerungszahlen würden China, Indien, die USA und Indonesien je dreißig Stimmen besitzen. Die weitere Stimmenverteilung bei Anwendung dieses Modells ist nachstehender Übersicht zu entnehmen. Danach würden die ersten vier Staatengruppen insgesamt je 120 Stimmen besitzen. Diese Stimmen zusammengenommen ergäben 480 von insgesamt 644. Damit würden theoretisch 62 Staaten von 192 die qualifizierte Mehrheit bilden können. 130 Staaten, d.h. mehr als doppelt so viele, wären stimmenmäßig in der Minderheit.

---

[115] Die Vorschläge sahen einen Vertreter pro eine Million Einwohner mit einer Obergrenze von zehn Vertretern vor. Vgl. Elizabeth McIntyre, Weighted Voting in International Organizations, in: International Organization, 8 (1954) 4, S. 493.
[116] Vgl. J.C. Smuts, The League of Nations, London/Toronto/New York 1918, S. 33 ff.; Elizabeth McIntyre (Fn. 115), S. 492 ff.
[117] Nach Hanna Newcombe wäre die Bevölkerung das demokratischste Kriterium für eine Stimmengewichtung innerhalb der UN-GV. Vgl. Hanna Newcombe, Democratic Representation in the UN General Assembly, in: Frank Barnaby (ed.), Building a More Democratic United Nations, London 1991, S. 226 ff.; Arnold Simoni, Beyond Repair, Ontario 1972, S. 159.
[118] Vgl. Alan de Rusett (Fn. 24), S. 463 ff.; Carol Barrett/Hann Newcombe, Weighted Voting in International Organizations, in: Peace Research Reviews, 2 (1968) 2, S. 14 f.
[119] Vgl. Grenville Clark/Louis B. Sohn, Frieden durch ein neues Weltrecht, Frankfurt am Main/Berlin 1961, S. 106 ff.; Carol Barrett/Hann Newcombe (Fn. 118), S. 26 f.
[120] Clark und Sohn sehen für die kleinsten Staaten (unter 1 Million) eine Stimme vor. Aufgrund der veränderten Bevölkerungszahlen würden unter Beibehaltung vorstehender Staffelung bereits Staaten mit 6,5 Millionen nur eine Stimme erhalten.

Übersicht V. 6: Hypothetische Anwendung des Modells der Stimmenverteilung von Clark und Sohn auf die UN-Generalversammlung[121]

Nr.	Mitgliedstaat	Bevölkerungszahl in Millionen[122]	Stimmen	Stimmen/Mill. Einwohner
1	China	1.328,629	30	0,02
2	Indien	1.169,015	30	0,03
3	USA	305,826	30	0,10
4	Indonesien	231,627	30	0,13
5	Brasilien	191,790	15	0,08
6	Pakistan	163,902	15	0,09
7	Bangladesh	158,665	15	0,09
8	Nigeria	148,092	15	0,10
9	Russland	142,498	15	0,10
10	Japan	127,966	15	0,12
11	Mexiko	106,534	15	0,14
12	Philippinen	87,960	15	0,17
13	Vietnam	87,375	6	0,07
:				
15	Deutschland	82,599	6	0,07
:				
32	Sudan	38,560	6	0,16
33	Polen	36,082	4	0,11
:				
62	Burkina Faso	14,784	4	0,27
63	Kambodscha	14,443	2	0,14
:				
96	Israel	6,927	2	0,29
97	El Salvador	6,857	1	0,15
:				
192	Tuvalu	0,009	1	111
Gesamt		**6.651.305**	**644**	

---

[121] 4x30+8x15+20x6+30x4+34x2+96x1=644.
[122] Die Mitgliedstaaten der Vereinten Nationen, in: VN, 56 (2008) 1, S. 45 f.

Nach diesem Modell könnte jede Veränderung der Bevölkerungszahl eine Änderung der Stimmenanzahl bewirken. Mit Ausnahme der bevölkerungsschwächsten Staaten würde der Anteil der Stimmen pro Bevölkerungszahl jedoch nicht erheblich voneinander abweichen. Ein politischer Konsens unter den Staaten für eine Stimmengewichtung nach diesem oder auch einem anderen Kriterium[123] ist dennoch nicht zu erwarten. Solange in Kollegialorganen von Staatenverbindungen die staatliche Souveränität der Mitgliedstaaten tangierende Fragen verhandelt und entschieden werden, werden Entscheidungen auf der Grundlage des Prinzips der souveränen Gleichheit und daraus folgend der Regel der gleichen Stimmenanzahl getroffen.

2. Die Stimmengewichtung nach finanziellen Kriterien

Regeln mit nur einem Kriterium, und zwar dem Kriterium der Bevölkerung, rufen besonders bei Industriestaaten mit weniger Bevölkerung als Entwicklungsländer mit großen Bevölkerungen Widerstand hervor. So hat Neuseeland 1950 in der UNO eine Stimmengewichtung proportional zum finanziellen Beitrag für die UNO vorgeschlagen, wobei letzterer sich nach dem Volkseinkommen richten sollte, so dass der Faktor Bevölkerung nicht ganz außen vorgelassen wäre. Wenn Staaten gleiche Rechte haben sollen, so der Vertreter Neuseelands, müssten sie auch gleiche Verpflichtungen eingehen; ungleiche Verpflichtungen sollten auch ungleiche Stimmrechte begründen.[124] Wegen angeblich zunehmenden Einflussverlustes der USA forderte der US-Kongress in den siebziger Jahren eine Stimmengewichtung in Haushaltsfragen der UNO proportional zur Höhe der Beiträge.[125]

Eine Stimmengewichtung nach finanziellen Kriterien, speziell der Höhe der für den Grundbesitz zu entrichtenden Steuern, ist bereits aus dem preußischen Kommunalrecht bekannt. In den Gemeindeversammlungen wurden die Stimmen der Mitglieder in Abhängigkeit von der Höhe der Steuern verteilt. Mitglieder mit einer Jahressteuer von zwanzig bis fünfzig Mark erhielten zwei Stimmen, mit fünfzig bis hundert Mark drei Stimmen und mit mehr als hundert Mark vier Stimmen. Eine Stimmenverteilung nach der Höhe der Steuern gab es auch für Gewerbetreibende.[126] Damit existierte eine unterschiedlich starke Beteiligung an der politischen Willensbildung. Wie das Klassenwahlrecht ist auch diese Form der Stimmenverteilung wegen Verstoßes gegen das Gleichheitsprinzip aufgehoben worden.

Auf zwischenstaatlicher Ebene war der Weltpostverein ein wichtiger Vorläufer für eine Gewichtung nach dem finanziellen Beitrag. Hier sind allerdings nicht die Stimmen, sondern der zu leistende Finanzbeitrag gestaffelt festgelegt worden. Die

---

[123] Eine hypothetische Anwendung der Stimmengewichtung nach anderen Kriterien, z.B. Territorium oder Wirtschaftsleistung, würde jeweils eine andere Stimmenverteilung ergeben.
[124] UN GA, 5th session, First Committee, in: GAOR, 359th meeting (11.10.1950), para. 36, S. 98.
[125] UN Doc. A/40/PV. 127 (30.04.1986), S. 57.
[126] Vgl. Friedrich, in: Stier-Somlo (Hrsg.), Handbuch des kommunalen Verfassungs- und Verwaltungsrechts in Preußen, 1. Band, Oldenburg 1919, S. 496 f.

B. Stimmenverteilung nach der Regel der unterschiedlichen Anzahl von Stimmen 247

Skala des Weltpostvereins sah in den achtziger Jahren des 19. Jahrhunderts eine Einteilung der Mitgliedstaaten entsprechend ihrer Fähigkeiten zur Leistung des Finanzbeitrages in sieben Gruppen vor. Die Idee der freien Gruppenwahl durch die Mitglieder fand Nachahmung im Internationalen Landwirtschaftsinstitut[127], dem Internationalen Gesundheitsamt[128] und dem Internationalen Weinamt[129], die eine unterschiedliche Anzahl von Gruppen für den Finanzbeitrag hatten.[130] In Weiterführung des Systems des Weltpostvereins wurden in diesen internationalen Institutionen die Stimmen auch nach der gewählten Gruppe des Finanzbeitrages gewichtet.[131] So bestimmte sich die Anzahl von Stimmen in dem Internationalen Landwirtschaftsinstitut nach einer von fünf durch die Mitglieder frei gewählten Gruppe bezüglich des zu leistenden Finanzbeitrages. Mitglieder der ersten Gruppe bekamen fünf Stimmen, Mitglieder der fünften Gruppe hingegen nur eine Stimme. Um der ersten Gruppe angehören zu können, musste allerdings ein Beitrag von sechzehn Einheiten des Budgets geleistet werden, in der fünften Gruppe hingegen nur eine.[132] Während die Anzahl von Stimmen nach einer arithmetischen Progression von eins bis fünf anstieg, erhöhte sich der Finanzbeitrag in geometrischer Progression von eins bis sechzehn.[133] Auf eine Stimmenzuweisung wurde hier verzichtet. Damit ist zumindest theoretisch das Prinzip der souveränen Gleichheit gewahrt geblieben.[134] Die Stimmrechte waren für alle Mitglieder an die freiwillig übernommene finanzielle Beitragsverpflichtung gebunden. Die Mitglieder konnten sich quasi ihre Stimmrechte erkaufen.

---

[127] Art. 10 Abkommen betreffend die Gründung eines internationalen landwirtschaftlichen Instituts vom 07.06.1905, in: Heinrich Triepel, Nouveau Recueil Général de Traités et Autres Actes Relatifs aux Rapports de Droit International, Tome II, Leipzig 1909, Nr. 50, S. 238 ff.

[128] Art. 11 Satzung Internationales Gesundheitsamt, in: Anlage zum Abkommen über die Gründung eines internationalen Gesundheitsamtes vom 09.12.1907, ebenda, Nr. 148, S. 913 ff.

[129] Art. 5 Abs. 1 Abkommen betreffend die Gründung eines internationalen Weinamtes in Paris vom 29.11.1924, in: LNTS, vol. 80, p. 293; BGBl. 1969 II, 2179.

[130] Vgl. Hermann Hillger (Fn. 23), S. 40 ff.

[131] Vgl. Carol Barrett/Hann Newcombe (Fn. 118), S. 19 ff.

[132] Vgl. Philip C. Jessup, The Equality of States as Dogma and Reality, in: Political Science Quarterly, 60 (1945), S. 529 f.; Quincy Wright, Representation in a World Legislature. A Survey, in: Common Cause, 3 (1949) 2, S. 74.

[133] Vgl. Bengt Broms, The Doctrine of Equality of States as Applied in International Organizations, Vammala 1959, S. 277.

[134] Vgl. Hermann Hillger (Fn. 23), S. 43.

a) Stimmengewichtung in Kollegialorganen internationaler Finanzorganisationen

Zu Staatenverbindungen, die in ihren obersten kollegialen Entscheidungsorganen unter Zugrundelegung der Stimmengewichtung nach dem Vorbild von Kapitalgesellschaften[135] abstimmen, zählen vor allem die internationalen Finanzorganisationen, wie die Internationale Bank für Wiederaufbau und Entwicklung (Weltbank), der Internationale Währungsfonds und der Internationale Fonds für landwirtschaftliche Entwicklung als Sonderorganisationen der UNO. Das hierfür maßgebende Kriterium sind vor allem die Kapitalanteile der Mitgliedstaaten. Das bereitgestellte Kapital nimmt nach dem Prinzip „wer zahlt, bestimmt"[136] bzw. „*one dollar – one vote*" direkten Einfluss auf den Prozess der Entscheidungsfindung. Die Mitglieder der Weltbank haben Anteile des Grundkapitals zu zeichnen, deren Anzahl für den Umfang der Stimmrechte in den Entscheidungsorganen maßgeblich ist. Jedes Mitglied verfügt über 250 Basisstimmen zuzüglich einer weiteren Stimme für jeden Anteil, den es besitzt (Art. V Abschnitt 3 lit. a IBRD-Übereinkommen). Auch die Stimmrechte eines Mitgliedes der Entscheidungsorgane des IMF bemessen sich nach 250 Basisstimmrechten und einer zusätzlichen Stimme für jeden Teil seiner Quote, der 100.000 Sonderziehungsrechten entspricht (Art. XII Abschnitt 5 lit. a IMF-Übereinkommen).[137] Die Stimmrechtsanteile der Mitgliedstaaten in den Kollegialorganen der Weltbank und des IMF richten sich nach den im vierten Kapitel besprochenen Quotenanteilen. Somit stehen im IMF 25 Industriestaaten über 60% und 160 Entwicklungsländern weniger als 40% Stimmrechtsanteile zu. Die Stimmrechtsanteile der 27 EU-Staaten zusammen sind mit 31,86% höher als die der USA mit 16,79%.[138] Aufgrund ihrer Zersplitterung in zehn verschiedenen Stimmrechtsgruppen sind diese aber nicht in ihrer Gesamthöhe einsetzbar. Um einen Gegenpol zur USA-Dominanz zu schaffen, bedarf es einer Reform der Stimmenverteilung. Zwar beträgt die Summe der Stimmrechtsanteile der drei größten EU-Mitgliedstaaten Deutschland, Frankreich und des Vereinigten Königreichs 15,60% und kommt damit in die Nähe der Stimmrechtsanteile der USA, um vereint aufzutreten, bedarf es aber einer internen Koordination aller EU-Staaten. Die vor allem von Italien propagierte Idee einer reinen EU-Stimmrechtsgruppe wäre eine weitere Alternative für ein geeintes Auftreten der EU-Staaten im IMF.[139] In

---

[135] Zur Abhängigkeit der Stimmrechtsverteilung von Einlagen in Haupt- bzw. Gesellschafterversammlungen gem. § 134 Abs. 1 Satz 1 AktG, in: BGBl. 1965 I, 1089; 2007, 1330 bzw. § 47 Abs. 2 GmbHG, in: BGBl. 2007 I, 542 vgl. Heribert Hirte, Kapitalgesellschaftsrecht, 2. Auflage, Köln 1999, S. 126 f.

[136] Horst-Michael Pelikahn, Internationale Rohstoffabkommen, Baden-Baden 1990, S. 628.

[137] Vgl. Joseph Gold, Voting and Decisions in the International Monetary Fund, Washington, D.C. 1972, S. 18 ff.; ders., Developments in the Law and Institutions of International Economic Relations, in: AJIL, 68 (1974), S. 687 ff.; ders., The origins of weighted voting power in the Fund, in: Finance & Development, March 1981, S. 25 ff.

[138] IMF Members' Quotas and Voting Power, and IMF Board of Governors, 04.01.2008, in: http://www.imf.org/external/np/sec/memdir/members.htm (07.01.2008).

[139] Vgl. Natalia Corrales-Díez, Die EU Außenvertretung im Internationalen Währungsfonds, Working Papers 3/2003, Wien 2003, S. 24.

B. Stimmenverteilung nach der Regel der unterschiedlichen Anzahl von Stimmen   249

nachfolgender Übersicht wird die zersplitterte Stimmrechtsverteilung der EU im IMF aufgezeigt.

Übersicht V. 7: Vertretung der EU-Staaten in IMF-Stimmrechtsgruppen mit IMF-Stimmenanteilen[140]

Gruppen-identifikation	EU-Staaten als Mitglieder der Stimmrechtsgruppen	Andere Staaten als Gruppenmitglieder	IMF-Stimmenanteile der EU-Staaten insgesamt in %
GR	Deutschland	-	5,88
FF	Frankreich	-	4,86
UK	Vereinigtes Königreich	-	4,86
BE	Belgien, Luxemburg, Österreich, Tschechische Republik, Slowakische Republik, Slowenien, Ungarn	Türkei, Kasachstan, Weißrussland	4,24
NE	Niederlande, Zypern, Bulgarien, Rumänien	Armenien, Bosnien/Herzegowina, Kroatien, Georgien, Israel, Mazedonien, Moldawien, Ukraine	3,19
CE	Spanien	Costa Rica, El Salvador, Guatemala, Honduras, Mexiko, Nicaragua, Venezuela	1,39
IT	Italien, Portugal, Griechenland, Malta	Albanien, San Marino, Timor-Leste	4,04
CO	Irland	Kanada, Antigua/Barbuda, Bahamas, Barbados, Belize, Dominica, Grenada, Jamaika, St. Kitts/Nevis, St. Lucia, St. Vincent/Grenadinen	0,39
NO	Dänemark, Finnland, Schweden, Estland, Lettland, Litauen	Island, Norwegen	2,61
SZ	Polen	Schweiz, Aserbaidschan, Kirgistan, Tadschikistan, Turkmenistan, Usbekistan, Serbien	0,63
Gesamt			*Ø 1,19*

---

[140] IMF Members' Quotas and Voting Power (Fn. 138).

Auch in den Tochtergesellschaften der Weltbank, der Internationalen Finanzkorporation[141] und der Internationalen Entwicklungsorganisation[142], findet die Stimmengewichtung nach Kapitalanteilen Anwendung, ebenso in den regionalen Entwicklungsbanken.[143]

b) Stimmengewichtung in anderen ausgewählten Kollegialorganen von Staatenverbindungen

Ähnlich diesem System sind die Stimmen im Internationalen Fonds für landwirtschaftliche Entwicklung gewichtet. In beiden Vertretungsorganen, Gouverneursrat und Exekutivrat, beträgt die Gesamtstimmenanzahl 1.800, die gleichmäßig auf die Gruppen I (OECD-Staaten), II (OPEC-Staaten) und III (Empfängerstaaten) aufgeteilt sind. Die 600 Stimmen jeder Gruppe werden unter ihren Mitgliedern nach für die Gruppen unterschiedlich aufgestellte Formeln gem. Anlage II, die Bestandteil des Übereinkommens ist, verteilt (Art. 6 Abschnitt 3 lit. a und Abschnitt 6 lit. a IFAD-Übereinkommen).[144] Unter den Mitgliedern des Gouverneursrats entfallen innerhalb der Gruppe I 17,5% der Stimmen (105) gleichmäßig auf die OECD-Mitgliedstaaten, während die Mehrzahl von 82,5% der Stimmen (495) proportional zu den Kapitaleinlagen aufgeteilt werden (Anlage II Teil I Unterteil A). Innerhalb der Gruppe II ist eine ähnliche Stimmengewichtung festgelegt worden. Danach werden 25% der Stimmen (150) gleichmäßig auf die OPEC-Mitgliedstaaten aufgeteilt und die Mehrzahl von 75% der Stimmen (450) nach den Kapitaleinlagen (Anlage II Teil II Unterteil A). In der Gruppe III hingegen findet die Stimmengewichtung keine Anwendung mehr. Hier erfolgt die Verteilung der 600 Stimmen gleichmäßig auf die Entwicklungsländer, die Mitglieder dieser Gruppe sind (Anlage II Teil III Unterteil A).

Die Stimmenverteilung in der Multilateralen Investitions-Garantie-Agentur erfolgt in zwei Kategorien von Mitgliedern: Kategorie I (entwickelte Länder) und Kategorie II (vorwiegend Entwicklungsländer) (Art. 39 MIGA-Übereinkommen und Anhang A).[145] Für Abstimmungsregelungen, die die gleichberechtigten Inte-

---

[141] Art. IV Abschnitt 3 lit. a IFC-Übereinkommen vom 11.04.1955, in: UNTS, vol. 264, p. 117; BGBl. 1956 II, 749. Abgedruckt in: Hans von Mangoldt/Volker Rittberger (Hrsg.), Das System der Vereinten Nationen und seine Vorläufer, Band I/2, München 1995, Dokument 113, S. 216 (229).

[142] Art. VI. Abschnitt 3 lit. a IDA-Übereinkommen vom 26.01.1960, in: UNTS, vol. 439, p. 249; BGBl. 1960 II, 2137. Abgedruckt in: Hans von Mangoldt/Volker Rittberger (Hrsg.) (Fn. 141), Dokument 114, S. 256 (275).

[143] Vgl. Heribert Golsong, Regional Development Banks, in: EPIL, 4 (2000), S. 155; William N. Gianaris, Weighted Voting in the International Monetary Fund and the World Bank, in: FordLawIntLJ, 14 (1990-1991), S. 929.

[144] IFAD-Übereinkommen vom 13.06.1976, in: UNTS, vol. 1059, p. 191; BGBl. 1978 II, 1405. Abgedruckt in: Hans von Mangoldt/Volker Rittberger (Hrsg.) (Fn. 141), Dokument 126, S. 650 (665, 667).

[145] MIGA-Übereinkommen vom 11.10.1985, in: UNTS, vol. 1508, p. 99; BGBl. 1987 II, 455. Abgedruckt in: Hans von Mangoldt/Volker Rittberger (Hrsg.) (Fn. 141), Dokument 115, S. 304 (335, 367 ff.).

ressen der Mitgliedstaaten widerspiegeln sollen, hat jedes Mitglied 177 Mitgliedschaftsstimmen zuzüglich einer Stimme für jeden von dem Mitglied gezeichneten Anteil. Auch im Rat der Internationalen Seefunksatelliten-Organisation hängt die Stimmenverteilung von den in der Organisation gehaltenen Anteilen ab (Art. 14 Abs. 3 lit. a INMARSAT-Übereinkommen).[146] In der Kommission von Eurocontrol richtet sich die Stimmenverteilung nach den jährlichen Beiträgen der Mitgliedstaaten. Bei Zahlung von weniger als 1% des jährlichen Gesamtbeitrages gibt es eine Stimme, bei 30% oder mehr sechzehn Stimmen (Art. 8 Abs. 1 Eurocontrol-Übereinkommen).[147]

3. Die Stimmengewichtung nach wirtschaftlichen Kriterien

Als ein weiteres Kriterium zur Bestimmung von gestaffelten Stimmenanzahlen können spezifische messbare wirtschaftliche „Interessen" herangezogen werden. Anfang des zwanzigsten Jahrhunderts fand die Stimmengewichtung Eingang in diverse internationale Wirtschaftsorganisationen. Zu ihnen lassen sich einige weniger bedeutende Verwaltungsunionen, wie die Pariser Luftverkehrsorganisation zählen, die in Zusammenhang mit der Pariser Friedenskonferenz von 1919 gegründet wurden.[148]

Als markantes Beispiel einer nach wirtschaftlichen Kriterien gewichteten Stimmenverteilung[149] gelten die Grundstoffkontrollorganisationen, wie zwischenstaatliche Wirtschaftsunionen zur Kontrolle von Produktion und Export bestimmter Grund- bzw. Rohstoffe.[150] Hier treffen zwei entgegengesetzte wirtschaftliche Interessen aufeinander, das der kleineren Gruppe der Hersteller- bzw. Rohstoffstaaten (Exportstaaten) und das der größeren Gruppe der Verbraucherstaaten (Importstaaten). Die Verteilung der Stimmen innerhalb dieser Gruppen richtet sich teils nach dem Grundsatz der souveränen Gleichheit und teils nach dem Anteil an der Produktion oder des Verbrauches.[151] Für einen Interessenausgleich werden in den meisten obersten kollegialen Entscheidungsorganen dieser Organisationen (Räten) jeder Gruppe, den Exportstaaten und den Importstaaten, die gleiche Anzahl von Stimmen (1.000) zugesprochen. Die Anzahl der zusätzlich zu diesen Basisstimmen kommenden Stimmen richtet sich nach den Export- bzw. Importanteilen. Die hier angewendete Stimmengewichtung bezieht sich auf die Anforderungen der Havanna-Charta[152] und der ECOSOC-Resolution 30 (IV)[153], wonach Ex-

---

[146] INMARSAT-Übereinkommen vom 03.09.1976, in: UNTS, vol. 1143, p. 105; BGBl II 1979, S. 1082.
[147] Eurocontrol-Übereinkommen vom 13.12.1960, in: UNTS, vol. 523, p. 117; BGBl. 1962 II, 2274; 1984 II, 69. Vgl. Henry G. Schermers/Niels M. Blokker (Fn. 25), § 805 ff., S. 525 ff.
[148] Vgl. Hermann Hillger (Fn. 23), S. 21 ff.
[149] Vgl. ebenda, S. 59 ff.
[150] Vgl. Horst-Michael Pelikahn (Fn. 136), S. 38 ff.
[151] Vgl. Henry G. Schermers, Weighted Voting, in: EPIL, 4 (2000), S. 1447.
[152] Art. 60 Abs. 1 lit. d Havanna Charta, UN-Conference on Trade and Employment, Final Act and related documents, in: UN Doc. E/Conf 2/78 (1948). Zur Havanna Charta vgl.

port- und Importstaaten von Rohstoffen in den entsprechenden Abkommen eine angemessene Berücksichtigung finden sollen.¹⁵⁴ Für die Stimmengewichtung sollten die individuellen Interessen der Staaten maßgebend sein, wobei zwischen konsumierenden und produzierenden Staaten ein Stimmengleichgewicht bestehen muss.¹⁵⁵ Nach diesem dualen System ist der Willensbildungs- und Entscheidungsprozess in internationalen Rohstoffabkommen strukturiert, soweit sie über eine Organisation verfügen. So hat jeder Mitgliedstaat im Rat nach dem Zucker-¹⁵⁶, Kaffee-¹⁵⁷, Getreide-¹⁵⁸, Kakao-¹⁵⁹, Zinn-¹⁶⁰, Naturkautschuk-¹⁶¹ sowie des Olivenöl-Übereinkommens¹⁶² nach dem Grundsatz der souveränen Gleichheit eine gleiche Anzahl von Mindest- bzw. Grund- oder Basisstimmen (formale Gleichheit).¹⁶³ Hinzu kommen die nach den Export- bzw. Importanteilen gewogenen Stimmen (faktische Ungleichheit).¹⁶⁴ Die hier angewendete Stimmengewichtung resultiert aus der besonderen Funktion dieser Organisationen – der Sicherung der Preisstabilität, die als Rechtfertigung für eine teilweise Durchbrechung des Prinzips der souveränen Gleichheit der Mitgliedstaaten herangezogen werden kann. Gleiches gilt auch für das nachfolgende Beispiel.

Franz Krappel, Die Havanna Charta und die Entwicklung des Weltrohstoffhandels, Berlin 1975, S. 16 ff.; Horst-Michael Pelikahn (Fn. 136), S. 98 ff.

[153] ECOSOC-Resolution 30 (IV) (28.03.1947), in: UN ECOSOC Official Records, 4th session, 1947, S. 67. Zur Resolution vgl. Franz Krappel (Fn. 152), S. 29 ff.

[154] Vgl. Thomas Weberpals, Internationale Rohstoffabkommen im Völker- und Kartellrecht, München 1989, S. 48 f.

[155] Art. 51 Abs. 4 Report of the 1st session of the Preparatory Committee of the United Nations Conference on Trade and Employment, London, October 1946, in: UN Doc. E/PC/T/33 (1946); Art. 63 lit. b Havanna Charta. Vgl. Kabir-ur-Rahman Khan, The Law and Organisation of International Commodity Agreements, The Hague/Boston/London 1982, S. 42.

[156] Art. 25 Abs. 2 lit. b Internationales Zuckerübereinkommen vom 20.03.1992, in: UNTS, vol. 1703, p. 203; ABl. EG Nr. L 379 vom 23.12.1992, S. 16.

[157] Art. 13 Abs. 2 Internationales Kaffee-Übereinkommen vom 25.09.2001, in: UNTS, vol. 2161, p. 308; BGBl. 2002 II, 2375.

[158] Art. 12 Abs. 3 Internationales Getreide-Übereinkommen vom 05.12.1994, in: UNTS, vol. 1882, p. 195; BGBl. 1995 II, 588. Dieses hat die Internationale Weizen-Übereinkunft vom 20.02.1971 ersetzt, in: UNTS, vol. 800, p. 46; BGBl. 1973 II, 179.

[159] Art. 10 Abs. 2 Internationales Kakao-Übereinkommen vom 02.03.2001, in: UNTS, vol. 2229, p. 85; BGBl. 2001 II, 1002.

[160] Art. 14 Abs. 1 und 2 Internationales Zinn-Übereinkommen vom 26.06.1981, in: UNTS, vol. 1282, p. 205; BGBl. 1984 II, 14.

[161] Art. 14 Abs. 1 und 2 Internationales Naturkautschuk-Übereinkommen vom 17.02.1995, in: UNTS, vol. 1964, p. 3; BGBl. 1997 II, 577.

[162] Art. 8 Abs. 1 und 2 Internationales Übereinkommen über Olivenöl und Tafeloliven vom 29.04.2005, in: TD/Olive Oil.10/6; ABl. EU Nr. L 302 vom 19.11.2005, S. 47.

[163] Zur Festlegung der Basisquoten vgl. Horst-Michael Pelikahn (Fn. 136), S. 289 ff.

[164] Vgl. Rüdiger Wolfrum, Neue Elemente im Willensbildungsprozeß internationaler Wirtschaftsorganisationen, in: VN, 29 (1981) 2, S. 52; Kabir-ur-Rahman Khan (Fn. 155), S. 371 f.

B. Stimmenverteilung nach der Regel der unterschiedlichen Anzahl von Stimmen 253

Das wirtschaftliche Interessenkriterium kann auch der zu leistende Beitrag sein, wie bei dem Gemeinsamen Rohstoff-Fonds.[165] Bei diesem werden die Stimmen zwischen den Entwicklungsländern (Gruppe der 77: 47%), den westlichen Industriestaaten (Gruppe B: 42%), den osteuropäischen Staaten (Gruppe D: 8%) und China (3%) verteilt.[166] Jeder Mitgliedstaat hat im Gouverneursrat 150 Grundstimmen nach dem Grundsatz der souveränen Gleichheit und zusätzliche Stimmen, die nach den Anteilen des unmittelbar eingezahlten Kapitals gewichtet werden. Danach erhalten kleinere Staaten wie Albanien insgesamt 307 Stimmen, große Staaten wie die USA 11.888 Stimmen.[167] Der Gemeinsame Rohstoff-Fonds hat sich im Gegensatz zu anderen internationalen Wirtschafts- und Finanzinstitutionen von einem einheitlichen Bemessungsmaßstab für Stimmrechte und Finanzlasten verabschiedet.[168]

Als weitere Beispiele können die Internationale Energie-Agentur und das Internationale hydrografische Büro aufgeführt werden. In der Internationalen Energie-Agentur[169] hat jeder Mitgliedstaat im Gouverneursrat, gemäß dem Grundsatz der souveränen Gleichheit, drei Stimmen sowie Null bis dreiundvierzig Stimmen entsprechend seines spezifischen Interesses, nämlich seines Ölverbrauches.[170] Somit ist die Gesamtzahl von Stimmen pro Mitgliedstaat zwischen drei und sechsundvierzig gestaffelt. Im Internationalen hydrografischen Büro[171] hat jedes Mitglied zwei Grundstimmen und eine zusätzliche Anzahl von Stimmen, entsprechend seiner Tonnage von Kriegs- und Handelsflotte.

Alle diese Organisationen haben trotz der Stimmengewichtung nach wirtschaftlichen/finanziellen Kriterien nicht vollständig auf die Regel der gleichen Stimmenanzahl verzichtet. Es handelt sich vielmehr um ein kombiniertes System, wobei ein Teil der Stimmen auf der Grundlage des völkerrechtlichen Prinzips der souveränen Gleichheit der Staaten, ein anderer auf der Basis der Kapitalanteile bzw. wirtschaftlicher Interessen vergeben wird. Allerdings differiert das Verhältnis zwischen beiden Teilen von Organisation zu Organisation. Bei den universellen Organisationen ist der Anteil der Stimmen, die nach Kapitalanteilen vergeben

---

[165] Zum Gemeinsamen Fonds für Rohstoffe vgl. Horst-Michael Pelikahn (Fn. 136), S. 606 ff.
[166] Resolution 1 (III) of the UN Negotiating Conference on a Common Fund under the Integrated Programme for Commodities, in: UN Doc. TD/IPC/CF/Conf/18 (21.03.1979), para. 24.
[167] Anhang D CFC-Übereinkommen vom 27.06.1980, in: UNTS, vol. 1538, p. 3; BGBl. 1985 II, 714. Abgedruckt in: Hans von Mangoldt/Volker Rittberger (Hrsg.) (Fn. 141), Dokument 127, S. 702 (785 ff.).
[168] Vgl. Horst-Michael Pelikahn (Fn. 136), S. 628.
[169] Vgl. Richard H. Lauwaars, Some Institutional Aspects of the International Energy Agency, in: NYbIL, 12 (1981), S. 113 ff.
[170] Ursprünglich betrug die Anzahl von Stimmen nach Ölverbrauch gem. Art. 62 Abs. 2 IEA-Übereinkommen zwischen 0 und 48. Übereinkommen über ein Internationales Energieprogramm vom 18.11.1974, in: UNTS, vol. 1040, p. 313; BGBl. II 1975, 702.
[171] Statuten des Internationalen hydrografischen Büros in Monaco vom 21.06.1921, in: Manley O. Hudson (ed.), International Legislation, vol. I (1919-1921), Washington 1931, S. 663 ff.

werden (IBRD: 89%), wesentlich höher als der Anteil der Stimmen, die nach der souveränen Gleichheit verteilt werden (IBRD: 11%). Bei den regionalen Entwicklungsbanken, mit Ausnahme der Interamerikanischen Entwicklungsbank (3,2%), ist der auf der souveränen Gleichheit basierende Anteil der Stimmen höher (Afrikanische Entwicklungsbank: 45%, Asiatische Entwicklungsbank: 20%), so dass die Differenz zwischen beiden Teilen nicht ganz so extrem ist.[172]

Die alleinige Anwendung der Regel „ein Staat – eine Stimme", basierend auf dem Prinzip der souveränen Gleichheit der Staaten, wie in zahlreichen kollegialen Entscheidungsorganen von Staatenverbindungen, würde in Wirtschafts- und Finanzorganisationen wegen der großen wirtschaftlichen und finanziellen Unterschiede der Mitgliedstaaten eine Zusammenarbeit auf niedrigem Niveau bedeuten. Die Mitgliedstaaten, vor allem die Industriestaaten, hätten dann sicher kein Interesse an hohen Kapitalanteilen. Allerdings müsse aus dem Prinzip der souveränen Gleichheit der Staaten nicht zwangsläufig folgen, dass die Mitgliedstaaten von internationalen Finanzorganisationen auch finanzielle Beiträge in gleicher Höhe zahlen und somit nur ein niedriger gemeinsamer Nenner gefunden werden könnte, so zutreffend Buira.[173] Selbst bei anderen Staatenverbindungen, die in ihren Kollegialorganen die Regel „ein Staat – eine Stimme" anwenden, wie die UNO, sind die finanziellen Beiträge der Mitgliedstaaten nicht gleich, sondern unterschiedlich nach wirtschaftlicher Leistungsfähigkeit festgelegt.[174]

II. Die Stimmengewichtung nach Mehr-Kriterien-Regeln

Da vorstehende Regeln primär auf ein Hauptkriterium abstellen, werden sie in die Ein-Kriterium-Regeln eingruppiert. Eine einfache Formel, die nur auf einem Hauptkriterium basiert, kann bestimmte Staaten disproportional bevorzugen bzw. benachteiligen. Ein Staat, beispielsweise mit einer großen Bevölkerung aber niedrigem industriellen Entwicklungsniveau, bekäme bei einer einfachen Formel, die am Maßstab der Bevölkerung ausgerichtet ist, hohe Stimmenanteile, bevölkerungsschwächere aber industriell hoch entwickelte Staaten hingegen weniger.[175] Eine Alternative hierzu bieten Mehr-Kriterien-Regeln. Diese sind zwar komplexer, durch die Kombination verschiedener Faktoren können sie aber auch umfassender die unterschiedlichsten Gegebenheiten berücksichtigen und damit den Vorstellungen von einer gerechteren Stimmenverteilung näher kommen. Allerdings muss hierbei beachtet werden, dass komplizierte mathematische Formeln (arith-

---

[172] Vgl. Stephen Zamora, Voting in International Economic Organizations, in: AJIL, 74 (1980) 3, S. 594.
[173] Vgl. Ariel Buira, A new voting structure for the IMF, Research Paper of G-24, Washington, D.C. 2002, S. 3.
[174] Beitragsschlüssel für den Haushalt der VN 2007 bis 2009, in: UN Doc. A/61/237 (13.02.2007), para. 6, S. 2 ff. Abgedruckt in: VN, 55 (2007) 3, S. 116.
[175] Vgl. Louis B. Sohn, Weighting of Votes in an International Assembly, in: APSR, 38 (1944), S. 1192 ff.

B. Stimmenverteilung nach der Regel der unterschiedlichen Anzahl von Stimmen 255

metische, geometrische, Quadratwurzeln, Kubikwurzeln, Logarithmen)[176] mit mehreren Kriterien sehr aufwendig und letztendlich unpraktikabel werden. Empfehlungen für Mehr-Kriterien-Regeln und ihre Anwendung auch im UN-System, vor allem in der Generalversammlung gab es zahlreiche. Dabei wurden verschiedene Faktoren in unterschiedlicher Anzahl miteinander kombiniert. Zu den häufigsten Kriterien zählen: Bevölkerung, Bruttosozialprodukt pro Kopf, Produktion, Handel und Finanzbeitrag, aber auch Kriegspotential und Macht.[177] Es gibt unzählige Kombinierungsmöglichkeiten von Kriterien und zahlreiche Vorschläge für Formeln bzw. Regeln zur Stimmengewichtung mit mehreren Kriterien, von denen einige für nachfolgende Untersuchungen ausgewählt wurden.

Auf zunächst drei Kriterien gründet die Formel von Louis B. Sohn: Bevölkerung, Produktion und Handel, wobei diese Kriterien den Werten 2, 1 und 1 entsprechen sollen. Zehn Stimmeinheiten würden die Staaten mit der höchsten Produktion erhalten, eine Stimmeinheit diejenigen mit der geringsten Produktion. Die Stimmenverteilung nach dem Handel wäre analog. Die Zuteilung für die Bevölkerung würde verdoppelt werden, so dass zwanzig Stimmeinheiten die Staaten mit der größten Bevölkerung bekämen und zwei Einheiten die Staaten mit der kleinsten Bevölkerung. Damit könnte ein Staat höchstens vierzig Stimmen oder mindestens vier Stimmen haben.[178] Nach einem weiteren Vorschlag reduzierten sich die Kriterien auf Bevölkerung und Wirtschaftskraft, wobei die Beitragszahlungen an die UNO zugrunde gelegt wurden. Nach Sohns neuer Formel würden alle UN-Mitgliedstaaten einen Vertreter und damit Stimmen pro jede 4 Millionen Einwohner mit einer festgelegten Obergrenze von fünfzig Vertretern bzw. Stimmen je Mitgliedstaat erhalten. Zusätzlich bekäme jeder Mitgliedstaat einen Vertreter bzw. eine Stimme für jede Einheit von 0,006 seines Finanzbeitrages am UN-Budget mit einer Obergrenze von fünfundzwanzig Vertretern bzw. Stimmen je Mitgliedstaat. Nach dieser Zwei-Kriterien-Formel hätte die Spannbreite der Anzahl der Vertreter bzw. Stimmen der UN-Mitgliedstaaten von 61 (USA) und 1 (u.a. Paraguay) gelegen.[179]

Eine Vier-Kriterien-Formel für eine Stimmengewichtung in der UN-Generalversammlung hat Patijn vorgeschlagen, um mit Hilfe der nationalen Souveränität, Bevölkerung, des nationalen Einkommens und Finanzbeitrages die Stimmen der UN-Mitgliedstaaten zu berechnen.[180] Auch die Formel von German basiert auf vier Kriterien: Volkswirtschaft, Territorium, Bevölkerung und militärische Macht.[181] Silbert und Newcombe[182] kamen wie Hay[183] zu dem Ergebnis, dass zu

---

[176] Vgl. Liste der Stimmengewichtungsformeln bei Hanna Newcombe/James Wert/Alan Newcombe (Fn. 26), S. 455.
[177] Zur Reihenfolge der UN-Mitgliedstaaten nach Gebietsgröße, Bevölkerungszahl und Wirtschaftsleistung vgl. Die Mitgliedstaaten der Vereinten Nationen (Fn. 122), S. 44 ff.
[178] Vgl. Louis B. Sohn (Fn. 175), S. 1193 ff.
[179] Vgl. Louis Sohn, A New Proposal, in: Common Cause, 3 (1949) 2, S. 78 ff.
[180] Vgl. C. L. Patijn, A Formula for Weighted Voting, in: F.M. van Asbeck/J. Donner/P.N. Drost/J.L.F. van Essen/W.J.M. van Eysingea/J.P.A. François/C.L. Patijn (eds.), Symbolae Verzijl, La Haye 1958, S. 260 ff.
[181] Vgl. Clifford German, A tentative evaluation of world power, in: The Journal of Conflict Resolution, 4 (1960) 1, S. 139 ff.

den wichtigsten Kriterien vor allem Bevölkerung und Bruttosozialprodukt pro Kopf zu zählen sind.[184]

Die zahlreichen unterschiedlichen Regeln mit mehreren Kriterien sind bislang nur Theorie geblieben. In der Praxis haben sie sich wegen fehlender Praktikabilität oder mangelnden politischen Konsenses unter den am Entscheidungsprozess Beteiligten nicht durchsetzen können. Dabei hat die UN-Generalversammlung selbst bereits Kriterien für den Zahlungsbeitrag der Mitgliedstaaten an den Ausgaben der Organisation nach Art. 17 Abs. 2 UN-Charta i.V.m. Regel 160 GOGV aufgestellt. Der Verteilungsschlüssel für den ordentlichen Haushalt richtet sich im Wesentlichen nach der Zahlungsfähigkeit des Mitgliedstaates, wobei diese allgemein gültige Regelung durch die „tatsächliche Zahlungsfähigkeit" als dem grundlegenden Kriterium für die Festsetzung des Verteilungsschlüssels modifiziert wurde. Statistiken zum Volkseinkommen, seit 1998 auf dem Bruttosozialprodukt basierend, haben sich als ein angemessener Maßstab für die relative Zahlungsfähigkeit erwiesen. Zur Vorbeugung von aus den Statistiken resultierenden Anomalien sind zusätzliche Kriterien herangezogen worden, wie das Pro-Kopf-Einkommen, die zeitweise Beeinträchtigung nationaler Volkswirtschaften durch den Zweiten Weltkrieg sowie die Fähigkeit, ausländische Devisen zu sichern. Weil insbesondere das zweite Kriterium obsolet geworden ist, sind andere hinzugekommen. Staaten mit niedrigem Pro-Kopf-Einkommen wird ein Nachlass von 85% ihres Beitrages in den neunziger und 80% 1998 gewährt. Weniger entwickelten Staaten mit einer hohen Verschuldung werden weitere Entlastungen zugestanden.[185] Die Heranziehung der Kriterien für die Festsetzung des Mitgliedbeitrages für eine eventuelle Stimmengewichtung in der Generalversammlung findet vor allem wegen des Prinzips der souveränen Gleichheit unter den zahlreichen kleineren und weniger entwickelten Staaten keine Zustimmung.

III. Zusammenfassung

Die Stimmengewichtung ist eine Form der Beeinflussung des Abstimmungsergebnisses, das das reale Kräfteverhältnis bzw. das Gewicht der Mitglieder des Kollegialorgans widerspiegeln soll. Dabei stellt sich die Frage, nach welchen Kriterien die Mitglieder verglichen werden. Für Organisationen mit weiten Zielen und Funktionen sowie einer universellen Mitgliedschaft, wie in der UN-Generalversammlung, erweist sich die Festlegung von allgemein akzeptierten Kriterien als schwierig und kaum realisierbar. Bei einer Begrenzung der Funktionen und/oder der Mitgliedschaft hingegen, lassen sich Kriterien für eine Stimmengewichtung in Abhängigkeit von den auszuübenden Funktionen und den Interessen der Mitglie-

---

[182] Vgl. Michael Silbert/Hanna Newcombe, Mathematical Studies of Weighted Voting at the United Nations, in: Arnold Simoni (ed.), Weighted Voting, Part III, Ontario 1967, S. 180.
[183] Vgl. Douglas Hay, Choosing Factors for a Weighted Voting Formula Based on the Power of States, ebenda, Part II, S. 65.
[184] Vgl. Carol Barrett/Hann Newcombe (Fn. 118), S. 47.
[185] Vgl. Wilfried Koschorreck, in: Bruno Simma (ed.) (Fn. 1), Art. 17, Rdnr. 68 ff., S. 345.

B. Stimmenverteilung nach der Regel der unterschiedlichen Anzahl von Stimmen

der vereinbaren. Dazu bedarf es einer Klassifizierung der unterschiedlichen Interessen, auf deren Grundlage die Stimmen gewichtet werden können. Je mehr gemeinsame Interessen unter den Beteiligten an der Entscheidungsfindung, desto größer ist ihre Bereitschaft zur Stimmengewichtung. Damit setzt die Stimmengewichtung einen gewissen Grad der Integration zwischen den Beteiligten am Entscheidungsprozess voraus. Deshalb eignet sie sich auch insbesondere für föderale Strukturen.

Bei Organen mit legislativen Funktionen, wie Bundesrat und EG-Rat, bei Abstimmungen mit qualifizierter Mehrheit[186], bestimmt sich die Anzahl von Stimmen nach dem demografischen Kriterium, das dem demokratischen Repräsentationsprinzip der Bevölkerungen entsprechen soll. Wie die Stimmengewichtung in diesen beiden Kollegialorganen gezeigt hat, ist eine mathematisch exakte Festlegung der Stimmen proportional zur Bevölkerungsgröße nicht gegeben, so dass kleinere Mitglieder über- und größere Mitglieder unterrepräsentiert sind. Abweichungen aufgrund politischer Festlegungen lassen sich einerseits durch Hinzuziehung sekundärer Kriterien – historische, politische, wirtschaftliche und soziale – andererseits durch Kombinierung mit im nächsten Kapitel zu untersuchenden Abstimmungsregeln, die z.B. auch einen bestimmten prozentualen Anteil der Bevölkerungen zur Annahme einer Entscheidung vorsehen, ausgleichen und rechtfertigen.

Bei Organen mit finanziellen und wirtschaftlichen Funktionen, wie Exekutivorganen internationaler Finanzorganisationen und Vertragsorganen von internationalen Rohstoffabkommen, richten sich die zugeteilten Stimmen nach der Höhe der finanziellen Beteiligungen bzw. nach wirtschaftlichen Faktoren. Dabei erfolgt die Stimmengewichtung vornehmlich in Kombination mit der Regel „ein Mitglied – eine Stimme". Während diese dem Prinzip der souveränen Gleichheit der Staaten im formellen Sinne entspricht, basiert die Stimmengewichtung auf dem Prinzip der materiellen Gleichheit, wie unten näher ausgeführt wird.

Die Kriterien für eine Stimmengewichtung bestimmen das jeweilige Gewicht (demografisch, finanziell, wirtschaftlich) der Mitglieder kollegialer Entscheidungsorgane im Verhältnis zur Anzahl ihrer Stimmen. Die Stimmengewichtung folgt aber nicht zwingend aus den auszuübenden Funktionen.[187] Anstelle der Stimmengewichtung wäre auch die Anwendung der Regel der gleichen Anzahl von Stimmen möglich, wie bei einigen genannten föderalen Kammern ausländischer Staaten oder wie bei der Internationalen Bank für Wirtschaftliche Zusammenarbeit des Rates für Gegenseitige Wirtschaftshilfe[188], der nicht mehr existierenden sozialistischen Wirtschaftsorganisation[189], die nach dem Gleichheitsprinzip im formellen Sinne die Anzahl von Stimmen festgelegt haben.

---

[186] Vgl. hierzu die in Kapitel VI C. II. 4. d) bb) aufgeführten Fälle.
[187] Vgl. Ignaz Seidl-Hohenveldern/Gerhard Loibl, Das Recht der Internationalen Organisationen einschließlich der Supranationalen Gemeinschaften, 7. Auflage, Köln/Berlin/Bonn/München 2000, Rdnr. 1134, S. 150.
[188] Art. 26 Satzung der Bank. Vgl. ebenda, Rdnr. 1134, S. 150.
[189] Der RGW wurde am 25.01.1949 von der Sowjetunion, Polen, Tschechoslowakei, DDR, Ungarn, Rumänien, Bulgarien, Albanien (später „ruhte" die Mitgliedschaft) gegründet. Später traten Kuba, die Mongolei und Vietnam bei. Der RGW war das osteuropäische

Die vielfältigen Kriterien für eine Stimmengewichtung, wie Bevölkerung, Kapitalanteile, bestimmte wirtschaftliche Interessen, werden sowohl einzeln als auch in Kombination untereinander oder auch mit anderen Kriterien angewendet, nach denen eine Stimmengewichtung je nach Anwendungszweck und Effektivität festgelegt werden kann. Für eine Stimmengewichtung ist die Bestimmung adäquater Kriterien ausschlaggebend. Da die Zugrundelegung verschiedener Kriterien jeweils eine andere Stimmenverteilung zur Folge haben kann, kommt ihrer Festlegung eine ausschlaggebende Bedeutung zu. Die Bestimmung der Kriterien hat direkten Einfluss auf die Abstimmungsregeln. Je unsicherer oder umstrittener die Kriterien, desto größer werden auch die Bestrebungen für eine Festlegung hoher, meist qualifizierter Mehrheiten bei Abstimmungen über wichtige Fragen sein, damit die Mitglieder mit weniger Stimmen auch entsprechend Einfluss nehmen können.[190] Wie im nächsten Kapitel zu zeigen sein wird, reichen für eine qualifizierte Mehrheit in der Regel die Stimmen der Mitglieder mit einer höheren Stimmenanzahl allein nicht aus. Somit ist eine echte Interessenabwägung für die Stimmengewichtung von entscheidender Bedeutung.

Zu den häufigsten Fragen, die bei der Anwendung einer Stimmengewichtung erwogen werden müssen, zählen das Fehlen der breiten Anerkennung einer formell ungleichen Stimmenverteilung sowie einer allgemein anerkannten Stimmenverteilungsformel, das Bestreben nach einer breiten Mitgliedschaft, die Notwendigkeit des Erreichens einer Einigung über Abstimmungsregeln sowie die Verfügbarkeit einer Alternative über die spezielle Anerkennung von besonderen Interessen bestimmter Mitglieder, wobei der Machtfaktor eine besondere Rolle spielt.[191] Dennoch wird die Stimmengewichtung allgemein als eine Form der Stimmenverteilung angesehen, die das notwendige Gleichgewicht zwischen der Effektivität der Beschlussfassung (Abstimmung) und der Umsetzung der getroffenen Entscheidung herstellen kann.[192] Während die Effektivität vorrangig Bezug auf die Entscheidung selbst nimmt, ist die in Zusammenhang mit dem Gleichheitsprinzip zu erörternde Frage der Gerechtigkeit primär auf die Entscheidungsträger fokussiert.[193]

Pendant zur 1957 gegründeten westeuropäischen EWG. Mit den politischen Umwälzungen in Osteuropa löste sich der RGW am 28.06.1991 auf.

[190] Vgl. Lillian Randolph (Fn. 21), S. 104.
[191] Vgl. Elizabeth McIntyre (Fn. 115), S. 491.
[192] Vgl. Vincente Blanco-Gaspar, Differential Voting Strength, in: Thomas Buergenthal (ed.), Contemporary Issues in International Law, Kehl/Strasbourg/Arlington 1984, S. 314 ff.
[193] Vgl. Carol Barrett/Hann Newcombe (Fn. 118), S. 2.

C. Die Stimmenverteilung nach der Rotation

Die Rotation findet neben der Sitzverteilung auch in der Stimmenverteilung Anwendung, wie im Rat der Europäischen Zentralbank, dem höchsten Entscheidungsorgan der EZB.[194] Da die Fähigkeit der EZB zur Realisierung des Stabilitätsauftrages maßgeblich von ihrer institutionellen Ausgestaltung abhängt[195], findet die Reform des Abstimmungsmodells im EZB-Rat vielbeachtete Aufmerksamkeit und Diskussion. Weil die Regel der gleichen Anzahl von Stimmen („ein Mitglied – eine Stimme")[196] weiterhin gilt (Art. 10.2 UAbs. 2 Satz 1 ESZB/EZB-Satzung)[197], eine Erweiterung um neue Mitglieder die Funktions- und Entscheidungsfähigkeit des Organs aber nicht gefährden soll, hat sich der Rat der Europäischen Gemeinschaften in der Zusammensetzung der Staats- und Regierungschefs für den EZB-Rat auf eine Rotation der Stimmrechte geeinigt.[198] Die Rotation ist in das Protokoll Nr. 4 zur Festlegung der Satzung des ESZB und der EZB zum Vertrag über eine Verfassung für Europa (Art. 10 Abs. 2) bzw. in das Protokoll Nr. 11 zum Reformvertrag von Lissabon über die Satzung des ESZB und der EZB übernommen worden. Mit dieser Regel soll unabhängig von der Anzahl der Mitgliedstaaten (momentan fünfzehn), die den Euro einführen, sichergestellt werden, dass das Beschlussorgan auch in einem erweiterten „Euro-Währungsgebiet" effiziente Entscheidungen treffen kann. Das Rotationsmodell für den EZB-Rat soll auf fünf Grundsätzen basieren: 1) Effizienz der Entscheidungsfindung, 2) persönliche Teilnahme an Sitzungen sowie „Ein Mitglied – eine Stimme", 3) angemessene Repräsentanz der Mitgliedstaaten, 4) Sicherung der Anpassungsfähigkeit und Beständigkeit der Entscheidungsfindung sowie 5) Transparenz der Entscheidungsfindung.[199]

Bei dem gem. Art. 112 Abs. 1 EG aus den Mitgliedern des Direktoriums der EZB und den Präsidenten der nationalen Zentralbanken (NZBen) bestehenden EZB-Rat, behalten die sechs Mitglieder des Direktoriums ein permanentes Stimm-

---

[194] Zur EZB als „Quasi-Organ" der EG vgl. Ulrich Häde, Zur rechtlichen Stellung der Europäischen Zentralbank, in: WM, 60 (2006) 34, S. 1605 ff. (1613).

[195] Zu den Auswirkungen vgl. Lasse Schulze, Reform der Abstimmungsregeln und Inflationspräferenz im EZB-Rat, in: WD, 85 (2005) 11, S. 729.

[196] Vgl. hierzu Heiko Fritz, One Person, One Vote?, FIT Arbeitsberichte No. 2/01, S. 3.

[197] Eine Stimmengewichtung nach Anteilen der NZBen am gezeichneten Kapital der EZB erfolgt nur in Ausnahmefällen: bei Beschlussfassungen über das Kapital der EZB, die Übertragung von Währungsreserven auf die EZB sowie die Verteilung der Einkünfte, Gewinne und Verluste der EZB (Art. 10.3 ESZB/EZB-Satzung). Als Protokoll zum EG-Vertrag ist die Satzung gem. Art. 311 EG Bestandteil des Vertrages und gehört dem Primärrecht an. Vgl. Ulrich Häde, Der Vertrag von Nizza und die Wirtschafts- und Währungsunion, in: EWS, 12 (2001) 3, S. 98.

[198] Beschluss des Rates in der Zusammensetzung der Staats- und Regierungschefs vom 21.03.2003 über eine Änderung des Artikels 10.2 ESZB/EZB-Satzung, in: ABl. EU Nr. L 83 vom 01.04.2003, S. 66. Die Anpassung der Abstimmungsregeln trat mit Wirkung vom 01.05.2004 in Kraft.

[199] EZB Pressemitteilung vom 20.12.2002. Vgl. Ansgar Belke/Frank Baumgärtner, Die EZB und die Erweiterung, in: Integration, 27 (2004) 1-2, S. 76 f.

recht bei, die Präsidenten der nationalen Zentralbanken üben ihr Stimmrecht nach der Rotation aus. Gegenstand der Rotation sind die 15 von insgesamt 21 für die Zentralbankpräsidenten verbleibenden Stimmrechte. Die NZB-Präsidenten werden in Abhängigkeit von der Position, die sich für ihr jeweiliges Land aus der relativen Größe der entsprechenden Volkswirtschaft ergibt, verschiedenen Gruppen mit einer unterschiedlichen Anzahl von rotierenden Stimmen zugeordnet. Die Rangfolge der Staaten wird nach einem aus zwei Komponenten zusammengesetzten Indikator bestimmt: dem Anteil am aggregierten Bruttoinlandsprodukt (BIP) zu Marktpreisen und dem Anteil der Aktiva an der gesamten aggregierten Bilanz der monetären Finanzinstitute (GAB MFI). Dabei erfolgt eine relative Gewichtung der beiden Komponenten, $^5/_6$ für das BIP und $^1/_6$ für die GAB MFI. Als Grundlage der Gruppeneinteilung dienen zwei eng miteinander verbundene Kriterien: wirtschaftliche und finanzielle.

Bei mehr als 15 Euro-Ländern findet eine Rotation mit zwei Gruppen statt. Die erste Gruppe setzt sich aus den fünf Zentralbankpräsidenten mit den obersten Positionen in der Rangfolge der Euro-Länder zusammen. Die zweite Gruppe besteht aus den übrigen NZB-Präsidenten. Deutschland würde nach den beiden Kriterien mit vier weiteren Staaten (Vereinigtes Königreich, Frankreich, Italien, Spanien) der ersten Gruppe angehören.[200] Beim Rotationssystem mit zwei Gruppen erhält die erste Gruppe zunächst fünf, ab dem 19. Mitgliedstaat vier Stimmrechte, die zweite Gruppe maximal elf Stimmrechte.

Bei mindestens 22 Mitgliedstaaten erweitert sich das Rotationssystem auf drei Gruppen. Die erste Gruppe besteht aus den fünf NZB-Präsidenten der Euro-Länder mit der obersten Position in der Rangfolge. Die zweite Gruppe setzt sich aus der Hälfte aller NZB-Präsidenten, d.h. den Präsidenten der nationalen Zentralbanken der Mitgliedstaaten, die in der Rangordnung nach den vorgenannten Kriterien die auf die Mitglieder der ersten Gruppe folgenden Plätze einnehmen, zusammen. Die dritte Gruppe bilden die übrigen Zentralbankpräsidenten. Beim Rotationssystem mit drei Gruppen erhält die erste Gruppe vier Stimmrechte, die zweite Gruppe acht Stimmrechte und die dritte Gruppe drei Stimmrechte.[201] In einer Eurozone mit 27 Mitgliedstaaten beläuft sich die relative Häufigkeit der Stimmberechtigung in der ersten Gruppe auf 80%, in der zweiten Gruppe auf 57% und in der dritten auf 38%.[202]

Die neu eingeführte dynamische Rotation, die es den Mitgliedern ermöglicht, in Abhängigkeit von ihrer wirtschaftlichen und finanziellen Entwicklung, von einer Gruppe in die andere zu wechseln, berührt nicht die eigentlichen Mitgliedschaftsrechte, sondern die Ausübung der Stimmrechte der NZB-Präsidenten. Dabei wird die Regel „ein Mitglied – eine Stimme" lediglich für die stimmberechtigten Mit-

---

[200] Zur Änderung der Abstimmungsregeln im EZB-Rat vgl. Sachverständigenrat zur Begutachtung der gesamtwirtschaftlichen Entwicklung, Staatsfinanzen konsolidieren – Steuersystem reformieren, Jahresgutachten 2003/04, Wiesbaden 2003, Rdnr. 176 ff., S. 104 ff.

[201] Zum Rotationssystem anschaulich Hanspeter K. Scheller, Die Europäische Zentralbank, 2. Auflage, Frankfurt am Main 2006, S. 61 f.

[202] Vgl. Ansgar Belke/Barbara Styczynska, The Allocation of Power in the Enlarged ECB Governing Council, in: Hohenheimer Diskussionsbeiträge, Nr. 242/2004, S. 6.

C. Die Stimmenverteilung nach der Rotation 261

glieder beibehalten. Die im EZB-Rat vertretenen NZB-Präsidenten verfügen nicht mehr über ein ständiges Stimmrecht.

Während alle Mitglieder an den Sitzungen mit Rederecht teilnehmen[203], werden die Stimmrechte nur von einigen für einen bestimmten Zeitraum wahrgenommen.[204] Dadurch, so wird nicht zu Unrecht befürchtet, könnte die nationale Herkunft im geldpolitischen Entscheidungsprozess über die in Art. 108 EG geforderte persönliche Unabhängigkeit der NZB-Präsidenten als geldpolitische Experten dominieren.[205] Aufgrund der rotierenden Stimmrechte der NZB-Präsidenten vergrößert sich auch der Einfluss der sechs Mitglieder des Direktoriums, die über dauerhafte Stimmrechte verfügen. Nach Einführung der zweiten Stufe steht der ersten Gruppe eine größere Einflussnahme zu als der zweiten und dritten Gruppe.[206]

Mit der Einteilung der Mitgliedstaaten in Gruppen mit einer unterschiedlichen Anzahl rotierender Stimmen in Abhängigkeit der genannten Kriterien ist sowohl eine Verringerung der Diskrepanz zwischen dem wirtschaftlichen und finanziellen Gewicht und den Stimmrechtsanteilen der Staaten als auch die Erfüllung des Repräsentationsgrundsatzes hinsichtlich der Gesamtwirtschaft der Eurozone beabsichtigt worden. Zur Vermeidung einer Verletzung des Repräsentationsprinzips wird zwischen den Mitgliedern des EZB-Rates unterschieden, indem die NZB-Präsi-denten großer (im wirtschaftlich/finanziellen Sinne) Mitgliedstaaten öfter für einen bestimmten Zeitraum stimmberechtigt sind als die kleinerer Mitgliedstaaten.[207] Nach diesem Rotationssystem gilt die Regel „ein Mitglied – eine Stimme" nur noch für diejenigen NZB-Präsidenten, die zum jeweiligen Zeitpunkt stimmberechtigt sind. Die Regel müsste demnach verändert heißen: „ein stimmberechtigtes Mitglied – eine Stimme".[208] Da die Häufigkeit der Stimmberechtigung in Abhängigkeit von der Gruppenzuordnung festgelegt wird, ist eine zeitlich unterschiedliche Ausübung des Stimmrechts nach der Regel der gleichen Anzahl von Stimmen gegeben. Diese formelle Ungleichheit der Mitgliedstaaten soll durch eine angemessene Repräsentanz der Wirtschaften der Mitgliedstaaten an der Gesamtwirtschaft in der Eurozone ausgeglichen werden. Die Einführung einer gleichbe-

---

[203] Das Teilnahme- und Rederecht lässt sich mit den Rechten im U.S.-amerikanischen FOMC vergleichen, in dem nicht stimmberechtigte Gouverneure zu allen Ratssitzungen zugelassen sind und sich an den Diskussionen beteiligen können. Allerdings verfügen wirtschaftlich bedeutende Staaten im FOMC einen ständigen Sitz, während kleinere abwechselnd ein Stimmrecht innehaben. Vgl. Ansgar Belke/Dirk Kruwinnus, Erweiterung der EU und Reform des EZB-Rats, in: WD, 83 (2003) 5, S. 326 f.

[204] Vgl. Ulrich Häde (Fn. 197), S. 99; Chiara Zilioli, in: Hans von der Groeben/Jürgen Schwarze (Hrsg.), Kommentar zum Vertrag über die Europäische Union und zur Gründung der Europäischen Gemeinschaft, Band 3, 6. Auflage, Baden-Baden 2004, Art. 10 ESZB-Satzung, Rdnr. 20 ff., S. 416 f.

[205] Vgl. Ansgar Belke (Fn. 203), S. 329.

[206] Vgl. Ansgar Belke/Thorsten Polleit, EZB-Ratsreform, in: Kredit und Kapital, 36 (2003) 4, S. 566; Charlotte Gaitanides, Das Recht der Europäischen Zentralbank, Tübingen 2005, S. 95.

[207] Vgl. Hanspeter K. Scheller (Fn. 201), S. 61.

[208] Thomas Wagner/Gerd Grum, Adjusting ECB decision-making to an enlarged Union, in: European Central Bank, Legal aspects of the European System of Central Banks, Frankfurt am Main 2005, S. 86.

rechtigten Rotation würde wirtschaftlich und finanziell kleinere Mitgliedstaaten übervorteilen, wenn diese dieselben Stimmrechte wie größere Mitgliedstaaten zugebilligt bekämen.[209]

Fraglich ist allerdings, ob bei Beteiligung aller Mitglieder an der Meinungsbildung durch Teilnahme an den Sitzungen mit Rederecht und gleichzeitiger Begrenzung der Zahl der Abstimmungsberechtigten das Effizienzproblem zufrieden stellend gelöst werden kann. Werden die geldpolitischen Entscheidungen zwar nur von einer festgesetzten Anzahl von Abstimmungsberechtigten getroffen, so nehmen am Prozess der Willens- und Entscheidungsfindung alle Mitglieder teil. Dadurch können Verzögerungen bei steigenden Mitgliederzahlen nicht ausgeschlossen werden.

Das Rotationsmodell[210] lässt zwar eine automatische Anpassung an den Erweiterungsprozess des Euro-Währungsgebietes zu, gleichwohl wäre dieses Resultat auch bei Beibehaltung des bisherigen Modells erreichbar gewesen. Kritisch ist die Gefahr fehlender Transparenz zu sehen, die sich in der Kompliziertheit des Rotationsmodells begründet.[211] Eine Einhaltung der für das Rotationsmodell vorgesehenen fünf Grundsätze ist nur eingeschränkt gegeben.[212]

D. Kombination von Sitz- und Stimmenverteilungsregeln

Regeln der Sitzverteilung und Stimmenverteilung finden in verschiedenen Kombinationen mit unterschiedlichen Implikationen hinsichtlich der Beschlussfähigkeit, die vor allem aus der Sitzverteilung folgt und der Beschlussfassung, die wesentlich durch die Stimmenverteilung bestimmt wird, Anwendung. Während die Regeln der gleichen Anzahl von Sitzen und der gleichen Anzahl von Stimmen auf dem formellen Gleichheitssatz basieren, kann eine Kombination mit anderen Regeln diesen zugunsten des Prinzips der materiellen Gleichheit durchbrechen. Bei den untersuchten Kollegialorganen (mit unbegrenzter Mitgliederzahl) sind folgende Kombinationsmöglichkeiten von Sitz- und Stimmenverteilungsregeln nachweisbar.

---

[209] Vgl. Ansgar Belke/Dirk Kruwinnus (Fn. 203), S. 327.
[210] Zu Alternativmodellen vgl. Ansgar Belke/Dirk Kruwinnus, Die Europäische Zentralbank vor der EU-Erweiterung, in: Wolf Schäfer (Hrsg.), Zukunftsprobleme der europäischen Wirtschaftsverfassung, Berlin 2004, S. 245 ff.
[211] Vgl. Ansgar Belke/Dirk Kruwinnus (Fn. 203), S. 329.
[212] Vgl. Anders Thomas Wagner/Gerd Grum (Fn. 208), S. 89.

Übersicht V. 8: Kombinationen von Sitz- und Stimmenverteilungsregeln

Nr.	Sitz- und Stimmenverteilungsregeln	Anwendung in Kollegialorganen
1	gleiche Anzahl von Sitzen und gleiche Anzahl von Stimmen	Gemeinderäte, Landtage, Deutscher Bundestag EG-Rat bei Beschlussfassung mit absoluter Mehrheit und Einstimmigkeit[213] EG-Kommission[214] UN-Generalversammlung
2	gleiche Anzahl von Sitzen und unterschiedliche Anzahl von Stimmen	EG-Rat bei Beschlussfassung mit qualifizierter Mehrheit[215] Kollegialorgane internationaler Finanzorganisationen
3	unterschiedliche Anzahl von Sitzen und gleiche Anzahl von Stimmen	EG-Kommission[216] Europäisches Parlament Parlamentarische Versammlung des Europarates Parlamentarische Versammlung der OSZE
4	unterschiedliche Anzahl von Sitzen und unterschiedliche Anzahl von Stimmen	Bundesrat

In den Kombinationen 1 und 4 stimmen die Regeln der Sitzverteilung mit denen der Stimmenverteilung prinzipiell überein. In der Kombination 1 sind beide Regeln auf das Prinzip der formellen Gleichheit zurückzuführen, in der Kombination 4 auf das Prinzip der materiellen Gleichheit. In den Kombinationen 2 und 3 ist eine Übereinstimmung der Prinzipien nicht gegeben. Hier findet jeweils eine Durchbrechung der formellen Gleichheit zugunsten der materiellen statt. Die Kombinationen 2 und 4 mit jeweils einer unterschiedlichen Anzahl von Stimmen lassen sich als direkte Stimmengewichtung bezeichnen. In der Kombination 3 wird durch eine unterschiedliche Anzahl von Sitzen ungeachtet der gleichen Anzahl von Stimmen quasi eine indirekte Stimmengewichtung erreicht.

Die Kombination 1 ist vor allem bei demokratisch gewählten nationalen Parlamenten (Legislative) geboten, um eine gleiche Repräsentation des Souveräns zu gewährleisten. Auf zwischenstaatlicher Ebene folgt diese Kombination der Regeln strikt dem Prinzip der souveränen Gleichheit der Staaten. Die Kombination 3 ermöglicht eine gewisse Proportionalität zwischen den Sitzen in einem relativ großen zwischenstaatlichen Kollegialorgan, wie Parlamenten und den unterschiedlich großen Bevölkerungen der Mitgliedstaaten. Die Zuerkennung einer gleichen Anzahl von Sitzen, wie auf nationaler Ebene für Parlamente, würde die Teilnahme der Bevölkerungen zahlenmäßig (Bevölkerung) kleiner Mitgliedstaaten durch eine geringe Anzahl von Sitzen am Willensbildungs- und Entscheidungsprozess erheblich minimieren. Am Beispiel des Rates der Europäischen Gemeinschaften wird

---

[213] Art. 205 Abs. 1 und 3 EG.
[214] Ab 01.11.2004.
[215] Art. 205 Abs. 2 EG.
[216] Bis 31.10.2004.

deutlich, dass die Kombination von Sitz- und Stimmenverteilung in Abhängigkeit von der gewählten Abstimmungsregel unterschiedlich festgelegt sein kann. Bei Anwendung unterschiedlicher Abstimmungsregeln, wie beim Rat, ist für die Sitzverteilung die gleiche Anzahl von Sitzen für alle Mitgliedstaaten entsprechend der formellen Gleichheit geboten, die je nach der zu treffenden Entscheidung mit einer anderen Regel der Stimmenverteilung kombiniert werden kann. Um die Interessen der Mitgliedstaaten entsprechend der Größe ihrer Bevölkerungen in wichtigen, mit qualifizierter Mehrheit zu treffenden Entscheidungen, hinreichend einfließen zu lassen, erhalten die Mitgliedstaaten eine gestaffelte Anzahl von Stimmen, bei anderen Entscheidungen die gleiche Anzahl von Stimmen. Da die Stimmen nur einheitlich abgegeben werden können, ist diese Regelkombination für einstimmige Entscheidungen nicht notwendig.

Die Kombination 4 ist besonders für föderale Organe geeignet, in denen die Gliedstaaten entsprechend ihrer Bevölkerungsgröße repräsentiert werden. Die Wahl der Sitz- und Stimmenverteilungsregeln hängt folglich von den ihnen zugrunde liegenden Rechtsprinzipien, den Kollegialorganen (wie Größe, Ziel und Zweck, Funktion) sowie den im nächsten Kapitel zu untersuchenden Abstimmungsregeln ab.

E. Formelles versus materielles Gleichheitsprinzip bei der Sitz- und Stimmenverteilung

Die Sitz- und Stimmenverteilung in kollegialen Entscheidungsorganen innerhalb von Staaten und Staatenverbindungen ist am Grundsatz der Gleichheit zu messen. Die konkrete Ausformung dieses Prinzips ist nicht unstrittig. So wird zwischen absoluter und relativer bzw. formeller und materieller Gleichheit als jeweils zwei mögliche Erscheinungsformen ein und desselben Prinzips unterschieden.[217]

Für eine anschauliche Darstellung bietet sich der Rückgriff auf die von Pollak zu Beginn des 20. Jahrhunderts aufgestellten Formeln an. Wenn A und B die Rechtssubjekte und X die ihnen inhärenten Merkmale sind, lässt sich die absolute Gleichheit mit folgender Proportion wiedergeben: $A:X=B:X$. Hier sind A und B gleichgesetzt, ihr Verhältnis zu X (Gleichheit aller Merkmale) ein und dasselbe. Bei Vorliegen verschiedener Merkmale lautet die Formel für die relative Gleichheit hingegen: $A:X=B:X_1$ $(X \neq X_1)$. „X und X_1 entfernen sich voneinander umso mehr, je zahlreicher bei A und B die verschiedenen Merkmale [...] sind und je größer die Verschiedenheit dieser einzelnen Merkmale ist; [...]."[218] Wegen der „notwendigen Spaltung des Gleichheitsprinzips in zwei einander entgegengesetzte Prinzipien" spricht Pollak von der Antinomie des Gleichheitsprinzips.[219]

Pollaks Formel, angewendet auf die Sitz- und Stimmenverteilung in Kollegialorganen, würde sich unter Zugrundelegung der Rechtsregel „jedes Mitglied eines

---

[217] Vgl. Kurt Behnke (Fn. 5), S. 20.
[218] Adam Pollak, Ueber Rechtsprinzipien, in: ARWP, 13 (1919/20) 2-3, S. 117.
[219] Vgl. ebenda, S. 118.

kollegialen Entscheidungsorgans hat den gleichen Einfluss auf den Entscheidungsprozess innerhalb des Organs" folgende Darstellung ergeben. Das Gleichheitsprinzip im formellen Sinne bedeutet, dass alle von der Rechtsregel betroffenen Mitglieder A, B, C usw. in Bezug zu X (Einfluss auf den politischen Entscheidungsprozess durch Sitze und Stimmen) ohne Berücksichtigung der ihnen innewohnenden Merkmale gleichgesetzt sind: A:X=B:X=C:X (X=X) usw., d.h. gleiche Anzahl von Sitzen und gleiche Anzahl von Stimmen je Mitglied. Bei Annahme des materiellen Gleichheitsprinzips wären die unterschiedlichen Merkmale der Mitglieder, wie z.B. Größe (Bevölkerung), Wirtschaftskraft u.a., zu berücksichtigen. Dieser Betrachtung entspricht die Formel: $A:X=B:X_1=C:X_2$ $(X \neq X_1 \neq X_2)$ usw., d.h. unterschiedliche Anzahl von Sitzen und/oder unterschiedliche Anzahl von Stimmen je Mitglied.[220] Für die Abweichung von der gleichen Anzahl von Sitzen und/oder Stimmen bedarf es eines objektiven Maßstabes, der bei allen Mitgliedern des Kollegialorgans gleich anzulegen ist, um eine willkürliche Differenzierung auszuschließen und somit das Gleichheitsprinzip zu wahren.

Während die Sitz- und Stimmenverteilung nach der Regel der gleichen Anzahl von Sitzen bzw. Stimmen auf der formellen Gleichheit aller Mitglieder eines kollegialen Entscheidungsorgans beruht, gründen die Gewichtung von Sitzen bzw. Stimmen auf der materiellen Gleichheit.[221] Die formelle Gleichheit, bei der alle Mitglieder unabhängig von ihren objektiv vorhandenen Unterschieden gleich behandelt werden, wird als Verwirklichung des Prinzips der demokratischen Gleichheit angesehen. Sie findet ihren Ausdruck in der gleichen Anzahl von Stimmen bzw. der numerischen Gleichheit.

Fraglich ist, ob das Gleichheitsprinzip bei einem Entscheidungsverfahren verletzt würde, wo eine abgestufte Anzahl von Stimmen, wie beispielsweise entsprechend der Bevölkerung (wie im Bundesrat) oder der Höhe der eingezahlten finanziellen Mittel (wie in Organen internationaler Finanzorganisationen)[222], herrscht oder wo die Rotation bei gleicher Anzahl von Stimmen für eine begrenzte Anzahl von Mitgliedern zugrunde gelegt wird. Hieraus ergibt sich die Frage nach der Vereinbarkeit einer Stimmengewichtung bzw. Rotation mit dem Gleichheitsgrundsatz. Die Legitimität des Zweckes, eine gleiche Einflussnahme aller Mitglieder des Kollegialorgans auf den Entscheidungsprozess mittels Stimmengewichtung bzw. Rotation nach bestimmten objektiven Kriterien auszuüben, lässt sich an der aus dem Rechtsstaatsprinzip fließenden Gerechtigkeit messen.[223] Gerechtigkeitsfragen wiederum, die durch vergleichende Betrachtungen strukturiert werden, sind nach Zippelius in einem freien Wettbewerb der Überzeugungen zu lösen, an dem sich

---

[220] Vgl. ebenda, S. 116 ff.
[221] Vgl. Ignaz Seidl-Hohenveldern/Gerhard Loibl (Fn. 187), Rdnr. 1223, S. 169.
[222] Nach Officer stellt die Stimmengewichtung im IMF eine Verletzung des Prinzips der souveränen Gleichheit der Mitgliedstaaten dar. Vgl. Lawrence H. Officer, The International Monetary Fund, in: Frank J. Macchiarola (ed.), International Trade, Proceedings of the Academy of Political Science, 37 (1990) 4, New York 1990, S. 30 ff.
[223] Aus dem Rechtsstaatsprinzip folgt der Anspruch, politische Macht nach Maßgabe von Recht und Gerechtigkeit auszuüben. Vgl. Helmuth Schulze-Fielitz, in: Horst Dreier (Hrsg.), Grundgesetz. Kommentar, Band II, 2. Auflage, Tübingen 2006, Art. 20 (R), Rdnr. 1, S. 175.

die Mitglieder beteiligen und dessen Ergebnisse für die Mehrheit akzeptabel sind.[224] Kelsen hat im Willensbildungsprozess kollegialer Organe auf die aus der „egalitären Demokratie" stammenden Prinzipien der gleichmäßigen Vertretung und der Stimmengleichheit verwiesen, wonach jedes Mitglied grundsätzlich den gleichen Einfluss auf den Willensbildungs- und Entscheidungsprozess durch eine gleiche Anzahl von Sitzen bzw. von Stimmen hat. Indes räumt er eine vereinbarte Differenzierung des Einflusses „nach irgendwelchen Gesichtspunkten" ein.[225] Die formelle Gleichheit könne wegen der z.T. erheblichen unterschiedlichen, miteinander vergleichbaren Merkmale der Mitglieder kollegialer Organe nicht immer Anwendung finden. Der Diskrepanz zwischen der faktischen Ungleichheit der Mitglieder und der bisher geforderten absoluten Gleichbehandlung müsse entsprechend begegnet werden, so zutreffend Hillger.[226] Unter dem Schlagwort der Gleichheit ist nach Schwarz-Liebermann von Wahlendorf zu lange eine unterschiedliche Behandlung erfolgt, „[...] indem gleich behandelt wurde, was verschieden war."[227] Deshalb müsse an die Stelle der formellen Gleichheit die materielle Gleichheit treten.[228] Die Schlussfolgerung von Hayek in Bezug auf die formelle Ungleichheit von Personen lässt sich auch auf andere Rechtssubjekte, wie Mitglieder kollegialer Organe, übertragen. „From the fact that people are very different it follows that, if we treat them equally, the result must be inequality in their actual position, [...] and that the only way to place them in an equal position would be to treat them differently. Equality before the law and material equality are therefore [...] in conflict with each other; [...]. The equality before the law [...] leads to material inequality."[229]

Der Gleichheitsgrundsatz wird oftmals als Gleichheit vor dem Recht angesehen, wonach auf alle Mitglieder das Recht gleichmäßig angewendet werden muss. Er bedeutet jedoch nicht die Gleichheit im Recht, so dass auch nicht alle Mitglieder inhaltlich gleiche Rechte haben müssen.[230] Die Gleichbehandlung unter gleichen Voraussetzungen setze nicht notwendig die Gleichheit in der Teilnahme und Verantwortung voraus. Deshalb geht auch die Forderung nach Nichtanwendung des Prinzips der souveränen Gleichheit der Staaten im institutionellen Recht von Staatenverbindungen, wie von Efraim gefordert[231], zu weit. Schon Kelsen verstand die souveräne Gleichheit nicht als gleiche Rechte und Pflichten, sondern als gleiche Fähigkeit zur Übernahme von Rechten und Pflichten. Gleichheit müsse nicht bedingungslos gleichbedeutend sein mit gleichen Rechten und Pflichten. Nach

---

[224] Zur Gerechtigkeitsfunktion des Gleichheitssatzes vgl. Reinhold Zippelius, Der Gleichheitssatz, in: VVDStRL, 47 (1989), S. 35.
[225] Hans Kelsen (Fn. 40), S. 217. Vgl. auch Georg Jellinek, Allgemeine Staatslehre, 3. Auflage, Darmstadt 1959, S. 780.
[226] Vgl. Hermann Hillger (Fn. 23), S. 5 f.
[227] Hans Albrecht Schwarz-Liebermann von Wahlendorf (Fn. 22), S. 20.
[228] Vgl. Hermann Hillger (Fn. 23), S. 7.
[229] F.A. Hayek, The Constitution of Liberty, London 1960, S. 87.
[230] Vgl. Georg Erler, Staatssouveränität und internationale Wirtschaftsverflechtung, in: Zum Problem der Souveränität, Berichte der DGV, Heft 1, Karlsruhe 1957, S. 34 f.
[231] Athena Debbie Efraim, Sovereign (In)equality in International Organizations, The Hague/Boston/London 2000, S. 15.

diesem Prinzip würden Mitglieder eines Kollegialorgans unter gleichen Voraussetzungen die gleichen Rechte und Pflichten innehaben.[232] Daraus folgt, dass die tatsächlichen Unterschiede zwischen ihnen, wie unterschiedliche Größe (Bevölkerung), Wirtschaftskraft, Finanzbeiträge oder andere bedeutende Kriterien, Berücksichtigung finden können[233], wobei Rechtsmissbrauch und Willkür verboten sind. Je nach konkret zu regelndem Sachverhalt und Ziel der Organisation würden diese Kriterien eine Differenzierung der Mitglieder durchaus rechtfertigen.

Weil die Vielzahl der Unterschiede und Interessen zwischen Mitgliedern kollegialer Organe umgekehrt proportional zur Möglichkeit einer Entscheidungsfindung und ihrer Umsetzung in die Praxis stehen, muss erstere im Entscheidungsprozess gebührende Berücksichtigung finden. Diese Problematik tangiert so wichtige und aktuelle Fragen, wie die Erweiterung der EU und die damit zusammenhängende Stimmenverteilung in ihren Entscheidungsorganen, vor allem im Rat, als auch die Debatte um eine längst fällige UN-Reform, speziell der Erweiterung des Sicherheitsrates und seines Abstimmungsverfahrens (wegen der souveränen Gleichheit und des Vetorechts gem. Art. 27 Abs. 3 UN-Charta). Steigende Mitgliederzahlen und zunehmende Vielfalt zu beachtender Interessen dürfen den Entscheidungsprozess nicht lähmen.

In der Generalversammlung, die aufgrund des Prinzips der souveränen Gleichheit gem. Art. 2 Ziff. 1 i.V.m. Art. 18 Abs. 1 UN-Charta auf der Regel „*one state – one vote*" basiert, verfügen beispielsweise wirtschaftlich, politisch und militärisch schwache und nicht selten labile Staaten über eine Zweidrittelmehrheit in der UN-Generalversammlung, die es ihnen ermöglicht, den „Rest der Welt", darunter politisch, wirtschaftlich und militärisch starke Mitgliedstaaten zu überstimmen. Dies kann durchaus zu wirklichkeitsfremden, mangels Unterstützung durch entwickelte und etablierte Staaten nicht realisierbaren Beschlüssen führen. Deshalb wird zunehmend gefordert, zwischen rechtlicher und politischer Gleichheit zu unterscheiden.[234] Es ergebe sich immer mehr die Notwendigkeit, die Regel der gleichen Anzahl von Stimmen durch Stimmengewichtung zu modifizieren und von der formellen Gleichheit zur materiellen Gleichheit überzugehen, d.h. Gleichbehandlung von gleich starken Staaten. Eine unterschiedliche Gewichtung der Stimmen, basierend auf vorher festgesetzten Kriterien, ist mit dem materiellen Gleichheitsgrundsatz vereinbar.[235] Eine quantitativ gestaffelte Stimmenverteilung in der UN-Generalversammlung wird jedoch in naher Zukunft politisch wohl nicht durchsetzbar sein. Die sich dort gegenüberstehenden souveränen Staaten aus allen Regionen der Welt mit den verschiedensten Werten und Interessen werden bereits an der Festlegung objektiver Kriterien als Maßstab für eine Stimmengewichtung auf unüberwindbare Schwierigkeiten stoßen. Erst wenn die Staaten bereit sind, vom

---

[232] Vgl. Hans Kelsen, Peace through Law, New York 1944, S. 36 f.; ders. The Principle of Sovereign Equality of States as a Basis for International Organization, in: YLJ, 53 (1944) 2, S. 208 ff.

[233] Vgl. Katlen Blöcker, Die rechtlichen Aspekte der Zusammenarbeit des Internationalen Währungsfonds (IWF) mit der Russischen Föderation, Berlin/Heidelberg 2000, S. 14.

[234] Vgl. Vincente Blanco-Gaspar (Fn. 192), S. 314.

[235] Vgl. Ignaz Seidl-Hohenveldern, in: Ignaz Seidl-Hohenveldern (Hrsg.), Ergänzendes Lexikon des Rechts, Band 1, Neuwied/Darmstadt 1999, Gruppe 4, Art. 390.

Prinzip der souveränen Gleichheit im formellen Sinne zum materiellen Gleichheitsprinzip überzugehen, d.h. eine Gleichbehandlung gleich starker Staaten (in Abhängigkeit festzulegender Kriterien) anzuerkennen[236], kann die Stimmengewichtung eine reale Option der Stimmenverteilung innerhalb kollegialer Entscheidungsorgane von Staatenverbindungen darstellen. Solange aber bleibt die Anwendung der Stimmengewichtung auf universeller Ebene vornehmlich auf internationale Wirtschafts- und Finanzorganisationen begrenzt, die speziell eingegrenzte Funktionen – die Sicherung von Wirtschaftswachstum und finanzieller Stabilität – erfüllen.[237] Hillger hat schon Ende der fünfziger Jahre darauf hingewiesen, dass sobald die staatliche Souveränität einer übernationalen Ordnung weicht, sich die Möglichkeit nach bundesstaatlicher Praxis wie im Bundesrat eröffne, die Stimmen zu wägen.[238] Die nunmehr innerhalb des Rates der Europäischen Gemeinschaften als bislang dem wichtigsten Entscheidungsorgan[239] praktizierte Stimmengewichtung bei Abstimmungen nach der qualifizierten Mehrheitsregel, ist sowohl ein Nachweis für eine Staatenpraxis auf regionaler Ebene bezüglich des Übergangs zur materiellen Gleichheit, als auch bester Beweis für die Richtigkeit Hillgers These.

In Abhängigkeit von den Regeln der gleichen Stimmenanzahl oder Stimmengewichtung werden in Staatenverbindungen klassisch entsprechende Abstimmungsregeln angewendet, nämlich bei der Regel der gleichen Stimmenanzahl Einstimmigkeit und bei Stimmengewichtung Mehrheitsentscheid.[240] Erst später fand auch das Mehrheitsprinzip bei der Regel der gleichen Stimmenanzahl, wie auf innerstaatlicher Ebene, Anwendung.[241]

---

[236] Vgl. Ignaz Seidl-Hohenveldern/Gerhard Loibl (Fn. 187), Rdnr. 1133, S. 150.
[237] Vgl. ebenda, Rdnr. 1132 f., S. 149 f.
[238] Vgl. Hermann Hillger (Fn. 23), S. 139 f.
[239] Zum materiellen Gleichheitssatz in der EG vgl. Astrid Sybille Mohn, Der Gleichheitssatz im Gemeinschaftsrecht, Kehl, Straßburg/Arlington 1990, S. 47 ff.
[240] Dies gilt wegen der Gleichheit der abstimmungsberechtigten Personen als Rechtssubjekte nicht für innerstaatliche Entscheidungssysteme. Vgl. Matthias Brinkmann (Fn. 22), S. 265.
[241] Vgl. Rüdiger Wolfrum, in: Bruno Simma (ed.) (Fn. 1), Art. 18, Rdnr. 7, S. 355.

Kapitel VI
Abstimmungsregeln

Zur Willensbildung und Entscheidung muss den Mitgliedern eines Kollegialorgans zunächst die Frage vorgelegt werden, damit diese darüber mit Ja, Nein oder Enthaltung abstimmen können. In der Regel werden die Fragen affirmativ formuliert, d.h. es wird nach Erteilung der Zustimmung gefragt.[1] Die Beteiligten am Entscheidungsprozess drücken durch die Stimmabgabe ihre Ansicht aus. Aus der Berechnung der Stimmen geht der allgemeine Willen hervor.[2] Ob ein Antrag angenommen wird oder nicht, hängt maßgeblich von der vorher festgelegten Abstimmungsregel ab. In Entscheidungsvorgängen kollegialer Organe auf staats- und kommunalrechtlicher, europa- und völkerrechtlicher Ebene finden primär Einstimmigkeits-, Konsens- oder Mehrheitsregeln Anwendung.

A. Einstimmigkeitsregel

I. Einstimmigkeit als Begriff

Die Einstimmigkeitsregel gehört zu den ältesten Abstimmungsregeln. Einstimmigkeit bedeutet, dass alle Mitglieder einer Gruppe von Entscheidungsträgern sich für die gleiche von mehreren zur Auswahl stehenden Alternativen[3] (Vorschlägen) entscheiden. Für das Zustandekommen des Beschlusses bedarf es der Zustimmung der Mitglieder. In Abhängigkeit vom gewählten *modus operandi* bewirken mögliche Enthaltungen bei der Abstimmung unterschiedliche Ergebnisse. Bei Zuordnung der im neunten Kapitel zu untersuchenden Stimmenthaltungen zu den Ja-Stimmen gilt der Beschluss als angenommen, wenn alle Entscheidungsträger entweder dafür oder zumindest nicht dagegen stimmen. Bei Zuordnung der Stimmenthaltungen zu den Nein-Stimmen kommt der Beschluss nur dann zustande,

---

[1] Vgl. Horst Schmitt, Das legislative Votum, Bonn 1959, S. 113 f.
[2] Vgl. Jean-Jacques Rousseau, Vom Gesellschaftsvertrag oder Grundsätze des Staatsrechts, 4. Buch, 2. Kapitel, Hans Brockard (Übers./Hrsg.), Stuttgart 1977 (1762), S. 117.
[3] Hier wird der Begriff Alternative aus der Entscheidungstheorie zugrunde gelegt, wonach der Begriff ‚Alternative' nicht im Sinne von zwei Möglichkeiten (einer einzigen Möglichkeit zusätzlich zur gegebenen) verwendet wird, sondern im Sinne von zwei oder mehreren wählbaren Möglichkeiten. Vgl. Helmut Laux, Entscheidungstheorie, 7. Auflage, Berlin/Heidelberg/New York 2007, S. 4 f.

wenn alle Entscheidungsträger explizit dafür stimmen. In der Praxis findet die zweite Variante selten Anwendung.[4]

Mit der Einstimmigkeit eng verwandt ist der Begriff des Vetos. Prinzipiell kann die Einstimmigkeit auch – zumindest funktional – als ein Vetorecht definiert werden, dass jedem Mitglied eingeräumt wird. Wie bei einer Entscheidungsfindung mit Vetorecht, auf die weiter unten näher einzugehen sein wird, reicht ein einzelnes Votum gegen den Beschluss, um diesen zu verhindern.

Als einstimmig wird auch eine Entscheidung unter Anwendung einer Mehrheitsregel bezeichnet, bei dem alle Abstimmenden dem Beschluss zustimmen. Hier ist die Einstimmigkeit für die Gültigkeit des Beschlusses rechtlich nicht zwingend gefordert. Sie ist lediglich Ausdruck der vollständigen Übereinstimmung der Entscheidungsträger. Dennoch kann eine solch zustande gekommene Entscheidung nicht selten für den politischen Zusammenhalt eines Kollegialorgans wichtig sein. Eine einstimmig gefasste Entscheidung in Form eines Beschlusses drückt am klarsten den Gemeinschaftswillen der Mitglieder des kollegialen Entscheidungsorgans aus.[5] Die Einstimmigkeitsregel basiert auf dem formellen Gleichheitsprinzip, das die gleiche Anzahl von Sitzen bzw. Stimmen bestimmt und demnach keine Stimmengewichtung darstellt. Nur wenn alle am Entscheidungsprozess Beteiligten, denen das gleiche Gewicht zukommt, sich auf eine Alternative einigen bzw. gleich abstimmen, kommt es zu einer Entscheidung.

In der Praxis gefährdet die Forderung nach Einstimmigkeit oftmals das Zustandekommen einer Entscheidung überhaupt.[6] Je größer das kollegiale Entscheidungsorgan und je vielfältiger die Interessen oder unterschiedlicher die Präferenzen seiner Mitglieder, desto schwieriger und langwieriger kann die Entscheidungsfindung werden oder eventuell sogar unmöglich. Kann keine Einigung hergestellt werden, bleibt der bisherige Zustand, der *status quo*, bestehen. Gemeinhin ist die Einstimmigkeitsregel in großen Kollegialorganen mit heterogenen Interessen allgemein kaum praktikabel.[7]

II. Einstimmige Beschlussfassung bei Anwendung der Mehrheitsregel

Als eine besondere Gruppe von Entscheidungen sind die Fälle zu bezeichnen, in denen der Beschluss einstimmig zustande kommt, obwohl die Beschlussfassung eine Mehrheitsregel und nicht die Einstimmigkeitsregel vorsieht. Aufgrund dieser Partikularität sollen diese Fälle gesondert behandelt werden. Entscheidungen, die einstimmig zustande kommen, ohne dass Einstimmigkeit gefordert wird, lassen sich nicht nur in homogenen Kollegialorganen nachweisen.

---

[4] Zur Einstimmigkeit vgl. Amartya K. Sen, Collective Choice and Social Welfare, San Francisco/Cambridge/ London/Amsterdam 1970, S. 21 ff.
[5] Vgl. Winfried Aymans, Kollegium und kollegialer Akt im kanonischen Recht, München 1969, S. 141.
[6] Vgl. Helmut Laux, Der Einsatz von Entscheidungsgremien, Berlin/Heidelberg/ New York 1979, S. 50 f.
[7] Vgl. Giovanni Sartori, Demokratietheorie, Darmstadt 1992, S. 220.

In der Praxis können Beschlüsse immer dann einstimmig gefasst werden, wenn alle Beteiligten am Entscheidungsprozess die gleiche zur Auswahl stehende Alternative (Vorschlag) wählen. Dies gilt selbst dann, wenn nur mehrheitliche und nicht einstimmige Entscheidungen, wie beispielsweise im Gesetzgebungsverfahren, gefordert werden. Anwendung können einstimmig angenommene Beschlüsse, trotz bloß geforderter Mehrheitsregel, in verschiedensten kollegialen Entscheidungsorganen auf den unterschiedlichen Ebenen finden, aus denen nachfolgend zwei ausgewählt werden.

Ein Vergleich der im Deutschen Bundestag von der 2. bis zur 9. Wahlperiode angenommenen Gesetze zeigt beispielsweise, dass der prozentuale Anteil der einstimmig angenommenen Gesetze im Durchschnitt sogar über 50% lag. Mit dem Einzug der Grünen in den Bundestag sank die Zahl der einstimmig angenommenen Gesetze ab der 10. Wahlperiode auf unter ein Drittel.[8] Allerdings gestaltet sich der Anteil der einstimmig angenommenen Gesetze entgegengesetzt proportional zu der inhaltlichen Wichtigkeit der Gesetze.[9] So ist der Einstimmigkeitsanteil bei inhaltlich wichtigen Gesetzen, wie so genannten wesentlichen und wichtigen Gesetzen, eindeutig niedriger als bei marginalen Gesetzen.[10]

Auch in der UN-Generalversammlung werden Resolutionen durchaus einstimmig angenommen, obwohl Art. 18 Abs. 2 und 3 UN-Charta nur Mehrheitsregeln festlegen. Allerdings ist die Zahl der einstimmig angenommenen Resolutionen im Verhältnis zu Resolutionen, die ohne Abstimmung (durch Konsens) oder mit Zweidrittelmehrheit zustande kommen, nicht so hoch.[11] Ähnlich wie beim Deutschen Bundestag ist auch hier festzustellen, dass einstimmige Beschlüsse bei politisch weniger bedeutenden Fragen leichter zu erreichen sind als bei politisch hoch brisanten.[12] Einstimmig angenommenen Resolutionen der Generalversammlung wird dennoch nicht zu Unrecht ein besonderes Gewicht bezüglich ihrer Wirkung

---

[8] 1. WP: 19,3%; 2. WP; 58,4%; 3. WP: 63,7%; 4. WP: 71,0%; 5. WP: 71,1%; 6. WP: 70,2%; 7. WP: 70,5%; 8. WP: 61,9%; 9. WP: 51,1%; 10. WP: 15,6%; 11. WP: 17,3%; 12. WP: 27,6%. Peter Schindler, Datenhandbuch zur Geschichte des Deutschen Bundestages 1949 bis 1999, Band II, Baden-Baden 1999, S. 1954.

[9] Vgl. Volker Nienhaus, Konsensuale Gesetzgebung im Deutschen Bundestag, in: ZParl, 16 (1985) 2, S. 163 ff.

[10] Die Gesetze lassen sich in Abhängigkeit von ihrer Wichtigkeit in unterschiedliche Grade oder Kategorien einteilen. A: besonders wichtige Gesetze, B: wichtige Gesetze, C: weniger wichtige Gesetze, D: materiell unwichtige oder rein formale Gesetze. Vgl. Karlheinz Neunreither, Initiativen und Abstimmungen, in: Wolfgang Kralewski, Karlheinz Neunreither, Oppositionelles Verhalten im ersten Deutschen Bundestag (1949-1953), Köln/Opladen 1963, S. 81 f. bzw. A: wesentliche Gesetze mit grundlegendem Charakter, B: wichtige Gesetze ohne allgemeine Ausstrahlungskraft, C: marginale bzw. rein formale Gesetze. Vgl. Volker Nienhaus (Fn. 9), S. 165 f.; Peter Schindler (Fn. 8), S. 1956.

[11] Vgl. Rüdiger Wolfrum, in: Bruno Simma (ed.), The Charter of the United Nations, Band I, 2. Auflage, München 2002, Art. 18, Rdnr. 20, S. 357.

[12] Vgl. Matthias Brinkmann, Einstimmigkeit und Konsensverfahren, in: VN, 27 (1979) 6, S. 202 f.

zugesprochen.¹³ An sich rechtlich nicht bindende Resolutionen der Generalversammlung, die gem. Art. 13 Abs. 1 lit. a (2. Alternative) UN-Charta Empfehlungen zur Begünstigung der fortschreitenden Entwicklung des Völkerrechts sowie seiner Kodifizierung geben, können völkerrechtliche Prinzipien als Völkergewohnheitsrecht¹⁴ konsolidieren. Die einstimmige Stimmabgabe in der Generalversammlung lässt sich als „*opinio iuris communis*" werten, so dass in bestimmten Fällen durch einstimmig angenommene Resolutionen Völkergewohnheitsrecht entstehen kann.¹⁵

Da sich vorstehende Fälle dennoch hauptsächlich auf politisch bzw. inhaltlich weniger wichtige Fragen kollegialer Entscheidungsorgane beziehen, sollen sie nicht Gegenstand nachfolgender Untersuchungen sein. Von weitaus größerem Interesse sind die Fälle von Beschlussfassungen, die wegen ihrer erheblichen Bedeutung Einstimmigkeit als Abstimmungsregel erfordern.

III. Einstimmigkeit als Abstimmungsregel

Während die Einstimmigkeit als Abstimmungsregel wegen des der Demokratie innewohnenden Mehrheitsprinzips aus dem Staatsrecht demokratischer Staaten weitgehend verdrängt worden ist, wird sie besonders in Staatenverbindungen unter Bezugnahme auf das völkerrechtliche Prinzip der souveränen Gleichheit immer noch angewendet. Dieses Prinzip strahlt in dreifacher Weise auf die Beschlussfassung im Zuge der vertraglichen Gründung und der Willensbildung internationaler Vereinbarungen und Organisationen aus, nämlich in Gestalt der gleichen Anzahl von Sitzen als Sitzverteilungsregel, der gleichen Stimmenanzahl als Stimmenverteilungsregel und der Einstimmigkeit als Abstimmungsregel. Der Einstimmigkeitsgrundsatz setzt den partikularen Willen jedes Mitgliedstaates über den der gemeinsamen Einrichtung. Die staatliche Souveränität wird mit dieser Regel kaum eingeschränkt.¹⁶

Die Einstimmigkeitsregel galt im Völkerrecht für den Abschluss völkerrechtlicher Verträge auf internationalen Konferenzen von Staatenverbindungen bis zum Ende des Zweiten Weltkrieges. Der Ständige Internationale Gerichtshof qua-

---

[13] Zum Rechtscharakter von Resolutionen der UN-GV, die mit überwältigender Mehrheit bzw. einstimmig angenommen wurden, vgl. J. Tanaka, Dissenting Opinion, South West Africa Cases, in: ICJ Reports, 1966, S. 291; Phillip C. Jessup, Silence gives Consent, in: GJICL, 3 (1973) 1, S. 47; Alan Watt, The United Nations, Canberra 1974, S. 86.

[14] Völkergewohnheitsrecht entsteht, wenn Völkerrechtssubjekte eine Handlung vornehmen in der Überzeugung, hierzu ohne eine besondere Vereinbarung rechtlich verpflichtet zu sein. Ignaz Seidl-Hohenveldern, Gewohnheitsrecht, völkerrechtliches, in: Ignaz Seidl-Hohenveldern (Hrsg.), Lexikon des Rechts – Völkerrecht, 3. Auflage, Neuwied/Kriftel 2001, S. 147.

[15] Vgl. Wolfgang Graf Vitzthum, in: Bruno Simma (ed.) (Fn. 11), Art. 2 (6), Rdnr. 14, S. 144.

[16] Vgl. Ignaz Seidl-Hohenveldern/Gerhard Loibl, Das Recht der Internationalen Organisationen einschließlich der Supranationalen Gemeinschaften, 7. Auflage, Köln/Berlin/Bonn/München 2000, Rdnr. 1102, S. 140.

lifizierte in seinem Rechtsgutachten über die Auslegung des Vertrages von Lausanne (Art. 3 Abs. 2) das Einstimmigkeitsprinzip „[...] in accordance with the unvarying tradition of all diplomatic meetings or conferences."[17]

Gegenwärtig wird die Einstimmigkeitsregel bei bilateralen völkerrechtlichen Verträgen und bei Verträgen mit begrenzter Mitgliederzahl angewendet, aus deren Ziel und Zweck hervorgeht, dass die vollständige Anwendung des Vertrages auf alle Parteien eine wesentliche Voraussetzung für den Vertragsschluss ist.[18] Ein bilateraler Vertrag setzt folgerichtig die Zustimmung beider Seiten voraus. Bei fehlender Einigkeit (Einstimmigkeit) kommt der Vertrag nicht zustande. Als multilateraler Vertrag geht die WVK gem. Art. 9 Abs. 1 für die Annahme des Textes eines völkerrechtlichen Vertrages von der Zustimmung aller beteiligten Staaten aus. Von diesem Einstimmigkeitserfordernis sieht Abs. 2 eine Ausnahme vor, wonach auf internationalen Konferenzen die Annahme mit einer Zweidrittelmehrheit der anwesenden und abstimmenden Staaten erfolgt, sofern nicht mit der gleichen Mehrheit die Anwendung einer anderen Regel beschlossen wird.[19]

Wegen des Scheiterns des Völkerbundes und der Ausweitung der UNO zu einer universellen Organisation erschien die Einstimmigkeitsregel für die UNO als ungeeignet[20], so dass der Mehrheitsregel der Vorzug gewährt wurde.[21] Dennoch wird auch im Rahmen der UNO nicht gänzlich auf Einstimmigkeit verzichtet. Zwar ist die Einstimmigkeit im obigen Sinne nicht ausdrücklich in der UN-Charta geregelt, aus Art. 27 Abs. 3 UN-Charta folgt aber *de facto* eine notwendige Einstimmigkeit der ständigen Sicherheitsratsmitglieder bei Abstimmungen in Nichtverfahrensfragen.[22] Dieser unter das Veto zu subsumierende Fall wird unten gesondert erörtert. Andere Staatenverbindungen haben die Einstimmigkeit ausdrücklich als Abstimmungsregel für bestimmte Entscheidungen aufgenommen.

---

[17] Iraq-Turkey-Boundary, Advisory Opinion of 21 November 1925, in: PCIJ, Ser. B, No. 12 (1925), S. 29 f.

[18] Vgl. Report of the International Law Commission on the work of its 18th session, Geneva, 04.05.-19.07.1966, in: YBILC, II (1966), Art. 8, para. 2, S. 194; Wolff Heintschel von Heinegg, in: Knut Ipsen, Völkerrecht, 5. Auflage, München 2004, § 10, Rdnr. 10, S. 129.

[19] Vgl. Wolff Heintschel von Heinegg, in: Knut Ipsen (Fn. 18), § 10, Rdnr. 12, S. 130.

[20] Zu den unterschiedlichen Abstimmungsregeln im Völkerbundrat und in der UN-GV vgl. Voting Procedure on Questions relating to Reports and Petitions concerning the Territory of South West Africa, Advisory Opinion of 7 June 1955, in: ICJ Reports 1955, S. 67 (75, 115). Vgl. hierzu C. F. Amerasinghe, Principles of the institutional law of international organizations, 2nd edition, Cambridge 2005, S. 152 f.

[21] Vgl. Matthias Brinkmann, Majoritätsprinzip und Einstimmigkeit in den Vereinten Nationen, Frankfurt am Main 1978, S. 43 f.

[22] Vgl. N.A. Uschakow, Das Prinzip der Einstimmigkeit der Großmächte in der Organisation der Vereinten Nationen, Berlin 1958, S. 49 ff.; Henry G. Schermers/Niels M. Blokker, International Institutional Law, The Hague/London/Boston 1995, § 813, S. 527.

1. Einstimmigkeitsregel im Rat der Europäischen Gemeinschaften bzw. Europäischen Union

Die Einstimmigkeitsregel ist gem. Art. 205 Abs. 3 EG eine von drei vertraglich festgelegten, möglichen Beschlussfassungsarten im Rat. Die Einstimmigkeitsregel spiegelt im Gegensatz zur qualifizierten Mehrheitsregel nach Art. 205 Abs. 2 EG das Prinzip der formellen Gleichheit der Mitgliedstaaten mit einer gleichen Anzahl von Sitzen und Stimmen wider. Die konkrete Anwendung der Einstimmigkeitsregel ergibt sich aus den Bestimmungen der Verträge, insbesondere bezüglich institutioneller oder verfassungsgestaltender Beschlüsse sowie in politisch oder wirtschaftlich sensiblen Bereichen. Einstimmigkeit ist gefordert, wenn der Rat auf Vorschlag der Kommission tätig wird und beabsichtigt Änderungen dieses Vorschlags vorzunehmen (Art. 250 Abs. 1 EG) sowie im Mitentscheidungsverfahren, wenn die Kommission eine ablehnende Stellungnahme zu den vom Europäischen Parlament vorgenommenen Änderungen des gemeinsamen Standpunktes abgegeben hat (Art. 251 Abs. 3 EG). Einstimmigkeit wird über die erste Säule hinaus auch in der zweiten und dritten Säule der EU für Beschlüsse im Bereich der GASP (Art. 23 Abs. 1 EU) und im Bereich der PJZS (Art. 34 Abs. 2 EU) vorgesehen.[23]

Unabhängig von den Regelungen aus den Verträgen hatten die Mitgliedstaaten schon ab Mitte der sechziger Jahre nach der rechtlich nicht verbindlichen Luxemburger Vereinbarung vom 29. Januar 1966[24] und später der Vereinbarung von Ioannina vom 29. März 1994[25] Beschlüsse einstimmig gefasst, selbst wenn eine qua-

---

[23] Vgl. Jan-Peter Hix, in: Jürgen Schwarze (Hrsg.), EU-Kommentar, Baden-Baden 2000, Art. 205 EGV, Rdnr. 10, S. 1809.

[24] Bull. EWG, 9 (1966) 3, S. 8 ff. Die Vereinbarung von Luxemburg entbehrte zwar einer rechtlichen Verbindlichkeit, das „*agreement to disagree*" ist aber zur gepflogenen Praxis geworden. Vgl. Rudolf Streinz, Die Luxemburger Vereinbarung, München 1984, S. 23 ff.; Rudolf Streinz, Europarecht, 7. Auflage, Heidelberg 2005, Rdnr. 305, S. 105.

[25] ABl. EG Nr. C 105 vom 13.04.1994, S 1. Bei der Vereinbarung von Ioannina handelt es sich um eine Neubelebung der Vereinbarung von Luxemburg. Der Kompromiss im Vorfeld der Erweiterung der EU durch Finnland, Norwegen (späterer Verzicht), Schweden und Österreich sah folgendes vor: wenn Ratsmitglieder, die über 23 (frühere Sperrminorität) bzw. 26 (neue Sperrminorität nach Beitritt) Stimmen verfügen, signalisieren, dass sie eine Mehrheitsentscheidung ablehnen, wird der Rat sich bemühen, innerhalb einer angemessenen Frist, zu einer zufriedenstellenden Lösung zu kommen, die mit mindestens 65 von 87 Stimmen angenommen werden kann. Auf spanischen Druck ist der Kompromiss in den Vertrag von Amsterdam als Sollbestimmung aufgenommen worden. Aufgrund der neuen Stimmengewichtung im Ministerrat wurden die Bestimmungen durch den Vertrag von Nizza gegenstandslos. Mit dem Verfassungsvertrag für Europa sollte der Ioannina-Mechanismus wiederbelebt werden. (Art. 4 Erklärung zu Art. I-25 VVE: vom 01.11.2009 bis mindestens 2014). Vgl. Helmut Lecheler, Einführung in das Europarecht, 2. Auflage, München 2003, S. 70 f.; Andreas Maurer/Daniel Göler, Die Konventionsmethode in der Europäischen Union, SWP-Studie, Berlin 2004, Fn. 51, S. 25. Der Ioannina-Mechanismus ist auch Gegenstand der Erklärung zu Art. 9c Abs. 4 EU Lissabon und zu Art. 205 Abs. 2 AEU Lissabon. Nach Protokoll über den Beschluss des Rates über die Anwendung des Art. 16 Abs. 4 EU Lissabon und des Art. 238 Abs. 2 AEU Lissabon darf diese Erklärung vom Europäischen Rat nur im Konsens aufgehoben werden.

lifizierte Mehrheit ausgereicht hätte, sofern sehr wichtige Interessen eines oder mehrerer Mitgliedstaaten betroffen waren. Diese Vorgehensweise ließe sich der bereits oben erläuterten so genannten „fakultativen Einstimmigkeit", d.h. der einstimmigen Beschlussfassung trotz vertragsrechtlicher Mehrheitsregel zuordnen. Dieses politische Einstimmigkeitserfordernis wirkte sich zunächst kaum negativ auf die Effizienz der Entscheidungsverfahren aus.[26] Mit der schrittweisen Erweiterung und der damit einhergehenden „Pluralisierung von Grundpositionen", die Entscheidungsprozesse schwächen[27], ist eine Übereinstimmung der integrationspolitischen Aufgaben und Zielsetzungen zwischen den Mitgliedstaaten immer schwieriger geworden.[28]

Ein wichtiger Erfolg in den Reformbestrebungen des Entscheidungsverfahrens zugunsten des Mehrheitsprinzips konnte mit der Einheitlichen Europäischen Akte vom 28. Februar 1986[29] verzeichnet werden, die den Anwendungsbereich der Einstimmigkeit einschränkte.[30] Wurden von insgesamt 86 Entscheidungen im Rat nach dem EWG-Vertrag in der Zeit nach 1969 42 auf der Grundlage der Einstimmigkeitsregel, d.h. 48,83% getroffen, so nahm der prozentuale Anteil der einstimmigen Entscheidungen (von insgesamt 110 Entscheidungen 49 mit Einstimmigkeitserfordernis) nach der EEA mit 44,54% ab. Nach Maastricht fielen von 162 EG-Entscheidungen 57 auf die mit Einstimmigkeit zu treffenden, d.h. 35,18%, von 11 EU-Entscheidungen 8 mit Einstimmigkeitserfordernis, d.h. 72,72%. Nach den Bestimmungen von Amsterdam entschied der Rat in 76 von 193 Fällen nach dem EG-Vertrag, d.h. 39,38% und in 15 von 29 Fällen, d.h. 51,72% nach dem EU-Vertrag einstimmig.[31] Während der prozentuale Anteil der Einstimmigkeitsbeschlüsse nach dem EG-Vertrag über ein Drittel aller Entscheidungen beträgt, ist der Anteil nach dem EU-Vertrag von Amsterdam erst auf ungefähr die Hälfte zurückgegangen. Mit dem In-Kraft-Treten des Vertrages von Nizza ist nochmals für ca. 30 Vertragsbestimmungen die Einstimmigkeitsregel durch eine Beschlussfassung mit qualifizierter Mehrheit ersetzt worden. Auch der Verfassungsvertrag für Europa sieht zwar eine allgemeine Anwendung der qualifizierten Mehrheit vor, die Einstimmigkeitsregel wird jedoch in mehr als 90 Fällen, d.h. in ca. einem Drittel aller Entscheidungsfälle beibehalten, nicht nur in der Gemeinsamen Außen-, Sicherheits- und Verteidigungspolitik (Art. I-40, I-41 VVE), sondern u.a. auch bei der Festlegung eines mehrjährigen Finanzrahmens

---

[26] Vgl. Wolfgang Wessels, The EC Council, in: Robert Keohane/Stanley Hoffmann (eds.), The New European Community. Decisionmaking and Institutional Change, Boulder/San Francisco/Oxford 1991, S. 146 f.; Jonathan Golub, In the Shadow of the Vote?, MPIfG Discussion Paper 97/3, Köln 1997, S. 19.
[27] Vgl. Josef Janning, Politische und institutionelle Konsequenzen der Erweiterung, in: Werner Weidenfeld (Hrsg.), Reform der Europäischen Union, Gütersloh 1995, S. 267.
[28] Vgl. Andreas Maurer, Die institutionellen Reformen, in: Mathias Jopp/Andreas Maurer/Otto Schmuck (Hrsg.), Die Europäische Union nach Amsterdam, Bonn 1998, S. 46.
[29] ABl. EG Nr. L 169 vom 29.06.1987, S. 1.
[30] Vgl. Hans-Wolfgang Arndt, Europarecht, 8. Auflage, Heidelberg 2006, S. 13.
[31] Vgl. Andreas Maurer, Die institutionelle Ordnung einer größeren Europäischen Union, in: Barbara Lippert (Hrsg.), Osterweiterung der Europäischen Union, Bonn 2000, S. 39; ders., Der Vertrag von Nizza, Köln 2001, S. 11 f.

(Art. I-55 VVE), der Steuerharmonisierung (Art. III-171 VVE), der Bekämpfung von Diskriminierung (Art. III-124 VVE), Bereichen der Umweltpolitik (Art. III-234 VVE) sowie der Handelspolitik (Art. III-315 VVE). Die Zunahme der Einstimmigkeitsregel erklärt sich u.a. durch die Aufnahme neuer Sonderklauseln in die Bereiche der Innen- und Justiz- sowie der Sozialpolitik. Nach dem Reformvertrag von Lissabon entscheidet der Rat generell mit der qualifizierten Mehrheit, dennoch bleiben zahlreiche Regelungen, die die Einstimmigkeit weiterhin vorsehen.[32]

Eine abstrakte Zuordnung der Anwendungsbereiche zu bestimmten Abstimmungsregeln ist wegen des Konfliktes zwischen der notwendigen Entscheidungseffizienz im Rat einerseits und den zunehmenden Partikularinteressen der Mitgliedstaaten andererseits kaum möglich.[33] Mit einer steigenden Mitgliederzahl aufgrund der Erweiterung dürften einstimmige Beschlussfassungen zukünftig auch wegen einer zunehmenden Heterogenität erheblich erschwert werden, was die Gefahr der Handlungsunfähigkeit und niedrigen Entscheidungseffizienz in sich birgt. Deshalb ist als rechtspolitische Forderung die weitere Reduzierung der Anzahl der Fälle anzustreben, für die immer noch Einstimmigkeit geregelt ist. Der Maßstab für weitere notwendige Substituierungen der Einstimmigkeitsregel durch Mehrheitsregeln muss primär in der Handlungs- und Entscheidungsfähigkeit der Union als in den Interessen der Vertragsstaaten bzw. dem Interessenausgleich zwischen ihnen liegen.[34]

2. Einstimmigkeitsregel in Kollegialorganen anderer Staatenverbindungen

Anwendung findet die Einstimmigkeit als Abstimmungsregel auch weiterhin in einer Reihe von Kollegialorganen, wie dem Ministerkomitee des Europarates. Nach Art. 20 lit. a Satzung Europarat ist die Einstimmigkeit innerhalb des Ministerkomitees für wichtige in der Satzung aufgezählte Beschlüsse festgelegt. Nach dieser Bestimmung sind zur Beschlussfassung die Mehrheit der im Komitee mit Sitz vertretenen Mitglieder und die Einstimmigkeit der abgegebenen Stimmen erforderlich. Bezugsgröße der Einstimmigkeit ist hier die Zahl der abgegebenen Stimmen, wobei die Teilnahme der Mehrheit der vertraglichen Mitglieder des Komitees an der Abstimmung gegeben sein muss. Folgende Beschlüsse sind nach dieser Regelung zu fassen: Empfehlungen an die Regierungen der Mitgliedstaaten gem. Art. 15 lit. b Satzung, Tätigkeitsberichte an die Parlamentarische Versammlung gem. Art. 19 Satzung, Beschlüsse von nicht öffentlichen Sitzungen gem. Art. 20 lit. a i und b Satzung sowie Beschlüsse zur Änderung bestimmter Artikel der

---

[32] Hierzu zählen GASP (Art. 31 Abs. 1 UAbs. 1, Art. 42 Abs. 4 EU Lissabon), Steuerpolitik (Art. 194 Abs. 3 AEU Lissabon), soziale Sicherheit (Art. 153 Abs. 2 UAbs. 3 AEU Lissabon), mehrjähriger Finanzrahmen (Art. 312 Abs. 2 UAbs. 1 AEU Lissabon), Eigenmittelbeschluss (Art. 311 Abs. 3 AEU Lissabon).
[33] Vgl. Andreas Maurer (Fn. 28), S. 48.
[34] So zutreffend Andreas Maurer, Der Vertrag über eine Verfassung für Europa, Diskussionspapier der FG1, 03.03.2005, SWP Berlin, S. 21.

Satzung. Einstimmig beschlossen werden des Weiteren alle Nichtverfahrensfragen der OPEC-Konferenz (Art. 11 Abs. C UAbs. 1 Satz 2 OPEC-Satzung).[35]

Diese Anwendungsbeispiele können dennoch nicht darüber hinweg täuschen, dass zunehmend von der Einstimmigkeitsregel abgewichen wird, vor allem für bestimmte Beschlüsse, wie insbesondere Verfahrens-, Finanz- oder Verwaltungsfragen (so bereits schon nach Art. 5 Abs. 2 VBS bzw. gegenwärtig gem. Art. 20 lit. b Satzung Europarat).[36] Die Einstimmigkeitsregel ist praktikabel innerhalb relativ homogener Staatenverbindungen mit einem hoch entwickelten Sinn von gemeinsamen Werten, wie in der EU. In anderen heterogenen Staatenverbindungen, wie beispielsweise in der UNO, kann sich die Einstimmigkeitsregel hingegen schnell in ein *liberum veto* verwandeln, das den Entscheidungsprozess paralysiert.[37] Der Grad der Homogenität von Staatenverbindungen[38] kann nach Russett bei einer Skala von 0 bis 3 unter Zugrundelegung folgender Schlüsselfaktoren anschaulich dargestellt werden, wobei sich, als nicht zu bestreitendes Ergebnis, für die EU ein größerer Grad der Homogenität nachweisen lässt als für die UNO.[39]

Übersicht VI. 1: Grad der Homogenität von Staatenverbindungen

	sozial-kulturelle Homogenität	Verhalten	politische Unabhängigkeit	wirtschaftliche Unabhängigkeit	geografische Nähe	Gesamt
EU	2	2	3	3	2	12
UNO	0	0	0	1	0	1

IV. Lockerungen der Einstimmigkeitsregel

Bei Beibehaltung des Einstimmigkeitserfordernisses haben sich in der Praxis wegen der bestehenden Gefahr der Handlungsunfähigkeit von Kollegialorganen einige Lockerungen dieser Regel herausgebildet und bewährt.

---

[35] OPEC-Satzung vom 06.11.1962, in: UNTS, vol. 443, p. 248.
[36] Vgl. Ignaz Seidl-Hohenveldern/Gerhard Loibl (Fn. 16), Rdnr. 1107, S. 140 f.
[37] Vgl. C. Wilfred Jenks, Unanimity, The Veto, Weighted Voting, Special and Simple Majorities and Consensus as Modes of Decision in International Organisations, in: Cambridge Essays in International Law, Essays in honour of Lord McNair, London 1965, S. 50.
[38] Die Homogenität wird auf einer Skala von 0-3 festgelegt: 0: keine, 1: schwache, 2: mittlere, 3 starke, so dass die höchste, zu erreichende Punktzahl 15 beträgt.
[39] Vgl. Bruce M. Russett, International Regions and the International System, Chicago 1967, S. 11; abgedruckt in: Clive Archer, International Organizations, 3. Auflage, London/New York 2001, S. 47 f.

1. Lockerung durch Stimmenthaltung, Nichtteilnahme an Abstimmungen oder Abwesenheit

Lockerungen der Einstimmigkeitsregel lassen sich durch Regeln erreichen, wonach Stimmenthaltung, Nichtteilnahme an Abstimmungen oder Abwesenheit die Einstimmigkeit nicht verhindern sollen. Stimmenthaltung, Nichtteilnahme an Abstimmungen und Abwesenheit sind Abstimmungsverhalten, die im neunten Kapitel eingehend behandelt werden. Hier soll nur insoweit auf sie eingegangen werden, wie es zur Verständlichkeit der Einstimmigkeitsregel notwendig ist.

In Fällen, in denen die entsprechende Rechtsgrundlage Einstimmigkeit im Rat fordert, steht die Stimmenthaltung von anwesenden oder vertretenen Mitgliedern des Rates dem Zustandekommen von Beschlüssen nicht entgegen (Art. 205 Abs. 3 EG, Art. 23 Abs. 1 EU; so auch Art. 31 Abs. 1 UAbs. 2 Satz 2 EU Lissabon, Art. 238 Abs. 4 AEU Lissabon). Ein einstimmiger Beschluss kommt nur zustande, wenn alle (stimmberechtigten) Mitglieder anwesend oder vertreten sind (Art. 206 EG).[40] Eine einzige Gegenstimme würde schon den Beschluss verhindern. Da Stimmenthaltungen zu den Zustimmungen gewertet werden, könnte ein Beschluss theoretisch sogar mit einer Ja-Stimme und 26 Stimmenthaltungen gefasst werden, ein Szenario, das politisch wohl kaum Realität werden dürfte.[41] So kommen im Bereich der GASP gem. Art. 23 Abs. 1 UAbs. 2 Satz 4 EU einstimmig zu fassende Beschlüsse bei Stimmenthaltungen dann nicht zustande, wenn die sich der Stimme enthaltenden Mitglieder des Rates über mehr als ein Drittel der nach Art. 205 Abs. 2 EG gewogenen Stimmen verfügen. In dieser Bestimmung wird das Prinzip der formellen Gleichheit, das bei der Einstimmigkeitsregel Anwendung findet, zugunsten der materiellen Gleichheit mit der Stimmenwägung durchbrochen. Über mehr als ein Drittel der gewogenen Stimmen verfügen rechnerisch beispielsweise die vier großen Staaten Deutschland, Frankreich, Großbritannien und Italien zusammen, nicht aber die neuen zwölf Mitgliedstaaten. Anstelle der gewogenen Stimmen stellt nunmehr Art. 31 Abs. 1 UAbs. 2 Satz 4 EU Lissabon auf ein Drittel der Mitgliedstaaten, die mindestens ein Drittel der Unionsbevölkerung ausmachen, für das Nichtzustandekommen eines einstimmigen Beschlusses bei Stimmenthaltungen ab.

Wie schon zuvor in den Organen des Völkerbundes[42] ist auch eine Abschwächung der Einstimmigkeitsregel der ständigen UN-Sicherheitsratsmitglieder (d.h. des Vetorechts) durch eine große Flexibilität bei der Anwendung durch das Völkergewohnheitsrecht gegeben, indem freiwillige Stimmenthaltungen als rechtlich gültige Zustimmung, wie durch den Internationalen Gerichtshof im Namibia-

---

[40] Bei Nichtbeteiligung von Mitgliedstaaten in bestimmten Bereichen, wie z.B. hinsichtlich Titel IV EG, werden ihre Stimmen ausgenommen. Vgl. Protokoll Nr. 4 über die Position des Vereinigten Königreichs und Irlands zum EU-Vertrag (Art. 1); Protokoll Nr. 5 über die Position Dänemarks zum EU-Vertrag (Art. 1).

[41] Vgl. Jan-Peter Hix, in: Jürgen Schwarze (Hrsg.) (Fn. 23), Art. 205 EGV, Rdnr. 11, S. 1809.

[42] Vgl. Bruno Simma/Stefan Brunner/Hans-Peter Kaul, in: Bruno Simma (ed.) (Fn. 11), Art. 27, Rdnr. 1, S. 480.

Gutachten[43] anerkannt[44], das qualifizierte Schweigen während der Abstimmung und sogar Abwesenheit als Enthaltung gewertet werden.[45] Diese einheitliche Staatenpraxis bzw. allgemeine Übung[46] ist vom Internationalen Gerichtshof als „law-creating" anerkannt worden.

Stimmenthaltung wurde in die Praxis des UN-Sicherheitsrates erstmals 1946 eingebracht, als die Sowjetunion in der spanischen Frage sich der Stimme enthielt.[47] Obwohl der sowjetische Vertreter einen Präzedenzfall ausdrücklich ausschloss[48], folgten später andere ständige Mitglieder.[49] Die Präzedenzfälle für eine

---

[43] Namibia, das einst als "Deutsch-Südwestafrika" ein Völkerbundmandat der Republik Südafrika war, ist mit Auflösung des Völkerbundes zu einem Treuhandgebiet der UNO geworden, was die Republik Südafrika nicht anerkannte. Unter Berufung auf die Erklärung über die Gewährung der Unabhängigkeit an koloniale Länder und Völker vom 14.12.1960 (Resolution 1514 (XV)) erklärte die UN-GV am 27.10.1966 (Resolution 2145 (XXI)) das Völkerbundmandat für erloschen und sprach der Republik Südafrika das Recht ab, das Gebiet zu verwalten. Die Republik Südafrika hielt an ihrer völkerrechtswidrigen Besetzung fest. Erst am 21.04.1990 erlangte Namibia seine Unabhängigkeit. Vgl. Otto Kimminich/Stephan Hobe, Einführung in das Völkerrecht, 7. Auflage, Tübingen/Basel 2000, S. 57 f.

[44] Legal Consequences for States of the Continued Presence of South Africa in Namibia (South-West Africa) notwithstanding Security Council Resolution 276 (1970), Advisory Opinion of 21 June 1971, in: ICJ Reports 1971, paras. 21 f., S. 22. Vgl. Sylvanus Azadon Tiewul, Namibia and the Unanimity Principle in the Security Council, in: UGLJ, 11 (1974), S. 20 ff.

[45] Vgl. Leo Gross, Voting in the Security Council, in: YLJ, 60 (1951) 2, S. 209 ff.; Bruno Simma/Stefan Brunner/Hans-Peter Kaul, in: Bruno Simma (ed.) (Fn. 11), Art. 27, Rdnr. 152, S. 520 f.

[46] Die Übung oder Staatenpraxis ist das objektive Element für die Entstehung und den Nachweis von Völkergewohnheitsrecht gem. Art. 38 Abs. 1 lit. b IGH-Statut. Vgl. Wolff Heintschel von Heinegg, in: Knut Ipsen (Fn. 18), § 160, Rdnr. 4, S. 214.

[47] Der Entwurf der von Australien eingebrachten und mit Änderungen am 29.04.1946 angenommenen Resolution sah die Bildung eines Unter-Ausschusses zur Untersuchung der Situation in Spanien vor.

[48] „Bearing in mind [...] that my voting against the Australian draft resolution would make its adoption impossible, I shall abstain from voting. I consider it necessary to draw the attention of the Security Council to the fact that my abstention from voting on this matter may in no way be regarded as a precedent capable of influencing in any way the question of the abstention of permanent members of the Security Council." SCOR (1), 39th session, No. 2, S. 243.

[49] Certain cases in which permanent members have abstained otherwise than in accordance with the provisio of Article 27 (3), in: Annex III to Repertory of Practice of United Nations Organs (1945-1954), vol. 2, S. 97 ff.; Supplement No. 1 (1954-1955), vol. 1, S. 276; Supplement No. 2 (1955-1959), vol. 2, S. 314; Supplement No. 3 (1959-1966), vol. 2, S. 74 ff.; Supplement No. 4 (1966-1969), vol. 1, S. 319; Supplement No. 5 (1970-1978), vol. 2, S. 48 ff.; Supplement No. 6 (1979-1984), vol. 3, in: http://www.un.org/law/repertory/art27.htm (07.01.2008). Vgl. Yuen-Li Liang, Notes on legal questions concerning the United Nations, in: AJIL, 44 (1950) 4, S. 696 ff.; Constantin A. Stavropoulos, The Practice of Voluntary Abstentions by Permanent Members of the Security Council under Article 27, Paragraph 3, of the Charter of the United Na-

Nichtteilnahme an der Abstimmung lieferten Australien als erstes nichtständiges UN-Sicherheitsratsmitglied 1946 und das Vereinigte Königreich als erstes ständiges Mitglied 1947, die trotz Anwesenheit auf der Sitzung nicht an deren Abstimmung teilgenommen haben.[50] Bei der Abwesenheit lässt sich die unfreiwillige (*involuntary absence*) von der vorsätzlichen (Boykott) unterscheiden. Fälle unfreiwilliger Abwesenheit sind eher selten. Sie können zum Beispiel durch verkehrsbedingte Verspätungen eintreten.[51] Die erste vorsätzliche Abwesenheit eines ständigen Sicherheitsratsmitgliedes geht auf die Sowjetunion im Jahre 1950 in der Koreafrage zurück, als die Sowjetunion wegen der umstrittenen Vertretung Chinas den Sitzungen des Sicherheitsrates fernblieb.[52]

Es ist inzwischen allgemein anerkannt, dass diese drei Formen – Stimmenthaltung, Nichtteilnahme an Abstimmungen und Abwesenheit – einer einstimmigen Beschlussfassung nicht entgegenstehen.[53] Da der Wortlaut des Art. 27 Abs. 3 UN-Charta explizit auf die Zustimmung abstellt und somit die drei Formen nicht enthält, ist eine formelle Chartaänderung dieser Bestimmung zu Recht wiederholt angemahnt worden.[54]

2. Lockerung durch Verminderung des Quorums

Als eine Alternative zur Lockerung der Einstimmigkeitsregel wird die Herabsetzung des Quorums zur Beschlussfassung in kollegialen Entscheidungsorganen vorgeschlagen. Die theoretische Herabsetzung der im achten Kapitel zu behandelnden Beschlussfähigkeitsregelung impliziert quasi die für die Beschlussfassung unschädliche Abwesenheit einer bestimmten Anzahl von Mitgliedern. Die Einstimmigkeit wird in der Regel von den anwesenden und abstimmenden Mitgliedern gebildet.

Unter Anwendung der Konstitutionenökonomik weist Adolf am Beispiel des Rates der Europäischen Gemeinschaften nach[55], dass bei Verzicht von einer Stimme die Entscheidungsfindungskosten fallen würden.[56] Da die Einstimmigkeitsregel für Entscheidungen in Kollegialorganen verhältnismäßig kosten- und

---

tions, in: AJIL, 61 (1967) 3, S. 742 ff.; Sydney D. Bailey/Sam Daws, The Procedure of the UN Security Council, 3. Auflage, Oxford 1998, S. 242 ff.

[50] Vgl. Bruno Simma/Stefan Brunner/Hans-Peter Kaul, in: Bruno Simma (ed.) (Fn. 11), Art. 27, Rdnr. 64, S. 499.

[51] Vgl. Sydney D. Bailey/Sam Daws (Fn. 49), S. 257.

[52] Vgl. Volker Epping, in: Knut Ipsen (Fn. 18), § 32, Rdnr. 61, S. 489; Bruno Simma/Stefan Brunner/Hans-Peter Kaul, in: Bruno Simma (ed.) (Fn. 11), Art. 27, Rdnr. 68, S. 500.

[53] Vgl. Bardo Fassbender, UN Security Council Reform and the Right of Veto, The Hague/London/Boston 1998, S. 178.

[54] Vgl. Hanns Engelhardt, Das Vetorecht im Sicherheitsrat der Vereinten Nationen, in: AVR, 10 (1962/63) 4, S. 415; Bardo Fassbender (Fn. 53), S. 178 ff.

[55] Vgl. Jörg Adolf, Reform der EU-Entscheidungsverfahren, in: WD, 79 (1999) 9, S. 571.

[56] Vgl. ebenda, S. 571 f.

zeitintensiv ist[57], könnte in Anwendung der so genannten N–1 - Entscheidungsregel (N = Anzahl der Beteiligten) das Quorum vermindert werden. Dadurch würden nicht nur die die Wirtschaftswissenschaftler interessierenden Entscheidungsfindungskosten gesenkt, sondern auch die Blockade einer Entscheidung durch dagegen stimmende Beteiligte verringert werden können. Die Verminderung des Quorums um nur eine (ungewichtete) Stimme würde nicht nur eine beachtliche Senkung der Kosten bringen, sondern auch die Handlungsfähigkeit des Kollegialorgans erhöhen. Die entscheidungswilligen Mitglieder des Kollegialorgans wären vor allem verstärkt vor strategischem Stimmverhalten geschützt und nicht mehr durch ein einziges Mitglied „erpressbar".[58] Dies würde aber voraussetzen, dass gerade die Mitglieder des Kollegialorgans abwesend wären, die dem zu fassenden Beschluss nicht zustimmen wollten. Da einstimmige Beschlüsse generell von bestimmter Wichtigkeit sind, werden kollegiale Entscheidungsorgane allerdings ein relativ hohes Quorum anstreben und damit eine hohe Repräsentanz bei der Abstimmung, um seine Beschlüsse entsprechend zu legitimieren.

3. Lockerung durch Abstimmung per Mehrheitsregel

Eine weitere Möglichkeit der Lockerung der Einstimmigkeitsregel ist die Abstimmung durch eine Mehrheitsregel, um den Entscheidungsprozess nicht völlig blockieren zu lassen. Diese Möglichkeit sieht beispielsweise die so genannte „*Passerelle*-Klausel" (frz.: Brücke) in Art. IV-444 VVE vor, wonach der Europäische Rat einstimmig beschließen kann, in Bereichen der Einstimmigkeit im dritten Verfassungsteil Entscheidungen mit qualifizierter Mehrheit zu treffen. Keine Anwendung findet diese Klausel auf Beschlüsse mit militärischen oder verteidigungspolitischen Bezügen (Abs. 1). Die vom Europäischen Rat nach dieser Klausel ergriffene Initiative ist den nationalen Parlamenten weiterzuleiten. Und erst nachdem die Initiative von keinem der nationalen Parlamente innerhalb von sechs Monaten abgelehnt wurde, kann der Europäische Rat den Beschluss nach Zustimmung des Europäischen Parlaments, das mit der Mehrheit seiner Mitglieder beschließt, einstimmig annehmen (Abs. 3). Die Beschlussfassung im Europäischen Rat kann demnach nicht autonom erfolgen, sondern ist von den Entscheidungen weiterer Kollegialorgane der Union und der Mitgliedstaaten abhängig. Das „vereinfachte Änderungsverfahren" eröffnet dennoch die Möglichkeit, einzelne Vertragsbestimmungen auch ohne Vertragsänderungen und *a fortiori* eine Ratifizierung durch jeden Vertragsstaat zu optimieren.[59] Die Klausel könnte zur Verbesserung der Handlungs- und Entscheidungsfähigkeit der erweiterten Union beitragen[60], was in der Praxis zu beweisen wäre. Die „*Passerelle*-Klausel" mit

---

[57] Vgl. James M. Buchanan/Gordon Tullock, The Calculus of Consent, Michigan 1965, S. 93.
[58] Vgl. Jörg Adolf (Fn. 55), S. 571 f.
[59] Vgl. Janis A. Emmanouilidis, Historisch einzigartig, im Detail unvollendet, in: EU-Reform, (2004) 3, S. 10.
[60] Vgl. Andreas Maurer (Fn. 34), S. 5.

dem Übergang von der Einstimmigkeit zur qualifizierten Mehrheit im Rat fand auch Eingang in den Reformvertrag von Lissabon (Art. 48 Abs. 7 EU Lissabon).

Während nach den Vereinbarungen von Ioannina und Luxemburg bei festgelegter qualifizierter Mehrheitsregel dennoch einstimmig beschlossen wurde, eröffnet die „Brücken-Klausel" unter bestimmten Voraussetzungen die Beschlussfassung mit qualifizierter Mehrheit trotz festgelegter Einstimmigkeitsregel. Damit könnte eine weitere positive Tendenz von der Einstimmigkeits- zur qualifizierten Mehrheitsregel begründet werden.[61]

Zwar erfordert die Annahme von rechtlich nicht verbindlichen Empfehlungen des Ministerkomitees des Europarates an die Regierungen der Mitgliedstaaten in Bereichen, in denen das Komitee eine gemeinsame Politik vertritt, gem. Art. 20 lit. a i Satzung des Europarates die Einstimmigkeit der abgegebenen Stimmen, gleichwohl ist auf der 519. Sitzung des Ministerkomitees am 4. November 1994 ein „*Gentleman's agreement*" zur flexibleren Gestaltung der Abstimmungen vereinbart worden, wonach Empfehlungen vom Einstimmigkeitserfordernis auszunehmen sind.[62] Eine Änderung der entsprechenden Bestimmung in der Satzung des Europarates ist nicht erfolgt, so dass es sich lediglich um eine Absprache zwischen den Organwaltern der Mitgliedstaaten handelt, denen keine rechtliche, sondern allenfalls eine auf den guten Sitten beruhende Bindungswirkung gegenüber den Staaten beigemessen werden kann.[63]

Wie die besprochenen Lockerungen zeigen, wird in zunehmendem Maße vom Erfordernis der Einstimmigkeit sowohl im Völkerrecht als auch im Europarecht abgesehen[64], jedenfalls zumindest in Verfahrensfragen. In der Praxis der Staatenverbindungen hat das Einstimmigkeitsprinzip durch das Konsensverfahren eine weitere Abschwächung erfahren.

---

[61] Der Luxemburger Kompromiss würde mit den Bestimmungen des VVE obsolet werden. Vgl. Johannes Christian Wichard, in: Christian Calliess/Matthias Ruffert (Hrsg.), Verfassung der Europäischen Union, München 2006, Art. I-25, Rdnr. 11, S. 325.

[62] 519 bis meeting of the Minister's Deputies, 04.11.1994, Item 2.2, para. C.1., in: CM/Inf(2007)22 (14.05.2007).

[63] Vgl. Wolff Heintschel von Heinegg, in: Knut Ipsen (Fn. 18), § 10, Rdnr. 14, S. 122.

[64] Vgl. Marcel Kaufmann, Europäische Integration und Demokratieprinzip, Baden-Baden 1997, S. 339 f.

B. Konsensregel

I. Konsens als Begriff

Der Begriff Konsens (*consensus*)[65] (lat.: *consentire*: übereinstimmen) bedeutet Zustimmung, Einwilligung bzw. Übereinstimmung und bezeichnet sowohl ein Verfahren (*Consensus*verfahren) als auch sein Ergebnis, den Beschluss (*consensus*).[66] Bei Anwendung der Konsensregel (nach dem *Consensus*verfahren) kommt ein Beschluss ohne Widerspruch zustande. Dabei wird solange verhandelt bis ein für alle am Entscheidungsprozess Beteiligten akzeptables Verhandlungsergebnis erreicht werden konnte, das in der Regel den kleinsten gemeinsamen Nenner der Interessen der am Entscheidungsprozess Beteiligten darstellt. Für den Beschluss wird auch der Begriff „Konsensus" verwendet. Der Konsens hat seine historischen Wurzeln vor allem im Kirchen-[67] und Zivilrecht. Aus dem kanonischen Recht stammt das Prinzip „Was alle angeht, soll von allen gebilligt werden".[68] Im Zivilrecht wird Konsens definiert als „das durch die Willenserklärungen der Kontrahenten bewirkte Einverständnis".[69] In der deutschen Rechtssprache bedeutet Konsens die Willensübereinstimmung zu einer rechtlichen Bindung. Mit Hilfe des Konsenses werden neben den herkömmlichen Abstimmungsregeln kollektive Entscheidungen getroffen.[70] Während das Einstimmigkeits- und Mehrheitsprinzip über eine verhältnismäßig lange rechtliche Tradition verfügen, ist das Konsensprinzip noch immer eher politisch als rechtlich ausgestaltet. So gelangt auch der Europäische Rat als politisches Hauptorgan der EU (Art. 4 EU) durch Konsens zu einem Einvernehmen.[71]

---

[65] Die (französische) Definition von Guy de Lacharrière lautet: „A decision-making procedure, exclusive of voting, in which an absence is noted of any objection presented as an obstacle to the adoption of the decision in question." Abgedruckt in: Gérald Antoine, Linguistic Aspects of Consensus, in: Beseat Kiflé Sélassié (ed.), Consensus and Peace, Paris 1980, S. 58. Im spanischen Wörterbuch der königlichen Akademie wird Konsens definiert als „The acceptance as true and suitable of what has previously been affirmed and proposed by others, particularly within a corporation." Abgedruckt in: Mario Amadeo, Consensus and International Relations, ebenda, S. 123.

[66] Barry Buzan bezeichnet das Verfahren als aktiven Konsens und den Ersatz für die Abstimmung als passiven Konsens. Vgl. Barry Buzan, Negotiating by Consensus, in: AJIL, 75 (1981), S. 328 f.

[67] Vgl. Gérald Antoine, Linguistic Aspects of Consensus, in: Beseat Kiflé Sélassié (ed.) (Fn. 65), S. 47.

[68] Peter Moraw, Hoftag und Reichstag von den Anfängen im Mittelalter bis 1806, in: Hans-Peter Schneider/Wolfgang Zeh (Hrsg.), Parlamentsrecht und Parlamentspraxis in der Bundesrepublik Deutschland, Berlin/New York 1989, § 1, Rdnr. 21, S. 9.

[69] Werner Flume, Allgemeiner Teil des Bürgerlichen Rechts, 2. Band, Berlin/Heidelberg/New York 1975, S. 618. Vgl. Theo Mayer-Maly, Die Bedeutung des Konsenses in privatgeschichtlicher Sicht, in: Günther Jakobs (Hrsg.), Rechtsgeltung und Konsens, Berlin 1976, S. 91 ff.

[70] Vgl. Giuseppe Sperduti, Consensus in International Law, in: ItYIL, 2 (1976), S. 33.

[71] Vgl. Rudolf Geiger, EUV/EGV, 4. Auflage, München 2004, Art. 4 EUV, Rdnr. 2, 7, S. 23, 25.

Bezüglich seiner Stellung lässt sich die Konsensregel zwischen dem Einstimmigkeits- und Mehrheitsprinzip einordnen.[72] Konsens wird oft auch als „Quasi-Einstimmigkeit" bezeichnet.[73] Bei Nichtzustandekommen eines Konsenses ist in der Regel die Mehrheitsentscheidung die *ultima ratio*. Unter Anwendung der Konsensregel wird ein Verfahren zur Entscheidungsfindung ohne Abstimmung bei Fehlen von formellen und substantiellen Einwänden gegen das Ergebnis, den Beschluss, durchgeführt.[74] Konsens erfordert nicht unbedingt vollständige Übereinstimmung, einige Stimmenthaltungen stehen ihm ebenso wenig entgegen wie bei der Einstimmigkeitsregel.[75] Im Gegensatz zur Einstimmigkeitsregel handelt es sich bei der Konsensregel aber um keine Abstimmungsregel im eigentlichen Sinne des Wortes. Während es bei einer Abstimmung zu einem aktiven Verhalten kommt, wird Konsens durch bloßes passives Hinnehmen ausgedrückt[76], wobei der Beschluss ohne offenen Widerspruch der Beteiligten angenommen wird.[77] Darin lässt sich Konsens auch von der Einstimmigkeit unterscheiden. Während für letztere die explizite Zustimmung, das Ja, erforderlich ist (aktiv), reicht für eine Konsensentscheidung das Fehlen der Ablehnung, des Neins, aus (passiv). Konsens wird in der Regel durch den Vorsitzenden des Entscheidungsorgans festgestellt, wobei die am Entscheidungsprozess sonstigen Beteiligten ihren Willen mit Stillschweigen bekunden. Die Rechtswirksamkeit der Entscheidung ist unabhängig davon, wie diese angenommen wurde. So kann im Ergebnis auch bei Anwendung der Konsensregel ein rechtswirksamer Beschluss ergehen.[78]

Nach der Theorie der rationalen Entscheidung kann Konsens auch als Übereinstimmung individueller Präferenzordnungen definiert werden.[79] Dabei ist nur selten von einer von Anfang an bestehenden gleichen Präferenzordnung auszugehen. Eine Entscheidung unter Anwendung der Konsensregel basiert in der Regel auf dem so genannten langfristig zu respektierenden Prinzip der „vertagten Gegenleistung".[80] Wenn Beteiligte am Entscheidungsprozess bei der Fassung eines Beschlusses von ihrer Präferenz zu Gunsten der Präferenz anderer abrücken und „nachgeben", müssen sie bei einer anderen Beschlussfassung des Nachgebens der

---

[72] Vgl. Malte Schmans, Einstimmigkeitsprinzip, Mehrheitsprinzip und Konsensverfahren auf Vertragskonferenzen zur universellen Rechtsetzung, Göttingen 1984, S. 63 ff.
[73] Vgl. Christian Tomuschat, Tyrannei der Minderheit?, in: GYIL, 19 (1976), S. 292.
[74] Vgl. Erik Suy, Consensus, in: EPIL, 1 (1992), S. 759.
[75] Vgl. Louis B. Sohn, The United Nations, in: HarvILJ, 15 (1974) 3, S. 442.
[76] Vgl. Hans Ballreich, Wesen und Wirkung des „Konsens" im Völkerrecht, in: Rudolf Bernhardt/Wilhelm Karl Geck/Günther Jaenicke/Helmut Steinberger (Hrsg.), FS für Hermann Mosler, Berlin/Heidelberg/New York 1983, S. 6.
[77] Ein spanisches Sprichwort lautet: „El que calla otorga." („He who is silent concedes.") Vgl. Mario Amadeo, Consensus and International Relations, in: Beseat Kiflé Sélassié (ed.) (Fn. 65), S. 127. Vgl. auch Christian Tomuschat (Fn. 73), S. 292.
[78] Vgl. Antonio Cassese, Consensus and some of its Pitfalls, in: RDirI, 58 (1975), S. 754 f.; Malte Schmans (Fn. 72), S. 68.
[79] Vgl. Adalbert Podlech, Wertentscheidungen und Konsens, in: Günther Jakobs (Hrsg.) (Fn. 69), S. 20.
[80] So Egon Flaig, Die spartanische Abstimmung nach der Lautstärke, in: Historia, 42 (1993) 2, S. 142.

anderen gewiss sein. Hieraus ist das so genannte „*package deal*"-Prinzip hervorgegangen, wonach verschiedene Verhandlungsgegenstände in Körbe, wie bei der KSZE/OSZE[81] bzw. Pakte, wie bei der UN-Seerechtskonvention[82], zusammengefasst sind und diese nur in ihrer Gesamtheit unter Anwendung der Konsensregel angenommen werden können.[83]

Neben der wohl seltenen, bereits anfänglichen Übereinstimmung der Präferenzen bzw. Optionen bestehen nach Flaig drei weitere Varianten zur Erreichung einer Konsensentscheidung, wobei er das Konsensprinzip der Einstimmigkeitsregel gleichsetzt. Nach Flaig könne zum einen ein Beschluss gefasst werden, indem die Beteiligten am Entscheidungsprozess diejenige Alternative annehmen, die mit der höchsten Willensintensität vertreten wird. Dabei erfolge die Annahme des Beschlusses in seiner ursprünglichen Fassung. Die zunächst anders Optierenden schließen sich dieser Option an, die von der eigenen nicht weit entfernt ist. Damit sei eine optimale Entscheidung getroffen. In der zweiten Variante können sich die Beteiligten auf keine der bestehenden Alternativen einigen. Sie handeln einen Kompromiss aus, der von allen vorherigen Alternativen abweicht. Da hier keine der Seiten mit ihrer Alternative obsiegen könne, ist das Prinzip der „vertagten Gegenleistung" je nach Abweichung von der eigenen Alternative nur bedingt anwendbar. Nach der dritten Alternative käme es zu einer Konsensentscheidung, weil der zahlenmäßig geringere Teil der Beteiligten sich dem zahlenmäßig größeren Teil anschließe. Letztere Variante unterscheide sich von der Mehrheitsregel nur noch durch den „Beitritt" der Minderheit in die Reihen der Mehrheit.[84]

Nachstehend soll der Konsens nicht im inhaltlichen Sinne als Ergebnis einer Beschlussfassung (*consensus*), sondern als Entscheidungsregel nach dem *Consensus*verfahren untersucht werden.

II. Konsens als Entscheidungsregel

Die Verwendung des Begriffes Konsens kann im Verfassungsrecht sowie in der allgemeinen Staatslehre keine lange Tradition nachweisen. So ist der Konsens als Verfahren zur Erlangung maßgeblicher politischer Entscheidungen in der deutschen Staatslehre bisher wenig behandelt worden. Scheuner sieht die Gründe für diese nicht zufrieden stellende Situation zum einen in der noch aus dem 19. Jahrhundert begründeten Auffassung, wonach der Staat als „eine vorgegebene höhere Einheit" mit eigenem Willen verstanden wird. Zum anderen konzentrierte sich die positivistische Lehre des 19. Jahrhunderts auf rechtliche Formen der Gesetzgebung, die keinen Raum für vorangehende Stadien der politischen Auseinandersetzung und Willensbildung ließ. Auch die Rechtsstaatstheorie, die „den Staat dem

---

[81] Vgl. Theodor Schweisfurth, Einführung, in: Theodor Schweisfurth/Karin Oellers-Frahm (Hrsg.), Dokumente der KSZE, München 1993, S. XX; Sigrid Pöllinger, Der KSZE/OSZE Prozeß, Wien 1998, S. 35 ff.
[82] Vgl. Tullio Treves, Devices to Facilitate Consensus, in: ItYIL, 2 (1976), S. 40.
[83] Vgl. Wolff Heintschel von Heinegg, in: Knut Ipsen (Fn. 18), § 10, Rdnr. 13, S. 131.
[84] Vgl. Egon Flaig (Fn. 80), S. 140 ff.

Recht unterwarf", ging nicht wirklich auf die Frage der Formung des Rechts durch den Staat ein. Entscheidungsverfahren über das, wie Scheuner es nennt, „Ringen um Inhalte", wurden in eine „vorrechtliche Sphäre" verwiesen.[85] Danach steht immer noch primär das Ergebnis – z.B. das Gesetz – und nicht das Verfahren, wie dies zustande gekommen ist, im Vordergrund. Damit soll keinesfalls unterstellt werden, dass es nicht auch im innerstaatlichen Bereich eine formelle oder informelle Anwendung der Konsensregel geben kann, zumindest in weniger wichtigen oder Verfahrensfragen. Die Tendenz einer zunehmenden Anwendung der Konsensregel lässt sich beispielsweise im Kommunalrecht nachweisen.[86]

Auf zwischenstaatlicher Ebene, in internationalen Organisationen und auf internationalen Staatenkonferenzen, fand der Konsens als Entscheidungsregel ebenfalls erst relativ spät, ab der zweiten Hälfte des 20. Jahrhunderts, Beachtung.[87] "We appear to be entering upon a new phase in which the keynote is no longer either unanimity or majority decision but consensus."[88] Hierbei ist zu unterscheiden zwischen der Anwendung der Konsensregel ohne ausdrückliche Festlegung (informell) und der Anwendung der Konsensregel aufgrund einer Festlegung (formell) als Regel zur Entscheidungsfindung.

1. Informelle Anwendung der Konsensregel

Auch wenn die Konsensregel nicht immer explizit als Beschlussfassungsregel vorgesehen ist, findet sie *de facto* Anwendung in Kollegialorganen.[89] So wird beispielsweise in der Kommission der Europäischen Gemeinschaften auf förmliche Abstimmungen oftmals verzichtet.[90] Bei einhelliger Zustimmung des Kollegiums gilt ein eingebrachter Vorschlag als „angenommen". Wenn unter den Kommissionsmitgliedern keine Einigkeit erzielt werden kann bzw. von einem Mitglied eine Abstimmung beantragt wird (§ 8 Abs. 2 GO EG-Kommission), fordert der Präsident die Mitglieder zu einer Abstimmung über den Vorschlag auf. Die Vermeidung einer Abstimmung ist in der Regel bei unstrittigen, politisch weniger brisanten Themenbereichen möglich.

---

[85] Vgl. Ulrich Scheuner, Konsens und Pluralismus als verfassungsrechtliches Problem, in: Günther Jakobs (Hrsg.) (Fn. 69), S. 33 f.

[86] Die Gemeindeordnungen von Baden-Württemberg, Sachsen und Sachsen-Anhalt sehen eine Beschlussfassung über Gegenstände einfacher Art im Wege der Offenlegung vor, wobei der Antrag angenommen wird, wenn kein Mitglied widerspricht. § 37 Abs. 1 Satz 2 GO BW, § 39 Abs. 1 Satz 2 SächsGemO, § 52 Abs. 2 Satz 2 GO LSA. Beschlüsse über Gegenstände einfacher Art haben für die Gemeinde oder den Bürger unerhebliche Auswirkungen. Über das Vorliegen eines Gegenstandes einfacher Art entscheidet der Bürgermeister nach pflichtmäßigem Ermessen. Vgl. Alfons Gern, Deutsches Kommunalrecht, 3. Auflage, Baden-Baden 2003, Rdnr. 525, S. 340 f.

[87] Vgl. Rüdiger Wolfrum, Konsens im Völkerrecht, in: Hans Hattenhauer/Werner Kaltefleiter (Hrsg.), Mehrheitsprinzip, Konsens und Verfassung, Heidelberg 1986, S. 79.

[88] C. Wilfred Jenks (Fn. 37), S. 48.

[89] Vgl. Erik Suy (Fn. 74), S. 760.

[90] Vgl. Kerstin Jorna, in: Jürgen Schwarze (Hrsg.) (Fn. 23), Art. 219 EGV, Rdnr. 12, S. 1877.

In den sechziger Jahren wurde die Konsensregel im Rahmen der UNO angewendet, als die Generalversammlung mit dem Problem der Finanzierung von *peace-keeping operations* (im Kongo und Suez)[91] und damit verbunden der Diskussion um das Stimmrecht der mit der Zahlung ihrer Mitgliedsbeiträge im Rückstand befindlichen Staaten konfrontiert wurde. Da nach Art. 19 UN-Charta diesen Staaten unter bestimmten Voraussetzungen das Stimmrecht in der Generalversammlung entzogen werden kann, war diese bemüht, Entscheidungen ohne Abstimmung zu treffen. Auf ihrer 19. Tagung im Jahre 1964 beschloss die Generalversammlung ein „*non-objection*" Verfahren, wobei Entscheidungen ohne Abstimmung angenommen werden, um so drohende Krisen abzuwenden.[92] Dieses Verfahren ist weder in der UN-Charta noch in der Geschäftsordnung[93] vorgesehen.[94] Bereits in der „*Repertory of Practice*" der UN-Organe von 1955[95] ist festgehalten, dass oft Vorschläge, die eine Entscheidung der Generalversammlung vorsehen, auch ohne förmliche Abstimmung im Plenum als angenommen gelten. Hierbei lassen sich verschiedene Arten unterscheiden. Gelegentlich, zum Beispiel bei Aufnahme neuer Mitgliedstaaten oder der Bestätigung neuer Amtsträger, erfolgt die Zustimmung durch Beifallsbekundungen (Akklamation). Wenn keine Meinungsverschiedenheiten bestehen, werden Entscheidungen ohne Einwände (*without objection*) angenommen. Auf Abstimmung wird dabei verzichtet. Resolutionsannahmen in der UN-Generalversammlung durch Beifallsbekundung („*by acclamation*"), ohne Abstimmung („*without a vote*"), ohne Einwendungen („*without objection*") und durch Konsens („*by consensus*") zeichnen sich durch fehlende Abstimmungen aus und lassen sich deshalb den Entscheidungen zuordnen, die unter Anwendung der Konsensregel zustande gekommen sind. Welche Form der Konsensentscheidung in der Praxis Anwendung findet, hängt beispielsweise von der Wichtigkeit der zu regelnden Fragen ab. Durch die Konsensregel angenommene Resolutionen („*adopted by consensus*") betreffen in der Regel wichtige Fragen, Resolutionen, die ohne Abstimmung angenommen wurden („*adopted without a vote*"), vorrangig weniger wichtige politische Fragen.[96] Die Bezeichnungen für diese Formen der einverständlichen Einigung variieren weiter-

---

[91] Vgl. Alan Watt (Fn. 13), S. 81; Rachid Daker, Political and Legal Aspects of Consensus in the Arab World and in the Islamic World, in: Beseat Kiflé Sélassié (ed.) (Fn. 65), S. 160.
[92] Vgl. Amadou-Mahtar M'Bow, Consensus in International Organizations, in: Beseat Kiflé Sélassié (ed.) (Fn. 65), S. 19.
[93] Die Generalversammlung gibt sich nach Art. 21 Satz 1 UN-Charta eine Geschäftsordnung. GOGV i.d.F. von September 2006, in: UN Doc. A/520/Rev. 16.
[94] Vgl. Jaskaran S. Teja, Expansion of the Security Council and its Consensus Procedure, in: NTIR, 16 (1969), S. 357; Erik Suy (Fn. 74), S. 759.
[95] Repertory of Practice of United Nations Organs (1945-1954), Extracts relating to Article 18 of the Charter of the United Nations, in: UN-Publ. E.55 V.2., vol. 1, para. 32, S. 572; in: http://www.un.org/law/repertory/art18.htm (07.01.2008).
[96] Vgl. Amadou-Mahtar M'Bow, Consensus in International Organizations, in: Beseat Kiflé Sélassié (ed.) (Fn. 65), S. 23.

hin zwischen „*without dissent*" in der UNCTAD oder „*without vote*" im ECOSOC.[97]

Während in den ersten drei Dekaden seit Bestehen der UN-Generalversammlung die Zahl der mit Abstimmung angenommenen Resolutionen gegenüber derjenigen, die ohne Abstimmung angenommen wurden, noch überwog, hat sich das Verhältnis ab Mitte der siebziger Jahre zugunsten der Resolutionen ohne Abstimmung gewendet.[98] So wurden die vom Sonderausschuss der UN-Generalversammlung ausgearbeitete bedeutende Prinzipien-Deklaration am 24. Oktober 1970[99] oder die beiden Deklarationen über eine Neue Internationale Wirtschaftsordnung[100] durch die Generalversammlung ohne Abstimmung einmütig angenommen.[101] Resolutionen, die durch die Konsensregel angenommen werden, differieren bezüglich ihres Rechtscharakters *per se* nicht von Resolutionen, die durch Mehrheit zustande gekommen sind. Enthält eine Resolution Bestimmungen über rechtliche Regeln oder Prinzipien, dann ist ihre Annahme mit Hilfe der Konsensregel durchaus als Ausdruck einer vergleichbar höheren Akzeptanz zu werten.[102] Resolutionen der UN-Generalversammlung, wie die Prinzipien-Deklaration, können maßgeblich zur Weiterentwicklung des Völkerrechts gem. Art. 13 Abs. 1 lit. a 2. Alternative UN-Charta i.V.m. Art. 15 ILC-Statut beitragen.[103]

Selbst in der Praxis des UN-Sicherheitsrates fand die Konsensregel Eingang. Wenn alle Sicherheitsratsmitglieder Gelegenheit gehabt haben, sich zu der zu entscheidenden Frage zu äußern, die vorgeschlagene Entscheidung keinen ausdrücklichen Widerstand erfahren hat und der Ratsvorsitzende formell festgestellt hat, dass ein Konsens erreicht wurde[104], steht eine formlose Beschlussfassung der Be-

---

[97] Vgl. Matthias Brinkmann (Fn. 12), S. 203.

[98] 1946-1955: Gesamt 1.165, ohne Abstimmung 379 (32,53%), mit Abstimmung 786 (67,47%); 1956-1965: Gesamt 1.215, ohne Abstimmung 527 (43,37%), mit Abstimmung 688 (56,62%); 1966-1975: Gesamt 1.692, ohne Abstimmung 722 (42,67%), mit Abstimmung 970 (57,33%); 1976-1985: Gesamt 3.168, ohne Abstimmung 1.807 (57,04%), mit Abstimmung 1.361 (42,96%); 1986-1995: Gesamt 3.260, ohne Abstimmung 2.268 (69,57%), mit Abstimmung 992 (30,43%); 1996-9.1997: Gesamt 315, ohne Abstimmung 237 (75,24%), mit Abstimmung 78 (24,76%). Vgl. Miguel Marín-Bosch, Votes in the UN General Assembly, The Hague/London/Boston 1998, S. 93, 183 ff.

[99] Declaration on Principles of International Law Concerning Friendly Relations and Cooperation Among States in Accordance with the Charter of the United Nations, in: UN Doc. A/RES/2625 (XXV) (24.10.1970). Die Deklaration wurde mit Konsens angenommen, allerdings erarbeiteten 79 Staaten ihre Interpretation der Deklaration. Texte in: YBUN, 24 (1970), S. 787 ff. Vgl. Alan Watt (Fn. 13), S. 7.

[100] Res. 3201, 6th special session (01.05.1974). Declaration on the Establishment of a New International Economic Order, GAOR, S-VI, Supp. 1, S. 3-5; Res. 3202 (S-VI) (01.05.1974). Program of Action on the Establishment of a New International Economic Order, GAOR, S-VI, Supp. 1, S. 5-12. Vgl. Antonio Cassese (Fn. 78), S. 756 ff.

[101] Vgl. Louis B. Sohn (Fn. 75), S. 442.

[102] Vgl. Rüdiger Wolfrum, in: Bruno Simma (ed.) (Fn. 11), Art. 18, Rdnr. 30, S. 360.

[103] Vgl. Volker Epping, in: Knut Ipsen (Fn. 18), § 26, Rdnr. 6, S. 366.

[104] Vgl. Susan C. Hulton, Council Working Methods and Procedure, in: David M. Malone (ed.), The UN Security Council, Boulder/London 2004, S. 238.

stimmung von Art. 27 UN-Charta auch nicht entgegen.[105] Bei mangelnder Zustimmung bzw. Widerspruch kann eine förmliche Abstimmung ohnehin erwirkt werden. Fast alle Verfahrensfragen, wie u.a. Fragen bezüglich von Nebenorganen nach Art. 29 UN-Charta, werden ohnehin schon ohne Abstimmung entschieden. Selbst bei Sachfragen findet die Konsensentscheidung immer mehr Anwendung.[106] Der Sicherheitsrat hat beispielsweise in der Namibia-Frage die Konsensregel anstelle einer formalen Abstimmung angewendet. Der im Jahre 1970 durch Sicherheitsratsresolution 276 gebildete *ad hoc*-Unterausschuss für Namibia[107] war sogar übereinkommen, dass seine Beschlüsse unter Anwendung der Konsensregel getroffen würden. Ausschlaggebend hiefür waren die fehlende Öffentlichkeit und die fehlende Anwendung eines Vetos.[108] Wie der Internationale Gerichtshof in seinem Gutachten über Namibia ausdrücklich festgestellt hat, erlangen Konsensentscheidungen des UN-Sicherheitsrates ebenso wie nach formalen Regeln zustande gekommene Entscheidungen gem. Art. 25 UN-Charta die gleiche bindende Wirkung.[109]

Neben der Entscheidungsfindung in Organen von Staatenverbindungen findet die Konsensregel auch auf universellen Vertragskonferenzen Anwendung, obwohl sie weder explizit in der Verfahrensordnung noch in allgemeinen völkerrechtlichen Regeln vorgesehen ist. So griff der Redaktionsausschuss der Wiener Vertragsrechtskonferenz[110] auf das Konsensverfahren zurück. Eine generelle Anwendung der Konsensregel hätte möglicherweise sogar den Dissens in den Hauptfragen der Konferenz bezüglich der *ius* cogens-Konzeption, der Streitregelung und des Universalitätsgrundsatzes verhindern können.[111]

---

[105] Die gegenteilige, aber nicht herrschende, Auffassung wird von französischen Völkerrechtlern vertreten. Vgl. Bruno Simma/Stefan Brunner/Hans-Peter Kaul, in: Bruno Simma (ed.) (Fn. 11), Art. 27, Rdnr. 116, S. 513.
[106] Vgl. ebenda, Rdnr. 111 ff., S. 512 f.; Hans-Peter Kaul, Arbeitsweise und informelle Verfahren des Sicherheitsrats, in: VN, 46 (1998) 1, S. 8.
[107] UN Doc. S/RES/276 (30.01.1970), para. 6.
[108] Vgl. Phillip C. Jessup (Fn. 13), S. 50.
[109] Legal Consequences for States of the Continued Presence of South Africa in Namibia (South-West Africa) notwithstanding Security Council Resolution 276 (1970), Advisory Opinion of 21 June 1971, in: ICJ Reports 1971, S. 33. Vgl. Jost Delbrück, Bruno Simma (ed.) (Fn. 11), Art. 25, Rdnr. 15, S. 458.
[110] Die WVK wurde in namentlicher Abstimmung mit 79 Stimmen gegen 1 Stimme (Frankreich) bei 19 Enthaltungen angenommen. Zum Ergebnis der Abstimmung vgl. UNCLOT, 2nd session, Official Records of the Plenary Meetings and of the Meetings of the Committee of the Whole, in: UN Doc. A/Conf. 39/11/Add. 1) (UNCLOT OR 69, S. 206 f. Nach Art. 9 WVK gilt für die Annahme eines Textes Zustimmung (Einstimmigkeit) (Abs. 1) oder Zweidrittelmehrheit (Abs. 2).
[111] So Malte Schmans (Fn. 72), S. 127 ff.

2. Formelle Anwendung der Konsensregel

a) Konsensregel in Kollegialorganen von Staatenverbindungen

Während die Konsensregel auch Eingang als informelle Entscheidungsregel in die Gemeinschaftsorgane gefunden hat, regeln der Verfassungsvertrag für Europa bzw. der Reformvertrag von Lissabon den Konsens ebenfalls als formale Entscheidungsregel für den die allgemeinen Zielvorstellungen der Union festlegenden Europäischen Rat (Art. I-21 Abs. 4 VVE[112]; Art. 15 Abs. 4 EU Lissabon). Das Konsensverfahren soll nach Art. IV-443 Abs. 2 Satz 3 VVE bzw. 48 Abs. 3 UAbs. 1 Satz 2 EU Lissabon Anwendung finden in einem vom Europäischen Rat einzuberufenden Konvent für Verfassungs- bzw. Vertragsänderungen, der allerdings nur Empfehlungen aussprechen kann. Innerhalb der Union ist wiederholt Bezug genommen worden auf den Konsens als Verfahren.

Im Weißbuch[113] zur Regierungskonferenz von 1996 heißt es: „[...] der Grundsatz der nationalen Souveränität muß weiterhin bestimmend sein für die Beziehungen zwischen den europäischen Ländern auf den Gebieten Sicherheit und Verteidigung, folglich muß für Beschlußfassungsverfahren in diesen Bereichen weiterhin der Konsens die Regel sein, d.h. jegliches andere Beschlußfassungsverfahren aufgrund von Mehrheitsentscheidungen in welcher Form auch immer ist abzulehnen; [...]."[114] Weiterhin ist im Weißbuch zu lesen: „Was die Beschlußfassungsverfahren in Fragen mit verteidigungspolitischen Bezügen betrifft, so müßte die Grundregel des Konsens weiterhin sowohl auf dem Gebiet der GASP als auch im Rahmen der WEU strikt beibehalten werden."[115] Der jeweilige englische Text spricht ausdrücklich von der Konsensregel als Entscheidungsverfahren.[116] Damit ist hier der Konsens als (Beschlussfassungs-)verfahren bzw. als Entscheidungsregel und nicht als Ergebnis zu verstehen. Der EU-Vertrag regelt indes in Art. 23 Abs. 1 Satz 1 EU, dass Beschlüsse im Bereich der GASP einstimmig zu fassen

---

[112] Vgl. Johannes Christian Wichard, in: Christian Calliess/Matthias Ruffert (Hrsg.) (Fn. 61), Art. I-21, Rdnr. 10, S. 310; Volker Epping, in: Christoph Vedder/Wolff Heintschel von Heinegg (Hrsg.), Europäischer Verfassungsvertrag, Baden-Baden 2007, Art. I-21, Rdnr. 7, S. 123.

[113] Weißbücher enthalten förmliche Vorschläge für ein Tätigwerden der Gemeinschaft in einem bestimmten Bereich. Sie folgen zuweilen auf Grünbücher, die veröffentlicht werden, um einen Konsultationsprozess auf europäischer Ebene einzuleiten.

[114] Dokument vom 02.03.1995, „Die Regierungskonferenz 1996 - Grundlagen für weitergehende Überlegungen", in: Weißbuch der Regierungskonferenz von 1996, Band II, in: http://www.europarl.eu.int/igc1996/pos-es_de.htm (07.01.2008).

[115] Ebenda.

[116] "[...] the principle of national sovereignty should continue to govern relations between European countries as regards security and defence and, consequently, the decision-making process in such areas must continue to be based on the consensus rule as opposed to any other decision-making procedure based on majority voting in any form; and the possible participation of supranational bodies in the decision-making process must be restricted. [...] With regard to the decision-making procedure on matters with defence implications, the basic rule of consensus should be strictly maintained as at present, both in the field of the CFSP and within the framework of the WEU." Ebenda.

sind. Im Gegensatz zum Weißbuch handelt es sich bei Art. 23 EU um eine vertragsrechtliche und damit völkerrechtlich bindende Norm. Die Unterscheidung zwischen Einstimmigkeits- und Konsensregel ist auch in politischen Dokumenten vorzunehmen, da es sich hier eben nicht um Synonyme handelt.[117]

Konsens ist grundsätzliche Entscheidungsregel für die Beschlussfassung in den Organen der Welthandelsorganisation (Art. IX Abs. 1 Satz 1 WTO-Übereinkommen). Zur Interpretation des Begriffes Konsens als Verfahren heißt es dort: „Es wird davon ausgegangen, daß ein mit einer Angelegenheit befaßtes Organ einen Beschluß durch Konsens gefaßt hat, wenn kein in der Sitzung, in der der Beschluß ergeht, anwesendes Mitglied gegen den vorgeschlagenen Beschluß förmlich Einspruch erhebt." Damit behält die WTO die im Rahmen des GATT 1947[118] übliche Praxis der Beschlussfassung durch die Konsensregel bei. Auch in der OECD wird gem. Art. 6 Abs. 1 OECD-Übereinkommen[119] im gegenseitigen Einvernehmen aller Mitglieder beschlossen.

Die Konsensregel hat zwar keinen Eingang in Art. 9 WVK gefunden, es findet aber dennoch Anwendung.[120] Auf UN Ebene ist die Konsensregel zunächst vom Weltraumausschuss (COPUOS)[121] im Jahre 1961 infolge der durch die Konfrontation der Großmächte hervorgerufenen Blockierung auf vornehmlichen Wunsch der ehemaligen Sowjetunion eingeführt worden.[122] Ihm folgten weitere Unterorgane, wie die UN-Kommission für internationales Handelsrecht (UNCITRAL)[123], der Sonderausschuss für friedenssichernde Operationen, der Sonderausschuss für völkerrechtliche Grundsätze für freundschaftliche Beziehungen und Zusammenarbeit zwischen den Staaten[124], der Abrüstungsausschuss (CD), die Völkerrechtskommission (ILC)[125] sowie die UNCTAD.[126]

---

[117] So heißt es auch in Bezug auf die OSZE: „[...] die geheimen Abstimmungsverfahren nach dem Konsensprinzip des Ständigen Rates [...]", in: BT-Drs. 15/3668 vom 30.08.2004, S. 13.
[118] UNTS, vol. 55, p. 187; BGBl. 1951 II, 173.
[119] Art. 6 Abs. 1 OECD-Übereinkommen vom 14.12.1960, in: UNTS, vol. 888, p. 179; BGBl. 1961 II, 1151.
[120] Vgl. Wolff Heintschel von Heinegg, in: Knut Ipsen (Fn. 18), § 10, Rdnr. 13, S. 130.
[121] „Die Arbeit des Ausschusses soll nach dem Willen aller Mitglieder des Ausschusses und seiner Unterausschüsse dergestalt vonstatten gehen, daß die Übereinkommen im Ausschuß ohne die Notwendigkeit einer förmlichen Abstimmung erreicht werden können.", in: UN Doc. A/AC.105/PV (04.05.1962), S. 5; deutsche Übersetzung in: Matthias Brinkmann (Fn. 12), S. 203.
[122] Vgl. Malte Schmans (Fn. 72), S. 73.
[123] „The Commission agreed that its decisions should as far as possible be reached by way of consensus within the Commission, [...] .", in: Report of the United Nations Commission on International Trade Law on the work of its 1st session 29.01.-26.02.1968, in: UN GAOR, 23rd session, Supp. No. 16, UN Doc. A/7216, para. 18, S. 6; deutsche Übersetzung in: Matthias Brinkmann (Fn. 12), S. 203.
[124] UN Doc. A/RES/2327 (XXII) (18.12.1967).
[125] Report of the Sixth Committee, in: UN GAOR, 22nd session, annexes, vol. III, Doc. A/6955 (11.12.1967), para. 108 f., S. 87.
[126] UN Doc. A/RES/1995 (XIX) (30.12.1964). Vgl. Barry Buzan (Fn. 66), S. 326.

Während die UN-Charta und fast alle Geschäftsordnungen der UN-Hauptorgane nur Beschlussfassungen durch Abstimmungen vorsehen, enthält die Geschäftsordnung des Wirtschafts- und Sozialrates[127] in Regel 59 Satz 2 eine ausdrückliche Bestimmung über die Annahme von Vorschlägen oder Anträgen auch ohne Abstimmung, wenn kein Mitglied eine Abstimmung beantragt. Die Rechtsgrundlage für eine Beschlussfassung ohne Abstimmung ergibt sich mittelbar aus der dem Rat in Art. 72 Abs. 1 UN-Charta verliehenen Geschäftsordnungsbefugnis. Wenn kein Mitglied eine Abstimmung verlangt, kann der Rat Vorschläge oder Anträge ohne Abstimmung annehmen. Jedem Mitglied steht demnach die Alternative zu, anstelle der Konsensregel eine Abstimmung (gem. Art. 67 Abs. 2 UN-Charta i.V.m. Regel 60 GO ECOSOC) zu fordern. Damit ist die Konsensregel gegenüber der Abstimmung in der Geschäftsordnung subsidiär geregelt. Der Präsident stellt dann in der Praxis fest, dass keine Abstimmung verlangt wird und ein Konsens vorliegt. Da die Geschäftsordnung des Wirtschafts- und Sozialrates keine Unterscheidung zwischen Sach- und Verfahrensfragen vornimmt, gilt die Konsensregel für beide.[128]

Konsens als Regel zur Entscheidungsfindung ist explizit in das UN-Seerechtsübereinkommen aufgenommen worden. Art. 161 Abs. 8 lit. e SRÜ definiert den Begriff Konsens, der in den Bestimmungen des Art. 161 Abs. 8 lit. d, f und g verwendet wird, als „Fehlen jedes förmlichen Einspruchs".[129] Damit ist zum ersten Mal in einem völkerrechtlichen Vertrag eine funktionale Definition des Begriffes Konsens gegeben worden.[130] Diese Definition ist zwar nur innerhalb des Unterabschnittes C bezüglich des Rates der Internationalen Meeresbodenbehörde zu finden, der Konsens als allgemeine Regel gilt aber ebenso für die anderen Organe der Behörde (Abschnitt 3 Abs. 2 Anlage DÜ-SRÜ), so auch innerhalb der Versammlung (Regel 61 Abs. 1 GO Versammlung).[131] Entscheidungen, für die Konsens verlangt wird, sind vor allem inhaltliche Fragen gem. Art. 162 Abs. 2 lit. m und o sowie Änderungen des Teils XI SRÜ (Regel 58 GO Rat).[132] Erst wenn alle Bemühungen, einen Beschluss durch Konsens zu fassen, erschöpft sind, werden bei Abstimmungen im Rat Beschlüsse über Verfahrensfragen mit der Mehrheit der anwe-

---

[127] GO ECOSOC, in: UN Doc. E/5715/Rev.2 (1992).
[128] Vgl. Rainer Lagoni/Oliver Landwehr, in: Bruno Simma (ed.), The Charter of the United Nations, Band II, 2. Auflage, München 2002, Art. 67, Rdnr. 15 ff., S. 1025.
[129] Im Vorfeld ist Konsens wie folgt definiert worden: Consensus does „[...] not imply unanimity, but a very considerable convergence of opinions and the absence of any delegations in strong disagreement, however few in number." Daniel Vignes, Will the Third Conference on the Law of the Sea work according to the Consensus Rule?, in: AJIL, 69 (1975) 1, S. 124.
[130] Vgl. Barry Buzan (Fn. 66), S. 328; Tullio Treves, Les Fonds des Mers au-delà de la Juridiction Nationale (L'Autorité Internationale des Fonds Marines), in: René-Jean Dupuy (ed.), A Handbook on International Organizations, 2. Auflage, Dordrecht/Boston/London 1998, S. 788.
[131] GO Versammlung vom 17.03.1995, in: ISBA/A/WP.3, published as ISA/97/001. Vgl. Rüdiger Wolfrum, The Decision-Making Process According to Sec. 3 of the Annex to Implementation Agreement, in: ZaöRV, 55 (1995) 1, S. 318.
[132] GO Rat vom 16.08.1996, in: ISBA/C/12, published as ISA/97/002.

senden und abstimmenden Mitglieder und Beschlüsse über Sachfragen in der Regel mit Zweidrittelmehrheit der anwesenden und abstimmenden Mitglieder gefasst (Abschnitt 3 Abs. 5 Anlage DÜ-SRÜ).

Die Konsensregel ist, wie gezeigt, nicht Organen mit gleicher Stimmenanzahl vorbehalten. Auch Organe mit Stimmengewichtung greifen auf diese Regel der Entscheidungsfindung zurück. Eine entsprechende Regelung kann entweder in den Verträgen oder in den Geschäftsordnungen festgelegt sein. So fassen der Gouverneursrat und das Exekutivdirektorium des Gemeinsamen Fonds für Rohstoffe soweit möglich ihre Beschlüsse ohne Abstimmung (Art. 21 Abs. 2 und Art. 23 Abs. 2 CFC-Übereinkommen). Mit Hilfe der Konsensregel werden ebenfalls Beschlüsse des Rates der Internationalen Organisation über Olivenöl und Tafeloliven gefasst (Art. 9 Abs. 1 Übereinkommen). Auf eine formelle Abstimmung kann auch im Gouverneursrat (Abschnitt 11 Satz 2 GO)[133] und Exekutivdirektorium des IMF (C-10 GO)[134] verzichtet werden. In der Praxis findet diese Regelung eine breite Anwendung. Die Beschlussfassung durch die Konsensregel wird als eine Antwort auf die Kritik an der Stimmengewichtung gewertet. Allerdings kann jeweils ein Gouverneur bzw. Direktor des IMF eine formelle Abstimmung fordern, so dass die Stimmengewichtung anzuwenden ist.[135]

Die Konsensregel galt auch als allgemeine Entscheidungsregel für Beschlüsse von Organen des ehemaligen RGW. Im Rahmen der „gegenseitigen Wirtschaftshilfe" sollten Beschlüsse übereinstimmend gefasst werden.[136]

b) Konsensregel auf internationalen Konferenzen

Obgleich vorliegende Arbeit die Entscheidungsregeln in kollegialen Organen untersucht, soll nachfolgend die Anwendung der Konsensregel auch auf internationalen Konferenzen beleuchtet werden, da von ihnen maßgebliche Impulse für die Anwendung in ersteren ausgehen. Ein markantes Beispiel hierfür stellt die III. UN-Seerechtskonferenz[137] dar, auf der erstmals die Konsensregel zur Entscheidungsfindung innovativ auf einer universellen Vertragskonferenz erfolgreich angewendet wurde.[138] An der langjährigen Ausarbeitung (1973 - 1982) des UN-

---

[133] GO IMF-Gouverneursrat vom 16.03.1946 (13.06.1978), in: By-Laws Rules and Regulations of the International Monetary Fund, 60th Issue, Washington, D.C. 2006.
[134] GO IMF-Exekutivdirektorium vom 25.09.1946 (01.04.1978), ebenda.
[135] Vgl. Ebere Osieke, Majority Voting Systems in the International Labour Organisation and the International Monetary Fund, in: ICLQ, 33 (1984), S. 407 f.
[136] Vgl. Endre Ustor, Decision-Making in the Council for Mutual Economic Assistance, in: RdC, 134 (1971) 3, S. 252.
[137] Erklärung der Seerechtskonferenz zur VerfO, in: UN Doc. A/CONF.62/30 (27.06.1974). Vgl. Tullio Treves (Fn. 82), S. 41; Barry Buzan (Fn. 66), S. 324 ff.
[138] Das Mandat der Konferenz bestand in der Überprüfung und Revision des gesamten völkerrechtlichen Seerechts. UN Doc. A/RES/3067 (XXVIII) (16.11.1973). Vgl. Günther Jaenicke, Die Dritte Seerechtskonferenz der Vereinten Nationen, in: ZaöRV, 38 (1978), S. 438 f.

Seerechtsübereinkommens[139] nahmen ca. 5.000 Delegierte aus über 150 Staaten teil. Damals bestand die Notwendigkeit für eine Regel, die die Entscheidungsfindung unter Staaten bzw. Staatengruppen mit unterschiedlichsten Interessen in Bezug auf eine die meisten Staaten tangierende Materie, das Seerecht, ermöglichte. Bei Anwendung der sonst auf internationalen Konferenzen üblichen Abstimmungsregel der Zweidrittelmehrheit bei Sachentscheidungen befürchteten die Schifffahrts- und Industriestaaten wegen ihrer numerischen Unterlegenheit von den Entwicklungsländern überstimmt zu werden. Zur Sicherung ihrer Interessen traten sie für die Konsensregel sowie das „*package deal*"-Prinzip ein[140], auch wenn letztendlich das Übereinkommen auf Bestehen der USA durch namentliche Abstimmung angenommen wurde.[141]

Diesem Beispiel folgend hat die im Rahmen der Weltorganisation für geistiges Eigentum[142] im Jahr 1980 stattfindende Genfer Konferenz zur Revision der Pariser Verbandsübereinkunft zum Schutze des gewerblichen Eigentums ebenfalls die Konsensregel[143] in ihre Verfahrensordnung aufgenommen.[144]

In Europa war es die Konferenz für Sicherheit und Zusammenarbeit in Europa[145] unter Beteiligung von 35 europäischen Staaten (mit Ausnahme Albaniens) plus den USA und Kanada, die die Konsensregel zur Beschlussfassung angewendet hat.[146] Sie fand expliziten Eingang in die Verfahrensregeln der KSZE vom 8. Juni 1973, die als Teil der „Helsinki-Schlussempfehlungen" durch Konsens an-

---

[139] Die UN-GV kam in dem so genannten "gentleman's agreement" überein, dass: „[...] the General Assembly expresses the view that the Conference should make every effort to reach agreement on substantive matters by way of consensus; that there should be no voting on such matters until all efforts at consensus have been exhausted; [...] ." UN Doc. A/9278, S. 5 f. (1973). Zur Entstehungsgeschichte der VerfO vgl. Louis B. Sohn, Voting Procedure in United Nations Conferences for the Codification of International Law, in: AJIL, 69 (1975) 2, S. 333 ff.

[140] Vgl. Günther Jaenicke (Fn. 138), S. 446.

[141] UN Press Release SEA/494 (1982), S. 9 f.

[142] WIPO-Übereinkommen vom 14.07.1967, in UNTS, vol. 828, p. 3; BGBl. 1970 II, 295. Abgedruckt in: Hans von Mangoldt/Volker Rittberger (Hrsg.), Das System der Vereinten Nationen und seine Vorläufer, Band I/2, München 1995, Dokument 124, S. 582 ff.

[143] „It is however understood to mean the taking of a decision by means of a general agreement in which those who oppose an issue do not press for a formal vote and only record their reservation, thereby allowing the majority view to prevail." WIPO-Dokument PR/PIC/I/4, Annex II, S. 8 f. Vgl. Hans-Peter Kunz-Hallstein, Die Genfer Konferenz zur Revision der Pariser Verbandsübereinkunft zum Schutze des gewerblichen Eigentums, in: GRUR Int. (1981) 2, S. 142 ff.

[144] Regel 36 VerfO lautet: „The Conference meeting in Plenary Session, shall endeavour to achieve final adoption of the Revised Text by consensus. However, if consensus cannot be attained, the final adoption of the Revised Text shall require a majority of 2/3, provided that the number of states voting against its approval shall not exceed 12 (twelve).", in: WIPO Doc. PR/DC/14.

[145] Aus der 1973 auf Initiative der ehemaligen Sowjetunion stattfindenden KSZE ist am 01.01.1995 die heute 56 Mitgliedstaaten zählende OSZE hervorgegangen.

[146] Die OSZE ist die einzige Sicherheitsorganisation in Europa im Sinne des Kapitels VIII der UN-Charta. Vgl. Walter Kemp/Michal Olejarnik/Victor-Yves Ghebali/Andrei Androsov/Keith Jinks (eds.) OSCE Handbook, 3. Auflage, Vienna 2002, S. 3 ff.

genommen wurden.¹⁴⁷ Dort ist das Konsensprinzip in Ziff. 69 festgelegt und definiert. „Konsens ist gegeben, wenn kein Vertreter einen Einwand erhebt und diesen als Hindernis für die anstehende Beschlussfassung qualifiziert."¹⁴⁸ Wenn ein Teilnehmerstaat mit einer konkreten Entscheidung nicht ganz zufrieden ist, er aber die Entscheidung nicht verhindern will, kann er einen formellen Vorbehalt oder eine interpretative Erklärung zu dem bestimmten Beschluss abgeben (Ziff. 79).¹⁴⁹ Wenn auch Organe anderer Staatenverbindungen den Konsens informell anwenden, wie die UN-Generalversammlung, so verlangt die KSZE/OSZE ihn explizit für alle Beschlüsse¹⁵⁰, die allerdings größtenteils politischen und nicht rechtlich bindenden Charakters sind. Die Anwendung der Konsensregel soll auch nach den Vorschlägen eminenter Personen zu einer Reform der OSZE beibehalten werden. Danach sollen allerdings die Mitgliedstaaten, die einseitig Konsensentscheidungen blockieren, in Zukunft identifiziert werden und nicht, wie bisher, anonym bleiben.¹⁵¹

Wie schon bei der KSZE wurde auch bei der III. UN-Seerechtskonferenz die bewährte Methode der Verhandlungen in kleineren (informellen) Gruppen gewählt. Die Praxis, Beschlüsse mit Hilfe der Konsensregel zu fassen, stellte in den siebziger Jahren eine neue Entwicklungstendenz in Staatenverbindungen dar, die in erster Linie durch die KSZE und die UNO geprägt wurde.¹⁵² Dennoch sind Bestimmungen, die das Konsensprinzip als einzig mögliche Regel im Entscheidungsverfahren rechtsverbindlich anordnen, im Vergleich zu den herkömmlichen Regeln immer noch in der Minderzahl.¹⁵³

---

¹⁴⁷ Vgl. Arie Bloed, Institutional Aspects of the Helsinki Process after the Follow-up Meeting of Vienna, in: NILR, 36 (1989) 3, S. 347 ff.; Erika B. Schlager, The Procedural Framework of the CSCE, in: HRLJ, 12 (1991) 6-7, S. 223 ff.
¹⁴⁸ Conference for Security and Co-operation in Europe. Final Recommendation of the Helsinki Consultations Helsinki Consultations, Helsinki 1973, 6. Rules of Procedure, Rule (69) 4, in: Theodor Schweisfurth/Karin Oellers-Frahm (Hrsg.) (Fn. 81), Dok. 1, S. 1. Der Konsens wurde auch mit den Worten umschrieben: „Those who are not against us are with us". Erika B. Schlager (Fn. 147), S. 223.
¹⁴⁹ Vgl. Arie Bloed (Fn. 147), S. 348 ff.; Erika B. Schlager (Fn. 147), S. 224 f.
¹⁵⁰ Vgl. Erika B. Schlager (Fn. 147), S. 223.
¹⁵¹ Common Purpose. Towards a More Effective OSCE. Final Report and Recommendations of the Panel of Eminent Persons on Strengthening the Effectiveness of the OSCE, 27.06.2005, para. 33 lit. c, e, S. 21.
¹⁵² „Consensus is at the root of customary international law." So Stephen M. Schwebel, The Effect of Resolutions of the U.N. General Assembly on Customary International Law, in: ASIL Proc. of the 73rd Annual Meeting April 26-28, 1979, Washington D.C., S. 309. Raluga Miga Besteliu, The Significance of Negotiations for the Adoption trough Consensus of Decisions within the United Nations System and other International Conferences, in: Rev.Roum.Sci.Sociales – Sciences Juridiques, 27 (1983) 2, S. 139 ff.
¹⁵³ Vgl. Malte Schmans (Fn. 72), S. 65.

III. Lockerungen der Konsensregel

Eine formelle Anwendung der Konsensregel, wie auch der Einstimmigkeitsregel zur Beschlussfassung, kann unter bestimmten Voraussetzungen den Entscheidungsprozess von Kollegialorganen erheblich erschweren oder gar völlig lähmen, so dass nach Alternativen gesucht werden muss. Eine Lockerung hat die Konsensregel sowohl in der KSZE/OSZE als auch in der UNO erfahren.

Zur Sicherstellung der Handlungsfähigkeit der KSZE hat das 2. Ratstreffen der KSZE in Prag im Januar 1992 eine Einschränkung der Konsensregel beschlossen. In „Fällen von eindeutigen, groben und nicht behobenen Verletzungen einschlägiger KSZE-Verpflichtungen" im Menschenrechtsbereich oder bezüglich Demokratie und Rechtsstaatlichkeit kann der KSZE-Rat bzw. der Ausschuss Hoher Beamte „angemessene Maßnahmen" beschließen, „erforderlichenfalls auch ohne Zustimmung des betroffenen Staates".[154] Das bedeutet, dass in Situationen von beispielsweise massenhaften und groben Menschenrechtsverletzungen die KSZE/OSZE politische Maßnahmen gegen den verletzenden Staat ergreifen kann, ohne dessen Einverständnis einholen zu müssen. Während Russland sich für die Einhaltung der Konsensregel einsetzte, traten Deutschland und andere Staaten für eine noch größere Flexibilität der OSZE ein.[155] Diese Ausnahme von der allgemeinen Konsensregel, auch als „Konsens-minus-eins-Prinzip" bezeichnet, hat allerdings einen eingeschränkten Effekt als auch begrenzte praktische Bedeutung. Als Maßnahme können lediglich politische Erklärungen oder andere politische Schritte beschlossen werden, die nur „außerhalb des Territoriums des betroffenen Staates anwendbar sind."[156] Die „Konsens-minus-eins-Regel" ist in Anbetracht der „jugoslawischen Krise" entwickelt und erstmals im Sommer 1992 angewendet worden, als das ehemalige Jugoslawien von der KSZE suspendiert wurde.[157]

Keine Anwendung hat hingegen bislang die auch als Einstimmigkeit-minus-eins-Regel zu bezeichnende Bestimmung in Art. 7 Abs. 5 Satz 1 EU erhalten, wonach der Rat einen Feststellungsbeschluss über eine schwerwiegende und anhaltende Verletzung von in Art. 6 Abs. 1 EU genannten Grundsätzen (Freiheit, Demokratie, Achtung der Menschenrechte und Grundfreiheiten, Rechtsstaatlichkeit) ohne die Stimme des betroffenen Mitgliedstaates einstimmig erlässt (Art. 7 Abs. 2 EU).[158]

---

[154] Prager Dokument über die weitere Entwicklung der KSZE-Institutionen und -Strukturen vom 31.01.1992, in: Bull. BReg. Nr. 12 vom 04.02.1992, Ziff. 16, S. 84.
[155] Inzwischen wird innerhalb der OSZE sogar verstärkt über eine Abschaffung oder mindestens ein Überdenken der Konsensregel nachgedacht, um effektive und zügige Entscheidungen treffen zu können. Vgl. OSZE, Jahresbericht über die Aktivitäten der OSZE, 2003, S. 43; BT-Drs. 15/3668 vom 30.08.2004, S. 4.
[156] Prager Dokument (Fn. 154), Ziff. 16, S. 83.
[157] Vgl. Theodor Schweisfurth, Einführung, in: Theodor Schweisfurth/Karin Oellers-Frahm (Hrsg.) (Fn. 81), S. XXXII.
[158] Vgl. Matthias Ruffert, in: Christian Calliess/Matthias Ruffert (Hrsg.), Kommentar EUV/EGV, 3. Auflage, München 2007, Art. 7 EUV, Rdnr. 16, S. 80.

B. Konsensregel 297

Auf dem dritten KSZE-Ratstreffen im Dezember 1992 ist sogar eine „Konsens-minus-zwei-Regel" eingeführt worden, die dem Rat und dem Ausschuss Hoher Beamter die Möglichkeit einräumt, zwei beliebige Teilnehmerstaaten anzuweisen, sich einem Vergleichsverfahren zu unterziehen, wobei die zwei miteinander im Konflikt stehenden Staaten vom Entscheidungsprozess ausgeschlossen bleiben.[159] Diese Ausnahmeregeln entsprechen aber ohnehin dem allgemein anerkannten Prinzip, wonach eine Streitpartei nicht selbst Richter im eigenen Fall sein darf.[160]

Die „Konsens-minus-eins-" bzw. „Konsens-minus-zwei-Regeln" stellen auf die Nichtteilnahme am Entscheidungsprozess ab, unter Festlegung der „Ausgeschlossenen". An die Nichtteilnahme knüpft auch ein geringeres Quorum für die Beschlussfassung als eine weitere Lockerung an, wobei hier beliebige Mitglieder abwesend sein können. Diese Lockerung ist bei der Auslösung der Krisenmechanismen innerhalb der OSZE vorgesehen.[161]

Als eine weitere Lockerung von der Konsensregel sind Regelungen zu werten, die bei drohender Blockade die Möglichkeit einer Abstimmung mit einer Mehrheitsregel vorsehen, wie durch die Vergleichskommission der OSZE oder in der WTO (Art. IX Abs. 1 Satz 2 WTO-Übereinkommen). Eine entsprechende Regelung besteht auch innerhalb der Internationalen Meeresbodenbehörde, in der der Konsens als allgemeine Entscheidungsregel festgelegt ist. Wenn aber alle Bemühungen für eine Konsensentscheidung innerhalb des Rates ausgeschöpft wurden, darf auf Mehrheitsregeln ausgewichen werden (Regel 56 Abs. 2 GO Rat). Der Rat kann allerdings auch eine Beschlussfassung verschieben und damit weitere Verhandlungen ermöglichen, wenn noch nicht alle Anstrengungen für eine Konsensentscheidung unternommen worden sind (Regel 56 Abs. 3 GO Rat).

Wenn Konsens als Entscheidungsregel festgelegt ist, wird häufig die Mehrheitsregel als *ultima ratio* der Entscheidungsfindung vorbehalten, um den Entscheidungsprozess doch noch zu ermöglichen. Oftmals genügt aber schon die bloße Androhung einer Abstimmung durch eine Mehrheit der Beteiligten, um Druck auf die Unentschlossenen oder gar „Gegner" auszuüben und doch noch eine Konsensentscheidung herbeizuführen.[162] Wenn Konsensentscheidungen, die als Regelbeschlüsse für die Versammlung und den Vollzugsrat einer der jüngeren Staatenverbindungen, der Afrikanischen Union, nicht zustande kommen, findet auch hier eine Abstimmung mit (Zweidrittel-)mehrheit der Mitglieder statt.[163]

---

[159] Beschluss des 3. Treffens des KSZE-Rates in Stockholm über friedliche Beilegung von Streitigkeiten vom 14./15.12.1992, in: Bull. BReg. Nr. 2 vom 08.01.1993, S. 5.
[160] Vgl. Arie Bloed, Two Decades of the CSCE Process, in: Arie Bloed (ed.), The Conference on Security and Co-operation in Europe, Dordrecht/Boston/London 1993, S. 21.
[161] Vgl. Heiko Borchert, Friedenssicherung im Rahmen der OSZE?, in: ASMZ, 162 (1996) 1, S. 11.
[162] Vgl. Malte Schmans (Fn. 72), S. 66.
[163] Art. 7 Abs. 1 Satz 1, Art. 11 Abs. 1 Satz 1 AU-Gründungsvertrag i.V.m. Regel 18 Abs. 1 GO AU-Versammlung bzw. Regel 19 Abs. 1 GO AU-Vollzugsrat. GO AU-Versammlung und GO AU-Vollzugsrat vom 10.07.2002, in: http://www.africa-union.org/rule_prot/rules_Assembly.pdf bzw. http://www.africa-union.org/rule_prot/exec-council.pdf (07.01.2008).

Da es in der Praxis des GATT wiederholt zu Blockierungen der Panels und Panelberichte gekommen war, ist in der WTO nunmehr die Konsensregel von der positiven zur negativen umgekehrt worden. Während im GATT ein Panelbericht nur im Konsens angenommen werden konnte, wobei auch der beklagte Staat keinen Einspruch gegen die Annahme eines ihn verpflichtenden Berichtes erheben durfte, was jedoch nicht selten eintrat, gelten nach der neuen Konsensregel Panelberichte durch das Streitbeilegungsorgan als angenommen, wenn sie nicht im Konsens abgelehnt werden (Art. 17 Abs. 14 WTO-DSU).[164] Folglich werden die Berichte quasi automatisch verpflichtend. Mit Hilfe eines gerichtsähnlichen Verfahrens anstelle eines Verhandlungsverfahrens konnte ein effektiverer Konfliktlösungsmechanismus geschaffen werden.[165] Auch wenn (quasi-)gerichtliche Entscheidungsverfahren nicht zum Gegenstand vorliegender Arbeit gehören, ist eine Übertragung der negativen Konsensregel auf andere Entscheidungsverfahren durchaus denkbar.

Zusammenfassend lassen sich folgende Lockerungen der Konsensregel aufzeigen: „Konsens-minus-eins" und „Konsens-minus-zwei", geringere Quoren, das Abstimmen mit einer Mehrheitsregel sowie die Umkehrung der Konsensregel. Mit Ausnahme des Übergangs zur Mehrheitsregel bei drohender Handlungsunfähigkeit ist der Unterschied zwischen den anderen Lockerungen fließend. Von der Entscheidung betroffene oder andere Mitglieder üben keinen Einfluss auf die Beschlussfassung aus.

IV. Vergleich der Konsensregel mit Abstimmungsregeln

Da die Rechtsfolgen in Bezug auf die Verbindlichkeit von Entscheidungen, die nach der Einstimmigkeits-, Mehrheits- oder Konsensregel getroffen werden, durchaus gleich sind[166], soll nachfolgend ein Vergleich zwischen der Konsensregel, bei der keine Abstimmung stattfindet, auf der einen Seite und der Einstimmigkeits- und Mehrheitsregel, die jeweils eine Abstimmung voraussetzen, auf der anderen vorgenommen werden.

Gegenüber der unflexibleren Abstimmungsregel der Einstimmigkeit, aber auch der Mehrheit in Entscheidungsverfahren von heterogenen Kollegialorganen ist die Konsensregel im Vorteil. Da die Konsensregel nicht, wie die Einstimmigkeitsregel, die explizite positive Zustimmung aller Beteiligten voraussetzt, sondern nur das Fehlen ausdrücklicher Gegenstimmen[167], erleichtert sie die Entscheidungsfindung erheblich. Zu einer materiellen Einigung muss es dabei nicht immer zwangsläufig kommen. Selbst wenn eine Entscheidung nicht ganz den Interessen aller Beteiligten entspricht, sie aber nicht wesentlichen partikulären Interessen wider-

---

[164] WTO-DSU vom 15.04.1995, in: UNTS, vol. 1869, p. 401; BGBl. 1994 II, 1749.
[165] Vgl. Heinz Hauser, Die WTO-Streitschlichtung aus einer Law and Economics Perspektive, in: Hartmut Berg (Hrsg.), Theorie der Wirtschaftspolitik, Berlin 2000, S. 80.
[166] Vgl. Antonio Cassese (Fn. 78), S. 754 f.; Mario Amadeo, Consensus and International Relations, in: Beseat Kiflé Sélassié (ed.) (Fn. 65), S. 133.
[167] „[I]t may also mean a combination of voiced support and quiet abstention." Erika B. Schlager (Fn. 147), S. 223.

spricht, kann ein Beschluss zustande kommen. In diesem Fall geben die betroffenen Beteiligten in der Regel nachträglich Erklärungen zu ihrem Verhalten bei der Entscheidungsfindung ab. Darin bringen sie, neben ihrer Übereinstimmung in wesentlichen Bereichen des Verhandlungsgegenstandes, vor allem weiterhin bestehende Differenzen in Randbereichen zum Ausdruck.[168] Als Gegenleistung hierfür werden oftmals Entgegenkommen auf einem anderen Gebiet in Aussicht gestellt.[169]

Die hinter einer Einstimmigkeits- und Konsensentscheidung stehende politische Kraft verleiht den Organen nicht nur die notwendige Glaubwürdigkeit, sondern unterstreicht eindrucksvoll die Legitimierung ihrer Beschlüsse. Wie bei der Einstimmigkeitsregel kann auch bei Anwendung der Konsensregel ein Beteiligter eine Entscheidung bzw. einen Beschluss blockieren und damit den gesamten Entscheidungsprozess lähmen.[170] Um dies zu verhindern, kann für den Fall des endgültigen Scheiterns der Konsensregel eine Abstimmungsregel mit einem bestimmten Mehrheitserfordernis vorgesehen werden.

Im Vergleich mit der Einstimmigkeitsregel erleichtert die Konsensregel den Prozess der Entscheidungsfindung. Allgemein steht die Konsensentscheidung der Einstimmigkeitsentscheidung jedoch wesentlich näher als einer Mehrheitsentscheidung.[171] Im Vergleich zur Mehrheitsregel garantiert die Konsensregel die Berücksichtigung wesentlicher und geltend gemachter Interessen einer numerischen Minderheit, der eine bedeutende Rolle bei der Umsetzung der Entscheidung zukommt.[172] Sie kann bei Anwendung der Konsensregel von der Mehrheit nicht überstimmt werden, weil entweder die Option mit der stärksten Willensintensität angenommen oder im Falle eines Ausgleiches der Optionen ein Kompromiss zwischen divergierenden Auffassungen unter Berücksichtigung der wesentlichen Interessen aller Beteiligten gesucht wurde. Insgesamt muss eine Entscheidung für alle Beteiligten mehr Vorteile als Nachteile beinhalten. Dieses Verfahren erhöht gleichzeitig die Akzeptanz der Entscheidung und ihre Umsetzung.[173]

Als Nachteile gegenüber den Abstimmungsregeln werden bei der Konsensregel hingegen die oftmals langwierigen Verhandlungen mit hohen Entscheidungskosten genannt, die zur Erlangung eines von allen Beteiligten getragenen Beschlusses nötig sind.[174] Weil bei Konsensentscheidungen nicht selten ein von allen Beteiligten zu tragender Kompromiss erreicht werden muss, lägen diese unter dem Standard, den die Beteiligten am Entscheidungsprozess für sich selbst beanspruchen.[175] Diesem angeblichen Nachteil kann allerdings durch eine entsprechende Verfah-

---

[168] Vgl. Wolff Heintschel von Heinegg, in: Knut Ipsen (Fn. 18), § 10, Rdnr. 13, S. 130.
[169] Vgl. hierzu das unter B. I. erwähnte „*package deal*"-Prinzip.
[170] Vgl. Erika B. Schlager (Fn. 147), S. 223.
[171] Vgl. Matthias Brinkmann (Fn. 21), S. 261.
[172] Vgl. Mario Amadeo, Consensus and International Relations, in: Beseat Kiflé Sélassié (ed.) (Fn. 65), S. 133; Malte Schmans (Fn. 72), S. 125.
[173] Vgl. Günther Jaenicke (Fn. 138), S. 451 ff.
[174] Vgl. Amadou-Mahtar M'Bow, Consensus in International Organizations, in: Beseat Kiflé Sélassié (ed.) (Fn. 65), S. 26; Barry Buzan (Fn. 66), S. 341; Arie Bloed (Fn. 160), S. 19.
[175] Vgl. Erika B. Schlager (Fn. 147), S. 224.

rensweise bei der Entscheidungsfindung begegnet werden, wie die erfolgreiche Anwendung der Konsensregel auf der III. UN-Seerechtskonferenz gezeigt hat. Eine „dezentrale" Verhandlungsweise in „nicht-offiziellen" Verhandlungsgruppen gab den Verhandlungen einen „informellen" Charakter. In den neben den Ausschüssen gebildeten Verhandlungsgruppen (regional/politischen, Interessengruppen bzw. zu bestimmten Themen) konnten gruppenintern abgestimmte Vorschläge für den gruppenübergreifenden Entscheidungsprozess vorbereitet werden. Eine in der völkerrechtlichen Praxis bisher wohl einzigartige Schlüsselposition kam hierbei dem Konferenzpräsidenten und den drei Ausschussvorsitzenden zu, die mit immer neuen Formulierungen einen von allen akzeptierten Kompromiss zu erzielen suchten.[176] Bei der Entscheidungsfindung durch eine Vielzahl von Beteiligten bietet eine dezentrale Verhandlungsweise unter Führung von fachlich kompetenten und allgemein anerkannten Persönlichkeiten mit Verhandlungsgeschick allgemein gute Voraussetzungen für einen Erfolg.

Zu fragen bleibt, für welche Entscheidungen sich die Konsensregel eignet. Hierzu sollen diese, in Anlehnung an eine mögliche Einteilung von Gesetzen[177], auf einer Skala von „weichen" für politische und verfahrensrechtliche Beschlüsse, „mittleren" für Festlegungen von Richtlinien oder Empfehlungen und „harten" bzw. wichtigen für materielles Vertragsrecht bzw. Gesetze eingeteilt werden.[178] Während einige Autoren den Konsens nur für „weiche" und „mittlere" Entscheidungen empfehlen[179], wie beispielsweise im Rahmen des KSZE/OSZE-Prozesses, stellt die UN-Seerechtskonvention ein beachtenswertes Beispiel einer „harten" Entscheidung dar.[180] Bereits zuvor ist innerhalb der UN-Generalversammlung ein völkerrechtlicher Vertrag durch eine Resolution mit der Konsensregel angenommen worden – die Konvention über die Verhütung, Verfolgung und Bestrafung von Straftaten gegen völkerrechtlich geschützte Personen, einschließlich Diplomaten.[181] Diese zwar nicht zahlreichen Beispiele beweisen, dass Konsensentscheidungen auch für klare und rechtlich verbindliche Staatenverpflichtungen geeignet sein können.

Konsensentscheidungen tragen zu einer Interessenintegration bei, da durch den bestehenden Zwang zur Kooperation und zum Auffinden kollektiver Kompromisse bei jeder einzelnen Entscheidung Gemeinsamkeiten zwischen den am Entscheidungsprozess Beteiligten gefunden werden müssen. Das setzt das Vorhandensein

---

[176] Zur Rolle der Vorsitzenden allgemein vgl. Amadou-Mahtar M'Bow, Consensus in International Organizations, in: Beseat Kiflé Sélassié (ed.) (Fn. 65), S. 21 und speziell auf der Seerechtskonferenz vgl. Malte Schmans (Fn. 72), S. 81 ff.

[177] Vgl. Volker Nienhaus (Fn. 9), S. 165 f.

[178] Buzan wählt folgende Einteilung von Entscheidungen: „weiche" für Festlegung von Definitionen, Ausarbeitung von Sachfragen, „mittlere" für Festlegung von Prinzipien, Normen, Richtlinien, Empfehlungen und „harte" für Vertragsrecht. Vgl. Barry Buzan (Fn. 66), S. 345.

[179] „Consensus does not seem suitable for „decisions requiring great clarity and involving precise legal consequences for states"." Vgl. Daniel Vignes (Fn. 129), S. 121.

[180] Vgl. Barry Buzan (Fn. 66), S. 346.

[181] Diplomatenschutzkonvention vom 14.12.1973, in: UNTS, vol. 1035, p. 167; BGBl. 1976 II, 1746. Vgl. Daniel Vignes (Fn. 129), S. 121.

von einigen übergeordneten gemeinsamen Zielen voraus, wie das allseitige Interesse an einer Regelung globaler Sachfragen, die die Möglichkeit der Blockierung durch Ausübung des „Vetorechts" abwehren. Damit beschränken sich Konsensentscheidungen auf Bereiche, die von den Beteiligten als alle tangierende und dringend zu lösende erkannt worden sind.[182]

In Bezug auf die Stimmenverteilungsregeln hat die Konsensregel den Effekt, dass sie den Unterschied zwischen der Regel der gleichen Anzahl von Stimmen und der Stimmengewichtung faktisch aufhebt, da es zu keiner Abstimmung kommt und demzufolge auch keine Stimmen gezählt werden.

C. Mehrheitsregeln

I. Mehrheit als Begriff

Das deutsche Wort „Mehrheit" steht für das lateinische *„majoritas"*, so dass in der Literatur die Begriffe Mehrheits- bzw. Majoritätsprinzip synonym verwendet werden. Das deutsche Wort „Minderheit" und das lateinische *„minoritas"* sind die dem ersten Wortpaar entsprechenden Antonyme. Mehrheit und Minderheit werden „[...] durch ein zahlenmäßiges Verhältnis bestimmt".[183] Beiden Antonymen kommt kein eigener Wert zu. Sie stehen vielmehr für ein quantitatives Verhältnis. Erst durch das „In-Verhältnis-Setzen" von zwei Größen bzw. Zahlen ergeben sich bei Nichtvorliegen eines gleichen Zahlenverhältnisses Mehrheit und Minderheit oder wie Höpker es zutreffend formuliert: „Mehrheit ist nur in einem Verhältnis von größeren zu kleineren Zahlwerten denkbar unter Ausschluss jeglicher Wertgleichheit der in Relation stehenden Zahlen."[184] Anders ausgedrückt bedeutet Mehrheit „[...] eine Relation der Zahl der entscheidenden Stimmen zur Zahl der gesamten Körperschaft, also des Teiles zum Ganzen."[185] Damit ist Mehrheit „[...] eine eindeutige Verhältnisbestimmung zwischen Zahlengruppen" und bedeutet „Stimmenmehrheit."[186] Diese arithmetische Darstellung, transponiert auf ein Kollegialorgan von Beteiligten an einer konkreten Entscheidung zwischen verschiedenen frei zu wählenden Alternativen[187], bedeutet, dass sich dieses im Ergebnis des Willensbildungs- und Entscheidungsprozesses in zwei Lager spaltet, in das der Mehrheit und der Minderheit. Von diesen in der Regel entgegengesetzten Willen entscheidet die Mehrheit letztendlich über die Bildung des einheitlichen Wil-

---

[182] Vgl. Matthias Brinkmann (Fn. 21), S. 264 ff.
[183] Heinrich Höpker, Grundlagen, Entwicklung und Problematik des Mehrheitsprinzips und seine Stellung in der Demokratie, Köln 1957, S. 3.
[184] Ebenda, S. 2 f.
[185] Horst Schmitt (Fn. 1), S. 69.
[186] Heinz Josef Varain, Die Bedeutung des Mehrheitsprinzips im Rahmen unserer politischen Ordnung, in: ZfP, N.F., 11 (1964), S. 242 f.
[187] Vgl. Werner Heun, Das Mehrheitsprinzip in der Demokratie, Berlin 1983, S. 40.

lens.[188] Denn die Notwendigkeit der Entscheidung fordert deren Verbindlichkeit für alle am Entscheidungsprozess Beteiligten.

Nach der Spieltheorie, die Spiele mit Nullsummenergebnis und Spiele mit von Null verschiedenem Ergebnis positiv oder negativ unterscheidet, stellt die Mehrheitsentscheidung eine Nullsummenentscheidung dar. Wie bei einem Würfelspiel gewinnt ein Spieler und ein anderer verliert. Wenn nach einem Beispiel von Bobbio bei einer Abstimmung der Einsatz Monarchie oder Republik lauten würde, so wäre das Ergebnis unter Anwendung der Mehrheitsregel entweder Monarchie oder Republik, aber niemals republikanische Monarchie oder monarchische Republik, wie bei einem Kompromiss mit positivem Ergebnis möglich.[189]

Die der Korporationslehre entstammende Auffassung der Gleichsetzung der Mehrheit mit der Gesamtheit[190] setzt quasi die Mehrheitsentscheidung ideell mit der Einstimmigkeitsentscheidung gleich. Alle Beteiligten am Entscheidungsprozess, darunter auch die der Minderheit, sind verpflichtet, die Entscheidung mitzutragen.[191] Dies brachte bereits Rousseau in seinem Gesellschaftsvertrag zum Ausdruck.[192]

Das Mehrheitsprinzip ist ein numerisches Prinzip[193] und damit eine formelle Entscheidungsregel[194], „kein Prinzip mit materieller Grundlage", da, wie zu zeigen sein wird, einer Mehrheitsentscheidung eine innere materielle Rechtfertigung fehlt.[195] Das Mehrheitsprinzip ist, wie bereits im zweiten Kapitel gezeigt, auf das Engste mit der Demokratie verbunden.[196] Aus dem Rechtsverständnis der athenischen Demokratie folgte schon notwendigerweise, „[...] daß der Beschluß der Mehrheit, [...], oberste Gültigkeit besitzt und die Rechtsnorm bildet [...]."[197] Das Grundgesetz legt in Art. 42 Abs. 2 Satz 1 das Mehrheitsprinzip als Grundsatz und

---

[188] Vgl. Heinrich Höpker (Fn. 183), S. 5 f.
[189] Vgl. Norberto Bobbio, Die Mehrheitsregel, in: Bernd Guggenberger/Claus Offe (Hrsg.), An den Grenzen der Mehrheitsdemokratie, Opladen 1984, S. 117.
[190] Kritisch hinterfragt von Wilhelm Caspar, Die Geltung der Stimmenmehrheit als ob sie den Willen der Gesamtheit ausdrückte, Magdeburg 1924, Rdnr. I, 3. ff., S. 8 ff.
[191] Vgl. Lothar Roos, Mehrheitsregel im Entscheidungsprozeß, in: Anton Rauscher (Hrsg.), Mehrheitsprinzip und Minderheitenrecht, Köln 1988, S. 15.
[192] „Abgesehen von diesem ursprünglichen Vertrag verpflichtet die Stimme der Mehrzahl immer alle anderen; gerade das ist eine Folge des Vertrages." Jean-Jacques Rousseau (Fn. 2), S. 116.
[193] Vgl. Norbert Achterberg/Martin Schulte, in: Christian Starck (Hrsg.), Kommentar zum Grundgesetz, Band 2, 5. Auflage, München 2005, Art. 42 Abs. 2, Rdnr. 25, S. 1103.
[194] Vgl. Friedrich August von Hayek, The Constitution of Liberty, London 1960, S. 104; Ulrich Scheuner, Der Mehrheitsentscheid im Rahmen der demokratischen Grundordnung, in: Ulrich Häfelein/Walter Haller/Dietrich Schindler (Hrsg.), FS für Werner Kägi, Zürich 1979, S. 311; Norberto Bobbio (Fn. 189), S. 109.
[195] Vgl. Ulrich Scheuner (Fn. 194), S. 311 f.
[196] „So lässt sich die freiheitliche demokratische Grundordnung als eine Ordnung bestimmen, die [...] eine rechtsstaatliche Herrschaftsordnung auf der Grundlage der Selbstbestimmung des Volkes nach dem Willen der jeweiligen Mehrheit und der Freiheit und Gleichheit darstellt." BVerfGE 2, 1 (12 f.).
[197] Aristoteles, Band 9, Politik, Teil 3, Buch VI, 1317 b, Ernst Grumach (Hrsg.), Berlin 1996, S. 92 f.

wesentliches Strukturelement der parlamentarischen Demokratie und demzufolge als ein Mittel zur Entscheidungsfindung fest.[198] Aufgrund der Notwendigkeit verbindlicher Entscheidungsfindung zur Regelung komplexer gesellschaftlicher und politischer Verhältnisse innerhalb eines in der Regel kurz bemessenen Zeitraums bildet die Mehrheitsregel eine der Demokratie angemessene Entscheidungsregel.[199] Das Mehrheitsprinzip stellt dennoch kein Begriffselement der Demokratie dar. Demokratische Verfahren können auch das Einstimmigkeitsprinzip zur Grundlage von Entscheidungen haben. Solange eine durch Einstimmigkeit erzielte Entscheidung auf den Volkswillen zurückführbar ist, steht Einstimmigkeit nicht im Widerspruch zum Demokratieprinzip. Wenn Mehrheit und Minderheit sich auf einen Kompromisswillen einigen können, kann Einstimmigkeit entstehen (Mehrheit + Minderheit → Einstimmigkeit). Demzufolge ließe sich die Mehrheit als Ergebnis einer Subtraktion der Minderheit von der Einstimmigkeit darstellen (Mehrheit = Einstimmigkeit – Minderheit).

Eine ausschließliche Beschränkung des Mehrheitsprinzips auf demokratische Staatsformen bzw. Formen von Staatenverbindungen ist ebenfalls nicht zwingend. Die Mehrheitsregel als ein formelles Mittel zur Gewinnung einer gemeinsamen Entscheidung ist überall dort möglich, wo verschiedene Meinungen zugelassen und zwischen verschiedenen Alternativen gewählt werden kann.[200]

Nach Buchanan[201] und Tullock als Mitbegründer der Konstitutionenökonomik verletzt die Mehrheitsregel jedoch die Gleichheit des Einzelnen. Durch die Mehrheitsentscheidung finden die Interessen des der Minderheit angehörenden Einzelnen keine Beachtung. Als Verfechter der Einstimmigkeit mussten aber auch sie eingestehen, dass diese „ideale" Regel in der Praxis schwer umzusetzen ist.[202] Der mitunter vertretenen Auffassung, wonach die Anwendung des Mehrheitsprinzips zur Erlangung von rechtlich bindenden Entscheidungen die souveräne Gleichheit der am Entscheidungsprozess beteiligten Staaten verletzen würde[203], kann ebenso wenig gefolgt werden. Entweder sind die beteiligten Staaten an der Ausarbeitung der Entscheidungsregeln im Gründungsprozess von Staatenverbindungen und ih-

---

[198] Vgl. Christoph Lambrecht, Die Stimmenthaltung bei Abstimmungen und die Nein-Stimme bei Wahlen, Frankfurt am Main 1988, S. 5; Michael Sachs, in: Michael Sachs (Hrsg.), Grundgesetz. Kommentar, 4. Auflage, München 2007, Art. 20, Rdnr. 22, S. 773.

[199] Vgl. Horst Dreier, in: Horst Dreier (Hrsg.), Grundgesetz. Kommentar, Band II, 2. Auflage, Tübingen 2006, Art. 20 (D), Rdnr. 73, S. 68.

[200] Vgl. Ulrich Scheuner, Das Mehrheitsprinzip in der Demokratie, Opladen 1973, S. 13 f.

[201] Buchanan erhielt 1986 für "his development of the contractual and constitutional bases for the theory of economic and political decision making" den Nobelpreis.

[202] "In political discussion, […], many scholars seem to have overlooked the central place that the unanimity rule must occupy in any normative theory of democratic government. […] At best, majority rule should be viewed as one among many practical expedients made necessary by the costs of securing widespread agreement on political issues when individual and group interests diverge." James M. Buchanan/Gordon Tullock (Fn. 57), S. 96.

[203] So Athena Debbie Efraim, Sovereign (In)equality in International Organizations, The Hague/Boston/London 2000, S. 118.

ren Entscheidungsorganen beteiligt und unterwerfen sich diesen, oder sie stimmen diesen mit ihrem späteren Beitritt zu. Bei Nichtakzeptanz würde ihnen die Alternative der Nichtbeteiligung an der Staatenverbindung offen stehen. Damit liegt das Einverständnis zur Anwendung bestimmter Entscheidungsregeln, im speziellen Fall des Mehrheitsprinzips, bereits vor einer Beteiligung an konkreten Entscheidungen vor.

Durch die Festlegung von Mehrheiten bestimmt sich die Anzahl der erforderlichen Stimmen bei Wahlen (Entscheidung für Kandidat) oder Abstimmungen (Entscheidung für Sachfrage) für die Durchsetzung eines Vorschlages. Was im konkreten Einzelfall unter einer Mehrheit zu verstehen ist, hängt maßgeblich von den unterschiedlichen quantitativen Abstufungen ab.

II. Quantitative Abstufungen der Mehrheitsregel

In Abhängigkeit von den Anforderungen an die Mehrheiten, mit den geringsten beginnend, lassen sich vier verschiedene Arten der Entscheidungsmehrheit in einer bestimmten Rangfolge anordnen: relative, einfache, absolute und qualifizierte Mehrheit. Im Gegensatz zur einfachen, absoluten und qualifizierten Mehrheit, die bei Vorliegen von zwei und mehr Alternativen bzw. Vorschlägen ermittelt werden können, setzt die Ermittlung der relativen Mehrheit das Vorliegen mehrerer Alternativen bzw. Vorschläge voraus.

1. Relative Mehrheit

Der Begriff relativ (lat.: *relatio*) als Gegenteil von absolut bedeutet Beziehung bzw. „auf etwas bezogen". An die relative Mehrheit werden die geringfügigsten Anforderungen gestellt. Die relative Mehrheit liegt vor, wenn eine einzelne Alternative von mehreren zur Auswahl stehenden mehr Stimmen auf sich vereinigen kann, als jede einzelne andere. Es obsiegt also die Alternative, die die höchste Anzahl von Stimmen erreicht, die für eine unter mehreren Alternativen abgegeben wurden. Der Prozentsatz der erhaltenen Stimmen im Verhältnis zur Gesamtzahl der abgegebenen Stimmen ist dabei unerheblich. Entscheidend sind die Mehrheitsverhältnisse zwischen den Stimmen, die für die verschiedenen Vorschläge oder Kandidaten abgegeben worden sind. Dabei bilden diese Stimmen selbständige Bezugszahlen, die zueinander in Relation gesetzt werden.[204] Charakteristisch für die relative Mehrheit ist das Vorhandensein mehrerer Alternativen (mehr als zwei), so dass die absolute Mehrheit in der Regel erst in einer Stichabstimmung erreicht wird.[205] Je größer aber die Anzahl der Alternativen, desto kleiner ist die Anzahl von Stimmen, die eine relative Mehrheit bilden. Die Mindestzahl der relativen Mehrheit ist immer kleiner als die Hälfte der Stimmen, außer wenn nur zwei Alternativen zur Auswahl stehen oder nur zwei von mehreren Alternativen Stim-

---

[204] Vgl. Joseph Bücker, Handbuch für die Parlamentarische Praxis mit Kommentar zur Geschäftsordnung des Deutschen Bundestages, Neuwied 1993, § 48, S. 3.
[205] Vgl. Werner Heun (Fn. 187), S. 124.

men erreichen.[206] Bei Vorliegen von nur zwei Alternativen entspricht die relative Mehrheit der einfachen. Wenn bei einem Beispiel von 100 Stimmen 34 Stimmen auf die Alternative A entfallen, 33 Stimmen auf B und 33 Stimmen auf C, hat die Alternative A die relative Mehrheit erreicht, obwohl sie weniger als 50% der Stimmen bekam. Diese Regel ist demnach mehr eine Minderheits- als eine Mehrheitsregel. Je mehr Alternativen zur Abstimmung stehen, desto geringer kann die Zahl der am Entscheidungsprozess Beteiligten sein, die sich für die ausgewählte Alternative entschieden haben.[207] Es kommt hierbei nicht auf die tatsächlich erreichte Stimmenanzahl an, sondern auf die Erfüllung des Mindesterfordernisses.[208]

Dem Inhalt nach stammt die relative Mehrheitsregel aus dem kanonischen Recht Anfang des 13. Jahrhunderts, wo sie allerdings als unzureichend angesehen wurde. Der Begriff der relativen Mehrheit wird erst mit der französischen Revolution von 1789 in Verbindung gebracht.[209] Anwendung findet sie vor allem bei Wahlen.[210] So kann sie gem. Art. 54 Abs. 6 Satz 2 GG bei der Wahl des Bundespräsidenten, Art. 63 Abs. 4 GG Satz 1 i.V.m. § 4 GOBT bei der Wahl des Bundeskanzlers, bei der Wahl des Bundestagspräsidenten und seiner Stellvertreter gem. Art. 40 Abs. 1 GG i.V.m. § 2 Abs. 2 GOBT oder auch bei dem Verfahren bei der Auswahl des Sitzes einer Bundesbehörde nach § 50 GOBT Bedeutung erlangen[211], falls die absolute Mehrheit nicht erreicht wird.

2. Einfache Mehrheit

Die einfache Mehrheit wurde bereits in der Antike als ausreichend zur Bildung von Mehrheitsverhältnissen angesehen.[212] Wie bereits im ersten Kapitel erörtert worden ist, entschied die einfache Mehrheit schon in der athenischen Volksversammlung.[213]

a) Begriff der einfachen Mehrheit

Unter einfacher Mehrheit wird generell die Mehrheit, d.h. mehr als die Hälfte der abgegebenen Stimmen in einem Kollegialorgan verstanden (Abstimmungsmehrheit). Ein Beschluss kommt zustande, wenn die Anzahl der Ja-Stimmen die der Nein-Stimmen um eine übersteigt, wobei Stimmenthaltungen nicht gezählt werden. Wenn die Bezugsgröße nicht die Zahl der abgegebenen Stimmen, sondern der Anwesenden ist, wird von der Anwesenheitsmehrheit gesprochen. Hier werden

---

[206] Vgl. Karl Georg Schneider, Die Abstimmung unter besonderer Berücksichtigung der verschiedenen Mehrheitsbegriffe, Heidelberg 1951, S. 27.
[207] Vgl. Werner Thieme, Entscheidungen in der öffentlichen Verwaltung, Köln/Berlin/Bonn/München 1981, S. 83.
[208] Vgl. Karl Georg Schneider (Fn. 206), S. 27.
[209] Vgl. Werner Heun (Fn. 187), Fn. 112, S. 124.
[210] Vgl. Karl Georg Schneider (Fn. 206), S. 27 f.
[211] Vgl. Joseph Bücker (Fn. 204), § 48, S. 4.
[212] Vgl. Werner Heun (Fn. 187), Fn. 115, S. 124.
[213] Vgl. Jochen Bleicken, Die athenische Demokratie, 4. Auflage, Paderborn/München/Wien/Zürich 1995, S. 201.

Stimmenthaltungen mitgezählt und wirken sich wie Gegenstimmen aus. Der Unterschied zwischen Anwesenden und Abstimmenden ergibt sich aus einem im neunten Kapitel zu untersuchenden Abstimmungsverhalten, der Nichtteilnahme an der Abstimmung. Da die Bezugsgrößen die Anzahl der abgegebenen und/oder abstimmenden Stimmen bilden, ist vorwiegend eine bestimmte Beschlussfähigkeitsziffer Voraussetzung für die Annahme des Beschlusses, die Gegenstand der Untersuchung im achten Kapitel sein wird.

Bei der einfachen Mehrheit handelt es sich um eine Mehrheit, an die keine besonderen zahlenmäßigen Anforderungen gestellt werden. Sie liegt vor, wenn mehr als die Hälfte der Stimmen auf eine Alternative entfallen. Dabei wird von der Stimmenanzahl, die der Berechnung zugrunde gelegt wird, die Hälfte genommen und das Ergebnis auf die nächst höhere ganze Zahl erweitert.[214] Jedes Mitglied eines kollegialen Entscheidungsorgans gibt seine Stimme der Alternative, die den ersten Platz in seiner individuellen Präferenzordnung einnimmt. Gewählt ist die Alternative, die die meisten Stimmen auf sich vereint.[215] Bei der einfachen Mehrheit werden in der Regel nur zwei Alternativen vorausgesetzt. Nach vorstehendem Beispiel mit 100 Stimmen würde ein Beschluss angenommen, wenn auf ihn 34 Ja-Stimmen, 33 Nein-Stimmen bei 33 Stimmenthaltungen entfallen.[216]

b) Einfache Mehrheitsregel in deutschen und ausländischen Verfassungsorganen

Der einfache Mehrheitsbeschluss galt schon im 19. Jahrhundert im englischen Parlamentsrecht als Regelfall.[217] Für die deutschen Reichstage regelten die Frankfurter und Weimarer Reichsverfassungen ebenfalls die einfache Stimmenmehrheit. Unter Stimmenmehrheit ist die Mehrheit der abgegebenen Stimmen, d.h. Abstimmungsmehrheit zu verstehen.[218] Nach § 98 Abs. 1 Frankfurter Reichsverfassung von 1849 ist einfache Stimmenmehrheit für Beschlüsse der beiden Häuser des Reichstages (Staatenhaus und Volkshaus) erforderlich gewesen. Art. 80 Satz 2 Preußische Verfassung von 1850 regelte die absolute Stimmenmehrheit für Beschlüsse beider Kammern. Art. 32 Abs. 1 Satz 1 Weimarer Verfassung von 1919 forderte für Beschlüsse des Reichstages einfache Stimmenmehrheit.[219] Diese traditionelle Abstimmungsregel ist von nationalen Parlamenten[220] der Gegenwart, wie

---

[214] Vgl. Karl Georg Schneider (Fn. 206), S. 34, 38.
[215] Vgl. Robertino Bedenian, Abstimmungsregeln im Gesellschaftsrecht, Frankfurt am Main 2000, S. 14.
[216] Vgl. Werner Heun (Fn. 187), S. 124 f.
[217] Vgl. Josef Redlich, Recht und Technik des Englischen Parlamentarismus, Leipzig 1905, S. 598.
[218] Vgl. Prodromos Dagtoglou, Kollegialorgane und Kollegialakte der Verwaltung, Stuttgart 1960, S. 134.
[219] Vgl. Hermann Breiholdt, Die Abstimmung im Reichstag, Hamburg 1923, S. 14.
[220] Art. 15 Abs. 11 UAbs. 1 Verfassung Irland (mit Ausnahme des Präsidenten oder des den Vorsitz führenden Mitgliedes); Art. 64 Abs. 3 Verfassung Italien; Art. 67 Abs. 2 Verfassung der Niederlande; Art. 68 Abs. 1 GONV Frankreich i.d.F. von 2006, in: http://www.assemblee-nationale.fr/deutsch/8cc.asp (07.01.2008); Art. 31 Bundes-

dem Deutschen Bundestag, so auch den Landtagen[221] sowie den Volksvertretungen auf kommunaler Ebene – den Gemeinderäten[222] – übernommen worden. Eine Vielzahl von Entscheidungen (u.a. Gesetze) ergeht in diesen kollegialen Entscheidungsorganen mit einfacher Mehrheit. Auch Ausschüsse[223], wie der Vermittlungsausschuss, fassen ihre Beschlüsse mit der Mehrheit der Stimmen seiner anwesenden Mitglieder, d.h. mit einfacher Mehrheit (§ 8 GO-VermA).[224] Mit einfacher Mehrheit entscheiden auch exekutive Organe, wie die Bundesregierung (§ 24 Abs. 2 Satz 1 GOBReg.) und die Landesregierungen.[225]

Die Terminologie der Abstimmungsregeln findet nicht immer eine einheitliche Verwendung[226] bzw. eine inkorrekte Verwendung. So wird bei Stimmenmehrheit auch von schlichter Mehrheit[227] oder relativer Mehrheit[228] anstelle von einfacher

---

Verfassungsgesetz Österreich; Art. 119 Abs. 3 Verfassung Portugal; Kapitel 4 § 5 Verfassung Schweden; Art. 79 Abs. 2 Verfassung Spanien; Art. 120 Verfassung Polen. Vgl. auch Inter-Parliamentary Union, Parliaments of the World, Band I, 2. Auflage, Aldershot 1986, S. 515 ff.; Bjørn Erik Rasch, Parliamentary Voting Procedures, in: Herbert Döring (ed.), Parliaments and Majority Rule in Western Europe, Frankfurt/Main/New York 1995, S. 495.

[221] Die Landtage beschließen „mit der Mehrheit der abgegebenen Stimmen": Art. 33 Abs. 2 LV BW, Art. 23 Abs. 1 LV BY, § 43 Abs. 2 LV BE, Art. 65 LV BB, Art. 90 LV HB, Art. 19 LV HH, Art. 88 LV HE, Art. 32 Abs. 1 LV MV, Art. 21 Abs. 4 LV NI, Art. 44 Abs. 2 LV NW, Art. 88 Abs. 2 LV RP, Art. 74 Abs. 2 LV SL, Art. 48 Abs. 3 LV SN, Art. 51 Abs. 1 LV ST, Art. 16 Abs. 1 LV SH, Art. 61 Abs. 2 LV TH.

[222] § 37 Abs. 6 Satz 2 GO BW, Art. 51 Abs. 1 Satz 1 GO BY, § 47 Abs. 1 Satz 1 GO BB, § 54 Abs. 1 Satz 1 HGO, § 31 Abs. 1 Satz 1 und 2 GO MV, § 47 Abs. 1 Satz 1 NGO, § 50 Abs. 1 Satz 1 GO NRW, § 40 Abs. 1 Satz 1 GemO RP, § 45 Abs. 1 Satz 1 KSVG, § 39 Abs. 6 Satz 2 SächsGemO, § 54 Abs. 2 Satz 2 GO LSA, § 39 Abs. 1 Satz 1 GO SH, § 39 Abs. 1 Satz 1 ThürKO.

[223] Ausschüsse des BT können sich keine eigene Geschäftsordnung geben. Vgl. Hans Troßmann, Parlamentsrecht des Deutschen Bundestages, Kommentar, München 1977, § 63, Rdnr. 16.3, S. 450. Zum Abstimmungsverhalten in den Ausschüssen vgl. Wolfgang Ismayr, Der Deutsche Bundestag, Opladen 1992, S. 214 f.

[224] Zur Beschlussfassung mit einfacher Mehrheitsregel vgl. Christian Dästner unter Mitarbeit von Josef Hoffmann, Die Geschäftsordnung des Vermittlungsausschusses, Berlin 1995, Rdnr. 1 ff., S. 131 ff.

[225] Art. 49 Abs. 3 Satz 1 LV BW, Art. 54 Satz 1 LV BY, Art. 90 Abs. 1 Satz 2 LV BB, Art. 117 Abs. 1 LV HB, Art. 42 Abs. 3 Satz 1 LV HH (Senat), Art. 46 Abs. 3 Satz 1 LV MV, Art. 39 Abs. 2 Satz 1 LV NI, Art. 68 Abs. 5 Satz 1 LV ST.

[226] So auch Hartmut Maurer, Staatsrecht I, 4. Auflage, München 2005, Rdnr. 57, S. 209.

[227] So Gerhard Waibel, Gemeindeverfassungsrecht Baden-Württemberg, 3. Auflage, Stuttgart/Berlin/Köln 1995, Rdnr. 311, S. 137.

[228] Risse spricht von einfacher oder relativer Mehrheit. Horst Risse, in: Dieter Hömig (Hrsg.), Grundgesetz für die Bundesrepublik Deutschland. Kommentar, 8. Auflage, Baden-Baden 2007, Art. 42, Rdnr. 2, S. 342. Sowohl Schwabe und Sundermann als auch Klang und Gundlach ordnen die Stimmenmehrheit (mehr Ja- als Nein-Stimmen) in § 50 Abs. 1 Satz 1 GO NRW bzw. in § 54 Abs. 2 Satz 2 GO LSA der relativen und nicht der einfachen Mehrheit zu. Johannes Schwabe/Welf Sundemann, Kommunalverfassung in Nordrhein-Westfalen, Hamburg 2003, D, Rdnr. 110, S. 108; Klaus A. Klang/Ulf Gundlach, Gemeindeordnung und Landkreisordnung Sachsen-Anhalt, 2. Auflage, Magdeburg 1999, § 54, Rdnr. 6, S. 225.

Mehrheit gesprochen. Mitunter erfolgt keine Zuordnung der Stimmenmehrheit zu den Mehrheitsregeln.[229] Die Aussage im Kommentar zur Sächsischen Gemeindeordnung, wonach im Regelfall die Beschlüsse mit der „absoluten Mehrheit der abgegebenen Stimmen" gefasst werden, ist sogar unzutreffend. Zutreffend ist indes, die sich anschließende Erläuterung „die abgegebenen Ja-Stimmen müssen die Nein-Stimmen zahlenmäßig überwiegen".[230] Wenn als Bezugsgröße die Anzahl der abgegebenen Stimmen genommen wird, liegt eine einfache Mehrheit vor.

Nach der auf die Weimarer Reichsverfassung zurückgehenden Bestimmung[231] in Art. 42 Abs. 2 Satz 1 GG ist für einen Beschluss des Bundestages die Mehrheit der abgegebenen Stimmen erforderlich. Unter der Mehrheit der abgegebenen Stimmen ist die einfache Mehrheit zu verstehen und nicht die absolute, wie auch Kemmler irrtümlich meint.[232] Höfling und Burkiczak sprechen von relativer Mehrheit, verweisen sodann aber auf die zutreffende Bezeichnung als einfache Mehrheit.[233] Die verfassungsrechtliche Bestimmung wird in § 48 Abs. 2 GOBT eindeutig präzisiert, indem es heißt „[s]oweit nicht das Grundgesetz, ein Bundesgesetz oder diese Geschäftsordnung andere Vorschriften enthalten, entscheidet die einfache Mehrheit".[234] Die Abstimmungsregel der einfachen Mehrheit, wie in § 48 Abs. 2 der geltenden Geschäftsordnung, gilt seit der endgültigen Geschäftsordnung des Bundestages vom 6. Dezember 1951. In der vorläufigen Geschäftsordnung des Bundestages vom 20. September 1949 (§ 103 Abs. 2 GOBT) und der Geschäftsordnung des Reichstages vom 12. Dezember 1922 (§ 103 Abs. 2 GORT) hieß es „Die Mehrheit der abgegebenen Stimmen entscheidet." Die Geschäftsordnungen der Nationalversammlung vom 6. Februar 1919, des Reichstages des Norddeutschen Bundes vom 12. Juni 1868, des Preußischen Abgeordnetenhauses vom 28. März 1862 und der Zweiten Kammer des Preußischen Landtages vom 28. März 1849 bestimmten hingegen noch „Die Abstimmung geschieht nach absoluter Mehrheit [...]."[235]

---

[229] So Albert von Mutius/Harald Rentsch, Kommunalverfassungsrecht Schleswig-Holstein, 6. Auflage, Kiel 2003, § 39, Rdnr. 2, S. 339.
[230] Georg Brüggen/Ingrid Heckendorf, Sächsische Gemeindeordnung, Berlin 1993, § 39, Rdnr. 161, S. 162 f.
[231] Vgl. Friedrich Giese, Die Verfassung des Deutschen Reiches, 8. Auflage, Berlin 1931, Art. 32, Rdnr. 2, S. 104.
[232] „Es kann aufgrund von Art. 42 Abs. 2 S. 1 GG kein Zweifel daran bestehen, daß bei der Beschlußfassung des Bundestages auf alle Fälle die absolute Mehrheit notwendig ist." Klaus Kemmler, Die Abstimmungsmethode des Deutschen Bundestages, Tübingen 1969, S. 194.
[233] Wolfram Höfling/Christian Burkiczak, in: Karl Heinrich Friauf/Wolfram Höfling (Hrsg.), Berliner Kommentar zum Grundgesetz, Band 2, Berlin 2006, Art. 121, Rdnr. 2, S. 1.
[234] Vgl. Hans-Achim Roll, Geschäftsordnung des Deutschen Bundestages, Kommentar, Baden-Baden 2001, § 48, Rdnr. 2, S. 62.
[235] Geschäftsordnungen abgedruckt in: Deutscher Bundestag (Hrsg.), Die Geschäftsordnungen deutscher Parlamente seit 1848, Bonn 1986, § 48. Vgl. Fritz Poetzsch-Heffter, Handkommentar der Reichsverfassung vom 11.08.1919, 3. Auflage, Berlin 1928, Art. 32, Rdnr. 1, S. 176.

Unter Mehrheit der abgegebenen Stimmen oder einfacher Mehrheit ist die Abstimmungsmehrheit zu verstehen. Die Abstimmungsmehrheit ist erreicht, wenn die Zahl der Ja-Stimmen die Zahl der Nein-Stimmen übersteigt. Zur Feststellung der Mehrheit wird in der Regel als Bezugszahl nicht die gesetzliche Mitgliederzahl oder die Zahl der anwesenden Abgeordneten genommen, sondern die Zahl der abgegebenen Stimmen, d.h. die Zahl, die aus der Summe der Ja- und Nein-Stimmen resultiert. Theoretisch könnte eine Entscheidung im Bundestag mit zwei Ja-Stimmen und einer Nein-Stimme bei 600 Enthaltungen (im 15. Bundestag) bzw. 611 Enthaltungen (im 16. Bundestag) getroffen werden.[236] Die Anzahl der Stimmenthaltungen findet bei der Abstimmungsmehrheit keine Berücksichtigung.[237]

Die einfache Mehrheitsregel findet in einigen Staaten sogar Anwendung für Verfassungsänderungen, so u.a. in Dänemark im Folketing. Dennoch zählt die dänische Verfassung zu den am schwersten zu ändernden. Erschwert wird die Verfassungsänderung dadurch, dass zusätzlich zur einfachen Mehrheitsregel weitere Bedingungen erfüllt sein müssen.[238] Das Parlament muss den Entwurf einer neuen Verfassungsbestimmung annehmen, woraufhin die Wahl des Parlaments neu auszuschreiben ist. Und auch das neue Parlament muss die Verfassungsänderung annehmen. Als dritte Hürde ist zusätzlich eine Volksabstimmung vorgesehen.[239] Durch die zusätzlichen erschwerenden Bedingungen bei Verfassungsänderungen ist die Anwendung der einfachen Mehrheitsregel durchaus vertretbar.

c) Einfache Mehrheitsregel im Europäischen Parlament

Grundsätzlich beschließt das Europäische Parlament, in dem die Stimmen der Mitglieder gewogen werden, gem. Art. 198 Abs. 1 EG „mit der absoluten Mehrheit der abgegebenen Stimmen".[240] Diese Bestimmung ist insoweit nicht eindeutig, als sie sowohl auf die absolute als auch auf die einfache Mehrheitsregel (Mehrheit der abgegebenen Stimmen) hinzuweisen scheint. Nach Schoo soll hierunter zwar die einfache Mehrheit zu verstehen sein, wonach es ausreiche, dass eine Stimme mehr dafür als dagegen oder als Enthaltung abgegeben wird[241], eine Erklärung dieser widersprüchlichen Wortwahl – absolut und abgegebene Stimmen – erfolgt allerdings nicht.

Auch die Interpretationsmethode nach dem Wortlaut in sprachvergleichender Weise[242] unter Hinzunahme der französischen[243], englischen[244] und spanischen[245]

---

[236] Vgl. Blickpunkt Bundestag, August 1999.
[237] Vgl. Joseph Bücker (Fn. 204), § 48, S. 3.
[238] § 88 Verfassung Königreich Dänemark.
[239] Vgl. Bjørn Erik Rasch (Fn. 220), S. 497.
[240] Art. 198 Abs. 1 EG spricht fälschlich von der absoluten Mehrheit der abgegebenen Stimmen. So Andreas Haratsch/Christian Koenig/Matthias Pechstein, Europarecht, 5. Auflage, Tübingen 2006, Rdnr. 264, S. 108.
[241] Vgl. Johann Schoo, in: Jürgen Schwarze (Hrsg.) (Fn. 23), Art. 198 EGV, Rdnr. 2, S. 1771.
[242] Vgl. hierzu Petra Braselmann, Übernationales Recht und Mehrsprachigkeit, in: EuR, 27 (1992) 1, S. 55 ff.

Versionen des Vertrages ist nicht hilfreich für ein besseres Verständnis der Abstimmungsfrage. In der französischen Version wird von *„majorité absolue des suffrages exprimés "*, in der englischen von *"absolute majority of the votes cast"*, in der spanischen von *„mayoría absoluta de los votos emitidos"* gesprochen. Wie unten zu sehen sein wird, ist die Bezugsgröße für die absolute Mehrheit die Anzahl der vertraglichen Mitglieder, während bei der einfachen Mehrheit lediglich Bezug auf die Anzahl der abgegebenen Stimmen genommen wird. Die Adjektive „einfach" bzw. „absolut" gelten demnach als Bezugsgrößen zur Berechnung der jeweiligen Mehrheit, woraus sich wiederum die unterschiedlichen Wirkungen von Stimmenthaltungen ableiten. Bei der einfachen Mehrheit der abgegeben Stimmen werden diese nicht gezählt, bei der absoluten Mehrheit wirken sie sich wie Gegenstimmen aus. Nach Art. 160 Abs. 2 UAbs. 2 Satz 2 GOEP sind für die Annahme oder Ablehnung nur die abgegebenen Ja- und Nein-Stimmen bei der Berechnung des Abstimmungsergebnisses zu berücksichtigen. Eine Bezugnahme auf Stimmenthaltungen erfolgt nicht. Damit wird eindeutig auf die einfache Mehrheitsregel hingewiesen.

Bei Anwendung der systematischen Interpretationsmethode ist festzustellen, dass verschiedene Abstimmungsregeln für das Europäische Parlament im Vertrag bestehen. In mehreren Artikeln des Vertrages wird für die Annahme eines Beschlusses des Parlaments die Mehrheit seiner Mitglieder, d.h. die absolute Mehrheit gefordert (z.B. Art. 199 Satz 1 EG für die Annahme einer Geschäftsordnung). Hätte also in Art. 198 Abs. 1 EG die absolute Mehrheitsregel Anwendung finden sollen, hätte im Sinne der Widerspruchsfreiheit auch diese Wortwahl getroffen werden müssen. Dass die Mehrheit der Stimmen seiner Mitglieder (absolute Mehrheit) nicht gleichbedeutend sein soll mit der absoluten Mehrheit der abgegebenen Stimmen (einfache Mehrheit), ist der wortgleichen Verwendung dieser Abstimmungsregeln in Art. 272 Abs. 4 UAbs. 2 EG in Bezug auf unterschiedliche Handlungen zur Änderung des Entwurfes des Haushaltsplanes zu entnehmen.

Eine zu begrüßende eindeutige Bestimmung enthalten Art. III-338 Satz 1 VVE bzw. Art. 231 Abs. 1 AEU Lissabon, wonach das Parlament mit der Mehrheit der abgegebenen Stimmen beschließt, d.h. mit einfacher Mehrheit. Ausnahmen von der einfachen Mehrheitsregel können nur durch den Vertrag oder die Geschäftsordnung festgelegt werden.

---

[243] JO CE No C 325 de 24.12.2002, p. 33. Zwar sind alle Sprachen der Mitgliedsstaaten gleichberechtigte Amtssprachen, doch wird als „Originalfassung" durchaus die französische angesehen. Dafür spricht u.a. auch, dass die Geschäftssprache des EuGH Französisch ist. Danach müsste es sich bei den anderen Versionen um Übersetzungen handeln. Die Übersetzungstheorie lehrt aber, dass ein exaktes Übersetzen fast unmöglich ist. Vgl. Georges Mounin, Los problemas teóricos de la traducción, 2. Auflage, Madrid 1977, S. 22 f.; Petra Braselmann (Fn. 242), S. 58 f.

[244] OJ EC No C 325 of 24.12.2002, p. 33.

[245] DO CE No 325 del 24.12.2002, p. 33.

d) Einfache Mehrheitsregel in ausgewählten Kollegialorganen von Staatenverbindungen

Die einfache Mehrheit ist ebenfalls in Organen von anderen Staatenverbindungen weit verbreitet. Neben dem Einstimmigkeitserfordernis für Sachfragen sah schon Art. 5 Abs. 2 VBS die einfache Mehrheit der anwesenden Mitglieder für Verfahrensfragen in der Versammlung bzw. im Rat vor.[246] Die gleiche Regel galt für Empfehlungen und Vorschläge der Völkerbundversammlung, die nicht unter den Begriff „Beschluss" fielen.

Auch die UN-Generalversammlung, die nach der Regel *„one state – one vote"* abstimmt, entscheidet Verfahrens- oder andere Fragen gem. Art. 18 Abs. 3 UN-Charta (Regel 85 GOGV) mit einfacher Mehrheit der anwesenden und abstimmenden Mitglieder. Unter diese Regel fällt ebenso die Bestimmung weiterer Fragekategorien, über die mit Zweidrittelmehrheit zu beschließen ist.[247] Da nach Art. 18 Abs. 2 Satz 1 UN-Charta i.V.m. Regel 86 GOGV die Mehrheit der anwesenden sowie abstimmenden und nicht die aller UN-Mitgliedstaaten als Berechnungsgrundlage dient[248], können Beschlüsse der Generalversammlung von weniger als der Mehrheit oder auch nur wenigen Mitgliedstaaten angenommen werden.[249] Wenn beispielsweise von 192 Mitgliedstaaten nur 100 bei einer Abstimmung anwesend wären und abstimmten, würden 51 Stimmen zur Annahme einer Resolution ausreichen. Da jeder Mitgliedstaat gem. Art. 9 Abs. 2 UN-Charta fünf Vertreter in die Generalversammlung entsenden kann und die numerische Teilnahme an der Abstimmung die Autorität und Legitimität der rechtlich ohnehin nicht bindenden Resolution widerspiegelt, kommt diesem hypothetischen mathematischen Beispiel allerdings nicht viel Bedeutung zu.[250] Außerdem wird nach Regel 67 GOGV für die Eröffnung einer Sitzung die Anwesenheit mindestens eines Drittels der Mitglieder der Generalversammlung und für die Beschlussfähigkeit die Anwesenheit der Mehrheit der Mitglieder verlangt. Vor der Entscheidung über nachfolgende Tagesordnungspunkte ist in Verfahrensdebatten ausdrücklich auf Art. 18 Abs. 3 UN-Charta verwiesen worden: Bericht des Sonderausschusses über eine Überprüfung der Gerichtsentscheidungen des Verwaltungsgerichts[251], Hilfswerk

---

[246] Vgl. Hans Wehberg, Die Völkerbundsatzung, 3. Auflage, Berlin 1929, S. 50 f.; abschließende Aufzählung der Ausnahmen von der Einstimmigkeitsregel bei: Cromwell A. Riches, The Unanimity Rule and the League of Nations, Baltimore 1933, S. 37 f.

[247] Beschlüsse der WHO-Versammlung und des WHO-Exekutivrates (Art. 60 lit. b und c WHO-Satzung) sowie der IAEA-Generalkonferenz und des IAEA-Gouverneursrates (Art. V Abschnitt C Satz 6 und Art. VI Abschnitt E Satz 3 IAEA-Satzung) über andere/sonstige Fragen (nicht wichtige) einschließlich der Festlegung weiterer Gruppen von Fragen bzw. zusätzlicher Fragen über die mit Zweidrittelmehrheit zu beschließen ist, bedürfen ebenfalls der Mehrheit der anwesenden und abstimmenden Mitglieder.

[248] Repertory of Practice of United Nations Organs, Extracts relating to Article 18 of the Charter of the United Nations (Fn. 95), vol. 1, para. 20, S. 569.

[249] Vgl. Rüdiger Wolfrum, in: Bruno Simma (ed.) (Fn. 11), Art. 18, Rdnr. 17, S. 357.

[250] Vgl. Athena Debbie Efraim (Fn. 203), S. 117.

[251] GAOR (X), Plen., 541st session, paras. 156 f., S. 291 (Ablehnung des Verfahrensantrages, wonach eine Zweidrittelmehrheit erforderlich sei).

der Vereinten Nationen für Palästinaflüchtlinge im Nahen Osten (UNRWA)[252], Apartheid[253] sowie die Aufhebung der Resolution 3379 (XXX) der Generalversammlung über die Beseitigung jeder Form von Rassendiskriminierung vom 10. November 1975.[254] Mit einfacher Mehrheit wurden unter anderem Resolutionen zu folgenden Tagesordnungspunkten angenommen: die Vertretung Chinas in den Vereinten Nationen[255], die Frage der Aggressionsdefinition[256], die Zirkulation der Berichte des Ausschusses für gute Dienste für Südwestafrika[257], die Fragen von Mwami[258], Tibet[259] sowie der Apartheid[260].[261] Von den insgesamt angenommenen Resolutionen der Generalversammlung wird allerdings nur ein verhältnismäßig geringer Teil von im Durchschnitt weniger als 1% mit einfacher Mehrheit angenommen.[262] Der überwiegende Teil entfällt auf die ohne Abstimmung (im Konsensverfahren) und mit Zweidrittelmehrheit angenommenen Resolutionen. Die Abstimmungsvorschriften von Art. 18 Abs. 2 und 3 UN-Charta gelten nicht für die Abstimmungsverfahren in den Ausschüssen der Generalversammlung. Nach Regel 125 GOGV werden dort alle Entscheidungen mit einfacher Mehrheit der anwesenden und abstimmenden Mitglieder getroffen.[263]

Auch zwei weitere UN-Hauptorgane, der Wirtschafts- und Sozialrat (Art. 67 Abs. 2 UN-Charta) sowie der inzwischen obsolet gewordene Treuhandrat (Art. 89 Abs. 2 UN-Charta), beschließen mit der Mehrheit der anwesenden und abstimmenden Mitglieder. Bei einer Zahl von 54 Mitgliedern mit ebenso vielen Stimmen liegt die einfache Mehrheit im Wirtschafts- und Sozialrat bei mindestens 28. Bei Abwesenheit und Stimmenthaltung von Mitgliedern, die unberücksichtigt bleiben (Regel 60 Abs. 2 GO ECOSOC), verringert sich diese entsprechend. Die Bestim-

---

[252] GAOR (XXIV), Plen., 1827th session, para. 62, S. 6 (Verabschiedung durch einfache Mehrheit).
[253] GAOR (41), Plen., 64th session (Verabschiedung durch einfache Mehrheit).
[254] GAOR (46) PV 74 (Ablehnung des Verfahrensantrages, wonach eine Aufhebung einer früheren Resolution eine Zweidrittelmehrheit erfordere).
[255] UN Doc. A/RES/1108 (XI) (16.11.1956).
[256] UN Doc. A/RES/1181 (XII) (29.11.1957).
[257] UN Doc. A/RES/1333 (XIII) (13.12.1958).
[258] UN Doc. A/RES/1580 (XV) (20.12.1960).
[259] UN Doc. A/RES/2079 (XX) (18.12.1965).
[260] GAOR (41), Plen., 64th session.
[261] Vgl. Rüdiger Wolfrum, in: Bruno Simma (ed.) (Fn. 11), Art. 18, Rdnr. 25 f., S. 359.
[262] 1946-1958: Gesamt: 1.503, davon mit einfacher Mehrheit: 18 (1,20%); 1959-1965: Gesamt: 782, davon mit einfacher Mehrheit: 6 (0,76%); 1966-1969: Gesamt: 581, davon mit einfacher Mehrheit: 6 (1,03%); 1970-1978: Gesamt: 1.904, davon mit einfacher Mehrheit: 24 (1,26%); 1978-1984: Gesamt: 2.025, davon mit einfacher Mehrheit: 4 (0,19%); 1985-1999: Gesamt: 4.382, davon mit einfacher Mehrheit: 27 (0,62%). Repertory of Practice of United Nations Organs, Extracts relating to Article 18 of the Charter of the United Nations (Fn. 95), Supplement No. 3, vol. 1, paras. 11 f.; No. 4, vol. 1, paras. 9 f.; No. 5, vol. 1, para. 18; No. 6, vol. 2, para. 18. Vgl. Rüdiger Wolfrum, in: Bruno Simma (ed.) (Fn. 11), Art. 18, Annex, S. 361 f.
[263] Vgl. Rüdiger Wolfrum, in: Bruno Simma (ed.) (Fn. 11), Art. 18, Rdnr. 19, S. 357.

mungen über Quorum und Beschlussfassung entsprechen denen der Generalversammlung (Regel 41 GO ECOSOC).[264]

Die in Art. 27 Abs. 2 und 3 UN-Charta enthaltenen Bestimmungen über die Abstimmung im Sicherheitsrat sehen unterschiedliche Regeln für Verfahrensfragen und sonstige (Sach-)Fragen vor. Nach Art. 27 Abs. 2 UN-Charta bedürfen Beschlüsse über Verfahrensfragen der Zustimmung von neun Mitgliedern. Diese Vorschrift wird allgemein als einfache Mehrheit bezeichnet.[265] Bei fünfzehn anwesenden Mitgliedern bilden aber schon acht die einfache Mehrheit. Ob eine Frage eine Verfahrens- oder Sachfrage ist, bestimmt die Charta indes nicht. Auf der Grundlage der Erklärung von San Francisco 7. Juni 1945 als Hilfsmittel zur Auslegung der Charta-Bestimmungen in Art. 27 UN-Charta im Sinne von Art. 32 WVK wird die Vorfrage zu einer Nichtverfahrensfrage (II, 2) erklärt, für die die Abstimmungsregel des Art. 27 Abs. 3 UN-Charta gilt. Danach ist in Zweifelsfällen die allgemeine Regel, die so genannte qualifizierte Mehrheit anzuwenden, wobei die ständigen Mitglieder selbst über ihr Vetorecht entscheiden.[266]

Die einfache Mehrheit findet in der Regel auch Anwendung bei Abstimmungen in Organen von UN-Sonderorganisationen und anderen Institutionen[267], sowohl in Organen mit allgemeiner Mitgliedschaft (plenaren)[268] als auch Organen mit beschränkter Mitgliedschaft (nicht plenaren).[269] Einfache Mehrheitsbeschlüsse fassen Organe mit gleicher Stimmenanzahl sowie Organe mit Stimmengewichtung.[270]

---

[264] Vgl. Rainer Lagoni/Oliver Landwehr, in: Bruno Simma (ed.) (Fn. 128), Art. 67, Rdnr. 9, S. 1024.

[265] Vgl. Bruno Simma/Stefan Brunner/Hans-Peter Kaul, in: Bruno Simma (ed.) (Fn. 11), Art. 27, Rdnr. 11, S. 482.

[266] Vgl. Bruno Simma/Stefan Brunner/Hans-Peter Kaul, in: Bruno Simma (ed.) (Fn. 11), Art. 27, Rdnr. 35 f., S. 489.

[267] Das Ministerkomitee des Europarates kann nach Art. 20 lit. b Satzung Europarat Fragen, die zur Geschäftsordnung oder zu den Haushalts- und Verwaltungsanordnungen gehören mit einfacher Stimmenmehrheit der Vertreter, die einen Anspruch auf einen Sitz im Ausschuss haben, entscheiden.

[268] In der UNCTAD-Konferenz in Verfahrensangelegenheiten (Art. II Ziff. 24 Satz 3 Resolution 1995 (XIX)), der UNIDO-Generalkonferenz (Art. 8 Abs. 6 Satz 2 UNIDO-Satzung), der ILO-Allgemeinen Konferenz (Art. 17 Abs. 2 ILO-Verfassung), der UNESCO-Generalkonferenz (Art. IV Abschnitt C Abs. 8 lit. a Satz 2 UNESCO-Satzung), der ICAO-Versammlung (Art. 48 lit. c Satz 2 ICAO-Übereinkommen), der IMO-Versammlung (Art. 57 lit. b IMO-Übereinkommen), des CFC-Gouverneursrates (Art. 21 Abs. 3 CFC-Übereinkommen).

[269] Im UNCTAD-Rat (Art. II Ziff. 24 Satz 4 Resolution 1995 (XIX)), Rat für industrielle Entwicklung (Art. 9 Abs. 6 Satz 2 UNIDO-Satzung), FAO-Rat (Art. V Abs. 5 FAO-Satzung), IMO-Rat (Art. 57 lit. b IMO-Übereinkommen), CFC-Exekutivdirektorium (Art. 23 Abs. 3 CFC-Übereinkommen).

[270] Im IMF (Art. XII Abschnitt 5 lit. c IMF-Übereinkommen), der Weltbank (Art. V Abschnitt 3 lit. b Weltbank-Übereinkommen), der IFC (Art. IV Abschnitt 3 lit. b IFC-Übereinkommen), der IDA (Art. VI Abschnitt 3 lit. b IDA-Übereinkommen), der MIGA (Art. 40 lit. a Satz 2 und 42 lit. c Satz 3 MIGA-Übereinkommen).

Die einfache Mehrheit findet vor allem für Verfahrensfragen Anwendung. Eine nicht unbedeutende Anzahl von kollegialen Entscheidungsorganen wendet diese Abstimmungsregel aber auch für Sachfragen an. Bei Organen mit einer relativ hohen Anzahl von Mitgliedern, wie dem Deutschen Bundestag oder dem Europäischen Parlament, wo die Anwesenheit aller Mitglieder nicht jederzeit sichergestellt werden kann, ist die Anwendung der einfachen Mehrheit geboten, um die Funktions- und Handlungsfähigkeit des Organs nicht ernsthaft zu gefährden.

3. Absolute Mehrheit

Diese Art der Entscheidungsmehrheit fand schon im antiken Rom zwischen den Tribus sowie besonders in der Zeit der französischen Revolution Anwendung[271] und zieht sich über die deutschen Reichstage bis in die Gegenwart.

a) Begriff der absoluten Mehrheit

Der Begriff absolut (lat.: *absolutus*) bedeutet wörtlich „losgelöst" und wird im Sinn von uneingeschränkt verwendet. Die absolute Mehrheit ist gegeben, wenn die Stimmen der Mehrheit der gesetzlichen/vertraglichen Mitgliederzahl bzw. mehr als die Hälfte aller Stimmberechtigten eines kollegialen Entscheidungsorgans vorliegen, also mehr als 50% der Mitglieder. Sie wird auch Mitgliedermehrheit genannt. Weil die gesetzliche bzw. vertragliche Mitgliederzahl als Berechnungsgröße genommen wird, wirken sich Stimmenthaltungen wie Gegenstimmen aus. Für das Zustandekommen eines Beschlusses sind nur die Ja-Stimmen entscheidend.

Die absolute Mehrheit ist bei zwei oder mehreren Alternativen ermittelbar. Die Anzahl der für eine Alternative abgegebenen Stimmen muss mindestens um eins höher sein als die Hälfte der zugrunde gelegten Zahlenganzheit.[272] Es genügt schon die Hälfte der Stimmen und eine dazu. Baumbach und Lauterbach haben die absolute Mehrheit als „überhälftige Stimmenmehrheit"[273] bezeichnet. Jedes an der Abstimmung beteiligte Mitglied eines Kollegialorgans gibt seine Stimme der Alternative, die in der Präferenzordnung an erster Stelle steht. Wenn eine Alternative mehr als die Hälfte der Stimmen erreicht, hat sie die absolute Mehrheit der Stimmen erhalten und ist damit gewählt.[274] Bei gerader Anzahl der Gesamtstimmen berechnet sich die absolute Mehrheit aus der Hälfte der Stimmen plus eine Stimme, bei ungerader Anzahl ist es die zur ganzen Zahl aufgerundete Stimmenhalbierung.[275] Die absolute Mehrheit lässt sich mit Hilfe einer arithmetischen Formel

---

[271] Vgl. Werner Heun (Fn. 187), Fn. 119, S. 125.
[272] Vgl. ebenda, S. 125.
[273] Adolf Baumbach/Wolfgang Lauterbach, Zivilprozeßordnung, Band 1, 20. Auflage, Berlin/München 1951, § 1038, Abs. 2, S. 1493. Vgl. Karl Georg Schneider (Fn. 206), S. 26.
[274] Vgl. Robertino Bedenian (Fn. 215), S. 15.
[275] Vgl. Konrad Reuter, Praxishandbuch Bundesrat, Heidelberg 1991, Art. 52 GG, Rdnr. 20, S. 272.

veranschaulichen: n:2+1 (n = Anzahl der Stimmen) bzw. n+1:2 oder n:2+1/2 (bei ungeraden Zahlen). Wenn nach vorstehendem Beispiel von 100 Stimmen 51 auf Alternative A, 40 Stimmen auf Alternative B und 9 Stimmen auf Alternative C entfallen, hat Alternative A die absolute Mehrheit auf sich vereinigen können.[276]

b) Absolute Mehrheitsregel in deutschen und ausländischen Verfassungsorganen

Im Gegensatz zu früheren und späteren Verfassungen regelten Art. 28 Satz 1 Verfassung des Norddeutschen Bundes von 1867[277] und Art. 28 Abs. 1 Satz 1 Bismarcksche Reichsverfassung von 1871 die absolute Stimmenmehrheit für Beschlüsse des Reichstages. Und auch die Geschäftsordnung des Preußischen Abgeordnetenhauses vom 16. Mai 1876 bestimmte in § 58 Abs. 1 Satz 2, dass „[d]ie absolute Mehrheit entscheidet."[278]

Das Grundgesetz hat diese Abstimmungsregel in eine Reihe von Bestimmungen als Ausnahme von der allgemeinen Regel der einfachen Mehrheit aufgenommen. Das Grundgesetz sieht die Zustimmung der Mehrheit der Bundestagsmitglieder in den Fällen der Neugliederung des Bundesgebietes (Art. 29 Abs. 7 GG), der Wahl des Bundeskanzlers (so genannte Kanzlermehrheit) (Art. 63 Abs. 2 Satz 1 und Art. 63 Abs. 4 Satz 2 GG)[279], des Misstrauensvotums (Art. 67 Abs. 1 Satz 1 GG), des Vertrauensvotums des Bundeskanzlers (Art. 68 Abs. 1 Satz 1 GG), der Zurückweisung eines mit einfacher Mehrheit vom Bundesrat beschlossenen Einspruchs (Art. 77 Abs. 4 Satz 1 GG) sowie der Errichtung bundeseigener Mittel- und Unterbehörden (Art. 87 Abs. 3 Satz 2 GG) vor. In vorstehenden Fällen ist die Bezugsgröße die gesetzliche Mitgliederzahl des Bundestages.[280] Da diese Mehrheit auch zur Wahl des Bundeskanzlers notwendig ist, findet sich auch die Bezeichnung Kanzlermehrheit. Nach dem Grundgesetz werden die Mehrheit der abgegebenen Stimmen und die Mehrheit der Bundestagsmitglieder unterschieden.

Wenn für einen Parlamentsbeschluss die Stimmen von mehr als der Hälfte der Mitglieder notwendig sind, spricht Jellinek von der „vollen absoluten Mehrheit". Eine „schlichte absolute Mehrheit" läge bei mehr als der Hälfte der mit Ja oder Nein Stimmenden vor. Die „gesteigerte absolute Mehrheit" als Zwischenstufe ergäbe sich bei Vorliegen der Stimmen von mehr als der Hälfte aller Abstimmenden, einschließlich der Stimmenthaltungen.[281] In seinem Definitionsvorschlag zur

---

[276] Vgl. Werner Heun (Fn. 187), S. 125.
[277] Vgl. § 55 Abs. 1 GORT vom 12.06.1868. Abgedruckt in: Kurt Perels, Das autonome Reichstagsrecht, Berlin 1903, S. 123.
[278] Vgl. A. Plate, Die Geschäftsordnung des Preußischen Abgeordnetenhauses, 2. Auflage, Berlin 1904, § 58, S. 179 f.
[279] Bei der Wahl des Bundeskanzlers Konrad Adenauer 1949 vereinigte dieser 202 Stimmen von 402 Mitgliedern des BT, also gerade eine Stimme mehr als die Hälfte. Vgl. Walter Jellinek, Die gesetzliche Mitgliederzahl, in: Der Göttinger Arbeitskreis (Hrsg.), FS für Herbert Kraus, Kitzingen/Main 1954, S. 91.
[280] Vgl. ebenda, S. 89 ff.; Joseph Bücker (Fn. 204), § 48, S. 4.
[281] Vgl. Walter Jellinek, Kabinettsfrage und Gesetzgebungsnotstand nach dem Bonner Grundgesetz, in: DÖV, 2 (1949) 20, S. 381.

„schlichten" und „gesteigerten" absoluten Mehrheit nimmt Jellinek unzutreffender Weise die Zahl der Abstimmenden als Bezugsgröße, so dass dieser Abstufung der absoluten Mehrheit nicht gefolgt werden kann.

Die Legaldefinition der Mehrheit der Mitglieder des Bundestages (wie auch der Bundesversammlung) befindet sich in Art. 121 GG[282], die diese mit der Mehrheit der gesetzlichen Mitgliederzahl des Bundestages (bzw. der Bundesversammlung) gleichsetzt.[283] Abgestellt wird hierbei auf den „Sollbestand" an Mitgliedern, d.h. auf die Zahl der Abgeordneten, die sitz- und stimmberechtigt sind.[284] Die gesetzliche Mitgliederzahl des Bundestages, die sich nicht unmittelbar aus dem Grundgesetz ergibt, beträgt seit der 15. Wahlperiode nach § 1 BWG grundsätzlich 598 Abgeordnete.[285] Im 15. Deutschen Bundestag erhöhte sich die Zahl der Abgeordneten aufgrund von fünf Überhangmandaten auf 603, im 16. Bundestag aufgrund von 16 Überhangmandaten auf 614 Abgeordnete. Somit kann die Höhe der gesetzlichen Mitgliederzahl durch den Ausgang der Bundestagswahl beeinflusst werden.[286] Für den 15. Deutschen Bundestag betrug die absolute Mehrheit damit 302 Stimmen, für den 16. Bundestag beträgt sie 308 Stimmen. Die Mehrheit der abgegebenen Stimmen kann die Mehrheit der Bundestagsmitglieder beträchtlich unterschreiten. Der Unterschied könnte aus der Anzahl der Stimmenthaltungen oder der geringen Anwesenheitszahl resultieren.[287]

Während im Bundestag und in anderen Parlamenten ausländischer Staaten die absolute Mehrheit lediglich in einigen wenigen, explizit in den Verfassungen, vorgeschriebenen Fällen Anwendung findet[288], schreiben die Verfassungen Belgiens[289], der Russischen Föderation[290], Griechenlands[291], Luxemburgs[292] oder der

---

[282] Zur Entstehungsgeschichte des Art. 121 GG vgl. Anlage zum stenographischen Bericht der 9. Sitzung des Parlamentarischen Rates am 06.05.1949, Parlamentarischer Rat, Schriftlicher Bericht zum Entwurf des Grundgesetzes für die Bundesrepublik Deutschland, in: Drs. Nr. 850, 854, Bonn 1948/49, S. 96; Klaus-Berto von Doemming, Entstehungsgeschichte der Artikel des Grundgesetzes, in: JöR n.F., 1 (1951), S. 837 f.

[283] Vgl. Hans H. Klein, in: Theodor Maunz/Günter Dürig (Hrsg.), Grundgesetz. Kommentar, Band VI, München 2005, Art. 121, Rdnr. 9, S. 5; Ludger-Anselm Versteyl, in: Ingo von Münch/Philip Kunig (Hrsg.), Grundgesetz. Kommentar, Band 3, 5. Auflage, München 2003, Art. 121, Rdnr. 3, S. 1309.

[284] Vgl. Siegfried Magiera, in: Michael Sachs (Hrsg.) (Fn. 198), Art. 121, Rdnr. 4, S. 2327.

[285] Zur Frage der gesetzlichen Mitgliederzahl des BT bei der „Saarklage" vgl. Martin Drath, Die gesetzliche Mitgliederzahl des Bundestages, in: FS der Juristischen Fakultät der FU Berlin, Berlin/Frankfurt am Main 1955, S. 79 ff.

[286] Vgl. Gerald Kretschmer, in: Bruno Schmidt-Bleibtreu/Franz Klein (Hrsg.), Kommentar zum Grundgesetz, 10. Auflage, München 2004, Art. 121, Rdnr. 3, S. 2074.

[287] Vgl. Gerald Kretschmer, ebenda, Art. 42, Rdnr. 10, S. 1021.

[288] Nach Art. 138 Abs. 1 Verfassung Italien bei Verfassungsänderungen; nach Art. 81 Abs. 2 Verfassung Spanien für Organgesetze.

[289] Art. 53 Abs. 1 Verfassung Belgien.

[290] Art. 103 Abs. 3 Verfassung Russische Föderation (Stimmenmehrheit der Gesamtabgeordnetenzahl der Staatsduma). Vgl. W.G. Strekosow/Ju.D. Kasantschew, Konstituzionnoje pravo Rossii, Moskwa 1997, S. 185 ff.

[291] Art. 67 Abs. 1 Verfassung Griechenland.

[292] Art. 62 Abs. 1 Verfassung Luxemburg.

Tschechischen Republik[293] die absolute Mehrheit als Regel zur Beschlussfassung vor. Da die Bezugsgröße bei den letzten drei genannten Verfassungen die anwesenden und nicht die gesetzlichen Mitglieder der Parlamente sind, dürfte es sich hierbei allerdings um die einfache Mehrheit handeln.

Generell gilt im Bundesrat nach Art. 52 Abs. 3 Satz 1 GG das Prinzip der Mehrheit seiner Stimmen.[294] Diese Abstimmungsregelung folgt nicht der deutschen Verfassungstradition. Nach der Frankfurter Reichsverfassung war für das Staatenhaus[295], nach der Verfassung des Norddeutschen Bundes[296] und der Bismarckschen Reichsverfassung[297] für die Bundesräte und nach der Weimarer Verfassung für den Reichsrat[298] einfache Stimmenmehrheit allgemein ausreichend.

Beschlüsse des Bundesrates werden nunmehr gem. Art. 52 Abs. 3 Satz 1 GG „mit mindestens der Mehrheit seiner Stimmen", d.h. der absoluten Mehrheit gefasst.[299] Weil anfangs diese Bestimmung als Regelung der Beschlussfähigkeit interpretiert wurde, sind selbst mit einfacher Mehrheit votierte Anträge bis zur 36. Sitzung am 6. Oktober 1950 als wirksam zustande gekommene Beschlüsse angesehen worden.[300] Danach hat die Vorschrift in § 13 Abs. 2 GOBR vom 31. Juli 1953 die absolute Mehrheit für Beschlüsse des Bundesrates verlangt.[301] In der geltenden Geschäftsordnung bestimmt § 30 Abs. 1, ob ein Beschluss mit der Mehrheit seiner Stimmen, d.h. absoluten Mehrheit angenommen wurde oder nicht.[302] Sowohl die absolute als auch die Zweidrittelmehrheit berechnen sich nach der Gesamtzahl der Stimmen der Bundesländer gem. Art. 51 Abs. 2 GG. Bei dem insgesamt neunundsechzig Stimmen zählenden Bundesrat sind für die absolute Mehrheit fünfunddreißig Stimmen erforderlich. Entgegen der Regel für den Bundestag ist im Bundesrat die Mehrheit der abgegebenen Stimmen nicht ausreichend.[303] Im Bundesrat ist die Mehrheit der möglichen Stimmen ausschlaggebend. Stimmenthaltungen und Nichtteilnahme an der Abstimmung werden hier letztendlich wie Nein-Stimmen gewertet.[304] Infolgedessen wird eine Mehrheitsbildung erschwert. Ein Übergang zur einfachen Mehrheitsregel (Abstimmungsmehrheit statt

---

[293] Art. 39 Abs. 2 Verfassungsgesetz Tschechischer Nationalrat.
[294] BVerfGE 8, 274 (297). Bodo Pieroth, in: Hans Jarass/Bodo Pieroth, Grundgesetz für die Bundesrepublik Deutschland. Kommentar, 8. Auflage, München 2006, Art. 52, Rdnr. 6, S. 683.
[295] § 98 Abs. 1 Frankfurter Reichsverfassung.
[296] Art. 7 Abs. 2 Satz 2 Verfassung des Norddeutschen Bundes.
[297] Art. 7 Abs. 3 Bismarcksche Reichsverfassung.
[298] Art. 66 Abs. 4 Weimarer Reichsverfassung.
[299] Vgl. Konrad Reuter (Fn. 275), Art. 52 GG, Rdnr. 20, S. 272; Stefan Korioth, in: Christian Starck (Hrsg.) (Fn. 193), Art. 52 Abs. 3, Rdnr. 12, S. 1372.
[300] Vgl. Stenographischer Bericht BR, 36. Sitzung vom 06.10.1950, S. 633.
[301] Vgl. Konrad Reuter (Fn. 275), Art. 52 GG, Rdnr. 19, S. 272.
[302] Vgl. ebenda, § 30 GOBR, Rdnr. 2, S. 513.
[303] Während der BR seine Beschlüsse mit absoluter Mehrheit fasst, beschließen die Ausschüsse des BR gem. § 42 Abs. 3 GOBR mit einfacher Mehrheit. Vgl. Konrad Reuter (Fn. 275), § 42 GOBR, Rdnr. 9, S. 616.
[304] Vgl. Hans Hofmann, in: Bruno Schmidt-Bleibtreu/Franz Klein (Hrsg.) (Fn. 286), Art. 52, Rdnr. 9, S. 1164 f.

Mitgliedermehrheit), wie im Regelfall im Bundestag, würde zu einer erhöhten Funktionsfähigkeit des Bundesrates beitragen.[305] Dies bedürfte indes einer entsprechenden Verfassungsänderung.

Die absolute Mehrheit impliziert als Bezugsgröße die Mehrheit der gesetzlichen Anzahl der Mitglieder. Gleichwohl finden sich in der Literatur auch diesbezüglich Verwechselungen mit dem Begriff der qualifizierten Mehrheit. So werden beispielsweise in Kommentaren zu Gemeindeordnungen Regelungen über die Mehrheit der gesetzlichen Anzahl der Mitglieder der Gemeindevertretung der qualifizierten anstatt der absoluten Mehrheit zugeordnet.[306]

c) Absolute Mehrheitsregel in Kollegialorganen der Europäischen Gemeinschaften bzw. Europäischen Union

Die Beschlussfassung mit der Mehrheit seiner Mitglieder ist gem. Art. 205 Abs. 1 EG eine von drei Abstimmungsregeln des Rates, soweit in dem Vertrag nichts anderes bestimmt ist. Die in dieser Bestimmung enthaltene Abstimmungsregel wird gemeinhin fälschlich als einfache Mehrheit bezeichnet.[307] Im Kommentar zu Art. 205 Abs. 1 EG spricht Wichard in der Überschrift von „einfacher Mehrheit", in der dazugehörigen Erläuterung bezeichnet er dann jedoch die Abstimmungsregel

---

[305] So Michael Sachs, Das parlamentarische Regierungssystem und der Bundesrat, VVDStRL, 58 (1999), S. 76; implizit auch Herbert Küpper, Die Mitgliedschaft im Bundesrat, in: Der Staat, 42 (2003) 3, S. 408. Von relativer Mehrheit sprechen Hartmut Maurer, Mitgliedschaft und Stimmrecht im Bundesrat, in: Hans-Detlef Horn (Hrsg.), FS für Walter Schmitt Glaeser, Berlin 2003, S. 178; Roland Sturm, Vorbilder für eine Bundesratsreform?, in: ZParl, 33 (2002) 1, S. 175 f.; ders., Zur Reform des Bundesrates, in: APuZ, B 29-30 (2003), S. 28; Uwe Wagschal/Maximilian Grasl, Die modifizierte Senatslösung, in: ZParl, 35 (2004) 4, S. 743; Gerrit Mulert, Die Funktion zweiter Kammern in Bundesstaaten, Baden-Baden 2006, S. 280.

[306] Zu § 4 Abs. 2 oder § 9 Abs. 1 SächsGemO vgl. Georg Brüggen/Ingrid Heckendorf (Fn. 230), § 39, Rdnr. 161, S. 163. Zu § 6 Abs. 2 GO BB vgl. Ulrich Schulze, in: Michael Muth/Werner Plumbaum/Manfred Wendt/Josef Odendahl/Ulrich Jahn/Ulrich Schulze/Wolfgang Bernet/Karlheinz Gerner/Christian Pahl/Petra Ketzer/Volker Flömer, Potsdamer Kommentar zur Kommunalverfassung des Landes Brandenburg (Gemeinde- und Landkreisordnung), Vieselbach/Erfurt 1995, § 47, Rdnr. 2, S. 254. Gerhard Waibel (Fn. 227), Rdnr. 311, S. 137.

[307] Vgl. Stephan Hobe, Europarecht, 3. Auflage, Köln/Berlin/München 2006, Rdnr. 162, S. 50; Ulrich Fastenrath/Maike Müller-Gerbes, Europarecht, 2. Auflage, Stuttgart/München/Hannover/Berlin/Weimar/Dresden 2004, Rdnr. 362 f., S. 198; Thomas Oppermann, Europarecht, 3. Auflage, München 2005, Rdnr. 53, S. 93; Rudolf Streinz, Europarecht (Fn. 24), Rdnr. 299, 302, S. 103 f.; Kay Hailbronner/Georg Jochum, Europarecht I, Stuttgart 2005, Rdnr. 411, S. 123; Ulrich Haltern, Europarecht, Tübingen 2005, S. 95; Andreas Maurer (Fn. 34), S. 19; Andreas Haratsch/Christian Koenig/Matthias Pechstein (Fn. 240), Rdnr. 222, S. 94; Matthias Herdegen, Europarecht, 9. Auflage, München 2007, Rdnr. 20, S. 99; Hans-Wolfgang Arndt (Fn. 30), S. 48; Klaus-Dieter Borchardt, Die rechtlichen Grundlagen der Europäischen Union, 3. Auflage, Heidelberg 2006, Rdnr. 292, S. 123. Anders Hans Georg Fischer, Europarecht, München 2005, Rdnr. 85, S. 34, der lediglich wie Art. 205 Abs. 1 EG von der Mehrheit der Ratsmitglieder spricht.

zutreffend als absolute Mehrheit.[308] Auch Geiger geht in seiner Kommentierung von Art. 205 Abs. 1 EG von der einfachen Mehrheit aus, stellt aber auf die Mindestzahl von 13 Stimmen ab und auf die Wirkung von Stimmenthaltungen als Gegenstimmen.[309] Damit hat er die Anzahl der zu jener Zeit vertraglichen Mitglieder (25) zugrunde gelegt und nicht die abgegebenen Stimmen der anwesenden Mitglieder, wie bei der einfachen Mehrheit. Stimmenthaltungen zählen bei der einfachen Mehrheitsregel ebenfalls nicht mit. Bei der absoluten Mehrheitsregel wirken sie sich jedoch tatsächlich wie Nein-Stimmen aus. Bei der Kommentierung zu Art. 205 Abs. 1 EG von Jacqué findet sich lediglich eine Wiedergabe des Wortlauts der Bestimmung („Mehrheit seiner Mitglieder"), ohne eine Zuordnung zu den verschiedenen Arten von Mehrheiten zu geben.[310]

Als Bezugsgröße ist in Art. 205 Abs. 1 EG die Mehrheit der vertraglich vorgesehenen Ratsmitglieder festgelegt. Dies ergeben u.a. auch die französischen, englischen und spanischen Versionen des Vertrages. In der englischen Version heißt es wie im Deutschen „*majority of its Members*". Dafür sind die französische „*majorité des membres qui le composent*" und spanische Versionen „*mayoría de los miembros que lo componen*" (Mehrheit der Mitglieder, die ihn bilden)[311] eindeutiger. Da die vertraglichen Mitglieder des Rates und nicht die abgegebenen Stimmen der anwesenden Mitglieder als Bezugsgröße für die Beschlussfassung geregelt sind, handelt es sich hierbei tatsächlich um die absolute Mehrheit.[312] So ist in diesem Zusammenhang von Länder- bzw. Mitgliedermehrheit (absolute Mehrheit) und nicht von Abstimmungsmehrheit (einfache Mehrheit) zu sprechen. Um so missverständlicher ist die Bestimmung in Art. III-343 Abs. 2 VVE[313] bzw. Art. 238 Abs. 1 AEU Lissabon, wonach der Rat mit der Mehrheit (der Stimmen) seiner

---

[308] Johannes Christian Wichard, in: Christian Callies/Matthias Ruffert (Hrsg.) (Fn. 158), Art. 205 EGV, Rdnr. 2, S. 1910 f. Vgl. auch Johannes Christian Wichard, in: Christian Calliess/Matthias Ruffert (Hrsg.) (Fn. 61), Art. I-23, Rdnr. 9, S. 316.

[309] Rudolf Geiger (Fn. 71), Art. 205 EGV, Rdnr. 1, 4, S. 704 f.

[310] Jean Paul Jacqué, in: Hans von der Groeben/Jürgen Schwarze (Hrsg.), Kommentar zum Vertrag über die Europäische Union und zur Gründung der Europäischen Gemeinschaft, Band 4, 6. Auflage, Baden-Baden 2004, Art. 205 EG, Rdnr. 2, S. 182.

[311] Die wörtliche spanische Übersetzung würde lauten: *mayoría de sus miembros*.

[312] So auch T.C. Hartley, The Foundations of European Community Law, 6. Auflage, Oxford 2007, Fn. 47, S. 19.

[313] Art. III-343 Abs. 2 VVE deutsche Fassung: „Ist zu einem Beschluss des Rates die einfache Mehrheit erforderlich, so beschließt dieser mit der Mehrheit der Stimmen seiner Mitglieder." Englische Fassung: „Where it is required to act by a simple majority, the Council shall act by a majority of its component members." Französische Fassung: „Pour les délibérations qui requièrent la majorité simple, le Conseil statue à la majorité des membres qui le composent." Spanische Fassung: „Cuando deba adoptar un acuerdo por mayoría simple, el Consejo se pronunciará por mayoría de los miembros que lo componen." Vgl. hierzu Johannes Christian Wichard, in: Christian Calliess/Matthias Ruffert (Hrsg.) (Fn. 61), Art. I-25, Rdnr. 12, S. 326, der ohne Bezugnahme auf die unterschiedlichen Begriffe den Wortlaut der Verfassungsvertragsbestimmung wiederholt. Epping bezeichnet die geforderte Mehrheit zwar zutreffend als absolute Mehrheit, allerdings unter der Definition der einfachen Mehrheit. Volker Epping, in: Christoph Vedder/Wolff Heintschel von Heinegg (Hrsg.) (Fn. 112), Art. III-343, Rdnr. 3, S. 858 f.

Mitglieder (bei 27 Mitgliedern mit 14 Stimmen seiner Mitglieder) beschließt, wenn für die Beschlussfassung die einfache Mehrheit erforderlich ist. Bei einer Stimmenverteilung nach der Regel der gleichen Anzahl von Stimmen ist die Begriffsbestimmung dieser Mehrheitsregel wegen der unterschiedlichen Bezugsgrößen unzutreffend. Sie würde implizieren, dass alle Ratsmitglieder anwesend oder vertreten sein müssen und einer Stimmpflicht unterliegen, wobei sie nur Ja- oder Nein-Stimmen abgeben, aber keine Stimmenthaltung üben dürften. Nur in dieser Konstellation fallen die Anzahl der abstimmenden Mitglieder und der vertragsrechtlichen Mitglieder zusammen. Stimmenthaltungen sind jedoch nach Art. III-343 Abs. 3 VVE bzw. Art. 238 Abs. 4 AEU Lissabon zulässig, so dass nicht von dieser Interpretation ausgegangen werden kann. Außerdem werden in Bestimmungen des Verfassungsvertrages bzw. des Reformvertrages von Lissabon bezüglich der Beschlussfassung der Organe die Begriffe der einfachen Mehrheit[314] und der Mehrheit der Mitglieder[315] (absolute Mehrheit) unterschiedlich verwendet.

Auch die Regelung über die Beschlussfähigkeit, auf die generell im achten Kapitel ausführlich einzugehen sein wird, lässt keine andere Interpretation der Bestimmung in Art. 205 Abs. 1 EG zu. In Art. 11 Abs. 4 Satz 1 GO EG-Rat[316] ist für eine Abstimmung im Rat die Anwesenheit der Mehrheit der gem. den Verträgen stimmberechtigten Ratsmitglieder erforderlich, d.h. 14 von 27 Mitglieder und nicht die Anwesenheit aller Ratsmitglieder. Wenn bei einer Beschlussfassung 14 anwesende Ratsmitglieder ihre Stimme abgeben würden, reichten für einen einfachen Mehrheitsbeschluss bereits 8 Stimmen aus. Beschlussfassungen nach Art. 205 Abs. 1 EG erfolgen aber mit 14 von 27 Stimmen.[317] Damit ist die Abstimmungsregel in Art. 205 Abs. 1 EG identisch mit der Beschlussfähigkeitsregel in Art. 11 Abs. 4 Satz 1 GO EG-Rat, so dass auf letztere sogar verzichtet werden könnte.[318]

Die Abstimmungsregel in Art. 205 Abs. 1 EG gilt zwar als Regelfall, ist durch die einzelnen Vertragsbestimmungen aber eher eine Ausnahme. Die Regel stellt eine Auffangnorm für den seltenen Fall des Fehlens von Vorschriften über die Stimmenverhältnisse dar. Bei Anwendung dieser Abstimmungsregel hat jeder Mitgliedstaat eine Stimme. Nach dieser Regel werden im Vergleich zur Einstimmigkeitsregel und qualifizierten Mehrheitsregel relativ wenige Entscheidungen getroffen, sieben nach dem EG-Vertrag und fünf nach dem EU-Vertrag: zum Beispiel Beschlüsse über die Verabschiedung der Geschäftsordnung des Rates gem.

---

[314] Die einfache Mehrheit für die Beschlussfassung des Rates ist vorgesehen in: Art. III-208 Abs. 1, II-217 Abs. 1, III-344 Abs. 2 und 3, III-345, III-346, III-347 Abs. 2, III-349, III-428 VVE bzw. Art. 150, 160, 240 Abs. 2 UAbs. 2 und Abs. 3, 241, 245, 247, 337 AEU Lissabon.

[315] Vgl. z.B. die absolute Mehrheit in Art. III-351 Satz 1 VVE bzw. Art. 250 Abs. 1 AEU Lissabon (Beschlussfassung der Kommission).

[316] Der Rat gibt sich nach Art. 207 Abs. 3 EG eine Geschäftsordnung. GO EG-Rat vom 22.03.2004, in: ABl. EU Nr. L 106 vom 15.04.2004, S. 22.

[317] Bei 15 Ratsmitgliedern war die Zustimmung von 8 erforderlich (bei 25 Mitgliedern 13). Vgl. Peter M. Huber, Das institutionelle Gleichgewicht zwischen Rat und Europäischem Parlament in der künftigen Verfassung für Europa, in: EuR, 38 (2003) 4, S. 578.

[318] Zu Beschlussfähigkeitsregelungen vgl. Kapitel VIII.

Art. 207 Abs. 3 EG, die Aufforderungen des Rates an die Kommission gem. Art. 208 EG, bestimmte Verfahren des Rates[319] sowie Verfahrensfragen nach Art. 23 Abs. 3 EU. Als Verfahrensfragen sind alle Fragen zu bezeichnen, die den ratsinternen Geschäftsgang berühren. Ob eine Frage eine Verfahrensfrage ist oder nicht wird wohl – wie im UN-Sicherheitsrat gem. Art. 27 Abs. 3 UN-Charta – einstimmig nach Art. 23 Abs. 1 EU entschieden werden müssen.[320]

Als weiteres Gemeinschaftsorgan fasst auch die Kommission ihre Beschlüsse mit der Mehrheit der Stimmen der im Vertrag vorgesehenen Mitglieder (Art. 219 Abs. 1 EG i.V.m. Art. 8 Abs. 3 GO EG-Kommission), d.h. mit absoluter Mehrheit[321] und nicht mit einfacher Mehrheit wie es mitunter fälschlich in der Literatur heißt.[322] Die absolute Mehrheit ist unabhängig von Inhalt und Art des Beschlusses erforderlich. Nach dieser Regel mussten elf der bisher zwanzig Kommissare bzw. sechzehn der nunmehr dreißig Kommissare einem Kommissionsbeschluss zustimmen. Die absolute Mehrheitsregel ist in den Verfassungsvertrag für Europa bzw. den Reformvertrag von Lissabon (Art. III-351 Satz 1 VVE; Art. 250 Abs. 1 AEU Lissabon) übernommen worden.

Im Gegensatz zu Kollegialorganen der Europäischen Gemeinschaften bzw. Europäischen Union sieht die UN-Charta keine absolute Mehrheit für Abstimmungen in ihren Hauptorganen vor.[323] Die absolute Mehrheitsregel findet allgemein bevorzugte Anwendung bei multiplen Wahlen. Bei Sachentscheidungen ist die Anwendung einer absoluten Mehrheit aller Mitglieder dann sinnvoll und zu empfehlen, wenn in einem Kollegialorgan Entscheidungen durch Abstimmungen getroffen werden, dessen Mitglieder über Stellvertreter immer anwesend sein können, wie beispielsweise beim Bundesrat. Damit kann sowohl nach innen und als auch nach außen eine breite Unterstützung für die getroffene Entscheidung und damit Legitimität gezeigt werden.

4. Qualifizierte Mehrheit

Die qualifizierte Mehrheitsregel, speziell die Zweidrittelmehrheit erfuhr breite Anwendung in den italienischen Städten des Spätmittelalters.[324] Vereinzelt ist sie auch in deutschen Städten für Satzungsänderungen von Zunftverfassungen verwendet worden.[325] Die Zweidrittelmehrheit hat sich dann nach dem Vorbild des

---

[319] Vgl. Jan-Peter Hix, in: Jürgen Schwarze (Hrsg.) (Fn. 23), Art. 205 EGV, Rdnr. 4, S. 1806.

[320] So Hans-Joachim Cremer, in: Christian Calliess/Matthias Ruffert (Hrsg.) (Fn. 158), Art. 23 EUV, Rdnr. 10, Fn. 26, S. 162.

[321] Vgl. Klaus-Dieter Borchardt (Fn. 307), Rdnr. 320, S. 132.

[322] So Helmut Schmitt von Sydow, in: Hans von der Groeben/Jürgen Schwarze (Hrsg.) (Fn. 310), Art. 219 EG, Rdnr. 17, S. 292; Andreas Haratsch/Christian Koenig/Matthias Pechstein (Fn. 240), Rdnr. 244, S. 101.

[323] Lediglich Art. 10 Abs. 1 und Art. 12 Abs. 1 IGH-Statut enthalten den Terminus „absolute Mehrheit" für die Abstimmungen im Sicherheitsrat bei der Wahl der Richter.

[324] Vgl. Werner Heun (Fn. 187), Fn. 123, S. 125.

[325] Vgl. Rudolf Luther, Gab es eine Zunftdemokratie?, Berlin 1968, S. 24.

kanonischen Rechts eingebürgert.[326] Lediglich bei der Papstwahl ist eine Stimme mehr als zwei Drittel gefordert worden. Um dem gemeinrechtlichen Grundsatz nachzukommen, wonach niemand sich in gültiger Weise selbst wählen kann[327], wurde im kanonischen Recht ein mathematischer Kunstgriff angewendet. Wegen der geheimen Wahl war es nicht möglich festzustellen, ob ein Wähler sich selbst die Stimme gegeben hatte. Mit der Forderung nach einer zusätzlichen Stimme sollte die Wahl des Papstes mit einer Zweidrittelmehrheit sichergestellt werden. Diese eigentümliche Bestimmung ist dann auch wieder zugunsten der Zweidrittelmehrheit aufgegeben worden.[328]

Welchen Einfluss die Wahl der konkreten Mehrheitsregel bei Vorliegen einer Stimmengewichtung unter den Mitgliedern eines Kollegialorgans auf den Entscheidungsprozess ausübt, soll mit Hilfe eines Beispiels aus der Spieltheorie gezeigt werden.[329] In einem aus vier Mitgliedern (A, B, C, D) bestehenden kollegialen Entscheidungsorgan sind die Stimmen wie folgt gewichtet: A: 4; B: 3; C: 2; D: 1. Bei Anwendung der einfachen Mehrheitsregel (6 von 10 Stimmen) gibt es insgesamt sieben Gewinnergruppen: ABCD, ABC, AB, AC, ABD, ACD und BCD, bei Anwendung der qualifizierten Mehrheitsregel (7 von 10 Stimmen) hingegen nur fünf: ABCD, ABC, AB, ACD und ABD. Im Gegensatz zu den anderen Mitgliedern ist A mit der höchsten Stimmenanzahl in fast allen Abstimmungsgruppen vertreten und damit das für die Annahme eines Beschlusses ausschlaggebende Mitglied. Wie in diesem Beispiel anschaulich gezeigt, lassen sich verschiedene Abstimmungsgruppen bzw. Koalitionen zur Annahme eines Beschlusses bilden. Die Mitglieder eines kollegialen Entscheidungsorgans können in Abhängigkeit von den Interessen und der jeweiligen Stimmenanzahl nach Partnern suchen, mit denen sie gemeinsam die erforderliche Mehrheit erreichen. Dabei verringern sich die Auswahlmöglichkeiten in Abhängigkeit von der geforderten Mehrheitsregel. Die Anzahl der Gewinnergruppen nimmt mit einer höheren Mehrheitsregel ab.

a) Begriff der qualifizierten Mehrheit

Qualifizierte Mehrheit bedeutet, dass eine bestimmte, von 50% verschiedene Mehrheit überschritten sein muss, z.B. 2/3 oder 3/4 aller Stimmen. Mit anderen Worten ist eine qualifizierte Mehrheit dann gegeben, wenn ein Bruchteil der Stimmen, der größer als ein Halb ist, dem Antrag bzw. der Entscheidung zustimmt.[330] Hierbei wird unterschieden zwischen qualifizierter Abstimmungsmehrheit und qualifizierter Mitgliedermehrheit. Die qualifizierte Abstimmungsmehrheit ist die entsprechende Mehrheit der abgegebenen Stimmen (einfache), während die

---

[326] Vgl. Werner Heun (Fn. 187), Fn. 123, S. 125.
[327] Can. 170 Codex Iuris Canonici. Der im Jahr 1917 promulgierte und 1918 in Kraft getretene CIC stellte die erste Kodifikation des kanonischen Rechts der römisch-katholischen Kirche dar. Er war bis 1983 geltendes Recht und wurde durch In-Kraft-Treten des CIC 1983 aufgehoben.
[328] Vgl. Winfried Aymans (Fn. 5), S. 153 f.
[329] Vgl. Mika Wildgrén, Voting rule reforms in the EU Council, in: The Research Institute of the Finish Economy (ed.), Discussion Paper No. 483, Helsinki 1994, S. 4.
[330] Vgl. Karl Georg Schneider (Fn. 206), S. 34.

qualifizierte Mitgliedermehrheit die Mehrheit der gesetzlichen bzw. vertraglichen Mitgliederzahl (absolute) voraussetzt.

Im Vergleich zu den bisherigen Arten der Entscheidungsmehrheit stellt die qualifizierte Mehrheit die höchsten Anforderungen. Sie steht über der absoluten Mehrheit und nähert sich der Einstimmigkeitsregel an, was wiederum die Erhaltung des *status quo* begünstigen kann. Für die qualifizierte Mehrheitsregel sind gegenüber der absoluten Mehrheit weitere Rechtfertigungen erforderlich, die aus der besonderen Art der Entscheidungen resultieren. Diese finden vor allem bei wichtigen herausragenden und einschneidenden Entscheidungen in Parlamenten, wie Verfassungsänderungen, sowie in wichtigen kollegialen Entscheidungsorganen von Staatenverbindungen Anwendung. Aufgrund der Bedeutung solcher Beschlüsse und ihrer notwendigen Umsetzung ist eine erhebliche Mehrheit bei geringerer Minderheit erforderlich.[331] Allerdings kommt bei einer qualifizierten Mehrheit der Minderheit die Kontrolle über die Entscheidung zu. So reicht beispielsweise bei einer geforderten Zweidrittelmehrheit ein Drittel plus eine Stimme aus, um gegen einen Vorschlag zu stimmen. Damit wird der Minderheit die Möglichkeit gegeben, den Willen einer entsprechend hohen (qualifizierten) Mehrheit zu überstimmen und den Beschluss zu blockieren. Je höher die erforderliche Mehrheit festgesetzt wird und je mehr sie sich der Einstimmigkeit annähert, umso geringer ist die Minderheit, die die Entscheidung kontrollieren kann.[332]

b) Arten der qualifizierten Mehrheit

Bei der qualifizierten Mehrheit werden verschiedene Arten je nach dem Zahlenverhältnis unterschieden, wie Zweidrittel- (0,66), Dreiviertel- (0,75), Vierfünftel- (0,8), Dreifünftel- (0,6) oder auch Fünfsechstelmehrheit (0,83). Dabei stellen die Dreifünftel- und Zweidrittelmehrheit gegenüber den anderen die geringeren zahlenmäßigen Anforderungen an die zu erreichenden Stimmen. Die Zweidrittelmehrheit als die verbreitetste qualifizierte Abstimmungsregel lässt sich nach der arithmetischen Formel berechnen, nach der die Anzahl der Gesamtstimmen durch drei dividiert und das Ergebnis mit zwei multipliziert wird (n:3x2). Danach würde in vorstehendem hypothetischem Beispiel bei 100 Stimmen die Alternative A 67 Stimmen benötigen, um die Zweidrittelmehrheit zu erreichen.

Die qualifizierte Mehrheitsregel lässt sich weiterhin in Abhängigkeit von der Bezugsgröße in einfache qualifizierte Mehrheit und absolute qualifizierte Mehrheit unterscheiden.

---

[331] Vgl. Werner Heun (Fn. 187), Fn. 119, S. 126.
[332] Vgl. Alice Sturgis, Standard Code of Parliamentary Procedure, 3. Auflage, New York/St. Louis/San Francisco/Hamburg/Mexico/Toronto 1988, S. 123.

c) Einfache qualifizierte Mehrheitsregel

Die einfache qualifizierte Mehrheitsregel stellt wie die einfache Mehrheit auf die abgegebenen Stimmen als Bezugsgröße ab (qualifizierte Abstimmungsmehrheit). Die qualifizierte Mehrheit, in der Regel die Zweidrittelmehrheit, wird demzufolge von der Anzahl der abgegebenen Stimmen berechnet.

aa) Einfache qualifizierte Mehrheitsregel in deutschen und ausländischen Verfassungsorganen

Die einfache Zweidrittelmehrheit der abgegebenen Stimmen des Bundestages ist in Art. 42 Abs. 1 Satz 2 GG (Ausschluss der Öffentlichkeit), Art. 77 Abs. 4 Satz 2 GG (Zurückweisung eines Einspruchs des Bundesrates, den dieser mit einer Mehrheit von mindestens zwei Dritteln seiner Stimmen beschlossen hat), Art. 80a Abs. 1 Satz 2 GG (Feststellung des Spannungsfalles), Art. 115a Abs. 1 Satz 2 GG (Feststellung des Verteidigungsfalles durch Bundestag), Art. 115a Abs. 2 GG (Feststellung des Verteidigungsfalles durch Gemeinsamen Ausschuss), Art. 115e Abs. 1 GG (Befugnisse des Gemeinsamen Ausschusses im Verteidigungsfalle) vorgesehen.

Eine Zweidrittelmehrheit der anwesenden Mitglieder sieht die Geschäftsordnung des Bundestages in § 80 Abs. 2 (Eintritt in die 2. Beratung ohne vorherige Ausschussüberweisung), § 81 Abs. 1 (Verkürzung der Frist für den Beginn der 2. Beratung), § 84b (Verkürzung der Frist zwischen 2. und 3. Beratung) sowie § 126 (Abweichungen von der GO im einzelnen Fall) vor.[333]

Die einfache qualifizierte Mehrheitsregel legen die Verfassungen zahlreicher ausländischer Staaten für ihre Parlamente in Bezug auf bedeutende Entscheidungen, wie Verfassungsänderungen, fest.[334] Eine (einfache) Zweidrittelmehrheit der abgegebenen Stimmen regeln u.a. § 73 Abs. 1 Grundgesetz Finnland, Art. 137 Abs. 4 Verfassung Niederlande, Art. 44 Abs. 1 Bundes-Verfassungsgesetz Österreich, Art. X Abs. 1 Verfassung Bosnien-Herzegowina. Eine (einfache) Dreifünftelmehrheit der abgegebenen Stimmen ist nach Art. 89 Abs. 3 Verfassung Frankreich für die Annahme des Verfassungsänderungsentwurfs unter bestimmten Voraussetzungen erforderlich.

bb) Einfache qualifizierte Mehrheitsregel in ausgewählten Kollegialorganen von Staatenverbindungen

Die WVK bestimmt in Art. 9 Abs. 2, dass für die Willensbildung auf internationalen Konferenzen zur Vorbereitung multilateraler Verträge die Zweidrittelmehrheit der anwesenden und abstimmenden Staaten notwendig ist, sofern sie nicht mit der gleichen Mehrheit die Anwendung einer anderen Regel beschließt. Diese für inter-

---

[333] Vgl. Joseph Bücker (Fn. 204), § 48, S. 5.
[334] Vgl. Bjørn Erik Rasch (Fn. 220), S. 495; Inter-Parliamentary Union (Fn. 220), S. 516 ff.

nationale Konferenzen geltende Abstimmungsregel findet auch verbreitete Anwendung zur Beschlussfassung in Kollegialorganen von Staatenverbindungen.

In internationalen Organisationen, in denen die Beschlussfassung in der Regel mit einfacher Mehrheit erfolgt, kann die qualifizierte Mehrheitsregel für bestimmte Sachentscheidungen vorbehalten bleiben, die dann entsprechend in den Verträgen bzw. Geschäftsordnungen geregelt ist.[335] Eine Unterscheidung von Beschlüssen, die eine Zweidrittelmehrheit erfordern, von denen, die nur mit einfacher Mehrheit angenommen werden können, ist nicht in allen Organisationen, die beide Abstimmungsregeln verwenden, gleich geregelt. In einigen ist für Haushaltsfragen eine qualifizierte Mehrheit (UN-Generalversammlung: Art. 18 Abs. 2 UN-Charta), in anderen einfache Mehrheit (FAO-Konferenz: Art. IV Abs. 1 i.V.m. Art. III Abs. 8 FAO-Satzung) gefordert.[336]

Nach Art. 18 Abs. 2 UN-Charta bedürfen Beschlüsse der Generalversammlung über wichtige Fragen, so genannte Sachfragen, einer Zweidrittelmehrheit der anwesenden und abstimmenden Mitglieder. Zu diesen Fragen gehören: Empfehlungen hinsichtlich der Wahrung des Weltfriedens und der internationalen Sicherheit, die Wahl der nichtständigen Mitglieder des Sicherheitsrates, die Wahl der Mitglieder des Wirtschafts- und Sozialrates, die Wahl von Mitgliedern des Treuhandrates nach Art. 86 Abs. 1 lit. c UN-Charta, die Aufnahme neuer Mitglieder in die Vereinten Nationen, der zeitweilige Entzug der Rechte und Vorrechte aus der Mitgliedschaft, der Ausschluss von Mitgliedern, Fragen betreffend der Wirkungsweise des Treuhandsystems sowie Haushaltsfragen. Diese Aufzählung wichtiger Fragen ist nur beispielhaft. Die Unterscheidung zwischen wichtigen und unwichtigen Fragen ist generell schwierig und erfordert oftmals eine zusätzliche Abstimmung, weshalb solche Bestimmungen besser vermieden werden.[337] Die Grenze zwischen Beschlüssen über wichtige Fragen nach Art. 18 Abs. 2 UN-Charta und Beschlüssen über andere Fragen gem. Art. 18 Abs. 3 UN-Charta[338], einschließlich der Bestimmung weiterer Gruppen von Fragen, über die mit Zweidrittelmehrheit zu beschließen ist, hat sich in der Praxis der Generalversammlung zunehmend ver-

---

[335] Die UNESCO-Generalkonferenz nimmt Beschlüsse mit einfacher Mehrheit an, außer in Fällen, in denen nach der Satzung oder der GO eine Zweidrittelmehrheit der anwesenden und abstimmenden Mitglieder erforderlich ist (Art. IV Abschnitt C Abs. 8 lit. a Satz 2 UNESCO-Satzung). Vgl. Henry G. Schermers/Niels M. Blokker (Fn. 22), § 851 f., S. 547.

[336] Vgl. ebenda, § 854, S. 549.

[337] Vgl. Henry G. Schermers/Niels M. Blokker (Fn. 22), § 852, S. 547 f.

[338] Durch Mehrheitsentscheid der GV bzw. durch Verfügung des Präsidenten der GV wurde festgestellt, dass eine Frage i.S.d. Art. 18 Abs. 2 UN-Charta wichtig sei: Beratung neuer Treuhandabkommen, Informationen über Gebiete ohne Selbstregierung, Verfügung über früherer italienische Kolonien, Rassenkonflikt in Südafrika, Fragen bezüglich Tunesien und Marokko, Konventionsentwurf über die Rechte der Frau, Vermittlungskommission für Palästina, Fragen betreffend Südwestafrika, Fragen bezüglich Algerien und Zypern, Zuweisung eines auf eine nächste Sitzung verschobenen Tagesordnungspunktes an einen Hauptausschuss, Implementierung der Deklaration über die Gewährung von Unabhängigkeit für Völker unter Kolonialherrschaft, Fragen der Vertretung Chinas. Vgl. Vgl. Rüdiger Wolfrum, in: Bruno Simma (ed.) (Fn. 11), Art. 18, Rdnr. 22, S. 358.

wischt. Während über die erste Gruppe von Beschlüssen mit Zweidrittelmehrheit der anwesenden und abstimmenden Mitglieder (qualifizierte Mehrheitsregel) abzustimmen ist, bedürfen Beschlüsse der zweiten Gruppe der Mehrheit der anwesenden und abstimmenden Mitglieder (einfache Mehrheitsregel). In der Entscheidung über die geforderten Mehrheiten ist die Generalversammlung den Regeln nicht immer streng gefolgt. Von den beiden ihr zur Verfügung stehenden Möglichkeiten der Abstimmung mit einer einfachen Zweidrittelmehrheit wählt die Generalversammlung häufig die Subsumierung einer entsprechenden Frage unter die Liste der wichtigen Fragen gem. Art. 18 Abs. 2 UN-Charta als eine Entscheidung nach Art. 18 Abs. 3 UN-Charta.[339] Während zu Beginn der Arbeit der UN-Generalversammlung noch über die Hälfte aller angenommenen Resolutionen mit einer einfachen Zweidrittelmehrheit zustande kamen, sind es in den letzten Dekaden weniger als ein Drittel.[340]

Die Abstimmungsregel der (einfachen) Zweidrittelmehrheit der anwesenden und abstimmenden Mitglieder gilt auch für Organe von UN-Sonderorganisationen und andere Institutionen in der Regel für Sach- bzw. wichtige Fragen. Sie findet Anwendung sowohl bei Organen mit allgemeiner Mitgliedschaft[341] als auch bei Organen mit beschränkter Mitgliedschaft.[342]

Die einfache Zweidrittelmehrheit ist eine von mehreren in Art. 20 Satzung des Europarates festgelegten Abstimmungsregeln für das nach der Regel „ein Staat – eine Stimme" abstimmende Ministerkomitee des Europarates. Dieser trifft mit einer Zweidrittelmehrheit der abgegebenen Stimmen und eine einfache Mehrheit der Vertreter, die einen Sitz im Komitee haben, gem. Art. 20 lit. d Satzung des Europarates alle anderen als in lit. a - c geregelten Beschlüsse, darunter auch die Annahme von völkerrechtlichen Verträgen, wovon es inzwischen über 190 gibt. Der wohl bedeutendste unter ihnen dürfte die Europäische Menschenrechtskonvention sein. Hierunter fallen u.a. Beschlüsse über den Haushaltsplan, die Geschäftsord-

---

[339] Vgl. ebenda, Art. 18, Rdnr. 27, S. 359 f.
[340] 1946-1958: Gesamt: 1.503, davon mit Zweidrittelmehrheit: 921 (61,28%); 1959-1965: Gesamt: 782, davon mit Zweidrittelmehrheit: 358 (45,78%); 1966-1969: Gesamt: 581, davon mit Zweidrittelmehrheit: 327 (56,28%); 1970-1978: Gesamt: 1.904, davon mit Zweidrittelmehrheit: 948 (49,79%); 1978-1984: Gesamt: 2.025, davon mit Zweidrittelmehrheit: 864 (42,67%); 1985-1999: Gesamt: 4.382, davon mit Zweidrittelmehrheit: 1.179 (26,90%). Repertory of Practice of United Nations Organs, Extracts relating to Article 18 of the Charter of the United Nations (Fn. 95), Supplement No. 3, vol. 1, paras. 11 f.; No. 4, vol. 1, paras. 9 f.; No. 5, vol. 1, para. 18; No. 6, vol. 2, para. 18. Vgl. Rüdiger Wolfrum, in: Bruno Simma (ed.) (Fn. 11), Art. 18, Annex, S. 361 f.
[341] UNCTAD-Konferenz (Art. II Ziff. 24 Satz 2 Resolution 1995 (XIX)), WHO-Versammlung (Art. 60 lit. a WHO-Satzung), WIPO-Konferenz der (Art. 7 Abs. 3 lit. c WIPO-Übereinkommen), FAO-Konferenz (Art. IV Abs. 3 FAO-Satzung), ILO-Konferenz (als Ausnahme in Finanzfragen) (Art. 13 Abs. 2 lit. c ILO-Verfassung), IMO-Versammlung (falls gefordert: Art. 57 lit. b IMO-Übereinkommen), Meteorologischer Weltkongress (Art. 11 lit. b WMO-Übereinkommen), IAEA-Generalkonferenz (Art. V Abschnitt C Satz 5 IAEA-Satzung).
[342] WHO-Exekutivrat (Art. 60 lit. c WHO-Satzung), IMO-Rat (falls gefordert: Art. 57 lit. b IMO-Übereinkommen), WMO-Exekutivrat (Art. 16 lit. a WMO-Übereinkommen), IAEA-Gouverneursrat (Art. VI Abschnitt E Satz 2 IAEA-Satzung).

C. Mehrheitsregeln 327

nung, die Finanz- und Verwaltungsanordnungen sowie über die Anwendung der Abstimmungsregeln in Art. 20 Satzung des Europarates in Zweifelsfällen. Durch die zweite Voraussetzung der einfachen Mehrheit der Vertreter mit Sitz wird das qualifizierte Mehrheitserfordernis wieder relativiert. Die Parlamentarische Versammlung des Europarates fasst ihre Beschlüsse, wie u.a. Empfehlungen an das Ministerkomitee gem. Art. 29 Satzung des Europarates, mit Zweidrittelmehrheit der abgegebenen Stimmen.

Neben der einfachen Zweidrittelmehrheit finden auch andere qualifizierte Mehrheiten Anwendung. Eine Dreifünftelmehrheit der abgegebenen Stimmen gilt für Beschlüsse des IFAD-Verwaltungsrates (Art. 6 Abschnitt 6 lit. b IFAD-Übereinkommen i.V.m. Regel 19 Abs. 1 GO IFAD-Verwaltungsrat).[343] Diese Mehrheit muss jedoch mehr als die Hälfte der Gesamtstimmenanzahl aller Mitglieder des Verwaltungsrates umfassen.

Ein noch höheres qualifiziertes Mehrheitserfordernis regelt das UN-Seerechtsübereinkommen für den Rat der Internationalen Meeresbodenbehörde als Organ mit beschränkter Mitgliedschaft in Abhängigkeit von den zu treffenden Entscheidungen neben der einfachen Mehrheit für Verfahrensfragen, Zweidrittelmehrheit für konkrete Sachfragen und Konsens für spezielle Sachfragen, eine weitere Abstimmungsregel – die Dreiviertelmehrheit der anwesenden und abstimmenden Mitglieder für so wichtige Fragen wie u.a. das Aufstellen der besonderen Leitsätze zu allen Fragen oder Angelegenheiten, die in die Zuständigkeit der Behörde fallen (Art. 161 Abs. 8 lit. c SRÜ).

d) Absolute qualifizierte Mehrheitsregel

Die absolute qualifizierte Mehrheitsregel, in der Regel die Zweidrittelmehrheit, nimmt wie die absolute Mehrheit Bezug auf die gesetzliche bzw. vertragliche Mitgliederzahl (qualifizierte Mitgliedermehrheit) des kollegialen Entscheidungsorgans. Im Vergleich mit der einfachen qualifizierten Mehrheit stellt die absolute qualifizierte Mehrheit noch höhere Anforderungen, da die qualifizierte Mehrheit von den gesetzlichen bzw. vertraglichen Mitgliedern und nicht nur von den abgegebenen Stimmen der anwesenden Mitglieder erforderlich ist.

aa) Absolute qualifizierte Mehrheitsregel in deutschen und ausländischen Verfassungsorganen

Die Zustimmung einer Zweidrittelmehrheit der Mitglieder des Bundestages oder der Stimmen des Bundesrates wird für eine Anklage gegen den Bundespräsidenten vor dem Bundesverfassungsgericht gem. Art. 61 Abs. 1 Satz 3 GG und eine Änderung des Grundgesetzes nach Art. 79 Abs. 2 GG[344] verlangt. In beiden Fällen ist

---

[343] GO IFAD-Verwaltungsrat i.d.F. vom 30.04.1995, in: http://www.ifad.org/pub/basic/index.htm (07.01.2008).
[344] Obwohl der Wortlaut des Art. 79 Abs. 2 GG nicht explizit bestimmt, in welchen Beratungen die qualifizierte Mehrheit erforderlich ist, wird deutscher Verfassungstradition folgend diese Abstimmungsregel nur für die Schlussabstimmung der dritten Beratung

eine Zweidrittelmehrheit der gesetzlichen Mitgliederzahl des Bundestages notwendig.[345] Für eine Zweidrittelmehrheit im 15. Bundestag sind bei einer gesetzlichen Mitgliederzahl von 603 Abgeordneten 402 Stimmen erforderlich gewesen, im 16. Bundestag bei einer gesetzlichen Mitgliederzahl von 614 Abgeordneten 410 Stimmen. Im 69 Stimmen zählenden Bundesrat beträgt die Zweidrittelmehrheit 46 Stimmen.

Nach der absoluten qualifizierten Mehrheitsregel werden auch in anderen Staaten Parlamentsentscheidungen über Verfassungsänderungen gefasst, wobei nicht selten anstelle einer Zweidrittelmehrheit eine Dreifünftelmehrheit gefordert wird, wie in Spanien (Art. 167 Abs. 1 Verfassung Spanien) oder Griechenland (Art. 110 Abs. 2 Verfassung Griechenland). Art. 39 Abs. 4 Verfassung Tschechische Republik schreibt vor, dass es zur Verabschiedung eines Verfassungsgesetzes oder zur Genehmigung eines internationalen Abkommens der Zustimmung der (absoluten) Dreifünftelmehrheit aller Abgeordneten und der (einfachen) Dreifünftelmehrheit der anwesenden Senatoren bedarf. Eine Mehrheit von fünf Sechsteln der Mitglieder des *Folketing* verlangt § 20 Abs. 2 Verfassung Dänemark für die Annahme bestimmter Gesetzesvorlagen.

Verfassungen anderer Staaten wiederum kennen generell keine qualifizierten Mehrheitsregeln, weder für die Beschlussfassung in den Parlamenten noch in anderen Organen, wie beispielsweise die britische oder schweizerische.

bb) Absolute qualifizierte Mehrheitsregel im Rat der Europäischen Gemeinschaften bzw. Europäischen Union

Die Europäische Kommission hat im Weißbuch „Europäisches Regieren" von 2001 mit Nachdruck darauf hingewiesen, dass der Rat die Abstimmung vornehmen sollte, sobald sich eine qualifizierte Mehrheit abzeichnet und nicht die Diskussion auf der Suche nach Einstimmigkeit fortsetzt.[346] „Empirisch fungiert die Mehrheitsentscheidung als ein über dem Rat schwebendes Damoklesschwert zur Steigerung der Entscheidungsfreudigkeit im „Schatten der Abstimmung"."[347] Diese Aussage Maurers zeigt die Brisanz der Frage nach der Abstimmungsregel im Rat neben der im fünften Kapitel erörterten Stimmengewichtung. Wachsende Mitgliederzahlen gebieten nicht nur eine breitere Anwendung von Mehrheitsentscheidungen, sondern erfordern diese, wenn die Handlungs- und Entscheidungsfähigkeit des Rates gewahrt bleiben soll.[348] Allein die großen sozial-ökonomischen Di-

---

angewendet. Vgl. § 196 Abs. 2 Frankfurter Reichsverfassung, Art. 78 Verfassung des Norddeutschen Bundes, Art. 78 Abs. 1 Bismarcksche Reichsverfassung, Art. 76 Abs. 1 Weimarer Reichsverfassung. Vgl. BT-Drs. Nr. 4454 vom 15.06.1953; Joseph Bücker (Fn. 204), § 48, S. 5.

[345] Vgl. Joseph Bücker (Fn. 204), § 48, S. 3 f.
[346] Vgl. Kommission, Europäisches Regieren – Ein Weißbuch [KOM(2001) 428 endgültig], in: ABl. EG Nr. C 287 vom 12.10.2001, S. 1 (18).
[347] Andreas Maurer (Fn. 34), S. 20 f.
[348] Ein von Deutschland und der Europäischen Kommission präferierter Vorschlag, der alle Einstimmigkeitsbeschlüsse in qualifizierte Mehrheitsbeschlüsse überführen wollte,

C. Mehrheitsregeln

vergenzen und die auf ihnen basierenden unterschiedlichen Interessen der Mitgliedstaaten erhöhen den Druck auf eine weitere Abkehr von Einstimmigkeitsentscheidungen hin zu (qualifizierten) Mehrheitsentscheidungen.

Im Zuge der verschiedenen institutionellen Reformen ist, wie in Übersicht 2 dieses Kapitels gezeigt, die Einstimmigkeit zunehmend durch die qualifizierte Mehrheit gem. Art. 205 Abs. 2 EG ersetzt worden. Die Erweiterung der Anwendung dieser Mehrheitsregel hat sich meist an den nationalen Interessen und am Interessenausgleich als Prüfungsmaßstab orientiert als an der abstrakteren Handlungsfähigkeit. So hat das Bundesverfassungsgericht im Maastricht-Urteil auf die nationalen Grenzen der Mehrheitsregel hingewiesen: „Allerdings findet das Mehrheitsprinzip gemäß dem aus der Gemeinschaftstreue folgenden Gebot wechselseitiger Rücksichtnahme eine Grenze in den Verfassungsprinzipien und elementaren Interessen der Mitgliedstaaten."[349] Danach stehen Mehrheitsentscheidungen hinsichtlich ihrer Anwendbarkeit in Deutschland unter dem Vorbehalt einer späteren Überprüfung durch das Bundesverfassungsgericht.[350]

Im Ergebnis von Nizza sind 32 neue von 137 Anwendungsfällen hinzugekommen, in denen mit qualifizierter Mehrheitsregel zu entscheiden ist, darunter auch Ernennungen und Geschäftsordnungsfragen.[351] Die Einführung der qualifizierten Mehrheit für einige andere Beschlüsse des Rates ist von zusätzlichen Bedingungen abhängig, wie in Art. 161 EG über die Strukturfonds oder Art. 279 EG über die Finanzordnung vom Zeitpunkt (ab 1. Januar 2007). Bis zum 1. Mai 2004 waren mindestens 62 von insgesamt 87 gewogenen Stimmen für eine qualifizierte Mehrheit erforderlich. Damit ist die Schwelle zur Erreichung der qualifizierten Mehrheit bei 71,26% der Stimmen festgesetzt gewesen.[352] Die Sperrminorität, d.h. Anzahl von Stimmen, die das Erreichen der qualifizierten Mehrheit verhindern konnte, betrug 26.[353] Mit dem Beitritt neuer Vertragsstaaten in die EU am 1. Mai 2004 galten für sechs Monate Übergangsregelungen. Ab dem 1. November 2004 war nach Art. 205 Abs. 2 EG eine qualifizierte Mehrheit im Rat bei Beschlussfassung auf Vorschlag der Kommission erreicht, wenn mindestens 232 Ja-Stimmen

---

konnte sich nicht durchsetzen. Vgl. Andreas Maurer, Der Vertrag von Nizza (Fn. 31), S. 7 f..

[349] BVerfGE 89, 155 (184).

[350] Vgl. Klaus Reeh, Das gezähmte Veto. Ein Vorschlag für eine wirkliche Vertiefung und Demokratisierung der Europäischen Union, in: Gerd Grözinger/Stephan Panther (Hrsg.), Konstitutionelle Politische Ökonomie, Marburg 1998, S. 141 f.

[351] Vgl. Andreas Maurer (Fn. 34), S. 21 f.

[352] Die historische Entwicklung der qualifizierten Mehrheit im Rat stellt sich wie folgt dar: 1958 bei 6 Mitgliedstaaten und insgesamt 17 Stimmen: 12 Stimmen (70,59%); 1973 bei 9 Mitgliedstaaten und insgesamt 58 Stimmen: 42 Stimmen (72,41%); 1981 bei 10 Mitgliedstaaten und insgesamt 63 Stimmen: 45 Stimmen (71,43%); 1986 bei 12 Mitgliedstaaten und insgesamt 76 Stimmen: 54 Stimmen (71,05%); 1995 bei 15 Mitgliedstaaten und insgesamt 87 Stimmen: 62 Stimmen (71,26%). Vgl. George Tsebelis/Xenophon Yataganas, Veto Players and Decision-making in the EU after Nice, in: JCMS, 40 (2002) 2, S. 289; Axel Moberg, The Nice Treaty and Voting rules in the Council, in: JCMS, 40 (2002) 2, S. 264.

[353] Vgl. Martin Zbinden, Die Institutionen und die Entscheidungsverfahren der Europäischen Union nach Amsterdam, Bern 1999, S. 68 f.

von 321 Gesamtstimmen abgegeben wurden (72,27% der Gesamtzahl der Stimmen), welche die Zustimmung der Mehrheit der Mitgliedstaaten (13) umfasste. Damit lag die geforderte qualifizierte Mehrheit (232) höher als die Zweidrittelmehrheit (214). Bei nunmehr 27 Mitgliedstaaten hat sich der Anteil auf 73,91% erhöht.[354]

Beschließt der Rat ausnahmsweise nicht auf Vorschlag der Kommission ist die Zustimmung von mindestens zwei Dritteln der Mitglieder (17) notwendig. Neben dieser Mitgliedermehrheit sieht Art. 205 Abs. 4 EG vor, dass ein Mitgliedstaat des Rates eine Überprüfung beantragen kann, ob die Mitgliedstaaten, die diese qualifizierte Mehrheit bilden, mindestens 62% der EU-Gesamtbevölkerung repräsentieren.[355] Zu der Mitgliedermehrheit bedarf es einer Bevölkerungsmehrheit (demografische Mehrheit) als so genanntes „demografisches Sicherheitsnetz".[356] Bei Nichterfüllung gilt der Beschluss als abgelehnt.

Mit der qualifizierten Mehrheitsregel werden Beschlüsse immer dann gefasst, wenn dies die Verträge ausdrücklich vorsehen, was die Mehrzahl aller Fälle betrifft. Hierzu zählen mit einigen Ausnahmen die Bestimmungen, die auf die Verfahren in Art. 251 EG (Mitentscheidungsverfahren) oder Art. 252 EG (Verfahren der Zusammenarbeit) verweisen.[357] Qualifizierte Mehrheitsbeschlüsse stellen vor allem in den Bereichen der ersten Säule (insbesondere Binnenmarkt sowie Wirtschafts- und Währungsunion) die Regel dar.[358] Abweichend von der geforderten Einstimmigkeitsregel in Art. 23 Abs. 1 EU und Art. 250 Abs. 1 EG kann der Rat gem. Art. 23 Abs. 2 EU auch im Bereich der zweiten Säule der EU, der GASP, gemeinsame Aktionen oder gemeinsame Standpunkte bzw. gem. Art. 251 Abs. 2 EG im Mitentscheidungsverfahren mit qualifizierter Mehrheit beschließen. Die in Art. 205 Abs. 2 EG vorgesehene qualifizierte Mehrheitsregel findet nach Art. 5 Abs. 1 Standardgeschäftsordnung auch Anwendung im Rahmen des Verwaltungs- oder des Regelungsverfahrens der Komitologie-Ausschüsse[359] (lat. *comes*: der Gefährte).[360]

---

[354] Zu den Positionen der fünfzehn EU-Mitgliedstaaten bezüglich der Schwelle für eine qualifizierte Mehrheit vgl. George Tsebelis/Xenophon Yataganas (Fn. 352), S. 292.

[355] Der Mindestbevölkerungsanteil, der eine qualifizierte Mehrheit bildet, hat sich historisch wie folgt entwickelt: 1958: 67,7% (3 Mitgliedstaaten); 1973: 70,6% (5 Mitgliedstaaten), 1981: 70,1% (5 Mitgliedstaaten); 1986: 63,3% (7 Mitgliedstaaten); 1995: 58,2% (8 Mitgliedstaaten). Vgl. ebenda, S. 289.

[356] Hans Georg Fischer (Fn. 307), Rdnr. 87, S. 35.

[357] Vgl. Rudolf Streinz, Europarecht (Fn. 24), Rdnr. 301, S. 103 f.

[358] Bei Nichtbeteiligung von Mitgliedstaaten in bestimmten Bereichen der Vergemeinschaftung, wie z.B. hinsichtlich der Wirtschafts- und Währungsunion, wird das Stimmrecht ausgesetzt und die gewogenen Stimmen bei der Berechnung der qualifizierten Mehrheit nicht mitgerechnet. Vgl. Protokoll Nr. 16 über einige Bestimmungen betreffend das Vereinigte Königreich Großbritannien und Nordirland zum EG-Vertrag, Ziff. 7; Protokoll Nr. 17 über einige Bestimmungen betreffend Dänemark zum EG-Vertrag, Ziff. 3.

[359] ABl. EG Nr. C 38 vom 06.02.2001, S. 3.

[360] Vgl. Peter Schäfer, Europarecht, 3. Auflage, Stuttgart/München/Hannover/Berlin/Weimar/Dresden 2006, S. 99.

C. Mehrheitsregeln

Gilt bisher die (absolute) Mehrheit der Ratsmitglieder (Mitgliedermehrheit) gem. Art. 205 Abs. 1 EG als Auffangnorm für Beschlussfassungen, so regeln Art. I-23 Abs. 3 VVE bzw. Art. 16 Abs. 3 EU Lissabon die qualifizierte Mehrheit als Abstimmungsregel, soweit in der Verfassung bzw. in den Verträgen nichts anderes festgelegt ist. Bereits der Verfassungsvertrag für Europa hat das Verfahren der „doppelten Mehrheit" für die Abstimmungen im Rat vorgesehen (Art. I-25 Abs. 1 VVE), das nach dem Reformvertrag von Lissabon nun ab dem 1. November 2014 eingeführt werden soll (Art. 16 Abs. 4 EU Lissabon). Danach kommt ein Beschluss zustande, wenn 55% der Mitglieder des Rates, gebildet aus mindestens 15 Mitgliedern, ihm zustimmen. Diese müssen außerdem mindestens 65% der EU-Bevölkerung repräsentieren.[361] Die Zahl der 15 Mitglieder entspricht bei 27 Mitgliedstaaten bereits 55% der Mitgliedermehrheit. Damit drei (große) Mitgliedstaaten allein keine Entscheidung blockieren können, sind mindestens vier Mitglieder des Rates nötig, um einen Beschluss zu blockieren („Sperrminorität"). Mit dieser Bestimmung soll eine mögliche Blockadekoalition der drei großen Mitgliedstaaten Deutschland, Frankreich und Großbritannien verhindert werden.

Beschließt der Rat nicht auf Vorschlag der Kommission oder des Außenministers bzw. nun des Hohen Vertreters der Union für Außen- und Sicherheitspolitik, so ist die qualifizierte Mehrheit sogar erst ab mindestens 72% (statt 55%) der Ratsmitglieder erreicht, sofern diese zusammen mindestens 65% der Bevölkerung der Union bilden (Art. I-25 Abs. 2 VVE; Art. 238 Abs. 2 AEU Lissabon).

Bis zum 31. Oktober 2014 werden sowohl die Stimmengewichtung als auch der Abstimmungsmechanismus weiterhin nach den Bestimmungen des Vertrages von Nizza angewendet. Eine Übergangsbestimmung erlaubt es einem Mitglied des Rates im Einzelfall auch noch darüber hinaus, nämlich im Zeitraum vom 1. November 2014 bis zum 31. März 2017, eine Abstimmung nach dem gegenwärtigen Verfahren zu beantragen (Art. 3 Abs. 2 Protokoll zum Vertrag von Lissabon über die Übergangsbestimmungen).

Das neue Berechnungsverfahren wird durch einen dem „Kompromiss von Ioannina" vergleichbaren Mechanismus ergänzt. Danach können im Zeitraum vom 1. November 2014 bis zum 31. März 2017 Mitglieder des Rates, die mindestens drei Viertel der Bevölkerung oder mindestens drei Viertel der Anzahl der Mitgliedstaaten vertreten, die für die Bildung einer Sperrminorität erforderlich sind, erklären, dass sie die Annahme eines Rechtsaktes durch den Rat mit qualifizierter Mehrheit ablehnen, so dass die Frage vom Rat zu erörtern ist (Art. 1 Erklärung zu Art. 9c Abs. 4 EU Lissabon und zu Art. 205 Abs. 2 AEU Lissabon). Ab 1. April 2017 wird die Anwendung der „Ioannina-Formel" erleichtert. Dann reichen bereits 55% der für eine Sperrminorität notwendigen Bevölkerungen und Mitgliedstaaten, um eine Weiterverhandlung eines Rechtsaktes zu erreichen (Art. 4 Erklärung zu Art. 9c Abs. 4 EU Lissabon und zu Art. 205 Abs. 2 AEU Lissabon).

---

[361] Vgl. Johannes Christian Wichard, in: Christian Calliess/Matthias Ruffert (Hrsg.) (Fn. 61), Art. I-25, Rdnr. 3, S. 324; Volker Epping, in: Christoph Vedder/Wolff Heintschel von Heinegg (Hrsg.) (Fn. 112), Art. I-25, Rdnr. 5, S. 137.

Die Wiederbelebung des „Kompromisses von Ioannina" ist Ausdruck der Schwierigkeiten, die mit dem Übergang von der Einstimmigkeit zur qualifizierten Mehrheit in zahlreichen Politikbereichen der EU und dem damit einhergehenden Einflussverlust einzelner Mitgliedstaaten verbunden sind.[362]

Die Anzahl der Politikbereiche, in denen nach dem Verfassungsvertrag für Europa bzw. dem Reformvertrag von Lissabon Beschlüsse mit qualifizierter Mehrheit entschieden werden sollen, hat sich von 137 nach dem Vertrag von Nizza auf immerhin 181 erhöht.

Übersicht VI. 2: Entwicklung der Anwendung von Abstimmungsregeln im Rat[363]

Etappen	Einstimmigkeit	Einstimmigkeit in %	> Qualifizierte Mehrheit	> Qualifizierte Mehrheit in %	Qualifizierte Mehrheit	Qualifizierte Mehrheit in %	Absolute Mehrheit	Absolute Mehrheit in %
EKGS 1952	17	53,12	4	12,5	2	6,25	6	18,75
EWG 1958	52	60,46	1	1,16	26	30,23	7	8,13
EWG 1969	42	48,83	1	1,16	36	41,83	7	8,13
EEA 1987	49	44,54	2	1,81	51	46,36	8	7,27
EGV/EUV Maastricht 1993	57 EG+ 8 EU = 65	35,18 EG 72,72 EU	8	4,93	96 EG+ 3 EU = 99	59,26 EG 27,27 EU	1	0,62
EG/EU Amsterdam 1999	76 EG + 15 EU = 91	39,38 EG 51,72 EU	10 EG + 6 EU = 16	5,18 EG 20,68 EU	101 EG + 4 EU = 105	52,33 EG 13,79 EU	6 EG + 4 EU = 10	3,10 EG 13,79 EU
EG/EU Nizza 2003	68 EG + 14 EU = 82	32,23 EG 32,56 EU	8 EG + 15 EU = 23	3,79 EG 34,88 EU	128 EG + 9 EU = 137	60,66 EG 20,93 EU	7 EG + 5 EU = 12	3,32 EG 11,63 EU
VVE 2004	92	30,62	13	4,28	181	59,54	11	3,62

cc) Absolute qualifizierte Mehrheitsregel in ausgewählten Kollegialorganen anderer Staatenverbindungen

Als qualifizierte Mehrheit wird die Regel für Abstimmungen bei Nichtverfahrensfragen im UN-Sicherheitsrat gem. Art. 27 Abs. 3 UN-Charta bezeichnet. Danach bedürfen Beschlüsse des Sicherheitsrates über alle sonstigen (Sach-)Fragen der Zustimmung von neun Mitgliedern einschließlich sämtlicher ständiger

---

[362] Vgl. Michael Deja/Heike Baddenhausen, Der Vertrag von Lissabon und die Ioannina-Klausel, Deutscher Bundestag, Wissenschaftliche Dienste, Nr. 29/07, S. 2.
[363] Vgl. Andreas Maurer, Der Vertrag von Nizza (Fn. 31), S. 11 f.; ders., Die Schlußetappe der Regierungskonferenz, Diskussionspapier der FG1, 06.05.2004, SWP Berlin, S. 7; ders. (Fn. 34), S. 38 ff.

Mitglieder.[364] Eine (absolute) Zweidrittelmehrheit des aus fünfzehn Mitgliedern bestehenden Sicherheitsrates liegt hingegen erst bei zehn. Wie schon bei der als einfache Mehrheit bezeichneten Abstimmungsregel gem. Art. 27 Abs. 2 für Verfahrensfragen besteht auch hier eine allerdings entgegengesetzte Inkongruenz zwischen mathematischem Ergebnis und Charta-Bestimmung.[365] Als qualifiziert gilt die Abstimmungsmehrheit in Art. 27 Abs. 3 UN-Charta wegen der erforderlichen Zustimmung der fünf ständigen Mitglieder, denen das Vetorecht zusteht.

Eine Dreiviertelmehrheit von den Gesamtstimmen erfordern bestimmte Beschlüsse des IFAD-Gouverneursrates (Regel 34 Abs. 2 GO IFAD-Gouverneursrat)[366]. In seiner Geschäftsordnung sind insgesamt vier verschiedene Mehrheiten für unterschiedliche Beschlüsse vorgesehen, davon drei unterschiedliche qualifizierte Mehrheiten. Neben Zweidrittel- und Dreiviertelmehrheitsbeschlüssen kann der Gouverneursrat Änderungen des Übereinkommens mit vier Fünfteln der Gesamtstimmen beschließen (Regel 34 Abs. 3 GO IFAD-Gouverneursrat). Die steigenden Mehrheitsanforderungen korrespondieren mit dem zunehmenden Grad der Wichtigkeit der Entscheidungen. Mit einer Zweidrittelmehrheit werden beispielsweise Verfahrensfragen und die Bestimmung über einen ständigen Sitz beschlossen, mit einer Dreiviertelmehrheit die Suspendierung eines Mitgliedes und mit einer Vierfünftelmehrheit Vertragsänderungen.

Die absolute qualifizierte Mehrheitsregel in Verbindung mit der Stimmengewichtung sieht der Internationale Währungsfonds vor. Zahlreiche wichtige Beschlüsse des IMF erfordern eine Mehrheit von 70% aller Stimmen[367], andere Beschlüsse wiederum 85% aller Stimmen[368], wobei in der Regel für Beschlüsse sogar die einfache Mehrheit ausreichend ist.[369] Für Änderungen des IMF-Übereinkommens ist die Zustimmung von drei Fünfteln der Mitglieder, die über 85% aller Stimmen verfügen, notwendig.[370] Die 85%-Mehrheit ist 1968 eingeführt worden, um den Mitgliedern der Europäischen Gemeinschaften ein Vetorecht zu verschaffen.[371]

Neben der einfachen Zweidrittelmehrheit findet im Ministerkomitee des Europarates auch die absolute Zweidrittelmehrheit der Vertreter, die einen Sitz innehaben, Anwendung, nämlich gem. Art. 20 lit. c Satzung des Europarates für Beschlüsse über die Einladung neuer oder assoziierter Mitglieder.

---

[364] Vgl. Bruno Simma/Stefan Brunner/Hans-Peter Kaul, in: Bruno Simma (ed.) (Fn. 11), Art. 27, Rdnr. 11, S. 482 f.
[365] Einfache Mehrheit: mathematisch: 15:8; Art. 27 Abs. 2 UN-Charta: 15:9. qualifizierte Mehrheit: mathematisch: 15:10; Art. 27 Abs. 3 UN-Charta: 15:9.
[366] GO IFAD-Gouverneursrat i.d.F. vom 26.01.1995, in: http://www.ifad.org/pub/basic/gc/e/!05govco.pdf (07.01.2008).
[367] Z.B. Art. III Abschnitt 3 lit. d, Art. V Abschnitt 8 lit. d, Art. XII Abschnitt 6 lit. d IMF-Übereinkommen.
[368] Z.B. Art. III Abschnitt 2 lit. c, Art. IV Abschnitt 4, Art. V Abschnitt 12 lit. b, Art. XVIII Abschnitt 4 lit. d, Art. XXIX lit. b IMF-Übereinkommen.
[369] Art. XII Abschnitt 5 lit. c IMF-Übereinkommen.
[370] Art. XXVIII lit. a IMF-Übereinkommen.
[371] Vgl. Henry G. Schermers/Niels M. Blokker (Fn. 22), § 855, S. 550.

Wie vorstehende Beispiele der Abstimmungsregeln zeigen, ist eine klare und allgemein gültige Zuordnung von Abstimmungsregeln zu bestimmten Beschlussinhalten kaum möglich. Generell lässt sich festhalten, dass die Höhe der Mehrheitsanforderung von der Wichtigkeit der zu fassenden Beschlüsse bestimmt wird. Als Erkenntnis ist auf die am Ende dieses Kapitels aufgeführten allgemeinen Grundsätze bei der Auswahl der Abstimmungsregel für Beschlussfassungen zu verweisen.

III. Bezugsgrößen zur Berechnung von Mehrheiten

Das Mehrheitsprinzip setzt rechnerisch die Bestimmung einer Gesamtheit voraus, die zahlenmäßig in eine Mehrheit und eine Minderheit zerfällt. Die Gesamtheit kann verschiedene Arten annehmen.[372] Die Berechnung von Mehrheiten erfolgt mit Hilfe von diesen verschiedenen Gesamtheiten bzw. Bezugsgrößen, die auf maßgebliche Ausgangszahlen abstellen. In Abhängigkeit von den gewählten Bezugsgrößen ergeben sich unterschiedliche Mehrheiten, wie folgendes hypothetische Beispiel eindrucksvoll zeigt.

Ein aus 190 gesetzlichen bzw. vertraglichen Mitgliedern bestehendes Kollegialorgan hat zur Beschlussfassung ein Quorum von 96 (mehr als die Hälfte). Auf der Sitzung sind 110 der Mitglieder anwesend, davon nehmen 100 an der Abstimmung teil. Danach bilden sich folgende Mehrheiten. Die Mehrheit der Abstimmenden beträgt 51 (einfache Abstimmungsmehrheit), die Mehrheit der Anwesenden 56 (einfache Anwesenheitsmehrheit), die Mehrheit der gesetzlichen bzw. vertraglichen Mitglieder 96 (absolute Mitgliedermehrheit), die Zweidrittelmehrheit der Abstimmenden 67 (qualifizierte Abstimmungsmehrheit), die Zweidrittelmehrheit der Anwesenden 74 (qualifizierte Anwesenheitsmehrheit), die Zweidrittelmehrheit der gesetzlichen bzw. vertraglichen Mitglieder 127 (qualifizierte Mitgliedermehrheit).[373] Bei qualifizierten Mehrheiten wird die eigentliche Bezugsgröße noch mit einem Qualifizierungskoeffizienten verbunden.[374] Es lassen sich demnach generell nachstehende Fallgruppen unterscheiden.

1. Abstimmungsmehrheit

Die Bestimmung der Mehrheit kann erstens von der Gesamtheit der Abstimmenden erfolgen. Bei der Abstimmungsmehrheit wird die entsprechende Mehrheit von der Anzahl der an der Abstimmung beteiligten Mitglieder eines Kollegialorgans als Bezugsgröße berechnet. Wird für die Beschlussfassung Stimmenmehrheit ge-

---

[372] Vgl. Stephan Kraut, Das Mehrheitsprinzip, Democracy in Politics and Social Life, Zürich 1997, S. 15.
[373] Vgl. Henry M. Robert, Robert's Rules of Order, 10. Auflage, Cambridge 2000, § 44, Rdnr. 31 ff., S. 389 f.; Karl Georg Schneider (Fn. 206), S. 37 f.
[374] Vgl. Norbert Achterberg, Die parlamentarische Verhandlung, Berlin 1979, S. 44.

fordert, dann bedeutet dies die Mehrheit der Abstimmenden bzw. die Mehrheit der abgegebenen Stimmen.[375]

Je nachdem welche Mehrheit Berechnungsgrundlage ist, wird zwischen der einfachen Mehrheit der Abstimmenden, der so genannten einfachen Abstimmungsmehrheit, oder der qualifizierten Mehrheit der Abstimmenden, der so genannten qualifizierten Abstimmungsmehrheit unterschieden. Wird allgemein nur von der Abstimmungsmehrheit gesprochen, so ist in der Regel die einfache Mehrheit gemeint. Der Berechnung der Abstimmungsmehrheit wird nur die Zahl der Ja- und Nein-Stimmen zugrunde gelegt. Stimmenthaltungen und ungültige Stimmen zählen nicht mit.

Mit einfacher Abstimmungsmehrheit als Regel fassen parlamentarische Organe, wie der Bundestag (Art. 42 Abs. 2 Satz 1 GG), die Landtage, Gemeinderäte (als quasi parlamentarische Organe) sowie das Europäische Parlament (Art. 198 Abs. 1 EG) ihre Beschlüsse. Die qualifizierte Abstimmungsmehrheit ist in Art. 42 Abs. 1 Satz 2 GG (Ausschluss der Öffentlichkeit) und in Art. 80a Abs. 1 Satz 2 GG (Spannungsfall) vorgesehen, wo die Zweidrittelmehrheit der abgegebenen Stimmen erforderlich ist.[376] Als qualifizierte Abstimmungsmehrheit gilt auch die Regelung in Art. 27 Abs. 3 UN-Charta wegen der erforderlichen Zustimmung der fünf ständigen Mitglieder.

2. Anwesenheitsmehrheit

Die Bestimmung der Mehrheit kann zweitens von der Gesamtheit der Anwesenden ausgehen. Die Bezugsgröße zur Berechnung der Anwesenheitsmehrheit ist die Zahl der während der Entscheidung anwesenden Mitglieder. Nicht selten heißt es lapidar, Beschlüsse werden mit der Mehrheit gefasst. Dann ist die Zahl der anwesenden Mitglieder gemeint.[377] Darunter fallen ebenfalls die sich der Stimme enthaltenden Mitglieder.[378]

Auch hier wird zwischen der einfachen Mehrheit der anwesenden Mitglieder, der so genannten einfachen Anwesenheitsmehrheit, und der qualifizierten Mehrheit der anwesenden Mitglieder, der so genannten qualifizierten Anwesenheitsmehrheit unterschieden. Stimmenthaltungen und ungültige Stimmen zählen für die Anwesenheitsmehrheit mit, werden aber faktisch den Nein-Stimmen zugeschlagen.[379] Diese können anders als bei der Abstimmungsmehrheit das Zustandekommen eines Beschlusses verhindern. Bei der Anwesenheitsmehrheit wird die Zahl der gültigen und ungültigen Stimmen einschließlich der Stimmenthaltungen zur Grundlage der Berechnung genommen. Anwesenheitsmehrheiten werden nicht selten an relativ hohe Beschlussfähigkeitsziffern gekoppelt.

---

[375] Vgl. Prodromos Dagtoglou (Fn. 218), S. 134.
[376] Vgl. Christoph Degenhart, Staatsrecht I, 23. Auflage, Heidelberg 2007, Rdnr. 603, S. 222.
[377] Vgl. Prodromos Dagtoglou (Fn. 218), S. 133.
[378] Vgl. Kapitel IX B.
[379] Vgl. Hartmut Maurer (Fn. 226), Rdnr. 57, S. 208.

Mit der Mehrheit der Stimmen seiner anwesenden Mitglieder, d.h. mit einfacher Anwesenheitsmehrheit fasst der Vermittlungsausschuss seine Beschlüsse (§ 8 GO-VermA). Das Grundgesetz kennt die Anwesenheitsmehrheit nur in Zusammenhang mit der Beschlussfassung des Bundesverfassungsgerichts (Art. 115 g Satz 4 GG), nicht jedoch bezüglich der hier betrachteten Verfassungsorgane Bundestag und Bundesrat. In der Geschäftsordnung des Bundestages ist dagegen in vier Bestimmungen die Notwendigkeit der Anwesenheitsmehrheit vorgesehen: § 80 Abs. 2 Satz 1 GOBT für Beschlüsse ohne Ausschussüberweisung in die zweite Beratung von Gesetzentwürfen einzutreten, § 81 Abs. 1 Satz 2 GOBT für eine frühere zweite Beratung von Gesetzentwürfen, § 84 lit. b GOBT für eine frühere dritte Beratung von Gesetzentwürfen sowie § 126 GOBT für Abweichungen von den Vorschriften der Geschäftsordnung. In diesen Fällen wird eine Zweidrittelmehrheit der anwesenden Mitglieder verlangt, d.h. eine qualifizierte Anwesenheitsmehrheit.

Nicht selten wird die Anwesenheitsmehrheit gemeinsam mit der Abstimmungsmehrheit als Berechnungsgrundlage herangezogen, wie bei der UN-Generalversammlung gem. Art. 18 Abs. 2 UN-Charta (qualifizierte Anwesenheits- und Abstimmungsmehrheit) und Art. 18 Abs. 3 UN-Charta (einfache Anwesenheits- und Abstimmungsmehrheit). Die Geschäftsordnung der Generalversammlung definiert als anwesende und abstimmende Mitglieder jene Mitglieder, die eine Ja- oder Neinstimme abgeben. Mitglieder, die sich der Stimme enthalten, gelten als nicht abstimmende Mitglieder (Regel 86 GOGV).

3. Mitgliedermehrheit

Für die Bestimmung der Mehrheit kann drittens die Gesamtheit der Abstimmungsberechtigten genommen werden. Die Mitgliedermehrheit erfordert die Mehrheit der gesetzlich oder vertraglich vorgeschriebenen Zahl der Mitglieder des jeweiligen Kollegialorgans. Hierbei ist zwischen absoluter und qualifizierter Mitgliedermehrheit zu unterscheiden. Bei der Mitgliedermehrheit ist in der Regel die absolute Mehrheit des Kollegialorgans gemeint. Die Berechnung der Mitgliedermehrheit erfolgt auf der Grundlage der gesamten Mitgliederzahl, unabhängig von der Zahl der Anwesenden oder Abstimmenden. Neben Stimmenthaltungen und ungültigen Stimmen werden auch abwesende Mitglieder mitgezählt. Diese wirken sich jeweils wie Nein-Stimmen aus.[380]

Unter der Mehrheit der Mitglieder des Bundestages ist gem. Art. 121 GG die gesetzliche Mitgliederzahl des Bundestages zu verstehen.[381] Diese muss in den Legislaturperioden wegen der die Mitgliedergröße beeinflussenden Überhangmandate und Mandatsverluste nicht immer die gleiche Größe haben. Die Mitgliederzahl wird hingegen durch Krankheit oder unentschuldigtes Fehlen nicht berührt.[382] Das Grundgesetz verlangt die absolute Mitgliedermehrheit des Bundesta-

---

[380] Vgl. Hartmut Maurer (Fn. 226), Rdnr. 57, S. 208.
[381] Vgl. Dieter Hömig, in: Dieter Hömig (Hrsg.) (Fn. 228), Art. 121, Rdnr. 1, S. 696; Hans Jarass/Bodo Pieroth, in: Hans Jarass/Bodo Pieroth (Fn. 294), Art. 121, Rdnr. 1, S. 1054.
[382] Vgl. Christoph Lambrecht (Fn. 198), S. 127.

ges u.a. für die Neugliederung der Länder (Art. 29 Abs. 7 Satz 2 GG), die Wahl des Bundeskanzlers (Art. 63 Abs. 2 Satz 1, Abs. 3, 4 Satz 2 GG), für das konstruktive Misstrauensvotum (Art. 67 Abs. 1 GG), für die Vertrauensfrage (Art. 68 Abs. 1 Satz 1 GG) sowie für den Fall, dass der Bundesrat gegen ein vom Bundestag beschlossenes Gesetz Einspruch erhoben hat (Art. 77 Abs. 4 Satz 1 GG).[383] Art. 52 Abs. 3 GG stellt auf die gesetzliche Mitgliederzahl des Bundesrates bei seiner Beschlussfassung ab (absolute Mehrheit), d.h. auf die Mitgliedermehrheit als Regelfall. Nach der Regel von der Mehrheit der Mitglieder beschließen auch der Rat gem. Art. 205 Abs. 1 EG sowie die Kommission der Europäischen Gemeinschaften nach Art. 219 Abs. 1 EG.

Eine qualifizierte Mitgliedermehrheit (Zweidrittelmehrheit) schreibt das Grundgesetz für den Fall der Anklage des Bundespräsidenten (Art. 61 Abs. 1 Satz 3 GG) und der Verfassungsänderung (Art. 79 Abs. 2 GG) vor. Von einer doppelt qualifizierten Mitgliedermehrheit wird bezüglich des Zwanges zur Ernennung des in der dritten Wahlphase gewählten Bundeskanzlers gem. Art. 63 Abs. 4 Satz 2 und 3 GG gesprochen.[384]

4. Vergleich der Bezugsgrößen

Von der Festsetzung der Berechnungsgrundlage hängt folglich das Abstimmungsergebnis ab. Wird die höchste Bezugsgröße – die Mitgliedermehrheit – erreicht, so sind gleichzeitig auch die Anwesenheits- und Abstimmungsmehrheit gegeben. Bei Vorliegen der Anwesenheitsmehrheit ist auch die Abstimmungsmehrheit erfüllt. Allgemein gilt, dass bei einer höheren Bezugsgröße, vor allem unter zusätzlicher Verwendung eines Qualifizierungskoeffizienten, es schwieriger wird, ein positives Abstimmungsergebnis zu erreichen. Umgekehrt kann bei einer niedrigen Bezugsgröße die Mehrheitsentscheidung auf einer relativ schmalen Legitimation basieren. Dies dürfte aber mehr politisch als rechtlich relevant sein, da die Größe der Mehrheit rechtlich nicht entscheidend ist. Die Entscheidung der Mehrheit wird in der Regel dem Kollegialorgan als Ganzem zugerechnet. Diesem Problem kann allerdings mit einer Beschlussfähigkeitsforderung begegnet werden. Während bei der Anwesenheits- und Mitgliedermehrheit Stimmenthaltungen wie Nein-Stimmen gewertet werden, ist dies bei der Abstimmungsmehrheit nicht der Fall.[385]

Nachstehend werden die Ergebnisse des oben genannten Ausgangsbeispiels der Berechnung von Mehrheiten in einem Kollegialorgan zusammengefasst.

---

[383] Vgl. ebenda, Rdnr. 603, S. 222.
[384] Vgl. Norbert Achterberg (Fn. 374), S. 49.
[385] Vgl. ebenda, S. 44 f.

Übersicht VI. 3: Hypothetisches Beispiel der Berechnung von Mehrheiten

gesetzliche bzw. vertragliche Mitglieder	Beschlussfähigkeit	Anwesenheit	Teilnahme an Abstimmung
190	mehr als die Hälfte 96	110	100
100%	50,53%	57,89%	52,63%

einfache Abstimmungsmehrheit	einfache Anwesenheitsmehrheit	absolute Mitgliedermehrheit	qualifizierte Abstimmungsmehrheit	qualifizierte Anwesenheitsmehrheit	qualifizierte Mitgliedermehrheit
51	56	96	67	74	127
26,84%	29,47%	50,53%	35,26%	38,95%	66,84%

Die Beschlussfähigkeitsregelung (mehr als die Hälfte) ist mit der absoluten Mitgliedermehrheit identisch, so dass diese Kombination von Beschlussfähigkeits- und Abstimmungsregel nicht gewählt werden sollte. Unter Zugrundelegung der gesetzlichen bzw. vertraglichen Mitgliederzahl, der Anwesenheit und der Teilnahme an der Abstimmung ergibt sich folgende Reihenfolge der Mehrheiten nach aufsteigender Höhe: einfache Abstimmungsmehrheit, einfache Anwesenheitsmehrheit, qualifizierte Abstimmungsmehrheit, qualifizierte Anwesenheitsmehrheit, absolute Mitgliedermehrheit, qualifizierte Mitgliedermehrheit. Die höchsten Mehrheitsanforderungen stellt die qualifizierte Mitgliedermehrheit (66,84% der gesetzlichen bzw. vertraglichen Mitglieder) gefolgt von der absoluten Mitgliedermehrheit (50,53% der gesetzlichen bzw. vertraglichen Mitglieder). Letztere ist selbst größer als die qualifizierte Abstimmungsmehrheit (35,26% der gesetzlichen bzw. vertraglichen Mitglieder) oder auch die qualifizierte Anwesenheitsmehrheit (38,95% der gesetzlichen bzw. vertraglichen Mitglieder). Daraus folgt, dass die Bezugsgrößen (Mitglieder-, Anwesenheits- oder Abstimmungsmehrheit) in den Abstimmungsregeln (einfach bzw. absolut, qualifiziert) die Höhe der erreichbaren Mehrheiten maßgeblich bestimmen und in Abhängigkeit von der zu treffenden Entscheidung gewählt werden sollten.

In folgender Übersicht werden die Mehrheitsregeln zusammengefasst.

Übersicht VI. 4: Mehrheitsregeln

	Relative Mehrheit	Einfache Mehrheit	Absolute Mehrheit	Qualifizierte Mehrheit
Definition	Höchste Anzahl von Stimmen bei 2 Alternativen: relative = einfache Mehrheit	> Hälfte der Stimmen	n:2+1 (n = Anzahl der Stimmen) bzw. n+1:2 (bei ungeraden Zahlen)	Zweidrittelmehrheit: Anzahl der Gesamtstimmen dividiert durch 3 und das Ergebnis multipliziert mit zwei n:3x2
Bezugsgröße		Zahl der Abstimmenden/ Anwesenden	Gesetzliche bzw. vertragliche Mitgliederzahl	Zahl der Abstimmenden (einfache)/gesetzliche bzw. vertragliche Mitgliederzahl (absolute)
Berechnung		Abstimmungs-/ Anwesenheitsmehrheit	Mitgliedermehrheit	

IV. Stimmengleichheit als Ergebnis der Anwendung einer Mehrheitsregel

Während die Mehrheitsentscheidung untrennbarer Bestandteil des Demokratieprinzips ist, stellt die Anwendung des Mehrheitsprinzips im Prozess der Entscheidungsfindung die Frage nach dem Vorgehen bei Stimmengleichheit. Die Stimmengleichheit lässt sich nicht mit den Mehrheitsbegriffen lösen.[386] Stimmengleichheit bedeutet gleiche Anzahl von Ja- und Nein-Stimmen bei einer Abstimmung.[387] Unter Stimmengleichheit wird eine Zahlengleichheit der für und gegen einen Antrag abgegebenen Stimmen (50% dafür, 50% dagegen) verstanden.[388] Naturgemäß kann eine Stimmengleichheit bei der relativen und einfachen Mehrheit, nicht jedoch bei der absoluten und qualifizierten Mehrheit auftreten.[389] Wenn gleichzeitig über mehr als zwei Vorschläge abgestimmt wird, kann es mitunter sogar zu einer mehrfachen Stimmengleichheit kommen.[390]

Die Frage, ob trotz Stimmengleichheit eine Entscheidung zustande gekommen ist oder nicht, regeln die Geschäftsordnungen von Kollegialorganen verschiedenartig. In einigen Fällen wird bei Kollegialorganen mit einer Sitzverteilung auf der Grundlage der begrenzten Mitgliederzahl für die Berechnung der Mehrheit durch eine bestimmte zahlenmäßige Besetzung des Organs eine Stimmengleichheit von

---

[386] Vgl. Stephan Kraut (Fn. 372), S. 16.
[387] Vgl. Thorsten Ingo Schmidt, Die Entscheidung trotz Stimmengleichheit, in: JZ, 58 (2003) 3, S. 134.
[388] Vgl. Prodromos Dagtoglou (Fn. 218), S. 144.
[389] Vgl. Karl Georg Schneider (Fn. 206), S. 63; Thorsten Ingo Schmidt (Fn. 387), S. 135.
[390] Vgl. Prodromos Dagtoglou (Fn. 218), S. 150 f.

vornherein ausgeschlossen.[391] Dies gilt vor allem für die hier nicht näher betrachteten Gerichte. Richterkollegien werden oft mit einer ungeraden Zahl von Richtern besetzt.[392] Und selbst wenn sich infolge der Abwesenheit oder Verhinderung eine ungerade Zahl von Richtern, z.B. des Europäischen Gerichtshofes ergeben sollte, nimmt der in der Rangordnung niedrigste Richter nicht an der Beratung zur Beschlussfassung teil (Art. 26 Abs. 1 VerfO EuGH).[393]

Bei der Stimmengleichheit wird nachfolgend zwischen zwei großen Fallgruppen unterschieden.

1. Stimmengleichheit als Ablehnung des Antrages

Der ersten Gruppe wird die Regel zugeordnet, wonach es bei Stimmengleichheit zu keiner neuen Entscheidung kommt, weil bei der zur Abstimmung gestellten Frage keine Mehrheit für eine der Alternativen erreicht werden konnte. Stimmengleichheit verneint die Frage bzw. lehnt den gestellten Antrag ab. Während es sich hierbei um eine erfolgte Entscheidung handelt, stellen nachfolgende Verfahrensweisen eine Vermeidung oder Verlagerung der Entscheidung dar.[394] Schon im Reichstag konnte bei Stimmengleichheit entsprechend dem vom Naturrecht anerkannten Prinzip keine Änderung in dem gegebenen Rechtszustand bewirkt werden und demzufolge auch kein Beschluss zustande kommen, da der Antrag als abgelehnt galt.[395]

Die Regel von der Ablehnung des Antrages bei Stimmengleichheit wird vor allem bei Organen mit gleicher Stimmenanzahl damit begründet, dass alle Stimmen gleich zu werten seien und beispielsweise ein Stichentscheid gegen den Grundsatz der formellen Gleichheit aller Stimmen verstoßen würde.[396] Die Regel ist auch als Ausschluss des Dirimierungsrechts des Vorsitzenden bzw. Präsidenten eines Kollegialorgans zu verstehen.[397] Diese Regel wird insbesondere in demokratischen Verfahren bevorzugt. Der Beibehaltung des bestehenden Zustandes ist im Zweifel

---

[391] Vgl. A. Zacke, Ueber Beschlussfassung in Versammlungen und Collegien, Leipzig 1867, S. 131 ff.

[392] Schon bei den Griechen gab es eine ungleiche Zahl von Richtern, vgl. August Wilhelm Heffter, Die athenäische Gerichtsverfassung, Cöln 1822, S. 330. IGH: fünfzehn Richter (Art. 3 Abs. 1 IGH-Statut); Ausschüsse: drei Richter, Kammern: sieben Richter, Große Kammer EGMR: siebzehn Richter (Art. 27 Abs. 1 EMRK). Für die Einführung einer ungeraden Zahl von Richtern am BVerfG plädiert Ralph Alexander Lorz, Die Gefahr der Stimmengleichheit, in: ZRP, 36 (2003) 2, S. 39.

[393] VerfO EuGH i.d.F. vom 18.12.2006, in: ABl. EU Nr. L 386 vom 29.12.2006, S. 44.

[394] Vgl. Thorsten Ingo Schmidt (Fn. 387), S. 135.

[395] § 51 Satz 5 GORT vom 12.06.1868, abgedruckt in: Kurt Perels (Fn. 277), S. 122. Vgl. Julius Hatschek, Deutsches und preußisches Staatsrecht, 2. Band, Berlin 1923, S. 68 f.; Hermann Breiholdt (Fn. 219), S. 5; Julius Hatschek/Paul Kurtzig, Deutsches und preußisches Staatsrecht, 2. Band, 2. Auflage, Berlin 1930, S. 73.

[396] Vgl. Leo Weber, Die Beschlussfassung der Volksvertretung, Würzburg 1951, S. 26.

[397] Vgl. Joseph Bücker (Fn. 204), § 48, S. 6.

der Vorzug zu geben.[398] Für eine Veränderung muss die Zahl der Befürworter die der Anhänger des bestehenden Zustandes überwiegen. Eine Veränderung bedarf eines Mehrheitsbeschlusses, so dass bei Stimmengleichheit der *status quo* bestehen bleibt.[399]

Nach dieser Regelung verfahren vor allem Parlamente[400], wie der Reichstag (§ 98 Abs. 2 Frankfurter Reichsverfassung, § 103 Satz 3 GORT vom 12. Dezember 1922) und gegenwärtig der Bundestag (§ 48 Abs. 2 Satz 2 GOBT), Länderparlamente[401], ebenfalls kollegiale Kommunalorgane[402] sowie Parlamente anderer Staaten[403] und Kollegialorgane von Staatenverbindungen.[404]

2. Entscheidungsfindung trotz Stimmengleichheit

Bei der zweiten Fallgruppe kommt es trotz Stimmengleichheit zu einem Beschluss bzw. einer erneuten Entscheidung. Diese Gruppe umfasst weitere Untergruppen: Stichentscheid, Losentscheid und Wiederholung der Abstimmung.

---

[398] „Quod si pares sint sententiae, nihil agetur: quia ad mutationem non satis momenti est: qua de causa ubi pares sunt sententiae, reus absolutus intelligitur. quod ius Minervae calculum Graeci vocant ex fabula de Oreste: [...] Sic & possessor rem renet [...]." Hugonis Grotii, De Jure Belli ac Pacis Libri Tres, Editio nova, vol. 1, 1646, liber II, caput V, § XVIII, in: James Brown Scott (ed.), The Classics of International Law, Buffalo/New York 1995, S. 155 f.

[399] Vgl. Karl Georg Schneider (Fn. 206), S. 69.

[400] Kritisch hierzu Adolf Tecklenburg, Die Stimmengleichheit bei der Beschlussfassung parlamentarischer und kommunaler Körperschaften, in: Preußisches Verwaltungsblatt, 43 (1921) 1, S. 7 f.

[401] Art. 43 Abs. 2 Satz 2 LV BE; Art. 88 Satz 2 LV HE; § 97 Abs. 2 GOLT BW, in: GBl. 1989, 250; 2002, 269; § 127 Abs. 3 Satz 1 GOLT BY, in: GVBl. 2004, 168; § 34 Abs. 2 Satz 1 GO Hamburgische Bürgerschaft, in: Amtl. Anz. 2004, 641; 2007, 1481; § 90 Abs. 1 Satz 2 GOLT MV, in: GVOBl. M-V 2006, 783; § 82 Abs. 2 GOLT NI, in: Nds. GVBl. 2003, 135; 2006, 442; § 43 Abs. 2 Satz 3 GOLT RP, in: Drs. 2006, 15/260; § 100 Abs. 2 GOLT SN, in: Sächs-ABl. 2004, 1226; § 73 Abs. 2 GOLT ST, in: Drs. 2006, 5/1/1 B; 2006, 5/1/11 B; § 60 Abs. 1 Satz 2 GOLT SH, in: GVOBl. 1991, 85; 2007, 618; § 41 Abs. 2 Satz 3 GOLT TH, in: Drs. 2007, 4/3004.

[402] § 37 Abs. 6 Satz 3 GO BW, Art. 51 Abs. 1 Satz 2 GO BY, § 47 Abs. 1 Satz 3 GO BB, § 54 Abs. 1 Satz 2 HGO, § 32 Abs. 1 Satz 3 GO MV, § 47 Abs. 1 Satz 2 NGO, § 50 Abs. 1 Satz 2 GO NRW, § 40 Abs. 1 Satz 2 GemO RP, § 45 Abs. 1 Satz 2 KSVG, § 39 Abs. 6 Satz 3 SächsGemO, § 54 Abs. 2 Satz 3 GO LSA, § 39 Abs. 1 Satz 3 GO SH, § 39 Abs. 1 Satz 2 ThürKO.

[403] Art. 23 Satz 2 Verfassung Australien (Senat), Art. 53 Abs. 2 Verfassung Belgien, Art. 68 Abs. 2 GONV Frankreich, Art. 62 Abs. 1 Satz 2 Verfassung Luxemburg. Vgl. auch Bjørn Erik Rasch (Fn. 220), S. 500.

[404] Art. 153 Abs. 3 GOEP, Regel 40 c GOPV Europarat, in: Resolution 1202 vom 04.11.1999, Resolution 1585 (2007); Regel 133 GOGV UNO; Art. 19 Abs. 4 Satz 3 GO ITU-Rat.

a) Stichentscheid

Bei Anwendung des Stichentscheids[405] ist die Stimme des Vorsitzenden oder Präsidenten des Kollegialorgans entscheidend.[406] Dieses Recht des Vorsitzenden gilt als typisches Sonderrecht im Bereich der Organschaftsrechte.[407]

Beim Stichentscheid lassen sich zwei Arten voneinander unterscheiden. Nach der ersten Art steht dem Vorsitzenden eines kollegialen Entscheidungsorgans eine Stimme bei der Abstimmung zu, bei der zweiten nicht.

aa) Stichentscheid bei Stimmabgabe durch den Vorsitzenden

Nach dieser Art des Stichentscheids hat der Vorsitzende des Kollegialorgans bei der Abstimmung eine Stimme inne. Die Stimme des Vorsitzenden wiegt bei Stimmengleichheit indes schwerer als die der anderen Mitglieder (*votum decisivum*).[408] Das „Gewicht" der Stimme des Vorsitzenden lässt bei Stimmengleichheit die Waage zur Seite der Mehrheitsentscheidung ausschlagen. Im Falle der Stimmengleichheit kommt dem Vorsitzenden faktisch eine Doppelstimme zu.[409] Der angebliche Verstoß gegen den Grundsatz der formellen Gleichheit der Stimmen beim Stichentscheid durch den Vorsitzenden kann durch seine besondere Sachkenntnis gerechtfertigt werden.[410] Ein solcher Angriff ließe sich vermeiden, wenn diese Art des Stichentscheids in Kollegialorganen Anwendung findet, die ohnehin eine Stimmengewichtung vorsehen.

Die nicht zwangsläufig im Widerspruch mit dem Demokratieprinzip stehende Gewichtung der Stimme des Vorsitzenden[411] ermöglicht das Zustandekommen einer Entscheidung und fand bereits in traditionellen deutschen Verfassungsorganen Anwendung. Nach Art. 7 Abs. 2 Satz 3 Verfassung Norddeutscher Bund und Art. 7 Abs. 3 Satz 3 Bismarcksche Reichsverfassung entschied bei Stimmengleichheit im Bundesrat, der Stimmengewichtung vorsah, die Präsidialstimme. Die Stimme des Vorsitzenden war auch ausschlaggebend in der Reichsregierung gem. Art. 58 Abs. 1 Satz 2 Weimarer Reichsverfassung.[412] In der Bundesregierung entscheidet heute die Stimme des Vorsitzenden bei Stimmengleichheit (§ 24 Abs. 2 Satz 2

---

[405] Der Ausschluss eines Stichentscheides kann hingegen ausdrücklich in den Geschäftsordnungen von Kollegialorganen geregelt sein. Nach Art. 9 Abs. 2 GO Ministerkomitee des Europarates kann der Vorsitzende zwar abstimmen, seine Stimme ist aber nicht entscheidend. Das Ministerkomitee gibt sich nach Art. 18 Satzung Europarat eine Geschäftsordnung.

[406] Vgl. Inter-Parliamentary Union (Fn. 220), S. 316.

[407] Vgl. Winfried Aymans (Fn. 5), S. 153.

[408] Zur Umgehung der besonderen Stellung des Vorsitzenden ist insbesondere in der Vergangenheit der zeitweise Entfall des Stimmrechts des jüngsten Mitglieds des Kollegialorgans erwogen worden, der in der Regel über die geringste fachliche Erfahrung verfügt. Vgl. hierzu Thorsten Ingo Schmidt (Fn. 387), S. 137.

[409] Vgl. Leo Weber (Fn. 396), S. 26 f.

[410] Vgl. Karl Georg Schneider (Fn. 206), S. 66.

[411] Vgl. Rotermund, Das Stimmengleichheitsproblem im Gemeindeverfassungsrecht, in: Zeitschrift für Selbstverwaltung, 15 (1932), S. 205.

[412] Vgl. Friedrich Giese (Fn. 231), Art. 58, Rdnr. 1 S. 155.

GOBReg). Diese Regel haben Verfassungen der Bundesländer für die Beschlussfassung ihrer Regierungen übernommen.[413] Auch in ausländischen Parlamenten finden sich Regelungen über den Stichentscheid des Präsidenten, der sein Stimmrecht wie die übrigen Mitglieder ausübt.[414]

bb) Stichentscheid bei Nichtabgabe der Stimme durch den Vorsitzenden

Nach dieser Art des Stichentscheids steht dem Vorsitzenden keine Stimme bei der Abstimmung zu. Lediglich bei einer Stimmengleichheit obliegt ihm der Stichentscheid.[415] Nach traditionellem englischem Parlamentsrecht übt der Vorsitzende prinzipiell kein Stimmrecht aus. Im Fall einer Stimmengleichheit (*a tie*) erwächst ihm jedoch die Pflicht, die so genannte entscheidende Stimme (*casting vote*) abzugeben.[416] Auch in den beiden Kammern der Schweizerischen Bundesversammlung, Nationalrat und Ständerat, stimmen die Ratspräsidenten nicht mit ab. Bei Stimmengleichheit obliegt ihnen der Stichentscheid (Art. 80 Abs. 1 Schweizerisches ParlG).[417] Der Präsident des Senates der USA (der Vizepräsident der Vereinigten Staaten) hat ebenfalls keine Stimme inne, ausgenommen jedoch den Fall der Stimmengleichheit (Art. I Abschnitt 3 Abs. 4 Verfassung USA), ebenso der Präsident (*Speaker*) des Repräsentantenhauses Australiens (Art. 40 Satz 2 Verfassung Australien). Eine Stimmberechtigung, auch nur für den Fall der Stimmengleichheit, besitzt der Präsident oder das den Vorsitz führende Mitglied des Parlaments Irlands. Bei Stimmengleichheit gibt seine Stimme den Ausschlag (Art. 15 Abs. 11 UAbs. 2, Art. 22 Abs. 3 Satz 2 Verfassung Irland). Die gleiche Regelung enthält Art. XII Abschnitt 4 lit. a Satz 2 und 3 IMF-Übereinkommen für den Vorsitzenden des Exekutivdirektoriums des IMF.

In den Fällen, in denen der Vorsitzende des Kollegialorgans nur bei Stimmengleichheit an der Abstimmung teilnimmt, ist folgendes zu beachten. Wenn sich der Vorsitzende gleich zu Beginn an der Abstimmung beteiligt hätte, wäre keine Stimmengleichheit zustande gekommen. Bei einem Stimmenunterschied von einer

---

[413] Bei Stimmengleichheit in der Staatsregierung entscheidet die Stimme des Ministerpräsidenten: Art. 54 Satz 2 LV BY, Art. 58 Abs. 1 Satz 3 LV (Regierende Bürgermeister), Art. 46 Abs. 3 Satz 2 LV BB, Art. 117 Satz 3 LV HB, Art. 42 Abs. 3 Satz 2 LV HH, Art. 104 Abs. 1 Satz 2 LV HE, Art. 46 Abs. 3 Satz 2 LV MV, Art. 39 Abs. 2 Satz 3 LV NI, Art. 54 Abs. 1 Satz 2 LV NW, Art. 105 Abs. 1 Satz 2 LV RP, Art. 68 Abs. 5 Satz 2 LV ST. Hingegen kommt den Vorsitzenden von Gemeinderäten, die nur teilweise über ein Stimmrecht verfügen, kein Stichentscheid zu. Vgl. Rolf Stober, Kommunalrecht in der Bundesrepublik Deutschland, 3. Auflage, Stuttgart/Berlin/Köln 1996, § 15 III 1a, S. 202.

[414] Art. 46 GOLT Fürstentum Liechtenstein vom 11.12.1996, in: Liechtensteinisches Landesgesetzblatt, 1997, 61.

[415] Vgl. Inter-Parliamentary Union (Fn. 220), S. 316.

[416] Der erste Nachweis über die Einführung ist auf den 30.03.1644 datiert. Vgl. Julius Hatschek, Englisches Staatsrecht, I. Band, Tübingen 1905, § 72, Fn. 1, S. 408; Josef Redlich (Fn. 217), S. 508.

[417] Bundesgesetz über die Bundesversammlung der Schweiz vom 13.12.2002, in: SR 171.10. Nur bei Erfordernis der Mehrheit jedes Rates stimmt der/die Ratspräsident(in) mit (Art. 80 Abs. 2 ParlG).

Stimme hätte der Vorsitzende hingegen, je nach seiner Stimme, Stimmengleichheit hergestellt.[418] Da dem Vorsitzenden der Stichentscheid zugesprochen wird, ist die Teilnahme des Vorsitzenden an der Abstimmung von Anfang an vorzuziehen.

b) Losentscheid

Der zweite Unterfall, der Losentscheid, findet zur Entscheidungsfindung im Fall von Stimmengleichheit außer bei Wahlen ebenfalls bei Abstimmungen Anwendung, wenn auch durchaus nicht immer widerspruchslos.[419] Sachentscheidungen durch Losverfahren sind schon aus der Antike bekannt, insbesondere bei Landverteilungen. Nach dem griechischen Mythos haben die Herakliden die Halbinsel Peloponnes durch Losentscheid unter sich aufgeteilt. Auch die Römer benutzten das Losverfahren für die Zuteilung von Provinzen.[420]

In der Neuzeit werden weiterhin nach der Devise „Wenn es für die Alternativen gleich gute Argumente gibt, kann man den Zufall entscheiden lassen."[421] Entscheidungen von Kollegialorganen getroffen. Wenn sich die erforderliche Majorität oder Stimmeneinhelligkeit nicht erzielen lasse, müsse auf andere Art ein Beschluss zustande gebracht werden, z.B. durch das Los, heißt es im Commissionsgutachten der deutschen Bundesversammlung vom 29. Juli 1819.[422]

Wegen der Anwendung von Losentscheiden auf der Grundlage der besonderen Vorschriften der schwedischen Reichstagsordnung über das Verfahren bei Stimmengleichheit ging der schwedische Reichstag sogar als „Lotterie-Reichstag" in die Geschichte ein.[423] Dabei werden vom Parlamentspräsidenten bei Abstimmungen über Gesetzesvorlagen je ein Stimmzettel für Zustimmung und Ablehnung in einen braunen Kasten gelegt. Wenn die elektronische Abstimmungstafel Stimmengleichheit anzeigt, zieht ein Abgeordneter einen Zettel. Die auf ihm enthaltene Stimme entscheidet über die Abstimmung.[424] Das Losverfahren ist im finnischen Grundgesetz bei Stimmengleichheit im Reichstag, dem finnischen Parlament vorgesehen außer, wenn qualifizierte Mehrheit erforderlich ist (§ 41 Abs. 2 Satz 2 Grundgesetz Finnland i.V.m. § 45b Abs. 2 GO Parlament).

---

[418] Vgl. Karl Georg Schneider (Fn. 206), S. 66.
[419] Vgl. Leo Weber (Fn. 396), S. 27; Ernst Benda, Konsens und Mehrheitsprinzip im Grundgesetz und in der Rechtsprechung des Bundesverfassungsgerichts, in: Hans Hattenhauer/Werner Kaltefleiter (Hrsg.) (Fn. 87), S. 62.
[420] Vgl. Adalbert Erler, in: Adalbert Erler/Ekkehard Kaufmann (Hrsg.), Handwörterbuch zur Deutschen Rechtsgeschichte, Band 3, Berlin 1984, Los, losen, Sp. 41.
[421] Werner Winkler, Probleme schnell und einfach lösen, Frankfurt am Main 2004, S. 136.
[422] Vgl. E. Franck, Ueber die Bildung der Beschlüsse des engeren Raths und des Plenums der deutschen Bundesversammlung durch Stimmenmehrheit und Stimmeneinheit, Mainz 1857, S. 33.
[423] Art. 7 Kapitel 5 The Riksdag Act von 1974, in: SFS 1974: 153. Vgl. Claus Gennrich, Das Absurde blüht in Schwedens Reichstag, in: FAZ vom 06.04.1974, S. 4; Otto Depenheuer, Zufall als Rechtsprinzip?, in: JZ, 48 (1993) 4, S. 172.
[424] Vgl. Rüdiger Zuck, Politische Sekundärtugenden (III): Die Kunst, das Los zu werfen, in: NJW, 50 (1997) 5, S. 298.

Die Anwendung des Losverfahrens als verbindliches Entscheidungsverfahren ist durch das Bundesverfassungsgericht in den Fällen der Auswahl zu Numerus-clausus-Studiengängen[425] (als verteilendes Los) oder der Reihenfolge der Namen von Kindern, deren Eltern sich nicht auf einen gemeinsamen Familiennamen einigen können (als entscheidendes Los)[426], bestätigt worden.

c) Wiederholung der Abstimmung

Durch den dritten Unterfall, die Wiederholung der Abstimmung, soll wie bei den vorherigen Unterfällen eine Lähmung der Kollegialorgane durch Stimmengleichheit verhindert werden. Stimmengleichheit bedeutet noch keine endgültige Ablehnung des gestellten Antrages. In einer zweiten Abstimmung kann es zu einer Entscheidung kommen. Erst wenn auch in dieser die Mehrheit nicht erreicht wurde, gilt der Antrag als abgelehnt. Besteht zwischen der ursprünglichen und wiederholten Abstimmung eine hinreichend große Zeitspanne, kann bei einigen Mitgliedern des Kollegialorgans eine Meinungsänderung hinsichtlich des zu beschließenden Tagesordnungspunktes und damit eine Änderung im Abstimmungsverhalten auftreten.[427] Eine Wiederholung der Abstimmung ist vor allem bei mehrfacher Stimmengleichheit zu empfehlen.[428]

Diese Regel ist für das Beschlussfassungsverfahren bei Stimmengleichheit im modernen griechischen Parlament vorgesehen. Bei erneuter Stimmengleichheit gilt der Antrag allerdings als abgelehnt (Art. 67 Abs. 2 Verfassung Griechenland). Die gleiche Regel enthalten die Geschäftsordnungen der UN-Generalversammlung (Regel 95 GOGV) und des UN-Treuhandrates (Regel 38 GO Treuhandrat)[429], wie schon in der Zwischenkriegszeit die der Versammlung des Völkerbundes (Art. 22 GO Bundesversammlung).[430]

V. Voraussetzungen der Mehrheitsregel

Die Anerkennung der Mehrheitsregel in demokratischen Staats- und Herrschaftssystemen ist an die Legitimität des politischen Systems gebunden, das das in Mehrheit und Minderheit zerfallene Gemeinwesen zusammenhalten soll. Ein dauerhaftes Funktionieren des Mehrheitsprinzips bedarf des Vorliegens bestimmter

---

[425] BVerfGE 43, 291 (325). Vgl. Wilfried Berg, Die Verwaltung des Mangels, in: Der Staat, 15 (1976) 1/4, S. 22 f.

[426] Das BVerfGE hat das Los als verbindlichen Entscheidungsmodus für den Fall bestimmt, dass die Eltern über den Namen ihres Kindes keine Einigkeit erzielen können. BVerfGE 84, 9 (24). Vgl. Otto Kimminich, Anmerkung, in: JZ, 46 (1991) 15/16, S. 772 ff.

[427] Vgl. Thorsten Ingo Schmidt (Fn. 387), S. 135.

[428] Vgl. Prodromos Dagtoglou (Fn. 218), S. 151.

[429] Vgl. Rudolf Geiger, in: Bruno Simma (ed.) (Fn. 128), Art. 89, Rdnr. 4, S. 1136.

[430] Vgl. Hans Albert Wirth, Das Einstimmigkeitsprinzip im Völkerbund, Würzburg 1931, S. 13.

Voraussetzungen.[431] Für den Willensbildungs- und Entscheidungsprozess ist maßgeblich, dass, wie schon Rousseau feststellte, die Stimmenmehrheit noch alle Kennzeichen des Gemeinwillens hat.[432] Tocqueville stellte Mitte des 19. Jahrhunderts drei Voraussetzungen für das Funktionieren der Mehrheitsregel auf: eine weitgehend homogene Gesellschaft, ein politischer Grundkonsens der Beteiligten in die Mehrheitsregel sowie die Möglichkeit, dass die Minderheit selbst Mehrheit werden kann.[433] Diese sich auch in der modernen Verfassungswelt als richtig erwiesenen Voraussetzungen[434] liegen maßgeblich in der sozialen und politischen Wirklichkeit begründet.

Das demokratische Mehrheitsprinzip stellt auf eine gewisse Homogenität des Gemeinwesens im soziologischen Sinne sowie auf einen gemeinsamen Grundkonsens (Konsens als Ergebnis und nicht als Verfahren) im politischen Sinne ab. Homogenität als soziologische Kategorie bezeichnet die ethnischen, nationalen, kulturellen, sozialen und religiösen Gemeinsamkeiten. Hierbei kann eine unterschiedliche Gewichtung der einzelnen Elemente vorliegen. Während bei Nationalstaaten, wie Frankreich, das nationale bzw. ethnische Element vorherrscht, stehen bei ethnisch heterogenen Staaten, wie der Schweiz und Staatenverbindungen, wie der EU, historische und kulturelle Elemente im Vordergrund. Entscheidend ist eine Identifikation mit dem Gemeinwesen als Einheit.[435] Dabei variiert der Grad der Identifikation in Abhängigkeit von der Anzahl der übereinstimmenden Merkmale. Darüber hinaus wird der Grad der Identifikation von gemeinsamen politischen Wertvorstellungen bestimmt. So ist die Identifikation mit dem Staat – Bundesrepublik Deutschland – stärker ausgeprägt als mit der Staatenverbindung – EU.[436]

Die Übereinstimmung politischer Wertvorstellungen zeichnet den Grundkonsens als politische Kategorie aus.[437] Neben der strukturellen und gesellschaftlichen Homogenität ist das Vorhandensein eines auf allgemein akzeptierten Grundwerten beruhenden politischen Gemeinwesens erforderlich, in dem das Mehrheitsprinzip als Entscheidungsregel festgelegt ist. Der Grundkonsens beinhaltet das Mehrheitsprinzip als formelles Verfahren zur kollegialen Entscheidungsfindung und als materiell-inhaltliche Begrenzung bezüglich seines durch die Wertordnung vorgegebenen Gestaltungsrahmens, wodurch sich die demokratische Legitimität des Mehrheitsprinzips begründet.[438] Demnach verlangt das Mehrheitsprinzip eine bereits konstituierte Gesellschaft als „Schicksalsgemeinschaft" mit einer von ihren Gliedern anerkannten Ordnung, „[...] deren Bestand und Schutzwirkung der Minderheit gestattet, sich dem Mehrheitsbeschluss in dem Vertrauen zu unterwerfen,

---

[431] Vgl. Werner Heun (Fn. 187), S. 175.
[432] Vgl. Jean-Jacques Rousseau (Fn. 2), S. 117.
[433] Vgl. Jacob-Peter Mayer (Hrsg.), Oeuvres Complètes: Oeuvres, Papiers et Correspondances d'Alexis de Tocqueville, Band I, De la Démocratie en Amérique, Paris 1951, Kapitel 7, S. 257 ff.
[434] Vgl. Dieter Nohlen, Wahlrecht und Parteiensystem, 5. Auflage, Opladen 2007, S. 159.
[435] Vgl. Werner Heun (Fn. 187), S. 176 ff.
[436] Die Wertordnung der EU ist insbesondere in Art. 6 EU verankert.
[437] Vgl. Werner Heun (Fn. 187), S. 178.
[438] Vgl. Stephan Kraut (Fn. 372), S. 12.

dass gewisse Grundlagen gemeinsamer Rechtsetzung und politischer Wertung beachtet und nicht in Frage gestellt werden [...]."[439]

Im politischen Willensbildungs- und Entscheidungsprozess gehört die Freiheit der Entscheidung zu den wichtigsten Elementen einer pluralistischen Demokratie, die die Gewährung der Meinungs- und Informationsfreiheit sowie der Versammlungs- und Vereinigungsfreiheit voraussetzt. Erst durch diese Kommunikationsgrundrechte werden Mehrheitsentscheidungen ermöglicht.[440] Die aus dem demokratischen Willensbildungsprozess hervorgegangenen unterschiedlichen Meinungen bedingen Entscheidungen, die entweder zur Mehrheit oder zur Minderheit zählen. In Abhängigkeit von den zu regelnden Sachfragen ist eine Änderung in der Zusammensetzung von Mehrheiten und Minderheiten möglich. Selbst eine einmal getroffene Entscheidung kann in der Regel[441] durch eine anders zusammengesetzte Mehrheit in einem neuen Verfahren der Entscheidungsfindung verworfen, bestätigt oder modifiziert werden.[442] Damit einher geht die Revidierbarkeit politischer Entscheidungen als Teil des demokratischen Legitimationsanspruches des Mehrheitsprinzips. Die Anwendung der Mehrheitsregel im demokratischen Entscheidungsprozess eröffnet die Chance zum fortwährenden Wechsel von politischen Mehrheiten und Minderheiten. Zu ihrer Sicherstellung müssen die Periodizität als Charakteristikum des demokratischen Wahlrechts sowie gleiche rechtliche Ausgangsbedingungen für die Mehrheit und Minderheit gewährleistet sein, die sich in der Chancengleichheit von Regierung und Opposition sowie in der Chancengleichheit der Parteien materialisieren.[443] Da die Minderheit in einer anderen Entscheidungsfrage selbst zur Mehrheit werden kann, wird ihr die Annahme der Mehrheitsentscheidung erleichtert, so dass auch die Durchsetzbarkeit der Entscheidung nicht in Frage gestellt wird. Die Anwendung der Mehrheitsregel im demokratischen Entscheidungsprozess setzt ihre Akzeptanz durch die Minderheit voraus.[444]

VI. Rechtfertigung der Mehrheitsregel

Eine rationale Rechtfertigung für eine vermeintlich irrationale Regel, wie die Mehrheitsregel, bei der ein quantitatives Kriterium eine qualitative Entscheidung bewirkt, gründet sich auf wertorientierte und technische Argumente, wobei erstere die Wertrationalität und letztere die Zweckrationalität belegen sollen. Eine auf wertorientierten Argumenten basierende Rechtfertigung der Mehrheitsregel geht davon aus, dass sie im Vergleich mit anderen Regeln am besten die Verwirklichung grundsätzlicher Werte garantiert. Die zweite Rechtfertigungsart sieht die

---

[439] Ulrich Scheuner (Fn. 200), S. 9.
[440] Vgl. Werner Heun (Fn. 187), S. 190 ff.
[441] Zu den Ausnahmen zählen Bestimmungen, die unter die Ewigkeitsgarantie (Art. 79 Abs. 3 GG) fallen.
[442] Vgl. Werner Heun (Fn. 187), S. 201.
[443] Vgl. ebenda, S. 198 ff.
[444] Vgl. Stephan Kraut (Fn. 372), S. 13.

Mehrheitsregel als technisches Hilfsmittel, um zu einer Kollegialentscheidung zu gelangen. Zu den wertorientierten Argumenten werden Freiheit, Gleichheit und Demokratie gezählt.[445]

Wenn nach Kelsen Freiheit als Selbstbestimmung verstanden wird, dann könnte keine Gesellschaft mit dem höchsten Grad an Selbstbestimmung existieren.[446] Deshalb sei Rücksicht auf die Selbstbestimmung anderer zu üben bzw. eine Einschränkung der Selbstbestimmung erforderlich. Im Willensbildungs- und Entscheidungsprozess ist es die Mehrheitsregel, die eine Einschränkung der Selbstbestimmung ermöglicht und dennoch den höchstmöglichen Grad an Freiheit gewährt, „[...] wobei politische Freiheit als „in der gesellschaftlichen Ordnung zum Ausdruck kommende Übereinkunft zwischen individuellem und Allgemeinwillen" zu verstehen ist."[447] Im Rahmen des Willensbildungs- und Entscheidungsprozesses bedeutet Freiheit die Fähigkeit, zwischen verschiedenen Alternativen auswählen zu können. Ob die Beteiligten wirklich frei entscheiden können, hängt, wie gezeigt, von mehreren Faktoren ab, wie insbesondere der Garantie der Kommunikationsgrundrechte und der Pluralität politischer Gruppen, nicht jedoch von der Mehrheitsregel selbst.

Das wertorientierte Argument der Gleichheit trägt ebenso wenig zu einer überzeugenden Rechtfertigung bei. Die Anwendung des Mehrheitsprinzips erfolgt sowohl nach den Regeln der gleichen Anzahl von Sitzen und Stimmen als auch nach den Regeln der ungleichen Anzahl von Sitzen und/oder Stimmen (Stimmengewichtung). In Abhängigkeit von den Sitz- und Stimmenverteilungsregeln in Kollegialorganen setzen sich Mehrheitsentscheidungen aus formell gleichen oder ungleichen Stimmen zusammen. Die Stimmenmehrheit ist zwar jeweils erreicht, diese basiert aber einerseits auf dem formellen, andererseits auf dem materiellen Gleichheitsprinzip. Nicht alle Entscheidungen kollegialer Organe sind demzufolge auf das (formelle) Gleichheitsprinzip zurückführbar.

Das Mehrheitsprinzip gehört zu den wesentlichen Merkmalen einer Demokratie.[448] Ein demokratisches System kann auf das Mehrheitsprinzip und den sich daraus ergebenen wechselnden politischen Mehrheiten und Minderheiten nicht verzichten. Dennoch müssen nicht alle Entscheidungen kollegialer Organe in demokratischen Systemen ausschließlich mit der Mehrheitsregel getroffen werden. Auch ist die Mehrheitsregel nicht nur demokratischen Systemen vorbehalten. Daraus folgt erstens, dass nicht-demokratische Herrschaftssysteme[449] die Mehrheitsregel sowohl für die Wahl des obersten Entscheidungsorgans (Personalentscheidungen) als auch für Kollegialentscheidungen (Sachentscheidungen) vorsehen

---

[445] Vgl. Norberto Bobbio (Fn. 189), S. 110 f.
[446] Vgl. Hans Kelsen, Allgemeine Staatslehre, Berlin 1925, S. 321 ff.
[447] Norberto Bobbio (Fn. 189), S. 113.
[448] Vgl. Christian Hillgruber, Die Herrschaft der Mehrheit, in: AöR, 127 (2002), S. 462.
[449] So in der Verfassung der Republik Kuba vom 12.07.1992. In Art. 68 ist das Mehrheitsprinzip als Organisationsgrundsatz der Verfassungsorgane, in Art. 91 als Abstimmungsregel im Staatsrat, in Art. 136 als Regel für Wahlen verankert.

können[450] und zweitens, dass Entscheidungen kollegialer Organe in demokratischen Systemen, die nicht nach der Mehrheitsregel getroffen werden, den demokratischen Charakter des Herrschaftssystems nicht absprechen können.[451] So gelten die technischen Argumente zur Rechtfertigung der Mehrheitsregel überzeugender als die wertorientierten.[452]

Im Vergleich mit anderen Entscheidungsregeln hat sich die Mehrheitsregel am Praktikabelsten erwiesen. Einstimmigkeit ist in der politischen Realität von Staaten und Staatenverbindungen nur selten erfüllbar.[453] Die Mehrheitsentscheidung ist somit nur das Surrogat für die aufgrund der demokratischen Voraussetzungen der Gleichheit aller Beteiligten am Willensbildungs- und Entscheidungsprozess eigentlich geforderte aber praktisch selten zu erzielende Einstimmigkeit. Bei einer Mehrheitsentscheidung ist eine Übereinstimmung des eigenen Willens von einer zahlenmäßig größeren Menschengruppe mit dem der Mehrheit gegeben als bei einer Minderheitsentscheidung.[454] Damit ermöglicht sie die größtmögliche Übereinstimmung der Individualwillen mit dem Gemeinwillen. Überdies legitimiert sich das Mehrheitsprinzip als ein Instrument der Kompromissfindung.[455] Seine integrierende Kraft basiert auf dem Streben nach Ausgleichen zwischen divergierenden Interessen in einem offenen Entscheidungsprozess zum Erreichen einer Mehrheit, die wegen der erforderlichen Periodizität von Wahlen und Abstimmungen immer nur vorübergehend besteht. Die Mehrheitsentscheidung wird gleichwohl nicht der Mehrheit, sondern dem Gesamtorgan zugerechnet. Es erfolgt auch keine Identifizierung der Mehrheit mit der Gesamtheit. Die Mehrheit repräsentiert diese vielmehr.

Die numerische Evidenz scheint die häufigste und überzeugendste Rechtfertigung der Mehrheitsregel zu sein. So ergibt sich die Antwort auf die Frage nach seiner Rechtfertigung aus der numerischen Evidenz, nicht aus einer vermuteten Richtigkeit bzw. Vernünftigkeit der getroffenen Entscheidung. Das Argument der Richtigkeit „[...] entbehrt der realen Basis und erhebt ohne Grund ein quantitatives Moment zur qualitativen Erwartung."[456]

Eine weitere Rechtfertigung wird aus der Nutzenmaximierung versucht herzuleiten, wonach der Nutzen für jeden Bürger einheitlich messbar ist und *external costs* und *decision-making costs*[457] gegeneinander gleichermaßen aufgerechnet

---

[450] Hierbei entsprechen vor allem das Wahlrecht und die Kommunikationsgrundrechte in der Regel nicht demokratischen Grundsätzen oder es kommt zu wiederholten Verletzungen.
[451] Vgl. Norberto Bobbio (Fn. 189), S. 108.
[452] Vgl. ebenda, S. 114.
[453] Vgl. Werner Heun (Fn. 187), S. 100 f.
[454] Vgl. Horst Dreier, in: Horst Dreier (Hrsg.) (Fn. 199), Art. 20 (D), Rdnr. 75, S. 68.
[455] Vgl. Norberto Bobbio (Fn. 189), S. 116; Vgl. Norbert Achterberg/Martin Schulte, in: Christian Starck (Hrsg.) (Fn. 193), Art. 42 Abs. 2, Rdnr. 28, S. 1104.
[456] Ulrich Scheuner (Fn. 194), S. 311.
[457] Nutzen und Kosten beschränken sich auch in der Ökonomik nicht nur auf finanzielle. Der ökonomische Nutzenbegriff schließt alle Interessen ein und qualifiziert alles, was individuell als Beeinträchtigung empfunden wird, als Nutzeneinbuße oder Kosten Vgl.

werden können.[458] Dieser mathematische Ansatz ist mit der vielgestaltigen, differenzierten politischen Wirklichkeit allerdings nur schwer in Einklang zu bringen.[459]

Eine innere materielle Rechtfertigung der Mehrheitsentscheidung ist folglich kaum nachweisbar. Ihre Anerkennung basiert auf der vorangegangenen Festlegung als Entscheidungsregel in den Verfassungen der Staaten bzw. den Gründungsverträgen der Staatenverbindungen sowie in den Geschäftsordnungen der entsprechenden Kollegialorgane.[460]

VII. Grenzen der Mehrheitsregel

Obgleich die Mehrheitsregel die am häufigsten angewendete Entscheidungsregel in Staaten und Staatenverbindungen ist, stößt sie gleichwohl auf verschiedene Grenzen. Diese teilt Bobbio in Grenzen der Gültigkeit, der Anwendung und der Wirksamkeit ein. In Bezug auf die Grenzen der Gültigkeit stelle sich die Frage nach der absoluten Gültigkeit (die Gültigkeit in jedem Fall) oder, ob die Mehrheit die Abschaffung des Mehrheitsprinzips für Kollegialentscheidungen beschließen könne.[461]

Im deutschen Verfassungsrecht ist bei der Ausübung von bestimmten vor allem politischen Grundrechten in Art. 18 GG eine Grundrechtsverwirkung als Grenze für diejenigen vorgesehen, die diese gegen die freiheitliche demokratische Grundordnung missbrauchen, wozu auch das Mehrheitsprinzip als wesentliches Element der Demokratie (Art. 20 GG) zählt, die wiederum durch die Ewigkeitsklausel des Art. 79 Abs. 3 GG geschützt ist. Eine Abschaffung der einer anderen Bestimmung bzw. Regel untergeordneten Mehrheitsregel wäre danach verfassungsrechtlich auch per Mehrheitsentscheidung nicht möglich.

Nun enthalten aber nicht alle Verfassungen demokratischer Staaten oder Staatenverbindungen eine Ewigkeitsgarantie oder eine Grenze bei der Ausübung politischer Rechte in Bezug auf die Zustimmung zur Mehrheitsregel. Gegen eine absolute Geltung der Mehrheitsregel spricht aber, dass „[...] das wahre und eigentliche Wesen eines Prinzips im Verbot seiner eigenen Negation besteht".[462] Das Hauptaugenmerk auf die Mehrheitsregel als technisches Hilfsmittel oder Spielregel und nicht auf den Inhalt der Regel legend, überzeugt Bobbio mit seinem Argument, wonach in Willensbildungs- und Entscheidungsprozessen die Spielregeln bzw. Verfahrensregeln einstimmig angenommen werden müssen, da bei Nichtanerkennung durch auch nur einen Spieler bzw. Beteiligten das Spiel bzw. die Entscheidung unmöglich wäre.[463]

Anne van Aaken, „Rational Choice" in der Rechtswissenschaft, Baden-Baden 2003, S. 194 ff.
[458] Vgl. James M. Buchanan/Gordon Tullock (Fn. 57), S. 115 f.
[459] Vgl. Stephan Kraut (Fn. 372), S. 12.
[460] Vgl. Ulrich Scheuner (Fn. 194), S. 312.
[461] Vgl. Norberto Bobbio (Fn. 189), S. 118 ff.
[462] Ebenda, S. 120.
[463] Vgl. ebenda.

Als Grenzen der Anwendbarkeit werden Grenzen verstanden, die sich aus der Existenz einer Materie bzw. Sache herleiten, auf die sich die Mehrheitsregel nicht anwenden lässt. Dazu zählen ethische Werte und Postulate, Prinzipien und auch Grundrechte, die nicht diskussionsfähig sind und deshalb auch keiner Mehrheitsentscheidung unterworfen werden können. Zwar sind Fragen der Wissenschaft diskussionswürdig, aber eine Abstimmung über sie ist schon aus objektiven Gründen nicht möglich.[464] Eine These wird nicht deshalb als richtig anerkannt, weil die Mehrheit der Wissenschaftler für sie stimmt.[465]

Grenzen der Wirksamkeit der Mehrheitsregel sind jene Grenzen, die von ihren Kritikern hervorgehoben würden mit der Behauptung, die Anwendung der Mehrheitsregel würde die Versprechungen nicht erfüllen und deshalb sei sie ungenügend. Als Grenze komme die Irreversibilität der Auswirkungen von einmal getroffenen und ausgeführten Mehrheitsentscheidungen in Betracht. Mit der Mehrheitsregel wird aber generell Veränderbarkeit verbunden. Fraglich ist, ob die neue Mehrheit (alte Minderheit), die unter der Herrschaft der alten Mehrheit (neue Minderheit) geschaffenen Verhältnisse auch ändern kann, oder ob diese irreversibel sind.[466]

Zur Gewährleistung der Änderbarkeit der Mehrheitsverhältnisse sind allgemein neben demokratischen Wahlen, Kontrollierbarkeit der Entscheidungsbildung sowie der Entscheidung selbst, Reversibilität der Mehrheitsentscheidungen und Schutz der Minderheiten erforderlich.[467] Hierbei sind politische Kommunikationsgrundrechte, wie Meinungsfreiheit, Versammlungs- und Vereinigungsfreiheit[468] sowohl im Prozess der Willens- und Entscheidungsbildung als auch mit dem ihnen innewohnenden Recht, Kritik an den Handlungen und Entscheidungen der Kollegialorgane zu üben, von besonderer Bedeutung.[469] Seine verfassungsrechtliche Grenze findet das Mehrheitsprinzip im Minderheitenschutz.[470] Mehrheitsentscheidungen sind nur für einen beschränkten Zeitraum gültig. So gilt als Rechtsfolge der Beendigung eines Parlaments die Diskontinuität sowohl seiner Organisa-

---

[464] Kuhn vertritt hingegen die Idee von der Aufeinanderbezogenheit von Theorieentwicklung und Entwicklung der Wissenschaftlergemeinschaft, d.h. der Einheit kognitiver und sozialer Faktoren. Thomas S. Kuhn, The Structure of Scientific Revolutions, Chicago 1962, S. 91 ff.

[465] Vgl. Norberto Bobbio (Fn. 189), S. 120 ff.

[466] Vgl. ebenda, S. 123 f.

[467] Vgl. Christoph Gusy, Das Mehrheitsprinzip im demokratischen Staat, in: AöR, 22 (1981) 106/3, S. 342 ff.

[468] Vgl. Werner Heun (Fn. 187), S. 190 ff.

[469] Vgl. Reinhold Zippelius, Zur Rechtfertigung des Mehrheitsprinzips in der Demokratie, Mainz /Stuttgart 1987, S. 7.

[470] „Dieser Schutz geht nicht dahin, die Minderheit vor Sachentscheidungen der Mehrheit zu bewahren (Art. 42 Abs. 2 GG), wohl aber dahin, der Minderheit zu ermöglichen, ihren Standpunkt in den Willensbildungsprozeß des Parlaments einzubringen." BVerfGE 70, 324 (363). Vgl. auch Johannes Jürgen Majewski, Verbindlichkeit und Grenzen von Mehrheitsentscheiden in Staat und Völkerrechtsgemeinschaft, Marburg 1959, S. 116 ff.; Peter Häberle, Das Mehrheitsprinzip als Strukturelement der freiheitlich-demokratischen Grundordnung, in: JZ, 32 (1977), 8, S. 243; Norbert Achterberg (Fn. 374), S. 49 ff.

tion (formelle Diskontinuität) als auch seiner Funktion (materielle Diskontinuität).[471] Der Grundsatz der sachlichen Diskontinuität findet zwar nur Anwendung auf Gesetzesvorlagen[472], dennoch können bereits getroffene Entscheidungen in Form von Gesetzen in einem neuen Verfahren modifiziert oder ersetzt werden. Da die Minderheit von heute zur Mehrheit von morgen werden kann, ist das Argument der Richtigkeit[473] bzw. Vernünftigkeit[474] nicht tragbar, denn das würde bedeuten, dass die Unrichtigkeit zur Richtigkeit bzw. die Unvernünftigkeit zur Vernünftigkeit werden würde. In der Änderbarkeit der Mehrheitsverhältnisse wird die Legitimation des Mehrheitsprinzips begründet.[475]

Schließlich stößt die Mehrheitsregel vor allem dort auf ihre Grenzen, wo sich Möglichkeiten von Veto- und Blockadepositionen ergeben, wie beispielsweise rechtstechnisch aus der qualifizierten Mehrheitsregel.

D. Veto als Verhinderung der Beschlussfassung

Während die vorstehenden Abstimmungsregeln darauf gerichtet sind, eine bestimmte Anzahl von Stimmen für eine Beschlussfassung zu erlangen, stellt das Veto *de facto* die Kehrseite der Medaille dar, nämlich die Anzahl von Stimmen (eine oder mehrere), die eine Beschlussfassung verhindern können.

I. Begriff des Vetos und historischer Exkurs

Das Wort Veto kommt aus dem Lateinischen und bedeutet „ich verbiete". Mit einem Veto wird ein Einspruch innerhalb eines formell definierten Rahmens eingelegt[476], der Entscheidungen bzw. Beschlüsse aufschieben oder ganz blockieren kann.[477] Neben der Verhinderung durch Einspruch ist auch die Forderung einer ausdrücklichen Zustimmung für das Zustandekommen eines Beschlusses möglich. In diesen Fällen kann es sich um Beschlüsse innerhalb eines Kollegialorgans oder um Beschlüsse eines anderen Organs handeln. Das Vetorecht eröffnet in der Regel einer Minderheit die Möglichkeit, gegen den Willen einer Mehrheit ein Verfahren zu beenden, ein Gesetz oder eine Entscheidung zu verhindern.

Schon im alten Rom wurden wichtige Ämter von zwei unabhängig voneinander tätigen Personen ausgeführt, die durch ein Veto einen Akt des anderen verbieten

---

[471] Vgl. Norbert Achterberg, Parlamentsrecht, Tübingen 1984, S. 208 ff.
[472] Vgl. Jörn Ipsen, Staatsrecht I, 16. Auflage, München 2004, Rdnr. 279, S. 84 f.
[473] Zum Argument der Richtigkeit kritisch Christoph Gusy (Fn. 467), S. 337 ff.
[474] Zum Argument der Vernünftigkeit kritisch Reinhold Zippelius (Fn. 469), S. 9.
[475] Vgl. Birgit Palzer-Rollinger, Zur Legitimität von Mehrheitsentscheidungen, Baden-Baden 1995, S. 116.
[476] Vgl. Gerhard Köbler, Juristisches Wörterbuch, 14. Auflage, München 2007, S. 468.
[477] Vgl. Klaus, Weber, Vetorecht, in: Klaus Weber (Hrsg.), Creifelds Rechtswörterbuch, 19. Auflage, München 2007, S. 1314.

konnten.[478] Die Volksversammlungen verfügten sogar über ein Veto gegen Akte staatlicher Beamte.[479] Dieser lateinische Ausdruck war jedoch bei den Römern noch nicht gebräuchlich. Sie verwendeten dafür den lateinischen Begriff *intercessio* („Dazwischentreten"). Der Begriff „Veto" ist erst der polnischen Verfassung des 17./18. Jahrhunderts zu entnehmen, wo im Parlament jeder einzelne Abgeordnete mit dem *liberum veto* Beschlüsse des Parlaments aufheben konnte.[480]

II. Arten von Veto

In Abhängigkeit von der Dauer des durch ein Veto erreichten Aufschubs wird generell zwischen dem aufschiebenden und absoluten Veto unterschieden. Das aufschiebende Veto, das auch suspensives Veto genannt wird, bedeutet, dass die Angelegenheit noch einmal verhandelt werden muss. Es verliert seine Wirkung, wenn beispielsweise dasselbe oder ein neu gewähltes Kollegialorgan (Parlament) den ursprünglichen Beschluss, eventuell mit einer verschärften Abstimmungsregel, wie der qualifizierten Mehrheit, wiederholt. Der Beschluss bzw. das In-Kraft-Treten des Gesetzes wird lediglich verschoben. Das suspensive Veto mit seiner aufschiebenden Wirkung gehört zu den Vorrechten zahlreicher Staatsoberhäupter, wie der Präsidenten bzw. Könige, gegen gesetzgeberische Beschlüsse der Parlamente bzw. Kolonialräte, das es bereits ab dem 17./18. Jahrhundert in der französischen, amerikanischen, englischen, norwegischen und spanischen Verfassung gab.[481]

Im Gegensatz zum suspensiven Veto verhindert das absolute einen Beschluss endgültig. Daneben ist im 19. Jahrhundert in schweizerischen Kantonen ein so genanntes „Volksveto" eingeführt worden.[482] Nach dem schweizerischen Verfassungsrecht stand dem Volk das Recht zu, gegen Behördenbeschlüsse nachträglich eine Volksabstimmung zu erzwingen, um den beanstandeten Beschluss wieder aufzuheben. Das Vetobegehren einer Gemeinde musste von fünfzig Bürgern innerhalb der 45 Tage betragenen Vetofrist geäußert werden. Danach entschied die

---

[478] „Unter Veto verstand man in Rom einerseits das sog. Verbietungsrecht, andersseits die Intercession, beides Befugnisse allgemein magistratischer Natur, welche grundsätzlich jedem Beamten zustanden, in dem Volkstribunate jedoch zu besonderer Bedeutung und Wirkung gelangten. [...] Verbietungsrecht heißt die Befugnis, den von einem andern Beamten beabsichtigten öffentlichen Akt zu verbieten, Interecession ist das Recht, eine bereits vollzogene Amtshandlung zu kassieren." Urs Dietschi, Das Volksveto in der Schweiz, Olten 1926, S. 4.
[479] Vgl. Fritz Münch, Veto, in: EPIL, 4 (2000), S. 1283.
[480] Vgl. Kapitel I A. III. 1.
[481] In England machte Wilhelm III. (1693) regen Gebrauch vom Veto. Die letzte Ausübung des Vetos erfolgte durch die Königin Anna 1707. 1858 konnte die Ausübung des königlichen Vetos gleich zwei Mal verhindert werden. Seit Mitte des 19. Jahrhunderts wurde die Vetobefugnis der Krone als anitiquiert angesehen. Anstelle des Vetos stand der Krone eine „Art Vorsanktion von Gesetzen" zu. So konnten bedeutende Bills nur von Ministern der Krone mit ihrer Genehmigung in das Parlament eingebracht werden. Vgl. Julius Hatschek (Fn. 416), § 121 f., S. 644 ff.
[482] Vgl. Urs Dietschi (Fn. 478), S. 11 ff.

einberufene Gemeindeversammlung darüber, ob die Gemeinde gegen das Gesetz „Einwendungen machen" wollte oder nicht.[483]

Nicht immer wird ein Veto als solches auch explizit bezeichnet, sondern nur sein Inhalt mit anderen Begriffen umschrieben. Nachfolgend wird auf die Klassifizierung der Vetos in Anlehnung an Patil zurückgegriffen.[484]

1. Echtes Veto

Als echtes Veto wird eine Verhinderung eines Beschlusses durch eine oder mehrere negative Stimmen bezeichnet. Mit Hilfe eines echten Vetos können sowohl Beschlüsse innerhalb eines Kollegialorgans als auch Beschlüsse anderer Organe verhindert werden.

a) Verhinderung von Beschlüssen anderer Kollegialorgane

In die zweite Gruppe reiht sich das, nicht als solches bezeichnete, abgestufte Vetorecht des Bundesrates im Gesetzgebungsverfahren nach Art. 77 GG gegenüber Gesetzesbeschlüssen des Bundestages ein. In Abhängigkeit von seiner Mitwirkung im Gesetzgebungsverfahren kann der Bundesrat bei Einspruchsgesetzen nur ein suspensives Veto (Art. 77 Abs. 3 GG)[485], hingegen bei Zustimmungsgesetzen ein absolutes Veto einlegen.[486] Auch im US-amerikanischen Recht findet sich ein so genanntes „legislatives Veto", bei dem Verwaltungsakte nicht In-Kraft-Treten oder annulliert werden, wenn der Kongress oder eine Kommission des Kongresses Einspruch erheben. Gem. Art. 90 Abs. 2 Verfassung Spanien bezeichnet ein Veto die negative Stimme des Senats zu Gesetzentwürfen des Kongresses der Abgeordneten.

Verbreitet ist das Veto der Exekutive gegen Beschlüsse der Parlamente oder einer Gesetzgebungskörperschaft gegen Beschlüsse der anderen. Gem. Art. 113 GG steht der Bundesregierung ein nicht ausdrücklich als solches bezeichnetes Vetorecht gegenüber dem Bundestag bezüglich Ausgaben erhöhender und Einnahmen mindernder Gesetze zu.[487] Nach den Gemeindeordnungen obliegt der Verwaltungsleitung bzw. dem Ratsvorsitzenden kein als Veto, sondern lediglich als Widerspruch bezeichnetes Recht gegen, ihrer Auffassung nach, rechtswidrige[488] oder

---

[483] Vgl. Dian Schefold, Volkssouveränität und repräsentative Demokratie in der Schweizerischen Regeneration 1830-1848, Basel/Stuttgart 1966, § 12, S. 278 ff.

[484] Vgl. Anjali V. Patil, The UN Veto in World Affairs 1946-1990, Sarasota/London 1992, S. 16.

[485] Der Einspruch kann jedoch mit entsprechender Mehrheit des BT aufgehoben werden (Art. 77 Abs. 4 GG).

[486] Zum abgestuften Vetorecht des BR vgl. Christian Dästner unter Mitarbeit von Josef Hoffmann (Fn. 224), Rdnr. 7, S. 25 f.

[487] Vgl. Hans-Bernhard Brockmeyer, in: Bruno Schmidt-Bleibtreu/Franz Klein (Hrsg.) (Fn. 286), Art. 113 , Rdnr. 12, S. 1987; Fritz Münch (Fn. 479), S. 1283.

[488] Bei rechtswidrigen Verstößen muss Widerspruch eingelegt werden.

für die Gemeinde nachteilige[489] Beschlüsse.[490] Der Gemeinderat hat dann erneut über die Sache zu entscheiden.[491]

Nach Art. I Abschnitt 7 Abs. 2 Verfassung USA kann der Präsident das Zustandekommen eines Gesetzes verhindern, indem er den Gesetzentwurf ohne Unterzeichung zurücksendet.[492] Dem Kongress wiederum ist es möglich sich über das Veto des Präsidenten durch eine Zweidrittelmehrheit beider Häuser hinwegzusetzen („*override the veto*").[493] Das suspensive Veto des Präsidenten gegenüber dem Parlament kennt auch das tschechische Verfassungsrecht.[494]

Auf europarechtlicher Ebene wird in zahlreichen Bereichen der Rechtsetzung dem Europäischen Parlament gem. Art. 251 EG ein Mitentscheidungsrecht gewährt[495], wonach ihm ein Vetorecht zusteht. Das Parlament kann danach einen von der Kommission der Europäischen Gemeinschaften vorgeschlagenen Rechtsakt im Rat verhindern. Wenn nach Stellungnahme des Parlaments der Rat mit qualifizierter Mehrheit einen gemeinsamen Standpunkt festgelegt hat, den das Parlament innerhalb von drei Monaten mit absoluter Mehrheit seiner Mitglieder[496] ablehnt, gilt der vorgeschlagene Rechtsakt gem. Art. 251 Abs. 2 UAbs. 3 lit. b EG als nicht erlassen.[497] Da der Rat nach dieser Vorschrift keinen Rechtsakt ohne Einigung mit dem Parlament erlassen kann, wird das Parlament nunmehr als gleichberechtigter Gesetzgeber neben dem Rat anerkannt. Soweit gehen die Kompetenzen des Europäischen Parlaments im Verfahren der Zusammenarbeit gem. Art. 252 EG, das hinsichtlich der Wirtschafts- und Währungsunion Anwendung findet, indes nicht. Wenn das Europäische Parlament hier den vom Rat mit qualifizierter Mehrheit

---

[489] Bei für die Gemeinde nachteiligen Beschlüssen kann Widerspruch eingelegt werden. Diese Rügemöglichkeit ist nicht in Bayern, im Saarland und in Thüringen vorgesehen. Vgl. Alfons Gern (Fn. 86), Rdnr. 506, S. 328.

[490] § 43 Abs. 2 GO BW, Art. 59 Abs. 2 GO BY, § 65 GO BB, § 63 HGO, § 33 GO MV, § 65 NGO, § 54 GO NRW, § 42 Abs. 1 GemO RP, § 60 Abs. 1 KSVG, § 52 Abs. 2 SächsGemO, § 62 Abs. 3 GO LSA, § 43 Abs. 1 GO SH, § 44 G TH. Dem Gemeinderat steht ein Widerspruchsrecht gegenüber Beschlüssen der beschließenden Ausschüsse zu.

[491] Bei Bestätigung des Beschlusses ist die Entscheidung der Rechtsaufsichtsbehörde einzuholen. Vgl. Alfons Gern (Fn. 86), Rdnr. 506 f., S. 327 f.

[492] Sogenannte „*regular vetoes*" wurden im Zeitraum von 1789-2000 1.484 eingelegt, davon unter Präsident Franklin D. Roosevelt mit 372 die meisten. Vgl. Jeri Thomson/Zoe Davis, Presidential Vetoes, 1989-2000, Washington D.C. 2001, S. VIII f.

[493] Vgl. Louis Fisher, Constitutional Conflicts between Congress and the President, 4. Auflage, Lawrence 1997, S. 119 ff. Im Zeitraum von 1789-2000 gab es insgesamt 106 *vetoes overridden*. Vgl. Jeri Thomson/Zoe Davis (Fn. 492), S. VIII f.

[494] Vgl. Helmut Slapnicka, Das Vetorecht des Präsidenten der Tschechischen Republik und Beispiele aus seiner Vorgeschichte, in: WGO-MfOR, 45 (2003) 1, S. 31 ff.

[495] Das Mitentscheidungsverfahren ist das wichtigste legislative Verfahren in der Rechtsetzung der EG.

[496] Die absolute Mehrheit der Mitglieder beträgt bei 732 Abgeordneten 367, bei 785 Abgeordneten 393. In Andreas Haratsch/Christian Koenig/Matthias Pechstein (Fn. 240), Rdnr. 264, S. 108 wird mit der absoluten Mehrheit von 314 Stimmen noch Bezug zu der vor dem 01.05.2004 bestehenden Mitgliederzahl von 626 genommen.

[497] Vgl. Johann Schoo, in: Jürgen Schwarze (Hrsg.) (Fn. 23), Art. 251 EGV, Rdnr. 28, S. 2110; Hans-Wolfgang Arndt (Fn. 30), S. 59 f.

vorläufig gebilligten Vorschlag der Kommission mit absoluter Mehrheit ablehnt, so kann der Rat den Rechtsakt noch einstimmig beschließen. Das Parlament kann das Zustandekommen des Rechtsaktes dann nicht mehr verhindern (Art. 252 lit. c EG).[498] Nach dem Verfassungsvertrag für Europa bzw. dem Reformvertrag von Lissabon wird den nationalen Parlamenten ein Vetorecht beim Übergang von der Einstimmigkeit zu Mehrheitsentscheidungen (Art. IV-444 Abs. 3 VVE bzw. Art. 48 Abs. 7 UAbs. 3 EU Lissabon): *Passerelle*-Klausel zugestanden.[499]

b) Verhinderung von Beschlüssen innerhalb eines Kollegialorgans

Während bei vorstehenden Fällen ein Organ einen Beschluss eines anderen Organs verhindert, ist das Veto gem. Art. 27 Abs. 3 UN-Charta ein Beispiel für die Verhinderung eines Beschlusses innerhalb eines Kollegialorgans. Dieses wohl bekannteste und nicht ganz unstrittige Beispiel eines Vetos ist das der ständigen Mitglieder des UN-Sicherheitsrates[500], wobei der Begriff Veto in der Bestimmung keine Erwähnung findet.[501] Im besten Fall verkörpert Art. 27 Abs. 3 UN-Charta das Einstimmigkeitsprinzip, das das Zusammenwirken der ständigen Sicherheitsratsmitglieder für internationale Sicherheit und Frieden garantiert. Im schlechten Fall repräsentiert Art. 27 Abs. 3 UN-Charta das Veto, eine Waffe der Politik in den Händen eines jeden ständigen Sicherheitsratsmitgliedes, das vorsätzlich die

---

[498] Vgl. Rudolf Geiger (Fn. 71), Art. 205 EGV, Rdnr. 1, S. 848.

[499] Der BR hat in seiner 811. Sitzung am 27.05.2005 beschlossen, dem vom BT am 12.05.2005 verabschiedeten Gesetz zu dem Vertrag vom 29.10.2004 über eine Verfassung für Europa mit der in Art. 23 Abs. 1 Satz 3 in Verbindung mit Art. 79 Abs. 2 GG vorgeschriebenen Mehrheit zuzustimmen. In seiner Entschließung begrüßte der BR das Vetorecht der nationalen Parlamente.

[500] Zu den Kritiken am Vetorecht vgl. Friedrich Klein, Das Vetorecht der Großmächte im Weltsicherheitsrat, in: AöR, 74 (1948), S. 27 ff.; Joaquín Garde Castillo, De la regla de la unanimidad al derecho de veto en la organización internacional, in: Revista de la Facultad de Derecho de la Universidad de Madrid, 4 (1949), S. 115 ff. Zu den verschiedenen das Veto befürwortenden Argumenten vgl. Aleksander W. Rudzinski, Majority Rule vs. Great Power Agreement in the United Nations, in: International Organization, 9 (1955), S. 366. General Romulo äußerte während einer Debatte in der UN-GV im Dezember 1947 bezüglich der Resolution Australiens zum Veto im Sicherheitsrat folgendes: „The idea of giving all nations an equal vote sounds decent and democratic, but it is not. It gives the 125,000 people of one of the newest members of the United Nations, Iceland, for example, equal representation with 140,000,000 Americans and 450,000,000 Chinese. It gives each citizen of Iceland a voting power equal to 1,120 American citizens and to 3,600 Chinese citizens. Under this incredible system, it is of course necessary for the great nations to have a veto. The veto simply empowers them to overrule any decision reached on the basis of this utterly absurd system of representation." GAOR, 1st session, 2nd part, S. 1252.

[501] Die Bestimmung besagt nicht *expressiv verbis*, dass ein Beschluss über eine Sachfrage nicht zustande kommt, wenn einer der ständigen Sicherheitsratsmitglieder gegen ihn stimmt, was die eigentliche Bedeutung des Vetos ist. Vgl. Leo Gross (Fn. 45), S. 256; B.A. Wortley, The Veto and the Security Provisions of the Charter, in: BYIL, 23 (1946), S. 95 ff.

D. Veto als Verhinderung der Beschlussfassung

Bestrebungen des Sicherheitsrates zum Erhalt des Weltfriedens lähmen kann.[502] Diese ambigue Einschätzung von Wilcox verdeutlicht die konstruktive und destruktive Seite der Bestimmung. Nach der in Art. 27 Abs. 3 UN-Charta verankerten Jalta-Formel[503] bedürfen Beschlüsse zu Nichtverfahrensfragen der Zustimmung von neun Mitgliedern, einschließlich sämtlicher ständigen Mitglieder.[504] Als echtes oder offenes Veto gilt die negative Stimme eines der fünf ständigen Sicherheitsratsmitglieder.[505] Bei Anwendung der Mehrheitsregel im Sicherheitsrat wird gefordert, dass die ständigen Mitglieder dieser Mehrheit angehören.[506] Die Folge ist, dass für diese Mitglieder im Entscheidungsprozess faktisch die Einstimmigkeitsregel[507] gilt, für die übrigen die Mehrheitsregel.[508]

Während die ständigen Sicherheitsratsmitglieder ihr Vetorecht individuell ausüben können, obliegt den nichtständigen ein kollektives Vetorecht.[509] Sie können mit mindestens sieben negativen Stimmen die Annahme eines Beschlusses im Sicherheitsrat verhindern.[510] Die ständigen Mitglieder haben zwar jeder das Vetorecht, aber kein uneingeschränktes Recht der Beschlussfassung im Sicherheitsrat, denn es bedarf noch der Zustimmung von vier nichtständigen Mitgliedern für die Annahme eines Beschlusses.[511] Andererseits können Beschlüsse theoretisch selbst bei Enthaltung aller fünf ständigen Mitglieder gefasst werden.[512] Unter Zugrun-

---

[502] Vgl. Francis O. Wilcox, The Rule of Unanimity in the Security Council, in: Proceedings of the ASIL, Washington D.C. 1946, S. 55.

[503] Zur von Roosevelt vorgeschlagenen und auf der Jalta-Konferenz vom 04.-12.02.1945 vereinbarten „Jalta-Formel" sowie den Reaktionen hierauf vgl. Dwight E. Lee, The Genesis of the Veto, in: International Organization, 1 (1947), S. 37 ff. Vgl. auch Erklärung von San Francisco vom 07.06.1945 „Statement by the Delegations of the Four Sponsoring Governments on Voting Procedure in the Security Council", abgedruckt in: Bruno Simma (ed.) (Fn. 11), Art. 27, Rdnr. 154, S. 521 ff.

[504] Zur Interpretation des Art. 27 Abs. 3 UN-Charta vgl. Myres S. McDougal/Richard N. Gardner, The Veto and the Charter, in: YLJ, 60 (1951) 2, S. 272 ff.; Sydney D. Bailey, New Light on Abstentions in the UN Security Council, in: International Affairs, 50 (1974), S. 564 ff.; Bruno Simma/Stefan Brunner/Hans-Peter Kaul, in: Bruno Simma (ed.) (Fn. 11), Art. 27, Rdnr. 3 ff., S. 481 ff.

[505] Vgl. Anjali V. Patil (Fn. 484), S. 16.

[506] Lediglich in Art. 10 Abs. 2 IGH-Statut erfolgt keine Unterscheidung zwischen ständigen und nichtständigen Mitgliedern des Sicherheitsrates bei Abstimmungen im Sicherheitsrat bei der Wahl der Richter und bei der Benennung der Mitglieder der in Art. 12 vorgesehenen Kommission.

[507] Vgl. N.A. Uschakow (Fn. 22), S. 49 ff.

[508] Vgl. Henry G. Schermers/Niels M. Blokker (Fn. 22), § 813, S. 527.

[509] Zur Stimmenmacht der nichtständigen Mitglieder insbesondere nach der Chartaänderung von 1965 vgl. Robert S. Junn/Tong-Whan Park, Calculus of Voting Power in the U.N. Security Council, in: SSQ, 58 (1977) 1, S. 104 ff.

[510] Vgl. Franciszek Przetacnik, The Double Veto of the Security Council of the United Nations, in: RDI, (1980) 3, S. 155.

[511] Vgl. N.A. Uschakow (Fn. 22), S. 56.

[512] SC Res. 344 (15.12.1973), in: UN Doc. S/11156; Frankreich, Großbritannien, USA und die Sowjetunion enthielten sich der Stimme während China nicht an der Abstimmung teilnahm. Vgl. SCOR (28), 1760th session, para. 2. Bruno Simma/Stefan Brunner/Hans-Peter Kaul, in: Bruno Simma (ed.) (Fn. 11), Art. 27, Rdnr. 61, S. 498.

delegung der sachlichen und persönlichen Ausschlüsse des Vetorechts, wie bei Verfahrensfragen oder im Falle, dass ein ständiges Mitglied selbst Streitpartei ist[513], haben die ständigen Sicherheitsratsmitglieder ihr Privileg[514], das einer effektiven Durchsetzung von Beschlüssen des Sicherheitsrates wegen ihrer erhöhten Verantwortung zur Erhaltung des internationalen Friedens und der Sicherheit dienen soll, wiederholt angewendet.[515] Dabei ist das Veto nicht ausschließlich auf Art. 27 UN-Charta beschränkt, es findet auch Anwendung auf Kapitel 2 und 6 UN-Charta. Diesbezüglichen Reformen müssten allerdings auch die ständigen Mitglieder des Sicherheitsrates gemeinsam zustimmen.[516]

Die Hochrangige Gruppe für Bedrohungen, Herausforderungen und Wandel zur Reform der UNO schlägt in ihrem Bericht über eine Reform der UNO keine Ausweitung des Vetos unter Beibehaltung der Befugnisse des Sicherheitsrates vor.[517] Im Sinne einer effektiven Handlungsfähigkeit des Sicherheitsrates wäre indessen eine Reduzierung der Anwendungsfälle des Vetos dringend erforderlich, beispielsweise nur bei Zwangsmaßnahmen, wie der ehemalige UN-Generalsekretär Boutros Boutros-Ghali vorschlägt.[518]

Beim Veto im Sicherheitsrat handelt es sich nicht um ein Recht aller Mitglieder, sondern um ein Privileg eines Drittels der Mitglieder.

2. Unechtes Veto

Oftmals wird von einem Veto gesprochen, wenn ein Beschluss durch eine Gegenstimme eines Mitgliedes eines kollegialen Entscheidungsorgans, welches Einstimmigkeit fordert, verhindert werden kann.[519] Hierzu lassen sich beispielsweise historisch das durch die Einstimmigkeitsregel begründete Vetorecht der Mitglieder des Völkerbundes mit Ausnahme der streitenden Parteien in der Bundesversammlung und im Rat gem. Art. 5 Abs. 1 VBS oder gegenwärtig im Rat der Europäischen Gemeinschaften nach Art. 205 Abs. 3 EG für bestimmte vertraglich festgelegte Bereiche zählen.

Auch in Fällen, wo eine bestimmte qualifizierte Mehrheit und ein bestimmtes Quorum erforderlich sind, und diese bewusst verhindert werden, kann ein unechtes Veto vorliegen. Wenn die geforderte qualifizierte Mehrheit im Rat gem. Art. 205 Abs. 2 EG nicht erreicht ist, wird von einer Sperrminorität (*blocking minority*) gesprochen, die somit gegen eine Entscheidung ihr Veto einlegt.[520] Nach dem Ver-

---

[513] Vgl. Hanns Engelhardt (Fn. 54), S. 383 ff.
[514] „The veto is not a right; it is a privilege." Francis O. Wilcox (Fn. 502), S. 62.
[515] Chronologische Liste der Vetos, in: Sydney D. Bailey/Sam Daws (Fn. 49), S. 231 ff.; http://www.globalpolicy.org/security/membship/veto/vetosubj.htm (07.01.2008).
[516] Zu den Reformvorschlägen bezüglich des UN-Sicherheitsrates und des Vetorechts vgl. Bardo Fassbender (Fn. 53), S. 221 ff.; Bernhard Hofstötter, Einige Anmerkungen zur Reform des Sicherheitsrates der Vereinten Nationen, in: ZaöRV, 66 (2006) 1, S. 143 ff.
[517] UN Doc. A/59/565 (02.12.2004), para. 256, S. 68.
[518] Interview mit Boutros Boutros-Ghali, „Die UN müssen demokratischer werden", in: VN, 53 (2005) 3, S. 89.
[519] Vgl. Fritz Münch (Fn. 479), S. 1283.
[520] Vgl. George Tsebelis/Xenophon Yataganas (Fn. 352), S. 289.

trag von Nizza wird eine qualifizierte Mehrheit erreicht, wenn die Mehrheit der Mitgliedstaaten zustimmt (bei 27 Mitgliedern 14) und diese zusammen mindestens 255 von 345 Stimmen (73,91%) in sich vereinigen. Für die Sperrminorität werden demnach mindestens 91 Stimmen (26,38%) erforderlich. Durch die Einführung der „Bevölkerungsklausel" von mindestens 62% kann Deutschland zusammen mit zwei weiteren großen Mitgliedstaaten (Vereinigtes Königreich, Frankreich oder Italien) eine qualifizierte Mehrheit verhindern, obwohl sie durch ihre Stimmen im Rat keine Sperrminorität hätten. Mit diesen Regelungen ist eine Verhinderung von Beschlüssen vereinfacht worden.[521]

Als weiteres Beispiel sei der Verwaltungsrat der IFAD genannt, dessen Beschlüsse nur mit Dreifünftelmehrheit zustande kommen, die Beschlussfähigkeit vorausgesetzt. Diese verlangt die Teilnahme von mindestens der Hälfte der Stimmen aus jeder der drei Gruppen. Somit verfügen die Mitgliedstaaten jeder Gruppe über ein faktisches Gruppenveto, das zum unechten Veto zu zählen ist.[522]

3. Doppel-Veto

Wenn ein Vetorecht sachlich auf bestimmte Fälle beschränkt ist und die Entscheidung über die Frage, ob es sich um einen solchen Anwendungsfall handelt oder nicht, von demselben Kollegialorgan getroffen wird, kann es sich um ein so genanntes Doppel-Veto handeln. Nach Art. 27 Abs. 3 UN-Charta ist das Vetorecht der ständigen Sicherheitsratsmitglieder auf sachliche, d.h. Nichtverfahrensfragen begrenzt. Durch das erste Veto wird die Feststellung verhindert, es handele sich um eine Verfahrensfrage, mit dem zweiten Veto gegen die Sachfrage gestimmt.[523] Die Entscheidung, ob eine Frage eine Verfahrens- oder Sachfrage ist und welche Entscheidungsregel demzufolge anzuwenden ist, die nach Art. 27 Abs. 2 oder Art. 27 Abs. 3 UN-Charta, obliegt dem Sicherheitsrat.[524] Dies folgt aus Teil 2 Abs. 2 Erklärung von San Franzisko vom 7. Juni 1945, wonach diese Vorfrage mit der Zustimmung von damals sieben, heute neun Mitgliedern des Sicherheitsrates einschließlich der ständigen Mitglieder zu entscheiden ist.[525] Die Generalversammlung hat in ihrer Resolution 267 von 1949 versucht alle Beschlüsse über Verfah-

---

[521] Zu theoretisch möglichen Kombinationen von Sperrminoritäten bei 27 Mitgliedstaaten vgl. Andreas Maurer, Der Vertrag von Nizza (Fn. 31), S. 6.

[522] Vgl. Klaus Hüfner, Die Vereinten Nationen und ihre Sonderorganisationen, Teil 2, Bonn 1992, S. 93.

[523] Vgl. Yuen-Li Liang, The so-called "Double Veto", in: Supplement to the AJIL, 43 (1949), S. 134 ff.; Leo Gross, The Double Veto and the Four-Power Statement on Voting in the Security Council, in: HarvLR, 67 (1953/54), S. 251 ff.; Anjali V. Patil (Fn. 484), S. 16.

[524] Vgl. Eduardo Jiménez de Aréchaga, Voting and the Handling of Disputes in the Security Council, New York 1950, S. 6 ff.

[525] Zum Doppel-Veto und seiner Anwendung vgl. Alexander W. Rudzinski, The so-called Double Veto, in: AJIL, 45 (1951) 3, S. 443 ff.; Leo Gross, The Question of Laos and the Double Veto in the Security Council, in: AJIL, 54 (1960) 1, S. 118 ff.; Sydney D. Bailey, Voting in the Security Council, Bloomington/London 1969, S. 18 ff.; Franciszek Przetacnik (Fn. 510), S. 153 ff.

rensfragen aufzulisten.[526] Ein Doppel-Veto ist u.a. in der spanischen Frage 1946, im *Corfu Channel* Fall 1947 oder in der tschechoslowakischen Frage 1948 angewendet worden.[527] Nach 1959 fand aufgrund von informellen Absprachen das Doppel-Veto keine Anwendung mehr.[528]

4. Verstecktes Veto

Das so genannte versteckte oder indirekte Veto (*„hidden veto"*) geht auf die Sowjetunion Anfang der sechziger Jahre zurück. Bei einem versteckten Veto fehlt die negative Stimme. So kann auch ohne eine negative Stimme eines vetoberechtigten Mitgliedes innerhalb eines Kollegialorgans ein so genanntes verstecktes Veto vorliegen, nämlich wenn mittels „Überzeugung" anderer Mitglieder durch ein vetoberechtigtes Mitglied die erforderliche Mehrheit bei einer Abstimmung nicht zustande gekommen ist.

Dieser Fall tritt nach Art. 27 Abs. 3 UN-Charta ein, wenn ein Beschluss nicht die Zustimmung von neun Mitgliedern erhält, darunter der fünf ständigen, weil eines der ständigen Mitglieder genügend Mitglieder, mindestens sieben von insgesamt fünfzehn überzeugen konnte, sich der Stimme zu enthalten oder eine negative Stimme abzugeben.[529] Wenn die nichtständigen Mitglieder des Sicherheitsrates gemeinsam mit oder ohne Enthaltung oder Nichtteilnahme der ständigen Mitglieder agieren, können sie Beschlüsse des Sicherheitsrates blockieren.[530] Eines von nicht zahlreichen versteckten Vetos ist das bezüglich der israelischen Befreiungsaktion der vorwiegend israelischen Passagiere eines 1976 entführten französischen Flugzeuges in Entebbe.[531]

5. Inoffizielles Veto

Bei einem inoffiziellen oder nichtöffentlichen Veto gibt es ebenfalls keine negative Stimme, weil es gar nicht erst zur Abstimmung kommt. Hierzu lässt sich das so genannte *„pocket veto"* gem. Art. I Abschnitt 7 Abs. 2 Verfassung USA zählen.[532] Danach kann wegen Vertagung des Kongresses ein Entwurf keine Gesetzeskraft

---

[526] UN Doc. A/RES/267 (III) (14.04.1949).
[527] Zu diesen Fällen vgl. Sydney D. Bailey/Sam Daws (Fn. 49), S. 242 ff.
[528] Vgl. Bruno Simma/Stefan Brunner/Hans-Peter Kaul, in: Bruno Simma (ed.) (Fn. 11), Art. 27, Rdnr. 44, S. 492.
[529] Vgl. Anjali V. Patil (Fn. 484), S. 17; Sydney D. Bailey, Veto in the Security Council, in: Robert S. Wood (ed.), The Process of International Organization, New York 1971, S. 245 f.
[530] Vgl. Sydney D. Bailey/Sam Daws (Fn. 49), S. 249.
[531] Vgl. Ulrich Beyerlin, Die israelische Befreiungsaktion von Entebbe in völkerrechtlicher Sicht, in: ZaöRV, 37 (1977), S. 213 ff.
[532] Im Zeitraum von 1789-2000 gab es insgesamt 1.066 *pocket vetoes*, davon unter Präsident Franklin D. Roosevelt mit 263 die meisten. Vgl. Jeri Thomson/Zoe Davis (Fn. 492), S. VIII f.

erlangen, weil er nicht innerhalb der vorgeschriebenen Zeit von zehn Tagen durch den Präsidenten zurückgesandt wurde.[533]

Ein inoffizielles Veto lag innerhalb des Rates der Europäischen Gemeinschaften vor, wenn unter Verweis eines Mitgliedstaates auf sehr wichtige Gründe der nationalen Politik gem. Art. 11 Abs. 2 UAbs. 2 EG eine Abstimmung über den Vorschlag der Kommission im Rat im Bereich der verstärkten Zusammenarbeit verhindert wurde. Der Rat konnte allerdings mit qualifizierter Mehrheit eine einstimmige Beschlussfassung zu dieser Frage erzwingen.[534] Dieses Vetorecht eines jeden Mitgliedstaates ist durch den Vertrag von Nizza aufgehoben worden. Weiterhin kann nach Art. 23 Abs. 2 UAbs. 2 EU ein Vertragsstaat Ratsbeschlüsse im Bereich der GASP verhindern, wenn es erklärt, dass es aus „wichtigen Gründen der nationalen Politik" die Absicht hat, einen mit qualifizierter Mehrheit zu fassenden Beschluss abzulehnen.[535] Dann erfolgt keine Abstimmung. Die explizite Regelung im Rahmen von Ausnahmevorschriften setzt den Mitgliedstaaten bezüglich der Inanspruchnahme eines möglichen Vetorechts allerdings feste Schranken.[536]

Ein inoffizielles Veto stellt auch das Nichtzustandekommen eines Beschlusses des UN-Sicherheitsrates gem. Art. 27 Abs. 3 UN-Charta dar, wenn mindestens einer der fünf ständigen Sicherheitsratsmitglieder im Vorfeld einer Abstimmung über einen Resolutionsentwurf sein Veto ankündigt und somit die Abstimmung verhindert.[537] Als ein Beispiel von besonderer Tragweite gelten die von der Russischen Föderation und China angekündigten Vetos bezüglich der Resolutionsentwürfe, vor allem der USA über militärische Sanktionsmaßnahmen nach Art. 42 UN-Charta gegen Jugoslawien (Serbien und Montenegro) Ende der neunziger Jahre und den Irak Anfang 2003.[538]

6. Proxy-Veto

Der Terminus „*proxy*" ist aus dem Wort „*procuracy*" abgeleitet und bedeutet einerseits die rechtliche Bevollmächtigung eines Stimmrechtsvertreters durch ein Mitglied des Entscheidungsorgans zur Ausübung seines Stimmrechts, andererseits die Vollmacht zur Stimmrechtsausübung, und letztendlich wird auch der Stimm-

---

[533] Vgl. Louis Fisher (Fn. 493), S. 128 ff.
[534] Vgl. auch Art. 11 Abs. 1 GO EG-Rat. Diese Bestimmung wurde bereits 1987 in die GO eingeführt.
[535] Vgl. Rudolf Streinz, Europarecht (Fn. 24), Rdnr. 306 ff., S. 105 f. Nach Art. 31 Abs. 2 UAbs. 2 EU Lissabon müssen „wesentliche Gründe der nationalen Politik" geltend gemacht werden.
[536] Vgl. Hans Krück, in: Jürgen Schwarze (Hrsg.) (Fn. 23), Art. 11-28 EUV, Rdnr. 70, S. 119; Armin Hatje, ebenda, Art. 11 EG, Rdnr. 19, S. 321; Jan-Peter Hix, ebenda, Art. 205 EGV, Rdnr. 16, S. 1811.
[537] Vgl. Hanns Engelhardt (Fn. 54), S. 379.
[538] Zu den Aktivitäten des Sicherheitsrates vgl. http://www.un.org/Depts/dhl/resguide/scact.htm (07.01.2008).

rechtsvertreter selbst als „*proxy*" bezeichnet.[539] Proxy-Regeln, auf die speziell im neunten Kapitel eingegangen wird, bestimmen allgemein, ob und unter welchen Bedingungen ein Beteiligter am Entscheidungsprozess ein anderes Mitglied für sich handeln und abstimmen (Stimmrechtsvertretung) lassen kann.[540] Wenn ein Mitglied eines kollegialen Entscheidungsorgans ein anderes Mitglied wegen Abwesenheit ein Veto gegen einen Beschluss einlegen lässt, wird allgemein von einem Proxy-Veto gesprochen. Speziell im UN-Sicherheitsrat wird darunter auch das Einlegen eines Vetos durch ein vetoberechtigtes Mitglied für ein nichtvetoberechtigtes Mitglied verstanden.[541]

E. Allgemeine Grundsätze bei der Auswahl der Abstimmungsregel

Eine allgemeine Regel für die Auswahl der geeignetsten Abstimmungsregel für Beschlüsse ist schwer aufstellbar. Hier spielen verschiedene, vorwiegend politische aber auch entscheidungsökonomische Faktoren eine maßgebliche Rolle. Bei Abstimmungen gilt oft abzuwägen zwischen dem bestehenden Status (*status quo*) und Änderungen desselbigen. Eine Nichtveränderung des *status quo* bzw. eine bewusste Nichtentscheidung ist auch eine Entscheidung.[542] Qualifizierte Mehrheiten oder gar Einstimmigkeit stehen in der Regel für die Beibehaltung des *status quo*, der in zahlreichen Fällen auch wünschenswert und vertretbar sein mag. Dennoch gibt es zahllose Situationen, in denen Änderungen unerlässlich sind, vor allem wenn es gilt, die effektive Handlungsfähigkeit kollegialer Entscheidungsorgane zu erhalten bzw. wiederherzustellen. Dann könnte eine schlechte Entscheidung sogar besser sein als keine. Unter diesen Umständen wäre die Forderung eines qualifizierten Mehrheits- oder gar Einstimmigkeitsbeschlusses ein ungerechtfertigter Schutz der Interessen individueller Mitglieder oder politischer Minderheiten. Letztere könnten durch ihre Position die Funktionsfähigkeit des Kollegialorgans blockieren.[543] Dies wird häufig durch ein Vetorecht, wie für die ständigen Mitglieder des UN-Sicherheitsrates oder den amerikanischen Präsidenten, in Bezug auf bestimmte Kongressbeschlüsse bewirkt.

Bei der Wahl der Abstimmungsregel gelten zwei allgemeine Grundsätze, die Rousseau wie folgt zusammenfasst. Je bedeutsamer und schwerwiegender die Beschlüsse (wie beispielsweise Verfassungsänderungen), desto mehr soll sich die Meinung der Einstimmigkeit nähern. Und je mehr Eile der behandelte Gegenstand erfordert, umso mehr ist die bei Meinungsverschiedenheit vorgeschriebene Mehrheit einzuschränken; bei auf der Stelle zu treffenden Entscheidungen muss die

---

[539] Vgl. Christian Ruoff, Stimmrechtsvertretung, Stimmrechtsermächtigung und Proxy-System, München 1999, S. 178.
[540] Vgl. Alice Sturgis (Fn. 332), S. 138.
[541] Vgl. Anjali V. Patil (Fn. 484), S. 17.
[542] Vgl. Karl-Josef Bertges, Mehrheitsprinzip. Strukturelement unserer Demokratie, Köln 1986, S. 3.
[543] Vgl. Henry G. Schermers/Niels M. Blokker (Fn. 22), § 858 f., S. 551.

Mehrheit einer einzigen Stimme genügen.[544] Bei nicht Aufschub duldenden Entscheidungen kann es auch möglich sein, dass für das zuständige Kollegialorgan unter bestimmten Voraussetzungen ein anderer die Entscheidung treffen darf. So steht beispielsweise bei unaufschiebbaren dringlichen Angelegenheiten, für die der Gemeinderat zuständig ist, der Verwaltungsleitung (Bürgermeister)[545] ein Eilentscheidungsrecht zu, vorausgesetzt ersterer kann nicht mehr fristgerecht eine Entscheidung wegen Unmöglichkeit der rechtzeitigen Einberufung einer Gemeinderatssitzung herbeiführen.[546]

Bei Anordnung der Abstimmungsregeln in einer abgestuften Skala, beginnend mit der Einstimmigkeitsregel, Konsensregel, – in Abhängigkeit von der Bezugsgröße – qualifizierten Mehrheitsregel oder absoluten Mehrheitsregel bis hin zur einfachen Mehrheitsregel, verhält sich eine Zuordnung nachstehender Kriterien direkt proportional: kleinere kollegiale Entscheidungsorgane (geringe Mitgliedschaft) mit relativ homogenen Interessen, wichtige herausragende und einschneidende Beschlüsse, langwierige Verhandlungen. Das heißt, je kleiner die Entscheidungsorgane und homogener die darin vertretenen Interessen und je wesentlicher bzw. wichtiger die zu fassenden Beschlüsse[547], desto höher können die Anforderungen an die Mehrheit gestellt bzw. gar Einstimmigkeit bzw. Konsens verlangt werden. Dies schließt in der Regel aber einen langwierigen Entscheidungsprozess mit abnehmender Rationalität ein. Und umgekehrt bedeutet das, je größer das Entscheidungsorgan und heterogener die Interessen seiner Mitglieder und je weniger bedeutend die Beschlüsse, desto geringer werden die Anforderungen an die Mehrheit gestellt mit dem Effekt, Beschlüsse schneller fassen zu können. Eine diametral entgegengesetzte Zuordnung der oben genannten Kriterien zur Skala mit den Abstimmungsregeln hätte für den Entscheidungsprozess in zweierlei Hinsicht negative Folgen. Auf der einen Seite wäre der Entscheidungsprozess erheblich erschwert, wenn nicht gar unmöglich (z.B. Einstimmigkeit bei großen Kollegialorganen mit heterogenen Interessen). Auf der anderen Seite wäre die geringe Zustimmung (z.B. bei einfacher Mehrheit) bei wichtigen Beschlüssen in aller Regel nicht ausreichend.

Bei einer Anordnung der Abstimmungsregeln auf einer Skala in Abhängigkeit von der Höhe der Anforderungen für das Zustandekommen eines Beschlusses lassen sich folgende Aussagen zusammenfassen:

---

[544] Vgl. Jean-Jacques Rousseau (Fn. 2), S. 117 f.
[545] In Brandenburg steht das Eilentscheidungsrecht gem. § 68 GO dem hauptamtlichen Bürgermeister im Einvernehmen mit dem Vorsitzenden der Gemeindevertretung zu.
[546] Vgl. Alfons Gern (Fn. 86), Rdnr. 376, S. 248 f.
[547] Die Einteilung in wesentliche bzw. wichtige und weniger bedeutende Beschlüsse kann in Anlehnung an die bereits erörterte Einteilung von Gesetzen erfolgen. Vgl. Volker Nienhaus (Fn. 9), S. 165 f.

Übersicht VI. 5: Abstimmungsregel in Abhängigkeit von den Anforderungen

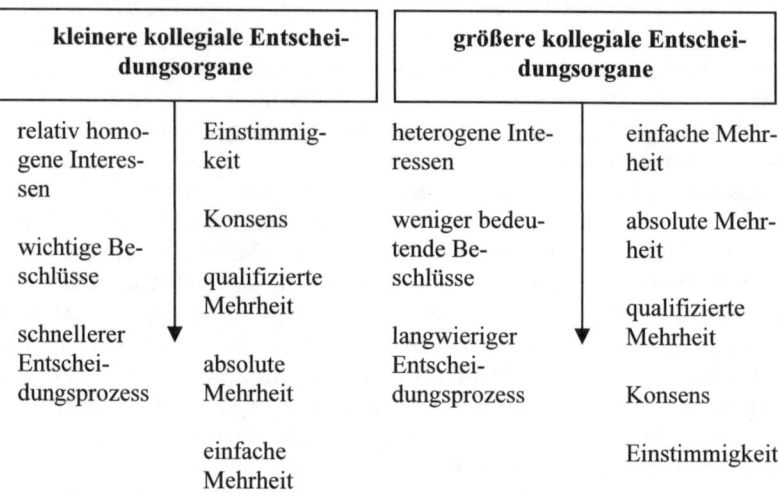

Die Auswahl der Abstimmungsregel wird weiterhin von den Sitz- und Stimmenverteilungsregeln bestimmt. Die nachfolgende Übersicht stellt die zweckmäßigsten und von Kollegialorganen am häufigsten angewendeten Kombinationen von Sitz- und Stimmenverteilungsregeln mit Abstimmungsregeln zusammen.

Übersicht VI. 6: Kombinationen von Sitz- und Stimmenverteilungsregeln mit Abstimmungsregeln

Nr.	Sitz- und Stimmenverteilungsregeln	Abstimmungsregeln
1	gleiche Anzahl von Sitzen und gleiche Anzahl von Stimmen	einfache Mehrheit absolute Mehrheit qualifizierte Mehrheit Konsens Einstimmigkeit
2	gleiche Anzahl von Sitzen und unterschiedliche Anzahl von Stimmen	qualifizierte Mehrheit
3	unterschiedliche Anzahl von Sitzen und gleiche Anzahl von Stimmen	einfache Mehrheit absolute Mehrheit qualifizierte Mehrheit Konsens
4	unterschiedliche Anzahl von Sitzen und unterschiedliche Anzahl von Stimmen	absolute Mehrheit

Die Einstimmigkeitsregel findet Anwendung in Verbindung mit den auf der formellen Gleichheit der Mitglieder eines Kollegialorgans basierenden Sitz- und Stimmenverteilungsregeln (gleiche Anzahl von Sitzen und gleiche Anzahl von Stimmen). Bei Anwendung der Konsensregel werden Stimmenverteilungsregeln – gleiche Anzahl von Stimmen oder Stimmengewichtung – faktisch bedeutungslos, weil keine Zählung der Stimmen erfolgt. Alle hier aufgeführten Sitz- und Stimmenverteilungsregeln können mit einer der Mehrheitsregeln kombiniert werden.

Kapitel VII
Kollektive Entscheidungsregeln

Vorstehende konventionelle Abstimmungsregeln (Einstimmigkeits-, Konsens- und Mehrheitsregeln) finden grundsätzlich Anwendung bei Vorhandensein von einer oder höchstens zwei zur Auswahl stehenden Fragen bzw. Alternativen, wobei mit Ja bzw. Nein abgestimmt oder sich der Stimme enthalten wird. Sollen aber gleichzeitig mindestens drei oder mehr Alternativen[1] im Sinne von Entscheidungsmöglichkeiten zur Abstimmung durch mehrere (mindestens zwei) Mitglieder eines Kollegialorgans gestellt werden, wie bei einer Wahl mehrere Kandidaten, erweisen sich die konventionellen Abstimmungsregeln wenig praktikabel. Schon bei drei Alternativen (A1, A2, A3) bestehen sechs verschiedene mögliche Präferenzordnungen.[2]

Übersicht VII. 1: Präferenzordnungen

1	2	3	4	5	6
A1-A2-A3	A1-A3-A2	A2-A1-A3	A2-A3-A1	A3-A1-A2	A3-A2-A1

Für eine zeitgleiche Abwägung mehrerer Alternativen mit dem Anspruch der letztendlichen Auswahl von gegebenenfalls nur einer durch mehrere Mitglieder eines Kollegialorgans bedarf es daher anderer Vorgehensweisen und Regeln, die in ihrer Grundstruktur allerdings auf den traditionellen Abstimmungsregeln basieren, insbesondere den Mehrheitsregeln. Diese Regeln entstammen der Entscheidungstheorie[3], wobei der mögliche Beitrag der Theorie kollektiver Entscheidungen zur Organisationstheorie in den Wirtschaftswissenschaften noch nicht erschöpft ist.[4] Nachfolgend soll die Rechtswissenschaft nicht mathematisiert, juristische Entscheidungen nicht auf algebraische Ableitungen zurückgeführt werden.[5]

---

[1] In der Entscheidungstheorie wird der Begriff Alternative im Sinne von zwei oder mehreren wählbaren Möglichkeiten verwendet. Vgl. Helmut Laux, Entscheidungstheorie, 7. Auflage, Berlin/Heidelberg/New York 2007, S. 4 f.
[2] Vgl. Werner Thieme, Entscheidungen in der öffentlichen Verwaltung, Köln/Berlin/Bonn/München 1981, S. 82 f.
[3] Zur Entscheidungstheorie vgl. Helmut Laux (Fn. 1), S. 1 ff.
[4] Vgl. Bernd Schauenberg, Entscheidungsregeln, kollektive, in: Erich Frese (Hrsg.), Handwörterbuch der Organisation, 3. Auflage, Stuttgart 1992, S. 574.
[5] Vgl. Walter Popp, Soziale Mathematik der Mehrheitsentscheidung, in: Adalbert Podlech (Hrsg.), Rechnen und Entscheiden, Berlin 1977, S. 25.

Es soll lediglich gezeigt werden, welche Möglichkeiten diese Theorie und die sich daraus ergebenden Regeln auch der Rechtswissenschaft offerieren.[6] Eine so genannte „kollektive Entscheidungsregel" kann bei Vorliegen einer gewissen Anzahl von Mitgliedern eines Kollegialorgans (M), einer Anzahl der zur Entscheidung anstehenden Alternativen (A) sowie der Präferenzen der Mitglieder bezüglich der Alternativen ein Ergebnis bestimmen. Möglichenfalls wird eine Rangfolge der Alternativen bzw. ein Ergebnis von einer oder mehreren gleichwertigen Alternativen festgelegt.

A. Arrows Unmöglichkeitstheorem

Die Suche nach einer „idealen" Regel dürfte seit der Veröffentlichung des berühmten Unmöglichkeitstheorems des amerikanischen Ökonomen Kenneth J. Arrow (geb. 1921) im Jahre 1951[7] sicherlich als beendet gelten.[8] Das Unmöglichkeitstheorem, auch als Arrows Paradox bekannt[9], zeigt die Unmöglichkeit, Regeln für kollektive Entscheidungen zu entwickeln, die alle die gestellten „vernünftigen" Kriterien bzw. Anforderungen erfüllen würden. Arrows Bedingungen, die Abstimmungsregeln für beispielsweise Verfassungen mindestens erfüllen müssen, wenn sie demokratisch sein sollen, sind:

(1) ein unbeschränkter Definitionsbereich (U), der alle möglichen Kombinationen individueller Präferenzordnungen einschließt;
(2) die nach dem italienischen Ökonomen Vilfredo Pareto (1848-1923) benannte Pareto-Regel (P), wonach eine Abstimmungsregel nicht die Alternative y als Gewinner bestimmen sollte, wenn jeder Abstimmende die Alternative x der Alternative y vorzieht[10];
(3) die Unabhängigkeit von irrelevanten Alternativen (I), die nur Abstimmungsregeln zulässt, die die kollektive Präferenzrelation bezüglich zweier Alternativen ausschließlich von den individuellen Präferenzordnungen in Bezug auf diese beiden Alternativen abhängig macht[11];

---

[6] Zu einem „*legislative game*" vgl. James S. Coleman, Collective Decisions, in: Sociological Inquiry, 34 (1964), S. 171 ff.
[7] Vgl. Kenneth J. Arrow, Social Choice and Individual Values, New York/London 1951. „Für ihre bahnbrechenden Arbeiten zur allgemeinen Theorie des ökonomischen Gleichgewichts und zur Wohlfahrtstheorie" ist ihm gemeinsam mit John Richard Hicks der Nobelpreis für Wirtschaftswissenschaften 1972 verliehen worden.
[8] Vgl. Bernd Schauenberg (Fn. 4), S. 566.
[9] Vgl. Adalbert Podlech, Gehalt und Funktion des allgemeinen verfassungsrechtlichen Gleichheitssatzes, Berlin 1971, S. 274 ff.
[10] Zur Pareto-Regel vgl. Amartya K. Sen, Collective Choice and Social Welfare, San Francisco/Cambridge/London/Amsterdam 1970, S. 21 ff.; Bernd Schauenberg, Zur Logik kollektiver Entscheidungen, Wiesbaden 1978, S. 91 ff.; Helmut Laux (Fn. 1), S. 443 ff.
[11] Die kollektive Präferenzrelation in Bezug auf zwei beliebige Alternativen muss unverändert bleiben, wenn sich die Beziehung (Relation) zwischen diesen beiden Alternativen in den individuellen Präferenzordnungen der Mitglieder auch nicht verändert hat.

(4) der Ausschluss einer Diktatur (D), d.h. kein Mitglied darf seine individuellen Präferenzen den anderen Mitgliedern auferlegen.[12]

Entsprechend der Bedingung U muss eine Regel bei allen möglichen Konstellationen individueller Präferenzen funktionieren. Die Bedingung P garantiert gleichermaßen die Autonomie einer Gruppe, wobei eine Regel die Übereinstimmung der Mitglieder in strengen Präferenzen zu beachten hat. Die Bedingung I schließt den Einfluss irrelevanter Alternativen beim Vergleich von jeweils zwei Alternativen aus. Die Bedingung D sichert das Demokratieprinzip.[13] In seinem Unmöglichkeitstheorem hat Arrow nachgewiesen, dass es keine kollektive Wahl-(Entscheidungs-)funktion gibt, die zugleich den Bedingungen U, P, I und D genügen würde, wenn die Anzahl der Alternativen A größer bzw. gleich drei und die Anzahl der Mitglieder M größer bzw. gleich zwei ist.[14] Auf der Suche nach einem Möglichkeitstheorem wird in der Literatur[15] vorgeschlagen, die Bedingung U abzuschwächen oder ganz auf sie zu verzichten unter Beibehaltung der Bedingungen P, D sowie I.[16]

Es ist folglich nicht zu erwarten, dass eine perfekte Abstimmungsregel bei Vorliegen von drei oder mehreren Alternativen sowie mehreren Mitgliedern eines Kollegialorgans gefunden wird. Dennoch unterscheiden sich die Abstimmungsregeln bezüglich ihrer Vor- und Nachteile, so dass eine Regel zur Anwendung kommen kann, die im Vergleich zu anderen mehr Vor- als Nachteile in sich vereint.[17] Das Theorem Arrows bedeutet, wie Podlech zutreffend sagt, „[...] das Ende der technokratischen Utopie, die meint, politische Entscheidungen durch Computer-Entscheidungen ersetzen zu können. Regeln zur Sozialgestaltung bedürfen immer der politischen Entscheidung, [...]."[18]

Aus einer Vielzahl von möglichen Abstimmungsregeln werden nachfolgend Regeln des paarweisen Vergleiches, Präferenzordnungsregeln sowie Mehrstimmigkeitsregeln näher untersucht. Dabei ist die Anzahl von Stimmen pro Mitglied eines kollegialen Entscheidungsorgans unterschiedlich festgelegt, entweder eine oder mehrere.

---

[12] Vgl. Kenneth J. Arrow (Fn. 7), S. 24 ff. Zur Interpretation vgl. Bernd Schauenberg (Fn. 10), S. 58 ff.; Helmut Laux (Fn. 1), S. 449 ff.
[13] Vgl. Bernd Schauenberg (Fn. 4), S. 568.
[14] Erfüllt eine kollektive Entscheidungsfunktion U, P und I, dann kann sie nicht gleichzeitig D erfüllen („Unmöglichkeit nicht-diktatorischer Entscheidungen"). Erfüllt eine kollektive Entscheidungsfunktion P, I und D, dann kann sie nicht gleichzeitig U erfüllen. Erfüllt eine kollektive Entscheidungsfunktion U, P und D, dann kann sie nicht gleichzeitig I erfüllen.
[15] Vgl. Amartya K. Sen, A Possibility Theorem on Majority Decisions, in: Econometrica, 34 (1966), 2, S. 491 ff.
[16] Vgl. Robertino Bedenian, Abstimmungsregeln im Gesellschaftsrecht, Frankfurt am Main 2000, S. 55 ff.
[17] Vgl. Philip D. Straffin, Topics in the Theory of Voting, Boston/Basel/Stuttgart 1980, S. 20 f.
[18] Adalbert Podlech, Wertentscheidungen und Konsens, in: Günther Jakobs (Hrsg.), Rechtsgeltung und Konsens, Berlin 1976, S. 16.

B. Regeln des paarweisen Vergleiches

Bei den Regeln des paarweisen Vergleiches handelt es sich um binäre (lat. *bini* = je zwei und *bina* = *binae* = paarweise) Regeln, bei denen jeweils zwei zur Auswahl stehende Alternativen miteinander verglichen werden.[19] Grundlegend ist die einfache Mehrheitsregel. Die Mitglieder eines Kollegialorgans haben nur eine Stimme.

I. Regel der Mehrheit der Paarvergleiche

Bei der Regel der Mehrheit der Paarvergleiche werden alle Alternativen paarweise miteinander verglichen. Es gewinnt die Alternative, die die Mehrheit der Stimmen erhält. Die Alternative, die den Vergleich gewonnen hat, wird einer anderen Alternative gegenübergestellt. Diese Vorgehensweise wird so lange fortgesetzt, bis alle zur Auswahl stehenden Alternativen am paarweisen Vergleich beteiligt waren. Die Alternative, die den letzten Vergleich gewinnt, gilt als gewählt. Im Ergebnis entsteht eine Rangordnung der zur Auswahl gestellten Alternativen. Bei Vorliegen von beispielsweise vier Alternativen A1, A2, A3 und A4 werden folgende paarweisen Vergleiche vorgenommen:

Übersicht VII. 2: paarweise Vergleiche 1

| A1-A2 | A1-A3 | A1-A4 | A2-A3 | A2-A4 | A3-A4 |

Soll nur eine Alternative ausgewählt werden, scheidet die jeweils unterlegene Alternative aus, die dann nicht mehr mit anderen Alternativen verglichen wird. Bei Anwendung des vorstehenden Beispiels ergeben sich folgende paarweisen Vergleiche, vorausgesetzt die jeweils zweite Alternative hat mehr Stimmen auf sich vereinigen können als die jeweils erste:

Übersicht VII. 3: paarweise Vergleiche 2

| A1-A2 | A2-A3 | A3-**A4** |

Dann gilt die Alternative A4 als angenommen. Bei dieser Regel ist die Bestimmung der Reihenfolge zwischen den zu wählenden Alternativen für das Endergebnis von entscheidender Bedeutung, worauf bezüglich der Abstimmungsverfahren im elften Kapitel noch einzugehen sein wird.[20]

---

[19] Zu binären Regeln vgl. Bernd Schauenberg (Fn. 10), S. 15 ff.
[20] Vgl. Robertino Bedenian (Fn. 16), S. 11.

II. Copeland-Regel

Bei der von A. H. Copeland 1950 entwickelten Regel werden alle paarweisen Vergleiche nach der Mehrheitsregel durchgeführt. Dabei wird einer Alternative bei einem Sieg im paarweisen Vergleich 1 Punkt und bei einer Niederlage -1 gegeben. Die Gesamtpunktzahl einer Alternative ergibt sich aus der Differenz zwischen der Anzahl der Siege und der Anzahl der Niederlagen. Es obsiegt die Alternative, die die meisten paarweisen Vergleiche für sich entscheiden kann.[21]

III. Die Condorcet-Alternative

Eine Alternative, die im paarweisen Vergleich mit jeder anderen Alternative die Mehrheit der Stimmen erreicht, wird als Condorcet-Alternative oder als Condorcet-Gewinner nach dem französischen Mathematiker, Ökonomen, Philosophen und Sozialwissenschaftler Marie Jean Antoine Nicolas Caritat Marquis de Condorcet (1743 - 1794)[22] bezeichnet. Es ist das Verdienst Condorcets, der Mitglied der Nationalversammlung während der Französischen Revolution war, den Gesellschaftswissenschaftlern die Mathematik als Forschungsmittel zur Verfügung gestellt zu haben.[23] In seinem Werk *„Essai sur l'Application de l'Analyse à la Probabilité des Décisions Rendues à la Pluralité des Voix"* von 1785 hat sich Condorcet mit dem Problem der Wahl intensiv auseinandergesetzt und das so genannte Abstimmungsparadox entdeckt.[24] Condorcet erkannte, dass Abstimmungen und Wahlen das erwünschte konsistente Ergebnis nicht immer garantieren.[25] Allerdings ist Condorcets Entdeckung, die als Teilergebnis in das Theorem Arrows eingeflossen ist, seinerzeit nicht gebührend zur Kenntnis genommen worden. „Ein Kabinettstück staatstheoretisch-politologischer Literatur und zu Unrecht verschollen."[26]

Analog zum Condorcet-Gewinner gilt als Condorcet-Verlierer die Alternative, die den paarweisen Vergleich mit jeder anderen Alternative verliert. Wenn aber ein Condorcet-Gewinner existiert, so wird dieser bei Anwendung der Regel des paarweisen Vergleiches zwingend ausgewählt.[27] Dadurch, dass die Condorcet-Alternative jede paarweise Abstimmung für sich entscheidet, kann sie durch keine andere Alternative verdrängt werden, ungeachtet der Reihenfolge der Abstimmung. Oftmals ist ein Condorcet-Gewinner gar nicht vorhanden. Dann hängt die

---

[21] Vgl. Bernd Schauenberg (Fn. 4), S. 570.
[22] Condorcet gehörte zu den Wegbereitern der französischen Revolution und wurde später Mitglied des Parlaments (Legislative Assembly). Sein Leben fand ein tragisches Ende durch Ächtung und Tod in Gefangenschaft.
[23] Vgl. Walter Popp (Fn. 5), S. 29.
[24] Vgl. Lucian Kern/Julian Nida-Rümelin, Logik kollektiver Entscheidungen, München 1994, S. 29 ff.
[25] Zum sogenannten Condorcet-Effekt vgl. Walter Popp (Fn. 5), S. 44 ff.
[26] Adalbert Podlech (Fn. 18), S. 16.
[27] Vgl. Philip D. Straffin (Fn. 17), S. 22 f.

Entscheidung davon ab, in welcher Reihenfolge über die Alternativen abgestimmt wird.[28]

C. Präferenzordnungsregeln

Bei den Präferenzordnungsregeln bestimmen die Beteiligten am Entscheidungsprozess die Präferenzordnung der zur Auswahl stehenden Alternativen. Dabei haben sie mehrere Stimmen zur Verfügung. Präferenzordnungsregeln werden vorzugsweise, aber nicht nur, bei Wahlen angewendet. Hierzu gehören die Borda-Regel, die Nanson-Regel und die Hare-Regel.

I. Borda-Regel

Der Franzose Jean-Charles de Borda (1733 - 1799), Physiker von Beruf, gehörte zu den Begründern der mathematischen Theorie von Wahlen. In seinem Werk *„Mémoire sur les Élections au Scrutin, Histoire de l'Académie Royale des Sciences"* von 1781 untersuchte er, ob das Prinzip der einfachen Mehrheit stets zu korrekten Ergebnissen führt. Mit Hilfe eines arithmetischen Beispiels zeigte er, dass bei Anwendung der Einstimmenregel der falsche Kandidat gewählt werden könnte, was sich ebenso auf Alternativen bei Abstimmungen anwenden lässt. Wenn acht Abstimmende ihre erste Präferenz und damit Stimme der Alternative A, sieben der Alternative B und sechs der Alternative C geben, so ist A gewählt. Es ist unerheblich wer auf den Plätzen zwei und drei steht. Dabei wäre es allerdings möglich, dass die Abstimmenden die Alternativen B oder C der Alternative A vorziehen, wenn beispielsweise die sieben Abstimmenden der Alternative B und die sechs Abstimmenden der Alternative C die Alternative A jeweils auf Platz drei ihrer Präferenz gesetzt hätten. Dreizehn Stimmen gegen die Alternative A bilden die Mehrheit gegenüber acht Stimmen für die Alternative A.

Übersicht VII. 4: Beispiel für Bordasches Paradoxon

M 1	M 2	M 3	M 4	M 5	M 6	M 7	M 8	M 9	M 10	M 11	M 12	M 13	M 14	M 15	M 16	M 17	M 18	M 19	M 20	M 21
A	A	A	A	A	A	A	B	B	B	B	B	B	B	B	C	C	C	C	C	C
B	B	B	B	C	C	C	C	C	C	C	C	C	C	C	B	B	B	B	B	B
C	C	C	C	B	B	B	A	A	A	A	A	A	A	A	A	A	A	A	A	A

---

[28] Vgl. Helmut Laux (Fn. 1), S. 422.

Ergebnis seiner Untersuchung ist das *Bordasche Paradoxon*, das besagt, dass bei einer Auswahl zwischen mehr als zwei Alternativen die mit einfacher Mehrheit bedachte Alternative sich nach dem wirklichen Willen der Abstimmenden unter Umständen in der Minderheit befinden kann.[29]

Borda verwies damit auf das Condorcet-Kriterium. Als Ausweg aus diesem Dilemma schlägt Borda zwei Alternativen vor. Bei der ersten würde der Abstimmende allen Alternativen entsprechend seiner Präferenzen Platz eins, zwei usw. zuweisen. Die zweite Methode sieht eine Reihe von Einzelentscheidungen zwischen allen Alternativen vor, wobei immer zwei gegeneinander zur Auswahl antreten. Als eine der Hauptkritiken an Bordas Theorie wird auf das ungenügende Eingehen auf die Natur von Kollegialentscheidungen verwiesen. Bordas Werk über Wahlmethoden fand Anwendung durch die Akademie der Wissenschaften, dessen Mitglied er war, bei der Wahl ihrer Mitglieder bis 1800 als Napoleon Bonaparte die Regeln änderte.[30]

Nach der Borda-Regel erhält die Alternative, die auf dem ersten Platz der individuellen Präferenzordnung eines Mitgliedes steht, so viele Stimmen, wie es Alternativen gibt, die Alternative auf dem zweiten Platz eine Stimme weniger, usw. Die Alternative, die den letzten Platz in der Präferenzordnung eines Mitgliedes einnimmt, erhält nur eine Stimme. In einer anderen Variante kann die Punktzahl pro Alternative jeweils um 1 reduziert werden, so dass die Alternative auf dem ersten Platz A–1 Punkte (A = Anzahl der Alternativen) erhält usw.[31] Diejenige Alternative, die die höchste Gesamtstimmenanzahl auf sich vereinigen kann, obsiegt. Bei Anwendung der Borda-Regel werden neben den ersten auch die nachfolgenden Plätze in den Präferenzordnungen der Mitglieder des Kollegialorgans berücksichtigt, so dass eine Alternative ausgewählt werden kann, die bei keinem der Mitglieder auf dem ersten Platz seiner Präferenzordnung steht.[32] Die Borda-Regel erfüllt das Pareto-Kriterium.[33] Sie muss aber nicht zwangsläufig den Condorcet-Gewinner auswählen, falls einer existiert.[34]

II. Nanson-Regel

E. J. Nanson (1850 - 1936), englischer Mathematiker, beschrieb in seinem Werk *„Methods of Election"*, das 1907 veröffentlicht wurde, wie ein Mehrheitskandidat gefunden werden kann. Nachteil seiner Theorie ist die Umsetzung in die Praxis. Durch die Elimination von Alternativen und Durchführung neuer Runden ist diese Methode sehr arbeitsintensiv und lang andauernd.[35]

---

[29] Vgl. Walter Popp (Fn. 5), S. 48.
[30] Vgl. Duncan Black, The Theory of Committees and Elections, Cambridge 1958, S. 156 ff.
[31] Vgl. Hannu Nurmi, Comparing Voting Systems, Dordrecht/Boston/Lancaster/Tokyo 1987, S. 32 f.
[32] Vgl. Helmut Laux (Fn. 1), S. 424; Robertino Bedenian (Fn. 16), S. 16.
[33] Vgl. Bernd Schauenberg (Fn. 10), S. 91 ff.; Philip D. Straffin (Fn. 17), S. 28.
[34] Vgl. Hannu Nurmi (Fn. 31), S. 33.
[35] Vgl. Duncan Black (Fn. 30), S. 186 ff.

Wie bei der Borda-Regel werden auch bei der Nanson-Regel den Alternativen Punkte zugeteilt. Der Alternative, die bei einem Mitglied an der ersten Stelle seiner Präferenzordnung steht, wird (A–1) Punkte zugesprochen, der Alternative auf dem zweiten Platz (A–2) usw. Die Alternative, die den letzten Platz belegt, bekommt keinen Punkt. Wie schon bei der Borda-Regel werden auch hier die einzelnen Punkte für die jeweiligen Alternativen miteinander addiert. Die Nanson-Regel stellt sich als eine Kombination von Borda-Regel und einem Eliminationsverfahren dar.[36] Im Gegensatz zur Borda-Regel scheidet bei der Nanson-Regel die Alternative mit der geringsten Punktzahl aus. Die verbleibenden Alternativen rücken auf die frei gewordenen Plätze in der Präferenzordnung der Mitglieder auf. In einem zweiten Abstimmungsgang werden den Alternativen erneut Punkte zugeteilt. Auch hiernach scheidet die Alternative mit der geringsten Punktzahl aus. Dieses aufwendige Verfahren wird so lange fortgesetzt, bis eine Alternative übrig bleibt, die dann als ausgewählt gilt.[37] Wenn es einen Condorcet-Gewinner gibt, wird er durch die Nanson-Regel auch ausgewählt.[38]

III. Hare-Regel

Bei der nach Thomas Hare (1806 - 1891) benannten Regel[39] ordnet jedes Mitglied die zur Auswahl stehenden Alternativen seiner individuellen Präferenzordnung entsprechend auf einer Liste an. Die individuellen Präferenzordnungen der einzelnen Mitglieder werden zu Beginn der Auswahl offen gelegt. Zunächst wird in einem ersten Abstimmungsgang überprüft, ob eine Alternative die absolute Mehrheit der Stimmen auf sich vereinigen kann. Gibt es eine solche Alternative, dann gilt sie als ausgewählt. Gibt es sie nicht, dann scheidet diejenige Alternative aus, die in der ersten Abstimmung die wenigsten Erststimmen erhalten hat. Sie wird von der Liste gestrichen. Die verbleibenden Alternativen rücken auf die frei gewordenen Plätze in den Listen nach. Diese Vorgehensweise wird so lange fortgesetzt, bis eine der Alternativen letztendlich die absolute Mehrheit der Stimmen erhält. Dies kann womöglich erst bei der Wahl über die letzten beiden Alternativen der Fall sein.[40] Dieses Eliminierungsverfahren ist relativ kompliziert und garantiert nicht unbedingt die Übereinstimmung mit dem Condorcet-Kriterium. Es ist beispielsweise möglich, dass der Condorcet-Gewinner schon beim ersten Wahlgang ausscheidet, weil er in keiner der individuellen Präferenzordnungen auf dem ersten Rang steht.[41]

---

[36] Vgl. Bernd Schauenberg (Fn. 4), S. 572.
[37] Vgl. Robertino Bedenian (Fn. 16), S. 19 f.
[38] Vgl. Philip D. Straffin (Fn. 17), S. 31.
[39] Die Hare-Regel wird z.B. vom Internationalen Olympischen Komitee für die Wahl des Austragungsortes der Olympischen Spiele angewendet. Vgl. Robertino Bedenian (Fn. 16), Fn. 2, S. 9.
[40] Vgl. Helmut Laux (Fn. 1), S. 425; Robertino Bedenian (Fn. 16), S. 18.
[41] Vgl. Philip D. Straffin (Fn. 17), S. 25.

D. Mehrstimmigkeitsregeln

Nach den Regeln des paarweisen Vergleiches werden Mehrstimmigkeitsregeln wahrscheinlich am häufigsten angewendet.[42] Bei den Mehrstimmigkeitsregeln verfügen die Beteiligten, wie bei den Präferenzregeln, über mehrere Stimmen.

I. Zustimmungsregel (Approval-Voting)

Beim Approval-Voting stehen jedem Mitglied so viele Stimmen zu, wie es Alternativen gibt.[43] Ein Mitglied kann einer Alternative entweder eine oder keine Stimme, aber niemals mehrere Stimmen geben. Bei dieser Regel werden die Alternativen von jedem Mitglied in zwei Kategorien eingeteilt, Zustimmung (*approval*) und Ablehnung (*disapproval*). Die Alternativen, für die ein Mitglied auch stimmen würde, sind im Bereich Zustimmung aufgelistet. Für die in der Liste „Ablehnung" aufgelisteten Alternativen wird ein Mitglied nicht stimmen. Die Alternative, die die meisten Stimmen erhält, ist ausgewählt.[44] Bei dieser Regel stehen den Mitgliedern nur zwei Möglichkeiten je Alternative zur Verfügung, eine oder keine Stimme, so dass weitere mögliche Präferenzen keine Berücksichtigung finden. Diese Regel erfüllt das Condorcet-Kriterium und gilt als leistungsfähig sowie strategiesicher[45], weil die Mitglieder ihre Präferenzen in zwei Gruppen spalten, in die Gruppe der Alternativen, denen sie zustimmen und die Gruppe der Alternativen, die sie ablehnen.[46] Die einfach zu erklärende Zustimmungsregel findet vor allem bei Wahlen Anwendung.[47]

II. Double Vote-Regel

Bei der Double Vote-Regel ordnet jedes Mitglied jeweils einen Punkt bzw. eine Stimme den Alternativen zu, die auf dem ersten und zweiten Platz in seiner Präferenzordnung stehen. Danach werden die Gesamtpunktzahlen ermittelt, die die einzelnen Alternativen erhalten haben. Ausgewählt ist die Alternative mit den meisten Punkten (nach der einfachen Mehrheitsregel). Für die Abstimmung sind nur die Alternativen auf dem ersten und zweiten Platz der Präferenzordnungen der Mitglieder bedeutsam. Zwischen ihnen ist allerdings keine strenge Rangfolge er-

---

[42] Vgl. ebenda, S. 22.
[43] Wenn z.B. die Alternativen A, B, C und D zur Auswahl stehen, kann ein Mitglied entweder nur für A oder für A und B oder für A, B und C oder für A, B, C und D stimmen.
[44] Vgl. Robertino Bedenian (Fn. 16), S. 17.
[45] Vgl. Steven J. Brams/Peter C. Fishburn, Approval Voting, Boston/Basel/Stuttgart 1983, S. 32 ff.
[46] Vgl. Bernd Schauenberg (Fn. 4), S. 571.
[47] Vgl. Steven J. Brams/Jack H. Nagel, Approval voting in practice, in: Public Choice, 71 (1991) 1-2, S. 2 f.

forderlich. Lediglich zur Alternative auf dem dritten Platz muss eine Abgrenzung erfolgen.[48]

E. Zusammenfassung

Da bei den Abstimmungsregeln des paarweisen Vergleiches alle Mitglieder des kollegialen Entscheidungsorgans auf der Grundlage des Prinzips der gleichen Stimmenanzahl je eine Stimme innehaben, sind sie für Organe, die die Stimmen nach bestimmten Kriterien unterschiedlich verteilen, ungeeignet. Regeln des paarweisen Vergleiches, wo bei Vorhandensein von mehreren Alternativen alle miteinander verglichen und unterlegene Alternativen eliminiert werden, nehmen relativ viel Zeit in Anspruch und sind daher wenig effizient. Paarweise Abstimmungen können vor allem zu nicht gewollten Alternativen führen und verleiten deshalb die Beteiligten zu strategischem Taktieren.[49]

Bei den Präferenzordnungsregeln liegen die Informationen über die individuelle Reihenfolge der Alternativen vor. Präferenzordnungsregeln können wie die Borda-Regel den einstufigen Regeln oder wie die Nanson- und Hare-Regeln den mehrstufigen Regeln zugeordnet werden. Einstufige Regeln ordnen den Alternativen Punkte zu, aus diesen kann dann eine Auswahlmenge bestimmt werden.[50] Bei mehrstufigen Regeln sind generell mehrere Abstimmungen zulässig. Präferenzordnungsregeln sind allerdings nicht einfach zu erklären sowie zeit- und kostenintensiv bei ihrer Umsetzung. Es kann vor allem nicht ausgeschlossen werden, dass eine Alternative mit den meisten ersten Plätzen letztendlich doch ausscheidet.[51]

Da bei Präferenzordnungsregeln und Mehrstimmigkeitsregeln den Beteiligten am Entscheidungsprozess mehrere Stimmen zur Verfügung stehen, wobei die Anzahl von Stimmen abhängig ist von der Anzahl der zur Auswahl stehenden Alternativen, erweisen sie sich allerdings bei Zugrundelegung der Stimmengewichtung bei Abstimmungen als mathematisch kompliziert.[52] Die hier gewählten einstufigen Mehrstimmigkeitsregeln erfüllen das Pareto-Kriterium[53] und das Condorcet-Kriterium. Gegenüber den Präferenzordnungsregeln hat die Zustimmungsregel einige Vorteile. Die am Entscheidungsprozess Beteiligten sind nicht auf eine Alternative beschränkt. Sie können zwei oder mehreren Alternativen je eine Stimme geben, sollten sie keinen klaren Favoriten haben. Somit stehen ihnen mehr flexible Optionen zur Verfügung[54], so dass auch Stimmenthaltungen oder Nichtanwesenheiten wegen Fehlens einer favorisierten Alternative verhindert werden könnten.

---

[48] Vgl. Roswitha Meyer, Die Vorgabe einer Abstimmungsregel für Gremien als Entscheidungsproblem, Frankfurt am Main 1983, S. 28.
[49] Vgl. Philip D. Straffin (Fn. 17), S. 21.
[50] Vgl. Bernd Schauenberg (Fn. 492), S. 571.
[51] Vgl. Steven J. Brams/Peter C. Fishburn (Fn. 45), S. 6 f.
[52] Vgl. Werner Thieme (Fn. 2), S. 88.
[53] Vgl. Bernd Schauenberg (Fn. 10), S. 91 ff.; Philip D. Straffin (Fn. 17), S. 23.
[54] Vgl. Steven J. Brams/Peter C. Fishburn (Fn. 45), S. 3.

Die Zustimmungsregel wird infolgedessen in der Literatur zu Recht als eine der besten Regeln bewertet.[55]

F. Vergleich der Abstimmungsregeln

Wie die Wahl der Abstimmungsregel Einfluss auf das Abstimmungsergebnis nimmt, zeigt folgender Vergleich an einem hypothetischen Beispiel über eine Verfassungs- bzw. Vertragsänderung, das auch auf andere zu treffende Entscheidungen Anwendung finden könnte. Es stehen drei Alternativen (A1-A3) zur Entscheidung durch neun Mitglieder eines Kollegialorgans (M1-M9). Dabei soll A1 einen Antrag für eine Verfassungs- bzw. Vertragsänderung, A2 einen Änderungsantrag zu A1 und A3 die bestehende Verfassungs- bzw. Vertragsbestimmung (*status quo*) verkörpern.

Übersicht VII. 5: Hypothetisches Beispiel

M1	M2	M3	M4	M5	M6	M7	M8	M9
A1	A1	A2	A2	A2	A3	A3	A3	A3
A2	A3	A3	A1	A3	A2	A2	A1	A2
A3	A2	A1	A3	A1	A1	A1	A2	A1

Übersicht VII. 6: Condorcet-Gewinner

A1 – A2	A1 – **A3**	A2 – **A3**
3 – 6	4 – 5	4 – 5

Die Alternative A3 hat den paarweisen Vergleich mit allen anderen Alternativen (A1 und A2) gewonnen und ist damit der Condorcet-Gewinner.

Übersicht VII. 7: Einstimmigkeitsregel

M1	M2	M3	M4	M5	M6	M7	M8	M9
A1	A1	A2	A2	A2	A3	A3	A3	A3

Bei Anwendung der Einstimmigkeitsregel konnten sich die neun Mitglieder auf keine der drei zur Auswahl stehenden Alternativen einigen, so dass keine Entscheidung erfolgt ist.

---

[55] Vgl. ebenda, S. 36, m.w.N. in Fn. 4, S. 56 f.

Übersicht VII. 8: Mehrheitsregeln (einfache, absolute, qualifizierte Mehrheit)

Alternative	Abgegebene Stimmen	Mitglieder
A1	2	M1, M2
A2	3	M3, M4, M5
A3	4	M6, M7, M8, M9

Die Regel der einfachen Mehrheit hat A3 ausgewählt. Diese Auswahl stimmt mit dem Condorcet-Gewinner überein. Keine der vier Alternativen konnte die absolute Mehrheit erreichen, wofür bei neun Mitgliedern und Stimmen fünf Stimmen erforderlich wären. Auch die qualifizierte Mehrheit (Mitgliedermehrheit) ist nicht erreicht worden. Hierfür wären sechs Stimmen notwendig.

Übersicht VII. 9: Copeland-Regel

Alternativenpaar	Stimmenanzahl	Bevorzugte Alternative
A1 gegen A2	3 : 6	A2
A1 gegen A3	4 : 5	A3
A2 gegen A3	4 : 5	A3

Nach der Copeland-Regel hat A3 zweimal im paarweisen Vergleich obsiegt und ist somit die bevorzugte Alternative. Damit hat die Copeland-Regel den Condorcet-Gewinner ausgewählt.

Übersicht VII. 10: Borda-Regel

Mitglieder	A1	A2	A3
M1	3	2	1
M2	3	2	1
M3	1	3	2
M4	2	3	1
M5	1	3	2
M6	1	2	3
M7	1	2	3
M8	2	1	3
M9	1	2	3
	15	20	19

Nach der Borda-Regel hat A2 die meisten Stimmen auf sich vereinigen können. Diese Auswahl stimmt nicht mit dem Condorcet-Gewinner überein.

Übersicht VII. 11: Nanson-Regel

1. Abstimmung

Mitglieder	A1	A2	A3
M1	2	1	0
M2	2	0	1
M3	0	2	1
M4	1	2	0
M5	0	2	1
M6	0	1	2
M7	1	1	2
M8	1	0	2
M9	0	1	2
	7	**10**	**11**

A1 scheidet aus.

M1	M2	M3	M4	M5	M6	M7	M8	M9
A2	A3	A2	A2	A2	A3	A3	A3	A3
A3	A2	A3	A3	A3	A2	A2	A2	A2

2. Abstimmung

Mitglieder	A2	A3
M1	1	0
M2	0	1
M3	1	0
M4	1	0
M5	1	0
M6	0	1
M7	0	1
M8	0	1
M9	0	1
	4	**5**

Bei Anwendung der Nanson-Regel ist A3 ausgewählt, die auch Condorcet-Gewinner ist.

Übersicht VII. 12: Hare-Regel

1. Abstimmung

M1	M2	M3	M4	M5	M6	M7	M8	M9
A1	A1	A2	A2	A2	A3	A3	A3	A3
A2	A3	A3	A1	A3	A2	A2	A1	A2
A3	A2	A1	A3	A1	A1	A1	A2	A1

A1 scheidet aus.

2. Abstimmung

M1	M2	M3	M4	M5	M6	M7	M8	M9
A2	A3	A2	A2	A2	A3	A3	A3	A3
A3	A2	A3	A3	A3	A2	A2	A2	A2

Nach der Hare-Regel ist A3 fünfmal ausgewählt und hat damit die absolute Mehrheit erreicht. Diese Auswahl stimmt mit dem Condorcet-Gewinner überein.

Übersicht VII. 13: Zustimmungsregel (Approval-Voting)

Mitglieder	Zustimmung (Stimme)	Ablehnung (keine Stimme)
M1	A1, A2	A3
M2	A1	A3, A2
M3	A2	A3, A1
M4	A2, A1	A3
M5	A2	A3, A1
M6	A3	A2, A1
M7	A3, A2	A1
M8	A3, A1	A2
M9	A3	A2, A1

Bei Anwendung der Zustimmungsregel ist A2 ausgewählt. Es liegt keine Übereinstimmung mit dem Condorcet-Gewinner vor.

Übersicht VII. 14: Double Vote-Regel

Mitglieder	A1	A2	A3
M1	1	1	0
M2	1	0	1
M3	0	1	1
M4	1	1	0
M5	0	1	1
M6	0	1	1
M7	0	1	1
M8	1	0	1
M9	0	1	1
	4	7	7

Die Double Vote-Regel führt zu einer Stimmengleichheit von A2 und A3 (Condorcet-Gewinner).

Übersicht VII. 15: Zusammenfassung der Abstimmungsergebnisse

Nr.	Abstimmungsregel	Ausgewählte Alternativen
1	Einstimmigkeitsregel	keine
2	Einfache Mehrheit	A3
3	Absolute Mehrheit	keine
4	Qualifizierte Mehrheit	keine
5	Copeland-Regel	A3
6	Borda-Regel	A2
7	Nanson-Regel	A3
8	Hare-Regel	A3
9	Zustimmungsregel	A2
10	Double Vote-Regel	A2 und A3 (Stimmengleichheit)

Im vorliegenden Beispiel wurde die Alternative A3 (keine Verfassungs- bzw. Vertragsänderung) viermal ausgewählt. Bei dieser Auswahl liegt eine Übereinstimmung mit dem Condorcet-Gewinner vor. Danach ist die Alternative A2 (Änderungsantrag zur Verfassungs- bzw. Vertragsänderung) zweimal gewählt worden. Der eigentliche Antrag zur Verfassungs- bzw. Vertragsänderung (A1) wurde nach den Abstimmungsregeln abgelehnt. Bei drei Abstimmungsregeln ist es zu keinem Abstimmungsergebnis gekommen, bei einer Regel ist Stimmengleichheit (A2 und A3) erzielt worden. Eine Änderung des hier willkürlich zusammengestellten Beispiels würde andere Abstimmungsergebnisse nach sich ziehen. Eine Übereinstimmung der Abstimmungsergebnisse bei Anwendung dergleichen Abstimmungsregeln ist theoretisch denkbar, aber nicht der Regel-, sondern der Ausnahmefall.[56]

Das Beispiel zeigt, dass bei Anwendung der ausgewählten zehn Abstimmungsregeln unterschiedliche Abstimmungsergebnisse zu erwarten sind. Damit offenbart sich die Problematik der Auswahl einer Abstimmungsregel bei Kollegialentscheidungen. Im Fall von Mehrheitsentscheidungen ist das Resultat nicht bereits vorgegeben. Der Unterschied im Ergebnis kann variieren, wenn mehr Alternativen zur Auswahl stehen und/oder zahlreiche Mitglieder eines Kollegialorgans an der Abstimmung beteiligt sind. Dabei ist es insbesondere die Anzahl der zur Auswahl stehenden Alternativen und weniger die der an der Abstimmung Beteiligten, die die Wahrscheinlichkeit des Zustandekommens einer Entscheidung maßgeblich, nämlich umgekehrt proportional, beeinflusst. Nicht zu Unrecht verweist Heun auf eine Aufgabe der „Quadratur des Zirkels", wenn er sagt: „Die Zahl der entscheidbaren Alternativen muss in einem Vorgang erhöht und reduziert werden."[57] Deshalb ist die Reduzierung der Alternativen auf wenige, idealerweise auf zwei, zu empfehlen. Eine Reduzierung der Alternativen für die Abstimmung bedarf allerdings eines nicht selten langwierigeren Willensbildungsprozesses in Ent-

---

[56] Vgl. Robertino Bedenian (Fn. 16), S. 23 f.
[57] Werner Heun, Das Mehrheitsprinzip in der Demokratie, Berlin 1983, S. 139.

scheidungsorganen vorgelagerten Ausschüssen[58] oder Arbeitsgruppen durch Vorentscheidungen, Kompromisse oder Koalitionsbildungen.[59]

Vorstehende Untersuchungen belegen die Notwendigkeit einer interdisziplinären Zusammenarbeit von Wirtschafts-, Politik- und Rechtswissenschaften im Prozess der politischen Entscheidungsfindung.

---

[58] Z.B. parlamentarische Ausschüsse des BT oder Ausschüsse der EG-Kommission.
[59] Vgl. Werner Heun (Fn. 57), S. 139 ff.; Stephan Kraut, Das Mehrheitsprinzip, Democracy in Politics and Social Life, Zürich 1997, S. 17.

Kapitel VIII
Beschlussfähigkeitsregelungen

Für die Willens- und Entscheidungsbildung von Kollegialorganen stellt sich die Frage, wie die Einstimmigkeit, der Konsens oder die entsprechend geforderte Mehrheit für die Annahme eines Beschlusses ermittelt wird. Ist die Gesamtheit aller zur Abstimmung Berechtigten Ausgangsbasis für die Ermittlung oder ist es ausreichend, wenn jedem Abstimmungsberechtigten die Möglichkeit zur Teilnahme an der Abstimmung gegeben wird und lediglich eine bestimmte Anzahl der Anwesenden für die Ermittlung des Abstimmungsergebnisses erforderlich ist? Für den zweiten Fall gibt es eine Mindestbeteiligungszahl, um zu verhindern, dass eine anwesende Minderheit in Abwesenheit der Mehrheit der Mitglieder wichtige Entscheidungen treffen kann. Wenn beispielsweise in einer Beschlussfassung eines Kollegialorgans zwanzig von insgesamt hundert gesetzlichen bzw. vertraglichen Mitgliedern anwesend sind und elf Mitglieder für und neun gegen den mit einfacher Mehrheit anzunehmenden Beschluss stimmen, fragt sich, ob der Beschluss gültig ist oder nicht.[1] Die Bestimmung der Mindestbeteiligungszahl bzw. Beschlussfähigkeit ist maßgeblich abhängig von der konkreten Abstimmungsregel, worauf unten näher einzugehen sein wird.

Überflüssig werden Beschlussfassungsregelungen, wenn kollegiale Entscheidungsorgane eine Anwesenheitspflicht vereinbaren, der ihre Mitglieder nachzukommen haben. Schon Bentham hat die Unwichtigkeit der Beschlussfähigkeit bei einer Anwesenheitspflicht erkannt. „Gute Gesetze gegen die Abwesenheit würden dieses Mittel [das Quorum] überflüssig machen. Der Hauptnutzen desselben ist der, indirect zur Erscheinung zu zwingen."[2]

Die Beschlussfähigkeit ist Voraussetzung für das rechtmäßige Zustandekommen von Beschlüssen kollegialer Organe. Aus dem Prinzip der repräsentativen Demokratie ergibt sich die Forderung nach einer möglichst breiten Mitwirkung an der Willensbildung und Entscheidungsfindung durch eine bestimmte Mindestzahl der Mitglieder des Kollegialorgans, die die getroffenen Entscheidungen tragen.

---

[1] Vgl. Franz-Ludwig Auerbach, Die parlamentarische Beschlußfähigkeit, Wertheim am Main 1933, S. 3.
[2] Jeremias Bentham, Tactik oder Theorie des Geschäftsganges in deliberirenden Volksständeversammlungen, St. Dumont (Bearb.), Erlangen 1817, S. 173.

A. Begriff der Beschlussfähigkeit

Unter Beschlussfähigkeit wird eine für einen rechtmäßig zustande gekommenen Beschluss notwendige Zahl anwesender Mitglieder eines kollegialen Entscheidungsorgans[3], die Mindestbeteiligungszahl oder, wie Auerbach sie bezeichnet, die Beschlussfähigkeitsziffer verstanden.[4] Die Beschlussfähigkeitsziffer kann entweder durch eine absolute Zahl[5] oder durch einen Bruchteil der Mitgliederzahl des Organs zum Ausdruck gebracht werden.[6] Die Beschlussfähigkeit gilt als Voraussetzung für die wirksame Beschlussfassung eines Kollegialorgans. Nur bei Vorliegen der geforderten Beschlussfähigkeitsziffer ist die Abstimmung gültig. Erst bei Erreichung der Beschlussfähigkeitsziffer besteht Beschlussfähigkeit. Damit ist die Beschlussfähigkeit abhängig von der Erreichung einer bestimmten Anzahl von anwesenden Mitgliedern eines Kollegialorgans. Die Anwesenheit der Mitglieder setzt wiederum deren Kenntnis über Ort und Zeit der Sitzung voraus. Deshalb stellt nach Dagtoglou die Ladung der Mitglieder nicht nur ein konstitutives Element des technischen Begriffes der Beschlussfähigkeit dar, sondern bildet eine rechtliche Voraussetzung der Beschlussfähigkeit des Kollegialorgans.[7] Die ordnungsgemäße Ladung der Mitglieder des Kollegialorgans sichert die demokratische Legitimität der Arbeit in personeller Hinsicht und die Versendung der Tagesordnung in sachlicher Hinsicht.[8] Sie bilden die notwendige Voraussetzung für Information und Mitwirkung in der Willensbildung und Entscheidungsfindung.

Das Wort Beschlussfähigkeit, in seine Bestandteile zerlegt, bedeutet „Fähigkeit zum Beschluss" bzw. „Fähigkeit zum Beschließen". Die aus dem Korporationsrecht[9] stammende Beschlussfähigkeit enthält das Fähigkeitserfordernis und den Beschluss als Ergebnis des Beschließens. Die Beschlussfähigkeit kann demnach als die Fähigkeit zum Beschließen bezeichnet werden. Ohne die Erfüllung der Fä-

---

[3] Vgl. Alice Sturgis, Standard Code of Parliamentary Procedure, 3. Auflage, New York/St. Louis/San Francisco/Hamburg/Mexico/Toronto 1988, S. 104; Henry M. Robert, Robert's Rules of Order, 10. Auflage, Cambridge 2000, § 40, Rdnr. 5 ff., S. 334.

[4] Vgl. Franz-Ludwig Auerbach (Fn. 1), S. 3.

[5] Z.B. § 7 Abs. 1 GO-VermA fordert die Anwesenheit von mindestens zwölf Mitgliedern. Diese Bestimmung ist nur auf Verfahrensbeschlüsse und ausschussinterne Vorgänge beschränkt. Mit der Anwesenheit von mindestens je sieben Mitgliedern des BT und des BR für die Beschlussfassung über Einigungsvorschläge enthält § 7 Abs. 3 GO-VermA ein qualifiziertes Anwesenheitsquorum. Vgl. hierzu Christian Dästner, Die Geschäftsordnung des Vermittlungsausschusses, Berlin 1995, Rdnr. 66 ff., S. 128 ff.

[6] Vgl. Prodromos Dagtoglou, Kollegialorgane und Kollegialakte der Verwaltung, Stuttgart 1960, S. 98.

[7] Bei ordentlichen Sitzungen mit bekannten Ort und Zeit ist eine Ladung nicht unbedingt erforderlich. Vgl. ebenda, S. 107 f.

[8] Vgl. Kay Waechter, Kommunalrecht, 3. Auflage, Köln/Berlin/Bonn/München 1997, Rdnr. 306, S. 216 f.

[9] Die Beschlussfähigkeit ist nicht an das private oder öffentliche Recht gebunden. Es kann sie überall dort geben, wo Beschlüsse gefasst werden. Vgl. Franz-Ludwig Auerbach (Fn. 1), S. 6.

A. Begriff der Beschlussfähigkeit

higkeitsvoraussetzungen stellt die Willensäußerung der Beteiligten keinen Beschluss des Organs im technischen Sinne dar.[10]

In Verbindung mit der Beschlussfähigkeit wird vielfach das Wort Quorum (lat. von denen: „[N]umerus eorum, in quorum potestate est, negotia tractare atque decidere.")[11] als Synonym verwendet. Dagtoglou bezeichnet das Quorum als „[...] die geringste Anzahl von Mitgliedern, deren Anwesenheit für die *Beschlussfähigkeit* eines Kollegialorgans rechtlich erforderlich ist."[12] Nach englischem Parlamentsrecht bedeutet das Wort „Quorum" „[...] die zur Geschäftsbesorgung nötige Zahl von Mitgliedern".[13] Der Begriff „Quorum" findet sich eher selten in den Normen[14], dafür häufiger in der Literatur des Korporationsrechts. Nicht verwechselt werden darf der Begriff der Beschlussfähigkeit (Quorum) jedoch mit den Mehrheiten als Abstimmungsregeln.[15]

Auerbach, der nach der Lehre des Parlamentsrechts das Quorum als eine von der Anwesenheit einer bestimmten Zahl von Mitgliedern abhängigen Handlungsfähigkeit des Parlaments definiert, bezeichnet den Begriff „Quorum" als einen Hilfsbegriff zur Beratungs- und Beschlussfähigkeit. Die Forderung nach einem Quorum für die Beschlussfassung müsse nicht immer bedeuten, dass auch eins für die Beratung erforderlich sei. Wenn aber umgekehrt ein Quorum für die Beratung aufgestellt wurde, gilt in der Regel auch ein Quorum für die Beschlussfassung.[16] Das Beratungsquorum kann allerdings niedriger festgesetzt sein als das Beschlussfassungsquorum. Für den Bundestag legt § 45 Abs. 1 GOBT die Beschlussfähigkeit (Beschlussfassung) mit der Anwesenheit von mehr als der Hälfte seiner Mitglieder fest. Nach § 45 Abs. 4 GOBT kann der Präsident bei Kernzeit-Debatten (Beratungen) im Einvernehmen mit den Fraktionen die Sitzung unterbrechen, wenn der Sitzungsvorstand bezweifelt, dass fünfundzwanzig vom Hundert der Bundestagsmitglieder anwesend sind. Zur Vermeidung eventueller terminologischer Fehlgriffe bzw. Verwirrungen müsste bei Auseinanderfallen von Beratungs- und Beschlussfähigkeit das Quorum als Beratungs- bzw. Beschlussquorum be-

---

[10] Vgl. Franz-Ludwig Auerbach (Fn. 1), S. 4.
[11] Albert Junghanns, System der parlamentarischen Abstimmungsregeln im Reich und in den Ländern, Heidelberg 1931, S. 4.
[12] Prodromos Dagtoglou (Fn. 6), S. 98; vgl. auch Ralf Dreier, Organlehre, in: Hermann Kunst/Roman Herzog/Wilhelm Schneemelcher (Hrsg.), Evangelisches Staatslexikon, 2. Auflage, Stuttgart/Berlin 1966, Sp. 1704.
[13] Zitiert nach Joseph Bücker, Handbuch für die Parlamentarische Praxis mit Kommentar zur Geschäftsordnung des Deutschen Bundestages, Neuwied 1993, § 48, S. 4. In Robert's Rules ist ein Quorum definiert als: „[...] the minimum number of members who must be present to conduct business legally." John L. Ericson, Notes and Comments on Robert's Rules, revised edition, Carbondale/Edwardsville 1991, S. 117.
[14] In der GOBT z.B. findet sich das Wort Quorum nicht.
[15] So Klaus A. Klang/Ulf Gundlach, Gemeindeordnung und Landkreisordnung Sachsen-Anhalt, 2. Auflage, Stuttgart 1999, § 54, Rdnr. 6, S. 225. Die Autoren zählen zu „besonderen gesetzlichen Mehrheiten (Quoren)" u.a. die einfache, absolute oder qualifizierte Mehrheitsregel.
[16] Vgl. Franz-Ludwig Auerbach (Fn. 1), S. 5.

zeichnet werden.[17] Wenn nachfolgend kein spezieller Bezug zur Beratung genommen wird, findet der Begriff Quorum im Sinne von Beschlussquorum Verwendung.

B. Beschlussfähigkeit und Beschlussfassung

Wenn die Beschlussfähigkeit der Beschlussfassung vorgeschaltet ist, stellt die Beschlussfähigkeit eine wesentliche formelle Voraussetzung einer gültigen materiellen Sachentscheidung dar. Während es sich bei der Beschlussfähigkeit um einen formellen Begriff handelt, stellt die Beschlussfassungsmehrheit bzw. -einstimmigkeit einen materiellen dar.[18] Die Beschlussfähigkeit regelt eine Mindestzahl der anwesenden Mitglieder eines kollegialen Entscheidungsorgans, die Beschlussfassung die verhältnismäßige Größe, die den Willen der zustimmenden Organmitglieder unbedenklich als Wille des Organs und damit als Wille der durch dieses Organ Repräsentierten gelten lässt. Zum Zustandekommen einer dem aus dem Rechtsstaatsprinzip fließenden Rationalitätsgebot und dem aus dem Demokratieprinzip fließenden Repräsentationsprinzip entsprechenden Kollegialentscheidung muss mit Hilfe bestimmter Kriterien festgelegt werden, wie viele Mitglieder des Kollegialorgans über den Antrag entscheiden und wie viele Stimmen für die Annahme des Antrages erforderlich sind.[19]

Die Beschlussfassungsmehrheit bzw. -einstimmigkeit muss nicht mit der Beschlussfähigkeitsziffer zusammenfallen, wie unten noch zu erläutern sein wird. Beide dienen verschiedenen Zwecken, so dass auch die Mittel zu ihrer Erreichung unterschiedlich sind. Die Beschlussfähigkeit soll sicherstellen, dass der Entscheidungsprozess auf einer dem Demokratieprinzip, speziell der Repräsentation, entsprechenden breiten Basis erfolgt. Die Beschlussfassungsregeln sollen ein auf breiter Grundlage basierendes Entscheidungsergebnis gewährleisten.[20] Während die Anwesenheit ein Mittel zur Erreichung der Beschlussfähigkeit ist, stellt die Stimmabgabe bei der Beschlussfassung ein Mittel zur Erreichung der Mehrheit bzw. der Einstimmigkeit dar.[21]

Zahlenmäßig ist die Festsetzung der Beschlussfassungszahl unter, über oder gleich der Beschlussfähigkeitsziffer möglich. Beschlussfähigkeit kann vorliegen, ohne dass die Mehrheit oder Einstimmigkeit für die Beschlussfassung erreicht wird. Hingegen kann ein Beschluss selbst bei Erreichen der erforderlichen Mehr-

---

[17] Vgl. Georg Schneider, Die Abstimmung unter besonderer Berücksichtigung der verschiedenen Mehrheitsbegriffe, Heidelberg 1951, S. 76.
[18] Vgl. Franz-Ludwig Auerbach (Fn. 1), S. 12.
[19] Vgl. Michael Schneider, Die Beschlußfähigkeit und Beschlußfassung von Kollegialorganen, Bochum 2000, S. 137 ff.
[20] Vgl. Wolfgang Hoffmann-Riem, Hilfsbeschlußfähigkeit von Kollegialorganen, in: NJW, 31 (1978) 9, S. 393.
[21] Vgl. Julius Hatschek/Paul Kurtzig, Deutsches und preußisches Staatsrecht, 2. Band, 2. Auflage, Berlin 1930, S. 73.

zahl oder Einstimmigkeit nicht zustande kommen, wenn die Beschlussunfähigkeit ausdrücklich festgestellt worden ist.[22]

Nicht alle Entscheidungen sind jedoch von einer Beschlussfähigkeit abhängig. Bei absoluten Mehrheitsentscheidungen, die die Zahl der abstimmungsberechtigten (gesetzlichen oder vertraglichen) Mitglieder als Bezugsgröße haben, kann eine Beschlussfähigkeit bedeutungslos werden.

C. Entwicklung von Beschlussfähigkeitsregelungen

Beschlussfähigkeitsregelungen haben ihre Wurzeln vornehmlich im Parlamentsrecht und reichen weit zurück. Das Erfordernis der Beschlussfähigkeit wurde erstmals in England[23], der Wiege des Parlamentarismus, aufgestellt.[24] Im britischen Unterhaus, der Abgeordnetenkammer und eigentlichen Volksvertretung, gab es dieses bereits im 17. Jahrhundert. Am 5. Januar 1640 wurde von den *Commons* der Beschluss gefasst, dass „Mr. Speaker nicht früher seinen Platz einnehme, ehe nicht 40 Abgeordnete anwesend sind."[25] Wenn der *Speaker* (Präsident oder Vorsitzende) der Ansicht war, dass ein Quorum fehlte, nahm er nach früherer Praxis seinen Sitz nicht ein und wartete entweder bis das Quorum erreicht war oder bis 16.00 Uhr, wenn er erneut zählte. Die Festlegung der Beschlussfähigkeit auf vierzig Mitglieder wurde mit der dieser Zahl entsprechenden Anzahl der englischen Grafschaften (*counties*) in jener Zeit erklärt.[26]

Neben dieser vergleichsweise geringen Beschlussfähigkeitsziffer (ca. 10%) nach heute noch geltendem englischen Vorbild[27], entwickelte sich nach der französischen Revolution von 1789, im französischen Parlamentsrecht, der französischen *Constituante*, und später im belgischen eine relativ hohe Beschlussfähigkeitsziffer von mindestens der Mehrheit (mehr als die Hälfte) der gesetzlichen Anzahl der Parlamentarier (absolute Mehrheit). Diese basierte auf dem von Mirabeau für parlamentarische Körperschaften aufgestellten Dogma von der Vor-

---

[22] Vgl. Franz-Ludwig Auerbach (Fn. 1), S. 14.
[23] Vgl. Albert Junghanns (Fn. 11), S. 10.
[24] Zur Beschlussfähigkeit im Senat der USA zu Beginn des 19. Jahrhunderts vgl. Thomas Jefferson, A Manual of Parliamentary Practice, 2. Auflage, Washington 1812, S. 32. Jeffersons Manual bildete die Grundlage für Abstimmungen und Beschlussfassungen in den USA.
[25] Zitiert nach Josef Redlich, Recht und Technik des Englischen Parlamentarismus, Leipzig 1905, S. 332. Vgl. auch Gottfried Cohen, Die Verfassung und Geschäftsordnung des englischen Parlaments, Hamburg 1861, S. 64.
[26] Vgl. Norman Wilding/Philip Laundy, An Encyclopaedia of Parliament, 4. Auflage, London 1972, S. 630 f.
[27] No. 41 para. 1 Standing Orders of the House of Commons i.d.F. von November 2007 lautet: „If it should appear that fewer than forty Members (including the occupant of the chair and the tellers) have taken part in a division, the business under consideration shall stand over until the next sitting of the House and the next business shall be taken." In: http://www.publications.parliament.uk/pa/cm200708/cmstords/105/105.pdf (07.01.2008).

herrschaft der Mehrheit.[28] In diesem Zusammenhang sagte Sieyès, das dort das Gesetz sei, wo der Allgemeinwille ist und der Allgemeinwille dort, wo die Mehrheit.[29] Während in Belgien die absolute Mehrheit als Quorum sowohl für die Beratung als auch für die Beschlussfassung galt, ist das Quorum für die Beratung unter Beibehaltung des Quorums für die Beschlussfassung in Frankreich in der ersten Hälfte des 19. Jahrhunderts abgeschafft worden.[30]

Der französisch-belgischen Doktrin folgend bestimmte die preußische Verfassung von 1850[31] die Mehrheit der gesetzlichen Anzahl der Mitglieder als Quorum. Diese Regelung war maßgebend für nachfolgende Bestimmungen deutscher Reichstage.[32] Das Reichstagsquorum ist ein Beschlussquorum und ein Anwesenheitsquorum gewesen. Das Quorum war nur zur Beschlussfassung, nicht zur Beratung notwendig, die Anwesenheit ein Mittel zur Erreichung der Beschlussfähigkeit.[33] Die zum Quorum notwendige Mehrheit wurde von der Anwesenheitsziffer gebildet. Danach war allein die Anwesenheit im Sitzungssaal maßgebend und nicht die gelegentlich geübte Methode, die Beschlussfähigkeit des Reichstages auf die Zahl der „Hüte in der Garderobe" gründen zu wollen. „Nicht die Zahl der Hüte in der Garderobe entscheidet über die Beschlussfähigkeit, sondern die Zahl der Köpfe in diesem Saal."[34] Die Frankfurter Reichsverfassung[35] forderte für die Gültigkeit der Beschlüsse des Reichstages die Anwesenheit von wenigstens der Hälfte der gesetzlichen Anzahl seiner Mitglieder, die Verfassung des Norddeutschen Bundes[36] und die Bismarcksche Reichsverfassung[37] die Anwesenheit der Mehrheit der gesetzlichen Anzahl der Mitglieder. Die Weimarer Reichsverfassung überließ dann gem. Art. 32 Abs. 2 die Regelung der Beschlussfähigkeit ausdrücklich der

---

[28] Zur Beschlussfähigkeit im französischen Parlamentsrecht vgl. Franz-Ludwig Auerbach (Fn. 1), S. 18 ff.

[29] „Da man den Gemeinwillen nur durch die Mehrheit erkennen kann, muß jede Anordnung, jedes beliebige Gesetz durch die Mehrheit beschlossen werden; [...]. Emmanuel Joseph Sieyes, Politische Schriften 1788-1790, Eberhardt Schmitt/Rolf Reichardt (Übers./Hrsg.), Darmstadt/Neuwied 1975, S. 57. Vgl. Julius Hatschek/Paul Kurtzig (Fn. 21), S. 66.

[30] Vgl. Julius Hatschek, Deutsches und preußisches Staatsrecht, 2. Band, Berlin 1923, S. 63; Julius Hatschek/Paul Kurtzig (Fn. 21), S. 65 f.

[31] Art. 80 Verfassungsurkunde für den Preußischen Staat vom 31.01.1850.

[32] Vgl. Jan Roscheck, Enthaltung und Nichtbeteiligung bei staatlichen Wahlen und Abstimmungen, Berlin 2003, S. 127.

[33] Vgl. Julius Hatschek (Fn. 30), S. 69; Julius Hatschek/Paul Kurtzig (Fn. 21), S. 68.

[34] Sitzung vom 15.03.1900, S. 4740 C. Der Abg. Richter, abgedruckt in: Julius Hatschek (Fn. 30), S. 64.

[35] § 98 Abs. 1: „Zu einem Beschluss eines jeden Hauses des Reichstages ist die Teilnahme von wenigstens der Hälfte der gesetzlichen Anzahl seiner Mitglieder und die einfache Stimmenmehrheit erforderlich."

[36] Art. 28 Satz 2: „Zur Gültigkeit der Beschlussfassung ist die Anwesenheit der Mehrheit der gesetzlichen Anzahl der Mitglieder erforderlich."

[37] Art. 28 Abs. 1 Satz 1: „Zur Gültigkeit der Beschlussfassung ist die Anwesenheit der Mehrheit der gesetzlichen Anzahl der Mitglieder erforderlich."

C. Entwicklung von Beschlussfähigkeitsregelungen

Geschäftsordnung.[38] Die Beschlussfähigkeit sollte ganz bewusst aus dem Verfassungsrecht ausgeschlossen werden. Der Grund dafür war die geäußerte Kritik vor 1918, wonach alle Beschlüsse, die unter Verstoß gegen die in Art. 28 Reichsverfassung von 1871 geregelte Beschlussfähigkeit gefasst würden, verfassungswidrig seien. Zur Vorbeugung derartiger Vorwürfe in der Zukunft ist gem. Art. 32 Abs. 2 Weimarer Reichsverfassung die Regelung der Beschlussfähigkeit des Reichstages der Geschäftsordnung überlassen worden.[39] Zwischenzeitlich hat sich ein Parlamentsgewohnheitsrecht gebildet, wonach die Rechtsgültigkeit derartiger Beschlüsse nicht mehr angezweifelt wird.[40]

Ausnahmen von der Verweisung der Bestimmung über die Beschlussfähigkeit an die Geschäftsordnung sahen Art. 59 Weimarer Reichsverfassung für eine Anklage des Reichspräsidenten, des Reichskanzlers und der Reichsminister vor dem Staatsgerichtshof für das Deutsche Reich (mindestens hundert Mitglieder) sowie Art. 76 Abs. 1 Satz 2 Weimarer Reichsverfassung vor, der zufolge verfassungsändernde Beschlüsse nur zustande kamen, wenn zwei Drittel der gesetzlichen Mitgliederzahl anwesend waren und wenigstens zwei Drittel der Anwesenden zustimmten. Diesem Beschlussfähigkeitserfordernis kam am 23. März 1933 bei der Beschlussfassung über das Ermächtigungsgesetz für Hitler eine besondere Bedeutung zu.[41] Bei der damaligen Zusammensetzung des Reichstages hätte eine Obstruktion als äußerstes parlamentarisches Mittel die Annahme des die Republik zerstörenden Gesetzes wegen Beschlussunfähigkeit verhindern können. So ist noch am selben Tag eine Änderung der Geschäftsordnung des Reichstages durch Ergänzung des Abs. 3 in § 98 angenommen worden, wonach auch Abgeordnete als anwesend galten, die durch den Präsidenten bis zu sechzig Sitzungstagen ausgeschlossen werden konnten.[42] Mit dieser geschaffenen Anwesenheitsfiktion sollte den Abgeordneten verwehrt werden, durch einen bewussten Akt des Fernbleibens eine Abstimmung zu einer bestimmten Sache zu verhindern.[43]

Nachdem während der Beratungen zum Grundgesetz der Antrag um Aufnahme der Beschlussfähigkeit des Bundestages in die Verfassung abgelehnt wurde, befindet sich die entsprechende Bestimmung nicht im Grundgesetz, sondern in der

---

[38] § 98 Abs. 1 Geschäftsordnung für den Reichstag vom 12.12.1922: „Der Reichstag ist beschlussfähig, wenn mehr als die Hälfte der Mitglieder anwesend sind." GORT abgedruckt in: Deutscher Bundestag (Hrsg.), Die Geschäftsordnungen deutscher Parlamente seit 1848, Bonn 1986, § 98, para. 45. Zu § 98 Abs. 1 GORT vgl. Franz-Ludwig Auerbach (Fn. 1), S. 31 ff.

[39] Vgl. Hermann Breiholdt, Die Abstimmung im Reichstag, Hamburg 1923, S. 77 ff.; Albert Junghanns (Fn. 11), S. 5.

[40] Vgl. Leo Weber, Die Beschlussfassung der Volksvertretung, Würzburg 1951, S. 71.

[41] Vgl. hierzu Das Ermächtigungsgesetz, mit einer Einführung von Adolf Laufs, Berlin 2003, S. 1 ff.

[42] Ein geschlossenes Fernbleiben der Sozialdemokraten und der Abgeordneten des Zentrums hätte für eine Beschlussunfähigkeit bereits ausgereicht. Vgl. Hans-Josef Vonderbeck, Die parlamentarische Beschlußfähigkeit, in: Hans-Achim Roll (Hrsg.), FG für Werner Blischke, Berlin 1982, S. 194 f.

[43] Vgl. Michael Schneider (Fn. 19), S. 51.

Geschäftsordnung des Bundestages (Art. 40 Abs. 1 Satz 2 GG).[44] Der geschäftsordnungsmäßigen Regelung der Beschlussfähigkeit für das Parlament auf Bundesebene folgen auf Länderebene nur noch die Länder Brandenburg und Niedersachsen. Die anderen Bundesländer haben die Beschlussfähigkeitsregelung in den Verfassungsrang erhoben.[45] Auf kommunalrechtlicher Ebene regeln die einschlägigen Kommunalgesetze der Länder die Beschlussfähigkeit, um diese nicht der Ausübung der Selbstverwaltungshoheit der Gemeinden zu überlassen.[46] Beschlussfähigkeitsregelungen für Organe von Staatenverbindungen, wie der Europäischen Gemeinschaften[47] und der UNO[48], sind in der Regel in den entsprechenden Geschäftsordnungen festgelegt.

D. Bestimmung der Höhe der Beschlussfähigkeitsziffer

Die Bestimmung der Höhe der Beschlussfähigkeitsziffer wird maßgeblich von verschiedenen Faktoren, wie vor allem der Größe des Kollegialorgans und der Wichtigkeit des Beschlussgegenstandes, beeinflusst. Je größer das Organ, desto kleiner kann die Beschlussfähigkeitsziffer festgesetzt werden. Die Abwesenheit des einzelnen Mitgliedes hat hier anteilig keinen so bedeutenden Einfluss, wie bei einem kleinen Entscheidungsorgan. In einem großen Organ mit kleiner Beschlussfähigkeitsziffer ist immer noch eine relativ hohe Anzahl anwesender Mitglieder erreichbar. In einem kleinen Organ kann hingegen auf die Anwesenheit vieler Mitglieder nicht verzichtet werden.[49] Damit stehen die Höhe der Beschlussfähigkeitsziffer und die Größe des kollegialen Entscheidungsorgans umgekehrt proportional zueinander.

Direkt proportional verhält sich wiederum die Höhe der Beschlussfähigkeitsziffer zur Wichtigkeit des Beschlussgegenstandes. Je wichtiger der Gegenstand der zu treffenden Entscheidung, desto größer ist auch die Beschlussfähigkeitsziffer. Dies wird besonders deutlich bei Entscheidungsorganen, die in Abhängigkeit von der Wichtigkeit des Beschlussgegenstandes verschiedene Beschlussfähigkeitszif-

---

[44] Vgl. Hans-Josef Vonderbeck (Fn. 42), S. 196.
[45] Art. 33 Abs. 2 Satz 3 LV BW, Art. 23 Abs. 2 LV BY, Art. 43 Abs. 1 LV BE, Art. 89 Abs. 1 LV HB, Art. 20 Abs. 1 LV HH, Art. 87 Abs. 1 LV HE, Art. 32 Abs. 3 LV MV, Art. 44 Abs. 1 LV NW, Art. 88 Abs. 1 LV RP, Art. 74 Abs. 1 LV SL, Art. 48 Abs. 2 LV SN, Art. 51 Abs. 2 LV ST, Art. 16 Abs. 3 LV SH, Art. 61 Abs. 1 LV TH.
[46] Vgl. Michael Schneider (Fn. 19), S. 103. Zur Beschlussfähigkeit von Gemeindevertretungen vgl. German Foerster, Die nachträgliche bezweifelte Beschlußfähigkeit, in: Verwaltungsrundschau, 32 (1986) 10, S. 343 ff. Zu den Kommunalgesetzen der Bundesländer vgl. Alfons Gern, Deutsches Kommunalrecht, 3. Auflage, Baden-Baden 2003, Rdnr. 46, S. 59 f.
[47] Art. 7 GO EG-Kommission, Art. 11 GO EG-Rat.
[48] Regel 67 GOGV.
[49] Vgl. Franz-Ludwig Auerbach (Fn. 1), S. 8.

fern vorsehen. So gilt beispielsweise für Verfassungsänderungen häufig eine höhere Beschlussfähigkeitsziffer als für weniger wichtige Sachentscheidungen.[50]

Die Höhe der Beschlussfähigkeitsziffer kann weiterhin in Abhängigkeit davon festgesetzt werden, ob neben einem Beschlussquorum auch ein Beratungsquorum bestehen soll. Da Beratungen generell länger dauern als Abstimmungen, ist eine höhere Anwesenheitszahl für Beschlussfassungen gegenüber einer niedrigeren Anwesenheitszahl für Beratungen durchaus begründbar.[51]

Die Beschlussfähigkeitsziffer sollte niedrig genug sein, damit ein Quorum gewährleistet werden kann, aber auch hoch genug, um das Kollegialorgan gegen Beschlüsse von Minderheiten zu schützen.[52] Beschlussfähigkeitsregelungen wenden die Möglichkeit ab, dass Entscheidungen von einigen wenigen anwesenden Mitgliedern eines Entscheidungsorgans getroffen werden, die für alle (gesetzlichen oder vertraglichen) Mitglieder gelten würden. Daher dienen Regelungen der Beschlussfähigkeit auch dem Schutz von Mehrheiten. Dagegen sollen Minderheiten die Beschlussfassung durch eine Mehrheit nicht ernstlich verhindern können, indem sie beispielsweise die Entscheidungsbildung durch Fernbleiben blockieren. Ein absichtliches Fernbleiben von der Sitzung (Abstinenz) ist als unsachgemäße Verzögerung der Verhandlung und damit als Obstruktion zu bezeichnen.[53] Fuchs hat unter Bezugnahme auf einen Abgeordneten des Reichstages zutreffend festgestellt: „Sie [die Obstruktion] steht nicht mehr im Kampf um die Sache, sondern in einem Kampf um die Zeit."[54] Die Beschlussfähigkeitsziffer soll deshalb so festgesetzt werden, dass die Handlungs- und Entscheidungsfähigkeit von Kollegialorganen generell gewährleistet bleiben.[55]

Die Beschlussfähigkeitsziffer wird weiterhin von der Abstimmungsregel beeinflusst. Bei Anwendung der absoluten Mehrheitsregel kann eine Beschlussfähigkeitsziffer obsolet werden. Nachfolgend werden die verschiedenen im positiven Recht vorkommenden Regeln zur Beschlussfähigkeit in ihren Grundzügen an ausgewählten Beispielen ausgeführt und der Frage nachgegangen, ob sie allgemeingültigen Regeln für Kollegialorgane entsprechen.

---

[50] Vgl. ebenda, S. 8 f.; Bjørn Erik Rasch, Parliamentary Voting Procedures, in: Herbert Döring (ed.), Parliaments and Majority Rule in Western Europe, Frankfurt/Main/New York 1995, S. 499.
[51] Vgl. Franz-Ludwig Auerbach (Fn. 1), S. 9 f.
[52] Vgl. Alice Sturgis (Fn. 3), S. 104.
[53] Das Wort „Obstruktion" kommt aus dem Lateinischen („obstructio") und bedeutet „Verschließung". Vgl. Herbert H. Fuchs, Die parlamentarische Obstruktion durch Abstinenz der Minderheit, Heidelberg 1928, S. 25. Koller definiert den Begriff Obstruktion als „[...] die planmässige Verhinderung oder Verschleppung der Verhandlung, von Akten und der Beschlussfassung parlamentarischer Versammlungen durch einzelne oder in Gruppen vereinte Mitglieder derselben Versammlung." Oswald Koller, Die Obstruktion, Zürich-Selnau 1910, S. 113.
[54] Herbert H. Fuchs (Fn. 53), S. 29.
[55] Vgl. Wolfgang Hoffmann-Riem (Fn. 20), S. 394.

I. Festlegung von Beschlussfähigkeitsziffern

Bei der Festlegung der Beschlussfähigkeitsziffer können zwei extreme Gefahren auftreten. Bei einer zu niedrigen Beschlussfähigkeitsziffer ist die Beschlussfassung bereits durch eine Minderheit möglich. Bei einer zu hohen Beschlussfähigkeitsziffer droht die Handlungs- und Beschlussunfähigkeit des Kollegialorgans wegen möglicher ungenügender Beteiligung seiner Mitglieder. Hieraus ergibt sich die aus dem Demokratieprinzip fließende Notwendigkeit, ein ausgewogenes Verhältnis zu erreichen.

1. Anwesenheit der Mehrheit der Mitglieder

a) Regelung in deutschen und ausländischen Verfassungsorganen

Eine Vielzahl von kollegialen Entscheidungsorganen setzt die Anwesenheit der Mehrheit der Mitglieder, d.h. 50%+1 der Mitglieder für die Beschlussfähigkeit fest. Nach § 45 Abs. 1 GOBT ist der Bundestag beschlussfähig, wenn mehr als die Hälfte seiner Mitglieder anwesend ist.[56] Als Bezugsgröße gilt hier die gesetzliche Mitgliederzahl auf der Grundlage der Legaldefinition in Art. 121 GG. Nach der Formel n:2+1 (bei geraden Zahlen) bzw. n+1:2 oder n:2+½ (bei ungeraden Zahlen) konnte der 15. Bundestag beschließen, wenn 302 von 603 Abgeordneten des Bundestages anwesend waren. Im 16. Bundestag ist die Anwesenheit von 308 von 614 Abgeordneten erforderlich. Da der Bundestag gem. Art. 42 Abs. 2 GG (§ 48 Abs. 2 GOBT) seine Beschlüsse mit der einfachen Mehrheit annimmt (im 15. Bundestag: 302:2+1=152, im 16. Bundestag: 308:2+1=155), kann ein Gesetz bereits von einem Viertel aller Abgeordneten plus einem beschlossen werden (im 15. Bundestag: 603:4+1=152, im 16. Bundestag: 614:4+1=155).[57]

Dass die Zahl der beschließenden Abgeordneten sogar noch weniger betragen kann, ohne das in Art. 20 Abs. 2 GG enthaltene Prinzip der repräsentativen Demokratie zu verletzen, hat das Bundesverfassungsgericht in seiner Entscheidung vom 10. Mai 1977[58] festgestellt. Ein Abgeordneter hatte in einer Verfassungsbeschwerde das wirksame Zustandekommen eines Gesetzes (Waffengesetz 1972) angezweifelt, weil an dessen Schlussabstimmung nur 37 Abgeordnete teilgenommen hätten, was seiner Ansicht nach dem Prinzip der repräsentativen Demokratie zuwiderlaufe. Nach Auffassung des Gerichts würden aber in der Praxis nur dann mehr als die Hälfte der Abgeordneten bei der Abstimmung im Plenum fernbleiben, wenn über den Inhalt des Gesetzes im Wesentlichen durch die Arbeit in den Ausschüssen und Fraktionen Übereinstimmung bestehe. Für eine entsprechende Repräsentation spreche die Vermutung.[59]

---

[56] Das Grundgesetz enthält keine Bestimmung zur Beschlussfähigkeit des BT.
[57] Vgl. Gerald Kretschmer, in: Bruno Schmidt-Bleibtreu/Franz Klein (Hrsg.), Kommentar zum Grundgesetz, 10. Auflage, München 2004, Art. 42, Rdnr. 9, S. 1021.
[58] BVerfGE 44, 308. Zur Besprechung der Entscheidung vgl. Michael Schneider (Fn. 19), S. 90 ff.
[59] BVerfGE 44, 308 (319 f.). Vgl. Jörg-Detlef Kühne, Gerichtliche Überprüfung parlamentarischer Beschlußfähigkeit, in: ZParl, 9 (1978), S. 34 ff.

D. Bestimmung der Höhe der Beschlussfähigkeitsziffer

Der Bundestag der 6. Wahlperiode (1969 - 1972), in der das Gesetz angenommen wurde, zählte 496 Abgeordnete (ohne Berliner Abgeordnete).[60] Die Beschlussfähigkeit des Bundestages hätte gem. § 49 Abs. 1 GOBT (i.d.F. der Bekanntmachung vom 22. Mai 1970) die Anwesenheit von 249 Abgeordneten (496:2+1=249) erfordert. In der Niederschrift sind keine Angaben über die Anzahl der anwesenden Abgeordneten bei der Schlussabstimmung am 22. Juni 1972 noch über eine Anzweifelung der Beschlussfähigkeit enthalten. Das Parlament ist, wie unten weiter ausgeführt wird, solange beschlussfähig, wie seine Beschlussfähigkeit ohne Rücksicht auf die Zahl der anwesenden Mitglieder nicht angezweifelt wird. Die Annahme des Gesetzes erfolgte bei einer Gegenstimme und ohne Stimmenthaltungen.[61] Danach haben tatsächlich nur 36 von 496 (gesetzlichen) Abgeordneten, d.h. 7,26% aller Abgeordneten das Gesetz angenommen, was durchaus an einer Vereinbarkeit mit dem Prinzip der repräsentativen Demokratie zweifeln lassen könnte.

Bei der Begründung seiner Entscheidung ist das Bundesverfassungsgericht nicht der Dogmatik, sondern der Pragmatik gefolgt. Unter wiederholter Zugrundelegung des „Faktischen"[62] und Verwendung von „prognostischen" Argumenten[63] hat es sich an der Effektivität der Entscheidungsfindung orientiert und damit eine Verletzung der Grundlagen der parlamentarisch-repräsentativen Demokratie verneint.[64] Das Gericht erklärt die Verlagerung der vorbereitenden Tätigkeit zur Entscheidungsfindung auf die Ausschüsse und Fraktionen für unbedenklich[65], solange der Entscheidungsprozess dem Plenum vorbehalten bleibt.[66] Das Fassen verbindli-

---

[60] Vgl. Peter Schindler, Datenhandbuch zur Geschichte des Deutschen Bundestages 1949 bis 1999, Band II, Baden-Baden 1999, S. 1731.

[61] Verhandlungen des BT, 6. WP, 195. Sitzung, Stenographischer Bericht, S. 11 468 C. BVerfGE 44, 308 (310).

[62] Z.B. „faktischer Zwang zur Arbeitsteilung", „faktische Zwänge" BVerfGE 44, 308 (318, 320).

[63] „[...] begegnet die Regelung über die Beschlußfähigkeit des Bundestages (§ 49 GO) unter dem Gesichtspunkt des Prinzips der repräsentativen Demokratie jedenfalls dann keinen Bedenken, wenn die tatsächlichen Verhältnisse, in die sie eingebettet ist, Anlaß zu der Erwartung bieten, der Abgeordnete werde im Regelfall von der Möglichkeit zur Mitarbeit auch Gebrauch machen." BVerfGE 44, 308 (317). „Demgemäß wird in der Praxis regelmäßig nur dann mehr als die Hälfte der Abgeordneten einer Schlußabstimmung fernbleiben, wenn über den Inhalt der zu treffenden Entscheidung im wesentlichen Übereinstimmung besteht." Ebenda (319).

[64] Vgl. Michael Schneider (Fn. 19), S. 96.

[65] „Repräsentation vollzieht sich im parlamentarischen Bereich vornehmlich dort, wo die Entscheidung fällt. Geschieht dies der Sache nach bereits in den Ausschüssen und Fraktionen des Parlaments, so wird damit auch die Repräsentation in diese Institutionen „vorverlagert"." BVerfGE 44, 308 (319).

[66] „Dabei ist jedoch vorausgesetzt, daß die endgültige Beschlussfassung über ein parlamentarisches Vorhaben dem Plenum vorbehalten bleibt, die Mitwirkung der Abgeordneten bei der Vorbereitung der Parlamentsbeschlüsse außerhalb des Plenums ihrer Art und ihrem Gewicht nach der Mitwirkung im Plenum im wesentlichen gleich zu erachten ist und der parlamentarische Entscheidungsprozeß institutionell in den Bereich des Parlaments eingefügt bleibt." Ebenda (317).

cher Beschlüsse im Plenum erfolgt auf der Grundlage bereits vorgefasster Entscheidungen in Form von rechtlich nicht verbindlichen Empfehlungen.[67] Zwar erfolgt die Begründung des Bundesverfassungsgerichts als „Hüter der Verfassung"[68] nicht konsequent rechtsdogmatisch, im Ergebnis kann ihr jedoch zugestimmt werden. Das Prinzip der repräsentativen Demokratie ist am ehesten im Plenum umzusetzen, die Schwerfälligkeit des Plenums aufgrund der hohen Mitgliederzahl zwingt jedoch zu einer Arbeitsteilung, die durch die Ausschüsse, in denen die Abgeordneten die Beschlüsse vorbereiten, geleistet wird. Die Sicherstellung der Mitwirkung aller Abgeordneten an parlamentarischen Entscheidungen trägt damit dem Prinzip der repräsentativen Demokratie hinreichend Rechnung.[69] Dies setzt voraus, dass die Ausschüsse die Zusammensetzung des Plenums widerspiegeln.[70]

Bei einer Anwesenheit von ca. 7% der Abgeordneten auf der Bundestagssitzung am 22. Juni 1972 hätte nach § 45 Abs. 4 GOBT in der heute geltenden Fassung der Präsident im Einvernehmen mit den Fraktionen die Sitzung unterbrechen können, wenn der Sitzungsvorstand bezweifelt hätte, dass fünfundzwanzig vom Hundert der Mitglieder des Bundestages anwesend waren. Einen Rückgriff auf diese damals noch nicht bestehende Geschäftsordnungsregel verbietet aber der Grundsatz des intertemporalen Rechts.[71] Vor Beginn der Abstimmung auf der Sitzung wurde die Beschlussfähigkeit auch nicht gem. § 49 Abs. 2 Satz 1 GOBT i.d.F. vom 22. Mai 1970 von mindestens fünf anwesenden Mitgliedern des Bundestages bezweifelt, so dass eine ausreichende Repräsentation und damit Beschlussfähigkeit zu vermuten war.[72] Die herrschende Meinung in der Literatur stimmt mit der dargelegten Auffassung des Gerichts überein.[73] Damit ist eine Unterschreitung der Beschlussfähigkeitsziffer generell möglich, ohne dass diese zwangsläufig eine Verletzung des Grundsatzes der repräsentativen Demokratie bzw. eine Ungültigkeit des Beschlusses nach sich ziehen müsste.

Während die Regelung über die Beschlussfähigkeit im Bundestag allgemein wesentliche Bedeutung erlangen kann, ist sie für den Bundesrat nur gering. Der kaiserliche Bundesrat kannte überhaupt kein Quorum, und auch die Geschäftsordnung des Reichsrates von 1922 sah keine Bestimmung über die Beschlussfähigkeit

---

[67] „Die Schlußabstimmung bildet [...] einen zwar rechtlich notwendigen, in seiner politischen Bedeutung jedoch geminderten letzten Teilakt der parlamentarischen Willensbildung, während die Entscheidung in Wirklichkeit bereits in den Ausschüssen und Fraktionen gefallen ist." Ebenda (319). Vgl. Michael Schneider (Fn. 19), S. 97.
[68] BVerfGE 1, 184 (195).
[69] BVerfGE 44, 308 (317 ff.).
[70] BVerfGE 80, 188 (222).
[71] Der Begriff „intertemporales Recht" bezeichnet den zeitlichen Anwendungsbereich von Rechtsnormen. Zum Begriff des „intertemporalen Völkerrechts" vgl. Heintschel von Heinegg, in: Knut Ipsen, Völkerrecht, 5. Auflage, München 2004, § 19, Rdnr. 17, S. 249 f.
[72] BVerfGE 44, 308 (320).
[73] Vgl. Hans Meyer, in: Hans Peter Schneider/Wolfgang Zeh (Hrsg.), Parlamentsrecht und Parlamentspraxis in der Bundesrepublik Deutschland, Berlin/New York 1989, § 4, Rdnr. 107, S. 157; Klaus von Beyme, Der Gesetzgeber, Opladen 1997, S. 188; Michael Schneider (Fn. 19), S. 93 ff. m.w.N., S. 102.

vor.[74] Da nach Art. 52 Abs. 3 Satz 1 GG der Bundesrat seine Beschlüsse mit mindestens der Mehrheit seiner Stimmen fasst und die Beschlussfähigkeit des Bundesrates gem. § 28 Abs. 1 GOBR vorliegt, wenn die Mehrheit seiner Stimmen vertreten ist, können Beschlüsse nicht zustande kommen, die weniger Stimmen erhalten als zur Beschlussfähigkeit notwendig sind. Sowohl für die Abstimmungsregel der absoluten Mehrheit als auch für die Beschlussfähigkeit gilt die gleiche Bezugsgröße – die Gesamtzahl der gesetzlichen Stimmen des Bundesrates. Der Unterschied zur Beschlussfähigkeitsregelung des Bundestages liegt in der Bezugsgröße. Während beim Bundestag von einem Anwesenheitsquorum gesprochen wird, handelt es sich beim Bundesrat um ein Stimmengewichtsquorum.[75] Die Regelung über die Beschlussfähigkeit in der Europakammer des Bundesrates in § 45h Abs. 2 Satz 1 GOBR entspricht derjenigen in § 28 Abs. 1 GOBR.

Die Anwesenheit der Mehrheit seiner Mitglieder bzw. die Anwesenheit von mehr als der Hälfte der gesetzlichen Zahl seiner Mitglieder, die der Regelbeschlussfähigkeit des Bundestages entspricht[76], gilt auch für alle Länderparlamente mit Ausnahme der Bremischen Bürgerschaft. Die Beschlussfähigkeitsregelung ist in den Verfassungen der Bundesländer[77] i.V.m. den Geschäftsordnungen der Länderparlamente verortet. Während so für die meisten Länder die Beschlussfähigkeitsregelung Verfassungsrang hat, befindet sich die entsprechende Regelung für die Länderparlamente in Brandenburg und Niedersachsen in ihren Geschäftsordnungen.[78] Die unterschiedliche Verortung der Beschlussfähigkeitsregelungen hat Auswirkungen auf die Rechtsfolgen bei Normverletzungen. Für eine inhaltliche Betrachtung der Beschlussfähigkeitsregelungen können die sich aus der Zuordnung zu verschiedenen Normebenen resultierenden Unterschiede allerdings vernachlässigt werden.[79] Auf kommunaler Ebene legen die Gemeindeordnungen und die Geschäftsordnungen der Räte ebenfalls eine Anwesenheit der Mehrheit der (stimmberechtigten) Mitglieder bzw. mehr als die Hälfte der gesetzlichen Zahl der Mitglieder für die Beschlussfähigkeit der Gemeinderäte fest.[80]

---

[74] Vgl. Albert Junghanns (Fn. 11), S. 11.
[75] Vgl. Michael Schneider (Fn. 19), S. 121.
[76] Vgl. Jan Roscheck (Fn. 32), S. 126.
[77] Art. 33 Abs. 2 Satz 3 LV BW, Art. 23 Abs. 2 LV BY, Art. 43 Abs. 1 LV BE, Art. 20 Abs. 1 Satz 1 LV HH, Art. 87 Abs. 1 LV HE, Art. 32 Abs. 3 LV MV, Art. 44 Abs. 1 LV NW, Art. 88 Abs. 1 LV RP, Art. 74 Abs. 1 LV SL, Art. 48 Abs. 2 LV SN, Art. 51 Abs. 2 LV ST, Art. 16 Abs. 3 LV SH, Art. 61 Abs. 1 Satz 1 LV TH.
[78] § 63 GOLT BB, in: GVBl. 2005 I, 6; 2006 I, 66, 70; § 79 Abs. 1 Satz 1 GOLT NI.
[79] Vgl. Michael Schneider (Fn. 19), S. 57 f., 103 ff.
[80] § 37 Abs. 2 Satz 1 GO BW, § 47 Abs. 2 GO BY, § 46 Abs. 1 Satz 1 GO BB, § 53 Abs. 1 HGO, § 30 Abs. 1 GO MV, § 46 Abs. 1 Satz 1 NGO, § 49 Abs. 1 Satz 1 GO NRW, § 39 Abs. 1 Satz 1 GemO RP, § 44 Abs. 1 Satz 1 KSVG, § 39 Abs. 2 Satz 1 SächsGemO, § 53 Abs. 1 Satz 1 GO LSA, § 38 Abs. 1 Satz 1 GO SH, § 36 Abs. 1 Satz 2 ThürKO. Vgl. hierzu Kurt Kottenberg, Von der Beschlußfähigkeit der Gemeindevertretungen, in: Staats- und Kommunalverwaltung, (1962), S. 210 f.; Karl-Wilhelm Lange, Die Beschlußfähigkeit der Gemeindevertretung, der Ausschüsse und des Magistrats in Schleswig-Holstein, in: Staats- und Kommunalverwaltung, (1965), S. 195 f.; Alfons Gern (Fn. 46), Rdnr. 481 ff., S. 315 ff.

Ebenso wie für deutsche Parlamente sehen die Regelungen über die Beschlussfähigkeit für Parlamente ausländischer Staaten größtenteils die Anwesenheit der Mehrheit (mehr als der Hälfte) der gesetzlichen Mitglieder vor.[81] Neben der Anwesenheit von mehr als der Hälfte der Mitglieder fordert die Verfassung Dänemarks in § 50 zusätzlich deren Teilnahme an der Abstimmung. In der Regel verlangt das ausländische Parlamentsrecht aber nur die Anwesenheit der Mitglieder, wobei die Teilnahme an der Abstimmung unerheblich ist.[82]

b) Regelung in Kollegialorganen ausgewählter Staatenverbindungen

Bei Organen von Staatenverbindungen wird bezüglich der Beschlussfähigkeit größtenteils ebenfalls auf die Anwesenheit mindestens der Mehrheit oder Hälfte der Mitglieder abgestellt. Sowohl der Rat als auch die Kommission der Europäischen Gemeinschaften sind beschlussfähig, wenn die Mehrheit der stimmberechtigten Mitglieder (Art. 11 Abs. 4 Satz 1 GO EG-Rat) bzw. die Mehrheit der vertraglich vorgesehenen Zahl der Mitglieder (Art. 7 GO EG-Kommission) anwesend ist. Die Beschlussfähigkeit des Rates ergibt sich bereits indirekt aus Art. 206 EG[83], wonach sich jedes Mitglied das Stimmrecht höchstens eines anderen Mitgliedes übertragen lassen kann. Damit ist die Anwesenheit der absoluten Mehrheit vertraglich vorgegeben.[84]

Diese Regel gilt auch für die UN-Generalversammlung (Regel 67 Satz 2 GOGV).[85] Weil ein Warten auf die Vertreter in der UN-Generalversammlung bis zum Erreichen des Quorums vor Sitzungseröffnung zu Verzögerungen führt, wurde 1971 beschlossen, dass der Präsident die Sitzung und die Aussprache eröffnen kann, wenn mindestens ein Drittel der Mitglieder der Generalversammlung anwesend ist (Regel 67 Satz 1 GOGV). Hier fallen Beratungs- und Beschlussquorum auseinander.[86] Eine entsprechende Regelung wurde 1972 vom ECOSOC über-

---

[81] Von 82 untersuchten Parlamenten 48, darunter: Art. 53 Abs. 3 Verfassung Belgien, Art. 64 Abs. 3 Verfassung Italien, Art. 62 Abs. 2 Verfassung Luxemburg, Art. 67 Abs. 1 Verfassung Niederlande, Art. 120 Verfassung Polen, Art. 119 Abs. 2 Verfassung Portugal, Art. 159 Abs. 1 Bundesverfassung der Schweizerischen Eidgenossenschaft, Art. 79 Abs. 1 Verfassung Spanien, Art. I Abschnitt 5 Abs. 1 Verfassung USA. Vgl. Inter-Parliamentary Union, Parliaments of the World, Band I, 2. Auflage, Aldershot 1986, S. 495 ff.; Bjørn Erik Rasch (Fn. 50), S. 499.

[82] Vgl. Inter-Parliamentary Union (Fn. 81), S. 495 ff.

[83] Art. 11 Abs. 3 GO EG-Rat hat diese vertragliche Regelung übernommen.

[84] Vgl. Jean Paul Jacqué, in: Hans von der Groeben/Jürgen Schwarze (Hrsg.), Kommentar zum Vertrag über die Europäische Union und zur Gründung der Europäischen Gemeinschaft, Band 4, 6. Auflage, Baden-Baden 2004, Art. 203 EG, Rdnr. 12, S. 171.

[85] Weitere Beispiele: UNESCO-Generalkonferenz (Regel 62 Abs. 1 GO Generalkonferenz), ICAO-Versammlung (Art. 48 lit. c ICAO-Übereinkommen), IAEA-Generalkonferenz (Art. V Abschnitt C Satz 7 IAEA-Satzung), IMO-Versammlung (Art. 14 IMO-Übereinkommen) sowie Meteorologischer Weltkongress (Art. 12 WMO-Übereinkommen).

[86] Vgl. Thomas Fitschen, in: Bruno Simma (ed.), The Charter of the United Nations, Band I, 2. Auflage, München 2002, Art. 21, Rdnr. 59, S. 412.

nommen (Regel 41 Satz 1 GO ECOSOC) und gilt auch für die UNESCO-Generalkonferenz (Regel 62 Abs. 1 GO Generalkonferenz).[87]

Der mit der Mehrheit der abgegebenen Stimmen beschließende Gouverneursrat der Weltbank oder der Rat der MIGA sind beschlussfähig, wenn die Mehrheit der Gouverneure anwesend sind, die mindestens zwei Drittel der Gesamtstimmenanzahl innehaben (Art. V Abschnitt 2 lit. d Weltbank-Übereinkommen; Art. 40 lit. b (MIGA-Übereinkommen). Eine weitere Forderung zur Beschlussfähigkeitsziffer enthält auch die Regelung in Art. XII Abschnitt 3 lit. h IMF-Übereinkommen für den Exekutivrat. Danach ist der Exekutivrat beschlussfähig, wenn eine Mehrheit der Exekutivdirektoren anwesend ist, die mindestens die Hälfte aller Stimmen umfasst. Gerade bei Anwendung der Stimmengewichtung werden für wichtige Entscheidungen, die die Mitglieder als souveräne Staaten betreffen, zusätzliche Forderungen gestellt.[88] Bei Organen mit Stimmengewichtung wird primär auf die Anzahl der unterschiedlichen Stimmen der Mitglieder abgestellt.

2. Anwesenheit der Hälfte der Mitglieder

Eine weitere positiv rechtliche Regelung erfährt die Beschlussfähigkeit in einigen Geschäftsordnungen mit genau der Hälfte der Mitglieder des Kollegialorgans, d.h. 50% der Mitglieder. Die Hälfte der Mitglieder bedeutet noch keine Mehrheit. Deshalb wird diese Regelung nicht selten mit der notwendigen Anwesenheit des Vorsitzenden des Kollegialorgans kombiniert, dem meist auch ein Stichentscheid bei Stimmengleichheit zusteht. So ist die Anwesenheit der Hälfte der Bundesminister für die Beschlussfähigkeit der Bundesregierung hinreichend, darunter muss sich aber der Vorsitzende befinden (§ 24 Abs. 1 GOBReg).[89] Seine bedeutende Rolle im Entscheidungsprozess[90] äußert sich darin, dass seine Stimme bei Stimmengleichheit entscheidet (§ 24 Abs. 2 Satz 2 GOBReg.).

Als Ausnahme von den Beschlussfähigkeitsregelungen der Länderparlamente gilt für die Bremische Bürgerschaft gem. Art. 89 Abs. 1 Verfassung Bremen i.V.m. § 54 Abs. 1 GO Bremische Bürgerschaft trotz gleicher Abstimmungsregel (Art. 90 Verfassung Bremen: einfache Mehrheit) bereits die Teilnahme der Hälfte ihrer Mitglieder als ausreichend. Bei einer Anzahl von insgesamt 83 Abgeordneten der Bremischen Bürgerschaft beträgt die Beschlussfähigkeit sowohl bei Anwesenheit von mehr als der Hälfte als auch bei Anwesenheit der Hälfte der Mitglieder 42 Abgeordnete, so dass die unterschiedliche Beschlussfähigkeitsregelung keine praktische Auswirkung hat. Lediglich bei einer geraden Anzahl aller Abgeordneten wäre ein Unterschied von einem Abgeordneten gegeben.

---

[87] Vgl. Henry G. Schermers/Niels M. Blokker, International Institutional Law, The Hague/London/Boston 1995, § 303, S. 220.
[88] Vgl. ebenda, § 819, S. 531.
[89] Vgl. auch § 31 GO Reichsregierung; Friedrich Giese, Die Verfassung des Deutschen Reiches, 8. Auflage, Berlin 1931, § 55, Rdnr. 2, S. 152.
[90] Vgl. Prodromos Dagtoglou (Fn. 6), S. 96 f.

3. Qualifizierte Mehrheit der Mitglieder

Im Gegensatz zum Grundgesetz, das keine Bestimmungen zur Beschlussfähigkeit enthält, hat beispielsweise die Verfassung des Landes Baden-Württemberg in Art. 64 Abs. 2 festgelegt, dass die Verfassung vom Landtag geändert werden kann, wenn bei Anwesenheit von mindestens zwei Dritteln seiner Mitglieder eine Zweidrittelmehrheit, die jedoch mehr als die Hälfte seiner Mitglieder betragen muss, dies beschließt. Nach dieser Regelung kann die absolute Mehrheit nicht unterschritten werden. Von den Landesverfassungen sieht neben der Verfassung Baden-Württembergs nur noch die Verfassung Hamburgs ein Anwesenheitsquorum bei Verfassungsänderungen vor. Art. 51 Abs. 2 Satz 2 Verfassung Hamburg fordert zur Zweidrittelmehrheit der anwesenden Abgeordneten als Abstimmungsregel die Anwesenheit von drei Vierteln der gesetzlichen Mitgliederzahl.

Die Anwesenheit von zwei Dritteln der gesetzlichen Mitglieder des Parlaments für eine Beschlussfähigkeit sehen einige wenige ausländische Parlamente vor.[91] Es sind vor allem kleinere Parlamente, wie der Landtag Liechtensteins[92] oder das Parlament Costa Ricas[93], die höhere Beschlussfähigkeitsziffern festlegen. Der Landtag Liechtensteins besteht nach Art. 46 Abs. 1 Verfassung Liechtenstein nur aus fünfundzwanzig Abgeordneten und fasst seine Beschlüsse mit der absoluten Stimmenmehrheit der anwesenden Mitglieder.[94] Wegen der Bezugsgröße der Anwesenheit ist allerdings von einer einfachen und nicht von einer absoluten Mehrheit auszugehen. Die hohe Beschlussfähigkeitsziffer (Zweidrittel: siebzehn Abgeordnete) ist aufgrund der niedrigen gesetzlichen Zahl der Abgeordneten (fünfundzwanzig), dem Prinzip der repräsentativen Demokratie entsprechend, gerechtfertigt. Würde für die Beschlussfähigkeit schon die Anwesenheit der Mehrheit der Mitglieder (dreizehn) ausreichen, die einen Beschluss mit Stimmenmehrheit fassen, könnten bereits sieben Abgeordnete parlamentarische Entscheidungen herbeiführen.

Auch das Parlament Costa Ricas zählt mit siebenundfünfzig Abgeordneten[95] zu den kleineren Parlamenten. Eine Zweidrittelmehrheit der gesetzlichen Anzahl der Abgeordneten als Voraussetzung der Beschlussfähigkeit besteht bei Anwesenheit von achtunddreißig Mitgliedern. Im Vergleich dazu würden bei Anwesenheit der Mehrheit der Abgeordneten bereits neunundzwanzig Abgeordnete zur Beschlussfassung ausreichen. Beschlüsse des Parlaments werden mit absoluter Mehrheit der

---

[91] Vgl. Inter-Parliamentary Union (Fn. 81), S. 495 ff.
[92] Art. 58 Abs. 1 Verfassung Fürstentum Liechtenstein i.V.m. Art. 25 Abs. 1 GOLT Fürstentum Liechtenstein.
[93] Art. 117 Abs. 1 Verfassung Costa Rica.
[94] Art. 58 Abs. 1 Verfassung Fürstentum Liechtenstein i.V.m. Art. 45 GOLT Fürstentum Liechtenstein.
[95] Art. 106 Abs. 2 Verfassung Costa Rica.

anwesenden Stimmen gefasst.[96] Auch hier ist wegen der Bezugsgröße (anwesende Stimmen)[97] von der einfachen Mehrheitsregel auszugehen.

Die Anwendung der qualifizierten Mehrheit (in der Regel Zweidrittelmehrheit) der abstimmenden Mitglieder als Abstimmungsregel wird oft mit der Anwesenheit von zwei Dritteln der Mitglieder zur Beschlussfähigkeit kombiniert, wie bei Organen mit allgemeiner Mitgliedschaft, beispielsweise beim Ministerkomitee des Europarates in Art. 11 GO Ministerkomitee oder der Versammlung der Afrikanischen Union (Art. 7 Abs. 2 AU-Gründungsvertrag) als auch bei Organen mit beschränkter Mitgliedschaft, wie dem Exekutivrat der WMO (Art. 17 WMO-Übereinkommen), dem Gouverneursrat der IAEA (Art. VI Abschnitt E Satz 4 IAEA-Satzung), dem Verwaltungsrat des IFAD (Art. 6 Abschnitt 5 lit. f IFAD-Übereinkommen) oder dem Vollzugsrat der Afrikanischen Union (Art. 11 Abs. 1 AU-Gründungsvertrag).

Bei Organen, die die Stimmengewichtung zur Beschlussfassung anwenden, kann die Beschlussfassung mit einfacher Mehrheit (der Gesamtstimmenanzahl) mit einer Beschlussfähigkeit von zwei Dritteln (der Gesamtstimmen) aller seiner Mitglieder gekoppelt sein, wie beim Gouverneursrat des IFAD (Art. 6 Abschnitt 2 lit. g und Abschnitt 5 lit. f IFAD-Übereinkommen). Durch die zusätzliche Forderung, wonach Gouverneure bzw. Mitglieder anwesend sein müssen, welche die Hälfte der Gesamtstimmen der Mitglieder jeder der Gruppen (I-III) innehaben, ist eine Zweidrittelmehrheitsregel zur Beschlussfassung nicht vorgesehen. Die möglichen Kombinationen von Beschlussfähigkeitsregelungen mit Abstimmungsregeln werden am Ende des Kapitels zusammengefasst.

4. Geringe Beschlussfähigkeitsziffern

Das Erfordernis der Anwesenheit von sogar weniger als der Hälfte der gesetzlichen Mitgliederzahl des Parlaments (ein Drittel[98], ein Viertel[99] oder weniger als ein Viertel[100]) zur Beschlussfähigkeit sieht das Parlamentsrecht einiger Staaten bzw. Staatenverbindungen vor. Beispielsweise bestimmt Art. 39 Abs. 1 Verfassung der Tschechischen Republik die Anwesenheit von mindestens einem Drittel der gesetzlichen Mitglieder (67 von 200)[101] zur Beschlussfähigkeit für ausreichend. Zur Verabschiedung eines Beschlusses des Abgeordnetenhauses wird nach Art. 39 Abs. 2 Verfassung der Tschechischen Republik die „absolute Stimmenmehrheit der anwesenden Abgeordneten" gefordert (34 von 67). Als Bezugsgröße

---

[96] Art. 119 Verfassung Costa Rica: „Las resoluciones de la Asamblea se tomarán por mayoría absoluta de votos presentes, […]."
[97] Unter den anwesenden Stimmen soll die Anwesenheit der Abgeordneten zu verstehen sein, die je eine Stimme haben.
[98] Von 82 untersuchten Parlamenten 11, darunter Australien (Art. 22, 39 Verfassung Australien). Vgl. Inter-Parliamentary Union (Fn. 81), S. 495 ff. Regel 41.3 GOPV Europarat.
[99] Von 82 untersuchten Parlamenten 6. Vgl. Inter-Parliamentary Union (Fn. 81), S. 495 ff.
[100] Von 82 untersuchten Parlamenten 8. Vgl. ebenda, S. 495 ff.
[101] Das Abgeordnetenhaus besteht gem. Art. 16 Abs. 1 Verfassung der Tschechischen Republik aus 200 Abgeordneten.

zur Bildung der Mehrheit ist auf die anwesenden Abgeordneten verwiesen, so dass nicht die absolute Mehrheit gemeint sein kann. Diese Interpretation wird bestärkt durch die Bestimmung in Art. 39 Abs. 3 Verfassung der Tschechischen Republik, die auf die „absolute Stimmenmehrheit aller Abgeordneten", d.h. der gesetzlichen Mitglieder (101 von 200) Bezug nimmt.

Ein Quorum von nur einem Drittel der Mitglieder sehen einige Organe von Staatenverbindungen vor, wie das Europäische Parlament nach Art. 149 Abs. 2 GOEP (261 von 785)[102], das allerdings jederzeit beraten kann, ungeachtet der Zahl der Anwesenden (Art. 149 Abs. 1 GOEP). Hier fallen Beratungs- und Beschlussfassungsquorum auseinander. Das gleiche Beschlussfassungsquorum wird für die Parlamentarische Versammlung des Europarates (212 von 636) nach Regel 41.3 GOPV gefordert. Diese Beschlussfähigkeitsregelung wird oftmals auch mit einer qualifizierten Mehrheit (Zweidrittelmehrheit der abgegebenen Stimmen) als Abstimmungsregel kombiniert, wie ebenfalls für die WIPO-Konferenz (Art. 7 Abs. 3 lit. b WIPO-Übereinkommen).[103]

Eine Kombination aus einer geringen Beschlussfähigkeitsziffer für die Anwesenheit der Mitglieder und der Anzahl von Stimmen ist in einigen Geschäftsordnungen kollegialer Organe vorgesehen, wonach für die Beschlussfähigkeit des Organs die Anwesenheit von einem Viertel der Mitglieder vorgesehen ist, die wenigstens die Hälfte der Stimmrechte vertreten.

5. Zusammenfassung

Die weitaus größere Anzahl kollegialer Entscheidungsorgane bevorzugt eine Beschlussfähigkeitsregelung von mehr als der Hälfte (50%+1), zumindest aber der Grenze von genau der Hälfte (50%). Dabei können in einigen Fällen zusätzliche Voraussetzungen an die Beschlussfähigkeit gestellt werden.

Die Forderung nach Anwesenheit der Mehrheit der Mitglieder eines Kollegialorgans zur Beschlussfähigkeit gekoppelt an eine bestimmte Mehrheit, die Zweidrittelmehrheit, der Stimmen als Abstimmungsregel wird als so genannte doppelte Mehrheit bezeichnet. Eine Kombination einer Zweidrittelmehrheit der gesetzlichen oder vertraglichen Mitglieder als Abstimmungsregel mit der Anwesenheit der Mehrheit der Mitglieder zur Beschlussfähigkeit würde die Beschlussfähigkeitsregelung zwecklos werden lassen.[104] Für eine Beschlussfassung geforderte Mehrheiten sollten das Beschlussfähigkeitsminimum nicht übersteigen.[105]

---

[102] Sind weniger als 37 Mitglieder anwesend, so kann der Präsident die Beschlussunfähigkeit feststellen (Art. 149 Abs. 5 GOEP).

[103] Die aus allen Vertragsstaaten (184) bestehende Konferenz der WIPO (Art. 7 Abs. 1 WIPO-Übereinkommen) könnte theoretisch ihre Beschlüsse mit ca. einem Viertel ihrer Mitglieder fassen (Quorum von einem Drittel der Mitglieder: 62, Zweidrittelmehrheit der abgegebenen Stimmen: 42)

[104] Bei einem aus 120 Mitgliedern bestehenden Entscheidungsorgan würde die Zweidrittelmehrheit seiner Mitglieder 80 betragen, die Beschlussfähigkeitsziffer jedoch nur 60. Die Anwesenheit von 60 Mitgliedern würde aber noch kein Zustandekommen eines Beschlusses ermöglichen.

[105] Vgl. Wolfgang Hoffmann-Riem (Fn. 20), S. 394.

Die doppelte Mehrheit kann sowohl bei Anwendung der Regel „ein Mitglied – eine Stimme" als auch bei Anwendung der Stimmenwägung vorgesehen sein. Nicht nur für Organe mit allgemeiner Mitgliedschaft (plenare), sondern auch für Organe mit beschränkter Mitgliedschaft (nicht plenare) kann eine doppelte Mehrheit für ihre Entscheidungsverfahren gelten.

Für die Festlegung der genauen Beschlussfähigkeitsziffer sind bestimmte grundsätzliche Fragen zu beachten, wie der Zweck des kollegialen Entscheidungsorgans, an dem sich sein Verfahrensrecht als Mittel zur Erreichung des Organzwecks zu orientieren hat. Die Beschlussfähigkeitsziffer sollte hoch genug festgesetzt sein, um eine ausreichende Repräsentation der durch das Organ Repräsentierten gewährleisten zu können und wiederum niedrig genug, um die Funktionsfähigkeit des Kollegialorgans sicherzustellen. Demnach hat ein angemessener Ausgleich zwischen einer möglichst hohen Beteiligung der Mitglieder nach dem Prinzip der repräsentativen Demokratie und einer möglichst hohen Rationalität nach dem Rechtsstaatsprinzip bzw. einer möglichst hohen ökonomischen Funktionsfähigkeit des Kollegialorgans nach dem Effektivitätsprinzip zu erfolgen.[106] Dabei kommt es nach Auffassung des Bundesverfassungsgerichts nicht unbedingt auf die tatsächliche Beteiligung der Mitglieder des Organs an, sondern vielmehr auf die theoretische Möglichkeit zu ihrer Teilnahme an der Entscheidung.[107] Für eine theoretische Beteiligung bedarf es, wie das Gericht ausführt, der rechtzeitigen Information aller Mitglieder über die zu behandelnden Tagesordnungspunkte.[108] Insofern ist hier auf die durch das Bundesverfassungsgericht aufgestellten Implikationen des Kollegialprinzips für Kollegialentscheidungen zu verweisen, wie Information und Quorum[109], wobei die Beschlussfähigkeit als Mindestvoraussetzung kollegialer Entscheidungen anzusehen ist, auf die allerdings bei entsprechend hoher Beschlussfassungsregelung auch verzichtet werden kann.

II. Verzicht auf Beschlussfähigkeitsziffern

Einige Kollegialorgane verzichten für Beschlussfassungen auf ein Quorum, wie beispielsweise die Parlamente Österreichs, Irlands oder Großbritanniens. Bei bestimmten Abstimmungsregeln, wie bei der qualifizierten Mitgliedermehrheit, können Beschlussfähigkeitsziffern auch obsolet werden. So sieht das Grundgesetz allgemein und speziell für Verfassungsänderungen keine Beschlussfähigkeit vor.[110] Wegen der geforderten Zweidrittelmehrheit der gesetzlichen Mitglieder des Bundestages (402 von 603) und zwei Drittel der Stimmen des Bundesrates (46) gem. Art. 79 Abs. 2 GG ist eine solche auch entbehrlich. Eine Zweidrittelmehrheit der

---

[106] Vgl. Michael Schneider (Fn. 19), S. 119 ff.
[107] BVerfGE 44, 308 (316 f.).
[108] Ebenda (312).
[109] BVerfGE 91, 148 (166).
[110] Anders in einigen ausländischen Verfassungen, die neben der Zweidrittelmehrheit der Stimmen eine Beschlussfähigkeitsziffer fordern: Art. 195 Abs. 5 Verfassung Belgien (zwei Drittel), Art. 114 Abs. 5 Verfassung Luxemburg (drei Viertel), Art. 235 Abs. 4 Verfassung Polen (mindestens die Hälfte). Vgl. auch Bjørn Erik Rasch (Fn. 50), S. 499.

Mitglieder der Landtage ohne Beschlussfähigkeitsziffer fordern auch einige Landesverfassungen für Verfassungsänderungen.[111] Nach Art. 76 Abs. 1 Weimarer Reichsverfassung i.V.m. § 98 Abs. 2 GORT[112] war für Verfassungsänderungen noch die Anwesenheit von zwei Dritteln der Mitglieder notwendig, wenigstens zwei Drittel der Anwesenden mussten zustimmen.[113] Würde diese Regelung auf den Bundestag angewendet werden, so könnten Änderungen des Grundgesetzes anstelle mit 402 Stimmen schon mit 268 Stimmen im 15. Bundestag bzw. anstelle mit 410 Stimmen schon mit 274 Stimmen im 16. Bundestag, also weniger als der absoluten Mehrheit der Mitglieder des Bundestages (im 15. Bundestag: 302; im 16. Bundestag: 308 Stimmen), bei Vorliegen der Zweidrittelmehrheit der Stimmen im Bundesrat angenommen werden.

Im Gegensatz zur UN-Generalversammlung oder zum Völkerbundrat[114] fehlen auch für den UN-Sicherheitsrat Beschlussfähigkeitsregelungen. Weder die UN-Charta noch die Geschäftsordnung des Sicherheitsrates enthalten entsprechende Regelungen. Aufgrund fehlender Bestimmungen werden verschiedene Auffassungen bezüglich eines Quorums vertreten. Nach einer Auffassung bedarf es für die Beschlussfähigkeit des Sicherheitsrates der Anwesenheit aller Mitglieder, sowohl der ständigen als auch der nichtständigen.[115] Nach der herrschenden Auffassung fließt die Beschlussfähigkeit indirekt aus Art. 27 UN-Charta. Danach ist der Sicherheitsrat beschlussfähig, soweit er in Übereinstimmung mit Art. 27 Abs. 2 und 3 UN-Charta einen gültigen Beschluss fassen kann. Die Abwesenheit von nichtständigen Mitgliedern (bei fünfzehn Mitgliedern theoretisch bis zu sechs) oder die Abwesenheit eines ständigen Mitgliedes in Verfahrensfragen beeinflusst die Beschlussfähigkeit nicht. Ob die Abwesenheit eines ständigen Mitgliedes in Nicht-

---

[111] Art. 75 Abs. 2 Satz 1 LV BY, Art. 100 Satz 1 LV BE, Art. 79 Satz 2 LV BB, Art. 125 Abs. 3 LV HB, Art. 56 Abs. 2 LV MV, Art. 46 Abs. 3 Satz 1 LV NI, Art. 69 Abs. 2 LV NW, Art. 129 Abs. 1 LV RP, Art. 101 Abs. 1 Satz 2 LV SL, Art. 74 Abs. 2 LV SN, Art. 78 Abs. 2 LV ST, Art. 40 Abs. 2 LV SH, Art. 83 Abs. 2 Satz 1 LV TH. Anders in Hessen, wo es nach Art. 123 Abs. 2 LV HE für einen Beschluss mehr als der Hälfte der gesetzlichen Mitgliederzahl und Zustimmung durch das Volk mit der Mehrheit der Abstimmenden bedarf.

[112] GORT vom 12.12.1922.

[113] Vgl. Kurt Perels, Geschäftsgang und Geschäftsformen, in: Gerhard Anschütz/Richard Thoma (Hrsg.), Handbuch des deutschen Staatsrechts, 1. Band, Tübingen 1930, S. 462.

[114] Die VBS selbst und die GO der Bundesversammlung enthielten keine Bestimmungen zur Beschlussfähigkeit. Eine Ausnahme bestand in Art. 16 Abs. 4 VBS, wonach zum Ausschluss eines Mitgliedes wegen Verletzung der Bundespflichten alle im Rat vertretenen Mitglieder zustimmen mussten. Die GO des Völkerbundrates sah eine Bestimmung zur Beschlussfähigkeit vor, die die Anwesenheit der Mehrheit aller anderen Mitglieder verlangte. Art. VIII Rules of Procedure of the Council: „The Council shall not discuss or decide upon any matter unless the majority of its members are present." Doc. C.197.M106, 1938, S. 4. Vgl. Hans Albert Wirth, Das Einstimmigkeitsprinzip im Völkerbund, Würzburg 1931, S. 11.

[115] Vgl. Leo Gross, Voting in the Security Council: Abstention from Voting and Absence from Meetings, in: YLJ, 60 (1951) 2, S. 245.

verfahrensfragen die Beschlussfähigkeit verhindert, hängt von der „rechtlichen und abstimmungstechnischen Würdigung der Abwesenheit" ab.[116]

Mit dem Verzicht auf Beschlussfähigkeitsregelungen bei kollegialen Entscheidungsorganen darf keinesfalls die Grenze zum monokratischen Prinzip überschritten werden. Die Entscheidung muss als ein Handeln des Kollegialorgans zu verstehen sein. Aus dem Prinzip der repräsentativen Demokratie leitet Schneider für unmittelbar oder mittelbar demokratisch legitimierte Kollegialorgane ein zwingendes Gebot eines Quorums ab.[117] Die Notwendigkeit einer Beschlussfähigkeitsregelung kann indessen mit einer entsprechend hohen Beschlussfassungsregelung gänzlich entfallen. Deshalb ist eine Abstimmung der Regelungen über die Beschlussfähigkeit und die Beschlussfassung geboten.

E. Bezugsgröße der Beschlussfähigkeit

Als Bezugsgröße der Beschlussfähigkeit gilt zumeist *expressis verbis* oder implizit die Anzahl der gesetzlichen Mitglieder des kollegialen Entscheidungsorgans. Maßgeblich für die Beschlussfähigkeit ist die Anwesenheit der Mitglieder, nicht unbedingt ihre Teilnahme an der Abstimmung.[118] Das Quorum wird demnach von den anwesenden, nicht von den abstimmenden Mitgliedern berechnet. Der Begriff Anwesenheit findet ausdrückliche Erwähnung in zahlreichen positiv rechtlichen Regelungen, wie in Art. 43 Abs. 1 GG. Nach dieser nicht beschlussfähigkeitsrelevanten, verfassungsrechtlichen Bestimmung bedeutet Anwesenheit das persönliche Erscheinen, sofern das Erscheinen nicht unmöglich oder unter Anlegung eines strengen Maßstabs unzumutbar ist.[119] Fraglich ist, wie der Anwesenheitsbegriff hinsichtlich der Beschlussfähigkeitsregelungen zu interpretieren ist. Da eine diesbezügliche allgemein-gültige Begriffsdefinition nicht nachweisbar ist, muss der Begriff innerhalb seiner jeweiligen Normregelung nach Sinn und Zweck der Regelung ausgelegt werden. Bei normativer Forderung der Anwesenheit der Mitglieder können zur Feststellung der Beschlussfähigkeit generell auch nur tatsächlich räumlich im Sitzungssaal anwesende Mitglieder des Kollegialorgans gezählt werden. Ihnen muss die reale Möglichkeit der Beteiligung an einer Abstimmung gegeben sein. Dagegen kommt es auf eine körperliche Anwesenheit der Organmitglieder nicht an, wenn positiv rechtlich auf die Teilnahme an der Abstimmung, wie bei schriftlichen Abstimmungen, abgestellt wird.[120] Mitglieder kollegialer Entscheidungsorgane, die wegen Interessenkollision bzw. Befangenheit nicht an der Abstimmung teilnehmen, werden bei obligatorischer Nichtteilnahme (Verbot), wie beispielsweise im deutschen Kommunalrecht, anders als bei freiwilliger

---

[116] Vgl. Bruno Simma/Stefan Brunner/Hans-Peter Kaul, in: Bruno Simma (ed.) (Fn. 86), Art. 27, Rdnr. 69, S. 500.
[117] Vgl. Michael Schneider (Fn. 19), S. 121.
[118] Vgl. Norbert Achterberg, Die parlamentarische Verhandlung, Berlin 1979, S. 98.
[119] Vgl. Gerald Kretschmer, in: Bruno Schmidt-Bleibtreu/Franz Klein (Hrsg.) (Fn. 57), Art. 43, Rdnr. 17, S. 1032.
[120] Vgl. Michael Schneider (Fn. 19), S. 125 ff.

Nichtteilnahme, wie im deutschen Parlamentsrecht[121], bei der Berechnung der Beschlussfähigkeit nicht mitgezählt.[122]

Während die Beschlussfähigkeit bei Organen mit einer Stimme je Mitglied von einem Anwesenheitsquorum ausgeht (§ 45 Abs. 1 GOBT), wird bei Organen mit Stimmengewichtung oftmals auf eine geforderte Anzahl der vertretenen Stimmen abgestellt (§ 28 Abs. 1 GOBR). Bei letzteren finden sich auch Regelungen, die sich aus einer Kombination von Anwesenheits- und Stimmengewichtsquorum zusammensetzen (Art. V Abschnitt 2 lit. d Weltbank-Übereinkommen).

Bei der Feststellung der Beschlussfähigkeit zählen Stimmenthaltungen und ungültige Stimmen mit, da die Feststellung der Beschlussfähigkeit allein auf die Anwesenheit abstellt. Diese Prinzipien finden nicht selten ausdrückliche Regelung in den Geschäftsordnungen kollegialer Organe, wie z.B. in § 45 Abs. 3 Satz 4 GOBT. Darüber hinaus dürften sie auch als allgemein gültige Prinzipien anzusehen sein.[123]

F. Beschlussfähigkeit durch Vermutung

Bei Erfüllung der Voraussetzungen der Beschlussfähigkeitsregelungen ist diese gegeben. Im Umkehrschluss würde dies bedeuten, dass bei Unterschreitung Beschlussunfähigkeit vorläge, es sei denn, es fehlen diesbezügliche Regelungen oder bestehen zusätzliche Schranken, die für eine Beschlussunfähigkeit überwunden werden müssen. Zahlreiche Regelungen sehen eine Feststellung der Beschlussfähigkeit bzw. -unfähigkeit oder eine Anzweifelung der Beschlussfähigkeit vor.[124]

Die Beschlussfähigkeit kann sich auf eine widerlegbare Vermutung gründen.[125] Es ist Schneider zuzustimmen, dass es sich bei der Regelung, wonach ein Kollegialorgan als beschlussfähig gilt, solange diese nicht angezweifelt und die Beschlussunfähigkeit festgestellt wird, um eine widerlegbare Vermutung handelt.[126]

---

[121] Vgl. hierzu Kapitel IX C. I.
[122] Vgl. Walter Hofmeister, Interessenkollisionen nach deutschem Gemeindeverfassungsrecht, Göttingen 1955, S. 59 ff.; Prodromos Dagtoglou (Fn. 6), S. 103.
[123] So Prodromos Dagtoglou (Fn. 6), S. 103 f.
[124] Vgl. Michael Schneider (Fn. 19), S. 147.
[125] Zur Begriffstrennung von „widerlegbarer Vermutung" und „unwiderlegbarer Fiktion" hinsichtlich der Beschlussfähigkeit vgl. ebenda, S. 149 ff.
[126] In der Literatur wird anstelle von Vermutung mithin der Begriff der Fiktion verwendet. Vgl. Thürk, Anmerkung zum Urteil des VerfGH des Saarlandes vom 16.07.1963 – Lv 2/62, in: JBl. Saar, (1964), S. 138 f. Der Begriff der Fiktion (lat. *fictio*: gleichbedeutend) bezeichnet eine Annahme bzw. Unterstellung. In der Rechtswissenschaft wird die Fiktion als eine Art der Unterstellung verwendet, bei der ein nicht gegebener Tatbestand als real angenommen wird. Dabei erfolgt eine rechtliche Gleichstellung unterschiedlicher Tatbestände. Demnach kommt es zur Anwendung einer Rechtsfolge eines Tatbestandes auf einen angenommenen Tatbestand. Die Fiktion ist unwiderlegbar. Der Begriff der Vermutung bedeutet eine auf bestimmten Grundlagen, Tatsachen sowie auf Intuition beruhende ungesicherte Erkenntnis oder Annahme. Im Fall der Ungewissheit wird das Bestehen einer Tatsache vermutet. Dagegen kann der Beweis des Gegenteils,

F. Beschlussfähigkeit durch Vermutung

Das Parlament ist durch Vermutung beschlussfähig, wenn seine Beschlussfähigkeit ohne Rücksicht auf die Zahl der anwesenden Mitglieder vor einer Abstimmung[127] nicht angezweifelt wird.[128] Vorschriften, die die Beschlussfähigkeit des Kollegialorgans, z.B. des Parlaments, vermuten lassen, solange diese nicht wegen Anzweifelung durch Zählung (§ 51 GOBT) oder durch namentliche Abstimmung (§ 52 GOBT) ermittelt wird, gelten im Bundestag, in Gemeinderäten[129] und in einigen ausländischen Volksvertretungen[130] sowie in der Parlamentarischen Versammlung des Europarates (Regel 41.2 GOPV).

Die in § 45 GOBT enthaltenen Bestimmungen gehen auf die deutsche Parlamentstradition zurück[131], die ihre Wurzeln im französischen Recht haben.[132] Zunächst galt die Beschlussfähigkeitsvermutung nur in der Parlamentspraxis. Die Geschäftsordnung des Preußischen Abgeordnetenhauses enthielt noch keine Bestimmung über die Feststellung der Beschlussfähigkeit. Diese war in der Praxis nicht zwingend von Amts wegen festzustellen, sondern nur inzident bei zweifelhaftem Abstimmungsergebnis über eine Sachfrage nach Hammelsprung oder durch namentliche Abstimmung auf Antrag von fünfzig Abgeordneten.[133] Schließlich wurde 1870 die hieraus resultierende Regelung der Beschlussfähigkeit in die Geschäftsordnung des Reichstages des Norddeutschen Bundes in § 51 aufgenommen, die sich durch die Geschäftsordnungen späterer Parlamente zieht.[134] Danach ist der Vorstand zur Überprüfung der Beschlussfähigkeit verpflichtet, wenn diese ausdrücklich angezweifelt wird.[135] Während in den Landesparlamenten die Anzweiflung schon durch einen Abgeordneten genügt[136], sind für den Bundestag die Zweifel von einer Fraktion oder von anwesenden fünf vom Hundert (5%) (im 15. und 16. Bundestag: 5% = 31) der Abgeordneten[137] gefordert (§ 45 Abs. 2

---

d.h. des Nichtvorliegens der vermuteten Tatsache geführt werden, so dass die Vermutung widerlegbar ist. Vgl. Michael Schneider (Fn. 19), S. 150 f.
[127] Näher zum Zeitpunkt für die Anzweifelung vgl. ebenda, S. 153 ff.
[128] Vgl. Norbert Achterberg (Fn. 118), S. 99; ders., Parlamentsrecht, Tübingen 1984, S. 631 f.
[129] § 49 Abs. 1 Satz 2 GO NRW.
[130] Zur Schweizerischen Bundesversammlung vgl. Paul Cron, Die Geschäftsordnung der Schweizerischen Bundesversammlung, Freiburg in der Schweiz 1946, § 51, S. 217.
[131] Vgl. B. Jungheim/Kurt Perels, in: B. Jungheim (Hrsg.), Die Geschäftsordnung für den Reichstag mit Anmerkungen, Berlin 1916, § 54, S. 194; Kurt Perels (Fn. 113), S. 462; Franz-Ludwig Auerbach (Fn. 1), S. 25 ff.
[132] Vgl. Franz-Ludwig Auerbach (Fn. 1), S. 18 ff.
[133] Vgl. A. Plate, Die Geschäftsordnung des Preußischen Abgeordnetenhauses, 2. Auflage, Berlin 1904, Beilage A, S. 224 f.
[134] Vgl. Deutscher Bundestag (Hrsg.) (Fn. 38), § 45. Zur verfassungspolitischen Forderung der Schaffung einer „Fiktion" der Beschlussfähigkeit der Parlamente vgl. Thürk (Fn. 126), S. 138 f.
[135] Vgl. Entscheidung des StGH für das Deutsche Reich, Beschluss vom 10.11.1932, LS VI, 122 (auch RGZ 139, Anh. 1, S. 1 ff.)
[136] Mit Ausnahme von Thüringen, wo nach § 40 Abs. 2 Satz 1 GOLT TH die Zweifel einer Fraktion erforderlich sind.
[137] In Preußen ist die Zahl von fünfzehn Abgeordneten zur Anzweifelung der Beschlussfähigkeit erforderlich gewesen (§ 80 Abs. 2 LT GO). Vgl. Julius Hatschek (Fn. 30), S. 65.

GOBT).[138] Im Europäischen Parlament ist ein Antrag auf Feststellung der Beschlussunfähigkeit von mindestens siebenunddreißig Mitgliedern zu stellen (Art. 149 Abs. 3 Satz 1 GOEP), d.h. ebenfalls von ca. 5% der Abgeordneten. Da die Anzweiflung der Beschlussfähigkeit im Ermessen der Abgeordneten steht, wird die verhältnismäßig hohe Beschlussfähigkeitsziffer, wie im deutschen Parlamentsrecht, durch die Beschlussfähigkeitsvermutung[139] wieder relativiert.[140]

G. Feststellung der Beschlussfähigkeit von Amts wegen

Die Feststellung der Beschlussfähigkeit von Amts wegen beinhaltet, die aus dem englischen Recht[141] kommende Pflicht des Präsidenten/Vorsitzenden des Kollegialorgans, zu Beginn der Sitzung die Beschlussfähigkeit von Amts wegen festzustellen.[142] Der Feststellung der Beschlussunfähigkeit zu Beginn der Sitzung folgt in der Regel eine Beratungsunfähigkeit. Hier ist ein angemessener Ausgleich zwischen dem Prinzip der repräsentativen Demokratie und dem Rationalitätsgebot des Rechtsstaatsprinzips bzw. der Funktions- bzw. Handlungsfähigkeit des Kollegialorgans herzustellen. Die Unterscheidung zwischen Beratungs- und Beschlussfähigkeit ermöglicht zumindest die Behandlung der Beratungsgegenstände. Das für Abstimmungen vorgeschriebene Quorum lässt sich bei Feststellung der Beschlussfähigkeit von Amts wegen mitunter niedrig ansetzen.

Die Feststellung der Anwesenheit von mehr als der Hälfte der Mitglieder im Sitzungssaal des Bundestages von Amts wegen durch den die Sitzung leitenden Präsidenten hatte 1976 die Kommission Verfassungsreform des Deutschen Bundestages mit Mehrheit empfohlen.[143] Da nach der geltenden Bestimmung in § 45 Abs. 1 GOBT die Folgen einer nicht gegebenen Beschlussfähigkeit nur dann nicht vorliegen, wenn diese von bestimmten Quoren bezweifelt wird[144] und dies selten erfolgt[145], wird ein Großteil der Gesetze beschlossen, ohne dass die Hälfte der

---

[138] Zu verfassungsrechtlichen Bedenken gegen die Beschlussfähigkeitsvermutung vgl. Jan Roscheck (Fn. 32), S. 129 ff.
[139] Einige Landesverfassungen enthalten explizit eine Beschlussfähigkeitsvermutung. Art. 3 Abs. 2 Satz 3 LV BW, Art. 89 Abs. 1 Satz 2 LV HB, Art. 20 Abs. 1 Satz 2 LV HH, Art. 48 Abs. 2 LV SN, Art. 51 Abs. 2 LV ST.
[140] Vgl. Jan Roscheck (Fn. 32), S. 129.
[141] Vgl. Gottfried Cohen (Fn. 25), S. 64 ff.; Franz-Ludwig Auerbach (Fn. 1), S. 15 ff.; Hans-Josef Vonderbeck (Fn. 42), S. 196 f.
[142] Vgl. Alice Sturgis (Fn. 3), S. 105 f.
[143] Vgl. Schlussbericht der Enquete-Kommission Verfassungsreform, in: BT-Drs. 7/5924 vom 09.12.1976, S. 85.
[144] Zu den beiden Möglichkeiten der Feststellung der Beschlussfähigkeit vgl. Hans-Achim Roll, Geschäftsordnung des Deutschen Bundestages, Kommentar, Baden-Baden 2001, § 45, Rdnr. 1 f., S. 59 f.
[145] Vgl. statistische Angaben zu Fällen, in denen die Beschlussfähigkeit bezweifelt wurde, in: Peter Schindler (Fn. 60), S. 1986 f. In der Zeit von der 1. bis 14. WP ist in 42 Fällen die Beschlussfähigkeit bezweifelt worden, dabei wurde 21 Mal die Beschlussunfähigkeit festgestellt, 17 Mal nicht festgestellt, 4 Mal erfolgte eine anderweitige Erledigung.

Mitglieder tatsächlich im Sitzungssaal anwesend ist. Das Bundesverfassungsgericht bestätigte die Unschädlichkeit für die Wirksamkeit eines so zustande gekommenen Beschlusses in der oben besprochenen Entscheidung über die Annahme des Waffengesetzes.[146]

Mit dieser neuen Empfehlung der Kommission Verfassungsreform sollten die Abgeordneten des Bundestages zu einer stärkeren Präsenz gezwungen werden. Mit Hinweis auf die Bismarcksche Reichsverfassung von 1871 ist sogar erwogen worden, eine entsprechende Bestimmung in das Grundgesetz aufzunehmen.[147] Weder diese, noch die Empfehlung der Änderung der Geschäftsordnung, sind jedoch politisch durchsetzungsfähig gewesen.[148]

Im Gegensatz zum Bundestag ist die Beschlussfähigkeit im Bundesrat von Amts wegen durch den Präsidenten festzustellen (§ 28 Abs. 2 GOBR). Hier wird die Feststellung nicht wie im Bundestag von einer ausdrücklichen Anzweifelung der Beschlussfähigkeit durch eine bestimmte Anzahl von Mitgliedern abhängig gemacht. Nach der Geschäftsordnungsregelung hat der Präsident des Bundesrates die Sitzung bei Beschlussunfähigkeit aufzuheben. Da zwischen Beratungs- und Beschlussfähigkeit unterschieden wird und keine ausdrückliche Bestimmung über die Beratungsfähigkeit in der Geschäftsordnung enthalten ist, wird die Beratungsfähigkeit unterstellt bis das Gegenteil bezüglich der Beschlussfähigkeit festgestellt wird. Somit zieht erst die festgestellte Beschlussunfähigkeit die Beratungsunfähigkeit nach sich. Im Gegensatz zum Bundestag, wo die Beschlussunfähigkeit vor Beginn einer Abstimmung festzustellen ist (§ 45 Abs. 2 GOBT), kann der Präsident des Bundesrates die Beschlussunfähigkeit nicht nur unmittelbar vor Beginn der Abstimmung, sondern auch noch während der Abstimmung feststellen. Für diesen Fall erfolgt keine Mitteilung eines eventuellen Abstimmungsergebnisses.[149]

Die Regelung der Feststellung der Beschlussfähigkeit von Amts wegen zu Beginn der Sitzung gilt in Deutschland für einige Landtage[150] sowie Gemeinderäte.[151] Nach Feststellung der Beschlussfähigkeit gilt diese solange als vorhanden, bis das Gegenteil auf Antrag oder durch den Vorsitzenden festgestellt wird. Einige Parlamente ausländischer Staaten haben die Regelung von der Feststellung der Beschlussfähigkeit von Amts wegen ebenfalls übernommen.[152] Innerhalb der Europä-

---

Vgl. Michael F. Feldkamp/Christa Sommer, Parlaments- und Wahlstatistik des Deutschen Bundestages 1949-2002/03, Berlin 2003, S. 24 f.

[146] BVerfGE 44, 308 (314).
[147] Vgl. Schlussbericht der Enquete-Kommission Verfassungsreform (Fn. 143), S. 85.
[148] Vgl. Wolfgang Zeh, Demokratische Normalität oder verdeckter Verfassungskonflikt?, in: Bernd M. Kraske (Hrsg.), FS für Claus Arndt, Baden-Baden 2002, S. 225 ff.
[149] Vgl. Konrad Reuter, Praxishandbuch Bundesrat, Heidelberg 1991, § 28 GOBR, Rdnr. 5 ff., S. 500 ff.
[150] § 60 Abs. 2 GOLT HE vom 16.12.1993, in: GVBL. 1993 I, 628; 2004 I, 223; § 79 Abs. 1 Satz 2 GOLT NI, § 70 Abs. 1 Satz 2 GOLT ST.
[151] § 46 Abs. 1 Satz 2 GO BB, § 53 Abs. 1 Satz 2 HGO, § 30 Abs. 1 Satz 3 GO MV, § 46 Abs. 1 Satz 2 NGO, § 53 Abs. 1 Satz 2 GO LSA, § 38 Abs. 1 Satz 2 GO SH. Vgl. hierzu Walter Göttlich, Fiktion der Beschlußfähigkeit, in: Staats- und Kommunalverwaltung, (1965) 11, S. 293.
[152] Vgl. Inter-Parliamentary Union (Fn. 81), S. 495 ff.

ischen Gemeinschaften hat der Präsident des Rates bei Abstimmungen sich zu vergewissern, dass die Beschlussfähigkeit gegeben ist (Art. 11 Abs. 4 Satz 2 GO EG-Rat). Hier ist, wie beim Bundesrat, von einer Unterscheidung zwischen Beratungs- und Beschlussfähigkeit auszugehen.

H. Hilfsbeschlussfähigkeit

Für eine rechtmäßige Willensbildung bedarf es einer ausreichenden Repräsentation durch die Mitglieder des Kollegialorgans. Ist diese nicht gegeben, darf kein Beschluss zustande kommen. Das Nichtvorhandensein der Beschlussfähigkeit stellt sich in der Regel auch als ein Beratungshindernis dar, wie nach § 45 Abs. 3 GOBT. Um die Kollegialorgane nicht durch Obstruktion[153] beschlussunfähig werden zu lassen und ihre Funktionsfähigkeit zu erhalten, wird gegebenenfalls eine Hilfsbeschlussfähigkeit vorgesehen, die Ausnahmen von der generellen Beschlussfähigkeit zulässt. Hierbei greift eine Beschlussfähigkeit ohne Erreichen der erforderlichen Anzahl der anwesenden Mitglieder des Kollegialorgans, wenn die Angelegenheit zur Beschlussfassung dringend ist bzw. bereits wegen Beschlussunfähigkeit in einer früheren Sitzung zurückgestellt wurde und nun in einer erneuten Sitzung behandelt werden soll.[154] Damit soll eine Minderheit von Mitgliedern des Kollegialorgans die Beschlussfassung durch die Mehrheit über längere Zeit oder gar endgültig nicht verhindern können, so dass diese Regelungen dem Schutz des Mehrheitswillens dienen.[155]

So ermöglicht die Regelung in Art. 89 Abs. 2 Verfassung Bremen i.V.m. § 55 Abs. 2 GO Bremische Bürgerschaft eine Beschlussfassung auch bei Anwesenheit einer geringeren Zahl von Mitgliedern, wenn die Dringlichkeit des Gegenstandes keinen Aufschub gestattet und dies bei der Ladung zu der Versammlung ausdrücklich angezeigt worden ist. Die Gemeindeordnungen[156] und Landkreisordnungen[157] der Bundesländer mit Ausnahme von Hessen enthalten eine Bestimmung, nach der

---

[153] Um einer Obstruktion vorzubeugen kann nach Art. I Abschnitt 5 Abs. 1 Verfassung USA bei Wahlen beider Häuser die Beschlussfähigkeit sogar mit Strafandrohung gefordert werden.
[154] Vgl. Michael Schneider (Fn. 19), S. 173.
[155] Vgl. Wolfgang Hoffmann-Riem (Fn. 20), S. 394.
[156] § 37 Abs. 3 GO BW, § 46 Abs. 2 GO BB, § 53 Abs. 2 HGO, § 30 Abs. 3 GO MV, § 46 Abs. 2 NGO, § 49 Abs. 2 GO NRW, § 39 Abs. 1 Satz 2 GemO RP, § 44 Abs. 2 KSVG, § 39 Abs. 2 SächsGemO, § 53 Abs. 2 GO LSA, § 38 Abs. 3 GO SH, § 36 Abs. 2 ThürKO.
[157] § 32 Abs. 3 LKO BW, in: GBl. 1987, 289; 2006, 20; Art. 41 Abs. 3 LKO BY, in: GVBl. 1998, 826; 2006, 975; § 40 Abs. 2 LKO BB, in: GVBl. 1993 I, 433; 2005 I, 210; § 108 Abs. 3 KV MV, in: GVOBl. 2004, 205; 2006, 539, 546; § 42 Abs. 2 NLO, in: Nds. GVBl. 2006, 510; § 34 Abs. 2 KrO NRW, in: GV 1994, 646/SGV 2021; 2007, 380; § 32 Abs. 1 LKO RP, in: GVBl. 1994, 188; 2006, 57, 65; § 171 Ziff. 9 (LKO) KSVG SL, in: Amtsbl. 1997, 682; 2007, 1766; § 35 Abs. 3 SächsLKrO, in: GVBl. 1993, 577; 2007, 478, 482; § 42 Abs. 2 LKO LSA, in: GVBl. 1993, 598; 2006, 522; § 33 Abs. 3 KrO SH, in: GVOBl. 2003, 94; 2007, 271.

die Vertretungsorgane ungeachtet der Zahl der anwesenden Mitglieder oder unter Anwesenheit von nur wenigen beschlussfähig sind, wenn eine Angelegenheit ein- bzw. zweimal wegen Beschlussunfähigkeit zurückgestellt werden musste und das Organ erneut zur Verhandlung über denselben Tagesordnungspunkt unter entsprechenden Hinweis einberufen wird.

Gleichwohl können nicht alle Kollegialorgane auf Bestimmungen zur Sicherung der Hilfsbeschlussfähigkeit zurückgreifen. Für den Fall des Fehlens angemessener Ersatzmechanismen kann dem Vorschlag von Hoffmann-Riem gefolgt werden, wonach aufgrund des demokratisch-rechtsstaatlichen Strukturprinzips der Sicherung der Entscheidungsfähigkeit von Kollegialorganen eine Hilfsbeschlussfähigkeit durch Rechtsanalogie zu den in Geschäftsordnungen anderer Kollegialorgane geltenden Bestimmungen über die Hilfsbeschlussfähigkeit angenommen werden sollte.[158] Nach dem von Hoffmann-Riem unter kritischer Bezugnahme auf das Urteil des Bundesverwaltungsgerichts vom 6. Mai 1977[159] entwickelten Rechtsgrundsatz zur Sicherung der Funktionsfähigkeit von Kollegialorganen ist das Organ in einer erneuten Sitzung ohne Rücksicht auf die Zahl der anwesenden Mitglieder für die Entscheidung über die unerledigten Angelegenheiten beschlussfähig, wenn die Beschlussfassung in diesem Kollegialorgan zuvor wegen Beschlussunfähigkeit zurückgestellt werden musste. Dazu bedarf es einer erneuten Einberufung einer Sitzung binnen angemessener Frist unter Hinweis auf die Folge für die Beschlussfassung.[160]

Mit dieser auf langer Tradition beruhenden Regelung soll verhindert werden, dass einige Mitglieder des Kollegialorgans durch Obstruktion eine Beschlussfassung zu einem bestimmten Thema dauerhaft blockieren. Die Regelung einer Hilfsbeschlussfähigkeit beinhaltet somit eine Aufforderung und eine Warnung an die abwesenden Mitglieder des Kollegialorgans. Die Notwendigkeit einer Hilfsbeschlussfähigkeit resultiert nicht allein aus der Beschlussunfähigkeit durch Obstruktion, sondern auch aus Fällen, in denen Organmitglieder wegen Befangenheit von der Sitzung ausgeschlossen werden, wie im deutschen Kommunalrecht.[161] Dieser spezielle Fall wird Gegenstand der Untersuchung im neunten Kapitel sein.

---

[158] Vgl. Wolfgang Hoffmann-Riem (Fn. 20), S. 396 f.
[159] BVerwGE 54, 29 (44 f.). Im vorliegenden Fall, in dem die entsprechenden verfahrensrechtlichen Bestimmungen keine Regelung über die Hilfsbeschlussfähigkeit vorsehen, bejaht das Gericht eine Hilfsbeschlussfähigkeit in Fällen der „objektiv pflichtwidrigen Herbeiführung" der Beschlussunfähigkeit des Kollegialorgans. Damit stellt das Gericht auf die Pflichtwidrigkeit der Mitglieder ab. Vgl. hierzu Wolfgang Hoffmann-Riem (Fn. 20), S. 394 ff.
[160] Vgl. Wolfgang Hoffmann-Riem (Fn. 20), S. 397.
[161] Vgl. Michael Schneider (Fn. 19), S. 173 f.

I. Beschlussfähigkeit bei schriftlichen Abstimmungen

Einige kollegiale Entscheidungsorgane sehen eine Beschlussfassung ohne Beratung im schriftlichen Abstimmungsverfahren vor[162], wie in nachfolgenden Kapiteln gezeigt wird. Wegen des Fehlens einer Beratung in einer Sitzung des Kollegialorgans stellt sich die Frage nach der Feststellung einer Beschlussfähigkeit auf eine andere Weise. In der Regel erfolgt im schriftlichen Abstimmungsverfahren eine Fristsetzung, innerhalb derer die Stimme durch die Mitglieder schriftlich abzugeben ist. Um eindeutige Angaben zur Feststellung einer gegebenenfalls bestehenden Beschlussfähigkeit zu erhalten, ist zwischen Beschlussfähigkeit und Beschlussfassung zu unterscheiden.[163] Nachfolgend wird die Beschlussfähigkeit bei schriftlichen Abstimmungen an zwei konkreten Beispielen untersucht.

I. Beschlussfähigkeit bei Umlaufverfahren der Bundesregierung

Wenn aber, wie im bis zur Entscheidung des Bundesverfassungsgerichts vom 11. Oktober 1994[164] im Rechtsstreit über die Beschlussfassung der Bundesregierung betreffend, die Berechtigung zur Ausfuhr von Waren in den Irak durch Umlaufverfahren nach § 20 Abs. 2 GOBReg. für das Zustandekommen eines Beschlusses das Nichteinlegen eines schriftlichen Widerspruchs eines Regierungsmitglieds ausreicht, ohne die weiteren Willensbekundungen abzufordern, ist die Frage nach der Feststellung der Beschlussfähigkeit bei schriftlichen Abstimmungen zu stellen. Dieser Frage soll am konkreten Beispiel aus der Rechtsprechung nachgegangen werden.

Nach Auffassung des Beschwerdeführers[165] seien die Rechtsverordnungen über die Berechtigung zur Ausfuhr von Waren[166] im Wege des Umlaufverfahrens nach § 20 Abs. 2 GOBReg. nicht rechtswirksam zustande gekommen, weil es an einem Beschluss der Bundesregierung fehlte. Es sei nicht festgestellt worden, dass außer dem Bundesminister für Wirtschaft noch andere Bundesminister die beiden Verordnungsentwürfe persönlich erhalten, zur Kenntnis genommen oder befürwortet haben.[167] Zur Begründung seiner Entscheidung verwies das Bundesverfassungsgericht darauf, dass eine Kollegialentscheidung materiell der Bundesregierung zure-

---

[162] Zum empirischen Befund vgl. Michael Anderheiden, Verfahrens- und Zurechnungsprobleme bei Umlaufverfahren, in: VerwArch, 97 (2006) 2, S. 166 f.
[163] So auch Michael Anderheiden, ebenda, S. 178.
[164] BVerfGE 91, 148. Vgl. Volker Epping, Die Willensbildung der Bundesregierung und das Einwendungsausschlußverfahren, in: NJW, 45 (1992) 41, S. 2605 ff.; ders., Die Willensbildung von Kollegialorganen, in: DÖV, 48 (1995) 17, S. 719 ff.; Michael Schneider (Fn. 19), S. 106 ff.
[165] Dabei handelt es sich um ein auf den Handel mit technischen Ausrüstungen für Entwicklungsländer spezialisiertes Unternehmen. BVerfGE 91, 148 (153).
[166] Die 56. Verordnung zur Änderung der Außenwirtschaftsverordnung und die 53. Verordnung zur Änderung der Ausfuhrliste sind unter Verstoß gegen die aus Art. 80 Abs. 1 Satz 1 GG folgenden Anforderungen zustande gekommen. Ebenda (171).
[167] Ebenda (158).

chenbar sein muss. Dazu habe auch das Umlaufverfahren als Ausnahme von der Regel den Minimalerfordernissen an die Beschlussfassung eines Kollegialorgans, wie Information, Quorum und Majorität (Mehrheit) zu entsprechen.[168] Während den Erfordernissen von Information und Mehrheit durch § 15 Abs. 1 und § 24 Abs. 2 GOBReg., die auch für das Umlaufverfahren gelten, Genüge getan wird, hat das Bundesverfassungsgericht hinsichtlich des Quorums eine verfassungskonforme Auslegung vornehmen müssen.[169] Seinem Wortlaut nach („anwesend") bezieht sich § 24 Abs. 1 GOBReg., der das Quorum festlegt, nämlich nur auf die Beschlussfassung in der Kabinettssitzung. Um dem Erfordernis einer Mindestbeteiligung als Voraussetzung der Zurechenbarkeit des Beschlusses zu entsprechen, müsste § 24 Abs. 1 GOBReg. im Analogieschluss auch im Umlaufverfahren Anwendung finden. An die Stelle der Anwesenheit trete dann die Mitwirkung am Umlaufverfahren, die mit der Willensbekundung der Mitglieder gleichzusetzen sei. Bei fehlender Willensbekundung sei von einer Nichtbeteiligung am Umlaufverfahren auszugehen.[170] Die Nichtbeteiligung könnte wiederum der Abwesenheit im Regelverfahren entsprechen. Auf diese Problematik wird im nächsten Kapitel näher eingegangen.

Ob das Erfordernis der Beschlussfähigkeit und auch der Beschlussfassung gewahrt ist, ließe sich nach Auffassung des Bundesverfassungsgerichts nur feststellen, wenn die Zustimmung im Fall des Schweigens nicht unterstellt oder gar fingiert wird, sondern der Erklärung bedarf. Diesem Erfordernis wäre Rechnung getragen, wenn die Schriftform, die § 20 Abs. 2 Satz 1 GOBReg. vorsieht, nicht nur für die Einholung, sondern auch für die Übermittlung der Zustimmung gelte. Jedenfalls müsse die Einhaltung des Quorums und der Mehrheitsregel festgestellt werden. Im Regelverfahren wird dies durch die Vorschriften der §§ 24, 25 GOBReg. gewährleistet. Eine entsprechende Feststellung, die bereits im Zeitpunkt der Verkündung der Verordnung getroffen sein muss, sei ebenfalls für das Umlaufverfahren erforderlich. Die Verordnungen sind somit unter Verletzung der aus Art. 80 Abs. 1 Satz 1 GG folgenden Anforderungen zustande gekommen. Das von der Bundesregierung praktizierte Umlaufverfahren stand nicht mit dem Grundgesetz in Einklang.[171]

Das Bundesverfassungsgericht hat in seiner Entscheidung klargestellt, dass wenn ein Kollegialorgan, wie die Bundesregierung, die verfassungsrechtliche Kompetenz zur Entscheidungsfindung übertragen bekommen hat, ein Schreiben im Umlaufverfahren mit einer Einverständnisfiktion dem verfassungsrechtlichen Grundsatz der Repräsentation nicht genügen kann. In einem Umlaufverfahren sind die tatsächliche Mitwirkung und damit das Mindestquorum der Regierungsmitglieder in schriftlicher Form nachzuweisen.[172] Da lediglich die Einlegung eines

---

[168] Ebenda (169).
[169] Vgl. Volker Epping, Die Willensbildung von Kollegialorganen (Fn. 164), S. 722.
[170] BVerfGE 91, 148 (169).
[171] Ebenda (170 f). Da der Verfahrensfehler beim Erlass der Verordnungen nicht evident war, hat das BVerfG die Verfassungsbeschwerde unter Berufung auf die ständige Staatspraxis als unbegründet abgewiesen. Mit der vorliegenden Entscheidung sei der Verfahrensfehler jedoch für die Zukunft evident. BVerfGE 91, 148 (175 f.).
[172] Vgl. Michael Schneider (Fn. 19), S. 115.

Widerspruchs als Stimmabgabe anzusehen war, ist das von der Bundesregierung bis dahin praktizierte Umlaufverfahren zu Recht als ein Einwendungsausschlussverfahren bezeichnet worden.[173] Als Konsequenz dieser Rechtsprechung sind bei Anwendung von Umlaufverfahren sowohl die Beschlussfähigkeit als auch die Beschlussfassung (Ja, Nein, Stimmenthaltung) nachzuweisen. Dieser Nachweis könnte nach Anderheiden durch eine „doppelte Unterschrift" erbracht werden, eine für die Beschlussfähigkeit und eine für die Beschlussfassung.[174] In Abänderung dieses Vorschlages wäre anstelle der zweiten Unterschrift die Abgabe der Stimme (Ja, Nein, Stimmenthaltung) jedoch ausreichend.

Die Entscheidung des Bundesverfassungsgerichts hat nicht nur Bedeutung für Umlaufverfahren erlangt. Durch die Festlegung der materiellen Zurechenbarkeitskriterien – Information, Quorum und Mehrheit – bei einer dem Demokratieprinzip entsprechenden Willens- und Entscheidungsbildung entfaltet sie allgemeine Bedeutung für die Beschlussverfahren in Kollegialorganen. Zurechenbarkeit setzt zunächst voraus, dass alle Mitglieder des Kollegialorgans vom Gegenstand der anstehenden Entscheidung in Kenntnis gesetzt werden und Gelegenheit zur Mitwirkung an der Entscheidung erhalten (Information). Bevor die Entscheidung getroffen werden kann, muss die Anwesenheit von so vielen Mitgliedern und damit ihre Beteiligung an der Willensbildung gegeben sein, dass ihr Handeln dem Kollegialorgan noch zugesprochen werden kann.[175] Das Gericht hat hier eine notwendige Unterscheidung zwischen Beschlussfähigkeit (Quorum) und Beschlussfassung (Mehrheit) vorgenommen. Bei Vorliegen der Beschlussfähigkeit (die Hälfte der Mitglieder) reicht auch eine einfache Mehrheit als Abstimmungsregel aus.[176] Damit werden bereits ein Abhängigkeitsverhältnis und eine Kombinierbarkeit von Beschlussfähigkeits- und Beschlussfassungsregeln indiziert.[177]

In der auf die Bundesverfassungsgerichtsentscheidung folgenden Abänderung des Umlaufverfahrens kommt ein wirksamer Beschluss nunmehr zustande, wenn mindestens die Hälfte der Regierungsmitglieder persönlich am Umlaufverfahren durch eine Willensbekundung teilnehmen und davon die erforderliche Mehrheit dem Beschluss zustimmt. Danach entsprechen sowohl Beschlussfähigkeit als auch Beschlussfassung den Anforderungen an eine Kollegialentscheidung. Allerdings wird das Umlaufverfahren zunehmend durch das so genannte Top-Eins-Listen-Verfahren ersetzt, wonach als unstreitig geltende Themen als Sonderpunkte an

---

[173] FG Kassel, Urteil vom 14.12.1984 – 7 K 427/84, in: NJW, 38 (1985) 29, S. 1726 (1727); VGH Kassel, Urteil vom 19.03.1990 – 8 UE 811/88, in: NJW, 43 (1990) 42, S. 2704 (2705); BVerwGE 89, 121; BVerfGE 91, 148 (155, 171). Vgl. Volker Epping, Die Willensbildung der Bundesregierung und das Einwendungsausschlußverfahren (Fn. 164), S. 2605 ff.; ders., Die Willensbildung von Kollegialorganen (Fn. 164), S. 719 ff.
[174] Michael Anderheiden (Fn. 162), S. 178.
[175] BVerfGE 91, 148 (166).
[176] Epping spricht vom Ausreichen einer relativen Mehrheit. Volker Epping, Die Willensbildung von Kollegialorganen (Fn. 164), S. 724. In § 24 Abs. 2 GOBReg. ist für die Beschlussfassung der BReg. Stimmenmehrheit, d.h. einfache Mehrheit geregelt.
[177] „Ob das Erfordernis des Quorums und das davon abhängige der Mehrheit gewahrt sind [...]." BVerfGE 91, 148 (170).

erster Stelle der Tagesordnung gesetzt werden, die *en-bloc*[178] abgehandelt werden.[179]

II. Beschlussfähigkeit bei Zurücknahme von bereits abgegebenen Stimmen in Kollegialorganen von Weltbank und IMF

Die Frage, ob die Zurücknahme von bereits abgegebenen Stimmen in einer schriftlichen Abstimmung gegebenenfalls die festgesetzten Quoren verhindern kann, hat 1980 zunächst die Weltbank und dann den IMF beschäftigt. Nach den Geschäftsordnungsregeln des Gouverneursrates der Weltbank bat sein Vorsitzender den Präsidenten der Bank, die PLO als Beobachter zur Jahresversammlung einzuladen. In der Annahme, die Mehrheit der Direktoren würde dieser Einladung nicht zustimmen, ist der Präsident dieser Bitte nicht nachgekommen. Daraufhin entschied der Gouverneursrat mit Hilfe eines schriftlichen Verfahrens die Mitglieder zu befragen. Nachdem im entsprechend festgelegten Zeitraum für die Abstimmung nicht genügend Stimmen abgegeben wurden, ist die Beschlussfähigkeit schließlich nach einer Verlängerung der Frist erreicht worden. Unter den Nein-Stimmen befanden sich die von Syrien und dem Sudan. Noch während der Abstimmungsfrist baten diese beiden Mitgliedstaaten ihre Stimmen zurückziehen zu dürfen. Dies hätte zur Konsequenz gehabt, dass die Beschlussfähigkeit verneint werden müsste. Die Direktoren von Weltbank und IMF entschieden am 17. bzw. 18. September 1980, dass den Mitgliedstaaten das Recht auf Zurückziehung ihrer Stimme in einem schriftlichen Verfahren nicht zustände. Die Mehrheit der Mitglieder eines speziell eingesetzten Komitees zur weiteren Untersuchung dieser Rechtsfrage kam zu der gegenteiligen Auffassung, wonach Mitgliedstaaten ein Recht auf Zurückziehung ihrer Stimme innerhalb der festgesetzten Frist für die Abstimmung hätten. Nach Ansicht des Komitees sollten neben einer Ja- oder Nein-Stimme auch die Stimmenthaltung oder die Nichtteilnahme als Abstimmungsverhalten zur Auswahl stehen.[180]

Ausgehend von den aus einer Mitgliedschaft resultierenden Verpflichtungen verneint Schermers dagegen zu Recht ein entsprechendes Recht auf Zurückziehung der Stimme im schriftlichen Verfahren. Mit der Rücknahme der Stimme kann die Beschlussfähigkeit negativ beeinflusst werden. Im Gegensatz zu Abstimmungen bei Sitzungen, wo die Anwesenden gezählt werden können, ergibt sich die Beschlussfähigkeit bei schriftlichen Abstimmungen in der Regel aus der Anzahl der abgegebenen Stimmen. Für eine Abstimmung seien Ja, Nein und Enthaltung ausreichende Formen, damit die Mitgliedstaaten ihrer Meinung Ausdruck verleihen können. Eine Änderung ihrer Position, wie von Ja zu Nein oder von einer von beiden zu Stimmenthaltung bzw. umgekehrt, sei durchaus zulässig. Eine

---

[178] Vgl. hierzu Kapitel XI D.
[179] Vgl. Michael Schneider (Fn. 19), S. 115 f.
[180] Vgl. Henry G. Schermers, The quorum in intergovernmental organs, in: Karl-Heinz Böckstiegel/Hans-Ernst Folz/Jörg Manfred Mössner/Karl Zemanek (Hrsg.), FS für Ignaz Seidl-Hohenveldern, Köln/Berlin/Bonn/München 1988, S. 534.

vollständige Zurückziehung der Stimme wäre hingegen hiervon zu unterscheiden und würde im Widerspruch zu allgemeinen Verpflichtungen der Mitgliedschaft in einem Kollegialorgan stehen.[181]

Eine Stimmabgabe ist als Teilnahme an der Abstimmung zu qualifizieren und für die Beschlussfähigkeit zu zählen. Eine Rücknahme der Stimme entspräche bei einem schriftlichen Abstimmungsverfahren in der Tat einer Nichtteilnahme mit der Folge, dass das entsprechende Mitglied nicht für die Beschlussfähigkeit gezählt werden könnte. Da in dem konkreten Fall die betreffenden Staaten ihre Stimmen während des laufenden Verfahrens zurückziehen wollten, haben sie damit die Beschlussfähigkeit verneinen lassen, so dass auch kein Beschluss zustande gekommen sein könnte. Eine Umwandlung ihrer abgegebenen Stimmen in eine Stimmenthaltung hätte diese direkte Auswirkung auf die Beschlussfähigkeit nicht zur Folge gehabt. Vor allem aber würde das Problem durch eine strikte Unterscheidung von Beschlussfähigkeit und Beschlussfassung bei Umlaufverfahren, die jeweils durch eine Unterschrift bzw. die Stimmabgabe nachgewiesen werden könnten, umgangen werden.

J. Rechtsfolgen bei Beschlussunfähigkeit

Eine fehlende Beschlussfähigkeit könnte automatisch die Unwirksamkeit des gefassten Beschlusses zur Rechtsfolge haben. Solange die Beschlussfähigkeit von Amts wegen nicht festgestellt werden muss und nicht rechtzeitig angezweifelt wird, kommen Beschlüsse bei nur vermuteter Beschlussfähigkeit zustande.

Als unmittelbare Folge der ausdrücklichen Feststellung der Beschlussunfähigkeit tritt wie bei Bundestag und Bundesrat Beratungsunfähigkeit ein, so dass die Sitzung sofort aufzuheben ist (§ 45 Abs. 3 Satz 1 GOBT, § 28 Abs. 2 GOBR). Weder eine Worterteilung, noch eine Unterbrechung der Sitzung sind mehr zulässig.[182] Die Regelung der Beschlussunfähigkeit bedeutet, dass über den zur Abstimmung gestellten Antrag nicht entschieden wurde. Weil die Abstimmung über den Antrag nicht erfolgte, konnte auch kein Beschluss zustande kommen. Solange der Antrag nicht zurückgezogen wird, muss er in einer weiteren Sitzung erneut behandelt werden. Der Bundestagspräsident kann gem. § 20 Abs. 5 Satz 1 GOBT für denselben Tag einmal eine weitere Sitzung mit derselben, d.h. unveränderten Tagesordnung einberufen. Innerhalb dieser Tagesordnung kann er den Zeitpunkt für die „Wiederholung der erfolglosen Abstimmung" festlegen oder sie von der Tagesordnung absetzen, außer wenn eine Fraktion oder von anwesenden fünf vom Hundert der Mitglieder des Bundestages widersprechen (§ 20 Abs. 5 Satz 2 GOBT).

Da es wegen festgestellter Beschlussunfähigkeit noch gar nicht zu einer Abstimmung kommen konnte, ist eine inhaltliche Fehldeutung der Wörter „Wieder-

---

[181] Vgl. ebenda, S. 534 f.
[182] Vgl. Hans Troßmann, Parlamentsrecht des Deutschen Bundestages, Kommentar, München 1977, § 49, Rdnr. 11 f., S. 325 f.; Konrad Reuter (Fn. 149), § 28 GOBR, Rdnr. 12, S. 502 f.

holung" und „erfolglose Abstimmung" zu vermeiden.[183] Die gewählten Wörter entsprechen inhaltlich jedenfalls nicht der Definition von einer Abstimmungswiederholung. Im Sinne einer notwendigen Rechtsklarheit ist deshalb eine Änderung der Wortwahl in der Geschäftsordnung zu empfehlen. Eine analoge Wortwahl, wie in § 20 Abs. 5 Satz 2 GOBT, findet sich auch in der Bestimmung des § 99 Abs. 2 GOBT, wonach dringliche Gesetzentwürfe der Bundesregierung nach Art. 81 GG als abgelehnt gelten, wenn zweimal in der zweiten oder dritten Beratung bei einer Einzel- oder Schlussabstimmung wegen Beschlussunfähigkeit „ergebnislos abgestimmt" worden ist. Hier wird sogar eine Abstimmung mit dem Ziel fingiert, eine Verzögerung des Gesetzgebungsverfahrens zu vermeiden.[184]

Sollte es unter Verletzung von Beschlussfähigkeitsregelungen in einem Kollegialorgan zu einer Beschlussfassung gekommen sein, so sind die Beschlüsse nichtig.[185] Dies trifft beispielsweise zu, wenn die Beschlussfähigkeit zu Beginn der Sitzung des entsprechenden Kollegialorgans von Amts wegen nicht festgestellt und dennoch über einen Beschluss abgestimmt wurde.[186]

K. Kombination von Beschlussfähigkeitsregelungen mit Abstimmungsregeln

Bei Beschlussfähigkeitsregelungen gibt es verschiedene Varianten von Kombinationen mit Abstimmungsregeln. Bei der ersten kann die Beschlussfähigkeit parallel zur Abstimmungsregel festgelegt sein (Beschlussfähigkeitsziffer ≅ Abstimmungsregel). Dies ist typisch für westeuropäische Staaten und ihre Staatenverbindungen. Wenn Entscheidungen mit einfacher Mehrheit getroffen werden, wird die Anwesenheit von mindestens der Hälfte der Mitglieder des Entscheidungsorgans bei der Abstimmung gefordert. Der für wichtige Entscheidungen gewählten qualifizierten Mehrheitsregel wird oft auch eine höhere Beschlussfähigkeitsziffer vorgeschaltet. Qualifizierte Mehrheiten für die Beschlussfassung, die das Beschlussfähigkeitsminimum übersteigen, haben zur Folge, dass Beschlussfähigkeitsregelungen unbedeutend werden. Bei einer Forderung der Einstimmigkeit oder des Konsens kann die Anwesenheit aller Mitglieder des kollegialen Entscheidungsorgans erforderlich sein. Wenn zur Beschlussfähigkeit als Voraussetzung einer Beschlussfassung die Anwesenheit aller gesetzlichen Mitglieder und zur Beschlussfassung Einstimmigkeit gefordert wird, werden die höchstmöglichen Bedingungen

---

[183] Vgl. Hans-Josef Vonderbeck (Fn. 42), S. 201.
[184] Vgl. ebenda.
[185] Zur Geltendmachung der Beschlussunfähigkeit einer Gemeindeordnung und Rechtswidrigkeit eines Beschlusses trotz Beschlussunfähigkeit vgl. VGH Kassel, Beschluss vom 05.01.1988 – 6 TG 3547/87, in: NVwZ, 7 (1988) 12, S. 1155 f.
[186] Für Gemeinderäte vgl. Kay Waechter (Fn. 8), Rdnr. 315, S. 221; Alfons Gern (Fn. 46), Rdnr. 481, S. 315.

gestellt, die nur in relativ homogenen kollegialen Entscheidungsorganen zu erfüllen sind.[187]

Bei der zweiten Variante kann die Beschlussfähigkeitsziffer niedriger als die Abstimmungsregel festgesetzt sein (Beschlussfähigkeitsziffer < Abstimmungsregel). Wird beispielsweise die qualifizierte Mehrheit als Abstimmungsregel von der gesetzlichen bzw. vertraglichen Mitgliederzahl eines Entscheidungsorgans berechnet, so wird eine Beschlussfähigkeitsziffer bedeutungslos. Diese Variante findet Anwendung in Österreich, Irland, Großbritannien und überall dort, wo auf ein Quorum ganz verzichtet wird. Bei der dritten Variante ist die Beschlussfähigkeitsziffer höher als die Abstimmungsregel (Beschlussfähigkeitsziffer > Abstimmungsregel).[188]

Mögliche Kombinationen von Beschlussfähigkeitsregelungen mit Abstimmungsregeln auf der Grundlage des Mehrheitsprinzips lassen sich mit Hilfe der nachstehenden Übersicht unter Zugrundelegung eines hypothetischen Beispiels eines kollegialen Entscheidungsorgans mit einer gesetzlichen bzw. vertraglichen Mitgliederzahl von hundert anschaulich darstellen.

Übersicht VIII: Kombinationen von Beschlussfähigkeitsregelungen und Abstimmungsregeln

Beschluss-fähigkeit	Anwesenheit	Einfache Mehrheit (Abstimmungsmehrheit)	Absolute Mehrheit (Mitgliedermehrheit)	Qualifizierte (2/3) (Abstimmungs-) mehrheit	Qualifizierte (2/3) (Mitglieder-) Mehrheit
1/3	34	18	51	23	67
50	50	26	51	34	67
50+1	51	26	51	34	67
2/3	67	34	51	45	67

In den grau markierten Fällen der Mitgliedermehrheit und qualifizierten Mitgliedermehrheit liegt die jeweils geforderte Mehrheit für die Beschlussfassung höher als die bzw. gleich der Beschlussfähigkeit, so dass letztere nur noch deklaratorischen Wert besitzt.

Beschlussfähigkeitsregelungen und Abstimmungsregeln sollen das demokratische Repräsentationsprinzip innerhalb eines Kollegialorgans schützen, wobei ihre Wirkungen in einem gegenseitigen Zusammenhang zu sehen sind. Regelungen zur Beschlussfassung können gleichzeitig Mindestanforderungen an Beschlussfähigkeitsregelungen implizieren.[189] Bei Mitgliedermehrheiten, insbesondere qualifzierten Mitgliedermehrheiten als Beschlussfassungsregelungen, gehen die Beschlussfähigkeitsregelungen in diesen quasi auf, so dass sie in ihrer rechtlichen Bedeutung hinter ersteren zurückstehen und somit *de facto* verzichtbar sind.

---

[187] Ein Anwesenheitsquorum aller Mitglieder sah z.B. der nicht mehr existierende RGW bei Konsensentscheidungen vor. Vgl. Henry G. Schermers (Fn. 180), S. 532.
[188] Vgl. Bjørn Erik Rasch (Fn. 50), S. 498 f.
[189] Vgl. Michael Schneider (Fn. 19), S. 143.

Kapitel IX
Abstimmungsverhalten

Das Abstimmungsverhalten der Mitglieder kollegialer Organe hat wesentliche Auswirkungen auf die zu treffende Entscheidung. Stimmenthaltung, Nichtteilnahme an der Abstimmung oder Abgabe einer ungültigen Stimme können das Abstimmungsergebnis wesentlich beeinflussen, eine Abwesenheit die Beschlussfähigkeit und damit die Beschlussfassung sogar verhindern. Da das Abstimmungsverhalten das Stimmrecht voraussetzt, bedarf es zunächst einer eingehenden Untersuchung desselbigen.

A. Stimmrecht oder Stimmpflicht

Als Stimmrecht wird die Kompetenz der Beteiligten am Entscheidungsprozess kollegialer Organe bezeichnet, sich an einer Abstimmung zu beteiligen und ihre Stimme bei einer Abstimmung abzugeben. Mitunter besteht neben dem Stimmrecht auch eine Stimmpflicht. Unter Stimmpflicht der Beteiligten am Entscheidungsprozess ist die Pflicht zur Teilnahme an der Abstimmung bzw. zur Abgabe einer Stimme zu verstehen.[1]

I. Stimmrecht gewählter Volksvertreter

In der älteren Staatsrechtslehre ist das Stimmrecht noch als Stimmpflicht verstanden worden.[2] Nach französischer und englisch-amerikanischer Auffassung galt der Grundsatz, dass Parlamentsmitglieder verpflichtet sind abzustimmen. Es bestanden sogar Strafvorschriften für säumige Abgeordnete. Im deutschen Parlamentsrecht kannte beispielsweise Sachsen eine Stimmpflicht für anwesende Abgeordne-

---

[1] Vgl. Jan Roscheck, Enthaltung und Nichtbeteiligung bei staatlichen Wahlen und Abstimmungen, Berlin 2003, S. 102 f.
[2] Vgl. Herbert H. Fuchs, Die parlamentarische Obstruktion durch Abstinenz der Minderheit, Heidelberg 1928, S. 66 ff.; zur Stimmpflicht bei Wahlen vgl. Friedrich Arnold, Wahlpflicht und Stimmzwang, Tübingen 1929, S. 7 ff.; Gerhard Lang, Das Problem der Wahl- und Stimmpflicht, seine Lösung im geltenden Recht der europäischen Staaten und seine Grundlagen in der Bundesrepublik Deutschland, Freiburg im Breisgau 1962, S. 128 ff; Urs Engler, Stimmbeteiligung und Demokratie, Bern/Frankfurt am Main 1973, S. 224 ff.

te seines Landtages.³ Diese Auffassung von der Stimmpflicht ist von Jellinek aus dem Status des Abgeordneten als staatlicher Amtsträger hergeleitet worden, dem nicht nur Rechte, sondern auch Pflichten inhärent seien. Dazu wäre neben der Verpflichtung zum Besuch der Sitzungen auch die Abgabe der Stimme zu zählen, die in zahlreichen Verfassungen und parlamentarischen Geschäftsordnungen des 19. Jahrhunderts ihren Ausdruck fanden.⁴

Heute herrscht die allgemeine Auffassung, wonach gewählte Volksvertreter ein Stimmrecht haben, aber keiner Stimmpflicht unterliegen.⁵ Eine Ausnahme hiervon bildet beispielsweise die Pflicht der Abgeordneten des Parlaments von Costa Rica, im Plenum ihre Stimme in den Angelegenheiten abzugeben, die beraten werden.⁶

Die Kompetenz, bei Abstimmungen des Parlaments eine Stimme abzugeben, steht dem Volksvertreter nicht als Individualrecht zu, sondern aufgrund seiner Mitgliedschaft in einem staatlichen Organ.⁷ Im Prozess der parlamentarischen Willens- und Entscheidungsbildung tritt das zum Kompetenzkernbereich eines Volksvertreters zählende Recht an Wahlen und Abstimmungen teilzunehmen⁸ zwar erst am Schluss in Erscheinung. Von den einem Volksvertreter zustehenden Kompetenzen steht das Stimmrecht aber aufgrund seiner Bedeutung an erster Stelle.⁹

1. Freiheit des repräsentativen Mandats

Das Recht gewählter Volksvertreter parlamentarischer Organe bei Abstimmungen ihre Stimme abzugeben, begründet sich primär mit der Regel von der Freiheit des parlamentarischen Mandats, dessen gedanklicher Ursprung bei Rousseau und Siéyès zu finden ist. Als Geburtsstunde dieser Regel gilt das Jahr 1789, als die Vertreter der Stände in der Versammlung der Generalstände die von ihren Wählern erhaltenen Instruktionen (*cahiers*) zerrissen und damit symbolisch das imperative Mandat ablehnten und das freie Mandat proklamierten.¹⁰ Eine erste schriftliche

---

[3] Vgl. Albert Junghanns, System der parlamentarischen Abstimmungsregeln im Reich und in den Ländern, Heidelberg 1931, S. 27 f.

[4] Vgl. Georg Jellinek, System der subjektiven öffentlichen Rechte, 2. Auflage, Tübingen 1919, S. 172. Vgl. auch Leo Weber, Die Beschlussfassung der Volksvertretung, Würzburg 1951, S. 19 f.

[5] Z.B. Parlamentsrecht Großbritanniens, No. 39 para. 2 Standing Orders of the House of Commons: „A Member is not obliged to vote."

[6] Art. 2 Abs. 2 Reglamento de la Asamblea Legislativa i.d.F. von Juli 2007: „Dar su voto en los asuntos que se debaten." In: http://www.asamblea.go.cr/reglamnt/regla000.htm (07.01.2008).

[7] BVerfGE 6, 445 (448 f.).

[8] Zur Teilnahme an Abstimmungen vgl. Hans-Josef Vonderbeck, Die Rechte eines Mitglieds des deutschen Bundestages, in: ZParl, 14 (1983) 3, S. 331 ff.

[9] Zum eingeschränkten Stimmrecht der Berliner Abgeordneten vor der Wiedervereinigung vgl. Klaus Abmeier, Die parlamentarischen Befugnisse des Abgeordneten des Deutschen Bundestages nach dem Grundgesetz, Berlin 1984, S. 77 f.

[10] Vgl. Horst Martens, Freies Mandat oder Fraktionsdisziplin?, in: DVBl., 80 (1965) 22, S. 865.

Niederlegung erfuhr diese Regel in der französischen Verfassung vom 3. September 1791. Nach diesem Vorbild fanden entsprechende Regelungen auch in einigen Verfassungen der Bundesstaaten des Deutschen Bundes sowie in späteren deutschen Verfassungen Aufnahme.[11]

Für die Abgeordneten des Deutschen Bundestages ist die sich u.a. aus der parlamentarischen Repräsentation ableitende Regel vom freien Mandat[12], die Achterberg als die "*Magna Charta*" des Abgeordnetenverhältnisses bezeichnet[13], niedergelegt in Art. 38 Abs. 1 Satz 2 GG, obgleich der Wortlaut der Norm den Begriff nicht enthält. Auf der Grundlage von Art. 28 Abs. 1 Satz 2 GG und dem Prinzip der repräsentativen Demokratie besitzen auch die Gemeinderäte ein freies Mandat.[14] Für die Mitglieder des Europäischen Parlaments ist das freie Mandat in Art. 2 GOEP geregelt.

Nach der grundgesetzlichen Bestimmung sind die Abgeordneten „Vertreter des ganzen Volkes, an Aufträge und Weisungen nicht gebunden und nur ihrem Gewissen unterworfen". Das freie, wegen der Gewissensunterworfenheit besser „repräsentative"[15], Mandat besteht demnach aus drei wesentlichen Kriterien: Volksrepräsentation[16], Auftrags- und Weisungsfreiheit sowie Gewissensunterworfenheit.[17] Nach Ansicht des Bundesverfassungsgerichts schließt Art. 38 GG die freie Ausübung des Stimmrechts durch jeden Bundestagsabgeordneten ein.[18] Die direkt durch das Volk gewählten Abgeordneten sind die unmittelbar Beteiligten am politischen Willensbildungs- und Entscheidungsprozess in Repräsentation der Interessen des Volkes in der repräsentativen Demokratie. Mit ihrer Stimme nehmen die Abgeordneten Einfluss auf die Entscheidungen des Parlaments, d.h. die Annahme oder Ablehnung von Beschlussvorlagen. Die Verfassungen einiger Bundesländer ordnen das Recht der Abgeordneten, ihre Stimme bei Beschlüssen abzugeben, ausdrücklich dem freien Mandat zu.[19] Das Bundesverfassungsgericht hat den Schutz des gesamten Bereiches der parlamentarischen Tätigkeit der Abgeordneten, das Abstimmungsrecht inbegriffen, durch die Freiheit des Mandats sanktioniert.[20]

---

[11] Vgl. Wolfgang Härth, Die Rede- und Abstimmungsfreiheit der Parlamentsabgeordneten in der Bundesrepublik Deutschland, Berlin 1983, S. 31 ff.
[12] Vgl. Meinhard Schröder, Grundlagen und Anwendungsbereich des Parlamentsrechts, Baden-Baden 1979, S. 110 f.; Sven Hölscheidt, Das Recht der Parlamentsfraktionen, Rheinbreitbach 2001, S. 73.
[13] Vgl. Norbert Achterberg, Parlamentsrecht, Tübingen 1984, S. 219.
[14] Vgl. Rolf Stober, Kommunalrecht in der Bundesrepublik Deutschland, 3. Auflage, Stuttgart/Berlin/Köln 1996, § 15 II 3a, S. 185; Alfons Gern, Deutsches Kommunalrecht, 3. Auflage, Baden-Baden 2003, Rdnr. 350, S. 230. BVerfGE 11, 266 (273).
[15] Vgl. Norbert Achterberg (Fn. 13), S. 216 ff.
[16] Zur ausgeprägten Repräsentationslehre von Gerhard Leibholz und Carl Schmitt vgl. Ulli F.H. Rühl, Das „freie Mandat", in: Der Staat, 39 (2000) 1, S. 33 f.
[17] Vgl. ebenda, S. 23.
[18] BVerfGE 10, 4 (12).
[19] Art. 56 Abs. 2 Satz 1 LV BB, Art. 22 Abs. 2 Satz 2 LV MV, Art. 30 Abs. 2 LV NW, Art. 11 Abs. 2 Satz 2 LV SH, Art. 53 Abs. 2 LV TH.
[20] BVerfGE 70, 324 (355, 374).

Es finden sich gleichwohl auch Herleitungen des Stimmrechts der Abgeordneten aus der Beschlussfassungskompetenz des Parlaments und den verfassungsrechtlichen Mehrheitsbestimmungen. Nach Klein fließt das Recht der Abgeordneten des Bundestages zur Teilnahme an der Beschlussfassung sowohl aus der öffentlichen Verhandlung nach Art. 42 Abs. 1 Satz 1 GG sowie den Mehrheitsvorschriften über die Beschlussfassung nach Art. 42 Abs. 2 GG, als auch aus Art. 77 Abs. 1 Satz 1 GG, wonach die Bundesgesetze vom Bundestag beschlossen werden. Die Wahrnehmung ihrer Rechte erfolge neben dem Rederecht vor allem durch die Abstimmung.[21] Diese verfassungsrechtlichen Bestimmungen über die Beschlussfassung setzen die Kompetenz der Abgeordneten zur Stimmabgabe aber eher voraus, als dass sie diese begründen.[22]

2. Repräsentations- und Gewissensregel

Aus der in Art. 38 Abs. 1 Satz 2 GG i.V.m. § 13 Abs. 1 GOBT festgelegten Bestimmung, die Abgeordneten als Vertreter des ganzen Volkes sind nur ihrem Gewissen unterworfen, folgt ihre Unabhängigkeit.[23] Diese aus dem freien Mandat fließende Weisungsfreiheit gilt auch für die Abgeordneten der Landtage sowie die Gemeinderatsmitglieder.[24]

Die Gewissensunterworfenheit im Sinne der verfassungsrechtlichen Regelung bedeutet Entscheidung gemäß der Überzeugung des Abgeordneten und schließt alle Entscheidungen ein.[25] Dabei unterscheidet sich der Begriff Gewissen in Art. 38 Abs. 1 Satz 2 GG inhaltlich nicht von dem der Gewissensfreiheit als Grundrecht in Art. 4 GG.[26] Eine dem Schutzbereich des Art. 4 GG unterliegende Gewissensentscheidung ist nach Definition des Bundesverfassungsgerichts „[...] jede ernste sittliche, d.h. an den Kategorien von „Gut" und „Böse" orientierte Entscheidung, die der einzelne [...] als für sich bindend und unbedingt verpflichtend innerlich erfährt, so dass er gegen sie nicht ohne ernste Gewissensnot handeln könnte."[27] Die Rechtslehre stimmt mit der Rechtsprechung im Wesentlichen überein.[28] Die teleologische Interpretation der Bestimmungen in Art. 38 Abs. 1 Satz 2 GG lässt den Schluss zu, dass unter Gewissen der das Volk repräsentierenden Abgeordneten das Gemeinwohl zu subsumieren ist. Die Repräsentationsregel nimmt eindeutig Bezug auf die Gewissensregel.[29]

---

[21] Vgl. Hans Hugo Klein, Status des Abgeordneten in: Josef Isensee/Paul Kirchhof, HdbStR, Band II, 2. Auflage, Heidelberg 1998, § 41, Rdnr. 31, S. 382.
[22] Vgl. Jan Roscheck (Fn. 1), S. 103.
[23] Vgl. Ulli F.H. Rühl (Fn. 16), S. 23.
[24] Zum freien Mandat der Gemeinderatsmitglieder vgl. Kay Waechter, Kommunalrecht, 3. Auflage, Köln/Berlin/Bonn/München 1997, Rdnr. 336 ff., S. 235 ff.
[25] Vgl. Klaus Abmeier (Fn. 9), S. 53.
[26] Vgl. Norbert Achterberg, Die Abstimmungsbefugnis des Abgeordneten bei Betroffenheit in eigener Sache, in: AöR, 109 (1984), S. 514 f.
[27] BVerfGE 12, 45 (55).
[28] Vgl. Norbert Achterberg (Fn. 26), S. 512.
[29] Vgl. Jan Roscheck (Fn. 1), S. 111 f.

Die historische Interpretation bestätigt im Wesentlichen diese Schlussfolgerung. Die Repräsentationsregel und die Gewissensregel haben ihre verfassungsrechtlichen Ursprünge in Art. 83 Preußische Verfassung von 1850. Die Frankfurter Reichsverfassung von 1849 (§ 96) ließ die ausdrückliche Repräsentationsregel und Gewissensregel noch vermissen. Sie beschränkte sich auf die Nichtgebundenheit der Abgeordneten an Aufträge und Instruktionen. Die Bismarcksche Reichsverfassung von 1871 enthielt im Ergebnis der Revolution von 1848 die Repräsentationsregel (Art. 29)[30], nicht aber die Gewissensregel. Die Weimarer Reichsverfassung von 1919 nahm den Bezug zur ausdrücklichen Volksvertretung und ausschließlichen Gewissensunterworfenheit der Abgeordneten in Art. 21 wieder endgültig auf. Doch ist der Gewissensbegriff in der Staatsrechtslehre der Weimarer Zeit noch so interpretiert worden, dass die Erteilung von Aufträgen an Abgeordnete nicht generell verboten war, soweit diese dem Gewissen der Abgeordneten nicht widersprechen würden.[31]

Die Volksvertreter sind zwar verfassungsrechtlich dem Gemeinwohl verpflichtet[32], die Umsetzung steht jedoch in ihrem Ermessen.[33] Schranken werden ihnen hierbei durch die Bindung an die Verfassung und Gesetze auferlegt. Die Art und Weise der Ausübung ihres Amtes, darunter ihr Abstimmungsverhalten, bleibt der „nicht justitiablen Gewissensentscheidung" der Abgeordneten überlassen.[34] Daraus folgt nicht nur, dass die Volksvertreter im Allgemeinen frei sind in ihrer Entscheidung, wie sie abstimmen, sondern auch ob sie abstimmen.[35]

Das freie Mandat der Abgeordneten mit seiner Repräsentations- und Gewissensregel gilt nicht nur für parlamentarische Organe von demokratischen Rechtsstaaten[36], sondern auch für entsprechende Organe einiger Staatenverbindungen, die eine am demokratischen Rechtsstaatsprinzip orientierte Entscheidungsfindung gewährleisten wollen, wie das Europäische Parlament (Art. 2 GOEP).

---

[30] Vgl. Ulli F.H. Rühl (Fn. 16), S. 33.
[31] Vgl. Gerhard Anschütz, Die Verfassung des Deutschen Reichs vom 11. August 1919, 14. Auflage, Berlin 1933, Art. 21, Rdnr. 2, Fn. 2, S. 182. Vgl. hierzu die Kommentierung von Ulli F.H. Rühl (Fn. 16), S. 36.
[32] Zur Gemeinwohlverpflichtung des Abgeordneten vgl. Klaus Abmeier (Fn. 9), S. 58 ff.
[33] Vgl. Jan Roscheck (Fn. 1), S. 113.
[34] Vgl. Heinhard Steiger, Organisatorische Grundlagen des parlamentarischen Regierungssystems, Berlin 1973, S. 80; Hans Hugo Klein, Status des Abgeordneten in: Josef Isensee/Paul Kirchhof (Fn. 21), § 41, Rdnr. 22, S. 378.
[35] Vgl. Jan Roscheck (Fn. 1), S. 114.
[36] Art. 67 Verfassung Italien enthält die Repräsentationsregel: „Jedes Mitglied des Parlaments vertritt die Nation und ist bei der Wahrnehmung seines Mandats an Aufträge nicht gebunden." Im Eid des Abgeordneten und des Senators Tschechiens sind Repräsentations- und Gewissensregel inbegriffen. Art. 23 Abs. 3 Verfassung Tschechische Republik lautet: „[...] Ich gelobe bei meiner Ehre, dass ich mein Mandat im Interesse des gesamten Volkes und nach bestem Wissen und Gewissen ausüben werde."

3. Abstimmungsfreiheit versus Fraktionszwang

Während das Stimmrecht die Frage nach dem „ob" tangiert, bezieht sich die Abstimmungsfreiheit auf die Frage nach dem „wie". Die Abgeordneten als Vertreter des Volkes schließen sich über die Parteien in Fraktionen zusammen. Dieser Zusammenschluss wird allgemein als maßgeblicher Faktor der parlamentarischen Repräsentation angesehen[37], wie auch vom Bundesverfassungsgericht bestätigt wird.[38]

In Zusammenhang mit dem freien Mandat steht die Frage nach dem Fraktionszwang oder der Fraktionsdisziplin zur Aufrechterhaltung der Funktionsfähigkeit des parlamentarischen Systems, die in der Rechtsliteratur vielfach, aber nicht abschließend diskutiert wird.[39] Die Zulässigkeit des Fraktionszwanges wird auch als Gretchen-Frage der parlamentarischen Demokratie bezeichnet.[40] Unter Fraktionszwang ist der förmliche oder nicht förmliche Beschluss einer Fraktion über eine „geschlossene" Abstimmung im Plenum zu einer bestimmten Sachfrage zu verstehen, dem eine fraktionsinterne Probeabstimmung vorangeht. Die Fraktionsminderheit stimmt dann im Plenum mit der Fraktionsmehrheit ab, um dadurch eine Stimmenzersplitterung zu vermeiden. Der Abgeordnete kann aber nicht nur, anders als von seiner Fraktion vorgesehen, eine Rede im Plenum halten[41], sondern vor allem auch anders abstimmen.[42] Verfassungsrechtlich kommt einem solchen Fraktionsbeschluss schon aufgrund von Art. 38 Abs. 1 Satz 2 GG keine rechtliche Bindung zu, höchstens eine politisch-moralische.[43] Ein rechtlich zulässiger Fraktionszwang würde die folgerichtige Konsequenz nach sich ziehen, dass der parlamentarische Fraktionsvorsitzende alle Stimmen seiner Fraktionsmitglieder ansammelt, wie bei der Hauptversammlung einer Aktiengesellschaft.[44]

Der Begriff der verfassungsrechtlich unbedenklichen Fraktionsdisziplin wird definiert als „[...] die – unter Umständen mit Nachdruck vorgebrachte – Erwartung [...] der Fraktion, der einzelne Abgeordnete werde sich in der Regel im Interesse der Durchsetzbarkeit der gemeinsamen politischen Zielvorstellungen der Meinung

---

[37] Vgl. Sven Hölscheidt (Fn. 12), S. 73.
[38] „Repräsentation vollzieht sich im parlamentarischen Bereich vornehmlich dort, wo die Entscheidung fällt. Geschieht dies der Sache nach bereits in den Ausschüssen und Fraktionen des Parlaments, so wird damit auch die Repräsentation in diese Institutionen „vorverlagert"." BVerfGE 44, 308 (319).
[39] Vgl. Eduard Dreher, Zum Fraktionszwang der Bundestagsabgeordneten, in: NJW, 3 (1950) 18, S. 661 ff.; Horst Martens (Fn. 10), S. 865; Sven Hölscheidt (Fn. 12), S. 438 ff.
[40] Vgl. Hans Schneider, Anmerkung zur Entscheidung des Staatsgerichtshofs Bremen vom 13.5.1953 – St 2/1952, in: DVBl., 68 (1953), S. 440.
[41] In seinem Urteil zur Redezeit hat das BVerfG das Handeln von Fraktionen, wonach sie z.B. einem ihrer Mitglieder bei Strafe des Ausschlusses verböten, eine Rede im Bundestagsplenum zu halten, die nicht völlig mit der von der Fraktion vertretenen Auffassung übereinstimmt, als verfassungswidrig qualifiziert. Vgl. BVerfGE 10, 4 (15).
[42] Vgl. Wolfgang Zeh, Gliederung und Organe des Bundestages, in: Josef Isensee/Paul Kirchhof (Fn. 21), § 42, Rdnr. 15, S. 398.
[43] Vgl. Ulli F.H. Rühl (Fn. 16), S. 40 f.
[44] Vgl. Hans Schneider (Fn. 40), S. 440.

der Mehrheit anschließen, sei es auch unter Zurückstellung eigener Bedenken."[45] Einen Fehlschlag ihrer nachdrücklichen Bemühungen hinsichtlich potentieller Abweichler müssen die Fraktionen jedoch hinnehmen.[46]

Unterschiedliche politische Auffassungen zu Einzelthemen und damit eine uneinheitliche Stimmabgabe der Mitglieder einer Fraktion des Europäischen Parlaments sind auch nach Ansicht des Europäischen Gerichtshofes zulässig, weil sie als Ausdruck des Grundsatzes des freien Mandats des Abgeordneten gem. Art. 2 GOEP zu werten sind.[47]

Wie das Prinzip des Fraktionszwanges bzw. der -disziplin zu einer Verzerrung oder gar Umkehrung des Mehrheitsprinzips führen kann, zeigt folgendes Beispiel. In einem parlamentarischen Entscheidungsorgan mit hundert Abgeordneten entfallen auf die Fraktion A fünfundvierzig Mandate, Fraktion B dreißig und auf Fraktion C fünfundzwanzig. Eine von Abgeordneten der Fraktion A eingebrachte und innerhalb der Fraktion einstimmig unterstützte Gesetzesvorlage findet auch die Zustimmung von dreizehn Abgeordneten der Fraktion B und neun Abgeordneten der Fraktion C. Damit würde die Vorlage siebenundsechzig Stimmen, d.h. eine qualifizierte Zweidrittelmehrheit (Mitgliedermehrheit), auf sich vereinigen. Die Abgeordneten der Fraktion B unterliegen aber innerhalb ihrer Fraktion mit einem Stimmenverhältnis von dreizehn zu siebzehn, ebenso wie die der Fraktion C mit neun zu sechzehn, so dass sie wegen der Fraktionsdisziplin im Plenum nicht für die Vorlage stimmen dürften, was ein Scheitern der Vorlage zur Konsequenz hätte.[48]

Einer Verhinderung des unzulässigen Fraktionszwanges könnte eine geheime Abstimmung dienen, wie mitunter bereits vorgeschlagen wurde.[49] Wegen des Verstoßes gegen den verfassungsrechtlichen Grundsatz der Öffentlichkeit als Wesensmerkmal der repräsentativen Demokratie war die Einführung einer geheimen Abstimmung auf Bundesebene bisher jedenfalls nicht durchzusetzen, worauf im nächsten Kapitel näher einzugehen sein wird.[50]

Der Abgeordnetenstatus befindet sich in einem Spannungsverhältnis von verfassungsrechtlich garantierter Freiheit des Mandats und legitimer politischer Bindung an seine Fraktion.[51] Eine Abgrenzung von Fraktionszwang und Fraktionsdisziplin ist wegen des praktischen Ergebnisses oftmals beschwerlich, wovor die

---

[45] Hans Hugo Klein, Status des Abgeordneten in: Josef Isensee/Paul Kirchhof (Fn. 21), § 41, Rdnr. 14, S. 374.
[46] Vgl. Sven Hölscheidt (Fn. 12), S. 458.
[47] EuGH, Rs. T-222/99, 02.10.2001, Slg. 2001, 2823, Rdnr. 91 (Martinez und andere/Parlament); Rs. T-327/99 (Front national/Parlament) und T-329/99 (Bonino und andere/Parlament).
[48] Vgl. Horst Martens (Fn. 10), S. 866.
[49] Vgl. Hans H. Klein, Mehr geheime Abstimmungen in den Parlamenten!, in: ZRP, 9 (1976) 4, S. 84; Sven Hölscheidt (Fn. 12), S. 459 ff.
[50] Vgl. Hans H. Klein (Fn. 49), S. 84.
[51] Vgl. ebenda, S. 83.

herrschende Rechtslehre auch zu resignieren scheint.[52] Da für die hier zu führende Untersuchung die Auswirkungen auf das Abstimmungsverhalten der Abgeordneten maßgeblich sind, muss diese Unterscheidungsfrage nicht weiter vertieft werden.

4. Schutz des Stimmrechts der Volksvertreter

Die Volksvertreter müssen die Möglichkeit haben, das ihnen zustehende Stimmrecht in Freiheit ausüben zu können. Die Entschließungsfreiheit gehört „[...] zum Wesen des parlamentarischen Repräsentativsystems", so das Bundesverfassungsgericht.[53] Zur Gewährleistung der Freiheit des Stimmrechts sind Vorkehrungen gegen einen möglichen Druck auf die Volksvertreter zu treffen.[54] Die ursprüngliche Rechtfertigung des individuellen Sonderrechts, die in der konstitutionellen Monarchie des 19. Jahrhunderts darin bestand, dass der vom Volk gewählte Abgeordnete vor dem Zugriff des Monarchen geschützt werden sollte, ist heute vor allem wegen der Kollision mit der Rechtsgleichheit und der Allgemeinheit des Gesetzes umstritten.[55]

Das Stimmrecht der Volksvertreter wird nunmehr durch eine Reihe von verfassungsrechtlichen Bestimmungen sowie Regelungen aus den Geschäftsordnungen geschützt. Nach dem Grundgesetz darf niemand gehindert werden, das Amt eines Abgeordneten zu übernehmen und auszuüben (Art. 48 Abs. 2 Satz 1 GG). Die Wortgruppe „niemand darf gehindert werden" schließt jeden Zwang in wirtschaftlicher, beruflicher und persönlicher Beziehung aus, der auf den Gewählten ausgeübt wird, um ihm die Übernahme oder Ausübung des Amtes unmöglich zu machen.[56] Die Ausübung des Amtes beinhaltet die Teilnahme am staatlichen Willensbildungsprozess. Diese wird durch die Ausübung des Stimmrechts möglich. Die Geschäftsordnung sichert durch die Regelung des Geschäftsganges die Ausübung des Stimmrechts. Gem. § 13 Abs. 1 GOBT folgt jedes Mitglied des Bundestages bei Abstimmungen seiner Überzeugung und seinem Gewissen.

Dem Schutz der Stimmrechte entsprechen auch die Regelungen über die Indemnität und Immunität der Abgeordneten. Nach Art. 46 Abs. 1 GG darf ein Abgeordneter zu keiner Zeit wegen seiner Abstimmung im Bundestag oder in einem seiner Ausschüsse gerichtlich oder dienstlich verfolgt oder sonst außerhalb des Bundestages zur Verantwortung gezogen werden. Nur dem Parlament selbst steht

---

[52] Vgl. Claus Arndt, Fraktion und Abgeordneter, in: Hans-Peter Schneider/Wolfgang Zeh (Hrsg.), Parlamentsrecht und Parlamentspraxis in der Bundesrepublik Deutschland, Berlin/New York 1989, § 21, Rdnr. 23, S. 655; Ulli F.H. Rühl (Fn. 16), S. 42.
[53] BVerfGE 4, 144 (150).
[54] Vgl. Klaus Kemmler, Die Abstimmungsmethode des Deutschen Bundestages, Tübingen 1969, S. 137.
[55] Für die heute noch geltende Rechtfertigung vgl. Hans Hugo Klein, Indemnität und Immunität, in: Hans-Peter Schneider/Wolfgang Zeh (Hrsg.) (Fn. 52), § 17, Rdnr. 67 f., S. 789 f. Dagegen vgl. Josef Isensee, Zwischen Amtsethos und Parteibindung, in: ZParl, 31 (2000) 2, S. 407.
[56] Vgl. Gerald Kretschmer, in: Bruno Schmidt-Bleibtreu/Franz Klein (Hrsg.), Kommentar zum Grundgesetz, 10. Auflage, München 2004, Art. 48, Rdnr. 5, S. 1107.

nach der Verfassung das Recht zu, die Immunität und damit den Schutz aufzuheben. Die Landesverfassungen enthalten ebenfalls Bestimmungen über die Garantie der Rede- und Abstimmungsfreiheit.[57] Analoge Bestimmungen bezüglich der Abstimmungsfreiheit und Immunität gelten auch für die Abgeordneten ausländischer demokratischer Parlamente nach entsprechenden verfassungsrechtlichen Bestimmungen[58] sowie des Europäischen Parlaments nach Art. 5 Abs. 1 und Art. 6 GOEP. Hingegen steht dem Gemeinderatsmitglied kein Recht auf Immunität und Indemnität zu, sofern dies nicht besonders gesetzlich gewährt wird.[59] Hier beansprucht der rechtliche Verwaltungscharakter der gemeindlichen Volksvertretung Vorrang vor den faktischen Parlamentsfunktionen.[60]

Zusätzlich zu den verfassungsrechtlichen Bestimmungen dienen einfachgesetzliche Regelungen dem Schutz der Stimmrechte. Das Strafgesetzbuch sieht Freiheitsstrafen für die Nötigung von Verfassungsorganen, darunter eines Gesetzgebungsorgans des Bundes oder eines Landes (§ 105 StGB) sowie für die Nötigung von Mitgliedern eines solchen Verfassungsorgans (§ 106 StGB) vor, ihre Befugnisse nicht oder in einem bestimmten Sinne auszuüben. Danach stehen Nötigungen des Parlaments zur Fassung oder Unterlassung von Beschlüssen und Hinderungen einzelner Abgeordneter an der Abstimmung unter Strafe. Nach § 50 Abs. 1 StPO und § 382 Abs. 2 ZPO sind Abgeordnete während ihres Aufenthaltes am Sitz der Versammlung zu vernehmen, um sie keiner Sitzung und damit Abstimmung zu entziehen.[61]

II. Stimmpflicht ernannter Staatenvertreter

Im Gegensatz zu gewählten Volksvertretern, die für sich entscheiden können, ob und wie sie von ihrem Stimmrecht Gebrauch machen, müssen ernannte Staatenvertreter aufgrund ihrer Weisungsgebundenheit entsprechend den Interessen ihrer Regierungen handeln. So haben die Bundesratsmitglieder bei den Abstimmungen im Bundesrat nicht ihren persönlichen Standpunkt zu vertreten, sondern denjenigen ihrer Landesregierung. Diese Verpflichtung entspringt dem Status der Mitglieder des Bundesrates als bestellte Mitglieder der Regierungen ihrer Länder (Art. 51 Abs. 1 Satz 1 GG). Eine Verpflichtung der Mitglieder des Bundesrates an

---

[57] Art. 37 LV BW, Art. 27 LV BY, Art. 51 LV BE, Art. 57 LV BB, Art. 94 LV HB, Art. 14 LV HH, Art. 95 LV HE, Art. 14 LV NI, Art. 47 LV NW, Art. 93 LV RP, Art. 81 LV SL, Art. 55 LV SN, Art. 57 LV ST, Art. 24 Abs. 1 LV SH, Art. 55 LV TH. Vgl. Wolfgang Härth (Fn. 11), S. 80 ff.

[58] Art. 26 Verfassung Frankreich, Art. 58 Verfassung Belgien, § 30 Grundgesetz Finnland, Art. 61 Verfassung Griechenland, Art. 68 Verfassung Italien, Art. 68 Verfassung Luxemburg, Art. 57 Bundes-Verfassungsgesetz Österreich, Art. 27 Verfassung Tschechische Republik.

[59] Vgl. Yvonne Ott, Der Parlamentscharakter der Gemeindevertretung, Baden-Baden 1994, S. 268 f.; OVG Koblenz, Urteil vom 05.09.1995 – 7 A 12185/94, in: NVwZ, 15 (1996) 11, S. 1133 f.

[60] Vgl. Kay Waechter (Fn. 24), Rdnr. 349, S. 240.

[61] Vgl. Leo Weber (Fn. 4), S. 13.

Abstimmungen teilzunehmen und ihre Stimme abzugeben, ist jedoch weder im Grundgesetz noch in der Geschäftsordnung des Bundesrates vorgesehen.[62] Eine allgemein verpflichtende Regelung zur Mitwirkung an der Entscheidungsfindung und damit zur Stimmabgabe lässt sich auch auf Länderebene nicht nachweisen.[63] Dafür können die Landesregierungen durch Weisung ihre Mitglieder im Bundesrat in konkreten Fällen verpflichten, persönlich an der Abstimmung teilzunehmen und ihre Stimmabgabe vorzugeben.[64]

Einer generellen Stimmpflicht unterliegen hingegen die UN-Sicherheitsratsmitglieder. Die Stimmpflicht der Mitglieder (weisungsgebundene Staatenvertreter) ergibt sich aus Art. 28 Abs. 1 UN-Charta. Eine ständige Wahrnehmung der Aufgaben, der Hauptverantwortung für die Wahrung des Weltfriedens und der internationalen Sicherheit (Art. 24 Abs. 1 UN-Charta), ist nur durch die Teilnahme aller Sicherheitsratsmitglieder an den Sitzungen, d.h. ihren Beratungen und Abstimmungen, zu gewährleisten.[65] Nur durch diese aus den Chartabestimmungen fließende Stimmpflicht der Sicherheitsratsmitglieder[66] kann die Funktionsfähigkeit des Sicherheitsrates, der schnell auf friedensgefährdende Situationen reagieren muss, gesichert werden. Kommt beispielsweise ein ständiges Mitglied des Sicherheitsrates dieser Anwesenheits- und Abstimmungspflicht nicht nach, ist sein Verhalten für die Stimmenzählung zu werten, wie weiter unten zu zeigen sein wird.

III. Entzug des Stimmrechts als Sanktionsmaßnahme

Bevor zu den Abstimmungsverhalten der Mitglieder kollegialer Organe übergegangen werden kann, soll zunächst noch auf das Problem eines möglichen Entzugs des Stimmrechts als Sanktionsmaßnahme wegen Ausschlusses von Sitzungen infolge einer Verletzung der Ordnung oder wegen Verstoßes gegen Verpflichtungen und damit als eventuelle Verhinderung eines Abstimmungsverhaltens eingegangen werden. Der Entzug des Stimmrechts durch Ausschluss von Sitzungen könnte sich negativ auf die Beschlussfähigkeit des Organs auswirken und würde dem betroffenen Mitglied jeglichen direkten Einfluss auf das Abstimmungsergebnis verwehren.

---

[62] Den BR-Mitgliedern ist es auch erlaubt, anders als den BT-Mitgliedern, gem. Art. 51 Abs. 1 Satz 2 und Abs. 3 Satz 2 GG sich vertreten zu lassen.
[63] Vgl. Jan Roscheck (Fn. 1), S. 148.
[64] Vgl. Konrad Reuter, Praxishandbuch Bundesrat, Heidelberg 1991, Art. 51, Rdnr. 89 f., S. 249 f.
[65] Vgl. Theodor Schweisfurth, in: Bruno Simma (ed.), The Charter of the United Nations, Band I, 2. Auflage, München 2002, Art. 28, Rdnr. 7, S. 526.
[66] Vgl. Bruno Simma/Stefan Brunner/Hans-Peter Kaul, in: Bruno Simma (ed.) (Fn. 65), Art. 27, Rdnr. 70, S. 500.

1. Entzug des Stimmrechts von Volksvertretern

Der zeitweilige Entzug des Stimmrechts eines Volksvertreters könnte infolge seines Ausschlusses von der bzw. den Sitzungen, d.h. den Beratungen und Abstimmungen, als Ordnungsmaßnahme eintreten.[67] Bei gröblicher Verletzung der Ordnung kann beispielsweise der Präsident des Bundestages nach § 38 Abs. 1 GOBT ein Mitglied für die Dauer der Sitzung aus dem Saal verweisen. Diese Bestimmung gründet sich auf Art. 40 Abs. 1 Satz 2 GG. Der Ausschluss von den Beratungen und Abstimmungen ist bis auf dreißig Sitzungstage erstreckbar. Bei Nichtbefolgen der Aufforderung des Präsidenten kann die Ausschlussdauer sogar verlängert werden (§ 38 Abs. 2 Satz 2 GOBT). In den Geschäftsordnungen der Landtage, die mit Ausnahme der saarländischen, ebenfalls Bestimmungen bezüglich des Ausschlusses eines Abgeordneten von Sitzungen und damit des zeitweiligen Entzugs des Stimmrechts enthalten, variiert die maximale Geltungsdauer von nicht exakt bestimmt[68] über drei[69], zehn[70] bis maximal zwanzig[71] Sitzungstage bei Zuwiderhandlungen gegen Vorschriften zur Aufrechterhaltung der Ordnung bzw. Nichtnachkommen der Aufforderung zum Verlassen der Sitzung. Einen Ausschluss von Gemeinderatsmitgliedern für eine oder mehrere Sitzungen bei wiederholten Verstößen sehen auch die Gemeindeordnungen vor, wobei die Regelungen über die höchstmögliche Ausschlussdauer voneinander abweichen.[72]

Eine unterschiedliche Regelung der Ausschlussdauer findet sich auch in ausländischen Parlamenten. Abgeordnete des spanischen Parlaments können mit dem Ausschluss von der nächsten Sitzung sanktioniert werden (Art. 104 Abs. 2 Satz 2 GO Parlament Spanien).[73] Für das italienische Parlament gelten bis höchstens

---

[67] Zu den Ordnungsmaßnahmen vgl. Norbert Achterberg, Die parlamentarische Verhandlung, Berlin 1979, S. 120 ff.

[68] Hier heißt es nur „die Teilnahme an Sitzungen verbieten": § 88 Abs. 4 Satz 1 GOLT NI, § 80 Abs. 4 Satz 1 GOLT ST.

[69] § 48 Satz 1 GO Bremische Bürgerschaft; § 48 Abs. 2 GO Hamburgische Bürgerschaft; § 99 Abs. 1 Satz 4 GOLT MV; § 68 Abs. 1 Satz 4 GOLT SH.

[70] § 92 Abs. 2 Satz 1 GOLT BW; § 116 Abs. 4 Satz 1 GOLT BY; § 78 Abs. 2 GO Berliner Abgeordnetenhaus, in: GVBl. 2006, 1053; § 35 Abs. 2 Satz 1 GOLT BB; § 77 Abs. 2 GOLT HE; § 67 Abs. 2 Satz 1 GOLT NW, in: Drs. 2006, 14/1441; § 95 Abs. 2 Satz 1 GOLT SN.

[71] § 39 Abs. 3 Satz 3 GOLT Rheinlad-Pfalz, § 37 Abs. 3 Satz 3 GOLT TH. Der Ausschluss erfolgt jeweils durch den Ältestenrat durch einem mit Dreiviertelmehrheit gefassten Beschluss.

[72] Zwei Sitzungen: Art. 53 Abs. 2 GO BY, § 41 Abs. 1 Satz 3 ThürKO; drei Sitzungen: § 60 Abs. 2 Satz 1 HGO, § 38 Abs. 1 Satz 3 GemO RP, § 43 Abs. 2 Satz 3 KSVG; vier Sitzungen: § 55 Abs. 2 Satz 3 GO LSA; sechs Sitzungen: § 37 Abs. 3 Satz 2 GO BW; sechs Monate: § 44 Abs. 3 NGO; Regelung durch die Geschäftsordnung: § 45 Abs. 2 Satz 3 GO BB; § 51 Abs. 2 GO NRW.

[73] Reglamento del congreso de los diputados. Zu Sanktionen wegen Nichterfüllens von Abgeordnetenpflichten in Spanien vgl. Xosé A. Sarmiento Méndez, Las sanciones por incumplimiento de los deberes de los parlamentarios, in: Corts. Anuario de Derecho Parlamentario, (2000) 9, S. 320 ff.

fünfzehn Sitzungstage (Regel 60 Abs. 3 Satz 1 GO Parlament Italien), für die Nationalversammlung Frankreichs dreißig (Art. 73 Abs. 7 Satz 2 GONV Frankreich).

Nach den Regeln 20.3 und 20.4 GOPV des Europarates kann der Präsident einen Abgeordneten für den Rest einer Sitzung ausschließen bzw. in schweren Fällen der Versammlung vorschlagen, den störenden Abgeordneten für zwei bis fünf Sitzungstage von der Teilnahme zu suspendieren. Bei fortgesetzter Störung oder weiterem Verstoß gegen die Ordnung sieht auch Art. 146 Abs. 3 GOEP die Verweisung eines Abgeordneten für den Rest der Sitzung aus dem Plenarsaal als Sofortmaßnahme vor.

Der Ausschluss von Abgeordneten deutscher Parlamente von der Sitzung als Ordnungsmaßnahme geht auf eine nicht einheitliche deutsche Parlamentsgeschichte zurück.[74] Das Teilnahmerecht der Abgeordneten an der Sitzung war bis zur zweiten Hälfte des 19. Jahrhunderts durch die präsidiale Ordnungsgewalt nicht einschränkbar. Erst die Bestimmungen in § 114 der Frankfurter Reichsverfassung von 1849 und in § 60 Abs. 3 Satz 1 GORT des Norddeutschen Bundes von 1868 i.d.F. von 1895[75] regelten, dass ein Volksvertreter für eine bestimmte Zeit von der Sitzung ausgeschlossen und damit von der Ausübung seines Stimmrechts gehindert werden konnte.[76] Allerdings sah die Geschäftsordnung des Reichstages von 1895 in § 60 Abs. 3 Satz 3 eine Wiederholung der Abstimmung in der nächsten Sitzung vor, „[w]enn während der Dauer der Ausschließung in anderen als Geschäftsordnungsfragen eine Abstimmung erfolgt ist, bei welcher die Stimme des ausgeschlossenen Mitgliedes den Ausschlag hätte geben können, [...] .". Nach diesen Bestimmungen ist zwischen Sitz- bzw. Anwesenheitsrecht und Stimmrecht unterschieden worden. Diese wurden 1919 von der Weimarer Nationalversammlung übernommen. Die 1921 in Kraft getretene Geschäftsordnung des Preußischen Landtages regelte in Preußen erstmals den „absoluten" Abgeordnetenausschluss ohne die Möglichkeit einer Wiederholungsabstimmung (§ 58 GO Preußischer Landtag).[77] Diese Regelung setzte sich in der Geschäftsordnung des Reichstages von 1922 fort (§ 91 GORT). Hiernach zieht der Entzug des Sitzrechts auch den Entzug des Stimmrechts, wie im heutigen Bundestag auch, nach sich. Damit tritt der Ausschluss des Abgeordneten infolge parlamentarischer Ordnungsgewalt mit den Statusrechten des Abgeordneten in Kollision.[78]

Maßstab der verfassungsrechtlichen Überprüfung der Zulässigkeit des Abgeordnetenausschlusses ist einerseits der in Art. 38 Abs. 1 Satz 2 GG normierte rechtliche Abgeordnetenstatus und die in Art. 40 Abs. 1 Satz 2 GG geregelte Geschäftsordnungsautonomie des Parlaments. Der Abgeordnetenstatus schließt insbesondere das Rede-, Antrags- und Stimmrecht ein, wobei letzteres als das wich-

---

[74] Vgl. Hermann F. Schmid, Parlamentarische Disziplin, in: AöR, 32 (1914), S. 515 ff., insbesondere auch den Katalog der parlamentarischen Disziplinarmittel einzelner Parlamente im Anhang auf S. 572 ff.

[75] GORT abgedruckt in: Deutscher Bundestag (Hrsg.), Die Geschäftsordnungen deutscher Parlamente seit 1848, Bonn 1986, § 38.

[76] Vgl. Leo Weber (Fn. 4), S. 14.

[77] Preußischer Landtag, Verfassung Geschäftsordnung, Berlin 1923.

[78] Vgl. Martin Brandt/Dieter Gosewinkel, Der Ausschluß eines Abgeordneten von der Plenarsitzung, in: ZRP, 19 (1986) 2, S. 34 f.

tigste Recht des Abgeordneten gewertet wird. Die Geschäftsordnung regelt die geordnete Ausübung der Statusrechte und setzt ihnen im Interesse der Funktionsfähigkeit des Parlaments Schranken mit dem Zweck, einen reibungslosen, von Störungen freien Ablauf der Plenarsitzung zu gewährleisten.

Als materielle Voraussetzung für den Ausschluss nennt die Geschäftsordnung des Bundestages eine „gröbliche Verletzung der Ordnung". Dabei muss es sich um eine besonders schwerwiegende Verletzung der Ordnung handeln, auf die mit milderen Maßnahmen, wie mit einem Ordnungsruf gem. § 36 GOBT oder einer Wortentziehung[79] nach § 37 GOBT, nicht hinreichend reagiert werden kann. In Anbetracht der Schwere der Sanktion ist der Ausschluss von der Sitzung nur als *ultima ratio* zu verstehen.[80] Der Ausschluss als unmittelbare Reaktion auf die gröbliche Verletzung stellt eine Sofortmaßnahme dar, mit der die verletzte Ordnung schnellstmöglich wiederhergestellt und einer Wiederholung vorgebeugt werden soll. Da es sich bei einer „gröblichen Verletzung der Ordnung" um einen unbestimmten Rechtsbegriff handelt[81], obliegt dem Präsidenten ein gewisser Ermessensspielraum. Bei seinem pflichtgemäßen Ermessen hat der Präsident gleichwohl den Verhältnismäßigkeitsgrundsatz zu beachten.[82] Für den betroffenen Abgeordneten begründet der Ausschluss durch den Präsidenten ein unverzügliches Verlassen des Sitzungssaales. Nach dem allgemeinen juristischen Sprachgebrauch bedeutet „unverzüglich" „ohne schuldhaftes Verzögern".

Durch das Verlassen des Sitzungssaales ist es dem Abgeordneten zeitweise nicht möglich, nicht nur sein Anwesenheits- und Rederecht, sondern vor allem sein Stimmrecht auszuüben. Ob der mit der Ordnungsmaßnahme verfolgte Zweck den zeitlich begrenzten Entzug des zum Kernbereich des Abgeordnetenstatus gehörenden Stimmrechts rechtfertigt, wird zu Recht bezweifelt.[83] Vor allem der Ausschluss für mehrere bevorstehende Sitzungen ließe sich nicht mit dem Zweck einer (präventiven) Sicherung störungsfreier Sitzungen rechtfertigen, da nicht vorausgesagt werden könne, ob der Abgeordnete in der Zukunft die Ordnung stören wird oder nicht. Ein Ausschluss über mehrere Sitzungen komme in seiner Wirkung für den betroffenen Abgeordneten faktisch sogar einem Mandatsverlust gem. Art. 41 Abs. 1 Satz 1 GG gleich.[84] Das Stimmrecht könne außerdem im Gegensatz zum Anwesenheits- und Rederecht nie ordnungswidrig ausgeübt werden oder mit

---

[79] Zu diesen Ordnungsmaßnahmen vgl. Norbert Achterberg (Fn. 67), S. 123 ff.
[80] Vgl. ebenda, S. 130.
[81] Gröbliche Verletzungen der Ordnung können Beschimpfungen, Behinderungen von Rednern oder des Parlamentspräsidenten bei seinen Amtshandlungen, das Verharren am Rednerpult nach Wortentziehung oder gar Gewalttätigkeiten darstellen. Vgl. ebenda, S. 129.
[82] Es ist Achterberg zuzustimmen, der den Ausschluss des Abgeordneten Dr. Schumacher (SPD) am 24.11.1949 für zwanzig Sitzungstage wegen der Bezeichnung „Bundeskanzler der Alliierten" retrospektiv als eine Nichteinhaltung des Verhältnismäßigkeitsprinzips beurteilt. Vgl. ebenda, Fn. 32, S. 129f.
[83] Vgl. ebenda, S. 130; Klaus Abmeier (Fn. 9), S. 240 ff.; Horst Wuttke, in: Heinz-Werner Arens (Hrsg.), Geschäftsordnung des Schleswig-Holsteinischen Landtages, Kiel 1999, § 68, S. 241 ff.
[84] Vgl. Klaus Abmeier (Fn. 9), S. 241 f.

Statusrechten anderer Abgeordneter in Konflikt geraten und demzufolge die Funktionsfähigkeit des Parlaments behindern. Der schwere Eingriff in das Stimmrecht des Abgeordneten bedürfe deshalb in höherem Maße als das Anwesenheits- und Rederecht einer Rechtfertigung, die weder in der Verfassung noch in der Geschäftsordnung zu finden sei. Da durch die Ausübung des Stimmrechts überhaupt keine Störung der Ordnung hervorgerufen werden könne, fehle auch das rechtswidrige Verhalten als Voraussetzung einer Sanktion. Nach dieser Auffassung wäre der Entzug des Stimmrechts nicht verfassungskonform. Die Geschäftsordnung des Bundestages darf nur die Modalitäten der Ausübung des Stimmrechts regeln.[85]

Das Bundesverfassungsgericht hat in seiner Entscheidung vom 14. Juli 1959 unter Hinweis auf die der verfassungsrechtlich gewährleisteten Redebefugnis vom Parlament kraft seiner Autonomie gesetzten Schranken einen zeitweiligen Ausschluss eines Mitgliedes des Bundestages von der Teilnahme an Sitzungen als Beschränkung in seinen Rechten als nicht unzulässig erklärt.[86] Das Stimmrecht des Abgeordneten als wichtigstes Recht im parlamentarischen Entscheidungsprozess steht ihm trotz Ausschlusses von der Sitzung zu. Dies hat das Bundesverfassungsgericht für die Mitglieder des Bundestages festgestellt.[87] Eine diesbezüglich eindeutige Regelung enthält die Geschäftsordnung des Landtages des Fürstentums Liechtenstein für seine Mitglieder in Art. 22 Abs. 3 Satz 2: „Das Stimmrecht kann jedoch niemals entzogen werden."

Durch den Ausschluss von Sitzungen sind die Abgeordneten an der Wahrnehmung ihres Stimmrechts und damit an der Beteiligung am Entscheidungsprozess in der repräsentativen Demokratie gehindert. Die Gewährleistung der Ausübung des Stimmrechts könnte zum einen dadurch erfolgen, dass eine Wiederholung von während des Ausschlusses eines Abgeordneten vorgenommenen Abstimmungen über Sachfragen erfolgt, wenn die Stimme des ausgeschlossenen Abgeordneten für die Entscheidung von ausschlaggebender Bedeutung sein könnte.[88] Auf die Wichtigkeit seiner Stimme, die im konkreten Fall ausschlaggebend für die Entscheidung sein könnte, kommt es bezüglich des zustehenden Stimmrechts eigentlich nicht an.[89] Von der Ausübung des Stimmrechts wird aber wegen des zusätzlichen Aufwandes einer wiederholten Abstimmung abgesehen, wenn die Stimme des ausgeschlossenen Abgeordneten keinen Einfluss auf die Sachentscheidung ausüben kann. Die Möglichkeit der Wiederholung einer Abstimmung wegen Ausschlusses eines Abgeordneten ist in deutschen Parlamenten nicht neu. Schon die Geschäftsordnungen des Reichstages des Norddeutschen Bundes von 1895 und der Nationalversammlung von 1919 sahen jeweils in § 60 Abs. 3 die Wiederholung der Abstimmung vor, außer in Geschäftsordnungsfragen, bei welcher die Stimme des ausgeschlossenen Mitglieds den Ausschlag hätte geben können.[90]

---

[85] Vgl. Martin Brandt/Dieter Gosewinkel (Fn. 78), S. 36.
[86] BVerfGE 10, 4 (13).
[87] „[...] die Rechte des einzelnen Abgeordneten dürfen zwar im einzelnen ausgestaltet und insofern auch eingeschränkt, ihm jedoch grundsätzlich nicht entzogen werden (vgl. BVerfGE 44, 308 [316])." BVerfGE 80, 188 (219).
[88] Vgl. Martin Brandt/Dieter Gosewinkel (Fn. 78), S. 33 ff.
[89] Vgl. Klaus Abmeier (Fn. 9), S. 240 f.
[90] GO abgedruckt in: Deutscher Bundestag (Hrsg.) (Fn. 75), § 38.

Zur Verhinderung einer Verzögerung des Entscheidungsprozesses wäre es andererseits möglich, bei wichtigen Abstimmungen, wie z.B. Grundgesetzänderungen, die eine qualifizierte Mehrheit vorsehen, die Aussetzung des Ausschlusses zu verlangen.[91] Gerade bei knappen politischen Kräfteverhältnissen sollte das Ergebnis entscheidender Abstimmungen nicht von dem Ausschluss eines oder mehrerer Abgeordneter abhängen. Auch wenn ein Ausschluss eines Mitgliedes des Bundestages gem. § 38 Abs. 1 GOBT kaum noch verhängt wird[92], ist eine Aussetzung des Ausschlusses bei wichtigen Abstimmungen oder eine Wiederholung der Abstimmung in einer nächsten Sitzung zu befürworten.[93] Als Vorbild könnte die neue Sanktionsregelung bei außergewöhnlich schwerwiegenden Verstößen gegen die Ordnung oder Störungen der Arbeit des Europäischen Parlaments nach Art. 147 Abs. 3 lit. c GOEP dienen, wonach ein Abgeordneter vorübergehend von der Teilnahme an den Tätigkeiten des Parlaments für zwei bis zehn Tage suspendiert werden kann, dies aber nur unbeschadet der Ausübung seines Stimmrechts im Plenum.

2. Entzug des Stimmrechts von Staaten

Mitglieder kollegialer Entscheidungsorgane können ihres Stimmrechts infolge einer Sanktion aufgrund einer Rechtsverletzung, wie einer schwerwiegenden Verletzung von Vertragsgrundsätzen oder der Nichterfüllung finanzieller Verpflichtungen, verlustig werden. Entsprechende Regelungen sehen eine Reihe von Staatenverbindungen in ihren Übereinkommen, Geschäftsordnungen bzw. Satzungen für ihre Mitglieder vor.

a) Entzug des Stimmrechts wegen schwerwiegender Verletzung von Vertragsgrundsätzen

Wegen schwerwiegender und anhaltender Verletzung von in Art. 6 Abs. 1 EU genannten Grundsätzen der Freiheit, der Demokratie, der Achtung der Menschenrechte und Grundfreiheiten sowie der Rechtsstaatlichkeit durch einen Mitgliedstaat können nach Art. 7 Abs. 2 EU bestimmte Rechte des betroffenen Mitgliedstaates, einschließlich der Stimmrechte des Vertreters der Regierung im Rat, aus-

---

[91] Zum Meinungsstreit über die Zulässigkeit eines Ausschlusses eines Abgeordneten durch den Präsidenten vor der besagten Entscheidung des BVerfG vgl. Leo Weber (Fn. 4), S. 14 ff.

[92] Im BT ist von dieser Ordnungsmaßnahme in der Zeit von der 1. bis 14. WP 23 Mal Gebrauch gemacht worden. Vgl. Michael F. Feldkamp/Christa Sommer, Parlaments- und Wahlstatistik des Deutschen Bundestages 1949-2002/03, Berlin 2003, S. 24 f. In der 10. WP wurden zwei Abgeordnete der Grünen von der Teilnahme an der laufenden Plenarsitzung vom 18.10.1984 sowie der eine für weitere vier Sitzungstage und der andere für einen weiteren Sitzungstag ausgeschlossen. Vgl. Peter Schindler, Datenhandbuch zur Geschichte des Deutschen Bundestage 1980 bis 1984, Baden-Baden 1986, S. 806.

[93] Vgl. Hans Troßmann, Parlamentsrecht des Deutschen Bundestages, Kommentar, München 1977, § 42, Rdnr. 12, S. 278 f.

gesetzt werden.[94] Die Sanktionsmaßnahme setzt zunächst einen Feststellungsbeschluss gem. Art. 7 Abs. 1 EU voraus. Das Verfahren wird auf Vorschlag mindestens eines Drittels der Mitgliedstaaten oder alternativ auf Vorschlag der Kommission eingeleitet. Nach Zustimmung des Europäischen Parlaments gem. Art. 7 Abs. 5 EU mit Zweidrittelmehrheit der abgegebenen Stimmen und mit der Mehrheit seiner Mitglieder, ist die Regierung des betroffenen Mitgliedstaates vom Rat zu einer Stellungnahme aufzufordern. Der Feststellungsbeschluss muss durch den Rat in der Zusammensetzung der Staats- und Regierungschefs einstimmig ergehen. Dem Rat kommt hierbei ein Entschließungsermessen zu, dessen Ausübung dem Verhältnismäßigkeitsgrundsatz unterliegt. Der Feststellungsbeschluss bildet die Voraussetzung für den eigentlichen Sanktionsbeschluss nach Art. 7 Abs. 2 EU, den der Rat allein mit qualifizierter Mehrheit trifft. Art. 7 EU wird für die Europäischen Gemeinschaften durch die Spezialvorschriften der Art. 309 EG, Art. 204 EA und des inzwischen obsolet gewordenen Art. 96 KS ergänzt, die ihrerseits einen Feststellungsbeschluss nach Art. 7 EU erfordern. Die Suspendierung des Stimmrechts nach Art. 7 EU ist automatisch auf den Bereich der Gemeinschaften übertragbar. Diese mögliche Sanktionsmaßnahme ist vor allem im Hinblick auf die neuen demokratischen Mitgliedstaaten im Prozess der EU-Osterweiterung für notwendig erachtet worden. Nach dem in Art. 6 Abs. 1 EU verankerten Rechtsstaatsprinzip, das auch für die Union selbst gilt, ist dem betroffenen Mitgliedstaat Rechtsschutz gegen Beschlüsse nach Art. 7 Abs. 1 und 2 EU zu gewähren.[95]

Wie die EU sieht auch der Europarat die Möglichkeit eines Stimmentzugs wegen schwerer Verletzungen von Vertragsgrundsätzen vor. Nach Art. 8 Satz 1 Satzung des Europarates kann jedem Mitglied, das sich eines schweren Verstoßes gegen die Bestimmungen des Art. 3 Satzung schuldig macht, sein Recht auf Vertretung vorläufig abgesprochen werden und es kann vom Ministerkomitee aufgefordert werden, gemäß den Bestimmungen des Art. 7 Satzung auszutreten. Art. 3 Satzung beinhaltet den Grundsatz vom Vorrang des Rechts sowie den Grundsatz, wonach jeder, der der Jurisdiktion eines Mitgliedstaates unterliegt, der Menschenrechte und Grundfreiheiten teilhaftig werden soll.

Im Rahmen des Europarates ist ein zeitweiliger Entzug des Stimmrechts erstmals hinsichtlich der Mitglieder der Russischen Föderation in der Parlamentarischen Versammlung wegen der anhaltenden Menschenrechtsverletzungen während des Tschetschenienkonflikts auf der Grundlage von Art. 8 Satzung des Europarates beschlossen worden.[96] Nachdem die Parlamentarische Versammlung die Russische Föderation im Januar 2000 wegen der Unverhältnismäßigkeit ihrer militärischen Aktionen im Nordkaukasus scharf verurteilt hatte, nahm die Versammlung mit großer Mehrheit die Empfehlung 1456 vom 6. April 2000 über den Ent-

---

[94] Eine Aussetzung der Stimmrechte des Vertreters des betreffenden Mitgliedstaates ist auch in Art. I-59 Abs. 3 VVE bzw. Art. 7 Abs. 3 UAbs. 1 EU Lissabon vorgesehen.
[95] Vgl. Cordula Stumpf, in: Jürgen Schwarze (Hrsg.), EU-Kommentar, Baden-Baden 2000, Art. 7 EUV, Rdnr. 1 ff., S. 90 ff.
[96] Vgl. Daniel Brössler, Europas Rat an Rußland, in: Süddeutsche Zeitung vom 08.04.2000, S. 4; Thomas Urban, Entzug des Rederechts ist einseitiges Diktat, in: Süddeutsche Zeitung vom 13.04.2000, S. 8.

zug des Stimmrechts an. Bereits in ihrer Resolution 1227 vom 28. September 2000 stellte die Versammlung einen Fortschritt seitens der Russischen Föderation fest und die Wiederherstellung des Stimmrechts für Januar 2001 in Aussicht.[97]

Mit dem Entzug des Stimmrechts der russischen Mitglieder in der Parlamentarischen Versammlung wurde die Nichtbeachtung der Prinzipien des Europarates durch die Russische Föderation sanktioniert. Die vom Ministerkomitee des Europarates nicht unterstützte Sanktion[98] richtete sich gleichwohl gegen die Volksvertreter (Legislative) und nicht die für die Menschenrechtsverletzungen in Tschetschenien verantwortliche Exekutive (Regierung). Hier wäre ein zwar diskutierter, aber letztendlich politisch nicht gewollter Ausschluss der Russischen Föderation als Sanktionsmaßnahme gegen den Staat nach Art. 8 Satz 1 und 2 Satzung des Europarates rechtlich möglich gewesen. Eine weitaus effektivere, weil wirksamere Methode zur Wiederherstellung bzw. Einhaltung der Grundsätze des Europarates stellt eine vielfach angemahnte Staatenbeschwerde gegen die Russische Föderation nach Art. 33 EMRK dar[99], von der wegen politischer und diplomatischer Beweggründe bislang kein Mitgliedstaat des Europarates Gebrauch gemacht hat.

b) Entzug des Stimmrechts wegen Verletzung finanzieller Verpflichtungen

In der UN-Generalversammlung wird gem. Art. 19 UN-Charta das Stimmrecht der Mitgliedstaaten suspendiert[100], die mit der Zahlung ihrer finanziellen Beiträge an die UNO im Rückstand sind.[101] Anknüpfungspunkt für die Sanktion ist ein Verstoß gegen Art. 17 Abs. 2 UN-Charta, wonach die Mitgliedstaaten die Ausgaben der UNO nach einem von der Generalversammlung festzusetzenden Verteilungsschlüssel zu tragen haben. Bei den Ausgaben der UNO wird unterschieden zwischen ordentlichen Ausgaben und denjenigen für friedenssichernde Maßnahmen.[102] Dies hat der Internationale Gerichtshof in seinem Gutachten zum *Certain Expenses*-Fall bestätigt, in dem er den Begriff „Ausgaben der Organisation" gem. Art. 17 Abs. 2 UN-Charta definiert als „[...] all the expenses and not just certain types of expenses which might be referred to as „regular expenses"."[103]

---

[97] Die Wiederherstellung des Stimmrechts erfolgte am 26.01.2001.
[98] Press communiqué of the 106th session of the Committee of Ministers (10.-11.05.2000).
[99] So auch in der Empfehlung 1456 vom 06.04.2002 von der Parlamentarischen Versammlung vorgeschlagen.
[100] Ein Verlust des Stimmrechts kann auch durch Suspension der Rechte aus der Mitgliedschaft gem. Art. 5 UN-Charta sowie durch Ausschluss gem. Art. 6 UN-Charta eintreten.
[101] Als rückständige Beiträge gelten fällig gewordene Beiträge nach Regel 5.4 UN-Finanzordnung, in: UN Doc. ST/SGB/Financial Rules/1/Rev. 3 (1985).
[102] Zu Art. 17 Abs. 2 UN-Charta vgl. Michael Reckhard, Die rechtlichen Rahmenbedingungen der Sanktionierung von Beitragsverweigerung im System der Vereinten Nationen, Frankfurt am Main/Berlin/Bern/Bruxelles/New York/Wien 1999, S. 14 ff.
[103] Certain Expenses of the United Nations, Advising Opinion of 20 July 1962, in: ICJ Reports 1962, S. 151 (161).

Der Verlust des Stimmrechts in der Generalversammlung der UNO nach Art. 19 UN-Charta tritt ein, wenn der rückständige Betrag die Höhe der Beiträge erreicht oder übersteigt, die das Mitglied für die vorausgegangenen zwei vollen Jahre schuldet. Die Generalversammlung kann die Ausübung des Stimmrechts jedoch gestatten, wenn der Zahlungsverzug auf Umständen beruht, die die Mitglieder nicht zu vertreten haben, so der Wortlaut der Bestimmung.[104]

Ein zeitweiliger Entzug der Ausübung der Rechte und Vorrechte aus der Mitgliedschaft in den Vereinten Nationen zieht bei UNESCO und UNIDO zugleich den Verlust der Rechte und Vorrechte aus der Mitgliedschaft in diesen Organisationen nach sich (Art. II Abs. 4 UNESCO-Satzung, Art. 5 Abs. 1 UNIDO-Satzung).[105] Einige Staatenverbindungen sehen als Sanktion sogar den zeitweiligen Ausschluss aus der Organisation durch Beschluss mit qualifizierter Mehrheit vor.[106]

Erscheinungsformen, seinen finanziellen Verpflichtungen nicht nachzukommen, können Beitragszurückhaltungen z.B. aufgrund wirtschaftlicher Schwierigkeiten, Beitragsverweigerungen z.B. aufgrund politischer Motive oder Beitragsunfähigkeit z.B. aufgrund von Naturkatastrophen sein. Im Gegensatz zur letzten Form lässt sich für die beiden ersten in Bezug auf einen Verstoß gegen Art. 17 Abs. 2 UN-Charta keine Rechtfertigung nachweisen.[107] Bei politisch motivierter Pflichtverletzung werden oftmals Einwände, die internationale Organisation habe rechtswidrige Beschlüsse gefasst, weshalb keine Verpflichtung zur Beteiligung an deren Kostendeckung bestünde oder Proteste gegen die Einschränkung organisationsinterner Mitwirkungsrechte geltend gemacht.[108] Mit ihrer Ablehnung die friedenssichernden Operationen UNEF (1956) und ONUC (1960-1964) wegen ihrer Auffassung nach rechtswidrigen Verhaltens der Generalversammlung mitzufinanzieren[109], haben eine Reihe von Staaten, unter ihnen die ehemalige Sowjetunion,

---

[104] So auf der 59. Sitzung in Bezug auf eine Reihe von Mitgliedstaaten, in: UN-Doc. A/RES/59/1, paras. 3 f. (14.10.2004).

[105] Die zeitweilige Aufhebung (Aussetzen) des Stimmrechts wegen Nichterfüllung finanzieller Verpflichtungen regeln weiterhin Art. XXVI Abschnitt 2 lit. b IMF-Übereinkommen; Art. 5 Abs. 2 UNIDO-Satzung; Art. XIX Absatz A IAEA-Satzung; Art. 56 IMO-Übereinkommen; Art. 62 ICAO-Übereinkommen; Art. 7 WHO-Satzung; Art. E Abs. 2 lit. a GO IWC i.d.F. von 2007, in: http://www.iwcoffice.org/_documents/commission/Rules2007rev.pdf (07.01.2008). Den Ausschluss der Ausübung der Rechte und Vorrechte als Mitglied der WMO wegen Nichterfüllung finanzieller Verpflichtungen durch Entschließung des Kongresses regelt Art. 31 WMO-Übereinkommen.

[106] Art. 9 Abschnitt 2 IFAD-Übereinkommen, Art. 31 CFC-Übereinkommen.

[107] Vgl. Michael Reckhard (Fn. 102), S. 17 ff.

[108] Wegen seiner Apartheidpolitik ist Südafrikas Stimmrecht in mehreren internationalen Organisationen suspendiert worden: 1964 in der WHO gem. Art. 7 WHO-Satzung, 1974 in der ICAO gem. Art. 62 ICAO-Übereinkommen. Vgl. Christian Tomuschat, Die Beitragsverweigerung in internationalen Organisationen, in: Werner Flume/Hugo J. Hahn/Gerhard Kegel/Kenneth R. Simmonds (Hrsg.), FS für F.A. Mann, München 1977, S. 447 ff.

[109] Die Generalversammlung könne gem. Art. 11 Abs. 2 UN-Charta keine rechtsverbindlichen Resolutionen annehmen und habe deshalb *ultra vires* gehandelt. Vgl. Christian

Anfang der sechziger Jahre die UNO in eine Existenzkrise gestürzt.[110] Das daraufhin von der Generalversammlung eingeholte und von ihr anerkannte Gutachten des Internationalen Gerichtshofes[111] im *Certain Expenses*-Fall, das die entsprechenden Einsätze unter Art. 17 Abs. 2 UN-Charta subsumierte, ist von den Staaten nicht beachtet worden. Hier hätte Art. 19 UN-Charta zur Anwendung kommen und den betroffenen Staaten ihr Stimmrecht entzogen werden müssen. Nachdem die ehemalige Sowjetunion mit ihrem Austritt aus der UNO drohte, wenn ihr das Stimmrecht entzogen würde, ist ein politischer Kompromiss geschlossen worden, wonach die Anwendbarkeit von Art. 19 UN-Charta in Bezug auf die genannten Einsätze nicht eintreten sollte.[112] Die wie von Reckhard bezeichnete „Kapitulation des Rechts vor der Politik" ist im Völkerrecht als Konsensrecht durchaus nicht selten.[113] Sie zeigt aber auch die Notwendigkeit seiner Fortentwicklung.

Der Streit zwischen den beiden Auffassungen, wonach der als Sanktion vorgeschriebene Verlust des Stimmrechts in der Generalversammlung gem. Art. 19 UN-Charta *ex lege* eintritt[114] oder eines konstitutiven Beschlusses bedarf[115], wie ihn beispielsweise Art. 5 UN-Charta für den zeitweiligen Entzug der Ausübung der sich aus der Mitgliedschaft ergebenden Rechte und Vorrechte fordert, ist nach den allgemeinen Auslegungsregeln zugunsten ersterer entschieden.[116] Dies wird auch durch die Anwendungspraxis der Generalversammlung bestätigt. Säumige Mitgliedstaaten wurden bei namentlichen Abstimmungen nicht aufgerufen bzw. bei der Ausgabe von Stimmzetteln übergangen[117] und bei unförmlichen Abstimmungen nicht berücksichtigt. Andererseits ist in einigen Fällen säumigen Staaten die

---

Tomuschat, Die Beitragsverweigerung in internationalen Organisationen, in: Werner Flume/Hugo J. Hahn/Gerhard Kegel/Kenneth R. Simmonds (Hrsg.) (Fn. 108), S. 440.

[110] Repertory of Practice of United Nations Organs, Extracts relating to Article 17 (1) of the Charter of the United Nations, Supplement No. 3 (1959-1966), vol. 1, para. 12, S. 366, in: http://www.un.org/law/repertory/art17(1).htm (07.01.2008).

[111] Zur Wirkung von Gutachten des IGH, die weder nach der UN-Charta noch dem IGH-Statut für die antragstellenden Organe bzw. Institutionen Rechtsverbindlichkeit vorsehen, vgl. Herman Mosler/Karin Oellers-Frahm, in: Bruno Simma (ed.), The Charter of the United Nations, Band II, 2. Auflage, München 2002, Art. 96, Rdnr. 35 ff., S. 1188 f.

[112] Alle nachfolgenden friedenssichernden Einsätze sind dann durch den Sicherheitsrat beschlossen worden. Vgl. Wilfried Koschorreck, in: Bruno Simma (ed.) (Fn. 65), Art. 17, Rdnr. 65 ff., S. 344 f.

[113] Vgl. Michael Reckhard (Fn. 102), S. 16.

[114] Für eine automatische Wirkung traten u.a. die USA ein. Vgl. Christian Tomuschat, in: Bruno Simma (ed.) (Fn. 65), Art. 19, Rdnr. 15, S. 369.

[115] Die ehemalige Sowjetunion vertrat die Auffassung, dass für die Aberkennung des Stimmrechts nach Art. 19 UN-Charta ein mit Zweidrittelmehrheit zu fassender Beschluss der GV gem. Art. 18 Abs. 2 UN-Charta erforderlich wäre, da es sich um den „zeitweilige[n] Entzug der Rechte und Vorrechte aus der Mitgliedschaft" handele. Ebenda.

[116] Vgl. ebenda, Art. 19, Rdnr. 15 ff., S. 369 ff. Michael Reckhard (Fn. 102), S. 109 f.

[117] Dominikanische Republik, Plen., 1518th session, 19.05.1967, para. 5; Haiti und Dominikanische Republik, 2. Ausschuss, 1582nd session, 10.6.1968, para. 2; Plen., 12.06.1968, 1671st session, para. 66; 1672nd session, para. 63; Haiti, Plen., 1753rd session, 16.09.1969, para. 36.

Ausübung des Stimmrechts durch konstitutiven Beschluss erlaubt worden. Diese Praxis bestätigt eine *ipso iure*-Wirkung der Bestimmung in Art. 19 Satz 1 UN-Charta.[118] Der sich aus dieser Bestimmung ergebende und nicht aus der Kompetenz der Generalversammlung fließende Verlust des Stimmrechts impliziere nicht, dass der säumige Staat gänzlich nicht an Abstimmungen teilnehmen dürfte. Dies folge aus der Praxis, wonach bei Abstimmungen über Vorlagen beispielsweise im „*no-objection*" Verfahren bzw. Konsensverfahren säumige Staaten nicht ausgeschlossen wurden.[119] Diese Auffassung ist jedoch nicht schlüssig. Säumige Staaten hätten jedenfalls eine Konsensentscheidung nicht verhindern können, wenn sie dagegen gewesen wären. Vielmehr sind die betreffenden Staaten bei der Abstimmung anwesend, ohne eine Stimme abzugeben. Eine Teilnahme an den Beratungen mit Wortmeldungen steht ihnen trotz Stimmrechtsentzugs zu.[120] Da nach Art. 18 Abs. 2 und 3 UN-Charta die Zahl der anwesenden und abstimmenden Mitglieder der Generalversammlung als Bezugsgröße für die Berechnung der Zweidrittelmehrheit für wichtige Beschlüsse und der einfachen Mehrheit für andere Beschlüsse zugrunde gelegt wird, sind Mitglieder, die keine Stimme abgeben, für die Beschlussfassung nicht ausschlaggebend. Weil die säumigen Mitglieder keine Stimme innehaben, könnten sie auch keine Stimmenthaltung üben. Diese Fallkonstellation fällt folgerichtig unter einen Anwendungsfall der Nichtteilnahme an der Abstimmung.

B. Stimmenthaltung

Bei Abstimmungen gibt es vorwiegend drei Möglichkeiten der Entscheidungsfindung: Ja-Stimme, Nein-Stimme oder Stimmenthaltung. Die Stimmenthaltung als ein Abstimmungsverhalten setzt wie die nachfolgenden das Vorhandensein des Stimmrechts voraus.

I. Begriffsbestimmung

Die Stimmenthaltung als rechtliches Institut der Beschlussfassung von Kollegialorganen bedeutet, dass ein stimmberechtigtes Mitglied weder für noch gegen einen Antrag stimmt in der Absicht, weder positiv noch negativ auf das Zustandekommen des Beschlusses einzuwirken. Die Stimmenthaltung ist zu einer allgemein zulässigen, „janusköpfigen Abstimmungsform" avanciert, die weder einen Beschluss verhindert noch ihn positiv unterstützt.[121] Mit der Stimmenthaltung ist dem Abstimmenden die Möglichkeit gegeben, in Bezug auf den Sachantrag neut-

---

[118] Vgl. Christian Tomuschat, in: Bruno Simma (ed.) (Fn. 65), Art. 19, Rdnr. 23, S. 370 f.
[119] Vgl. ebenda, Art. 19, Rdnr. 31, S. 372 f.
[120] Vgl. Gerhard Ohse, Die Suspension des Stimmrechts in der Generalversammlung der UNO, in: VN, 21 (1973) 5, S. 158.
[121] Vgl. Bruno Simma/Stefan Brunner/Hans-Peter Kaul, in: Bruno Simma (ed.) (Fn. 65), Art. 27, Rdnr. 48, S. 493.

ral zu sein.¹²² Damit ist die Stimmenthaltung eine Form der Teilnahme an der Abstimmung. Der Abstimmende macht von seinem Stimmrecht Gebrauch.

Vor allem wegen möglicher Unentschlossenheit der Abstimmenden hat Bentham die Stimmenthaltung als eine neue Form der Abstimmung während der französischen Revolution für die Nationalversammlung Frankreichs vorgeschlagen.¹²³ „Eine bejahende oder verneinende Antwort von einem Manne fordern, der in Zweifel befangen ist, heißt seiner Freiheit Zwang anlegen, und ihn zur Unwahrheit zwingen."¹²⁴ Bereits die alten Römer hatten die unterschiedlichen „Seelenlagen" in Strafsachen in folgenden Formeln zum Ausdruck gebracht: *absolvo, condemno, non liquet.*¹²⁵

In der Literatur lassen sich zwei Meinungen unterscheiden. Nach der traditionell herrschenden Lehre stellen Stimmenthaltungen keine Stimmabgabe dar.¹²⁶ Mit einer Stimmenenthaltung würde keine Stimme abgegeben werden, so dass die Stimmenthaltung im kontradiktorischen Gegensatz zur Stimmabgabe stehe.¹²⁷ Die konträre, hier gefolgte Lehre ordnet Stimmenthaltungen der Stimmabgabe zu.¹²⁸ So gibt Klein zu bedenken „[...] auch Stimmenthaltungen können sprachlich als

---

[122] Vgl. Christoph Lambrecht, Die Stimmenthaltung bei Abstimmungen und die Nein-Stimme bei Wahlen, Frankfurt am Main 1988, S. 116.

[123] Vgl. Jeremy Bentham, An Essay on Political Tactics, in: John Bowring, The Works of Jeremy Bentham, Band II, Bristol 1995, S. 372 f.; Julius Hatschek, Englisches Staatsrecht, I. Band, Tübingen 1905, § 78, S. 432.

[124] Jeremias Bentham, Tactik oder Theorie des Geschäftsganges in deliberirenden Volksständeversammlungen, St. Dumont (Bearb.), Erlangen 1817, S. 161.

[125] Vgl. ebenda, S. 161.

[126] Vgl. Walter Jellinek, Kabinettsfrage und Gesetzgebungsnotstand nach dem Bonner Grundgesetz, in: DÖV, 2 (1949) 20, S. 381; Hermann von Mangoldt, in: Hermann Mangoldt von/Friedrich Klein, Das Bonner Grundgesetz, Band 2, 2. Auflage, Berlin/Frankfurt Main 1964, Art. 42, Anm. IV 2 b), S. 931; Joseph Bücker, in: Heinrich Ritzel/Joseph Bücker, Handbuch für die parlamentarische Praxis mit Kommentar zur Geschäftsordnung des Deutschen Bundestages, Neuwied 1993, § 48 GOBT, Anm. II b; Norbert Achterberg/Martin Schulte, in: Christian Starck (Hrsg.), Kommentar zum Grundgesetz, Band 2, 5. Auflage, München 2005, Art. 42, Rdnr. 38, S. 1106; Horst Risse, in: Dieter Hömig (Hrsg.), Grundgesetz für die Bundesrepublik Deutschland. Kommentar, 8. Auflage, Baden-Baden 2007, Art. 42, Rdnr. 2, S. 342; Bodo Pieroth, in: Hans D. Jarass/Bodo Pieroth, Grundgesetz. Kommentar, 8. Auflage, München 2006, Art. 42, Rdnr. 4, S. 656.

[127] Der Präsident des BT würde bei Abstimmungen mit Gegenprobe nur die Ja- und Nein-Stimmen miteinander vergleichen und die bei Probe und Gegenprobe Untätigen vernachlässigen. Vgl. Walter Jellinek (Fn. 126), S. 381.

[128] Vgl. Josef Mayer, Die Wirkung der Stimmenthaltung bei namentlicher Abstimmung im Landtag, in: Bayerische Verwaltungsblätter, 78 (1939) 20, S. 353 ff.; Wolfgang Löwer, Rechtsprobleme der Stimmrechtszählung im Wissenschaftsrat, in: WissR, 29 (1996), S. 121 ff.; Henry G. Schermers/Niels M. Blokker, International Institutional Law, 3. Auflage, The Hague/London/Boston 1995, § 832, S. 538; Hans H. Klein, in: Theodor Maunz/Günter Dürig (Hrsg.), Grundgesetz. Kommentar, Band IV, München 2001, Art. 42, Rdnr. 84, S. 48; Ludger-Anselm Versteyl, in: Ingo von Münch/Philip Kunig (Hrsg.), Grundgesetz-Kommentar, Band 2, 5. Auflage, München 2001, Art. 42, Rdnr. 21, S. 761.

abgegebene Stimmen angesehen werden."[129] Morlok spricht bei Stimmenthaltung von „willentlichem Nichtbekunden einer Meinung".[130] Die Bestimmung in Art. 42 Abs. 2 Satz 1 GG enthält den Terminus „abgegebene Stimme" ohne diesen näher zu definieren. In § 48 Abs. 2 Satz 1 GOBT hat diese Formulierung keine Aufnahme gefunden. Nach dem Wortlaut und der Praxis des Bundestages ist bei Stimmenthaltung von einer abgegebenen Stimme auszugehen.[131] Diejenigen Mitglieder, die eine „Stimmenthaltungsstimme" abgeben, sind an der Abstimmung anwesend und nehmen am Abstimmungsvorgang teil ebenso wie diejenigen, die eine Ja-, eine Nein- oder eine ungültige Stimme abgeben.[132] Eine Stimmenthaltung muss unabhängig von den angewendeten, im zehnten Kapitel zu behandelnden Abstimmungsarten möglich sein.[133]

In der Praxis enthalten sich Beteiligte am Entscheidungsprozess der Stimme entweder wegen eigener Unentschlossenheit in Bezug auf den Abstimmungsgegenstand oder nicht selten auch aus Loyalitätsgründen.[134] Das Recht auf Stimmenthaltung von Volksvertretern leitet sich aus dem Prinzip des freien Mandats ab. Mit jeder Abstimmung erfolgt eine Gewissensentscheidung.[135] Die Gewissensregel verlangt nach einer „Ausweichmöglichkeit" wie der Stimmenthaltung[136], gerade wenn Volksvertreter, wie bereist erörtert, einer Fraktionsdisziplin unterliegen.[137] Ernannte bzw. bestellte Mitglieder eines kollegialen Entscheidungsorgans, wie es die Länder- bzw. Staatenvertreter beispielsweise im Bundesrat, Rat der Europäischen Gemeinschaften oder UN-Sicherheitsrat sind, haben bei der Abstimmung die Interessen ihrer respektiven Staaten zu vertreten.

---

[129] Hans H. Klein, in: Theodor Maunz/Günter Dürig (Hrsg.) (Fn. 128), Art. 42, Rdnr. 84, S. 48.
[130] Martin Morlok, in: Horst Dreier (Hrsg.), Grundgesetz. Kommentar, Band II, 2. Auflage, Tübingen 2006, Art. 42, Rdnr. 34, S. 1084.
[131] Neben den Ja- und Neinstimmen werden auch Stimmenthaltungen und ungültige Stimmen in die Protokolle aufgenommen. Vgl. statistische Übersicht der Abstimmungen in den Plenarsitzungen des BT, in: Michael F. Feldkamp/Birgit Ströbel (Mitarbeit), Datenhandbuch zur Geschichte des Deutschen Bundestages 1994 bis 2003, Baden-Baden 2005, S. 422 ff.
[132] Vgl. Christoph Lambrecht (Fn. 122), S. 120.
[133] Vgl. Herbert H. Fuchs (Fn. 2), S. 67 f.
[134] Vgl. Christoph Lambrecht (Fn. 122), S. 45.
[135] Vgl. Leo Weber (Fn. 4), S. 21.
[136] Vgl. ebenda, S. 122.
[137] Vgl. Jan Roscheck (Fn. 1), S. 110 ff.

II. Verbot der Stimmenthaltung

Im ältesten englischen Unterhaus war eine freiwillige Stimmenthaltung im Gegensatz zum Oberhaus noch nicht erlaubt gewesen.[138] Dennoch gab es Abgeordnete, die nicht mit Ja oder Nein abstimmen wollten. Diese mussten sich, sobald die Glocken ertönten, nicht nur aus dem Beratungssaal, sondern auch aus den Lobbies innerhalb von durch Sanduhr gemessenen zwei Minuten entfernen. Die Abstimmung erfolgte dann über zwei Türen für Ja oder Nein. Eine Stimmenthaltung, d.h. ein Verbleiben im Saal war grundsätzlich nicht gestattet und galt als schweres, zu ahndendes Delikt.[139] Mit dem Verlassen des Saales ist eine Stimmenthaltung unmöglich geworden. Die Abgeordneten, die weder zustimmend, noch ablehnend waren, sind der Abstimmung ferngeblieben und damit *de facto* abwesend gewesen.

Auch im deutschen Parlamentsrecht war die Stimmenthaltung zunächst nicht möglich. Wie aus Sitzungsprotokollen des Reichstages hervorgeht, mussten die Abgeordneten, die weder mit Ja oder Nein abstimmen wollten, den Sitzungssaal verlassen.[140] Der Stimmzähler des Reichstages, der im Auftrag des Präsidenten die Stehenden und Sitzenden zu zählen hatte, stellte auf der Sitzung vom 29. März 1867 die Frage, wie die Zählung derjenigen Mitglieder erfolgen sollte, die sich der Abstimmung auch bei der Gegenprobe enthalten, d.h. die weder sitzen noch stehen wollten. Nach Albertis Komplimentierbuch für parlamentarische Versammlungen könne eben keine dazwischen liegende Stellung eingenommen werden. Die Antwort des Präsidenten Dr. Simson lautete: „[...] im Saale anwesend bleiben und doch nicht mitstimmen, das steht keinem Mitgliede zu."[141] Dem Sitzungsprotokoll des Verfassungsberatenden Reichstages vom 6. April 1867 ist zu entnehmen, dass einige Abgeordnete bei einer Abstimmung durch Aufstehen und Sitzenbleiben beide Mal sitzen blieben. Daraufhin äußerte der Präsident Dr. Simson: „[...] das ist absolut unzulässig; wer nicht einstimmen will, muss den Saal verlassen, er darf aber nicht das Gewicht seiner Stimme in beide Wagschalen, in die der Majorität und in die der Minorität, legen. (Zustimmung.)"[142] Anstatt einer nicht erlaubten

---

[138] Wenn sich ein Mitglied des Oberhauses der Stimme enthalten wollte, nahm es seinen Platz auf dem roten „Wollsacke" (dem gewöhnlichen Sitz des Lord Kanzler) ein, der nach alter Praxis als außerhalb des Saales angesehen wurde. Vgl. Julius Hatschek (Fn. 123), S. 408.

[139] Vgl. Josef Redlich, Recht und Technik des Englischen Parlamentarismus, Leipzig 1905, S. 505 f. Für eine Stimmenthaltung trat Jeremy Bentham ein. Vgl. Jeremy Bentham (Fn. 123), S. 372.

[140] Vgl. B. Jungheim/Kurt Perels, in: B. Jungheim (Hrsg.), Die Geschäftsordnung für den Reichstag mit Anmerkungen, Berlin 1916, § 55, S. 201 f.; ders., Das autonome Reichstagsrecht, Berlin 1903, S. 83.

[141] Auszug aus der Verhandlung vom 29.03.1867, in: Band 1, 22. Sitzung, S. 449 (Verfassungsberatender Reichstag), abgedruckt in: B. Jungheim/Kurt Perels (Fn. 140), § 55, S. 201.

[142] Auszug aus der Verhandlung vom 06.04.1867, in: Band 1, 28. Sitzung, S. 611 (Verfassungsberatender Reichstag), abgedruckt ebenda, § 55, S. 202.

Stimmenthaltung blieb den Abgeordneten, die weder mit Ja noch mit Nein stimmen wollten, nur die Abwesenheit von der Abstimmung.[143]

Während die Stimmenthaltung bei Abstimmungen nicht nur im englischen und deutschen Parlamentsrecht eingeführt und heute allgemein anerkannt ist[144], gibt es weiterhin kollegiale Entscheidungsorgane, die eine Stimmenthaltung generell nicht zulassen. Hierzu zählen Landesregierungen, wie die des Freistaates Bayern, Niedersachsens oder Brandenburgs.[145] Eine gegenwärtig besondere, nicht ganz unstrittige Bestimmung ist das Verbot der Stimmenthaltung bei der Beschlussfassung in Kollegialorganen, wie beispielsweise in kommunalen bayerischen Vertretungsorganen gem. Art. 48 Abs. 1 Satz 2 Gemeindeordnung für den Freistaat Bayern, Art. 42 Abs. 1 Satz 2 Landkreisordnung für den Freistaat Bayern, Art. 39 Abs. 1 Satz 2 Bezirksordnung für den Freistaat Bayern[146] und § 72 Abs. 3 Satz 3 GO Stadtrat der Landeshauptstadt München.[147] Das Verbot der Stimmenthaltung in Bayerischen Kommunalgesetzen basiert auf der Annahme, der Gemeinderat sei kein Parlament, sondern ein kollegiales Verwaltungsorgan. Nach Ansicht des Bundesverfassungsgerichts handelt es sich beim Gemeinderat nicht um ein echtes Parlament. Er ist aber doch ein demokratisch gewähltes Beschlussorgan und insoweit dem Bereich der Legislative zuzuordnen.[148] Nach der bayerischen kommunalrechtlichen Bestimmung darf sich kein Mitglied des Gemeinderates, des Kreistages oder des Bezirksrates der Stimme enthalten. Nach Auffassung von Heilmann sei die Stimmenthaltung von Gemeinderatsmitgliedern im Bereich legislativer Tätigkeit als Ausfluss des freien Mandats möglich, nicht aber für den Bereich der Exekutive, weil dies einer Leistungsverweigerung gleichkäme.[149] Mit Verweis auf die Geltung von Art. 28 Abs. 1 und 2 GG für die Gemeinden und das Gewaltenteilungsprinzip gem. Art. 20 Abs. 2 GG für die Bundesstaatsgewalt ist diese Auffassung u.a. von Hien zu Recht scharf kritisiert worden.[150] Der Bayerische Verfassungsgerichtshof hat schließlich in seiner Entscheidung über die Popularklage auf Feststellung der Verfassungswidrigkeit des Art. 48 Abs. 1 Satz 2 Gemeindeordnung für den Freistaat Bayern bezüglich des Stimmenthaltungsverbotes von Ge-

---

[143] Vgl. Josef Mayer (Fn. 128), S. 353.
[144] Anders Lambrecht, der die Zulässigkeit der Stimmenthaltung bezweifelt. Vgl. Christoph Lambrecht (Fn. 122), S. 162.
[145] Art. 54 Satz 4 LV BY i.V.m. § 11 Abs. 7 Satz 2 GO Bayerische Staatsregierung, in: BayGVBl. 2006, 825; Art. 39 Abs. 2 Satz 2 LV NI; § 19 Abs. 2 Satz 1 GOLReg. BB, in: GVBl. II/00, 242; II/06, 352.
[146] BezO BY, in: GVBl. 1998, 850; 2006, 975.
[147] GO Stadtrat der Landeshauptstadt München vom 02.05.2002 i.d.F. des Beschlusses der Vollversammlung vom 12.06.2002.
[148] BVerfGE 32, 346 (360). So auch der BayVerfGH n.F. 5, 66/76; BayVerfGHE vom 23.07.1984, 3. Leitsatz, in: BayVBl., 30 (1984) 20, S. 622.
[149] Vgl. Hartmut Heilmann, Verfassungswidrigkeit des Art. 48 Abs. 1 Satz 2 BayGO?, in: BayVBl., 30 (1984) 7, S. 200.
[150] Vgl. Eckart Hien, Zum Stimmenthaltungsverbot in den Bayerischen Kommunalgesetzen, in: BayVBl., 30 (1984) 7, S. 203 ff.; Christoph Lambrecht (Fn. 122), S. 173 ff.

meinderatsmitgliedern in den bayerischen Kommunalgesetzen die Verfassungsmäßigkeit bejaht.[151]

Berechtigte Zweifel an der Sachgerechtheit des Stimmenthaltungsverbotes bleiben jedoch bestehen, da es die Ausübung des auch für kommunale Volksvertreter geltenden freien Mandats (Art. 28 Abs. 1 Satz 2 GG) sowie die Meinungsfreiheit als Kommunikationsgrundrecht tangiert. Der mit dem Stimmenthaltungsverbot einhergehende Zwang zu einem bestimmten Abstimmungsverhalten (Ja oder Nein) stellt zweifellos eine Einschränkung der Form der freien Meinungsäußerung dar. Mit dieser Grundrechtseinschränkung verfolgt der Gesetzgeber den Zweck, dass das Gemeinderatsmitglied seiner mit der Wahl übernommenen Pflicht und Verantwortung nachkommt und damit die demokratische Legitimation der Entscheidung gewährleistet.[152] Die Bestimmung des Zweckes geht von einem „idealisierten Demokratieverständnis"[153] aus und unterstellt den gewählten Gemeinderatsmitgliedern mangelndes Pflicht- und Verantwortungsbewusstsein, so dass bereits bezweifelt werden kann, ob die Bestimmung dieses Zweckes noch von der Zwecksetzungskompetenz des Gesetzgebers gedeckt ist.[154] Selbst wenn der Auffassung über die Verfassungsmäßigkeit dieser Grundrechtseinschränkung gefolgt würde – die Geeignetheit, Erforderlichkeit und Verhältnismäßigkeit des Stimmenthaltungsverbots zur Erreichung des Zwecks unterstellt –, stellt sich die rechtspolitische Frage nach einer längst fälligen gesetzlichen Abschaffung des Stimmenthaltungsverbots. Die Erweiterung des Abstimmungsverhaltens um die Stimmenthaltung würde weder die freie Meinungsäußerung der gewählten Vertreter beschränken, noch die Funktionsfähigkeit des Gemeinderates gefährden. Außerdem ist es Sache der Bürgerschaft, pflicht- und verantwortungslosen Gemeinderatsmitgliedern bei den nächsten Wahlen nicht mehr ihre Stimme zu geben.[155]

Wenn ein Gemeinderatsmitglied sich dieser Verpflichtung – des Stimmenthaltungsverbots – ohne genügende Entschuldigung entzieht, können der Gemeinderat, der Kreis- oder der Bezirkstag ein Ordnungsgeld verhängen.[156] In der Praxis wird das Stimmenthaltungsverbot durch generelles Fernbleiben oder Verlassen des Sitzungssaales vor Abstimmung trotz Teilnahmepflicht an einer Sitzung und Abstimmung (Art. 48 Abs. 1 Satz 1 GO Bayern) umgangen.[157] Dieses Verhalten kann wiederum mit einem Ordnungsgeld geahndet werden (Art. 48 Abs. 2 GO Bayern). Die Praxis gibt somit ebenfalls gute Gründe für eine Abschaffung des Stimmenthaltungsverbotes. Mit dieser in der Bundesrepublik einmaligen Bestimmung des Stimmenthaltungsverbotes folgt der Freistaat Bayern seiner Tradition,

---

[151] BayVerfGHE vom 23.07.1984, in: BayVBl., 30 (1984) 20, S. 621 ff.
[152] Bayerischer Landtag, LT-Drs. 2/1140 vom 02.08.1951, S. 37.
[153] Eckart Hien (Fn. 150), S. 207.
[154] Zur Zwecksetzungskompetenz des Gesetzgebers vgl. Eberhard Grabitz, Der Grundsatz der Verhältnismäßigkeit in der Rechtsprechung des Bundesverfassungsgerichts, in: AöR, 98 (1973) 4, S. 600 ff.
[155] Vgl. Eckart Hien (Fn. 150), S. 207.
[156] Art. 48 Abs. 2 GO BY. Urteil des Bayerischen VG München vom 08.06.1983 Nr. M 2387 VII 81, Klage eines Gemeinderatsmitglieds gegen Verhängung eines Ordnungsgeldes wegen Stimmenthaltung.
[157] Vgl. Hartmut Heilmann (Fn. 149), S. 202; Christoph Lambrecht (Fn. 122), S. 168.

die durch eine Sonderstellung gekennzeichnet ist. Während die anderen Länder die Stimmenthaltung in ihren Gemeinderäten anerkannten, untersagte schon die Bayerische Gemeindeordnung vom 17. Oktober 1927 in Art. 21 Abs. 1 Satz 3 die Stimmenthaltung.[158]

Im internationalen Vergleich nimmt Österreich eine ähnliche Sonderposition ein. Nach der Geschäftsordnung des Nationalrates, eines der beiden Organe der Gesetzgebung des Bundes, haben die Abgeordneten ihre Stimme durch Bejahung oder Verneinung der Frage abzugeben (§ 64 Abs. 2 GONR). Ein ausdrückliches Stimmenthaltungsverbot der Abgeordneten ist in § 68 Abs. 2 GONR geregelt.[159] Auch im österreichischen Bundesrat ist eine Stimmenthaltung nicht vorgesehen. Nach § 53 Abs. 4 GOBR Österreich[160] ist es auch den im Sitzungssaal anwesenden Bundesräten nicht gestattet, sich der Stimme zu enthalten.

Eine Stimmenthaltung ist ebenfalls für die Mitgliedstaaten in der UN-Generalversammlung nicht vorgesehen. Der in Art. 18 Abs. 2 Satz 1 UN-Charta verwendete Terminus „anwesende und abstimmende Mitglieder" wird in Regel 86 GOGV präzisiert als Mitglieder, die eine Ja- oder Neinstimme abgeben. Mitglieder, die sich der Stimme enthalten, gelten als nicht abstimmende Mitglieder.[161] Sich der Stimme enthaltende Mitglieder werden demnach behandelt, als ob sie an der Abstimmung nicht teilgenommen haben. Deshalb kann zur Berechnung erforderlicher Mehrheiten zur Annahme von Beschlüssen der Generalversammlung auch nur die Zahl der tatsächlich anwesenden und abstimmenden Mitglieder genommen werden. Mitglieder, die weder mit Ja noch mit Nein abstimmen, sind in dieser Zahl nicht enthalten. Anfängliche Bemühungen des Verfahrensausschusses (Committee on Procedures and Organization) zur Änderung dieser Regel sind an dem Argument gescheitert, dass wenn die sich der Stimme enthaltenden Mitglieder als abstimmende Mitglieder mitgezählt würden, Stimmenthaltungen den Nein-Stimmen gleichgesetzt würden. Die Verfechter einer nicht eingetretenen Änderung waren der zutreffenden Ansicht, dass Stimmenthaltungen gleich wie Ja- und Nein-Stimmen als Stimmverhalten zu deuten seien.[162]

---

[158] Vgl. Hartmut Heilmann (Fn. 149), S. 197.
[159] Bundesgesetz über die Geschäftsordnung des Nationalrates (Geschäftsordnungsgesetz 1975), in: BGBl. I Nr. 29/2005.
[160] GOBR Österreich, in: BGBl. I Nr. 192/1999.
[161] Repertory of Practice of United Nations Organs (1945-1954), Extracts relating to Article 18 of the Charter of the United Nations, vol. 1, para. 19 f., S. 569, in: http://www.un.org/law/repertory/art18.htm (07.01.2008);. vgl. Rüdiger Wolfrum, in: Bruno Simma (ed.) (Fn. 65), Art. 18, Rdnr. 17, S. 357.
[162] Repertory of Practice of United Nations Organs, Extracts relating to Article 18 of the Charter of the United Nations (Fn. 161), vol. 1, para. 22, S. 570.

III. Regelungen über die Stimmenthaltung

Die Möglichkeit der Stimmenthaltung ist im deutschen Parlamentsrecht erst 1922 mit der Aufnahme einer entsprechenden Bestimmung in § 104 Abs. 2 Satz 1 GORT von 1922[163] bezüglich des im nächsten Kapitel zu erörternden Hammelsprunges geschaffen worden.[164] Damit sollte erreicht werden, dass sich Mitglieder des Reichstages, die sich der Stimme enthalten wollten, bei Anwendung des Hammelsprunges den Plenarsaal wieder betreten konnten. Außerdem sollte gegebenenfalls einer Beschlussunfähigkeit vorgebeugt werden.[165] Eine generelle Regelung zur Möglichkeit der Stimmenthaltung enthielt § 103 Satz 4 GORT von 1922. Die Stimmenthaltung bei namentlicher Abstimmung war hingegen bereits in der Geschäftsordnung des Reichstages des Norddeutschen Bundes geregelt (§ 55 [58] Abs. 2 Satz 3 GORT).[166] In der Praxis des Preußischen Abgeordnetenhauses, dessen Geschäftsordnung wegen der Vormachtstellung Preußens im Norddeutschen Bund von diesem übernommen wurde, sind Stimmenthaltungen generell nicht mit angerechnet worden. Es gab Fälle, wo sich sogar ganze Fraktionen von vierzig, sechzig oder gar achtzig Mitgliedern der Abstimmung enthielten.[167] Schon damals gab es die Möglichkeit der Abgabe von Erklärungen zur Abstimmung (§ 63 GO Preußisches Abgeordnetenhaus vom 16. Mai 1876).

Das Grundgesetz, insbesondere Art. 42 Abs. 2 Satz 1 GG, enthält keine Bestimmungen und Bewertungen der Stimmenthaltung. Es überlässt entsprechende Regelungen ebenfalls der Bundestagsgeschäftsordnung. Diese sieht eine Stimmenthaltung gem. § 51 Abs. 2 Satz 3 GOBT bei der Zählung der Stimmen bzw. beim Hammelsprung und gem. § 52 Satz 2 GOBT bei der namentlichen Abstimmung explizit vor, nicht jedoch für das Abstimmen durch Handzeichen oder Aufstehen gem. § 48 Abs. 1 GOBT. Nach der Parlamentspraxis besteht allerdings ein

---

[163] § 104 Abs. 2 Satz 1 GORT vom 12.12.1922 lautete: „Auf das Glockenzeichen des Präsidenten treten die Mitglieder, je nachdem, wie sie stimmen, durch die Ja-Tür (rechts), durch die Nein-Tür (links), und die sich der Stimme enthalten wollen, durch die dem Vorstandstisch gegenüberliegende Tür in den Saal ein [...]." Im Vergleich hierzu hieß es noch in § 52 a [§ 56] Abs. 3 GORT des Norddeutschen Bundes vom 12.06.1868: „Auf ein vom Präsidenten mit der Glocke gegebenes Zeichen treten diejenigen Mitglieder, welche mit „Ja" stimmen wollen, durch die Tür an der Ost-Seite, rechts vom Büro, diejenigen, welche mit „Nein" stimmen wollen, durch die Tür an der Westseite, links vom Büro, in den Saal ein."
[164] Traktat über den Reichstag im 16. Jahrhundert, abgedruckt in: Karl Rauch (Hrsg.), Quellen und Studien zur Verfassungsgeschichte des Deutschen Reiches in Mittelalter und Neuzeit, Weimar 1905, S. 63.
[165] Erläuterungen zum Ausschussvorschlag einer Geschäftsordnung vom 26.05.1922, abgedruckt in: Anlage zum Stenographischen Bericht des Reichstages, 1. WP 1920/22, Nr. 4411, S. 33. Vgl. Christoph Lambrecht (Fn. 122), S. 13.
[166] § 55 [§ 58] Abs. 2 Satz 3 GORT vom 12.06.1868 i.d.F. vom 14.11.1902 lautete: „Die Abstimmungskarten tragen den Namen des Abstimmenden und die Bezeichnung Ja, Nein oder Enthalte mich." Diese Regelung entspricht der Bestimmung in § 105 Satz 2 GORT vom 12.12.1922.
[167] Vgl. A. Plate, Die Geschäftsordnung des Preußischen Abgeordnetenhauses, 2. Auflage, Berlin 1904, § 58, Rdnr. 4, S. 180.

Anspruch auf die Frage nach Stimmenthaltungen sowie auf Feststellung von Stimmenthaltungen auch bei Abstimmung durch Handzeichen oder Aufstehen, weshalb eine Aufnahme einer entsprechenden Regelung in die Geschäftsordnung zu empfehlen wäre.[168]

Auch die Landesverfassungen lassen Bestimmungen zur Stimmenthaltung vermissen. Einige Geschäftsordnungen der Landtage legen fest, dass Stimmenthaltungen zwar bei der Feststellung der Beschlussfähigkeit, nicht aber zur Berechnung der Mehrheit mitgezählt werden.[169] Eine besondere Regelung enthält die Geschäftsordnung des Schleswig-Holsteinischen Landtages in § 61 Abs. 2 Satz 3, die sich der Stimme enthaltende Abgeordnete wie folgt definiert: „Der Stimme enthält sich, wer bei einer Abstimmung anwesend ist und weder mit „Ja" noch mit „Nein" stimmt." In den Gemeinderäten sind, wie bereits hingewiesen, mit Ausnahme von Bayern Stimmenthaltungen erlaubt.[170]

Ausdrückliche Regelungen über eine Stimmenthaltung enthalten Art. 205 Abs. 3 EG und Art. 23 Abs. 1 EU für die einstimmige Beschlussfassung im Rat sowie Art. 160 Abs. 2 UAbs. 2 Satz 1 GOEP für die Beschlussfassung im Europäischen Parlament. Als freiwillige Stimmenthaltung wird das Verhalten von Mitgliedern des UN-Sicherheitsrates bezeichnet, die weder für noch gegen einen Vorschlag im Rat stimmen wollen und sich deshalb der Stimme enthalten.[171]

Die an sich in der UN-Charta und der Geschäftsordnung des Sicherheitsrates nicht vorgesehene Stimmenthaltung wurde am 29. April 1946 durch die Sowjetunion[172] in der spanischen Frage in die Praxis des UN-Sicherheitsrates eingeführt und seitdem auch von anderen Mitgliedern praktiziert.[173] Obligatorische Stimmenthaltungen sind wegen des allgemeinen Rechtsprinzips, wonach „niemand Richter in eigener Sache sein darf" (*nemo iudex in causa sua*), speziell in richterlichen bzw. quasi-richterlichen Fällen anzuwenden. Ein für kollegiale Entscheidungsorgane von Staatenverbindungen bedeutungsvolles Beispiel stellt die ausdrückliche Verpflichtung zur Stimmenthaltung nach Art. 27 Abs. 3 2. Halbsatz UN-Charta im UN-Sicherheitsrat im Rahmen einer quasi-richterlichen Streiterledigung dar. Nach

---

[168] Vgl. Christoph Lambrecht (Fn. 122), S. 91 f., 107.
[169] § 97 Abs. 3 GOLT BW, § 69 Abs. 2 GO Berliner Abgeordnetenhaus, § 68 Abs. 1 Satz 3 GOLT BB, § 52 Abs. 4 Satz 2 GOLT NW, § 43 Abs. 2 Satz 2 GOLT RP, § 99 Abs. 3 GOLT SN, § 41 Abs. 2 Satz 2 GOLT TH.
[170] § 54 Abs. 1 Satz 3 HGO, § 31 Abs. 1 Satz 3 GO MV, § 50 Abs. 5 GO NRW, § 40 Abs. 4 Satz 1 GemO RP, § 45 Abs. 7 KSVG, § 39 Abs. 6 Satz 4 SächsGemO, § 39 Abs. 1 Satz 3 ThürKO. Vgl. Alfons Gern (Fn. 14), Rdnr. 495, S. 321.
[171] Vgl. Sydney D. Bailey/Sam Daws, The Procedure of the Security Council, 3. Auflage, Oxford 1998, S. 250.
[172] Die Sowjetunion beabsichtigte damals nicht einen Präzedenzfall zu schaffen. Dies geht aus einer Erklärung des damaligen Vertreters André Gromyko hervor: „I consider it necessary to draw the attention of the Security Council to the fact that my abstention from voting on this matter may in no way be regarded as a precedent capable of influencing in any way the question of the abstention of permanent members of the Security Council." SCOR (1st year), Nr. 2, S. 243. Abgedruckt in: Leo Gross, Voting in the Security Council, in: YLJ, 60 (1951) 2, S. 216.
[173] Vgl. Leo Gross (Fn. 172), S. 210 ff.

dieser Vorschrift ist im Falle einer Streitigkeit eine Partei zur Stimmenthaltung bei Beschlüssen aufgrund des Kapitels VI (friedliche Beilegung von Streitigkeiten) und des Art. 52 Abs. 3 (friedliche Beilegung örtlich begrenzter Streitigkeiten durch regionale Abmachungen) verpflichtet.[174]

IV. Vermeidung einer Stimmenthaltung im Bundesrat

Aus der Abstimmungsregel in Art. 52 Abs. 3 Satz 1 GG folgt, dass Stimmenthaltungen im Bundesrat in der Regel eine destruktive Wirkung haben. Bei der Abstimmung über Einspruchsgesetze und bei Anrufung des Vermittlungsausschusses fehlen bei entsprechenden Stimmenthaltungen die Ja-Stimmen. Bei der Abstimmung über Zustimmungsgesetze kommen Stimmenthaltungen Nein-Stimmen gleich (§ 30 Abs. 1 GOBR). Zur Vermeidung eben dieser negativen Folgen gibt es verschiedene politische und verfassungsrechtliche Ansätze.

1. Mainzer Bundesratsklausel

Zunehmend sehen rechtlich nicht verbindliche Koalitionsvereinbarungen zwischen meist großen und kleinen Parteien der Länder über das Stimmverhalten im Bundesrat vor, dass im Falle eines Dissenses unter den Koalitionspartnern das Land sich seiner Stimmen im Bundesrat enthält. Mit diesem in der Regel Zugeständnis an den kleineren Koalitionspartner wird das Abstimmungsverhalten des Landes von einer Regierungsminderheit bestimmt, das mit dem Demokratieprinzip, das nach Art. 28 Abs. 1 GG auch als Strukturprinzip für die Länder gilt, nur schwerlich in Einklang zu bringen ist. Ein Verbot entsprechender politischer Koalitionsvereinbarungen ist aber schon wegen des Schutzes der Interessen kleinerer Koalitionspartner nicht sinnvoll.[175]

Zur Vermeidung einer Stimmenthaltung im Bundesrat ist in Rheinland-Pfalz ein Modell unter Bezugnahme auf das Losverfahren in die Koalitionsvereinbarung vom 30. April 1996 zwischen SPD und FDP für die 13. Wahlperiode als Novum eingeführt worden. Nach der so genannten Mainzer Bundesratsklausel entscheidet das Los nicht über das Abstimmungsverhalten, sondern legt fest, welcher der Koalitionspartner die so genannte Stimmführerschaft im Bundesrat bezüglich des ersten Tagesordnungspunktes im Bundesrat innehat. Zu wessen Gunsten das Los fällt, der darf die Stimme des Landes in seinem Interesse abgeben. Für die nächsten streitigen Tagesordnungspunkte findet das Losverfahren keine Anwendung mehr. Hier steht die Stimmführerschaft dem anderen Koalitionspartner alternierend zu. Dieses Verfahren wird bei Vorliegen mehrerer Dissenspunkte bis zum

---

[174] Vgl. Bruno Simma/Stefan Brunner/Hans-Peter Kaul, in: Bruno Simma (ed.) (Fn. 65), Art. 27, Rdnr. 75 ff., S. 501 ff.
[175] Bundesstaatskommission von BT und BR zur Modernisierung der bundesstaatlichen Ordnung, Hans Meyer, Überlegungen zur Abstimmungsregel des Art. 52 Abs. 3 Satz 1 GG für den Bundesrat, in: Kommissionsdrucksache 0026 vom 03.03.2004, S. 3.

Ende durchgeführt.[176] Dabei sind die Koalitionspartner nachdrücklich bemüht, strittige Sachfragen solange zu verhandeln, bis eine Kompromisslösung gefunden ist, so dass das auch hier angewendete Losverfahren zu einer *ultima ratio* wird.

Die zunächst vielfach verspottete Mainzer Bundesratsklausel hat nach Ansicht des damaligen stellvertretenden Ministerpräsidenten von Rheinland-Pfalz Brüderle durchaus Verfassungsgeschichte geschrieben.[177] Wenn sich in einer realen politischen Situation bezüglich einer bestimmten Sachfrage die Koalitionspartner mit gleichwertigen Argumenten gegenüberstehen, sind in der Regel zwei Ausgänge möglich. Zum einen kann die Unmöglichkeit, die Patt-Situation aufzulösen, zur Stimmenthaltung oder Handlungsunfähigkeit führen. Bei möglicher Herstellung eines politischen Kompromisses würde zum anderen eine Entscheidung auf dem kleinsten gemeinsamen Nenner gefunden werden können, die meist nicht zukunftsweisend ist. Zur Herbeiführung einer sachgerechten, zukunftsweisenden, politischen Entscheidung bietet sich hier das Losverfahren an, mit dessen Hilfe eine von beiden Entscheidungen ausgewählt wird. So führt das Mainzer Losverfahren bei Sachentscheidungen zu einer klaren Entscheidung bezüglich der Stimmabgabe des Landes im Bundesrat und verhindert damit eine Stimmenthaltung, so dass eine Mitwirkung des Landes an der Sachentscheidung im Bundesrat gewährleistet wird.[178] Da beide in der Regierungskoalition des Landes vertretenden Parteien aus demokratischen Wahlen hervorgegangen sind und die Interessen der Wähler repräsentieren, kommt es zu einer im Rahmen der freiheitlich-demokratischen Ordnung möglichen Entscheidung. Die in einer Koalition zusammengeschlossenen Regierungsparteien stimmen ohnehin in den wichtigsten politischen Zielen überein. Und da in einem demokratischen System jede politische Partei die Chance hat, Regierungspartei zu werden, dürfte es auch keine unvertretbare Sachentscheidung geben, und wenn doch, ist diese spätestens bei den nächsten Wahlen korrigierbar.[179] Eine Vereinbarkeit der Mainzer Bundesratsklausel mit dem Demokratieprinzip ist somit zu bejahen. Die Mainzer Bundesratsklausel als politisches Instrument erfüllt den Zweck, Stimmenthaltungen im Bundesrat zu vermeiden. Verfassungsrechtlich lässt sie sich als unbedenklich bewerten. Bei diesem Losverfahren wird lediglich politisch festgelegt, welcher der Koalitionspartner bei Dissenspunkten jeweils die Rolle als Stimmführer im Bundesrat übernimmt. Die Kompetenz zur Entscheidung über die wechselnde Stimmführerschaft obliegt der Landesregierung, die verfassungsrechtlich gegenüber ihren Bundesratsmitgliedern weisungsbefugt ist.[180]

---

[176] Vgl. Rüdiger Zuck, Politische Sekundärtugenden (III), in: NJW, 50 (1997) 5, S. 298.

[177] Vgl. Siegfried Jutzi, Losentscheid im Gesetzgebungsverfahren, in: ZPR, 29 (1996) 10, S. 380 ff.

[178] Als praktikable Alternative zur Gewährleistung der politischen Handlungsfähigkeit bezeichnet Rührmair das Losverfahren. Alfred Rührmair, Der Bundesrat zwischen Verfassungsauftrag, Politik und Länderinteressen, Berlin 2001, S. 67.

[179] Vgl. Rüdiger Zuck (Fn. 176), S. 299.

[180] Vgl. Stefan Korioth, in: Christian Starck (Hrsg.) (Fn. 126), Art. 51 Abs. 3, Rdnr. 24, S. 1362 f.; Hartmut Bauer, in: Horst Dreier (Hrsg.) (Fn. 130), Art. 51, Rdnr. 27, S. 1263.

2. Einführung eines Stimmenthaltungsverbots

Zur Vermeidung einer Stimmenthaltung der Länder bei der Abstimmung über Zustimmungsgesetze ist im Rahmen der Föderalismusreform in der Bundesrepublik Deutschland in der 15. Legislaturperiode der Vorschlag eingebracht worden, einen neuen Satz 2 in Art. 53 Abs. 3 GG mit folgendem Wortlaut einzuführen: „Bei Abstimmungen über Gesetze, die der Zustimmung des Bundesrats bedürfen, sind Stimmenthaltungen nicht zulässig."[181] Da der Bundesrat aus Vertretungen der Landesregierungen bestehe, die im Kollektiv für ihr Land abstimmen, haben diese auch Verantwortung über Entscheidungen zu übernehmen und können nicht, wie individuelle und weisungsungebundene Abgeordnete Stimmenthaltung üben. In der Regel praktizieren die Landesregierungen Stimmenthaltungen aus Rücksicht auf den Bestand der Regierungskoalition im Bund. Länderinteressen würden mit diesem Verhalten gerade nicht verfolgt. Der Verzicht auf Eigenständigkeit durch die Landesregierungen und das Nichtnachkommen ihrer Verantwortung gegenüber ihrer Wählerschaft würden ein Stimmenthaltungsverbot begründen.[182] Mit dem Scheitern der Bestrebungen einer Föderalismusreform in der 15. Legislaturperiode ist dieser Vorschlag nicht weiter ernsthaft verfolgt worden.

3. Änderung der Abstimmungsregel

Ungeachtet des Scheiterns der Föderalismusreform in der 15. Legislaturperiode dürfte ein weiterer von der Kommission diskutierter Vorschlag mehr Aussicht auf Beachtung und mögliche Umsetzung finden. Die negativen Wirkungen der Stimmenthaltungen im Bundesrat könnten ausgeschlossen werden, indem die Abstimmungsregel in Art. 52 Abs. 3 Satz 1 GG von der absoluten in die einfache Mehrheit geändert werden würde. Danach wäre es ausreichend, wenn die positiven die negativen Stimmen überwiegen. Bei Erteilung der Zustimmung würde es zur Beschlussfassung kommen.[183] Gegen die Zustimmung mit einfacher Mehrheit wurden wiederum als Nachteile angeführt, dass „[...] ein Veto des Bundesrats nur von einer Minderheit der Länder gestützt wird", „[...] Koalitionsregierungen mit der Enthaltung taktische Entscheidungen treffen [können], ohne dafür sichtbar Verantwortung zu übernehmen" und dass „[...] die Stimmen von Ländern, die nicht dem Regierungs- oder Oppositionslager angehören an Gewicht zu verlieren [drohen]".[184] Diese aufgeführten Nachteile sind allerdings auch bei Anwendung der absoluten Mehrheitsregel nicht zu vermeiden.

Da in der gegenwärtigen politischen Parteien- und Regierungslandschaft Parteien, die nicht dem Regierungs- bzw. Oppositionslager angehören ohnehin in einer

---

[181] Bundesstaatskommission von BT und BR zur Modernisierung der bundesstaatlichen Ordnung, Arthur Benz, Abstimmungsverfahren im Bundesrat, Kommissionsdrucksache 0086 vom 28.10.2004, S. 4.
[182] Ebenda.
[183] Bundesstaatskommission von BT und BR zur Modernisierung der bundesstaatlichen Ordnung, Hans Meyer, Überlegungen zur Abstimmungsregel des Art. 52 Abs. 3 Satz 1 GG für den Bundesrat, in: Kommissionsdrucksache 0026 vom 03.03.2004, S. 4.
[184] Bundesstaatskommission (Fn. 181), S. 2.

Minderheit sind, werden ihre Stimmen auch keinen maßgeblichen Einfluss auf die Beschlussfassung im Bundesrat ausüben können. Eine Stimmenthaltung muss nicht zwangsläufig mit Nichtübernahme von Verantwortung gleichgesetzt werden. Die Anwesenheit und Teilnahme an der Abstimmung mindestens eines stimmberechtigten Vertreters der Länder vorausgesetzt, die alle Stimmen ihrer respektiven Länder zusammen abgeben können[185], werden zur Beschlussfassung im Bundesrat von insgesamt 69 Stimmen für die einfache Mehrheit genauso viele Stimmen (35) benötigt wie für die absolute Mehrheit. Bei Anwendung der Abstimmungsregel der einfachen Mehrheit, die als Bezugsgröße die Mehrheit der abgegebenen Stimmen hat, kommen Stimmenthaltungen jedoch im Gegensatz zur absoluten Mehrheit keine Bedeutung zu. Da die Beschlussfähigkeitsregelung für den Bundesrat gem. § 28 Abs. 1 GOBR auf die Mehrheit seiner (gesetzlichen bzw. verfassungsrechtlichen) Stimmen abstellt, ist eine Beschlussfassung durch eine Minderzahl von Stimmen dennoch nicht zu befürchten. Die verfassungsrechtliche Einführung der einfachen Mehrheitsregel anstelle der absoluten bei Anwesenheit mindestens eines Vertreters je Bundesland würde die negativen Auswirkungen der Stimmenthaltung im Bundesrat vermeiden und wäre damit zu befürworten.

V. Auswirkungen der Stimmenthaltung auf die Beschlussfähigkeit und die Abstimmungsregeln

Stimmenthaltungen zählen bei der Feststellung der Beschlussfähigkeit mit. Mitglieder, die sich der Stimme enthalten, werden aufgrund ihrer Anwesenheit auf das Quorum angerechnet.[186]

In Bezug auf die Einstimmungsregel wird die Stimmenthaltung anerkannt als die Einstimmigkeit nicht verhindern wollend.[187] So steht auf europarechtlicher Ebene eine Stimmenthaltung von anwesenden oder vertretenen Mitgliedern dem Zustandekommen von Beschlüssen des Rates, für die Einstimmigkeit erforderlich ist, gem. Art. 205 Abs. 3 EG sowie Art. 23 Abs. 1 Satz 2 EU nicht entgegen. Theoretisch könnte ein einstimmiger Beschluss des Rates mit nur einer Stimme bei sechsundzwanzig Stimmenthaltungen zustande kommen.[188] Die Regelung, wonach die Stimmenthaltung eines Mitgliedstaates im Rat einem einstimmigen Beschluss im Bereich der GASP nicht entgegensteht, wird als konstruktive Enthaltung bezeichnet.[189] Stimmenthaltungen von ständigen UN-Sicherheitsratsmitgliedern

---

[185] Zur Stimmenkumulation innerhalb der stimmberechtigten Vertreter eines Landes vgl. Hans Hofmann, in: Bruno Schmidt-Bleibtreu/Franz Klein (Hrsg.) (Fn. 56), Art. 51, Rdnr. 17, S. 1156 f.
[186] § 100 Satz 4 GORT vom 12.12.1922, § 45 Abs. 3 Satz 4 GOBT.
[187] Art. 23 Abs. 1 Satz 1 und 2 EU.
[188] Vgl. Johannes Christian Wichard, in: Christian Calliess/Matthias Ruffert (Hrsg.), Kommentar EUV/EGV, 3. Auflage, München 2007, Art. 205, Rdnr. 7, S. 1912.
[189] Vgl. Jan-Peter Hix, in: Jürgen Schwarze (Hrsg.) (Fn. 95), Art. 205 EGV, Rdnr. 15, S. 1811.

werden sogar als rechtlich gültige Zustimmung anerkannt[190], indem die Stimmenthaltung als in den positiven Stimmen enthaltene Zustimmung mit dem Zählwert Null gewertet werden kann.[191]

Stimmenthaltungen stehen dem Zustandekommen von Konsensbeschlüssen nicht entgegen. Die Geschäftsordnung des Vollzugsrates der Afrikanischen Union regelt sogar *expressiv verbis*, dass Stimmenthaltungen von Mitgliedern Konsensbeschlüsse des Rates nicht verhindern sollen (Regel 19 Abs. 4 GO AU-Vollzugsrat).

Bei der Ermittlung der einfachen Mehrheit bleiben Stimmenthaltungen außer Betracht.[192] Da die einfache Mehrheit Bezug nimmt auf die Zahl der abgegebenen Stimmen (Abstimmungsmehrheit), werden sich der Stimme enthaltende Mitglieder oft so angesehen, als ob sie an der Abstimmung nicht teilgenommen haben.[193] Weil aber eine Stimmabgabe erfolgte, kann die Stimmenthaltung mit einer Nichtteilnahme an der Abstimmung nicht gleichgesetzt werden.[194]

Bei der Anwesenheitsmehrheit zählen Stimmenthaltungen faktisch auf der Seite der Nein-Stimmen mit.[195] Zur Grundlage der Berechnung wird die Zahl der gültigen und ungültigen Stimmen einschließlich der Stimmenthaltungen genommen. Bei der absoluten Mehrheit werden Stimmenthaltungen ebenfalls mitgezählt. Sie wirken sich jedoch wie ein Nein aus, weil die Mehrheit auf der Grundlage der gesetzlichen Mitgliederzahl eines Kollegialorgans (Mitgliedermehrheit) berechnet wird.

---

[190] Legal Consequences for States of the Continued Presence of South Africa in Namibia (South-West Africa) notwithstanding Security Council Resolution 276 (1970), Advisory Opinion of 21 June 1971, in: ICJ Reports 1971, paras. 21 f., S. 22. Vgl. Sylvanus Azadon Tiewul, Namibia and the Unanimity Principle in the Security Council, in: University of Ghana Law Journal, XI (1974), S. 20 ff.

[191] „[...] it is possible to argue that an abstention can be 'included' in the affirmative votes, though counting as zero." Bruno Simma/Stefan Brunner/Hans-Peter Kaul, in: Bruno Simma (ed.) (Fn. 65), Art. 27, Rdnr. 50, S. 494.

[192] Für das Vereinsrecht hat der BGH festgestellt: „Bei der Beschlussfassung im Verein ist die Mehrheit nur nach der Zahl der abgegebenen Ja-Stimmen und Nein-Stimmen zu berechnen, Enthaltungen sind nicht mitzuzählen." BGH 2. Zivilsenat vom 25.01.1982 - II ZR 164/81. Hierbei ist die Mehrheit der abgegebenen Stimmen gemeint.

[193] Vgl. Werner Heun, Das Mehrheitsprinzip in der Demokratie, Berlin 1983, S. 125; Henry G. Schermers, The quorum in intergovernmental organs, in: Karl-Heinz Böckstiegel/Hans-Ernst Folz/Jörg Manfred Mössner/Karl Zemanek (Hrsg.), FS für Ignaz Seidl-Hohenveldern, Köln/Berlin/Bonn/München 1988, S. 531.

[194] Vgl. Christoph Lambrecht (Fn. 122), S. 145.

[195] Zur Bewertung der Stimmenthaltung als Nein-Stimme am Beispiel von Geschäftsordnungen deutscher Parlamente ab der 2. Hälfte des 19. Jahrhunderts vgl. ebenda, S. 146 ff.

VI. Folgen der Stimmenthaltung für die Verbindlichkeit der Beschlüsse in Abhängigkeit von der Abstimmungsregel

Die Folgen einer Stimmenthaltung für die Verbindlichkeit eines Beschlusses können in Abhängigkeit von der gewählten Abstimmungsregel unterschiedlich sein. Bei Anwendung der Mehrheitsregel sind die Mitglieder eines Kollegialorgans an den Beschluss trotz ihrer Stimmenthaltung gebunden. Dies folgt sowohl aus den Verfassungen und dem darin verankerten demokratischen Mehrheitsprinzip, wonach die Entscheidungen für alle am Entscheidungsprozess Beteiligten verbindlich sind, als auch den Gründungsverträgen von Staatenverbindungen.[196]

Wenn die Einstimmigkeitsregel angewendet wird, kann ein trotz Stimmenthaltung gefasster Beschluss für alle Mitglieder, auch für die Stimmenthaltung geübten verbindlich sein, wie beispielsweise bei einstimmigen Beschlüssen des Rates gem. Art. 205 Abs. 3 EG (Art. 238 Abs. 4 AEU Lissabon).[197] In einigen explizit geregelten Fällen sind Beschlüsse für die Mitglieder, die sich der Stimme enthalten haben, jedoch nicht bindend, während sie für alle anderen Mitglieder verbindlich sind. So sind einstimmige Beschlüsse nach Art. 23 Abs. 1 UAbs. 2 Satz 2 EU (Art. 31 Abs. 1 UAbs. 2 Satz 2 EU Lissabon) zwar für die Union bindend, nicht aber für den sich der Stimme enthaltenden Mitgliedstaat.[198]

Diese Regel der Nichtverbindlichkeit von Beschlüssen für Mitgliedstaaten, die sich der Stimme enthalten, entspricht vorrangig den Partikularinteressen der Staaten. Sie findet auch in Organen anderer Staatenverbindungen Anwendung, wie in der OECD[199] oder im IMF[200], und galt sogar für die Mitgliedsstaaten des RGW, die sich bei einer Abstimmung der Stimme mit der Begründung enthalten hatten, an der Angelegenheit nicht interessiert zu sein.[201]

C. Nichtteilnahme an der Abstimmung

Als Nichtteilnahme an einer Abstimmung wird verstanden, wenn ein stimmberechtigtes Mitglied zwar an der beratenden Sitzung, nicht aber an ihrer Abstimmung trotz Anwesenheit teilnimmt.[202] Mit seiner Nichtteilnahme an der Abstim-

---

[196] Vgl. Henry G. Schermers (Fn. 193), S. 531.
[197] Vgl. Ignaz Seidl-Hohenveldern/Gerhard Loibl, Das Recht der Internationalen Organisationen einschließlich der Supranationalen Gemeinschaften, 7. Auflage, Köln/Berlin/Bonn/München 2000, Rdnr. 1105, S. 140.
[198] Vgl. Hans Krück, in: Jürgen Schwarze (Hrsg.) (Fn. 95), Art. 11-28 EUV, Rdnr. 74, S. 119 f.
[199] Art. 6 Abs. 2 OECD-Übereinkommen.
[200] Vgl. hierzu Joseph Gold, Voting and Decisions in the International Monetary Fund, Washington D.C. 1972, S. 113.
[201] Art. IV Abs. 3 Statut RGW vom 14.12.1959.
[202] Nach Roscheck liegt eine Nichtbeteiligung an der Abstimmung vor, wenn der Stimmberechtigte nicht am Abstimmungsort erscheint. Vgl. Jan Roscheck (Fn. 1), S. 20. Die-

mung bringt das Mitglied durch qualifiziertes Schweigen zum Ausdruck, dass es den zur Abstimmung gestellten Beschluss weder unterstützen noch ihn ablehnen will bzw. darf. Als ein Grund für dieses Abstimmungsverhalten kann die Befangenheit in Frage kommen.

I. Nichtteilnahme an der Abstimmung wegen Befangenheit

Bei der Nichtteilnahme an der Abstimmung wegen Befangenheit gibt der Betroffene keine Stimme ab. Deshalb kann es sich hier auch nicht um eine Stimmenthaltung handeln, wie mitunter irrtümlich in der Literatur angenommen wird.[203] Auf die Abgrenzung der Nichtteilnahme an der Abstimmung von der Stimmenthaltung wird weiter unten näher eingegangen.

Zu gewährleisten ist eine von Interessenkollisionen freie Mandatsausübung durch die Abgeordneten und demzufolge eine am Rechtsstaatsprinzip orientierte Entscheidungsfindung.[204] Die Abstimmung des Abgeordneten „in eigener Sache" ist ein Problem der persönlichen Befangenheit.[205] Eine Befangenheit kann aufgrund einer persönlichen Beteiligung bzw. Betroffenheit eintreten. Als Befangenheit wird ein Zustand der Voreingenommenheit bezeichnet, in dem eine unparteiliche Entscheidung einer Sache nicht mehr gewährleistet erscheint. Der Begriff der persönlichen Beteiligung ist als ein Unterfall der Interessenkollision anzusehen. Interessenkollision bedeutet ein Zusammentreffen einander entgegengesetzter Interessen in einer Person, das verschiedentlich ein Tätigwerden verbietet.[206] In der rechtswissenschaftlichen Literatur wird der Begriff der Interessenkollision mitunter unzutreffend mit anderen Bezeichnungen synonym verwendet, wie Parteilichkeit, Beteiligtsein, Ablehnungs- oder Ausschließungsgrund, Abhängigkeit oder Mitwirkungsverbot. Die Interessenkollision ist diesen Bezeichnungen gegenüber jedoch ein *aliud*, weil die entgegengesetzten Interessen den Ausgangspunkt der sich daraus ergebenden unfreien geistigen Haltung bilden.[207]

1. Freiwillige Nichtteilnahme an der Abstimmung wegen Befangenheit

Bei der freiwilligen Nichtteilnahme an der Abstimmung wegen Befangenheit übt der Betroffene sein Stimmrecht ebenfalls nicht aus. Fraglich ist, ob das Verbot der Entscheidung in eigener Sache ein allgemeingültiges Rechtsprinzip darstellt und sich auf das Parlament übertragen lässt. Als Ausgangspunkt der Betrachtung steht

---

ser Fall wird nachfolgend als Abwesenheit von der Abstimmung und nicht als Nichtteilnahme an der Abstimmung definiert.
[203] Vgl. Christoph Lambrecht (Fn. 122), S. 158 f.
[204] Vgl. Franz-Joseph Peine, Der befangene Abgeordnete, in: JZ, 40 (1985) 20, S. 918 f.
[205] Vgl. Norbert Achterberg (Fn. 26), S. 517.
[206] Vgl. Armin Geyer, Das Mitwirkungsverbot für persönlich beteiligte Gemeindevertreter unter besonderer Berücksichtigung ihrer Stellung als gewählte Volksvertreter, Hamburg 1968, S. 5.
[207] Vgl. Herbert Linden, Der Ausschluß bei Interessenkollision nach § 23 der Gemeindeordnung für das Land Nordrhein-Westfalen, Köln 1970, S. 4.

das allgemeine Rechtsprinzip, wonach das Ausüben von Amtstätigkeit in eigener Sache verboten ist, das seinen Ursprung im Prozessrecht mit dem *Nemo-iudex*-Prinzip hat. Nach seinem Inhalt darf an Entscheidungen nicht mitwirken, wer selbst an der Sache beteiligt ist oder einem Beteiligten nahe steht, wer durch die Tätigkeit oder die Entscheidung einen besonderen unmittelbaren Vor- oder Nachteil erlangen könnte.[208] Davon nicht erfasst sind Vor- oder Nachteile, die sich lediglich auf die Zugehörigkeit einer Berufs- oder Bevölkerungsgruppe begründen, deren gemeinsame Interessen durch die Entscheidung berührt werden.[209]

Methodisch bleibt zu prüfen, ob es in der entsprechenden Rechtsordnung keine gegenläufigen Regelungen gibt, die Entscheidungen in eigener Sache doch erlauben. In diesem Fall gäbe es kein allgemeingültiges Rechtsprinzip für die gesamte Rechtsordnung. Beispiele dafür, dass der Bundestag als Gesetzgeber, Verwalter und Richter in eigener Sache fungiert, liefert das Grundgesetz selbst: das Wahlgesetz (Art. 38 Abs. 3 GG), die Einführung der Inkompatibilität (Art. 137 Abs. 1 GG), die Festlegung der Diäten (Art. 48 Abs. 3 Satz 3 GG), die Geschäftsordnung (Art. 40 Abs. 1 Satz 2 GG), strafprozessanaloge Ermittlungen durch Untersuchungsausschüsse (Art. 44 GG), Gerichtsbarkeit im funktionellen Sinne, wie bei der Wahlprüfung (Art. 41 GG).[210] In seinem Diätenurteil hat das Bundesverfassungsgericht festgestellt, dass es sich in einer parlamentarischen Demokratie nicht vermeiden ließe, dass das Parlament in eigener Sache entscheidet, wenn es um die Festsetzung der Höhe und die nähere Ausgestaltung der mit dem Abgeordnetenstatus verbundenen finanziellen Regelungen geht. Das Gericht fordert aber in einem solchen Fall wegen des demokratischen und rechtsstaatlichen Prinzips des Art. 20 GG, dass der gesamte Willensbildungsprozess für den Bürger durchschaubar ist und das Ergebnis vor den Augen der Öffentlichkeit beschlossen wird.[211]

Eine dem rechtsstaatlichen *Nemo-iudex*-Prinzip entsprechende Regelung findet sich indes in Art. 54 Abs. 2 LV Thüringen, die vom Verfassungsgerichtshof Thüringens bestätigt wurde.[212] Nach dieser Bestimmung verändert sich die Höhe der Abgeordnetenentschädigung „[...] jährlich auf der Grundlage der jeweils letzten Festlegung nach Maßgabe der allgemeinen Einkommens-, die der Aufwandsentschädigung nach der allgemeinen Preisentwicklung im Freistaat". Der Vorschlag der Gemeinsamen Verfassungskommission von Bundestag und Bundesrat, eine vom Bundespräsidenten einzusetzenden unabhängigen Diätenkommission die Entscheidung über die Höhe der Diäten, die so genannte Indexierung zu übertragen, fand am 17. Juni 1993 nicht die erforderliche Mehrheit.[213]

In der Praxis kommen Fälle, in denen Abgeordnete des Parlaments ausschließlich subjektiv betroffen sind, relativ selten vor. Deshalb wird auch ein Re-

---

[208] Vgl. Christine Knebel-Pfuhl, Mitwirkungsverbot wegen Befangenheit für Parlamentarier?, Berlin 1978, S. 39 ff.
[209] Vgl. Josef Isensee (Fn. 55), S. 403 f.
[210] Vgl. ebenda, S. 408.
[211] BVerfGE 40, 296 (327).
[212] ThürVerfGH, Urteil vom 18.09.1998, in: DVBl., 114 (1999), S. 800. Vgl. Josef Isensee (Fn. 55), S. 409.
[213] Vgl. Rüdiger Sannwald, Die Beratungen zur Reform des Parlamentsrechts in der Gemeinsamen Verfassungskommission, in: ZParl, 25 (1994) 1, S. 26.

gelungsbedarf verneint. Ein verfassungsrechtliches Abstimmungsverbot bei persönlicher Betroffenheit der Abgeordneten im Bundestag ist nicht nachweisbar, ebenso wenig ein allgemeingültiges Rechtsprinzip.[214] Wenn eine Pflicht der Volksvertreter zur Nichtteilnahme in diesen Fällen bestehen soll, muss diese auch explizit geregelt sein.[215] Selbst ein Abgeordneter des Bundestages, dessen Mitgliedschaft beanstandet wird, behält das Stimmrecht bis zum Abschluss des Verfahrens gem. Art. 41 GG.[216]

Die einzige geschriebene Ausnahme für den Bundestag bildet § 17 Abs. 1 Wahlprüfungsgesetz[217], wonach der Abgeordnete, dessen Wahl zur Prüfung steht, von der Beratung und Beschlussfassung im Wahlprüfungsverfahren ausgeschlossen ist.[218] Unter Hinweis auf diese Regelung und allgemeine Rechtsgrundsätze wird auch ein Mitwirkungsverbot bei der Entscheidung über die Aufhebung der Immunität des befangenen Abgeordneten angenommen.[219] Diese Ausnahmen wegen unmittelbarer individueller Befangenheit berühren den Status des Abgeordneten, nicht jedoch sein Stimmrecht bei Sachentscheidungen. Für letztere lassen sich keine verfassungsrechtlichen Einschränkungen des Mitwirkungsrechts, einschließlich des Stimmrechts, der Abgeordneten des Bundestages nachweisen. Aufgrund der Bedeutung des Stimmrechts enthält Art. 38 Abs. 3 GG auch keine verfassungsrechtliche Ermächtigung, das Stimmrecht durch Gesetz einzuschränken.[220] Hier könnte nur eine Verfassungsänderung Abhilfe schaffen.[221]

Wenn auch in parlamentarischen Entscheidungsorganen, wie im Bundestag oder Landtagen[222], kein Abstimmungsverbot bei persönlicher Befangenheit besteht, so gebieten es seit alters her die parlamentarischen Etikette als Anstandspflicht, dass Mitglieder bei Abstimmungen, an denen sie ein persönliches Interesse haben, freiwillig nicht an der Abstimmung teilnehmen.[223] Das Verbot, in eigener Sache zu entscheiden, ist nicht generell auf das Parlament übertragbar. Es gilt indes als ethisches Prinzip.[224]

---

[214] Vgl. Franz-Joseph Peine (Fn. 204), S. 917; Norbert Achterberg/Martin Schulte, in: Christian Starck (Hrsg.) (Fn. 126), Art. 38, Rdnr. 60, S. 992.
[215] Vgl. Norbert Achterberg (Fn. 26), S. 521 ff.
[216] Vgl. Leo Weber (Fn. 4), S. 14.
[217] WahlPrG vom 12. 03.1951, in: BGBl. I, 166; 1995 I, 582.
[218] Die Bestimmung in § 17 Abs. 2 WahlPrG, wonach der Abgeordnete sich an der Beratung und Beschlussfassung im Wahlprüfungsverfahren beteiligen darf, wenn die Wahl von mindestens zehn Abgeordneten angefochten wird, soll der Gefahr der Änderung von Mehrheitsverhältnissen vorbeugen. Vgl. Christine Knebel-Pfuhl (Fn. 208), Fn. 9, S. 115.
[219] Vgl. Klaus Abmeier (Fn. 9), S. 96 f.
[220] Knebel-Pfuhl sieht hingegen in Art. 38 Abs. 1 Satz 2 GG eine Ermächtigungsgrundlage für die Möglichkeit einfachgesetzlicher Mitwirkungsverbote *de lege ferenda*. Vgl. Christine Knebel-Pfuhl (Fn. 208), S. 179 ff.
[221] Vgl. Klaus Abmeier (Fn. 9), S. 101.
[222] Mit Ausnahme von Bremen gem. Art. 84 LV HB.
[223] Vgl. Julius Hatschek, Das Parlamentsrecht des Deutschen Reiches, 1. Teil, Berlin/Leipzig 1915, S. 600; Norbert Achterberg (Fn. 26), S. 509.
[224] Vgl. Josef Isensee (Fn. 55), S. 423.

Im Gegensatz zum Parlamentsrecht auf Bundesebene[225] schließen einige landesverfassungsrechtliche Regelungen Sanktionen für Entscheidungen in eigener Sache mit Vorteilsnahme ein. Nach den Verfassungen von Bremen (Art. 85 Abs. 1) und Hamburg (Art. 7 Abs. 2 Ziff. 1 und 2) können Abgeordnete bei Mandatsmissbrauch, um sich oder andere persönliche Vorteile zu verschaffen oder bei gröblicher Verletzung der Abgeordnetenpflichten aus eigennützigen Gründen, durch Parlamentsbeschluss aus dem Parlament ausgeschlossen werden. Dieses auch als „Selbstreinigungsrecht" des Parlaments bezeichnete Ausschlussrecht wird als eine moderne, notwendige Entwicklung des Verfassungsrechts begrüßt, weil es die Abgeordneten von Vorteilen abhalten und ihrem Gewissen folgen lassen soll.[226] Weiterhin ist es in einigen Ländern möglich, ein Verfahren wegen Mandatsmissbrauch in gewinnsüchtiger Absicht vor dem Staats-, Verfassungsgerichtshof bzw. Verfassungsgericht zu beantragen, mit dem Ziel der Mandatsaberkennung.[227] Eigennütziges Abgeordnetenverhalten bezieht sich auch auf Abstimmungsteilnahmen, die dann entsprechend sanktioniert werden könnten.

2. Verbot der Teilnahme an der Abstimmung wegen Befangenheit von Gemeinderatsmitgliedern

Im Gegensatz zum Bundestag besteht in einigen kollegialen Entscheidungsorganen, wie den Parlamenten von Großbritannien[228], den USA[229], Kanada[230] oder Schweden[231], ein Mitwirkungs- bzw. ein Abstimmungsverbot[232] wegen Befangenheit.[233] In Deutschland findet sich ein Ausschluss von der Teilnahme an Entschei-

---

[225] Einem Abgeordneten des BT kann sein Mandat nur entzogen werden bei ungültigem Erwerb seiner Mitgliedschaft, Neufeststellung des Wahlergebnisses, Wegfall der Wählbarkeitsvoraussetzungen oder gem. § 46 Absatz 4 BWG bei Feststellung der Verfassungswidrigkeit seiner Partei durch das BVerfG.

[226] Vgl. Norbert Achterberg (Fn. 26), S. 524.

[227] Art. 61 LV BB, Art. 42 LV BW, Art. 61 Abs. 3 LV BY, Art. 17 LV NI, Art. 85 LV SL.

[228] Im Gegensatz zu früher ist diese Regel nicht mehr in den Standing Orders enthalten, sie wird aber ausdrücklich anerkannt. Vgl. Christine Knebel-Pfuhl (Fn. 208), S. 63.

[229] Rule III para. 1 Rules of the House of Representatives (110th Congress, 04.01.2007): „Every Member [...] shall vote on each question put, unless he has a direct personal or pecuniary interest in the event of such question." In: http://www.rules.house.gov/ ruleprec/110th.pdf (07.01.2008).

[230] No. 13. Conflict of Interest Code for Members of the House of Commons: „A Member shall not participate in debate on or vote on a question in which he or she has a private interest." Standing Orders of the House of Commons i.d.F. vom 11.06.2007, in: http://www.parl.gc.ca/information/about/process/house/standingorders/toc-e.htm (07.01.2008).

[231] Art. 11 of the Riksdag Act of 1974: „No one may be present at a meeting when a matter is being deliberated which personally concerns himself or a close associate. [...]."

[232] Als Vergleich zum Stimmverbot im Gesellschaftsrecht vgl. Sabine Schmidt, Stimmverbote in der GmbH, Wien 2003, S. 21 ff.

[233] Zu Regelungen von Interessenkollision im Parlamentsrecht ausländischer Staaten vgl. Christine Knebel-Pfuhl (Fn. 208), S. 62 ff.; Franz-Joseph Peine (Fn. 204), S. 916 f.

dungen wegen Befangenheit vor allem im Kommunalrecht wieder[234], speziell in den Gemeindeordnungen[235] und Kreisordnungen[236] der Länder.[237] Darüber hinaus ist die bremische Verfassung die einzige deutsche Landesverfassung mit einer Bestimmung über ein Mitwirkungsverbot von Mitgliedern des Landesparlaments wegen Befangenheit bei Beratungen und Entscheidungen (Art. 84 LV Bremen).[238] Vorläufer dieser Bestimmungen ist die Regelung in § 25 Abs. 1 der Deutschen Gemeindeordnung vom 30. Januar 1935[239], nach der der Bürger in ehrenamtlicher Tätigkeit bei Angelegenheiten weder beratend noch entscheidend mitwirken durfte, wenn die Entscheidung ihm, seinem Ehegatten, Verwandten oder einer von ihm kraft Gesetzes oder Vollmacht vertretenen Person einen unmittelbaren Vor- oder Nachteil bringen konnte.[240] Dieser Grundsatz findet Anwendung auf Mitglieder des Gemeinderates bzw. der Gemeindevertretung.[241]

Die heute geltenden Ordnungen enthalten wie schon 1935 Bestimmungen, wonach bei Interessenwiderstreit eine beratende oder entscheidende Mitwirkung bzw. eine Teilnahme an der Beratung und Abstimmung nicht erlaubt sind.[242] Mit dieser Regelung soll einer Verquickung von Amtsführung und eigenen Interessen vorgebeugt und die Unbefangenheit und Uneigennützigkeit des Amtsträgers zum Wohle der Gemeinde sichergestellt werden. Deshalb gilt auch ein entsprechendes Mitwirkungsverbot gem. § 20 VwVfG bei behördlichen Entscheidungen.[243] Der Ausschluss wegen Befangenheit wird als ein im Verwaltungsrecht allgemein gültiger Rechtsgrundsatz sowie eine unbedingte Forderung des demokratischen Staates gesehen.[244]

---

[234] Vgl. Walter Hofmeister, Interessenkollisionen nach deutschem Gemeindeverfassungsrecht, Göttingen 1955, S. 5.
[235] § 18 GO BW, Art. 49 GO BY, § 28 GO BB, § 25 HGO, § 24 GO MV, § 26 NGO, §§ 31, 43 Abs. 2 GO NRW, § 22 GemO RP, § 27 KSVG, § 20 SächsGemO, §§ 31, 79 Abs. 2 Satz 3 GO LSA, § 22 GO SH, § 38 ThürKO.
[236] § 14 LKO BW, Art. 43 LKO BY, § 105 Abs. 6 Kommunalverfassung MV, § 21 NLO, § 16 LKO RP, § 31 Abs. 5 LKO LSA, § 18 SächsLKrO.
[237] Vgl. Rainer Stahl, Der Interessenwiderstreit im Gemeinderecht, in: DVBl., 87 (1972), S. 764 ff.; Alfons Gern (Fn. 14), Rdnr. 510 ff., S. 329 ff.
[238] Vgl. Christine Knebel-Pfuhl (Fn. 208), S. 106 ff.
[239] RGBl. 1935 I, 49.
[240] Zum Mitwirkungsverbot nach § 25 DGO vgl. Herbert Linden (Fn. 207), S. 49 ff.
[241] Vgl. ebenda, S. 76 ff.; Christine Knebel-Pfuhl (Fn. 208), S. 14; Michael Glage, Mitwirkungsverbote in den Gemeindeordnungen, Göttingen 1995, S. 65.
[242] Auch wenn der Wortlaut der kommunalrechtlichen Vorschriften unterschiedlich ausfällt, ist die Rechtslage in den Bundesländern einheitlich. Die kommunalen Mitwirkungsverbote beziehen sich sowohl auf die Beratungen und Abstimmungen, wobei der gesamte Entscheidungsprozeß – vorbereitende Handlungen eingeschlossen – einzubeziehen ist. Vgl. Michael Glage (Fn. 241), S. 121.
[243] Vgl. Hans Julius Wolff/Otto Bachof/Rolf Stober, Verwaltungsrecht, Band II, 6. Auflage, München 2000, § 59, Rdnr. 13 ff., S. 303 ff.
[244] Vgl. Günter Linkermann, Das kommunale Ehrenamt, Marburg 1962, S. 230; Armin Geyer (Fn. 206), S. 1; Herbert Linden (Fn. 207), S. 40, 60 f.

Die Gründe für eine Interessenkollision können persönlicher oder sachlicher Art sein. Ein Mitwirkungsverbot aus persönlichen Gründen liegt vor, wenn die Tätigkeit dem Betroffenen selbst oder seinen Verwandten unmittelbaren Vorteil oder Nachteil[245] bringen kann.[246] „Von der Mitwirkung aus sachlichen Gründen ist ausgeschlossen, wer „in der Angelegenheit in anderer als öffentlicher Eigenschaft ein Gutachten abgegeben hat oder sonst tätig geworden ist oder gegen Entgelt bei jemandem beschäftigt ist, der an der Erledigung der Angelegenheit ein persönliches oder wirtschaftliches Interesse hat.""[247]

Wer an der Beratung und Entscheidung wegen Interessenkollision nicht mitwirken darf, muss nach der Mehrheit der Gemeindeordnungen, wie nach § 25 Abs. 3 DGO, die Sitzung verlassen.[248] Es muss geprüft werden, ob das Ratsmitglied aufgrund besonderer persönlicher Beziehungen zu dem zu entscheidenden Gegenstand ein individuelles Sonderinteresse an der Entscheidung hat, das zu einer Interessenkollision führen kann und die Besorgnis einer beeinflussten Stimmabgabe rechtfertigt.[249] In einigen Ordnungen ist es allerdings den Betroffenen explizit erlaubt, sich an öffentlichen Sitzungen in dem für Zuhörer bestimmten Teil des Raumes aufzuhalten.[250] In diesen konkreten Fällen ist das Anwesenheitsrecht in öffentlichen Sitzungen grundsätzlich gewahrt.

In den Ordnungen, in denen es jedoch keine entsprechende Regelung darüber gibt, ob das ausgeschlossene Mitglied des Gemeinderates bei öffentlichen Sitzungen im Zuhörerraum verbleiben darf oder nicht, ist die Frage normativ jedenfalls offen.[251] Und auch in der Rechtsprechung sind sich widerstreitende Auffassungen zu finden. Nach Ansicht des Hessischen Verwaltungsgerichtshofes ist selbst der Aufenthalt im Zuschauerraum, sowohl auf der Galerie als auch in den Räumen, in die die Sitzung optisch und akustisch übertragen wird, wegen der zu gewährleistenden Objektivität der Beratung und Entscheidung ausgeschlossen.[252] Dagegen hat das Oberverwaltungsgericht Münster die Anwesenheit des ausgeschlossenen

---

[245] Zum Begriff der Unmittelbarkeit des Vor- oder Nachteils vgl. Michael Glage (Fn. 241), S. 66 ff.

[246] Vgl. Günter Linkermann (Fn. 244), S. 230; Herbert Linden (Fn. 207), S. 115 ff.; Christine Knebel-Pfuhl (Fn. 208), S. 17 ff.; Alfons Gern (Fn. 14), Rdnr. 512, S. 331 f.; Michael Glage (Fn. 241), S. 136.

[247] Günter Linkermann (Fn. 244), S. 232.

[248] § 18 Abs. 5 GO BW, § 28 Abs. 4 Satz 1 GO BB, § 25 Abs. 4 Satz 2 HGO, § 24 Abs. 3 GO MV, § 26 Abs. 5 Satz 1 NGO, § 31 Abs. 4 GO NRW, § 20 Abs. 4 SächsGemO, § 31 Abs. 5 Satz 1 GO LSA, § 22 Abs. 4 Satz 3 GO SH, § 38 Abs. 1 Satz 4 ThürKO für nicht öffentliche Sitzungen, Art. 84 Abs. 4 Verfassung HB.

[249] VGH Kassel, Urteil vom 10.03.1981, in: NVwZ, 1 (1982) 1, S. 44 f.

[250] § 28 Abs. 4 Satz 2 GO BB, § 24 Abs. 3 GO MV, § 26 Abs. 5 Satz 2 NGO, § 31 Abs. 4 GO NRW, § 22 Abs. 3 GemO RP, § 20 Abs. 4 SächsGemO, § 31 Abs. 5 Satz 2 GO LSA.

[251] Im Sinne der Rechtsklarheit empfiehlt Hofmeister eine eindeutige Regelung in der jeweiligen Geschäftsordnung. Walter Hofmeister (Fn. 234), S. 55 ff. (59).

[252] HessVGH, Urteil vom 09.02.1971, in: DÖV, 24 (1971) 23, S. 821 f. Zur kritischen Betrachtung der Unmittelbarkeit eines Vor- oder Nachteils in § 25 Abs. 1 HessGO vgl. Michael Borchmann, Interessenkollision im Gemeinderecht, in: NVwZ, 1 (1982) 1, S. 17 ff.

Mitgliedes im Zuhörerraum erlaubt, weil sich der bei Interessenkollisionen erfolgende Ausschluss nur auf die amtliche Mitwirkung eines Ratsmitgliedes an der Beratung und Entscheidung der betreffenden Angelegenheit bezieht, nicht dagegen auf seine Anwesenheit in der Zuhörerschaft.[253]

Die erste Auffassung, wonach die bloße Anwesenheit eine Beeinträchtigung der Unabhängigkeit anderer Gemeindevertreter bei der Abstimmung bewirken kann[254], denen die persönlichen Interessen des Ausgeschlossenen bekannt sind, ist wenig überzeugend, zumal das Gremium mit der Behandlung der Sache in einer öffentlichen Sitzung zu erkennen gibt, dass es sich durch die Anwesenheit von Zuhörern nicht beeinflusst fühlt.[255] Bei öffentlichen Sitzungen können außerdem andere persönlich Betroffene, die nicht Mitglieder des Gemeinderates sind, im Zuhörerraum den Beratungen und Abstimmungen folgen. Das persönlich betroffene Mitglied des Rates wäre demnach gegenüber den Nichtmitgliedern schlechter gestellt, so dass der zweiten Auffassung der Vorzug gegeben wird.[256]

In den Bundesländern, in denen die Gemeindeordnungen das Verlassen der Sitzung wegen persönlicher Befangenheit nicht ausdrücklich vorschreiben, wird ebenfalls davon ausgegangen, dass dies von den Betroffenen zu befolgen ist. Dies entspricht der angewendeten Praxis und stellt gleichwertige Rechtsbeziehungen auf kommunaler Ebene her. Damit gilt in allen Bundesländern übereinstimmend, dass die persönlich betroffenen Ratsmitglieder die Sitzung zu verlassen haben. Sie dürfen aber bei öffentlichen Sitzungen im Zuhörerraum anwesend sein.[257] Mit dem Verlassen des Sitzungsraumes sind die Betroffenen *de facto* abwesend.

Die kommunalen Vorschriften, die durchaus einzelne unterschiedliche Regelungen beinhalten, tangieren das Rechtsstaats- und Demokratieprinzip sowie den Gleichheitsgrundsatz. Das in Art. 20 Abs. 3 GG geregelte Rechtsstaatsprinzip mit der Bindung der vollziehenden Gewalt an Gesetz und Recht verlangt das Handeln unbefangener Entscheidungsträger. Dem Rechtsstaatsprinzip immanent ist auch die Idee der Gerechtigkeit.[258] Danach sind der Entscheidung sachgerechte Kriterien sowie objektives Handeln der Entscheidungsträger zugrunde zu legen.

Das Demokratieprinzip fordert wiederum ein sachliches und uneigennütziges Handeln der Gemeindevertreter. Das aus Art. 38 Abs. 1 Satz 2 GG fließende und nach Art. 28 Abs. 1 Satz 1 GG auch für die kommunalen Vertreter geltende freie Mandat unterwirft diese nur ihrem Gewissen, wobei sie sich in der Entscheidungsfindung am Gemeinwohl zu orientieren haben.[259] Das Mitwirkungs- bzw. Teilnahmeverbot bei persönlichem Interesse führt zu einer Einschränkung des freien Mandats.[260]

---

[253] OVG Münster, Urteil vom 17.12.1976, in: DVBl., 93 (1978), S. 150 ff.
[254] Vgl. Herbert Linden (Fn. 207), S. 218 f.
[255] Vgl. Günter Linkermann (Fn. 244), S. 241 f.
[256] Vgl. Hans Herbert von Arnim, Ausschluß von Ratsmitgliedern wegen Interessenkollision, in: JA, 18 (1986) 1, S. 5.
[257] Vgl. ebenda.
[258] BVerfGE 21, 378 (388).
[259] Vgl. Michael Glage (Fn. 241), S. 11 ff.
[260] Vgl. Christoph Lambrecht (Fn. 122), S. 159.

Der nach den Wahlrechtsgrundsätzen des Art. 28 Abs. 1 Satz 2 GG gewählte Gemeindevertreter wird in dem konkreten Fall an der Wahrnehmung seiner für die repräsentative Demokratie wesentlichen Mitwirkungsrechte gehindert. Damit tangiert das Mitwirkungsverbot die Gleichheit des passiven Wahlrechts, die nach der Rechtsprechung auch für die Ausübung des Mandats gilt.[261] Der Ausschluss von der Beratung und Entscheidung wirkt sich ebenso auf den Erfolgswert für die Stimmen aus, die der betroffene Gemeindevertreter auf sich vereinigen konnte. Zwar sind die Gemeindevertreter aufgrund des Repräsentationsprinzips Vertreter des gesamten Gemeindevolkes, sie werden aber in der Parteiendemokratie im Sinne des Art. 21 Abs. 1 Satz 1 GG als Vertreter einer Partei oder politischen Gruppe angesehen.[262] Ein grundsätzlicher Vorrang der aus dem Rechtsstaatsprinzip folgenden Gerechtigkeit gegenüber dem Prinzip der repräsentativen Demokratie sowie dem freien Mandat im Prozess der Entscheidungsfindung ist verfassungsrechtlich nicht gegeben.[263]

In Anbetracht eines fehlenden Mitwirkungsverbotes im Parlamentsrecht im Interesse einer uneingeschränkten Mandatsausübung, ist zu fragen, ob das Abstimmungsverbot wegen Befangenheit auf kommunaler Ebene nicht in eine freiwillige Nichtteilnahme an der Abstimmung, wie auf Landes- und Bundesebene umgewandelt werden sollte[264], insbesondere weil bei einem Verbot der Teilnahme an der Abstimmung dem Betroffenen quasi sein Stimmrecht entzogen wird.[265] Bisher ist das Festhalten an dieser Regelung für kommunale Vertretungsorgane mit der größeren Ortsnähe und damit dem höheren Bedürfnis eines Teilnahmeverbots begründet worden.[266] Dazu wird auf die Grundsätze von Treu und Glauben sowie die guten Sitten, die Unbefangenheit und Unparteilichkeit bzw. die ausschließliche Sachbezogenheit hoheitlichen Handelns als Anspruch der Gerechtigkeit sowie das Vertrauen in eine integere und objektive Verwaltung abgestellt.[267] Das die Objektivität der Verwaltungsführung und damit die sachliche Richtigkeit von Entscheidungen fördernd sollende Mitwirkungsverbot nach dem *Nemo-iudex*-Prinzip beeinträchtigt allerdings die formal-verfahrensrechtliche Komponente des Demokratieprinzips. Da nach dem auch im Kommunalrecht geltenden Grundsatz des freien Mandats die Gemeindevertreter ohnehin verpflichtet sind, Entscheidungen nach ihrem Gewissen im Interesse des Gemeinwohls zu treffen[268], entspräche eine freiwillige Nichtteilnahme an der Abstimmung durchaus dem mit dem Mitwirkungsverbot angestrebten Zweck.

Bei einer freiwilligen Nichtteilnahme würde außerdem einer Lahmlegung der Gemeindevertretung wegen möglicher Beschlussunfähigkeit vorgebeugt werden. Während bei einer obligatorischen Nichtteilnahme die persönlich betroffenen Mit-

---

[261] BVerfGE 40, 296 (317).
[262] Vgl. Michael Glage (Fn. 241), S. 81 ff.
[263] Vgl. ebenda, S. 92.
[264] Vgl. Hans Meyer, Kommunalrecht, in: Hans Meyer/Michael Stolleis, Hessisches Staats- und Verwaltungsrecht, 2. Auflage, Frankfurt am Main 1986, Fn. 130, S. 169.
[265] Vgl. Armin Geyer (Fn. 206), S. 13 f.
[266] Vgl. Norbert Achterberg (Fn. 26), S. 525.
[267] Vgl. ebenda, S. 520; Michael Glage (Fn. 241), S. 21.
[268] Vgl. Hans Herbert von Arnim (Fn. 256), S. 7.

glieder des Gemeinderates die Sitzung verlassen müssen und demzufolge auch nicht für die Beschlussfähigkeit mitgezählt werden könnten[269], zählen sie bei einer freiwilligen Nichtteilnahme für die Beschlussfähigkeit mit. Spezielle Vorschriften für den Fall der Befangenheit und einer damit nicht selten verbundenen fehlenden Beschlussfähigkeit, wie herabgesetzte Quoren[270] bzw. völliger Verzicht auf Quoren[271], würden bei einer freiwilligen Nichtteilnahme obsolet werden. Da die Gemeindeordnungen in der Regel mit Stimmenmehrheit, d.h. mit den Ja- und Nein-Stimmen ihre Beschlüsse fassen, würde bei Anwesenheit der Betroffenen ihre freiwillige Nichtteilnahme das Abstimmungsergebnis nicht beeinflussen.

II. Abgrenzung der Nichtteilnahme an der Abstimmung von der Stimmenthaltung

Da bei einer Nichtteilnahme an der Abstimmung das Mitglied eines kollegialen Entscheidungsorgans weder mit Ja noch mit Nein abgestimmt hat, ließe sich sein Verhalten mit einer Stimmenthaltung vergleichen, ohne dass es explizit mit „ich enthalte mich" abgestimmt hätte. Damit wäre die Nichtteilnahme als konkludente Stimmenthaltung gewertet. In die bloße Anwesenheit des Mitgliedes würde ein positiver Akt der Zustimmung hineininterpretiert und die Nichtteilnahme als ein Unterfall der Stimmenthaltung angesehen werden.[272] Diese Ansicht wird beispielsweise bestärkt durch die Interpretation des in Art. 18 Abs. 2 Satz 1 UN-Charta bezüglich der Generalversammlung verwendeten Terminus „anwesende und abstimmende Mitglieder", der in Regel 86 GOGV als Mitglieder präzisiert wird, die eine Ja- oder Neinstimme abgeben. Mitglieder, die sich der Stimme enthalten, gelten danach als nicht abstimmende Mitglieder.[273] Am 4. April 1946 haben Australien als erstes nichtständiges und am 9. April 1947 das Vereinigte Königreich als erstes ständiges UN-Sicherheitsratsmitglied an einer Abstimmung des Sicherheitsrates trotz Anwesenheit auf der Sitzung nicht teilgenommen.[274] Ihr Abstimmungsverhalten ist nicht als den Beschluss unterstützend, aber vor allem nicht als diesen verhindern wollend qualifiziert worden. Eine Nichtteilnahme an der

---

[269] Vgl. Prodromos Dagtoglou, Kollegialorgane und Kollegialakte der Verwaltung, Stuttgart 1960, S. 103; Gertrud Witte-Wegmann, Beschlußunfähigkeit infolge Befangenheit, in: SKV, (1974) 1, S. 10.

[270] § 37 Abs. 2 - 4 GO BW, § 30 Abs. 2 GO MV, § 39 Abs. 2 GemO RP, § 44 Abs. 3 KSVG, § 39 Abs. 2 SächsGemO, § 38 Abs. 2 GO SH, § 36 Abs. 3 ThürKO.

[271] § 46 Abs. 2 GO BB, § 53 Abs. 3 HGO, § 46 Abs. 3 NGO, § 53 Abs. 3 GO LSA.

[272] Vgl. Bruno Simma/Stefan Brunner/Hans-Peter Kaul, in: Bruno Simma (ed.) (Fn. 65), Art. 27, Rdnr. 65, S. 499.

[273] Vgl. Rüdiger Wolfrum, ebenda, Art. 18, Rdnr. 17, S. 357.

[274] Vgl. Bruno Simma/Stefan Brunner/Hans-Peter Kaul, ebenda, Art. 27, Rdnr. 64, S. 499. Weitere Fälle von Nichtteilnahme an Abstimmungen, in: Sydney D. Bailey/Sam Daws (Fn. 171), S. 258 f., insbesondere Tabelle 11.

Abstimmung entspricht, wie auch eine freiwillige Stimmenthaltung, an sich nicht dem Wortlaut in Art. 27 Abs. 3 UN-Charta.[275]

Die endgültige Geschäftsordnung des Bundestages vom 6. Dezember 1951 enthielt eine spezielle Bestimmung in § 54 Abs. 5, wonach jedes Mitglied bei der Abstimmung erklären durfte, „dass es sich der Abstimmung enthält." Ab der Geschäftsordnung i.d.F. der Bekanntmachung vom 22. Mai 1970 heißt es: „Jedes Mitglied des Bundestages kann vor der Abstimmung erklären, dass es nicht an der Abstimmung teilnehme." Während diese Vorschrift in der Geschäftsordnung von 1970 noch in § 54 Abs. 4 (Abstimmungsregeln) enthalten war, befindet sie sich ab der Geschäftsordnung i.d.F. der Bekanntmachung vom 2. Juli 1980 in § 31 Abs. 2 GOBT (Erklärung zur Abstimmung) mit der Begründung, eine entsprechende Erklärung (vorher Stimmenthaltung, nachher Nichteilnahme an der Abstimmung) müsse vor der eigentlichen Abstimmung erfolgen. In der Praxis wird die Erklärung zur Stimmenthaltung wie gewöhnlich während der Abstimmung abgegeben.[276] Von einer möglichen Stimmenthaltung änderte sich diese Vorschrift in eine Nichtteilnahme an der Abstimmung. In der Begründung der Neufassung ist davon ausgegangen worden, eine Stimmenthaltung bedeute eine Nichtteilnahme an der Abstimmung.[277] Als sachliche Änderung ist diese Änderung der Bestimmung nicht verstanden worden. Dies kann in Bezug auf die einfachen Abstimmungsarten (Handzeichen und Aufstehen bzw. Sitzenbleiben) gem. § 48 Abs. 1 GOBT auch zutreffend sein, aber mindestens bei der Abstimmung durch Zählung gem. § 51 GOBT oder namentlicher Abstimmung gem. § 52 GOBT unterscheiden sich die Folgen einer Stimmenthaltung von denen einer Nichtteilnahme an der Abstimmung. Während die Stimmenthaltung für die Beschlussfähigkeit mitgezählt wird, kann bei der Nichtbeteiligung an einer Abstimmung durch Zählung oder einer namentlichen Abstimmung die Beschlussunfähigkeit unabsichtlich oder intentional hervorgerufen werden.[278] Bei Nichtteilnahme an der Abstimmung werden die Mitglieder bei diesen beiden Abstimmungsarten nicht mitgezählt.

Der Auffassung, die Mitglieder des Bundestages, die an einer Abstimmung mit Hilfe des Handzeichens oder Aufstehens bzw. Sitzenbleibens nicht teilnehmen wollen, müssen den Saal verlassen, sonst gelte die Anwesenheit als Stimmenthaltung, kann nicht zugestimmt werden. Wenn die Mitglieder auf die Frage nach Stimmenthaltungen durch den Präsidenten kein Handzeichen geben, können sie nicht der Zahl der Mitglieder zugezählt werden, die ihre Hand auf diese Frage erhoben haben.[279] Während erstere trotz Anwesenheit nicht an der Abstimmung teilgenommen haben, übten die anderen Stimmenthaltungen. Die Nichtanwesenheit während der Abstimmung durch Verlassen des Saales würde einer Abwesenheit gleichkommen, die wiederum die Beschlussfähigkeit negativ beeinflusst.

---

[275] Vgl. Bruno Simma/Stefan Brunner/Hans-Peter Kaul, in: Bruno Simma (ed.) (Fn. 65), Art. 27, Rdnr. 70, S. 500.
[276] Vgl. Hans Troßmann (Fn. 93), § 54, Rdnr. 9, S. 355.
[277] BT-Drs. VI/521/S. 4, 5 „Zu § 54". Vgl. Hans Troßmann (Fn. 93), § 54, Rdnr. 9, S. 355.
[278] Vgl. Hans Troßmann/Hans-Achim Roll, Parlamentsrecht des Deutschen Bundestages, Kommentar, Ergänzungsband, München 1981, § 31, S. 60.
[279] Vgl. Hans Troßmann (Fn. 93), § 54, Rdnr. 9, S. 356.

Beiden Abstimmungsverhalten, Nichtteilnahme an der Abstimmung und Stimmenthaltung, ist die Anwesenheit des Mitgliedes des kollegialen Entscheidungsorgans an der Abstimmung gemein. Sie stehen sich aber bezüglich der Inanspruchnahme des Stimmrechts bzw. der Stimmabgabe diametral entgegen. Während bei der Nichtteilnahme an der Abstimmung keine Stimmabgabe erfolgt, ist die Stimmenthaltung als Stimmabgabe zu werten. Damit liegt ein wesentlicher Unterschied in der Willensbekundung.[280] Auch können die Auswirkungen auf die Beschlussfähigkeit von unterschiedlicher Bedeutung sein. Die Stimmenthaltung zählt für die Beschlussfähigkeit mit, eine Nichtteilnahme an der Abstimmung kann unter Umständen bei einer Abstimmung durch Zählung oder namentlichen Abstimmung die Beschlussunfähigkeit herbeiführen. Wegen der wesentlichen Unterschiede sind die beiden Abstimmungsverhalten auseinander zu halten.[281] Daran sollten auch bestehende gleiche Auswirkungen auf Abstimmungsregeln nichts ändern. Stimmenthaltung und Nichtteilnahme an der Abstimmung verhindern das Zustandekommen eines einstimmigen Beschlusses nicht. Bei der absoluten Mehrheitsregel werden Stimmenthaltungen und Nichtteilnahme an der Abstimmung letztendlich wie Neinstimmen gewertet. So enthält die GO Landesregierung Brandenburg in § 19 Abs. 2 Satz 2 eine ausdrückliche Bestimmung, wonach die Stimme eines nichtteilnehmenden anwesenden Mitgliedes der Landesregierung an der Abstimmung als gegen den Antrag abgegeben gilt.

In Fällen, in denen eine Stimmenthaltung verboten ist, bliebe den Mitgliedern kollegialer Entscheidungsorgane die Alternative der Nichtteilnahme an der Abstimmung.

D. Abwesenheit

Um eine Abwesenheit handelt es sich, wenn ein (stimmberechtigtes) Mitglied eines kollegialen Entscheidungsorgans bei der Abstimmung nicht anwesend ist. Hierbei sind bewusste und unfreiwillige Abwesenheit voneinander zu unterscheiden. Es ist einerseits möglich, dass das Mitglied zwar an der Sitzung mit den Beratungen, nicht aber an der anschließenden Abstimmung teilnimmt. In diesem Fall, der in der Regel bewussten Abwesenheit, verlässt das Mitglied den Saal bzw. Sitzungsraum bevor zur Abstimmung übergegangen wird. Andererseits kann das Mitglied sowohl bei den Beratungen bzw. Verhandlungen als auch bei der Abstimmung, d.h. auf der gesamten Sitzung des Kollegialorgans nicht anwesend sein (bewusst oder unfreiwillig durch plötzliche Verhinderung oder Verspätung). Die Abwesenheit eines Mitgliedes des UN-Sicherheitsrates wird beispielsweise als Nichtteilnahme an der gesamten Sitzung des Sicherheitsrates gem. Art. 27 UN-

---

[280] BVerfGE 91, 148 (169).
[281] Vgl. Hans Troßmann/Hans-Achim Roll (Fn. 278), § 31, S. 60.

Charta interpretiert.[282] Die Abwesenheit von der Abstimmung und gegebenenfalls von der Sitzung insgesamt stellt eine Form der Willensbekundung dar.

Die Abwesenheit kann maßgeblich von der Aufgaben- bzw. Kompetenzverteilung zwischen verschiedenen Organen derselben Institution abhängig sein. Wenn beispielsweise ein höheres Entscheidungsorgan weniger wichtige Fragen zu diskutieren und entscheiden hat, die eigentlich von einem niederrangigeren erledigt werden könnten, führt dies nicht selten zu häufiger Abwesenheit zahlreicher Mitglieder und umgekehrt. Nicht anwesende Mitglieder sind als augenscheinlich nicht an der Sachfrage Interessierte weniger im Entscheidungsprozess involviert als sich der Stimme enthaltende Mitglieder.[283]

Bentham hatte noch die Abwesenheit der Mitglieder von Volksversammlungen als ein „Übel" bezeichnet, dass ein Zwangsgesetz rechtfertigen würde. Die von ihm hiefür angeführten Gründe sind aus heutiger Sicht größtenteils nicht mehr überzeugend. Nach Bentham würde eine mögliche Abwesenheit dazu verleiten, bei „unbequemen" Abstimmungen, dieser fernzubleiben. Eine mögliche Abwesenheit könnte zur Nachlässigkeit bei den Mitgliedern führen. Um sich eine Meinung bilden zu können, bedarf die zu entscheidende Sachfrage einer eingehenden Prüfung. Durch Abwesenheit könnten die Beteiligten sich dieser Arbeit einfach entledigen. Ämter mit Ansehen und Macht, die keinen Zwang zur Anwesenheit hätten, würden außerdem minder fähige Personen anziehen, die weder den Willen noch die Fähigkeit für diese Ämter besäßen. Abwesenheit könnte weiterhin das Entscheidungsorgan aus Mangel an der erforderlichen Anzahl der Mitglieder zur Untätigkeit verurteilen, so dass die Festsetzung einer bestimmten Anzahl von Mitgliedern zur Beschlussfassung notwendig wäre. Eine mögliche Abwesenheit bürge die Gefahr von Überraschungen in sich. So könne nicht verhindert werden, dass eine Entscheidung bei Abwesenheit von Mitgliedern angenommen wird, die bei vollständiger Anwesenheit nicht zustande gekommen wäre. Ein unvollzähliges Organ, bei dem vor allem der abwesende Teil größer als der anwesende ist, wäre im Verhältnis zu einem vollzähligen in seinem Einfluss geschwächt.[284] Durch die Regeln von der Freiheit des parlamentarischen Mandats und der Beschlussfähigkeit sind diese Befürchtungen obsolet geworden. Die sachgerechte Vorbereitung der Entscheidungen findet ohnehin nicht mehr im Parlament, sondern in den Ausschüssen statt. Wie bereits hinsichtlich der im achten Kapitel besprochenen Entscheidung des Bundesverfassungsgerichts[285] ausgeführt, ist diese Vorverlagerung der Entscheidungsvorbereitung in die Ausschüsse, die das politische Kräfteverhältnis des Plenums widerspiegeln müssen[286], auch mit dem Prinzip der repräsentativen Demokratie vereinbar.[287]

---

[282] Vgl. Bruno Simma/Stefan Brunner/Hans-Peter Kaul, in: Bruno Simma (ed.) (Fn. 65), Art. 27, Rdnr. 67, S. 500.
[283] Vgl. Henry G. Schermers/Niels M. Blokker (Fn. 128), § 831 f., S. 538.
[284] Vgl. Jeremias Bentham (Fn. 124), S. 166 ff.
[285] BVerfGE 44, 308.
[286] BVerfGE 80, 188 (222).
[287] BVerfGE 44, 308 (319).

I. Regelungen über die Abwesenheit

Kollegiale Entscheidungsorgane regeln die Abwesenheit bzw. Anwesenheit ihrer Mitglieder im Willensbildungs- und Entscheidungsprozess unterschiedlich. Einige legen die Anwesenheitspflicht fest, andere verlangen sie nicht.

1. Forderung einer Anwesenheitspflicht

Beschlüsse können allgemein nur von anwesenden Abstimmungsberechtigten gefasst werden. Der Wille der Abwesenden fließt nicht in den Gesamtwillen ein. Um den Anteil der Abwesenden so gering wie möglich zu halten, stehen im Wesentlichen neben Regelungen über die Beschlussfähigkeit Regelungen über die Anwesenheitspflicht zur Verfügung.[288]

Die Forderung nach Anwesenheit lässt sich aus einer bestehenden Mitwirkungspflicht der Mitglieder kollegialer Entscheidungsorgane herleiten. Eine solche gilt in der Regel für gewählte Volksvertreter, aber auch für Vertreter von Mitgliedstaaten in Staatenverbindungen. Die traditionsreichen Mitwirkungspflichten in Parlamenten sind entweder in den Geschäftsordnungen festgeschrieben oder bestehen gewohnheitsrechtlich. Eine Verletzung der Pflichten zieht in der Regel bestimmte Rechtsfolgen nach sich. Im englischen Unterhaus ist bereits 1382 und 1515 die Anwesenheitspflicht in Rechtsakten verankert worden.[289] Abwesenheit wurde bisweilen mit Freiheitsstrafe, aber öfter mit Geldstrafe geahndet.[290] Und obwohl diese Form der Bestrafung später keine Anwendung mehr gefunden hat, besteht die Verpflichtung der Anwesenheit weiter.[291] Dies gilt ebenfalls für das britische Oberhaus.[292] Während die Auferlegung von Geldstrafen in England zum Ende des 17. Jahrhunderts abgeschafft wurde, kennen einige Parlamente des *British Commonwealths* neben Geldstrafe sogar den Verlust der Mitgliedschaft.[293] In Australien ist der Verlust des Sitzes sowohl im Repräsentantenhaus als auch im Senat bei Nichtteilnahme an den Sitzungen in mehr als zwei aufeinander folgenden Monaten ohne Erlaubnis der entsprechenden Häuser sogar verfassungsrecht-

---

[288] Vgl. Winfried Aymans, Kollegium und kollegialer Akt im kanonischen Recht, München 1969, S. 130 f.
[289] Zur Abwesenheit im Senat der USA zu Beginn des 19. Jahrhunderts vgl. Thomas Jefferson, A Manual of Parliamentary Practice, 2. Auflage, Washington 1812, S. 34.
[290] „Formerly members of the House of Commons who absented themselves without permission were directed to be punished, the penalty being forfeiture of wages." Norman Wilding/Philip Laundy, An Encyclopaedia of Parliament, 4. Auflage, London 1972, S. 1; Jeremias Bentham (Fn. 124), S. 171 f.
[291] Vgl. Norman Wilding/Philip Laundy (Fn. 290), S. 1.
[292] No. 23 Standing Orders of the House of Lords i.d.F. vom 16.07.2007 lautet: "Lords are to attend the sittings of the House or, if they cannot do so, obtain leave of absence, which the House may grant at pleasure; [...]." In: http://www.publications.parliament.uk/pa/ld/ldstords/147/147.pdf (07.01.2008).
[293] Vgl. Norman Wilding/Philip Laundy (Fn. 290), S. 26.

lich geregelt.[294] Auch die Verfassungen von Singapur und Sri Lanka haben analoge Regelungen. In Singapur verliert ein Mitglied des Parlaments seinen Sitz, wenn er in zwei aufeinander folgenden Monaten den Sitzungen unerlaubt fernblieb, in Sri Lanka bei dreimonatiger ununterbrochener und unerlaubter Abwesenheit.[295]

In Deutschland besteht eine ausdrückliche Verpflichtung zur Teilnahme an den Arbeiten des Reichstages seit der Geschäftsordnung vom 12. Dezember 1922 (§ 1 GORT). Zuvor ist eine solche aus der Notwendigkeit der Urlaubserteilung abgeleitet worden.[296] In der Praxis des Reichstages hat der preußische Ministerpräsident auch schon mal die Abgeordneten auf ihre Pflicht hingewiesen, ihre Plätze einzunehmen. Seit Beginn der achtziger Jahre des 19. Jahrhunderts konnte die Geltendmachung der Anwesenheitspflicht durch die Fraktionsführer erfolgen. Ein direkter Zwang zur Durchsetzung der Anwesenheitspflicht, wie früher in England mit dem üblichen „*call*", gab es im Reichstag nicht. Mit dem Reichsgesetz vom 21. Mai 1906 wurde ein indirekter Zwang zur Erfüllung der Anwesenheitspflicht eingeführt. Dieses bestimmte einen Abzug von zwanzig Mark von der Aufwandsentschädigung bei Fernbleiben von einer Plenarsitzung oder Nichtteilnahme an einer namentlichen Abstimmung.[297]

Die Pflicht zur Teilnahme an den Arbeiten des Parlaments (§ 13 Abs. 2 Satz 1 GOBT) schließt die Pflicht zur Beteiligung an den Sitzungen der Volksvertretung ein.[298] In Parlamenten wird die Anwesenheit in der Regel durch das Eintragen in ausgelegte Anwesenheitslisten kontrolliert (§ 13 Abs. 2 Satz 2 GOBT und Art. 129 Abs. 1 GOEP).[299] Bei Nichteintragung in die Anwesenheitslisten oder Nichtteilnahme an einer namentlichen Abstimmung erfolgt eine Kürzung der Aufwandsentschädigung. Eine Pflicht zur Teilnahme an den Sitzungen der Gemeinderäte besteht für deren Mitglieder.[300] Die Anwesenheitspflicht bei Organen der Volksvertretung lässt sich aus dem Demokratieprinzip, speziell der repräsentativen Demokratie, ableiten. Nur durch Anwesenheit und Teilnahme am politischen Willensbildungs- und Entscheidungsprozess können die durch das Volk direkt gewählten Abgeordneten ihr Mandat erfüllen.[301] Eine Pflicht zur Teilnahme an den

---

[294] Art. 20 Verfassung Australien für den Senat und Art. 38 Verfassung Australien für das Repräsentantenhaus.

[295] Art. 46 Abs. 2 lit. d Verfassung Singapur, Art. 66 lit. f Verfassung Sri Lanka. Bei Singapur handelt es sich allerdings nicht um einen demokratischen Staat.

[296] § 69 GO Preußisches Abgeordnetenhaus. Vgl. A. Plate (Fn. 167), § 69, Rdnr. 1, S.203.

[297] Vgl. Julius Hatschek (Fn. 223), S. 601.

[298] Vgl. Heinhard Steiger (Fn. 34), S. 82 f.

[299] Die unentschuldigte Nichtanwesenheit bzw. Abwesenheit von Sitzungen und Abstimmungen hat Folgen für die Mitglieder. Für die Mitglieder des BT werden diese in Form von Kürzungen der Kostenpauschalen gem. § 13 Abs. 2 Satz 3 GOBT nach dem Abgeordnetengesetz geregelt (§§ 14 f. AbgG vom 18.02.1977, in: BGBl. 1977 I, 297; 2007 I, 3212).

[300] Eine ausdrückliche Pflicht ist geregelt in: § 48 Abs. 1 Satz 1 GO BY, § 34 Abs. 3 GO BW, § 38 Abs. 1 Satz 2 GO BB, § 23 Abs. 3 Satz 3 GO MV, § 33 Abs. 1 KSVG, § 35 Abs. 4 SächsGemO, § 52 Abs. 1 GO LSA, § 37 Abs. 1 ThürKO. Zur Anwesenheits- und Mitwirkungspflicht der Gemeindevertreter vgl. Richard Seeger, Handbuch für die Gemeinderatssitzung, 5. Auflage, Stuttgart/Berlin/Köln 1994, 9.2, S. 66.

[301] BVerfGE 56, 396 (405).

Sitzungen ist auch für die Mitglieder von Landesregierungen, wie beispielsweise explizit in § 11 Abs. 5 Satz 1 GO Bayerische Staatsregierung, § 14 Abs. 1 GO Senat Hamburg oder implizit in § 8 GO Hessische Landesregierung geregelt.

In kollektiven Entscheidungsorganen von Staatenverbindungen fließt die Mitwirkungspflicht aus der Pflicht zur Zusammenarbeit, die sie mit der Ratifikation des Gründungsvertrages übernommen haben.[302] Eine Anwesenheitspflicht findet sich sowohl bei Organen mit unbegrenzter als auch insbesondere mit begrenzter Mitgliederzahl. Bei letzteren sollen die Mitglieder oftmals nicht nur ihre eigenen Interessen, sondern die einer bestimmten Interessengruppe vertreten. Nach Art. 5 Abs. 3 GO EG-Kommission sind die Mitglieder der Kommission der Europäischen Gemeinschaften verpflichtet, an den Sitzungen teilzunehmen.[303]

Für den UN-Sicherheitsrat ergibt sich eine entsprechende Anwesenheitspflicht aus Art. 28 Abs. 1 UN-Charta.[304] Dieser Verpflichtung ist die ehemalige Sowjetunion als ständiges Mitglied 1946 in der Iranfrage sowie 1950 wegen der Mitgliedschaft des nationalistischen Chinas mehrfach nicht nachgekommen. Nach allgemeiner Auffassung ist ein solcher Boykott gleichbedeutend mit einer freiwilligen Stimmenthaltung und steht dem Zustandekommen eines Sicherheitsratsbeschlusses nicht entgegen.[305] Weil die Situation bezüglich der Vertretung Ruandas als nichtständiges Mitglied im UN-Sicherheitsrat während des Bürgerkrieges im Sommer 1994 unklar gewesen ist, war in der Zeit vom 14. Juli bis 7. September 1994 kein ruandischer Vertreter im Sicherheitsrat. In dieser Zeit sind insgesamt vier Resolutionen[306] mit nur vierzehn Mitgliedern angenommen worden.[307] Ungeachtet des Grundes steht eine Verletzung der Anwesenheitspflicht dem Zustandekommen von Sicherheitsratsresolutionen nicht entgegen. Es wurden weder die Beschlussfähigkeit, noch die Anforderungen an die Beschlussfassung gem. Art. 27 Abs. 3 UN-Charta verletzt.

2. Verzicht einer Anwesenheitspflicht

Nicht alle kollegialen Entscheidungsorgane sehen eine ausdrückliche Anwesenheitspflicht für ihre Mitglieder vor. Eine solche kann vor allem bei großen, nicht gewählten Organen vernachlässigt werden, wenn den Mitgliedern rechtzeitig vor der Sitzung eine detaillierte Tagesordnung zugegangen ist, so dass keine unvorhergesehenen Entscheidungen getroffen werden können. Keine Anwesenheitspflicht gibt es für die Mitgliedstaaten der UN-Generalversammlung als ein Organ mit unbegrenzter Mitgliederzahl nach Art. 18 Abs. 2 Satz 1 UN-Charta. Aus die-

---

[302] Vgl. Henry G. Schermers (Fn. 193), S. 527.
[303] Vgl. Kerstin Jorna, in: Jürgen Schwarze (Hrsg.) (Fn. 95), Art. 219 EGV, Rdnr. 12, S. 1876.
[304] Vgl. Theodor Schweisfurth, in: Bruno Simma (ed.) (Fn. 65), Art. 28, Rdnr. 7, S. 526.
[305] Vgl. Sydney D. Bailey/Sam Daws (Fn. 171), S. 257.
[306] UN Doc. S/RES/937 (21.07.1994) zu Georgien, UN Doc. S/RES/938 (28.07.1994) zum Libanon, UN Doc. S/RES/939 (29.07.1994) zu Zypern, UN Doc. S/RES/940 (31.07.1994) zu Haiti.
[307] Vgl. Sydney D. Bailey/Sam Daws (Fn. 171), S. 257 f., insbesondere Tabelle 10 über Abwesenheit im Sicherheitsrat bei Beschlussfassungen.

ser Bestimmung folgt die Annahme, dass Mitglieder auf den Sitzungen der Generalversammlung auch abwesend sein können.[308] Einer Mitwirkungs- und Anwesenheitspflicht kommt hier nur moralische Wirkung zu. Die Möglichkeit der Abwesenheit wird allgemein aus dem völkerrechtlichen Prinzip der staatlichen Souveränität abgeleitet.[309]

II. Auswirkungen der Abwesenheit auf die Beschlussfähigkeit und die Abstimmungsregeln

Zweifellos hat die Abwesenheit Einfluss auf die Beschlussfähigkeit eines Kollegialorgans. Wenn weniger als die für ein Quorum festgelegte Zahl der Mitglieder anwesend sind, liegt keine Beschlussfähigkeit vor, so dass die Abstimmung und damit Beschlussfassung verhindert wird. Intentional kann die Beschlussfähigkeit durch die so genannte Obstruktion verhindert werden. Weber definiert diese „Entartungserscheinung des Parlamentarismus" als Nichtbeteiligung einer Minderheit an der Abstimmung zur Herbeiführung der Beschlussunfähigkeit der Versammlung. Dies sehe in der Praxis so aus, dass eine Minderheit vor der Abstimmung den Sitzungssaal verlässt und nur einen „Horchposten" zurücklässt, der im richtigen Moment die Beschlussfähigkeit des Hauses bezweifelt.[310] Das von Weber als „obstruktive Stimmenthaltung" bezeichnete Abstimmungsverhalten ist seinem Inhalt nach aber keine Stimmenthaltung, noch eine Nichtbeteiligung an der Abstimmung, sondern eine Abwesenheit. Bei einer Stimmenthaltung sind die Mitglieder des Kollegialorgans, wie auch bei einer Nichtbeteiligung an der Abstimmung anwesend und zählen für die Beschlussfähigkeit mit, nicht jedoch bei der Abwesenheit.

Einer Obstruktion kann vorgebeugt werden, indem bei wiederholter Ladung auch ohne Rücksicht auf die Zahl der erschienenen Mitglieder eine Beschlussfassung ermöglicht wird. So sehen einige Gemeindeordnungen bei einer durch Abwesenheit verhinderten Beschlussfähigkeit vor, dass bei ordnungsgemäßer Ladung zu einer neuen Sitzung mit dem gleichen Tagesordnungspunkt und mit diesbezüglichem Hinweis eine Beschlussfassung erfolgen kann, so beispielsweise auch in Brandenburg (§ 46 Abs. 2 GO Brandenburg).

Bei der Mehrheitsberechnung, mit Ausnahme der Mitgliedermehrheit, findet die Abwesenheit keine Berücksichtigung. Sie wirkt sich nicht wie eine Nein-Stimme aus. Dagegen können die Folgen der Abwesenheit für einstimmig zu fassende Beschlüsse unterschiedlich sein. Trotz Abwesenheit eines Mitgliedes der OPEC von der Konferenz kann ein einstimmig zu fassender Beschluss zustande kommen, es sei denn, das abwesende Mitglied notifiziert dem Sekretariat zehn Tage vor der Veröffentlichung der Resolution, dass es dagegen ist (Art. 11 Abs. C UAbs. 3 OPEC-Satzung). Mit diesem notifizierten Widerspruch wird die zuvor

---

[308] Vgl. Theodor Schweisfurth, in: Bruno Simma (ed.) (Fn. 65), Art. 28, Rdnr. 7, S. 526.
[309] Vgl. Henry G. Schermers (Fn. 193), S. 529.
[310] Vgl. Leo Weber (Fn. 4), S. 21 f.

bestandene Einstimmigkeit der anwesenden Mitglieder beseitigt und das Zustandekommen des Beschlusses verhindert.[311]

Während nach Praxis des UN-Sicherheitsrates ein (einstimmiger) Beschluss bei Abwesenheit eines ständigen Mitgliedes zustande kommt[312], verhindert die Abwesenheit oder die Nichtvertretung einen einstimmigen Beschluss im Rat der Europäischen Gemeinschaften.[313] Danach kann ein Mitgliedstaat durch bloße Abwesenheit die Beschluss- und damit Handlungsfähigkeit des Rates unterbinden, wenn Einstimmigkeit erforderlich ist.[314] Die Abwesenheit eines ständigen UN-Sicherheitsratsmitgliedes ist hingegen als Stimmenthaltung gewertet worden. Dies geht auf die von der Sowjetunion 1950 in der Koreafrage geschaffene und später auch von anderen ständigen Sicherheitsratsmitgliedern angewendete Staatenpraxis zurück.[315] Zunächst wurden abwesende Sicherheitsratsmitglieder bei der Beschlussfassung als Enthaltungen geführt. Später ist folgerichtig die Kategorie der Abwesenheit geschaffen worden. Die Auffassung, wonach die Abwesenheit wie eine Nein-Stimme zu interpretieren sei, weil im Gegensatz zur Stimmenthaltung ein positiver Akt fehle[316], mit dem sich das ständige Mitglied zu dem Beschluss bekennt und damit die Einstimmigkeit herstellen würde, hat sich nicht durchgesetzt. Das bewusst abwesende ständige Sicherheitsratsmitglied nimmt die ihm zustehende Möglichkeit nicht wahr, einen Beschluss zu unterstützen (Ja) oder abzulehnen (Nein).[317] Damit kommt sein Verhalten dem einer Stimmenthaltung und einer Nichtteilnahme an der Abstimmung zwar nahe[318], entspricht diesen aber nicht. Während Stimmenthaltungen und Nichtbeteiligungen an der Abstimmung für die Beschlussfähigkeit gezählt werden, ist dies bei der Abwesenheit nicht der Fall. Im Sinne der Rechtsklarheit ist die Einführung der Abwesenheit als Kategorie zu begrüßen.

---

[311] Vgl. Henry G. Schermers/Niels M. Blokker (Fn. 128), § 835, S. 540.
[312] Vgl. Bruno Simma/Stefan Brunner/Hans-Peter Kaul, in: Bruno Simma (ed.) (Fn. 65), Art. 27, Rdnr. 71, S. 500.
[313] Vgl. Rudolf Streinz, Europarecht, 7. Auflage, Heidelberg 2005, Rdnr. 300, S. 103.
[314] Vgl. Rudolf Streinz, Die Luxemburger Vereinbarung, München 1984, S. 7 f.
[315] Repertory of Practice of United Nations Organs (1945-1954), Extracts relating to Article 27 of the Charter of the United Nations, vol. 2, para. 50 ff., S. 82 f, in: http://www.un.org/law/repertory/art27.htm (07.01.2008).
[316] Vgl. Leo Gross (Fn. 172), S. 229 ff.
[317] Vgl. Bruno Simma/Stefan Brunner/Hans-Peter Kaul, in: Bruno Simma (ed.) (Fn. 65), Art. 27, Rdnr. 68 ff., S. 500.
[318] Nach Simma, Brunner und Kaul gebe es einen Unterschied zur bloßen Nichtteilnahme an der Abstimmung nicht zu erkennen. „This conduct is thus comparable to abstention and there is no appreciable difference between such abstention and non-participation in the vote." Bruno Simma/Stefan Brunner/Hans-Peter Kaul, in: Bruno Simma (ed.) (Fn. 65), Art. 27, Rdnr. 71, S. 500.

III. Abstimmen durch Proxy

Wenn trotz Abwesenheit das Stimmrecht dennoch ausgeübt werden soll, kann unter bestimmten Voraussetzungen eine Stimmrechtsvertretung angestrebt werden. Das Abstimmen durch Proxy (lat.: *proximus* - der Nächste) steht für eine interaktive Vertretung (*interactive representation*) und stellt eine Abstimmung in Abwesenheit (*voting in absentia*) dar. Das Abstimmen durch Proxy bzw. die Stimmrechtsvertretung bedeutet, dass Mitglieder eines kollegialen Entscheidungsorgans bevollmächtigt sind, für andere in deren Abwesenheit abzustimmen (Delegation des Stimmrechts). Die Frage der Zulässigkeit einer Stimmrechtsvertretung ist in der Regel in den Geschäftsordnungen geregelt.

Nach traditionellem englischem Parlamentsrecht war im Gegensatz zum Unterhaus das Abstimmen durch Proxy im Oberhaus als alte Übung unter Heinrich VIII. (1491 - 1547), König von England (1509 - 1547), unter Zustimmungspflichtigkeit des Königs bis 1868 zulässig.[319] Allerdings konnte die Stimme eines geistlichen Lords nur einem geistlichen, die eines weltlichen nur einem weltlichen, übertragen werden.[320] Nach den geltenden *Standing Orders* des britischen Oberhauses soll die alte Praxis des Abstimmens durch Proxy in der Regel nicht wieder belebt werden.[321] Allgemein ist das Abstimmen durch Proxy in fast allen Parlamenten ausländischer Staaten[322] und einigen Staatenverbindungen[323] verboten mit Ausnahme einiger Staaten, wie Brasilien, Kamerun, der Komoren, Frankreich[324], Gabun, der Elfenbeinküste, Luxemburg, Mali, der Russischen Föderation[325] oder Senegal.[326] Ein wichtiger Nachteil des Abstimmens durch Proxy ist, dass ein Mitglied eines Kollegialorgans sein Stimmrecht unter Umständen nicht seinen Interessen entsprechend ausüben kann, weil er die Diskussionen zur Willensbildungs- und Entscheidungsfindung wegen seiner Abwesenheit nicht selbst verfolgen konnte. Auch begünstigt diese Regelung die Abwesenheit.

---

[319] Vgl. Josef Redlich (Fn. 139), S. 504; Julius Hatschek, Das Staatsrecht des Vereinigten Königreichs Großbritannien-Irland, Tübingen 1914, S. 47.

[320] Vgl. Gottfried Cohen, Die Verfassung und Geschäftsordnung des englischen Parlaments, Hamburg 1861, S. 71 ff.

[321] No. 61 Standing Orders of the House of Lords lautet: „The ancient practice of calling for proxies shall not be revived except upon the suspension of this Standing Order; [...]."

[322] Nach Art. 56 Abs. 3 Geschäftsreglement Schweizerischer Nationalrat ist die Stimmabgabe durch Stellvertretung sogar ausdrücklich ausgeschlossen. § 64 Abs. 1 GONR Österreich: „Alle Abgeordneten haben ihr Stimmrecht persönlich auszuüben."

[323] Art. 158 Satz 1 GOEP: „Das Abstimmungsrecht ist ein persönliches Recht." Ein Verstoß hiergegen wird mit Ordnungsmaßnahmen nach Art. 147 Abs. 1 GOEP (Ausschluss von Mitgliedern) geahndet. Regel 42 GOPV Europarat, Regel 29 Abs. 2 GOPV OSZE.

[324] Art. 27 Abs. 3 Verfassung Frankreich, Art. 62 Abs. 2 GONV Frankreich.

[325] Bei elektronischer Abstimmung ist die Übertragung des Stimmrechts durch einen entschuldigt abwesenden Abgeordneten gem. Art. 85 Abs. 2 Satz 4 GO Duma Russische Föderation als Ausnahme von der allgemeinen Regel der persönlichen Stimmrechtsausübung erlaubt. GO Duma vom 22.01.1998, in: Resolution Nr. 2134-II GD.

[326] Vgl. hierzu Inter-Parliamentary Union, Parliaments of the World, Band I, 2. Auflage, Aldershot 1986, S. 478 ff.

In Kollegialorganen mit Stimmengewichtung wird diese Abstimmungsmethode häufig angewendet[327], so dass die entsprechende Anzahl von Stimmen nicht verloren geht und die Entscheidung beeinflussen kann. In einigen Organen ist die Stimmrechtsvertretung nur eines Mitgliedes durch ein anderes erlaubt, wie im Rat der Europäischen Gemeinschaften nach Art. 206 EG[328] (Art. 11 Abs. 3 GO EG-Rat)[329] oder im Rat gem. Art. 7 Abs. 2 UAbs. 3 Internationales Übereinkommen über Olivenöl und Tafeloliven. In einigen wenigen Organen ist auch die Stimmrechtsvertretung für zwei Mitglieder möglich, wie gem. Art. 6 Abs. 4 Satz 2 COTIF.[330] Wiederum in anderen Organen darf ein Mitglied nur die Vertretung für ganz bestimmte andere Mitglieder übernehmen, nicht für jedes beliebige Mitglied. So kann z.B. nach einigen Rohstoffabkommen ein exportierendes Mitglied des Rates ein anderes exportierendes Mitglied bzw. ein importierendes Mitglied ein anderes importierendes Mitglied bevollmächtigen, seine Stimmrechte auszuüben.[331]

In Kollegialorganen mit der gleichen Anzahl von Stimmen findet das Abstimmen durch Proxy eher wenig Anwendung, weil ein abwesendes Mitglied meist nur eine Stimme hat. Erlaubt ist die Stimmrechtsvertretung gleichwohl im Kongress des Weltpostvereins (Art. 101 Abs. 2 Satz 3 UPU-Allgemeine VerfO).[332] In einigen Organisationen ist eine Stimmrechtsvertretung sogar ausdrücklich verboten, wie in der Generalkonferenz der UNESCO (Regel 83 Ziff. 11 GO Generalkonferenz) oder im Rat der Internationalen Fernmeldeunion (Regel 18 Abs. 2 GO ITU-Rat).[333] Wenn bei den Bestimmungen über die Abstimmung auf „anwesende und abstimmende" Mitglieder verwiesen wird, ist eine Stimmrechtsvertretung allgemein ausgeschlossen, wie z.B. in der UN-Generalversammlung gem. Art. 18 Abs. 1 und 2 UN-Charta. Die UNO vertrat bis Mitte der siebziger Jahre die Position, dass eine Vertretung von mehr als einem Staat durch einen Repräsentanten nicht erlaubt sein sollte, es sei denn, dass dies explizit in der Geschäftsordnung des betreffenden Organs vorgesehen ist. Auch das Völkergewohnheitsrecht schien dieser Regelung zu folgen.[334] 1975 wurde dann im Rahmen der UNO das Wiener Übereinkommen über die Vertretung von Staaten in ihren Beziehungen zu internationalen Organisationen universellen Charakters angenommen[335], das in Art. 42

---

[327] Vgl. Alice Sturgis, Standard Code of Parliamentary Procedure, 3. Auflage, New York/St. Louis/San Francisco/Hamburg/Mexico/Toronto 1988, S. 138.
[328] Art. III-343 Abs. 1 VVE bzw. Art. 239 AEU Lissabon.
[329] Im EG-Rat findet die Stimmengewichtung gem. Art. 205 Abs. 2 EG bei qualifizierter Mehrheit Anwendung. Bei Anwendung der anderen Abstimmungsregeln haben die Mitglieder die gleiche Anzahl von Stimmen.
[330] COTIF vom 09.05.1980, in: UNTS, vol. 1397, p. 2; BGBl. 1985 II, 132.
[331] Art. 14 Abs. 2 Internationales Kaffee-Übereinkommen, Art. 11 Abs. 2 Internationales Kakao-Übereinkommen, Art. 15 Abs. 2 Internationales Naturkautschuk-Übereinkommen.
[332] Allgemeine VerfO WPV vom 10.07.1964, in: UNTS, vol. 611, p. 86; BGBl. II 1992, 755.
[333] GO ITU-Rat von 1992, in: http://www.itu.int/council/rop.html (07.01.2008).
[334] Vgl. Henry G. Schermers/Niels M. Blokker (Fn. 128), § 265, S. 188.
[335] Übereinkommen, in: UN Doc. A/CONF.67/16 (14.03.1975).

Abs. 2 vorsieht, dass zwei oder mehr Staaten dieselbe Delegation an ein Organ oder eine Konferenz in Übereinstimmung mit den entsprechenden Geschäftsordnungen entsenden können. Dieses Übereinkommen ist bislang jedoch noch nicht in Kraft getreten.[336]

Für eine Stimmrechtsvertretung spricht die Möglichkeit für ansonst abwesende Mitglieder eines Kollegialorgans auf einer Sitzung vertreten zu sein und entsprechend den Interessen ihre Stimme abgeben lassen zu können. Dieses Verfahren ist besonders geeignet für Gruppen von Mitgliedern mit gemeinsamen Interessen. Zu den Vorteilen zählen eine Kostensenkung des Entscheidungsprozesses durch Beschleunigung der Abstimmung und einer möglichen Minimierung der Anwesenheit der Mitglieder. Andererseits kann sich die Abwesenheit von Mitgliedern nachteilig auf den Prozess der Entscheidungsfindung auswirken. Abstimmen durch Proxy führt zu multiplen Stimmen und Konzentration von Macht.[337]

IV. Pairing

Wenn keine Stimmrechtsvertretung möglich ist, bedeutet die Abwesenheit von Mitgliedern kollegialer Organe die Nichtausübung des Stimmrechts. Um aber bestehende politische Konstellationen durch die Abwesenheit nicht zu eigenem Ungunsten zu verschieben, hat sich im Parlamentsrecht das so genannte „*pairing*" herausgebildet. Als „*pairing*"[338] wird ein System bezeichnet, „[...] das es einem Parlamentsmitglied, das nicht anwesend sein möchte oder kann, ermöglicht, mit einem Mitglied der Opposition des Hauses zu vereinbaren, zur gleichen Zeit abwesend zu sein, so dass sich ihre Stimmen bei jeder namentlichen Abstimmung, die während ihrer Abwesenheit stattfinden könnte, neutralisieren."[339] Danach ist ein Pairing, „eine vereinbarte gleichzeitige Nichtteilnahme von Abgeordneten an Abstimmungen"[340] des Kollegialorgans. Es stellt eine parlamentarische Vereinbarung zur Stimmrechtsbeschränkung zwischen politisch gegenüberstehenden Fraktionen (z.B. Regierungsfraktion – Oppositionsfraktion) für eine unbestimmte Anzahl von Fällen dar, die der Absicherung einer knappen parlamentarischen Mehrheit dienen soll.[341]

Die Einrichtung stammt aus dem englischen Parlamentsrecht, speziell der Praxis des englischen Unterhauses ungefähr aus den Zeiten der Herrschaft des Lord *Protector* Cromwell (1599 - 1658). Die Abgeordneten des Unterhauses übten we-

---

[336] Zum Übereinkommen vgl. Winfried Lang, Das Wiener Übereinkommen über die Vertretung von Staaten in ihren Beziehungen zu internationalen Organisationen universellen Charakters, in: ZaöRV, 37 (1977), S. 43 ff.; Ignaz Seidl-Hohenveldern/Gerhard Loibl (Fn. 197), Rdnr. 0319, S. 51.
[337] Vgl. Henry G. Schermers/Niels M. Blokker (Fn. 128), § 264, S. 187 f.
[338] Die deutsche Übersetzung „Abpaarung" konnte sich nicht durchsetzen. Vgl. Josef Redlich (Fn. 139), S. 368; Marcus Schuldei, Die Pairing-Vereinbarung, Berlin 1997, S. 19.
[339] Hans Troßmann (Fn. 93), § 54 Anhang B, S. 377.
[340] Pairing-Grundsätze abgedruckt in: Wolfgang Burhenne (Hrsg.), Recht und Organisation der Parlamente, 1. Band, Bielefeld 1980, GO/BT/AN, 0906 75.
[341] Vgl. Heinrich-Eckhart Röttger, Forum, in: JuS, 17 (1977) 1, S. 7 f.

gen der schlechten Bezahlung lange Zeit eine Nebentätigkeit aus und galten nicht als Berufspolitiker. Auch bot und bietet das Unterhaus nicht genügend Sitze für alle Abgeordneten[342], so dass neben Krankheit und anderen Abwesenheitsgründen, vor allem diese Bedingungen zu einer geringeren Teilnahme an den Abstimmungen führten.[343] Pairing-Vereinbarungen finden Anwendung sowohl in Parlamenten von Staaten des *British Commonwealth* wie Kanada[344] und Australien als auch anderen Staaten, wie den USA[345], Israel, Belgien, Norwegen, Schweden oder Island.[346] In der traditionellen deutschen Parlamentspraxis lassen sich Pairing-Vereinbarungen in der Frankfurter Nationalversammlung nachweisen.[347] Die Notwendigkeit der absoluten Mehrheit bei Abstimmungen im späteren Reichstag des Norddeutschen Bundes und des Bismarckschen Reiches setzte die Teilnahme der Mehrheit der gesetzlichen Anzahl der Abgeordneten bereits ohnehin voraus.

In den Deutschen Bundestag fand das Pairing zunächst keinen Eingang. Erst in der 6. Wahlperiode begann ein stetiger Entwicklungsprozess des Pairings im Bundestag[348], der in der 8. Wahlperiode ein solides Pairing-Verfahren durch die Kommission der Interparlamentarischen Arbeitsgemeinschaft für Fragen der Parlamentsreform hervorbrachte.[349] Einen besonderen Einfluss hierauf hatte der Umstand, dass bis 1979 nur Bundestagsabgeordnete Mitglieder des Europäischen Parlaments werden konnten sowie die ständige Mitarbeit einiger Bundestagsmitglieder bei anderen internationalen Organen, so dass bei wichtigen Abstimmungen des Bundestages mehrere Mitglieder nicht anwesend waren. Im Ergebnis wurden konkrete Pairings wegen Abwesenheit aufgrund der Sitzungen des Europäischen Parlaments[350], der Parlamentarischen Versammlung des Europarates oder der Westeuropäischen Union sowie der Ausschüsse dieser Organe, nicht jedoch der Interparlamentarischen Union vereinbart.[351] In weiteren Fällen gelten Pairings für angebracht: wegen Verhinderung durch Unfall oder unabwendbaren Zufall, durch

---

[342] Auch beim Neubau des 1941 zerstörten Unterhauses fehlen 183 Sitze (467 Sitze für 650 Abgeordnete). Vgl. Marcus Schuldei (Fn. 338), S. 27 f.
[343] Zum Ursprung im englischen Parlamentsrecht vgl. ebenda, S. 22 ff.
[344] Zur Übernahme in das Parlamentsrecht Kanadas in der zweiten Hälfte des 19. Jahrhunderts vgl. ebenda, S. 47 ff.
[345] Zur Übernahme in das Parlamentsrecht der USA in der ersten Hälfte des 19. Jahrhunderts vgl. ebenda, S. 35 ff. Im Gegensatz zu Großbritannien sind Pairings in den USA in der Geschäftsordnung und dem ergänzenden Recht teilweise kodifiziert worden.
[346] Vgl. hierzu Inter-Parliamentary Union (Fn. 326), S. 478; Marcus Schuldei (Fn. 338), S. 49 ff.
[347] Vgl. Marcus Schuldei (Fn. 338), S. 53 ff.
[348] Vgl. Ältestenrat des BT/6. WP/13./13.04.1970, S. 5, Ältestenrat des BT/6. WP/62./17.06.1971, S. 4. Zu Pairing-Vereinbarungen im Vermittlungsausschuss vgl. Christian Dästner unter Mitarbeit von Josef Hoffmann, Die Geschäftsordnung des Vermittlungsausschusses, Berlin 1995, Rdnr. 4 f., S. 133 f.
[349] Vgl. interfraktionelle Pairing-Vereinbarung im Krankheitsfall, in: Ältestenrat des BT/8. WP/35./15.06.1978, S. 5 f. Pairing-Grundsätze abgedruckt in: Wolfgang Burhenne (Hrsg.) (Fn. 340), GO/BT/AN, 0906 75.
[350] Vgl. Hans Troßmann (Fn. 93), § 54 Anhang B, B 6, S. 380.
[351] Vgl. Marcus Schuldei (Fn. 338), S. 55 f.

gesundheitliche oder ähnliche Gründe, wegen Reisen im Auftrag des Bundestages.[352]

Ziel der Vereinbarungen ist, die Mehrheitsverhältnisse im Parlament aufrechtzuerhalten. Das Bestreben nach Bewahrung der Mehrheitsverhältnisse fließt aus dem Demokratieprinzip. Die in der Regel nicht geschäftsordnungsgemäß institutionalisierte Einrichtung hat den Vorteil, dass durch die Abwesenheit von Abgeordneten wegen Krankheit, Dienstreise oder auswärtigen Verpflichtungen die Mehrheiten im Parlament nicht verschoben werden.[353] Dabei stellt die vereinbarte Abwesenheit von Abgeordneten keine verfassungswidrige Nichtteilnahme an den parlamentarischen Entscheidungen dar. Diese Nichtteilnahme ist auch unter Verweis auf § 31 Abs. 2 GOBT zulässig.[354] Nach den rechtlich nicht verbindlichen Pairing-Grundsätzen des Bundestages sind Pairing-Vereinbarungen bei Abstimmungen, bei denen das Grundgesetz, ein Bundesgesetz oder die Geschäftsordnung des Bundestages die gesetzliche Mitgliederzahl des Bundestages, d.h. die Mitgliedermehrheit vorsehen, ausgeschlossen.[355] Pairing-Vereinbarungen werden in der Regel durch parlamentarische Geschäftsführer der Bundestagsfraktionen abgeschlossen. Der Abschluss von Pairing-Vereinbarungen, die jederzeit widerrufen werden können[356], hängt maßgeblich von den im Parlament bestehenden Mehrheitsverhältnissen ab. Bei deutlichen Mehrheitsverhältnissen wird es keinen Grund zu derartigen Vereinbarungen geben[357], da die Abwesenheit von einigen Abgeordneten der Regierungsfraktion das Abstimmungsergebnis nicht wesentlich beeinflussen kann.

Rechtlich gebunden an die Vereinbarung wegen der Abwesenheit eines anderen Abgeordneten nicht an der Abstimmung teilzunehmen, ist der Abgeordnete nicht. Dies würde auch der Bestimmung in Art. 38 Abs. 1 Satz 2 GG zuwiderlaufen. Die auf Treu und Glauben beruhende Absprache (*gentleman's agreement*) ist folglich rechtlich unverbindlich. Der, wie Abmeier es bezeichnet, „Geburtsfehler" der Pairing-Vereinbarung, rechtlich nicht bindend zu sein, kann auch nicht damit behoben werden, dass die Führer der Oppositionsfraktionen verpflichtet werden könnten, notfalls selbst der Abstimmung fernzubleiben.[358]

---

[352] Pairing-Grundsätze abgedruckt in: Wolfgang Burhenne (Hrsg.) (Fn. 340), GO/BT/AN, 0906 75.
[353] Vgl. Claus Arndt, Fraktion und Abgeordneter, in: Hans-Peter Schneider/Wolfgang Zeh (Hrsg.) (Fn. 52), § 21, Rdnr. 51, S. 671.
[354] Vgl. Klaus Abmeier (Fn. 9), S. 102.
[355] Pairing-Grundsätze abgedruckt in: Wolfgang Burhenne (Hrsg.) (Fn. 340), Anhang zur GOBT, 0906 75.
[356] „Der Widerruf muß einem parlamentarischen Geschäftsführer 24 Stunden vor der Abstimmung zugegangen sein, wenn sich der Pairingspartner aus seiner Fraktion im Bundesgebiet befindet. Die Frist beträgt im Fall der Nr. 4 [Wahrnehmungen von Sitzungen internationaler Gremien] 48 Stunden. Ist ein Pairingspartner außerhalb Europas, so beträgt die Frist 72 Stunden." Pairing-Grundsätze abgedruckt in: Wolfgang Burhenne (Hrsg.), Recht und Organisation der Parlamente, 1. Band, GO/BT/AN, 0906 75.
[357] So in der 9.-12. WP vgl. Marcus Schuldei (Fn. 338), S. 59 f.
[358] Vgl. Klaus Abmeier (Fn. 9), S. 103.

Die mit dem Einverständnis der entsprechenden Fraktionen zustande gekommenen Vereinbarungen erfüllen jedoch nicht ihren Zweck, wenn eine Abstimmung bevorsteht, die einer qualifizierten Mehrheit (Mitgliedermehrheit) bedarf, weil es hier auf die erforderlichen Ja-Stimmen ankommt.[359] Wenn ein Abgeordneter nämlich, der dem Antrag zustimmen würde, wegen Absprache mit seinem Pairingspartner der Sitzung fernbleibt, würde er womöglich das Ergebnis der Abstimmung zu ungunsten seiner Partei beeinflussen. Pairings können allerdings negative Auswirkungen auf das Beschlussfähigkeitsquorum haben[360] bzw. dem Erfordernis eines bestimmten Quorums der Abgeordneten entgegensteuern. Das Pairing gründet sich auf die implizite, für unbedenklich gehaltene Durchbrechung einer bestehenden Anwesenheitspflicht der Mitglieder ebenso wie auf die implizite, für zulässig erachtete Fraktionsdisziplin.[361]

Auf kommunaler Ebene würde die freiwillige Anwendung des Pairings bei Nichtteilnahme an der Abstimmung wegen Befangenheit von Gemeinderatsmitgliedern der Gefahr der Veränderung der Mehrheitsverhältnisse aufgrund knapper Ratsmehrheiten entgegenwirken. Im Unterschied zum Parlamentsrecht beruht die Nichtteilnahme an der Abstimmung im Kommunalrecht auf dem bestehenden Mitwirkungsverbot und nicht auf dem Nichtnachkommen der Mitarbeitspflicht in der Volksvertretung.[362]

V. Die Problematik der Abwesenheit bei schriftlicher Abstimmung

Aufgrund starker Arbeitsbelastung und der Notwendigkeit keinen Aufschub duldender Entscheidungen durch effiziente Verfahrensweisen sind, wie bereits im achten Kapitel erörtert, für einige kollegiale Entscheidungsorgane Umlaufverfahren vorgesehen. Sitzungen mit mündlicher Beratung einer Angelegenheit sind dann nicht erforderlich, wie beispielsweise gem. § 20 Abs. 2 GOBReg.

Nach dieser Vorschrift ist es in ständiger Staatspraxis als ausreichend erachtet worden, dass die Anfrage an die einzelnen Minister schriftlich erging.[363] Erfolgte ein schriftlicher Widerspruch innerhalb der festgesetzten Zeit, war die Beschlussfassung gescheitert, bei Nichteinlegen eines Widerspruchs kam der Beschluss zustande. Für die Beschlussfassung genügte ein Nicht-Handeln der Minister. In seinem bereits erwähnten Beschluss vom 11. Oktober 1994 bezüglich des Rechtsstreits über die Beschlussfassung der Bundesregierung genüge es nach Auffassung des Bundesverfassungsgerichts, dass alle Regierungsmitglieder in das Entscheidungsverfahren einbezogen und die Beschlüsse mit Mehrheit gefasst würden. Es komme nicht auf die tatsächliche Mitwirkung aller Regierungsmitglieder und erst recht nicht auf ihre Anwesenheit am Dienstsitz an. Moderne Kommunikations-

---

[359] Vgl. Norbert Achterberg (Fn. 13), S. 647.
[360] Vgl. Hans Troßmann (Fn. 93), § 54 Anhang B, B1 ff., S. 377 ff.
[361] Vgl. Norbert Achterberg (Fn. 13), S. 647.
[362] Vgl. Kay Waechter (Fn. 24), Rdnr. 360, S. 248.
[363] BVerwGE 89, 121 (126).

techniken ermöglichen die Unterrichtung und Teilnahme abwesender Minister.[364] Eine fehlende Willensbekundung ziehe eine Nichtbeteiligung am Umlaufverfahren nach sich.[365] Zwischen Nichtteilnahme an der Abstimmung, Stimmenthaltung und Zustimmung sei bei dem Umlaufverfahren aber keine Unterscheidung möglich.[366] Alle Verhaltensweisen werden unterschiedslos als Zustimmung gewertet. Der Umstand, dass nach der Praxis der Bundesregierung das Umlaufverfahren bereits am Widerspruch eines einzigen Ministers scheitert, könne diesen Mangel nicht ausgleichen.[367]

Das Bundesverfassungsgericht stellt klar, dass die bisherige fehlerhafte Staatspraxis ein solches Verfahren nicht legitimieren kann. Die Staatspraxis sei Gegenstand, nicht Maßstab verfassungsrechtlicher Beurteilung von Akten der öffentlichen Gewalt.[368] Da ausdrücklich die Zustimmung der Mitglieder der Bundesregierung eingeholt werden soll, geht das Umlaufverfahren begrifflich von der Einstimmigkeit aus. Wenn auch nur ein Mitglied frist- und formgerecht Einwände erhebt, gilt das Umlaufverfahren als gescheitert.[369] Würde keine schriftliche Zustimmung der Mitglieder verlangt werden, könnte keine ausreichende Gewissheit über die Teilnahme der Mitglieder erzielt werden. Es ließe sich demnach auch nicht mit Sicherheit feststellen, ob eine Beschlussvorlage die Zustimmung der Mehrheit der Abstimmungsteilnehmer erreicht hat. Demzufolge kann das Schweigen in gemeinschaftlicher Sitzung nicht mit dem Schweigen im Umlaufverfahren gleichgesetzt werden. Während in jenem eine stillschweigende Zustimmung oder eine Stimmenthaltung liegt, kann dieses auch die Folge einer Nichtbeteiligung am Verfahren bedeuten.[370]

Aus diesem Grunde ist eine eindeutige Regelung bezüglich der An- bzw. Abwesenheit in der jeweiligen Geschäftsordnung vorzunehmen, wie beispielsweise in der Geschäftsordnung des Verwaltungsrates des IFAD, die das Fehlen einer schriftlichen Rückantwort eines Mitgliedes in der festgesetzten Zeit bei einem schriftlichen Abstimmungsverfahren ausdrücklich nicht als Stimmenthaltung definiert, sondern zutreffend als Abwesenheit von der Abstimmung.[371] Insofern ist die Definition des Umlaufverfahrens von Anderheiden, wonach Umlaufverfahren Verfahren sind, „[...] bei denen ein Beschluss unter Abwesenheit durch Umlauf eines entscheidungsreifen Antrags bei Einhaltung formaler Bedingungen zustande kommt"[372], in Bezug auf die Abwesenheit zu modifizieren und durch die Worte „ohne Beratung in einer Sitzung" zu ersetzen.

---

[364] BVerfGE 91, 148 (157).
[365] Ebenda (169).
[366] Vgl. Volker Epping, Die Willensbildung von Kollegialorganen, in: DÖV, 48 (1995) 17, S. 722. BVerfGE 91, 148 (169).
[367] BVerfGE 91, 148 (171).
[368] Ebenda.
[369] Vgl. Volker Epping (Fn. 366), S. 722.
[370] BVerfGE 91, 148 (170).
[371] Regel 23 Satz 4 GO IFAD-Verwaltungsrat.
[372] Michael Anderheiden, Verfahrens- und Zurechnungsprobleme bei Umlaufverfahren, in: VerwArch, 97 (2006) 2, S. 165.

VI. Abgrenzung der Abwesenheit von der Nichtteilnahme an der Abstimmung

Die Nichtteilnahme an der Abstimmung könnte als Unterfall der Abwesenheit zugeordnet werden. Ausgehend von der Präsumtion, dass wenn ein Beschluss verhindert werden soll, das Mitglied eines kollegialen Entscheidungsorgans mit Nein stimmen müsste, ist die Nichtteilnahme an der Abstimmung, wie auch die Abwesenheit als entsprechendes Unterlassen, zu werten.[373] Bei beiden Abstimmungsverhalten machen die Mitglieder des Kollegialorgans keinen Gebrauch von ihrem Stimmrecht, d.h. sie geben keine Stimme ab.

Die Nichtteilnahme an der Abstimmung unterscheidet sich von der Abwesenheit in der Anwesenheit des Mitgliedes während der Abstimmung. Dadurch können die Auswirkungen auf die Beschlussfähigkeit divergieren. Bei der Nichtteilnahme an der Abstimmung zählt die Anwesenheit bei einigen, im nächsten Kapitel zu erörternden Abstimmungsarten, mit Ausnahme der Abstimmung durch Zählung und der namentlichen Abstimmung, für die Beschlussfähigkeit mit. Die Beschlussfähigkeit kann hingegen bei der Abwesenheit generell verhindert werden.

E. Abgabe einer ungültigen Stimme

Die Abgabe einer ungültigen Stimme ist eine weitere Form des Abstimmungsverhaltens, das sich entweder auf Fahrlässigkeit oder Vorsatz (z.B. Protest oder aber Entziehen aus einem politischen Konflikt) begründen kann. Eine bewusste Abgabe einer ungültigen Stimme zieht in der Regel den Verstoß der Sorgfaltspflicht des Mitgliedes des Kollegialorgans nach sich, sofern sie sich nachweisen lässt.[374] Die Abgabe einer ungültigen Stimme tritt vor allem bei schriftlicher oder namentlicher Stimmabgabe auf. Eine ungültige Stimme liegt vor, wenn eine Zuordnung in die zulässigen Willensäußerungen oder eine Ermittlung des Inhalts der Willensäußerung nicht möglich ist. Dies ist der Fall, wenn beispielsweise bei einer schriftlichen Abstimmung ein unzulässiger Zusatz hinzugefügt oder bei einer namentlichen Abstimmung mit Stimmkarten eine Kennzeichnung derselbigen bzw. die Verwendung anderer als der amtlichen Stimmkarten vorgenommen wird.[375] Bei einer namentlichen Abstimmung ist es auch möglich, dass ein Mitglied mit einer nicht auf seinen Namen ausgestellten Stimmkarte abstimmt. Lässt sich der Irrtum nicht vollständig aufklären, beispielsweise mit Hilfe des Mitgliedes mit dem Namen auf der verwendeten Stimmkarte, ist die Stimmabgabe ungül-

---

[373] Vgl. Bruno Simma/Stefan Brunner/Hans-Peter Kaul, in: Bruno Simma (ed.) (Fn. 65), Art. 27, Rdnr. 66, S. 499.
[374] Die Sorgfaltspflicht ist z.B. in Art. 20 Abs. 1 GO BY und § 12 Abs. 3 ThürKO ausdrücklich geregelt.
[375] Zur Ungültigkeit von Stimmzetteln bei besonderer Kennzeichnung vgl. Walter Grasser, Durchführung geheimer Abstimmungen im Gemeinderat, in: BayVBl., 119 (1988) 17, S. 513 ff.

tig. Gleiches gilt bei Abgabe mehrerer Stimmkarten mit dem gleichen Namen, wenn nach der Regel „ein Mitglied – eine Stimme" abgestimmt wird.[376]

Unbeschriebene Stimmkarten bzw. -zettel gelten mitunter als Stimmenthaltung, so gem. § 40 Abs. 4 Satz 2 GemO Rheinland-Pfalz („Bei der Abstimmung durch Stimmzettel gelten unbeschrieben abgegebene Stimmzettel als Stimmenthaltungen.") oder als ungültige Stimmen, so nach Art. 51 Abs. 3 Satz 4 GO Bayern („[...] leere Stimmzettel sind ungültig."). Solange die Stimmenthaltung als eine von drei Abstimmungsmöglichkeiten zugelassen wird, sollten unbeschriebene Stimmzettel als ungültige Stimmen gewertet werden. Da aus ihnen der Wille des Abstimmenden nicht zweifelsfrei ersichtlich wird, ist eine Zuordnung der unbeschriebenen Stimmzettel zu den ungültigen Stimmen vorzuziehen. Eine praktische Relevanz ergibt sich indes aus dieser Unterscheidung für die Beschlussfähigkeit oder die Mehrheitsberechnungen nicht. Ungültige Stimmen haben wie Stimmenthaltungen im Kommunalrecht die gleichen Auswirkungen auf die Beschlussfähigkeit und die Abstimmungsregel. Für die Feststellung der Beschlussfähigkeit zählen sie mit, für die Berechnung der einfachen Mehrheit nicht.[377]

F. Bloc voting

Eine weitere Möglichkeit der Beeinflussung des Entscheidungsergebnisses besteht in der Anwendung eines formellen Abstimmungsverfahrens, wonach einzelne Mitglieder kollegialer Entscheidungsorgane in Blöcken von Interessengruppen eingeteilt sind bzw. gleich abstimmen. Als „*bloc voting*" wird das gleichartige Stimmverhalten einer Gruppe von Mitgliedern durch Absprache über ihr Abstimmungsverhalten bezeichnet.[378] Die Zusammensetzung der einzelnen Gruppen, beispielsweise innerhalb der UNO auch *caucusing groups* genannt, kann entsprechend der zu entscheidenden Sachfragen variieren, wie auch die Loyalität der Mitglieder bei den Abstimmungen. Die Einteilung von meist informellen Gruppen richtet sich nach verschiedenen Kriterien, wie gleiches oder ähnliches Abstimmungsverhalten, Zugehörigkeit zu einer Region, gemeinsame politische Ansichten oder gleiche Interessen.[379] Die Blockbildung ermöglicht den Mitgliedern bzw. Staaten aus einer Region und/oder mit gleichartigen Interessen oftmals eine wirksamere Vertretung ihrer eigenen Interessen.

---

[376] Vgl. Hans Troßmann (Fn. 93), § 57, Rdnr. 12, S. 399.
[377] Z.B. § 54 Abs. 1 Satz 3 HGO, § 31 Abs. 1 Satz 3 GO MV, § 50 Abs. 5 GO NRW, § 40 Abs. 4 Satz 1 GemO RP, § 45 Abs. 7 KSVG.
[378] „Assuming that a bloc is any group which consistently votes as a unit on all or particular kinds of issues, [...] ." Margaret Ball, Bloc Voting in the General Assembly, in: International Organization, 5 (1951), S. 3.
[379] Vgl. ebenda; Matthias Brinkmann, Majoritätsprinzip und Einstimmigkeit in den Vereinten Nationen, Frankfurt am Main 1978, S. 99; Soo Yeon Kim/Bruce Russett, The new politics of voting alignments in the United Nations General Assembly, in: International Organization, 50 (1996) 4, S. 632 ff.

Das koordinierte Abstimmen innerhalb verschiedener Gruppen findet Anwendung, sowohl inner- als auch zwischenstaatlich. In Parlamenten, wie dem Bundestag oder den Landtagen, stimmen die Mitglieder einer Fraktion oftmals gleich ab. Im Bundesrat sind es die vertretenen Bundesländer mit derselben Regierungspartei, die als Interessengruppen in der Regel gleich abstimmen. Auf das gemeinsame Abstimmungsverhalten der in der Mehrheit CDU-geführten Länder im Bundesrat sind letztendlich auch die von SPD-Kanzler Schröder am 1. Juli 2005 gestellte Vertrauensfrage[380] im 15. Bundestag und die darauf folgende Wahl des 16. Bundestages am 18. September 2005 zurückzuführen.[381]

Die EU-Mitgliedstaaten verpflichten sich vertraglich zu gemeinsamer Haltung in anderen Organisationen, in denen sie ebenso vertreten sind im Rahmen der GASP gem. Art. 12 und 13 EU oder sie bestellen gemeinsame Delegationen oder Vertreter.[382] Wie bereits im vierten Kapitel hingewiesen, haben sie sich nach Art. 19 EU (Art. III-305 VVE bzw. Art. 34 EU Lissabon) verpflichtet, ihr Handeln in internationalen Organisationen und auf internationalen Konferenzen zu koordinieren, wo sie für gemeinsame Standpunkte eintreten. Das Vereinigte Königreich und Frankreich als ständige Mitglieder des UN-Sicherheitsrates stimmen sich ab und unterrichten die übrigen Mitgliedstaaten. Nach der EU-Bestimmung setzen sie sich unbeschadet ihrer Verantwortlichkeit aufgrund der UN-Charta auch für die Standpunkte und Interessen der Union ein. Während das Abstimmungsverhalten der EU-Mitgliedstaaten in der UN-Generalversammlung zeigt, dass die EU zunehmend mit „einer Stimme spricht", gestaltet sich die Umsetzung der Vertragsverpflichtung in Art. 19 Abs. 2 UAbs. 2 EU im UN-Sicherheitsrat schwieriger.[383] Erst seit Anfang 2001 finden die so genannten *„Art. 19 briefings"* der Sicherheitsratskoordinatoren oder Experten der ständigen Missionen der EU-Mitgliedstaaten („Artikel 19 Gruppe") wöchentlich in New York statt. Das Abstimmungsverhalten des Vereinigten Königreichs und Frankreichs im UN-Sicherheitsrat unterscheidet sich aber noch von dem der übrigen EU-Mitgliedstaaten, aufgrund ihrer ständigen Sitze und ihres Status als Atommächte.[384]

Innerhalb der UNO bestehen die Gruppen der „westlichen und anderen Staaten", der „osteuropäischen (ehemals sozialistischen) Staaten" und die „Gruppe der 77" (Staaten der Dritten Welt, deren Zahl sich wesentlich erhöht hat).[385] Das erste Beispiel einer internationalen wirtschaftlichen Organisation, die das Verfahren des *bloc voting* in politischer Hinsicht institutionalisiert hat, war die UNCTAD als ein

---

[380] BT-Drs. 15/5825 vom 27.06.2005.
[381] Vgl. hierzu das Urteil des BVerfG vom 25.08.2005 zu den Neuwahlen, in: BVerfGE 114, 121.
[382] Vgl. Ignaz Seidl-Hohenveldern/Gerhard Loibl (Fn. 197), Rdnr. 1111, S. 142 f.
[383] Vgl. Hans-Peter Kaul, Arbeitsweise und informelle Verfahren des Sicherheitsrats, in: VN, 46 (1998) 1, S. 8.
[384] Vgl. Paul Luif, EU cohesion in the UN General Assembly, in: Occasional papers, (December 2003) 49, S. 16, 18, 27 ff.
[385] Zum Abstimmungsverhalten der Gruppen in der UN-GV zu Beginn ihrer Tätigkeit vgl. Margaret Ball (Fn. 378), S. 14 ff.

Organ der Generalversammlung.[386] Danach wurden drei Blöcke gebildet: die Gruppe der 77, die Gruppe B (entwickelte) und Gruppe D (sozialistische).

Die Besetzung des aus sechsunddreißig Mitgliedern der Behörde bestehenden Rates der Internationalen Meeresbodenbehörde mit speziellen Interessengruppen (Gruppe A (4), Gruppe B (4), Gruppe C (4), Gruppe D (6), Gruppe E (18)) (Art. 161 Abs. 1 SRÜ) stellt hingegen ein Beispiel einer funktionalen Herangehensweise der Entscheidungsfindung dar.[387] Bei diesem Verfahren sind nicht das Gewicht der Stimme eines jeden Mitgliedes ausschlaggebend, sondern die politischen und wirtschaftlichen Ziele (oder Merkmale) der Gruppe als Ganze.[388]

Mit Hilfe des *bloc votings* können verschiedene Mitglieder kollegialer Entscheidungsorgane ihre Interessen koordinieren und gemeinsame Ziele verfolgen, indem sie ihre Abstimmungen innerhalb der Blöcke vorher festlegen. Damit wird es ihnen möglich, notwendige Mehrheiten zu erreichen und zum ernstzunehmenden Gegengewicht für große und starke Mitglieder zu werden.

G. Vergleich der Abstimmungsverhalten

Die Stimmenthaltung und die Abgabe einer ungültigen Stimme stellen im Gegensatz zu den anderen Abstimmungsverhalten – Nichtteilnahme an der Abstimmung sowie Abwesenheit – Formen der Teilnahme an der Abstimmung dar. Die beiden ersteren Abstimmungsverhalten sind zu den abgegebenen Stimmen zu zählen. Hier machen die Beteiligten am Entscheidungsprozess Gebrauch von ihrem Stimmrecht. Eine ungültige Stimme unterscheidet sich von einer Stimmenthaltung jedoch dadurch, dass letztere als eine Abstimmungsmöglichkeit generell vorgesehen werden kann.[389] Auf die Beschlussfähigkeit und die Abstimmungsregeln haben ungültige Stimmen die gleichen Auswirkungen wie Stimmenthaltungen.

Von der Abwesenheit grenzt sich die Nichtteilnahme durch die Anwesenheit des Mitgliedes des Kollegialorgans ab. Die Abwesenheit wird für die Beschlussfähigkeit grundsätzlich nicht mitgezählt und kann somit das Quorum verhindern. Bei der Nichtteilnahme an der Abstimmung ist das Mitzählen für die Beschlussfähigkeit von den gewählten, im nachfolgenden Kapitel zu untersuchenden Abstimmungsarten abhängig.

Stimmenthaltung und Nichtteilnahme an der Abstimmung stehen dem Zustandekommen eines einstimmigen Beschlusses nicht entgegen. Die Abwesenheit kann hingegen, wie gezeigt, unterschiedliche Folgen für einstimmig zu fassende Beschlüsse haben. Für die Ermittlung der Abstimmungsmehrheit werden Stimm-

---

[386] UN GA Resolution über die Gründung der UNCTAD, in: UN Doc. A/RES/1995 (XIX) (30.12.1964). Abgedruckt in: Hans von Mangoldt/Volker Rittberger (Hrsg.), Das System der Vereinten Nationen und seine Vorläufer, Band I/1, München 1995, Dokument 25, S. 634.
[387] Vgl. International Seabed Authority, Handbook 2007, Jamaica 2007, S. 10 f.
[388] Vgl. Stephen Zamora, Voting in International Economic Organizations, in: AJIL, 74 (1980) 3, S. 601 f.
[389] Vgl. Christoph Lambrecht (Fn. 122), S. 116 f., 120.

enthaltungen, Nichtteilnahme an der Abstimmung und Abwesenheit nicht mitgezählt. Bei Anwendung der Anwesenheits- und Mitgliedermehrheit wirken sie sich letztendlich wie Neinstimmen aus. Allen Abstimmungsverhalten gemein ist das Fehlen eines klaren Ja- bzw. Nein-Votums. In der nachfolgenden Übersicht werden die hier behandelten Abstimmungsverhalten in Bezug auf die Beschlussfähigkeit und die Stimmabgabe noch einmal zusammengefasst.

Übersicht IX: Abstimmungsverhalten

Abstimmungsverhalten	Stimmenthaltung	Nichtteilnahme an der Abstimmung	Abwesenheit	Ungültige Stimme
Implikation für Beschlussfähigkeit	zählt mit	in Abhängigkeit von Abstimmungsart	zählt nicht mit	zählt mit
Stimmabgabe	ja	nein	nein (außer Proxy)	ja

Kapitel X
Abstimmungsarten

Um ein Abstimmungsergebnis darüber zu erhalten, ob ein Antrag entsprechend der vorgeschriebenen Abstimmungsregel angenommen oder abgelehnt ist, bedarf es des eigentlichen Aktes der Abstimmung. Bei einer Abstimmung ist zwischen einer formellen und materiellen Bedeutung zu unterscheiden. Der eigentliche Akt der Stimmabgabe wird als Abstimmen im formellen Sinne bezeichnet, beispielsweise das Werfen eines Stimmzettels in die Urne, die Äußerung des Willens mit Ja, Nein oder Enthaltung als Abstimmen im materiellen Sinne.[1]

Zu seiner Durchführung haben sich im Laufe der Geschichte des Willensbildungs- und Entscheidungsprozesses kollegialer Organe verschiedene Abstimmungsarten herausgebildet, die entweder in ihren Geschäftsordnungen verankert sind oder gewohnheitsrechtliche Geltung beanspruchen. Sie alle verfolgen vor allem den Zweck, die Abstimmung nach festen Regeln durchzuführen, um eventuelle Fehler oder gar Betrug im Entscheidungsprozess zu vermeiden bzw. auszuschließen. Dazu bedarf es der Einhaltung der grundlegenden, bereits besprochenen Prinzipien des Willensbildungs- und Entscheidungsprozesses. Nur unter dieser Bedingung werden die Adressaten gewillt sein, die bindende Wirkung der Beschlüsse anzuerkennen bzw. diese umzusetzen.

Die Art und Weise, wie in den einzelnen Kollegialorganen abgestimmt wird, kann das Abstimmungsergebnis entscheidend beeinflussen. Deshalb sind auch auf die unterschiedlichen Kriterien, auf denen die Abstimmungsarten basieren und die Ziele, die sie verfolgen, näher einzugehen. Die Abstimmungsarten werden allgemein nach der Offenkundigkeit und der Form unterschieden. Nach der Offenkundigkeit lassen sich Abstimmungen in offene und geheime, nach der Form in mündliche, durch Zeichen sowie schriftliche untergliedern. Dabei treten untereinander Überschneidungen auf. So sind mündliche Abstimmungen (durch Namensaufruf) und Abstimmungen durch Zeichen (durch Handzeichen sowie Aufstehen oder Sitzenbleiben) stets zu den offenen Abstimmungen zu zählen, Abstimmungen mit verdeckten Stimmzettelen zu geheimen.[2] Folglich ist die Zuordnung einer Abstimmungsart zu ausschließlich einer Gruppe von Abstimmungsarten nicht möglich, so dass nachfolgend die Abstimmungsarten grob in allgemeine und vereinfachte gegliedert werden.

---

[1] Vgl. Prodromos Dagtoglou, Kollegialorgane und Kollegialakte der Verwaltung, Stuttgart 1960, S. 141.
[2] Vgl. Norbert Achterberg, Parlamentsrecht, Tübingen 1984, S. 641.

A. Offene versus geheime Abstimmung

Die zu den Wesensmerkmalen von Kollegialorganen zählende Willensbekundung in Form einer Abstimmung folgt auf die Willensbildung in der Regel in Form von Beratungen, die beide Stadien einer Sitzung darstellen. Während Wahlen über Personalentscheidungen gewöhnlich geheim durchgeführt werden, sind Abstimmungen über Sachentscheidungen in der Regel offen.[3]

Wie die Auswahl der Form der Abstimmung das Ergebnis beeinflussen kann, soll folgendes historisches Beispiel zeigen. Als vor der Auflösung Polens dieses versuchte, sich der Herrschaft Russlands zu entziehen, kam es zu einer Abstimmung im permanenten Rat, der der Fremdherrschaft hörig war. Dieser übte die höchste Gewalt in den Zwischenzeiten der Reichstage aus. Am 3. November 1788 wurde über einen Antrag abgestimmt, demzufolge eine Armee zum territorialen Schutz unter die Befehlsgewalt einer vom Rat unabhängigen Kommission gestellt werden sollte. Das Ergebnis der offenen Abstimmung ergab 149 Nein- und 114 Ja-Stimmen.[4] Eine geheime Abstimmung über denselben Antrag veränderte die Mehrheitsverhältnisse mit 112 Stimmen gegen die Unabhängigkeit gegenüber 140 Stimmen für die Unabhängigkeit der Kommission. Die Nein-Stimmen verzeichneten einen Verlust von 37 Stimmen, die Ja-Stimmen einen Zuwachs von 26 Stimmen. Die Verschiebung der Mehrheitsverhältnisse bei Anwendung einer geheimen Abstimmung lässt sich in diesem konkreten Fall auf die politische Abhängigkeit des Entscheidungsorgans, des polnischen Rates von einer fremden Staatsmacht zurückführen. Die Prinzipien des modernen Völkerrechts, insbesondere der staatlichen Souveränität und des aus ihr fließenden Verbots der Einmischung in innere Angelegenheiten[5], sollen heute die Unabhängigkeit staatlicher Entscheidungsorgane gegenüber ausländischen Mächten garantieren.

Einfluss auf die Auswahl einer offenen oder geheimen Abstimmung nimmt zweifellos die Zusammensetzung der Kollegialorgane. Während Sitzungen, d.h. Beratungen und Abstimmungen, von Organen mit allgemeiner Mitgliedschaft größtenteils öffentlich durchgeführt werden, können Beratungen und Abstimmungen von Organen mit beschränkter Mitgliedschaft geschlossen bzw. vertraulich sein. Öffentlichkeit bedeutet hierbei freier Zugang für jedermann zum Verhandlungsraum.[6]

---

[3] Vgl. Hans Rudolf Buschmann/Heribert Ostendorf, Die geheime Abstimmung im Parlament, in: ZRP, 10 (1977) 7, S. 153.

[4] Vgl. Jeremias Bentham, Tactik oder Theorie des Geschäftsganges in deliberirenden Volksständeversammlungen, St. Dumont (Bearb.), Erlangen 1817, S. 152 f.

[5] Art. 2 Ziff. 1 UN-Charta. Zur Entwicklung des Souveränitätsprinzips vgl. Bardo Fassbender/Albert Bleckmann, in: Bruno Simma (ed.), The Charter of the United Nations, Band I, 2. Auflage, München 2002, Art. 2 (1), Rdnr. 3 ff., S. 70 ff.

[6] Vgl. Norbert Achterberg, Die parlamentarische Verhandlung, Berlin 1979, S. 110. Nach Art. 42 Abs. 1 Satz 1 GG verhandelt der BT öffentlich. Die Öffentlichkeit kann gem. Art. 42 Abs. 1 Satz 2 GG auf Antrag eines Zehntels seiner Mitglieder oder auf Antrag der BReg. mit Zweidrittelmehrheit ausgeschlossen werden.

I. Offene Abstimmung

Eine Abstimmung ist offen, wenn bei der Abgabe der Stimme durch die stimmberechtigten Mitglieder des Kollegialorgans die Abstimmung und ihr Ergebnis für andere sichtbar werden.[7] Es geht hier um die Problematik, ob Abstimmungen vor den anderen Mitgliedern des Kollegialorgans offengelegt werden müssen. In Abhängigkeit von der Durchführung der Sitzungen des Kollegialorgans als öffentliche oder nichtöffentliche, weitet sich die Frage auf die Öffentlichkeit aus[8], d.h. ob Abstimmungen neben den Mitgliedern des Kollegialorgans auch für die zugelassene Öffentlichkeit erkennbar sein müssen oder nur für die Mitglieder des Kollegialorgans.

Parlamentarische Organe führen ihre Sitzungen und Abstimmungen als Konsequenz des Demokratieprinzips und dem daraus folgenden Grundsatz der Öffentlichkeit in der Regel offen durch.[9] Dabei haben sich im Parlamentsrecht zwei verschiedene Systeme entwickelt, die Hatschek als englisches und französisches bezeichnet. Nach dem englischen System war die Gewährung oder Nichtgewährung der Öffentlichkeit ein Privileg des Parlaments. Das englische System folgte dem Grundsatz der Geheimhaltung aller Parlamentsverhandlungen, der zu Beginn des 18. Jahrhunderts langsam gelockert wurde. Nach dem französischen System stellte der Grundsatz der Öffentlichkeit parlamentarischer Beratung den Schutz der Nation dar. Ausnahmen sind nur dann zulässig gewesen, wenn sie im Verfassungsgesetz aufgeführt waren.[10] Bentham, der die französische *Constituante* reformierte, begründete den Grundsatz der Öffentlichkeit der Parlamentsverhandlungen. „Die Publizität ist das einzige Mittel, die Votirenden dem Gerichte der öffentlichen Beurtheilung zu unterwerfen, und sie durch die Ehre in den Grenzen ihrer Pflicht zu halten."[11]

Im deutschen Parlamentsrecht ist der Grundsatz der Öffentlichkeit kein Parlamentsprivileg. Bereits im 18. Jahrhundert wurde die Sitzungsöffentlichkeit in das deutsche Parlamentsrecht eingeführt, aber erst mit den Verfassungen nach 1848[12] allgemein verwirklicht.[13] Alle Sitzungen des Reichstages seit 1920 waren öffent-

---

[7] Vgl. Joachim Linck, Die Parlamentsöffentlichkeit, in: ZParl, 23 (1992) 4, S. 680; Alfons Gern, Kommunalrecht, 3. Auflage, Baden-Baden 2003, Rdnr. 495, S. 320.
[8] Eine der Bedeutungen des Begriffes Öffentlichkeit ist durch seine etymologische Abstammung von „offen" gekennzeichnet. Vgl. Wolfgang Martens, Öffentlich als Rechtsbegriff, Bad Homburg v.d.H./Berlin/Zürich 1969, S. 42.
[9] Vgl. Jeremy Bentham, An Essay on Political Tactics, in: John Bowring, The Works of Jeremy Bentham, Band II, Bristol 1995, S. 367; Norbert Achterberg, Grundzüge des Parlamentsrechts, München 1971, S. 70.
[10] Vgl. Julius Hatschek, Deutsches und preußisches Staatsrecht, 1. Band, Berlin 1922, S. 490 f.
[11] Jeremias Bentham, (Fn. 4), S. 145.
[12] Art. 22 Abs. 1 Bismarcksche Reichsverfassung von 1871.
[13] Vgl. Heinhard Steiger, Zur Funktion der Öffentlichkeit parlamentarischer Verhandlungen heute, in: Studium Generale, 23 (1970), S. 710 f.; Norbert Achterberg (Fn. 6), S. 21 f.

lich.¹⁴ In seinen Vorschlägen zu einer Geschäftsordnung für den Reichstag hat Mohl schon 1848 konstatiert, „[...] die Möglichkeit einer geheimen Abstimmung gebe die Möglichkeit jeder Art von Lüge und Hinterlist."¹⁵ Ein Antrag, die geheime Abstimmung durch Kugelung in das Preußische Abgeordnetenhaus einzuführen, fand keine Zustimmung.¹⁶ Auch spätere diesbezügliche Bemühungen blieben erfolglos.¹⁷ Der mit Beschluss vom 3. November 1949 durch Abs. II und III erweiterte § 103 der vorläufigen Geschäftsordnung des Bundestages, der eine geheime Abstimmung auf Antrag von mindestens siebzig Abgeordneten außer bei Abstimmungen über Gesetzesvorlagen einführte¹⁸, wurde bereits durch Beschluss vom 1. März 1950 wieder gestrichen.¹⁹

Für den Bundestag bestimmt Art. 42 Abs. 1 Satz 1 GG i.V.m. § 19 Satz 1 GOBT die Öffentlichkeit der Verhandlung, die erst demokratische Legitimation parlamentarischer Entscheidungen, wirksame demokratische Kontrolle und demokratische Partizipation ermöglicht.²⁰ Das Öffentlichkeitsprinzip bildet eine Voraussetzung für die Einflussnahme auf den Entscheidungsprozess mittels der öffentlichen Meinung, wobei die Nichtberücksichtigung von Interessen spätestens bei den nächsten Wahlen sanktioniert wird. Somit ist eine ständige Kontrolle des Entscheidungsprozesses gewährleistet. Da mit dem Öffentlichkeitsprinzip eine Übereinstimmung von Volks- und Staatswillen angestrebt wird, trägt es gleichermaßen zur Legitimation des demokratisch-repräsentativen Herrschaftssystems bei.²¹

---

14   Vgl. Albert Junghanns, System der parlamentarischen Abstimmungsregeln im Reich und in den Ländern, Heidelberg 1931, S. 16.
15   Robert Mohl, Vorschläge zu einer Geschäfts-Ordnung des verfassungsgebenden Reichstages, Heidelberg 1848, S. 54.
16   Vgl. A. Plate, Die Geschäftsordnung des Preußischen Abgeordnetenhauses, 2. Auflage, Berlin 1904, § 59, Rdnr. 2, S. 184; § 61, Rdnr. 1, S. 187.
17   Zum Meinungsstreit über das Einführen von geheimen Sachabstimmungen im BT vgl. Klaus Abmeier, Die parlamentarischen Befugnisse des Abgeordneten des Deutschen Bundestages nach dem Grundgesetz, Berlin 1984, S. 105 f.
18   Die geheime Abstimmung sollte nach dieser Bestimmung (§ 103 Abs. II Ziff. 2 GOBT) auf weißen unbeschriebenen Karten durch Beantwortung der Frage des Präsidenten erfolgen. Eine geheime Abstimmung wurde nur hinsichtlich der Hauptstadtfrage durchgeführt. Vgl. Bodo Pieroth, Offene oder geheime Wahlen und Abstimmungen?, in: JuS, 31 (1991) 2, S. 93.
19   GOBT abgedruckt in: Deutscher Bundestag (Hrsg.), Die Geschäftsordnungen deutscher Parlamente seit 1848, Bonn 1986, § 48.
20   Vgl. Joachim Linck, Die Öffentlichkeit der Parlamentsausschüsse aus verfassungsrechtlicher und rechtspolitischer Sicht, in: DÖV, 26 (1973) 15, S. 515 f.; ders. (Fn. 7), S. 674.
21   Vgl. Heinhard Steiger (Fn. 13), S. 715; Hans-Jürgen Hett, Die Öffentlichkeit der Parlamentsverhandlungen, das Grundrecht der Informationsfreiheit und Informationspflichten der Exekutive, Frankfurt am Main/Bern/New York/Paris 1987, S. 137 f.

Bezüglich einer Offenheit oder Geheimhaltung von Abstimmungen über Sachfragen[22] findet sich im Grundgesetz und in der Geschäftsordnung des Bundestages keine ausdrückliche Regelung. Gleichwohl sieht die auf Art. 40 Abs. 1 Satz 2 GG beruhende Geschäftsordnung des Bundestages in §§ 48 Abs. 1, 51 und 52 nur offene Abstimmungen vor: durch Handzeichen oder durch Aufstehen oder Sitzenbleiben, durch Zählung der Stimmen (Hammelsprung) und durch namentliche Abstimmung.

Fraglich ist, ob auch geheime Abstimmungen im Bundestag durchgeführt werden könnten. Während in der Geschäftsordnung nicht geregelte Fragen vom Bundestag nach Art. 42 Abs. 2 Satz 1 GG mit einfacher Mehrheit entschieden werden, können Abweichungen von der Geschäftsordnung nach § 126 GOBT im einzelnen Fall nur mit Zweidrittelmehrheit der anwesenden Mitglieder des Bundestages beschlossen werden. Verfassungsrechtlicher Maßstab der materiell-rechtlichen Prüfung sind die in Art. 20 GG geregelten und unter die Ewigkeitsgarantie des Art. 79 Abs. 3 GG fallenden Demokratie- und Rechtsstaatsprinzipien. Aus ihnen fließt der in Art. 42 Abs. 1 Satz 1 GG i.V.m. § 19 Satz 1 GOBT verankerte Verhandlungsgrundsatz der Parlamentsöffentlichkeit, der seinen rechtstheoretischen Ausgangspunkt vor allem im Repräsentationsprinzip hat. Danach müssen Verhandlungen der Volksrepräsentation öffentlich sein. Im Parlamentsrecht ist zwischen Sitzungsöffentlichkeit (unmittelbare Öffentlichkeit) und Berichterstattungsöffentlichkeit (mittelbare Öffentlichkeit) zu unterscheiden.[23] Sitzungsöffentlichkeit gilt für die Verhandlungen, d.h. Beratungen und Abstimmungen im Plenum. Die Berichterstattungsöffentlichkeit schließt die amtliche (stenographische Berichte gem. § 116 Abs. 1 GOBT) und nichtamtliche Berichterstattung (durch die Massenmedien) ein und verwirklicht die konsequente Durchführung des Öffentlichkeitsgrundsatzes, wobei ein enges Verhältnis zu der in Art. 5 GG geregelten Presse- und Informationsfreiheit besteht.[24] Die Öffentlichkeit des politischen Willensbildungs- und Entscheidungsprozesses, die eine Kontrolle der Entscheidungsträger durch das souveräne Volk ermöglicht, gilt als Voraussetzung einer repräsentativen Demokratie.[25] Demokratische Legitimität bedarf der Publizität. Die gewählten Abgeordneten sind nach Art. 38 Abs. 1 GG weisungsungebundene Vertreter des ganzen Volkes, die ihr Mandat für eine begrenzte Zeit ausüben. Damit die Wähler wissen, durch welche Abgeordnete und welche politische Partei sie sich am besten repräsentiert sehen, bedarf es eines transparenten und nachvollziehbaren Entschei-

---

[22] Magiera unterscheidet zwischen öffentlichen und geheimen Abstimmungen. Siegfried Magiera, in: Michael Sachs (Hrsg.), Grundgesetz. Kommentar, 4. Auflage, München 2007, Art. 42, Rdnr. 4, S. 1211.
[23] Vgl. Joachim Linck (Fn. 7), S. 675 f.
[24] Vgl. Norbert Achterberg (Fn. 2), S. 566 ff.
[25] „[...] verlangt [...] das demokratische und rechtsstaatliche Prinzip (Art. 20 GG), daß der gesamte Willensbildungsprozeß für den Bürger durchschaubar ist und das Ergebnis vor den Augen der Öffentlichkeit beschlossen wird. Denn dies ist die einzige wirksame Kontrolle. Die parlamentarische Demokratie basiert auf dem Vertrauen des Volkes; Vertrauen ohne Transparenz, die erlaubt zu verfolgen, was politisch geschieht, ist nicht möglich." BVerfGE 40, 296 (327).

dungsprozesses und damit der Öffentlichkeit der Parlamentsverhandlungen.[26] Hierbei umfasst der Begriff der Transparenz die Offenlegung und Durchschaubarkeit des politischen Willensbildungs- und Entscheidungsprozesses.[27]

Während für die Verhandlungen des Bundestages der Öffentlichkeitsgrundsatz gem. Art. 42 Abs. 1 Satz 1 GG festgelegt ist, werden die Sitzungen seiner Ausschüsse hingegen nicht von dieser verfassungsrechtlichen Bestimmung erfasst.[28] Nach § 69 Abs. 1 Satz 1 GOBT sind die Beratungen der Ausschüsse grundsätzlich nicht öffentlich.[29] Lediglich durch Beschluss kann der Ausschuss die Öffentlichkeit für einen bestimmten Verhandlungsgegenstand zulassen (§ 69 Abs. 1 Satz 2 GOBT). Nach bislang herrschender Auffassung erhöhe die Nichtöffentlichkeit der Ausschusssitzungen die Bereitschaft zum Kompromiss und garantiere eine freie Entscheidungsfindung.[30] Da die Ausschüsse die endgültige Beschlussfassung durch das Plenum vorbereiten und damit „einen Teil des Entscheidungsprozesses entlastend" vorwegnehmen[31], wird zunehmend zu Recht auch eine verstärkte Öffentlichkeit für die Ausschüsse gefordert. Dies würde allerdings einer Änderung der Geschäftsordnung (§ 69 Abs. 1 Satz 1 GOBT) bedürfen.[32] Die Geschäftsordnungen einiger Landesparlamente regeln bereits die grundsätzliche Sitzungsöffentlichkeit ihrer Ausschüsse[33], andere sehen öffentliche Sitzungen für bestimmte Verhandlungsgegenstände[34] bzw. durch Beschluss[35] vor. Hier ist zugunsten der Transparenz parlamentarischer Entscheidungen optiert worden, ohne den Anspruch auf effiziente Beratung und Funktionsfähigkeit vernachlässigen zu müssen.[36]

---

[26] Vgl. Bodo Pieroth (Fn. 18), S. 92.
[27] Vgl. Hans-Jürgen Hett (Fn. 21), S. 24.
[28] Vgl. Martin Morlok, in: Horst Dreier (Hrsg.), Grundgesetz. Kommentar, Band II, 2. Auflage, Tübingen 2006, Art. 42, Rdnr. 24, S. 1080.
[29] Ausnahmen sind nach §§ 69 Abs. 1 Satz 2 und 70 GOBT vorgesehen.
[30] Vgl. Roland Dieterich, Die Funktion der Öffentlichkeit der Parlamentsverhandlungen im Strukturwandel des Parlamentarismus, Tübingen 1970, S. 105 ff.; Joachim Linck, Die Öffentlichkeit der Parlamentsausschüsse (Fn. 20), S. 513 ff.
[31] BVerfGE 80, 188 (221).
[32] Vgl. Ludger-Anselm Versteyl, in: Ingo von Münch/Philip Kunig (Hrsg.), Grundgesetz. Kommentar, Band 2, 5. Auflage, München 2001, Art. 42, Rdnr. 34, S. 765.; Martin Morlok, in: Horst Dreier (Hrsg.) (Fn. 28), Art. 42, Rdnr. 24, S. 1080 f.
[33] § 138 Abs. 1 Satz 1 GOLT BY. Dem entspricht auch § 169 Abs. 5 GOLT BY, wonach durch Handzeichen abgestimmt wird. Mit einigen Ausnahmen sehen weitere Geschäftsordnungen öffentliche Sitzungen vor: § 26 Abs. 5 Satz 1 GO Berliner Abgeordnetenhaus; § 56 Abs. 1 Satz 1 GO Hamburgische Bürgerschaft; § 55 Abs. 1 GOLT NW; § 80 Abs. 1 GOLT RP. § 17 Abs. 1 GOLT SH.
[34] § 89 Abs. 2 GOLT HE; § 32 Abs. 1 GOLT BW.
[35] § 81 Abs. 1 GOLT BB; § 63 Abs. 4 GO Bremische Bürgerschaft; § 17 Abs. 1 GOLT MV; § 29 Abs. 1 GOLT SN; § 18 Abs. 3 GOLT SL (Amtsbl. 1973, S. 529; 2004, S. 2188); § 78 Abs. 3 GOLT TH.
[36] Vgl. Norbert Achterberg/Martin Schulte, in: Christian Starck (Hrsg.), Kommentar zum Grundgesetz, Band 2, 5. Auflage, München 2005, Art. 42, Rdnr. 10, S. 1099.

Eine von einigen Rechtsgelehrten[37], insbesondere von Klein[38], zur Sicherung des freien Mandats der Abgeordneten erhobene Forderung nach geheimen Abstimmungen in den Parlamenten wegen eines angeblichen Zwiespalts zwischen verfassungsrechtlich gewährleisteter Freiheit (freies Mandat) und legitimer politischer Bindung (Fraktionsbindung), steht im Widerspruch zum Prinzip der repräsentativen Demokratie.[39] Gegen dieses vorgebrachte Argument spricht das bereits erörterte, vielfältig rechtlich abgesicherte freie Mandat der Abgeordneten, insbesondere durch die Unzulässigkeit des Fraktionszwanges.[40] Würde man der Auffassung von dem Erfordernis geheimer Abstimmungen zwecks Sicherung der Abgeordneten vor dem Druck der Fraktion und Partei folgen, dürften auch keine offenen Aussprachen in den den Abstimmungen (Willensbekundung) vorgeschalteten Beratungen (Willensbildung) stattfinden.[41] Damit wären die den Status der Abgeordneten in der repräsentativen Demokratie kennzeichnenden freien Rede- und Stimmrechte in Gefahr. Überdies muss gefragt werden, ob geheime Abstimmungen mit dem Ziel, sich dem Druck der Fraktion und Partei zu entziehen, ein durch die Verfassung legitimiertes Mittel sein könnten. Die sich gegenüberstehenden Grundsätze, die Parlamentsöffentlichkeit einerseits und die Unabhängigkeit der Abgeordneten andererseits, müssen im Wege praktischer Konkordanz und unter Beachtung des Verhältnismäßigkeitsprinzips zu einem Ausgleich geführt werden. Da die verfassungsrechtlich geregelten Mittel zur Gewährleistung der Unabhängigkeit der Abgeordneten, wie das freie Mandat, die Indemnität und Immunität, mildere Mittel darstellen als die Durchführung geheimer Abstimmungen, lässt sich eine Einschränkung des Öffentlichkeitsgrundsatzes durch geheime Abstimmungen nicht rechtfertigen.[42]

Gleichwohl erfährt das Öffentlichkeitsprinzip[43] eine Einschränkung in Art. 42 Abs.1 Satz 2 GG i.V.m. § 19 Satz 2 GOBT, wonach auf Antrag eines Zehntels der Bundestagsmitglieder oder der Bundesregierung die Öffentlichkeit mit Zweidrittelmehrheit ausgeschlossen werden kann. Hier wird „verfassungsrechtliches Wasser [Art. 42 Abs. 1 GG] in demokratietheoretischen Wein [Art. 20 GG] geschüttet"[44], wie Pieroth mit Hilfe einer Metapher hervorhebt. Praktische Anwendung hat dieser vorgesehene Geschäftsordnungsantrag allerdings nicht gefun-

---

[37] Vgl. Klaus Kemmler, Die Abstimmungsmethode des Deutschen Bundestages, Tübingen 1969, S. 137; Erich Röper, Zulässigkeit geheimer Abstimmungen im Parlament, in: ZParl, 11 (1980), S. 509 f. Nach Röper seien geheime Abstimmungen jedenfalls nicht verfassungswidrig. Anders Klaus Abmeier (Fn. 17), S. 104 f.
[38] Vgl. Hans H. Klein, Mehr geheime Abstimmungen in den Parlamenten!, in: ZRP, 9 (1976) 4, S. 81 ff.
[39] Vgl. Hans Rudolf Buschmann/Heribert Ostendorf (Fn. 3), S. 154 ff.
[40] Vgl. hierzu Kapitel IX A. I.
[41] Vgl. Bodo Pieroth (Fn. 18), S. 94.
[42] Vgl. Joachim Linck (Fn. 7), S. 701.
[43] Hiervon ausgenommen sind die Verschlusssachen nach der Geheimschutzordnung des BT (Anlage 3 GOBT).
[44] Bodo Pieroth (Fn. 18), S. 93.

den.⁴⁵ Nichtöffentliche (geschlossene) Sitzung ist jedoch nicht gleichbedeutend mit geheimer Abstimmung. Die Abstimmung hat unabhängig von der Öffentlichkeit oder Nichtöffentlichkeit der Sitzung nach einer in der Geschäftsordnung des Bundestages geregelten offenen Abstimmungsart zu erfolgen. Der Ausschluss der Öffentlichkeit von der Teilnahme an der parlamentarischen Verhandlung bedeutet auch nicht, dass über diese und die in ihr angenommenen Entscheidungen nicht berichtet wird. Diese sind mit dem jeweiligen Abstimmungsergebnis in die nach § 116 Abs. 1 GOBT anzufertigenden Plenarprotokolle aufzunehmen.⁴⁶ Die Berichterstattungsöffentlichkeit begründet damit eine, wenn auch nicht unmittelbare Öffentlichkeit und entspricht gleichfalls dem demokratischen Transparenzerfordernis.⁴⁷

Geheime parlamentarische Sachabstimmungen auf Bundesebene laufen dem Wesen der Repräsentativverfassung zuwider und stehen im Widerspruch zum Öffentlichkeitsgebot des Art. 42 Abs. 1 Satz 1 GG sowie zum Demokratieprinzip und Rechtsstaatsprinzip des Art. 20 GG.⁴⁸ „Das demokratische Prinzip, das dem Volk zur freien Selbstbestimmung die primäre Trägerschaft aller Staatsgewalt zuerkennt, fordert mit verfassungsrechtlicher Stringenz die Offenheit aller Entscheidungstätigkeiten der Volksvertreter."⁴⁹ Dieser Grundsatz findet auch in der Rechtsprechung des Bundesverfassungsgerichts Bestätigung.⁵⁰

Die meisten Landesverfassungen enthalten für den Regelfall, wie das Grundgesetz auch, keine Bestimmungen über die Art der Abstimmungen. Ausnahmen hiervon stellen die Landesverfassungen von Schleswig-Holstein (Art. 16 Abs. 1 Satz 2 LV) sowie Mecklenburg-Vorpommern (Art. 32 Abs. 4 Satz 1 LV) dar, wonach über Anträge offen abzustimmen ist. Nach letzterer können Ausnahmen in Gesetzen oder in der Geschäftsordnung des Landtages vorgesehen werden (Art. 32 Abs. 4 Satz 3 LV). Die Bestimmungen über die Art der Abstimmungen finden sich größtenteils in den jeweiligen Geschäftsordnungen. Nach den Geschäftsordnungen zahlreicher Kollegialorgane sind geheime Sachabstimmungen unzuläs-

---

45 Vgl. Peter Schindler, Datenhandbuch zur Geschichte des Deutschen Bundestages 1949 bis 1999, Band II, Baden-Baden 1999, S. 1638; Michael F. Feldkamp/Birgit Ströbel (Mitarbeit), Datenhandbuch zur Geschichte des Deutschen Bundestages 1994 bis 2003, Berlin 2005, S. 403.
46 Vgl. Friedrich-Ludwig Klein, Das Stenographische Protokoll, in: Hans-Peter Schneider/Wolfgang Zeh (Hrsg.), Parlamentsrecht und Parlamentspraxis in der Bundesrepublik Deutschland, Berlin/New York 1989, § 35, Rdnr. 5, S. 977 f.
47 Vgl. Norbert Achterberg (Fn. 6), S. 18.
48 Vgl. Hans Troßmann, Parlamentsrecht des Deutschen Bundestages, Kommentar, München 1977, § 54, Rdnr. 2, S. 351; Ludger-Anselm Versteyl, in: Ingo von Münch/Philip Kunig (Hrsg.) (Fn. 32), Art. 42, Rdnr. 19, S. 761; Bodo Pieroth, in: Hans Jarass/Bodo Pieroth, Grundgesetz für die Bundesrepublik Deutschland. Kommentar, 8. Auflage, München 2006, Art. 42, Rdnr. 1, S. 655.
49 Hans Rudolf Buschmann/Heribert Ostendorf (Fn. 3), S. 153.
50 „[...] das parlamentarische Verfahren gewährleistet ein höheres Maß an Öffentlichkeit der Auseinandersetzung und Entscheidungssuche und damit auch größere Möglichkeiten eines Ausgleichs widerstreitender Interessen." BVerfGE 40, 237 (249). Vgl. auch BVerfGE 40, 296 (327); 70, 324 (355).

sig, wie im Bundesrat. Dies ergibt sich implizit aus § 29 Abs. 1 GOBR, wonach die Länder durch Aufruf, also offen, abstimmen.[51] Aus dem möglichen Ausschluss der Öffentlichkeit bei Bundesratssitzungen gem. § 17 GOBR folgt Robbers irrtümlich auch eine Zulässigkeit geheimer Abstimmungen.[52]

In den Gemeinderäten wird im Regelfall ebenfalls offen abgestimmt.[53] Einige Gemeindeordnungen bestimmen *expressiv verbis* die Unzulässigkeit von geheimen Abstimmungen.[54] Wie der Grundsatz der Öffentlichkeit der Gemeinderatssitzung soll die offene Abstimmung die Kontrolle des Gemeinderates durch die Öffentlichkeit ermöglichen.[55] Die meisten ausländischen Parlamente[56] und kollegialen Entscheidungsorgane von Staatenverbindungen[57] führen ihre Sachabstimmungen ebenfalls als offene Regelabstimmung durch, wie das Europäische Parlament (Art. 159 Abs. 1 GOEP) und die UN-Generalversammlung (Regel 60 GOGV).[58]

II. Geheime Abstimmung

Eine geheime Abstimmung liegt vor, wenn bei der Abgabe der Stimme durch ein Mitglied des Kollegialorgans das Ergebnis für andere nicht sichtbar ist, d.h. wenn die Stimmabgabe unbeeinflusst und unbeobachtet von anderen Stimmberechtigten oder Dritten erfolgt. Außerdem muss Sorge dafür getragen werden, dass das abgegebene Votum auch nach der Stimmabgabe geheim bleibt. Danach muss die technische Gestaltung der Abstimmung diesen Anforderungen entsprechen. So darf beispielsweise eine Rekonstruktion des Abstimmungsverhaltens durch eine Identi-

---

[51] Vgl. Konrad Reuter, Praxishandbuch Bundesrat, Heidelberg 1991, § 29, Rdnr. 3, S. 504.
[52] Robbers nimmt hierbei Bezug auf die Kommentierung des Art. 42 GG (Rdnr. 1) zur Beschlussfassung im BT von Pieroth, in: Jarass/Pieroth, der jedoch die Auffassung von der Unzulässigkeit geheimer Abstimmungen vertritt. Gerhard Robbers, in: Michael Sachs (Hrsg.) (Fn. 22), Art. 52, Rdnr. 15, S. 1269.
[53] § 37 Abs. 6 Satz 1 GO BW, Art. 51 Abs. 1 Satz 1 GO BY, § 47 Abs. 2 Satz 1 GO BB, § 31 Abs. 1 Satz 1 GO MV, § 47 Abs. 2 NGO, § 50 Abs. 1 Satz 3 GO NRW, § 40 Abs. 1 Satz 3 GemO RP, § 45 Abs. 2 KSVG, § 39 Abs. 6 Satz 1 SächsGemO, § 54 Abs. 2 Satz 1 GO LSA, § 39 Abs. 2 GO SH, § 39 Abs. 1 Satz 4 ThürKO.
[54] § 54 Abs. 2 HGO, § 31 Abs. 2 Satz 4 GO MV. Nach § 39 Abs. 2 GO SH wird offen abgestimmt.
[55] Vgl. Alfons Gern, Deutsches Kommunalrecht, 3. Auflage, Baden-Baden 2003, Rdnr. 495, S. 320.
[56] Vgl. Inter-Parliamentary Union, Parliaments of the World, Band I, 2. Auflage, Aldershot 1986, S. 475, 479 ff.
[57] Vgl. Henry G. Schermers/Niels M. Blokker, International Institutional Law, 3. Auflage, TheHague/London/Boston 1995, § 873, S. 557 f.
[58] Nichtöffentliche Sitzungen der UN-GV und ihrer Hauptausschüsse sind nur wegen außergewöhnlicher Umstände erlaubt (Regel 60 GOGV). Die in einer nichtöffentlichen Sitzung der Generalversammlung gefassten Beschlüsse werden in einer nächsten öffentlichen Sitzung bekanntgegeben (Regel 61 GOGV).

fizierbarkeit der Schrift auf einer Stimmkarte nicht möglich sein.[59] Geheime Abstimmungen können in öffentlichen wie in nichtöffentlichen Sitzungen durchgeführt werden.[60]

Personalentscheidungen (Wahlen) werden in der Regel geheim durchgeführt, Sachentscheidungen (Abstimmung) offen. Geheime Personalentscheidungen sollen die persönlichen Beziehungen nicht belasten. Hier finden soziologische Phänomene rechtsnormative Berücksichtigung.[61] Geheime Abstimmungen bei Sachentscheidungen gab es hingegen schon in der athenischen Volksversammlung nur ausnahmsweise, wenn das persönliche Interesse eines Einzelnen berührt war, wie beispielsweise beim *ostrakismos*, bei der Verleihung des Bürgerrechts, bei Gewährung von Straferlass oder bei einigen gerichtlichen Urteilen.[62] Die Geheimhaltung von Entscheidungen, insbesondere von Personalentscheidungen, wird in engem Zusammenhang mit der Papstwahl seit dem 17. Jahrhundert gebracht. Diese gründete sich auf den Glauben, dass das Papstwahlkollegium dazu berufen war, den göttlichen Willen zu vollstrecken. Im liberalen Staat des 19. Jahrhunderts bedeutete die Geheimhaltung von Entscheidungen vor allem Schutz der Repräsentanten des jungen Parlamentarismus (Legislative) vor der feudalen Oberschicht (Exekutive).[63] Wegen der nunmehr geltenden Gewaltenteilung in der repräsentativen Demokratie entfällt dieser Grund für geheime Abstimmungen.

Für bestimmte Fälle sehen die Geschäftsordnungen einiger Kollegialorgane die Durchführung geheimer Abstimmungen als Ausnahme von der offenen Abstimmung vor. Beispielsweise kann im Landtag von Mecklenburg-Vorpommern gem. § 93 Abs. 2 GO Landtag Mecklenburg-Vorpommern über einen Beratungsgegenstand geheim abgestimmt werden, wenn dies von mindestens vier Mitgliedern des Landtages oder einer Fraktion beantragt wird. Bei Anwendung der geheimen Abstimmung beantworten die Mitglieder die Frage mit Ja, Nein oder Enthaltung auf weißen unbeschriebenen Karten. Diese Vorschrift findet jedoch keine Anwendung auf Abstimmungen über Gesetzesvorlagen. In besonderen Fällen können geheime Abstimmungen auch nach einigen Gemeindeordnungen durchgeführt werden. Dafür bedarf es eines Antrages einer bestimmten Anzahl von Ratsmitgliedern.[64] Eine geheime Abstimmung ist immer dann zulässig, „[...] wenn das öffentliche Wohl

---

[59] Alfons Gern (Fn. 55), Rdnr. 495, S. 320. OVG Lüneburg, Urteil vom 28.02.1984 – 2 OVG A 37/83, in: DÖV, 38 (1985), S. 152 f.; OVG Lüneburg, Beschluss vom 07.03.1990 – 10 M 5/90, in: DVBl., 105 (1990), S. 831 ff.; VG Potsdam, Urteil vom 26.11.1997 – 2K 2869/96, in: LKV, 8 (1998) 10, S. 411.
[60] Vgl. Alfons Gern (Fn. 55), Rdnr. 495, S. 320.
[61] Vgl. Norbert Achterberg (Fn. 2), S. 642.
[62] Vgl. Jochen Bleicken, Die athenische Demokratie, 4. Auflage, Paderborn/München/Wien/Zürich 1995, S. 202.
[63] Vgl. Hans Rudolf Buschmann/Heribert Ostendorf (Fn. 3), S. 153 f.
[64] § 47 Abs. 2 Satz 3 GO BB (ein Fünftel der Ratsmitglieder oder eine Fraktion), § 50 Abs. 1 Satz 5 GO NRW (ein Fünftel der Ratsmitglieder), § 40 Abs. 1 Satz 3 GemO RP (zwei Drittel der Ratsmitglieder), § 45 Abs. 4 KSVG (mehr als ein Drittel der Ratsmitglieder), § 39 Abs. 6 Satz 1 SächsGemO (Mehrheit), § 39 Abs. 1 Satz 5 ThürKO (Mehrheit).

oder berechtigte Interessen Einzelner die geheime Abstimmung erfordern."[65] Dies wäre z.B. der Fall, wenn der Gemeinderat bei offener Abstimmung in einer nicht zu rechtfertigenden Weise in der Freiheit seiner Willensbildung und -kundgabe gehindert wäre. Hingegen wäre eine geheime Abstimmung über eine unpopuläre Maßnahme aus Besorgnis um eine mögliche Nichtwiederwahl unzulässig.[66]

Landtage und Gemeinderäte sind gem. Art. 28 Abs. 1 Satz 2 GG Volksvertretungen. Somit gelten auch für sie das demokratische Repräsentationsprinzip und das demokratische Öffentlichkeitsgebot. Die politische Willensbildung muss für den Bürger auch auf Landes- und Kommunalebene nachvollziehbar und transparent sein. Indem die landes- und gemeinderechtlichen Vorschriften die offene Abstimmung als Regel bestimmen, entsprechen sie diesen Grundsätzen. Dabei können Abweichungen von dieser Regel vorgesehen sein, entweder durch die Geschäftsordnungen oder durch den Antrag festgelegter Minderheiten. Bei abweichenden Regelungen in der Geschäftsordnung ist eine Nennung der Angelegenheiten erforderlich, in denen geheim abgestimmt werden darf oder nicht. Geheime Abstimmungen können insbesondere für Personalangelegenheiten vorgesehen werden, über die abgestimmt und nicht gewählt wird. Hingegen sind geheime Abstimmungen über wichtige Fragen wie Gesetzesvorlagen unzulässig. Die Beantragung geheimer Abstimmungen durch eine bestimmte Anzahl von Mitgliedern (Minderheit) des jeweiligen Kollegialorgans ist auf bestimmte Fälle zu beschränken, um dem demokratischen Öffentlichkeitsgebot noch zu entsprechen.[67]

Die Anwendung geheimer Abstimmungen als Ausnahme sehen darüber hinaus die Geschäftsordnungen einiger Kollegialorgane anderer Staaten sowie Staatenverbindungen vor, wenn dies von einer bestimmten Anzahl von Mitgliedern beantragt wird. Im österreichischen Parlament ist im Gegensatz zum Deutschen Bundestag als Ausnahme eine geheime Abstimmung gem. § 66 Abs. 4 Satz 2 GONR Österreich auf Antrag von zwanzig Abgeordneten möglich.[68] Und auch im Österreichischen Bundesrat sind im Unterschied zum Deutschen Bundesrat geheime Abstimmungen auf Vorschlag des Präsidenten oder auf Antrag von mindestens fünf Bundesräten erlaubt (§ 54 Abs. 4 GOBR Österreich). Das Europäische Parlament stimmt in der Regel offen ab (Art. 159 Abs. 1 GOEP). Mindestens ein Fünftel der Mitglieder des Parlaments kann aber eine geheime Abstimmung beantragen (Art. 162 Abs. 2 GOEP).[69] Bei einer geheimen Abstimmung werden die Stimmen durch zwei bis sechs durch das Los bestimmte Mitglieder gezählt (Art. 162 Abs. 4 GOEP). Auf völkerrechtlicher Ebene kann die Weltgesundheitsversammlung ebenfalls über Sachfragen mit Ausnahme von Haushaltsfragen geheim abstimmen, wenn dies von der Mehrheit der anwesenden und abstimmenden Mit-

---

[65] Alfons Gern (Fn. 55), Rdnr. 495, S. 320.
[66] Vgl. ebenda, Rdnr. 495, S. 320.
[67] Vgl. Bodo Pieroth (Fn. 18), S. 96.
[68] „Sofern nicht eine namentliche Abstimmung verlangt ist, kann der Nationalrat auf Vorschlag des Präsidenten oder auf Antrag von 20 Abgeordneten eine geheime Abstimmung beschließen." § 66 GO abgedruckt in: Konrad Atzwanger/Werner Zögernitz (Hrsg.), Nationalrat-Geschäftsordnung, 3. Auflage, Wien 1999, Rdnr. 7, S. 312.
[69] Dieser hat Vorrang vor einem Antrag auf namentliche Abstimmung (Art. 162 Abs. 3 GOEP).

glieder beschlossen wird (Regel 78 Abs. 1 GO WHO-Versammlung).[70] Dieses Mehrheitserfordernis erschwert allerdings geheime Sachentscheidungen erheblich.[71] Geheime Abstimmungen sind weiterhin in der FAO-Konferenz und im FAO-Rat (Regel XII Ziff. 6 Allgemeine Regeln)[72] sowie im ITU-Rat (Regel 19 Ziff. 3 lit. c GO)[73] möglich.

Während in vorstehenden Fällen geheime Abstimmungen als Ausnahme geregelt sind, sehen die Geschäftsordnungen der Versammlung und des Exekutivrates der Afrikanischen Union geheime Abstimmungen für Beschlussfassungen über Sachfragen als Regel vor (Regel 30 Abs. 1 GO AU-Versammlung, Regel 31 Abs. 1 GO AU-Exekutivrat). Damit entsprechen insbesondere die Bestimmungen über geheime Sachabstimmungen im obersten Kollegialorgan der AU nicht dem AU-Gründungsvertrag, der in Art. 3 lit. g die Förderung demokratischer Prinzipien und Institutionen als Ziel und in Art. 4 lit. m die Achtung demokratischer Prinzipien als für die Union geltendes Prinzip bestimmt.[74]

B. Allgemeine Abstimmungsarten

Obwohl die meisten Abstimmungsarten offen sind, bewahren einige von ihnen eine gewisse Anonymität während der Abstimmung. Dies trifft auf die Abstimmungsarten zu, die aus zeitökonomischen Gründen keine Aufzeichnung des Abstimmungsverhaltens mit Namen der Beteiligten vorsehen. Hierzu zählen insbesondere die einfachen Abstimmungsarten, Abstimmen per Handzeichen oder Aufstehen, sowie die Abstimmung durch Zählung. Namentlich aufgezeichnet wird das Abstimmungsverhalten bei den namentlichen Abstimmungsarten durch Namensaufruf, Stimmkarten oder mit Hilfe elektronischer Anlagen.

I. Einfache Abstimmung

Bei der einfachen Abstimmung fordert der Vorsitzende des Kollegialorgans diejenigen Mitglieder, die bei der Abstimmung über den zur Beschlussfassung vorgelegten Antrag mit Ja stimmen wollen auf, entweder die Hände hochzuheben oder sich von den Sitzen zu erheben. Bei der einfachen Abstimmung wird mit Hilfe ei-

---

[70] „[…] the Health Assembly may vote on any matter by secret ballot if it has previously so decided by a majority of the Members present and voting, provided that no secret ballot may be taken on budgetary questions."

[71] Vgl. Henry G. Schermers/Niels M. Blokker (Fn. 57), § 873, S. 558.

[72] „Voting shall be by show of hands, roll call or secret ballot." General Rules, in: Basic Texts of the Food and Agriculture Organization of the United Nations, vol. I, Rom 2004, S. 23 ff.

[73] „At the request of a councillor, supported by at least two other councillors, voting shall be by secret ballot."

[74] Die OAU-Charta vom 25.05.1963 kannte noch keinen Bezug zur Demokratie. OAU-Charta, in: UNTS, vol. 479, p. 39.

ner optischen Prüfung das Abstimmungsverhalten festgestellt. Mit einem Blick lässt sich offensichtlich feststellen, ob eine große Mehrheit erreicht worden ist. Ist dies nicht der Fall, kann anschließend die Gegenprobe (Nein-Stimmen) vorgenommen werden.[75] Erst danach folgt die Frage nach den Stimmenthaltungen. Die einfache Abstimmung kann durch Handaufheben (Handzeichen) oder Aufstehen erfolgen.[76] Beide Varianten sind in Kollegialorganen innerhalb von Staaten bzw. Staatenverbindungen bekannt.

1. Handzeichen

Die Abstimmung durch Handzeichen oder Handaufheben wurde schon, wie bereits hingewiesen, in der athenischen Volksversammlung praktiziert (*cheirotonia*). Soweit die Mitglieder in Sitzblöcken saßen, erleichterte dies ein Auszählen der Stimmen.[77]

Die einfache Abstimmung durch Handzeichen findet auch heute als Regelfall Anwendung im Deutschen Bundestag (§ 48 Abs. 1 Satz 1 GOBT), in Landtagen[78], Gemeinderäten[79] und Parlamenten ausländischer Staaten[80] sowie Kollegialorganen von Staatenverbindungen.[81] Auch im weniger Mitglieder zählenden Bundesrat erfolgt die Regelabstimmung durch Handaufheben (§ 29 Abs. 1 Satz 1 GOBR). Die Abstimmungen durch Handzeichen werden hier in verkürzter Form durchgeführt. Der Präsident bittet um Handzeichen lediglich für die Zustimmung. Er fragt nicht nach Gegenstimmen oder Stimmenthaltungen, weil für die Beschlussfassung nach Art. 52 Abs. 3 Satz 1 GG in allen Fällen die absolute Mehrheit erforderlich ist.

---

[75] Vgl. Karl Georg Schneider, Die Abstimmung unter besonderer Berücksichtung der verschiedenen Mehrheitsbegriffe, Heidelberg 1951, S. 12.
[76] Vgl. Christoph Lambrecht, Die Stimmenthaltung bei Abstimmungen und die Nein-Stimme bei Wahlen, Frankfurt am Main 1988, S. 89.
[77] Vgl. Jochen Bleicken (Fn. 62), S. 201 f.; Werner Heun, Das Mehrheitsprinzip in der Demokratie, Berlin 1983, S. 170.
[78] § 128 Satz 1 GOLT BY, § 70 Abs. 1 GO Berliner Abgeordnetenhaus, § 68 Abs. 1 GOLT BB, § 57 Abs. 1 GO Bremische Bürgerschaft, § 34 Abs. 1 GO Hamburgische Bürgerschaft, § 83 Abs. 1 GOLT HE, § 90 Abs. 3 GOLT MV, § 83 Abs. 1 GOLT NI, § 52 Abs. 1 GOLT NW, § 100 Abs. 1 GOLT SN, § 74 Abs. 1 GOLT ST, § 63 Abs. 1 GOLT SH, § 41 Abs. 1 GOLT TH.
[79] Vgl. Rolf Stober, Kommunalrecht in der Bundesrepublik Deutschland, 3. Auflage, Stuttgart/Berlin/Köln 1996, § 15 II 5 d, S. 201.
[80] „Über alle Fragen mit Ausnahme von persönlichen Benennungen stimmt die Nationalversammlung grundsätzlich durch Handzeichen ab." Art. 64 Abs. 1 GONV Frankreich; Art. 44 Geschäftsreglement Schweizerischer Ständerat vom 20.06.2003, in: SR 171.14. Vgl. Inter-Parliamentary Union (Fn. 56), S. 477, 479 ff.
[81] Art. 159 Abs. 1 GOEP, Regel 39.3 GOPV Europarat, Art. 26 Abs. 2 Satz 1 GO NATO-Versammlung, Regel 30 Abs. 1 Satz 1 GOPV OSZE, Art. 55 Abs. 1 GO Ständiger Rat OAS, Regel 87 lit. a Satz 1 GOGV UNO, Regel 61 Abs. 1 Satz 1 GO ECOSOC, Regel 87 Satz 2 GO UNESCO-Generalkonferenz, Regel 52 GO UNESCO-Exekutivrat, Art. 19 Abs. 3 lit. a Satz 1 UPU-Kongress, Regel 74 Weltgesundheitsversammlung, Regel 45 WHO-Exekutivrat.

Gegenstimmen und Stimmenthaltungen wären nur für die Ermittlung der einfachen oder relativen Mehrheit von Bedeutung.[82]

2. Aufstehen oder Sitzenbleiben

Das Abstimmen durch Aufstehen oder Sitzenbleiben hat schon in den italienischen Stadtstaaten der Renaissance Anwendung gefunden. Dabei mussten in Florenz untypischerweise die mit Nein Abstimmenden sich von den Sitzen erheben.[83]

Entgegen der heutigen Regel im Bundestag erfolgte die Abstimmung im Reichstag der Weimarer Republik generell durch Aufstehen oder Sitzenbleiben (§ 103 Satz 1 GORT von 1922).[84] Bei Zweifeln über das Abstimmungsergebnis durch Handzeichen kann im Bundestag die Abstimmung durch Aufstehen oder Sitzenbleiben wiederholt werden (§ 48 Abs. 1 Satz 1 GOBT). Vorgeschrieben ist diese Abstimmungsart *expressiv verbis* für Schlussabstimmungen über Gesetzentwürfe gem. § 86 GOBT (§ 48 Abs. 1 Satz 2 GOBT). Im Bundesrat hingegen sind Abstimmungen durch Aufstehen oder Sitzenbleiben nicht vorgesehen.[85] Aufgrund der relativ geringeren Mitgliederzahl lässt sich hier auch eine gute Übersicht über die Abstimmungsverhältnisse per Handzeichen erreichen.

Als Abstimmungsart ist das Aufstehen oder Sitzenbleiben auch in Geschäftsordnungen ausländischer Parlamente festgeschrieben[86], entweder, wie im Nationalrat Österreichs[87] als Regelabstimmung oder als eine weitere Abstimmungsart nach unklarem Ergebnis bei Abstimmung durch Handzeichen, wie in der Nationalversammlung Frankreichs[88] oder als Ausnahme, wie im Schweizerischen Nationalrat.[89] Die Abstimmung durch Aufstehen oder Sitzenbleiben kann als *ultima ratio* auch im Europäischen Parlament Anwendung finden, wenn das Abstimmungsergebnis durch Handzeichen unklar und die elektronische Abstimmungsanlage defekt ist (Art. 159 Abs. 2 GOEP). Die Abstimmung durch Aufstehen oder Sitzenbleiben eignet sich weniger für kollegiale Entscheidungsorgane, wo die

---

[82] Vgl. Konrad Reuter (Fn. 51), § 29, Rdnr. 3, 5, S. 504 f.
[83] Vgl. Valentine Herman/Françoise Mendel, Parliaments of the World, London/Basingstoke 1976, S. 402.
[84] Vgl. B. Jungheim/Kurt Perels, in: B. Jungheim (Hrsg.), Die Geschäftsordnung für den Reichstag mit Anmerkungen, Berlin 1916, § 55, S. 200; Julius Hatschek, Deutsches und preußisches Staatsrecht, 2. Band, Berlin 1923, S. 72; Hermann Breiholdt, Die Abstimmung im Reichstag, Hamburg 1923, S. 81.
[85] Die GOBR sieht nur zwei Abstimmungsarten vor: die einfache Abstimmung durch Handaufheben und die Abstimmung durch Aufruf der Länder. Vgl. Konrad Reuter (Fn. 51), § 29, Rdnr. 2 f., 5, S. 504.
[86] Vgl. Inter-Parliamentary Union (Fn. 56), S. 477, 479 ff.
[87] „Die Abstimmung findet in der Regel durch Aufstehen und Sitzenbleiben statt." § 66 Abs. 1 GONR Österreich.
[88] „Ist das Ergebnis der Abstimmung durch Handzeichen unklar, wird durch Aufstehen oder Sitzenbleiben abgestimmt." Art. 64 Abs. 2 Satz 1 GONV Frankreich.
[89] „Bei geheimer Beratung oder falls die elektronische Abstimmungsanlage defekt ist, erfolgt die Stimmabgabe durch Aufstehen oder unter Namensaufruf." Art. 58 Geschäftsreglement Schweizerischer Nationalrat vom 03.10.2003, in: SR 171.13.

Mitglieder nicht alle über einen bzw. ihren Sitz verfügen, wie beispielsweise im britischen Unterhaus[90], das nur 467 Sitze für 650 Abgeordnete bietet.[91]

Weil das einfache Verfahren des Aufstehens oder Sitzenbleibens bei relativ großen Kollegialorganen im allgemeinen jedoch nur einen Gesamtüberblick geben kann, der eine Schätzung, aber kein konkretes zahlenmäßiges Abstimmungsergebnis ermöglicht, haben sich andere Abstimmungsarten entwickelt, die eine genaue Feststellung des Ergebnisses erlauben, dafür aber zeitaufwendiger sind.[92] Eine Modalität stellt die Durchführung dieser Abstimmungsart in Verbindung mit der Zählung der Stimmen dar. Im Gegensatz zur allgemeinen Regel kann, wie im Schweizerischen Nationalrat beispielsweise, auch beim Aufstehen eine Zählung der Stimmen erfolgen, indem die Aufstehenden von den Schriftführern gezählt werden. Die Ermittlung der Stimmzahlen ist in jedem Fall vorgeschrieben bei Gesamt- und Schlussabstimmungen sowie bei Abstimmungen über Bestimmungen, für deren Annahme die Mehrheit der Ratsmitglieder gem. Art. 159 Abs. 3 Bundesverfassung erforderlich ist (Art. 59 Abs. 2 Geschäftsreglement Schweizerischer Nationalrat). Wenn aber das Ergebnis der Abstimmung offensichtlich ist, kann auch bei Stimmabgabe durch Aufstehen auf das Zählen der Stimmen verzichtet werden (Art. 59 Abs. 1 Geschäftsreglement Schweizerischer Nationalrat).

II. Namentliche Abstimmung

Wenn die einfachen oder vereinfachten Abstimmungsarten zu keinem Ergebnis führen oder die Aufzeichnung der Abstimmungsverhältnisse mit Namen der Beteiligten angezeigt ist, bedarf es einer zeitaufwendigeren namentlichen Abstimmung. Eine namentliche Abstimmung bietet ein exaktes Abstimmungsergebnis. Mit ihr sollen vornehmlich Zweifel am Abstimmungsergebnis vermieden sowie die Abstimmungsergebnisse mit der konkreten Abstimmung eines jeden Mitgliedes des kollegialen Entscheidungsorgans (Ja, Nein oder Stimmenthaltung) festgehalten werden.[93] Eine namentliche Abstimmung wird sowohl bei politisch umstrittenen als auch politisch bedeutenden Fragen, wie Grundsatz- oder Gewissensfragen, vorgenommen.[94] Der Anspruch auf Durchführung einer namentlichen Abstimmung gehört zum Minderheitenrecht in einer Demokratie[95], d.h. zu einem Recht, dem entsprochen werden muss, wenn es von einer bestimmten Anzahl von Mitgliedern geltend gemacht wird. Der politischen Minderheit muss die Möglichkeit zustehen, ein exaktes Abstimmungsergebnis bei Sachfragen zu verlangen.

Diese Art der Abstimmung ist in der deutschen Parlamentstradition eine der jüngeren.[96] Zur Abwendung der Gefahr von Obstruktionen[97] müssen namentliche

---

[90] Vgl. Thomas Saalfeld, On Dogs and Whips, in: Herbert Döring (ed.), Parliaments and Majority Rule in Western Europe, Frankfurt/Main/New York 1995, S. 533.
[91] Vgl. Marcus Schuldei, Die Pairing-Vereinbarung, Berlin 1997, S. 27 f.
[92] Vgl. Werner Heun (Fn. 77), S. 171.
[93] Vgl. Horst Schmitt, Das legislative Votum, Bonn 1959, S. 82.
[94] Vgl. Thomas Saalfeld, Parteisoldaten und Rebellen, Opladen 1995, S. 49.
[95] Vgl. Horst Schmitt (Fn. 93), S. 92.
[96] Vgl. Julius Hatschek (Fn. 84), S. 74.

Abstimmungen in der Regel ausdrücklich von einer bestimmten Anzahl von Mitgliedern verlangt werden. Wie schon im Reichstag der Weimarer Republik, wo gem. § 105 Satz 1 GORT fünfzig anwesende Mitglieder eine namentliche Abstimmung beantragen konnten[98], gilt eine entsprechende Bestimmung auch für den Bundestag. In § 52 Satz 1 GOBT ist das Recht auf eine namentliche Abstimmung geschäftsordnungsmäßig als absolutes Minderheitenrecht geregelt[99], wonach eine Fraktion oder anwesende fünf vom Hundert der Mitglieder des Bundestages eine solche verlangen kann.[100] Nach Art. 60 Abs. 1 Satz 1 Geschäftsreglement Schweizerischer Nationalrat sind für eine Abstimmung durch Namensaufruf dreißig Ratsmitglieder, nach Art. 46 Abs. 1 Geschäftsreglement Schweizerischer Ständerat zehn Ratsmitglieder erforderlich.[101] Auch in Staatenverbindungen kann die namentliche Abstimmung von einem Staatenvertreter, in der Regel aber von mehreren Staatenvertretern bzw. Delegationen gefordert werden.[102]

Einige Geschäftsordnungen von Parlamenten sehen in bestimmten Fällen die obligatorische Durchführung von namentlichen Abstimmungen vor, beispielsweise wenn die Beschlussfähigkeit angezweifelt wird[103], oder konkrete Mehrheiten (absolute[104] oder qualifizierte[105]) für die Annahme eines Beschlusses erreicht werden müssen. Zur Vorbeugung von Missbrauch kann eine namentliche Abstimmung bei bestimmten Beschlussgegenständen, die in ihrer Wichtigkeit weniger bedeutend sind, wie vor allem Verfahrensfragen (geschäftsordnungsrechtliche Routineangelegenheiten), unzulässig sein (§ 106 GORT von 1922, § 53 GOBT[106]).

Zur Durchführung einer namentlichen Abstimmung stehen zwei verschiedene Arten zur Auswahl: der Namensaufruf oder die Abgabe von Stimmkarten.

---

[97] Vgl. Inter-Parliamentary Union (Fn. 56), S. 477.
[98] Vgl. Hermann Breiholdt (Fn. 84), S. 84.
[99] Vgl. Hans Troßmann (Fn. 48), Vor §§ 16-22, Rdnr. 11, S. 78 f.
[100] Auch einige Gemeindeordnungen enthalten entsprechende Bestimmungen: § 47 Abs. 2 Satz 2 GO BB, § 31 Abs. 2 Satz 3 GO MV, § 50 Abs. 1 Satz 4 GO NRW, § 45 Abs. 3 GO Satz 1 KSVG.
[101] Vgl. Paul Cron, Die Geschäftsordnung der Schweizerischen Bundesversammlung, Freiburg in der Schweiz 1946, § 53, S. 228.
[102] Vgl. Henry G. Schermers/Niels M. Blokker (Fn. 57), § 872, S. 557.
[103] „[...] so ist in Verbindung mit der Abstimmung die Beschlussfähigkeit [...], im Laufe einer Kernzeit-Debatte im Verfahren nach § 52 festzustellen." § 45 Abs. 2 Satz 1 GOBT.
[104] § 84 Abs. 1 GOLT NI, § 31 Abs. 1 GOLT ST.
[105] Art. 65 Abs. 1 Ziff. 3 GONV Frankreich.
[106] § 53 GOBT: a) Stärke des Ausschusses, b) Abkürzung der Fristen, c) Sitzungszeit und Tagungsordnung, d) Vertagung der Sitzung, e) Vertagung der Beratung oder Schluss der Aussprache, f) Teilung der Frage, g) Überweisung an einen Ausschuss. Analoge Bestimmungen enthalten Geschäftsordnungen der Landtage.

1. Namensaufruf

Bei der Abstimmung durch Namensaufruf (*roll call*) werden die Mitglieder des Kollegialorgans in einer vorher festgelegten Reihenfolge, in der Regel in alphabetischer[107], aufgerufen, um ihre Entscheidung „Ja", Nein" oder „Enthaltung" bekannt zu geben. Dabei kann je nach Regelung der Vorsitzende durch Los den Buchstaben bzw. Namen des Mitgliedes ermitteln, das als erstes abzustimmen hat, so wie beispielsweise in der Nationalversammlung Frankreichs (Art. 66 Abs. 5 II Satz 2 GONV Frankreich) oder in der UN-Generalversammlung (Regel 87 lit. a Satz 2 GOGV). Damit variiert der Beginn der Reihenfolge von Abstimmung zu Abstimmung. Die Abgabe der Stimme wird von den Beteiligten in der Regel zu einem späteren Zeitpunkt der Abstimmung vorgezogen als gleich zu Beginn. Daraus lässt sich schließen, dass die Mitglieder sich zunächst über das Abstimmungsverhalten anderer Mitglieder informieren möchten, bevor sie selbst abstimmen. Eine gewisse Beeinflussung des Abstimmungsverhaltens ist demnach nicht auszuschließen. Ein Vorschlag, dass bei Fragen über Frieden und Sicherheit in der UN-Generalversammlung die namentliche Abstimmung mit den fünf ständigen Sicherheitsratsmitgliedern beginnen solle, fand keine Zustimmung.[108]

Während in den ersten Jahren der Tätigkeit des Bundestages die Abstimmung auch noch durch Namensaufruf erfolgte[109], regeln die Geschäftsordnungen von Landtagen[110], ausländischen Parlamenten[111] sowie von Kollegialorganen einiger Staatenverbindungen[112] namentliche Abstimmungen durch Namensaufruf nach wie vor.

---

[107] Die alphabetische Reihenfolge richtet sich nach der jeweiligen Amtsprache des Kollegialorgans. In alphabetischer Reihenfolge der englischen Namen der Mitglieder erfolgen die namentlichen Abstimmungen in der UN-GV gem. der Regel 87 lit. a Satz 2 GOGV und in der NATO-Versammlung gem. Art. 26 Abs. 6 Satz 1 GO NATO-Versammlung. Das französische Alphabet wird zur Grundlage für die namentlichen Abstimmungen in der PV OSZE nach der Regel 30 Abs. 3 Satz 1 ihrer GO, im ITU-Rat gem. Regel 19 Abs. 3 lit. b GO ITU-Rat oder im UPU-Kongress nach Art. 19 Abs. 3 lit. b GO UPU-Kongress genommen. Nach dem spanischen Alphabet richtet sich die Bestimmung der Reihenfolge bei einer namentlichen Abstimmung innerhalb der OAS gem. Art. 55 Abs. 1 GO Ständiger Rat OAS.

[108] Vgl. Henry G. Schermers/Niels M. Blokker (Fn. 57), § 871, S. 557.

[109] Vgl. Karl Georg Schneider (Fn. 75), S. 13.

[110] § 99 Abs. 4 GOLT BW, § 69 Abs. 2 GOLT BB, § 57 Abs. 4 GO Bremische Bürgerschaft, § 36 Abs. 2 GO Hamburgische Bürgerschaft, § 86 Abs. 2 GOLT HE, § 91 Abs. 2 GOLT MV, § 84 Abs. 2 GOLT NI, § 53 Abs. 2 GOLT NW, § 51 GOLT SL, § 102 Abs. 4 GOLT SN, § 75 Abs. 2 GOLT ST, § 63 Abs. 2 GOLT SH.

[111] „Ist das Ergebnis danach [Aufstehen oder Sitzenbleiben] weiterhin unklar, ist von Rechts wegen eine ordentliche namentliche Abstimmung durchzuführen." Art. 64 Abs. 2 Satz 2 GONV Frankreich, § 66 Abs. 5 Satz 5 GONR Österreich, Art. 60 Abs. 2 Geschäftsreglement Schweizerischer Nationalrat, Art. 46 Abs. 2 Geschäftsreglement Schweizerischer Ständerat. Vgl. Paul Cron (Fn. 101), § 53, S. 228 ff. Inter-Parliamentary Union (Fn. 56), S. 479 ff.

[112] Art. 160 Abs. 2 GOEP, Regel 39.5 GOPV Europarat, Regel 30 Abs. 3 GOPV OSZE, Art. 26 Abs. 3 ff. GO NATO-Versammlung, Art. 55 Abs. 1 GO Ständiger Rat OAS, Regel 87 lit. a GOGV UNO, Regel Abs. 1 Satz 1 GO ECOSOC, Regel 88 GO

Die Abstimmung durch Aufruf der Länder, die nach § 29 Abs. 1 Satz 2 GOBR, nur auf Verlangen eines Bundeslandes durchgeführt wird, entspricht der namentlichen Abstimmung in § 52 GOBT. In der Praxis des Bundesrates hat sich gleichwohl durchgesetzt, dass die Abstimmung zu verfassungsändernden Gesetzen gem. Art. 79 Abs. 2 GG ohne ausdrückliches Verlangen eines Landes durch Aufruf der Länder erfolgt. In der jüngeren Praxis verlangen die Länder nur selten Abstimmungen durch Aufruf der Länder.[113]

2. Stimmkarten

Bei Abstimmungen über wichtige Sachentscheidungen werden die Stimmenverhältnisse nach Stimmkarten oder -zetteln festgestellt. In der athenischen Demokratie legten die Bürger bei geheimen Abstimmungen ihren Stimmstein nach Phylen getrennt in Urnen.[114] In der Praxis des alten Roms wurden anstelle von Stimmkarten Kugeln verwendet, die später ebenfalls in Italien[115] und Spanien zum Einsatz kamen. Die Verwendung von Kugeln ermöglicht aber im Gegensatz zu Stimmkarten oder -zetteln generell keine namentliche Aufzeichnung der Abstimmungsverhältnisse, da auf ihnen keine Namen vermerkt sind, es sei denn, es erfolgt eine Kombination mit einer namentlichen Abstimmung. Selbst in Deutschland waren Kugeln bei Wahlen der Ständeversammlung bekannt, wo bei Stimmengleichheit mit Hilfe schwarzer (Nein) und weißer (Ja) Kugeln eine Entscheidung getroffen werden sollte (so genannte Ballotage).[116] So schlug Mohl 1848 auch für den Reichstag die Verwendung von weißen und schwarzen Kugeln für den Fall vor, dass kein eindeutiges Abstimmungsergebnis durch Aufstehen und Sitzenbleiben erreicht werden konnte. Dazu sollten zwei Urnen, eine weiße für die Bejahung der Frage und eine schwarze für die Verneinung, aufgestellt werden. Nach Namensaufruf in der Reihenfolge der Sitznummern sollten die Abgeordneten mit Hilfe der weißen bzw. schwarzen Kugeln, die in die jeweils entsprechenden Urnen zu legen wären, abstimmen.[117]

Bei der Abstimmung durch Abgabe von Stimmkarten gibt jedes Mitglied eine Karte mit seinem Namen und seiner Entscheidung ab. Von dieser Abstimmungsart ausgeschlossen bleiben Abstimmungen mit Stimmkarten bzw. -zetteln, auf denen die Namen der Abstimmenden nicht vermerkt sind.[118] Im Reichstag wurde die

---

UNESCO-Generalkonferenz, Regel 53 GO UNESCO-Exekutivrat, Art. 19 Abs. 3 lit. b UPU-Kongress, Regel 74 Weltgesundheitsversammlung, Regel 45 WHO-Exekutivrat.

[113] Vgl. Konrad Reuter (Fn. 51), § 29, Rdnr. 7, S. 506.
[114] Vgl. Jochen Bleicken (Fn. 62), S. 202.
[115] Weiße und schwarze Kugeln in weiße bzw. schwarze Urnen. Vgl. Horst Schmitt (Fn. 93), S. 84.
[116] § 15 Satz 3 Edikt über die Ständeversammlung, X. Beilage zur Verfassungsurkunde vom 26.05.1818. Aus der Geschichte des deutschen Vereinsrechts ist bekannt, dass anstelle von Kugeln auch weiße und schwarze Bohnen wie schon im alten Griechenland verwendet wurden.
[117] Vgl. Robert Mohl (Fn. 15), S. 51.
[118] Diese lassen sich wegen ihrer Anonymität nicht den namentlichen Abstimmungen zuordnen. Vgl. Inter-Parliamentary Union (Fn. 56), S. 477.

namentliche Abstimmung mit Hilfe von Stimmkarten in § 105 GORT geregelt. Die 1902 eingeführten weißen Stimmkarten bedeuteten Zustimmung, rote Ablehnung und blaue Stimmenthaltung.[119] Die Stimmkarten, die den Namen des Abstimmenden und die Erklärung „Ja" oder „Nein" oder „Enthalte mich" trugen, wurden von Schriftführern in Urnen von den Abgeordneten eingesammelt, die sich auf ihren Plätzen befanden.[120] Nach beendeter Sammlung erklärte der Präsident die Abstimmung für geschlossen. Die Stimmkarten wurden von den Schriftführern gezählt und das Ergebnis vom Präsidenten verkündet. Im Gegensatz zur einfachen Abstimmung ist die Stellungnahme der einzelnen Abgeordneten ausdrücklich in den stenographischen Bericht der Sitzung aufgenommen und veröffentlicht worden. Zur Beschleunigung der äußerst langwierigen Abstimmung ist erfolglos angeregt worden, die farbigen Stimmkarten in geteilte Urnen einwerfen zu lassen.[121] Wegen des hohen Zeitaufwandes, bedingt durch eine relativ große Mitgliederzahl, hat der Bundestag am 19. Juli 1950 durch Änderung des § 105 seiner vorläufigen Geschäftsordnung beschlossen, die namentliche Abstimmung durch Abgabe einer Stimmkarte einzuführen (§ 52 GOBT).[122] Die offenen Stimmkarten tragen den Namen des Abstimmenden, die Zugehörigkeit zu einer Fraktion und die Aufschrift „Ja" oder „Nein" oder „Ich enthalte mich". Blaue Karten bedeuten Zustimmung, rote Karten Ablehnung, weiße Stimmenthaltung.[123] Die Karten werden nunmehr von den Mitgliedern selbst, und nicht mehr wie früher von den Schriftführern, in die aufgestellten Urnen geworfen. Danach erfolgt die Zählung durch die Schriftführer. Das Ergebnis wird vom Präsidenten bekannt gegeben.[124]

---

[119] Vgl. A. Plate (Fn. 16), § 59, Rdnr. 2, S. 184; Albert Junghanns (Fn. 14), S. 35.
[120] Die persönliche Entgegennahme der Stimmkarten durch die Schriftführer verhinderte, dass Abgeordnete die Stimmkarten für nicht anwesende Abgeordnete in die Urnen warfen. Vgl. Albert Junghanns (Fn. 14), S. 35.
[121] Vgl. Hermann Breiholdt (Fn. 84), S. 85 f.
[122] Vgl. Karl Georg Schneider (Fn. 75), S. 13. Statistische Angaben zu namentlichen Abstimmungen im BT vgl. Peter Schindler (Fn. 45), S. 1728.
[123] Damit sind die Farben für Zustimmung und Stimmenthaltung des RT durch den BT ausgetauscht worden. Vgl. Joseph Bücker, in: Heinrich G. Ritzel/Joseph Bücker, Handbuch für die parlamentarische Praxis, Neuwied 1990, § 52, Rdnr. 2. b, S. 2.
[124] Die Abstimmungskarten sind 8 mal 4,5 Zentimeter groß und ca. 0,3 Millimeter dick. Auf jeder Karte sind links der Name und die Fraktion des Abgeordneten aufgeführt. Zusätzlich zu den unterschiedlichen Farben ist jeweils noch ein „Ja" bzw. „Nein" oder „Enthaltung" auf den Karten aufgedruckt. Rechts oben steht der sogenannte „Bar-Code" mit der „Ident-Nummer" des Abgeordneten. Mit Hilfe eines elektronischen Lesegeräts können über die Ident-Nummer dann sowohl Teilnahme wie persönliches Abstimmungsverhalten des Abgeordneten entschlüsselt und auf das amtliche Sitzungsprotokoll übertragen werden. Bei besonders bedeutsamen Abstimmungen oder etwa der Wahl des Bundeskanzlers benötigen die Abgeordneten noch zusätzlich einen so genannten „Stimmausweis", der sie zur Stimmabgabe legitimiert. Nach Ende der Abstimmung werden die verriegelten sechs hölzernen, schwarzen und nummerierten Abstimmungsurnen in den Auszählraum gebracht. Dort ermitteln die Schriftführer das Abstimmungsergebnis durch Sortierung und Zählung der farblichen Abstimmungskarten. Das Ergebnis wird in das Protokoll über die Abstimmung eingetragen. Ein Schriftführer bringt dieses Protokoll dem amtierenden BT-Präsidenten in den Plenarsaal, der umge-

Die Abstimmung durch Abgabe von Abstimmungskarten sehen ebenfalls Geschäftsordnungen von Landtagen[125] sowie ausländischen Parlamenten vor.[126]

3. Elektronische Abstimmung

Bereits 1859 hatte die Firma Siemens & Halske einen so genannten Abstimmungstelegrafen entwickelt, mittels dessen eine namentliche Abstimmung innerhalb einer halben Minute hätte ausgeführt werden können.[127] Ein entsprechender Antrag im Preußischen Abgeordnetenhaus zur Einführung dieser Einrichtung zwecks Abkürzung der Zählung ist aus sittlichen Gründen noch abgelehnt worden. Nach Ansicht der Gegner sei die persönliche Abstimmung „[...] eine wichtige Bedingung für die Frische und Gesundheit des parlamentarischen Lebens und könne im Interesse der Parteidisziplin und der wirksamen Führung der Geschäfte einer großen, mit bedeutenden Aufgaben betrauten Körperschaft nicht entbehrt werden."[128] Die französische Deputiertenkammer beschäftigte sich 1890 mit der Einführung der elektronischen Abstimmung (*vote électrique*).[129] Mit dem technischen Fortschritt haben sich auch die elektronischen Anlagen für Abstimmungen in kollegialen Entscheidungsorganen letztendlich durchgesetzt und diese zeitsparende Abstimmungsart mit präzisen Abstimmungsergebnissen unentbehrlich werden lassen. Durch eine einfache Betätigung von verschiedenen Knöpfen am Tisch eines jeden Mitgliedes des kollegialen Entscheidungsorgans wird die Abstimmung eines jeden sofort registriert und das Abstimmungsergebnis berechnet. Dieses kann sogleich an einer Lichttafel mit allen Angaben angezeigt und für eine folgende Aufzeichnung verwendet werden.

Heute finden elektronische computergesteuerte Abstimmungen vermehrt Anwendung sowohl in in-[130] und ausländischen Parlamenten[131] als auch in Kollegialorganen von Staatenverbindungen.[132] Bei Anwendung einer mechanischen Anlage wird in der UN-Generalversammlung die einfache Abstimmung (durch Hand-

---

hend das Abstimmungsergebnis bekannt gibt. Gewöhnlich dauert die Auszählung nicht länger als fünf Minuten. Vgl. Blickpunkt Bundestag, Oktober 10/2000.

[125] § 130 Abs. 1 GOLT BY, § 71 Abs. 2 GO Berliner Abgeordnetenhaus, § 46 Abs. 2 GOLT RP, § 44 Abs. 2 GOLT TH.

[126] § 66 Abs. 5 GONR Österreich. In der Nationalversammlung Frankreichs wird gem. Art. 66 Abs. 3 Satz 2 GONV Frankreich lediglich bei Ausfall der elektronischen Abstimmungsanlage per Stimmzettel in den traditionellen Farben der Nationalflagge, weiß für Ja, blau für Nein und rot für Stimmenthaltung, abgestimmt. Im Vergleich mit den Abstimmungskarten des BT ist keine Übereinstimmung der Farben mit ihrer Bedeutung für die Abstimmung zu verzeichnen.

[127] Vgl. Hermann Breiholdt (Fn. 84), S. 85 f.

[128] Zitiert nach A. Plate (Fn. 16), § 59, Rdnr. 3, S. 185.

[129] Vgl. ebenda.

[130] § 70 Abs. 4 GO Berliner Abgeordnetenhaus, § 53 Abs. 2 GOLT NW.

[131] Art. 66 Abs. 2 GONV Frankreich, § 66 Abs. 2 GONR Österreich, Art. 56 Abs. 1 Geschäftsreglement Schweizerischer Nationalrat, Art. 83 Abs. 2 GO Duma Russische Föderation. Vgl. auch Inter-Parliamentary Union (Fn. 56), S. 479 ff.

[132] Art. 161 Abs. 1 GOEP, Regel 39.2 GOPV Europarat, Regel 87 lit. b GOGV UNO, Art. 19 Abs. 2 GO UPU-Kongress.

zeichen oder Aufstehen bzw. Sitzenbleiben) durch eine nicht aufgezeichnete Abstimmung und die namentliche durch eine aufgezeichnete Abstimmung ersetzt (Regel 87 lit. b Satz 1 GOGV).[133]

Ausnahmen stellen beispielsweise der Deutsche Bundestag, wo 1970 die elektronische Abstimmung eingeführt und 1973 wieder abgeschafft wurde[134] oder die israelische Knesset dar, wo die elektronische Abstimmung ebenfalls nicht vorgesehen ist.[135] Eine Einführung der elektronischen Abstimmung mit Hilfe einer modernen und bedienungsfreundlichen Abstimmungsanlage im Bundestag unter Abkehr bisheriger deutscher Parlamentstradition, die einer Änderung der Geschäftsordnung bedurft hätte, wäre mit Übernahme des Reichstagsgebäudes als Sitz des Bundestages nach der deutschen Wiedervereinigung im elektronischen Zeitalter zu erwarten gewesen. Gerade in Kollegialorganen mit einer großen Anzahl von Mitgliedern bewirken elektronische Abstimmungsanlagen eine wesentlich effizientere und fehlerfreie Durchführung der Abstimmung.

Die elektronische Abstimmung ermöglicht das Aufzeichnen sowohl des Abstimmungsverhältnisses, d.h. der Anzahl der Ja- und Nein-Stimmen sowie der Stimmenthaltungen, als auch des Abstimmungsverhaltens jedes einzelnen Abstimmenden, d.h. wie er seine Stimme abgegeben hat: dafür, dagegen oder Stimmenthaltung. Die Verwendung technischer Anlagen schließt Abstimmungsfehler nahezu aus.[136]

III. Abstimmung durch Zählung (Hammelsprung)

Kollegialorgane mit relativ großen Mitgliederzahlen, die keine elektronische Abstimmung vorsehen, greifen mitunter auf eine zeitaufwendigere Abstimmungsart zurück – die Abstimmung durch Zählung. Die Zählung der Stimmen durch eine so genannte „Ortsveränderung" hat Bentham noch als unangemessen angesehen. Sie würde der Würde, die eine legislative Versammlung auszeichnen sollte, Abbruch tun.[137] Diese Art der Abstimmung sei „[...] ein alter Gebrauch, der zu der Zeit Aufnahme fand, als die Buchdruckerkunst noch nicht erfunden und die Schreibe-

---

[133] UN-Doc. A/RES/2323 (XXII) (16.12.1967), Installation of mechanical means of voting.
[134] Auf der 64. Sitzung am 08.11.1973 ist die Abstimmungsanlage letztmalig im BT angewendet worden. An den Pulten der Abgeordneten waren bereits die Identitätsnummern eingegeben. Bei der Abstimmung musste eine Taste „Ja", „Nein" oder „Enthaltung" betätigt werden, wobei der Knopf an der Außenseite des Pultes so lange gedrückt werden musste, bis die Abstimmung durch den Vizepräsidenten abgeschlossen war. Als dieser das einstimmige Abstimmungsergebnis verkündete, widersprach der Abgeordnete Dr. Jenninger, der mit „Nein" gestimmt haben wollte. Vgl. Peter Schindler (Fn. 45), S. 1729 f.
[135] „A Member of the Knesset cannot vote electronically, or by any other method of voting, in place of another Member, whatever the circumstances may be." (HCR - 02.01.1996), Part B, Chapter Four, Section B, No. 62 GO Knesset.
[136] Vgl. Henry G. Schermers/Niels M. Blokker (Fn. 57), § 870, S. 556 f.
[137] Vgl. Jeremias Bentham (Fn. 4), S. 159.

kunst noch nicht allgemein war."[138] Die Abstimmung durch Zählung wurde schon im alten Rom im Senat angewendet und hat sich durch die Geschichte bis zur Gegenwart in zahlreichen parlamentarischen Entscheidungsorganen erhalten. Da diese Abstimmungsart in nationalen Parlamenten Anwendung findet, konzentrieren sich nachfolgende Ausführungen auch auf diese Organe.

Die Abstimmung durch Zählung oder in Deutschland auch Hammelsprung genannt, erfolgt in der Regel immer dann, wenn bei Anwendung einer einfachen Abstimmung kein eindeutiges Abstimmungsergebnis erlangt werden kann. Der Hammelsprung basiert auf der Zählweise der Schäfer.[139] Der Name „Hammelsprung" geht auf ein Intarsienbild über einer Abstimmungstür im Berliner Reichstagsgebäude zurück. Das Bild zeigte den blinden *Polyphem* aus der griechischen Sage, der seine Hammel zählt, unter deren Bäuchen sich Odysseus und seine Gefährten angeklammert haben, um so der Gefangenschaft zu entkommen.[140]

Wenn die Durchführung der Abstimmung durch Zählung, wie im deutschen Parlamentsrecht, abhängig davon ist, dass der Sitzungsvorstand über das Abstimmungsergebnis selbst nach einer Gegenprobe noch nicht einig ist, so stellt sie keine selbständige, sondern nur eine akzessorische Abstimmungsart dar.[141] Der mit Beschluss des Bundestages vom 1. März 1950 eingefügte Abs. 3 des § 104 der vorläufigen GOBT vom 20. September 1949 sah zwar eine Zählung auf Antrag von mindestens dreißig Abgeordneten vor, diese selbständige Abstimmungsart wurde aber kurz darauf wieder abgeschafft und war aus allen nachfolgenden Geschäftsordnungen des Bundestages, beginnend mit der endgültigen GOBT vom 6. Dezember 1951, verbannt.[142]

Ursprünglich waren in der Geschäftsordnung des Reichstages und des Preußischen Abgeordnetenhauses nur zwei Arten der Abstimmung geregelt: die einfache Abstimmung (Aufstehen oder Sitzenbleiben) und der Namensruf. Erst durch die Frankfurter Nationalversammlung kam die Abstimmung durch Zählung bzw. der so genannte Hammelsprung hinzu.[143] Der Hammelsprung nach englischem Muster[144] wurde in der zweiten Hälfte des 19. Jahrhunderts in das deutsche Parla-

---

[138] Ebenda, S. 160.
[139] Vgl. Albert Junghanns (Fn. 14), S. 17.
[140] Vgl. Blickpunkt Bundestag, August 1999.
[141] Vgl. Julius Hatschek/Paul Kurtzig, Deutsches und preußisches Staatsrecht, 2. Band, 2. Auflage, Berlin 1930, S. 78.
[142] 1. BT, 43. Sitzung, 01.03.1950, S. 1459 D. GOBT abgedruckt in: Deutscher Bundestag (Hrsg.) (Fn. 19), § 51.
[143] Vgl. Julius Hatschek/Paul Kurtzig (Fn. 141), S. 74 f.
[144] Im mittelalterlichen *Long Parliament* verließen die „Nein-Stimmenden" den Saal, während die „Ja-Stimmenden im Saal verblieben. Da oft Druck auf die Mitglieder ausgeübt wurde, fürchteten sich viele, den Saal zu verlassen und damit ihren Sitz zu verlieren. Allmählich setzte sich das Prinzip durch, wonach diejenigen, die für die Erhaltung des Bestehenden stimmten, im Saal blieben und diejenigen, die etwas Neues einführen wollten, den Saal zu verlassen hatten. Dieses alte Verfahren der *division* wurde im 19. Jahrhundert mit der Errichtung des Parlamentsgebäudes aufgegeben. Nunmehr hatten bei einer *division* alle Mitglieder den Saal zu verlassen, um den Saal durch zwei verschiedene Türen (Ja oder Nein) wieder zu betreten. Vgl. Josef Redlich, Recht und

mentsrecht eingeführt.[145] Er ersetzte die Zählung der Stimmen nach dem alten Verfahren, wonach die Schriftführer durch die Reihen gingen und die stehenden und sitzenden Abgeordneten zählten.[146]

Wenn die Abstimmung im Reichstag durch Aufstehen oder Sitzenbleiben und bei Bestehen von Zweifeln nach einer Gegenprobe immer noch kein sicheres Ergebnis ergab, erfolgte die Zählung der Stimmen mit Hilfe von Türen. Nachdem der Präsident die Abgeordneten aufgefordert hatte den Saal zu verlassen, waren die Türen zu schließen, mit Ausnahme von zunächst zwei Türen, eine an der Ostseite rechts vom Vorstandstisch für die Ja-Stimmen und eine an der Westseite links vom Vorstandstisch für die Nein-Stimmen (§ 56 GORT von 1868).[147] Während die Geschäftsordnung des Reichstages von 1868 bei namentlicher Abstimmung mit Hilfe von Abstimmungskarten eine Stimmenthaltung bereits vorsah (§ 58 GORT), gab es bei der Abstimmung durch Zählung nur zwei Türen. Erst später kam eine dritte Tür für die Stimmenthaltungen, die sich dem Vorstandstisch gegenüber befand, hinzu. Auf ein vom Präsidenten gegebenes Glockenzeichen traten die Mitglieder, die mit Ja stimmen wollten, durch die Ja-Tür, diejenigen, die mit Nein stimmen wollten, durch die Nein-Tür und die, die sich der Stimme enthalten wollten, durch die Stimmenthaltungstür. Die Stimmen wurden von je zwei Stimmführern an den Türen laut gezählt. Nach deren Meldung gab der Präsident ein Glockenzeichen und schloss die Zählung. Danach gaben der Präsident und die diensttuenden Schriftführer ihre Stimme öffentlich ab, woraufhin der Präsident das Ergebnis der Abstimmung verkündete.[148]

Diese Abstimmungsart ist auch vom Bundestag übernommen worden. Der in § 51 GOBT geregelte Hammelsprung wird angewendet, wenn beim Sitzungsvorstand keine Einigkeit über das Ergebnis einer Abstimmung erzielt wurde und auch eine Gegenprobe keine Abhilfe schaffen konnte.[149] Demnach kann die Abstimmung durch Zählung auch nicht von den Mitgliedern des Bundestages beantragt werden.[150] Die Zählung der Stimmen erfolgt aber außerdem, wenn festgestellt werden muss, ob eine vorgeschriebene qualifizierte Mehrheit erreicht ist, und namentliche Abstimmung nicht verlangt wird sowie bei Feststellung der Beschlussfähigkeit (§ 45 Abs. 2 GOBT). In diesen Fällen werden die Stimmen mittels des

---

Technik des Englischen Parlamentarismus, Leipzig 1905, S. 505 f.; Albert Junghanns (Fn. 14), S. 18.

[145] Beschluss vom 09.04.1874 zur Einführung in § 56 der GORT vom 12.06.1868, abgedruckt in: Kurt Perels, Das autonome Reichstagsrecht, Berlin 1903, S. 123; Beschluss vom 13.02.1875 zur Einführung in die GO Preußisches Abgeordnetenhaus. Vgl. A. Plate (Fn. 16), § 59 Rdnr. 1 ff., S. 183.

[146] § 54 Abs. 2 GO Preußisches Abgeordnetenhaus vom 28.03.1849 i.d.F. vom 06.06.1862. Vgl. Horst Schmitt (Fn. 93), S. 89.

[147] Später befand sich die Tür für die Ja-Stimmen rechts vom Büro an der Nordseite und die für die Nein-Stimmen links vom Büro an der Südseite. Vgl. B. Jungheim/Kurt Perels (Fn. 84), § 56, S. 204 f.

[148] Vgl. Hermann Breiholdt (Fn. 84), S. 83 f.

[149] Statistische Angaben zu Abstimmungen mittels Hammelsprung im BT vgl. Peter Schindler (Fn. 45), S. 1728.

[150] Vgl. Horst Schmitt (Fn. 93), S. 88.

Hammelsprunges (§ 51 Abs. 2 GOBT) gezählt, der durch den Präsidenten angeordnet wird.[151] Eine weitere Ausnahme vom akzessorischen Charakter der Abstimmung durch Zählung ist in § 91 GOBT für Anträge auf Zurückweisung eines Einspruches des Bundesrates gegen ein vom Bundestag beschlossenes Gesetz gem. Art. 77 Abs. 4 GG vorgesehen, falls keine namentliche Abstimmung verlangt wird.[152]

Diese allgemein zeitaufwendige Abstimmungsart hat in der Praxis des Bundestages auch schon in Kombination mit einer namentlichen Abstimmung Anwendung gefunden, um auch das Votum einzelner Abgeordneter zu ermitteln, was beim Hammelsprung an sich nicht möglich ist.[153] Dabei wurden an den entsprechenden Türen für die Abstimmung zusätzlich die Stimmkarten an die Schriftführer ausgehändigt. Damit sollte nach Ansicht des Ältestenrates vermieden werden, dass namentliche Abstimmungen im Gespräch der Mitglieder untereinander in Zweifel gezogen werden.[154]

Während der Hammelsprung neben zunächst Reichstag und später Bundestag heute auch in einigen Landtagen Anwendung findet[155], ist er im weniger Mitglieder zählenden Bundesrat nicht vorgesehen.[156] Im Ursprungsland England wird die so genannte *division* (Auseinandertreten) generell in Verbindung mit einer namentlichen Abstimmung durchgeführt. Hier werden die Abgeordneten gezählt und in Namenslisten eingetragen.[157] Die englische Abstimmungsart ist von einer Reihe von Staaten übernommen worden[158], insbesondere von den meisten Parlamenten des *common law*.[159]

Die Abstimmung durch Zählung muss nicht notwendigerweise mit dem Verlassen des Plenarsaales und der Rückkehr durch verschiedene Türen einhergehen. Sie kann auch erfolgen, indem die Beteiligten an der Abstimmung im Saal verbleiben,

---

[151] Vgl. Hans-Achim Roll, Geschäftsordnung des Deutschen Bundestages, Kommentar, Baden-Baden 2001, § 51, Rdnr. 1, S. 66.
[152] Vgl. Horst Schmitt (Fn. 93), S. 88.
[153] Zum statistischen Vergleich der Anwendung von Hammelsprung und namentlicher Abstimmung im BT getrennt voneinander nach Wahlperioden vgl. Thomas Saalfeld (Fn. 94), S. 60.
[154] Niederschriften des BT, 4. WP, Band 58, 184. Sitzung vom 19.05.1965, S. 9224 B ff., 9267 A f. Vgl. Gudrun Straßberger, Abstimmungspraxis und Abstimmungsgrundsätze in der Bundesrepublik Deutschland, Würzburg 1967, S. 79.
[155] § 129 GOLT BY, § 70 Abs. 2 GO Berliner Abgeordnetenhaus, § 34 Abs. 4 GO Hamburgische Bürgerschaft, § 83 Abs. 3 GOLT NI, § 52 Abs. 5 GOLT NW, § 74 Abs. 3 GOLT ST.
[156] Vgl. Konrad Reuter (Fn. 51), § 29, Rdnr. 3, S. 504.
[157] In den Lobbies, in denen die verschiedenen Parteien aus dem Saal hineinströmen, sitzen an einem Tisch je zwei Schreiber des Hauses mit einem alphabetischen Mitgliederverzeichnis, in dem die Abgeordneten abgestrichen werden. Vgl. Josef Redlich (Fn. 144), S. 506. No. 54 para. 3 Standing Orders of the House of Lords lautet: „[…] Clerks shall be in attendance in each lobby to record the names of the Contents and Not-contents respectively; […]."
[158] Vgl. Inter-Parliamentary Union (Fn. 56), S. 479 ff.
[159] Vgl. Horst Schmitt (Fn. 93), S. 81.

sich aber auf verschiedene Seiten (links oder rechts) zwecks Zählung durch die Schriftführer begeben[160], so wie im italienischen Parlament praktiziert wird.[161]

C. Vereinfachte Abstimmungsarten

Wenn im Vorfeld der Abstimmung allgemeine Einigkeit über die zu entscheidende Sache ersichtlich ist, wird vor allem aus zeitökonomischen Gründen auf Vereinfachungen der Abstimmung zurückgegriffen. Der Vereinfachung des Entscheidungsprozesses dienen die Abstimmung durch Zuruf, die stillschweigende Zustimmung (Abstimmung durch Feststellung) und die schriftliche Abstimmung.

I. Abstimmung durch Zuruf

Bei dieser Abstimmungsart bekunden die Mitglieder eines kollegialen Entscheidungsorgans ihre Zustimmung durch in der Regel bejahende Zurufe, woraufhin der Vorsitzende gewöhnlich feststellt, dass kein Widerspruch erhoben wird.[162] Wenn von vornherein feststeht, dass die überwiegende Mehrheit der Mitglieder oder gar alle Mitglieder eines Kollegialorgans einem zur Beschlussfassung vorgelegten Antrag zustimmen wird, ist die Abstimmung faktisch nur noch eine Formsache. Abstimmung durch Zuruf (*per acclamationem*) wurde schon in der Antike (die *apella* – Volksversammlung – in Sparta) oder im traditionellen englischen Parlament praktiziert und erfreut sich auch heute großer Beliebtheit, vor allem in Großbritannien und den USA.[163] Bei dieser Modalität stimmen die Mitglieder der Häuser mit Ja- oder Nein-Rufen („*aye*" and „*no*") ab, wobei die Lautstärke über das Abstimmungsergebnis entscheidet. Eine relativ hohe Fehlerquote lässt sich bei dieser Abstimmungsart allerdings nicht ausschließen.[164] Deshalb ist diese Abstimmungsart auch bei kontrovers diskutierten Sachfragen ungeeignet. Wie schon Bentham bemerkte, „[...] ist die Stimme ein trüglicher Zeuge" und „[d]as Auge urtheilt mit mehr Sicherheit, als das Ohr." [165]

Im Gegensatz zu den vorstehenden Abstimmungsarten ist die Abstimmung durch Zuruf in der Geschäftsordnung des Bundestages nicht explizit vorgesehen. Sie findet aber vor allem bei Beschlüssen zu Geschäftsordnungsfragen Anwendung. Die Voraussetzungen für eine Abstimmung durch Zuruf treffen gegenwärtig insbesondere in Gesetzgebungsverfahren in der zweiten Lesung im Bundestag zu, wo über jeden Paragraphen einzeln abgestimmt werden muss und zuvor die Hauptarbeit bereits in den zuständigen Ausschüssen erfolgt ist. Zur Ökonomisierung der Zeit und somit aus Effizienzgründen findet in solchen Fällen die Abstim-

---

[160] Vgl. Inter-Parliamentary Union (Fn. 56), S. 477.
[161] Vgl. Horst Schmitt (Fn. 93), S. 84.
[162] Vgl. ebenda, S. 89.
[163] Vgl. Inter-Parliamentary Union (Fn. 56), S. 477, 479 ff.
[164] Vgl. ebenda, S. 476 f.
[165] Vgl. Jeremias Bentham (Fn. 4), S. 156.

mung durch Zuruf Anwendung. Der Präsident verliest den Beschlussgegenstand und fragt, ob es dazu Widerspruch gibt. Liegt dieser nicht vor, gilt der Antrag als angenommen. Wenn aber nur ein Mitglied dem Antrag widerspricht, d.h. kein Konsens vorliegt, ist die einfache Abstimmung anzuwenden. Eine Abstimmung durch Zuruf ist in der Regel nur für Kollegialorgane mit Ausschüssen oder Arbeitsgruppen geeignet, die schon einen Antrag als Kompromiss ausgehandelt haben.[166]

II. Stillschweigende Zustimmung

Bei der stillschweigenden Zustimmung wird auf eine formelle Abstimmung verzichtet. Deshalb stellt sie im strengen Sinne auch keine Abstimmungsart dar. Da mit ihrer Hilfe aber Entscheidungen getroffen werden, sollte sie nicht ignoriert werden. Wenn für den Vorsitzenden eines Kollegialorgans ersichtlich ist, dass ein Antrag die ungeteilte Zustimmung der Mitglieder erhält, kann dieser ohne Abstimmung angenommen werden. Das Schweigen der Beteiligten am Entscheidungsprozess wird als Zustimmung gewertet. In der Regel folgt die Feststellung der Annahme des Antrages durch den Vorsitzenden. Diese Form der Abstimmungsvereinfachung ist zum parlamentarischen Gewohnheitsrecht geworden und findet insbesondere Anwendung bei Geschäftsordnungsfragen. Sie eignet sich aber ebenfalls für Gesetzgebungsverfahren des Bundestages in zweiter Lesung.[167]

Als stillschweigende Zustimmung ist auch die Bestimmung in § 29 Abs. 2 1. Halbsatz GOBR für den Bundesrat zu werten. Danach kann der Präsident feststellen, dass der Bundesrat gemäß den Empfehlungen der Ausschüsse beschlossen hat. Voraussetzungen dafür sind das Nichtvorliegen von Anträgen auf Abstimmung über die Empfehlungen der Ausschüsse oder widersprüchlichen Empfehlungen sowie von Anträgen oder Wortmeldungen. Mit dieser Form können Abstimmungen durch die Feststellung eines bestimmten Beratungsergebnisses durch den Präsidenten ersetzt werden.[168] Auch hier gilt das Stillschweigen als Zustimmung.

Diese Form der Abstimmungsvereinfachung beschleunigt den Entscheidungsprozess, erfordert aber eine intensive Vorarbeit von Ausschüssen bzw. Arbeitsgruppen der kollegialen Entscheidungsorgane.

III. Schriftliche Abstimmung

Bei den vorhergehenden Abstimmungsarten ist die Anwesenheit der Mitglieder des Kollegialorgans zwingend erforderlich, bei der schriftlichen Abstimmung findet hingegen keine mündliche Beratung unter Anwesenheit der Mitglieder statt. Schriftliche Abstimmungen ermöglichen eine zeitsparende Beschlussfassung ohne

---

[166] Vgl. Karl Georg Schneider (Fn. 75), S. 14 ff.
[167] Vgl. Horst Schmitt (Fn. 93), S. 90.
[168] Vgl. Konrad Reuter (Fn. 51), § 29, Rdnr. 8, S. 506.

vorherige Diskussion. Diese Form der Abstimmung[169] bietet sich vor allem für solche kollegialen Entscheidungsorgane an, die nicht ständig in Beratung sind, sondern nur in größeren Zeitabständen zu Sitzungen zusammenkommen und die verhältnismäßig schnelle Entscheidungen treffen müssen. Das Fehlen vorheriger Diskussionen bzw. Konsultationen über die Sachfrage kann allerdings den Nachteil haben, dass nicht alle Beteiligten am Entscheidungsprozess über die notwendigen Informationen zwecks Willensbildung verfügen und demzufolge auch nicht die Konsequenzen der Entscheidung voll abschätzen können. Deshalb sind Einschränkungen, die die Einstimmigkeit aller Beteiligten für die Durchführung dieses Verfahrens erfordern sowie eine Fristsetzung, nicht unüblich.[170] Andererseits sind die Mitglieder des Kollegialorgans zu einer eigenen Urteilsfindung ohne äußere Beeinflussungen gezwungen.[171] Beschlüsse, die auf dem Wege schriftlicher Abstimmung gefasst wurden, unterscheiden sich bezüglich ihrer Rechtskraft von anderen während der Sitzungen getroffenen Beschlüssen nicht.

Abstimmungen im Wege des Umlaufs eines Schriftstückes sind in Parlamenten aufgrund des demokratischen Repräsentationsprinzips und des daraus abgeleiteten Öffentlichkeitsprinzips allgemein unzulässig. Aufgrund fehlender Beratung als wichtiges Element der politischen Willensbildung entfällt die Sitzungsöffentlichkeit. Dem Öffentlichkeitsgrundsatz könnte noch die Berichterstattungsöffentlichkeit Genüge tun. Die amtliche Berichterstattung würde sich aber lediglich auf das Ergebnis der Parlamentsentscheidung und der Abstimmung beziehen. Eine Berichterstattung durch die Medien könnte nicht stattfinden. Eine Nachvollziehbarkeit und eine Transparenz der Entscheidungen der direkt gewählten Volksvertretung in einer repräsentativen Demokratie wären damit nicht mehr hinreichend gesichert.

In einigen Gemeinderäten, die gem. Art. 28 Abs. 2 GG gleichzeitig Teil der Verwaltung sind, kann eine schriftliche Abstimmung über Gegenstände einfacher Art erfolgen.[172] Als Gegenstände einfacher Art werden Angelegenheiten von geringer Bedeutung bezeichnet. Wegen ihrer unerheblichen Außenwirkung sowie Überschaubarkeit ihrer tatsächlichen und rechtlichen Entscheidungsgrundlagen kann hier auf mündliche Erörterungen verzichtet werden.[173] Darüber hinaus sind schriftliche Zustimmungen in exekutiven Organen, wie in der Bundesregierung

---

[169] Anderheiden bezeichnet das Umlaufverfahren als Alternative zur Abstimmung. Da bei Umlaufverfahren auch Stimmen abgegeben werden (Abstimmungsverhalten), wird das Umlaufverfahren in vorliegender Arbeit unter die Abstimmungsarten subsumiert. Michael Anderheiden, Verfahrens- und Zurechnungsprobleme bei Umlaufverfahren, in: VerwArch, 97 (2006) 2, S. 178.
[170] Vgl. Henry G. Schermers/Niels M. Blokker (Fn. 57), § 876, S. 599.
[171] Vgl. Michael Anderheiden (Fn. 169), S. 172.
[172] § 37 Abs. 1 Satz 2 GO BW, § 39 Abs. 1 Satz 2 SächsGemO, § 52 Abs. 2 Satz 2 GO LSA. Beschlüsse über Gegenstände einfacher Art haben für die Gemeinde oder den Bürger unerhebliche Auswirkungen. Über das Vorliegen eines Gegenstandes einfacher Art entscheidet der Bürgermeister nach pflichtmäßigem Ermessen. Der Beschluss kommt nur dann zustande, wenn kein Mitglied widerspricht.
[173] Vgl. Alfons Gern (Fn. 55), Rdnr. 525, S. 340 f.

nach § 20 Abs. 2 GOBReg. (Umlaufverfahren) bzw. in den Landesregierungen[174] vorgesehen, wie schon zuvor in der Reichsregierung nach § 27 GO Reichsregierung.[175]

Schriftliche Abstimmungen sind auf europarechtlicher Ebene in Art. 12 GO EG-Rat sowie Art. 12 GO EG-Kommission geregelt. Nach der Bestimmung der Geschäftsordnung des Rates der Europäischen Gemeinschaften werden zwischen normalen schriftlichen Abstimmungen und vereinfachten schriftlichen Abstimmungen unterschieden. Erstere werden bei dringenden Angelegenheiten angewendet, wenn der Rat oder der Ausschuss der Ständigen Vertreter dies einstimmig beschließt. Unter besonderen Umständen kann auch der Präsident die Anwendung einer schriftlichen Abstimmung vorschlagen. Dies setzt das Einverständnis aller Mitgliedstaaten voraus (Art. 12 Abs. 1 GO EG-Rat). Eine Verletzung dieser Bestimmung stellt einen Verstoß wesentlicher Formvorschriften im Sinne von Art. 230 EG dar.[176] Außerdem ist die Zustimmung der Kommission erforderlich, wenn die Abstimmung einen Gegenstand betrifft, mit dem die Kommission den Rat befasst hat (Art. 12 Abs. 2 GO EG-Rat). Die Dringlichkeit der Angelegenheit oder die besonderen Umstände können beispielsweise aus primär- oder sekundärrechtlich festgelegten Fristen folgen, wobei nach Rechtsprechung des Europäischen Gerichtshofes dem Rat ein gewisser Beurteilungsspielraum obliegt. Die Durchführung des schriftlichen Verfahrens liegt in der Kompetenz des Generalsekretariats des Rates, der die zur Abstimmung stehende Frage unter Fristsetzung für die Beantwortung an die Delegation und gegebenenfalls an die Kommission übermittelt (in der Regel durch Telefax). Der Beschluss gilt als angenommen, wenn sich aus den schriftlichen Antworten der Mitgliedstaaten die jeweils erforderliche Beschlussmehrheit ergibt. Die im schriftlichen Verfahren angenommenen Rechtsakte unterliegen, wie andere Rechtsakte auch, der Veröffentlichung.[177]

Vereinfachte schriftliche Abstimmungen (COREU) können gem. Art. 12 Abs. 4 GO EG-Rat auf Veranlassung des Vorsitzes zur Durchführung der GASP im Rat erfolgen. Nach diesem Verfahren gilt der Vorschlag nach Ablauf der vom Vorsitz entsprechend der Dringlichkeit der Angelegenheit festgesetzten Frist als angenommen, wenn kein Ratsmitglied einen Einwand erhebt (Art. 12 Abs. 4 GO EG-Rat).[178] Diese Form der schriftlichen Abstimmung ist ebenfalls in Art. 12 GO EG-Kommission geregelt. Auch hier bedarf es der Zustimmung aller Kommissionsmitglieder (Art. 12 Abs. 4 GO EG-Kommission), während bei einer mündlichen

---

[174] § 13 GO Bayerische Staatsregierung; § 15 Abs. 2 GOLReg. BB; § 22 GOLReg. HE, in: GVBl. 1995 I, 114; § 10 Abs. 2 GOLReg. MV, in: GVOBl. M-V 1995, 115; 1997, 535; § 11 Abs. 1 Satz GGO LReg. und Ministerien NI, in: Nds. GVBl. 2004, 108; 2004, 584; § 24 Abs. 5 GGO LReg., Ministerien, Staatskanzlei und Vertretung des Landes RP beim Bund und der EU; § 18 Abs. 2 GOLReg. SH, in: GVOBl. 1992, 236; 2005, 361.

[175] Vgl. Friedrich Giese, Die Verfassung des Deutschen Reiches, 8. Auflage, Berlin 1931, § 55, Rdnr. 2, S. 152.

[176] EuGH, Rs. 68/86, 23.02.1988, Slg. 1988, 855, Rdnr. 49 (VK/Rat).

[177] Vgl. Jan-Peter Hix, in: Jürgen Schwarze (Hrsg.), EU-Kommentar, Baden-Baden 2000, Art. 205 EGV, Rdnr. 20 f., S. 1813.

[178] Vgl. ebenda, Art. 205 EGV, Rdnr. 22, S. 1813 f.

Beschlussfassung die Mehrheit der Stimmen der Kommissare entscheidet.[179] Für einen schriftlichen Beschluss der Kommission ist im Gegensatz zum mündlichen Verfahren (absoluter Mehrheitsbeschluss) die Zustimmung aller Kommissare (Einstimmigkeitsbeschluss) notwendig (Art. 12 Abs. 4 GO EG-Kommission).[180]

Auf völkerrechtlicher Ebene wurden schriftliche Abstimmungen (*vote by correspondence*) vom Weltpostverein bereits Ende des 19. Jahrhunderts eingeführt. Nach Art. 20 Pariser Konvention von 1878 konnten sich die Mitgliedstaaten in den Intervallen (von fünf Jahren) zwischen den Sitzungen des Kongresses mit Vorschlägen an das Internationale Büro wenden, das diese unter den weiteren Mitgliedern zirkulieren ließ, mit der Einladung sich dafür oder dagegen auszusprechen.[181] Heute wenden einige Kollegialorgane sowohl mit allgemeiner als auch mit beschränkter Mitgliedschaft ein schriftliches Abstimmungsverfahren an, das auch ausdrücklich in entsprechenden Normen vorgesehen ist. So können die Gouverneursräte des IFAD[182] und des IMF[183] ein Votum der Gouverneure über eine bestimmte Frage ohne Anberaumung einer Sitzung einholen. Der Verwaltungsrat des IFAD, Organ mit beschränkter Mitgliedschaft und mit Stimmenwägung, kann ebenfalls über Beschlüsse schriftlich abstimmen[184], wie auch der Exekutivrat der WMO als Organ mit beschränkter Mitgliedschaft, in dem jedes Mitglied nur eine Stimme hat.[185]

D. Probeabstimmung

Teilweise werden den eigentlichen Abstimmungen auch Probeabstimmungen vorgeschaltet. Eine Probeabstimmung (*straw vote*) ist eine nicht offizielle Abstimmung zur Feststellung der Meinungen zu bestimmten Fragen. Diese wird angewendet, um im Vorfeld einer Abstimmung zu ergründen, ob bestimmte vorgeschriebene Ergebnisse (z.B. Einstimmigkeit, qualifizierte Mehrheit) erreicht werden können. Bei Vorliegen des gewünschten Ergebnisses kann zur eigentlichen Abstimmung geschritten werden. Bei Nichtvorliegen werden in der Regel die Ver-

---

[179] Vgl. Kerstin Jorna, in: Jürgen Schwarze (Hrsg.) (Fn. 177), Art. 219 EGV, Rdnr. 14, S. 1877.
[180] Vgl. ebenda, Art. 219 EGV, Rdnr. 14, S. 1877.
[181] Vgl. Ralph Zacklin, The Amendment of the Constitutive Instruments of the United Nations and Specialized Agencies, Leyden 1968, S. 44 f.
[182] Art. 6 Abschnitt 2 lit. e IFAD-Übereinkommen i.V.m. Regel 39 GO Gouverneursrat vom 13.12.1977. Nach der Geschäftsordnungsbestimmung des Gouverneursrates des IFAD sendet der Vorsitzende den Mitgliedern den Vorschlag mit der Bitte um Abstimmung innerhalb eines bestimmten Zeitraumes. Für einen gültigen Beschluss fordert der IFAD wie auch andere internationale Organisationen eine Mindestanzahl von teilnehmenden Mitgliedern. Ein Beschluss des Gouverneursrates des IFAD kommt nur bei einer Anzahl von Rückantworten von Mitgliedern zustande, die mindestens zwei Drittel der Gesamtstimmen innehaben.
[183] Art. XII Abschnitt 2 lit. f IMF-Übereinkommen.
[184] Regel 23 GO IFAD-Verwaltungsrat.
[185] Art. 16 lit. b WMO-Übereinkommen.

handlungen bzw. Gespräche zur Willensbildung weitergeführt. Neben ihrer trendbildenden Wirkung haben Probeabstimmungen den Vorteil, Klarheit über Streitfragen zu schaffen.[186]

Im Bundestag sind Probe- bzw. vorbereitende Abstimmungen sowohl im Plenum als auch in den Ausschüssen nicht unüblich. Sie werden aber nicht unter Beschlüsse im Sinne von Art. 42 Abs. Satz 1 GG subsumiert, sondern gehören zu den dem Gesetzesbeschluss „vorangehenden Beratungen".[187] Probeabstimmungen sind beispielsweise auch im Entscheidungsprozess des Rates der Europäischen Gemeinschaften nach Art. 9 Abs. 3 GO EG-Rat möglich.

Im Rahmen der Abstimmungen im UN-Sicherheitsrat hat die Hochrangige Gruppe für Bedrohungen, Herausforderungen und Wandel zur Reform der UNO in ihrem Bericht die Einführung eines Systems von „Vorabstimmungen" (*indicative voting*) im UN-Sicherheitsrat vorgeschlagen, dass Mitglieder des Sicherheitsrates verlangen könnten, die jeweilige Haltung zu einer vorgeschlagenen Maßnahme öffentlich zu erläutern.[188] Mit diesem einer Rechtskraft entbehrenden Vorabstimmungsergebnis soll vorrangig das Einlegen eines Vetos verhindert und damit die Handlungsfähigkeit des Sicherheitsrates gewahrt bleiben. Erst die zweite, förmliche Abstimmung würde nach dem gegenwärtigen Verfahren vorgenommen werden und zu einem rechtsverbindlichen Abstimmungsergebnis führen. Nach Auffassung der Gruppe würde das Vorschalten einer Abstimmung die Rechenschaftspflicht für den Gebrauch des Vetos erhöhen.[189] Darüber hinaus könnten die vorgeschlagenen Vorabstimmungen die Möglichkeit eröffnen, den Gebrauch des Vetos durch die ständigen Sicherheitsratsmitglieder zu verringern, indem solange weiter verhandelt wird, bis ein tragfähiger Kompromiss erzielt wurde. Damit würden die Vorabstimmungen einen Beitrag zur Wahrung der dringend erforderlichen Funktions- und Handlungsfähigkeit des Sicherheitsrates leisten können. Bei Einführung von Vorabstimmungen im UN-System könnte zukünftig der so genannten Probeabstimmung auch auf universeller Ebene eine weitaus höhere Bedeutung zukommen als bisher.

E. Berichtigung der Stimmabgabe

Eine einmal erfolgte Stimmabgabe kann nach allgemein anerkannter Auffassung in der Regel bei allen Abstimmungsarten von einem stimmberechtigten Mitglied eines kollegialen Entscheidungsorgans während des laufenden Abstimmungsverfahrens berichtigt werden.[190] Eine Stimmabgabe impliziert die Abgabe einer Ja-,

---

[186] Vgl. Ekkehart Hasselsweiler, Der Vermittlungsausschuß, Berlin 1981, S. 169.
[187] BVerfGE 1, 144 (154). Vgl. Hans Troßmann (Fn. 48), § 54, Rdnr. 4, S. 352.
[188] UN Doc. A/59/565 (02.12.2004), para. 257, S. 68. Vgl. Gerd Seidel, Reform der UNO, in: RuP, 41 (2005) 2, S. 92.
[189] UN Doc. A/59/565 (02.12.2004), para. 257, S. 68.
[190] Von der Berichtigung der Stimmabgabe zu unterscheiden ist die in Parlamenten allgemein zulässige Berichtigung von Beschlüssen wie Rechtsakte. Die Berichtigung offensichtlicher Fehler in Beschlüssen fließt aus dem Rechtsstaatsprinzip, insbesondere den

Nein-Stimme oder Stimmenthaltung, nicht aber die Rücknahme der Stimme. Letzteres würde implizieren, dass eine abgegebene Stimme in eine Nichtteilnahme an der Abstimmung umgewandelt werden würde. Unter Berichtigung der Stimmabgabe wird eine Änderung einer Ja- in eine Nein-Stimme oder umgekehrt bzw. einer von beiden in eine Stimmenthaltung oder umgekehrt verstanden. Die Berichtigung der Stimmabgabe kann wegen Irrtums oder Willensänderung solange erfolgen, wie die Abstimmung nicht abgeschlossen bzw. das Abstimmungsergebnis nicht verkündet worden ist.[191]

Eine irrtümliche Stimmabgabe durfte schon im Reichstag des Kaiserreiches bis zum Schluss der Abstimmung berichtigt werden.[192] Eine Änderung bzw. Berichtigung der Stimmabgabe ist gewohnheitsrechtlich auch im Bundestag und Bundesrat bis zum Schluss der jeweiligen Abstimmung zulässig.[193] Dem Zweck der Rechtsklarheit dient eine entsprechende Erklärung des Vorsitzenden des kollegialen Entscheidungsorgans über die Beendigung der Abstimmung.[194]

Da durch die Berichtigung der Stimmabgabe der eigentliche Wille der am Entscheidungsprozess Beteiligten zum Ausdruck gebracht wird, ist eine solche auf innerstaatlicher Ebene vor allem wegen des Demokratie- und Rechtsstaatsprinzips geboten, auf völkerrechtlicher Ebene wegen des Prinzips der staatlichen Souveränität. Deshalb hat auch die von Kollegialorganen angestrebte Entscheidungseffi-

---

Grundsätzen der Gesetzesklarheit und Gesetzesbestimmtheit. Die Bestimmung in § 122 Abs. 3 GOBT bezieht sich auf Druckfehler und andere offenbare Unrichtigkeiten. Druckfehler werden nicht durch das beschließende Organ verursacht. Andere Unrichtigkeiten werden hingegen durch die Unachtsamkeit des Gesetzgebers bzw. durch die eines anderen an der Gesetzgebung beteiligten Organs bewirkt. Durch die Berichtigung darf keine inhaltliche Veränderung einer Vorschrift vorgenommen werden. Eine solche würde gegen den Willen des Gesetzgebers und den Grundsatz der Unverrückbarkeit von Beschlüssen (*vote acquis*) verstoßen. Vgl. hierzu Paul Laband, Das Staatsrecht des Deutschen Reiches, 2. Band, 5. Auflage, Tübingen 1911, S. 58 ff.; Ferdinand Bücker, Die Unverrückbarkeit von Parlamentsbeschlüssen im Gesetzgebungsverfahren, Köln 1961, S. 84 ff.; Friedrich Schack, Richterliche Textkritik und Prüfung der formellen Verfassungswidrigkeit, in: JIR, 11 (1962), S. 383 ff.; Norbert Achterberg, Die Evidenz als Rechtsbegriff, in: DÖV, 16 (1963) 9, S. 333 ff.; Friedrich Schack, Redaktionsfehler, formelle Verfassungswidrigkeit und Irrtum und Täuschung des Gesetzgebers, in: DÖV, 17 (1964) 14, S. 469 ff.; Michael Kirn, Die „Berichtigung" von beschlossenen noch nicht ausgefertigten und verkündeten Gesetzen, in: ZRP, 6 (1973) 3, S. 49 ff.; Johann Friedrich Staats, Zur Berichtigung von Gesetzesbeschlüssen des Bundestages wegen Redaktionsversehen, in: ZRP, 7 (1974) 8, S. 183 ff.; Günter Schorn, Die Berichtigung offenbarer Unrichtigkeiten in Hoheitsakten der Gesetzgebung, Münster 1984, S. 42 ff.; Thilo Brandner, Berichtigung von Gesetzesbeschlüssen durch die Exekutive, in: ZG, 5 (1990), S. 46 ff. Zur Rechtsprechung vgl. BVerfGE, 14, 245 (250). EuGH Rs. C-137/92 P, 15.06.1994, Slg. 1994, I-2555, Rdnr. 4 (Kommission/BASF).

[191] Vgl. Joseph Bücker (Fn. 123), § 52, Rdnr. 2. d, S. 2.
[192] Vgl. B. Jungheim/Kurt Perels (Fn. 84), § 58, S. 231.
[193] Vgl. Hans Troßmann (Fn. 48), § 57, Rdnr. 13, S. 401; Konrad Reuter (Fn. 51), § 32, Rdnr. 15, S. 547.
[194] Vgl. Norbert Achterberg (Fn. 6), S. 116 ff.

zienz, die durch eine Berichtigung der Stimmabgabe beeinträchtigt werden könnte, zurückzustehen.

F. Wiederholung der Abstimmung

Im Gegensatz zur Berichtigung der Abstimmung erfolgt die Wiederholung der Abstimmung nach Abschluss des Abstimmungsvorganges und nicht während desselben. Nach Achterberg zählt die Frage, „[...] unter welchen Voraussetzungen die Abstimmung außer im Falle der Beschlußunfähigkeit wiederholt werden kann, [...] zu den schwierigsten Problemen des Abstimmungsrechts."[195] Wegen ihrer Bedeutung für den politischen Willensbildungs- und Entscheidungsprozess bedarf sie einer eingehenden Erörterung.

Als Wiederholung der Abstimmung wird eine erneute Stimmabgabe über eine Sachfrage bezeichnet, über die bereits abgestimmt worden ist. Die Stimmberechtigten haben bei einer Wiederholung der Abstimmung die Möglichkeit, über die gleiche Frage noch einmal abzustimmen, wobei es ihnen in der Regel frei steht, eine andere als die vorherige Stimme abzugeben.[196] Die Abstimmung im weiten Sinne setzt sich zusammen aus der Fragestellung, der Stimmabgabe und der Feststellung bzw. Verkündung des Abstimmungsergebnisses. Die Wiederholung der Abstimmung kann wegen Irrtums oder wegen Willensänderung erfolgen. Irrtümer sind durch fehlerhafte Wahrnehmung von Abstimmungsvorgängen möglich, beispielsweise durch falsches Verstehen der Abstimmungsfrage, durch fehlerhafte Willensbildung oder durch Fehler bei der Feststellung des Abstimmungsergebnisses.[197] Mit einer Wiederholung der Abstimmung können Abstimmungsfehler beseitigt und Willensäußerungen berichtigt werden. Abstimmungen werden nach Bestimmungen der Verfassungen, Geschäftsordnungen bzw. des Gewohnheitsrechts in Fällen wiederholt, wenn Zweifel über das Abstimmungsergebnis bestehen, das Abstimmungsergebnis nicht zweifelsfrei festgestellt werden kann[198], die Richtigkeit der Feststellung des Abstimmungsergebnisses durch stimmberechtigte Mitglieder angezweifelt wird, oder wenn eine formlose vereinfachte Abstimmung durch Zuruf oder stillschweigende Zustimmung durch ein ordnungsgemäßes Verfahren ersetzt werden soll.[199]

---

[195] Ebenda, S. 116. Bei der in § 20 Abs. 5 GOBT geregelten Wiederholung der Abstimmung bei Beschlussunfähigkeit handelt es sich im eigentlichen Sinne wegen fehlenden Beschlusses z.B. um keine rechtswirksame Abstimmung. Vgl. Horst Schmitt (Fn. 93), S. 172.

[196] Nach englischem Parlamentsgewohnheitsrecht sind die Abgeordneten verpflichtet, bei einer Wiederholung der Abstimmung durch „*division*" genauso abzustimmen, wie sie es vorher bei der Abstimmung durch Zuruf getan haben. Vgl. Horst Schmitt (Fn. 93), S. 80 f., 169.

[197] Zum ersten Präzedenzfall wegen Irrtums über den Inhalt einer Abstimmung auf der 132. Sitzung des BT vom 10.04.1951 vgl. Ferdinand Bücker (Fn. 190), S. 25 ff.

[198] § 51 Abs. 1 GOBT.

[199] Vgl. Horst Schmitt (Fn. 93), S. 165 ff.

F. Wiederholung der Abstimmung

Die Wiederholung der Abstimmung könnte dem aus der englischen Praxis[200] und französischen Lehre[201] hervorgegangenen gewohnheitsrechtlichen und mitunter sogar verfassungsrechtlich geltenden Grundsatz von der Unverrückbarkeit von Beschlüssen (*vote acquis*) widersprechen, wonach einmal gefasste Beschlüsse Bestand haben.[202] Ansonsten würde das kollegiale Entscheidungsorgan nicht nur an Glaubwürdigkeit und Ansehen verlieren, sein Votum nicht sorgfältig genug überdacht zu haben, sondern womöglich den Entscheidungsprozess anderer Kollegialorgane (legislative, exekutive, judikative) desselben Staates oder derselben Staatenverbindung gefährden, die ihre Entscheidungen wiederum darauf aufbauen und damit grundlegenden Rechtsprinzipien widersprechen.[203] In diesem Zusammenhang ist insbesondere auf die Rechtssicherheit als wesentliches Element des Rechtsstaatsprinzips zu verweisen, die Beständigkeit staatlicher bzw. hoheitlicher Entscheidungen fordert. Auch muss der Anspruch der an der Entscheidung teilnehmenden Mitglieder auf Schutz ihres Vertrauens gewährleistet sein, dass die Abstimmung für die Bestimmung des Inhalts der Entscheidung maßgeblich ist.[204] Durch das Verbot, erneut Anträge und Abstimmungen in derselben Beratung zum selben Gegenstand zu stellen, werden sich widersprechende Beschlüsse vermieden und damit die Rechtssicherheit gewahrt.[205] Der Bestandsschutz einmal gefasster Beschlüsse bedeutet gleichwohl nicht, dass diese Ewigkeitscharakter haben. Dies würde schon dem Demokratieprinzip, speziell der Herrschaft auf Zeit widersprechen, wonach Minderheiten zu Mehrheiten werden und einmal angenommene Beschlüsse wie auch Gesetze modifizieren oder ersetzen können.

Dieser Grundsatz ist sowohl in der französischen Volksversammlung als auch im englischen Unterhaus nicht ohne Einschränkungen angewendet worden.[206] Der alte Reichstag hat zunächst den Grundsatz nicht anerkannt. Erst mit Beginn des 20. Jahrhunderts lässt sich eine Anerkennung der Unverrückbarkeit von Parla-

---

[200] In England war durch Beschluss des Unterhauses festgesetzt: „That a question being once made carried in the affirmative or negative, cannot be questioned again, but must stand as a judgement of the house." Zitiert nach Julius Hatschek (Fn. 84), S. 78; Vgl. Ferdinand Bücker (Fn. 190), S. 13 ff.

[201] § 68 Abs. 4 GONV Frankreich bestimmt, dass eine Berichtigung der Abstimmung nach Schluss der Abstimmung nicht zulässig ist. Im Gegensatz zum englischen Parlamentsrecht gilt im französischen der Grundsatz des *„vote acquis"* für den ganzen Beratungsverlauf eines Gegenstandes. Ein Rückgriff auf einen einmal gefassten Beschluss ist weder im selben Beratungsstadium noch während späterer Beratungen zulässig. Vgl. Ferdinand Bücker (Fn. 190), S. 15 ff.

[202] Vgl. Julius Hatschek (Fn. 84), S. 77 ff.; Theodor Maunz, Unverrückbarkeit parlamentarischer Beschlüsse, in: Hans Schneider/Volkmar Götz (Hrsg.), FS für Werner Weber, Berlin 1974, S. 300 ff.; Hans Troßmann (Fn. 48), § 54 Anhang A, Rdnr. A 1, S. 361 f.; Norbert Achterberg (Fn. 2), S. 649.

[203] Vgl. Julius Hatschek (Fn. 84), S. 77.

[204] Vgl. Eckart Schiffer, Feststellung des Inhalts und Änderung von Beschlüssen sowie Berichtigungen im Gesetzgebungsverfahren, in: Eckart Schiffer/Helmut Karehnke (Hrsg.), FS für Hans Schäfer, Köln/Berlin/Bonn/München 1975, S. 46.

[205] Vgl. Ferdinand Bücker (Fn. 190), S. 13.

[206] Vgl. Gudrun Straßberger (Fn. 154), S. 82.

mentsbeschlüssen als Grundsatz durch den Reichstag nachweisen.[207] Danach ist eine Wiederholung der Abstimmung, nachdem das Ergebnis der Abstimmung ordnungsgemäß festgestellt worden ist, nicht möglich gewesen.[208] Ausnahmen von dieser an sich rigorosen Regel hat es im Einzelfall bei Irrtum gegeben. Der Bundestag erkennt den Grundsatz der Unverrückbarkeit von Beschlüssen uneingeschränkt an.[209] Danach kann ein unbestritten ordnungsgemäß gefasster Beschluss bzw. eine abschließende Entscheidung während einer Beratung nicht mehr aufgegriffen, aufgehoben oder verändert werden.[210] „Abschließende Beschlüsse im Plenum einer Volksvertretung, vor allem im Gesetzgebungsverfahren, sind abgesehen von bloßen Berichtigungen und Irrtumskorrekturen als unverrückbar anzusehen, wenn ihr Inhalt im gleichen [...] Verfahren erneut zur Beschlussfassung ansteht und wenn durch die erneute Beschlussfassung der ursprüngliche Inhalt des Beschlusses verändert würde."[211]

Im Bundestag gilt der Grundsatz der Unverrückbarkeit von Beschlüssen nicht nur wegen des parlamentarischen Gewohnheitsrechts[212], sondern auch in all den Fällen, in denen der Bundestag aufgrund gesetzlicher Bestimmungen entscheidet und die rechtsgültig getroffene Entscheidung endgültig ist. Dies betrifft die Entscheidungen des Bundestages aufgrund des Wahlprüfungsgesetzes oder im Gesetzgebungsverfahren im Sinne des Art. 77 Abs. 1 Satz 1 sowie Art. 78 GG. Als unverrückbar gelten die Zustimmung und die Zustimmungsverweigerung des Bundesrates, der Beschluss des Bundesrates, bei Einspruchsgesetzen den Vermittlungsausschuss anzurufen, bei Fehlen eines Antrages auf Anrufung auch die Nichtanrufung, solange das Verfahren noch nicht abgeschlossen ist, sowie der Beschluss über die Nichteinlegung eines Einspruchs.[213] Hinsichtlich der Gesetzesbeschlüsse des Bundestages wird dem Grundsatz der Unverrückbarkeit Verfassungsrang[214] bzw. „Gewohnheitsrecht mit Verfassungsrang"[215] zugestanden. Für den Bundesrat gilt gem. § 32 Satz 2 GOBR der Grundsatz prinzipiell ebenfalls, wonach über Gegenstände, deren Behandlung abgeschlossen ist, nicht erneut beraten und abgestimmt werden darf, wenn ein Land widerspricht.[216] Das in dieser Bestimmung enthaltene Verbot, Beschlüsse des Bundesrates durch erneute Abstim-

---

207 Vgl. Julius Hatschek (Fn. 84), S. 82 ff.; Ferdinand Bücker (Fn. 190), S. 17 ff.
208 Vgl. B. Jungheim/Kurt Perels (Fn. 84), § 55, S. 203 f.
209 Der Grundsatz gilt auch für andere Parlamente wie Landtage. Zur Gültigkeit des Grundsatzes in Landtagen allgemein und zur Beachtung im Verfassungsstreit in Bayern über die Einfügung eines Artikels über die Rundfunkfreiheit in die bayerische Landesverfassung in den Jahren 1972 und 1973 speziell vgl. Theodor Maunz (Fn. 2002), S. 304 ff.
210 Vgl. Hans Troßmann (Fn. 48), § 54 Anhang A, Rdnr. A 3, S. 362 f.
211 Theodor Maunz (Fn. 202), S. 310.
212 Zur Parlamentspraxis im Deutschen Reich vgl. Julius Hatschek (Fn. 84), S. 80 ff.
213 Vgl. Theodor Maunz (Fn. 202), S. 302.
214 Vgl. Eckart Schiffer (Fn. 204), S. 46; Joseph Bücker (Fn. 123), § 48, Rdnr. III b, S. 7.
215 Rüdiger Sannwald, in: Bruno Schmidt-Bleibtreu/Franz Klein (Hrsg.), Kommentar zum Grundgesetz, 10. Auflage, München 2004, Art. 77, Rdnr. 10, S. 1467.
216 Vgl. Ferdinand Bücker (Fn. 190), S. 52 ff.; Eckart Schiffer (Fn. 204), S. 47 f.

mung in Frage zu stellen, wird auf den Grundsatz der Unverrückbarkeit von Beschlüssen zurückgeführt.[217]

Für den Grundsatz von der Unverrückbarkeit von Beschlüssen ist die Bestimmung des Zeitpunktes entscheidend, ab dem der Bestandsschutz gilt. Ein Wiederholungsverbot einer erneuten Abstimmung tritt generell nach Abschluss des Abstimmungsvorganges ein.[218] In der Regel wird mit der Verkündung des Abstimmungsergebnisses durch den Präsidenten die Abstimmung als abgeschlossen gelten, wie beim Bundestag. Allgemein wird von einer Verkündung des Beschlusses auszugehen sein dürfen, wenn der Vorsitzende des kollegialen Entscheidungsorgans die Annahme oder Ablehnung der zur Abstimmung gestellten Frage festgestellt hat.[219] Nach ständiger Übung des Bundestages darf eine ordnungsgemäß durchgeführte Abstimmung ebenfalls nicht wiederholt werden, auch wenn das Abstimmungsergebnis noch nicht bekannt gegeben worden ist. Ausnahmen hiervon bedürfen einer entsprechenden normativen Festlegung in der Geschäftsordnung, wie beispielsweise in § 51 GOBT.

Beschlüsse des Bundesrates werden indessen gem. § 32 Satz 1 GOBR erst mit dem Ende der Sitzung wirksam, so dass ein „schutzbedürftiges Vertrauen in den Bestand des Beschlusses" vor Sitzungsschluss noch nicht gegeben ist.[220] Danach ergibt sich die Unverrückbarkeit von Bundesratsbeschlüssen erst nach Sitzungsende, obwohl der Abstimmungsvorgang mit der Verkündung des Abstimmungsergebnisses noch während der Sitzung beendet worden ist. „Rechtsdogmatisch gesehen sind die Beschlüsse des BR schwebend unwirksam, bis sie durch Zeitablauf (Sitzungsschluss) endgültig wirksam werden."[221] Der Bundesrat kann aber auch nach § 48 GOBR im Einzelfall von seiner Geschäftsordnung einschließlich § 32 Satz 1 GOBR abweichen und durch einstimmigen Beschluss die sofortige Wirkung eines Beschlusses bewirken. Ein solcher Beschluss wird inhaltlich sofort und nicht erst nach Sitzungsende wirksam. Die Befugnis des Bundesrates, den Zeitpunkt des Wirksamwerdens seiner Beschlüsse festzulegen, fließt aus der ihm in Art. 52 Abs. 3 Satz 2 GG verfassungsrechtlich verliehenen Geschäftsordnungsautonomie.[222]

---

[217] Das Verbot der Beratungs- und Abstimmungswiederholung, wenn von einem Land Widerspruch erhoben wird, gilt nicht im Umkehrschluss. § 32 Satz 2 ist wie folgt auszulegen: „Falls eine Wiederholung nach den allgemeinen Regeln überhaupt zulässig ist, darf sie jedenfalls nicht gegen den Widerspruch eines Landes vorgenommen werden." Konrad Reuter (Fn. 51), § 32, Rdnr. 23, S. 551.
[218] Vgl. Konrad Reuter (Fn. 51), § 32, Rdnr. 9, S. 546.
[219] Vgl. Hans Troßmann (Fn. 48), § 54 Anhang A, Rdnr. 1 f., S. 361.
[220] Die Vorläuferbestimmung des § 32 Satz 2 GOBR war § 11 Abs. 5 GOBR von 1953, die lautete: „Über Gegenstände, die auf der Tagesordnung stehen, und über die beschlossen worden ist, darf in derselben Sitzung nicht erneut beraten und beschlossen werden, sofern ein Land widerspricht." Mit der Streichung der Worte „in derselben Sitzung" sollte klargestellt werden, dass eine erneute Beschlussfassung auch in späteren Sitzungen gegen den Widerspruch eines Landes nicht erfolgen darf. Vgl. Konrad Reuter (Fn. 51), § 32, Rdnr. 8, 24, S. 545, 551 f.
[221] Ebenda, § 32, Rdnr. 2, S. 543.
[222] Vgl. ebenda, § 32, Rdnr. 2 ff., S. 542 ff.

Für bereits verkündete Parlamentsbeschlüsse hat Troßmann aufgrund der Unverrückbarkeit des Votums zwei Grundregeln aufgestellt. Bei der Beratung über einen Gegenstand ist eine Abstimmung über jede Sachfrage nur einmal zulässig, eine Wiederholung der Abstimmung damit unzulässig.[223] Diesbezüglich wird von der Unverrückbarkeit des Votums im materiellen Sinne gesprochen. Ein Beschluss gilt solange, bis er wieder formell durch dasselbe Organ und in der gleichen Weise, d.h. durch *actus contrarius* aufgehoben oder geändert worden ist. Hierbei handelt es sich um die Unverrückbarkeit des Votums im formellen Sinne.[224] Diese beiden Grundregeln von der Unverrückbarkeit des Votums im materiellen und formellen Sinne gelten in der Praxis allerdings nicht uneingeschränkt und ihre Anwendung weist ebenso wenig auf eine ständig eindeutige Auslegung und Praxis.[225] Schon Hatschek verwies darauf, dass es „[...] bei aller Anerkennung des Grundsatzes der Unverrückbarkeit ein unleidlicher Zustand [wäre], wenn die Unverrückbarkeit des einmal verkündeten Votums immer und unter allen Umständen festgehalten werden wollte und selbst ein Irrtum [...] niemals zu einer Vernichtung des Votums [...] führen könnte."[226] Nach Auffassung des von zivilistischen Vorstellungen befangenen Hatschek[227] erscheint die Beseitigung der Abstimmungsmängel als „[...] eine wohl oder übel zugelassene Ausnahme vom Grundsatz der Unverrückbarkeit des Parlamentsbeschlusses."[228] Da der Zweck des *vote acquis* in der Vermeidung einer grundlosen Wiederholung von Abstimmungen liegt, kommt nach Schmitt dem Grundsatz die Bedeutung eines verfahrensrechtlichen Ordnungsprinzips zu. Die Frage, welchem Prinzip im Einzelfall der Vorrang gebührt, dem Grundsatz der Mängelbeseitigung durch Wiederholung der Abstimmung oder dem der Unverrückbarkeit des Beschlusses, löst er zu Recht zugunsten des ersten auf. Daraus schließt Schmitt, dass nur fehlerfrei zustande gekommene Voten bzw. Beschlüsse unabänderlich sind und fehlerhafte Abstimmungen wiederholt werden dürfen.[229]

---

[223] Während im englischen und deutschen Parlamentsrecht das bejahende Votum nicht durch ein anderes in derselben Sitzung ersetzt werden darf, nur bei Gesetzentwürfen sind in einem früheren Stadium eingebrachte und abgelehnte Änderungsanträge in jedem Beratungsstadium zulässig, gilt im französischem Parlamentsrecht die Unverrückbarkeit für den ganzen Beratungsverlauf. Vgl. Julius Hatschek (Fn. 84), S. 78 f.
[224] Vgl. ebenda, S. 81 f.; Ferdinand Bücker (Fn. 190), S. 10 f.
[225] Vgl. Hans Troßmann (Fn. 48), § 54 Anhang A, Rdnr. A 2 ff., S. 362 ff.; Konrad Reuter (Fn. 51), § 32, Rdnr. 7, S. 544 f.
[226] Julius Hatschek (Fn. 84), S. 87.
[227] Hatschek lehnt das Heranziehen der Irrtumslehre des Zivilrechts für die Beseitigung von Abstimmungsmängeln ab. Er sprach sich aber gegen eine Neuabstimmung aus, wenn ein Abgeordneter aufgrund falscher Vorstellungen abgestimmt hat bzw. wenn ein Irrtum im Motiv oder den geschäftsordnungsmäßigen Folgen liegt. Vgl. Horst Schmitt (Fn. 93), S. 166, 175 f. Zum Verbot der Anwendung zivilrechtlicher Vorschriften über die Folgen eines Irrtums vgl. auch Hans Troßmann (Fn. 48), § 54 Anhang A, Rdnr. A 5, S. 365.
[228] Horst Schmitt (Fn. 93), S. 176.
[229] Vgl. ebenda, S. 178 f.

Wenn die auf Gesetzesrecht basierenden Schlussabstimmungen bzw. abschließenden Beschlüsse des Bundestages fehlerhaft sind, finden die Grundsätze über den fehlerhaften Staatsakt Anwendung.[230] Mit der Frage der Wiederholung einer Abstimmung wegen Irrtums hat sich der Geschäftsordnungsausschuss des Deutschen Bundestages am 11. Mai 1951[231] sowie 11. Oktober 1954[232] befasst. Nach seiner Auffassung ist erstens die Anfechtung einer Schlussabstimmung unzulässig. Zweitens könne der Präsident eine Abstimmung wiederholen, wenn seiner Ansicht nach ein erheblicher Irrtum vorliegt und bei sofortiger Wiederholung der Abstimmung voraussichtlich ein anderer Beschluss zu erwarten wäre. Eine Wiederholung der Abstimmung wegen Irrtums des Präsidenten sei weiterhin nur möglich, wenn die Fassung der Fragestellung einen Irrtum in der Sache oder über die Auswirkung der Abstimmung hervorrufen kann, eine Wiederholung der Abstimmung wegen Irrtums der Abgeordneten im Verhalten, beispielsweise durch die irrtümliche Benutzung der falschen Abstimmungstür bei der Abstimmung durch Zählung, hingegen nicht. Drittens stehe es im Ermessen des Präsidenten, ob ein neuer Antrag bei der Wiederholung der Abstimmung zugelassen werden soll oder nicht.[233]

Einige dieser Auffassungen wurden von Troßmann zu Recht kritisiert. Während der erste Grundsatz unstrittig als richtig zu erachten sei, in der Praxis des Bundestages wird sogar darüber hinausgegangen, widerspreche dieser dem zweiten. Ist ein Irrtum auf die Fragestellung zurückzuführen, so könne die Erwartung eines anderen Abstimmungsergebnisses nicht von Bedeutung für eine Wiederholung der Abstimmung sein. Bei Vorliegen einer Streitigkeit zwischen dem Präsidenten und dem Parlament, ob die Fragestellung unrichtig bzw. irreführend ist, müsse der Präsident darüber abstimmen lassen. Bezüglich der dritten Auffassung dürfe es nicht im Ermessen des Präsidenten liegen, bei der Wiederholung einer Abstimmung neue Änderungsanträge zuzulassen. Dies würde der Geschäftsordnung widersprechen, wie beispielsweise im Gesetzgebungsverfahren gegen § 81 Abs. 2 GOBT.[234]

Mit dem Grundsatz von der Unverrückbarkeit von Beschlüssen sehen sich auch Parlamente anderer Staaten und kollegiale Entscheidungsorgane von Staatenverbindungen konfrontiert. Ein angenommener oder abgelehnter Vorschlag darf in der Regel während derselben Tagung der UN-Generalversammlung gem. Regel 81 GOGV nicht erneut behandelt werden. Das gilt jedoch nicht, wenn dies die Generalversammlung mit Zweidrittelmehrheit der anwesenden und abstimmenden Mitglieder beschließt. Mit dieser Bestimmung kann der Grundsatz von der Unverrückbarkeit von Beschlüssen durchbrochen werden. Im Gegensatz zu Parlamentsbeschlüssen handelt es sich allerdings bei Vorschlägen der Generalversammlung gem. Art. 10 UN-Charta um rechtlich nicht verbindliche Empfehlungen.

---

[230] Vgl. Hans Troßmann (Fn. 48), § 54 Anhang A, Rdnr. A 4.1, A 5, S. 363 ff.
[231] 1. WP/GO-Ausschuss/89./11.05.1951/S. 3 f.
[232] 2. WP/GO-Ausschuss/9./11.10.1954/S. 2 f.
[233] Vgl. Hans Troßmann (Fn. 48), § 54 Anhang A, Rdnr. A 12.1 f. S. 369 f.
[234] Vgl. ebenda, § 54 Anhang A, Rdnr. A 15.1, S. 372 f.

G. Vergleich der Abstimmungsarten

Die Wahl der Abstimmungsart ist maßgeblich abhängig von der Größe des Kollegialorgans, seiner Zusammensetzung bezüglich der in ihm vertretenen Interessen, der Wichtigkeit der zu treffenden politischen oder rechtlichen Entscheidung als auch eines womöglich bestehenden Erfordernisses eines exakten zahlenmäßigen Abstimmungsergebnisses. Die dargestellten Abstimmungsarten lassen sich von einfachen, aber unsicheren hinsichtlich des Abstimmungsergebnisses, bis hin zu komplizierten, zeitaufwendigen, aber exakte zahlenmäßige Abstimmungsergebnisse ermittelnde, Abstimmungen unterscheiden. Ausräumung von Zweifeln über das Abstimmungsergebnis, Beschleunigung des gesamten Abstimmungsverlaufes sowie schriftliche Aufzeichnung der Abstimmungsergebnisse sind die wichtigsten Gründe der Herausbildung verschiedener Abstimmungsarten.[235]

Die einfache Abstimmung eignet sich bei größeren kollegialen Entscheidungsorganen für weniger bedeutende Beschlüsse, die klare politische Mehrheitsverhältnisse widerspiegeln. Hierbei kann mit relativ wenig Zeitaufwand im Interesse einer Entscheidungseffizienz ein Gesamtüberblick über die Abstimmungsverhältnisse erzielt werden. Dabei bietet das Aufstehen von den Sitzen einen weitaus besseren Überblick über die Abstimmungsverhältnisse als das Handaufheben, so dass das Aufstehen im Verhältnis zum Handaufheben eine etwas genauere Abstimmungsart darstellt.[236] Deshalb sollte bei größeren Kollegialorganen das Aufstehen, bei kleineren das Handzeichen als Regelabstimmung gelten. Da es bei der einfachen Abstimmung auf die Mehrheit und nicht auf den Einzelnen ankommt, gehen die am Abstimmungsprozess Beteiligten in einer anonymen Mehrheit auf. Wie jeder Einzelne tatsächlich abgestimmt hat, lässt sich später nicht mehr nachweisen, so dass bei Wiederholungen von Abstimmungen durchaus ein anderes Ergebnis als vorher erzielt werden könnte. Dafür dürften sich die Abstimmenden frei von eventuellen Abstimmungszwängen fühlen. Die einfachen Abstimmungsarten bieten den Abstimmenden die Möglichkeit abzuwarten und zu sehen, wie die anderen abstimmen. Das ist nicht selten von Bedeutung für diejenigen Beteiligten am Abstimmungsprozess, die keine klare Meinung oder kein Interesse an der Sachfrage haben. Sie machen ihre Stimme vom Abstimmungsverhalten anderer abhängig. Da die Abstimmung öffentlich erfolgt, kann jeder sehen wie die anderen abstimmen. Eine Aufzeichnung wie jeder abgestimmt hat, erfolgt indes nicht. Als größter Vorteil dieser Abstimmungsarten ist die Schnelligkeit der Abstimmung zu werten, als Nachteil hingegen das bestehende Risiko von Abstimmungsfehlern.[237] Die einfachen Abstimmungsarten werden vornehmlich bei Beschlussfassungen mit einfacher oder relativer Mehrheit angewendet.

Bei umstrittenen und bedeutenden Fragen ist überwiegend die namentliche Abstimmung notwendig. Sie bietet im Gegensatz zur einfachen Abstimmung ein exaktes Abstimmungsergebnis. Deshalb ist diese Abstimmungsart bei bestimmten zu erreichenden Mehrheiten (absolute und qualifizierte) oder gar Einstimmigkeit vor-

---

[235] Vgl. Horst Schmitt (Fn. 93), S. 81.
[236] Vgl. Werner Heun (Fn. 77), S. 171.
[237] Vgl. Henry G. Schermers/Niels M. Blokker (Fn. 57), § 869, S. 556.

zugsweise anzuwenden. Das Aufzeichnen der Namen und des jeweiligen Abstimmungsverhaltens ermöglicht es den Wählern in einer repräsentativen Demokratie zu erfahren, wie die Gewählten abgestimmt haben. Im Vergleich zur einfachen Abstimmung ist diese Abstimmungsart allerdings zeitaufwendiger. Die Größe des Entscheidungsorgans stellt sich direkt proportional zum Zeitaufwand und damit zur Entscheidungseffizienz dar. Wegen des namentlichen Erfassens der Abstimmung und der gewöhnlich folgenden Veröffentlichung könnten sich die Abstimmenden allerdings anders als bei der einfachen Abstimmung unter einem Abstimmungszwang (z.B. Fraktionsdisziplin oder Gruppenzwang bei einer Sammelabstimmung) befinden.

Elektronische Einrichtungen ermöglichen das genaue Erfassen aller Daten der Beteiligten am Abstimmungsprozess sowie der Abstimmungsergebnisse in einer relativ kurzen Zeit in einer sofort zur Verfügung stehenden Übersicht. Im Vergleich zur konventionellen namentlichen Abstimmung muss hier nicht erst auf das abschließende schriftliche Protokoll gewartet werden, um zu erfahren, wie jeder einzelne Beteiligte abgestimmt hat. Deshalb wird vielfach die namentliche Abstimmung mit Hilfe elektronischer Einrichtungen durchgeführt.

Die Abstimmung durch Zählung ergibt, wie auch die namentliche Abstimmung, ein zahlenmäßig exaktes Abstimmungsergebnis, allerdings ohne die Angabe wie jeder Beteiligte abgestimmt hat, es sei denn, es erfolgt eine Kombination von namentlicher Abstimmung mit dem so genannten Hammelsprung. Bezüglich des Zeitaufwandes ist die Abstimmung durch Zählung zwischen der einfachen Abstimmung und der namentlichen Abstimmung einzuordnen. An den zahlenmäßig exakt ermittelten Abstimmungsergebnissen bei der Abstimmung durch Zählung, wie auch der namentlichen Abstimmung, lässt sich die Beschlussfähigkeit des Organs ablesen.

Die vereinfachten Abstimmungsarten, Abstimmung durch Zuruf und stillschweigende Zustimmung, finden vor allem dann Anwendung, wenn die Beteiligten am Entscheidungsprozess in der Beschlussvorlage übereinstimmen. In der Regel setzt dies eine intensive Vorarbeit in Ausschüssen oder Arbeitsgruppen des Kollegialorgans voraus, in denen ein von allen akzeptierter Vorschlag ausgehandelt werden konnte. Dem relativ hohen Zeitaufwand der Ausarbeitung des Kompromissvorschlages durch die Ausschüsse oder Arbeitsgruppen steht eine schnelle Entscheidungsfindung im Kollegialorgan selbst gegenüber. Sie bieten sich hauptsächlich für Abstimmungen an, die eine Konsensentscheidung vorsehen.

Schriftliche Abstimmungen können die Entscheidungsfindung bei kollegialen Organen beschleunigen, die nicht ständig, sondern nur in größeren Zeitabständen tagen. Dazu bedarf es einer guten inhaltlichen Vorbereitung und konkreter Verfahrensregelungen. Diese Abstimmungsart kann in Verbindung mit den unterschiedlichen Abstimmungsregeln angewendet werden.

Nachfolgend werden die wichtigsten Abstimmungsarten bezüglich der Art der zu fassenden Beschlüsse, des Zeitaufwandes als Indiz für eine Entscheidungseffizienz, der Ermittlung des Abstimmungsergebnisses, des Abstimmungsverhaltens der Beteiligten und der meist angewendeten Abstimmungsregel zusammenfassend gegenübergestellt. Daraus ergibt sich eine bevorzugte Kombination von Abstimmungsarten mit Abstimmungsregeln. Während die einfachen Abstimmungsarten

(Handzeichen und Aufstehen oder Sitzenbleiben) für einfache Mehrheiten ausreichend sind, bedarf es für absolute und qualifizierte Mehrheiten sowie Einstimmigkeit der zeitaufwendigeren namentlichen Abstimmung oder Zählung. Konsensentscheidungen können wiederum mit Hilfe vereinfachter Abstimmungsarten getroffen werden.

Übersicht X: Abstimmungsarten

Abstimmungsarten	Einfache	Namentliche	Zählung	Vereinfachte
Art der Beschlüsse	weniger bedeutende	bedeutende	bedeutende	weniger bedeutende
Zeitaufwand	relativ wenig	relativ viel	mittel	relativ wenig
Abstimmungsergebnis	nicht exakt	exakt	exakt	nicht exakt (außer schriftl.)
Aufzeichnung des Abstimmungsverhaltens	nein	ja	nein	nein (außer schriftl.)
Abstimmungsregel	einfache Mehrheit	absolute/qualifizierte Mehrheit Einstimmigkeit	absolute/qualifizierte Mehrheit	Konsens Mehrheit (bei schriftl.)

Kapitel XI
Abstimmungsverfahren

Das Abstimmungsverfahren, d.h. wie eine Entscheidung getroffen wird, „[...] ist das letzte Glied in einer Reihe von Mitteln, die alle dazu dienen sollen, das beste Ergebnis zu sichern [...]."[1] Das Verfahren bestimmt also maßgeblich das Ergebnis einer Abstimmung. Die ersten Arbeiten zum Vergleich und zur Typisierung bestehender Arten von Entscheidungsverfahren (Vorgehensweisen) stammen von Heckscher[2] und Tecklenburg.[3] Beide haben die wesentlichen Merkmale der größtenteils noch geltenden Verfahrenstypen sowie die Unterschiede zwischen ihnen herausgearbeitet.[4] Verschiedene Herangehensweisen herrschen vor, wenn mehrere Alternativen bzw. mehrere Anträge zum gleichen Beschlussgegenstand zur Auswahl stehen. Über die Alternativen wird entweder einzeln nacheinander (*one-by-one*), wie schon in der athenischen Volksversammlung (*diacheirotonía*)[5], oder im paarweisen Vergleich (*two-by-two*) oder gleichzeitig alle im Vergleich abgestimmt.[6] Voraussetzung für ein demokratisches Abstimmungsverfahren ist jedenfalls notwendigerweise die Auswahl zwischen mehreren Alternativen und die Chance jeder Alternative zur Abstimmung zu gelangen und damit Eingang in den Entscheidungsprozess zu bekommen.[7] Nur wenn, wie in einer auf Pluralismus aufbauenden Demokratie gefordert, alle von Mitgliedern eingebrachten Vorschläge über eine bestimmte Sachfrage die Möglichkeit haben, zur Abstimmung zu gelangen, können die durch sie vertretenen politischen Interessen in die Entscheidungsfindung einfließen. Dabei ist nach einem effizienten Entscheidungsverfahren zu suchen. Nachfolgend werden die Reihenfolgeabstimmung, die Eventualabstimmung, das Wahlverfahren, die En-bloc-Abstimmung und die prinzipielle Abstimmung näher untersucht.

---

[1] Vgl. Adolf Trendelenburg, Ueber die Methode bei Abstimmungen, Berlin 1850, S. 6.
[2] Vgl. Alb. Heckscher, Afstemningslære, Kopenhagen 1892, S. 43 ff.
[3] Vgl. Adolf Tecklenburg, Die parlamentarische Beschlussfassung, in: JöR, VIII (1914), S. 75 ff.
[4] Vgl. Klaus Kemmler, Die Abstimmungsmethode des Deutschen Bundestages, Tübingen 1969, S. 84.
[5] Vgl. Jochen Bleicken, Die athenische Demokratie, 4. Auflage, Paderborn/München/Wien/Zürich 1995, S. 201.
[6] Vgl. Bjørn Erik Rasch, Parliamentary Voting Procedures, in: Herbert Döring (ed.), Parliaments and Majority Rule in Western Europe, Frankfurt/Main/New York 1995, S. 516 ff.
[7] Vgl. Werner Heun, Das Mehrheitsprinzip in der Demokratie, Berlin 1983, S. 167.

A. Reihenfolgeabstimmung

Bei dem kontinentalen (ursprünglich französischen) Verfahren der Reihenfolgeabstimmung (*successive procedure*) oder Serienmethode, wie Heckscher es nennt[8], werden die zur Auswahl gestellten Alternativen in einer bestimmten Reihenfolge einzeln zur Abstimmung gebracht. Wird keine der Alternativen angenommen, so bleibt es beim *status quo ante*. Die Annahme eines Antrages schließt weitere Abstimmungen aus. Über noch verbliebene Anträge wird nicht mehr abgestimmt, sie fallen weg. Somit ist nicht klar, wie über einen solchen Antrag, der nicht mehr zur Abstimmung gelangt, bei anderer Reihenfolge der Anträge abgestimmt worden wäre.[9] So meint Trendelenburg zu Recht, es sei psychologisch wichtig, von welchem Ende die Abstimmung beginne.[10]

Wie die Frage der Abstimmungsreihenfolge über Anträge das Ergebnis maßgeblich beeinflussen kann, zeigen die Abstimmungen zur Hauptstadtentscheidung am 20. Juni 1991[11] im Deutschen Bundestag.[12] So entschied der Bundestag mit absoluter Mehrheit von 337 zu 320 Stimmen[13] für Berlin als Parlaments- und Regierungssitz.[14] Pappi hat für diesen Fall eindrucksvoll nachgewiesen, dass bei mehreren Anträgen zu einer Sache unter Verwendung einer binären Abstimmungsreihenfolge, d.h. Vergleich von jeweils zwei Alternativen, nicht nur die Präferenzen der Abgeordneten das Ergebnis beeinflussen, sondern die Abstimmungsreihenfolge selbst, auf die man sich vorher geeinigt haben muss.[15] Basierend auf der Theorie von Arrow lässt sich die Entscheidung über den Hauptstadtsitz an einem hier weiter ausgeführten hypothetischen Beispiel anschaulich darstellen. Vorgegeben sind drei Anträge[16]:

B (Bonn als Sitz von Regierung und Parlament),
V („Vollendung der Einheit Deutschlands": Berlin) und
K (Konsens-Antrag: Sitz der Bundesregierung in Bonn/Parlamentssitz in Berlin) und

---

[8] Vgl. Alb. Heckscher (Fn. 2), S. 43 ff.
[9] Vgl. Adolf Tecklenburg (Fn. 3), S. 81.
[10] Vgl. Adolf Trendelenburg (Fn. 1), S. 35.
[11] Vgl. Franz Urban Pappi, Die Abstimmungsreihenfolge der Anträge zum Parlaments- und Regierungssitz am 20. Juni 1991 im Deutschen Bundestag, in: ZParl, 23 (1992) 3, S. 403 ff.
[12] Zur Entscheidung über die Hauptstadtfrage vgl. Mathias Kühnreich, Das Selbstorganisationsrecht des Deutschen Bundestages unter besonderer Berücksichtigung des Hauptstadtbeschlusses, Berlin 1997, S. 169 ff.
[13] Die absolute Mehrheit von 662 Stimmen im 12. BT bildeten 332 Stimmen.
[14] Stenographischer Bericht BT, 34. Sitzung vom 20.06.1991, abgedruckt in: Deutscher Bundestag (Hrsg.), Berlin – Bonn Die Debatte, Köln 1991, S. 375. Zur Analyse des Abstimmungsverhaltens vgl. Udo Wengst, Wer stimmte für Bonn, wer für Berlin?, in: ZParl, 22 (1991) 3, S. 339 ff.
[15] Vgl. Franz Urban Pappi (Fn. 11), S. 403 ff.
[16] Tatsächlich lagen auf der 34. Sitzung des 12. BT fünf Anträge zum Tagesordnungspunkt 15 vor.

drei gleich starke Gruppen (von je 200 Mitgliedern) mit identischen Präferenzen in einem idealisierten Bundestag unter Teilnahme aller Mitglieder an der Abstimmung mit folgenden Präferenzordnungen:

1. Präferenzordnung: K vor V vor B,
2. Präferenzordnung: V vor K vor B und
3. Präferenzordnung: B vor K vor V.

Bei Anwendung einer binären Abstimmungsregel wird zunächst über einen Antrag mit Ja oder Nein abgestimmt. Die Nein-Stimmen kommen von den Mitgliedern, die die anderen Anträge vorziehen. Wenn der erste zur Abstimmung gestellte Antrag nicht die notwendige Anzahl von Ja-Stimmen erhält, wird über die verbleibenden Anträge abgestimmt. Der Antrag, der die absolute Mehrheit erhält, ist angenommen. Bei den drei vorliegenden Anträgen sind drei Abstimmungsreihenfolgen möglich.

1. Präferenzordnung: K vor V vor B
   1. Abstimmung über Antrag K:
      200 Ja-Stimmen von K-Anhängern (erste Präferenz)
      400 Nein-Stimmen von V- und B-Anhängern
      Antrag K ist abgelehnt.
   2. Abstimmung über Antrag V:
      200 Ja-Stimmen von V-Anhängern (erste Präferenz)
      200 Ja-Stimmen von K-Anhängern (zweite Präferenz)
      Antrag V ist mit absoluter Mehrheit angenommen.

2. Präferenzordnung: V vor K vor B
   1. Abstimmung über Antrag V:
      200 Ja-Stimmen von V-Anhängern (erste Präferenz)
      400 Nein-Stimmen von K- und B-Anhängern
      Antrag V ist abgelehnt.
   2. Abstimmung über Antrag K:
      200 Ja-Stimmen von K-Anhängern (erste Präferenz)
      200 Ja-Stimmen von V-Anhängern (zweite Präferenz)
      Antrag K ist mit absoluter Mehrheit angenommen.

3. Präferenzordnung: B vor K vor V
   1. Abstimmung über Antrag B:
      200 Ja-Stimmen von B-Anhängern (erste Präferenz)
      400 Nein-Stimmen von K- und V-Anhängern
      Antrag B ist abgelehnt.
   2. Abstimmung über Antrag K:
      200 Ja-Stimmen von K-Anhängern (erste Präferenz)
      200 Ja-Stimmen von B-Anhängern (zweite Präferenz)
      Antrag K ist mit absoluter Mehrheit angenommen.

Während in der ersten Abstimmungsreihenfolge Antrag V (Berlin) angenommen wurde, hat in der zweiten und dritten Abstimmungsreihenfolge jeweils Antrag K (Konsens) obsiegt, womit die Abhängigkeit der Entscheidung von der Abstimmungsreihenfolge bewiesen ist.

Auch auf völkerrechtlicher Ebene bestehen analoge Erfahrungen. Als 1964 der Kongress des Weltpostvereins beschloss, die Anzahl der Mitglieder des Vollzugsrates auf siebenundzwanzig zu erhöhen, lagen drei Vorschläge (sowjetischer, amerikanischer und tunesischer) vor, die die Sitze auf die fünf Regionen des Weltpostvereins zu verteilen beabsichtigten. Während alle drei Vorschläge in der Verteilung von fünfundzwanzig Sitzen übereinstimmten, differierten sie bei zwei Sitzen, die die Sowjetunion den osteuropäischen Staaten und Asien zusprechen wollte, die USA hingegen der westlichen Hemisphäre und Asien, Tunesien wiederum der osteuropäischen und westlichen Hemisphäre. Der zuerst zur Abstimmung gebrachte sowjetische Vorschlag wurde mit 55 zu 54 bei drei Stimmenthaltungen angenommen. Wäre dagegen zuerst der amerikanische Vorschlag zur Abstimmung gebracht worden, hätte er womöglich eine höhere Mehrheit erreichen können.[17]

Abstimmungsergebnisse sind durch die Reihenfolge der Abstimmung über verschiedene Anträge beeinflussbar. Hierzu sind Grundsätze und Regeln sowohl in der Praxis als auch in den Geschäftsordnungen von Kollegialorganen entwickelt worden. Wenn aus technischen Gründen mehrere nicht in Verbindung stehende Sachanträge gleichzeitig zur Abstimmung kommen, wird in der Regel in der Reihenfolge der Einbringung abgestimmt. Anders ist die Situation, wenn zu ein und derselben Sache mehrere Fragen gestellt werden. Nicht selten werden zu einer Sache beispielsweise sowohl ein einschränkender Antrag, ein erweiternder Zusatzantrag, ein Antrag auf Absetzung[18] und/oder ein Antrag auf Schluss der Aussprache[19] und sofortige Abstimmung oder auf Vertagung eingebracht. Nach allgemeiner Regel kommen zunächst Geschäftsordnungsanträge, d.h. Anträge über die geschäftsordnungsmäßige Behandlung der in Frage stehenden Sache zur Abstimmung, danach die Anträge auf Übergang zur Tagesordnung und schließlich die Anträge zur Sache selbst.[20] Bei Vorliegen verschiedener Sachanträge, Hauptantrag und Änderungsanträge bzw. konkurrierende Anträge, werden diese zueinander ins Verhältnis gesetzt. Dabei variiert das Verständnis, welcher Antrag der Hauptantrag ist, in Abhängigkeit von der geschichtlichen Betrachtungsweise. So wurden im früheren deutschen Parlamentsrecht beispielsweise die Regierungsvorlage als Hauptantrag, und die Anträge der Kommissionen[21] als Änderungsanträge behan-

---

[17] So Henry G. Schermers/Niels M. Blokker, International Institutional Law, 3. Auflage, The Hague/London/Boston 1995, § 842, S. 543.
[18] § 20 Abs. 3 Satz 2 GOBT.
[19] § 25 Abs. 2 Satz 2 GOBT.
[20] Vgl. Albert Junghanns, System der parlamentarischen Abstimmungsregeln im Reich und in den Ländern, Heidelberg 1931, S. 44 f.
[21] Bis einschließlich in der GORT von 1868 i.d.F. vom 31.12.1918 (§ 26) sind die heutigen Ausschüsse des Parlaments (§ 54 GOBT) als Kommissionen bezeichnet worden. GO abgedruckt in: Deutscher Bundestag (Hrsg.), Die Geschäftsordnungen deutscher Parlamente seit 1848, Bonn 1986, § 54.

delt. Lediglich bei Gesetzesinitiativen aus dem Parlament sind die Kommissionsanträge als Hauptanträge betrachtet worden. Nunmehr bilden die Gesetzesvorlage in der ersten und zweiten Lesung oder, wenn Ausschussberatungen vorausgegangen sind, die Anträge der Ausschüsse den Hauptantrag. In der dritten Beratung stellen die Beschlüsse der zweiten Beratung den Hauptantrag dar (§ 83 Abs. 2 GOBT).[22]

Für die Bestimmung der Reihenfolgeabstimmung über Sachanträge lassen sich nachfolgende Kriterien aufstellen.

I. Reihenfolge nach materiellen Kriterien

Die materiellen oder sachlichen Kriterien sind bei der Bestimmung der Frage, in welcher Reihenfolge die Anträge zur Abstimmung gelangen, die am häufigsten angewendeten. Zwar wird mitunter die Ansicht vertreten, dass für den materiellen Inhalt der Anträge bzw. Fragen keine Regeln durch die Geschäftsordnungen aufgestellt werden könnten[23], dennoch haben sich in der Praxis einige herausgebildet und bewährt. Den materiellen Kriterien entsprechen die Regeln vom Vorrang von weitergehenden bzw. nächstliegenden Anträgen.

1. Vorrang von weitergehenden Anträgen

Nach der Regel vom weitergehenden Antrag gelangen im Fall einer Antragskonkurrenz zuerst diejenigen Anträge zu demselben Gegenstand zur Abstimmung, die sich von der Vorlage oder dem selbständigen Antrag (Hauptantrag) weiter entfernen, vor denen, die dem Antrag oder der Vorlage näher stehen. Diese allgemeine Regel ist nach dem Vorbild der englisch-amerikanischen Regel entstanden, wonach zuerst über den Antrag abgestimmt wird, welcher die höchste Zahl enthält.[24] Die dem parlamentarischen Gewohnheitsrecht entspringende Regel[25] wird damit begründet, dass das am weitesten von der Grundlage Entfernte am wenigsten Aussicht habe, genommen zu werden, und deshalb zuerst die Probe bestehen müsse.[26]

Wiederum geht die Mehrzahl der Wegbereiter der Reihenfolgeabstimmung, unter ihnen Bentham, Jefferson und Mohl[27], davon aus, dass ein Antrag mehr Aus-

---

[22] Vgl. Horst Schmitt, Das legislative Votum, Bonn 1959, S. 102 f.
[23] Vgl. Hermann Breiholdt, Die Abstimmung im Reichstag, Hamburg 1923, S. 72; Heinrich G. Ritzel/Helmut Koch (Hrsg.), Geschäftsordnung des Deutschen Bundestages, Frankfurt am Main 1952, § 52, Rdnr. 4, S. 93.
[24] Vgl. Adolf Tecklenburg (Fn. 3), S. 81 f.
[25] Vgl. Hermann Breiholdt (Fn. 23), S. 72 f.; Hans-Achim Roll, Geschäftsordnung des Deutschen Bundestages, Kommentar, Baden-Baden 2001, § 46, Rdnr. 1, S. 60.
[26] Vgl. Adolf Trendelenburg (Fn. 1), S. 34; Hermann Lotze, Logik, Hamburg 1989, S. 470.
[27] Vgl. Jeremy Bentham, An Essay on Political Tactics, in: John Bowring, The Works of Jeremy Bentham, Band II, Bristol 1995; Thomas Jefferson, A Manual of Parliamentary Practice for the use of the Senate of the United States, 2. Auflage, Georgetown 1812;

sicht auf Erfolg hat, je früher er zur Abstimmung gestellt wird.[28] Danach müssten diejenigen, die einen Antrag zur Abstimmung einreichen, bestrebt sein, dass dieser auf der Rangliste weit oben eingeordnet wird. Dieser Ansicht widerspricht das hypothetische Beispiel über die Berlin-Entscheidung, nach dem die jeweils ersten zur Abstimmung gestellten Anträge abgelehnt wurden. Nach einer anderen Meinung von Schmitt sei es dann nicht mehr entscheidend, ob der Antrag nun zuerst oder zuletzt zur Abstimmung gestellt wird, wenn eingehende Beratungen im Vorfeld stattgefunden und sich die Beteiligten entschieden haben. Schmitt räumt aber gleichzeitig ein, dass diese Ansicht spätestens dann versagt, wenn mehrere Anträge die erforderliche Mehrheit auf sich vereinigen könnten.[29]

Demgegenüber steht die heute herrschende Ansicht, je später über eine Alternative entschieden wird, desto größer ist die Chance, dass die gewünschte Alternative ausgewählt wird.[30] In dem hypothetischen Beispiel über die Berlin-Entscheidung sind jeweils die zweiten zur Abstimmung gestellten Anträge angenommen worden. Kollegiale Entscheidungsorgane dürften extremen Änderungen des bestehenden Zustandes im Allgemeinen mit Ablehnung gegenüberstehen. Die Anträge, die das Ungewöhnlichste und Größte verlangen, werden deshalb zuerst zur Abstimmung gestellt. Ihre Annahme ist eher wenig wahrscheinlich. Sollten sie dennoch wider aller Erwartungen angenommen werden, so ist ihnen die Möglichkeit zugestanden worden, sich gegen einen weniger weitgehenden Antrag durchzusetzen.[31]

Die Regel vom weitergehenden Antrag wahrt den gewohnheitsrechtlichen Grundsatz der Unverrückbarkeit von Beschlüssen (*vote acquis*).[32] Würde zuerst ein weniger weitgehender Antrag angenommen werden und hätte danach die Abstimmung über einen weitergehenden Antrag ebenfalls die Annahme zur Folge, müsste einer von beiden wieder aufgehoben werden, mit höchster Wahrscheinlichkeit ersterer. Außerdem wird mit dieser Regel der Grundsatz der Interessenlage der Antragsteller und Abstimmenden beachtet. Würde wiederum zuerst über einen weniger weitgehenden Antrag abgestimmt werden, würden die Befürworter des weitergehenden Antrages schon jetzt zustimmen und sich mit „Weniger" zufrieden geben. Der Beschluss würde danach auf einem kleinsten gemeinsamen Nenner basieren.

Wenn hingegen, wie nach dieser Regel, zuerst mit der Abstimmung über den weitergehenden Antrag begonnen wird, könnte ein größter gemeinsamer Nenner gefunden werden. Dies lässt sich anschaulich an folgendem Beispiel zeigen. Wenn bei Vorliegen von drei Anträgen über die Festlegung eines Haushaltspostens (A: 1 Million €, B: 3 Millionen €, C: 5 Millionen €) zuerst über Antrag B abgestimmt

---

Robert Mohl, Vorschläge zu einer Geschäfts-Ordnung des verfassungsgebenden Reichstages, Heidelberg 1848, S. 43 ff.
[28] Vgl. Klaus Kemmler (Fn. 4), S. 187.
[29] Vgl. Horst Schmitt (Fn. 22), S. 111.
[30] Vgl. Duncan Black, The Theory of Committees and Elections, Cambridge 1958, S. 40; Werner Thieme, Entscheidungen in der öffentlichen Verwaltung, Köln/Berlin/Bonn/München 1981, S. 84 f.; Bjørn Erik Rasch (Fn. 6), S. 521.
[31] Vgl. Hermann Lotze (Fn. 26), S. 473.
[32] Vgl. Horst Schmitt (Fn. 22), S. 178 f.

werden würde, wüssten die Befürworter des Antrages C nicht wie sie abstimmen sollen. Bei Abgabe ihrer Nein-Stimme für Antrag B und einer eventuellen nachfolgenden Ablehnung von ihrem Antrag C würde Antrag A angenommen werden. Bei vorheriger Kenntnis des Abstimmungsverhaltens der Beteiligten hätten sie dem Antrag B ihre Stimme gegeben, weil dieser ihrem eigenen Antrag C näher liegt als Antrag A.[33] Wird indessen mit der Abstimmung über Antrag C zuerst begonnen, dieser abgelehnt und der nächstliegende Antrag B angenommen, erfolgt keine Abstimmung mehr über Antrag A.

Aufgrund ihrer Bedeutung gehört diese Regel zum Kernbereich des parlamentarischen Verfahrensrechts.[34] Eine Nichtbefolgung dieser Regel würde beispielsweise im Bundestag eine Abweichung von der Geschäftsordnung im Sinne von § 126 GOBT bedeuten. Ein Beschluss nach § 46 Satz 4 GOBT mit einfacher Mehrheit, der von diesem Grundsatz abweichen würde, wäre nicht zulässig.[35]

Die Bestimmung des weitergehenden Antrages erfolgt bei Änderungsanträgen in der Regel am Maßstab des Hauptantrages oder des tatsächlich bestehenden Zustandes und bei konkurrierenden selbständigen Vorlagen am Maßstab des Verhältnisses zur geltenden Rechtslage.[36] Zur Reihenfolgebestimmung nach der Regel vom Vorrang von weitergehenden Anträgen müssen die zur Abstimmung eingebrachten Anträge nach einem bestimmten Prinzip linear geordnet bzw. an einem bestimmten Maßstab gemessen werden[37], der dem Grundsatz der Rationalität bzw. Abstimmungsökonomie entspricht.[38] Dazu bedarf es zunächst der Suche und Festlegung dieses Prinzips bzw. Maßstabes sowie der Einigung der am Entscheidungsprozess Beteiligten auf dieses Prinzip bzw. diesen Maßstab. Als generelles Prinzip hat sich herausgebildet, dass immer zuerst über den Antrag auf Streichung abgestimmt wird, er bedeutet Ablehnung.[39] Ein weiteres Prinzip lässt sich an Zahlen festmachen. Bei Anträgen, die aus verschiedene Quantitäten beinhaltenden Sachfragen bestehen, werden die Anträge nach dem Prinzip „die größere Zahl zuerst" geordnet.[40] Dies lässt sich an einem Beispiel aus dem internationalen öffentlichen Seerecht anschaulich darstellen.

Auf den Seerechtskonferenzen von 1958 und 1960 ist es nicht möglich gewesen, die Breite des Küstenmeeres, das zum Staatsgebiet des Küstenstaates gehört,

---

[33] Vgl. Karl Georg Schneider, Die Abstimmung unter besonderer Berücksichtigung der verschiedenen Mehrheitsbegriffe, Heidelberg 1951, S. 17.
[34] Vgl. Konrad Reuter, Praxishandbuch Bundesrat, Heidelberg 1991, § 30, Rdnr. 14, S. 519.
[35] Vgl. Hans Troßmann, Parlamentsrecht des Deutschen Bundestages. Kommentar, München 1977, § 52, Rdnr. 5.3.1, S. 329.
[36] Vgl. Klaus Kemmler (Fn. 4), S. 18; Konrad Reuter (Fn. 34), § 30, Rdnr. 15, S. 519; Rdnr 54, S. 534.
[37] Vgl. Klaus Kemmler (Fn. 4), S. 171 f.
[38] Vgl. Michael Schmitz, Die vorrangige Abstimmung über den weitestgehenden Antrag, in: NVwZ, 11 (1992) 6, S. 548.
[39] Vgl. Horst Schmitt (Fn. 22), S. 104; Klaus Kemmler (Fn. 4), S. 18; Hans Troßmann (Fn. 35), § 52, Rdnr. 7.4, S. 340.
[40] Vgl. Klaus Kemmler (Fn. 4), S. 171.

festzulegen.⁴¹ Die ursprüngliche Breite betrug drei Seemeilen. Dies entsprach zu Beginn des 18. Jahrhunderts der Reichweite eines Kanonenschusses. Angenommen, für eine Änderung der Breite des Küstenmeeres sind mehrere Vorschläge in folgender Reihenfolge eingereicht worden: sechs, zweihundert und zwölf Seemeilen. Sollte die Abstimmung über die Vorschläge in der Reihenfolge der Einbringung, d.h. nach temporalem Kriterium erfolgen, dann würden diejenigen Staaten, die für ein breiteres Küstenmeer sind, eventuell schon bei der ersten Abstimmung für sechs Seemeilen stimmen. Wenn sie dagegen stimmten und nachfolgend die anderen Vorschläge ebenfalls nicht angenommen würden, bliebe es nämlich bei drei Seemeilen. Wenn aber die Abstimmung mit dem weitergehenden Antrag beginnen würde, d.h. zweihundert, zwölf, sechs Seemeilen, dann könnten die Anhänger eines zweihundert und zwölf Seemeilen Küstenmeeres bei Ablehnung der ersten beiden Anträge auch für sechs Seemeilen stimmen.⁴²

Wenn Anträge beispielsweise Geldsummen beinhalten, entweder direkt im Antrag oder indirekt in der finanziellen Auswirkung eines Antrages, dann kommt der Antrag mit der höchsten Summe zuerst zur Abstimmung.⁴³ Noch präziser und vor allem ausdrücklich regeln einige Geschäftsordnungen von Länderparlamenten entsprechende Fälle, wonach bei verschiedenen in Frage stehenden Geldsummen die größere Ausgabesumme zuerst zur Abstimmung zu bringen ist.⁴⁴ Bei Anträgen mit Zeitbestimmungen ist über die längere Zeit zuerst zu entscheiden.⁴⁵ Die Geschäftsordnungen einiger Landtage sprechen hingegen allgemein nur von unterschiedlichen Zahlen. Zuerst kommt der Antrag mit der höheren Zahl zur Abstimmung.⁴⁶

Nun lassen sich nicht alle Anträge an quantitativen Maßstäben messen, weil sie beispielsweise keine Zahlen beinhalten, sondern politische Ziele bzw. Programme, d.h. zum Teil schwierige und umfangreiche Sachverhalte.⁴⁷ In diesen Fällen gestaltet sich die Suche nach einem Extrem, nach dem sich die Anträge ordnen lassen, schwieriger. Dieses Problem der Extrembestimmung lässt sich auch an dem von Tecklenburg aufgezeigten Beispiel der Festlegung der Grundfarben einer

---

⁴¹ Vgl. Christian Gloria, in: Knut Ipsen, Völkerrecht, 5. Auflage, München 2004, § 52, Rdnr. 3, S. 832.

⁴² Ein leicht abgewandeltes Beispiel verwenden Schermers und Blokker zur vermeintlichen Veranschaulichung der Regel vom Vorrang von Änderungsanträgen. Vgl. Henry G. Schermers/Niels M. Blokker (Fn. 17), § 845, S. 544. Nach Art. 3 SRÜ darf die Küstenmeerbreite nunmehr bis höchstens zwölf Seemeilen ausgedehnt werden. Zur Entwicklung der staatlich Küstenmeerpraxis vgl. Christian Gloria (Fn. 41), § 52, Rdnr. 5, S. 833.

⁴³ Vgl. Hermann Breiholdt (Fn. 23), S. 72; Klaus Kemmler (Fn. 4), S. 19.

⁴⁴ § 68 Abs. 2 Satz 3 Berliner Abgeordnetenhaus, § 67 Abs. 3 Satz 1 GOLT BB, § 51 Abs. 3 Satz 1 GO Bremische Bürgerschaft, § 45 Abs. 3 Satz 1 GOLT RP, § 62 Abs. 2 Satz 3 GOLT SH, § 43 Abs. 3 Satz 1 GOLT TH.

⁴⁵ § 68 Abs. 2 Satz 4 GO Berliner Abgeordnetenhaus, § 67 Abs. 3 Satz 2 GOLT BB, § 51 Abs. 3 Satz 2 GO Bremische Bürgerschaft, § 45 Abs. 3 Satz 2 GOLT RP, § 62 Abs. 2 Satz 4 GOLT SH, § 43 Abs. 3 Satz 2 GOLT TH.

⁴⁶ § 97 Abs. 6 GOLT BW, § 85 Abs. 2 Satz 3 GOLT HE.

⁴⁷ Vgl. Klaus Kemmler (Fn. 4), S. 172.

Kauffahrtflagge (weiß, blau oder grün) eindrucksvoll nachvollziehen.[48] Tatsächlich aktuell wurde dieses Beispiel bei der Abstimmung über die Reichsfarben der Weimarer Republik.[49] Hier lagen folgende Anträge zur Abstimmung vor:

1. Regierungsvorlage: schwarz-rot-gold,
2. Antrag der Sozialdemokraten: rot,
3. Antrag der Rechten: schwarz-weiß-rot,
4. Kompromissvorschlag: schwarz-rot-gold für die Reichsfahne, schwarz-weiß-rot (mit einer Gösch in schwarz-rot-gold in der oberen inneren Ecke) für die Handelsflagge.

Da sich die Bestimmung der Abstimmungsreihenfolge eher schwerlich an einem Farbenmaßstab messen lassen kann[50], ist offensichtlich von den politischen Programmen der Antragsteller als Extreme ausgegangen worden. Die Anträge wurden in folgender Reihenfolge zur Abstimmung gebracht: zuerst Antrag 2, dann Antrag 3, dann Antrag 4, der angenommen wurde. Über die Regierungsvorlage wurde demzufolge nicht mehr abgestimmt.[51]

Liegen mehrere Prinzipien bzw. Maßstäbe vor, nach denen die Anträge geordnet werden könnten, treten in der Praxis immer wieder Schwierigkeiten bei der Bestimmung der Abstimmungsreihenfolge auf, die die Durchführbarkeit ernstlich in Frage stellen.[52] Selbst bei Anträgen mit Zahlen muss nicht immer zwangsläufig auch das quantitative Prinzip zur Grundlage der Reihenfolgebestimmung gelegt werden. Wie das Bundesverfassungsgericht in seinem Urteil vom 6. März 1952 zu § 96 GOBT vom 6. Dezember 1951 feststellt, bezwecken die meisten Anträge primär die Verwirklichung politischer Programme, auch wenn sie finanzielle Auswirkungen haben.[53]

Die Regel vom weitergehenden Antrag findet in zahlreichen Kollegialorganen entweder als Gewohnheitsrecht oder als ausdrückliche Geschäftsordnungsregel Anwendung. Im Gegensatz zum Bundestag, wo diese Regel gewohnheitsrechtliche Geltung beansprucht, schreibt die Geschäftsordnung des Bundesrates diese Regel in § 30 Abs. 2 Satz 1 GOBR explizit vor.[54] Gleiches gilt für Geschäftsordnungen der Länderparlamente[55], der Gemeinderäte[56], ausländischer (Art. 100

---

[48] Vgl. Adolf Tecklenburg (Fn. 3), S. 96.
[49] Vgl. Nationalversammlung, 45. Sitzung, 03.07.1919, S. 1244 f.
[50] Anders Kemmler mit Bezug auf Heckscher. Vgl. Klaus Kemmler (Fn. 4), S. 174.
[51] Vgl. ebenda, S. 173 f.
[52] Vgl. ebenda, S. 174.
[53] „In § 96 Abs. 3 und 4 wird verkannt, daß die meisten Initiativanträge in erster Linie der Verwirklichung eines politischen Programms dienen, auch wenn sie finanzielle Auswirkungen haben." BVerfGE 1, 144 (160 f.).
[54] Vgl. Konrad Reuter (Fn. 34), § 30, Rdnr. 14, S. 518. Diese Regel findet gem. § 55 Abs. 2 Satz 2 GOBR Österreich auch im österreichischen BR Anwendung.
[55] § 97 Abs. 6 GOLT BW, § 68 Abs. 2 Satz 1 GO Berliner Abgeordnetenhaus, § 35 Abs. 2 Satz 1 GO Hamburgische Bürgerschaft, § 85 Abs. 2 Satz 1 GOLT HE, § 94 Abs. 2 Satz 1 GOLT MV, § 81 Abs. 3 Satz 1 GOLT NI, § 45 Abs. 2 Satz 1 GOLT RP, § 100

Abs. 4 GONV Frankreich)⁵⁷ und internationaler Parlamente, wie des Europäischen Parlaments (Art. 155 Abs. 2 GOEP) oder der Parlamentarischen Versammlung des Europarates (Regel 34.9.a Satz 1 GOPV). Auch andere Kollegialorgane von Staatenverbindungen haben diese Regel in ihre Geschäftsordnungen aufgenommen. Als Beispiele für Organe mit allgemeiner Mitgliedschaft stehen die UN-Generalversammlung (Regeln 90 und 130 GOGV), die Generalkonferenz der UNESCO (Regel 93 Abs. 2 GO UNESCO-Generalkonferenz) und der Gouverneursrat des IFAD (Regel 37 Abs. 2 Satz 2 GO IFAD-Verwaltungsrat), für Organe mit beschränkter Mitgliedschaft der UN-Sicherheitsrat (Regel 36 Satz 2 GOSR), der Exekutivrat der UNESCO (Regel 37 Abs. 2 Satz 1 GO UNESCO-Exekutivrat), der Gouverneursrat der IAEA (Regel 44 lit. a Satz 2 GO IAEA-Gouverneursrat)⁵⁸ und der Verwaltungsrat des IFAD (Regel 22 Abs. 2 Satz 2 GO IFAD-Verwaltungsrat).

Bei Vorliegen mehrerer Vorschläge erlaubt diese Regel den Befürwortern extremer Vorschläge die Möglichkeit für moderatere zu stimmen, wenn ihre bereits abgelehnt wurden. Diesen Vorteil ordnen Schermers und Blokker der Regel vom Vorrang von Änderungsvorschlägen zu, der vielmehr auf die Regel vom Vorrang von weitergehenden Anträgen zutrifft.⁵⁹

2. Vorrang von nächstliegenden Anträgen

Die Reihenfolgebestimmung der Abstimmungen nach dem materiellen Kriterium des Vorranges von nächstliegenden Anträgen stellt die umgekehrte Regel der vorherigen dar. Während bei Staatsausgaben allgemein mit der höchsten begonnen wird, was der Regel vom Vorrang des weitergehenden Antrages entspricht, kommt bei verschiedenen in Frage stehenden Geldsummen die kleinere in Antrag gebrachte Einnahmesumme zuerst zur Abstimmung.⁶⁰ Diese Regel geht auf die ältere englische Praxis bei Anträgen zurück, die Bezug zu Steuern nehmen.⁶¹ Wenn bei Anträgen über Staatseinnahmen die umgekehrte Regel vom Vorrang des weitergehenden Antrages in Anwendung gebracht werden würde, könnten diejenigen Abstimmenden, die nur eine geringe Summe bewilligen wollten, bereits bei einer zuerst zur Abstimmung gebrachten höheren Summe zustimmen, um nichts zu ge-

---

Abs. 7 GOLT SN, § 72 Abs. 3 Satz 1 GOLT ST, § 62 Abs. 2 Satz 1 GOLT SH, § 43 Abs. 2 Satz 1 GOLT TH.
⁵⁶ Vgl. Michael Schmitz (Fn. 38), S. 547 ff.; Alfons Gern, Deutsches Kommunalrecht, 3. Auflage, Baden-Baden 2003, Rdnr. 495, S. 321.
⁵⁷ Weiterhin findet diese Regel Anwendung im Parlamentsrecht von Dänemark, Griechenland, Irland, Island, Italien, der Niederlande, Norwegen, Österreich und Spanien. Vgl. Bjørn Erik Rasch (Fn. 6), S. 519.
⁵⁸ GO IAEA-Gouverneursrat i.d.F. vom 23.02.1989, in: http://www.iaea.org/About/Policy/Board/bgrules1.html (07.01.2008).
⁵⁹ Vgl. Henry G. Schermers/Niels M. Blokker (Fn. 17), § 845, S. 544.
⁶⁰ § 68 Abs. 2 Satz 3 Berliner Abgeordnetenhaus, § 67 Abs. 3 Satz 1 GOLT BB, § 51 Abs. 3 Satz 1 GO Bremische Bürgerschaft, § 45 Abs. 3 Satz 1 GOLT RP, § 62 Abs. 2 Satz 3 GOLT SH, § 43 Abs. 3 Satz 1 GOLT TH.
⁶¹ So Kemmler unter Bezug auf Romilly. Vgl. Klaus Kemmler (Fn. 4), S. 164.

fährden. Diese Überlegung war für Mohl ausschlaggebend, die Regel bezüglich der Staatseinnahmen für das deutsche Parlamentsrecht vorzuschlagen.[62]

Diese Regel bleibt in ihrer Anwendung vornehmlich auf vorstehende konkrete Fälle beschränkt. Generell wird der umgekehrten Regel vom weitergehenden Antrag der Vorzug gegeben.

II. Reihenfolge nach formalen Kriterien

1. Vorrang von Änderungsanträgen

Hiernach wird über Änderungsanträge vor dem ursprünglichen Antrag bzw. Hauptantrag abgestimmt. Diese Regel findet auch sukzessiv Anwendung auf Unteränderungsanträge. Letztere gelangen vor den Änderungsanträgen, auf die sie sich beziehen, zur Abstimmung. Unteränderungsanträge kommen in der Praxis allerdings relativ selten vor, weil diese meistens als selbständige Anträge eingebracht werden.[63] Änderungsanträge, die allerdings den Gegenstand des gestellten Antrages auswechseln, ihn zu einem „*aliud*" umformen, sind unzulässig. Die Zulässigkeit von Änderungsanträgen setzt nämlich voraus, dass mit ihrer Annahme zumindest konkludent über den ursprünglichen Antrag in der Sache entschieden wird.[64]

Die vor allem im Parlamentsrecht geltende Regel vom Vorrang von Änderungsanträgen ist Gewohnheitsrecht[65] oder findet sich explizit in kontinentalen Geschäftsordnungen wieder. Während die Geschäftsordnungen von Organen mit allgemeiner Mitgliedschaft, wie die des Bundestages[66] und Bundesrates[67], diese Regel nicht *expressiv verbis* enthalten, sie gilt hier kraft Gewohnheitsrechts, haben andere in- und ausländische Parlamente sowie Kollegialorgane von Staatenverbindungen die Regel ausdrücklich in ihren Geschäftsordnungen festgeschrieben, wie Geschäftsordnungen bundesdeutscher Landtage[68], Geschäftsordnungen der französischen Nationalversammlung (§ 100 Abs. 1 GONV Frankreich) und des österrei-

---

[62] Vgl. Robert Mohl (Fn. 27), S. 43, 48 f.
[63] Vgl. Klaus Kemmler (Fn. 4), S. 18.
[64] Urteil des VerfGH NRW vom 15.06.1999, in: VerfGH 6/97, 78, 89.
[65] Vgl. Robert Mohl (Fn. 27), S. 43; Hermann Breiholdt (Fn. 23), S. 72.
[66] Vgl. Helmuth Schulze-Fielitz, Parlamentsbrauch, Gewohnheitsrecht, Observanz, in: Hans-Peter Schneider/Wolfgang Zeh (Hrsg.), Parlamentsrecht und Parlamentspraxis, Berlin/New York 1989, § 11, Rdnr. 37, S. 373.
[67] Vgl. Konrad Reuter (Fn. 34), § 30, Rdnr. 25, S. 524. Auf der 10. Sitzung des BR am 19.12.1949 hatte zunächst Uneinigkeit über die Reihenfolge der Abstimmung bestanden, die durch Präsident Arnold geschäftsordnungsmäßig zugunsten des Abänderungsantrages entschieden wurde. BR, Sitzungsbericht, 10. Sitzung vom 19.12.1949, S. 23. Auch im österreichischen BR findet diese Regel gem. § 55 Abs. 2 Satz 2 GOBR Österreich Anwendung.
[68] § 126 Abs. 5 Satz 1 GOLT BY, § 67 Abs. 6 GOLT BB, § 51 Abs. 7 GO Bremische Bürgerschaft, § 35 Abs. 3 Satz 1 GO Hamburgische Bürgerschaft, § 85 Abs. 3 Satz 1 GOLT HE, § 94 Abs. 3 Satz 1 GOLT MV, § 45 Abs. 4 GOLT RP, § 43 Abs. 4 GOLT TH.

chischen Nationalrates (§ 65 Abs. 4 GONR Österreich) sowie Geschäftsordnungen des Europäischen Parlaments (Art. 155 Abs. 1 GOEP), der Parlamentarischen Versammlung des Europarates (Regel 34.7 GOPV), der UN-Generalversammlung (Regel 90 Satz 1 GOGV), der Generalkonferenz der UNESCO (Regel 93 Abs. 1 GO UNESCO-Generalkonferenz) oder des Vollzugsrates der Afrikanischen Union (Regel 29 Abs. 2 Satz 1 GO AU-Vollzugsrat). Auch Organe mit beschränkter Mitgliedschaft haben diese Regel für sich übernommen, so der Gouverneursrat der IAEA (Regel 44 lit. a Satz 1 GO IAEA-Gouverneursrat) oder der Verwaltungsrat des IFAD (Regel 22 Abs. 2 Satz 2 GO IFAD-Verwaltungsrat).

Für diese Regel spricht, dass der Hauptantrag erst dann zur Abstimmung gelangen sollte, wenn alle Bemühungen zu seiner Verbesserung getroffen worden sind.[69] Bei der Bestimmung der Reihenfolge nach dieser historischen Regel lässt sich eine sachlich inhaltliche Begründung allerdings nicht ohne weiteres nachvollziehen.[70] Sie erfolgt daher hauptsächlich formalistisch bzw. schematisch.

2. Reihenfolge nach temporalen Kriterien

Eine weitere, auf rein formalem Kriterium basierende Regel zur Bestimmung der Abstimmungsreihenfolge ist die vom Vorrang von zuerst eingereichten Anträgen, wonach die Anordnung der Anträge entsprechend des Zeitpunktes ihres Einganges erfolgt. Danach wird als erstes über den zuerst eingebrachten Antrag und so weiter abgestimmt. Diese von Mohl für den Deutschen Reichstag vorgeschlagene und auch im Bundestag befolgte Regel[71] findet hauptsächlich Anwendung, wenn eine Vielzahl von Änderungsanträgen vorliegt oder wenn mehrere Anträge inhaltlich materiell gleich weit gehen. Dann ist in der Regel über den älteren zuerst abzustimmen.[72]

Neben innerstaatlichen Parlamenten[73] greifen auch Kollegialorgane von Staatenverbindungen auf die formelle Regel zurück. Wenn sich zwei oder mehr Vorschläge auf dieselbe Frage beziehen, wird in der UN-Generalversammlung, wie auch in der Generalkonferenz der UNESCO, sofern jeweils kein anderweitiger Beschluss gefasst wurde, in der Reihenfolge über die Vorschläge abgestimmt, in der sie eingebracht wurden (Regel 91 Satz 1 GOGV, Regel 91 Abs. 1 Satz 1 GO UNESCO-Generalkonferenz).[74]

Bei Anwendung dieser sich nach dem Zeitpunkt der Einbringung richtenden Regel wird die Reihenfolge der zur Abstimmung gestellten Anträge nach rein zufälligen und formalistischen Faktoren bestimmt.[75]

---

[69] Vgl. Henry G. Schermers/Niels M. Blokker (Fn. 17), § 845, S. 544.
[70] Vgl. Klaus Kemmler (Fn. 4), S. 159.
[71] Vgl. Robert Mohl (Fn. 27), S. 43.
[72] § 68 Abs. 2 Satz 2 GO Berliner Abgeordnetenhaus, § 35 Abs. 2 Satz 2 GO Hamburgische Bürgerschaft, § 85 Abs. 2 Satz 2 GOLT HE, § 94 Abs. 2 Satz 2 GOLT MV, § 45 Abs. 2 Satz 2 GOLT RP, § 62 Abs. 2 Satz 2 GOLT SH, § 43 Abs. 2 Satz 2 GOLT TH.
[73] § 67 Abs. 2 GOLT BB, § 51 Abs. 2 GO Bremische Bürgerschaft.
[74] Vgl. Auch Henry G. Schermers/Niels M. Blokker (Fn. 17), § 844, S. 543 f.
[75] Vgl. Klaus Kemmler (Fn. 4), S. 160.

III. Reihenfolge nach mathematischen Kriterien

Wenn keine Einigkeit über die materiellen Bewertungskriterien und damit keine lineare Anordnung der Anträge unter den Beteiligten des Kollegialorgans erzielt werden kann, bliebe die von Kemmler vorgeschlagene Möglichkeit einer mathematischen bzw. geometrischen Reihenfolgebestimmung. Dazu müssten die unterschiedlichen Prinzipien als Linien in ein Koordinatensystem eingetragen und aus ihnen ein gemeinsamer Vektor gebildet werden. Diese mathematische Vorgehensweise würde eine Reihenfolge der Anträge von einem extremen Antrag her festlegen, die für alle Beteiligten annehmbar wäre. Dieses Verfahren lehnt sich an die Regel vom Vorrang von weitergehenden Anträgen nach dem Prinzip „die größere Zahl zuerst" an. Allerdings ist diese Art der Reihenfolgebestimmung nur für die Anträge anwendbar, die sich ihrem Inhalt nach in dieselbe Richtung bewegen (→→), nicht jedoch für solche, die entgegengesetzt ausgerichtet sind (←→).[76] Ein Beispiel für letzteren Fall wäre das gleichzeitige Vorliegen von Anträgen auf Erteilung eines Vertrauensvotums und eines Misstrauensvotums.

Politische Entscheidungen durch mathematische Regeln herbeizuführen, ist aber nur selten von Erfolg gekrönt. Diese Regel dürfte auch wegen ihrer Kompliziertheit und ihres erheblichen Zeitaufwandes sowie der hohen Anforderungen an die Beteiligten des Kollegialorgans bezüglich der zur Verfügung stehenden Alternativen kaum geeignet sein.

IV. Reihenfolge nach Festlegung

Wenn das Gewohnheitsrecht bzw. die Geschäftsordnungen kollegialer Entscheidungsorgane keine ausdrücklichen Regeln zur Bestimmung der Reihenfolge der zur Abstimmung eingereichten Anträge enthalten und die Bestimmung der Reihenfolge nach sachlichen Kriterien nicht eindeutig oder angezeigt ist, müssen weitere Regeln zur Bestimmung der Reihenfolge gegeben sein, um die Funktionsfähigkeit des Kollegialorgans gewährleisten zu können. Hierzu zählt die Festlegung der Reihenfolge durch den Vorsitzenden des Kollegialorgans sowie durch Beschluss des Kollegialorgans selbst.

1. Festlegung durch den Vorsitzenden

Die Übertragung der Festlegung der Reihenfolge an den Vorsitzenden des Kollegialorgans ist eine schnelle und häufig angewendete Form der Reihenfolgebestimmung. Hierin spiegelt sich die Anerkennung der Leitungskompetenz des Vorsitzenden bzw. Präsidenten, der den Überblick über die verschiedenen Anträge bzw. die zu treffenden Sachenentscheidungen hat, durch die Mitglieder des Organs wider, die ihm ihrerseits das notwendige Vertrauen entgegenbringen.

In zahlreichen Kollegialorganen liegt es in der Kompetenz des Präsidenten, den anfänglichen Vorschlag über die Reihenfolge, in der über die eingereichten Anträ-

---

[76] Vgl. ebenda, S. 176 ff.

ge abzustimmen ist, zu geben. Aber auch wenn sich die Abstimmenden eines Organs nicht einig sind über die für die Reihenfolgebestimmung der Anträge entscheidenden Prinzipien, kann dem Vorsitzenden oder dem Organ selbst die Entscheidung übertragen werden. Diese Regel findet auch Anwendung im Bundestag, wo der Präsident die Abstimmungsreihenfolge vorschlägt und das Haus diese in der Regel annimmt (§ 46 GOBT). Es gehört zu den Aufgaben des Präsidenten des Bundestages gem. § 7 Abs. 1 GOBT die Geschäfte im parlamentarischen Bereich zu führen. Eine Erklärung dieser Praxis ist aber vor allem in § 127 Abs. 1 Satz 1 GOBT zu sehen, wonach im Einzelfall während einer Sitzung auftretende Zweifel über die Auslegung der Geschäftsordnung der Präsident entscheidet.[77] Die Entscheidung, in welcher Reihenfolge bei Vorliegen mehrerer Anträge zu einem Gegenstand abgestimmt werden soll, wird auch in den Gemeinderäten dem Vorsitzenden aufgrund seines Rechts zur Verhandlungsleitung nach pflichtgemäßem Ermessen übertragen.[78]

Die Regel von der Festlegung der Reihenfolge der zur Abstimmung zu bringenden Anträge durch den Vorsitzenden ist ebenfalls in ausländischen Parlamenten anzutreffen, wie beispielsweise in § 65 Abs. 6 GONR Österreich.[79] Im Gegensatz zum deutschen Bundesrat obliegt die Festlegung in welcher Reihenfolge die vorliegenden Anträge zur Abstimmung gebracht werden im österreichischen Bundesrat gem. § 55 Abs. 3 GOBR Österreich ebenfalls dem Präsidenten.[80]

Zu den Befugnissen des Präsidenten des Europäischen Parlamentes gehört nach Art. 19 Abs. 1 Satz GOEP u.a. die über Textteile in einer anderen Reihenfolge als derjenigen, die in dem zur Abstimmung vorliegenden Dokument festgelegt ist, abstimmen zu lassen. Bei Zweifeln über die Reihenfolge der Abstimmung über den Vorrang entscheidet im Europäischen Parlament ebenfalls der Präsident (Art. 155 Abs. 2 Satz 4 GOEP). Ihm wird ausdrücklich die Kompetenz zugesprochen, dass er den ursprünglichen Text zunächst zur Abstimmung stellen oder einen weniger weit vom ursprünglichen Text entfernten Änderungsantrag dem am weitesten entfernten bei der Abstimmung vorziehen kann (Art. 155 Abs. 3 Satz 1 GOEP). Die Bestimmung der Reihenfolge der zur Abstimmung zu stellenden Abänderungsanträge zu einem Antrag obliegt auch dem Präsidenten des UN-Sicherheitsrates (Regel 36 Satz 1 GOSR).

Mit dieser Regel wird dem Präsidenten unter Beachtung allgemein gültiger Prinzipien eine Entscheidungsbefugnis gewährt, die nach den Grundsätzen der Zweckmäßigkeit, der Vereinfachung und Klarstellung der Abstimmung oder auch der Verweidung mehrerer Abstimmungen und damit der Effizienz dienen soll.

---

[77] Vgl. Hans Troßmann (Fn. 35), § 52, Rdnr. 5.3.2, S. 330; Hans-Achim Roll (Fn. 25), § 46, Rdnr. 1, S. 60.
[78] Vgl. Alfons Gern (Fn. 56), Rdnr. 495, S. 321.
[79] Außerdem in Belgien, Dänemark, Griechenland, Island, Italien, Luxemburg, Niederlande, Norwegen, Spanien u.a. Vgl. Bjørn Erik Rasch (Fn. 6), S. 522 f.
[80] § 55 GOBR Österreich abgedruckt in: Werner Zögernitz (Hrsg.), Bundesrat-Geschäftsordnung 1988, 2. Auflage, Wien 2002, Rdnr. 7, S. 313.

2. Festlegung durch Beschluss

Wenn die Festlegung der Reihenfolge der zur Abstimmung stehenden Anträge in der Geschäftsordnung, nach den Regeln über die Reihenfolgebestimmung nach materiellen Kriterien oder nach Festlegung durch den Vorsitzenden oder Präsidenten des kollegialen Entscheidungsorgans nicht angezeigt oder strittig ist, kann das Organ selbst einen entsprechenden Beschluss herbeiführen. Die Festlegung der Reihenfolge durch Beschluss gem. § 46 Satz 4 GOBT ist im Fall des Widerspruchs durch den Bundestag allerdings als *ultima ratio* vorgesehen. Diese in der Praxis eher selten angewendete Vorschrift wäre im Streitfall die einzig zulässige Möglichkeit zu einer Entscheidung zu kommen, wenn es sich um eine Tatfrage handelt, beispielsweise über die Feststellung welcher Antrag weitergeht.[81] Der Bundestag kann auf Beschluss die Reihenfolge in der zweiten Beratung von Gesetzentwürfen gem. § 81 Abs. 3 GOBT ändern.

Allerdings ist auch eine Abweichung von den Geschäftsordnungen mitunter möglich. Ohne eine Bestimmung der Geschäftsordnung des Bundestages beispielsweise zu ändern, was nach Art. 40 Abs. 1 Satz 2 und Art. 42 Abs. 2 Satz 1 GG mit einfacher Mehrheit möglich wäre, kann von der Geschäftsordnung des Bundestages im einzelnen Fall gem. § 126 GOBT durch Beschluss abgewichen werden. Dazu ist allerdings die Zweidrittelmehrheit der anwesenden Mitglieder (qualifizierte Anwesenheitsmehrheit) des Bundestages erforderlich.[82] Auch dürfen die Bestimmungen des Grundgesetzes dem nicht entgegenstehen. Eines Beschlusses bedarf es allerdings nicht nur für Abweichungen vom geschriebenen Geschäftsordnungsrecht des Bundestages, sondern auch vom Geschäftsordnungsgewohnheitsrecht[83], was relevant werden könnte, wenn von den Regeln über die Reihenfolgebestimmung nach materiellen Kriterien (z.B. Vorrang von Änderungsanträgen und Vorrang von weitergehenden Anträgen) abgewichen werden sollte.

Anders als im Bundestag, wo zunächst der Präsident entscheidet, wird im Bundesrat bei konkurrierenden Anträgen, die in der Sache unterschiedlich sind, aber gleich weit gehen, wie z.B. zwei selbständige Anträge mit einer Senkung bzw. Erhöhung des Steuersatzes um jeweils dieselbe Höhe, vorgegangen. Entsprechend der Übung entscheidet in diesen Fällen der Bundesrat. Der Präsident kommt hier nicht in Betracht, denn wenn ihm von der Geschäftsordnung schon keine Entscheidungsbefugnis in Zweifelsfällen eingeräumt wird, dann erst recht nicht in Ermessensfragen.[84] Nach § 30 Abs. 2 Satz 3 GOBR entscheidet der Bundesrat in Zweifelsfällen. Dieser Beschluss wird mit absoluter Mehrheit gem. Art. 52 Abs. 3 Satz 1 GG gefasst. Eines einstimmigen Beschlusses nach § 48 GOBR bedarf es nicht, da es um die Entscheidung einer Sachfrage und nicht um eine Abweichung von der Geschäftsordnung geht.[85]

---

[81] Vgl. Hans Troßmann (Fn. 35), § 52, Rdnr. 5.3.2, S. 329 ff.
[82] Im BR ist für Abweichungen von der Geschäftsordnung im einzelnen Fall nach § 48 GOBR sogar Einstimmigkeit erforderlich.
[83] Vgl. Hans Troßmann (Fn. 35), § 127, Rdnr. 5, S. 917.
[84] Vgl. Konrad Reuter (Fn. 34), § 30, Rdnr. 17, S. 520.
[85] Vgl. ebenda, § 30, Rdnr. 54, S. 534.

V. Reihenfolge nach politischen Kriterien

Nach dieser Regel wird die Reihenfolge der zur Abstimmung eingebrachten Anträge nach den politischen Machtverhältnissen der Mitglieder des Kollegialorgans bestimmt, die sich auch in Gruppen zusammenschließen können. Die Anwendung dieser Regel dürfte nicht für alle Organe geeignet sein. Zumindest für Organe von Staatenverbindungen, die ihre Sitz- und Stimmenverteilung nach dem (formellen) Gleichheitsprinzip vornehmen, wird die Regel wegen des Widerspruchs mit dem Prinzip der souveränen Gleichheit der Staaten nicht in Frage kommen. Selbst im UN-Sicherheitsrat als Organ mit beschränkter Mitgliedschaft, in dem die Sitzverteilung nach politischen Kriterien erfolgt, ist eine Bestimmung der Reihenfolge der zur Abstimmung eingebrachten Anträge nach politischen Kriterien nicht vorgesehen.[86]

In Parlamenten wiederum entspricht die Bestimmung der Abstimmungsreihenfolge nach politischen Kriterien durchaus dem Prinzip der repräsentativen Demokratie. So ist beispielsweise zwar nicht der Geschäftsordnung, aber der Praxis des Bundestages das Kriterium des Stärkeverhältnisses der Fraktionen und Gruppen für die Bestimmung der Abstimmungsreihenfolge bekannt.[87] Danach wird die Reihenfolge der Anträge in Abhängigkeit von der Stärke der die Anträge einbringenden Fraktionen bzw. Gruppen, die sich nach der Anzahl von Sitzen richtet, festgelegt. Da zahlenmäßig stärkere Fraktionen einen höheren Volksanteil als weniger starke repräsentieren, ist die Anwendung dieser Regel in Übereinstimmung mit dem Demokratieprinzip zu sehen. Eine Reihenfolgebestimmung nach politischen Kriterien lässt sich auch Art. 44 Abs. 2 GO Landtag des Fürstentum Liechtenstein entnehmen. Danach kommen von mehreren Anträgen gleicher Art zunächst jene der einzelnen Landtagsmitglieder, dann jene der Regierung, schließlich allenfalls jene einer Kommissionsminderheit und jene der Kommissionsmehrheit zur Abstimmung. Es ist davon auszugehen, dass diese Regelung u.a. dem Minderheitenrecht dienen soll. Allerdings ist, wie bereits am hypothetischen Beispiel der Berlin-Entscheidung gezeigt, eine Abstimmung an vorderster Stelle in einer Reihenfolge von Anträgen kein Garant für die Annahme eines Antrages.

VI. Bewertung der Reihenfolgeabstimmung

Nach der vorliegenden Untersuchung der Reihenfolgeabstimmung in deutschen und ausländischen Kollegialorganen sowie in Kollegialorganen von Staatenverbindungen vorwiegend mit Hilfe der empirischen Methode sowie des Versuches einer Systematisierung der existierenden Regeln lässt sich zu der Schlussfolgerung kommen, dass die Reihenfolge, in der über die eingebrachten Anträge abgestimmt wird, zweifellos von besonderer Bedeutung im Prozess der politischen Willens- und Entscheidungsfindung ist. Die Rangfolge eines Antrages kann wesentlichen

---

[86] Vgl. Sydney D. Bailey/Sam Daws, The procedure of the UN Security Council, 3. Auflage, Oxford 1998, S. 212 ff.
[87] Vgl. Hans-Achim Roll (Fn. 25), § 46, Rdnr. 2, S. 61.

Einfluss darauf haben, ob er angenommen oder abgelehnt wird oder ob er gar nicht erst zur Abstimmung kommt, weil bereits ein anderer vor ihm auf der Rangfolge stehender Antrag angenommen wurde.

Aus vorstehenden Ausführungen ergibt sich eine Diskrepanz zwischen der Bedeutung der Reihenfolge für den Entscheidungsprozess einerseits und den Mängeln, mit denen die einzelnen Regeln zur Bestimmung der Reihenfolge behaftet sind, andererseits.[88] So fehlt den Regeln nach formalen Kriterien wie den Regeln vom Vorrang der Änderungsanträge vor dem Hauptantrag und der Reihenfolgebestimmung nach temporalen Kriterien jeglicher Bezug zum Inhalt. Die Regeln des Vorranges von weitergehenden bzw. nächstliegenden Anträgen bestimmen hingegen zwar die Reihenfolge der Abstimmung nach materiellen Kriterien, d.h. nach dem Inhalt der Anträge, doch liegen oftmals mehrere Kriterien vor, die eine von allen Beteiligten akzeptierte Reihenfolgebestimmung erschweren und deshalb nicht immer praktikabel werden lassen. Regeln der Reihenfolgebestimmung nach mathematischen Kriterien sind wiederum oft zu kompliziert und zeitaufwendig und damit ineffizient. Politische Entscheidungen nach rein mathematischen Kriterien fällen zu wollen, dürfte auch weitestgehend illusorisch bleiben.

Die Reihenfolge nach politischen Kriterien zu bestimmen, ist für eine Vielzahl von Entscheidungsorganen wegen der Kollision mit dem (formellen) Gleichheitsprinzip ohnehin nicht geboten. Die Reihenfolgebestimmung nach Festlegung ermöglicht letztendlich die Funktionalität des kollegialen Entscheidungsorgans entweder bei Sonderfällen oder bei Fällen, in denen eine eindeutige Bestimmung der Reihenfolge mit Hilfe anderer Kriterien nicht möglich bzw. strittig ist. Keine der vorstehenden Regeln kann aber eine Chancengleichheit aller Anträge und damit die Gleichheit der Beteiligten kollegialer Entscheidungsorgane, die Anträge zur Abstimmung eingereicht haben, gewährleisten. Daraus ergibt sich die Frage nach der Vereinbarkeit der Reihenfolgeabstimmung mit dem Gleichheitsprinzip in Verbindung mit dem Demokratieprinzip.

In Parlamenten demokratischer Staaten bestimmt der aus dem repräsentativen Charakter der unmittelbar gewählten Volksvertretungen fließende Grundsatz gleicher Teilhabe an den verfassungsrechtlichen Parlamentsfunktionen, wie insbesondere das demokratische Recht auf Mitwirkung an den Verhandlungen und Entscheidungen, die gleiche Stellung und die gleichen Rechte der Abgeordneten. Dazu zählt auch das Initiativrecht der Abgeordneten, Anträge als Vorlagen einzureichen. Nach § 76 Abs. 1 GOBT müssen Vorlagen von Mitgliedern des Bundestages von einer Fraktion oder von fünf vom Hundert der Mitglieder des Bundestages (bei 614 Mitgliedern 31) unterzeichnet sein.[89] Wie das Bundesverfassungsgericht ausführt, „[...] ist das Initiativrecht erst dann voll zum Zuge gekommen, wenn das Plenum über die Vorlage beraten und – durch Annahme oder Ablehnung – Beschluss gefasst hat."[90] Danach kann das Initiativrecht nur dann als gewährt gelten,

---

[88] So Klaus Kemmler (Fn. 4), S. 179.
[89] Zum Antragsrecht vgl. Hermann-Josef Schreiner, Geschäftsordnungsrechtliche Befugnisse des Abgeordneten, in: Hans-Peter Schneider/Wolfgang Zeh (Hrsg.) (Fn. 66), § 18, Rdnr. 4 ff., S. 594 ff.
[90] BVerfGE 1, 144 (154).

wenn alle Anträge zur Abstimmung gelangen. Daraus folgt, dass bezüglich der Anträge, die wegen Annahme eines anderen Antrages nicht mehr zur Abstimmung gelangen, das der repräsentativen Demokratie inhärente Initiativrecht der jeweiligen Abgeordneten als verletzt gelten müsste. Es ist mithin zu prüfen, ob das Recht auf Chancengleichheit gewahrt wird, d.h. ob die Reihenfolgeabstimmung gegenüber den eingebrachten Anträgen neutral bleibt. Wenn alle zur Abstimmung gestellten Anträge und das Abstimmungsverhalten der Mitglieder vor der Abstimmung im Plenum bekannt sind, wie dies aufgrund der Entscheidungsvorbereitung in den Ausschüssen und Fraktionen in der Regel der Fall ist, dann spielt die Reihenfolge der zur Abstimmung gestellten Anträge meist keine Rolle.[91]

Wenn aber die Willensbildung und Entscheidungsfindung im Plenum erfolgen, ohne Kenntnis über die Präferenzen der Mitglieder zu haben, so ist der Ausgang der Abstimmung ungewiss. Die Abgeordneten können dann gewillt sein, einen zur Abstimmung gestellten Antrag, der ihrer optimalen Alternative nahe kommt, zuzustimmen, weil sonst der durch sie präferierte Antrag entweder nicht mehr zur Abstimmung kommen oder nicht die erforderliche Mehrheit erhalten könnte. Wenn mehrere Anträge mehrheitsfähig sind, bestimmt die Reihenfolge, in der sie zur Abstimmung gestellt werden, den Ausgang bzw. das Ergebnis der Abstimmung. Mit Hilfe einer Probeabstimmung könnte die, wie es in der Entscheidungstheorie heißt, „rationale Unbestimmtheit"[92], wonach die Abgeordneten über das Abstimmungsverhalten der anderen im Ungewissen sind, allerdings vermieden werden. Solange aber die Reihenfolge das Ergebnis der politischen Willensbildung und Entscheidungsfindung beeinflusst, findet eine Durchbrechung des Gleichheitsprinzips statt. Diese führt nur dann nicht zu einer Verletzung der Chancengleichheit, wenn ein Rechtfertigungsgrund vorläge. Ein solcher könnte in der Funktionsfähigkeit des Parlaments gesehen werden. Dann dürfte es aber kein anderes Abstimmungsverfahren geben, das unter Wahrung der Funktionsfähigkeit des Kollegialorgans auch die Chancengleichheit beachten würde.[93] Dies ist bei dem nachfolgend zu erörternden Abstimmungsverfahren zu prüfen.

B. Eventualabstimmung

Bei der aus dem englischen Parlamentarismus stammenden Eventualabstimmung (*amendment or elimination procedure*), von Heckscher Eliminationsmethode[94], von Tecklenburg eventuelle Abstimmung genannt[95], werden von mehreren vorliegenden Alternativen (Anträgen) zunächst immer nur zwei paarweise einander gegenübergestellt (binäre Abstimmung), wobei eine der beiden Alternativen ausdrücklich zur Abstimmung kommt. Erfolgt eine Annahme dieser Alternative, so wird sie der anderen vorgezogen; erfolgt eine Ablehnung, so wird die andere vor-

---

[91] Vgl. Horst Schmitt (Fn. 22), S. 41.
[92] Vgl. R. Duncan Luce/Howard Raiffa, Games and decisions, New York 1957, S. 275.
[93] Vgl. Klaus Kemmler (Fn. 4), S. 184 ff.
[94] Vgl. Alb. Heckscher (Fn. 2), S. 56 ff.
[95] Vgl. Adolf Tecklenburg (Fn. 3), S. 80.

B. Eventualabstimmung

gezogen. Die verworfene Alternative fällt weg, während die vorgezogene nur „eventuell" angenommen ist, d.h. einer dritten Alternative gegenübergestellt wird, bis letztendlich nur eine Alternative übrig bleibt, die dann endgültig angenommen ist.[96]

Grundlage der auf dem Abstimmungsverfahren des englischen Unterhauses beruhenden Eventualabstimmung ist ein Hauptantrag, dem Abänderungsanträge gegenübergestellt werden.[97] Bei diesem Verfahren ist im Idealfall die Reihenfolge der zur Abstimmung gestellten Anträge bedeutungslos. Jedem Abstimmenden ist es nämlich möglich, ungeachtet der anderen Anträge in jedem Stimmgang sich für seinen Präferenzantrag zu entscheiden. Damit trägt dieses Verfahren effektiv zur Willensermittlung und -bildung bei. Bei diesem Verfahren bringen die Abstimmenden die zur Abstimmung gestellten Anträge in eine Präferenzordnung. Bei rationalem Verhalten bedeutet dies, dass wenn ein Abstimmender bei Vorliegen von drei Anträgen A, B und C den Antrag A dem Antrag B (A←B) und den Antrag B dem Antrag C (B←C) vorzieht, dann bevorzugt er auch den Antrag A vor dem Antrag C (A←C). Idealerweise müssten die Abstimmenden entsprechend ihrer Präferenzordnung über jeden Antrag im Verhältnis zu jedem anderen abstimmen.

In der anglo-amerikanischen Parlamentspraxis wird jedoch auf ein vereinfachtes Verfahren zurückgegriffen, wonach die Anträge nacheinander zur Abstimmung gestellt werden. Der bei der Einzelabstimmung unterlegene Antrag fällt weg bzw. wird eliminiert und einem anderen Antrag gegenübergestellt. Am Ende haben sich einige Anträge gegenübergestanden, andere hingegen nicht. Bei dieser vereinfachten Variante kann der Reihenfolge, in der die Anträge zur Abstimmung gelangen, doch wieder Bedeutung zukommen, womit sich der ursprüngliche Vorteil gegenüber der Reihenfolgeabstimmung aufhebt. So enthält das Schweizerische Parlamentsgesetz in Art. 79, der die Eventualabstimmung regelt, eine Vorschrift in Abs. 2 zur Bestimmung der Abstimmungsreihenfolge der Anträge nach dem Prinzip des nächstliegenden Antrages. Damit kann auch dieses Verfahren die Chancengleichheit der Anträge nicht gewährleisten.

Auch bei dem vereinfachten Verfahren der Eventualabstimmung hat der Antrag die größte Aussicht angenommen zu werden, der zu einem späteren Zeitpunkt zur Abstimmung gebracht wird.[98] Außerdem ist mit der Eventualabstimmung nicht ausgeschlossen, dass die Abstimmenden zum Mittel des politischen Taktierens greifen und zunächst entgegen ihrer Präferenzordnung abstimmen könnten, um einen konkurrierenden Antrag zu eliminieren und ihren Präferenzantrag zum Sieg zu verhelfen.[99]

Weil bei der Eventualabstimmung die ausgewählten Anträge benannt werden und nicht mit Ja oder Nein abgestimmt wird, stellt sie sich eher als eine Wahl als eine Abstimmung dar. Diese Feststellung gilt umso mehr für das nachfolgende Verfahren.[100]

---

[96] Vgl. Klaus Kemmler (Fn. 4), S. 85 f.
[97] Vgl. Adolf Tecklenburg (Fn. 3), S. 75 f.
[98] Vgl. Klaus Kemmler (Fn. 4), S. 201 ff.
[99] Vgl. Werner Heun (Fn. 7), S. 136.
[100] Vgl. Karl Georg Schneider (Fn. 33), S. 19 f.

C. Wahlverfahren

Wenn mehr als zwei Anträge (Hauptanträge) zugleich zur Abstimmung kommen sollen, ist der Rückgriff auf ein Verfahren aus dem Wahlrecht möglich.[101] Beim Wahlverfahren wird über alle (mehrere) Alternativen bzw. Anträge gleichzeitig abgestimmt. Die Reihenfolge der zur Abstimmung zu bringenden Anträge ist dabei unerheblich[102], was folglich die Chancengleichheit der Anträge und damit das aus der repräsentativen Demokratie fließende Initiativrecht der die Anträge einreichenden Abgeordneten wahrt.[103] Die Abstimmenden können jeweils nur für einen Antrag stimmen und entscheiden sich deshalb sofort für ihren Präferenzantrag. Wenn kein Antrag im ersten Stimmgang die erforderliche Mehrheit, in der Regel die absolute Mehrheit, auf sich vereinigen kann, wird die Abstimmung in einem zweiten Stimmgang wiederholt. Dabei scheiden einige Anträge, zumeist diejenigen mit der geringsten Stimmenanzahl, aus.[104] Dieses Verfahren wird solange wiederholt, bis ein Antrag die erforderliche Mehrheit erreicht hat.[105] Wenn bei vier Anträgen über die Festlegung eines Haushaltspostens (A: 1 Million €, B: 3 Millionen €, C: 5 Millionen €, D: keine Bewilligung) im ersten Stimmgang Antrag A fünfunddreißig Stimmen, Antrag B dreißig Stimmen, Antrag C fünfundzwanzig Stimmen und Antrag D zehn Stimmen von insgesamt hundert Mitgliedern des kollegialen Entscheidungsorgans erreichen, fallen Antrag C und D heraus. Über Antrag A und B würde in einem zweiten Stimmgang abgestimmt werden. Hier würden die Anhänger von Antrag C wahrscheinlich dem Antrag B ihre Stimme geben, weil diese Antragssumme der ihrigen näher liegt und die Anhänger von Antrag D dem Antrag A, weil dieser die niedrigste Summe enthält. Damit würden auf Antrag A fünfundvierzig und Antrag B fünfundfünfzig Stimmen entfallen, so dass Antrag B die absolute Mehrheit erreicht und demzufolge angenommen werden würde, obwohl er im ersten Stimmgang Antrag A unterlegen war. Die Praxis zeigt, dass bei mehreren Stimmgängen die Anhänger der extremen Anträge sich auf einen Kompromissantrag einigen, der im ersten Stimmgang noch keine hohe Stimmenanzahl erreichen konnte.[106] Zu diesem im Deutschen Bundestag angewendeten Verfahren kommt in der Schweiz noch ein zusätzlicher Abstimmungsgang über die beiden Alternativen mit der geringsten Stimmenanzahl (C und D) hinzu. Der Gewinner wird in den nächsten Abstimmungsgang mit einbezogen, der Verlierer scheidet endgültig aus.[107]

Das Wahlverfahren hat nicht nur eine lange Tradition bei Parlamentswahlen und parlamentsinternen Wahlen, sondern auch bei parlamentarischen Sachabstimmungen.[108] Die in der Schweizerischen Bundesversammlung angewendete so

---

[101] Vgl. Horst Schmitt (Fn. 22), S. 109.
[102] Vgl. Adolf Tecklenburg (Fn. 3), S. 84.
[103] Vgl. Klaus Kemmler (Fn. 4), S. 193.
[104] Vgl. ebenda, S. 87; Werner Heun (Fn. 7), S. 137 f.
[105] Vgl. Karl Georg Schneider (Fn. 33), S. 20.
[106] Vgl. Klaus Kemmler (Fn. 4), S. 197.
[107] Vgl. Karl Georg Schneider (Fn. 33), S. 20 f.; Werner Heun (Fn. 7), S. 138.
[108] Vgl. Klaus Kemmler (Fn. 4), S. 193.

genannte koordinierte Abstimmung entspricht dem Wahlverfahren.[109] Das Wahlverfahren haben ebenso andere Parlamente, wie beispielsweise die Duma der Russischen Föderation, für Abstimmungen über mehrere Anträge bei Vorliegen von nur einer Stimme je Abgeordneter übernommen.[110] Eine modifizierte Form des Abstimmungsverfahrens stellt die so genannte qualitative Abstimmung in der Duma nach Art. 83 Abs. 7 GO Duma dar, wonach die Abgeordneten über mehrere Anträge anstelle mit „Ja", „Nein" oder „Enthaltung"[111] mit einem von fünf qualitativen Werturteilen „sehr schlecht", „schlecht", „befriedigend", „gut" bzw. „sehr gut" abstimmen.

Auch im Deutschen Bundestag findet das Wahlverfahren bei Sachabstimmungen als Regelausnahme Anwendung. Wenn sich mehrere Anträge zu einer Sachfrage zwar grundsätzlich nach einem Prinzip anordnen lassen, dieses Prinzip aber nicht als wesentlich angesehen werden kann, müssen andere Festlegungen gegeben sein. Für solche Sonderfälle enthält beispielsweise die Geschäftsordnung des Bundestages spezielle Bestimmungen über das Abstimmungsverfahren in § 50 Abs. 1 und 3 GOBT. Diese sehen eine Sonderregelung für das Gesetzgebungs- bzw. Antragsverfahren zur Entscheidung über den Sitz einer Bundesbehörde bei Vorliegen von mehr als zwei voneinander abweichenden Vorschlägen vor. Wenn also mindestens zwei Änderungsanträge zu dem in der Vorlage vorgeschlagenen Sitz eingebracht werden, ist die Abstimmung bis zur Schlussabstimmung zurückzustellen, d.h. sie wird vor der Schlussabstimmung über den Gesetzentwurf nach § 86 Satz 1 GOBT vorgenommen.[112] Bei diesem Verfahren kommen Alternativvorschläge nicht mehr nacheinander, sondern gemeinsam zur Abstimmung.[113] Eine Reihenfolgebestimmung nach Prinzipien entsprechend der Regel vom weitergehenden Antrag wäre hier nicht angezeigt. Zwar ließe sich eine lineare Anordnung entsprechend der Entfernung der vorgeschlagenen Orte der Bundesbehörde vom Parlament oder aber der Einwohnerzahl der Orte treffen, diese wäre aber kaum sinnvoll und deshalb abzulehnen.[114] Dieses Abstimmungsverfahren kommt gem. § 50 Abs. 4 GOBT auch dann zur Anwendung, wenn es sich um die

---

[109] Vgl. Paul Cron, Die Geschäftsordnung der Schweizerischen Bundesversammlung, Freiburg in der Schweiz 1946, § 52, S. 224 ff.
[110] In Art. 83 Abs. 6 GO Duma Russische Föderation wird dieses Verfahren als alternative Abstimmung bezeichnet. Wenn mehr als zwei Varianten eines Beschlusses zur Abstimmung stehen, kann die Abstimmung nach Art. 86 GO auf Beschluss der Duma in zwei Gängen erfolgen. Im ersten Gang können die Abgeordneten für jeden der vorgesehenen Beschlussvarianten stimmen. In einem zweiten Gang werden dann die zwei Varianten zur Abstimmung gestellt, die am meisten Stimmen im ersten Gang erreicht haben. Dieses Verfahren findet sowohl auf Wahlen als auch Abstimmungen Anwendung.
[111] Eine Abstimmung mit „Ja", „Nein" oder „Enthaltung" wird gem. Art. 83 Abs. 4 GO Duma Russische Föderation als quantitative Abstimmung bezeichnet.
[112] Vgl. Hans Troßmann (Fn. 35), § 55, Rdnr. 1, S. 386; Hans-Achim Roll (Fn. 25), § 50, Rdnr. 1, S. 65.
[113] Vgl. Klaus Kemmler (Fn. 4), S. 24.
[114] Vgl. ebenda, S. 175.

Bestimmung von Zuständigkeiten und ähnliche Entscheidungen handelt sowie wenn mehr als zwei voneinander abweichende Anträge gestellt werden.

Eine in der bisherigen Geschichte des Bundestages einmalige Situation entstand bei der Entscheidung über das 5. Strafrechtsänderungsgesetz (Schwangerschaftsabbruch) bezüglich der Reform des § 218 des StGB am 26. April 1974. Da der zuständige Ausschuss kein Votum darüber abgeben konnte, welcher der vier Gesetzentwürfe dem Plenum zur Annahme empfohlen werden sollte und auch im Ältestenrat keine Einigung erzielt werden konnte, in welcher Reihenfolge die Vorlagen zu behandeln seien, ist auf Vorschlag der damaligen Bundestagsvizepräsidentin Funcke ein von der Geschäftsordnung des Bundestages abweichendes Verfahren, analog zur Wahl angewendet worden, dem zu Beginn der Beratungen das Plenum mit Zweidrittelmehrheit zustimmte. Über alle Vorschläge sollte gleichzeitig namentlich abgestimmt werden. Über die beiden Vorschläge mit der höchsten Stimmzahl sollte dann in einer Stichwahl entschieden werden. Damit wären eine öffentliche Diskussion, eine gleichrangige Behandlung und eine faire Abstimmung über alle Vorschläge möglich. In einer Generalaussprache wurde schließlich über alle vier Gesetzentwürfe im Plenum beraten. In der zweiten Beratung ist über alle vier Vorschläge beraten worden, wobei jede Vorlage einzeln aufgerufen wurde ohne nachfolgende Abstimmung. Nach Beendigung der zweiten Beratung stimmten die Abgeordneten in namentlicher Abstimmung mit besonderen Stimmzetteln ab. Auf diesen standen der Name des Abgeordneten, die vier Entwürfe sowie Ablehnung aller Entwürfe mit je einem daneben stehenden Kreis für ein eventuelles Kreuz. Jeder Abgeordneter hatte nur eine Stimme. In der dritten Beratung wurde über den Entwurf beraten, der in der Stichwahl die meisten Stimmen bekam. Für das weitere Verfahren trat die Bundestagsgeschäftsordnung wieder in Kraft.[115] Die Fristenregelung wurde mit einfacher Mehrheit von 247 zu 233 Stimmen[116] angenommen.[117] Die unkonventionelle Verfahrensweise in diesem konkreten Fall wurde als „fast der Stein der Weisen" bezeichnet.[118] Mit dieser positiven Erfahrung ist die weitere Anwendung des Wahlverfahrens für Sachentscheidungen im Bundestag eröffnet worden.

D. En-bloc-Abstimmung

Während in der Reihenfolgeabstimmung über die zur Entscheidung eingebrachten Anträge nacheinander abgestimmt wird, werden bei einer En-bloc- oder Sammelabstimmung, wie beim Wahlverfahren, mehrere Beratungs- bzw. Beschlussgegenstände zu einer Abstimmung zusammengefasst, so dass der Entscheidungsprozess erheblich schneller und dadurch effizienter durchgeführt werden kann. Bei

---

[115] Vgl. Woche im Bundestag, 4 (1974) 8, S. 6.
[116] 249 Stimmen (von 496 im 7. BT) hätten die absolute Mehrheit bedeutet.
[117] Am 25.02.1975 erklärte das BVerfG die Fristenregelung für verfassungswidrig, weil sie Abtreibungen ohne die Abwägung von Gründen möglich machte. BVerfGE 39, 1.
[118] Bundestagsvizepräsident Kai Uwe von Hassel, in: Woche im Bundestag, 4 (1974) Nr. 8, S. 6.

einer En-bloc-Abstimmung werden verschiedene Sachfragen in einem einheitlichen Abstimmungsvorgang zusammengefasst. Die Mitglieder des Kollegialorgans entscheiden mit einer Stimmabgabe einheitlich über mehrere Gegenstände. Eine differenzierte Stimmabgabe ist hier nicht möglich.

Durch die Verbindung verschiedener Anträge ist eine von sachfremden Beeinflussungen freie Entscheidung über jeden einzelnen Antrag folglich nicht mehr gegeben. Diese bei einer Verbindung verschiedener Fragen in einem gemeinsamen Abstimmungsvorgang notwendige Folge wird mitunter beabsichtigt. Bei Verbinden der Vertrauensfrage nach Art. 68 Abs. 1 GG mit einer Sachfrage, wird beispielsweise durch die drohende Bundestagsauflösung Einfluss auf die Abgeordneten hinsichtlich ihrer Entscheidung über die zu treffende Sachfrage ausgeübt.[119] Einen so genannten verbundenen Vertrauensantrag hat Bundeskanzler Schröder am 16. November 2001 gestellt, als er die Vertrauensfrage mit der Abstimmung über die Beteilung der Bundeswehr am Krieg in Afghanistan verband. Dabei sind für die Vertrauensfrage gem. Art. 68 Abs. 1 GG die absolute Mehrheit, für die Sachfrage gem. Art. 42 Abs. 2 Satz 1 GG die einfache Mehrheit erforderlich. Danach wäre es also möglich, dass mit derselben abgegebenen Stimme zwar die Sachfrage positiv entschieden, dem Kanzler aber das Vertrauen nicht ausgesprochen wird. Von 334 benötigten Stimmen für die absolute Mehrheit erhielt der Kanzler 336 bei 326 Gegenstimmen und keiner Stimmenthaltung, so dass es zu einer Ergebnisaufteilung letztendlich nicht kam.[120]

Im Gegensatz zum Bundestag sind in den Gemeinderäten bei unterschiedlich geforderten Mehrheiten für Sachfragen En-bloc-Abstimmungen in der Regel nicht möglich.[121] Findet eine En-bloc-Abstimmung statt[122], geht ihr eine Abstimmung darüber voraus, ob über mehrere Sachfragen einheitlich abgestimmt werden soll. Erst nachdem über diese formelle Frage positiv abgestimmt wurde und kein Widerspruch der Antragsteller vorliegt, kommt es zur eigentlichen (einheitlichen) Abstimmung über die Sachfragen.[123]

Vorgesehen ist eine Sammelabstimmung auch nach § 29 Abs. 2 2. Halbsatz GOBR im Bundesrat. In der Praxis des Bundesrates werden diese Beratungsgegenstände auf grünem Papier aufgelistet und demgemäß als „Grüne Drucksache" bezeichnet. Diese Bestimmung wurde wegen der Sitzungsökonomie im Allgemeinen und der Effizienz von Sammelabstimmungen im Besonderen 1953 in die Ge-

---

[119] OVG Münster, Urteil vom 17.03.1987 – 7 a NE 10/85, in: NVwZ, 7 (1988) 12, S. 1138 f.
[120] Vgl. Michael F. Feldkamp, Chronik der Vertrauensfrage von Bundeskanzler Gerhard Schröder im November 2001, in: ZParl, 33 (2002) 1, S. 5 ff.
[121] Vgl. Richard Seeger, Handbuch für die Gemeinderatssitzung, 5. Auflage, Stuttgart/Berlin/Köln 1994, 16.5, S. 138.
[122] In En-bloc-Abstimmung zustande gekommene Bebauungspläne sind im Abwägungsvorgang fehlerhaft, wenn die verbundenen Abstimmungsgegenstände mit dem Bebauungsplan sachlich nicht zusammenhängen. OVG Münster, Urteil vom 17.03.1987 – 7 a NE 10/85, in: NVwZ, 7 (1988) 12, S. 1138 ff. Vgl. Robert Thiele, Niedersächsische Gemeindeordnung, 6. Auflage, Kiel 2002, § 47, Rdnr. 1, S. 176.
[123] Vgl. Alfons Gern (Fn. 56), Rdnr. 495, S. 321.

schäftsordnung eingefügt.[124] Dadurch erübrigen sich „[...] die zeitraubende Verlesung von Gesetzesüberschriften sowie routinemäßige Abstimmungen".[125] In der Praxis des Bundesrates wird von der Möglichkeit der Sammelabstimmung ein „[...] über den Wortlaut der Norm hinausgehender Gebrauch gemacht".[126] Sie findet insbesondere Anwendung bei Einspruchsgesetzen im zweiten Durchgang (Art. 77 Abs. 2 GG), wo eine Aussprache noch stattfindet, aber keine Empfehlungen oder Anträge auf Anrufung des Vermittlungsausschusses bzw. Anträge über eine förmliche Abstimmung vorliegen.[127] Die Grüne Drucksache ist vor der Plenarsitzung mit den Ländern abzustimmen. In die Sammelliste der vorbereitenden Sitzung werden nur die Punkte aufgenommen, mit deren Aufnahme alle Länder einverstanden sind. Die Aufnahme in die Liste ist nicht zwangsläufig mit einem Votum für die Sachfrage gleichzusetzen. Ein Widerspruch gegen die Aufnahme in die Liste ist aber nicht zu erwarten, solange nur von einem Land eine abweichende Position eingenommen wird.[128] Da Beschlüsse im Plenum gem. Art. 52 Abs. 3 Satz 1 GG mit absoluter Mehrheit gefasst werden, wären die Gegenstimmen eines Landes ohnehin unschädlich für das Zustandekommen des Beschlusses. Für die Annahme der Liste im Plenum ist die Mehrheit der Stimmen des Bundesrates, d.h. absolute Mehrheit erforderlich. Auch alle durch die Sammelabstimmung erfassten Beschlüsse werden nach dieser Abstimmungsregel gefasst.[129]

En-bloc-Abstimmungen sind nach Art. 155 Abs. 5 und 6 GOEP auch für mehrere vorliegende Änderungsanträge zum Antrag im Europäischen Parlament zulässig. Danach kann der Präsident des Europäischen Parlaments diese nicht in einer festgelegten Reihenfolge, sondern *en bloc* zur Abstimmung stellen, es sei denn eine Fraktion oder siebenunddreißig Mitglieder (von insgesamt 785, d.h. ca. 5%) beantragen eine gesonderte Abstimmung, womit das dem Demokratieprinzip inhärente Minderheitenrecht gewahrt bleiben soll.

E. Prinzipielle Abstimmung

Unter den demokratischen Abstimmungsverfahren ist die prinzipielle Abstimmung das seltenste, das heute auch allgemein als überholt angesehen wird und hier nur der Vollständigkeit halber angesprochen wird. Bei diesem Verfahren wird zunächst generell über den Hauptantrag entschieden. Nur für den Fall, dass dieser nicht angenommen wird, erfolgt anschließend die Abstimmung über alternative Änderungsanträge (Hauptantrag vor Änderungsantrag).[130] Heun meint irrtümlich, dass es nur zur Abstimmung über die Änderungsanträge käme, „[...] falls der

---

[124] Vgl. Konrad Reuter (Fn. 34), § 29, Rdnr. 9, S. 506 f.; Rdnr. 17, S. 509 f.
[125] BR-Drs. 211/66, S. 14.
[126] Vgl. Konrad Reuter (Fn. 34), § 29, Rdnr. 10, S. 507.
[127] Vgl. ebenda, § 29, Rdnr. 16, S. 509.
[128] Vgl. ebenda, § 29, Rdnr. 17, S. 509.
[129] Vgl. ebenda, § 29, Rdnr. 17, S. 510.
[130] Vgl. Horst Schmitt (Fn. 22), S. 110; Klaus Kemmler (Fn. 4), S. 88 f.

Hauptantrag **nicht** [hervorgehoben durch Autorin] abgelehnt wird."[131] Der Anwendungsbereich dieses Verfahrens erweist sich als sehr begrenzt, da eine Reduzierung von Alternativen auch nur geringfügig möglich ist. Während die prinzipielle Abstimmung im 19. Jahrhundert in der Schweiz und in Bayern Anwendung fand, wurde sie im modernen Parlamentsrecht lediglich von der israelischen Knesset in ihre Geschäftsordnung aufgenommen (§ B Ziff. 57 a GO alt).[132]

F. Vergleich der Abstimmungsverfahren

Während die französische Reihenfolgeabstimmung Eingang in das kontinentale, darunter auch das deutsche Parlamentsrecht fand, ist die englische Eventualabstimmung neben den USA nur von drei europäischen Staaten – der Schweiz[133], Schweden und Finnland – übernommen worden. Bei der Reihenfolgeabstimmung erfolgt die Abstimmung über die Alternativen einzeln nacheinander (*one-by-one*) in einer vorher bestimmten Reihenfolge, bis eine von ihnen ausgewählt ist. Bei der Eventualabstimmung wird über die Alternativen im paarweisen Vergleich (*two-by-two*) abgestimmt, wobei eine Alternative eliminiert und die andere einer weiteren gegenübergestellt wird.[134] Beim Wahlverfahren werden hingegen alle Anträge gleichzeitig zur Abstimmung gebracht. Im Unterschied zur Reihenfolgeabstimmung, wo die Beteiligten am Entscheidungsprozess mit Ja oder Nein abstimmen, benennen sie bei der Eventualabstimmung ihre Präferenzordnung, d.h. die Reihenfolge der zur Abstimmung gebrachten Anträge. Damit stellt sich die Eventualabstimmung, wie auch das Wahlverfahren, eher als eine Wahl als eine Abstimmung dar. Nach Schneider lässt sich der Unterschied zwischen Sachabstimmungen bei Vorliegen mehrerer Anträge und Personalwahlen bei Vorhandensein mehrerer Kandidaten vernachlässigen, so dass es durchaus opportun wäre, beispielsweise die Eventualabstimmung auch bei Personalwahlen anzuwenden[135], wie in Bezug auf das Wahlverfahren ohnehin praktiziert wird.

Den wesentlichen Unterschied zwischen französischer Reihenfolge- und englischer Eventualabstimmung fasst Kemmler wie folgt zusammen: „Das Annehmen einer Alternative bedeutet bei der Reihenfolgeabstimmung, dass alle anderen Alternativen wegfallen, bei der eventuellen Abstimmung, dass eine der anderen wegfällt."[136] Im Vergleich zur Reihenfolgeabstimmung ist die Eventualabstimmung in Bezug auf Durchführung und Kosten komplexer. Die einfachere Reihenfolgeabstimmung lässt sich schneller ausführen. Das Ergebnis der Eventualabstimmung kann allerdings weniger von der gewählten Reihenfolge der Abstimmung abhängen als bei der Reihenfolgeabstimmung. Wenn ein Condorcet-Gewinner vorhanden ist und die Beteiligten an der Abstimmung nicht strategisch abstimmen, wählt

---

[131] Werner Heun (Fn. 7), S. 138.
[132] Vgl. Klaus Kemmler (Fn. 4), S. 81 ff.
[133] Vgl. Paul Cron (Fn. 109), § 52, S. 221 ff.; Art. 79 Schweiz. ParlG.
[134] Vgl. Bjørn Erik Rasch (Fn. 6), S. 516 ff.
[135] Vgl. Karl Georg Schneider (Fn. 33), S. 22.
[136] Klaus Kemmler (Fn. 4), S. 87.

die Eventualabstimmung in der Regel diesen aus. Wird die Alternative, die den Condorcet-Gewinner verkörpert, bei der Reihenfolgeabstimmung zu früh zur Abstimmung gebracht, kann sie mitunter verlieren. Die Eventualabstimmung ist allerdings mehr anfällig für strategisches Taktieren der Abstimmenden. Das Ergebnis der Abstimmung hängt demzufolge von der Wahl der Abstimmungsmethode bzw. dem Verfahren ab.[137]

Von der Reihenfolge- und Eventualabstimmung unterscheidet sich das Wahlverfahren und die En-bloc-Abstimmung dadurch, dass bei ersteren über die Alternativen einzeln abgestimmt wird, während bei letzteren über sie gemeinsam zu entscheiden ist, so dass jeder Abstimmende sich sofort für die von ihm gewünschte Alternative ausspricht.[138] Bei der En-bloc-Abstimmung ist im Gegensatz zu den vorstehenden Abstimmungsverfahren eine Differenzierung im Abstimmungsverhalten der Mitglieder nicht möglich.

Das Wahlverfahren beugt einem Streit über die Reihenfolge der Anträge vor[139], die Chancengleichheit bleibt somit konsequent gewahrt. Eine ungleiche Behandlung der Anträge, wie bei der Reihenfolgeabstimmung möglich, wird durch die gleichzeitige Abstimmung über die Anträge verhindert.[140] Die gegen das Wahlverfahren erhobenen Einwände sind weniger rechtlicher, als mehr politischer Natur. Dabei wird primär auf die Gefahr der Stimmenzersplitterung verwiesen, die ein Erreichen der erforderlichen Mehrheiten für einen der zur Abstimmung gestellten Anträge im Vergleich zu anderen Verfahren erschweren würde, so dass mehrere Stimmgänge erforderlich wären.[141] Wenn im Wahlverfahren nicht gleich im ersten Stimmgang die erforderliche Mehrheit erreicht wird, kann sich dieses Verfahren sehr zeitaufwendig und damit ineffizient gestalten, was sich wiederum negativ auf die Funktionsfähigkeit auswirken könnte. Insofern stehen sich das Wahlverfahren mit der Wahrung der Chancengleichheit und die Reihenfolgeabstimmung mit der Wahrung der Funktionsfähigkeit gegenüber. Da die Wahrung der Chancengleichheit beim Wahlverfahren nicht unter gleichzeitiger Beachtung der Funktionsfähigkeit erfolgen muss und auch die anderen hier untersuchten Abstimmungsverfahren die Chancengleichheit nicht wahren, kann die bisherige Durchbrechung des Gleichheitsprinzips bei der Reihenfolgeabstimmung als gerechtfertigt angesehen werden. Zur Wahrung der Neutralität gegenüber den eingereichten Anträgen und um zu vermeiden, dass die Reihenfolge der zur Abstimmung gebrachten Anträge den Ausgang einer Abstimmung und damit das Ergebnis der Entscheidungsfindung bestimmt, sollte neben einer offenen Abstimmung die Offenlegung der Präferenzen bzw. Präferenzordnungen der zur Auswahl stehenden Alternativen durch die Beteiligten am Entscheidungsprozess vor Durchführung der Abstimmung eingeführt werden. Dies kann erreicht werden, abgesehen von einer Verlagerung der Vorbereitung der politischen Willensbildung und Entscheidungsfindung auf die Ausschüsse, wie größtenteils bereits der Fall, durch eine geschäftsordnungsmäßige

---

[137] Vgl. Bjørn Erik Rasch (Fn. 6), S. 520.
[138] Vgl. Klaus Kemmler (Fn. 4), S. 88.
[139] Vgl. Adolf Tecklenburg (Fn. 3), S. 84.
[140] Vgl. Klaus Kemmler (Fn. 4), S. 193 f.
[141] Vgl. ebenda, S. 195.

Einführung von in der Praxis ohnehin nicht unüblichen Probeabstimmungen im Plenum des Kollegialorgans.[142] Dadurch würde es den Mitgliedern des Kollegialorgans ermöglicht, auf die Abstimmung ihres präferierten Antrages unabhängig von dessen Rang in der Abstimmungsreihenfolge zu warten, ohne befürchten zu müssen, dass dieser nicht mehr zur Abstimmung gelangen könnte.

Um den Nachteilen der Reihenfolgeabstimmung auszuweichen, erwog Tecklenburg schon 1914 für Deutschland die Ersetzung der Reihenfolgeabstimmung durch die in der Schweiz angewendeten Eventualabstimmung[143], die jedoch auch nicht die Chancengleichheit wahrt. Kemmler schlug 1969 die durchgängige Einführung der Wahlmethode oder wenigstens die Modifizierung der Reihenfolgeabstimmung dahingehend vor, dass alle Anträge zur Abstimmung gebracht werden.[144] Letzter Vorschlag könnte aber dem Grundsatz der Unverrückbarkeit von Beschlüssen widersprechen, nämlich dann, wenn bereits ein Antrag angenommen wurde, aber noch weitere zur Abstimmung stehen, von denen ebenfalls einer oder gar mehrere angenommen werden.

Im Gegensatz zu anderen Abstimmungsverfahren lassen sich im Wahlverfahren die allgemein üblichen Abstimmungsarten, wie einfache Abstimmung und Abstimmung durch Zählung nicht anwenden, da diese Abstimmungsarten nur bei Fragen angewendet werden können, auf die lediglich zwei Antworten möglich sind. Wenn mehr als zwei Anträge zur Abstimmung gebracht werden, wie beim Wahlverfahren, bleibt nur die aufwendigere namentliche Abstimmung.[145] Dafür wahrt das Wahlverfahren die völlige Chancengleichheit der Anträge und damit die Gleichheit der Beteiligten am Entscheidungsprozess.

Gemein ist allen Abstimmungsverfahren, dass in der Regel mehrere Stimmgänge erforderlich sind, es sei denn, im ersten Stimmgang ist ein Antrag bereits angenommen worden. In nachfolgender Übersicht werden die Abstimmungsverfahren und die möglichen anzuwendenden allgemeinen Abstimmungsarten vergleichend gegenübergestellt. Dabei sind die in der Übersicht zu Abstimmungsarten am Schluss des zehnten Kapitels zusammengestellten Punkte hinsichtlich des Zeitaufwandes, des Aufzeichnens des Abstimmungsverhaltens sowie der Anwendung von Abstimmungsregeln zu beachten.

Übersicht XI: Abstimmungsverfahren und allgemeine Abstimmungsarten

Abstimmungs-verfahren	Reihenfolge-abstimmung	Eventual-abstimmung	Wahlverfahren	En-bloc-Abstimmung
Abstimmungsarten	einfache, namentliche, Zählung	einfache, namentliche, Zählung	namentliche	einfache, namentliche, Zählung

---

[142] Vgl. Kapitel X D.
[143] Vgl. Adolf Tecklenburg (Fn. 3), S. 97.
[144] Vgl. Klaus Kemmler (Fn. 4), S. 216 f.
[145] Vgl. Karl Georg Schneider (Fn. 33), S. 21.

Kapitel XII
Vorgaben von Prinzipien für Entscheidungsregeln auf Ebenen der Rechtsordnungen

Auf der Grundlage des geleisteten empirischen Befundes und entsprechender rechtsdogmatischer Untersuchungen sollen nachfolgend wesentliche Entscheidungsregeln und -verfahren am Maßstab grundlegender Organisations- und Rechtsprinzipien zusammenfassend geprüft werden. Während in vorstehenden Kapiteln wegen der Vordergründigkeit der Funktionalität der untersuchten Regeln und Verfahren, diese auf unterschiedlichen Ebenen der Rechtsordnungen (vertikal) analysiert wurden, soll nun ein systembezogener Überblick über fundamentale Regeln und Verfahren entsprechend den unterschiedlichen Ebenen der politischen Willensbildung und Entscheidungsfindung im öffentlichen Recht von Staaten und Staatenverbindungen (horizontal) gegeben werden. Da die Rechtsprinzipien auf den verschiedenen Ebenen der Rechtsordnungen eine durchaus unterschiedliche Geltung beanspruchen, wie bereits im zweiten Kapitel bezüglich der Maßstabsbildung als Rechtfertigung für den Gang der Untersuchungen gezeigt, wird abschließend der Frage nachgegangen, auf welchen Ebenen welche Regeln und Verfahren durch verfassungsrechtliche, unionsrechtliche bzw. völkerrechtliche Prinzipien und Normen vorgegeben sind und bei welchen dem Kollegialorgan ein Gestaltungsspielraum für die Bestimmung der Regeln und Verfahren seines Willensbildungs- und Entscheidungsprozesses zukommt. Es stellt sich mithin die Frage, ob und gegebenenfalls aus welchen der behandelten Organisations- und Rechtsprinzipien eine konkrete Entscheidungsregel für bestimmte kollegiale Entscheidungsorgane zu folgern ist. Unter Bezugnahme auf die rechtstheoretischen Ausführungen im zweiten Kapitel soll sich auf ausgewählte kollegiale Entscheidungsorgane im Staats- und Kommunalrecht sowie im Europa- und Völkerrecht beschränkt werden.

A. Staatsrechtliche Ebene

I. Vorgaben für Sitzverteilungsregeln

Aus dem Bedeutungsgehalt des zu den verfassungsgestaltenden Grundentscheidungen des Grundgesetzes zählenden *Demokratieprinzips* (Art. 20 Abs. 1 GG)[1], wonach das Volk Träger der Staatsgewalt ist (Art. 20 Abs. 2 Satz 1 GG), ergeben sich zwei Alternativen der Herrschaftsausübung: unmittelbare (direkte) und mittelbare (indirekte) Demokratie durch seine gewählten Repräsentanten.[2] Da im Grundgesetz grundsätzlich für die repräsentative Demokratie optiert wurde (Art. 20 Abs. 2 Satz 2 GG)[3] und die Entscheidungen von Staats- bzw. Herrschaftsorganen auf den Volkswillen zurückführbar sein müssen, fordert das Demokratieprinzip eine demokratische Wahl der Repräsentanten durch das Volk. Damit der Volkswille auch tatsächlich zum Ausdruck kommen kann, müssen die *politischen Mitwirkungsrechte*, insbesondere das Wahlrecht und die Teilhabe an den demokratischen Freiheitsrechten – die Kommunikationsgrundrechte (Meinungs-, Versammlungs- und Vereinigungsfreiheit) gewährleistet sein.[4] Die unmittelbar gewählte Volksvertretung – das Parlament, stellt das zentrale Repräsentationsorgan dar, über das sich der repräsentative Charakter der Regierungsorgane vermittelt.

Neben dieser formalen Repräsentation verlangt das Demokratieprinzip auch eine inhaltliche Repräsentation, die für die hier gestellte Frage der Sitzverteilung maßgeblich ist. Danach muss sich in dem vom Volk autorisierten und legitimierten Handeln der repräsentativen Kollegialorgane[5], ihren Überlegungen und Entscheidungen der Wille des Volkes unter Berücksichtigung aller wesentlichen politischen Grundströmungen wieder finden.[6] Aus dem demokratischen Repräsentationsprinzip folgt mithin für die Zusammensetzung repräsentativer Kollegialorgane, dass diese die politischen Interessen des Volkes repräsentativ widerspiegeln, wobei sie ihre Kanalisierung vor allem über die politischen Parteien (Art. 21 GG) erfahren. Da die Zusammensetzung des Bundestages maßgebend durch die Zweitstimmen bestimmt wird, spiegelt sich hier in Übereinstimmung mit dem Demokratieprinzip das politische Kräfteverhältnis der Parteien wider und nicht die Regel der gleichen Anzahl von Sitzen pro Partei.

---

[1] Vgl. Christoph Degenhart, Staatsrecht I, 23. Auflage, Heidelberg 2007, Rdnr. 23, S. 10.
[2] Die Entscheidung über die Formen der Demokratie erfolgt grundsätzlich in der Verfassung.
[3] Mit Ausnahme einer Neugliederung des Bundesgebietes gem. Art. 29 und Art. 118 GG.
[4] Vgl. hierzu Kapitel II D. II.
[5] Zu den Formen demokratischer Legitimation vgl. Ernst-Wolfgang Böckenförde, in: Josef Isensee/Paul Kirchhof (Hrsg.), HdbStR, Band II, 3. Auflage, Heidelberg 2004, § 24, Rdnr. 14 ff., S. 437 ff.
[6] Vgl. Ernst-Wolfgang Böckenförde, in: Josef Isensee/Paul Kirchhof (Hrsg.), HdbStR, Band II, 2. Auflage, Heidelberg 1998, § 30, Rdnr. 17 f., S. 39 f.

1. Bundestag

Damit der Bundestag dieser aus dem Demokratieprinzip abgeleiteten Anforderung entspricht, müssen die in den Wahlkreisen gewählten Volksvertreter annähernd dieselbe Anzahl von Wählern repräsentieren und dürfen nur einen Sitz im Parlament innehaben. Eine unterschiedliche Anzahl von Sitzen für Abgeordnete aus verschiedenen Wahlkreisen im Parlament würde insbesondere dem inhaltlichen Aspekt des verfassungsrechtlichen Grundsatzes der demokratischen Repräsentation in Art. 20 Abs. 2 Satz 2 GG widersprechen.

Der Begriff der Repräsentation wird zwar verfassungsrechtlich nicht verwendet, seine verfassungstheoretische Ausformung erhält er gleichwohl in der genannten Norm des Grundgesetzes. Eine z.B. nach politischen oder wirtschaftlichen/finanziellen Kriterien[7] abgestufte Anzahl von Sitzen hätte einen Verstoß gegen die *Gleichheit* der Wahl in Art. 38 Abs. 1 Satz 1 GG[8] als spezialgesetzlich normierte Ausprägung der in Art. 3 Abs. 1 GG allgemein gewährleisteten Gleichheit der Bürger[9] sowie die Chancengleichheit der politischen Parteien in Art. 21 Abs. 1 i.V.m. Art. 38 Abs. 1 Satz 1 bzw. Art. 3 Abs. 1 GG zur Folge.

Die Realisierung der *Volkssouveränität* (Art. 20 Abs. 2 Satz 1 GG) setzt die Gewährleistung der politischen Einflusschancen des gesamten Volkes unabhängig von politischen Anschauungen, sozialen oder wirtschaftlichen Situationen oder anderen möglichen Differenzierungsmerkmalen voraus. Während aus dem Wahlrechtsgrundsatz der Allgemeinheit der Wahl folgt, dass kein Teil des Volkes von der Einflussnahme an politischen Entscheidungen ausgegrenzt werden darf, spiegelt sich der egalitäre Charakter des Demokratieprinzips in der Gleichheit der Wahl wider, wonach alle wahlberechtigten Staatsbürger[10] gleich sind. Durch das gleiche Wahlrecht wird die Repräsentation in der Zusammensetzung des Bundestages als Volksvertretung sowie die Chancengleichheit der Parteien gewährleistet, die wiederum Voraussetzungen für die Erfüllung der integrationsorientierten Funktion des Bundestages sind.[11]

Das Demokratieprinzip (Art. 20 Abs. 2 GG) und die aus ihm fließenden Grundsätze der Volkssouveränität (Art. 20 Abs. 2 Satz 1 GG), der Repräsentation

---

[7] Z.B. die Bestimmung der Anzahl von Sitzen nach dem Steueraufkommen der Wähler in den Wahlkreisen. So richtete sich das Gewicht der Stimme nach dem preußischen Dreiklassenwahlrecht an der Steuerzahlungspflicht aus. Zum historischen Zensuswahlrecht vgl. Michael Wild, Die Gleichheit der Wahl, Berlin 2003, S. 27 f.

[8] Art. 38 GG ist eine Ausprägung des Demokratieprinzips. So Hans-Heinrich Trute, in: Ingo von Münch/Philip Kunig (Hrsg.), Grundgesetz. Kommentar, Band 2, 5. Auflage, München 2001, Art. 38, Rdnr. 106, S. 679.

[9] BVerfGE 99, 1 (10).

[10] Das Volk, das in Wahlen, Abstimmungen und durch besondere Organe der Gesetzgebung, der vollziehenden Gewalt und der Rechtsprechung (Art. 20 Abs. 2 Satz 2 GG) die Staatsgewalt ausübt, ist das Staatsvolk der Bundesrepublik Deutschland. BVerfGE 83, 37 (50).

[11] Vgl. Norbert Achterberg/Martin Schulte, in: Christian Starck (Hrsg.), Kommentar zum Grundgesetz, Band 2, 5. Auflage, München 2005, Art. 38, Rdnr. 132, S. 1016; Martin Morlok, in: Horst Dreier (Hrsg.), Grundgesetz. Kommentar, Band II, 2. Auflage, Tübingen 2006, Art. 38, Rdnr. 94 f., S. 988 f.

(Art. 20 Abs. 2 Satz 2 GG) und der Wahlrechtsgleichheit (Art. 38 Abs. 1 Satz 1 GG) sowie der Chancengleichheit der politischen Parteien (Art. 21 Abs. 1 i.V.m. Art. 38 Abs. 1 Satz 1 GG) bestimmen folglich die verfassungsrechtlichen Vorgaben für die Zusammensetzung des Bundestages als Organ der Gesetzgebung, das an die verfassungsmäßige Ordnung gebunden ist (Art. 20 Abs. 3 GG), nach der Regel der gleichen Anzahl von Sitzen für die nach Wahlkreisen gewählten Abgeordneten.[12]

Keine verfassungsrechtlichen Regelungen hingegen bestehen bezüglich der Anzahl von Sitzen im Bundestag. Diese und weitere Einzelheiten, wie die Grundsätze zur Einteilung der Wahlkreise, des Wahlsystems bzw. der -verfahren oder Sperrklauseln[13], überlässt das Grundgesetz gem. Art. 38 Abs. 3 dem Bund in ausschließlicher Gesetzgebungskompetenz.[14] Die Anzahl der Abgeordneten und damit der Sitze wird im Bundeswahlgesetz (§ 1 BWG) festgelegt[15], wobei der Gesetzgeber den Rahmen verfassungsrechtlicher Vorgaben zu beachten hat. Dabei muss dieser eine angemessene Abwägung zwischen zwei auf verschiedenen Grundsätzen beruhenden gegensätzlichen Zielen vornehmen: der notwendigen Gewährleistung der aus dem *Rechtsstaatsprinzip* (Art. 20 Abs. 3 GG) folgenden Rationalität bzw. Funktionsfähigkeit des Parlaments[16] und der nach dem *Demokratieprinzip* geforderten Repräsentanz (Art. 20 Abs. 2 Satz 2 GG) aller wesentlichen Interessen in einer pluralistischen Gesellschaft.[17]

2. Bundesrat

Während der Bundestag die Vertretung des Volkes ist, nehmen die Bundesländer durch den Bundesrat als föderales Verfassungsorgan Anteil an der Staatsgewalt des Bundes.[18] Für die Festsetzung der Anzahl von Sitzen im föderalen Organ stehen zwei verschiedene Hauptmodelle zur Verfügung. Nach dem föderalen Prinzip der Gleichheit der Gliedstaaten würde diesen eine gleiche Anzahl von Sitzen zuerkannt werden oder nach ihrem „Gewicht" in räumlicher, demografischer, wirtschaftlicher oder politischer Hinsicht eine unterschiedliche Anzahl von Sitzen.[19] Dabei wohnt der Zuerkennung einer unterschiedlichen Anzahl von Sitzen in Abhängigkeit von der Bevölkerungszahl ein demokratisches Element inne.

---

[12] Nach den Verfassungen der Länder gelten diese Grundsätze ebenfalls für die Landtage.
[13] Zu Sperrklauseln und ihrer Vereinbarkeit mit dem Gleichheitsprinzip vgl. Kapitel IV C. II.
[14] Vgl. Hans Meyer, in: Josef Isensee/Paul Kirchhof (Hrsg.) (Fn. 6), § 37, Rdnr. 31, S. 263; Hans-Heinrich Trute, in: Ingo von Münch/Philip Kunig (Hrsg.) (Fn. 8), Art. 38, Rdnr. 105, S. 678.
[15] Zur normativen Ausgestaltung des Wahlrechts im BWG und Sitzverteilung im BT vgl. Kapitel IV A. I. 1.
[16] Zur Funktionsfähigkeit als Rechtsgut mit Verfassungsrang vgl. BVerfGE 84, 304 (321 f.); 99, 19 (32).
[17] Vgl. Martin Morlok, in: Horst Dreier (Hrsg.) (Fn. 11), Art. 38, Rdnr. 47, S. 972.
[18] Vgl. Christoph Degenhart (Fn. 1), Rdnr. 653, S. 246.
[19] Vgl. Hartmut Bauer, in: Horst Dreier (Hrsg.) (Fn. 11), Art. 51, Rdnr. 3, S. 1249.

Aus der Entscheidung für das Ratsprinzip im Grundgesetz folgt nach herrschender Auffassung[20] und Rechtsprechung[21] die Repräsentanz der Länder durch ihre Regierungen im Bundesrat und nicht wie nach dem Senatsprinzip die Repräsentanz der Völker der Gliedstaaten.[22] Diese vorliegende Überlagerung des Demokratieprinzips durch das *Bundesstaatsprinzip* wird insbesondere bei der Stimmenverteilung deutlich.[23] Eine Annäherung an das Demokratieprinzip kann gleichwohl durch eine angemessene Repräsentation der Länder nach bestimmten Kriterien, wie der Bevölkerungsgröße, erfolgen. Bei Zugrundelegung der Bevölkerungsgröße könnte eine angemessene Repräsentation der Landesvölker erreicht werden.[24]

Nach Art. 51 Abs. 1 GG setzt sich der Bundesrat aus Mitgliedern der Regierungen der Länder zusammen. Die Anzahl von Sitzen der Länder im Bundesrat ergibt sich aus der Anzahl von Stimmen nach den Einwohnerzahlen gem. Art. 51 Abs. 3 Satz 1 i.V.m. Abs. 2 GG.[25] Da sich die Einwohnerzahlen ändern können und diese eine Veränderung in der Stimmen- und Sitzverteilung nach sich ziehen, fehlt eine exakte Bestimmung der Anzahl von Stimmen bzw. Sitze im Grundgesetz.

In Art. 51 Abs. 2 GG wird der Begriff des Einwohners und nicht wie in Art. 20 Abs. 2 der Begriff des (deutschen) Volkes verwendet.[26] Nach dem allgemeinen Sprachgebrauch fallen unter den Einwohnerbegriff alle natürlichen Personen mit einem nicht nur vorübergehenden Wohnsitz im Landesgebiet unabhängig ihrer Staatsangehörigkeit.[27] Aufgrund der Repräsentanz der Länder durch ihre Regierungen nach dem Ratsprinzip kann diese Bezugnahme als verfassungsgemäß gewertet werden. Ein Verstoß gegen den Grundsatz der Volkssouveränität[28] ist auch nach herrschender Auffassung wegen der Überlagerung des Demokratieprinzips durch das Bundesstaatsprinzip nicht gegeben.[29] Das Grundgesetz regelt die Anzahl

---

[20] Vgl. Klaus Stern, Das Staatsrecht der Bundesrepublik Deutschland, Band I, 2. Auflage, München 1984, § 19 III 8, S. 733; Hartmut Bauer, in: Horst Dreier (Hrsg.) (Fn. 11), Art. 51, Rdnr. 12, S. 1254.
[21] BVerfGE 8, 104 (120).
[22] In anderen föderalen Staaten wurde indessen für das Senatsmodell mit der Repräsentanz des Volkes der Gliedstaaten und somit für die Regel der gleichen Anzahl von Sitzen der Gliedstaaten optiert, wie im Senat der USA oder Australiens.
[23] Vgl. Hartmut Bauer, in: Horst Dreier (Hrsg.) (Fn. 11), Art. 51, Rdnr. 21, S. 1258.
[24] Vgl. Carsten Deecke, Verfassungsrechtliche Anforderungen an die Stimmenverteilung im Bundesrat, Berlin 1998, S. 74 ff.
[25] Vgl. hierzu Kapitel IV A. I. 2 b) aa).
[26] BVerfGE 83, 37 (50). Vgl. Friedrich E. Schnapp, in: Ingo von Münch/Philip Kunig (Hrsg.) (Fn. 8), Art. 20, Rdnr. 20, S. 9; Michael Sachs, in: Michael Sachs (Hrsg.), Grundgesetz. Kommentar, 4. Auflage, München 2007, Art. 20, Rdnr. 27a, S. 774; Karl-Peter Sommermann, in: Christian Starck (Hrsg.) (Fn. 11), Art. 20, Rdnr. 148, S. 62 f.
[27] Vgl. Carsten Deecke (Fn. 24), S. 136; Walter Krebs, in: Ingo von Münch/Philip Kunig (Hrsg.) (Fn. 8), Art. 51, Rdnr. 12, S. 930.
[28] So Theodor Maunz/Rupert Scholz, in: Theodor Maunz/Günter Dürig (Hrsg.), Grundgesetz. Kommentar, Band IV, München 1996, Art. 51, Rdnr. 3, S. 2 ff.
[29] So Walter Krebs, in: Ingo von Münch/Philip Kunig (Hrsg.) (Fn. 8), Art. 51, Rdnr. 12, S. 930; Gerhard Robbers, in: Michael Sachs (Hrsg.) (Fn. 26), Art. 51, Rdnr. 12,

von Stimmen der Länder und damit die der Sitze gestaffelt in vier Stufen nach Einwohnerzahlen. Es fehlt aber eine grundgesetzliche Regelung des in Art. 51 Abs. 2 GG verwendeten Einwohnerbegriffes sowie eines Verfahrens zur Ermittlung der Einwohnerzahlen.

Die Regelung in § 27 GOBR, wonach die Einwohnerzahlen nach den Ergebnissen der amtlichen Bevölkerungsfortschreibung, sofern nicht Ergebnisse einer amtlichen Volkszählung vorliegen, festgesetzt werden, wird von der in Art. 52 Abs. 3 Satz 2 GG geregelten Geschäftsordnungsautonomie des Bundesrates nicht erfasst.[30] Eine Geschäftsordnung eines Kollegialorgans soll lediglich das Verfahren bestimmen, nach dem die zugewiesenen Aufgaben zu erfüllen sind, d.h. den förmlichen Geschäftsgang.[31] Eine Regelung zur Bestimmung der Anzahl von Stimmen bzw. Sitze, die für die Sitz- und Stimmenverteilung sowie die Beschlussfassung maßgebend ist, betrifft aber nicht den förmlichen Geschäftsgang und steht demzufolge im Widerspruch zum Grundgesetz. Hier wäre eine bundesgesetzliche Regelung notwendig.[32]

Mit der Zuweisung der Sitze im Bundesrat gem. Art. 51 Abs. 3 Satz 1 i.V.m. Abs. 2 GG ist die Regel der unterschiedlichen Anzahl von Sitzen für jedes Bundesland nach demografischen Kriterien verfassungsrechtlich vorgegeben. Die Zuerkennung einer gleichen Mindestanzahl von Sitzen gründet vorrangig auf dem Bundesstaatsprinzip (Art. 20 Abs. 1 GG). Die Wahl des demografischen Kriteriums für die zusätzlichen Sitze in Abhängigkeit von der Bevölkerungszahl der Bundesländer wird durch das Demokratieprinzip (Art. 20 Abs. 2 Satz 1 GG) bestimmt.

Würde die Sitzverteilung im Bundesrat ausschließlich auf der Grundlage des föderalen Prinzips erfolgen, müsste allen Bundesländern nach dem Prinzip der Gleichheit der Gliedstaaten die gleiche Anzahl von Sitzen zuerkannt werden. Diese Regel findet in föderalen Staaten wie den USA oder Australien Anwendung, die für das Senatsprinzip optiert haben. Zwar werden hier die Mitglieder des föderalen Organs unmittelbar durch das Volk gewählt, und nicht wie nach dem Bundesstaatsprinzip von den Regierungen der Gliedstaaten bestellt, die Senatoren repräsentieren aber nicht eine verhältnismäßig gleiche Anzahl von Wählern. Damit entspricht das Senatsprinzip den demokratischen Grundsätzen der Volkssouveränität und der Repräsentation, es weist aber ein Demokratiedefizit hinsichtlich der Wahlrechtsgleichheit auf. Dagegen fließt in dem im Grundgesetz gewählten Modell der Sitzverteilung im Bundesrat, in dem das föderale Prinzip und das Demokratieprinzip miteinander kombiniert werden, die unterschiedliche Größe der Bevölkerung ein.

S. 1265; Hartmut Maurer, Staatsrecht I, 5. Auflage, München 2007, Rdnr. 7, S. 490 f.; Hartmut Bauer, in: Horst Dreier (Hrsg.) (Fn. 11), Art. 51, Rdnr. 21, S. 1258 f.

[30] Vgl. Carsten Deecke (Fn. 24), S. 136; Hartmut Bauer, in: Horst Dreier (Hrsg.) (Fn. 11), Art. 51, Rdnr. 21, S. 1259.

[31] Vgl. Walter Weidenkaff, Geschäftsordnung, in: Klaus Weber (Hrsg.), Creifelds Rechtswörterbuch, 19. Auflage, München 2007, S. 490.

[32] So auch Carsten Deecke (Fn. 24), S. 136; Hartmut Bauer, in: Horst Dreier (Hrsg.) (Fn. 11), Art. 51, Rdnr. 21, S. 1259.

3. Verfassungsausschüsse

Im Gegensatz zu den Sitzverteilungsregeln im Bundestag und Bundesrat als plenare Kollegialorgane beruht die Sitzverteilung in den Ausschüssen auf der Grundlage der begrenzten Mitgliederzahl. Das Grundgesetz enthält für die Sitzverteilung in den Verfassungsausschüssen[33] lediglich in Bezug auf den *Gemeinsamen Ausschuss* – das so genannte „Notparlament"[34] – eine Regelung in Art. 53 a Abs. 1 Satz 1 GG, wonach dieser zu zwei Dritteln aus Abgeordneten des Bundestages und zu einem Drittel aus Mitgliedern des Bundesrates besteht.[35] Die exakte Zahl der Mitglieder und damit der Sitze errechnet sich folglich aus dem Zahlenverhältnis von 2:1[36] sowie der Anzahl der Länder.[37] Mit diesem doppelten Übergewicht an Sitzen zugunsten der Abgeordneten des Bundestages wird der vorrangigen Stellung des Bundestages im Gesetzgebungsverfahren entsprochen. Nach der Regelung in Art. 53a Abs. 1 Satz 3 GG, wonach jedes Land ein Mitglied entsendet, findet eine unterschiedliche Anzahl von Sitzen der Mitglieder des Bundesrates wie nach Art. 51 Abs. 3 Satz 1 i.V.m. Abs. 2 GG im Gemeinsamen Ausschuss keine Anwendung. Hier ist die Überlagerung des Demokratieprinzips durch das Bundesstaatsprinzip aufgehoben.

Die Entsendung der Abgeordneten des Bundestages bestimmt sich entsprechend dem Stärkeverhältnis der Fraktionen im Bundestag (Art. 53a Abs. 1 Satz 2 GG). Das Stärkeverhältnis der Fraktionen ist jedoch nicht im Grundgesetz festgelegt, sondern in der Geschäftsordnung des Bundestages (§ 12 Satz 1 GOBT).[38] Dabei hat der Bundestag kraft seiner Selbstorganisationsbefugnis die verfassungsrechtliche Vorgabe des Demokratieprinzips sowie des aus ihm folgenden Repräsentationsgrundsatzes (Art. 20 Abs. 2 GG) zu berücksichtigen.[39] Für die Zusammensetzung der Ausschüsse gilt der Grundsatz der spiegelbildlichen Abbildung der Stärkeverhältnisse im Plenum[40], der sich aus der in Art. 38 Abs. 1 Satz 2 GG festgelegten *Gleichheit* des Abgeordnetenmandats herleitet.

Diese Vorgabe gilt ebenso für die Bundestagsbank des in Art. 77 Abs. 2 Satz 1 GG vorgesehen *Vermittlungsausschusses*, der sich nach dem Grundgesetz aus

---

[33] Vgl. hierzu Kapitel IV A. II. 1. b) aa).
[34] Zur Bezeichnung als Notparlament vgl. Werner Heun, in: Horst Dreier (Hrsg.) (Fn. 11), Art. 53a, Rdnr. 5, S. 1293.
[35] Aufgrund der flexiblen Bestimmung über die Zusammensetzung bedarf es bei einer Änderung der Anzahl der Länder keiner Grundgesetzänderung.
[36] Bei einer Gesamtzahl von 614 Sitzen im BT und 32 Sitzen im GA sowie 69 Sitzen im BR und 16 Sitzen im GA sind die Interessen der Länder im GA überproportional vertreten.
[37] Danach besteht der Gemeinsame Ausschuss aus insgesamt 48 Mitgliedern: 32 Abgeordneten des BT und 16 Mitgliedern des BR. Vgl. Werner Heun, in: Horst Dreier (Hrsg.) (Fn. 11), Art. 53a, Rdnr. 6, S. 1293 f.
[38] Zur diesbezüglichen Geschäftsordnungsautonomie des BT vgl. BVerfGE 84, 304 (335).
[39] Vgl. Werner Heun, in: Horst Dreier (Hrsg.) (Fn. 11), Art. 53a, Rdnr. 7, S. 1294.
[40] Der Grundsatz der Spiegelbildlichkeit bezeichnet, dass jeder Ausschuss des Parlaments das verkleinerte Abbild des Plenums sein und dessen Zusammensetzung in seiner politischen Gewichtung widerspiegeln soll. BVerfGE 80, 188 (222); 84, 304 (323); 112, 118 (133).

Mitgliedern des Bundestages und des Bundesrates zusammensetzt.[41] Keine verfassungsrechtliche Regelung erfährt im Gegensatz zum Gemeinsamen Ausschuss die Anzahl der Mitglieder des Vermittlungsausschusses sowie das zahlenmäßige Verhältnis zwischen Mitgliedern des Bundestages und Bundesrates. Aus der Verfassung kann auch kein bestimmtes Zählverfahren für die Besetzung der Bundestagsbank im Vermittlungsausschuss abgeleitet werden. Für diese und weitere Regelungen der Zusammensetzung und des Verfahrens verweist das Grundgesetz auf die Geschäftsordnung, die vom Bundestag zu beschließen ist und der Zustimmung des Bundesrates bedarf (Art. 77 Abs. 2 Satz 2 GG).

Nach § 1 GO-VermA setzt sich der ständige Vermittlungsausschuss aus je sechzehn Mitgliedern des Bundestages und Bundesrates zusammen. Damit regelt die Geschäftsordnung eine paritätische Zusammensetzung, wobei als Grundlage die Anzahl der Bundesländer genommen wird. Da eine nicht paritätische Zusammensetzung das Gleichgewicht zwischen beiden Verfassungsorganen nicht gewährleisten könnte und die Aufgabe des Ausschusses in der Suche nach einem Ausgleich im Gesetzgebungsverfahren besteht, ist diese geschäftsordnungsmäßig getroffene Zusammensetzung verfassungsmäßig auch geboten.[42] Die Besetzung der Bundesratsbank mit je einem Vertreter der sechzehn Bundesländer wiederum gründet sich auf die föderale Verfassungsstruktur der Bundesrepublik (Art. 20 Abs. 1 GG).[43]

Das Grundgesetz enthält nur bezüglich des Gemeinsamen Ausschusses grundsätzliche Regelungen über die Zusammensetzung, wohingegen es für die Zusammensetzung des Vermittlungsausschusses lediglich auf die Geschäftsordnung verweist. Gleichwohl sind bei der Sitzverteilung der Verfassungsausschüsse verfassungsrechtliche Vorgaben zu berücksichtigen, die sich für die Bundestagsbanken aus dem Prinzip der repräsentativen Demokratie (Art. 20 Abs. 2 Satz 2 GG) mit dem Grundsatz der Spiegelbildlichkeit herleiten. Hieraus folgt für die Ausschüsse auf der Grundlage einer begrenzten Mitgliederzahl die Regel der Sitzverteilung nach politischen Kriterien. Entgegen dem im Grundgesetz bestimmten Ratsprinzip des Bundesstaatsprinzips (Art. 51 GG) ist für die Bundesratsbank im Gemeinsamen Ausschuss verfassungsrechtlich (Art. 53a Abs. 1 Satz 3 GG) und für die Bundesratsbank im Vermittlungsausschuss in der Geschäftsordnung (§ 1 GO-VermA) die Regel von der gleichen Anzahl von Sitzen nach der demokratischen Gleichheit festgelegt.

Während die Regel der Sitzverteilung nach demografischen Kriterien auf der Grundlage der unbegrenzten Mitgliedschaft und die Regel der Sitzverteilung nach politischen Kriterien auf der Grundlage der begrenzten Mitgliedschaft in Verfassungsorganen der Bundesrepublik Deutschland auf entsprechenden Verfassungsprinzipen beruhen, schließen die Rechtsprinzipien der *Bundesstaatlichkeit* und *So-*

---

[41] Zur Sitzverteilung im Vermittlungsausschuss vgl. Kapitel IV A. II. 1. aa).
[42] Vgl. Johannes Masing, in: Christian Starck (Hrsg.) (Fn. 11), Art. 77 Abs. 2, Rdnr. 67, S. 2145.
[43] Da nach Art. 50 GG alle Bundesländer bei der Gesetzgebung des Bundes mitwirken, wäre ein Ausschluss eines Landes verfassungswidrig. Vgl. Johannes Masing, in: Christian Starck (Hrsg.) (Fn. 11), Art. 77 Abs. 2, Rdnr. 67, S. 2145.

zialstaatlichkeit (Art. 20 Abs. 1 GG) i.V.m. Art. 107 Abs. 2 Satz 1 GG (Länderfinanzausgleich) eine Sitzverteilung nach wirtschaftlichen/finanziellen Kriterien aus.[44]

II. Vorgaben für Stimmenverteilungsregeln

Die Funktion als Volksvertreter in der *repräsentativen Demokratie* (Art. 20 Abs. 2 GG) üben die vom Volk nach Art. 38 Abs. 1 Satz 1 GG gewählten Abgeordneten aus (Art. 38 Abs. 1 Satz 2 GG). Über sie werden die Interessen des Volkes in den Repräsentationsorganen, vorrangig im Parlament, zum Ausdruck gebracht und die Inhalte der Politik mit Hilfe von Entscheidungen bestimmt, so dass die staatliche Gewalt Legitimierung erfährt.[45] Da die Volksvertretung von der Gesamtheit der Abgeordneten gebildet wird[46], müssen alle Abgeordneten die gleichen Mitgliedschaftsrechte, darunter das gleiche Stimmrecht, haben.[47] Aus diesem *(formellen) Gleichheitsstatus* der Abgeordneten leitet sich die gleichberechtigte Mitwirkung an den Verhandlungen und Beschlussfassungen des *Bundestages* und der Ausschüsse ab.[48] Die Einführung einer unterschiedlichen Anzahl von Stimmen (Stimmengewichtung) der Abgeordneten im Plenum des Bundestages sowie in den Ausschüssen würde gegen den Grundsatz der formalen Gleichbehandlung der Abgeordneten verstoßen.

Wie die Regel der gleichen Anzahl von Sitzen, folgt auch die Regel der gleichen Anzahl von Stimmen für die Abgeordneten im zentralen Repräsentationsorgan den verfassungsrechtlichen Vorgaben des Demokratieprinzips (Art. 20 Abs. 2 GG) sowie dem spezifischen Gleichheitssatz für Abgeordnete in Art. 38 Abs. 1 GG, wonach ihnen gleiche Teilhabe an den verfassungsrechtlichen Parlamentsfunktionen zu gewähren ist.[49]

Die Stimmenverteilung in einem föderativen Organ wie dem Bundesrat impliziert ein zentrales verfassungspolitisches und verfassungsrechtliches Element der bundesstaatlichen Ordnung, da an ihr der Einfluss der Gliedstaaten auf den Prozess der politischen Willensbildung des Bundes gemessen werden kann. Aus zwei zur Auswahl stehenden politischen Alternativen: gleiche Anzahl von Stimmen nach der formellen Gleichheit oder unterschiedliche Anzahl von Stimmen (Stimmengewichtung) in Abhängigkeit von bestimmten Kriterien nach der materiellen Gleichheit, hat das Grundgesetz für die zweite in Art. 51 Abs. 2 optiert.[50] Mit dieser Bestimmung ist eine politische Entscheidung verfassungsrechtlich verankert

---

[44] Vgl. hierzu Kapitel IV A. II. 1. c).
[45] Vgl. Martin Morlok, in: Horst Dreier (Hrsg.) (Fn. 11), Art. 38, Rdnr. 128, S. 1002.
[46] Die Abgeordneten entscheiden im BT für das gesamte vertretene Volk. Vgl. Martin Morlok, in: Horst Dreier (Hrsg.) (Fn. 11), Art. 38, Rdnr. 129, S. 1002.
[47] BVerfGE 44, 308 (316); 56, 396 (405); 80, 188 (218).
[48] Vgl. Martin Morlok, in: Horst Dreier (Hrsg.) (Fn. 11), Art. 38, Rdnr. 161, S. 1014.
[49] Vgl. Dieter Grimm, Parlament und Parteien, in: Hans Peter Schneider/Wolfgang Zeh (Hrsg.), Parlamentsrecht und Parlamentspraxis in der Bundesrepublik Deutschland, Berlin/New York 1989, § 6, Rdnr. 25, S. 209.
[50] Zur Stimmengewichtung im BR vgl. Kapitel V B. I. 1. a).

worden. Die verfassungsrechtlich abgestufte Anzahl von Stimmen erkennt die Staatlichkeit der Gliedstaaten durch eine Mindeststimmenanzahl (drei Stimmen) nach dem Gleichheitsprinzip an, nimmt dann aber eine Unterscheidung nach bestimmten Kriterien, hier demografischen, vor.[51] In der dadurch angestrebten Repräsentanz sollen sich, wie bereits hinsichtlich der Sitzverteilung ausgeführt, sowohl das Bundesstaatsprinzip als auch das Demokratieprinzip widerspiegeln.

In Art. 51 Abs. 2 GG ist die Regel der unterschiedlichen Anzahl von Stimmen nach demografischen Kriterien festgeschrieben. Diese verfassungsrechtliche Vorgabe beruht insbesondere auf dem Demokratieprinzip (Art. 20 Abs. 2 Satz 1 GG). Die Regel der gleichen Anzahl von Stimmen würde indessen vorrangig dem Bundesstaatsprinzip (Art. 20 Abs. 1 GG) im Sinne von Gleichheit der Gliedstaaten entsprechen. Mit der verfassungsrechtlichen Zuerkennung einer gleichen Mindestanzahl von Stimmen für die Länder und zusätzlicher Stimmen nach der Bevölkerungsgröße der Länder liegen beide Prinzipien der Stimmenverteilungsregel zugrunde.

Während sich für den Bundestag die Regeln der gleichen Anzahl von Sitzen und Stimmen aus im Grundgesetz verankerten Rechtsprinzipien (Demokratie, Gleichheit) ableiten, bestimmt das Grundgesetz für den Bundesrat ausdrücklich die Regeln der unterschiedlichen Anzahl von Sitzen und Stimmen (Art. 51 Abs. 2 und 3 Satz 1 GG).

III. Vorgaben für Abstimmungsregeln

Als ein numerisches Prinzip[52] stellt das Mehrheitsprinzip eine formelle (verfahrenstechnische) Entscheidungsregel[53] und kein Prinzip mit materieller Grundlage dar[54], weil ihm eine innere materielle Rechtfertigung versagt bleibt.[55] Aus der allgemeinen Aussage in Literatur[56] und Rechtsprechung[57], wonach das Mehrheitsprinzip ein fundamentales Prinzip bzw. eine Ausprägung der Demokratie ist,

---

[51] Stern spricht von einem „Mittelweg zwischen Gleichheit und Bevölkerungsarithmetik". Klaus Stern, Das Staatsrecht der Bundesrepublik Deutschland, Band II, München 1980, § 27 III 3, S. 141.

[52] Vgl. Norbert Achterberg/Martin Schulte, in: Christian Starck (Hrsg.) (Fn. 11), Art. 42 Abs. 2, Rdnr. 25, S. 1103.

[53] Vgl. Friedrich August von Hayek, The Constitution of Liberty, London 1960, S. 104; Ulrich Scheuner, Der Mehrheitsentscheid im Rahmen der demokratischen Grundordnung, in: Ulrich Häfelein/Walter Haller/Dietrich Schindler (Hrsg.), FS für Werner Kägi, Zürich 1979, S. 311; Norberto Bobbio, Die Mehrheitsregel, in: Bernd Guggenberger/Claus Offe (Hrsg.), An den Grenzen der Mehrheitsdemokratie, Opladen 1984, S. 109.

[54] Vgl. Ulrich Scheuner (Fn. 53), S. 311 f.

[55] Vgl. hierzu Kapitel VI C. VI.

[56] Vgl. Ernst-Wolfgang Böckenförde, in: Josef Isensee/Paul Kirchhof (Hrsg.) (Fn. 5), § 24, Rdnr. 52, S. 465; Norbert Achterberg/Martin Schulte, in: Christian Starck (Hrsg.) (Fn. 11), Art. 42 Abs. 2, Rdnr. 25, S. 1103; Martin Morlok, in: Horst Dreier (Hrsg.) (Fn. 11), Art. 42, Rdnr. 31, S. 1083.

[57] BVerfGE 2, 1 (12 f.); 29, 154 (165).

könnte abgeleitet werden, dass aus dem *Demokratieprinzip* die Mehrheitsregel als einzige Abstimmungsregel gefolgert werden müsste. Zwar ist sie unter Anerkennung des gleichen Wahlrechts die wichtigste Abstimmungsregel im Prozess der politischen Willensbildung und Entscheidungsfindung in einer repräsentativen Demokratie, gleichwohl schließt das Demokratieprinzip Entscheidungen, die mit Hilfe anderer Abstimmungsregeln – Einstimmigkeits- oder Konsensregel – zustande gekommen sind, nicht von vornherein aus, solange diese auf den Volkswillen zurückführbar sind (*Volkssouveränität*). Da einstimmige, auf dem *Gleichheitssatz* beruhende, Entscheidungen schon aufgrund der zahlreichen unterschiedlichen Interessen kaum erreichbar sind, stellen Mehrheitsentscheidungen, auch wegen Fehlens einer gleich geeigneten anderen Abstimmungsregel, das einzig praktikable Surrogat dar, bei denen die Chance aller Beteiligten gewahrt bleibt, die Entscheidung mit ihrer Stimme zu beeinflussen.[58] Weiterhin ist das Mehrheitsprinzip, wie gezeigt, nicht nur demokratischen Staats- und Herrschaftsformen vorbehalten.[59] Es stellt demzufolge kein zwingendes Begriffselement der Demokratie dar.

Das Mehrheitsprinzip als formelle Entscheidungsregel in einer repräsentativen Demokratie garantiert aber den quantitativ höchsten erreichbaren Grad an Legitimität von Entscheidungen.[60] Insofern verkörpert das Mehrheitsprinzip in Kombination mit dem Demokratieprinzip die optimale Entscheidungsregel. Als unabdingbare Vorraussetzungen des Mehrheitsprinzips gelten die Zulassung divergierender Meinungen und Interessen sowie der Wahl zwischen politischen Alternativen. Bei Gewährung gleicher *politischer Mitwirkungsrechte* (Kommunikationsgrundrechte) im Willensbildungsprozess werden mit Hilfe der Mehrheitsregel für alle (unter Einschluss der Minderheit) verbindliche staatliche Entscheidungen getroffen. Dies garantiert ihre Umsetzung und erhält somit die notwendige innere Stabilität in einer pluralistischen Gesellschaft.

Im Verständnis des Grundgesetzes impliziert das Demokratieprinzip das Mehrheitsprinzip als „angemessene Entscheidungsregel".[61] Demokratieprinzip und Mehrheitsprinzip finden sich im Grundgesetz in unterschiedlichen Bestimmungen verortet: erstes in Zusammenhang mit den Grundlagen staatlicher Ordnung im Bund und in den Ländern (Art. 20 Abs. 1 und 2 GG), zweites vor allem in Zusammenhang mit der Beschlussfassung von in Art. 20 Abs. 2 Satz 2 GG aufgezählten Staatsorganen (für den *Bundestag* in Art. 42 Abs. 2 Satz 1 GG, für den *Bundesrat* in Art. 52 Abs. 3 Satz 1 GG).[62] Da die staatliche Ordnung und damit die Staatsorgane gem. Art. 20 Abs. 2 GG auf dem Demokratieprinzip basieren, müssen auch ihr Handeln und ihre Beschlussfassung diesem Prinzip entsprechen.

---

[58] Vgl. Norbert Achterberg/Martin Schulte, in: Christian Starck (Hrsg.) (Fn. 11), Art. 42 Abs. 2, Rdnr. 27, S. 1103.
[59] Vgl. hierzu Kapitel VI C. VI.
[60] Vgl. Klaus Stern (Fn. 20), § 18 II 5, S. 611 f.
[61] Horst Dreier, in: Horst Dreier (Hrsg.) (Fn. 11), Art. 20 (D), Rdnr. 73, S. 68.
[62] Darüber hinaus findet das Mehrheitsprinzip sowohl für Personal- als auch für Sachentscheidungen ausdrückliche Erwähnung u.a. in folgenden Artikeln: 29, 54 Abs. 6, 61 Abs. 1, 63, 67 Abs. 1, 68 Abs. 1, 77 Abs. 4, 80a, 87 Abs. 3, 115a, 115d Abs. 2, 115e Abs. 1, 115h Abs. 2.

Die im Grundgesetz vorgegebene Mehrheitsregel gewährleistet als einzige Entscheidungsregel die Verfassungsrang innehabende Funktionsfähigkeit und Rationalität kollegialer Staatsorgane. Die Mehrheitsregel stellt in Abhängigkeit von Art und Bezugsgröße unterschiedliche Anforderungen an die zur Beschlussfassung geforderten Mehrheiten.[63] Dabei steht die Höhe der geforderten Mehrheit proportional zur Wichtigkeit der Beschlüsse und umgekehrt proportional zur Funktionsfähigkeit des Kollegialorgans.[64] Als Regelfall bestimmt das Grundgesetz für die Beschlussfassung im Bundestag und Bundesrat unterschiedliche Mehrheitsregeln: für den Bundestag die einfache Mehrheit (Art. 42 Abs. 2 Satz 1 GG), für den Bundesrat die absolute Mehrheit (Art. 52 Abs. 3 Satz 1 GG).

Die erhöhte Anforderung an die Beschlussfassung im Bundesrat erschwert eine Mehrheitsbildung, in deren Ergebnis die Funktionsfähigkeit abnimmt. Zu einer effektiveren Funktionsfähigkeit wäre ein Übergang zur einfachen Mehrheit (Abstimmungsmehrheit statt Mitgliedermehrheit) geboten, der einer Verfassungsänderung bedürfte.[65] Die in der Geschäftsordnung des Bundesrates geregelte Beschlussfähigkeit (§ 28 Abs. 1 GOBR) von der Mehrheit seiner Stimmen, die der absoluten Mehrheit als Abstimmungsregel in Art. 52 Abs. 3 Satz 2 GG entspricht[66], garantiert bereits eine hinreichende demokratische Repräsentation und Legitimität der Entscheidungen.

Während das Grundgesetz für oben genannte Verfassungsorgane sowie den Gemeinsamen Ausschuss[67] Mehrheitsregeln vorgibt, wird die Festlegung der Abstimmungsregel für die Beschlussfassung in der Bundesregierung der Geschäftsordnung überlassen (gem. § 24 Abs. 2 Satz 1 GOBReg. einfache Mehrheitsregel).

Als einzige Abstimmungsregel bestimmt das Grundgesetz das dem Demokratieprinzip nachweislich am besten entsprechende Mehrheitsprinzip. Die Höhe der jeweils geforderten Mehrheit muss einen angemessenen Ausgleich zwischen der demokratischen Repräsentation des Kollegialorgans (Art. 20 Abs. 2 Satz 2 GG) und der Legitimität der Entscheidungen einerseits sowie der aus dem Rechtsstaatsprinzip (Art. 20 Abs. 3 GG) fließenden Funktionalität des Kollegialorgans andererseits herstellen. Für den Bundestag (Art. 42 Abs. 2 Satz 1 GG) und den Bundesrat (Art. 52 Abs. 3 Satz 1 GG) ist die Mehrheitsregel (für den Regelfall einfache bzw. absolute) verfassungsrechtlich vorgegeben. Für andere Verfassungsorgane, wie die Bundesregierung, erfolgt die Bestimmung der Abstimmungsregel in der Geschäftsordnung, wobei die verfassungsrechtlichen Prinzipien den Rahmen der zur Auswahl stehenden Mehrheitsregeln festlegen.

Mit den vorstehend behandelten Bestimmungen zu den Sitz- und Stimmenverteilungsregeln sowie den Abstimmungsregeln erschöpft sich das Grundge-

---

[63] Vgl. hierzu Kapitel VI C. II. und III.
[64] Zu den allgemeinen Grundsätzen bei der Auswahl der Abstimmungsregel vgl. Kapitel VI E.
[65] Vgl. hierzu Kapitel VI C. II. 3. b).
[66] Zur Anwesenheit der Mehrheit der Mitglieder vgl. Kapitel VIII D. I. 1. a).
[67] Art. 115a Abs. 2, 115e Abs. 1 GG und 115h Abs. 2 GG. Die Mehrheitsregel ist nach Art. 54 Abs. 6 GG auch für die Bundesversammlung (Wahl des Bundeskanzlers) vorgesehen. Gem. Art. 115g GG beschließt das BVerfG mit der Mehrheit der anwesenden Richter. Gerichte sind aber nicht Gegenstand der Untersuchung.

setz in Bezug auf fundamentale Entscheidungsregeln. Für weitere für die Beschlussfassung relevante Entscheidungsregeln und -verfahren ist auf die Geschäftsordnungen der jeweiligen Verfassungsorgane zu verweisen, die ihre Vorgaben aus den grundlegenden Verfassungsprinzipien abzuleiten haben. Anschließend soll sich im Wesentlichen auf die Prüfung des Gestaltungsspielraums innerhalb des vorgegeben verfassungsrechtlichen Rahmens für Beschlussfähigkeitsregeln beschränkt werden.

IV. Vorgaben für weitere Entscheidungsregeln

Abstimmungsregel und Beschlussfähigkeitsregel stehen in engem Zusammenhang zueinander. Die Beschlussfähigkeit soll gewährleisten, dass das Kollegialorgan für die durch ihn Repräsentierten verbindliche Entscheidungen trifft, die auf einer ausreichenden repräsentatorischen Grundlage basieren.[68] Die Beschlussfähigkeit als Voraussetzung für ein formal rechtmäßiges Zustandekommen eines Beschlusses ist wie die Abstimmungsregel an dem in Art. 20 Abs. 2 Satz 2 GG enthaltenen Prinzip der repräsentativen *Demokratie* einerseits und der aus dem *Rechtsstaatsprinzip* (Art. 20 Abs. 3 GG) folgenden Funktions- und Arbeitsfähigkeit des Kollegialorgans sowie der Effektivität der Entscheidungsfindung andererseits zu messen.

Mit der Festlegung einer Beschlussfähigkeit wird eine möglichst breite Mitwirkung an der Willensbildung und Entscheidungsfindung durch eine bestimmte Mindestanzahl der Mitglieder des Kollegialorgans angestrebt. Nur so kann die Diskussion einer größtmöglichen Anzahl von unterschiedlichen vertretenen Auffassungen und Interessen während der Verhandlungen sowie deren mögliche Berücksichtigung bei der Kompromisssuche im Prozess der Entscheidungsfindung gewährleistet werden, die maßgeblich die Umsetzung der Entscheidung beeinflusst.

Der Gestaltungsspielraum bei der Festsetzung der Höhe der Beschlussfähigkeit bestimmt sich in Abhängigkeit von der jeweils gewählten Abstimmungsregel.[69] Wie die Abstimmungsregel steht die Höhe der Beschlussfähigkeitsziffer umgekehrt proportional zur Funktionsfähigkeit des Kollegialorgans. Damit beruhen Abstimmungsregel und Beschlussfähigkeitsregel nicht nur auf gleichen Rechtsprinzipien, sie entfalten auch gleiche Wirkungen.

Die Beschlussfähigkeitsregelung bedarf im Gegensatz zur Abstimmungsregel keiner zwingenden Regelung in der Verfassung, da sie zum internen Verfahren des Kollegialorgans zählt.[70] Im Unterschied zu den Landtagen der meisten Bundesländer[71] findet die Beschlussfähigkeit im *Bundestag* (§ 45 Abs. 1 GOBT: mehr

---

[68] Vgl. Michael Schneider, Die Beschlußfähigkeit und Beschlußfassung von Kollegialorganen, Bochum 2000, S. 220.
[69] Zur Kombination von Beschlussfähigkeitsregelungen mit Abstimmungsregeln vgl. Kapitel VIII K.
[70] BVerfGE 44, 308 (314).
[71] Art. 33 Abs. 2 Satz 3 LV BW, Art. 23 Abs. 2 LV BY, Art. 43 Abs. 1 LV BE, Art. 89 Abs. 1 LV HB, Art. 20 Abs. 1 LV HH, Art. 87 Abs. 1 LV HE, Art. 32 Abs. 3 LV MV,

als die Hälfte seiner Mitglieder), wie auch im *Bundesrat* (§ 28 Abs. 1 GOBR: Mehrheit seiner Stimmen), nur eine geschäftsordnungsmäßige Regelung.[72]

Aus vorstehenden Aussagen folgt, dass die Regelungskompetenz des Verfahrensgebers bezüglich der Beschlussfähigkeit durch die verfassungsrechtlichen Prinzipien der repräsentativen Demokratie (Art. 20 Abs. 2 Satz 2 GG), des Rechtsstaates (Art. 20 Abs. 3 GG) mit seinem Grundsatz der Funktionsfähigkeit des Kollegialorgans sowie der Mehrheitsentscheidung (für den Bundestag in Art. 42 Abs. 2 Satz 1 GG und für den Bundesrat in Art. 52 Abs. 3 Satz 1 GG) begrenzt wird, wobei ihm ein gewisser Gestaltungsspielraum gewährt wird.

Die Fragen, wie die Beteiligten abstimmen (Vorgang der Abstimmung)[73] und wie Entscheidungen getroffen werden (Abstimmungsverfahren)[74], gehören ebenfalls zum internen Verfahren eines Kollegialorgans. Somit fallen auch ihre Regelungen in die Geschäftsordnungsautonomie des jeweiligen Organs. Die selbständige Regelung der inneren Organisation und des förmlichen Geschäftsganges sind charakteristisch für repräsentativ-demokratische Verfassungen. So verdeutlicht die in Art. 40 GG geregelte Parlamentsautonomie die grundlegenden Prinzipien der *Volkssouveränität* und der *Gewaltenteilung* (Art. 20 Abs. 2 GG), die in Art. 52 Abs. 3 Satz 2 GG geregelte Geschäftsordnungsautonomie des Bundesrates insbesondere das *Bundesstaatsprinzip*.

Aufgrund der verfassungsrechtlich zugewiesenen Geschäftsordnungsautonomie gestalten die Verfassungsorgane ihre Arbeitsformen und Verfahren in eigener Verantwortung, so dass im Bundestag der Volkswille, im Bundesrat der Wille der Länder unbeeinflusst verwirklicht werden kann. Die übertragene Gestaltungsbefugnis durch die unmittelbar Beteiligten sichert die notwendige Funktionalität interner Regelungen und damit die Funktions- und Entscheidungsfähigkeit der Repräsentationsorgane.

Bei der Gestaltung interner Regelungen und Verfahren werden der Geschäftsordnungsautonomie allerdings verfassungsrechtliche Grenzen gesetzt.[75] Für den Bundestag zählen zu diesen die Bestimmungen über das für die Beschlussfassung relevante Mehrheitsprinzip in Art. 42 Abs. 2 Satz 1 GG sowie die aus dem Abgeordnetenstatus in Art. 38 Abs. 1 Satz 2 GG fließenden gleichen Mitgliedschaftsrechte, insbesondere das für das Abstimmungsverhalten erforderliche Stimmrecht. Für den Bundesrat bilden das Bundesstaatsprinzip in Art. 20 Abs. 1 GG und das Mehrheitsprinzip in Art. 52 Abs. 3 Satz 1 GG den verfassungsrechtlichen Rahmen für den Gestaltungsspielraum von weiteren Entscheidungsregeln und -verfahren in der Geschäftsordnung.

Art. 44 Abs. 1 LV NW, Art. 88 Abs. 1 LV RP, Art. 74 Abs. 1 LV SL, Art. 48 Abs. 2 LV SN, Art. 51 Abs. 2 LV ST, Art. 16 Abs. 3 LV SH, Art. 61 Abs. 1 LV TH. Nur in Brandenburg und Niedersachsen ist die Beschlussfähigkeit der Landtage in der Geschäftsordnung geregelt (§ 63 GOLT BB, § 79 Abs. 1 Satz 1 GOLT NI).
[72] Vgl. hierzu Kapitel VIII C.
[73] Zum Vergleich der Abstimmungsarten vgl. Kapitel X G.
[74] Zum Vergleich der Abstimmungsverfahren vgl. Kapitel XI F.
[75] Vgl. Martin Morlok, in: Horst Dreier (Hrsg.) (Fn. 11), Art. 40, Rdnr. 4 ff., S. 1042 f.

B. Kommunalrechtliche Ebene

In der Bundesrepublik ist trotz föderaler Struktur (Art. 20 Abs. 1 GG) ein bestimmtes Maß an Einheitlichkeit der Länder als Gliedstaaten gefordert. Mit dem in Art. 28 Abs. 1 Satz 1 GG geregelten *Homogenitätsgebot* sollen die Staatlichkeit der Länder und die bundesstaatliche Geschlossenheit miteinander in Ausgleich gebracht werden. Nach der in Art. 28 Abs. 1 Satz 1 GG enthaltenen Normativbestimmung werden die Länder zu den Grundsätzen des republikanischen, demokratischen und sozialen Rechtsstaates im Sinne des Grundgesetzes verpflichtet.[76] Diese in Art. 20 GG verankerten und der Struktursicherung dienenden Verfassungsprinzipien geben den Rahmen für die Gestaltung der verfassungsmäßigen Ordnung durch die Gliedstaaten vor.[77] Für den Gegenstand der Untersuchung erweisen sich vor allem die Prinzipien der Demokratie und des Rechtsstaates als Maßstab, so dass auf vorstehende Ausführungen mit verwiesen werden kann.

Die Kommunen sind staatsorganisationsrechtlich den Ländern zuzuordnen.[78] Den Ländern obliegt nach Art. 70 GG die Zuständigkeit zur Regelung des Kommunalrechts[79] einschließlich der Gemeindeordnungen, wobei sie sich auf ein Gemeindeverfassungssystem von vier historisch entstandenen, den Vorgaben des Grundgesetzes entsprechenden Systemtypen festgelegt haben.[80]

Den Gemeinden ist gem. Art. 28 Abs. 2 Satz 1 GG das Recht zu gewährleisten, alle Angelegenheiten der örtlichen Gemeinschaft im Rahmen der Gesetze in eigener Verantwortung zu regeln. Aufgrund der Orts- und Problemnähe ermöglicht die kommunale Ebene im Vergleich zur Landes- und Bundesebene ein stärkeres Interesse der Bürger am politischen Willensbildungs- und Entscheidungsprozess. Mit der institutionell garantierten kommunalen Selbstverwaltung[81] soll die örtliche

---

[76] Vgl. Wolfgang Löwer, in: Ingo von Münch/Philip Kunig (Hrsg.) (Fn. 8), Art. 28, Rdnr. 12, S. 323; Horst Dreier, in: Horst Dreier (Hrsg.) (Fn. 11), Art. 28, Rdnr. 58 f., S. 627, Rdnr. 62, S. 629.

[77] BVerfGE 90, 60 (85).

[78] Vgl. Horst Dreier, in: Horst Dreier (Hrsg.) (Fn. 11), Art. 28, Rdnr. 95, S. 649. „Im Bundesstaat des Grundgesetzes stehen sich Bund und Länder und die Länder untereinander gegenüber; die Kommunen sind staatsorganisatorisch den Ländern eingegliedert." BVerfGE 86, 148 (215).

[79] BVerfGE 1, 167 (176).

[80] Zu den vier klassischen Gemeindeverfassungssystemen: Süddeutsche (Gemeinde-) Ratsverfassung, (Rheinische) Bürgermeisterverfassung, Magistratsverfassung, Norddeutsche Ratsverfassung vgl. Alfons Gern, Deutsches Kommunalrecht, 3. Auflage, Baden-Baden 2003, Rdnr. 39 ff., S. 53 ff.

[81] Nach der Rechtsprechung des BVerfG bedeutet kommunale Selbstverwaltung „[...] ihrem Wesen und ihrer Intention nach Aktivierung der Beteiligten für ihre eigenen Angelegenheiten, die die in der örtlichen Gemeinschaft lebendigen Kräfte des Volkes zur eigenverantwortlichen Erfüllung öffentlicher Aufgaben der engeren Heimat zusammenschließt mit dem Ziel, das Wohl der Einwohner zu fördern und die geschichtliche und heimatliche Eigenart zu wahren." BVerfGE 11, 266 (275 f.).

Demokratie verwirklicht[82], Entscheidungsprozesse soweit wie möglich auf kommunaler Ebene vollzogen werden. Damit erhalten die Prinzipien der *Subsidiarität* und der *Demokratie* einen besonderen Stellenwert.[83]

I. Vorgaben für Sitzverteilungsregeln

1. Gemeinderat

Nach Art. 28 Abs. 1 Satz 2 GG muss das Volk[84] in den Kreisen und Gemeinden eine Vertretung haben, die aus allgemeinen, unmittelbaren, freien, gleichen und geheimen Wahlen hervorgegangen ist.[85] Damit erstreckt sich das Prinzip der *repräsentativen Demokratie* auf die Kommunalebene.[86] Die Homogenitätsanforderungen des Grundgesetzes umfassen neben der repräsentativen Demokratie (Art. 20 Abs. 2 Satz 2 GG) und den *Wahlrechtsgrundsätzen* (Art. 38 Abs. 1 Satz 1 und Art. 28 Abs. 1 Satz 2 GG) auch die demokratische Legitimation der Kreise und Gemeinden.[87] Da es sich auf allen gebietskörperschaftlichen Ebenen um Staatsverwaltung handelt, sollen in der gegliederten Demokratie mit Kreisen und Gemeinden als integralen Bestandteilen die Legitimationsmechanismen strukturell gleich sein.[88]

Ungeachtet der verschiedenen, in den Ländern gewählten kommunalen Organisationsstruktur stellt der Gemeinderat bzw. die Gemeindevertretung als demokratisches Repräsentativorgan der Gemeinde[89] nach Art. 28 Abs. 1 Satz 2 GG die „zentrale Führungsinstanz der Gemeinde"[90] dar.[91] Nach dieser verfassungsrechtlichen Bestimmung ist die Gemeindevertretung ein unmittelbar demokratisch legitimiertes Gemeindeorgan, in dessen Zusammensetzung sich die Interessen der Bürgerschaft widerspiegeln müssen. Indem die meisten Gemeindeordnungen der

---

[82] Vgl. Gerhard Weinmann, Kollegiale Formen kommunaler Verwaltungsführung?, Köln 1993, S. 211.

[83] Vgl. Michael Muth, in: Michael Muth/Werner Plumbaum/Manfred Wendt/Josef Odendahl/Ulrich Jahn/Ulrich Schulze/Wolfgang Bernet/Karlheinz Gerner/Christian Pahl/Petra Ketzer/Volker Flömer, Potsdamer Kommentar zur Kommunalverfassung des Landes Brandenburg, Vieselbach/Erfurt 1995, § 1, Rdnr. 2, S. 2.

[84] Der Volksbegriff in Art. 28 Abs. 1 Satz 2 GG stimmt mit dem in Art. 20 Abs. 2 Satz 1 und 2 GG überein. Vgl. Wolfgang Löwer, in: Ingo von Münch/Philip Kunig (Hrsg.) (Fn. 8), Art. 28, Rdnr. 25, S. 333.

[85] BVerfGE 52, 95 (110).

[86] Vgl. Kay Waechter, Kommunalrecht, 3. Auflage, Köln/Berlin/Bonn/München 1997, Rdnr. 255, S. 172.

[87] Vgl. Hans Meyer, in: Josef Isensee/Paul Kirchhof (Hrsg.) (Fn. 6), § 37, Rdnr. 21, S. 257.

[88] BVerfGE 83, 37 (54).

[89] Vgl. Otfried Seewald, Kommunalrecht, in: Udo Steiner (Hrsg.), Besonderes Verwaltungsrecht, 8. Auflage, Heidelberg 2006, Rdnr. 188, S. 74.

[90] BVerfGE 47, 253 (275).

[91] Vgl. Peter J. Tettinger/Wilfried Erbguth/Thomas Mann, Besonderes Verwaltungsrecht, 9. Auflage, Heidelberg 2007, Rdnr. 132, S. 59.

Länder die Gemeinde als Grundlage des demokratischen Staates bezeichnen[92], knüpfen sie inhaltlich an die verfassungsrechtlichen Bestandsgarantien in Art. 28 Abs. 1 Satz 1 GG an. Aus dem Bezug zum Demokratieprinzip im Grundgesetz (Homogenitätsgebot) und in den Gemeindeordnungen folgt die Notwendigkeit demokratischer Regeln und Verfahren der Willensbildung.

Unabdingbare Voraussetzung hierfür ist eine Zusammensetzung des wichtigsten kommunalen Entscheidungsorgans auf der Grundlage der Repräsentation der Interessen der örtlichen Bürgerschaft. Dazu müssen die gewählten Vertreter eine annähernd gleiche Anzahl von Wählern repräsentieren. Die Festlegung der Anzahl der Vertreter, die sich nach der Einwohnerzahl richtet, wird dem Landesgesetzgeber überlassen. Einige Länder regeln die Anzahl der zu wählenden Vertreter auf kommunaler Ebene in der Gemeindeordnung[93], andere im Kommunalwahlgesetz.[94] Allen gleich ist eine mehrstufige Festlegung der Anzahl der Vertreter in Abhängigkeit von den Einwohnerzahlen. So bestehen beispielsweise in Brandenburg nach dem Kommunalwahlgesetz elf Stufen von Einwohnerzahlen für Gemeinden und kreisangehörige Städte. Gemeinden mit bis zu 200 Einwohnern (1. Stufe) wählen sechs Vertreter, Gemeinden mit mehr als 200 bis zu 700 Einwohner (2. Stufe) acht Vertreter und Gemeinden mit mehr als 45.000 (11. Stufe) vierzig Vertreter.[95] Da mehrere brandenburgische Gemeinden weniger als 500 Einwohner zählen, bestehen ihre Gemeindevertretungen lediglich aus sechs bis acht Vertretern. Dennoch ist der relative Einfluss der Einwohner in kleineren Gemeinden verhältnismäßig höher als in größeren (auf der 1. Stufe: 30, auf der 2. Stufe: 11 und auf der 11. Stufe: 0,88).[96] Die vergleichsweise niedrige Anzahl von Vertretern trägt bei Zugrundelegung einer erforderlichen Sachkompetenz zweifellos zu einer der Handlungs- und Funktionsfähigkeit der Gemeindevertretung bei.[97]

Für die Zusammensetzung der Gemeinderäte leitet sich aus dem Homogenitätsgebot des Art. 28 Abs. 1 Satz 1 GG i.V.m. dem Prinzip der repräsentativen Demokratie (Art. 20 Abs. 2 Satz 2 GG) und der Wahlrechtsgleichheit (Art. 38 Abs. 1 Satz 1 GG und Art. 28 Abs. 1 Satz 2 GG) die Regel der gleichen Anzahl von Sitzen für die gewählten Vertreter ab.

---

[92] § 1 Abs. 1 GO BW, Art. 1 Satz 2 GO BY, § 1 Abs. 1 GO BB, § 1 Abs. 1 HGO, § 1 Abs. 1 GO MV, § 1 Abs. 1 GO NRW, § 1 Abs. 1 GemO RP, § 1 Abs. 1 SächsGemO, § 1 Abs. 1 GO LSA, § 1 Abs. 1 ThürKO. Vgl. Otfried Seewald (Fn. 89), Rdnr. 50 f., S. 18 f.

[93] § 25 Abs. 2 GO BW, Art. 31 Abs. 2 GO BY, § 32 Abs. 1 NGO, § 29 Abs. 2 GemO RP, § 32 Abs. 2 KSVG, § 29 Abs. 2 SächsGemO, § 36 Abs. 3 GO LSA, § 23 Abs. 3 ThürKO.

[94] § 6 Abs. 2 BbgKWahlG; § 3a Abs. 2 KWG HE; § 4 Abs. 1 KWG MV; § 3 Abs. 2 KWahlG NW; § 8 SchlHGKWG.

[95] § 6 Abs. 2 BbgKWahlG.

[96] Der relative Einfluss, der der Zahl der zu wählenden Vertreter/Einwohnerzahl entspricht, ist umgekehrt proportional zur Größe der Gemeinde.

[97] Vgl. Ulrich Schulze, in: Michael Muth/Werner Plumbaum/Manfred Wendt/Josef Odendahl/Ulrich Jahn/Ulrich Schulze/Wolfgang Bernet/Karlheinz Gerner/Christian Pahl/Petra Ketzer/Volker Flömer (Fn. 83), § 34, Rdnr. 2, S. 183.

2. Ausschüsse

Wie die Volksvertretung auf Bundesebene können auch Gemeinderäte nach den entsprechenden Bestimmungen der Gemeindeordnungen zur Erhaltung der Arbeits- bzw. Funktionsfähigkeit der Gemeinderäte Ausschüsse als Unterorgane bilden.[98] Das Recht zur Bildung von Ausschüssen zur Vorbereitung und/oder zur Beschlussfassung [99] folgt aus der den Gemeinden zugewiesenen Organisationshoheit.[100] Die Gemeindeordnungen verweisen bezüglich der Sitzverteilung in den Ausschüssen auf die Repräsentation der im Gemeinderat vertretenen Fraktionen und Gruppen.[101] Soweit nicht gesetzliche Vorgaben bestehen, kann der Gemeinderat weitere Fragen bezüglich der Zusammensetzung der Ausschüsse in seiner Geschäftsordnung[102] oder durch Beschluss[103] regeln. Dies trifft insbesondere auf die für die Sitzverteilung relevante Ausschussgröße bzw. Anzahl von Sitzen zu.[104] Hierbei wird sein Ermessen jedoch von Organisations- und Rechtsprinzipien begrenzt.

---

[98] Vgl. Eberhard Schmidt-Aßmann/Hans Christian Röhl, Kommunalrecht, in: Eberhard Schmidt-Aßmann (Hrsg.), Besonderes Verwaltungsrecht, 13. Auflage, Berlin 2005, Rdnr. 66, S. 54; Michael Nierhaus, Kommunalrecht für Brandenburg, Baden-Baden 2003, Rdnr. 419, S. 108.

[99] Beratende Ausschüsse: § 50 Abs. 1 GO BB, § 36 Abs. 1 GO MV, § 45 Abs. 1 GO SH, § 51 Abs. 1 NGO. Beratende und beschließende Ausschüsse: §§ 39, 41 GO BW, Art. 32 Abs. 1 und 2 GO BY, § 62 Abs. 1 HGO, § 57 Abs. 1 und 4 GO NRW, § 44 Abs. 1 GemO RP, §§ 41, 43 SächsGemO, § 45 Abs. 1 GO LSA, § 48 Abs. 1 KSVG, § 46 Abs. 1 ThürKO.

[100] Vgl. Petra Ketzer, in: Michael Muth/Werner Plumbaum/Manfred Wendt/Josef Odendahl/Ulrich Jahn/Ulrich Schulze/Wolfgang Bernet/Karlheinz Gerner/Christian Pahl/Petra Ketzer/Volker Flömer (Fn. 83), § 50, Rdnr. 1, S. 266; Gerhard Waibel, Gemeindeverfassungsrecht Baden-Württemberg, 3. Auflage, Stuttgart/Berlin/Köln 1995, Rdnr. 337, S. 149; Albert von Mutius/Harald Rentsch, Kommunalverfassungsrecht Schleswig-Holstein. Kommentar, Band 1, 6. Auflage, Kiel 2003, § 45, Rdnr. 2, S. 376.

[101] Gem. § 50 Abs. 2 Satz 1 GO BB wird die Anzahl von Sitzen auf die Vorschläge der Fraktionen der Gemeindevertretung entsprechend dem Verhältnis der Mitgliederzahlen der einzelnen Fraktionen zur Mitgliederzahl aller Fraktionen verteilt. Vgl. Petra Ketzer, in: Michael Muth/Werner Plumbaum/Manfred Wendt/Josef Odendahl/Ulrich Jahn/Ulrich Schulze/Wolfgang Bernet/Karlheinz Gerner/Christian Pahl/Petra Ketzer/Volker Flömer (Fn. 83), § 50, Rdnr. 2, S. 268 ff. Für die Bildung und Zusammensetzung der Ausschüsse in anderen Ländern vgl. z.B. Klaus A. Klang/Ulf Gundlach, Gemeindeordnung und Landkreisordnung Sachsen-Anhalt, 2. Auflage, Magdeburg 1999, § 46, Rdnr. 1 ff., S. 181 ff.; Robert Thiele, Niedersächsische Gemeindeordnung. Kommentar, 6. Auflage, Kiel 2002, § 51, Rdnr. 3, S. 195 f.; Johannes Schwabe/Welf Sundemann, Kommunalverfassung in Nordrhein-Westfalen, 6. Auflage, Hamburg 2003, E, Rdnr. 5 ff., S. 128 ff.

[102] Z.B. Art. 33 Abs. 1 Satz 1 GO BY, § 36 Abs. 1 Satz 3 GO MV, § 45 Abs. 2 GO SH. Zur Geschäftsordnungsautonomie vgl. Kay Waechter (Fn. 86), Rdnr. 300, S. 213 f.

[103] Z.B. § 50 Abs. 5 GO BB, § 51 Abs. 4 NGO.

[104] Nach § 50 Abs. 2 Satz 1 GO BB wird die Anzahl von Sitzen von der Gemeindevertretung festgelegt.

Aus dem *Kollegialprinzip* folgt, dass die Anzahl von Sitzen mindestens drei betragen muss, da es sich sonst nicht mehr um ein Kollegialorgan handeln würde.[105] Diese Bedingung ist im Gegensatz zu Volksvertretungen auf Bundes- oder Landesebene von besonderer Bedeutung für relativ kleine Gemeinderäte bzw. Gemeindevertretungen wie in Brandenburg. Wird für die Festlegung der Anzahl der Ausschusssitze als obere Grenze die Hälfte der Gemeinderatsmitglieder und als untere Grenze ein Viertel der Gemeinderatsmitglieder zugrunde gelegt[106], so würde bei einer Gemeindevertretung von 6 bzw. 8 Mitgliedern, die obere Grenze mit drei bzw. vier Ausschussmitgliedern die Vorgabe aus dem Kollegialprinzip erfüllen. Eine Anwendung der unteren Grenze („1,5" bzw. 2 Ausschussmitglieder) entspräche ihr hingegen nicht.

Grenzen setzen dem Gemeinderat bei der Festlegung der Ausschussgröße weiterhin die Rechtsprinzipien der *demokratischen Repräsentation*[107] mit den Grundsätzen der Spiegelbildlichkeit und der Wahlrechtsgleichheit sowie der *Rechtsstaatlichkeit* mit dem Effektivitätsgrundsatz. Bei der Festlegung der Ausschussgröße muss der Gemeinderat einen angemessenen Ausgleich der Prinzipien dahingehend anstreben, dass eine Spiegelbildlichkeit mit optimaler Abbildung des Gemeinderates erreicht werden kann, ohne die Arbeits- bzw. Funktionsfähigkeit des Ausschusses außer acht zu lassen.[108]

Aus den Prinzipien der repräsentativen Demokratie (Art. 20 Abs. 2 Satz 2 GG) und der Rechtsstaatlichkeit (Art. 20 Abs. 3 GG) sowie der Einbeziehung kommunaler Ratsausschüsse in diese Prinzipien über Art. 28 Abs. 1 Satz 1 GG (Homogenitätsgebot) kann also die Übertragung der Anforderungen zur Sitzverteilung in Ausschüssen der Volksvertretung auf Bundesebene auch auf die kommunale Ebene gefolgert werden. Eine zusätzlich relevante Vorgabe aufgrund der (niedrigen) Größe der Gemeinderäte ist aus dem für alle hier behandelten Organe geltenden Kollegialprinzip abzuleiten, das die Mindestanzahl von Sitzen in den Ausschüssen (nicht weniger als drei) bestimmt.

II. Vorgaben für Stimmenverteilungsregeln

Aus dem Homogenitätsgebot des Grundgesetzes (Art. 28 Abs. 1 Satz 1 GG), das das Prinzip der *repräsentativen Demokratie* (Art. 20 Abs. 2 Satz 2 GG) und die *Wahlrechtsgrundsätze* (Art. 38 Abs. 1 Satz 1 und Art. 28 Abs. 1 Satz 2 GG) umfasst, folgt eine gleichberechtigte Mitwirkung der Gemeinderatsmitglieder an der Willensbildung und Entscheidungsfindung auf kommunaler Ebene. Die sich daraus ergebende *(formelle) Gleichheit* der von der örtlichen Bürgerschaft gewählten

---

[105] Vgl. hierzu Kapitel III C. I.
[106] Vgl. Oliver Schreiber, Zum Gebot der Spiegelbildlichkeit bei der Bildung und Besetzung gemeindlicher Ausschüsse in Bayern, in: BayVBl., 42 (1996) 6, S. 172.
[107] Zur Geltung des Demokratieprinzips durch das Homogenitätsprinzip vgl. Jörg Geerlings, Die Beachtung des Demokratieprinzips bei der Besetzung kommunaler Ausschüsse, in: DÖV, 58 (2005) 15, S. 645 f.
[108] Vgl. Oliver Schreiber (Fn. 106), S. 171 f.

Vertreter, deren Rechtsstellung sich vom so genannten „freien Mandat" ableitet[109], bestimmt gleiche Mitgliedschaftsrechte, das gleiche Stimmrecht inbegriffen. Danach verfügt sowohl jeder Vertreter des Gemeinderates als auch jedes Mitglied gebildeter Ausschüsse über eine Stimme.

Somit ergibt sich aus dem Homogenitätsgebot des Art. 28 Abs. 1 Satz 1 GG i.V.m. dem Prinzip der repräsentativen Demokratie (Art. 20 Abs. 2 Satz 2 GG) sowie dem Grundsatz der Gleichheit der Volksvertreter (Art. 38 Abs. 1 Satz 2 GG und Art. 28 Abs. 1 Satz 2 GG) auch in kommunalen Repräsentationsorganen die Regel der gleichen Anzahl von Stimmen.

Seines Stimmrechts quasi entzogen wird ein Gemeinderatsmitglied durch das vorrangig im Kommunalrecht[110] verbreitete Mitwirkungsverbot wegen Befangenheit[111], das auf die verfassungsrechtlichen Vorgaben des Demokratie-, Rechtsstaats- sowie Gleichheitsprinzips zurückgeführt wird. Ein verfassungsrechtlicher Vorrang der aus dem Rechtsstaatsprinzip fließenden Gerechtigkeit gegenüber der repräsentativen Demokratie und der für die Ausübung des freien Mandats erforderlichen Gleichheit ist nicht nachweisbar.[112] Da gewählte Gemeindevertreter nach dem auch im Kommunalrecht geltenden Grundsatz des freien Mandats (Art. 28 Abs. 1 Satz 2 GG) verpflichtet sind, Entscheidungen nach ihrem Gewissen im Interesse des Gemeinwohls zu treffen[113], ist zwischen den Folgen eines Mitwirkungsverbotes und einer zum Abstimmungsverhalten zählenden freiwilligen Nichtteilnahme an der Abstimmung[114] abzuwägen. Zur Vermeidung eines *quasi* Entzugs des zu den Mitgliedschaftsrechten zählenden Stimmrechts wäre die Aufgabe des noch im Kommunalverfassungsrecht bestehenden Mitwirkungsverbots befangender Gemeinderatsmitglieder angezeigt. Der angestrebte Zweck – eine Entscheidung aufgrund sachgerechter und objektiver Kriterien – würde ebenfalls erreicht werden.

---

[109] § 32 Abs. 3 GO BW, § 37 Abs. 1 GO BB, § 35 Abs. 1 HGO, § 23 Abs. 3 GO MV, § 39 Abs. 1 NGO, § 43 Abs. 1 GO NRW, § 30 Abs. 1 GemO RP, § 30 Abs. 1 KSVG, § 35 Abs. 3 SächsGemO, § 42 Abs. 1 GO LSA, § 32 Abs. 1 GO SH, § 24 Abs. 1 ThürKO. Zum freien Mandat der Gemeinderatsmitglieder vgl. Kay Waechter (Fn. 86), Rdnr. 336, S. 235.

[110] Darüber hinaus ist die bremische Verfassung die einzige deutsche Landesverfassung mit einer Bestimmung über ein Mitwirkungsverbot von Mitgliedern des Landesparlaments wegen Befangenheit bei Beratungen und Entscheidungen (Art. 84 LV HB).

[111] Zu den unterschiedlichen Auffassungen und einer Wertung vgl. Kapitel IX C. I. 2.

[112] Vgl. Michael Glage, Mitwirkungsverbote in den Gemeindeordnungen, Göttingen 1995, S. 92.

[113] Vgl. Hans Herbert von Arnim, Ausschluß von Ratsmitgliedern wegen Interessenkollision, in: JA, 18 (1986) 1, S. 7.

[114] Vgl. hierzu Kapitel IX C. I. 1.

III. Vorgaben für Abstimmungsregeln

Obgleich das Mehrheitsprinzip in Kombination mit dem Demokratieprinzip die optimale Entscheidungsregel darstellt, wie bereits in Zusammenhang mit den rechtlichen Vorgaben für Abstimmungsregeln auf staatsrechtlicher Ebene gezeigt, schließt das Demokratieprinzip Entscheidungen, die mit Hilfe anderer Abstimmungsregeln getroffen werden, solange nicht aus, wie diese auf den Volkswillen zurückführbar sind (*Volkssouveränität*).

So sehen die Gemeindeordnungen einiger Länder eine Beschlussfassung über Gegenstände einfacher Art im Wege der Offenlegung vor, wobei der Antrag angenommen wird, wenn kein Mitglied widerspricht.[115] Über das Vorliegen eines Gegenstandes einfacher Art entscheidet der Bürgermeister nach pflichtmäßigem Ermessen.[116] Diese der Konsensregel inhärente Form der Beschlussfassung ohne Abstimmung für weniger bedeutende Entscheidungen kann vor allem die Effektivität der Entscheidungsfindung erhöhen. Da die Gemeindevertreter bei der Beschlussfassung Widerspruch einlegen können, der die Anwendung einer Mehrheitsregel nach sich ziehen würde, bleiben die Anforderungen des Demokratieprinzips für Abstimmungsregeln gewahrt.

Durch die Geltung des *Demokratieprinzips* (Art. 20 Abs. 2 GG) auf kommunalrechtlicher Ebene aufgrund des *Homogenitätsgebots* (Art. 28 Abs. 1 Satz 1 GG) ist das Mehrheitsprinzip als dem Demokratieprinzip immanente Entscheidungsregel ebenfalls für diese Rechtsebene vorgegeben. Dabei gelten auch hier die *politischen Mitwirkungsrechte* (Kommunikationsgrundrechte) als Voraussetzungen für einen demokratischen Willensbildungs- und Entscheidungsprozess.[117]

In den Gemeindeordnungen der Länder ist das Demokratieprinzip überwiegend in Zusammenhang mit der Bezeichnung der Gemeinde als Grundlage des demokratischen Staates im ersten Teil der Gemeindeverfassungen ausdrücklich verankert.[118] Das Mehrheitsprinzip als Entscheidungsregel findet seine Normierung in dem Teil der Gemeindeordnung, in dem die Bestimmungen über das Organ des Gemeinderates bzw. der -vertretung verortet ist.

Die Gemeindeordnungen der Länder legen als Regelfall für Beschlussfassungen in den Gemeinderäten die einfache Mehrheit fest. Dabei finden sich unterschiedliche Begriffsbezeichnungen wie Stimmenmehrheit[119], einfache Stimmenmehrheit[120], Mehrheit der Abstimmenden[121], Mehrheit der abgegebenen Stim-

---

[115] § 37 Abs. 1 Satz 2 GO BW, § 39 Abs. 1 Satz 2 SächsGemO, § 52 Abs. 2 Satz 2 GO LSA. Vgl. Alfons Gern (Fn. 80), Rdnr. 525, S. 340 f.
[116] Beschlüsse über Gegenstände einfacher Art haben für die Gemeinde oder den Bürger unerhebliche Auswirkungen. Vgl. Alfons Gern (Fn. 80), Rdnr. 525, S. 341.
[117] Vgl. Horst Dreier, in: Horst Dreier (Hrsg.) (Fn. 11), Art. 28, Rdnr. 64, S. 629.
[118] § 1 Abs. 1 GO BW, Art. 1 Satz 2 GO BY, § 1 Abs. 1 GO BB, § 1 Abs. 1 HGO, § 1 Abs. 1 GO MV, § 1 Abs. 1 GO NRW, § 1 Abs. 1 GemO RP, § 1 Abs. 1 SächsGemO, § 1 Abs. 1 GO LSA, § 1 Abs. 1 ThürKO.
[119] § 37 Abs. 6 Satz 2 GO BW, § 50 Abs. 1 Satz 1 GO NRW, § 39 Abs. 6 Satz 2 SächsGemO, § 39 Abs. 1 Satz 1 GO SH.
[120] § 45 Abs. 1 Satz 1 KSVG.
[121] Art. 51 Abs. 1 Satz 1 GO BY.

men[122], Mehrheit der auf Ja oder Nein lautenden Stimmen[123], einfache Mehrheit der anwesenden Gemeindevertreter[124] oder Mehrheit der Stimmen der anwesenden Ratsmitglieder.[125] Da verschiedene Bezugsgrößen verwendet werden – in den ersten sechs Fällen Abstimmende, in den letzten beiden Fällen Anwesende –, ist zwischen (einfacher) Abstimmungsmehrheit und (einfacher) Anwesenheitsmehrheit zu unterscheiden.[126]

In der Literatur sind wiederholt unklare oder sogar unzutreffende Begriffsbestimmungen der verschiedenen Mehrheitsregeln zu finden.[127] So wird die einfache Mehrheit als schlichte Mehrheit[128], relative Mehrheit[129] oder sogar als „absolute Mehrheit der abgegebenen Stimmen"[130] sowie die absolute Mehrheit (Mehrheit der gesetzlichen Zahl der Mitglieder) als qualifizierte Mehrheit bezeichnet.[131] Insofern wäre eine einheitliche Terminologie und gegebenenfalls Begriffsbestimmung in den Gemeindeordnungen der Länder erforderlich.

Die Mehrheitsregel als dem Demokratieprinzip (Art. 20 Abs. 2 GG) inhärente Entscheidungsregel nach dem Grundgesetz gilt auf kommunalrechtlicher Ebene aufgrund des Homogenitätsgebots (Art. 28 Abs. 1 Satz 1 GG). Die Gemeindeordnungen der Länder bestimmen das Mehrheitsprinzip, speziell die einfache Mehrheit, als Entscheidungsregel für den Regelfall der Beschlussfassung in den Gemeinderäten. Für weniger bedeutende Entscheidungen sehen einige Gemeindeordnungen auch die Konsensregel vor.

---

[122] § 54 Abs. 1 Satz 1 HGO.
[123] § 47 Abs. 1 Satz 1 GO BB, § 47 Abs. 1 Satz 1 NGO, § 54 Abs. 2 Satz 2 GO LSA, § 39 Abs. 1 Satz 1 ThürKO.
[124] § 31 Abs. 1 Satz 1 GO MV.
[125] § 40 Abs. 1 Satz 1 GemO RP.
[126] Zur Abstimmungs- und Anwesenheitsmehrheit vgl. Kapitel VI C. III. 1. und 2.
[127] Zur einfachen Mehrheitsregel vgl. Kapitel VI C. II. 2. b), zur absoluten Mehrheitsregel vgl. Kapitel VI C. II. 3. b).
[128] So Gerhard Waibel (Fn. 100), Rdnr. 311, S. 137.
[129] Schwabe und Sundermann sowie Klang und Gundlach ordnen die Stimmenmehrheit in § 50 Abs. 1 Satz 1 GO NRW bzw. in § 54 Abs. 2 Satz 2 GO LSA der relativen Mehrheit zu. Johannes Schwabe/Welf Sundemann, Kommunalverfassung in Nordrhein-Westfalen, Hamburg 2003, D, Rdnr. 110, S. 108; Klaus A. Klang/Ulf Gundlach, Gemeindeordnung und Landkreisordnung Sachsen-Anhalt, 2. Auflage, Magdeburg 1999, § 54, Rdnr. 6, S. 225.
[130] Georg Brüggen/Ingrid Heckendorf, Sächsische Gemeindeordnung, Berlin 1993, § 39, Rdnr. 161, S. 162 f.
[131] Zu § 4 Abs. 2 oder § 9 Abs. 1 SächsGemO vgl. Georg Brüggen/Ingrid Heckendorf, Sächsische Gemeindeordnung. Kommentar, Berlin 1993, § 39, Rdnr. 161, S. 163. Zu § 6 Abs. 2 GO BB vgl. Ulrich Schulze, in: Michael Muth/Werner Plumbaum/Manfred Wendt/Josef Odendahl/Ulrich Jahn/Ulrich Schulze/Wolfgang Bernet/Karlheinz Gerner/Christian Pahl/Petra Ketzer/Volker Flömer (Fn. 83), § 47, Rdnr. 2, S. 254. Gerhard Waibel (Fn. 100), Rdnr. 311, S. 137.

IV. Vorgaben für Beschlussfähigkeitsregeln

Voraussetzung für den Erlass wirksamer Beschlüsse ist die Beschlussfähigkeit der Volksvertretung. Die Beschlussfähigkeit, die die Mitwirkung einer bestimmten Mindestanzahl von Gemeindevertretern an der kommunalen Willensbildung und Entscheidungsfindung fordert, begründet sich aus dem Prinzip der *repräsentativen Demokratie* (Art. 20 Abs. 2 Satz 2 GG)[132] und der auf dem Rechtsstaatsprinzip (Art. 20 Abs. 3 GG) beruhenden *Funktionsfähigkeit* des Gemeinderates, die durch das *Homogenitätsgebot* (Art. 28 Abs. 1 Satz 1 GG) eben auch auf kommunalrechtlicher Ebene gelten.

Im Gegensatz zum Parlamentsrecht auf Bundesebene ist die Beschlussfähigkeit in den Gemeindeordnungen der Länder geregelt, um diese nicht ausschließlich der Ausübung der Selbstverwaltungshoheit der Gemeinden zu überlassen.[133] Die Höhe der Beschlussfähigkeit hängt von der festgesetzten Abstimmungsregel (Mehrheitsregel) ab. Die Gemeindeordnungen legen eine Anwesenheit der Mehrheit der (stimmberechtigten) Mitglieder bzw. mehr als die Hälfte der gesetzlichen Zahl der Mitglieder für die Beschlussfähigkeit der Gemeinderäte fest.[134]

Nach der repräsentativen Demokratie (Art. 20 Abs. 2 Satz 2 GG) und der auf das Rechtsstaatsprinzip (Art. 20 Abs. 3 GG) zurückzuführenden Funktionsfähigkeit, die durch das Homogenitätsgebot (Art. 28 Abs. 1 Satz 1 GG) für kommunale Repräsentationsorgane gelten, müssen Entscheidungen der Gemeinderäte unter Beteiligung einer möglichst großen Anzahl von Vertretern getroffen werden. Mit einer erforderlichen Anwesenheit von der Mehrheit der Mitglieder (absolute Mehrheit) wird dieser Forderung entsprochen. Die grundlegende Regelung der Beschlussfähigkeit erfolgt auf einfachgesetzlicher Ebene in den Gemeindeordnungen der Länder.

Für weitere Entscheidungsregeln und -verfahren verweisen die Gemeindeordnungen der Länder auf die Geschäftsordnungen der Gemeinderäte.[135]

---

[132] Vgl. Kay Waechter (Fn. 86), Rdnr. 314, S. 221; Alfons Gern (Fn. 80), Rdnr. 481, S. 315.

[133] Vgl. German Foerster, Die nachträgliche bezweifelte Beschlußfähigkeit, in: Verwaltungsrundschau, 32 (1986) 10, S. 343 ff.; Michael Schneider (Fn. 68), S. 103; Alfons Gern (Fn. 80), Rdnr. 46, S. 59 f.

[134] § 37 Abs. 2 Satz 1 GO BW, § 47 Abs. 2 GO BY, § 46 Abs. 1 Satz 1 GO BB, § 53 Abs. 1 HGO, § 30 Abs. 1 Satz 1 GO MV, § 46 Abs. 1 Satz 1 NGO, § 49 Abs. 1 Satz 1 GO NRW, § 39 Abs. 1 Satz 1 GemO RP, § 44 Abs. 1 Satz 1 KSVG, § 39 Abs. 2 Satz 1 SächsGemO, § 53 Abs. 1 Satz 1 GO LSA, § 38 Abs. 1 Satz 1 GO SH, § 36 Abs. 1 Satz 2 ThürKO. Vgl. hierzu Kurt Kottenberg, Von der Beschlußfähigkeit der Gemeindevertretungen, in: Staats- und Kommunalverwaltung, (1962), S. 210 f.; Karl-Wilhelm Lange, Die Beschlußfähigkeit der Gemeindevertretung, der Ausschüsse und des Magistrats in Schleswig-Holstein, in: Staats- und Kommunalverwaltung, (1965), S. 195 f.; Alfons Gern (Fn. 80), Rdnr. 481 ff., S. 315 ff.

[135] § 36 Abs. 2 GO BW, Art. 45 Abs. 2 GO BY, § 47 GO BB, § 60 Abs. 1 HGO, § 22 Abs. 6 GO MV, § 50 NGO, § 50 Abs. 1 GO NRW, § 40 Abs. 1 GemO RP, § 38 Abs. 2 SächsGemO, § 51a GO LSA, § 34 ThürKO.

C. Europarechtliche Ebene

Für ihre institutionelle Organstruktur bedürfen auch internationale Organisationen so genannter Organisationsprinzipien, die die Ausübung von Hoheitsgewalt im weiten Sinne regeln. Mit Hilfe des *föderalen Prinzips*[136] lässt sich die Verteilung von Hoheitsgewalt auf Funktionsträger auf verschiedenen Ebenen (Mehrebenen) nachweisen.[137]

Mit den Europäischen Gemeinschaften bzw. der Europäischen Union haben Staaten in Europa politische Herrschaft auf europäischer Ebene institutionalisiert[138], die auf sie zurückgeführt wird, aber neben (bzw. über) ihnen besteht. Als eine Staatenverbindung demokratischer Rechtsstaaten (Art. 6 Abs. 1 EU) verfügt die Union über eine stabile institutionelle Struktur und Grundsätze, die den Rahmen für Kollegialentscheidungen vorgeben.[139] In diesen Grundsätzen[140] spiegelt sich die „strukturelle Homogenität" zwischen der Ordnung der Union und der ihrer Mitgliedstaaten[141] wider.[142]

Da nach Art. 6 Abs. 1 EU die Grundsätze der Demokratie, der Rechtsstaatlichkeit sowie der Achtung der Menschenrechte auch für die Union selbst gelten[143], ist der Rahmen für die Regeln und Verfahren der politischen Willensbildung und Entscheidungsfindung ihrer Organe vorgezeichnet.[144] Dabei darf schon wegen fehlender Staatlichkeit[145] nicht von einer unmittelbaren Übertragung der mitgliedstaatlichen Verfassungsgrundsätze auf die Union ausgegangen werden.[146] Nach der Präambel des EU-Vertrages ist es das Bestreben der Union, die Demokratie

---

[136] Vgl. Hartwig Bülck, Föderalismus als internationales Ordnungsprinzip, in: VVDStRL, 21 (1964), S. 1 ff.

[137] Vgl. Stefan Kadelbach/Thomas Kleinlein, Überstaatliches Verfassungsrecht, in: AöR, 44 (2006) 3, S. 244.

[138] Vgl. Andreas Haratsch/Christian Koenig/Matthias Pechstein, Europarecht, 5. Auflage, Tübingen 2006, Rdnr. 79 ff., S. 33 ff. Gem. Art. I-7 VVE bzw. Art. 47 EU Lissabon wird die EU Völkerrechtssubjektivität erlangen. Vgl. Johannes Christian Wichard, in: Christian Calliess/Matthias Ruffert (Hrsg.), Verfassung der Europäischen Union, München 2006, Art. I-7, Rdnr. 7 ff., S. 143 ff.; Wolff Heintschel von Heinegg, in: Christoph Vedder/Wolff Heintschel von Heinegg (Hrsg.), Europäischer Verfassungsvertrag, Baden-Baden 2007, Art. I-7, Rdnr. 2, S. 77.

[139] Vgl. Ulrich Haltern, Europarecht, Tübingen 2005, S. 69.

[140] Zu den in Art. 6 Abs. 1 EU ausdrücklich genannten Grundsätzen zählen die Freiheit, Demokratie, Achtung der Menschenrechte und Grundfreiheiten sowie Rechtsstaatlichkeit.

[141] Der EU-Vertrag spricht von Mitgliedstaaten. Aufgrund noch fehlender Rechtspersönlichkeit der EU wäre der Begriff der Vertragsstaaten vorzuziehen.

[142] Vgl. Thomas Oppermann, Europarecht, 3. Auflage, München 2005, Rdnr. 7, S. 80.

[143] Vgl. Cordula Stumpf, in: Jürgen Schwarze (Hrsg.), EU-Kommentar, Baden-Baden 2000, Art. 6 EUV, Rdnr. 5, S. 78.

[144] Zu den Prinzipien in der EU vgl. Kapitel II.

[145] Vgl. hierzu Kapitel II G. II.

[146] Vgl. Bengt Beutler, in: Hans von der Groeben/Jürgen Schwarze (Hrsg.), Kommentar zum Vertrag über die Europäische Union und zur Gründung der Europäischen Gemeinschaft, Band 1, 6. Auflage, Baden-Baden 2003, Art. 6 EU, Rdnr. 29, S. 82.

und Effizienz in der Arbeit der Organe weiter zu stärken. Dies betrifft insbesondere auch den Prozess der Entscheidungsfindung.

I. Vorgaben für Sitzverteilungsregeln

Aus der Charakterisierung der Europäischen Gemeinschaften als supranational[147] folgt, dass ihre Organe für die Mitgliedstaaten verbindliche Entscheidungen treffen, wobei letztere auch gegen den Willen der Mitgliedstaaten diese zu einem bestimmten Verhalten verpflichten können. Hieraus ergeben sich zwei Möglichkeiten der Sitzverteilung von Entscheidungsorganen: 1. Organe, in denen nicht alle Mitgliedstaaten vertreten sind und 2. Organe, in denen alle Mitgliedstaaten vertreten sind und die mit einer Mehrheitsregel entscheiden.[148] Zur ersten Variante der Sitzverteilung zählt die Kommission bei Anwendung der Rotationsregel (Art. 4 Abs. 2 Protokoll über die Erweiterung der EU; Art. I-26 Abs. 6 UAbs. 2 VVE; Art. 17 Abs. 5 UAbs. 2 EU Lissabon)[149], der zweiten gehören das Europäische Parlament (Art. 189 Abs. 1 und Art. 198 EG), der Rat (Art. 203 Abs. 1 und Art. 205 Abs. 1 EG) sowie die Kommission in ihrer gegenwärtigen Zusammensetzung (Art. 213 Abs. 1 und Art. 219 Abs. 1 EG) an.

Darüber hinaus enthält die zweite Möglichkeit der Sitzverteilung noch keine weiteren Vorgaben hinsichtlich der Anzahl von Sitzen je Mitgliedstaat. Zur Disposition stehen diesbezüglich die Regel der gleichen Anzahl von Sitzen und die Regel der unterschiedlichen Anzahl von Sitzen. Es bleibt somit zu prüfen, ob und welche Vorgaben sich aus grundlegenden Rechtsprinzipien bzw. unionsrechtlichen Grundsätzen[150] sowie aus dem primären Gemeinschaftsrecht für die Sitzverteilung ergeben.

Als eigenständige Rechts- und Herrschaftsordnung[151] bedürfen die EU allgemein und speziell die Handlungen und Entscheidungen ihrer Organe der demokratischen Legitimation.[152] Die Vermittlung demokratischer Legitimation erfolgt über die Mitgliedstaaten indirekt durch die Entsendung demokratisch legitimierter Vertreter in den Rat sowie die Nominierung der Mitglieder in die Kommission, direkt durch die unmittelbar gewählten Abgeordneten des Europäischen Parlaments.[153]

---

[147] Eine allgemein anerkannte Definition des Begriffes der Supranationalität gibt es nicht. Vgl. Rudolf Streinz, Europarecht, 7. Auflage, Heidelberg 2005, Rdnr. 126, S. 50; Andreas Haratsch/Christian Koenig/Matthias Pechstein (Fn. 138), Rdnr. 87, S. 37.
[148] Vgl. Rudolf Streinz (Fn. 147), Rdnr. 127, S. 50.
[149] Zur Sitzverteilung nach der Rotation vgl. Kapitel IV A. II. 2.
[150] Zur Geltung grundlegender Rechtsprinzipien in der EG/EU vgl. Kapitel II.
[151] Vgl. Winfried Kluth, Die demokratische Legitimation der Europäischen Union, Berlin 1995, S. 45 ff.
[152] Vgl. Siegfried Magiera, Das Europäische Parlament als Garant demokratischer Legitimation in der Europäischen Union, in: Ole Due/Marcus Lutter/Jürgen Schwarze (Hrsg.), FS für Ulrich Everling, Band I, Baden-Baden 1995, S. 790 ff.
[153] Vgl. Winfried Kluth, in: Christian Calliess/Matthias Ruffert (Hrsg.) (Fn. 138), Art. I-20, Rdnr. 6, S. 305; Volker Epping, in: Christoph Vedder/Wolff Heintschel von Heinegg (Hrsg.) (Fn. 138), Art. I-20, Rdnr. 7, S. 121.

1. Rat

Aus der intergouvernementalen Organisationsstruktur des Rates[154] als Repräsentationsorgan der Mitgliedstaaten wird eine gleichberechtigte Zusammensetzung aus den Mitgliedstaaten abgeleitet, die sich auf der Grundlage völkerrechtlicher Verträge zu supranationalen Organisationen zusammengeschlossen haben. Als Vertretungsorgan nationaler Interessen setzt sich der Rat aus je einem weisungsabhängigen Vertreter der Mitgliedstaaten nach der Regel der unbegrenzten Mitgliederzahl zusammen.[155] Aus dem völkerrechtlichen *Prinzip der Gleichheit der Staaten*[156] und dem Grundsatz der demokratischen Gleichheit folgt die Regel der gleichen Anzahl von Sitzen für die Mitglieder im Rat, die vertragsrechtlich in Art. 203 Abs. 1 EG (Art. I-23 Abs. 2 VVE; Art. 16 Abs. 2 EU Lissabon) normiert ist.[157]

Gleichwohl müssten für den Rat als Hauptrechtsetzungsorgan[158] nach den Vorgaben des *Demokratieprinzips* die Repräsentation der Bürger der Mitgliedstaaten und damit die unterschiedlichen Bevölkerungszahlen als Grundlage einer Sitzverteilung herangezogen werden. Dies würde, wie im Bundesrat, eine Sitzverteilung nach der Regel der unterschiedlichen Anzahl von Sitzen in Abhängigkeit von demografischen Kriterien begründen. In dem zuerkannten Vorrang des völkerrechtlichen Prinzips der Gleichheit der Staaten vor dem staats- und unionsrechtlichen Demokratieprinzip bei der Festlegung der Sitzverteilungsregel im Rat spiegelt sich vornehmlich der Charakter der Gemeinschaften bzw. der Union als Staatenverbindungen (und eben nicht als Bundesstaat) wider.

2. Kommission

Da in der Kommission als Exekutive nicht die nationalen Interessen der Mitgliedstaaten, sondern die Interessen der Gemeinschaften vertreten werden, ist für ihre Zusammensetzung eine Vertretung aller Mitgliedstaaten nicht zwingend geboten. Die Sitzverteilungsregel, wonach die Kommission mindestens aus einem Staatsangehörigen je Mitgliedstaat bestehen müsse, gehört auch nicht zum Grundbestand des primären Gemeinschaftsrechts. Diese Regel, die in den Römischen Ver-

---

[154] Vgl. Ulrich Haltern (Fn. 139), S. 91.
[155] Vgl. hierzu Kapitel IV A. I. 1.
[156] Zum in Art. 2 Ziff. Abs. 1 UN-Charta kodifizierten Grundsatz der souveränen Gleichheit der Staaten vgl. Volker Epping, in: Knut Ipsen, Völkerrecht, 5. Auflage, München 2004, § 26, Rdnr. 7, S. 367.
[157] Vgl. Jean Paul Jacqué, in: Hans von der Groeben/Jürgen Schwarze (Hrsg.), Kommentar zum Vertrag über die Europäische Union und zur Gründung der Europäischen Gemeinschaft, Band 4, 6. Auflage, Baden-Baden 2004, Art. 203 EG, Rdnr. 5, S. 169 f.; Vgl. Johannes Christian Wichard, in: Christian Calliess/Matthias Ruffert (Hrsg.) (Fn. 138), Art. I-23, Rdnr. 5 ff., S. 315 ff.; Volker Epping, in: Christoph Vedder/Wolff Heintschel von Heinegg (Hrsg.) (Fn. 138), Art. I-23, Rdnr. 6, S. 128.
[158] Vgl. Andreas Haratsch/Christian Koenig/Matthias Pechstein (Fn. 138), Rdnr. 211, S. 91.

trägen noch nicht enthalten war, wurde erst mit dem Fusionsvertrag von 1965 eingefügt.[159]

Es ist wohl für kaum ein kollegiales Entscheidungsorgan während der Zeit seines Bestehens so oft die Sitzverteilungsregel geändert worden wie für die Kommission, was mehrerer Vertragsänderungen bedurfte (Art. 213 Abs. 1 EG). Damit ist die Kommission ein Beispiel dafür, wie veränderte Situationen (aufgrund von Erweiterungen) mit Hilfe politischer Kompromisse die Änderung von völkervertragsrechtlich festgelegten Regeln der Sitzverteilung begründen.

Bis zum 1. November 2004 verfügten von zunächst fünfzehn, ab dem 1. Mai 2004 von fünfundzwanzig Mitgliedstaaten die fünf großen (Deutschland, Frankreich, Großbritannien, Italien und Spanien) traditionell über je zwei Kommissionsmitglieder, die kleineren Mitgliedstaaten über je ein Mitglied. In der angewendeten Regel der unbegrenzten Mitgliederzahl und der unterschiedlichen Anzahl von Sitzen pro Mitglied in Abhängigkeit von der demografischen Situation der Mitgliedstaaten spiegelte sich der politische Kompromiss zwischen der Supranationalität und der nationalen Repräsentanz wider.[160]

Nach der 1. Osterweiterung wurde die Zahl der Kommissionsmitglieder ab dem 1. November 2004 auf ein Mitglied pro Mitgliedstaat reduziert und die Sitzverteilungsregel von der Regel der unterschiedlichen Anzahl von Sitzen in die Regel der gleichen Anzahl von Sitzen nach dem Prinzip der demokratischen Gleichheit modifiziert, die insbesondere dem Kollegialprinzip und der Legitimität der Entscheidungen der Kommission entspricht.[161] Die Regel der gleichen Anzahl von Sitzen findet auch Anwendung in der Kommission, die zwischen dem Zeitpunkt des In-Kraft-Tretens des Reformvertrages von Lissabon und dem 31. Oktober 2014 ernannt werden soll (Art. 17 Abs. 4 EU Lissabon).

Die Regel der gleichberechtigten Rotation unter Beachtung demografischer und geografischer Kriterien bestimmt ab 1. November 2014 die Sitzverteilung in der Kommission nach Art. I-26 Abs. 6 UAbs. 2 VVE bzw. Art. 17 Abs. 5 UAbs. 2 EU Lissabon. Dann wird es eine Kommission in „kleinerer Besetzung" geben, d.h. die Anzahl der Kommissare entspricht zwei Dritteln der Zahl der Vertragsstaaten (bei 27 Vertragsstaaten 18 Kommissare). Allerdings kann der Europäische Rat den einstimmigen Beschluss fassen, die Zahl der Kommissare zu ändern.[162] In der Bezugnahme auf die Bevölkerung der Mitgliedstaaten findet das Demokratieprinzip seinen Ausdruck. Der Verweis auf geografische Kriterien in der ohnehin schon regional begrenzten EU ließe sich geopolitisch interpretieren, so dass zwischen West und Ost und damit zwischen alten und neuen Mitgliedstaaten unterschieden werden könnte.

---

[159] Vgl. Helmut Schmitt von Sydow, in: Hans von der Groeben/Jürgen Schwarze (Hrsg.) (Fn. 157), Art. 213 EG, Rdnr. 15, S. 242.
[160] Vgl. ebenda, Art. 213 EG, Rdnr. 5, S. 239.
[161] Vgl. ebenda, Art. 213 EG, Rdnr. 16, S. 242.
[162] Vgl. hierzu Kapitel IV A. II. 2.

Die Kommission, die kein Repräsentationsorgan der Mitgliedstaaten ist[163], besteht zwar aus Staatsangehörigen der Mitgliedstaaten, diese sind jedoch weisungsunabhängig (Art. 213 Abs. 1 UAbs. 1 EG) und müssen über entsprechende Sachkompetenzen verfügen. Aufgrund des Rechtscharakters und der Funktionen der Kommission sind die Sitzverteilungsregeln, insbesondere an den Maßstäben der *Gleichheit der Mitgliedstaaten* und der *Funktionsfähigkeit der Kommission* zu prüfen. Diese zwei Prinzipien verfolgen konträre Zielvorgaben, so dass zwischen ihnen ein angemessener Ausgleich in Form einer Sitzverteilungsregel gefunden werden muss, die beiden Vorgaben optimal entspricht. Während die Gleichheit der Staaten die Mitgliedschaft mindestens eines Vertreters pro Mitgliedstaat bestimmt, ist die Funktionsfähigkeit auf eine zahlenmäßige Begrenzung (nach oben) der Kommissionsmitglieder ausgerichtet.

Für die Gewährleistung der Funktions- und Handlungsfähigkeit der Kommission als Exekutivorgan wird allgemein mit einer Obergrenze von fünfzehn Kommissaren argumentiert[164], das entspricht der Zahl, die die Mitgliedstaaten vor der 1. Osterweiterung erreichten. In der EU der fünfzehn Mitgliedstaaten fand in der Kommission die Regel der unbegrenzten Mitgliederzahl und der unterschiedlichen Anzahl von Sitzen pro Mitglied in Abhängigkeit von der demografischen Situation der Mitgliedstaaten Anwendung. Diese Regel basiert auf dem Demokratieprinzip unter Beachtung der Gleichheit der Bürger mit einer abgestuften Zuerkennung von Sitzen nach großen und kleinen Mitgliedstaaten.[165] Schon während dieser Zeit wäre im Interesse der Funktionsfähigkeit eine aus nur fünfzehn Mitgliedern (ein Mitglied pro Mitgliedstaat) anstelle aus zwanzig Mitgliedern (je zwei aus den fünf großen Mitgliedstaaten) bestehende Kommission geboten gewesen. Ein Vorrang des Grundsatzes der nationalen Repräsentanz vor dem Grundsatz der Funktionalität wäre schon deshalb nicht zwingend erforderlich gewesen, weil die Kommission nicht die nationalen Interessen der Mitgliedstaaten, sondern die Interessen der gesamten Gemeinschaft vertritt.

Mit Erhöhung der Kommissionsmitglieder aufgrund der 1. Osterweiterung auf kurzfristig dreißig unter Beibehaltung dieser Sitzverteilungsregel hat die Funktionsfähigkeit der Kommission stark abgenommen. Aber selbst die anschließende Reduzierung der Kommissionsmitglieder auf fünfundzwanzig und die derzeit angewendete Sitzverteilungsregel der gleichen Anzahl von Sitzen (ein Mitglied pro Mitgliedstaat) auf der Grundlage des Prinzips der formellen anstelle der bisherigen materiellen Gleichheit der Mitgliedstaaten[166] konnten nicht wesentlich zur Erhöhung der Funktionsfähigkeit beitragen. Deshalb ist die Reduzierung der Anzahl der Kommissionsmitglieder auf unterhalb der Anzahl der Mitgliedstaaten folgerichtig.

---

[163] Vgl. Matthias Ruffert, in: Christian Calliess/Matthias Ruffert (Hrsg.) (Fn. 138), Art. I-26, Rdnr. 25, S. 335.
[164] Vgl. Helmut Schmitt von Sydow, in: Hans von der Groeben/Jürgen Schwarze (Hrsg.) (Fn. 157), Art. 213 EG, Rdnr. 14, S. 241.
[165] Vgl. ebenda, Art. 213 EG, Rdnr. 15, S. 241.
[166] Zur formellen und materiellen Gleichheit vgl. Kapitel V E.

Ab diesem Zeitpunkt werden nicht mehr, wie zuvor, alle Mitgliedstaaten ein Mitglied in der Kommission haben[167], so dass die Verteilung der Sitze auf der Grundlage der Regel der begrenzten Mitgliederzahl erfolgt. Anstelle der Bestimmung der Anzahl der Kommissionsmitglieder und damit der Sitze in Abhängigkeit von der Anzahl der Mitgliedstaaten, ist eine Festsetzung der Anzahl der Mitglieder auf der Grundlage der der Kommission zugewiesenen Funktionen geboten[168], indem numerische durch sachgerechte Kriterien ersetzt werden. Die sowohl im Sinne der Funktionalität der Kommission als auch der Repräsentation der Mitgliedstaaten wirkende Rotationsregel unter Zugrundlegung demografischer und geografischer Kriterien begrenzt zwar die Anzahl der Mitglieder, ermöglicht aber zugleich eine gleichberechtigte Teilnahme jedes EU-Mitgliedstaates am Entscheidungsprozess in der Kommission innerhalb bestimmter Zeitabstände. Damit stellt die Rotationsregel unter Beachtung der Gleichheit der Mitgliedstaaten und der Funktionsfähigkeit der Kommission sowie der zu bestimmenden Zeitabstände eine optimale Sitzverteilungsregel für dieses kollegiale Entscheidungsorgan dar, die Beispielwirkung für andere Organe mit begrenzter Mitgliederzahl haben könnte.

3. Europäisches Parlament

Das Europäische Parlament als Vertretung der Völker der in der Gemeinschaft zusammengeschlossenen Staaten (Art. 189 Abs. 1 EG) spiegelt nach Auffassung des Europäischen Gerichtshofes das *Demokratieprinzip* auf Gemeinschaftsebene wider, wonach die Völker durch ihre Vertreter, für die der Grundsatz des freien Mandats (Art. 4 Abs. 1 Direktwahlakt)[169] als Ausdruck der parlamentarischen Demokratie gilt, an der Ausübung hoheitlicher Gewalt beteiligt sind.[170] Insoweit erfolgt die demokratische Legitimation der Ausübung öffentlicher Gewalt durch die EU.[171] Somit ist die Sitzverteilung im Europäischen Parlament[172] vorrangig am Maßstab des zu den Strukturprinzipien der EU zählenden *Demokratieprinzips* (Art. 6 Abs. 1 EU) unter Bezug auf die unterschiedlichen Bevölkerungszahlen der Mitgliedstaaten sowie die Repräsentation und der *Funktionsfähigkeit* zu messen.

Die Anwendung des aus dem Demokratieprinzip fließenden Grundsatzes der Wahlgleichheit, wonach aus der Regel „ein Bürger – eine Stimme" die Bildung gleichgroßer Wahlkreise angezeigt wäre, ließ sich bisher wegen einer daraus folgenden starken Reduzierung der Zahl der Abgeordneten kleiner Staaten auf diese

---

[167] Da nach Art. 215 Abs. 2 Satz 2 EG der Rat einstimmig entscheiden kann, bei Rücktritt, Amtsenthebung oder Tod eines Kommissionsmitgliedes einen Nachfolger nicht zu benennen, ist eine Mitgliedschaft eines Staatsangehörigen jedes Mitgliedstaates während der ganzen Amtsperiode nicht garantiert.
[168] So auch der Vorschlag in der Literatur. Vgl. Helmut Schmitt von Sydow, in: Hans von der Groeben/Jürgen Schwarze (Hrsg.) (Fn. 157), Art. 213 EG, Rdnr. 14, S. 241 m.w.N. in Fn. 30.
[169] Akt zur Einführung allgemeiner unmittelbarer Wahlen der Abgeordneten des EP.
[170] EuGH Rs. 138/79, 29.10.1980, Slg. 1980, 3333, Rdnr. 33 (Roquettes Frères/Rat).
[171] Vgl. Marcel Haag/Roland Bieber, in: Hans von der Groeben/Jürgen Schwarze (Hrsg.) (Fn. 157), Art. 189, Rdnr. 1, S. 24.
[172] Zur Sitzverteilung im Europäischen Parlament vgl. Kapitel IV A. I. 2. b) bb).

Ebene nicht übertragen.[173] Somit waren der Berechnung der Sitzverteilung proportional zur Bevölkerungsgröße grundsätzlich Grenzen gesetzt. Infolge dessen wurde der Sitzverteilung im Europäischen Parlament (Art. 190 Abs. 2 UAbs. 1 EG) das Prinzip der degressiven Proportionalität zugrunde gelegt[174], so dass die Sitzverteilung im Parlament *de facto* auf einer disproportionalen Vertretung der Völker der Mitgliedstaaten beruht.

Nach Auffassung des Bundesverfassungsgerichts in seinem Nichtannahmebeschluss zur Wahlgleichheit im Europäischen Parlament spiegelt sich hierin sowohl der völkerrechtliche Grundsatz der Gleichheit der Mitgliedstaaten unabhängig von ihrer Einwohnerzahl als auch der staatsrechtliche Grundsatz der aus dem Demokratieprinzip folgenden Wahlgleichheit unter Beachtung der unterschiedlichen Einwohnerzahl der Mitgliedstaaten wider.[175] Das Demokratieprinzip wird demzufolge von der Gleichheit der Staaten überlagert, so dass bezüglich des Europäischen Parlaments, wie auch der Europäische Gerichtshof ausgeführt hat, bisher nur von einem beschränkten Umfang des Demokratieprinzips gesprochen werden kann.[176]

Der durch den Vertrag von Amsterdam eingefügte Art. 190 Abs. 2 UAbs. 2 EG, wonach der Grundsatz der angemessenen Vertretung der Völker gewährleistet werden muss, bestimmt die in Art. 190 Abs. 2 UAbs. 1 EG festgesetzte Anzahl der in jedem Mitgliedstaat gewählten Abgeordneten. Damit ist die Sitzverteilung vertraglich festgelegt. Mit dem Vertrag von Nizza erfolgte eine Anhebung der Höchstzahl der Mitglieder von 700 nach dem Vertrag von Amsterdam auf 732 (Art. 189 Abs. 2 EG), mit dem Verfassungsvertrag bzw. dem Reformvertrag von Lissabon wird auf 750 Abgeordnete erhöht (Art. I-20 Abs. 2 UAbs. 1 Satz 2 VVE; Art. 14 Abs. 2 UAbs. 1 Satz 2 EU Lissabon). Die Festsetzung einer Höchstzahl der Mitglieder soll die Funktionsfähigkeit und damit die Effizienz des Parlaments sicherstellen. Danach müsste die Größe des Parlaments vor allem nach funktionalen Gesichtspunkten bestimmt werden. Während eine angemessene Repräsentation der Völker und politischen Kräfte eher für eine große Anzahl der Mitglieder sprechen, wirkt eine solche der Effizienz der politischen Willensbildung und Entscheidungsfindung entgen. Letztendlich ist die Bestimmung der Höchstgrenze der Mitgliederzahl als ein politischer Kompromiss zu werten, der vertraglich vereinbart wurde.[177]

Zur Erreichung einer der demokratischen Repräsentation der Völker der Mitgliedstaaten im Europäischen Parlament entsprechenden Sitzverteilung und damit zur weiteren Annäherung an die Vorgaben des Demokratieprinzips bedarf es neben der Schaffung eines einheitlichen Wahlrechts zur Herstellung der Wahlgleichheit einer zahlenmäßigen Anpassung der Sitze der gewählten Abgeordneten

---

[173] Vgl. Jo Leinen, Die Positionen und Erwartungen des Europäischen Parlaments zur Regierungskonferenz, in: Integration, 23 (2000) 2, S. 73 f.
[174] Vgl. Rolf Grawert, Wie soll Europa organisiert werden?, in: EuR, 38 (2003) 6, S. 980.
[175] BVerfG, Beschluss vom 31.05.1995 – 2 BvR 635/95.
[176] EuGH Rs. 138/79, 29.10.1980, Slg. 1980, 3333, Rdnr. 33 (Roquettes Frères/Rat).
[177] Vgl. Marcel Haag/Roland Bieber, in: Hans von der Groeben/Jürgen Schwarze (Hrsg.) (Fn. 157), Art. 189, Rdnr. 53, S. 40 f.

aus den Mitgliedstaaten im Parlament. Die Reduzierung der bisher bestehenden Ungleichheit in der Sitzverteilung und des daraus folgenden Defizits in der Legitimation der Hoheitsgewalt könnte durch die Anwendung des Grundsatzes erreicht werden, wonach jeder Abgeordnete eine annähernd gleiche Anzahl von Bürgern repräsentiert, wobei den kleineren Mitgliedstaaten eine Repräsentationsschutzklausel gewährt wird.[178] Wenn das Demokratieprinzip bezüglich der institutionellen Struktur der EU nicht den Charakter eines politischen Leitprinzips[179], sondern eines Rechtsprinzips annehmen soll, muss das Prinzip der Gleichheit der Staaten hinter dem Demokratieprinzip zurückstehen. Dann kann auch dem in Art. 6 Abs. 1 EU normierten Grundsatz, wonach die Union auf der Demokratie beruht, entsprochen werden.

II. Vorgaben für Stimmenverteilungsregeln

Die Legitimation der demokratischen Beschlussfassung erfordert eine Widerspiegelung der Bevölkerungsgröße der Mitgliedstaaten bei der Stimmenverteilung im *Rat* als Hauptrechtsetzungsorgan.[180] Nach dieser aus dem *Demokratieprinzip* abgeleiteten Vorgabe müsste den Ratsmitgliedern, wie im Bundesrat, eine abgestufte Stimmenanzahl in Abhängigkeit von demografischen Kriterien zustehen. Eine Stimmengewichtung nach der Bevölkerungsgröße ist jedoch nur für die Beschlussfassung mit qualifizierter Mehrheit geregelt. Die in Art. 205 Abs. 2 EG vertraglich vereinbarte Stimmengewichtung entspricht jedoch nicht einer dem Demokratieprinzip entsprechenden proportionalen Repräsentanz der Bevölkerungen[181], so dass eine Überlagerung durch das völkerrechtliche *Prinzip der Gleichheit der Mitgliedstaaten* in Kauf genommen wird. Bei jeder Erweiterung der Union erfordert das System der Stimmengewichtung eine erneute vertragliche Festlegung der Anzahl von Stimmen. Im Verfassungsvertrag bzw. im Reformvertrag von Lissabon wird die Stimmengewichtung schließlich aufgegeben (Art. I-25 Abs. 1 VVE; Art. 16 Abs. 4 EU Lissabon) und durch ein System der qualifizierten Mehrheit als „doppelte Mehrheit" ersetzt, wonach alle Mitgliedstaaten nur noch eine Stimme erhalten.[182]

Für die Beschlüsse mit Einstimmigkeit (Art. 205 Abs. 3 EG) und absoluter Mehrheit (Art. 205 Abs. 1 EG) gilt die Stimmenverteilungsregel der gleichen Anzahl von Stimmen nach dem völkerrechtlichen *Prinzip der Gleichheit der Staaten*.[183] Bei geforderter Einstimmigkeit würde eine Stimmengewichtung ohnehin irrelevant werden. Eine ausdrückliche Bestimmung über die Stimmenverteilungsre-

---

[178] Vgl. hierzu ausführlich Kapitel IV A. I. 2. b) bb).
[179] So Thomas Oppermann (Fn. 142), Rdnr. 7 ff., S. 80 ff.
[180] Vgl. Jan-Peter Hix, in: Jürgen Schwarze (Hrsg.) (Fn. 143), Art. 205 EGV, Rdnr. 25, S. 1814 f.
[181] Vgl. Kapitel V B. I. 1. b) Übersicht V. 5.
[182] Vgl. Johannes Christian Wichard, in: Christian Calliess/Matthias Ruffert (Hrsg.) (Fn. 138), Art. I-25, Rdnr. 2 f., S. 323 f.; Volker Epping, in: Christoph Vedder/Wolff Heintschel von Heinegg (Hrsg.) (Fn. 138), Art. I-25, Rdnr. 2, S. 136.
[183] Zur Regel der gleichen Anzahl von Stimmen vgl. Kapitel V A.

gel enthält der Vertrag indes nur bezüglich der Stimmengewichtung in Art. 205 Abs. 2 EG, so dass die Regel der gleichen Anzahl von Stimmen nach Art. 205 Abs. 1 und 3 EG nur impliziert gefolgert werden kann. Nach dem Vertrag von Nizza werden ca. 30% der Beschlüsse mit Einstimmigkeit und ca. 3% mit absoluter Mehrheit unter Anwendung der Stimmenverteilungsregel der gleichen Anzahl von Stimmen nach dem völkerrechtlichen Prinzip der Gleichheit der Staaten und ca. 60% mit qualifizierter Mehrheit[184] unter Anwendung der Regel der unterschiedlichen Anzahl von Stimmen nach dem staats- und unionsrechtlichen Prinzip der (angenäherten) demokratischen Repräsentation gefasst. Somit entspricht die Stimmenverteilungsregel für weniger als zwei Drittel der Beschlüsse des Rates annähernd den demokratischen Anforderungen der Repräsentation der Bevölkerungen. Diesen Prozentangaben ist jedoch keine Aussage über die inhaltliche Bedeutsamkeit der jeweiligen Beschlüsse zu entnehmen, die auch nicht Gegenstand der Untersuchungen ist, sondern das Zustandekommen der Beschlüsse.

Damit die entsprechende Anzahl von Stimmen bei Abwesenheit eines Ratsmitgliedes nicht „verloren geht" und eventuell bestehende Mehrheitsverhältnisse nicht verzerrt werden, kann nach Art. 206 EG (Art. III-343 Abs. 1 VVE; Art. 239 AEU Lissabon) jedes Mitglied sein Stimmrecht auf ein anderes Mitglied übertragen. Der Proxy-Regel kommt vor allem bei Anwendung der Stimmengewichtung entsprechende Bedeutung zu.[185] Da jeweils nur das Stimmrecht eines Mitgliedes übertragen werden darf, ist bei Anwendung der Regel der gleichen Anzahl von Stimmen (eine Stimme pro Mitglied) ihr Einfluss auf die Beschlussfassung eher gering.

In der *Kommission* findet die Regel der gleichen Anzahl von Stimmen Anwendung. Danach hat jedes Kommissionsmitglied eine Stimme. Der EG-Vertrag enthält diesbezüglich keine ausdrückliche Bestimmung. Die Anzahl von Stimmen leitet sich von der Anzahl von Sitzen ab, so dass im Wesentlichen auf vorstehende Ausführungen hinsichtlich der Sitzverteilung in der Kommission verwiesen werden kann. Bei einer Sitzverteilung nach der Regel der unterschiedlichen Anzahl von Sitzen, wie bis zum 1. November 2004, verfügten die fünf großen Mitgliedstaaten durch die Zuerkennung von zwei Sitzen auch über zwei Stimmen, was *de facto* einer indirekten Stimmengewichtung[186] gleichkam. Allerdings waren diese Stimmen unabhängig von Anweisungen der Regierungen der Mitgliedstaaten abzugeben (Art. 213 Abs. 2 EG).

Das *Prinzip der demokratischen Repräsentation* und der *Gleichheitsgrundsatz* für Abgeordnete geben für demokratische Repräsentationsorgane die Stimmenverteilungsregel der gleichen Anzahl von Stimmen vor. Diese Regel gilt auch für das *Europäische Parlament* als Repräsentationsorgan der Völker der Mitgliedstaaten (Art. 189 Abs. 1 EG) bzw. nach dem Verfassungsvertrag bzw. dem Reformvertrag von Lissabon der Unionsbürger (Art. I-20 Abs. 2 UAbs. 1 Satz 1 VVE; Art. 14 Abs. 2 UAbs. 1 Satz 1 EU Lissabon). Eine vertragliche Regelung erfährt die Stimmenverteilungsregel nicht. Als Regel des nationalen Parlamentsrechts der

---

[184] Vgl. Kapitel VI C. II. 4. d) bb) Übersicht VI. 2.
[185] Zu Abstimmen durch Proxy vgl. Kapitel IX D. III.
[186] Vgl. Kapitel V D. Übersicht V. 8.

Mitgliedstaaten, die auf dem Grundsatz der Demokratie beruht, findet sie durch Art. 6 Abs. 1 EU Eingang in das Parlamentsrecht der EU.

Da aufgrund fehlender Proportionalität in der Sitzverteilung die Völker der Mitgliedstaaten unterschiedlich stark im Europäischen Parlament vertreten sind, ihre gewählten Abgeordneten aber über je eine Stimme verfügen, ergibt sich quasi eine den formalen Gleichheitsstatus der Abgeordneten gefährdende indirekte Stimmengewichtung. Wie bei der Kommission wird auch beim Parlament die Anzahl von Stimmen von der Anzahl von Sitzen bestimmt, so dass hier gleichfalls auf die Vorgaben für Sitzverteilungsregeln verwiesen wird.

III. Vorgaben für Abstimmungsregeln

Während die Einstimmigkeitsregel dem völkerrechtlichen *Prinzip der Gleichheit der Staaten* entspricht, wird die Mehrheitsregel vor allem auf das staats- bzw. unionsrechtliche *Demokratieprinzip* zurückgeführt. Aus diesen Prinzipien sowie der *Funktionsfähigkeit* der Organe ergeben sich die Vorgaben für die Abstimmungsregeln in den Entscheidungsorganen der EU.

Aus der Zusammensetzung des *Rates* aus Vertretern der Mitgliedstaaten und dem daraus folgenden intergouvernementalen Aspekt in der Organisationsstruktur der Gemeinschaften bzw. der Union lässt sich die Anwendung der auf dem völkerrechtlichen *Prinzip der Gleichheit der Staaten* basierenden Einstimmigkeitsregel ableiten, die in Art. 205 Abs. 3 EG verankert ist. Betrug der Anteil dieser Abstimmungsregel an der Beschlussfassung im Rat 1958 noch ca. 60%, verringerte sich dieser auf gegenwärtig ca. 30%.[187] Da mit der schrittweisen Erweiterung der Gemeinschaften eine Übereinstimmung der integrationspolitischen Aufgaben und Zielsetzungen zwischen den Mitgliedstaaten immer schwieriger wurde, ist vielfach zur qualifizierten Mehrheitsregel übergegangen worden. Dabei erfolgte die etappenmäßige Substituierung der Einstimmigkeitsregel durch die Mehrheitsregel nicht vorrangig auf der Grundlage eines zunehmenden Vorranges des Demokratieprinzips gegenüber dem Prinzip der Gleichheit der Staaten, sondern aus der praktischen Notwendigkeit heraus, die *Funktions- und Entscheidungsfähigkeit* des Rates zu gewährleisten.

Diesem Ziel entspricht auch die qualifizierte Mehrheit für den Regelfall in Art. I-23 Abs. 3 VVE bzw. Art. 16 Abs. 3 EU Lissabon. In dem System der qualifizierten Mehrheit als "doppelte Mehrheit" (Art. I-25 Abs. 1 VVE bzw. Art. 16 Abs. 4 EU Lissabon) wird die Stimmenverteilungsregel der gleichen Anzahl von Stimmen durch zwei Bedingungen ergänzt: erstens die Mehrheit muss von mindestens 55% der Mitglieder gebildet werden, die mindestens fünfzehn Mitgliedstaaten umfasst und zweitens mindestens 65% der Bevölkerung der Union repräsentiert. Damit sind zwei Schwellen zur Erreichung der qualifizierten Mehrheit eingebaut worden: eine numerische (Anzahl der Mitgliedstaaten) und eine demografische.[188]

---

[187] Vgl. Kapitel VI C. II. 4. d) bb) Übersicht VI. 2.
[188] Zusätzlich enthalten Art. I-25 Abs. 1 UAbs. 2 VVE bzw. Art. 16 Abs. 4 UAbs. 2 EU Lissabon eine Sperrminorität von vier Mitgliedern.

Mit der geforderten doppelten Mehrheit aus Mitgliedstaaten und repräsentierter Bevölkerung soll ein Ausgleich zwischen dem völkerrechtlichen Prinzip der Gleichheit der Staaten und dem aus dem Demokratieprinzip folgenden Grundsatz der Gleichheit der Bürger angestrebt werden.[189]

Neben der Einstimmigkeitsregel in Art. 205 Abs. 3 EG und der am häufigsten vorgesehenen qualifizierten Mehrheitsregel in Art. 205 Abs. 2 EG enthält Art. 205 Abs. 1 EG die absolute Mehrheit als weitere Abstimmungsregel für die Beschlussfassung im Rat.[190] Der Wortlaut der Bestimmung in Art. 205 Abs. 1 EG, wonach der Rat mit der Mehrheit seiner Mitglieder beschließt, führt in der Literatur immer wieder zu Fehlinterpretationen. Danach wird die Regel wiederholt unzutreffend als einfache Mehrheit bezeichnet.[191]

Darüber hinaus enthalten der Verfassungsvertrag für Europa bzw. der Reformvertrag von Lissabon eine inhaltlich missverständliche Bestimmung über die Abstimmungsregel in Art. III-343 Abs. 2 VVE bzw. Art. 238 Abs. 1 AEU Lissabon, wonach der Rat mit der Mehrheit (der Stimmen) seiner Mitglieder beschließt, wenn für die Beschlussfassung die einfache Mehrheit erforderlich ist.[192] Die Bezugsgröße der Mitgliedermehrheit, d.h. der Mehrheit der vertraglichen Mitgliederzahl, wobei die Mitglieder je eine Stimme haben, verweist jedoch auf die absolute Mehrheit. An diese werden höhere Anforderungen bezüglich der zu erreichenden Mehrheit gestellt als an die einfache Mehrheit.[193]

Als Abstimmungsregel für die *Kommission* als Exekutivorgan gebietet die *Funktionsfähigkeit* eine Mehrheitsregel. Dabei kann zwischen der einfachen, absoluten und qualifizierten Mehrheit gewählt werden. In Art. 219 Abs. 1 EG wurde für die absolute Mehrheit optiert, die vom Verfassungsvertrag bzw. vom Reformvertrag von Lissabon übernommen worden ist (Art. III-351 Satz 1 VVE; Art. 250 Abs. 1 AEU Lissabon). Auch bezüglich dieser Abstimmungsregel wird mitunter in

---

[189] Vgl. Johannes Christian Wichard, in: Christian Calliess/Matthias Ruffert (Hrsg.) (Fn. 138), Art. I-25, Rdnr. 15, S. 326; Volker Epping, in: Christoph Vedder/Wolff Heintschel von Heinegg (Hrsg.) (Fn. 138), Art. I-25, Rdnr. 2, S. 136.

[190] Nach den Bestimmungen des EG-Vertrages findet die absolute Mehrheitsregel auf nur ca. 3% der Beschlüsse Anwendung, die qualifizierte Mehrheitsregel hingegen auf ca. 60%. Vgl. Kapitel VI C. II. 4. d) bb) Übersicht VI. 2.

[191] Vgl. Stephan Hobe, Europarecht, 3. Auflage, Köln/Berlin/München 2006, Rdnr. 162, S. 50; Ulrich Fastenrath/Maike Müller-Gerbes, Europarecht, 2. Auflage, Stuttgart/ München/Hannover/Berlin/Weimar/Dresden 2004, Rdnr. 362 f., S. 198; Thomas Oppermann (Fn. 142), Rdnr. 53, S. 93; Rudolf Streinz, (Fn. 147), Rdnr. 299, 302, S. 103 f.; Kay Hailbronner/Georg Jochum, Europarecht I, Stuttgart 2005, Rdnr. 411, S. 123; Ulrich Haltern (Fn. 139), S. 95; Andreas Maurer, Der Vertrag über eine Verfassung für Europa, Diskussionspapier der FG1, 03.03.2005, SWP Berlin, S. 19; Andreas Haratsch/Christian Koenig/Matthias Pechstein (Fn. 138), Rdnr. 222, S. 94; Matthias Herdegen, Europarecht, 9. Auflage, München 2007, Rdnr. 20, S. 99; Hans-Wolfgang Arndt, Europarecht, 8. Auflage, Heidelberg 2006, S. 48.

[192] Vgl. Johannes Christian Wichard, in: Christian Calliess/Matthias Ruffert (Hrsg.) (Fn. 138), Art. I-25, Rdnr. 12, S. 326; Volker Epping, in: Christoph Vedder/Wolff Heintschel von Heinegg (Hrsg.) (Fn. 138), Art. III-343, Rdn. 3, S. 858 f.

[193] Zur absoluten Mehrheitsregel vgl. Kapitel VI C. II. 3. c).

der Literatur[194] die Bestimmung, dass die Beschlüsse der Kommission mit der Mehrheit der vertraglich festgesetzten Anzahl ihrer Mitglieder gefasst werden, fälschlich als einfache Mehrheit interpretiert.[195] Als Bezugsgröße gilt aber nicht die Anzahl der anwesenden oder abstimmenden Mitglieder, sondern die vertraglich festgelegte Anzahl der Kommissionsmitglieder, also die absolute Mehrheit.[196]

Für die Beschlussfassung im *Europäischen Parlament* sind es das *Demokratieprinzip* und die *Funktionsfähigkeit*, die den Rahmen für die Abstimmungsregeln vorgeben. Insofern scheidet die Einstimmigkeit als Abstimmungsregel aus. Diese würde zwangsläufig zu einer Lähmung des Organs führen mit der Folge, dass kaum bzw. keine Beschlüsse gefasst werden würden. Da dem Parlament (noch) nicht die Hauptrechtsetzungskompetenz (Art. 189 Abs. 1 EG) zusteht, müssen seine Beschlüsse auch nicht mit den von einer absoluten oder qualifizierten Mehrheit geforderten hohen Mehrheitsverhältnissen gefasst werden. So bestimmt Art. 198 Abs. 1 EG die einfache Mehrheit als Abstimmungsregel. Hier heißt es aber missverständlich, dass das Parlament „mit der absoluten Mehrheit der abgegebenen Stimmen" beschließt.[197] Die Bestimmung setzt die absolute Mehrheit fälschlich mit den abgegebenen Stimmen in Bezug.[198] Die Mehrheit der abgegebenen Stimmen ist die Begriffsbestimmung der einfachen Mehrheitsregel. Im Verfassungsvertrag bzw. im Reformvertrag von Lissabon, die die einfache Mehrheitsregel für das Parlament übernommen haben, heißt es in Art. III-338 Satz 1 VVE bzw. Art. 231 Abs. 1 AEU Lissabon, das Parlament beschließt mit der Mehrheit der abgegebenen Stimmen. Hieraus folgt nunmehr eindeutig die einfache Mehrheitsregel.

Vorstehende Fälle von inhaltlich unklaren bzw. unrichtigen vertragsrechtlichen Bestimmungen sowie Fehlinterpretationen vertragsrechtlicher Bestimmungen in der Literatur hinsichtlich der Mehrheitsregeln zur Beschlussfassung im Rat, in der Kommission und im Europäischen Parlament zeigen, dass ebenfalls auf europarechtlicher Ebene im Interesse der Rechtssicherheit und der Korrektheit institutioneller Regeln und Verfahren eine dringende Notwendigkeit einer einheitlichen Terminologie und Begriffsbestimmung der Abstimmungsregeln besteht.

---

[194] So Helmut Schmitt von Sydow, in: Hans von der Groeben/Jürgen Schwarze (Hrsg.) (Fn. 157), Art. 219 EG, Rdnr. 17, S. 292; Andreas Haratsch/Christian Koenig/Matthias Pechstein (Fn. 138), Rdnr. 244, S. 101.

[195] Vgl. hierzu Kapitel VI C. II. 3. c).

[196] So auch noch Schmitt von Sydow, der dann aber fälschlich von einfacher Mehrheit spricht. Helmut Schmitt von Sydow, in: Hans von der Groeben/Jürgen Schwarze (Hrsg.) (Fn. 157), Art. 219 EG, Rdnr. 17, S. 292.

[197] Zur einfachen Mehrheitsregel im Europäischen Parlament vgl. Kapitel VI C. II. 2. c).

[198] Art. 198 Abs. 1 EG spricht fälschlich von der absoluten Mehrheit der abgegebenen Stimmen. So Andreas Haratsch/Christian Koenig/Matthias Pechstein (Fn. 138), Rdnr. 264, S. 108.

IV. Vorgaben für Beschlussfähigkeitsregeln

Aus dem engen Zusammenhang zwischen den Regeln über die Abstimmung und die Beschlussfähigkeit zur gültigen Beschlussfassung ergeben sich als Vorgaben die gleichen Rechtsprinzipien. Beschlussfähigkeitsregelungen für den Rat, die Kommission und das Europäische Parlament sind entweder im Vertrag selbst oder in ihren Geschäftsordnungen enthalten. Die Befugnis der Organe zur Selbstverwaltung zwecks Sicherstellung ihrer Funktionsfähigkeit[199] ergibt sich aus dem Vertrag (Rat: Art. 207 Abs. 3 EG, Kommission: Art. 218 Abs. 2 EG, EP: Art. 199 Abs. 1 EG).[200]

Für eine gültige Beschlussfassung im *Rat* leitet sich aus dem *Prinzip der Gleichheit der Staaten* eine relativ hohe Anwesenheit der Ratsmitglieder ab, die jedoch seiner *Funktionsfähigkeit* zuwider laufen kann, so dass ein angemessener Ausgleich zwischen beiden Prinzipien gefunden werden muss. Die Beschlussfähigkeit folgt indirekt aus Art. 206 EG, wonach sich jedes Mitglied das Stimmrecht höchstens eines anderen Mitgliedes übertragen lassen kann und ausdrücklich aus Art. 11 Abs. 4 Satz 1 GO EG-Rat. Danach ist die Anwesenheit der Mehrheit der gemäß den Verträgen stimmberechtigten Mitglieder erforderlich. Daraus ergibt sich eine in Übereinstimmung mit der Funktionsfähigkeit stehende Anwesenheit der absoluten Mehrheit der Ratsmitglieder (bei 25 Staaten 13, bei 27 Staaten 14).

Für die Festsetzung der Mindestanzahl der anwesenden Mitglieder hinsichtlich der Beschlussfassung in der *Kommission* wird in Art. 219 Abs. 2 EG auf die Geschäftsordnung verwiesen. Nach Art. 7 GO EG-Kommission ist die Anwesenheit der Mehrheit der vertraglich vorgesehenen Anzahl der Mitglieder erforderlich (bei 25 Mitgliedern 13, bei 27 Mitgliedern 14). Damit stimmt die Abstimmungsregel (absolute Mehrheit) mit der Beschlussfähigkeitsregel überein.[201] Durch die vertragliche Vorgabe der Abstimmungsregel ist der Gestaltungsspielraum der Kommission bezüglich der geschäftsordnungsmäßigen Regelung ihrer Beschlussfähigkeit dahingehend begrenzt, dass letztere nicht unterhalb der Anforderungen aus der Abstimmungsregel liegen sollte, um nicht obsolet zu werden.

Die Kompetenz zur Festlegung der Beschlussfähigkeit obliegt nach Art. 198 Abs. 2 EG auch dem *Europäischen Parlament* selbst. Das *Prinzip der parlamentarisch-repräsentativen Demokratie* verlangt eine breite Mitwirkung an der Willensbildung und Entscheidungsfindung durch eine möglichst hohe Anzahl von Mitgliedern, die die getroffenen Entscheidungen mittragen. Die vertraglich festgelegte einfache Mehrheit als Abstimmungsregel spricht ebenfalls für eine höhere Anwesenheit als Beschlussfähigkeitsregel. Diesen Forderungen entspricht die in Art. 149 Abs. 2 GOEP festgesetzte Beschlussfähigkeit von nur einem Drittel der

---

[199] EuGH Rs. 208/80, 15.09.1981, Slg. 1981, 2205, Rdnr. 15, 19 (Lord Bruce of Domington/Eric Gordon Aspden).

[200] Zur Gewährleistung der internen Arbeitsweise ist in den Geschäftsordnungen die Organisation der Beratung und Beschlussfassung unter Wahrung der Rechte der Mitglieder geregelt. Vgl. Jean Paul Jacqué, in: Hans von der Groeben/Jürgen Schwarze (Hrsg.) (Fn. 157), Art. 207 EG, Rdnr. 23, S. 195.

[201] Zur Kombination von Abstimmungs- und Beschlussfähigkeitsregeln sowie ihren Wirkungen vgl. Kapitel VIII K.

Abgeordneten (262 von 785) indes nicht. Nach der vertraglich festgesetzten Abstimmungsregel und der in der Geschäftsordnung festgelegten Beschlussfähigkeitsregel für das Parlament können Beschlüsse bereits mit ca. 17% der Stimmen der Abgeordneten gefasst werden.[202] Damit geht eine Abnahme der demokratischen Legitimation der Beschlüsse des Parlaments einher.

Das Europäische Parlament kann sogar ungeachtet der Anzahl der Anwesenden jederzeit beraten (Art. 149 Abs. 1 GOEP), so dass hier Beratungs- und Beschlussfassungsquorum auseinander fallen.[203] Bei einer Anwesenheit von weniger als einem Drittel der Abgeordneten bleibt zu fragen, ob in einem auf der Grundlage des Demokratieprinzips zu erfolgenden politischen Willensbildungsprozess, der die Bereitstellung von Informationen und die Diskussion verschiedener Auffassungen und Meinungen voraussetzt, noch die Interessen einer Mehrheit der Wähler durch eine geringe Anzahl von Abgeordneten vertreten werden können.

Da zu den dem Parlament vertraglich zustehenden Aufgaben (Art. 189 Abs. 1 EG) nicht die Hauptrechtsetzungskompetenz zählt, scheint ein Vorrang der *Funktionsfähigkeit* bei der Bestimmung der Beschlussfähigkeit vielleicht noch gerechtfertigt. Mit Zunahme rechtsetzender Zuständigkeiten des Parlaments und in Übereinstimmung mit den Vorgaben aus dem *Prinzip der repräsentativen Demokratie* müsste hier jedoch eine Änderung in Form einer Erhöhung der Anforderungen an die vertraglich vereinbarte Abstimmungsregel und/oder Beschlussfähigkeitsregel in der Geschäftsordnung erfolgen.

Die Vorgaben für die Entscheidungsregeln der Organe der Gemeinschaft bzw. Union ergeben sich vornehmlich aus dem völkerrechtlichen Prinzip der souveränen Gleichheit der Staaten, dem unionsrechtlichen Demokratieprinzip (Art. 6 Abs. 1 EU) sowie der aus dem Rechtsstaat folgenden Funktionsfähigkeit der Organe (Präambel und Art. 6 Abs. 1 EU). Der jeweils angemessene Ausgleich zwischen den beiden ersten Prinzipien bzw. der jeweilige Vorrang eines von ihnen wird maßgeblich durch die institutionelle Struktur und die den Organen zugewiesenen Funktionen bestimmt. Auf dem langen Weg der Union von einer völkerrechtlichen Staatenverbindung hin zu einer Verbindung von Bürgern wird das völkerrechtliche Prinzip der Gleichheit der Staaten schrittweise hinter das unionsrechtliche Demokratieprinzip zurücktreten müssen.

D. Völkerrechtliche Ebene

Mit der UNO als universelle internationale Organisation kommt eine weitere Ebene der Willensbildung und Entscheidungsfindung hinzu. In ihr haben sich inzwischen 192 Staaten auf der Grundlage der in Art. 2 UN-Charta enthaltenen Grundsätze, insbesondere des Prinzips der souveränen Gleichheit der Staaten (Ziff. 1)[204]

---

[202] 732:100=123:x bzw. 785:100=132:x.
[203] Vgl. Kapitel VIII D. I. 4.
[204] Das BVerfG bezeichnet den Grundsatz der souveränen Gleichheit der Staaten als Konstitutionsprinzip des gegenwärtigen allgemeinen Völkerrechts. BVerfGE 46, 342 (402

zusammengeschlossen, denen unterschiedliche Verfassungsprinzipien bzw. Werte zugrunde liegen. Sowohl die institutionelle Organstruktur als auch die Regeln und Verfahren der Willensbildung und Entscheidungsfindung in den Organen werden maßgeblich von der Unterschiedlichkeit und Vielfältigkeit staatlicher Werte und Interessen beeinflusst.

Eine Volksvertretung, wie auf staats-, kommunal- und europarechtlicher Ebene, gibt es auf universeller Ebene nicht.[205] Die Legitimation der Handlungen und Entscheidungen der beiden UN-Hauptorgane erfolgt lediglich über die legitimierten Regierungsvertreter der Mitgliedstaaten.[206]

Nachfolgend wird geprüft, ob und welche Vorgaben aus Organisations- und Rechtsprinzipien für Entscheidungsregeln und -verfahren in UN-Organen abzuleiten sind. Dabei soll sich hier auf die Generalversammlung und den Sicherheitsrat beschränkt werden.

I. Vorgaben für Sitzverteilungsregeln

1. Generalversammlung

Das *Prinzip der souveränen Gleichheit der Mitgliedstaaten* (Art. 2 Ziff. 1 UN-Charta) gibt für die Generalversammlung als plenares Hauptorgan der UNO mit ihrer in Art. 10 UN-Charta geregelten quasi Allzuständigkeit[207] eine Sitzverteilung auf der Grundlage der unbegrenzten Mitgliederzahl und der Regel der gleichen Anzahl von Sitzen für die Mitgliedstaaten vor. Die auf der so genannten demokratischen Gleichheit basierende Zusammensetzung aus allen Mitgliedern der Vereinten Nationen, die ihre weisungsabhängigen Regierungsvertreter entsenden, ist in Art. 9 Abs. 1 UN-Charta festgelegt.[208] Die gleiche Anzahl der Mitglieder ergibt sich indirekt aus Art. 9 Abs. 2 UN-Charta, wonach jedes Mitglied höchstens fünf Vertreter in der Generalversammlung hat.[209]

---

    f.). Zur Konstitutionalisierung im Völkerrecht vgl. Stefan Kadelbach/Thomas Kleinlein (Fn. 137), S. 235 ff.

[205] Auf regionaler Ebene gibt es die Parlamentarische Versammlung des Europarates.

[206] Die Souveränität begründet einen von den Staaten ausgehenden und auf sie zurückverweisenden völkerrechtlichen Legitimations- und Ableitungszusammenhang, wobei die die Staaten konstituierenden Völker die eigentlichen Legitimationssubjekte sind. Vgl. Christian Hillgruber, in: Josef Isensee/Paul Kirchhof (Hrsg.) (Fn. 5), § 32, Rdnr. 71, S. 963.

[207] Vgl. Volker Epping, in: Knut Ipsen (Fn. 156), § 32, Rdnr. 41, S. 480.

[208] Zur Regel der gleichen Anzahl von Sitzen vgl. Kapitel IV A. I. 1.

[209] Als Ausnahme von der Regel hatten neben der ehemaligen Sowjetunion zwei ihrer föderalen Subjekte, die Ukrainische Unionsrepublik und die Weißrussische Unionsrepublik je einen Sitz in der Generalversammlung. Vgl. Kapitel IV A. I. 2. a).

Die Größe der Generalversammlung und damit die Anzahl von Sitzen werden durch die Anzahl der Mitglieder der Vereinten Nationen bestimmt. In der Sitzverteilung der Generalversammlung wird auf die *Funktionsfähigkeit* kein Bezug genommen. Zur Wahrnehmung ihrer Aufgaben, die durch die hohe Mitgliederzahl erschwert wird, kann die Generalversammlung nach Art. 22 UN-Charta Nebenorgane einsetzen.

Bislang bildet das *Demokratieprinzip* als Organisations- und Rechtsprinzip, das die Ausübung von Hoheitsgewalt im weiten Sinne betrifft[210], innerhalb der UNO keine Grundlage institutioneller Organstruktur. Demnach ist eine nach dem Demokratieprinzip geforderte Repräsentation der Völker nicht vorgegeben. Dem Demokratieprinzip entsprechen würde die vom Europäischen Parlament vorgeschlagene Errichtung einer Parlamentarischen Versammlung der UNO.[211] Zu der Vertretung der (demokratisch legitimierten) Regierungsvertreter (demokratischer Staaten) würde eine (gewählte) Vertretung der Völker der Mitgliedstaaten hinzukommen und so die Legitimation der Entscheidungen erhöhen. Dies würde indessen die Geltung des Demokratieprinzips für alle Mitgliedstaaten voraussetzen, was derzeit wohl nicht zu erreichende Änderungen sowohl im Verfassungsrecht zahlreicher Mitgliedstaaten als auch der Grundsätze in Art. 2 UN-Charta sowie der Aufnahmebedingungen in Art. 4 Abs. 1 UN-Charta zur Folge hätte.[212] Gleichwohl lässt sich eine zunehmende Forderung nach mehr Demokratie in internationalen Organisationen, wie auch in der UNO, nicht mehr ignorieren. Diese kann jedoch gegenwärtig nicht als Maßstab gelten, sondern allenfalls künftig einen möglichen Gestaltungsspielraum für formelle Regeln und Verfahren der Entscheidungsfindung eröffnen.[213]

2. Sicherheitsrat

Im Gegensatz zur Generalversammlung mit ihrer Allzuständigkeit ist dem Sicherheitsrat „die Hauptverantwortung für die Wahrung des Weltfriedens und der internationalen Sicherheit" zugewiesen (Art. 24 Abs. 1 UN-Charta). Diese Zuständigkeit bedingt eine schnelle Handlungs-, Funktions- und Entscheidungsfähigkeit. Die *Funktionsfähigkeit* beschränkt die Größe des Sicherheitsrates und gibt eine Sitzverteilung auf der Grundlage der begrenzten Mitgliederzahl vor, so dass in ihm nicht alle UN-Mitglieder vertreten sein können. Für die Begrenzung der Mitgliederzahl lassen sich geografische, politische, wirtschaftliche/finanzielle oder andere Kriterien heranziehen. Wegen der Hauptaufgabe des Sicherheitsrates scheiden wirtschaftliche bzw. finanzielle Kriterien von vornherein aus.

---

[210] Vgl. Stefan Kadelbach/Thomas Kleinlein (Fn. 137), S. 244.
[211] Entschließung des Europäischen Parlaments zur Reform der Vereinten Nationen vom 09.06.2005, in: Dok. Nr. B6-0328/2005, para. 36, S. 10.
[212] Vgl. hierzu Kapitel II B. II. 1.
[213] Vgl. Stefan Kadelbach/Thomas Kleinlein (Fn. 137), S. 263 f.

Nach Art. 23 Abs. 1 UN-Charta besteht der Sicherheitsrat aus fünfzehn Mitgliedern, die gem. Art. 23 Abs. 3 UN-Charta je nur einen Vertreter (weisungsgebundenen Regierungsvertreter) haben. Damit ist die auf dem *Prinzip der souveränen Gleichheit der Mitgliedstaaten* (Art. 2 Ziff. 1 UN-Charta) basierende Regel der gleichen Anzahl von Sitzen für die Mitglieder des Sicherheitsrates vertragsrechtlich festgesetzt. Eine Erhöhung der Anzahl von Sitzen auf vierundzwanzig nach den UN-Reformplänen würde zwar zu Lasten der Funktionsfähigkeit gehen, aber aufgrund einer verstärkten Partizipation der Mitgliedstaaten nach geografischen Kriterien noch zu vertreten sein.[214]

Aus dem Prinzip der souveränen Gleichheit der Staaten müsste folgen, dass die Mitgliedstaaten nach bestimmten Kriterien abwechselnd in den Rat gewählt werden würden. Diese Vorgabe trifft indessen nur für die zehn nichtständigen Mitglieder gem. Art. 23 Abs. 1 Satz 3 UN-Charta unter Beachtung geografischer Kriterien zu. Mit der in Art. 23 Abs. 1 Satz 2 UN-Charta erfolgten namentlichen Zuerkennung der fünf ständigen Sitze ist diesen Staaten[215] unter Durchbrechung des Prinzips der souveränen Gleichheit auf der Grundlage politischer Kriterien eine dauerhafte Sonderstellung gewährt worden.[216] Wenn diese Durchbrechung zugunsten einer materiellen Gleichheit nach politischen Kriterien noch gerechtfertigt werden könnte[217], ist zumindest die Festlegung der ständigen Sitze für bestimmte Staaten schon aufgrund der Änderung politischer Machtverhältnisse sowie der hohen Beteiligung an der Wahrung des Weltfriedens durch andere Mitgliedstaaten nicht mehr zu rechtfertigen.[218]

In Art. 23 Abs. 1 Satz 2 UN-Charta wurde eine in der Vergangenheit getroffene politische Entscheidung vertragsrechtlich unter fast eine „Ewigkeitsgarantie" gestellt, da es nach Art. 108 UN-Charta für Änderungen der Charta auch der Zustimmung aller ständigen Mitglieder des Sicherheitsrates bedarf. Deshalb sehen die UN-Reformpläne auch keine Abschaffung der ständigen Sitze vor. Dies verdeutlicht, dass das Völkerrecht an seine Grenzen stößt. Theoretisch denkbar wäre für den Sicherheitsrat eine wie für die Kommission der Europäischen Gemeinschaften bzw. Europäischen Union vorgesehene Rotation der Mitgliedstaaten nach geografischen und bei einer künftig eventuell zunehmenden Bedeutung der Demokratie als Organisationsprinzip auch innerhalb der UNO sogar nach demografischen Kriterien.

---

[214] Zur Sitzverteilung nach geografischen Kriterien vgl. Kapitel IV A. II. 1. a) aa).
[215] China, Frankreich, UdSSR, Großbritannien und USA.
[216] Vgl. Rudolf Geiger, in: Bruno Simma (ed.), The Charter of the United Nations, Band I, 2. Auflage, München 2002, Art. 23, Rdnr. 8, S. 438.
[217] Zur formellen und materiellen Gleichheit vgl. Kapitel V E.
[218] Zur Sitzverteilung nach politischen Kriterien vgl. Kapitel IV A. II. 1. b) bb).

II. Vorgaben für Stimmenverteilungsregeln

Das *Prinzip der souveränen Gleichheit der Mitgliedstaaten* (Art. 2 Ziff. 1 UN-Charta) bestimmt auch die Stimmenverteilungsregel der gleichen Anzahl von Stimmen („ein Staat – eine Stimme"). Diese Regel ist in Art. 18 Abs. 1 UN-Charta für die *Generalversammlung*[219] und in Art. 27 Abs. 1 UN-Charta für den *Sicherheitsrat* ausdrücklich festgelegt. Mit der Zuerkennung ständiger Sitze erhalten die fünf Mitgliedstaaten im Gegensatz zu den anderen Mitgliedern ebenfalls ein ständiges Stimmrecht.

Wenn zukünftig das *Demokratieprinzip* als Organisations- und Rechtsprinzip innerhalb der Vereinten Nationen Anwendung finden würde, könnte in der Generalversammlung eine Stimmengewichtung der Mitgliedstaaten nach demografischen Kriterien, wie derzeit im Rat der EU bei qualifizierter Mehrheit, eingeführt werden.[220] Danach wären eine gleiche Mindestanzahl von Stimmen nach dem Prinzip der Gleichheit der Mitgliedstaaten sowie zusätzlich eine in Abhängigkeit von der Bevölkerungsgröße gestaffelte Anzahl von Stimmen als Ausdruck des Demokratieprinzips denkbar. Dies würde aber Änderungen der UN-Charta sowohl hinsichtlich der Grundsätze (Art. 2 UN-Charta) als auch der Abstimmung in der Generalversammlung (Art. 18 Abs. 1 UN-Charta) erfordern.

III. Vorgaben für Abstimmungsregeln

In Staatenverbindungen sind den Stimmenverteilungsregeln der gleichen Anzahl von Stimmen und der Stimmengewichtung zunächst entsprechende Abstimmungsregeln zuzuordnen: der Regel der gleichen Anzahl von Stimmen die Einstimmigkeitsregel und der Stimmengewichtung die Mehrheitsregel. Erst zur Gewährleistung der Handlungs- und Funktionsfähigkeit kollegialer Organe internationaler Organisationen und mit einer zunehmenden Durchbrechung des *domaine reservé* der Staaten fand auch das Mehrheitsprinzip in Zusammenhang mit der Regel der gleichen Anzahl von Stimmen, wie auf innerstaatlicher Ebene, Anwendung.[221]

Das *Prinzip der souveränen Gleichheit der Staaten* (Art. 2 Ziff. 1 UN-Charta) enthält gleich in dreifacher Hinsicht Vorgaben für Entscheidungsregeln: die gleiche Anzahl von Sitzen als Sitzverteilungsregel, die gleiche Anzahl von Stimmen als Stimmenverteilungsregel und die Einstimmigkeit als Abstimmungsregel. Die völkerrechtliche Praxis forderte indes im Interesse der *Funktionsfähigkeit* eine Zurückdrängung der Einstimmigkeitsregel zugunsten der Mehrheitsregeln.[222]

---

[219] Ein vorübergehender Entzug des Stimmrechts der Mitglieder der GV tritt u.a. gem. Art. 19 UN-Charta bei Rückstand seiner Beitragszahlungen durch Nichterfüllung seiner Verpflichtung aus Art. 17 Abs. 2 UN-Charta ein. Vgl. Kapitel IX A. III. 2. b).
[220] Zum Modell der Stimmengewichtung vgl. Kapitel V B. I. 1. c).
[221] Vgl. Rüdiger Wolfrum, in: Bruno Simma (ed.) (Fn. 216), Art. 18, Rdnr. 7, S. 355.
[222] Vgl. hierzu Kapitel IV A. III.

Nach dem Prinzip der Gleichheit der Staaten müsste für die Beschlussfassung in der *Generalversammlung*, in der die Regeln der gleichen Anzahl von Sitzen und Stimmen gelten, eine Abstimmungsregel mit hohen quantitativen Anforderungen an eine Mehrheit, die der Einstimmigkeitsregel nahe kommen, bestehen. Da dies aber zu einer Gefahr für die Funktionsfähigkeit werden könnte, unterscheidet die UN-Charta zwischen Beschlüssen über Verfahrens- oder andere Fragen und über wichtige Sachfragen, für die jeweils unterschiedliche Abstimmungsregeln festgesetzt sind.

Nach Art. 18 Abs. 3 UN-Charta ist für die Beschlussfassung über Verfahrens- oder andere Fragen die Mehrheit der anwesenden und abstimmenden Mitglieder notwendig. Damit entscheidet die Generalversammlung grundsätzlich mit der einfachen Mehrheit (Anwesenheits- und Abstimmungsmehrheit). Über wichtige Fragen ist gem. Art. 18 Abs. 2 Satz 1 UN-Charta mit einer Zweidrittelmehrheit der anwesenden und abstimmenden Mitglieder der Generalversammlung zu beschließen. Somit gilt für Sachfragen die (einfache) qualifizierte Mehrheitsregel.[223] Da beide Abstimmungsregeln die anwesenden und abstimmenden Mitglieder als Bezugsgröße bestimmen, können Beschlüsse von relativ wenigen Mitgliedstaaten angenommen werden.[224] Die Folgen einer möglicherweise verhältnismäßig niedrigen Legitimation sind jedoch eher gering, da die Generalversammlung gem. Art. 11 Abs. 1 und Art. 13 Abs. 1 UN-Charta im Unterschied zum Sicherheitsrat nur Beschlüsse mit empfehlenden und nicht rechtlich verbindlichen Charakter annehmen kann.

Im *Sicherheitsrat*, in dem ebenfalls die Regeln der gleichen Anzahl von Sitzen und Stimmen gelten, ist nach Art. 27 Abs. 2 UN-Charta für Beschlüsse über Verfahrensfragen die Zustimmung von neun Mitgliedern erforderlich. Diese Regel wird allgemein als einfache Mehrheit bezeichnet[225], obgleich bei fünfzehn Mitgliedern bereits acht Stimmen die absolute Mehrheit (bei Anwesenheit aller Mitglieder fallen einfache und absolute Mehrheit zusammen) und zehn Stimmen schon die qualifizierte (Zweidrittel-) Mehrheit bilden. Dabei stellt nicht nur die qualifizierte Mehrheitsregel, sondern auch die absolute Mehrheitsregel quantitativ höhere Anforderungen an die zu erreichende Anzahl von Stimmen als die einfache Mehrheitsregel.

Beschlüsse über sonstige (Sach-) Fragen erfordern gem. Art. 27 Abs. 3 UN-Charta die Zustimmung von neun Mitgliedern einschließlich sämtlicher ständiger Mitglieder. Obwohl die geforderte Anzahl von Stimmen nach Art. 27 Abs. 2 und 3 UN-Charta gleich hoch ist, wird im zweiten Fall wegen der geforderten Zustimmung der ständigen Mitglieder von (absoluter) qualifizierter Mehrheit gesprochen.[226] Diese ist jedoch zahlenmäßig unterschritten. Vorliegende Inkongruenz zwischen der mathematischen Mehrheit und der als Abstimmungsregel bestimmten Mehrheit nach der Charta soll mit dem aus Art. 27 Abs. 3 UN-Charta fol-

---

[223] Zur einfachen qualifizierten Mehrheitsregel vgl. Kapitel VI C. II. 4. c) bb).
[224] Vgl. Rüdiger Wolfrum, in: Bruno Simma (ed.) (Fn. 216), Art. 18, Rdnr. 17, S. 357.
[225] Vgl. Bruno Simma/Stefan Brunner/Hans-Peter Kaul, ebenda, Art. 27, Rdnr. 11, S. 482.
[226] Vgl. ebenda, Art. 27, Rdnr. 11, S. 482 f. Zur absoluten qualifizierten Mehrheitsregel vgl. Kapitel VI C. II. 4. d) cc).

genden Vetorecht der fünf ständigen Mitglieder ausgeglichen werden. Dem Veto nach der UN-Charta liegt die dem Prinzip der souveränen Gleichheit der Staaten im klassischen Sinne entsprechende Einstimmigkeit[227] der ständigen Mitglieder unter Zurückdrängung der Funktionsfähigkeit des Sicherheitsrates zugrunde.

Nach Art. 27 Abs. 3 UN-Charta gelten in Abhängigkeit vom rechtlichen Status der Mitglieder unterschiedliche Abstimmungsregeln im Sicherheitsrat: für ständige Mitglieder die Einstimmigkeit und für nichtständige Mitglieder die qualifizierte Mehrheit. Damit wird den fünf ständigen Mitgliedern neben den bereits zugestandenen ständigen Sitzen (Art. 23 Abs. 1 Satz 1 und 2 UN-Charta) und Stimmen (Art. 27 Abs. 1 UN-Charta) eine weitere Sonderstellung bezüglich der Abstimmungsregel (Art. 27 Abs. 3 UN-Charta) eingeräumt. Der Zweck dieser Abstimmungsregel – die Sicherstellung der Beteiligung der ständigen Mitglieder an Entscheidungen zur Wahrung des Friedens aufgrund ihrer politischen Bedeutung – wird bereits durch die Sitzverteilungsregel der ständigen Sitze und damit eines ständigen Stimmrechts erreicht.

Insofern bleibt die rechtspolitische Forderung nach Änderung dieser Bestimmung in der UN-Charta zu Recht bestehen.[228] In der Praxis hat die Abstimmungsregel wiederholt zu Lähmungen der Handlungs- und Entscheidungsfähigkeit des Sicherheitsrates geführt, so dass die Erfüllung seiner Hauptaufgabe in konkreten Fällen nicht gewährleistet werden konnte.[229] Eine Abstimmungsregel, die die Funktionsfähigkeit eines kollegialen Entscheidungsorgans in wichtigen Sachfragen und damit einhergehend auch seine Autorität ernsthaft gefährdet, ist ungeeignet und sollte durch eine andere Regel (qualifizierte Mehrheitsregel) ersetzt werden.

IV. Vorgaben für Beschlussfähigkeitsregeln

Wie bereits hinsichtlich der Beschlussfähigkeitsregeln auf den anderen Ebenen der Rechtsordnungen ausgeführt, leiten sich wegen des engen Zusammenhanges zwischen diesen und den Abstimmungsregeln ihre Vorgaben aus den gleichen Prinzipien ab. Somit müsste nach dem *Prinzip der souveränen Gleichheit der Staaten* (Art. 2 Ziff. 1 UN-Charta) eine Beschlussfähigkeit mit hohen quantitativen Anforderungen an die Anwesenheit gegeben sein, die wiederum in angemessenen Ausgleich mit der *Funktionsfähigkeit* zu bringen wären.

---

[227] Vgl. Volker Epping, in: Knut Ipsen (Fn. 156), § 32, Rdnr. 59, S. 489. Zum Veto vgl. Kapitel VI D. II. 1. b).

[228] Vgl. Hanns Engelhardt, Das Vetorecht im Sicherheitsrat der Vereinten Nationen, in: AVR, 10 (1962/63) 4, S. 415; Bardo Fassbender, UN Security Council Reform and the Right of Veto, The Hague/London/Boston 1998, S. 178 ff.

[229] Siehe die von der Russischen Föderation und China angekündigten Vetos bezüglich der Resolutionsentwürfe über militärische Sanktionsmaßnahmen nach Art. 42 UN-Charta gegen Jugoslawien (Serbien und Montenegro) Ende der neunziger Jahre und den Irak Anfang 2003.

Die UN-Charta enthält keine Festlegung zur Beschlussfähigkeit. Die Regelung wird den Kollegialorganen in ihren Geschäftsordnungen (Generalversammlung: Art. 21 Satz 1 UN-Charta, Sicherheitsrat: Art. 30 1. Halbsatz UN-Charta) überlassen.

Für die Beschlussfähigkeit der *Generalversammlung* ist die Anwesenheit der Mehrheit der Mitglieder (96 von 192) erforderlich (Regel 67 Satz 2 GOGV). Für Beratungen reicht bereits die Anwesenheit mindestens eines Drittels der Mitglieder aus (Regel 67 Satz 1 GOGV). Wie beim Europäischen Parlament fallen auch hier Beratungs- und Beschlussquorum auseinander. Da die Abstimmungsregeln der einfachen und qualifizierten Mehrheit Bezug nehmen auf die anwesenden und abstimmenden Mitglieder, können Beschlüsse der Generalversammlung über Verfahrens- oder andere Fragen (neunundvierzig Stimmen) und über wichtige Sachfragen (vierundsechzig Stimmen) bereits mit verhältnismäßig niedrigen Mehrheiten gefasst werden. Diese entfernen sich erheblich von der dem *Prinzip der souveränen Gleichheit der Staaten* eigentlich zugrunde liegenden Einstimmigkeit zugunsten der *Funktionsfähigkeit*. Sollte die Generalversammlung künftig ebenfalls rechtsverbindliche Beschlüsse fassen können, was entsprechende Chartaänderungen voraussetzen würde, müssten auch aus Legitimationsgründen höhere Anforderungen an die Mehrheiten für eine gültige Beschlussfassung gestellt werden.

Die Größe des *Sicherheitsrates* ist bereits maßgeblich durch die *Funktionsfähigkeit* vorbestimmt. Aus der den rechtsverbindlichen Beschlüssen des Sicherheitsrates zukommenden Wichtigkeit aufgrund der ihm zustehenden Hauptaufgabe zur Wahrung des Friedens ist nach dem *Prinzip der souveränen Gleichheit der Staaten* die Beteiligung einer hohen Anzahl seiner Mitglieder an der Beschlussfassung geboten.

Der Sicherheitsrat hat im Gegensatz zur Generalversammlung keinen Gebrauch von der ihm zustehenden Kompetenz zur Regelung der Beschlussfähigkeit gemacht. Dies ist schon deshalb entbehrlich, weil aus Art. 28 Abs. 1 UN-Charta für die Mitglieder des Sicherheitsrates indirekt eine entsprechende Anwesenheitspflicht folgt.[230] Bei Nichtbefolgung dieser Pflicht kann die geforderte Anwesenheit der Mitglieder im Sicherheitsrat aus den in Art. 27 Abs. 2 und 3 UN-Charta enthaltenen Anforderungen der Abstimmungsregeln für eine gültige Beschlussfassung abgeleitet werden. Danach ist die Anwesenheit von mindestens neun Mitgliedern notwendig. Diese ist bereits höher als die für kollegiale Entscheidungsorgane allgemein geforderte Mehrheit der Mitglieder (bei fünfzehn bereits acht). Eine Regelung der Beschlussfähigkeit wird auch somit verzichtbar[231], ohne die Beteiligung einer großen Mehrheit der Organmitglieder an der Willensbildung und Entscheidungsfindung sowie die Legitimität der Entscheidungen zu gefährden.

Die Vorgaben für die Entscheidungsregeln der Organe der Vereinten Nationen ergeben sich vorrangig aus dem völkerrechtlichen Prinzip der souveränen Gleichheit der Mitgliedstaaten (Art. 2 Ziff. 1 UN-Charta) und dem Organisationsprinzip der Funktionsfähigkeit der Organe. Damit fehlt im Gegensatz zu den anderen Ebenen der Rechtsordnungen insbesondere das Demokratieprinzip als bestimmen-

---

[230] Vgl. Theodor Schweisfurth, in: Bruno Simma (ed.) (Fn. 216), Art. 28, Rdnr. 7, S. 526.
[231] Vgl. hierzu Kapitel VIII D. II.

des Rechtsprinzip für die institutionelle Organstruktur sowie die Regeln und Verfahren der Willensbildung und Entscheidungsfindung.

In nachfolgenden Übersichten werden die für die jeweiligen Ebenen der Rechtsordnungen geltenden Organisations- und Rechtsprinzipien sowie die aufgrund ihrer Vorgaben festgesetzten Entscheidungsregeln für die ausgewählten Kollegialorgane zusammengefasst. Aus der Übersicht ergibt sich, dass auf den Ebenen des Staats- und Kommunalrechts im Wesentlichen die gleichen Prinzipien die Auswahl der Entscheidungsregeln bestimmen. Zusätzlich zu den auch auf europarechtlicher Ebene geltenden grundlegenden Prinzipien, die wegen der ihr immanenten Besonderheit aufgrund der Supranationalität der Rechtsordnung in der Ausgestaltung nicht identisch sein können, sind bestimmte Vorgaben aus dem völkerrechtlichen Prinzip der souveränen Gleichheit der Staaten zu beachten. Auf völkerrechtlicher Ebene werden die Vorgaben für Entscheidungsregeln fast ausschließlich von diesem Rechtsprinzip bestimmt, so dass vornehmlich eine Abwägung mit dem Organisationsprinzip der Funktionalität zu erfolgen hat.

Übersicht XII. 1: Organisations- und Rechtsprinzipien für Entscheidungsregeln nach Ebenen der Rechtordnungen

	Staatsrecht	Kommunalrecht	Europarecht	Völkerrecht
Organisations- und Rechtsprinzipien	• Demokratie Volkssouveränität • Repräsentation • Gleichheit • Rechtsstaatlichkeit Funktionsfähigkeit • Kommunikationsgrundrechte • Bundesstaat	• Demokratie • Volkssouveränität • Repräsentation • Gleichheit • Rechtsstaatlichkeit Funktionsfähigkeit • Kommunikationsgrundrechte • Bundesstaat Homogenität	• souveräne Gleichheit der Staaten • Demokratie • Volkssouveränität • Repräsentation • Gleichheit • Rechtsstaatlichkeit Funktionsfähigkeit • Kommunikationsgrundrechte • föderales Prinzip	• souveräne Gleichheit der Staaten • Funktionsfähigkeit

Übersicht XII. 2: Entscheidungsregeln nach Ebenen der Rechtordnungen

Entscheidungsregeln	Staatsrecht	Kommunalrecht	Europarecht	Völkerrecht
Sitzverteilungsregeln	*Bundestag:* gleiche Anzahl von Sitzen *Bundesrat:* unterschiedliche Anzahl von Sitzen *Verfassungsausschüsse:* Bundestagsbank: Spiegelbildlichkeit Bundesratsbank: gleiche Anzahl von Sitzen	*Gemeinderat:* gleiche Anzahl von Sitzen *Ausschüsse:* Spiegelbildlichkeit	*Rat:* gleiche Anzahl von Sitzen *Kommission:* • unterschiedliche Anzahl von Sitzen[232] • gleiche Anzahl von Sitzen[233] • Rotation[234] *EP:* unterschiedliche Anzahl von Sitzen	*UN-GV:* gleiche Anzahl von Sitzen *UN-SR:* • gleiche Anzahl von Sitzen • ständige Sitze • nichtständige Sitze
Stimmenverteilungsregeln	*Bundestag:* gleiche Anzahl von Stimmen *Bundesrat:* Stimmengewichtung *Verfassungsausschüsse:* gleiche Anzahl von Stimmen	*Gemeinderat:* gleiche Anzahl von Stimmen	*Rat:* • gleiche Anzahl von Stimmen[235] • Stimmengewichtung[236] *Kommission:* gleiche Anzahl von Stimmen *EP:* gleiche Anzahl von Stimmen	*UN-GV:* gleiche Anzahl von Stimmen *UN-SR:* gleiche Anzahl von Stimmen
Abstimmungsregeln	*Bundestag:* einfache Mehrheit *Bundesrat:* absolute Mehrheit	*Gemeinderat:* einfache Mehrheit	*Rat:* • Einstimmigkeit • absolute Mehrheit • qualifizierte Mehrheit *Kommission:* absolute Mehrheit *EP:* einfache Mehrheit	*UN-GV:* • einfache Mehrheit • qualifizierte Mehrheit *UN-SR:* • einfache Mehrheit • qualifizierte Mehrheit • Einstimmigkeit (Veto)

---

[232] Bis 01.11.2004.
[233] Ab 01.11.2004.
[234] Art. I-26 Abs. 6 UAbs. 2 Satz 1 VVE bzw. Art. 17 Abs. 5 UAbs. 2 EU Lissabon.
[235] Bei Anwendung der Einstimmigkeitsregel und der absoluten Mehrheitsregel.
[236] Bei Anwendung der qualifizierten Mehrheitsregel.

Entschei-dungsregeln	Staatsrecht	Kommunal-recht	Europarecht	Völkerrecht
Beschluss-fähigkeits-regeln	*Bundestag:* mehr als die Hälfte der Mitglieder *Bundesrat:* Mehrheit der Stimmen	*Gemeinderat:* Mehrheit der Mitglieder bzw. mehr als die Hälfte der Mitglieder	*Rat:* Mehrheit der Mitglieder *Kommission:* Mehrheit der Mitglieder *EP:* ein Drittel der Mitglieder	*UN-GV:* Mehrheit der Mitglieder *UN-SR:* keine

Schlussfolgerungen

Der Willensbildungs- und Entscheidungsprozess von Kollegialorganen wird verfahrensmäßig durch eine Vielzahl von Regeln bestimmt, so dass der Ablauf der Entscheidungsfindung voraussehbar und damit rechtssicher gestaltet werden kann. Eine sowohl für die Rechtswissenschaft als auch die Politik- und Wirtschaftswissenschaften zentrale Frage ist, wie welche Entscheidungen von wem nach welchen Regeln und Verfahren zu treffen sind. Da mit dieser fundamentalen Frage der Zugang zu immer knapper werdenden Ressourcen und zu Wohlstand sowie die Verteilung politischer Macht mitentschieden werden, bedarf sie der eingehenden Analyse durch die genannten Wissenschaften. Die Antworten auf die Frage spiegeln hinsichtlich des politischen und Rechtssystems den Unterschied zwischen Diktatur und Demokratie, Ordnung und Willkür, Gleichheit und Diskriminierung wider. Die Vernachlässigung der Frage bei der institutionellen Ausgestaltung des Entscheidungsprozesses birgt die Gefahr der Entstehung bzw. Verschärfung von Konflikten infolge nicht gebührender Beachtung der unterschiedlichen Interessen gesellschaftlicher bzw. politischer Gruppen in sich. Folglich gehört die eingehende Untersuchung dieser Frage zum Forschungsbereich der Rechts-, Politik- und Wirtschaftswissenschaften.

Angesichts der wesentlichen Bedeutung vorstehender Fragestellung hat die Arbeit das Ziel verfolgt, möglichst umfassende Antworten auf grundlegende Einzelaspekte dieser Frage zu geben. In Bezug auf Kollegialorgane wurde gefragt:

- wer entscheidet, d.h. wer gehört mit welchen Rechten einem Kollegialorgan an (Zusammensetzung bzw. Sitzverteilung und Stimmenverteilung) und
- wie wird entschieden, d.h. nach welchen Regeln und Verfahren treffen Kollegialorgane welche Entscheidungen (Beschlussfassung).

Im Ergebnis sind in vorliegender Arbeit auf der Grundlage eines empirischen Befundes eine prinzipielle Typisierung und systematische Ordnung von Organisationsrechtsnormen in Form von Regeln und Verfahren im Prozess der politischen Entscheidungsfindung in Kollegialorganen von Staaten und Staatenverbindungen mit einer einheitlichen Terminologie bzw. Begriffsbestimmung entwickelt sowie funktionelle Kombinationen von Regeln und Verfahren für ihre optimale Anwendung in der Praxis unter Beachtung fundamentaler Organisations- und Rechtsprinzipien sowie relevanter politik- und wirtschaftswissenschaftlicher Prinzipien und Theorien erarbeitet worden.

Für die formelle Rechtmäßigkeit ihres Zustandekommens und ihre Legitimität bedürfen Entscheidungen kollegialer Organe einer rechtlichen Rahmengebung in

Form von Regeln und Verfahren. Verstöße gegen Verfahrensvorschriften von Kollegialorganen bewirken regelmäßig die formelle Rechtswidrigkeit der Entscheidung. Regeln und Verfahren der Entscheidungsfindung finden sich nur unvollständig in Verfassungen für Staaten bzw. völkerrechtlichen Verträgen für Staatenverbindungen. Da die in den rechtlichen Grundordnungen geregelten Vorgaben für die Organisation kollegialer Entscheidungsorgane aufgrund des Vorliegens meist mehrerer für eine Strukturentscheidung maßgebender Kriterien in der Regel keine eindeutige Ableitung einer konkreten Ausgestaltung bestimmter Regeln und Verfahren der Entscheidungsfindung enthalten, bedarf es ihrer Ergänzung, insbesondere in der Geschäftsordnung, die sich an verfassungsrechtlich bzw. völkerrechtlich vorgegebenen Strukturprinzipien ausrichten muss.

Die *historischen Ursprünge* einer solchen Rahmengebung und der Anerkennung ihrer Notwendigkeit liegen in der Antike. Neben den Abstimmungsregeln (Einstimmigkeit, Mehrheit) sind Regeln für die Sitzverteilung (wie viele Sitze pro Mitglied: einer oder mehrere), die Stimmenverteilung (wie viele Stimmen pro Mitglied: eine oder mehrere), die Beschlussfähigkeit (Anwesenheit wie vieler Mitglieder für Beschlussfassung), das Abstimmungsverhalten (wie entscheiden die Mitglieder: Ja, Nein oder Stimmenthaltung), die Abstimmungsarten (womit entscheiden die Mitglieder: durch Handzeichen oder Hilfsmittel) sowie die Abstimmungsverfahren (wie werden die Anträge zur Abstimmung gestellt: nacheinander oder gleichzeitig) entstanden. Einige dieser Regeln und Verfahren schienen im Mittelalter vernachlässigt worden zu sein, um in der Neuzeit und der Moderne wiederentdeckt zu werden.

Die zunächst in der Antike entstandenen und später weiterentwickelten Regeln und Verfahren sind heute am Maßstab von *Organisations- und Rechtsprinzipien*, die sich teilweise erst später herausgebildet haben, zu messen. Die aktuelle Geltung der Rechtsprinzipien von Demokratie, Rechtsstaatlichkeit, Schutz der Menschenwürde durch Achtung der Grund- und Menschenrechte, Souveränität, Gleichheit und Bundesstaatlichkeit ist, wenn auch in zum Teil unterschiedlicher qualitativer Ausprägung, auf kommunal- und staatsrechtlicher sowie europa- und völkerrechtlicher Ebene generell nachweisbar.

Im demokratischen Entscheidungsprozess zählen zu den Wesensmerkmalen des die Organisation bestimmenden Prinzips kollegialer Entscheidungsorgane die für eine Willensbildung und Willensbekundung notwendige Information der Mitglieder des Kollegialorgans und eine Entscheidung mit mindestens der Mehrheit. Daraus folgt noch keine Aussage über die Anforderungen an die Art und Bezugsgröße der entscheidenden Mehrheit. Mit dem Kollegialprinzip vereinbar sind auch Konsensentscheidungen und selbst einstimmige Entscheidungen, die neben rechtlichen auch an politischen und wirtschaftlichen Maßstäben – wie der politischen Akzeptanz und der Entscheidungseffizienz – zu messen sind. Die vorwiegend in der Literatur und Rechtsprechung geforderte Beschlussfähigkeit (Quorum) des Kollegialorgans als unverzichtbares Wesensmerkmal des Kollegialprinzips zur Verhinderung von Minderheitsentscheidungen wird bei Anwendung bestimmter Mehrheitsregeln, die auf die Mitgliedermehrheit Bezug nehmen, hier als entbehrlich erachtet.

Mehrheitsentscheidungen gehören neben der Mitwirkung des Volkes am politischen Willensbildungs- und Entscheidungsprozess und gewählten Volksvertretungen in einer repräsentativen Demokratie zu den Wesensmerkmalen des für den Prozess der Willensbildung und Entscheidungsfindung von Kollegialorganen maßgebenden Demokratieprinzips. Diese Form politischer Herrschaft, die ein System relativer Willensvereinheitlichung sowohl hinsichtlich der Besetzung kollegialer Organe (Personalentscheidungen) als auch politischer Entscheidungen (Sachentscheidungen) zu bilden ermöglicht, weitet sich zunehmend vom innerstaatlichen auf den zwischenstaatlichen Bereich aus.

Entscheidungen in einer pluralistischen Gesellschaft sind nach dem Demokratieprinzip sowohl inhaltlich als auch verfahrenstechnisch an einem Erhalt bzw. einer Herbeiführung eines allseitig akzeptierten Interessenausgleiches zwischen diversen gesellschaftlichen und politischen Gruppen auszurichten. Diese Notwendigkeit verbunden mit dem rechtsstaatlichen Rationalitätsgebot, wonach Entscheidungen mit einem Höchstmaß an Effizienz zu treffen sind, bestimmt das Ziel kollegialer Entscheidungsorgane: Entscheidungen anzustreben, die sowohl Stabilität in der Gesellschaft bzw. Gemeinschaft auf den unterschiedlichen Ebenen als auch Effizienz im Prozess der Entscheidungsfindung gewährleisten. Das Erreichen dieses Zieles hat direkte Auswirkungen auf die Akzeptanz getroffener Entscheidungen und ihre Umsetzung.

Die Wesensmerkmale *kollegialer Entscheidungsorgane* werden durch die allgemeingültigen Elemente für Kollegialentscheidungen bestimmt. Danach sind Kollegialorgane durch Rechtsnormen eingerichtete, plural zusammengesetzte Organisationseinheiten mit Beschlussfassungskompetenz. Der weit zu fassende Begriff des Beschlusses beinhaltet neben rechtlich verbindlichen auch nicht verbindliche Beschlüsse, wie Empfehlungen. Die Beschlussfassung setzt eine Willensbildung, in der Regel durch Beratung, und eine Willensbekundung, in der Regel durch Abstimmung, voraus. Willensbildung und Willensbekundung werden hier der überwiegend in der Literatur geforderten Beratung wegen Fehlens derselben bei Umlaufverfahren und Abstimmung wegen Fehlens derselben bei Konsensentscheidungen als Wesensmerkmale kollegialer Entscheidungsorgane vorgezogen. Die vielfach in der Literatur geforderte Gleichstellung der Mitglieder eines Kollegialorgans (im formellen Sinne) ist ein charakteristisches, gleichwohl nicht zwingendes Merkmal.

In Abhängigkeit von der Funktion als Einteilungskriterium für eine Typisierung der Kollegialorgane werden diese in beschließende bzw. entscheidende und beratende klassifiziert. Beratende Organe spielen eine bedeutende Rolle bei der Vorbereitung der Willensbildungs- und Entscheidungsprozesse als Gegenstandsbereiche der Politik. Die Anzahl der Mitglieder als weiteres Einteilungskriterium bestimmt maßgeblich die *Sitzverteilung* in einem Kollegialorgan und damit die „Wertentscheidet-Frage". Die Zusammensetzung kollegialer Organe sowie die grundlegenden Besetzungsmechanismen sind vom Gesetzgeber zu regeln. Mit der Festlegung der Regeln für die Sitzverteilung auf der Grundlage bestimmter Kriterien erfolgt eine Zuordnung und Wertung von Interessen, die sich im Willensbildungs- und Entscheidungsprozess widerspiegeln. Kollegialorgane mit Repräsentationsfunktion haben sich am Grundsatz der interessengerechten Zusammensetzung zu orientieren. Aus der Gegenüberstellung einer angestrebten Beteiligung möglichst aller Mitglieder der Organisation am Willensbildungs- und Entscheidungsprozess mit einer notwendigen effektiven Funktions- und Handlungsfähigkeit des Kollegialorgans folgen die unterschiedlichen Sitzverteilungsregeln: die Sitzverteilung auf der Grundlage der unbegrenzten Mitgliederzahl (allgemeine Mitgliedschaft) für plenare Organe und die Sitzverteilung auf der Grundlage der begrenzten Mitgliederzahl (beschränkte Mitgliedschaft) für nicht plenare Organe.

Bei Kollegialorganen mit einer unbegrenzten Mitgliederzahl basiert die Sitzverteilung entweder auf der Regel der gleichen Anzahl von Sitzen nach dem formellen Gleichheitsprinzip oder der Regel der unterschiedlichen Anzahl von Sitzen nach dem materiellen Gleichheitsprinzip. Den Grundsätzen der demokratischen Repräsentation und der interessengerechten Zusammensetzung entspricht bei letzterer Sitzverteilungsregel das demografische Kriterium, das den relativen Einfluss der Mitglieder des Kollegialorgans auf den Entscheidungsprozess in Abhängigkeit von der Anzahl der jeweils Repräsentierten als Maßstab für die Sitzverteilung bestimmt. Die Zusammensetzung von Kollegialorganen mit einer begrenzten Mitgliederzahl ist nach materiellen, sich durch Ziel und Zweck der Organisation sowie Funktion des entsprechenden Kollegialorgans bestimmten Kriterien festzulegen. Die Sitzverteilung muss gewährleisten, dass die Mitglieder der Organisation in bestimmten Zeitabständen am Willensbildungs- und Entscheidungsprozess der nicht plenaren Organe beteiligt sind. Dieser Anforderung entspricht auch das von einigen Kollegialorganen gewählte Rotationsverfahren.

Bevor bei Fehlen sachlicher Kriterien bzw. Maßstäbe, die eine Differenzierung verschiedener zur Auswahl stehender Optionen unmöglich werden lassen, keine Entscheidung getroffen wird, ist auf das Los als sach- und wertneutralstes Kriterium zurückzugreifen. Das dem empirischen Befund einer beachtenswerten Anwendungspraxis entsprechende und auch in der Literatur zunehmend rechtspraktische Wertschätzung erlangende Losverfahren ist meist einer Nichtentscheidung vorzuziehen. Die Notwendigkeit der Herbeiführung einer Entscheidung zwischen gleichwertigen Alternativen durch das Losverfahren als *ultima ratio* kann sowohl für die Sitzverteilung (Personalentscheidungen) als auch für Sachentscheidungen gelten.

Die Beteiligung am politischen Willensbildungs- und Entscheidungsprozess in Volksvertretungen lässt sich durch einen Ausschluss von der Sitzverteilung mit Hilfe von Sperrklauseln verhindern. Die Durchbrechung des Grundsatzes der Wahlgleichheit bedarf nach herrschender Rechtsprechung eines rechtfertigenden, am Demokratieprinzip zu messenden Grundes, wie der Gewährleistung der Funktionsfähigkeit der gewählten Volksvertretung. Parteienvielfalt muss aber nicht zwangsläufig die Funktionsunfähigkeit des Kollegialorgans bewirken, und umgekehrt wird eine Parteienzersplitterung nicht notwendigerweise durch eine Sperrklausel geschützt, so dass dem Prinzip der repräsentativen Demokratie entsprechend auf diese auch verzichtet werden kann.

Ebenso wie die grundsätzlichen Regeln der Sitzverteilung sind auch die der *Stimmenverteilung* vom Gesetzgeber festzulegen. Wie die Sitzverteilung basiert die Stimmenverteilung auf den Regeln der gleichen Anzahl von Stimmen nach dem Grundsatz der formellen Gleichheit oder der ungleichen Anzahl von Stimmen nach dem Grundsatz der materiellen Gleichheit. Bei der zum Ausgleich materieller Ungleichheiten der Mitglieder kollegialer Organe angewendeten Stimmengewichtung sind die einzeln oder auch untereinander kombinierbaren Kriterien (demografische, wirtschaftliche oder finanzielle) je nach Zweck und Funktion des Kollegialorgans bzw. Effektivität für den Entscheidungsprozess in Übereinstimmung mit den Rechtsprinzipien zu bestimmen. So ist bei Anwendung der Stimmengewichtung in Kollegialorganen mit legislativen Funktionen die Anzahl von Stimmen nach dem demografischen Kriterium festzulegen, das dem Prinzip der demokratischen Repräsentation der Bevölkerungen entspricht. Da die verschiedenen Kriterien jeweils eine andere Stimmenverteilung der Mitglieder zur Folge haben kann, ist die Stimmengewichtung als eine Form der Stimmenverteilung zur Herstellung des notwendigen Gleichgewichts zwischen der Effektivität der Beschlussfassung (Abstimmung) und der Umsetzung der getroffenen Entscheidung nicht nur eine verfahrenstechnische, sondern vielmehr eine politische Frage.

Regeln der Sitzverteilung und Stimmenverteilung sind in verschiedenen Kombinationen mit unterschiedlichen Implikationen hinsichtlich der Beschlussfähigkeit und der Beschlussfassung anwendbar. Bei Kollegialorganen mit unbegrenzter Mitgliederzahl lassen sich Sitz- und Stimmenverteilungsregeln auf der Grundlage des Gleichheitsprinzips als dem diesbezüglich maßgebenden Rechtsprinzip funktionell miteinander kombinieren, wie in nachfolgender Übersicht zusammengefasst.

Übersicht S. 1: Kombination von Sitz- und Stimmenverteilungsregeln auf der Grundlage des Gleichheitsprinzips

Nr.	Anzahl von Sitzen und Stimmen	Stimmenverteilungsregel	Gleichheitsprinzip	Exemplarische Anwendung in Kollegialorganen
1	gleiche Anzahl von Sitzen und gleiche Anzahl von Stimmen	gleiche Anzahl von Stimmen	formelles	nationale Parlamente
2	gleiche Anzahl von Sitzen und unterschiedliche Anzahl von Stimmen	direkte Stimmengewichtung	materielles	EG-Rat[1] Kollegialorgane internationaler Finanzorganisationen
3	unterschiedliche Anzahl von Sitzen und gleiche Anzahl von Stimmen	indirekte Stimmengewichtung	materielles	zwischenstaatliche Parlamente
4	unterschiedliche Anzahl von Sitzen und unterschiedliche Anzahl von Stimmen	direkte Stimmengewichtung	materielles	föderale Kollegialorgane

---

[1] Bei Beschlussfassung mit qualifizierter Mehrheit.

Stimmenverteilungsregeln begründen traditionell bestimmte *Abstimmungsregeln*: die Regel von der gleichen Anzahl von Stimmen die Einstimmigkeitsregel, die Regel von der unterschiedlichen Anzahl von Stimmen (Stimmengewichtung) die Mehrheitsregel. Die Konsensregel hebt aufgrund fehlender Abstimmung *de facto* den Unterschied zwischen den beiden Stimmenverteilungsregeln auf. Wegen ihrer Bedeutung für die Beschlussfassung sind Abstimmungsregeln vom Gesetzgeber zu bestimmen. Während die Einstimmigkeit als Abstimmungsregel aufgrund des der Demokratie innewohnenden Mehrheitsprinzips im Staats- und Kommunalrecht demokratischer Staaten kaum noch Anwendung findet, ist sie in Staatenverbindungen aufgrund des völkerrechtlichen Prinzips der souveränen Gleichheit weiterhin verbreitet. Bei ihrer Anwendung, vor allem in Organen mit heterogenen Interessen, besteht die Gefahr der Handlungsunfähigkeit des Kollegialorgans, der durch entsprechende Regelungen, insbesondere zum Abstimmungsverhalten, vorgebeugt werden kann. Der zur Erleichterung der Entscheidungsfindung beitragenden Konsensregel werden in der Literatur gemeinhin die relativ hohen Entscheidungskosten aufgrund meist notwendiger langwieriger Verhandlungen zur Erlangung eines von allen Beteiligten getragenen Beschlusses entgegen gehalten. Durch eine Vorschaltung beratender Kollegialorgane bzw. kleinerer Arbeitsgruppen zwecks Vorbereitung der Entscheidungsfindung kann diesem Nachteil vorgebeugt werden.

Die Mehrheitsregel eignet sich nachweislich am besten zur Gewährleistung der Handlungs- und Entscheidungsfähigkeit von Kollegialorganen. Da es eine abstrakte Mehrheit nicht gibt, verlangt die Mehrheit, mit der nach dem Kollegialprinzip Entscheidungen getroffen werden, in Abhängigkeit von den an sie gestellten Anforderungen nach einer Konkretisierung durch die Art (relative, einfache, absolute, qualifizierte Mehrheit) und die Bezugsgröße (Mitglieder-, Anwesenheits-, Abstimmungsmehrheit), die zusammen die Höhe der jeweils geforderten Mehrheit bestimmen. Die Verwendung der Termini der einzelnen Mehrheitsregeln, die sich in der Kombination von Art und Bezugsgröße voneinander unterscheiden, erfolgt sowohl *de lege lata* als auch in der Literatur mitunter uneinheitlich und nicht selten sogar unzutreffend. Hieraus können formalrechtliche Fehler bei der Beschlussfassung entstehen, die schließlich zur Ungültigkeit des Beschlusses bzw. der Entscheidung führen. Insofern ist eine korrekte Begriffsbestimmung der Abstimmungsregeln im Sinne der Rechtssicherheit dringend erforderlich.

Die aus dem Demokratieprinzip fließende Mehrheitsregel als Abstimmungsregel ermöglicht unter Beachtung politischer Mitwirkungsrechte eine effiziente Entscheidungsfindung bei Vorliegen verschiedener Interessen und Alternativen. Gleichwohl müssen nicht alle Entscheidungen von Kollegialorganen in demokratischen Systemen ausschließlich mit der Mehrheitsregel getroffen werden und ist die Mehrheitsregel auch nicht nur demokratischen Systemen vorbehalten. Trotz vielfach bestätigter Praktikabilität stößt auch die Mehrheitsregel auf Grenzen, vor allem dort, wo bei Anwendung der qualifizierten Mehrheit (wie auch der Einstimmigkeit) die (politische) Minderheit eine Veto- bzw. Blockadesituation einnimmt, um gegen den Willen der Mehrheit eine politische Entscheidung, ein Gesetz oder einen völkerrechtlichen Vertrag zu verhindern.

Zur Erhöhung der Entscheidungseffizienz eignen sich bei Vorliegen mehrerer (mindestens drei) Alternativen zur Entscheidung die aus der wirtschaftswissenschaftlichen Entscheidungstheorie stammenden und in der rechtswissenschaftlichen Literatur bislang zu Unrecht nur vereinzelt Beachtung gefundenen *kollektiven Entscheidungsregeln*. Unter ihnen erweist sich die den Mehrstimmigkeitsregeln zuzuordnende Zustimmungsregel, bei der die Mitglieder des Kollegialorgans zunächst nicht auf eine Alternative beschränkt sind, als besonders zweckdienlich. Gleichwohl sind Mehrstimmigkeitsregeln bei Anwendung der Stimmengewichtung mathematisch überaus kompliziert. Die Anwendung der verschiedenen ausgewählten Abstimmungsregeln bei jeweils identischer Anzahl von Beteiligten und Alternativen ergibt nachweislich unterschiedliche Abstimmungsergebnisse. Daraus folgt eine direkte Beeinflussung der Entscheidung durch die Auswahl der Abstimmungsregel.

Zum formell rechtmäßigen Zustandekommen von Entscheidungen kollegialer Organe wird die vorwiegend in der Literatur als Wesensmerkmal des Kollegialprinzips geforderte *Beschlussfähigkeit* vorausgesetzt. Diese ist in der Regel in der Geschäftsordnung kollegialer Entscheidungsorgane festgesetzt. Die Beschlussfähigkeitsziffer muss hoch genug bestimmt werden, um eine ausreichende Vertretung der durch das Organ Repräsentierten nach dem Prinzip der repräsentativen Demokratie gewährleisten zu können und wiederum niedrig genug, um die Funktionsfähigkeit des Kollegialorgans nach dem Effektivitätsprinzip sicherzustellen. Beschlussfähigkeitsregelungen sind systemgerecht in Verbindung mit den jeweils gewählten Abstimmungsregeln festzulegen. Von den drei möglichen Kombinationen von Beschlussfähigkeitsziffern und Abstimmungsregeln: Beschlussfähigkeitsziffer parallel zu / größer als / niedriger als Abstimmungsregel, besitzt die letzte nur deklaratorischen Wert, so dass eine Beschlussfähigkeit verzichtbar wird.

Die in der Anwesenheit und der Stimmabgabe sich voneinander unterscheidenden *Abstimmungsverhalten* wie die Stimmenthaltung, die Nichtteilnahme an der Abstimmung oder die Abwesenheit haben jeweils unterschiedliche Auswirkungen auf die Beschlussfähigkeit sowie die Beschlussfassung (Abstimmung) und können das Zustandekommen dieser unter Umständen sogar verhindern. Aus diesen Gründen ist eine inhaltliche Abgrenzung zwischen den Begriffen der unterschiedlichen Abstimmungsverhalten sowie eine Regelung in der Geschäftsordnung des Kollegialorgans notwendig. Voraussetzung für das Abstimmungsverhalten ist das Vorhandensein des Stimmrechts. Da ein Entzug des zum Abgeordnetenstatus zählenden Stimmrechts von Volksvertretern im Gegensatz zu Staaten in Kollegialorganen von internationalen Organisationen allgemein nicht zulässig ist, sind nach dem Grundsatz der repräsentativen Demokratie bei Ausschluss der Volksvertreter von Sitzungen infolge einer Sanktion Maßnahmen zu ergreifen, die die Ausübung des Stimmrechts gewährleisten wie die Aussetzung des Ausschlusses bei wichtigen Abstimmungen oder eine Wiederholung der Abstimmung in einer nächsten Sitzung. Eine Beschränkung des Stimmrechts von Volksvertretern wegen Befangenheit besteht nur in eng begrenzten Ausnahmefällen. Die ohnehin als ethisches Prinzip geltende Selbstbeschränkung stellt eine Form der Nichtteilnahme an der Abstimmung dar. Durch Proxy- und Pairing-Regelungen kann zwecks Funktionsfähigkeit des Kollegialorgans bzw. Interessenvertretung sowie Aufrechterhaltung von Kräfteverhältnissen Einfluss auf die Abstimmung und ihr Ergebnis trotz Abwesenheit des Mitglieds ausgeübt werden.

Für die Stimmabgabe sind *Abstimmungsarten* in der Geschäftsordnung festzulegen, die neben der Größe des Kollegialorgans, seiner Zusammensetzung bezüglich der Interessen der Mitglieder und der Wichtigkeit der zu treffenden Entscheidung von einem eventuell bestehenden Erfordernis eines exakten zahlenmäßigen Abstimmungsergebnisses aufgrund der festgelegten Abstimmungsregel abhängen. Hierbei bedarf es eines angemessenen Ausgleiches zwischen dem Prinzip der repräsentativen Demokratie und der aus dem Rechtsstaatsprinzip fließenden Entscheidungseffizienz. Die Geschäftsordnungen der Kollegialorgane sehen in der Regel verschiedene Abstimmungsarten in Abhängigkeit von den vorzunehmenden Beschlussfassungen vor. Im Interesse der Entscheidungseffizienz ist es längst geboten, traditionelle Abstimmungsarten durch moderne elektronische Abstimmungsanlagen zu ersetzen, die bei allen Abstimmungsregeln anwendbar sind.

Voraussetzung für ein in der Geschäftsordnung zu regelndes demokratisches *Abstimmungsverfahren* ist, dass allen von Mitgliedern des Kollegialorgans eingereichten Alternativen die Chance gewahrt bleibt, zur Abstimmung zu gelangen und damit Eingang in den Entscheidungsprozess zu bekommen. Diese Voraussetzung erfüllt lediglich das Wahlverfahren, das sich jedoch negativ auf die Funktionsfähigkeit des Kollegialorgans auswirken kann. Letztere wird wiederum durch die Reihenfolgeabstimmung am besten gewahrt, so dass bei der Auswahl des Abstimmungsverfahrens zwischen diesen beiden Grundsätzen abzuwägen ist. In nachfolgender Übersicht werden die funktionellen Kombinationen von Abstimmungsregeln, Abstimmungsarten und Abstimmungsverfahren abschließend zusammengefasst.

Übersicht S. 2: Abstimmungsregeln, Abstimmungsarten und Abstimmungsverfahren

Abstimmungsregeln	Abstimmungsarten	Abstimmungsverfahren
einfache Mehrheit	einfache	Reihenfolgeabstimmung
absolute Mehrheit	namentliche	Reihenfolgeabstimmung Wahlverfahren
	Zählung	Reihenfolgeabstimmung
qualifizierte Mehrheit	namentliche	Reihenfolgeabstimmung Wahlverfahren
	Zählung	Reihenfolgeabstimmung
Einstimmigkeit	namentliche	Reihenfolgeabstimmung Wahlverfahren
Konsens	vereinfachte	Reihenfolgeabstimmung

Der im zweiten Kapitel erfolgte Nachweis der Geltung konkreter Organisations- und Rechtsprinzipien auf verschiedenen Ebenen der Rechtsordnungen dient dazu, einen normativen Maßstab für Regeln und Verfahren der Entscheidungsfindung kollegialer Organe vorzugeben. Die *Vorgaben aus grundlegenden Prinzipien* bewirken und rechtfertigen die Auswahl bestimmter Entscheidungsregeln und -verfahren. Der Gesetzgeber hat bei der Festlegung von Sitzverteilungs-, Stimmenverteilungs- und Abstimmungsregeln bzw. das kollegiale Entscheidungsorgan aufgrund seiner ihm übertragenen Geschäftsordnungsautonomie bei der Festlegung von weiteren Entscheidungsregeln und -verfahren die jeweils bestehenden Vorgaben zu beachten. In Abhängigkeit von ihrer normativen Qualität und Geltung auf den verschiedenen Ebenen der Rechtsordnungen geben konkrete Organisations- und Rechtsprinzipien entweder bestimmte Regeln vor oder sie stecken den Rahmen für deren Auswahl ab bzw. überlassen dem Gesetz- oder Verfahrensgeber einen bestimmten Gestaltungsspielraum.

Insofern ist die Auswahl, Ausformung und Kombination der hier untersuchten Regeln und Verfahren einerseits auch als Ausdruck bestehender politischer Kräfteverhältnisse zu verstehen. Politische Kräfteverhältnisse lassen sich andererseits durch Entscheidungsregeln und -verfahren beeinflussen und bestimmen. Eine Politikwissenschaft und eine Rechtswissenschaft, die diese Wechselbeziehung verkennen, gefährden nicht nur den politischen Entscheidungsprozess, sondern auch die Stabilität des politischen und Rechtssystems. Welche Kombinationen von Regeln und Verfahren für welche Entscheidungen (verfassungs- oder vertragsrechtlich und/oder geschäftsordnungsmäßig) festgelegt werden, wird maßgeblich von der Politik bestimmt und durch das Recht normiert.

Der Suche nach einer Idealregel wird wohl auch in Zukunft kaum Erfolg beschieden werden können. Die in dieser Arbeit analysierten Regeln und Verfahren mit ihren funktionellen Kombinationen sollen aber dazu beitragen, einen optimalen Entscheidungsprozess unter Wahrung grundlegender Prinzipien zu gestalten. Die konkrete Auswahl der Regeln und Verfahren ist wegen ihres Einflusses auf die Entscheidung von wesentlicher Bedeutung. Wie in der Arbeit nachgewiesen wurde, ergibt die Anwendung der verschiedenen untereinander zu kombinierenden Regeln und Verfahren jeweils unterschiedliche Abstimmungsergebnisse und damit Entscheidungen. Deshalb kann die zu Beginn dieser Arbeit stehende Aussage Jessups: „Procedural details are seldom dramatic and sometimes dull, yet no lawyer ignores their importance."[2] hinsichtlich des Gegenstandes dieser Arbeit wie folgt abgeändert werden: Regeln und Verfahren zur Entscheidungsfindung erscheinen zunächst wenig dramatisch, wegen ihres tatsächlichen Einflusses auf Entscheidungen leugnet jedoch kein Jurist ihre Bedeutung.

---

[2] Phillip C. Jessup, Silence gives Consent, in: GJICL, 3 (1973) 1, S. 46.

Literaturverzeichnis

Aaken van, Anne, Rational Choice in der Rechtswissenschaft, Diss., Baden-Baden 2003.

Abmeier, Klaus, Die parlamentarischen Befugnisse des Abgeordneten des Deutschen Bundestages nach dem Grundgesetz, Diss., Berlin 1984.

Achterberg, Norbert, Die Abstimmungsbefugnis des Abgeordneten bei Betroffenheit in eigener Sache, in: AöR, 109 (1984), S. 505 - 531.

- Die Evidenz als Rechtsbegriff, in: DÖV, 16 (1963) 9, S. 331 - 339.

- Die parlamentarische Verhandlung, Berlin 1979.

- Grundzüge des Parlamentsrechts, München 1971.

- Parlamentsrecht, Tübingen 1984.

Achterberg, Norbert/Schulte, Martin, in: Hermann von Mangoldt (begründet)/Friedrich Klein (fortgeführt)/Christian Starck (Hrsg.), Kommentar zum Grundgesetz, Band 2: Artikel 20 bis 82, 5. Auflage, München 2005, Art. 38, S. 973 - 1036; Art. 42, S. 1095 - 1112.

Adenauer, Konrad, Erinnerungen, 1945-1953, Stuttgart 1965.

Adolf, Jörg, Reform der EU-Entscheidungsverfahren, in: WD, 79 (1999) 9, S. 568 - 572.

Alighieri, Dante, La Divina Commedia, Milano 1957.

Althoff, Willi, Die Geheimhaltung von Beratung und Abstimmung in ihrer prozessualen Bedeutung, Diss., Jena 1930.

Amadeo, Mario, Consensus and International Relations, in: Beseat Kiflé Sélassié (ed.), Consensus and Peace, Paris 1980, S. 123 - 134.

Amerasinghe, C.F., Principles of the institutional law of international organizations, 2nd edition, Cambridge 2005.

Anderheiden, Michael, Verfahrens- und Zurechnungsprobleme bei Umlaufverfahren, in: VerwArch, 97 (2006) 2, S. 165 - 185.

Annaheim, Jörg, Die Gliedstaaten im amerikanischen Bundesstaat, Diss., Berlin 1992.

Anschütz, Gerhard, Die Verfassung des Deutschen Reichs vom 11. August 1919, 14. Auflage, Berlin 1933.

Antoine, Gérald, Linguistic Aspects of Consensus, in: Beseat Kiflé Sélassié (ed.), Consensus and Peace, Paris 1980, S. 41 - 61.

Antoni, Michael, Grundgesetz und Sperrklausel, in: ZParl, 11 (1980), S. 93 - 109.

- in: Dieter Hömig (Hrsg.), Grundgesetz für die Bundesrepublik Deutschland. Kommentar, 8. Auflage, Baden-Baden 2007, Art. 20, S. 233 - 242.

Aquin von, Thomas, Summa Theologica, Band 5, 6. Auflage, Luxemburg 1870.

Archer, Clive, International Organizations, 3. Auflage, London/New York 2001.

Aréchaga de, Eduardo Jiménez, Voting and the Handling of Disputes in the Security Council, United Nations Studies No. 5, New York 1950.

Aristoteles, Band 9, Politik, Teil 3, Buch VI, Ernst Grumach (Hrsg.), Berlin 1996.

- Politik, Eckart Schütrumpf (Übersetzt und eingeleitet), Berlin 1996.

- Staat der Athener, Mortimer Chambers (Übersetzt und erläutert), Berlin 1990.

- Ueber das Himmelgebäude, in: Karl Prantl (Hrsg.), Aristoteles' Vier Bücher über das Himmelsgebäude und Zwei Bücher über Entstehen und Vergehen, Aalen 1978.

Arndt, Claus, Fraktion und Abgeordneter, in: Hans-Peter Schneider/Wolfgang Zeh (Hrsg.), Parlamentsrecht und Parlamentspraxis in der Bundesrepublik Deutschland, Berlin/New York 1989, § 21, S. 643 - 672.

- Sondervotum zum Schlußbericht der Enquete-Kommission Verfassungsreform, in: BT-Drs. 7/5924 vom 09.12.1976.

Arndt, Hans-Wolfgang, Europarecht, 8. Auflage, Heidelberg 2006.

Arnim von, Hans Herbert, Ausschluß von Ratsmitgliedern wegen Interessenkollision, in: JA, 18 (1986) 1, S. 1 - 7.

- Werden kommunale Wählergemeinschaften im politischen Wettbewerb diskriminiert?, in: DVBl., 114 (1999) 7, S. 420.

Arnold, Friedrich, Wahlpflicht und Stimmzwang, Diss., Tübingen 1929.

Arrow, Kenneth J., Social Choice and Individual Values, Diss., New York/London 1951.

Atzwanger, Konrad/Zögernitz, Werner (Hrsg.), Nationalrat-Geschäftsordnung, 3. Auflage, Wien 1999.

Auerbach, Franz-Ludwig, Die parlamentarische Beschlußfähigkeit, Diss., Wertheim am Main 1933.

Augustin, Angela, Das Volk der Europäischen Union, Diss., Berlin 2000.

Avenarius, Hermann, Die Rechtsordnung der Bundesrepublik Deutschland, 3. Auflage, Bonn 2002.

Aymans, Winfried, Kollegium und kollegialer Akt im kanonischen Recht, Diss., München 1969.

Bachof, Otto, Teilrechtsfähige Verbände des öffentlichen Rechts, in: AöR, 83, 44 n.F. (1958), S. 208 - 279.

Badura, Peter, Die parlamentarische Demokratie, in: Josef Isensee/Paul Kirchhof (Hrsg.), Handbuch des Staatsrechts der Bundesrepublik Deutschland, Band II, 3. Auflage, Heidelberg 2004, § 25, S. 497 - 540.

Bailey, Sydney D., New Light on Abstentions in the UN Security Council, in: International Affairs, 50 (1974), S. 554 - 573.

- Veto in the Security Council, in: Robert S. Wood (ed.), The Process of International Organization, New York 1971, S. 221 - 251.
- Voting in the Security Council, 2. Auflage, Bloomington/London 1971.
- */Daws, Sam,* The Procedure of the UN Security Council, 3. Auflage, Oxford 1998.

Ball, Margaret, Bloc Voting in the General Assembly, in: International Organization, 5 (1951), S. 3 - 31.

Ballreich, Hans, Wesen und Wirkung des „Konsens" im Völkerrecht, in: Rudolf Bernhardt/Wilhelm Karl Geck/Günther Jaenicke/Helmut Steinberger (Hrsg.), Völkerrecht als Rechtsordnung. Internationale Gerichtsbarkeit. Menschenrechte, FS für Hermann Mosler, Berlin/Heidelberg/New York 1983, S. 1 - 24.

Barrett, Carol/Newcombe, Hann, Weighted Voting in International Organizations, in: Peace Research Reviews, 2 (1968) 2, S. 1 - 110.

Bartella, Raimund/Dahlen, Hans-Josef (Hrsg.), Europa-Wahlrecht. Europawahlgesetz/Europawahlordnung. Kommentar für den Praktiker, Kronach/München/Bonn 1994.

Bauer, Hartmut, in: Horst Dreier (Hrsg.), Grundgesetz. Kommentar, Band II, Artikel 20 - 82, 2. Auflage, Tübingen 2006, Art. 20 (Bundesstaat), S. 137 - 169; Art. 51, S. 1247 - 1264.

Baumbach, Adolf/Lauterbach, Wolfgang, Beck'sche Kurz-Kommentare. Zivilprozeßordnung, Band 1, 20. Auflage, Berlin/München 1951.

Becht, Ernst, Die 5%-Klausel im Wahlrecht, Diss., Stuttgart/München/Hannover 1990.

Becker, Florian, Die uneinheitliche Stimmangabe im Bundesrat – Zur Auslegung von Art. 51 III 2 GG, in: NVwZ, 21 (2002) 5, S. 569 - 572.

Becker, Ulrich, in: Jürgen Schwarze (Hrsg.), EU-Kommentar, Baden-Baden 2000, Art. 311 EGV, S. 2424 - 2426.

Bedenian, Robertino, Abstimmungsregeln im Gesellschaftsrecht, Diss., Frankfurt am Main 2000.

Behnke, Kurt, Die Gleichheit der Länder im deutschen Bundesstaatsrecht, Berlin 1926.

Beinhofer, Paul, Das Kollegialitätsprinzip im Bereich der Regierung, Diss., München 1981.

Belke, Ansgar/Baumgärtner, Frank, Die EZB und die Erweiterung – eine ökonomische und rechtliche Kurzanalyse des neuen Rotationsmodells, in: Integration, 27 (2004) 1-2, S. 75 - 84.

- */Kruwinnus, Dirk,* Die Europäische Zentralbank vor der EU-Erweiterung: Status quo, institutionelle Probleme und Reformansätze, in: Wolf Schäfer (Hrsg.), Zukunftsprobleme der europäischen Wirtschaftsverfassung, Berlin 2004, S. 213 - 260.
- Erweiterung der EU und Reform des EZB-Rats, in: WD, 83 (2003) 5, S. 325 -333.
- */Polleit, Thorsten,* EZB-Ratsreform: Zur Frage des politischen und wirtschaftlichen Mißverhältnisses, in: Kredit und Kapital, 36 (2003) 4, S. 557 - 571.

- /Styczynska, Barbara, The Allocation of Power in the Enlarged ECB Governing Council: As Assessment of the ECB Rotation Model, in: Hohenheimer Diskussionsbeiträge, Nr. 242/2004.

Benda, Ernst, Konsens und Mehrheitsprinzip im Grundgesetz und in der Rechtsprechung des Bundesverfassungsgerichts, in: Hans Hattenhauer/Werner Kaltefleiter (Hrsg.), Mehrheitsprinzip, Konsens und Verfassung. Kieler Symposium vom 14. - 16. Juni 1984, Heidelberg 1986, S. 61 - 77.

Bentham, Jeremias, Tactik oder Theorie des Geschäftsganges in deliberirenden Volksständeversammlungen, St. Dumont (Bearb.), Erlangen 1817.

Bentham, Jeremy, An Essay on Political Tactics, in: John Bowring, The Works of Jeremy Bentham, Band II, Bristol 1995, S. 299 - 373.

Benz, Arthur, Abstimmungsverfahren im Bundesrat, Kommissionsdrucksache 0086 vom 28.10.2004.

Berg, Wilfried, Die Verwaltung des Mangels, in: Der Staat, 15 (1976) 1/4, S. 1 - 30.

Bernzen, Christian/Gottschalk, Detlef, in: ZParl, 21 (1990) 3, S. 393 - 403.

Bertges, Karl-Josef, Mehrheitsprinzip. Strukturelement unserer Demokratie, Reihe Kirche und Gesellschaft Nr. 129, Köln 1986.

Berwanger, Jörg, Besetzung von Gemeinderatsausschüssen, Diss., Frankfurt am Main 2001.

Besteliu, Raluga Miga, The Significance of Negotioations for the Adoption trough Consensus of Decisions within the United Nations System and other International Conferences, in: Rev.Roum.Sci.Sociales – Sciences Juridiques, 27 (1983) 2, S. 139 - 145.

Beutler, Bengt, in: Hans von der Groeben/Jürgen Schwarze (Hrsg.), Kommentar zum Vertrag über die Europäische Union und zur Gründung der Europäischen Gemeinschaft, Band 1, Art. 1 - 53 EUV, Art. 1 - 80 EGV, 6. Auflage, Baden-Baden 2003, Art. 6 EU, S. 64 - 145.

Beyerlin, Ulrich, Die israelische Befreiungsaktion von Entebbe in völkerrechtlicher Sicht, in: ZaöRV, 37 (1977), S. 213 - 243.

Beyme von, Klaus, Der Gesetzgeber. Der Bundestag als Entscheidungszentrum, Opladen 1997.

- Die Funktionen des Bundesrates. Ein Vergleich mit Zweikammersystemen im Ausland, in: Bundesrat (Hrsg.), Der Bundesrat als Verfassungsorgan und politische Kraft, Bad Honnef/Darmstadt 1974, S. 365 - 393.

Bieber, Roland in: Hans von der Groeben/Jürgen Schwarze (Hrsg.), Kommentar zum Vertrag über die Europäische Union und zur Gründung der Europäischen Gemeinschaft, Band 4, Art. 189 - 314, 6. Auflage, Baden-Baden 2004, Art. 191 EG, S. 81 - 86.

Bienert, Claus-Peter, Zur Frage unterschiedlichen Abstimmungsverhaltens der Mitglieder der Regierung eines Bundeslandes bei der Abstimmung im Bundesrat, in: ThürVBl., 11 (2002) 5, S. 108 - 110.

Black, Duncan, The Theory of Committees and Elections, Cambridge 1958.

Blanco-Gaspar, Vincente, Differential Voting Strength, in: Thomas Buergenthal (ed.), Contemporary Issues in International Law, Kehl/Strasbourg/Arlington 1984, S. 313 - 323.

Bleckmann, Albert, in: Bruno Simma (Hrsg.), Charta der Vereinten Nationen. Kommentar, München 1991, Art. 2 Ziff. 1, S. 37 - 50.

- Das europäische Demokratieprinzip, in: JZ, 56 (2001) 2, S. 53 - 58.

- Nochmals: Europawahlgesetz verfassungskonform?, in: DÖV, 32 (1979) 13-14, S. 503 - 505.

- Völkerrecht im Bundesstaat?, in: SchwJIR, 29 (1973), S. 9 - 48.

- Vom Sinn und Zweck des Demokratieprinzips, Berlin 1998.

Bleicken, Jochen, Die athenische Demokratie, 4. Auflage, Paderborn/München/Wien/Zürich 1995.

- Geschichte der römischen Republik, 5. Auflage, München 1999.

Blöcker, Katlen, Die rechtlichen Aspekte der Zusammenarbeit des Internationalen Währungsfonds (IWF) mit der Russischen Föderation, Diss., Berlin/Heidelberg 2000.

Bloed, Arie, Institutional Aspects of the Helsinki Process after the Follow-up Meeting of Vienna, in: NILR, 36 (1989) 3, S. 342 - 363.

- Two Decades of the CSCE Process: from Confrontation to Co-operation, in: Arie Bloed (ed.), The Conference on Security and Co-operation in Europe, Analysis and Basic Documents, 1972-1993, Dordrecht/Boston/London 1993, S. 1 - 118.

Blumenwitz, Dieter, in: Rudolf Dolzer/Klaus Vogel (Hrsg.), Bonner Kommentar zum Grundgesetz, Band 6, Art. 50 - 74, Losebl.-Ausg., Heidelberg (Zweitbearbeitung, Stand 1987), Art. 51, S. 1 - 24.

Bluntschli, Johann Caspar, Die Organisation des europäischen Staatenvereines, 1878, Darmstadt 1962.

Bobbio, Norberto, Die Mehrheitsregel: Grenzen und Aporien, in: Bernd Guggenberger/Claus Offe (Hrsg.), An den Grenzen der Mehrheitsdemokratie, Opladen 1984, S. 108 - 131.

Böckenförde, Ernst-Wolfgang, Demokratische Willensbildung und Repräsentation, in: Josef Isensee/Paul Kirchhof (Hrsg.), Handbuch des Staatsrechts der Bundesrepublik Deutschland, Band II, 2. Auflage, Heidelberg 1998, § 30, S. 29 - 48.

- Demokratie als Verfassungsprinzip, in: Josef Isensee/Paul Kirchhof (Hrsg.), Handbuch des Staatsrechts der Bundesrepublik Deutschland, Band II, 3. Auflage, Heidelberg 2004, § 24, S. 429 - 496.

Bodin, Jean, Über den Staat, Buch I, Stuttgart 1976.

Bogdandy von, Armin, Supranationaler Föderalismus als Wirklichkeit und Idee einer neuen Herrschaftsform, Baden-Baden 1999.

Borchardt, Klaus-Dieter, Die rechtlichen Grundlagen der Europäischen Union. Eine systematische Darstellung für Studium und Praxis, 3. Auflage, Heidelberg 2006.

Borchert, Heiko, Friedenssicherung im Rahmen der OSZE? Eine Antwort in acht Postulaten, in: ASMZ, 162 (1996) 1, S. 10 - 12.

Borchmann, Michael, Interessenkollision im Gemeinderecht, in: NVwZ, 1 (1982) 1, S. 17 - 19.

Bossert, Walter/Stehling, Frank, Theorie kollektiver Entscheidungen, Berlin/Heidelberg/New York 1990.

Bothe, Michael, Föderalismus – ein Konzept im geschichtlichen Wandel, in: Tilman Evers (Hrsg.), Chancen des Föderalismus in Deutschland und Europa, Baden-Baden 1994, S. 19 - 31.

Boutros-Ghali, Boutros (Interview), Die UN müssen demokratischer werden, in: VN, 53 (2005) 3, S. 88 - 91.

Bowett, D. W., The Law of International Institutions, 4. Auflage, London 1982.

Brams, Steven J., Game theory and politics, New York 1975.

- */Fishburn, Peter C.,* Approval Voting, Boston/Basel/Stuttgart 1983.

- */Nagel, Jack H.,* Approval voting in practice, in: Public Choice, 71 (1991) 1-2, S. 1 - 17.

Brandner, Thilo, Berichtigung von Gesetzesbeschlüssen durch die Exekutive, in: ZG, 5 (1990), S. 46 - 61.

Brandt, Martin/Gosewinkel, Dieter, Der Ausschluß eines Abgeordneten von der Plenarsitzung, in: ZRP, 19 (1986) 2, S. 33 - 38.

Braselmann, Petra, Übernationales Recht und Mehrsprachigkeit, in: EuR, 27 (1992) 1, S. 55 - 74.

Breiholdt, Hermann, Die Abstimmung im Reichstag, Diss., Hamburg 1923.

Brinkmann, Matthias, Einstimmigkeit und Konsensverfahren, in: VN, 27 (1979) 6, S. 201 - 205.

- Majoritätsprinzip und Einstimmigkeit in den Vereinten Nationen, Frankfurt am Main 1978.

Brocke, Erwin, Einstimmigkeit, Mehrheitsprinzip und schiedsrichterliche Entscheidung als Mittel der Willensbildung, Diss., Marburg/Lahn 1948.

Brockmeyer, Hans-Bernhard, in: Bruno Schmidt-Bleibtreu/Franz Klein (Hrsg.), Kommentar zum Grundgesetz, 10. Auflage, München 2004, Art. 23, S. 739 - 760; Art. 63 - 65, S. 1227 - 1241; Art. 113, S. 1983 - 1987.

Broms, Bengt, The Doctrine of Equality of States as Applied in International Organizations, Diss., Vammala 1959.

Brössler, Daniel, Europas Rat an Rußland, in: Süddeutsche Zeitung vom 08.04.2000, S. 4.

Brüggen, Georg/Heckendorf, Ingrid, Sächsische Gemeindeordnung. Kommentar, Berlin 1993.

Brüning, Christoph, Gleichheitsrechtliche Verhältnismäßigkeit, in: JZ, 56 (2001) 13, S. 669 - 673.

Bryde, Brun-Otto, Grenzüberschreitende Umweltverantwortung und ökologische Leistungsfähigkeit der Demokratie, in: Klaus Lange (Hrsg.), Gesamtverantwortung statt Verantwortungsparzellierung im Umweltrecht, Baden-Baden 1997, S. 75 - 91.

Buchanan, James M./Tullock, Gordon, The Calculus of Consent, Michigan 1965.

Buchstein, Hubertus, Öffentliche und geheime Stimmabgabe. Eine wahlrechtshistorische und ideengeschichtliche Studie, Habil., Baden-Baden 2000.

Buchwald, Delf, Prinzipien des Rechtsstaats, Diss., Aachen 1996.

Bücker, Ferdinand, Die Unverrückbarkeit von Parlamentsbeschlüssen im Gesetzgebungsverfahren, Diss., Köln 1961.

Bücker, Joseph, Handbuch für die Parlamentarische Praxis mit Kommentar zur Geschäftsordnung des Deutschen Bundestages, Neuwied 1993.

Bülck, Hartwig, Föderalismus als internationales Ordnungsprinzip, in: VVDStRL, 21 (1964), S. 1 - 65.

Buira, Ariel, A new voting structure for the IMF, Research Paper of G-24, Washington, D.C. 2002, in: http://www.g24.org/newvotig.pdf (07.01.2008).

Burhenne, Wolfgang (Hrsg.), Recht und Organisation der Parlamente, 1. Band, Bielefeld 1980.

Busch, Eckart, Die Stimmenverteilung im Bundesrat, in: ZG, 5 (1990) 4, S. 307 - 332.

Buschmann, Arno, Kaiser und Reich. Verfassungsgeschichte des Heiligen Römischen Reiches Deutscher Nation vom Beginn des 12. Jahrhunderts bis zum Jahre 1806 in Dokumenten, 2. Auflage, Baden-Baden 1994.

Buschmann, Hans Rudolf/Ostendorf, Heribert, Die geheime Abstimmung im Parlament Postulat oder Relikt?, in: ZRP, 10 (1977) 7, S. 153 - 156.

Busolt, Georg, Griechische Staatskunde, Band 1, 3. Auflage, München 1921.

- Griechische Staatskunde, Band 2, 3. Auflage, München 1926.

Buzan, Barry, Negotiating by Consensus: Developments in Technique at the United Nations Conference on the Law of the Sea, in: AJIL, 75 (1981), S. 324 - 348.

Calliess, Christian, in: Christian Calliess/Matthias Ruffert (Hrsg.), Verfassung der Europäischen Union. Kommentar der Grundlagenbestimmungen (Teil I), München 2006, Art. I-2, S. 31 - 43; Art. I-11, S. 189 - 226; I-26, S. 327 - 337.

- Die Charta der Grundrechte der Europäischen Union – Fragen der Konzeption, Kompetenz und Verbindlichkeit, in: EuZW, 12 (2001) 9, S. 261 - 268.

- Subsidiaritäts- und Solidaritätsprinzip in der Europäischen Union, Diss., 2. Auflage, Baden-Baden 1999.

Caspar, Wilhelm, Die Geltung der Stimmenmehrheit als ob sie den Willen der Gesamtheit ausdrückte, Magdeburg 1924.

Cassese, Antonio, Consensus and some of its Pitfalls, in: Rivista di Diritto Internazionale, 58 (1975), S. 754 - 761.

- International Law, Oxford 2001.

Churchill, Winston, Für ein vereintes Europa unter deutscher und französischer Führung. Rede an der Zürcher Universität vom 19.9.1946, in: Hagen Schulze/Ina Ulrike Paul (Hrsg.), Europäische Geschichte, Quellen und Materialien, München 1994, S. 398 - 400.

Cicero, Marcus Tullius, De re publica, Karl Büchner (Übers./Hrsg.), Stuttgart 1995.

Clark, Grenville/Sohn, Louis B., Frieden durch ein neues Weltrecht. Die notwendige Umgestaltung der Vereinten Nationen, Frankfurt am Main/Berlin 1961.

Cohen, Gottfried, Die Verfassung und Geschäftsordnung des englischen Parlaments, Hamburg 1861.

Coleman, James S., Collective Decisions, in : Sociological Inquiry, 34 (1964), S. 166 - 181.

Condorcet Marquis de, Marie Jean Antoine Nicolas de Caritat, Essai sur l'application de l'analyse à la probabilité des décisions rendues à la pluralité des voix, Paris 1785.

Corrales-Díez, Natalia, Die EU Außenvertretung im Internationalen Währungsfonds, Bundesministerium für Finanzen (Hrsg.), Working Papers 3/2003, Wien 2003, in: http://www.bmf.gv.at/Publikationen/Downloads/WorkingPapers/wp3_2003.pdf (07.01.2008).

Crawford, James, Democracy in International Law, Cambridge 1994.

Cremer, Hans-Joachim, Das Demokratieprinzip auf nationaler und europäischer Ebene im Lichte des Maastricht-Urteils des Bundesverfassungsgerichts, in: EuR, 30 (1995) 1/2, S. 21 - 45.

- in: Christian Calliess/Matthias Ruffert (Hrsg.), Kommentar EUV/EGV, 3. Auflage, München 2007, Art. 23 EUV, S. 158 - 163.

Cron, Paul, Die Geschäftsordnung der Schweizerischen Bundesversammlung, Freiburg in der Schweiz 1946.

Dach, R. Peter, Das Ausschußverfahren nach der Geschäftsordnung und in der Praxis, in: Hans-Peter Schneider Wolfgang Zeh (Hrsg.), Parlamentsrecht und Parlamentspraxis in der Bundesrepublik Deutschland, Berlin/New York 1989, § 40, S. 1103 - 1130.

Dagtoglou, Prodromos, Kollegialorgane und Kollegialakte der Verwaltung, Diss., Stuttgart 1960.

Daker, Rachid, Political and Legal Aspects of Consensus in the Arab World and in the Islamic World, in: Beseat Kiflé Sélassié (ed.), Consensus and Peace, Paris 1980, S. 159 - 170.

Danwitz von, Thomas, Grundfragen einer Verfassungsbindung der Europäischen Union, in: JZ, 58 (2003) 23, S. 1125 - 1135.

Dästner, Christian, unter Mitarbeit von Josef Hoffmann, Die Geschäftsordnung des Vermittlungsausschusses, Berlin 1995.

Davis, G.R.C., Magna Carta, revised edition, British Library 1989.

Deecke, Carsten, Verfassungsrechtliche Anforderungen an die Stimmenverteilung im Bundesrat, Diss., Berlin 1998.

Degenhart, Christoph, Staatsrecht I. Staatsorganisationsrecht, 23. Auflage, Heidelberg 2007.

Deja, Michael/Baddenhausen, Heike, Der Vertrag von Lissabon und die Ioannina-Klausel, Deutscher Bundestag, Wissenschaftliche Dienste, Nr. 29/07 (23.10.2007).

Delbrück, Jost, in: Bruno Simma (ed.), The Charter of the United Nations. A Commentary, Band I, 2. Auflage, München 2002, Art. 25, S. 453 - 464.

- Menschenrechte im Schnittpunkt zwischen universalem Schutzanspruch und staatlicher Souveränität, in: Johannes Schwartländer (Hrsg.), Menschrechte und Demokratie, Interdisziplinäres Kolloquium, Tübingen, September 1978: „Menschenrechte als Fundament und kritischer Maßstab der modernen Demokratie, Kehl am Rhein/Strassburg 1981, S. 11 - 26.

- Opening Address, in: Jost Delbrück (ed.), International Law of Cooperation and State Sovereignty, Proceedings of an International Symposium of the Kiel Walther-Schücking-Institute of International Law, May 23 - 26, 2001, Berlin 2002, S. 12 - 14.

Deneke, J.F. Volrad, Das Parlament als Kollektiv, in: Zges. StW., 109 (1953), S. 503 - 531.

Depenheuer, Otto, Zufall als Rechtsprinzip?, in: JZ, 48 (1993) 4, S. 171 - 180.

Derlien, Hans-Ulrich/Gürtler, Christoph/Holler, Wolfgang/Schreiner, Hermann Josef, Kommunalverfassung und kommunales Entscheidungssystem. Eine vergleichende Untersuchung in vier Gemeinden, Meisenheim am Glan 1976.

Deuerlein, Ernst, Föderalismus (I), Die historischen und philosophischen Grundlagen des föderativen Prinzips, in: APuZ, B 1 (1968), S. 1 - 47.

- Föderalismus (II). Die historischen und philosophischen Grundlagen des föderativen Prinzips, in: APuZ, B 5 (1968), S. 1 - 39.

- Föderalismus (IV). Die historischen und philosophischen Grundlagen des föderativen Prinzips, in: APuZ, B 34-35 (1971), S. 1 - 48.

Deutscher Bundestag (Hrsg.), Berlin – Bonn Die Debatte. Alle Bundestagsreden vom 20. Juni 1991, Köln 1991.

- Die Geschäftsordnungen deutscher Parlamente seit 1848. Eine synoptische Darstellung. Mit einer Einführung von Norbert Lammert, Bonn 1986.

Dicke, Klaus, Effizienz und Effektivität internationaler Organisationen, Habil., Berlin 1994.

Dieterich, Roland, Die Funktion der Öffentlichkeit der Parlamentsverhandlungen im Strukturwandel des Parlamentarismus, Diss., Tübingen 1970.

Dietschi, Urs, Das Volksveto in der Schweiz, Diss., Olten 1926.

Doehring, Karl, Allgemeine Staatslehre. Eine systematische Darstellung, 3. Auflage, Heidelberg 2004.

- Völkerrecht. Ein Lehrbuch, 2. Auflage, Heidelberg 2004.

Doemming von, Klaus-Berto, Entstehungsgeschichte der Artikel des Grundgesetzes, in: JöR n.F., 1 (1951), Art. 121, S. 837 - 838.

Dörr, Dieter/Thönes, Reinhard, Die Verfassungsmäßigkeit der 5%-Sperrklausel im Europawahlgesetz – BVerfGE 51, 222, in: JuS, 21 (1981) 2, S. 108 - 112.

Dörr, Dieter/Wilms, Heinrich, Verfassungsmäßigkeit der Abstimmung über das Zuwanderungsgesetz?, in: ZRP, 35 (2002) 6, S. 265 - 268.

Drath, Martin, Die gesetzliche Mitgliederzahl des Bundestages, in: Festschrift der Juristischen Fakultät der Freien Universität Berlin zum 41. Deutschen Juristentag in Berlin vom 7.-10. September 1955, Berlin/Frankfurt am Main 1955, S. 79 - 92.

Dreher, Eduard, Zum Fraktionszwang der Bundestagsabgeordneten, in: NJW, 3 (1950) 18, S. 661 - 664.

Dreier, Horst, Das Majoritätsprinzip im demokratischen Verfassungsstaat, in: ZParl, 17 (1986) 1, S. 94 - 118.

- Kanonistik und Konfessionalisierung – Marksteine auf dem Weg zum Staat, in: JZ, 57 (2002) 1, S. 1 - 13.

- Organlehre, in: Hermann Kunst/Roman Herzog/Wilhelm Schneemelcher (Hrsg.), Evangelisches Staatslexikon, 2. Auflage, Stuttgart/Berlin 1966.

- in: Horst Dreier (Hrsg.), Grundgesetz. Kommentar, Band II, Artikel 20 - 82, 2. Auflage, Tübingen 2006, Art. 20 (Demokratie), S. 26 - 105; Art. 28, S. 584 - 694.

Dreist, Peter, Der Bundestag zwischen „Vorratsbeschluß" und Rückholrecht, in: KritV, 87 (2004) 1, S. 79 - 119.

Dupuy, Pierre-Marie, Some Reflections on Contemporary International Law and the Appeal to Universal Values: A Response to Martti Koskenniemi, in: EJIL, 16 (2005) 1, S. 131 - 137.

Edinger, Florian, Wahl und Besetzung parlamentarischer Gremien, Diss., Berlin 1992.

Efraim, Athena Debbie, Sovereign (In)equality in International Organizations, Diss., The Hague/Boston/London 2000.

Eggers, Jan, Die Rechtsstellung von Ausschüssen, Beiräten und anderen kollegialen Einrichtungen im Bereich der vollziehenden Gewalt, Diss., Clausthal-Zellerfeld 1969.

Ehlers, Dirk, Sperrklauseln im Wahlrecht, in: Jura, 21 (1999) 12, S. 660 - 666.

Ehrenberg, Victor, Der Staat der Griechen, Zürich/Stuttgart 1965.

Eichenberger, Kurt, Der Staat der Gegenwart: ausgewählte Schriften, Basel/Frankfurt am Main, 1980.

Eidenmüller, Horst, Effizienz als Rechtsprinzip, Diss., 2. Auflage, Tübingen 1998.

Einsiedel Graf von, Sebastian, Vision mit Handlungsanweisung, in: VN, 53 (2005) 1, S. 5 - 7.

Eliot, Charles W. (ed.), Plutarch s Lives, Aristides, New York 1965.

Elsener, Ferdinand, Zur Geschichte des Majoritätsprinzips (Pars maior und Pars sanior), insbesondere nach schweizerischen Quellen, in: ZRG LXXXVI, Kanonistische Abteilung XLII (1956), S. 73 - 116.

Emmanouilidis, Janis A., Historisch einzigartig, im Detail unvollendet eine Bilanz der Europäischen Verfassung, in: EU-Reform, (2004) 3, S. 1 - 13, http://www.cap.uni-muenchen.de/download/spotlight/Reformspotlight_03-04_d.pdf (07.01.2008).

Enevoldsen, Thomas, IMF Quotas, in: Monetary Review, (2000) 4, S. 29 - 38.

Engelhardt, Hanns, Das Vetorecht im Sicherheitsrat der Vereinten Nationen, in: AVR, 10 (1962/63) 4, S. 377 - 415.

Engelken, Klaas, Demokratische Legitimation bei Plebisziten auf staatlicher und kommunaler Ebene, in: DÖV, 53 (2000) 21, S. 881 - 895.

- Der Bürgerentscheid im Rahmen des Verfassungsrechts, in: DÖV, 55 (2002) 23, S. 977 - 984.

Engler, Urs, Stimmbeteiligung und Demokratie, Bern/Frankfurt am Main 1973.

Epping, Volker, Die Willensbildung der Bundesregierung und das Einwendungsausschlußverfahren, in: NJW, 45 (1992) 41, S. 2605 - 2608.

- Die Willensbildung von Kollegialorganen, in: DÖV, 48 (1995) 17, S. 719 - 724.

- in: Knut Ipsen, Völkerrecht, 5. Auflage, München 2004, §§ 4 - 8, S. 55 - 111; §§ 25, 26, S. 342 - 388; § 32, S. 467 - 499.

- in: Christoph Vedder/Wolff Heintschel von Heinegg (Hrsg.), Europäischer Verfassungsvertrag. Handkommentar, Baden-Baden 2007, Art. I-20 - Art. I-28, S. 119 - 150; Art. I-32, S. 161 - 163; Art. III-343, S. 858 - 859.

Ericson, John L., Notes and Comments on Robert's Rules, revised edition, Carbondale/ Edwardsville 1991.

Erlei, Mathias/Leschke, Martin/Sauerland, Dirk, Neue Institutionenökonomik, 2. Auflage, Stuttgart 2007.

Erler, Adalbert, Los, losen, in: Adalbert Erler/ Ekkehard Kaufmann (Hrsg.), Handwörterbuch zur Deutschen Rechtsgeschichte, Band 3, Berlin 1984, Sp. 41 - 46.

Erler, Georg, Staatssouveränität und internationale Wirtschaftsverflechtung, in: Zum Problem der Souveränität, Berichte der DGV, Berichte von Herbert Krüger und Georg Erler, Heft 1, Karlsruhe 1957, S. 29 - 56.

Fassbender, Bardo, UN Security Council Reform and the Right of Veto. A Constitutional Perspective, Diss., The Hague/London/Boston 1998.

- */Bleckmann, Albert,* in: Bruno Simma (ed.), The Charter of the United Nations. A Commentary, Band I, 2. Auflage, München 2002, Art. 2 (1), S. 68 - 91.

Fastenrath, Ulrich, in: Bruno Simma (ed.), The Charter of the United Nations. A Commentary, Band I, 2. Auflage, München 2002, Art. 3, S. 173 - 176.

- */Müller-Gerbes, Maike,* Europarecht, 2. Auflage, Stuttgart/München/ Hannover/Berlin/Weimar/Dresden 2004.

Fehndrich, Martin, Sperrklauseln und Prozenthürde, in: Wahlrechtslexikon online, http://www.wahlrecht.de/lexikon/sperrklausel.html (07.01.2008).

Feldkamp, Michael F., Chronik der Vertrauensfrage von Bundeskanzler Gerhard Schröder im November 2001, in: ZParl, 33 (2002) 1, S. 5 - 9.

Feldkamp, Michael F./Ströbel, Birgit (Mitarbeit), Datenhandbuch zur Geschichte des Deutschen Bundestages 1994 bis 2003, Baden-Baden 2005.

Feldkamp, Michael F./Sommer, Christa, Parlaments- und Wahlstatistik des Deutschen Bundestages 1949-2002/03, Berlin 2003.

Feltgen, Thierry, Veränderte Machtverteilung im Ministerrat nach der EU-Erweiterung, in: WD, 78 (1998) 6, S. 371 - 376.

Fernández Esteban, Maria Luisa, The Rule of Law in the European Constitution, The Hague/London/Boston 1999.

Fichte, Johann Gottlieb, Grundlage des Naturrechts nach Principien der Wissenschaftslehre, in: Johann Gottlieb Fichte (Hrsg.), Fichtes sämtliche Werke, Berlin 1965.

Fischer, Hans Georg, Europarecht. Grundkurs des Rechts der Europäischen Union, München 2005.

Fischer, Horst, in: Knut Ipsen, Völkerrecht, 3. Auflage, München 1990, §§ 57 - 60, S. 871 - 978.

Fisher, Louis, Constitutional Conflicts between Congress and the President, 4. Auflage, Lawrence 1997.

Fitschen, Thomas, in: Bruno Simma (ed.), The Charter of the United Nations. A Commentary, Band I, 2. Auflage, München 2002, Art. 21, S. 399 - 420.

Flaig, Egon, Die spartanische Abstimmung nach der Lautstärke. Überlegungen zu Thukydides 1,87, in: Historia, 42 (1993) 2, S. 139 - 160.

- War die römische Volksversammlung ein Entscheidungsorgan?, in: Reinhard Blänkner/Bernhard Jussen (Hrsg.), Institutionen und Ereignis. Über historische Praktiken und Vorstellungen gesellschaftlichen Ordnens, Göttingen 1998, S. 49 - 73.

Flitsch, Michael, Die Funktionalisierung der Kommunikationsgrundrechte, Diss., Berlin 1998.

Flume, Werner, Allgemeiner Teil des Bürgerlichen Rechts, 2. Band, Berlin/Heidelberg/New York 1975.

Foerster, German, Die nachträgliche bezweifelte Beschlußfähigkeit, in: Verwaltungsrundschau, 32 (1986) 10, S. 343 - 346.

Folz, Hans-Peter, in: Christoph Vedder/Wolff Heintschel von Heinegg (Hrsg.), Europäischer Verfassungsvertrag. Handkommentar, Baden-Baden 2007, Art. I-45 - Art. I-47, S. 219 - 221.

Franck, E., Ueber die Bildung der Beschlüsse des engeren Raths und des Plenums der deutschen Bundesversammlung durch Stimmenmehrheit und Stimmeneinheit, Mainz 1857.

Franck, Thomas M., Fairness in International Law and Institutions, Oxford 1995.

- The Emerging Right to Democratic Governance, in: AJIL, 86 (1992) 1, S. 46 - 91.

Fratzke-Weiß, Birgit, Europäische und nationale Konzeptionen im Rheinbund, Diss., Frankfurt am Main 1997.

Frenkel, Max, Föderalismus und Bundesstaat, Band I, Bern/Frankfurt am Main, Nancy, New York 1984.

Fried, Alfred H., Die zweite Haager Konferenz, Leipzig 1908.

Friedrich, in: Stier-Somlo (Hrsg.), Handbuch des kommunalen Verfassungs- und Verwaltungsrechts in Preußen, 1. Band, Oldenburg 1919, S. 400 - 560.

Fritz, Heiko, One Person, One Vote? Die Europäische Zentralbank im Lichte der EU-Osterweiterung, FIT Arbeitsberichte No. 2/01.

Fritz, Roland/Hohm, Karl-Heinz, „Szenen einer Abstimmung", in: AuAS, 11 (2002) 24, Sonderausgabe 19. April 2002, S. 1 - 20.

Fromme, Friedrich Karl, Der Demokratiebegriff des Deutschen Verfassungsrechtgebers, in: DÖV, 23 (1970) 15/16, S. 518 - 526.

Frowein, Jochen Abr., Die Rechtsprechung des Bundesverfassungsgerichts zum Wahlrecht, in: AöR, 99 (1974), S. 81.

- Die Verpflichtungen erga omnes im Völkerrecht und ihre Durchsetzung, in: Rudolf Bernhardt/Wilhelm Karl Geck/Günther Jaenicke/Helmut Steinberger (Hrsg.), Völkerrecht als Rechtsordnung, Internationale Gerichtsbarkeit, Menschenrechte, FS für Hermann Mosler, Berlin 1983, S. 241 - 262.

Fuchs, Herbert H., Die parlamentarische Obstruktion durch Abstinenz der Minderheit, Diss., Heidelberg 1928.

Fukuda, Koji, Institutional reform and European governance, in: Koji Fukuda/Hiroya Akiba (eds.), European Governance after Nice, Routledge Curzon, London/New York 2003, S. 41 - 66.

Gaitanides, Charlotte, Das Recht der Europäischen Zentralbank, Tübingen 2005.

Garde Castillo, Joaquín, De la regla de la unanimidad al derecho de veto en la organización internacional, in: Revista de la Facultad de Derecho de la Universidad de Madrid, 4 (1949), S. 115 - 133.

Geerlings, Jörg, Die Beachtung des Demokratieprinzips bei der Besetzung kommunaler Ausschüsse, in: DÖV, 58 (2005) 15, S. 644 - 647.

Geiger, Rudolf, EUV/EGV, 4. Auflage, München 2004.

- in: Bruno Simma (ed.), The Charter of the United Nations. A Commentary, Band I, 2. Auflage, München 2002, Art. 23, S. 437 - 442.

Gennrich, Claus, Das Absurde blüht in Schwedens Reichstag, in: FAZ vom 06.04.1974, S. 4.

Genssler, Georg, Das D'Hondtsche und andere Sitzverteilungsverfahren aus mathematischer und verfassungsrechtlicher Sicht, Diss., Nürnberg 1984.

German, A Tentative Evaluation of World Power, in: Journal of Conflict Resolution, 4 (1960), S. 138 - 144.

Gern, Alfons, Deutsches Kommunalrecht, 3. Auflage, Baden-Baden 2003.

Gerstenberg, Oliver, What International Law Should (Not) Become. A Comment on Koskenniemi, in: EJIL, 16 (2005) 1, S. 125 - 130.

Geyer, Armin, Das Mitwirkungsverbot für persönlich beteiligte Gemeindevertreter unter besonderer Berücksichtigung ihrer Stellung als gewählte Volksvertreter, Diss., Hamburg 1968.

Gianaris, William N., Weighted Voting in the International Monetary Fund and the World Bank, in: FordLawIntLJ, 14 (1990-1991), S. 910 - 945.

Giering, Claus, Die Europäische Union vor der Erweiterung, in: ÖZP, 27 (1998) 4, S. 391 - 405.

- Mutige Einschnitte und verzagte Kompromisse das institutionelle Reformpaket des EU-Konvents, in: Claus Giering (Hrsg.), Der EU-Reformkonvent Analyse und Dokumentation, Gütersloh/München 2003, S. 48 - 63.

Gierke von, Otto, Das deutsche Genossenschaftsrecht, 2. und 3. Band, Darmstadt 1954.

- Über die Geschichte des Majoritätsprinzipes, in: Gustav Schmoller (Hrsg.), Schmollers Jahrbuch für Gesetzgebung, Verwaltung und Volkswirtschaft im Deutschen Reiche, 39. Jg., 2. Heft, München/Leipzig 1915, S. 7 - 29.

Giese, Friedrich, Die Verfassung des Deutschen Reiches, 8. Auflage, Berlin 1931.

Glage, Michael, Mitwirkungsverbote in den Gemeindeordnungen. Die Gewinnung von Auslegungskriterien und ihre Anwendung auf Einzelprobleme, Diss., Göttingen 1995.

Gloria, Christian, in: Knut Ipsen, Völkerrecht, 5. Auflage, München 2004, §§ 51 - 54, S. 816 - 895.

Gold, Joseph, Developments in the Law and Institutions of International Economic Relations. Weighted Voting Power: Some Limits and Some Problems, in: AJIL, 68 (1974), S. 687 - 708.

- The origins of weighted voting power in the Fund, in: Finance & Development, March 1981, S. 25 - 28.

- Voting and Decisions in the International Monetary Fund, Washington, D.C. 1972.

Golsong, Heribert, Regional Development Banks, in: EPIL, 4 (2000), S. 150 - 161.

Golub, Jonathan, In the Shadow of the Vote?, MPIfG Discussion Paper 97/3, Köln 1997.

Görisch, Christoph, Die Inhalte des Rechtsstaatsprinzips, in: JuS, (1997), 11, S. 988 - 992.

Göttlich, Walter, Fiktion der Beschlußfähigkeit, in: Staats- und Kommunalverwaltung, (1965) 11, S. 293 - 295.

Grabenwarter, Christoph, Die Charta der Grundrechte für die Europäische Union, in: DVBl., 116 (2001) 1, S. 1 - 13.

Grabitz, Eberhard, Der Grundsatz der Verhältnismäßigkeit in der Rechtsprechung des Bundesverfassungsgerichts, in: AöR, 98 (1973) 4, S. 568 - 616.

- Europa-Wahlrecht. Gutachten, Berlin 1977.

Grasser, Walter, Durchführung geheimer Abstimmungen im Gemeinderat, in: BayVBl., 119 (1988) 17, S. 513 - 515.

Grawert, Rolf, Demokratische Regierungssysteme. Qualitätsanforderungen an die Regierungssysteme der Mitgliedstaaten der Europäischen Union, in: Dietrich Murswiek/Ulrich Storost/Heinrich A. Wolff (Hrsg.), Staat – Souveränität – Verfassung, FS für Helmut Quaritsch, Berlin 2000, S. 95 - 121.

- Wie soll Europa organisiert werden?, in: EuR, 38 (2003) 6, S. 971 - 991.

Griebenow, Olaf, Demokratie- und Rechtsstaatsdefizite in Europa, Diss., Hamburg 2004.

Griffith-Jones, Stephany/Kimmis, Jenny, The reform of global financial governance arrangements, IDS, Brighton 2001, in: http://www.newrules.org/docs/ffdconsultdocs/griffithjones04.pdf (07.01.2008).

Grimm, Dieter, Parlament und Parteien, in: Hans Peter Schneider/Wolfgang Zeh (Hrsg.), Parlamentsrecht und Parlamentspraxis in der Bundesrepublik Deutschland, Berlin/New York 1989, § 6, S. 199 - 216.

Gröschner, Rolf, Das Zuwanderungsgesetz im Bundesrat, in: JZ, 57 (2002) 13, S. 621 - 627.

Gross, Leo, The Double Veto and the Four-Power Statement on Voting in the Security Council, in: HarvLR, 67 (1953/54), S. 251 - 280.

- The Question of Laos and the Double Veto in the Security Council, in: AJIL, 54 (1960) 1, S. 118 - 131.

- Voting in the Security Council: Abstention from Voting and Absence from Meetings, in: YLJ, 60 (1951) 2, S. 209 - 257.

Groß, Thomas, Das Kollegialprinzip in der Verwaltungsorganisation, Habil., Tübingen 1999.

- Zwei-Kammer-Parlamente in der Europäischen Union, in: ZaöRV, 63 (2003) 1, S. 29 - 57.

Grotii, Hugonis, De Jure Belli ac Pacis Libri Tres, in quibus Jus Naturae & Gentium, item Juris Publici præcipua explicantur, Editio nova, vol. 1, Reproduction of the edition of 1646, in: James Brown Scott (ed.), The Classics of International Law, Buffalo/New York 1995.

Grunauer, Alexander, Demokratie und Legitimation – Die Achillesferse der Europäischen Union, Diss., Zürich 2002.

Gussone, Nikolaus, Thron und Inthronisation des Papstes von den Anfängen bis zum 12. Jahrhundert, Diss., Bonn 1978.

Gusy, Christoph, Das Mehrheitsprinzip im demokratischen Staat, in: AöR, 22 (1981) 106/3, S. 329 - 354.

Haag, Marcel/Bieber, Roland, in: Hans von der Groeben/Jürgen Schwarze (Hrsg.), Kommentar zum Vertrag über die Europäische Union und zur Gründung der Europäischen Gemeinschaft, Band 4, Art. 189 - 314, 6. Auflage, Baden-Baden 2004, Art. 189 - 190 EG, S. 13 - 80.

Häberle, Peter, Das Mehrheitsprinzip als Strukturelement der freiheitlich-demokratischen Grundordnung, in: JZ, 32 (1977) 8, S. 241 - 245.

- Gemeineuropäisches Verfassungsrecht, in: EuGRZ, 18 (1991) 12/13, S. 261 - 274.

Häde, Ulrich, Der Vertrag von Nizza und die Wirtschafts- und Währungsunion, in: EWS, 12 (2001) 3, S. 97 - 102.

- Zur rechtlichen Stellung der Europäischen Zentralbank, in: WM, 60 (2006) 34, S. 1605 - 1613.

Hahlen, Johann, Europawahlgesetz verfassungskonform, in: DÖV, 32 (1979) 8, S. 282 - 285.

Hailbronner, Kay/Jochum, Georg, Europarecht I. Grundlagen und Organe, Stuttgart 2005.

Hain, Karl-E., in: Hermann von Mangoldt (begründet)/Friedrich Klein (fortgeführt)/Christian Starck (Hrsg.), Kommentar zum Grundgesetz, Band 2: Artikel 20 bis 82, 5. Auflage, München 2005, Art. 79, S. 2165 - 2261.

Halderman, John W., The United Nations and the Rule of Law, New York 1966.

Haltern, Ulrich, Europarecht. Dogmatik im Kontext, Tübingen 2005.

Hansen, Mogens Herman, How did the Athenian Ecclesia Vote?, in: Greek, Roman and Byzantine Studies, 18 (1977), S. 123 - 137.

Haratsch, Andreas/Koenig, Christian/Pechstein, Matthias, Europarecht, 5. Auflage, Tübingen 2006.

Harenburg, Jan, Die Rechtsdogmatik zwischen Wissenschaft und Praxis, Diss., Stuttgart 1986.

Härth, Wolfgang, Die Rede- und Abstimmungsfreiheit der Parlamentsabgeordneten in der Bundesrepublik Deutschland, Berlin 1983.

Hartley, T.C., The Foundations of European Community Law, 6. Auflage, Oxford 2007.

- */Griffith, J.A.G.,* Government and Law. An Introduction to the Working of the Constitution in Britain, London 1975.

Hassel von, Kai Uwe, in: Woche im Bundestag, 4 (1974) Nr. 8, S. 6.

Hasselsweiler, Ekkehart, Der Vermittlungsausschuß. Verfassungsgrundlagen und Staatspraxis. Eine Untersuchung der parlamentsrechtlichen und verfassungspolitischen Bedeutung des Ausschusses nach Art. 77 Abs. 2 des Grundgesetzes unter besonderer Berücksichtigung seiner Verfahrenspraxis, Diss., Berlin 1981.

Hatje, Armin, Die institutionelle Reform der Europäischen Union – der Vertrag von Nizza auf dem Prüfstand -, in: EuR, 36 (2001) 2, S. 143 - 184.

- in: Jürgen Schwarze (Hrsg.), EU-Kommentar, Baden-Baden 2000, Art. 11 EGV, S. 314 - 326.

Hatschek, Julius, Das Parlamentsrecht des Deutschen Reiches, 1. Teil, Berlin/Leipzig 1915.

- Das Staatsrecht des Vereinigten Königreichs Großbritannien-Irland, Tübingen 1914.

- Deutsches und preußisches Staatsrecht, 1. Band, Berlin 1922.

- Deutsches und preußisches Staatsrecht, 2. Band, Berlin 1923.

- Englisches Staatsrecht mit Berücksichtigung der für Schottland und Irland geltenden Sonderheiten, I. Band, Tübingen 1905.

- */Kurtzig, Paul,* Deutsches und preußisches Staatsrecht, 2. Band, 2. Auflage, Berlin 1930.

Hättich, Manfred, Zur Theorie der Repräsentation, in: Heinz Rausch (Hrsg.), Zur Theorie und Geschichte der Repräsentation und Repräsentativverfassung, Darmstadt 1968, S. 498 - 509.

Hauser, Heinz, Die WTO-Streitschlichtung aus einer Law and Economics Perpektive, in: Hartmut Berg (Hrsg.), Theorie der Wirtschaftspolitik: Erfahrungen, Probleme, Perspektiven, Berlin 2000, S. 79 - 111.

Hay, Douglas, Choosing Factors for a Weighted Voting Formula Based on the Power of States, in: Arnold Simoni (ed.), Weighted Voting: A Needed Concept for International Security, Part II, Ontario 1967, S. 1 - 65.

Hayek von, Friedrich August, The Constitution of Liberty, London 1960.

Heckscher, Alb., Bidrag til Grundleggelse af en Afstemningslære, Diss., Kopenhagen 1892.

Heffter, August Wilhelm, Die athenäische Gerichtsverfassung, Cöln 1822.

Heger, Matthias, Deutscher Bundesrat und Schweizer Ständerat, Diss., Berlin 1990.

Heilmann, Hartmut, Verfassungswidrigkeit des Art. 48 Abs. 1 Satz 2 BayGO?, in: BayVBl., 30 (1984) 7, S. 196 - 202.

Hein, Edgar, Stimmenverteilung im Bundesrat, in: Die demokratische Gemeinde, (1972), S. 103 - 106.

Heinig, Hans Michael/Morlok, Martin, Konkurrenz belebt das Geschäft! Zur Problematik der 5%-Klausel im Kommunalwahlrecht, in: ZG 15 (2000), S. 371 - 384.

Heintschel von Heinegg, Wolff, Rechtsstaatlichkeit in Deutschland, in: Rainer Hofmann/Joseph Marko/Franz Merli/Ewald Wiederin (Hrsg.), Rechtsstaatlichkeit in Europa, Heidelberg 1996, S. 107 - 139.

- in: Knut Ipsen, Völkerrecht, 5. Auflage, München 2004, §§ 9 - 15, S. 112 - 209.

- in: Christoph Vedder/Wolff Heintschel von Heinegg (Hrsg.), Europäischer Verfassungsvertrag. Handkommentar, Baden-Baden 2007, Art. I-2, S. 47 - 51; Art. I-7, S. 77 - 79.

Heintze, Hans-Joachim, in: Knut Ipsen, Völkerrecht, 5. Auflage, München 2004, §§ 27 - 30, S. 389 - 443.

- Völkerrecht und demokratische Staatsordnung, in: VRÜ, 29 (1996) 1, S. 6 - 30.

Heller, Hermann, Die Souveränität, Berlin/Leipzig 1927.

- Politische Demokratie und soziale Homogenität, in: Ulrich Matz (Hrsg.), Grundprobleme der Demokratie, Darmstadt 1973, S. 7 - 19.

Herdegen, Matthias, Europarecht, 9. Auflage, München 2007.

- Völkerrecht, 6. Auflage, München 2007.

Herman, Valentine/Mendel, Françoise, Parliaments of the World, London/Basingstoke 1976.

Herzog, Roman, Allgemeine Staatslehre, Frankfurt am Main 1971.

- in: Theodor Maunz/Günter Dürig (Hrsg.), Grundgesetz. Kommentar, Band III, Loseblatt-Ausg., München 2006, Art. 20, S. 1 - 350.

- Zusammensetzung und Verfahren des Bundesrates, in: Josef Isensee/Paul Kirchhof (Hrsg.), Handbuch des Staatsrechts der Bundesrepublik Deutschland, Band II, 2. Auflage, Heidelberg 1998, § 46, S. 505 - 522.

Hesse, Konrad, Der allgemeine Gleichheitssatz in der neueren Rechtsprechung des Bundesverfassungsgerichts zur Rechtsetzungsgleichheit, in: Peter Badura/Rupert Scholz (Hrsg.), Wege und Verfahren des Verfassungslebens, FS für Peter Lerche, München 1993, S. 121 - 131.

- Grundzüge des Verfassungsrechts der Bundesrepublik Deutschland, 20. Auflage, Heidelberg 1999.

Hett, Hans-Jürgen, Die Öffentlichkeit der Parlamentsverhandlungen, das Grundrecht der Informationsfreiheit und Informationspflichten der Exekutive, Diss., Frankfurt am Main/Bern/New York/Paris 1987.

Heun, Werner, Das Mehrheitsprinzip in der Demokratie, Diss., Berlin 1983.

- in: Horst Dreier (Hrsg.), Grundgesetz. Kommentar, Band II, Artikel 20 - 82, 2. Auflage, Tübingen 2006, Art. 53a, S. 1290 - 1298.

Hien, Eckart, Zum Stimmenthaltungsverbot in den Bayerischen Kommunalgesetzen, in: BayVBl., 30 (1984) 7, S. 203 - 207.

Hilf, Meinhard /Pache, Eckhard, Der Vertrag von Amsterdam, in: NJW, 51 (1998) 11, S. 705 - 713.

Hillger, Hermann, Stimmenwägung in internationalen Wirtschaftsorganisationen, Diss., Kiel 1957.

Hillgruber, Christian, Der Nationalstaat in übernationaler Verflechtung, in: Josef Isensee/Paul Kirchhof (Hrsg.), Handbuch des Staatsrechts der Bundesrepublik Deutschland, Band II, 3. Auflage, Heidelberg 2004, § 32, S. 929 - 992.

- Die Herrschaft der Mehrheit. Grundlagen und Grenzen des demokratischen Majoritätsprinzips, in: AöR, 127 (2002), S. 460 - 473.

Hinschius, Paul, System des katholischen Kirchenrechts mit besonderer Rücksicht auf Deutschland, Berlin 1869.

Hirsch, Günter, Das Verhältnismäßigkeitsprinzip im Gemeinschaftsrecht, Bonn 1997.

- Nizza: Ende einer Etappe, Beginn einer Epoche?, in: NJW, 11 (2001) 37, S. 2677 - 2678.

Hirte, Heribert, Kapitalgesellschaftsrecht, 2. Auflage, Köln 1999.

Hix, Jan-Peter, in: Jürgen Schwarze (Hrsg.), EU-Kommentar, Baden-Baden 2000, Art. 203 EGV, S. 1789 - 1797.

Hobe, Stephan, Europarecht, 3. Auflage, Köln/Berlin/München 2006.

- /Kimminich, Otto, Einführung in das Völkerrecht, 8. Auflage, Tübingen/Basel 2004.

Hoensch, Jörg K., Geschichte Polens, 3. Auflage, Stuttgart 1998.

Höfling, Wolfram/Burkiczak, Christian, in: Karl Heinrich Friauf/Wolfram Höfling (Hrsg.), Berliner Kommentar zum Grundgesetz, Band 2, Loseblatt-Ausg., Berlin 2006, Art. 121, S. 1 - 15.

Hoffmann-Riem, Wolfgang, Hilfsbeschlußfähigkeit von Kollegialorganen, in: NJW, 31 (1978) 9, S. 393 - 397.

Hoffmeister, Frank, Kroatiens Beitritt zum Europarat und seine Auswirkung auf die kroatische Verfassungsgerichtsbarkeit. Präzedenz- oder Sonderfall der Straßburger Aufnahmepraxis?, in: EuGRZ, 24 (1997) 5-6, S. 93 - 98.

Hofmann, Hans, in: Bruno Schmidt-Bleibtreu/Franz Klein (Hrsg.), Kommentar zum Grundgesetz, 10. Auflage, München 2004, Art. 20, S. 650 - 698; Art. 51 - 52, S. 1148 - 1172.

Hofmann, Hasso, Geschichtlichkeit und Universalitätsanspruch des Rechtsstaats, in: Der Staat, 34 (1995), S. 1 - 33.

Hofmann, Rainer, Rechtsstaatsprinzip und Europäisches Gemeinschaftsrecht, in: Rainer Hofmann/Joseph Marko/Franz Merli/Ewald Wiederin (Hrsg.), Rechtsstaatlichkeit in Europa, Heidelberg 1996, S. 321 - 336.

Hofmeister, Walter, Interessenkollisionen nach deutschem Gemeindeverfassungsrecht, Göttingen 1955.

Hofstötter, Bernhard, Einige Anmerkungen zur Reform des Sicherheitsrates der Vereinten Nationen, in: ZaöRV, 66 (2006) 1, S. 143 - 165.

Hohndorf, Kurt Fritz/Falk, Matthias, Kommunalrecht in Brandenburg, in: Alexander von Brünneck/Franz-Joseph Peine (Hrsg.), Staats- und Verwaltungsrecht für Brandenburg, Baden-Baden 2004, S. 93 - 222.

Holler, Manfred J./Illing, Gerhard, Einführung in die Spieltheorie, 6. Auflage, Berlin/Heidelberg/New York 2006.

Holoubek, Michael, in: Jürgen Schwarze (Hrsg.), EU-Kommentar, Baden-Baden 2000, Art. 12 EGV, S. 326 - 348.

Hölscheidt, Sven, Das Recht der Parlamentsfraktionen, Habil., Rheinbreitbach 2001.

Hömig, Dieter, in: Dieter Hömig (Hrsg.), Grundgesetz für die Bundesrepublik Deutschland. Kommentar, 8. Auflage, Baden-Baden 2007, Art. 121, S. 696 - 697.

Höpker, Heinrich, Grundlagen, Entwicklung und Problematik des Mehrheitsprinzips und seine Stellung in der Demokratie, Diss., Köln 1957.

Horn, Norbert, Einführung in die Rechtswissenschaft und Rechtsphilosophie, 4. Auflage, Heidelberg 2007.

Hrbek, Rudolf, Der Vertrag von Maastricht und das Demokratie-Defizit der Europäischen Union auf dem Weg zu stärkerer demokratischer Legitimation?, in: Albrecht Randelszhofer/Rupert Scholz/Dieter Wilke (Hrsg.), Gedächtnisschrift für Eberhard Grabitz, München 1995, S. 171 - 193.

Huber, Ernst Rudolf, Quellen zum Staatsrecht der Neuzeit, Deutsches Verfassungsrecht im Zeitalter des Konstitutionalismus (1806 - 1918), Tübingen 1949.

Huber, Peter M., Das institutionelle Gleichgewicht zwischen Rat und Europäischem Parlament in der künftigen Verfassung für Europa, in: EuR, 38 (2003) 4, S. 574 - 599.

- Die Rolle des Demokratieprinzips im europäischen Integrationsprozeß, in: Staatswissenschaften und Staatspraxis, 3 (1992), S. 349 - 378.

- Die Vorgaben des Grundgesetzes für kommunale Bürgerbegehren und Bürgerentscheide, in: AöR, 126 (2001), S. 165 - 203.

Hudson, Manley O. (ed.), International Legislation, vol. I (1919 - 1921), Washington 1931.

Hüfner, Klaus, Die Vereinten Nationen und ihre Sonderorganisationen, Teil 2, Bonn 1992.

Hufschlag, Hans-Peter, Einfügung plebiszitärer Komponenten in das Grundgesetz?, Diss., Baden-Baden 1999.

Hulton, Susan C., Council Working Methods and Procedure, in: David M. Malone (ed.), The UN Security Council. From the Cold War to the 21st Century, Boulder/London 2004, S. 237 - 251.

Huster, Stefan, Gleichheit und Verhältnismäßigkeit, in: JZ, 49 (1994) 11, S. 541 - 549.

Ibegbu, Jude I., Right to Democracy in International Law, New York 2003.

Imbusch, Peter/Lauth, Hans-Joachim, Wirtschaft und Gesellschaft, in: Manfred Mols/Hans-Joachim Lauth/Christian Wagner (Hrsg.), Politikwissenschaft: Eine Einführung, 5. Auflage, Paderborn/München/Wien/Zürich 2006, S. 249 - 288.

International Seabed Authority, Handbook 2001, May 2001.

Inter-Parliamentary Union, Parliaments of the World, Band I, 2. Auflage, Aldershot 1986.

Ipsen, Jörn, Gespaltenes Votum bei Abstimmungen im Bundesrat (Art. 51 Abs. 3 Satz 2 GG), in: DVBl. 117 (2002) 10, S. 653 - 656.

- Staatsrecht I, Staatsorganisationsrecht, 16. Auflage, München 2004.

- in: Michael Sachs (Hrsg.), Grundgesetz. Kommentar, 4. Auflage, München 2007, Art. 21, S. 843 - 890.

Ipsen, Knut, in: Knut Ipsen, Völkerrecht, 5. Auflage, München 2004, § 1 - 3, S. 1 - 54.

Irle, Martin, Voraussetzungen und Strukturen der Entscheidung, in: Ruprecht Kurzrock (Hrsg.), Systemtheorie, Berlin 1972, S. 170 - 177.

Isensee, Josef, Subsidiaritätsprinzip und Verfassungsrecht, 2. Auflage, Berlin 2001.

- Zwischen Amtsethos und Parteibindung – Entscheidungen des Parlaments in eigener Sache, in: ZParl, 31 (2000) 2, S. 402 - 424.

Ismayr, Wolfgang, Der Deutsche Bundestag, Opladen 1992.

Jaag, Tobias, Verfassungsvertrag für die Europäische Union, in: EuZ, 5 (2003) 5, S. 105 - 110.

Jacqué, Jean Paul, in: Hans von der Groeben/Jürgen Schwarze (Hrsg.), Kommentar zum Vertrag über die Europäische Union und zur Gründung der Europäischen Gemeinschaft, Band 4, Art. 189 - 314, 6. Auflage, Baden-Baden 2004, Art. 203 - 207 EG, S. 168 - 198.

Jaeckel, Liv, Schutzpflichten im deutschen und europäischen Recht, Diss., Baden-Baden 2001.

Jaenicke, Günther, Die Dritte Seerechtskonferenz der Vereinten Nationen, in: ZaöRV, 38 (1978), S. 438 - 511.

Janning, Josef, Politische und institutionelle Konsequenzen der Erweiterung, in: Werner Weidenfeld (Hrsg.), Reform der Europäischen Union, Gütersloh 1995, S. 265 - 280.

Jarass, Hans, in: Hans Jarass/Bodo Pieroth, Grundgesetz für die Bundesrepublik Deutschland. Kommentar, 8. Auflage, München 2006, Art. 20, S. 454 - 496.

- */Pieroth, Bodo,* in: Hans Jarass/Bodo Pieroth, Grundgesetz für die Bundesrepublik Deutschland. Kommentar, 8. Auflage, München 2006, Art. 121, S. 1054 - 1055.

Jefferson, Thomas, A Manual of Parliamentary Practice, 2. Auflage, Washington 1812.

Jekewitz, Jürgen, Deutscher Föderalismus: Fehlentwicklung oder Vorbild in Europa?, in: RuP, 40 (2004) 2, S. 89 - 101.

- Der Streit über das Zuwanderungsgesetz, in: RuP, 38 (2002) 1, S. 83 - 92.

- Die Stimmenverteilung im Bundesrat nach dem Einigungsvertrag, in: RuP, 27 (1991) 2, S. 97 - 109.

Jellinek, Georg, Allgemeine Staatslehre, 3. Auflage (6. Neudruck), Darmstadt 1959.

- Die Lehre von den Staatenverbindungen, Goldbach 1996 (Nachdruck der Ausgabe Wien 1882).

- System der subjektiven öffentlichen Rechte, 2. Auflage, Neudruck der Ausgabe von 1905, Tübingen 1919.

Jellinek, Walter, Die gesetzliche Mitgliederzahl, in: Der Göttinger Arbeitskreis (Hrsg.), Mensch und Staat in Recht und Geschichte, FS für Herbert Kraus, Kitzingen/Main 1954, S. 88 - 94.

- Grenzen der Verfassungsgesetzgebung, Berlin 1931.

- Kabinettsfrage und Gesetzgebungsnotstand nach dem Bonner Grundgesetz, in: DÖV, 2 (1949) 20, S. 381 - 385.

- Verwaltungsrecht, 3. Auflage, Offenburg 1950.

Jenks, C. Wilfred, Unanimity, The Veto, Weighted Voting, Special and Simple Majorities and Consensus as Modes of Decision in International Organisations, in: Cambridge Essays in International Law, Essays in honour of Lord McNair, London 1965, S. 48 - 63.

Jennings, Robert/Watts, Arthur, Oppenheim's International Law, vol. I: Peace, Introduction and Part I, 9th edition, Essex 1992.

Jessup, Philip C., A Modern Law of Nations, The Macmillan Company, New York 1950.

- The Equality of States as Dogma and Reality, in: Political Science Quarterly, 60 (1945), S. 527 - 531.

- Silence gives Consent, in: GJICL, 3 (1973) 1, S. 46 - 54.

Jestaedt, Matthias, Bundesstaat als Verfassungsprinzip, in: Josef Isensee/Paul Kirchhof (Hrsg.), Handbuch des Staatsrechts der Bundesrepublik Deutschland, Band II, 3. Auflage, Heidelberg 2004, § 29, S. 785 - 841.

Jochum, Georg, Materielle Anforderungen an das Entscheidungsverfahren in der Demokratie, Diss., Berlin 1997.

Jorna, Kerstin, in: Jürgen Schwarze (Hrsg.), EU-Kommentar, Baden-Baden 2000, Art. 213 EGV, S. 1855 - 1859.

Judge, Anthony J.N., International Institutions: Diversity, Borderline Cases, Functional Substitutes and Possible Alternatives, in: Paul Taylor/A.J.R. Groom (eds.), International Organisation. A Conceptual Approach, London/New York 1978, S. 28 - 83.

Jung, Otmar, Direkte Demokratie nach Schweizer Art in Deutschland verfassungswidrig?, in: KritV, 84 (2001) 1, S. 24 - 54.

- Grundgesetz und Volksentscheid, Opladen 1994.

Junghanns, Albert, System der parlamentarischen Abstimmungsregeln im Reich und in den Ländern, Diss., Heidelberg 1931.

Jungheim, B./Perels, Kurt, in: B. Jungheim (Hrsg.), Die Geschäftsordnung für den Reichstag mit Anmerkungen, Berlin 1916, §§ 54 - 58, S. 193 - 208.

Jungheim, B. (Hrsg.), Die Geschäftsordnung für den Reichstag mit Anmerkungen, Berlin 1916.

Junn, Robert S./Park, Tong-Whan, Calculus of Voting Power in the U.N. Security Council, in: Social Science Quarterly, 58 (1977) 1, S. 104 - 110.

Jürgens, Gunther, Direkte Demokratie in den Bundesländern, Diss., Stuttgart/München/Hannover/Berlin/Weimar 1993.

Jutzi, Siegfried, Losentscheid im Gesetzgebungsverfahren, in: ZPR, 29 (1996) 10, S. 380 - 385.

Kadelbach, Stefan, Zwingendes Völkerrecht, Diss., Berlin 1992.

- */Kleinlein, Thomas,* Überstaatliches Verfassungsrecht. Zur Konstitutionalisierung im Völkerrecht, in: AöR, 44 (2006) 3, S. 235 - 266.

Kägi, Werner, Die Verfassung als rechtliche Grundordnung des Staates, Habil., Darmstadt 1971 (Neudruck von 1945).

Kahl, Bruno, Europäische Union: Bundesstaat-Staatenbund-Staatenverbund?, in: Der Staat, 33 (1994), S. 241 - 258.

Kannengießer, Christoph, in: Bruno Schmidt-Bleibtreu/Franz Klein (Hrsg.), Kommentar zum Grundgesetz, 10. Auflage, München 2004, Art. 3, S. 203 - 228.

Kant, Immanuel, Zum ewigen Frieden, 1795, Stuttgart 1958.

Karehnke, Helmut, Richtlinienkompetenz des Bundeskanzlers, Ressortprinzip und Kabinettsgrundsatz, in: DVBl., 89 (1974) 3, S. 101 - 113.

Katz, Alfred, Staatsrecht. Grundkurs im öffentlichen Recht, 17. Auflage, Heidelberg 2007.

Kaufmann, Marcel, Europäische Integration und Demokratieprinzip, Diss., Baden-Baden 1997.

Kaul, Hans-Peter, Arbeitsweise und informelle Verfahren des Sicherheitsrats, in: VN, 46 (1998) 1, S. 6 - 13.

Kelsen, Hans, Allgemeine Staatslehre, Berlin 1925.

- Peace through Law, New York 1944.

- The Principle of Sovereign Equality of States as a Basis for International Organization, in: YLJ, 53 (1944) 2, S. 207 - 220.
- Vom Wesen und Wert der Demokratie, 2. Neudruck der 2. Auflage, Tübingen 1981.

Kemmler, Klaus, Die Abstimmungsmethode des Deutschen Bundestages, Diss., Tübingen 1969.

Kemp, Walter/Olejarnik, Michal/Ghebali, Victor-Yves/Androsov, Andrei/Jinks, Keith (eds.), OSCE Handbook, 3. Auflage, Wien 2002.

Kendall, Willmoore, John Locke and the Majority-Rule, Urbana 1965.

Kern, Lucian/Nida-Rümelin, Julian, Logik kollektiver Entscheidungen, München 1994.

Kersting, Wolfgang, Vertrag, Souveränität, Repräsentation. Zu den Kapiteln 17 bis 22 des Leviathan, in: Wolfgang Kersting (Hrsg.), Thomas Hobbes, Leviathan, Berlin 1996, S. 211 - 233.

Ketzer, Petra, in: Michael Muth/Werner Plumbaum/Manfred Wendt/Josef Odendahl/Ulrich Jahn/Ulrich Schulze/Wolfgang Bernet/Karlheinz Gerner/Christian Pahl/Petra Ketzer/Volker Flömer, Potsdamer Kommentar zur Kommunalverfassung des Landes Brandenburg (Gemeinde- und Landkreisordnung), Vieselbach/Erfurt 1995, § 50, S. 265 - 273.

Khan, Kabir-ur-Rahman, The Law and Organisation of International Commodity Agreements, The Hague/Boston/London 1982.

Kielmansegg, Peter Graf, Volkssouveränität, Habil., Stuttgart 1977.

Kim, Soo Yeon/Russett, Bruce, The new politics of voting alignments in the United Nations General Assembly, in: International Organization, 50 (1996) 4, S. 629 - 652.

Kimminich, Otto, Anmerkung, in: JZ, 46 (1991) 15/16, S. 771 - 774.

- Der Bundesstaat, in: Josef Isensee/Paul Kirchhof (Hrsg.), Handbuch des Staatsrechts der Bundesrepublik Deutschland, Band I, 2. Auflage, Heidelberg 1998, § 26, S. 1113 - 1149.

Kimminich, Otto/Hobe, Stephan, Einführung in das Völkerrecht, 7. Auflage, Tübingen/Basel 2000.

Kirchner, Christian, Ökonomische Analyse des Rechts, in: Heinz-Dieter Assmann/Christian Kirchner/Erich Schanze (Hrsg.), Ökonomische Analyse des Rechts, Tübingen 1993, S. 62 - 78.

Kirn, Michael, Die „Berichtigung" von beschlossenen noch nicht ausgefertigten und verkündeten Gesetzen, in: ZRP, 6 (1973) 3, S. 49 - 53.

Klang, Klaus A./Gundlach, Ulf, Gemeindeordnung und Landkreisordnung Sachsen-Anhalt, 2. Auflage, Magdeburg 1999.

Klatt, Hartmut, Deutsche Einheit und bundesstaatliche Ordnung, in: Verwaltungsarchiv, 82 (1991), S. 430 - 458.

Klecatsky, Hans R./Morscher, Siegbert (Hrsg.), Die österreichische Bundesverfassung, 9. Auflage, Wien 1999.

Klein, Friedrich, Das Vetorecht der Großmächte im Weltsicherheitsrat, in: AöR, 74 (1948), S. 3 - 44.

Klein, Friedrich-Ludwig, Das Stenographische Protokoll, in: Hans-Peter Schneider/Wolfgang Zeh (Hrsg.), Parlamentsrecht und Parlamentspraxis in der Bundesrepublik Deutschland, Berlin/New York 1989, § 35, S. 975 - 984.

Klein, Hans H., in: Theodor Maunz/Günter Dürig (Hrsg.), Grundgesetz. Kommentar, Band IV, Loseblatt-Ausg., München 2001, Art. 42, S. 1 - 56.

- in: Theodor Maunz/Günter Dürig (Hrsg.), Grundgesetz. Kommentar, Band VI, Loseblatt-Ausg., München 2005, Art. 121, S. 1 - 12.

- Mehr geheime Abstimmungen in den Parlamenten!, in: ZRP, 9 (1976) 4, S. 81 - 84.

- Indemnität und Immunität, in: Hans-Peter Schneider/Wolfgang Zeh (Hrsg.), Parlamentsrecht und Parlamentspraxis in der Bundesrepublik Deutschland, Berlin/New York 1989, § 17, S. 555 - 592.

- Status des Abgeordneten in: Josef Isensee/Paul Kirchhof, Handbuch des Staatsrechts der Bundesrepublik Deutschland, Band II, 2. Auflage, Heidelberg 1998, § 41, S. 367 - 390.

Klepacki, Zbigniew M., The Organs of International Organizations, Alphen aan den Rijn/Warszawa 1978.

Kloepfer, Michael, Gleichheit als Verfassungsfrage, Berlin 1980.

Kluth, Winfried, Die demokratische Legitimation der Europäischen Union, Berlin 1995.

- in: Christian Calliess/Matthias Ruffert (Hrsg.), Verfassung der Europäischen Union. Kommentar der Grundlagenbestimmungen (Teil I), München 2006, Art. I-20, S. 302 - 306.

Knebel-Pfuhl, Christine, Mitwirkungsverbot wegen Befangenheit für Parlamentarier?, Diss., Berlin 1978.

Köbler, Gerhard, Juristisches Wörterbuch, 14. Auflage, München 2007.

Köchler, Hans, Democracy and the International Rule of Law, Wien/New York 1995.

- Demokratie und Neue Weltordnung. Ideologischer Anspruch und machtpolitische Realität eines ordnungspolitischen Diskurses, Arbeitsgemeinschaft für Wissenschaft und Politik, Innsbruck 1992.

- The United Nations and International Democracy, Vienna 1997.

Köck, Heribert Franz/Fischer, Peter, Das Recht der Internationalen Organisationen, 3. Auflage, Wien 1997.

Kokott, Juliane, Der Schutz der Menschenrechte im Völkerrecht, in: Hauke Brunkhorst/Wolfgang R. Köhler/Matthias Lutz-Bachmann (Hrsg.), Recht auf Menschenrechte, Frankfurt am Main 1999, S. 176 - 188.

- Souveräne Gleichheit und Demokratie im Völkerrecht, in: ZaöRV, 64 (2004) 3, S. 517 - 533.

Kolasa, Jan, Disarmament and Arms Control Agreements – A Study on Procedural and Institutional Law –, Bochum 1995.

- „One State – One Vote" Rule in International Universal Organizations, in: PYIL, 6 (1974), S. 215 - 243.

Koller, Oswald, Die Obstruktion, Diss., Zürich-Selnau 1910.

Konopczyński, Ladislas, Le liberum veto, Étude sur le développement du principe majoritaire, Paris 1930.

Konzak, Ola, Systeme zur Berechnung der Stellenanteile der Fraktionen für die Ausschußbesetzung, in: ZParl, 24 (1993) 4, S. 596 - 612.

Kopp, Max, Die Geltung des Mehrheitsprinzips in eidgenössischen Angelegenheiten vom 13. Jahrhundert bis 1848 in seiner Bedeutung für die alte Eidgenossenschaft, Diss., Winterthur 1959.

Korioth, Stefan, in: Hermann von Mangoldt (begründet)/Friedrich Klein (fortgeführt)/ Christian Starck (Hrsg.), Kommentar zum Grundgesetz, Band 2, 5. Auflage, München 2005, Art. 51 - 52, S. 1349 - 1382.

Korte, Karl-Rudolf, Das politische System der Bundesrepublik Deutschland, in: Manfred Mols/Hans-Joachim Lauth/Christian Wagner (Hrsg.), Politikwissenschaft: Eine Einführung, 5. Auflage, Paderborn/München/Wien/Zürich 2006, S. 67 - 98.

Koschorreck, Wilfried, in: Bruno Simma (ed.), The Charter of the United Nations. A Commentary, Band I, 2. Auflage, München 2002, Art. 17, S. 332 - 352.

Koskenniemi, Martti, International Law in Europa: Between Tradition and Renewal, in: EJIL, 16 (2005) 1, S. 113 - 124.

Kottenberg, Kurt, Von der Beschlußfähigkeit der Gemeindevertretungen, in: Staats- und Kommunalverwaltung, (1962), S. 210 - 212.

Krappel, Franz, Die Havanna Charta und die Entwicklung des Weltrohstoffhandels, Diss., Berlin 1975.

Krauss von, Rupprecht, Der Grundsatz der Verhältnismäßigkeit, Hamburg 1955.

Kraut, Stephan, Das Mehrheitsprinzip, Online Publications, Democracy in Politics and Social Life, Zürich 1997, in: http://socio.ch/demo/t_skraut1.htm (07.01.2008).

Krebs, Walter, Kontrolle in staatlichen Entscheidungsprozessen, Habil., Heidelberg 1984.

- in: Ingo von Münch (begründet)/Philip Kunig (Hrsg.), Grundgesetz. Kommentar, Band 2, Art. 20 - 69, 5. Auflage, München 2001, Art. 51, S. 923 - 934.

Kreß, Claus, Friedenssicherungs- und Konfliktvölkerrecht auf der Schwelle zur Postmoderne. Das Urteil des Internationalen Straftribunals für das ehemalige Jugoslawien (Appeals Chamber) im Fall Tadic vom 2. Oktober 1995, in: EuGRZ 23 (1996) 24, S. 638 - 648.

Kretschmer, Gerald, in: Bruno Schmidt-Bleibtreu/Franz Klein (Hrsg.), Kommentar zum Grundgesetz, 10. Auflage, München 2004, Art. 38 - 49, S. 932 - 1113; Art. 121, S. 2073 - 2076.

Krieger, Heike, Das Effektivitätsprinzip im Völkerrecht, Diss., Berlin 2000.

Krück, Hans, in: Jürgen Schwarze (Hrsg.), EU-Kommentar, Baden-Baden 2000, Art. 11 - 28 EUV, S. 94 - 124.

Krugmann, Michael, Der Grundsatz der Verhältnismäßigkeit im Völkerrecht, Diss., Berlin 2004.

Kühn, Angelika, Privilegierung nationaler Minderheiten im Wahlrecht der Bundesrepublik Deutschland und Schleswig-Holsteins, Diss., Frankfurt am Main/Bern/New York/Paris 1991.

Kuhn, Thomas S., The Structure of Scientific Revolutions, Chicago 1962.

Kühne, Jörg-Detlef, Gerichtliche Überprüfung parlamentarischer Beschlußfähigkeit, in: ZParl, 9 (1978), S. 34 - 42.

- Zur Typologie und verfassungsrechtlichen Einordnung von Volksabstimmungen eine rechtsvergleichende Einführung, in: Jörg-Detlef Kühne/Friedrich Meissner (Hrsg.), Züge unmittelbarer Demokratie in der Gemeindeverfassung, Göttingen 1977, S. 17 - 54.

Kühnreich, Mathias, Das Selbstorganisationsrecht des Deutschen Bundestages unter besonderer Berücksichtigung des Hauptstadtbeschlusses, Diss., Berlin 1997.

Kunig, Philip, Das Rechtsstaatsprinzip, Habil., Tübingen 1986.

Kunkel, Wolfgang/Schermaier, Martin, Römische Rechtsgeschichte, 14. Auflage, Köln/ Weimar/Wien 2005.

- /*Wittmann, Roland,* Die Magistratur, in: Wolfgang Kunkel (Hrsg.)/Hartmut Galsterer/ Christian Meier/Roland Wittmann (fortgeführt), Staatsordnung und Staatspraxis der Römischen Republik, Handbuch der Altertumswissenschaft, 3. Teil, 2. Band, 2. Abschnitt, München 1995.

Kunz-Hallstein, Hans-Peter, Die Genfer Konferenz zur Revision der Pariser Verbandsübereinkunft zum Schutze des gewerblichen Eigentums, in: GRUR Int., (1981) 2, S. 137 - 151.

Küpper, Herbert, Die Mitgliedschaft im Bundesrat – Schwachstellen eines widersprüchlichen Konzepts, in: Der Staat, 42 (2003) 3, S. 387 - 408.

Kürschner, Jörg, Die Statusrechte des fraktionslosen Abgeordneten, Diss., Berlin 1984.

Laband, Paul, Das Staatsrecht des Deutschen Reiches, 2. Band, 5. Auflage, Tübingen 1911.

Lagoni, Rainer/Landwehr, Oliver, in: Bruno Simma (ed.), The Charter of the United Nations. A Commentary, Band II, 2. Auflage, München 2002, Art. 61, S. 977 - 985.

Lambrecht, Christoph, Die Stimmenthaltung bei Abstimmungen und die Nein-Stimme bei Wahlen, Diss., Frankfurt am Main 1988.

Lang, Gerhard, Das Problem der Wahl- und Stimmpflicht, seine Lösung im geltenden Recht der europäischen Staaten und seine Grundlagen in der Bundesrepublik Deutschland, Diss., Freiburg im Breisgau 1962.

Lang, Joachim, Das Urteil des Bundesverfassungsgerichts zum Zuwanderungsgesetz, in: ZParl, 34 (2003) 3, S. 596 - 605.

Lang, Winfried, Das Wiener Übereinkommen über die Vertretung von Staaten in ihren Beziehungen zu internationalen Organisationen universellen Charakters, in: ZaöRV, 37 (1977), S. 43 - 86.

Lange, Karl-Wilhelm, Die Beschlußfähigkeit der Gemeindevertretung, der Ausschüsse und des Magistrats in Schleswig-Holstein, in: Staats- und Kommunalverwaltung, (1965), S. 195 - 197.

Larsen, J.A.O., The Origin of the Counting of Votes, in: Classical Philology, 44 (1949), S. 164.

Laruelle, Annick/Wildgrén, Mika, It the allocation of voting power among the EU states fair?, in: Centre for Economic Policy Research (ed.), Discussion Paper No. 1402, London 1996.

Laufer, Heinz, Das föderative System der Bundesrepublik Deutschland, 6. Auflage, München 1991.

- Der Bundesrat, Bonn 1972.

- Reform des Bundesrates? Eine Untersuchung über Bewährung und Reformprobleme der Struktur, der Arbeitsweise und der Organisationsregelung des föderativen Verfassungsorgans, in: Bundesrat (Hrsg.), Der Bundesrat als Verfassungsorgan und politische Kraft. Beiträge zum fünfundzwanzigjährigen Bestehen des Bundesrates der Bundesrepublik Deutschland, Bad Honnef/Darmstadt 1974, S. 395 - 420.

- /*Fischer, Thomas,* Föderalismus als Strukturprinzip für die Europäische Union, Gütersloh 1996.

- /*Münch, Ursula,* Das föderative System der Bundesrepublik Deutschland, Opladen 1998.

Laufs, Adolf, Einführung zu Das Ermächtigungsgesetz, Berlin 2003.

Lauwaars, Richard H., Some Institutional Aspects of the International Energy Agency, in: NYbIL, 12 (1981), S. 113 - 145.

Laux, Helmut, Der Einsatz von Entscheidungsgremien, Berlin/Heidelberg/New York 1979.

- Entscheidungstheorie, 7. Auflage, Berlin/Heidelberg/New York 2007.

Lecheler, Helmut, Einführung in das Europarecht, 2. Auflage, München 2003.

Lee, Dwight E., The Genesis of the Veto, in: International Organization, 1 (1947), S. 33 - 42.

Leibholz, Gerhard, Strukturprobleme der modernen Demokratie, 3. Auflage, Frankfurt am Main 1974.

Leinen, Jo, Die Positionen und Erwartungen des Europäischen Parlaments zur Regierungskonferenz, in: Integration, 23 (2000) 2, S. 73 - 80.

Lenz, Christofer, Die Wahlrechtsgleichheit und das Bundesverfassungsgericht, in: AöR, 121 (1996), S. 337 - 358.

- Ein einheitliches Verfahren für die Wahl des Europäischen Parlaments, Diss., Baden-Baden 1995.

Lenz, Martin, Konsens und Dissens. Deutsche Königswahl (1273-1349) und zeitgenössische Geschichtsschreibung, Diss., Göttingen 2002.

Lerche, Peter, „Funktionsfähigkeit" – Richtschnur verfassungsrechtlicher Auslegung, in: BayVBl., 37 (1991) 17, S. 517 - 522.

- Übermaß und Verfassungsrecht, Köln/Berlin/München/Bonn 1961.

Liang, Yuen-Li, Notes on legal questions concerning the United Nations, in: AJIL, 44 (1950) 4, S. 694 - 708.

- The so-called "Double Veto", in: Supplement to the AJIL, 43 (1949), S. 134 - 154.

Linck, Joachim, Die Öffentlichkeit der Parlamentsausschüsse aus verfassungsrechtlicher und rechtspolitischer Sicht, in: DÖV, 26 (1973) 15, S. 513 - 520.

- Die Parlamentsöffentlichkeit, in: ZParl, 23 (1992) 4, S. 673 - 708.

Linden, Herbert, Der Ausschluß bei Interessenkollision nach § 23 der Gemeindeordnung für das Land Nordrhein-Westfalen, Diss., Köln 1970.

Linke, Harro, Die Formen des Kollegialsystems im öffentlichen Recht, Diss., Göttingen 1953.

Linkermann, Günter, Das kommunale Ehrenamt, Diss., Marburg 1962.

Llompart, José, Die Geschichtlichkeit der Rechtsprinzipien, Frankfurt am Main 1976.

Locke, John, Zwei Abhandlungen über die Regierung, Walter Euchner (Hrsg.), Hans Jörn Hoffmann (Übers.), Frankfurt am Main 1992.

Lorz, Ralph Alexander, Die Gefahr der Stimmengleichheit, in: ZRP, 36 (2003) 2, S. 36 - 39.

Lotze, Hermann, Logik, Hamburg 1989.

Löwer, Wolfgang, in: Ingo von Münch (begründet)/Philip Kunig (Hrsg.), Grundgesetz. Kommentar, Band 2, Art. 20 - 69, 5. Auflage, München 2001, Art. 28, S. 313 - 395.

- Rechtsprobleme der Stimmrechtszählung im Wissenschaftsrat, in: WissR, 29 (1996), S. 117 - 138.

Luce, R. Dunca/Raiffa, Howard, Games and decisions, New York 1957.

Lücke, Jörg/Mann, Thomas, in: Michael Sachs (Hrsg.), Grundgesetz. Kommentar, 4. Auflage, München 2007, Art. 77, S. 1547 - 1559.

- /*Sachs, Michael,* in: Michael Sachs (Hrsg.), Grundgesetz. Kommentar, 4. Auflage, München 2007, Art. 78 - 79, S. 1559 - 1581.

Luif, Paul, EU cohesion in the UN General Assembly, in: Occasional papers, (December 2003) 49, S. 1 - 79.

Luhmann, Niklas, Das Recht der Gesellschaft, Frankfurt am Main 2002.

Luthardt, Wolfgang, Direkte Demokratie, Habil., Baden-Baden 1994.

Luther, Rudolf, Gab es eine Zunftdemokratie?, Berlin 1968.

M'Bow, Amadou-Mahtar, Consensus in International Organizations, in: Beseat Kiflé Sélassié (ed.), Consensus and Peace, Paris 1980, S. 13 - 30.

Maaß, Rainald, Die neuere Rechtsprechung des BVerfG zum allgemeinen Gleichheitssatz – Ein Neuansatz?, in: NVwZ, 7 (1988) 1, S. 14 - 21.

Magiera, Siegfried, Das Europäische Parlament als Garant demokratischer Legitimation in der Europäischen Union, in: Ole Due/Marcus Lutter/Jürgen Schwarze (Hrsg.), FS für Ulrich Everling, Band I, Baden-Baden 1995, S. 789 - 801.

- in: Bruno Simma (ed.), The Charter of the United Nations. A Commentary, Band I, 2. Auflage, München 2002, Art. 9, S. 247 - 256.
- in: Michael Sachs (Hrsg.), Grundgesetz. Kommentar, 4. Auflage, München 2007, Art. 42, S. 1209 - 1215; Art. 121, S. 2326 - 2327.

Maier, Walter, Staats- und Verfassungsrecht, 3. Auflage, Achim 1993.

Majewski, Johannes Jürgen, Verbindlichkeit und Grenzen von Mehrheitsentscheiden in Staat und Völkerrechtsgemeinschaft, Diss., Marburg 1959.

Maleczek, Werner, Abstimmungsarten, in: Reinhard Schneider/Harald Zimmermann (Hrsg.), Wahlen und Wählen im Mittelalter, Sigmaringen 1990, S. 79 - 134.

Mangoldt, Hermann von, in: Hermann Mangoldt von/Friedrich Klein, Das Bonner Grundgesetz, Band 2, 2. Auflage, Berlin/Frankfurt am Main 1964, Art. 42, S. 926 - 935.

Mangoldt von, Hans/Rittberger, Volker (Hrsg.), Das System der Vereinten Nationen und seine Vorläufer, Band I/2 Sonderorganisationen und andere Organisationen, München 1995.

Marcellus, De verborum sicnificatione (libro primo digestorum), in: Theodor Mommsen (Hrsg.), Digesta Iustiniani Augusti, vol. 2, Berolini 1870.

Marín-Bosch, Miguel, Votes in the UN General Assembly, The Hague/London/Boston 1998.

Marks, Susan, International law, democracy and the end of history, in: Gregory H. Fox/Brad R. Roth (eds.), Democratic Governance and International Law, Cambridge 2000, S. 532 - 566.

Martenczuk, Bernd, Die differenzierte Integration und die föderale Struktur der Europäischen Union, in: EuR, 35 (2000) 3, S. 351 - 364.

Martens, Horst, Freies Mandat oder Fraktionsdisziplin?, in: DVBl., 80 (1965) 22, S. 865 - 867.

Martens, Jens, NGOs in the UN System, The participation of Non-Governmental Organizations in environment and development institutions of the United Nations, Bonn 1992.

Martens, Wolfgang, Öffentlich als Rechtsbegriff, Habil., Bad Homburg v.d.H./Berlin/Zürich 1969.

Martín y Pérez de Nanclares, José, The Federal Elements of the European Union, in: ZEuS, 4 (2001) 4, S. 595 - 625.

Masing, Johannes, Die Polnische Verfassung von 1791 – eine Brücke in den modernen Verfassungsstaat, in: JZ, 57 (2002) 9, S. 417 - 435.

- in: Hermann von Mangoldt (begründet)/Friedrich Klein (fortgeführt)/ Christian Starck (Hrsg.), Kommentar zum Grundgesetz, Band 2, 5. Auflage, München 2005, Art. 77, S. 2127 - 2156.

Matz, Ulrich, Einleitung, in: Ulrich Matz (Hrsg.), Grundprobleme der Demokratie, Darmstadt 1973, S. 1 - 6.

Matzick, Dirk, Das Verfahren der geringsten relativen Abweichung - eine Alternative zu d'Hondt bei der Durchführung von Verhältniswahlen, in: LKV, 15 (2005) 6, S. 242 - 246.

Maunz, Theodor, Unverrückbarkeit parlamentarischer Beschlüsse, in: Hans Schneider/Volkmar Götz (Hrsg.), FS für Werner Weber, Berlin 1974, S. 299 - 310.

- */Scholz, Rupert,* in: Theodor Maunz/Günter Dürig (Hrsg.), Grundgesetz. Kommentar, Band IV, Loseblatt-Ausg., München 1996, Art. 51, S. 1 - 16.

Maurer, Andreas, Der Vertrag über eine Verfassung für Europa, Diskussionspapier der FG1, 03.03.2005, SWP Berlin.

- Der Vertrag von Nizza – Kurzanalyse im Lichte der Vertragsfortbildungen seit 1952, Köln 2001, in: http://www.uni-koeln.de/wiso-fak/powi/wessels/texte/Nizza-AM.pdf (08.11.2002).

- Die institutionelle Ordnung einer größeren Europäischen Union - Optionen zur Wahrung der Handlungsfähigkeit, in: Barbara Lippert (Hrsg.), Osterweiterung der Europäischen Union – die doppelte Reifeprüfung, Bonn 2000, S. 31 - 59.

- Die institutionellen Reformen: Entscheidungseffizienz und Demokratie, in: Mathias Jopp/Andreas Maurer/Otto Schmuck (Hrsg.), Die Europäische Union nach Amsterdam, Bonn 1998, S. 41 - 81.

- Die Schlußetappe der Regierungskonferenz, Diskussionspapier der FG1, 06.05.2004, SWP Berlin.

Maurer, Andreas/ Göler, Daniel, Die Konventionsmethode in der Europäischen Union, SWP-Studie, Berlin 2004.

- */Wessels, Wolfgang,* Das Europäische Parlament nach Amsterdam und Nizza, Baden-Baden 2003.

Maurer, Hartmut, Mitgliedschaft und Stimmrecht im Bundesrat, in: Hans-Detlef Horn (Hrsg.), Recht und Pluralismus, FS für Walter Schmitt Glaeser, Berlin 2003, S. 157 - 178.

- Staatsrecht I. Grundlagen, Verfassungsorgane, Staatsfunktionen, 5. Auflage, München 2007.

Mayer, Jacob-Peter (Hrsg.), Oeuvres Complètes: Oeuvres, Papiers et Correspondances d'Alexis de Tocqueville, Band I, De la Démocratie en Amérique, Paris 1951.

Mayer, Josef, Die Wirkung der Stimmenthaltung bei namentlicher Abstimmung im Landtag, in: Bayerische Verwaltungsblätter, 78 (1939) 20, S. 353 - 357.

Mayer-Maly, Theo, Die Bedeutung des Konsenses in privatgeschichtlicher Sicht, in: Günther Jakobs (Hrsg.), Rechtsgeltung und Konsens, Berlin 1976, S. 91 - 104.

McDougal, Myres S./Gardner, Richard N., The Veto and the Charter: an Interpretation for Survival, in: YLJ, 60 (1951) 2, S. 258 - 292.

McIntyre, Elizabeth, Weighted Voting in International Organizations, in: International Organization, 8 (1954) 4, S. 484 - 497.

Méndez, Xosé A. Sarmiento, Las sanciones por incumplimiento de los deberes de los parlamentarios, in: Corts. Anuario de Derecho Parlamentario, (2000) 9, S. 317 - 330.

Mensching, Christian, Der neue Komitologie-Beschluss des Rates, in: EuZW, (2000) 9, S. 268 - 271.

Meyer, Hans, Abstimmungsstreit im Bundesrat, in: Hans Meyer (Hrsg.), Abstimmungskonflikt im Bundesrat im Spiegel der Staatsrechtslehre, Baden-Baden 2003, S. 146 - 202.

- Demokratische Wahl und Wahlsysteme, in: Josef Isensee/Paul Kirchhof (Hrsg.), Handbuch des Staatsrechts der Bundesrepublik Deutschland, Band II, 2. Auflage, Heidelberg 1998, § 37, S. 249 - 267.

- Die Stellung der Parlamente in der Verfassungsordnung des Grundgesetzes, in: Hans Peter Schneider/Wolfgang Zeh (Hrsg.), Parlamentsrecht und Parlamentspraxis in der Bundesrepublik Deutschland, Berlin/New York 1989, § 4, S. 117 - 164.

- Kommunalrecht, in: Hans Meyer/Michael Stolleis, Hessisches Staats- und Verwaltungsrecht, 2. Auflage, Frankfurt am Main 1986, S. 138 - 209.

- Überlegungen zur Abstimmungsregel des Art. 52 Abs. 3 Satz 1 GG für den Bundesrat, in: Kommissionsdrucksache 0026 vom 03.03.2004.

Meyer, Hubert, Kommunales Parteien- und Fraktionenrecht, Diss., Baden-Baden 1990.

Meyer, Jürgen, in: Jürgen Meyer (Hrsg.), Kommentar zur Charta der Grundrechte der Europäischen Union, Baden-Baden 2003, Präambel, S. 1 - 43.

Meyer, Roswitha, Die Vorgabe einer Abstimmungsregel für Gremien als Entscheidungsproblem, Diss., Frankfurt am Main 1983.

Mitteis, Heinrich, Die deutsche Königswahl, 2. Auflage, Brünn/München/Wien 1944.

Moberg, Axel, The Voting System in the Council of the European Union, in: Scandinavian Political Studies, 21 (1998) 4, S. 347 - 365.

- The Nice Treaty and Voting rules in the Council, in: JCMS, 40 (2002) 2, S. 259 - 282.

Möckli, Silvano, Direkte Demokratie, Habil., Bern/Stuttgart/Wien 1994.

Mohl, Robert, Vorschläge zu einer Geschäfts-Ordnung des verfassungsgebenden Reichstages, Heidelberg 1848.

Mohn, Astrid Sybille, Der Gleichheitssatz im Gemeinschaftsrecht. Differenzierungen im europäischen Gemeinschaftsrecht und ihre Vereinbarkeit mit dem Gleichheitssatz, Diss., Kehl/Straßburg/Arlington 1990.

Mommsen, Theodor, Römisches Staatsrecht, 1. Band, Nachdruck der 3. Auflage, 1887, Basel 1952.

Monar, Jörg, Die qualifizierte Mehrheitsentscheidung im Vertrag von Nizza: Stimmengewichtung, Definition und Ausweitung, in: Stefan Griller/Waldemar Hummer (Hrsg.), Die EU nach Nizza, Wien/New York 2002, S. 41 - 65.

Moraw, Peter, Hoftag und Reichstag von den Anfängen im Mittelalter bis 1806, in: Hans-Peter Schneider/Wolfgang Zeh (Hrsg.), Parlamentsrecht und Parlamentspraxis in der Bundesrepublik Deutschland, Berlin/New York 1989, § 1, S. 3 - 47.

Morgenstern, Felice, Legal Problems of International Organizations, Cambridge 1986.

Morlok, Martin, in: Horst Dreier (Hrsg.), Grundgesetz. Kommentar, Band II, Artikel 20 - 82, 2. Auflage, Tübingen 2006, Art. 38, S. 950 - 1025; Art. 40, S. 1039 - 1058; Art. 42, S. 1071 - 1087.

Mosler, Herman/Oellers-Frahm, Karin, in: Bruno Simma (ed.), The Charter of the United Nations. A Commentary, Band II, 2. Auflage, München 2002, Art. 96, S. 1179 - 1190.

Mounin, Georges, Los problemas teóricos de la traducción, versión española de Julio Lago Alonso, 2. Auflage, Madrid 1977.

Mulert, Gerrit, Der Bundesrat im Lichte der Föderalismusreform, in: DÖV, 60 (2007) 1, S. 25 - 29.

- Die Funktion zweiter Kammern in Bundesstaaten. Eine rechtsvergleichende Untersuchung des deutschen Bundesrates und des südafrikanischen National Council of Provinces, Diss., Baden-Baden 2006.

Müller, Stefan, Der Gedanke der Volkssouveränität in den frühen amerikanischen Verfassungen, Diss., Köln 2002.

Münch, Fritz, Veto, in: EPIL, 4 (2000), S. 1283 - 1286.

Münch von, Ingo, Staatsrecht I, 6. Auflage, Stuttgart/Berlin/Köln 2000.

Münkler, Herfried, Thomas Hobbes, Frankfurt am Main/New York 1993.

Murswiek, Dietrich, Die Verfassungswidrigkeit der 5%-Sperrklausel im Europawahlgesetz, in: JZ, 34 (1979) 2, S. 48 - 53.

Muth, Michael, in: Michael Muth/Werner Plumbaum/Manfred Wendt/Josef Odendahl/Ulrich Jahn/Ulrich Schulze/Wolfgang Bernet/Karlheinz Gerner/Christian Pahl/Petra Ketzer/Volker Flömer, Potsdamer Kommentar zur Kommunalverfassung des Landes Brandenburg (Gemeinde- und Landkreisordnung), Vieselbach/Erfurt 1995, § 1, S. 1 - 6.

Mutius, Albert von/Rentsch, Harald, Kommunalverfassungsrecht Schleswig-Holstein. Kommentar, Band 1, 6. Auflage, Kiel 2003.

Nenstiel, Volker, Die Auswirkungen der Weimarer Wahlrechtsentwicklung auf die Rechtsprechung des Bundesverfassungsgerichts, Diss., Frankfurt am Main/Berlin/Bern/New York/Paris/Wien 1992.

Neumann von, John/Morgenstern, Oskar, The Theory of Games and Economic Behavior, (1944), Düsseldorf 2001.

Neunreither, Karlheinz, Initiativen und Abstimmungen, in: Wolfgang Kralewski, Karlheinz Neunreither, Oppositionelles Verhalten im ersten Deutschen Bundestag (1949-1953), Köln/Opladen 1963, S. 29 - 106.

Newcombe, Hanna, Democratic Representation in the UN General Assembly, in: Frank Barnaby (ed.), Building a More Democratic United Nations. Proceedings of CAMDUN-1, London 1991, S. 226 - 228.

- */Wert, James/Newcombe, Alan,* Comparison of Weighted Voting Formulas for the United Nations, in: World Politics, 23 (1971), S. 452 - 492.

Nienhaus, Volker, Konsensuale Gesetzgebung im Deutschen Bundestag: Zahlen und Anmerkungen zur 7. bis 9. Wahlperiode, in: ZParl, 16 (1985) 2, S. 163 - 169.

Nierhaus, Michael, Kommunalrecht für Brandenburg, Baden-Baden 2003.

Nitschke, August, Die Einstimmigkeit der Wahlen im Reiche Ottos des Großen, in: MIÖG, 70 (1962), S. 29 - 59.

Nohlen, Dieter, Wahlrecht und Parteiensystem. Zur Theorie und Empirie der Wahlsysteme, 5. Auflage, Opladen 2007.

Norbert K. Riedel, Der Vertrag von Nizza und die institutionelle Reform der Europäischen Union, in: ThürVBl. 11 (2002) 1, S. 1 - 6.

Nozick, Robert, Anarchie Staat Utopia, München 1974.

Nurmi, Hannu, Comparing Voting Systems, Dordrecht/Boston/Lancaster/Tokyo 1987.

Odendahl, Kerstin, Das Erfordernis der einheitlichen Stimmabgabe im Bundesrat (Art. 51 III 2 GG): Der Fall des Zuwanderungsgesetzes, in: JuS, 42 (2002) 11, S. 1049 - 1053.

Oeter, Stefan, Föderalismus, in: Armin von Bogdandy (Hrsg.), Europäisches Verfassungsrecht, Berlin/Heidelberg 2003, S. 59 - 119.

- Integration und Subsidiarität im deutschen Bundesstaatsrecht, Habil., Tübingen 1998.

- Selbstbestimmungsrecht und Bundesstaat, in: Hans-Joachim Heintze (Hrsg.), Selbstbestimmungsrecht der Völker – Herausforderung der Staatenwelt, Bonn 1997, S. 73 - 104.

- Souveränität und Demokratie als Probleme in der „Verfassungsentwicklung" der Europäischen Union, in: ZaöRV, 55 (1995) 2, S. 659 - 712.

Officer, Lawrence H., The International Monetary Fund, in: Frank J. Macchiarola (Hrsg.), International Trade. The Changing Role of the United States, New York 1990, S. 28 - 36.

Ohse, Gerhard, Die Suspension des Stimmrechts in der Generalversammlung der UNO, in: VN, 21 (1973) 5, S. 155 - 159.

Oldiges, Martin, Die Bundesregierung als Kollegium, Habil., Hamburg 1983.

Olson, Mancur, The Logic of Collective Action, Harvard 1965.

Oppermann, Thomas, Europarecht, 3. Auflage, München 2005.

Osieke, Ebere, Majority Voting Systems in the International Labour Organisation and the International Monetary Fund, in: ICLQ, 33 (1984), S. 381 - 408.

Ott, Eberhard, Die Weltorganisation für Meteorologie, Diss., Berlin 1976.

Ott, Yvonne, Der Parlamentscharakter der Gemeindevertretung, Diss., Baden-Baden 1994.

Pabst, Angela, Die athenische Demokratie, München 2003.

Pache, Eckhard, Eine Verfassung für Europa – Krönung oder Kollaps der europäischen Integration?, in: EuR, 37 (2002) 6, S. 767 - 789.

Padua, Marsilius von, Der Verteidiger des Friedens, Walter Kunzmann (Übers.), Horst Kusch (Bearb.), Heinz Rausch (Auswahl und Nachwort), Stuttgart 1971.

Paehlke-Gärtner, Cornelia, in: Dieter C. Umbach/Thomas Clemens (Hrsg.), Grundgesetz. Mitarbeiterkommentar und Handbuch, Band I, Heidelberg 2002, Art. 3 I, S. 241 - 318.

Palzer-Rollinger, Birgit, Zur Legitimität von Mehrheitsentscheidungen, Diss., Baden-Baden 1995.

Pappi, Franz Urban, Die Abstimmungsreihenfolge der Anträge zum Parlaments- und Regierungssitz am 20. Juni 1991 im Deutschen Bundestag, in: ZParl, 23 (1992) 3, S. 403 - 412.

Parkinson, Northcote C., Parkinsons Gesetz und andere Untersuchungen über die Verwaltung, Düsseldorf 1957.

Patijn, C. L., A Formula for Weighted Voting, in: F.M. van Asbeck/J. Donner/P.N. Drost/J.L.F. van Essen/W.J.M. van Eysingea/J.P.A. François/C.L. Patijn (eds.), Symbolae Verzijl. Présentées au Professeur J.H.W. Verzijl à l'occasion de son lxx-ième anniversaire, La Haye 1958, S. 255 - 264.

Patil, Anjali V., The UN Veto in World Affairs 1946-1990, Sarasota/London 1992.

Patzelt, Werner J., Einführung in die Politikwissenschaft, 5. Auflage, Passau 2003.

Pauly, Walter, Das Wahlrecht in der neueren Rechtsprechung des Bundesverfassungsgerichts, in: AöR, 123 (1998), S. 232 - 285.

Pechstein, Matthias/Koenig, Christian, Die Europäische Union, 3. Auflage, Tübingen 2000.

Peine, Franz-Joseph, Der befangene Abgeordnete, in: JZ, 40 (1985) 20, S. 914 - 921.

Pelikahn, Horst-Michael, Internationale Rohstoffabkommen, Diss., Baden-Baden 1990.

Perels, Kurt, Das autonome Reichstagsrecht, Berlin 1903.

- Geschäftsgang und Geschäftsformen, in: Gerhard Anschütz/Richard Thoma (Hrsg.), Handbuch des deutschen Staatsrechts, 1. Band, Tübingen 1930, S. 449 - 466.

Pernice, Ingolf, Kompetenzabgrenzung im Europäischen Verfassungsverbund, in: JZ, 55 (2000) 18, S. 866 - 876.

Pfitzer, Albert, Die Organisation des Bundesrates, in: Bundesrat (Hrsg.), Der Bundesrat als Verfassungsorgan und politische Kraft, Bad Honnef/Darmstadt 1974, S. 173 - 191.

Pieroth, Bodo, Offene oder geheime Wahlen und Abstimmungen?, in: JuS, 31 (1991) 2, S. 89 - 97.

- in: Hans Jarass/Bodo Pieroth, Grundgesetz für die Bundesrepublik Deutschland. Kommentar, 8. Auflage, München 2006, Art. 20, S. 447 - 454; Art. 42, S. 654 - 657; Art. 51 - 52, S. 679 - 683; Art. 79, S. 787 - 792.

- /*Schlink, Bernhard,* Staatsrecht II, Grundrechte, 21. Auflage, Heidelberg 2005.

Piris, Jean-Claude, Hat die Europäische Union eine Verfassung? Braucht sie eine?, in: EuR, 35 (2000) 3, S. 311 - 350.

Plate, A., Die Geschäftsordnung des Preußischen Abgeordnetenhauses. Ihre Geschichte und ihre Anwendung, 2. Auflage, Berlin 1904.

Platon, Nomoi, Gesetze Buch I - VI, Klaus Schöpsdau (Bearb.), 2. Auflage, Darmstadt 1990.

- Politeia Der Staat, Gunther Eigler (Hrsg.), Platon, Werke in acht Bänden, Griechisch und Deutsch, Dietrich Kurz (Bearb.), dtsch. Übersetzung von Friedrich Schleiermacher, 2. Auflage, Darmstadt 1990.

- Politikos Der Staatsmann, Gunther Eigler (Hrsg.), Platon, Werke in acht Bänden, Griechisch und Deutsch, Peter Staudacher (Bearb.), dtsch. Übersetzung von Friedrich Schleiermacher, 2. Auflage, Darmstadt 1990.

Pleyer, Marcus C.F., Föderative Gleichheit, Diss., Berlin 2005.

Plöchl, Willibald M., Geschichte des Kirchenrechts, Wien/München 1953.

Podlech, Adalbert, Gehalt und Funktionen des allgemeinen verfassungsrechtlichen Gleichheitssatzes, Habil., Berlin 1971.

- Wertentscheidungen und Konsens, in: Günther Jakobs (Hrsg.), Rechtsgeltung und Konsens, Berlin 1976, S. 9 - 28.

Poetzsch-Heffter, Fritz, Handkommentar der Reichsverfassung vom 11. August 1919, 3. Auflage, Berlin 1928.

Pölitz, Karl Heinrich Ludwig, Die europäischen Verfassungen, I. Band, 2. Auflage, Leipzig 1832.

Pollak, Adam, Ueber Rechtsprinzipien. Eine analytische Untersuchung, in: Archiv für Rechts- und Wirtschaftsphilosophie, 13 (1919/20) 2-3, S. 110 - 134.

Pöllinger, Sigrid, Der KSZE/OSZE Prozeß, Wien 1998.

Popp, Walter, Soziale Mathematik der Mehrheitsentscheidung, in: Adalbert Podlech (Hrsg.), Rechnen und Entscheiden, Berlin 1977, S. 25 - 59.

Posner, Richard A., Recht und Ökonomie: Eine Einführung, in: Heinz-Dieter Assmann/Christian Kirchner/Erich Schanze (Hrsg.), Ökonomische Analyse des Rechts, Tübingen 1993, S. 79 - 98.

Przetacnik, Franciszek, The Double Veto of the Security Council of the United Nations: A New Appraisal, in: Revue de Droit International de Sciences Diplomatiques et Politiques (The International Law Review), (1980) 3, S. 155

Przygode, Stefan, Die deutsche Rechtsprechung zur unmittelbaren Demokratie, Diss., Baden-Baden 1995.

Puttler, Adelheid, in: Christian Calliess/Matthias Ruffert (Hrsg.), Verfassung der Europäischen Union. Kommentar der Grundlagenbestimmungen (Teil I), München 2006, Art. I-5, S. 72 - 80.

Quaritsch, Helmut, Der grundrechtliche Status der Ausländer, in: Josef Isensee/Paul Kirchhof (Hrsg.), Handbuch des Staatsrechts der Bundesrepublik Deutschland, Band V, 2. Auflage, Heidelberg 2000, § 120, S. 663 - 737.

- Souveränität, Berlin 1986.

- Staat und Souveränität, Band 1: Grundlagen, Habil., Frankfurt am Main 1970.

Randelzhofer, Albrecht, in: Bruno Simma (ed.), The Charter of the United Nations. A Commentary, Band I, 2. Auflage, München 2002, Art. 2, S. 63 - 68.

- Staatsgewalt und Souveränität, in: Josef Isensee/Paul Kirchhof (Hrsg.), Handbuch des Staatsrechts der Bundesrepublik Deutschland, Band I, 2. Auflage, Heidelberg 1998, § 15, S. 691 - 707.

Randolph, Lillian, The Fundamental Laws of Governmental Organizations, New Haven 1971.

Rapkin, David P./Strand, Jonathan R., Reforming the IMF's Weighted Voting System, in: The World Economy, 29 (2006) 3, S. 305 - 324.

Rasch, Bjørn Erik, Parliamentary Voting Procedures, in: Herbert Döring (ed.), Parliaments and Majority Rule in Western Europe, Frankfurt/Main/New York 1995, S. 488 - 527.

- Rigidity in Constitutional Amendment Procedures, in: Eivind Smith (ed.), The Constitution as an Instrument of Change, Stockholm 2003, S. 111 - 149.

Rauch, Karl/Zeumer, Karl (Hrsg.), Quellen und Studien zur Verfassungsgeschichte des Deutschen Reiches in Mittelalter und Neuzeit, Traktat über den Reichstag im 16. Jahrhundert, Weimar 1905.

Reckhard, Michael, Die rechtlichen Rahmenbedingungen der Sanktionierung von Beitragsverweigerung im System der Vereinten Nationen, Diss., Frankfurt am Main/Berlin/Bern/Bruxelles/New York/Wien 1999.

Redlich, Josef, Recht und Technik des Englischen Parlamentarismus, Leipzig 1905.

Reeh, Klaus, Das gezähmte Veto. Ein Vorschlag für eine wirkliche Vertiefung und Demokratisierung der Europäischen Union, in: Gerd Grözinger/Stephan Panther (Hrsg.), Konstitutionelle Politische Ökonomie, Marburg 1998, S. 131 - 159.

Regenbogen, Arnim/Meyer, Uwe (Hrsg.), Wörterbuch der philosophischen Begriffe, begründet von Friedrich Kirchner/Carl Michaëlis, fortgesetzt von Johannes Hoffmeister, Hamburg 1998.

Ress, Georg, Über die Notwendigkeit der parlamentarischen Legitimierung der Rechtsetzung der Europäischen Gemeinschaften, in: Wilfried Fiedler/Georg Ress (Hrsg.), Verfassungsrecht und Völkerrecht, Gedächtnisschrift für Karl Geck, Köln/Berlin/Bonn/München 1989, S. 625 - 684.

Reuling, Ulrich, Die Kur in Deutschland und Frankreich, Diss., Göttingen 1979.

- Zur Entwicklung der Wahlformen bei den hochmittelalterlichen Königserhebungen im Reich, in: Reinhard Schneider/Harald Zimmermann (Hrsg.), Wahlen und Wählen im Mittelalter, Sigmaringen 1990, S. 227 - 270.

Reuter, Konrad, Praxishandbuch Bundesrat, Heidelberg 1991.

Rhodes, P. J., A Commentary on the Aristotelian, Athenaion Politeia, Oxford 1993.

Riches, Cromwell A., Majority Rule in International Organization, Baltimore 1940.

- The Unanimity Rule and the League of Nations, Baltimore 1933.

Risse, Horst, in: Dieter Hömig (Hrsg.), Grundgesetz für die Bundesrepublik Deutschland. Kommentar, 8. Auflage, Baden-Baden 2007, Art. 42, S. 341 - 342.

Ritzel, Heinrich G./Koch, Helmut (Hrsg.), Geschäftsordnung des Deutschen Bundestages. Text und Kommentar, Frankfurt/Main 1952.

- /*Bücker, Joseph,* Handbuch für die parlamentarische Praxis mit Kommentar zur Geschäftsordnung des Deutschen Bundestages von Joseph Bücker, Neuwied 1990.
- Handbuch für die parlamentarische Praxis mit Kommentar zur Geschäftsordnung des Deutschen Bundestages, Loseblatt-Ausg., Neuwied 1993.

Robbers, Gerhard, in: Michael Sachs (Hrsg.), Grundgesetz. Kommentar, 4. Auflage, München 2007, Art. 51 - 52, S. 1261 - 1270.

Robert, Henry M., Robert's Rules of Order, 10. Auflage, Cambridge 2000.

Roellecke, Gerd, Souveränität, Staatssouveränität, Volkssouveränität, in: Dietrich Murswiek/Ulrich Storost/Heinrich A. Wolff (Hrsg.), Staat – Souveränität – Verfassung, FS für Helmut Quaritsch, Berlin 2000, S. 15 - 30.

- Verlagerung der Politik in die Interpretationskompetenz (-willkür) der Gerichte? Verlust der Berechenbarkeit des Rechts („Justizstaat"), in: Karl Heinrich Friauf/Friedhelm Hilterhaus (Hrsg.), Deutschland: Zwischen Reformbedürftigkeit und Reformfähigkeit, Symposium der Hanns Martin Schleyer-Stiftung am 25. und 26. Mai in Köln, Köln 1994, S. 49 - 55.

Röger, Ralf, Der neue Artikel 28 Absatz 1 Satz 3 GG: Vorläufiger Abschluß der langjährigen Diskussion um ein Kommunalwahlrecht für Ausländer, in: VR, 39 (1993) 4-5, S. 137 - 143.

Roll, Hans-Achim, Geschäftsordnung des Deutschen Bundestages. Kommentar, Baden-Baden 2001.

Roos, Hans, Polen von 1668 bis 1795, in: Theodor Schieder (Hrsg.), Handbuch der Europäischen Geschichte, Band 4, Stuttgart 1968, S. 690 - 752.

- Ständewesen und parlamentarische Verfassung in Polen (1505-1772), in: Dietrich Gerhard (Hrsg.), Ständische Vertretungen in Europa im 17. und 18. Jahrhundert, 2. Auflage, Göttingen 1974, S. 310 - 367.

Roos, Lothar, Mehrheitsregel im Entscheidungsprozess, in: Anton Rauscher (Hrsg.), Mehrheitsprinzip und Minderheitenrecht, Köln 1988, S. 9 - 53.

Röper, Erich, Zulässigkeit geheimer Abstimmungen im Parlament, in: ZParl, 11 (1980), S. 503 - 511.

Roscheck, Jan, Enthaltung und Nichtbeteiligung bei staatlichen Wahlen und Abstimmungen, Diss., Berlin 2003.

Rotermund, Das Stimmengleichheitsproblem im Gemeindeverfassungsrecht, in: Zeitschrift für Selbstverwaltung, 15 (1932), S. 204 - 211.

Roth, Klaus, Cicero, in: Peter Massing/Gotthard Breit (Hrsg.), Demokratie-Theorien, 2. Auflage, Schwalbach/Ts. 2002, S. 45 - 51.

- Marsilius von Padua, in: Peter Massing/Gotthard Breit (Hrsg.), Demokratie-Theorien, 2. Auflage, Schwalbach/Ts. 2002, S. 75 - 82.

- Platon, in: Peter Massing/Gotthard Breit (Hrsg.), Demokratie-Theorien, 2. Auflage, Wochenschau, Schwalbach/Ts. 2002, S. 27 - 36.

Röttger, Heinrich-Eckhart, Forum: Die parlamentarische Stimmrechtsbeschränkungsvereinbarung, in: JuS, 17 (1977) 1, S. 7 - 9.

Rousseau, Jean-Jacques, Vom Gesellschaftsvertrag oder Grundsätze des Staatsrechts, 4. Buch, (1762), Hans Brockard (Übers./Hrsg.), Stuttgart 1977.

Rowe, Gerard C., Servants of the People – Constitutions and States from a Principal-Agent Perspective, in: Stefan Voigt/Hans-Jürgen Wagener (eds.), Constitutions, Markets and Law. Recent Experiences in Transition Economies, Cheltenham/Northampton, MA 2002, S. 287 - 316.

Rudolf, Beate, Der Entwurf eines Zusatzprotokolls über die Reform des Kontrollmechanismus der Europäischen Menschenrechtskonvention, in: EuGRZ, 21 (1994) 3-4, S. 53 - 58.

Rudolf, Walter, Bundesstaat und Völkerrecht, in: AVR, 27 (1989) 1, S. 1 - 30.

Rudzinski, Aleksander W., Majority Rule vs. Great Power Agreement in the United Nations, in: International Organization, 9 (1955), S. 366 - 375.

- The so-called Double Veto, in: AJIL, 45 (1951) 3, S. 443 - 461.

Ruffert, Matthias, in: Christian Calliess/Matthias Ruffert (Hrsg.), Kommentar EUV/EGV, 3. Auflage, München 2007, Art. 7 EUV, S. 74 - 83; Art. 219 EGV, S. 1937 - 1938.

- in: Christian Calliess/Matthias Ruffert (Hrsg.), Verfassung der Europäischen Union. Kommentar der Grundlagenbestimmungen (Teil I), München 2006, Art. I-26 - Art. I-27, S. 327 - 341; Art. I-45 - I-47, S. 546 - 560.

Rühl, Ulli F.H., Das „freie Mandat": Elemente einer Interpretations- und Problemgeschichte, in: Der Staat, 39 (2000) 1, S. 23 - 48.

Rührmair, Alfred, Der Bundesrat zwischen Verfassungsauftrag, Politik und Länderinteressen, Diss., Berlin 2001.

Rummer, Anne, Die Europäische Union nach Amsterdam – Demokratie als Verfassungsprinzip der EU?, in: ZEuS, 2 (1999) 2, S. 249 - 280.

Ruoff, Christian, Stimmrechtsvertretung, Stimmrechtsermächtigung und Proxy-System, Diss., München 1999.

Rupp, Hans Heinrich, Wahlrechtsgleichheit bei der Verteilung der Sitze im Europäischen Parlament auf die Mitgliedstaaten, in: NJW, 48 (1996) 34, S. 2210 - 2211.

Rusett de, Alan, Large and Small States in International Organization. Present Attitudes to the Problem of Weighted Voting, in: International Affairs, 30 (1954) 4, S. 463 - 474.

Russett, Bruce M., Discovering Voting Groups in the United Nations, in: APSR, 60 (1966), S. 327 - 339.

- International Regions and the International System: A Study in Political Ecology, Chicago 1967.

Saalfeld, Thomas, On Dogs and Whips: Recorded Votes, in: Herbert Döring (ed.), Parliaments and Majority Rule in Western Europe, Frankfurt/Main/New York 1995, S. 528 - 565.

- Parteisoldaten und Rebellen, Diss., Opladen 1995.

Sachs, Michael, Das parlamentarische Regierungssystem und der Bundesrat – Entwicklungsstand und Reformbedarf, VVDStRL, 58 (1999), S. 39 - 77.

- Rechtsprechung, in: JuS, 44 (2004) 1, S. 69 - 71.
- in: Michael Sachs (Hrsg.), Grundgesetz. Kommentar, 4. Auflage, München 2007, Art. 20, S. 766 - 824.

Saftig, Alexander, Kommunalwahlrecht in Deutschland, Diss., Baden-Baden 1990.

Saladin, Peter, Wozu noch Staaten?, Bern 1995.

Sannwald, Rüdiger, in: Bruno Schmidt-Bleibtreu/Franz Klein (Hrsg.), Kommentar zum Grundgesetz, 10. Auflage, München 2004, Art. 21, S. 706 - 734; Art. 33 - 37, S. 850 - 931; Art. 70 - 82, S. 1257 - 1547.

- Die Beratungen zur Reform des Parlamentsrechts in der Gemeinsamen Verfassungskommission, in: ZParl, 25 (1994) 1, S. 15 - 32.

Šarčević, Edin, Das Bundesstaatsprinzip, Habil., Tübingen 2000.

Sartori, Giovanni, Demokratietheorie, Darmstadt 1992.

Scaeuola, Ad municipalem et de incolis (libro primo quaestionum), in: Theodor Mommsen, (Hrsg.), Digesta Iustiniani Augusti, vol. 2, Berolini 1870.

Schack, Friedrich, Redaktionsfehler, formelle Verfassungswidrigkeit und Irrtum und Täuschung des Gesetzgebers, in: DÖV, 17 (1964) 14, S. 469 - 471.

- Richterliche Textkritik und Prüfung der formellen Verfassungswidrigkeit, in: JIR, 11 (1962), S. 383 - 392.

Schäfer, Peter, Studienbuch Europarecht. Das Wirtschaftsrecht der EG, 3. Auflage, Stuttgart/München/Hannover/Berlin/Weimar/Dresden 2006.

Schauenberg, Bernd, Entscheidungsregeln, kollektive, in: Erich Frese (Hrsg.), Handwörterbuch der Organisation, 3. Auflage, Stuttgart 1992, S. 566 - 576.

- Zur Logik kollektiver Entscheidungen, Diss., Wiesbaden 1978.

Schaumann, Wilfried, Die Gleichheit der Staaten, Habil., Wien 1957.

Schefold, Dian, Volkssouveränität und repräsentative Demokratie in der Schweizerischen Regeneration 1830-1848, Basel/Stuttgart 1966, S. 276 - 313.

Scheller, Hanspeter K., Die Europäische Zentralbank. Geschichte, Rolle und Aufgaben, 2. Auflage, Frankfurt am Main 2006.

Schenke, Wolf-Rüdiger, Die verfassungswidrige Bundesratsabstimmung, in: NJW, 55 (2002) 18, S. 1318 - 1324.

Schermers, Henry G., The quorum in intergovernmental organs, in: Karl-Heinz Böckstiegel/Hans-Ernst Folz/Jörg Manfred Mössner/Karl Zemanek (Hrsg.), Völkerrecht Recht der Internationalen Organisationen Weltwirtschaftsrecht, FS für Ignaz Seidl-Hohenveldern, Köln/Berlin/Bonn/München 1988, S. 527 - 535.

- Weighted Voting, in: EPIL, 4 (2000), S. 1446 - 1447.

Schermers, Henry G./Blokker, Niels M., International Institutional Law, 3. Auflage, The Hague/London/Boston 1995.

Scheuner, Ulrich, Das Mehrheitsprinzip in der Demokratie, Hrsg. Rheinisch-Westfälische Akademie der Wissenschaften, Opladen 1973.

- Das repräsentative Prinzip in der modernen Demokratie, in: Heinz Rausch (Hrsg.), Zur Theorie und Geschichte der Repräsentation und Repräsentativverfassung, Darmstadt 1968, S. 386 - 418.

- Der Mehrheitsentscheid im Rahmen der demokratischen Grundordnung, in: Ulrich Häfelin/Walter Haller/Dietrich Schindler (Hrsg.), Menschenrechte Föderalismus Demokratie, FS für Werner Kägi, Zürich 1979, S. 301 - 325.

- Konsens und Pluralismus als verfassungsrechtliches Problem, in: Günther Jakobs (Hrsg.), Rechtsgeltung und Konsens, Berlin 1976, S. 33 - 68.

Schiffer, Eckart, Feststellung des Inhalts und Änderung von Beschlüssen sowie Berichtigungen im Gesetzgebungsverfahren, in: Eckart Schiffer/Helmut Karehnke (Hrsg.), Verfassung, Verwaltung, Finanzkontrolle, FS für Hans Schäfer, Köln/Berlin/Bonn/München 1975, S. 39 - 58.

Schimmelpfennig, Bernhard, Papst- und Bischofswahlen seit dem 12. Jahrhundert, in: Reinhard Schneider/Harald Zimmermann (Hrsg.), Wahlen und Wählen im Mittelalter, Sigmaringen 1990, S. 173 - 195.

Schimpf, Adrian, Das Demokratiedefizit, in: Spiegel online vom 02.10.2003, http://www.spiegel.de/politik/debatte/0,1518,268111,00.html (07.01.2008).

Schindler, Peter, Datenhandbuch zur Geschichte des Deutschen Bundestage 1980 bis 1984, Baden-Baden 1986.

- Datenhandbuch zur Geschichte des Deutschen Bundestages 1949 bis 1999, Band 1 - 3, Baden-Baden 1999.

Schläfereit, Helmut, Rechtsetzung durch internationale Organisationen, Diss., Kiel 1952.

Schlager, Erika B., The Procedural Framework of the CSCE: From the Helsinki Consultations to the Paris Charter, 1972-1990, in: HRLJ, 12 (1991) 6-7, S. 221 - 237.

Schlesinger, Walter, Karlingische Königswahlen, Göttingen 1963.

Schmans, Malte, Einstimmigkeitsprinzip, Mehrheitsprinzip und Konsensverfahren auf Vertragskonferenzen zur universellen völkerrechtlichen Rechtsetzung, Diss., Göttingen 1984.

Schmid, Hermann F., Parlamentarische Disziplin, in: AöR, 32 (1914), S. 439 - 579.

Schmidt, Julia, Strukturelle Alternativen der Ausgestaltung des Bundesrates, in: DÖV, 59 (2006) 9, S. 379 - 385.

Schmidt, Rolf, Grundrechte sowie Grundzüge der Verfassungsbeschwerde, 9. Auflage, Grasberg bei Bremen 2007.

- Staatsorganisationsrecht sowie Grundzüge des Verfassungsprozeßrechts, 7. Auflage, Grasberg bei Bremen 2007.

Schmidt, Sabine, Stimmverbote in der GmbH, Diss., Wien 2003.

Schmidt, Thorsten Ingo, Die Entscheidung trotz Stimmengleichheit, in: JZ, 58 (2003) 3, S. 133 - 138.

- Die Geschäftsordnungen der Verfassungsorgane als individuell-abstrakte Regelungen des Innenrechts, in: AöR, 128 (2003) 4, S. 608 - 648.

Schmidt, Vivien A., The European Union, Wien 2003.

Schmidtchen, Susanne, Die Beziehung der Schweiz zu den Bretton Woods Institutionen. Annäherung, Integration und Behauptung, NADEL ETH Zürich 2001, in: http://www.nadel.ethz.ch/forschung/CH_BWI_sw.pdf (07.01.2008).

Schmidt-Aßmann, Eberhard, Der Rechtsstaat, in: Josef Isensee/Paul Kirchhof (Hrsg.), Handbuch des Staatsrechts der Bundesrepublik Deutschland, Band II, 3. Auflage, Heidelberg 2004, § 26, S. 541 - 612.

- */Röhl, Hans Christian,* Kommunalrecht, in: Eberhard Schmidt-Aßmann (Hrsg.), Besonderes Verwaltungsrecht, 13. Auflage, Berlin 2005, S. 1 - 120.

Schmidt-Jortzig, Edzard, Kommunalrecht, Stuttgart/Berlin/Köln/Mainz 1982.

Schmitt, Horst, Das legislative Votum, Diss., Bonn 1959.

Schmitt Glaeser, Walter, Die grundrechtliche Freiheit des Bürgers zur Mitwirkung an der Willensbildung, in: Josef Isensee/Paul Kirchhof (Hrsg.), Handbuch des Staatsrechts der Bundesrepublik Deutschland, Band II, 2. Auflage, Heidelberg 1998, § 31, S. 49 - 71.

Schmitt von Sydow, Helmut, in: Hans von der Groeben/Jürgen Schwarze (Hrsg.), Kommentar zum Vertrag über die Europäische Union und zur Gründung der Europäischen Gemeinschaft, Band 4, Art. 189 - 314, 6. Auflage, Baden-Baden 2004, Art. 213 EG, S. 237 - 250, Art. 219, S. 288 - 297.

Schmitz, Michael, Die vorrangige Abstimmung über den weitestgehenden Antrag – zur Auslegung der Geschäftsordnung des Gemeinderates, in: NVwZ, 11 (1992) 6, S. 547 - 550.

Schmitz, Thomas, Chronik der Rechtsprechung des Bundesverfassungsgerichts - 1995 (2), in: ERPL/REDP, 8 (1996), S. 1263 - 1312.

- Constitutional Jurisprudence Federal Republic of Germany, in: ERPL/REDP, 15 (2003) 4, S. 1399 - 1450.

- Das europäische Volk und seine Rolle bei einer Verfassungsgebung in der Europäischen Union, in: EuR, 38 (2003) 2, S. 217 - 243.

Schnapp, Friedrich E., in: Ingo von Münch (begründet)/Philip Kunig (Hrsg.), Grundgesetz. Kommentar, Band 2, Art. 20 - 69, 5. Auflage, München 2001, Art. 20, S. 1 - 34.

Schneckener, Ulrich, Gerangel um den UN-Sicherheitsrat, in: SWP-Aktuell, 6 (Februar 2005), S. 4 - 11.

Schneider, Franz, Die politische Komponente der Rechtsstaatsidee in Deutschland, in: APuZ, B 40 (1968), S. 1 - 20.

Schneider, Hans, Anmerkung zur Entscheidung des Staatsgerichtshofs Bremen vom 13.5.1953 – St 2/1952, in: DVBl., 68 (1953), S. 440 - 441.

Schneider, Karl Georg, Die Abstimmung unter besonderer Berücksichtigung der verschiedenen Mehrheitsbegriffe, Diss., Heidelberg 1951.

Schneider, Michael, Die Beschlußfähigkeit und Beschlußfassung von Kollegialorganen, Diss., Bochum 2000.

Schoch, Friedrich, Vorläufiger Rechtsschutz und Risikoverteilung im Verwaltungsrecht, Habil., Heidelberg 1988.

Schönberger, Christoph, Die Europäische Union als Bund, in: AöR, 129 (2004) 1, S. 81 - 120.

Schoo, Johann, in: Jürgen Schwarze (Hrsg.), EU-Kommentar, Baden-Baden 2000, Art. 190 EGV, S. 1735 - 1744; Art. 198 EGV, S. 1771 - 1773.

Schopenhauer, Arthur, Ueber den Willen in der Natur, in: Angelika Hübscher (Bearb.), Schriften zur Naturphilosophie und zur Ethik, Band 4, 4. Auflage, Mannheim 1988.

Schorn, Günter, Die Berichtigung offenbarer Unrichtigkeiten in Hoheitsakten der Gesetzgebung, Diss., Münster 1984.

Schreiber, Wolfgang, Handbuch des Wahlrechts zum Deutschen Bundestag. Kommentar zum Bundeswahlgesetz, 7. Auflage, Köln/Berlin/Bonn/München 2002.

Schreiner, Hermann-Josef, Geschäftsordnungsrechtliche Befugnisse des Abgeordneten, in: Hans-Peter Schneider/Wolfgang Zeh (Hrsg.), Parlamentsrecht und Parlamentspraxis in der Bundesrepublik Deutschland, Berlin/New York 1989, § 18, S. 593 - 606.

Schreuer, Christoph, State Sovereignty and the Duty of States in Cooperate – Two Incompatible Notions?, in: Jost Delbrück (ed.), International Law of Cooperation and State Sovereignty, Proceedings of an International Symposium of the Kiel Walther-Schücking-Institute of International Law, May 23 - 26, 2001, Berlin 2002, S. 162 - 180.

Schröder, Meinhard, Grundlagen und Anwendungsbereich des Parlamentsrechts, Habil., Baden-Baden 1979.

- in: Norbert Achterberg/Günter Püttner/Thomas Würtenberger (Hrsg.), Besonderes Verwaltungsrecht, Band II, 2. Auflage, Heidelberg 2000, § 16, S. 1 - 53.

Schubert, Klaus/Klein, Martina, Das Politiklexikon, 2. Auflage, Bonn 2001.

Schuldei, Marcus, Die Pairing-Vereinbarung, Diss., Berlin 1997.

Schulze, Lasse, Reform der Abstimmungsregeln und Inflationspräferenz im EZB-Rat, in: WD, 85 (2005) 11, S. 724 - 730.

Schulze, Ulrich, in: Michael Muth/Werner Plumbaum/Manfred Wendt/Josef Odendahl/Ulrich Jahn/Ulrich Schulze/Wolfgang Bernet/Karlheinz Gerner/Christian Pahl/Petra Ketzer/Volker Flömer, Potsdamer Kommentar zur Kommunalverfassung des Landes Brandenburg (Gemeinde- und Landkreisordnung), Vieselbach/Erfurt 1995, § 34, S. 182 - 184; § 47, S. 251 - 255.

Schulze-Fielitz, Helmuth, Parlamentsbrauch, Gewohnheitsrecht, Observanz, in: Hans-Peter Schneider/Wolfgang Zeh (Hrsg.), Parlamentsrecht und Parlamentspraxis in der Bundesrepublik Deutschland, Berlin/New York 1989, § 11, S. 359 - 393.

- in: Horst Dreier (Hrsg.), Grundgesetz. Kommentar, Band II, Artikel 20 - 82, 2. Auflage, Mohr Siebeck, Tübingen 2006, Art. 20 (Rechtsstaat), S. 170 - 277.

Schwabe, Johannes/Sundemann, Welf, Kommunalverfassung in Nordrhein-Westfalen, 6. Auflage, Hamburg 2003.

Schwarze, Jürgen, Ein pragmatischer Verfassungsentwurf, in: EuR, 38 (2003) 4, S. 535 - 573.

- in: Jürgen Schwarze (Hrsg.), EU-Kommentar, Baden-Baden 2000, Art. 220 EGV, S. 1878 - 1899.

- Europäische Verfassungsperspektiven nach Nizza, in: NJW, 55 (2002) 14, S. 993 - 998.

Schwarz-Liebermann von Wahlendorf, Hans Albrecht, Mehrheitsentscheid und Stimmenwägung. Eine Studie zur Entwicklung des Völkerverfassungsrechts, Tübingen 1953.

Schwebel, Stephen M., The Effect of Resolutions of the U.N. General Assembly on Customary International Law, in: ASIL Proc. of the 73rd Annual Meeting April 26-28, 1979, Washington D.C., S. 301 - 309.

Schweisfurth, Theodor, in: Bruno Simma (ed.), The Charter of the United Nations. A Commentary, Band I, 2. Auflage, München 2002, Art. 28, S. 523 - 538.

- */Oellers-Frahm, Karin (Hrsg.),* Dokumente der KSZE, München 1993.

Schweitzer, Michael/Hummer, Waldemar, Europarecht, 5. Auflage, Neuwied/Kriftel/Berlin 1996.

Schwerin, Thomas, Der Deutsche Bundestag als Geschäftsordnungsgeber, Diss., Berlin 1998.

Seeger, Richard, Handbuch für die Gemeinderatssitzung, 5. Auflage, Stuttgart/Berlin/ Köln 1994

Seewald, Otfried, Kommunalrecht, in: Udo Steiner (Hrsg.), Besonderes Verwaltungsrecht, 8. Auflage, Heidelberg 2006, S. 1 - 170.

Segall, Jeffrey J., Towards Democratic World Governance Trough the UN, in: Frank Barnaby (ed.), Building a More Democratic United Nations. Proceedings of CAMDUN-1, London 1991, S. 33 - 35.

Seidel, Gerd, Reform der UNO, in: RuP, 41 (2005) 2, S. 85 - 97.

Seidl-Hohenveldern, Ignaz in: Ignaz Seidl-Hohenveldern (Hrsg.), Ergänzendes Lexikon des Rechts, Band 1, Loseblatt-Ausg., Neuwied/Darmstadt 1999, Gruppe 4, Art. 390.

- */Loibl, Gerhard,* Das Recht der Internationalen Organisationen einschließlich der Supranationalen Gemeinschaften, 7. Auflage, Köln/Berlin/Bonn/München 2000.

- Gewohnheitsrecht, völkerrechtliches, in: Ignaz Seidl-Hohenveldern (Hrsg.), Lexikon des Rechts - Völkerrecht, 3. Auflage, Neuwied/Kriftel 2001, S. 147 - 149.

- Gleichheit, in: Ignaz Seidl-Hohenveldern (Hrsg.), Lexikon des Rechts - Völkerrecht, 3. Auflage, Neuwied/Kriftel 2001, S. 150 - 151.

- Souveränität, in: Ignaz Seidl-Hohenveldern (Hrsg.), Lexikon des Rechts - Völkerrecht, 3. Auflage, Neuwied/Kriftel 2001, S. 377 - 379.

- */Stein, Torsten,* Völkerrecht, 10. Auflage, Köln/Berlin/Bonn/ München 2000.

Sen, Amartya K., A Possibility Theorem on Majority Decisions, in: Econometrica, 34 (1966), 2, S. 491 - 499.

- Collective Choice and Social Welfare, San Francisco/Cambridge/London/ Amsterdam 1970.

Sieyes, Emmanuel Joseph, Politische Schriften 1788-1790, Eberhardt Schmitt/Rolf Reichardt (Übers./Hrsg.), Darmstadt/Neuwied 1975.

Silberkuhl, Peter, in: Dieter Hömig (Hrsg.), Grundgesetz für die Bundesrepublik Deutschland. Kommentar, 8. Auflage, Baden-Baden 2007, Art. 21, S. 246 - 257.

Silbert, Michael/Newcombe, Hanna, Mathematical Studies of Weighted Voting at the United Nations, in: Arnold Simoni (ed.), Weighted Voting: A Needed Concept for International Security, Part III, Ontario 1967, S. 1 - 180.

Simma, Bruno/Brunner, Stefan/Kaul, Hans-Peter, in: Bruno Simma (ed.), The Charter of the United Nations. A Commentary, Band I, 2. Auflage, München 2002, Art. 27, S. 476 - 523.

Simoni, Arnold, Beyond Repair, Ontario 1972.

Slapnicka, Helmut, Das Vetorecht des Präsidenten der Tschechischen Republik und Beispiele aus seiner Vorgeschichte, in: WGO-MfOR, 45 (2003) 1, S. 31 - 34.

Smuts, J.C., The League of Nations. A Practical Suggestion, London/Toronto/New York 1918.

Sobota, Katharina, Das Prinzip Rechtsstaat, Habil., Tübingen 1997.

Sodan, Helge, Kollegiale Funktionsträger als Verfassungsproblem, Diss., Berlin 1986.

Soerensen, Carsten F., Die verfassungsgemäße Bundesratsabstimmung zum Zuwanderungsgesetz, in: NJW, 55 (2002) 24, S. XII.

Sohn, Louis B., A New Proposal, in: Common Cause, 3 (1949) 2, S. 77 - 81.

- Voting Procedure in United Nations Conferences for the Codification of International Law, in: AJIL, 69 (1975) 2, S. 310 - 353.

- Weighting of Votes in an International Assembly, in: APSR, 38 (1944), S. 1192 - 1201.

- The United Nations, 28th Session. Introduction: United Nations Decision-Making: Confrontation or Consensus?, in: HarvILJ, 15 (1974) 3, S. 438 - 445.

Sommermann, Karl-Peter, in: Hermann von Mangoldt (begründet)/Friedrich Klein (fortgeführt)/Christian Starck (Hrsg.), Kommentar zum Grundgesetz, Band 2: Artikel 20 bis 82, 5. Auflage, München 2005, Art. 20, S. 1 - 150.

Sperduti, Giuseppe, Consensus in International Law, in: ItYIL, 2 (1976), S. 33 - 38.

Staats, Johann Friedrich, Zur Berichtigung von Gesetzesbeschlüssen des Bundestages wegen Redaktionsversehen, in: ZRP, 7 (1974) 8, S. 183 - 186.

Stahl, Rainer, Der Interessenwiderstreit im Gemeinderecht, in: DVBl., 87 (1972), S. 764 - 772.

Starck, Christian, Die Anwendung des Gleichheitssatzes, in: Christoph Link (Hrsg.), Der Gleichheitssatz im modernen Verfassungsstaat, Baden-Baden 1982, S. 51 - 73.

- Empirie in der Rechtsdogmatik, in: JZ, 27 (1972) 20, S. 609 - 614.

Starosolskyj, Wolodymyr, Das Majoritätsprinzip, Wien/Leipzig 1916.

Staveley, Eastland Stuart, Greek and Roman Voting and Elections, New York 1972.

Stavropoulos, Constantin A., The Practice of Voluntary Abstentions by Permanent Members of the Security Council under Article 27, Paragraph 3, of the Charter of the United Nations, in: AJIL, 61 (1967) 3, S. 737 - 752.

Steiger, Heinhard, Organisatorische Grundlagen des parlamentarischen Regierungssystems, Habil., Berlin 1973.

- Zur Funktion der Öffentlichkeit parlamentarischer Verhandlungen heute, in: Studium Generale, 23 (1970), S. 710 - 733.

Stein, Andreas, Der Sicherheitsrat der Vereinten Nationen und die Rule of Law, Diss., Baden-Baden 1999.

Stein, Torsten/Buttlar, Christian von, Völkerrecht, 11. Auflage, Köln/Berlin/München 2005.

Stein, Ekkehart/Frank, Götz, Staatsrecht, 20. Auflage, Tübingen 2007.

Stern, Klaus, Das Staatsrecht der Bundesrepublik Deutschland. Grundbegriffe und Grundlagen des Staatsrechts, Strukturprinzipien der Verfassung, Band I, 2. Auflage, München 1984.

- Das Staatsrecht der Bundesrepublik Deutschland. Staatsorgane, Staatsfunktionen, Finanz- und Haushaltsverfassung, Notstandsverfassung, Band II, München 1980.

Stettner, Rupert, in: Horst Dreier (Hrsg.), Grundgesetz. Kommentar, Band II, Artikel 20 - 82, 2. Auflage, Tübingen 2006, Art. 77, S. 1738 - 1753.

Stober, Rolf, Kommunalrecht in der Bundesrepublik Deutschland, 3. Auflage, Stuttgart/Berlin/Köln 1996.

Stone, Julius, The Rule of Unanimity; The Practice of the Council and Assembly of the League of Nations, in: BYIL, 14 (1933), S. 18 - 42.

Straffin, Philip D., Topics in the Theory of Voting, Boston/Basel/Stuttgart 1980.

Straßberger, Gudrun, Abstimmungspraxis und Abstimmungsgrundsätze in der Bundesrepublik Deutschland, Diss., Würzburg 1967.

Streinz, Rudolf, Die Luxemburger Vereinbarung, München 1984.

- Europarecht, 7. Auflage, Heidelberg 2005.

- in: Hermann von Mangoldt (begründet)/Friedrich Klein (fortgeführt)/ Christian Starck (Hrsg.), Kommentar zum Grundgesetz, Band 2: Artikel 20 bis 82, 5. Auflage, München 2005, Art. 21, S. 213 - 358.

Strekosow, W.G/Kasantschew, Ju.D., Konstituzionnoje pravo Rossii, Moskwa 1997.

Stumpf, Cordula, in: Jürgen Schwarze (Hrsg.), EU-Kommentar, Baden-Baden 2000, Art. 3, 4 EUV, S. 62 - 72.

Sturgis, Alice, Standard Code of Parliamentary Procedure, 3. Auflage, New York/St. Louis, San Francisco/Hamburg/Mexico/Toronto 1988.

Sturm, Roland, Vorbilder für eine Bundesratsreform? Lehren aus den Erfahrungen der Verfassungspraxis Zweiter Kammern, in: ZParl, 33 (2002) 1, S. 166 - 179.

- Zur Reform des Bundesrates, in: APuZ, B 29-30 (2003), S. 24 - 31.

Suhr, Oliver, in: Christian Calliess/Matthias Ruffert (Hrsg.), Verfassung der Europäischen Union. Kommentar der Grundlagenbestimmungen (Teil I), München 2006, Art. I-32, S. 374 - 385.

Suy, Erik, Consensus, in: EPIL, 1 (1992), S. 759 - 761.

Tacitus, Cornelius P., Germania, Josef Lindauer (Hrsg.), Rohwohlt, München 1967/68.

Tarkiainen, Tuttu, Die athenische Demokratie, München 1972.

Tecklenburg, Adolf, Die parlamentarische Beschlussfassung, in: JöR, 8 (1914), S. 75 - 99.

- Die Stimmengleichheit bei der Beschlussfassung parlamentarischer und kommunaler Körperschaften, in: Preußisches Verwaltungsblatt, 43 (1921) 1, S. 7 - 8.

Teja, Jaskaran S., Expansion of the Security Council and its Consensus Procedure, in: NTIR, 16 (1969), S. 349 - 363.

Tettinger, Peter J./Erbguth, Wilfried/Mann, Thomas, Besonderes Verwaltungsrecht. Kommunalrecht, Polizei- und Ordnungsrecht, Baurecht, 9. Auflage, Heidelberg 2007.

Tetzlaff, Thilo, Die Bedeutung des Landesverfassungsrechts bei der Beurteilung der Abstimmung über das Zuwanderungsgesetz im Bundesrat, in: DÖV, 56 (2003) 17, S. 693 - 700.

Thiele, Robert, Niedersächsische Gemeindeordnung. Kommentar, 6. Auflage, Kiel 2002.

Thieme, Werner, Entscheidungen in der öffentlichen Verwaltung, Köln/Berlin/Bonn/München 1981.

Thomson, Jeri/Davis, Zoe (Senate Libraray), Presidential Vetoes, 1989-2000, Washington D.C. 2001.

Thürk, Anmerkung zum Urteil des Verfassungsgerichtshofs des Saarlandes vom 16.7.1963 – Lv 2/62, in: JBl. Saar, (1964), S. 136 - 139.

Tiewul, Sylvanus Azadon, Namibia and the Unanimity Principle in the Security Council, in: UGLJ, 11 (1974) 1, S. 20 - 49.

Töller, Annette Elisabeth, Komitologie, Diss., Opladen 2002.

Tomuschat, Christian, in: Bruno Simma (ed.), The Charter of the United Nations. A Commentary, Band I, 2. Auflage, München 2002, Art. 19, S. 363 - 376.

- Die Beitragsverweigerung in internationalen Organisationen, in: Werner Flume/Hugo J. Hahn/Gerhard Kegel/Kenneth R. Simmonds (Hrsg.), Internationales Recht und Wirtschaftsordnung, FS für F.A. Mann, München 1977, S. 439 - 464.

- Tyrannei der Minderheit?, in: GYIL, 19 (1976), S. 278 - 316.

- Verfassungsgewohnheitsrecht?, Habil., Heidelberg 1972.

Trendelenburg, Adolf, Ueber die Methode bei Abstimmungen, Berlin 1850.

Treves, Tullio, Devices to Facilitate Consensus: The Experience of the Law of the Sea Conference, in: ItYIL, 2 (1976), S. 39 - 60.

- Les Fonds des Mers au-delà de la Juridiction Nationale (L'Autorité Internationale des Fonds Marines), in: René-Jean Dupuy (ed.), A Handbook on International Organizations, 2. Auflage, Dordrecht/Boston/London 1998, S. 776 - 794.

Triepel, Heinrich, Goldbilanzen-Verordnung und Vorzugsaktien, Berlin/Leipzig 1924.

- Nouveau Recueil Général de Traités et Autres Actes Relatifs aux Rapports de Droit International. Continuation du Grand Recueil de G. Fr. de Martens, Tome II, Leipzig 1909.

Troßmann, Hans, Parlamentsrecht des Deutschen Bundestages. Kommentar, München 1977.

- /*Roll, Hans-Achim,* Parlamentsrecht des Deutschen Bundestages. Kommentar, Ergänzungsband, München 1981.

Trute, Hans-Heinrich, in: Ingo von Münch (begründet)/Philip Kunig (Hrsg.), Grundgesetz. Kommentar, Band 2, Art. 20 - 69, 5. Auflage, München 2001, Art. 38, S. 623 - 687.

Tsebelis, George/Yataganas, Xenophon, Veto Players and Decision-making in the EU after Nice, in: JCMS, 40 (2002) 2, S. 283 - 307.

Ueberwasser, Heinrich, Das Kollegialprinzip, Diss., Basel/Frankfurt am Main 1989.

Uibopuu, Henn-Jüri, Die Völkerrechtssubjektivität der Unionsrepubliken der UdSSR, Wien/New York 1975.

Ulpianus, De diversis regulis iuris antiqui (libro septuagensimo sexto ad edictum), in: Theodor Mommsen, (Hrsg.), Digesta Iustiniani Augusti, vol. 2, Berolini 1870.

Urban, Thomas, Entzug des Rederechts ist einseitiges Diktat, in: Süddeutsche Zeitung vom 13.04.2000, S. 8.

Uschakow, N. A., Das Prinzip der Einstimmigkeit der Großmächte in der Organisation der Vereinten Nationen, Berlin 1958.

Ustor, Endre, Decision-Making in the Council for Mutual Economic Assistance, in: RdC, 134 (1971) 3, Leyden 1972, S. 163 - 296.

Varain, Heinz Josef, Die Bedeutung des Mehrheitsprinzips im Rahmen unserer politischen Ordnung, in: ZfP, N.F., 11 (1964), S. 239 - 250.

Varwick, Johannes, Die Reform der Vereinten Nationen, in: APuZ, B 43 (2004), S. 37 - 45.

Vedder, Christoph, in: Christoph Vedder/Wolff Heintschel von Heinegg (Hrsg.), Europäischer Verfassungsvertrag. Handkommentar, Baden-Baden 2007, Art. I-5, S. 59 - 67; Art. I-11, S. 84 - 93.

Verdroß, Alfred, Stimmeneinhelligkeit, Stimmenverhältnis, in: Karl Strupp (Hrsg.), Wörterbuch des Völkerrechts und der Diplomatie, Berlin/Leipzig, 1925, S. 681.

Versteyl, Ludger-Anselm, in: Ingo von Münch (begründet)/Philip Kunig (Hrsg.), Grundgesetz. Kommentar, Band 2, Art. 20 - 69, 5. Auflage, München 2001, Art. 42 - 43, S. 753 - 787.

- in: Ingo von Münch (begründet)/Philip Kunig (Hrsg.), Grundgesetz. Kommentar, Band 3, Art. 70 - 146, 5. Auflage, München 2003, Art. 121, S. 1309 - 1312.

Vignes, Daniel, Will the Third Conference on the Law of the Sea work according to the Consensus Rule?, in: AJIL, 69 (1975) 1, S. 119 - 129.

Vitzthum, Wolfgang Graf, in: Bruno Simma (ed.), The Charter of the United Nations. A Commentary, Band I, 2. Auflage, München 2002, Art. 2 Ziff. 6, S. 140 - 147.

Vonderbeck, Hans-Josef, Die parlamentarische Beschlußfähigkeit, in: Hans-Achim Roll (Hrsg.), Plenarsitzungen des Deutschen Bundestages, FG für Werner Blischke, Berlin 1982, S. 193 - 209.

- Die Rechte eines Mitglieds des deutschen Bundestages, in: ZParl, 14 (1983) 3, S. 311 - 356.

Vorbrugg, Georg, Unabhängige Organe der Bundesverwaltung, Diss., München 1965.

Vorländer, Hans, Demokratie. Geschichte - Formen - Theorien, Bonn 2003.

- Verfassung und Konsens, Diss., Berlin 1981.

Waechter, Kay, Kommunalrecht, 3. Auflage, Heymann, Köln/Berlin/Bonn/München 1997.

Waibel, Gerhard, Gemeindeverfassungsrecht Baden-Württemberg, 3. Auflage, Stuttgart/ Berlin/Köln 1995.

Wagner, Thomas/Grum, Gerd, Adjusting ECB decision-making to an enlarged Union, in: European Central Bank, Legal aspects of the European System of Central Banks, Frankfurt am Main 2005, S. 73 - 93.

Wagschal, Uwe/Grasl, Maximilian, Die modifizierte Senatslösung. Ein Vorschlag zur Verringerung von Reformblockaden im deutschen Föderalismus, in: ZParl, 35 (2004) 4, S. 732 - 752.

Wall de, Heinrich, in: Karl Heinrich Friauf/Wolfram Höfling (Hrsg.), Berliner Kommentar zum Grundgesetz, Band 2, Loseblatt-Ausg., Berlin 2006, Art. 51 - 53.

Wassermann, Hendrik, Enttäuschung in Nizza, in: RuP, 37 (2001) 1, S. 36 - 41.

Watt, Alan, The United Nations: Confrontation or Consensus?, Canberra 1974.

Weber, Albrecht, in: Hans von der Groeben/Jürgen Schwarze (Hrsg.), Kommentar zum Vertrag über die Europäische Union und zur Gründung der Europäischen Gemeinschaft, Band 4, Art. 189 - 314, 6. Auflage, Baden-Baden 2004, Art. 311 EG, S. 1786 - 1789.

Weber, Klaus, Vetorecht, in: Klaus Weber (Hrsg.), Creifelds Rechtswörterbuch, 19. Auflage, München 2007, S. 1314.

Weber, Leo, Die Beschlussfassung der Volksvertretung, Diss., Würzburg 1951.

Weber, Max, Staatssoziologie, Johannes Winckelmann (Hrsg.), Berlin 1956.

- Wirtschaft und Gesellschaft, Johannes Winckelmann (Hrsg.), 1. Halbband, 5. Auflage, Tübingen 1976.

Weber-Dürler, Beatrice, Die Rechtsgleichheit in ihrer Bedeutung für die Rechtsetzung, Diss., Bern 1973.

Weberpals, Thomas, Internationale Rohstoffabkommen im Völker- und Kartellrecht, Diss., München 1989.

Wegge, Georg, Zur normativen Bedeutung des Demokratieprinzips nach Art. 79 Abs. 3 GG, Diss., Baden-Baden 1996.

Wehberg, Hans, Die Völkerbundsatzung, 3. Auflage, Berlin 1929.

Weidenkaff, Walter, Geschäftsordnung, in: Klaus Weber (Hrsg.), Creifelds Rechtswörterbuch, 19. Auflage, München 2007, S. 490 - 491.

- Monokratisches Prinzip, in: Klaus Weber (Hrsg.), Creifelds Rechtswörterbuch, 19. Auflage, München 2007, S. 795 - 796.
- Organ, in: Klaus Weber (Hrsg.), Creifelds Rechtswörterbuch, 19. Auflage, München 2007, S. 853 - 854.

Weiler, J.H.H., The Geology of International Law – Governance, Democracy and Legitimacy, in: ZaöRV, 64 (2004) 3, S. 547 - 562.

Weinmann, Gerhard, Kollegiale Formen kommunaler Verwaltungsführung?, Köln 1993.

Wengst, Udo, Wer stimmte für Bonn, wer für Berlin?, in: ZParl, 22 (1991) 3, S. 339 - 343.

Wenner, Ulrich, Sperrklauseln im Wahlrecht der Bundesrepublik Deutschland, Diss., Frankfurt am Main/Bern/New York 1986.

Wernicke, Christian, Umgebildete EU-Kommission ins Amt gewählt, in: Süddeutsche Zeitung vom 19.11.2004, S. 6.

Wessel, Franz, Der Vermittlungsausschuß nach Artikel 77 des Grundgesetzes, in: AöR, 38 n.F. (1951/52), S. 283 - 313.

Wessels, Wolfgang, The EC Council: The Community's Decisionmaking Center, in: Robert Keohane/Stanley Hoffmann (eds.), The New European Community. Decisionmaking and Institutional Change, Boulder/San Francisco/Oxford 1991, S. 133 - 154.

Wichard, Johannes Christian, in: Christian Calliess/Matthias Ruffert (Hrsg.), Kommentar EUV/EGV, 3. Auflage, München 2007, Art. 4 EUV, S. 46 - 51; Art. 205 EGV, S. 1909 - 1915.

- in: Christian Calliess/Matthias Ruffert (Hrsg.), Verfassung der Europäischen Union. Kommentar der Grundlagenbestimmungen (Teil I), München 2006, Art. I-7, S. 141 - 151; Art. I-21 - Art. I-25, S. 306 - 327.

Wiederin, Ewald, Rechtsstaatlichkeit und Europäische Menschenrechtskonvention, in: Rainer Hofmann/Joseph Marko/Franz Merli/Ewald Wiederin (Hrsg.), Rechtsstaatlichkeit in Europa, Heidelberg 1996, S. 295 - 319.

Wiedmann, Thomas, Der Ausschuß der Regionen nach dem Vertrag von Amsterdam, in: EuR, 34 (1999) 1, S. 49 - 86.

- Der Vertrag von Nizza - Genesis einer Reform, in: EuR, 36 (2001) 2, S. 185 - 215.

Wilcox, Francis O., The Rule of Unanimity in the Security Council, in: Proceedings of the ASIL, Washington D.C. 1946, S. 51 - 83.

Wild, Michael, Die Gleichheit der Wahl, Diss., Berlin 2003.

Wildgrén, Mika, Voting rule reforms in the EU Council: needs, means and consequences, in: The Research Institute of the Finish Economy (ed.), Discussion Paper No. 483, Helsinki 1994.

Wilding, Norman/Laundy, Philip, An Encyclopaedia of Parliament, 4. Auflage, London 1972.

Willoweit, Dietmar, Deutsche Verfassungsgeschichte. Vom Frankenreich bis zur Wiedervereinigung Deutschlands, 5. Auflage, München 2005.

Winkelmann, Ingo (Hrsg.), Das Maastricht-Urteil des Bundesverfassungsgerichts vom 12. Oktober 1993, Berlin 1994.

Winkler, Werner, Probleme schnell und einfach lösen, Frankfurt am Main 2004.

Wirth, Hans Albert, Das Einstimmigkeitsprinzip im Völkerbund, Diss., Würzburg 1931.

Witte-Wegmann, Gertrud, Beschlußunfähigkeit infolge Befangenheit, in: Staats- und Kommunalverwaltung, (1974) 1, S. 10.

Wolff, Hans Julius/Bachof, Otto, Verwaltungsrecht II. Organisations- und Dienstrecht, 4. Auflage, München 1976.

- */Bachof, Otto/Stober, Rolf,* Verwaltungsrecht, Band II, 6. Auflage, München 2000.

Wolff, Heinrich Amadeus, Das Verhältnis von Rechtsstaatsprinzip und Demokratieprinzip, in: Dietrich Murswiek/Ulrich Storost/Heinrich A. Wolff (Hrsg.), Staat – Souveränität – Verfassung, FS für Helmut Quaritsch, Berlin 2000, S. 73 - 93.

Wolfrum, Rüdiger, Internationale Organisationen, in: Ignaz Seidl-Hohenveldern (Hrsg.), Lexikon des Rechts - Völkerrecht, 3. Auflage, Neuwied/Kriftel 2001, S. 189 - 199.

- in: Bruno Simma (ed.), The Charter of the United Nations. A Commentary, Band I, 2. Auflage, C.H. Beck, München 2002, Art. 18, S. 353 - 362.

- Konsens im Völkerrecht, in: Hans Hattenhauer/Werner Kaltefleiter (Hrsg.), Mehrheitsprinzip, Konsens und Verfassung, Heidelberg 1986, S. 79 - 92.

- Neue Elemente im Willensbildungsprozeß internationaler Wirtschaftsorganisationen, Strukturelle Neuerungen in den Satzungen von IFAD, UNIDO und Gemeinsamem Fonds, in: Vereinte Nationen, 29 (1981) 2, S. 50 - 56.

- The Decision-Making Process According to Sec. 3 of the Annex to Implementation Agreement: A Model to be Followed for Other International Economic Organisations?, in: ZaöRV, 55 (1995) 1, S. 310 - 328.

Wortley, B.A., The Veto and the Security Provisions of the Charter, in: BYIL, 23 (1946), S. 95 - 111.

Wright, Quincy, Representation in a World Legislature. II-Weighted Representation. A Survey, in: Common Cause, 3 (1949) 2, S. 72 - 81.

Wunderlich, Bruno, Die neueren Ansichten über die deutsche Königswahl und den Ursprung des Kurfürstenkollegiums, Vaduz 1965.

Wuttke, Horst, in: Heinz-Werner Arens (Hrsg.), Geschäftsordnung des Schleswig-Holsteinischen Landtages. Kommentar für die Praxis, Kiel 1999, §§ 65 - 79, S. 227 - 281.

Yasue, Noriko, Drafting the Charter of Fundamental Rights, in: Koji Fukuda/Hiroya Akiba (eds.), European Governance after Nice, London/New York 2003, S. 67 - 81.

Zacke, A., Ueber Beschlussfassung in Versammlungen und Collegien, Leipzig 1867.

Zacklin, Ralph, The Amendment of the Constitutive Instruments of the United Nations and Specialized Agencies, Leyden 1968.

Zamora, Stephen, Voting in International Economic Organizations, in: AJIL, 74 (1980) 3, S. 566 - 608.

Zbinden, Martin, Die Institutionen und die Entscheidungsverfahren der Europäischen Union nach Amsterdam, Bern 1999.

Zeh, Wolfgang, Demokratische Normalität oder verdeckter Verfassungskonflikt?, in: Bernd M. Kraske (Hrsg.), Pflicht zur Verantwortung, FS für Claus Arndt, Baden-Baden 2002, S. 225 - 241.

- Gliederung und Organe des Bundestages, in: Josef Isensee/Paul Kirchhof, Handbuch des Staatsrechts der Bundesrepublik Deutschland, Band II, 2. Auflage, Heidelberg 1998, § 42, S. 391 - 424.

Zemanek, Karl, Regionale Abkommen, in: Alfred Verdross, Völkerrecht, 5. Auflage, Wien 1964, S. 541 - 551.

Zeumer, Karl, Quellensammlung zur Geschichte der Deutschen Reichsverfassung in Mittelalter und Neuzeit, 2. Auflage, Tübingen 1913.

Zicht, Wilko, Wahlsysteme in den EU-Mitgliedsstaaten, in: Wahlsysteme im Ausland, http://www.wahlrecht.de/ausland/europa.htm (07.01.2008).

Zilioli, Chiara, in: Hans von der Groeben/Jürgen Schwarze (Hrsg.), Kommentar zum Vertrag über die Europäische Union und zur Gründung der Europäischen Gemeinschaft, Band 3, Art. 98 - 188, 6. Auflage, Baden-Baden 2004, Art. 10 ESZB-Satzung, S. 412 - 417.

Ziller, Gebhard/Oschatz, Georg-Berndt, Der Bundesrat, 10. Auflage, Düsseldorf 1998.

Zippelius, Reinhold, Allgemeine Staatslehre, 15. Auflage, München 2007.

- */Würtenberger, Thomas,* Deutsches Staatsrecht, 31. Auflage, München 2005.

- Der Gleichheitssatz, in: VVDStRL, 47 (1989), S. 7 - 36.

- Zur Rechtfertigung des Mehrheitsprinzips in der Demokratie, Mainz/Stuttgart 1987.

Zögernitz, Werner (Hrsg.), Bundesrat-Geschäftsordnung 1988, 2. Auflage, Wien 2002.

Zöpel, Christoph, Die Vereinten Nationen und die Parlamente (II), in: VN, 53 (2005) 4, S. 145 - 148.

Zuck, Rüdiger, Politische Sekundärtugenden (III): Die Kunst, das Los zu werfen, in: NJW, 50 (1997) 5, S. 297 - 299.

Zuleeg, Manfred, Demokratie in der Europäischen Gemeinschaft, in: JZ, 48 (1993) 22, S. 1069 - 1074.

Zumach, Andreas, Überflüssig wie ein Kropf. Zur Frage eines deutschen Ständigen Sitzes im Sicherheitsrat, in: VN, 53 (2005) 1, S. 7 - 8.

- Streichen und ändern, in: TAZ vom 27.08.2005, S. 4.

Sachregister

Abstimmung
- durch Zählung: 501 ff.
- durch Zuruf: 505 f.
- einfache: 492 ff.
- elektronische: 500 f.
- geheime: 489 ff.
- namentliche: 495 ff.
- offene: 483 ff.
- prinzipielle: 53, 544 f.
- schriftliche: 473, 506 ff.
- Wiederholung: 345, 512 ff.

Abstimmungsarten: 481 ff.
Abstimmungsmehrheit: 305 f., 309, 322 ff., 334 ff., 416, 478 f., 560, 570, 590
Abstimmungsregeln: 269 ff.
Abstimmungsverfahren: 521 ff.
Abstimmungsverhalten: 417 ff.
Abwesenheit: 461 ff.
- Abgrenzung von der Nichtteilnahme an der Abstimmung: 475
- als Lockerung der Einstimmigkeitsregel: 278 ff.
- bei schriftlicher Abstimmung: 473 f.

Afrikanische Union: 224, 297, 399, 449, 492, 532
Akklamation: 24, 32, 37, 42
Antrag
- Änderungsantrag: 531 f.
- nächstliegender: 530 f.
- weitergehender: 525 ff.

Anwesenheit
- der Hälfte der Mitglieder: 397
- der Mehrheit der Mitglieder: 392 ff.

Anwesenheitsmehrheit: 305, 334 ff., 449, 535, 570
Anwesenheitspflicht: 463 ff., 473, 592
Approval-Voting: 375 ff., 380 f.
Arrows Unmöglichkeitstheorem: 368 f., 522
Australien: 176 ff., 182, 279 f., 343, 459, 463 f., 471

Befangenheit: 403, 409, 451 ff., 473
Beratung: 63, 141 f., 145 f., 385 ff., 410, 455 ff., 474, 506 f.
Beschlussfähigkeit: 383 ff.
- bei schriftlichen Abstimmungen: 410 ff.
- durch Vermutung: 404 ff.
- Feststellung: 406 ff.
- Hilfsbeschlussfähigkeit: 408 f.
- und Beratungsfähigkeit: 407
- und Beschlussfassung: 386 f.

Beschlussfähigkeitsziffer: 384 ff., 390 ff., 415 f., 561
Beschlussunfähigkeit: 392, 404 ff., 414 f., 458, 460 f., 466
Besetzungsmechanismen kollegialer Entscheidungsorgane: 153 ff.
Bismarcksche Reichsverfassung: 42, 164, 227, 315, 317, 327 f., 342, 388, 407, 421, 483
Bloc voting: 476 ff.
Borda-Regel: 372 f., 378, 381
Boule: 25 ff., 48, 58
Brasilien: 178, 190, 222, 245, 468
Bundestag: 80, 143, 146, 153, 550 ff.
- Abstimmungsarten: 493 ff.

- Abstimmungsverfahren: 522 ff.
- Beschlussfähigkeit: 392 ff., 561 f.
- einfache Mehrheitsregel: 306 f., 559 f.
- Hammelsprung: 503 ff.
- Hauptstadtentscheidung: 522 ff.
- Kollegialprinzip: 59
- Öffentlichkeitsprinzip: 484 ff.
- Pairing: 471 ff.
- Reihenfolgeabstimmung: 522 ff.
- Sitzverteilung: 158 ff., 551 f.
- Stimmenverteilung: 221 f., 557
Bundesrat: 143, 150 f., 154, 552 ff.
- absolute Mehrheitsregel: 317 f.
- Abstimmungsarten: 492 f.
- Abstimmungsverfahren: 529 ff.
- Abstimmungsverhalten: 419 ff.
- Beschlussfähigkeit: 395
- einheitliche Stimmabgabe: 235 ff.
- Sitzverteilung: 164 ff., 552 ff.
- Stimmengewichtung: 226 ff., 557 f.
- Vermeidung einer Stimmenthaltung: 445 ff.
Bundesregierung: 143 f., 307, 342 f., 354, 397, 560
- Abwesenheit bei schriftlicher Abstimmung: 473 f.
- als Kollegialorgan: 60 f.
- Beschlussfähigkeit bei Umlaufverfahren: 410 ff.
Bundesstaatsprinzip: 116 ff.
- im Europarecht: 120 ff.
- im Kommunalrecht: 120
- im Staatsrecht: 118 ff., 227 f., 553 ff.
- und Kollegialentscheidungen: 126 f.
- und Subsidiaritätsprinzip: 123 ff.

Charta der Grundrechte der Europäischen Union: 94 f.
Cheirotonia: 25, 27, 29, 493
Comitien: 31 f.
Condorcet
- Alternative: 371 ff.

- Gewinner: 371 ff.
Copeland-Regel: 371, 378, 381
Costa Rica: 398 f., 418

Demokratie, athenische
- Entscheidungsregeln: 24 ff.
Demokratieprinzip: 65 ff.
- im Europarecht: 72 ff., 172, 574 ff.
- im Kommunalrecht: 68 ff., 565 ff.
- im Staatsrecht: 68 ff., 133, 159, 550 ff.
- im Völkerrecht: 75 f., 587 ff.
- und Kollegialentscheidungen: 84 f.
Deutsche Bundesakte: 43
Deutschland, Bundesrepublik: 166 ff., 178, 190, 193 ff., 211, 240 ff., 331, 359
Double Vote-Regel: 375 f., 380 f.

Einstimmigkeitsregel: 269 ff., 298 f., 323, 358, 363, 365, 377, 381, 450, 581 f., 589 f., 594
- historische Entwicklung: 22, 33 ff., 43 ff.
Ekklesia: 24 ff., 48, 58, 66, 138
EMRK: 76, 89, 95, 97, 99, 137, 340, 433
En-bloc-Abstimmung: 542 ff.
Entscheidung: 14 ff.
- Personalentscheidung: 15, 69, 490
- Sachentscheidung: 15, 69, 490
- Theorie der rationalen Entscheidung: 8 f.
Entscheidungsorgane: 132 ff.
- individuale: 132 ff.
- kollegiale: 135 ff.
Entscheidungsregeln
- kollektive: 367 ff.
Entscheidungstheorie: 9
Entscheidungsverfahren: 522 ff.
- historische Entwicklung: 48 ff.
Ernennung
- von Mitgliedern kollegialer Organe: 154 f.

Ernennungsprinzip: 119, 154
EuGH: 61, 73, 87, 94 f., 113, 147, 310, 340, 423, 508, 511, 577 f., 584
Europäische Union: 62, 81, 105, 112, 115, 120 ff., 133 f., 160 f., 168 ff., 201 f., 239 ff., 274 ff., 281 f., 318 ff., 328 ff., 572 ff.
- und Demokratieprinzip: 72 ff.
- und Rechtsstaatsprinzip: 87 f.
- und Grundrechte: 94 f.
Europäische Zentralbank
- Stimmenverteilung: 259 ff.
Europäisches Parlament: 153, 263
- Beschlussfähigkeit: 400, 584 f.
- einfache Mehrheitsregel: 309 f., 583
- Sitzverteilung: 168 ff., 577 ff.
- Stimmenthaltung: 444
- Veto: 355 f.
Europarat: 13, 81 f., 89, 94 f., 97, 106, 153, 155, 162, 178, 201, 224, 263, 276 f., 282, 313, 326 f., 333, 341 f., 399 f., 405, 428, 432 f., 468, 471, 493, 497, 500, 530, 532, 586
- Sitzverteilung in der Parlamentarischen Versammlung: 167
- und Demokratie: 75 f.
- und Rechtsstaatlichkeit: 89
Eventualabstimmung: 538 f.
- historische Entwicklung: 49 f.

FAO: 150, 162, 313, 325 f., 492
Finnland: 94, 167, 170, 196, 240, 249, 324, 344, 425, 545
Föderalismus: 116 ff., 121 ff., 126 ff.
Folgepflicht: 35 f., 54
Fraktionsdisziplin: 422 ff., 473, 519
Fraktionszwang: 422 ff.
Frankfurter Reichsverfassung: 42, 164, 227, 306, 317, 327 f., 341, 421, 428
Frankreich: 42, 50, 166 ff., 189 ff., 212, 240 ff., 248 f., 260, 278, 306, 324, 331, 341, 357, 359, 388, 425, 427 f., 468, 477, 493 f., 496 f., 500, 513, 529 ff., 575

GATT
- Konsensregel: 291, 298
Gefangenendilemma: 10
Gemeinderat: 81, 143, 153, 216, 222, 263, 306 f., 335, 354 f., 363, 395, 405, 407, 419 f., 425, 427, 464, 473, 489, 491, 493, 507, 529 f., 534, 543, 567 ff.
- als Kollegialorgan: 59 f.
- Sitzverteilung: 158, 564 f.
- Verbot der Stimmenthaltung: 440 ff.
- Verbot der Teilnahme an der Abstimmung wegen Befangenheit: 454 ff.
Generalversammlung der UNO: 77 ff., 106, 143, 148, 152 f.
- Abstimmungsarten: 489, 497, 500 f., 517
- Abstimmungsverfahren: 531 f.
- Abstimmungsverhalten: 442, 459, 465 f., 469
- Beschlussfähigkeit: 396, 592
- einfache Mehrheitsregel: 311 f., 590
- Entzug des Stimmrechts: 433 ff.
- Konsensregel: 287 f.
- Modell der Stimmengewichtung: 243 ff.
- qualifizierte Mehrheitsregel: 325 f., 590
- Sitzverteilung: 161, 586 f.
- Stimmenverteilung: 223, 589
Gleichheit
- demokratische: 113 f.
- formelle: 264 ff.
- materielle: 264 ff.
Gleichheitsprinzip: 109 ff.
- im Europarecht: 112 f., 574 ff.
- im Kommunalrecht: 111, 567 f.
- im Staatsrecht: 110 ff., 551 ff.
- im Völkerrecht: 113, 585 ff.

- und Kollegialentscheidungen: 114 ff.
Großbritannien: 166 ff., 175, 189 f., 193 ff., 217, 224, 240 ff., 260, 278 ff., 330 f., 357, 359, 416, 459, 471, 477, 505, 575, 588
Grundrechte: 93 ff.
- im Europarecht: 94 f., 97 f., 572
- im Kommunalrecht: 569
- im Staatsrecht: 93, 97 ff., 550, 559
- im Völkerrecht: 95 f.
- und Kollegialentscheidungen: 99 f.

Hammelsprung: 501 ff.
- historische Entwicklung: 31
Hare-Regel: 374, 379 ff.

IAEA: 162, 183, 197, 223, 311, 326, 396, 399, 434, 530, 532
ICAO: 162, 183, 202, 223, 313, 396, 434
IDA: 162, 250, 313
IEA: 253
IFAD: 162, 250, 327, 333, 359, 399, 434, 474, 509, 530, 532
IFC: 162, 250, 313
IGH: 279, 321, 340, 357
- Barcelona Traction: 96
- Certain Expenses: 433, 435
- Conditions of Admission: 76
- Constitution of the Maritime Safety Committee: 197
- Reparation: 63
- South West Africa: 272 f., 279, 289, 449
ILO: 47, 162, 183, 197, 202, 313, 326
IMF: 162, 219, 293, 313, 333, 343, 397, 434, 450, 509
- Beschlussfähigkeit bei Zurücknahme von bereits abgegebenen Stimmen: 413 f.
- Sitzverteilung: 192 ff.
- Stimmengewichtung: 248 f.

IMO: 162, 183, 197, 223, 313, 326, 396, 434
Indien: 162, 178, 190, 244 f.
INMARSAT: 251
IPbpR: 76, 95, 97 ff., 136
ISA: 136 f., 198, 223, 292, 297, 327, 478
Israel: 176 ff., 196, 211, 471, 501, 545
Italien: 166 ff., 194 ff., 240 ff., 248 f., 260, 278, 359, 427
ITU: 341, 469, 492, 497
IWC: 224, 434

Japan: 178, 193 ff., 211, 245

Kanonisches Recht: 33 ff., 283, 305, 321 f.
Kollegialorgan: 135 ff.
Kollegialprinzip: 58 ff.
- im Europarecht: 61 ff., 575
- im Kommunalrecht: 59 f., 567
- im Staatsrecht: 59 ff.
- im Völkerrecht: 63
- und Kollegialentscheidungen: 63 ff.
Kommission der EG/EU: 145, 149, 263, 286, 337, 465, 508 f., 584, 588
- absolute Mehrheit: 321
- als Kollegialorgan: 61 f., 64
- Beschlussfähigkeit: 390, 396, 584
- Sitzverteilung: 160 f., 166, 201 f., 574 ff.
- Stimmenverteilung: 580 f.
Konsensregel: 283 ff., 363, 365, 569 f.
- historische Entwicklung: 22
Konstitutionenökonomik: 7, 11
KSZE: Siehe OSZE

Liberum veto
- in Polen: 39 f., 353

Liga der Arabischen Staaten
- Stimmenverteilung: 224

Losentscheid: 344 f.
Losverfahren
- als Sitzverteilungsregel: 203 ff.
- historische Entwicklung: 25 ff.

Mainzer Bundesratsklausel: 445 f.
Mandat, freies: 239, 418 ff., 438,
    440 f., 457 f., 487, 568, 577
Mehrheitsentscheidung
- versus Minderheitenschutz: 82 f.
Mehrheitsregel: 301 ff.
- absolute: 314 ff.
- einfache: 305 ff.
- historische Entwicklung: 22 f.,
    35 ff.
- qualifizierte: 321 ff.
- relative: 304 f.
- und Demokratieprinzip: 83
Mehrstimmigkeitsregeln: 375 ff.
Menschenrechte: 93 ff.
Menschenrechtsrat: 96, 182 f.
MIGA: 313, 397
- Stimmengewichtung: 250 f.
Mitgliedermehrheit: 242, 314,
    317 ff., 322 f., 327, 330 f., 334,
    336 ff., 378, 401, 416, 423, 449,
    466, 472 f., 479, 560, 582
Mitwirkungsrechte, politische:
    96 ff., 550, 559, 569

Nanson-Regel: 373 f., 379, 381
NATO: 162, 493, 497
- Sitzverteilung in der Parlamentarischen Versammlung: 167
Naturrecht
- und Mehrheitsregel: 40 ff.
Nichtteilnahme an der Abstimmung:
    450 ff.
Norddeutscher Bund: 42, 164, 227,
    308, 315, 317, 327 f., 342, 388,
    405, 428, 430, 443, 471

OAS: 95, 162, 224, 493, 497
- und Demokratie: 75
Obstruktion: 391, 408 f., 466
OECD: 162, 250, 450

- Konsensregel: 291
OPEC: 250, 277, 466
Organ: 131 ff.
Ostrakismos: 27 ff., 49, 490
OSZE: 13, 81, 106, 153, 167, 224,
    263, 285, 291, 300, 468, 493, 497
- Konsensregel: 294 ff.
- Sitzverteilung in der Parlamentarischen Versammlung: 167
- und Demokratieprinzip: 75 f.

Pairing: 470 ff.
Parteien, politische: 80 f., 96 ff.,
    159, 209, 217, 422 ff., 550 ff.
Passerelle-Klausel: 281 f., 356
Polen: 39 f., 55, 167, 170, 196, 211,
    240 ff.
Präferenzordnungsregeln: 372 ff.
Preußische Verfassung: 42, 306,
    388, 421
Probeabstimmung: 422, 509 f., 538,
    546 f.
Proxy
- Abstimmen durch Proxy: 468 ff.
- Proxy-Veto: 361 f.

Quorum: 385 f.
- Verminderung als Lockerung der
    Einstimmigkeitsregel: 280 f.

Rat der EG/EU: 115, 127, 151, 222
    f., 263, 320, 358, 438, 467, 469,
    508, 510, 601
- absolute Mehrheitsregel: 318 ff.,
    582
- Beschlussfähigkeit: 390, 396, 408,
    584
- Einstimmigkeitsregel: 274 ff.
- Proxy: 469
- qualifizierte Mehrheitsregel:
    328 ff., 581
- Sitzverteilung: 160, 574
- Stimmengewichtung: 239 ff., 579
Ratsprinzip: 119, 154, 553, 556
Rechtsstaatsprinzip: 85 ff.
- im Europarecht: 87 f.

- im Kommunalrecht: 87, 568, 571
- im Staatsrecht: 87, 90, 552, 560 f.
- im Völkerrecht: 88 f.
- und Kollegialentscheidungen: 91 f.

Rederecht: 31 f., 139 f., 261 f., 420, 429 f.
Reformvertrag von Lissabon: 62
Regeln des paarweisen Vergleiches: 370 ff.
Reihenfolgeabstimmung: 522 ff.
- historische Entwicklung: 50 ff.
Repräsentationsprinzip: 119, 153, 257, 386, 416, 485, 491, 550
Römische Republik
- Entscheidungsregeln: 30 ff.
Rohstoffabkommen: 251 ff.
Rotation
- als Sitzverteilungsregel: 200 ff.
- als Stimmenverteilungsregel: 259 ff.
Russische Föderation: 95, 167, 189 ff., 211, 245, 432 f.

Schweden: 167, 170, 196, 211 f., 240, 249, 344, 471
Schweiz: 52 f., 222, 540 ff.
Seerechtsübereinkommen der UNO: 198, 285, 327, 527 f.
- Konsensregel: 292 ff.
Senatsprinzip: 119, 153, 553 f.
Sicherheitsrat der UNO: 64, 78 f., 109, 143, 145, 148, 152 f., 163, 273, 278 ff., 288 f., 321, 426, 438, 444 f., 448 f., 459 ff., 477, 497, 510, 530, 534, 536
- Beschlussfähigkeit: 402 f., 592
- einfache Mehrheitsregel: 313
- qualifizierte Mehrheitsregel: 332 f.
- Sitzverteilung: 174 ff., 189 ff., 199 f., 202 f., 587 f.
- Stimmenverteilung: 223, 589
- Veto: 356 ff.
Sitzverteilungsregeln: 157 ff.

Souveränitätsprinzip: 101 ff.
- und Kollegialentscheidungen: 108 f.
Sperrklausel: 208 ff.
- im Europarecht: 212
- im Kommunalrecht: 210 f.
- im Staatsrecht: 208 ff.
Sperrminorität
- im Bundesrat: 230 f., 234 f.
- im Rat der EG/EU: 241, 274, 329, 331, 358 f.
Spieltheorie: 9 f., 302, 322
Staatenverbindung: 12 f.
Staatssouveränitätsprinzip: 106 ff.
- äußeres: 107 f.
- inneres: 107
Stichentscheid: 342 ff.
Stimmabgabe
- Berichtigung: 510 ff.
- im Bundesrat: 235 ff.
- ungültige: 475 f.
Stimmengewichtung, -wägung: 224 ff.
Stimmengleichheit
- als Ergebnis der Anwendung einer Mehrheitsregel: 339 ff.
Stimmenthaltung: 45, 320, 412 ff., 436 ff., 449 ff., 459 ff., 466 f., 474 ff., 499 ff.
- als Lockerung der Einstimmigkeitsregel: 278 f.
- Verbot: 439 ff., 447
- Vermeidung im Bundesrat: 445 ff.
Stimmenverteilungsregeln: 221 ff.
Stimmkarten: 475 f., 498 f., 504
Stimmpflicht: 417, 425 f.
Stimmrecht: 139 f., 165, 417 ff., 468, 475, 557, 562, 567 f., 580, 584, 589
- Entzug als Sanktionsmaßnahme: 426 ff.
Subsidiaritätsprinzip: 123 ff.
- im Europarecht: 124 f.

Umlaufverfahren
- Abwesenheit: 473 f.

- Beschlussfähigkeit: 410 ff.
UNCITRAL: 291
UNCTAD: 287 f., 291, 313, 326, 477 f.
UNESCO: 150, 162, 202, 204, 223, 313, 325, 396 f., 434, 469, 493, 497 f., 530, 532
UNIDO: 162, 183, 198, 313, 434
UNO: 3, 13, 63, 76 ff., 84, 95, 106, 109, 128 f., 148, 152, 161 ff., 174 ff., 189 ff., 199 f., 243 ff., 255 f., 273, 277 ff., 287 ff., 341, 356 ff., 390, 433 ff., 469 f., 476 f., 493, 497, 500, 510, 585 ff.
Unverrückbarkeit von Beschlüssen
- Berichtigung der Stimmabgabe: 511
- Reihenfolgeabstimmung: 526
- Wiederholung der Abstimmung: 513 ff.
UPU: 46 f., 162, 223, 246 f., 469, 493, 497 f., 500, 509, 524
USA: 119, 160, 167, 177 f., 189 f., 193 ff., 222, 244 ff., 294, 343, 355, 360 f., 505, 524, 545, 554

Vermittlungsausschuss: 151, 184, 307, 336
- Sitzverteilung: 185 ff., 555 f.
Vertrag über eine Verfassung für Europa: 62
Veto: 352 ff.
- Doppel: 359 f.
- echtes: 354 ff.
- inoffizielles: 360 f.
- Proxy: 361 f.
- unechtes: 358 f.
- verstecktes: 360
Völkerbund: 161 f., 189, 243, 273, 278 f., 311, 345, 358, 402
- Einstimmigkeitsregel: 44 ff.
Volkssouveränitätsprinzip: 103 ff.
- im Europarecht: 105 f.
- im Kommunalrecht: 103 f., 569
- im Staatsrecht: 103 f., 551, 559, 562

- im Völkerrecht: 106
Volksvertreter
- Anwesenheitspflicht: 463 f.
- repräsentatives Mandat: 418 ff.
- Stimmrecht: 417 f., 424 f.
- Wahlen: 153
Volksvertretung
- und Wahlen: 79 ff.

Wahlen
- und Demokratie: 79 ff.
- von Mitgliedern kollegialer Organe: 153
Wahlverfahren: 540 ff.
- historische Entwicklung: 52 f.
Weimarer Verfassung: 42, 72, 164 f., 227, 306, 308, 317, 327 f., 342, 388 f., 389, 402, 421
Weisungsfreiheit
- von Mitgliedern kollegialer Organe: 149 f.
Weisungsgebundenheit
- von Mitgliedern kollegialer Organe: 150 ff.
Weltbank: 162, 192, 198, 253 f., 313, 397, 404
- Beschlussfähigkeit bei Zurücknahme von bereits abgegebenen Stimmen: 413 f.
- Sitzverteilung: 195 f.
- Stimmengewichtung: 248
WHO: 155, 162, 183, 202, 204, 223, 311, 326, 434, 491 ff., 498
WIPO: 162, 294, 326, 400
Wirtschafts- und Sozialrat der UNO: 143, 202, 204, 292
- Beschlussfähigkeit: 396 f.
- einfache Mehrheitsregel: 312
- Sitzverteilung: 181 ff.
- Stimmenverteilung: 223
WMO: 162, 174, 183, 223, 326, 396, 399, 434, 509
WTO: 223, 291, 297 f.

Zustimmungsregel: Siehe Approval-Voting

Druck: Krips bv, Meppel, Niederlande
Verarbeitung: Stürtz, Würzburg, Deutschland